ZHONGGUO ZHISHICHANQUAN NIANJIAN

2018

中国知识产权年鉴

主办●国家知识产权局

知识产权出版社
全国百佳图书出版单位

图书在版编目(CIP)数据

中国知识产权年鉴.2018/国家知识产权局主办.—北京:知识产权出版社,2019.1
ISBN 978-7-5130-6049-3

Ⅰ.①中… Ⅱ.①国… Ⅲ.①知识产权—中国—2018—年鉴 Ⅳ.①D923.4-54

中国版本图书馆 CIP 数据核字(2019)第 009142 号

责任编辑:崔开丽　吴亚平　李　晴　　**责任校对:**谷　洋
装帧设计:智兴工作室　　**责任印制:**刘译文

中国知识产权年鉴 2018

国家知识产权局　主办

出版发行:知识产权出版社有限责任公司　　**网　　址:**http://www.ipph.cn
社　　址:北京市海淀区气象路 50 号院　　**邮　　编:**100081
责编电话:010-82000860 转 8377　　**责编邮箱:**cui_kaili@sina.com
发行电话:010-82000860 转 8101/8102　　**发行传真:**010-82000893/82005070/82000270
印　　刷:三河市国英印务有限公司　　**经　　销:**各大网上书店、新华书店及相关专业书店
开　　本:787mm×1092mm　1/16　　**印　　张:**46.5
版　　次:2019 年 1 月第 1 版　　**印　　次:**2019 年 1 月第 1 次印刷
字　　数:1130 千字　　**定　　价:**240.00 元

ISBN 978-7-5130-6049-3

◆ 2017 年 6 月，国务委员王勇主持召开国务院知识产权战略实施工作部际联席会议第二次全体会议。

◆ 2017 年 4 月 20 日，国务委员王勇出席 2017 年全国知识产权宣传周启动仪式并讲话。

◆ 2017 年 4 月 27 日，中国法院知识产权司法保护成就展在中国法院博物馆开幕。最高人民法院院长周强（右三）、副院长陶凯元（右四）和世界知识产权组织代表参观展览。

◆ 2017 年 6 月 30 日，原国家工商行政管理总局和世界知识产权组织共同在江苏省扬州市举办中国商标金奖颁奖大会。（左六为时任原国家工商行政管理总局局长张茅，右五为世界知识产权组织总干事弗朗西斯・高锐）

◆ 2017 年 5 月 14 日，"一带一路"国际合作高峰论坛在北京举行。国家知识产权局局长申长雨与世界知识产权组织总干事弗朗西斯·高锐签署《中华人民共和国政府和世界知识产权组织加强"一带一路"知识产权合作协议》。

◆ 2017 年 1 月 5 日，全国知识产权局局长会议在北京召开。国家知识产权局局长申长雨在会议上作工作报告。

◆ 2017 年 2 月 28 日，推进使用正版软件工作部际联席会议第六次全体会议在北京召开。会议总结了 2016 年推进使用正版软件工作。时任中央宣传部副部长、原国家新闻出版广电总局（国家版权局）局长聂辰席主持会议并讲话。

◆ 2017 年 4 月 25 日，国务院新闻办公室召开中国知识产权保护状况新闻发布会。国家知识产权局局长申长雨（左二）、时任原国家工商行政管理总局副局长刘俊臣（左三）、时任国家版权局版权管理司司长于慈珂（右一）出席新闻发布会。

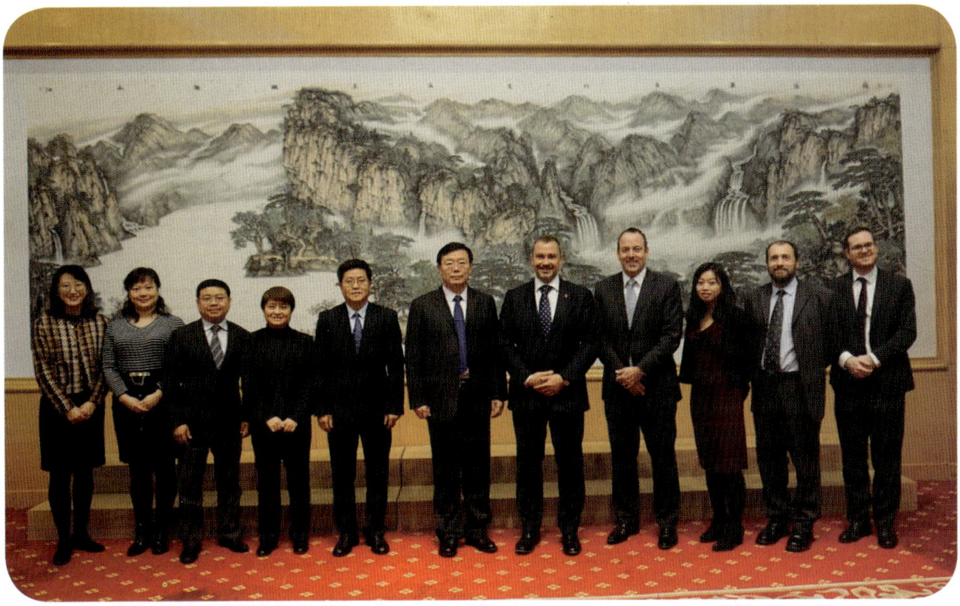

◆ 2017 年 11 月 10 日，时任原国家新闻出版广电总局副局长、国家版权局专职副局长周慧琳（左六）在北京会见英国知识产权局局长提姆·摩斯（右五）一行。

◆ 2017 年 4 月 24 日，全国 31 个省（区、市）统一举行 2017 年侵权盗版及非法出版物集中销毁活动，共销毁侵权盗版及非法出版物 1730 万件。

◆ 2017 年 11 月 15 日，品种权国际申请平台在我国启动。

◆ 2017 年 11 月 22 日，农业植物品种特异性、一致性和稳定性测试技术培训班在海南儋州举办。

◆ 2017 年 11 月 15 日，原国家林业局植物新品种保护办公室与欧盟植物新品种保护办公室（CPVO）在北京签署合作协议。

◆ 2017 年 6 月 13 日至 17 日，公安部联合国际刑警组织在广西南宁举办知识产权刑事保护培训班。

◆ 2017 年 8 月 27 日，公安部经侦局派代表团赴美国参加国际刑警组织第十一届知识产权执法大会。

◆ 2017 年 1 月 11 日，最高人民法院召开《最高人民法院关于审理商标授权确权行政案件若干问题的规定》新闻发布会。

◆ 2017 年 12 月 13 日，第十九届中国专利奖颁奖大会在北京举行。

◆ 2017 年 4 月 1 日，国家知识产权局与四川省人民政府知识产权合作会商暨建设引领型知识产权强省推进大会在四川省成都市举行。

◆ 2017 年 4 月 26 日，“2017 年哈尔滨市 4·26 知识产权主题宣传暨知识产权支撑服务产业技术创新活动大会”在黑龙江省哈尔滨市举行。

◆ 2017 年 7 月 8 日，第十七届华侨华人创业发展洽谈会首次知识产权专场活动在湖北武汉成功举行。

《中国知识产权年鉴(2018)》编辑委员会名单

赵志彬　中国知识产权研究会秘书长
胡文辉　国家知识产权局办公室主任
段玉萍　中央宣传部版权管理局副局长
夏君丽　最高人民法院知识产权审判庭审判长
徐媛媛　中华全国专利代理人协会秘书长
诸敏刚　知识产权出版社有限责任公司董事长
黄建华　海关总署综合业务司知识产权处处长
曹冬根　中国知识产权报社社长
葛　树　国家知识产权局专利复审委员会副主任
韩秀成　国家知识产权局知识产权发展研究中心主任

年鉴编辑部名单

主　　　编： 贺　化

副　主　编： 刘　超　王润贵

执行副主编： 马　宁　汤腊冬

责 任 编 辑： 崔开丽　吴亚平　李　晴

特 约 编 辑：（按姓氏笔画排序）

王　燕　（国家知识产权局商标局综合处）

叶婷婷　（中央宣传部版权管理局办公室）

吕　伟　（公安部经济犯罪侦查局知识产权处）

刘　铭　（国家知识产权局专利复审委员会研究处）

刘　磊　（国家知识产权局战略规划司规划计划处）

李　丹　（海关总署综合业务司知识产权处）

李凤新　（国家知识产权局战略规划司综合业务处）

李芬莲　（中国知识产权研究会）

李薇薇　（最高人民检察院侦查监督厅保护知识产权处）

杨　非　（国家知识产权局办公室宣传处）

杨钟超　（国家知识产权局办公室政研处）

杨烨瑶　（科学技术部政策法规司法规与知识产权处）

吴　娴　（商务部条约法律司知识产权法律处）

何晓丹　（农业农村部科技教育司转基因生物安全与知识产权处）

张　博　（最高人民法院知识产权审判庭）

陈前进　（中央宣传部反非法反违禁局信息宣传处）

龚玉梅　（国家林业和草原局科技发展中心）

编辑说明

一、《中国知识产权年鉴》是反映我国知识产权领域工作基本状况的大型资料性工具书，2001 年 11 月创刊，每年出版一版，2018 版反映的是 2017 年度我国知识产权工作的基本情况。

二、2018 版内容由“重大战略部署”“领导讲话”“特约文章”“概况”“大事记”“新闻百条”“统计资料”“评选和认定”“法律、法规、规章、司法解释及其他规范性文件”“典型案例”“学术成果”“附录”12 部分组成。

三、“重大战略部署”栏目，记录了 2017 年度中共中央、国务院作出的关于我国知识产权发展的重大战略部署。

四、“领导讲话”栏目，记录了 2017 年度国家领导人以及国家知识产权局、原国家工商行政管理总局、原国家新闻出版广电总局、最高人民法院等部门的领导，有关知识产权问题的重要讲话。

五、“特约文章”栏目，记录了 2017 年度知识产权领域有关领导、专家、学者，对近年发生的一些重大、热点问题，发表的观点和论述。

六、“概况”栏目，全面记录了 2017 年度我国知识产权领域专利、商标、反垄断与反不正当竞争、版权、打击盗版、农林植物新品种、海关、商务方面的工作情况，司法机关保护知识产权工作的情况，全国性知识产权领域社团活动的情况，各地方开展知识产权工作的情况。

七、“大事记”栏目，记录了 2017 年度我国知识产权领域专利、商标、版权、打击盗版、农林植物新品种、海关、商务以及司法保护方面的重大事件。

八、“新闻百条”栏目，摘录了知识产权领域相关媒体 2017 年报道的有代表性的事件，其中大部分为首次发生的事件。

九、“统计资料”栏目，收集了 2017 年度我国知识产权领域专利、商标、版权、农林植物新品种、海关、司法保护方面的重要统计数据。

十、“评选和认定”栏目，收录了国家知识产权局第十九届中国专利金奖及外观设计金奖项目简介，2017 年度已注册和初步审定的地理标志商标名录，以及 2017 年度农产品地理标志登记产品名单。

十一、“法律、法规、规章、司法解释及其他规范性文件”栏目，收录了 2017 年度公布和新修订的与知识产权有关的法律、法规、规章、司法解释及其他规范性文件。

十二、“典型案例”栏目，收录了 2017 年度的知识产权司法案例、最高人民检察院案例、公安机关知识产权保护案例、国家版权局打击侵权盗版案例、海关知识产权保护案例、知识产权系统 2017 年度典型案例。

十三、“学术成果”栏目，收录了国家知识产权局2017年度关于知识产权的主要学术研究成果介绍。

十四、“附录”栏目，收录了与知识产权相关的主要政府网站简介。

十五、根据《深化党和国家机构改革方案》，年鉴中涉及的部分单位的名称和职责发生了变化。鉴于2018年版年鉴反映的是2017年度我国知识产权工作的基本情况，2018年版年鉴正文中依然使用了机构改革前的名称，供稿单位使用了机构改革后的名称。

目　录

重大战略部署

领导讲话

特约文章

概　况

大事记

新闻百条

统计资料

评选和认定

法律、法规、规章、司法解释及其他规范性文件

典型案例

学术成果

附 录

Contents

Important Strategic Deployment

Leader Speeches

Contributing Articles

Surveys

Major Events and Activities

News

Statistics

Selection and Affirmation

Laws, Regulations, Rules, Judicial Interpretations and Other Normative Document

Laws, Regulations and Rules

Typical Cases

Academic Research Achievement

Appendix

《"十三五"国家知识产权保护和运用规划》重点任务分工方案

国知战联办〔2017〕17号

为落实《"十三五"国家知识产权保护和运用规划》(国发〔2016〕86号),根据各相关部门职责,对各项重点任务作如下分工。

一、主要指标

到2020年:

1. 每万人口发明专利拥有量达到12件。(知识产权局负责)

2. PCT专利申请量达到6万件。(知识产权局负责)

3. 植物新品种申请总量达到2.5万件。(农业部、林业局按职责分别负责)

4. 全国作品登记数量达到220万件。(新闻出版广电总局(版权局)负责)

5. 年度知识产权质押融资金额达到1800亿元。(工商总局、新闻出版广电总局(版权局)、知识产权局按职责分别负责)

6. 计算机软件著作权登记数量达到44万件。(新闻出版广电总局(版权局)负责)

7. 规模以上制造业每亿元主营业务收入有效发明专利数达到0.7件。(工业和信息化部、知识产权局负责。列第一位者为牵头部门,下同)

8. "十三五"时期,知识产权使用费出口额达到100亿美元。(商务部、人民银行、工商总局、新闻出版广电总局(版权局)、知识产权局、外汇局按职责分别负责)

9. "十三五"时期,知识产权服务业营业收入年均增长20%。(工商总局、新闻出版广电总局(版权局)、知识产权局按职责分别负责)

10. 知识产权保护社会满意度达到80分。(中央综治办、知识产权局按职责分别负责)

二、主要任务

(一)深化知识产权领域改革

11. 积极研究探索知识产权管理体制机制改革,努力在重点领域和关键环节取得突破性成果。(中央编办、工商总局、新闻出版广电总局(版权局)、知识产权局负责)

12. 支持地方开展知识产权综合管理改革试点。(知识产权局、中央编办、工商总局、新闻出版广电总局(版权局)负责)

13. 建立以知识产权为重要内容的创新驱动评价体系,推动知识产权产品纳入国民经济核算,将知识产权指标纳入国民经济和社会发展考核体系。(科技部、工业和信息化部、人力资源社会保障部、农业部、国资委、工商总局、质检总局、新闻出版广电总局(版权局)、统计局、林业局、知识产权局按职责分别负责)

14. 推进简政放权,简化和优化知识产权审查和注册流程。放宽知识产权服务业准入,扩大代理领域开放程度,放宽对专利代理机构股东和合伙人的条件限制。

(知识产权局、工商总局、新闻出版广电总局(版权局)负责)

15. 加快知识产权权益分配改革，完善有利于激励创新的知识产权归属制度，构建提升创新效率和效益的知识产权导向机制。(知识产权局、科技部、教育部、财政部、农业部、国资委、中科院、国防科工局、中央军委装备发展部负责)

(二)严格实行知识产权保护

16. 加快知识产权法律、法规、司法解释的制修订，构建包括司法审判、刑事司法、行政执法、快速维权、仲裁调解、行业自律、社会监督的知识产权保护工作格局。(中央宣传部、外交部、教育部、科技部、工业和信息化部、公安部、司法部、环境保护部、农业部、商务部、文化部、卫生计生委、人民银行、国资委、海关总署、工商总局、质检总局、新闻出版广电总局(版权局)、统计局、林业局、知识产权局、法制办、中科院、国防科工局、贸促会、高法院、高检院、中央军委装备发展部按职责分别负责)

17. 以充分实现知识产权的市场价值为指引，进一步加大损害赔偿力度。(农业部、文化部、工商总局、质检总局、新闻出版广电总局(版权局)、林业局、知识产权局、高法院按职责分别负责)

18. 推进诉讼诚信建设，依法严厉打击侵犯知识产权犯罪。(公安部、司法部、人民银行、工商总局、新闻出版广电总局(版权局)、知识产权局、高法院、高检院按职责分别负责)

19. 强化行政执法，改进执法方式，提高执法效率，加大对制假源头、重复侵权、恶意侵权、群体侵权的查处力度，为创新者提供更便利的维权渠道。(全国打击侵权假冒工作领导小组办公室、农业部、文化部、海关总署、工商总局、质检总局、新闻出版广电总局(版权局)、食品药品监管总局、林业局、知识产权局按职责分别负责)

20. 加强商标品牌保护，提高消费品商标公共服务水平。(工商总局、质检总局按职责分别负责)

21. 规范有效保护商业秘密。(工商总局、法制办负责)

22. 持续推进政府机关和企业软件正版化工作。(新闻出版广电总局(版权局)、财政部、国资委、国管局负责)

23. 健全知识产权纠纷的争议仲裁和快速调解制度。(知识产权局、司法部、农业部、工商总局、新闻出版广电总局(版权局)、林业局、法制办、贸促会、高法院、中央军委装备发展部负责)

24. 充分发挥行业组织的自律作用，引导企业强化主体责任。(全国打击侵权假冒工作领导小组办公室、工商总局、新闻出版广电总局(版权局)、知识产权局负责)

25. 深化知识产权保护的区域协作和国际合作。(全国打击侵权假冒工作领导小组办公室、公安部、司法部、农业部、商务部、文化部、海关总署、工商总局、质检总局、新闻出版广电总局(版权局)、食品药品监管总局、林业局、知识产权局、贸促会、高法院、高检院按职责分别负责)

(三)促进知识产权高效运用

26. 突出知识产权在科技创新、新兴产业培育方面的引领作用，大力发展知识产权密集型产业，完善专利导航产业发展工作机制，深入开展知识产权评议工作。(知识产权局、发展改革委、科技部、工业和信息化部、工商总局、新闻出版广电总局(版权局)、统计局负责)

27. 加大高技术含量知识产权转移转化力度。(知识产权局、科技部、教育部、中科院、国防科工局、中央军委装备发展部负责)

28. 创新知识产权运营模式和服务产品。(知识产权局、工业和信息化部、工商总局、证监会负责)

29. 完善科研开发与管理机构的知识产权管理制度，探索建立知识产权专员派

驻机制。(科技部、教育部、质检总局、知识产权局、中科院按职责分别负责)

30. 建立健全知识产权服务标准,完善知识产权服务体系。(知识产权局、工商总局、质检总局负责)

31. 完善"知识产权+金融"服务机制,深入推进质押融资风险补偿试点。(知识产权局、工业和信息化部、文化部、人民银行、工商总局、银监会负责)

32. 推动产业集群品牌的注册和保护,开展产业集群、品牌基地、地理标志、知识产权服务业集聚区培育试点示范工作。(工业和信息化部、工商总局、质检总局、知识产权局按职责分别负责)

33. 推动军民知识产权转移转化,促进军民融合深度发展。(中央军委装备发展部、科技部、工业和信息化部、知识产权局、国防科工局负责)

三、重点工作

(一)完善知识产权法律制度

34. 加快推动专利法、著作权法、反不正当竞争法及配套法规、植物新品种保护条例等法律法规的制修订工作。(农业部、商务部、文化部、工商总局、新闻出版广电总局(版权局)、林业局、知识产权局、法制办按职责分别负责)

35. 适时做好地理标志立法工作,健全遗传资源、传统知识、民间文艺、中医药、新闻作品、广播电视节目等领域法律制度。(科技部、环境保护部、农业部、文化部、卫生计生委、工商总局、质检总局、新闻出版广电总局(版权局)、林业局、知识产权局、法制办按职责分别负责)

36. 完善职务发明制度和规制知识产权滥用行为的法律制度,健全国防领域知识产权法规政策。(发展改革委、商务部、工商总局、知识产权局、法制办、国防科工局、中央军委装备发展部按职责分别负责)

37. 研究完善商业模式和实用艺术品等知识产权保护制度。(知识产权局、高法院牵头)

38. 研究"互联网+"、电子商务、大数据等新业态、新领域知识产权保护规则。(全国打击侵权假冒工作领导小组办公室、中央综治办、中央网信办、工业和信息化部、公安部、农业部、商务部、文化部、海关总署、工商总局、质检总局、新闻出版广电总局(版权局)、林业局、知识产权局、法制办、高法院负责)

39. 研究新媒体条件下的新闻作品版权保护。(新闻出版广电总局(版权局)负责)

40. 研究实质性派生品种保护制度。(农业部、林业局、知识产权局按职责分别负责)

41. 制定关于滥用知识产权的反垄断指南。(发展改革委、商务部、工商总局、知识产权局按职责分别负责)

42. 完善商业秘密保护法律制度,明确商业秘密和侵权行为界定,探索建立诉前保护制度。(工商总局、法制办、高法院负责)

专栏1　知识产权法律完善工程

43. 配合全国人大常委会完成专利法第四次全面修改。(知识产权局、法制办负责)

44. 推进著作权法第三次修改。(新闻出版广电总局(版权局)、法制办按职责分别负责)

45. 根据专利法、著作权法修改进度适时推进专利法实施细则、专利审查指南、著作权法实施条例等配套法规和部门规章的修订。(新闻出版广电总局(版权局)、知识产权局、法制办按职责分别负责)

46. 完成专利代理条例和国防专利条例修订。(知识产权局、法制办、国防科工局、中央军委装备发展部按职责分别负责)

47. 组织研究制定知识产权基础性法律的必要性和可行性。研究在民事基础性法律中进一步明确知识产权制度的基本原则、一般规则及重要概念。(科技部、工业和信息化部、农业部、商务部、文化部、卫生计生委、海关总署、工商总局、质检总局、新闻出版广电总局(版权局)、林业局、知识产权局、法制办、国防科工局、高法院、中央军委装备发展部按职责分别负责)

48. 研究开展反不正当竞争法、知识产权海关保护条例、生物遗传资源获取管理条例以及中医药等领域知识产权保护相关法律法规制修订工作。(科技部、环境保护部、农业部、商务部、卫生计生委、海关总署、工商总局、林业局、知识产权局、法制办按职责分别负责)

(二)提升知识产权保护水平

49. 推动知识产权领域的司法体制改革,构建公正高效的知识产权司法保护体系,形成资源优化、科学运行、高效权威的知识产权综合审判体系,推进知识产权民事、刑事、行政案件的"三合一"审理机制,努力为知识产权权利人提供全方位和系统有效的保护,维护知识产权司法保护的稳定性、导向性、终局性和权威性。进一步发挥司法审查和司法监督职能。(高法院、中央编办、公安部、高检院负责)

50. 发挥司法保护的主导作用,完善行政执法和司法保护两条途径优势互补、有机衔接的知识产权保护体系。(全国打击侵权假冒工作领导小组办公室、公安部、农业部、文化部、海关总署、工商总局、质检总局、新闻出版广电总局(版权局)、林业局、知识产权局、高法院、高检院、中央军委装备发展部按职责分别负责)

51. 加大对知识产权侵权行为的惩治力度,研究提高知识产权侵权法定赔偿上限,针对情节严重的恶意侵权行为实施惩罚性赔偿并由侵权人承担实际发生的合理开支。(高法院、农业部、文化部、海关总署、工商总局、质检总局、新闻出版广电总局(版权局)、食品药品监管总局、林业局、知识产权局、法制办按职责分别负责)

52. 积极开展知识产权民事侵权诉讼程序与无效程序协调的研究。(农业部、工商总局、林业局、知识产权局、高法院按职责分别负责)

53. 及时、有效做好知识产权司法救济工作。(司法部、高法院按职责分别负责)

54. 支持开展知识产权司法保护对外合作。(高法院、高检院、公安部、司法部、农业部、商务部、文化部、海关总署、工商总局、质检总局、新闻出版广电总局(版权局)、食品药品监管总局、林业局、知识产权局按职责分别负责)

55. 完善常态化打防工作格局,进一步优化全程打击策略,全链条惩治侵权假冒犯罪。深化行政执法部门间的协作配合,探索使用专业技术手段,提升信息应用能力和数据运用水平,完善与电子商务企业协作机制。加强打假专业队伍能力建设。(全国打击侵权假冒工作领导小组办公室、公安部、农业部、商务部、文化部、海关总署、工商总局、质检总局、新闻出版广电总局(版权局)、林业局、知识产权局按职责分别负责)

56. 深化国际执法合作,加大涉外知识产权犯罪案件侦办力度,围绕重点案件开展跨国联合执法行动。(公安部、商务部、海关总署、工商总局、质检总局、新闻出版广电总局(版权局)、知识产权局、贸促会按职责分别负责)

57. 加强知识产权行政执法能力建设,统一执法标准,完善执法程序,提高执法专业化、信息化、规范化水平。(农业部、商务部、文化部、海关总署、工商总局、质检总局、新闻出版广电总局(版权局)、林业局、知识产权局按职责分别负责)

58. 完善知识产权联合执法和跨地区执法协作机制,积极开展执法专项行动,重点查办跨区域、大规模和社会反映强烈的侵权案件。(全国打击侵权假冒工作领导小组办公室、农业部、商务部、文化部、海关总署、工商总局、质检总局、新闻出版广电总局(版权局)、林业局、知识产权局负责)

59. 建立完善专利、版权线上执法办

案系统。（新闻出版广电总局（版权局）、知识产权局按职责分别负责）

60. 完善打击侵权假冒商品的举报投诉机制。（工商总局、质检总局、新闻出版广电总局（版权局）、知识产权局按职责分别负责）

61. 创新知识产权快速维权工作机制。完善知识产权行政执法监督，加强执法维权绩效管理。（新闻出版广电总局（版权局）、知识产权局按职责分别负责）

62. 加大展会知识产权保护力度。（商务部、工商总局、新闻出版广电总局（版权局）、知识产权局按职责分别负责）

63. 加强严格知识产权保护的绩效评价，持续开展知识产权保护社会满意度调查。（全国打击侵权假冒工作领导小组办公室、中央综治办、知识产权局按职责分别负责）

64. 建立知识产权纠纷多元解决机制，加强知识产权仲裁机构和纠纷调解机构建设。（知识产权局、司法部、农业部、工商总局、新闻出版广电总局（版权局）、林业局、法制办、贸促会、高法院、中央军委装备发展部负责）

65. 落实对外贸易法中知识产权保护相关规定，适时出台与进出口贸易相关的知识产权保护政策。（商务部、中央网信办、工业和信息化部、公安部、农业部、海关总署、工商总局、质检总局、食品药品监管总局、知识产权局、贸促会、中央军委装备发展部负责）

66. 改进知识产权海关保护执法体系，加大对优势领域和新业态、新领域创新成果的知识产权海关保护力度。（海关总署、工商总局、知识产权局、邮政局负责）

67. 完善自由贸易试验区、海关特殊监管区内货物及过境、转运、通运货物的知识产权海关保护执法程序，在确保有效监管的前提下促进贸易便利。（海关总署、商务部负责）

68. 坚持专项整治、丰富执法手段、完善运行机制，提高打击侵权假冒执行力度，突出打击互联网领域跨境电子商务侵权假冒违法活动。（全国打击侵权假冒工作领导小组办公室、中央网信办、工业和信息化部、农业部、商务部、文化部、海关总署、工商总局、质检总局、新闻出版广电总局（版权局）、食品药品监管总局、林业局、知识产权局按职责分别负责）

69. 加强国内、国际执法合作，完善从生产源头到流通渠道、消费终端的全链条式管理。（全国打击侵权假冒工作领导小组办公室、商务部、海关总署、工商总局、质检总局、新闻出版广电总局（版权局）、知识产权局、贸促会按职责分别负责）

70. 开展遗传资源、传统知识和民间文艺等知识产权资源调查。（科技部、环境保护部、农业部、文化部、新闻出版广电总局（版权局）、林业局按职责分别负责）

71. 制定非物质文化遗产知识产权工作指南，加强对优秀传统知识资源的保护和运用。（文化部负责）

72. 完善传统知识和民间文艺登记、注册机制，鼓励社会资本发起设立传统知识、民间文艺保护和发展基金。（文化部、新闻出版广电总局（版权局）、财政部按职责分别负责）

73. 研究完善中国遗传资源保护利用制度，建立生物遗传资源获取的信息披露、事先知情同意和惠益分享制度。（环境保护部、科技部、农业部、卫生计生委、林业局、知识产权局负责）

74. 探索构建中医药知识产权综合保护体系，建立医药传统知识保护名录。（卫生计生委、知识产权局负责）

75. 建立民间文艺作品的使用保护制度。（文化部、新闻出版广电总局（版权局）按职责分别负责）

76. 加大宽带移动互联网、云计算、物联网、大数据、高性能计算、移动智能终端等领域的知识产权保护力度。（全国打击侵权假冒工作领导小组办公室、中央综治办、中央网信办、工业和信息化部、公安部、农业部、商务部、文化部、海关总署、工商总局、质检总局、新闻出版广电总局(版权局)、林业局、知识产权局、高法院按职责分别负责)

77. 强化在线监测，深入开展打击网络侵权假冒行为专项行动。(全国打击侵权假冒工作领导小组办公室、中央网信办、工业和信息化部、公安部、农业部、商务部、海关总署、工商总局、质检总局、新闻出版广电总局(版权局)、食品药品监管总局、知识产权局、邮政局、贸促会按职责分别负责)

78. 加强对网络服务商传播影视剧、广播电视节目、音乐、文学、新闻、软件、游戏等监督管理工作，积极推进网络知识产权保护协作，将知识产权执法职责与电子商务企业的管理责任结合起来，建立信息报送、线索共享、案件研判和专业培训合作机制。(工业和信息化部、公安部、文化部、新闻出版广电总局(版权局)按职责分别负责)

79. 加大对食品、药品、环境等领域的知识产权保护力度，健全侵权假冒快速处理机制。(环境保护部、卫生计生委、食品药品监管总局、知识产权局按职责分别负责)

80. 建立健全创新药物、新型疫苗、先进医疗装备等领域的知识产权保护长效工作机制。(卫生计生委、食品药品监管总局、知识产权局按职责分别负责)

81. 加强污染治理和资源循环利用等生态环保领域的专利保护力度。(知识产权局、环境保护部负责)

82. 开展知识产权保护进乡村专项行动，建立县域及乡镇部门协作执法机制和重大案件联合督办制度，加强农村市场知识产权行政执法条件建设。针对电子、建材、汽车配件、小五金、食品、农资等专业市场，加大对侵权假冒商品的打击力度，严堵侵权假冒商品的流通渠道。(工商总局、质检总局、新闻出版广电总局(版权局)、食品药品监管总局、知识产权局按职责分别负责)

专栏 2　知识产权保护工程

83. 重点打击侵犯注册商标专用权、擅自使用他人知名商品特有名称包装装潢、冒用他人企业名称或姓名等仿冒侵权违法行为。(工商总局负责)

84. 针对重点领域开展打击侵权盗版专项行动，突出大案要案查处、重点行业专项治理和网络盗版监管，持续开展“红盾网剑”、“剑网”专项行动，严厉打击网络侵权假冒等违法行为。(工业和信息化部、公安部、工商总局、新闻出版广电总局(版权局)按职责分别负责)

85. 开展打击侵犯植物新品种权和制售假劣种子行为专项行动。(农业部、林业局按职责分别负责)

86. 加大涉嫌犯罪案件移交工作力度。(全国打击侵权假冒工作领导小组办公室、高检院牵头，高法院、公安部、农业部、文化部、海关总署、工商总局、质检总局、新闻出版广电总局(版权局)、林业局、知识产权局负责)

87. 开展与相关国际组织和境外执法部门的联合执法。(公安部、司法部、农业部、商务部、文化部、海关总署、工商总局、质检总局、新闻出版广电总局(版权局)、食品药品监管总局、林业局、知识产权局、贸促会、高法院、高检院按职责分别负责)

88. 加强大型商场、展会、电子商务、进出口等领域知识产权执法维权工作。(农业部、商务部、文化部、海关总署、工商总局、质检总局、新闻出版广电总局(版权局)、林业局、知识产权局、中央军委装备发展部按职责分别负责)

89. 强化“12330”平台建设，拓展维权援助服务渠道。提升平台服务质量，深入对接产业联盟、行业协会。(知识产权局负责)

90. 加快推进知识产权快速维权中心建设，提升工作质量与效率。推进快速维权领域由单一行业向多行业扩展、类别由外观设计向实用新型专利和发明专利扩展、区域由特定地区向省域辐射，在特色产业集聚区和重点行业建立一批知识产权快速维权中心。（知识产权局、中央军委装备发展部负责）

91. 推进侵权纠纷案件信息公示工作，严格执行公示标准。将故意侵权行为纳入社会信用评价体系，明确专利侵权等信用信息的采集规则和使用方式，向征信机构公开相关信息。积极推动建立知识产权领域信用联合惩戒机制。（全国打击侵权假冒工作领导小组办公室、发展改革委、农业部、文化部、人民银行、海关总署、工商总局、质检总局、新闻出版广电总局（版权局）、食品药品监管总局、林业局、知识产权局、高法院、中央军委装备发展部按职责分别负责）

（三）提高知识产权质量效益

92. 建立专利申请质量监管机制。深化专利代理领域改革。健全专利审查质量管理机制。优化专利审查流程与方式。完善专利审查协作机制。继续深化专利审查业务国际合作，拓展“专利审查高速路”国际合作网络。加快建设世界一流专利审查机构。加强专利活动与经济效益之间的关联评价。完善专利奖的评审与激励政策，发挥专利奖标杆引领作用。（知识产权局、中央军委装备发展部负责）

专栏3　专利质量提升工程

93. 在知识产权强省、强市建设和有关试点示范工作中强化专利质量评价和引导。建立专利申请诚信档案，持续开展专利申请质量监测与反馈。（知识产权局负责）

94. 加强审查业务指导体系和审查质量保障体系建设。完善绿色技术专利申请优先审查机制。做好基于审查资源的社会服务工作。构建专利审查指南修订常态化机制。改进审查周期管理，满足创新主体多样化需求。加强与行业协会、代理人、申请人的沟通，形成快捷高效的外部质量反馈机制，提高社会满意度。加大支撑专利审查的信息化基础设施建设。（知识产权局、中央军委装备发展部负责）

95. 深化专利代理领域“放管服”改革，提高行业管理水平。强化竞争机制和行业自律，加大对代理机构和代理人的执业诚信信息披露力度。针对专利代理机构的代理质量构建反馈、评价、约谈、惩戒机制。（知识产权局、中央军委装备发展部负责）

96. 加快知识产权运营公共服务平台体系建设，为专利转移转化、收购托管、交易流转、质押融资、专利导航等提供平台支撑，提高专利运用效益。制定出台相关政策，营造良好的专利保护环境，促进高质量创造和高价值专利实施。（知识产权局、财政部、国防科工局、中央军委装备发展部负责）

97. 提升商标注册便利化水平，优化商标审查体系，建立健全便捷高效的商标审查协作机制。提升商标权保护工作效能，为商标建设营造公平竞争的市场环境。创新商标行政指导和服务监管方式，提升企业运用商标制度能力，打造知名品牌。研究建立商标价值评估体系，构建商标与国民生产总值、就业规模等经济指标相融合的指标体系。建立国家商标信息库。（工商总局负责）

98. 全面完善版权社会服务体系，发挥版权社会服务机构的作用。推动版权资产管理制度建设。建立版权贸易基地、交易中心工作协调机制。充分发挥全国版权示范城市、单位、园区（基地）的示范引导作用。打造一批规模化、集约化、专业化的版权企业，带动版权产业健康快速发展。鼓励形成一批拥有精品品牌的广播影视播映和制作经营机构，打造精品影视节目版权和版权产业链。鼓励文化领域商业模式创新，大力发展版权代理和版权经纪业务，促进版权产业和市场的发展。（新闻出版广电总局（版权局）负责）

99. 建立地理标志联合认定机制，加强我国地理标志在海外市场注册和保护工作。（农业部、工商总局、质检总局按职责

分别负责）

100. 推动建立统筹协调的植物新品种管理机制，推进植物新品种测试体系建设，加快制定植物新品种测试指南，提高审查测试水平。加强种子企业与高校、科研机构的协作创新，建立授权植物新品种的基因图谱数据库，为维权取证和执法提供技术支撑。（农业部、林业局按职责分别负责）

101. 完善集成电路布图设计保护制度，优化集成电路布图设计的登记和撤销程序，充分发挥集成电路布图设计制度的作用，促进集成电路产业升级发展。（知识产权局、中央军委装备发展部负责）

（四）加强知识产权强省、强市建设

102. 推进引领型、支撑型、特色型知识产权强省建设，发挥知识产权强省的示范带动作用。（知识产权局负责）

103. 深入开展知识产权试点示范工作，可在国家知识产权示范城市、全国版权示范城市等基础上建成一批布局合理、特色明显的知识产权强市。（新闻出版广电总局（版权局）、知识产权局按职责分别负责）

104. 进一步探索建设适合国情的县域知识产权工作机制。（知识产权局负责）

105. 推动开展知识产权区域布局试点，形成以知识产权资源为核心的配置导向目录，推进区域知识产权资源配置和政策优化调整。支持西部地区改善创新环境，加快知识产权发展，提升企业事业单位知识产权创造运用水平。制定实施支持东北地区等老工业基地振兴的知识产权政策，推动东北地区等老工业基地传统制造业转型升级。提升中部地区特色优势产业的知识产权水平。支持东部地区在知识产权运用方面积极探索、率先发展，培育若干带动区域知识产权协同发展的增长极。推动京津冀知识产权保护一体、运用协同、服务共享，促进创新要素自由合理流动。推进长江经济带知识产权建设，引导产业优化布局和分工协作。（发展改革委、科技部、工业和信息化部、知识产权局按职责分别负责）

106. 加大对边远地区传统知识、遗传资源、民间文艺、中医药等领域知识产权的保护与运用力度。（科技部、环境保护部、农业部、文化部、卫生计生委、新闻出版广电总局（版权局）、林业局、知识产权局按职责分别负责）

107. 利用知识产权人才优势、技术优势和信息优势进一步开发地理标志产品，加强植物新品种保护，引导注册地理标志商标，推广应用涉农专利技术。（农业部、工商总局、质检总局、林业局、知识产权局按职责分别负责）

108. 开展知识产权富民工作，推进实施商标富农工程，充分发挥农产品商标和地理标志在农业产业化中的作用，培育一批知识产权扶贫精品项目。（农业部、工商总局、质检总局、知识产权局按职责分别负责）

109. 支持革命老区、民族地区、边疆地区、贫困地区加强知识产权机构建设，提升知识产权数量和保护水平。（知识产权局、中央编办负责）

（五）加快知识产权强企建设

110. 推行企业知识产权管理国家标准，在生产经营、科技创新中加强知识产权全过程管理。完善知识产权认证制度，探索建立知识产权管理体系认证结果的国际互认机制。（知识产权局、质检总局负责）

111. 推动开展知识产权协同运用，鼓励和支持大型企业开展知识产权评议工作，在重点领域合作中开展知识产权评估、收购、运营、风险预警与应对。切实增强企业知识产权意识，支持企业加大知识产权投入，提高竞争力。（知识产权局、工业和信息化部、商务部、国资委、工商总局、贸促会负责）

112. 出台知识产权优势企业建设指南，推动建立企业知识产权服务机制，引导优质服务力量助力企业形成知识产权竞争优势。

出台知识产权示范企业培育指导性文件，提升企业知识产权战略管理能力、市场竞争力和行业影响力。（知识产权局负责）

113. 完善知识产权资产的财务、评估等管理制度及相关会计准则，引导企业发布知识产权经营报告书。（财政部、知识产权局负责）

114. 提升企业知识产权资产管理能力，推动企业在并购重组、股权激励、对外投资等活动中的知识产权资产管理。加强政府、企业和社会的协作，引导企业开展形式多样的知识产权资本化运作。（知识产权局、财政部、人民银行、国资委、银监会、证监会、贸促会负责）

专栏 4　知识产权强企工程

115. 建立政策引导、咨询服务和第三方认证体系。培养企业知识产权管理专业化人才队伍。（知识产权局、质检总局负责）

116. 建立分类指导的政策体系，塑造企业示范典型，培育一批具备国际竞争优势的知识产权领军企业。实施中小企业知识产权战略推进工程，加大知识产权保护援助力度，构建服务支撑体系，扶持中小企业创新发展。（知识产权局、工业和信息化部、国资委负责）

117. 引导企业开展海外知识产权布局。发挥知识产权联盟作用，鼓励企业将专利转化为国际标准。促进知识产权管理体系标准、认证国际化。（知识产权局、商务部、质检总局、贸促会负责）

（六）推动产业升级发展

118. 深入实施专利导航试点工程，引导产业创新发展，开展产业知识产权全球战略布局，助推产业提质增效升级。面向战略性新兴产业，在新材料、生物医药、物联网、新能源、高端装备制造等领域实施一批产业规划类和企业运营类专利导航项目。在全面创新改革试验区、自由贸易试验区、中外合作产业园区、知识产权试点示范园区等重点区域，推动建立专利导航产业发展工作机制。（知识产权局、发展改革委、工业和信息化部、商务部负责）

119. 围绕“中国制造 2025”的重点领域和“互联网＋”行动的关键环节，形成一批产业关键核心共性技术知识产权。实施制造业知识产权协同运用推进工程，在制造业创新中心建设等重大工程实施中支持骨干企业、高校、科研院所协同创新、联合研发，形成一批产业化导向的专利组合，强化创新成果转化运用。（知识产权局、工业和信息化部负责）

120. 制定知识产权密集型产业目录和发展规划，发布知识产权密集型产业的发展态势报告。运用股权投资基金等市场化方式，引导社会资金投入知识产权密集型产业。加大政府采购对知识产权密集型产品的支持力度。（知识产权局、发展改革委、财政部、工商总局、新闻出版广电总局（版权局）、统计局、证监会负责）

121. 鼓励有条件的地区发展知识产权密集型产业集聚区，构建优势互补的产业协调发展格局。建设一批高增长、高收益的知识产权密集型产业，促进产业提质增效升级。（知识产权局、发展改革委、工业和信息化部、工商总局、新闻出版广电总局（版权局）、统计局负责）

122. 支持产业知识产权联盟发展。鼓励组建产业知识产权联盟，开展联盟备案管理和服务，建立重点产业联盟管理库，对联盟发展状况进行评议监测和分类指导。支持成立知识产权服务联盟。属于社会组织的，依法履行登记手续。支持联盟构筑和运营产业专利池，推动形成标准必要专利，建立重点产业知识产权侵权监控和风险应对机制。鼓励社会资本设立知识产权产业化专项基金，充分发挥重点产业知识产权运营基金作用，提高产业知识产权运营水平与国际竞争力，保障产业技术安全。（知识产权局、发展改革委、工业和信息化部、民政部、财政部、商务部、国资委、质检总局负责）

123. 实施知识产权评议工程，研究制定相关政策。围绕国家重大产业规划、政府重大投资项目等开展知识产权评议，积极探索重大科技经济活动知识产权评议试点。建立国家科技计划（专项、基金等）知识产权目标评估制度。加强知识产权评议专业机构建设和人才培养，积极推动评议成果运用，建立重点领域评议报告发布机制。推动制定评议服务相关标准。鼓励和支持行业骨干企业与专业机构在重点领域合作开展评议工作，提高创新效率，防范知识产权风险。（知识产权局、发展改革委、科技部、工业和信息化部、工商总局、中央军委装备发展部负责）

专栏 5 知识产权评议工程

124. 加强知识产权主管部门与产业主管部门间的沟通协作，围绕国家科技重大专项以及战略性新兴产业，针对高端通用芯片、高档数控机床、集成电路装备、宽带移动通信、油气田、核电站、水污染治理、转基因生物新品种、新药创制、传染病防治等领域的关键核心技术深入开展知识产权评议工作，及时提供或发布评议报告。（知识产权局、发展改革委、科技部、工业和信息化部、环境保护部、农业部、卫生计生委负责）

125. 制定发布重大经济活动评议指导手册和分类评议实务指引，规范评议范围和程序。实施评议能力提升计划，支持开发评议工具，培养一批评议人才。（知识产权局负责）

126. 培育知识产权评议服务示范机构，加强服务供需对接。推动评议服务行业组织建设，支持制定评议服务标准，鼓励联盟实施行业自律。加强评议服务机构国际交流，拓展服务空间。（知识产权局、质检总局、贸促会负责）

127. 加强国防知识产权保护，完善国防知识产权归属与利益分配机制。制定促进知识产权军民双向转化的指导意见。放开国防知识产权代理服务行业，建立和完善相应的准入退出机制。推动国防知识产权信息平台建设，分类建设国防知识产权信息资源，逐步开放检索。（中央军委装备发展部、知识产权局、国防科工局负责）

128. 营造有利于军民协同创新、双向转化的国防科技工业知识产权政策环境。建设完善国防科技工业知识产权平台，完成专利信息平台建设，形成更加完善的国防科技工业专利基础数据库。（国防科工局负责）

（七）促进知识产权开放合作

129. 进一步加强涉外知识产权事务的统筹协调。（知识产权局负责）

130. 加强与经贸相关的多双边知识产权对外谈判、双边知识产权合作磋商机制及国内立场的协调等工作。（商务部、科技部、公安部、环境保护部、农业部、海关总署、工商总局、质检总局、新闻出版广电总局（版权局）、食品药品监管总局、林业局、知识产权局、贸促会、高法院、高检院负责）

131. 积极参与知识产权国际规则制定，加快推进保护广播组织条约修订，推动公共健康多哈宣言落实和视听表演北京条约尽快生效，做好我国批准马拉喀什条约相关准备工作。（外交部、环境保护部、农业部、商务部、海关总署、工商总局、质检总局、新闻出版广电总局（版权局）、林业局、知识产权局、贸促会按职责分别负责）

132. 加强与世界知识产权组织、世界贸易组织及相关国际组织的交流合作。（知识产权局、商务部、外交部牵头，工业和信息化部、公安部、农业部、文化部、海关总署、工商总局、质检总局、新闻出版广电总局（版权局）、林业局、贸促会负责）

133. 拓宽知识产权公共外交渠道。（外交部、商务部、工商总局、质检总局、新闻出版广电总局（版权局）、知识产权局、贸促会按职责分别负责）

134. 继续巩固发展知识产权多双边合作关系，加强与“一带一路”沿线国家、金砖国家的知识产权交流合作。（知识产权局、商务部牵头，外交部、发展改革委、公安部、国资委、海关总署、工商总局、质检总局、新闻出版广电总局（版权局）、贸促会负责）

135. 加强我驻国际组织、主要国家和地区外交机构中涉知识产权事务的人才储备和人力配备。（外交部、财政部、商务部、海关总署、工商总局、新闻出版广电总局（版权局）、知识产权局、贸促会按职责分别负责）

136. 健全企业海外知识产权维权援助体系。（商务部、海关总署、工商总局、新闻出版广电总局（版权局）、知识产权局、贸促会按职责分别负责）

137. 鼓励社会资本设立中国企业海外知识产权维权援助服务基金。（知识产权局、商务部、贸促会负责）

138. 制定实施应对海外产业重大知识产权纠纷的政策。（商务部、知识产权局牵头，工业和信息化部、海关总署、工商总局、质检总局、新闻出版广电总局（版权局）、贸促会负责）

139. 完善海外知识产权信息服务平台，发布相关国家和地区知识产权制度环境等信息。（商务部、工商总局、新闻出版广电总局（版权局）、知识产权局、贸促会按职责分别负责）

140. 支持企业广泛开展知识产权跨国交易，推动有自主知识产权的服务和产品“走出去”。（商务部、国资委、海关总署、工商总局、质检总局、新闻出版广电总局（版权局）、知识产权局、贸促会按职责分别负责）

141. 继续开展外向型企业海外知识产权保护以及纠纷应对实务培训。（知识产权局、贸促会负责）

专栏 6　知识产权海外维权工程

142. 推动企业在人才引进、国际参展、产品和技术进出口、企业并购等活动中开展知识产权风险评估，提高企业应对知识产权纠纷能力。（商务部、知识产权局牵头，工业和信息化部、国资委、贸促会负责）

143. 加强对知识产权案件的跟踪研究，及时发布风险提示。（商务部、工商总局、新闻出版广电总局（版权局）、知识产权局、贸促会按职责分别负责）

144. 加强中国保护知识产权海外维权信息平台建设。发布海外知识产权服务机构和专家名录及案例数据库。（商务部、工商总局、新闻出版广电总局（版权局）、知识产权局、贸促会按职责分别负责）

145. 建立海外展会知识产权快速维权长效机制，组建海外展会快速维权中心，建立海外展会快速维权与常规维权援助联动的工作机制。（商务部、工业和信息化部、环境保护部、农业部、文化部、国资委、海关总署、工商总局、质检总局、新闻出版广电总局（版权局）、林业局、知识产权局、贸促会负责）

四、重大专项

（一）加强知识产权交易运营体系建设

146. 发挥中央财政资金引导作用，建设全国知识产权运营公共服务平台，依托文化产权、知识产权等无形资产交易场所开展版权交易，审慎设立版权交易平台。出台有关行业管理规则，加强对知识产权交易运营的业务指导和行业管理。（知识产权局、教育部、科技部、财政部、国资委、新闻出版广电总局（版权局）、中科院、国防科工局、中央军委装备发展部负责）

147. 以知识产权运营公共服务平台为基础，推动建立基于互联网、基础统一的知识产权质押登记平台。（知识产权局、财政部、人民银行、银监会负责）

148. 拓展知识产权质押融资试点内容和工作范围，完善风险管理以及补偿机制，鼓励社会资本发起设立小微企业风险补偿基金。（财政部、文化部、人民银行、工商总局、新闻出版广电总局（版权局）、知识产权局、银监会按职责分别负责）

149. 探索开展知识产权证券化和信

托业务，支持以知识产权出资入股，在依法合规的前提下开展互联网知识产权金融服务，加强专利价值分析与应用效果评价工作，加快专利价值分析标准化建设。（人民银行、工商总局、质检总局、新闻出版广电总局（版权局）、知识产权局、银监会、证监会按职责分别负责）

150. 加强对知识产权质押的动态管理。（人民银行、工商总局、新闻出版广电总局（版权局）、知识产权局、银监会按职责分别负责）

151. 面向行业协会、高校和科研机构深入开展专利协同运用试点，建立订单式发明、投放式创新的专利协同运用机制。培育建设一批产业特色鲜明、优势突出，具有国际影响力的专业化知识产权运营机构。强化行业协会在知识产权联合创造、协同运用、合力保护、共同管理等方面的作用。鼓励高校和科研机构强化知识产权申请、运营权责，加大知识产权转化力度。引导高校院所、企业联合共建专利技术产业化基地。（知识产权局负责）

专栏 7　知识产权投融资服务工程

152. 推进知识产权运营交易全过程电子化，积极开展知识产权运营项目管理。（知识产权局负责）

153. 加快培育国家专利运营试点企业，加快推进西安知识产权军民融合试点、珠海知识产权金融试点及华北、华南等区域知识产权运营中心建设。（知识产权局、财政部、国防科工局、中央军委装备发展部负责）

154. 优化质押融资服务机制，鼓励有条件的地区建立知识产权保险奖补机制。（知识产权局、银监会、保监会负责）

155. 研究推进知识产权海外侵权责任保险工作。（保监会、知识产权局、贸促会负责）

156. 深入开展知识产权质押融资风险补偿基金和重点产业知识产权运营基金试点。（财政部、知识产权局牵头）

157. 探索知识产权证券化，完善知识产权信用担保机制，推动发展投贷联动、投保联动、投债联动等新模式。创新知识产权投融资产品。在全面创新改革试验区引导创业投资基金、股权投资基金加强对知识产权领域的投资。（人民银行、工商总局、新闻出版广电总局（版权局）、知识产权局、银监会、证监会按职责分别负责）

158. 支持探索知识产权创造与运营的众包模式，鼓励金融机构在风险可控和商业可持续的前提下，基于众创、众包、众扶等新模式特点开展金融产品和服务创新，积极发展知识产权质押融资，促进“互联网＋”知识产权融合发展。（知识产权局、发展改革委、工业和信息化部、人民银行、银监会、证监会负责）

（二）加强知识产权公共服务体系建设

159. 建立健全知识产权公共服务网络，增加知识产权信息公共服务产品供给。（知识产权局、工商总局、新闻出版广电总局（版权局）、中央军委装备发展部负责）

160. 推动知识产权基础信息与经济、法律、科技、产业运行等其他信息资源互联互通。（知识产权局、发展改革委、工商总局负责）

161. 实施产业知识产权服务能力提升行动，创新对中小微企业和初创型企业的服务方式。（工业和信息化部、知识产权局负责）

162. 发展“互联网＋”知识产权服务等新模式，培育规模化、专业化、市场化、国际化的知识产权服务品牌机构。（知识产权局、发展改革委负责）

163. 实现专利、商标、版权、集成电路布图设计、植物新品种、地理标志以及知识产权诉讼等基础信息资源免费或低成本开放共享。（知识产权局、发展改革委、农业部、工商总局、质检总局、新闻出版广电总局（版权局）、林业局、高法院负责）

164. 运用云计算、大数据、移动互联网

等技术，实现平台知识产权信息统计、整合、推送服务。（知识产权局、发展改革委、工商总局、新闻出版广电总局（版权局）负责）

专栏8　知识产权信息公共服务平台建设工程

165. 制定发布知识产权公共服务事项目录和办事指南。（知识产权局负责）

166. 增加知识产权信息服务网点，加强公共图书馆、高校图书馆、科技信息服务机构、行业组织等的知识产权信息服务能力建设。（知识产权局、教育部、科技部、文化部、工商总局、新闻出版广电总局（版权局）、中科院、中央军委装备发展部负责）

167. 依托专业机构创建一批布局合理、开放协同、市场化运作的产业知识产权信息公共服务平台，在中心城市、自由贸易试验区、国家自主创新示范区、国家级高新区、国家级经济技术开发区等提供知识产权服务。（发展改革委、科技部、工业和信息化部、商务部、知识产权局按职责分别负责）

168. 在众创空间等创新创业平台设置知识产权服务工作站。（知识产权局负责）

169. 整合知识产权信息资源、创新资源和服务资源，推进实体服务与网络服务协作，促进从研发创意、知识产权化、流通化到产业化的协同创新。（知识产权局、科技部、工业和信息化部负责）

170. 建设专利基础数据资源开放平台，免费或低成本扩大专利数据的推广运用。（知识产权局、发展改革委、中央军委装备发展部负责）

171. 建立财政资助项目形成的知识产权信息和上市企业知识产权信息公开窗口。（知识产权局、财政部、证监会负责）

172. 在自由贸易试验区、国家自主创新示范区、国家级高新区、中外合作产业园区、国家级经济技术开发区等建设一批国家知识产权服务业集聚区。（知识产权局、发展改革委、科技部、商务部、工商总局、新闻出版广电总局（版权局）负责）

173. 鼓励知识产权服务机构入驻创新创业资源密集区域，提供市场化、专业化的服务，满足创新创业者多样化需求。针对不同区域，加强分类指导，引导知识产权服务资源合理流动，与区域产业深度对接，促进经济提质增效升级。（知识产权局负责）

174. 完善知识产权服务业统计制度，建立服务机构名录库。（知识产权局、工商总局、质检总局、统计局负责）

175. 成立知识产权服务标准化技术组织，推动完善服务标准体系建设，开展标准化试点示范。（知识产权局、质检总局负责）

176. 完善专利代理管理制度，加强事中事后监管。健全知识产权服务诚信信息管理、信用评价和失信惩戒等管理制度，及时披露相关执业信息。（知识产权局负责）

177. 研究建立知识产权服务业全国性行业组织。（知识产权局、民政部负责）

178. 具备条件的地方，可探索开展知识产权服务行业协会组织“一业多会”试点。（知识产权局、工商总局、新闻出版广电总局（版权局）负责）

（三）加强知识产权人才培育体系建设

179. 加强知识产权相关学科专业建设，支持高等学校在管理学和经济学等学科中增设知识产权专业，支持理工类高校设置知识产权专业。加强知识产权学历教育和非学历继续教育，加强知识产权专业学位教育。（教育部、知识产权局负责）

180. 构建政府部门、高校和社会相结合的多元知识产权教育培训组织模式，支持行业组织与专业机构合作，加大实务人才培育力度。加强国家知识产权培训基地建设工作，完善师资、教材、远程系统等基础建设。加大对领导干部、企业家和各类创新人才的知识产权培训力度。鼓励高等学校、科研院所开展知识产权国际学术交流，鼓励我国知识产权人才获得海外相应资格证书。（知识产权局、教育部、人力资源社会保障部、中科院负责）

181. 推动将知识产权课程纳入各级党校、行政学院和干部学院的教学内容。(中央组织部、知识产权局负责)

182. 加强知识产权高层次人才队伍建设,加大知识产权管理、运营和专利信息分析等人才培养力度。(知识产权局、人力资源社会保障部负责)

183. 统筹协调知识产权人才培训、实践和使用,加强知识产权领军人才、国际化专业人才的培养与引进。(知识产权局负责)

184. 构建多层次、高水平的知识产权智库体系。(知识产权局负责)

185. 探索建立行业协会和企业事业单位专利专员制度。选拔一批知识产权创业导师,加强创新创业指导。(知识产权局负责)

186. 建立人才引进使用中的知识产权鉴定机制,利用知识产权信息发现人才。(知识产权局负责)

187. 完善知识产权职业水平评价制度,制定知识产权专业人员能力素质标准。(知识产权局、人力资源社会保障部负责)

188. 鼓励知识产权服务人才和创新型人才跨界交流和有序流动,防范人才流动法律风险。建立创新人才知识产权维权援助机制。(知识产权局负责)

(四)加强知识产权文化建设

189. 健全知识产权新闻发布制度,拓展信息发布渠道。(知识产权局、中央宣传部负责)

190. 组织开展全国知识产权宣传周、中国专利周、绿书签、中国国际商标品牌节等重大宣传活动。(知识产权局、中央宣传部、工商总局、新闻出版广电总局(版权局)负责)

191. 丰富知识产权宣传普及形式,发挥新媒体传播作用。(知识产权局、中央宣传部负责)

192. 支持优秀作品创作,推出具有影响力的知识产权题材影视文化作品,弘扬知识产权正能量。(知识产权局、中央宣传部、工商总局、新闻出版广电总局(版权局)负责)

193. 鼓励知识产权文化和理论研究,加强普及型教育,推出优秀研究成果和普及读物。(知识产权局、中央宣传部、中央网信办、教育部、文化部、工商总局、新闻出版广电总局(版权局)负责)

194. 将知识产权内容全面纳入国家普法教育和全民科学素养提升工作。(教育部、司法部、知识产权局、中国科协按职责分别负责)

专栏 9　知识产权文化建设工程

195. 利用新媒体,加强知识产权相关法律法规、典型案例的宣传。(知识产权局、司法部负责)

196. 讲好中国知识产权故事,推出具有影响力的知识产权主题书籍、影视作品,挖掘报道典型人物和案例。(知识产权局、中央宣传部、新闻出版广电总局负责)

197. 开展全国中小学知识产权教育试点示范工作,建立若干知识产权宣传教育示范学校。(知识产权局、教育部负责)

198. 引导各类学校把知识产权文化建设与学生思想道德建设、校园文化建设、主题教育活动紧密结合,增强学生的知识产权意识和创新意识。(教育部、知识产权局负责)

199. 鼓励支持教育界、学术界广泛参与知识产权理论体系研究,支持创作兼具社会及经济效益的知识产权普及读物,增强知识产权文化传播的针对性和实效性,支撑和促进中国特色知识产权文化建设。(知识产权局、中央宣传部、教育部、文化部、工商总局、新闻出版广电总局(版权局)负责)

2017年深入实施国家知识产权战略加快建设知识产权强国推进计划

国知战联办〔2017〕12号

为全面贯彻党的十八大和十八届三中、四中、五中、六中全会精神，深入贯彻习近平总书记系列重要讲话精神和治国理政新理念新思想新战略，认真落实党中央、国务院决策部署，深入实施国家知识产权战略，加快建设知识产权强国，明确2017年重点任务和工作措施，制定本计划。

一、深化知识产权领域改革

（一）推进知识产权管理体制机制改革

1. 落实《知识产权综合管理改革试点总体方案》，确定改革试点地方，加强对试点工作的指导，统筹协调改革试点中的重大政策问题，做好试点地方改革推进的督促检查和考核评估工作，及时总结推广改革的成功经验。（知识产权局、工商总局、新闻出版广电总局（版权局）负责）

2. 推进国家知识产权服务业集聚发展试验区和示范区建设，制定集聚发展示范区建设指引。（知识产权局、发展改革委负责）

3. 积极研究探索知识产权管理体制机制改革。（中央编办、工商总局、新闻出版广电总局（版权局）、知识产权局负责）

（二）改革完善知识产权重大政策

4. 积极推进《中国国民经济核算体系（2016）》的实施，完善研发、计算机软件等知识产权产品的核算方法，探索数据库、娱乐、文学和艺术品原件等知识产权产品核算方法。（统计局负责）

5. 制定党政领导干部考核规定，体现知识产权相关内容和要求。（中央组织部、工商总局、新闻出版广电总局（版权局）、知识产权局负责）

6. 推动发布《关于妥善处理国防知识产权权利归属和利益分配问题的若干意见》。（中央军委装备发展部、财政部、国防科工局负责）

7. 推动国家科技计划和重大专项知识产权管理相关办法修订工作。（科技部、知识产权局负责）

8. 研究制定知识产权评议政策和知识产权评议服务相关标准，深入实施重大经济科技活动知识产权评议项目，发布知识产权评议报告，遴选一批知识产权评议服务示范机构。（知识产权局、发展改革委、科技部、工业和信息化部、工商总局负责）

9. 建立以知识产权为重要内容的创新驱动发展评价体系，发布年度知识产权发展状况报告。（知识产权局、科技部、农业部、工商总局、质检总局、新闻出版广电总局（版权局）、统计局、林业局负责）

（三）深化知识产权服务业“放管服”改革

10. 实施进一步放宽专利代理准入的改革措施，完善专利代理执业信息披露制度，充分利用专利代理机构经营异常名录和严重违法专利代理机构名单加强社会监督。（知识产权局负责）

11. 加强商标代理机构监管，推动出台商标代理信用管理暂行办法。（工商总局负责）

12. 加强对著作权集体管理组织及涉外著作权机构的监管，规范其开展的各项

涉及版权的活动，推动版权社会组织资源进一步整合。（新闻出版广电总局（版权局）负责）

13. 制定并推行知识产权尽职调查规范。选取若干地方开展知识产权保护公证服务试点工作，遴选培育若干家知识产权保护公证服务示范机构。（司法部负责）

14. 研究国防专利代理机构准入退出机制，制定《关于加强国防专利代理工作的意见》。（中央军委装备发展部负责）

二、严格保护知识产权

（一）完善法律法规规章

15. 积极推进专利法第四次修订和《专利代理条例》的立法进程。（知识产权局、法制办负责）

16. 推进著作权法第三次修订。（新闻出版广电总局（版权局）、法制办负责）

17. 积极推动《植物新品种保护条例》修订。（农业部、林业局、知识产权局负责）

18. 推进生物遗传资源获取管理法规和《人类遗传资源管理条例》立法进程。（环境保护部、科技部、农业部、质检总局、林业局、知识产权局、法制办负责）

19. 推动修订《国防专利条例》。（中央军委装备发展部、工业和信息化部、知识产权局、国防科工局负责）

20. 参与修订《奥林匹克标志保护条例》。（工商总局负责）

21. 出台《关于审查知识产权与竞争纠纷行为保全案件适用法律若干问题的解释》。（高法院负责）

22. 出台滥用知识产权的反垄断指南，明确知识产权领域中垄断行为的判定标准，加强对滥用知识产权行为的监管。（发展改革委、商务部、工商总局、知识产权局负责）

23. 修订《农业植物新品种权侵权案件处理规定》，起草《农业植物新品种权行政执法规程》。（农业部负责）

24. 出台《军用计算机软件著作权登记工作暂行规则》。（新闻出版广电总局（版权局）、中央军委装备发展部负责）

25. 研究制定《军用集成电路布图设计登记办法》的可行性。（中央军委装备发展部、知识产权局负责）

26. 推动发布《国防专利定密解密工作规程》。（中央军委装备发展部、知识产权局负责）

（二）加强保护长效机制建设

27. 推进知识产权民事、行政和刑事案件审判“三合一”工作，推动南京、苏州、武汉和成都等地中级人民法院知识产权审判庭跨区域管辖部分知识产权案件，积极推动完善知识产权案件上诉机制。（高法院负责）

28. 推进政府机关软件正版化检查机关全覆盖、计算机全覆盖，推广正版软件使用管理工作指南，扩大国产软件应用试点范围。（新闻出版广电总局（版权局）牵头负责）

29. 加强检察机关办理知识产权案件专业力量建设，加强对知识产权领域新型案件办案指导，重点查办一批情节严重、影响恶劣的侵犯知识产权犯罪案件。（高检院负责）

30. 以情报导侦带动全面打击知识产权侵权假冒工作，强化集群作战攻势，对侵权假冒犯罪实施全链条打击，建立完善双边、多边合作机制，策划大案联合执法。（公安部负责）

（三）开展重点领域专项治理

31. 落实严格专利保护的意见，围绕重点领域关键环节开展执法专项行动，加大对专利侵权行为的惩治力度，深化京津冀、长江经济带和长三角、珠三角等区域的专利联合执法。（知识产权局牵头负责）

32. 加大商标专用权保护力度。加大对驰名商标、地理标志商标、涉外商标专用权保护力度。严厉打击网络商标侵权假冒违法行为，推进线上线下一体化监管。创新商标监管方式，将查处商标侵权假冒行为的监督检查和行政处罚信息纳入国家企业信用信息公示系统，加大失信惩戒力度。（工商总局牵头负责）

33. 加强网络侵权盗版治理，开展打击网络侵权盗版专项治理“剑网行动”，完善国家版权监管平台，突出对网络影视、新闻、游戏、动漫、软件等重点领域的专项整治，探索对新型网络侵权盗版行为的有效治理模式。（新闻出版广电总局（版权局）、工业和信息化部、公安部、文化部负责）

34. 深入开展中国制造海外形象维护“清风”行动，推进互联网领域侵权假冒专项治理，开展寄递渠道重点执法。（中央网信办、工业和信息化部、公安部、农业部、商务部、文化部、卫生计生委、海关总署、工商总局、质检总局、新闻出版广电总局（版权局）、食品药品监管总局、知识产权局、邮政局、贸促会按职责分工分别负责）

35. 以网络游戏、网络音乐、网络动漫、网络表演等领域为重点，大力推进知识产权保护，发布违法违规互联网文化产品和经营单位查处名单。（文化部负责）

36. 加强植物新品种保护执法体系建设，组织开展打击侵犯植物新品种权专项行动。（农业部、林业局负责）

（四）加强日常监管执法

37. 出台知识产权海关保护工作规程，健全部门间执法合作机制，上线知识产权海关保护执法系统，在自贸试验区试点推行新型执法模式，研究建立区域海关联合办案、同类型案件联合督办等大要案办理模式，推广知识产权海关保护备案移动查询系统，实现智能化执法。（海关总署负责）

38. 加强对个体专业市场的知识产权保护规范化培育工作，开展第二批知识产权保护规范化培育市场评审认定工作，推动“专业市场知识产权保护信息管理系统”在相关培育市场的应用。（知识产权局负责）

39. 研究林业植物新品种保护行政执法考核指标，推进林业遗传资源调查编目工作。（林业局负责）

40. 加强商业模式等新业态创新成果专利保护研究，研究完善实用艺术品外观设计专利保护制度，收集整理实用艺术品外观设计专利保护典型案例。（知识产权局负责）

41. 开展知识产权保护社会满意度调查，发布知识产权保护社会满意度调查报告。（知识产权局、工商总局、新闻出版广电总局（版权局）负责）

三、促进知识产权创造运用

（一）提升知识产权创造质量

42. 实施专利质量提升工程，优化专利统计指标体系和各类专利资助政策，强化质量导向，加强对非正常专利申请行为的监管，建立健全信息反馈联动机制和工作约谈机制。（知识产权局负责）

43. 开展重点优势产业专利申请集中审查试点，研究建立专利申请集中审查中涉及产业安全的沟通机制，启动制定重点优势产业专利申请的集中审查管理办法。（知识产权局负责）

44. 完善发明专利审查质量保障案例分享机制，加强质量保障体系建设和审查质量外部反馈机制，完善业务指导体系，制定《关于加强和规范审查协作中心业务指导的意见》。（知识产权局负责）

45. 试行专利复审及无效优先审查，探索实施短周期案件审查模式，探索建立涉及系列申请复审案件的集中审查机制。（知识产权局负责）

46. 加强与相关国家或地区专利审查机构的“专利审查高速路”合作，探索与“一带一路”沿线国家开展“专利审查高速路”合作的可行性，推进“一带一路”地方战略支点建设工作。（知识产权局负责）

47. 大力推进商标网上申请，将网上申请由仅对商标代理机构开放扩大至所有申请人，业务受理范围由仅受理注册申请业务，逐步扩大至续展、转让、变更、注销等。（工商总局负责）

48. 深入推进商标注册便利化改革，加强上海、重庆等地区商标审查协作工作。（工商总局负责）

49. 上线运行农业植物新品种保护在线申请系统，实现在线申请系统与办公自动化系统信息对接。（农业部负责）

50. 推动国防知识产权信息平台建设，分类建设国防知识产权信息平台，开展国防专利标准数据加工，完善国防专利申请审查系统。完成国防科技工业领域专利信息分类检索系统开发，开展国防科技工业领域专利技术分类体系研究。（中央军委装备发展部、国防科工局负责）

51. 开展中医药传统知识保护制度研究，完善中医药传统知识保护名录数据库，制定并发布中药产业专利报告。（中医药局、卫生计生委、知识产权局负责）

（二）加强知识产权综合运用

52. 完善科技成果转移转化支持机制，加快实施国家科技成果转化引导基金，设立新一批子基金，实施贷款风险补偿。（科技部、财政部负责）

53. 上线试运营全国知识产权运营公共服务平台，完善全国知识产权运营平台体系，发挥重点产业知识产权运营基金引导作用。（知识产权局负责）

54. 研究制定知识产权跨国许可与转让指南、知识产权许可合同范本。（知识产权局负责）

55. 推动商标受理和注册商标质权登记工作便利化改革，优化设立商标受理窗口和注册商标质权登记申请受理点。（工商总局负责）

56. 举办2017中国国际商标品牌节与中国商标金奖颁奖活动，促进商标运用与保护。（工商总局负责）

57. 加强对国家版权贸易基地、国家版权交易中心的培育和管理，支持“国家版权交易中心联盟”建设。（新闻出版广电总局（版权局）负责）

58. 深入推进商标富农工作。（工商总局、农业部负责）

59. 主办世界地理标志大会。（工商总局负责）

60. 推进国家地理标志产品保护示范区建设，开展地理标志产品精准扶贫工程，重点支持西部地区申请地理标志产品保护。（质检总局负责）

61. 编制印发《国防科技工业知识产权转化目录（第三批）》。（国防科工局、知识产权局负责）

62. 推动中央企业和中央创新投资基金参与相关知识产权运营基金，加大在重点产业领域的布局和投入力度。（国资委负责）

63. 完善知识产权信用担保机制，鼓励有条件的商业银行等金融机构，在风险可控、商业可持续的前提下，开展知识产权质押融资业务，加强专利保险的险种开发、服务完善、人才培养和风险监控。推动《融资担保公司管理条例》尽快出台，完善被担保人或者第三人以知识产权质押方式向融资担保公司提供反担保的登记机制。（人民银行、工商总局、知识产权局、银监会、保监会负责）

64. 出台知识产权强企建设实施方案，继续实施中小企业知识产权战略推进工程，深入推进国家知识产权示范优势企业培育工作。（知识产权局、工业和信息化部、国资委负责）

65. 建立基于产业行业的共享专利池，加强中科院和企业的交流合作，共享专利技术。（中科院负责）

66. 正式启用国家标准制修订系统中国家标准涉及专利管理子系统，实现统计、查询和管理功能，开展《标准必要专利布局

指南》的研究和起草工作，加快专利价值分析等国家标准制定。（知识产权局、质检总局负责）

67. 推动完善知识产权认证制度建设，推动知识产权领域认证能力建设，完善知识产权认证监管体系建设。（知识产权局、质检总局负责）

68. 开展《高等学校知识产权管理规范》和《科研组织知识产权管理规范》贯标工作，指导高校和科研组织完善知识产权规范化管理制度，推行高校和科研组织的专利分级管理。（知识产权局、教育部、中科院负责）

69. 实施中小企业知识产权托管试点工程，遴选一批知识产权服务机构，面向小微企业开展知识产权运营与维权服务。（知识产权局负责）

70. 制定印发《关于促进国防知识产权向民用领域转移鼓励民用领域知识产权在国防领域运用的若干意见》。（中央军委装备发展部、工业和信息化部、知识产权局负责）

（三）强化知识产权信息利用

71. 推广实施针对区域、产业和企业的专利导航项目，构建专利导航工作体系。制定专利导航区域创新发展质量评价指标。推动构建产业知识产权联盟。（知识产权局负责）

72. 推进知识产权区域布局试点工作，发布知识产权区域布局发展报告，研究编制知识产权区域布局导向目录范本。（知识产权局负责）

73. 开展产业知识产权协同运用推进行动和行业知识产权服务能力提升行动。发布重点产业知识产权态势报告，建设知识产权信息服务类产业技术基础公共服务平台。（工业和信息化部、知识产权局负责）

74. 修订国际专利分类与战略性新兴产业对照表，完善战略性新兴产业中国专利数据库和全球专利数据库结构和内容，持续完成战略性新兴产业总体情况及七大子产业专利统计分析工作。（知识产权局负责）

75. 积极推进电子商标注册证及电子送达工作，开放商标数据库，加强内部办公平台、社会服务平台“两个平台”建设，推动网上查询、网上申请、网上缴费、网上公告系统提速升级。（工商总局负责）

76. 开展林业知识产权示范、专利产业化推进及林业重点领域专利预警分析研究工作。（林业局负责）

77. 统计监测知识产权密集型产业发展态势，发布2017年知识产权密集型产业统计报告。（知识产权局、统计局负责）

78. 完善全国专利信息公共服务体系建设，推进专利数据信息资源开放共享，全面推进“新一代地方专利信息服务中心检索与分析系统”试点工作，依法公开专利审查过程信息。（知识产权局负责）

四、深化知识产权国际交流合作

（一）加强重点产业海外布局和风险防控

79. 开展海外知识产权环境研究，及时发布主要贸易目的地、对外投资目的地知识产权制度等信息。（知识产权局负责）

80. 制定《中小企业海外经营知识产权实务指南》，探索建设中小企业知识产权工作远程培训与在线咨询服务平台。（贸促会负责）

81. 鼓励社会资本设立中国企业海外知识产权维权援助服务基金，遴选海外和涉外知识产权维权服务援助机构，推动“中华老字号”企业在外落地发展。（贸促会负责）

82. 加强海外知识产权维权援助机制建设，完善与产业、行业主管部门及商协会的沟通机制，继续在重点国际展（博）览会设立中国企业知识产权服务站，为企业“走出去”提供知识产权指引，协助解决企业在境外遇到的知识产权纠纷。（商务部、工商

总局、新闻出版广电总局(版权局)、知识产权局、贸促会负责)

83. 拓展与“一路一带”沿线国家海关合作,邀请我国企业参加海关对外合作,维护我国企业海外知识产权利益,助推中国企业“走出去”。(海关总署负责)

(二)提升知识产权对外合作水平

84. 加强与世界知识产权组织、世界贸易组织及相关国际组织的合作交流,积极推动“一带一路”沿线国家、金砖国家知识产权合作。深入参与发明领域和外观设计领域中美欧日韩合作。利用知识产权海外交流活动平台扩大中国品牌国际影响,提升涉外知识产权工作成效。(外交部、商务部、知识产权局牵头,农业部、海关总署、工商总局、质检总局、新闻出版广电总局(版权局)、林业局、贸促会按职责分工分别负责)

85. 发挥中美、中欧知识产权工作组等双边政府对话机制作用,服务中美高层交往、中国—欧盟领导人会晤等重大双边活动。推动中美、中欧知识产权合作项目延续事宜。加快中欧地理标志协定谈判进程。积极推动区域全面经济伙伴关系和亚太经合组织框架下以及金砖国家经贸合作机制下的知识产权合作。(商务部、外交部、文化部、海关总署、工商总局、质检总局、新闻出版广电总局(版权局)、知识产权局负责)

86. 设立援助发展中国家的知识产权学历教育项目,开展面向发展中国家的知识产权学历教育和短期培训。(知识产权局、教育部负责)

87. 拓展企业参与国际和区域性知识产权规则制修订途径。推动国内服务机构、产业联盟等加强与国外相关组织的合作交流。(知识产权局负责)

88. 组织召开博鳌亚洲论坛知识产权研讨会和第九届金砖国家知识产权局局长会议。(知识产权局负责)

89. 参加国际植物新品种保护联盟系列会议、东亚论坛等,借鉴优势国家经验,开展双边新品种保护合作交流,参与国际植物新品种保护联盟电子申请系统建设。(知识产权局、农业部、林业局负责)

90. 积极履行《生物多样性公约关于获取遗传资源和公正和公平分享其利用所产生惠益的名古屋议定书》,加强履约能力建设。(环境保护部负责)

91. 建立知识产权仲裁机构,完善知识产权争议解决机制。(贸促会、知识产权局负责)

五、加强组织实施和保障

(一)加强政策制定和推进落实

92. 完善国务院知识产权战略实施工作部际联席会议工作规则,修订国家知识产权战略信息工作管理办法,研究制定国家知识产权战略实施评价制度,启动《国家知识产权战略纲要》实施十年评估工作。(联席会议办公室、联席会议成员单位负责)

93. 推动出台《“十三五”国家知识产权保护和运用规划》任务分工方案,做好规划宣传解读。(知识产权局牵头负责)

94. 深入实施商标品牌战略,推动出台《关于深入实施商标品牌战略推进中国品牌建设的意见》。(工商总局、质检总局负责)

95. 印发实施《关于国防科技工业推进知识产权强国建设的指导意见》。(国防科工局、财政部、知识产权局负责)

96. 印发实施《关于支持东北老工业基地全面振兴深入实施东北地区知识产权战略的若干意见》。(知识产权局、发展改革委、科技部、工业和信息化部、农业部、文化部、海关总署、工商总局、新闻出版广电总局(版权局)负责)

97. 推进引领型、支撑型、特色型知识产权强省建设,遴选一批城市开展知识产权强市建设。深入推进知识产权试点示范

城市工作，实施知识产权强县工程。（知识产权局负责）

（二）加强人才培养和宣传引导

98. 制定印发《知识产权人才“十三五”规划》，推动全国知识产权系统结合本地区工作实际，制定实施相应的知识产权人才规划或落实方案。（知识产权局负责）

99. 重点开展“五个一批”人才培养，积极推动知识产权专业技术人员评价体系建设。（知识产权局、人力资源社会保障部负责）

100. 支持高水平高校设置知识产权相关专业，推动开设知识产权本科专业的高校修订知识产权专业人才培养方案。支持有关学位授予单位自主设置知识产权二级学科和交叉学科。（教育部负责）

101. 深入实施专业技术人才知识更新工程，加大对知识产权领域专业技术人才培养培训工作的支持力度。完善知识产权专业技术人员职称评价标准。加大知识产权高层次人才引进力度，完善相关高层次人才回国优惠政策。进一步加强公务员知识产权培训。（知识产权局、人力资源社会保障部负责）

102. 加强对非物质文化遗产传承人群的知识产权培训，实施中国非物质文化遗产传承人群研修研习培训计划，提高非物质文化遗产传承人群知识产权保护意识和保护能力。（文化部负责）

103. 实施知识产权文化建设工程，组织办好世界知识产权日、全国知识产权宣传周、中国知识产权保护高层论坛等大型活动。加强知识产权普及型教育，深入推进中小学知识产权教育试点示范工作，建设命名中小学生知识产权教育社会实践基地，认真开展知识产权普法工作和公益讲座，提高全社会知识产权意识。（知识产权局、中央宣传部、中央网信办、教育部、司法部、文化部、工商总局、新闻出版广电总局（版权局）负责）

上述各项任务分工中，由多个部门负责的，列第一位的部门为牵头部门，其他为参与部门；由多个部门牵头的，牵头部门不分先后。

2017年全国打击侵犯知识产权和制售假冒伪劣商品工作要点

国办发〔2017〕46号

2017年，全国打击侵犯知识产权和制售假冒伪劣商品工作要认真贯彻党的十八大和十八届三中、四中、五中、六中全会精神，认真落实党中央、国务院决策部署，结合推进供给侧结构性改革，依法严厉打击影响知识产权保护、妨碍公平竞争和侵害消费者、权利人合法权益的侵权假冒违法犯罪，打造法治化营商环境，为实施国家创新驱动发展战略、国家知识产权战略和《“十三五”国家知识产权保护和运用规划》，促进经济平稳健康发展与社会和谐稳定提供有力保障。

一、持续推进重点领域治理

（一）加大互联网领域侵权假冒治理力度

强化网上交易管理。开展2017网络市场监管专项行动，以打击侵权假冒、虚假宣传等违法行为为重点，提升协同管网水平。开展以消费品为重点的电子商务产品质量执法打假专项行动，进一步健全电子商务产品质量执法打假全国协查机制，加强追踪溯源和全链条打击。加强农村电子商务产品质量问题集中整治。加大互联网医疗监督管理力度。开展邮件、快件寄递渠道重点执法。（工业和信息化部、公安部、农业部、国家卫生计生委、海关总署、工商总局、质检总局、食品药品监管总局、国家网信办、国家邮政局按职责分工分别负责） 加强网络侵权盗版治理。深入开展“剑网行动”，进一步加大网络文学、影视、动漫、教材等领域和电子商务、软件应用商店等平台版权整治力度，严格新闻作品转载使用，将新型传播方式纳入版权监管范围。组织查处违法违规互联网文化产品和经营单位。继续深入开展电子商务领域专利执法维权行动，健全电子商务领域专利执法维权机制。（工业和信息化部、公安部、文化部、工商总局、新闻出版广电总局、国家知识产权局、国家网信办按职责分工分别负责） 强化交易平台监管。继续加强网站备案、网际协议地址（IP 地址）、域名等基础管理，严格网络零售第三方平台交易规则备案管理。指导和督促电子商务平台切实落实主体责任，进一步完善内部管理制度，加强对网络经营者的资格审查，严格内容审核，研发应用技术措施，加强商品和营销信息监控，畅通举报处置渠道，提高自我管理能力。组织对网站完善内控管理情况进行督导检查验收，从源头上阻断有害信息发布传播渠道。（工业和信息化部、公安部、商务部、文化部、工商总局、质检总局、新闻出版广电总局、国家网信办按职责分工分别负责）

（二）持续开展农村和城乡结合部市场治理

针对农村市场侵权假冒行为易发多发的情况，从生产源头、流通渠道、消费终端多管齐下，加强市场监管执法，严厉打击违法犯罪行为，净化农村市场环境。（公安部、农业部、商务部、工商总局、质检总局、食品药品监管总局、国家林业局、国家知识产权局、国家邮政局按职责分工分别负责） 严厉打击制售假劣农资违法犯罪行为。深入开展红盾护农行动，依法加强农资市场监管。开展春、秋两季农资打假专项治理行动，加大大案要案查处和曝光力度。推动农产品质量安全例行监测、农资质量监督抽查和执法办案相结合，强化检测、监管、执法部门联动。严肃查处含量不合格、标识不规范、无证生产化肥农药以及非法添加违禁成分行为。（农业部、工业和信息化部、公安部、工商总局、质检总局、高检院、高法院按职责分工分别负责） 组织开展全国林木种苗质量抽查，对持有林木种子经营许可证的企业开展“双随机”抽查。（国家林业局负责）

（三）深入开展中国制造海外形象维护“清风”行动

重点针对“一带一路”沿线国家和地区，突出进出口、重点专业市场、跨境电子商务等重点环节，加强部门执法协作，严厉打击跨境制售侵权假冒商品违法犯罪行为。加强进出口高风险货物监控，建立风险信息数据分析模型，提高打击精准度。加强对重点产品生产企业、输出重要商品的集散地和大型专业市场的监管，强化涉外展会、交易会的知识产权保护。充分发挥驻外经商机构和贸促会驻外代表处职能作用，加强对外沟通协调和对境外中资企业、商户的服务与教育引导。（工业和信息化部、公安部、农业部、商务部、海关总署、工商总局、质检总局、食品药品监管总局、国家知识产权局、国家网信办、国家邮政局、贸促会按职责分工分别负责）

二、大力加强商品质量日常监管

加强重点产品管理。围绕群众普遍关心的事关生命健康、财产安全、环境保护的重点产品，深入开展“质检利剑”专项行动，严肃查处质量违法行为。（质检总局负责） 进一步规范流通领域商品质量监管工作，积极开展商品质量监管执法，加强线上线下商品质量一体化监管。(工商总局负责) 对假冒治疗慢性病药品、无证医疗器械和假冒知名化妆品等重点产品,加大打击力度,坚决查处一批典型案件。积极拓展案源,主动发现线索,严肃查处通过投诉举报、虚假广告监测等渠道发现的违法行为。(食品药品监管总局负责) 开展“双随机”抽查,重点监管第一类消毒产品生产企业,加强对消毒剂、消毒器械、灭菌剂、灭菌器械等重点产品的抽检。(国家卫生计生委负责) 加强车用燃油监管,重点加强车用汽柴油和普通柴油质量监管与专项检查,集中力量严肃查处生产、销售假劣车用油品行为,严厉打击黑加油站点。对非标油进行综合治理,加大道路运输环节稽查抽检力度。(国家发展改革委、公安部、环境保护部、商务部、国务院国资委、税务总局、工商总局、质检总局等按职责分工分别负责)

加强重点区域治理。把区域集中整治作为质量和品牌提升行动的重要内容,创新管理理念和工作方式,完善治理机制,积极巩固整治成果,推进区域性质量问题集中整治深入开展。(质检总局负责)

加强寄递环节监管。推动落实寄递渠道安全管理收寄验视、实名收寄、过机安检三项制度。加强市场监管执法检查,督促企业切实遵守寄递渠道安全管理各项规定,积极推进寄递渠道安全监管“绿盾”工程建设。(国家邮政局负责)

强化无害化销毁。加大侵权假冒商品环境无害化销毁工作力度,确保将危险废物送到有资质的单位进行无害化销毁,防止二次污染。指导各地公布并定期更新本地具有环境无害化销毁能力的单位名录。(环境保护部牵头负责) 探索建立假劣农资销毁长效机制,制定假劣农资统一储存和销毁办法。(农业部、环境保护部按职责分工分别负责)

三、加大打击侵犯知识产权工作力度

依法处理侵犯专利权行为。深入开展知识产权执法维权专项行动,以食品、药品、医疗器械、环境保护等民生和高新技术相关领域为重点,进一步加大专利执法办案工作力度。增强专项行动的协同性,带动执法办案效率持续提升。(国家知识产权局牵头负责)

加强商标行政执法。加大对驰名商标、地理标志、涉外商标和老字号商标的保护力度。协调查处重大仿冒侵权行为。将查处商标侵权假冒行为的监督检查和行政处罚信息纳入国家企业信用信息公示系统,加大失信惩戒力度。研究推进商标代理信用监管,提高商标代理行业服务水平。(工商总局牵头负责)

加大版权保护工作力度。严肃查处侵权盗版行为,集中查处一批大案要案,加强重点产业专项保护。组织开展“秋风2017”专项行动,着力查缴盗版文学作品、少儿读物、教材教辅,从严查处高校及其周边复印店、培训机构擅自编印教材教辅行为。按照“双随机、一公开”要求,开展版权重点企业、印刷复制发行企业专项检查。(新闻出版广电总局牵头负责) 对部分地区文化市场进行暗访抽查。(文化部负责)

深入推进软件正版化工作。持续开展政府机关软件正版化工作,推进正版化自查、软件采购、管理维护、年度报告、考核评议常态化。完善中央企业和大中型金融机构软件正版化工作长效机制,加快推进地方国有企业、中小金融机构和民营企业软件正版化工作。推进软件正版化与信息化建设相融合,加强技术手段应用,推进政府机关软件正版化督查全覆盖。扩大软件协议供货产品种类,加大推广应用国产软件力度,依法查处软件行业垄断和不正当竞争行为。加强新出厂计算机预装正版操作系统软件监管。贯彻落实《中央行政单位通用办公设备家具配置标准》,完善软件采购和使用管理制度。(新闻出版广电总局牵头负责,工业和信息化部、财政部、国务院国资委、工商总局、国家知识产权局、国

管局按职责分工负责）

加强植物新品种保护。组织开展打击制售侵权假冒种子种苗工作，继续开展打击农、林业植物新品种侵权行政执法活动。加强农业植物新品种测试体系建设，完成对林业植物新品种现有测试机构能力评估工作，提高植物新品种测试能力和侵权证据鉴定水平。（农业部、国家林业局按职责分工分别负责）

四、加强刑事打击与司法保护

加大刑事打击力度。以情报导侦带动全面打假，完善集群战役发起和组织模式以及“一体化”作战机制，强化集群战役攻势，对侵权假冒犯罪行为实施全链条打击。（公安部负责）

充分履行检察职能。重点办理一批情节严重、影响恶劣的侵权假冒犯罪案件，加强对重点案件、新型案件的研究和督办，适时公布打击侵权假冒参考案例。严查侵权假冒犯罪案件背后的玩忽职守、贪赃枉法、徇私舞弊等职务犯罪。（高检院负责）

加大司法保护力度。依法加强对侵权假冒重点行业和重点领域民事、刑事、行政案件的审判工作，加强指导监督，适时出台司法解释和司法政策性文件。推进知识产权民事、刑事、行政案件审判“三合一”改革，推进跨区域知识产权法庭建设。（高法院负责）

五、全面推进跨区域跨部门协作

推广区域协作经验。总结长三角、京津冀、泛珠三角地区开展区域间、部门间执法协作的做法与经验，及时向全国推广。健全联席会议、线索通报、证据移转、案件协查等制度，加强跨区域、跨部门综合执法、联合执法。（全国打击侵权假冒工作领导小组办公室牵头负责，公安部、海关总署、工商总局、质检总局、国家知识产权局等按职责分工负责）

推进行政执法与刑事司法衔接。深化行政执法部门与司法机关衔接配合，加强信息共享、案情通报，及时移送涉嫌犯罪案件，克服有案不移、有案难移、以罚代刑现象。充分发挥全国打击侵权假冒行政执法与刑事司法衔接信息共享系统作用，加强数据管理和有效应用，进一步促进行政执法与刑事司法衔接。推动打击侵权假冒涉案物品检验鉴定和保管处理体系建设。（全国打击侵权假冒工作领导小组办公室、高检院牵头负责，公安部、农业部、文化部、海关总署、工商总局、质检总局、新闻出版广电总局、食品药品监管总局、国家林业局、国家知识产权局、高法院按职责分工负责）

加大涉税案件查处力度。加强侵权假冒涉税案件线索移交和调查处理工作，严肃查处相关税收违法行为。继续组织开展相关行业和领域税收专项整治，加强对侵权假冒企业的日常税收监管。（税务总局、海关总署、工商总局、食品药品监管总局等按职责分工分别负责）

加强监管信息化建设。探索充分利用大数据、云计算等现代信息技术，创新监管方式，加强技术监测平台建设，探索实行“互联网＋监管”模式，逐步提升侵权假冒违法线索发现、收集、甄别、处置能力。（工业和信息化部、公安部、农业部、商务部、文化部、海关总署、工商总局、质检总局、新闻出版广电总局、食品药品监管总局、国家林业局、国家知识产权局、国家网信办、国家邮政局按职责分工分别负责） 推进农资监管信息化建设和农药、种子、兽药等主要农资产品质量追溯体系建设。推广知识产权海关保护备案移动执法查询系统，升级知识产权海关保护执法系统，实现案件在线办理。推进质检12365“执法管理”和“信息采集”系统全面上线应用。（农业部、海关总署、质检总局按职责分工分别负责）

六、加强法规制度建设

加快相关法律法规制修订工作。按照立法计划，积极推进保护知识产权和打击侵权假冒方面的立法工作，推动制修订反不正当竞争法、著作权法、专利法、消费者权益保护法实施条例等法律法规。（国务院法制办、国家发展改革委、工业和信息化部、财政部、商务部、人民银行、海关总署、工商总局、质检总局、新闻出版广电总局、食品药品监管总局、国家知识产权局、国家网信办、国家邮政局按职责分工分别负责）

加强信用建设与联合奖惩。建设完善全国信用信息共享平台，统筹部门信用信息系统与地方公共信用信息共享平台建设。优化完善“信用中国”网站，做好信用信息、行政许可和行政处罚信息、联合奖惩信息、红黑名单信息公示工作。加强信用法律制度建设，完善守信联合激励和失信联合惩戒机制。（国家发展改革委、人民银行牵头负责） 建立打击侵犯知识产权和制售假冒伪劣商品领域黑名单。（全国打击侵权假冒工作领导小组有关成员单位按职责分工分别负责） 加快完善国家企业信用信息公示系统，继续推进涉企信息归集共享和失信联合惩戒工作。（工商总局牵头负责） 完善全国企业质量信用档案，建立质量信用信息归集机制。（质检总局负责） 将打击侵权假冒作为互联网诚信体系建设的重要内容，大力营造依法办网、诚信用网的良好氛围。（国家网信办负责） 推进农资领域、寄递行业、林木种苗企业诚信体系建设工作。（农业部、国家林业局、国家邮政局按职责分工分别负责）

健全督查考评机制。将打击侵权假冒违法犯罪活动纳入综治工作（平安建设）考核评价体系，纳入综治领导责任查究、重点地区治安突出问题排查整治、群众安全感调查和明察暗访范围，加强地方绩效考核，全面推进基层督查考核，落实地方政府责任。对领导不重视、侵权假冒问题长期高发地区通过通报、约谈、挂牌督办等方式督促其限期整改；对整治无效、工作不力导致发生重特大案（事）件的地区，按照有关规定实行一票否决制，追究有关领导干部的责任。（中央综治办、全国打击侵权假冒工作领导小组办公室按职责分工牵头负责）

七、积极推进社会共治

加大信息公开力度。发挥政府网站信息公开主渠道作用，依法及时公开侵权假冒行政处罚案件信息。完善案件信息公开管理制度。加强对打击侵权假冒信息公开工作的监督检查、情况通报和考核。（全国打击侵权假冒工作领导小组办公室牵头负责，农业部、文化部、海关总署、工商总局、质检总局、新闻出版广电总局、食品药品监管总局、国家林业局、国家知识产权局按职责分工负责）

加强政企合作。深化政府部门与电子商务平台合作，借助电子商务大数据资源，提升监测预警、风险防范、线索发现和精准打击能力。加强政府部门与权利人企业的交流互动，提升打击侵权假冒工作效率。（公安部、农业部、文化部、海关总署、工商总局、质检总局、新闻出版广电总局、食品药品监管总局、国家林业局、国家知识产权局按职责分工分别负责）

发挥行业组织自律作用。整合行业组织力量，充分发挥行业自律作用，加强行业统计、维权服务和信用评价，培育发展知识产权服务业，引领行业健康发展。引导企业强化主体责任，加强知识产权自我保护。（全国打击侵权假冒工作领导小组办公室牵头负责）

加强企业知识产权法律服务。研究制定律师办理知识产权业务尽职调查规范，加快推动知识产权公证服务平台建设。（司法部负责） 开展出口知识产权优势企业培塑计划试点，为企业创新发展和“走出去”提供支持。（海关总署负责）

加强宣传教育。加大打击侵权假冒宣传教育工作力度，深入宣传打击侵权假冒政策措施，及时报道有关专项行动进展成效，积极开展对外宣传和网上宣传，为深入推进打击侵权假冒工作、切实维护公平有序的市场环境营造良好舆论氛围。推动打击侵权假冒法治宣传与“法律六进”活动有机结合，加强新媒体、新技术运用，解读相关法律法规，及时曝光典型案例，结合“3·15 国际消费者权益日”“4·26 世界知识产权日”“5·15打击和防范经济犯罪宣传日”等重要节点做好集中宣传。（全国打击侵权假冒工作领导小组办公室、中央宣传部牵头负责，司法部、国家网信办、贸促会等按职责分工负责）

八、提升国际交流合作水平

加强磋商谈判与交流合作。做好中美全面经济对话等双边高层经贸对话中的知识产权议题磋商，加强中美、中欧、中俄、中巴（西）、中瑞（士）、中日等知识产权对话交流，加快中欧地理标志协定谈判进程，深化与经贸相关的中美、中欧等多双边知识产权合作。（商务部牵头负责） 加强与世界贸易组织、世界知识产权组织、世界海关组织、国际刑警组织等的交流合作。（商务部、国家知识产权局、海关总署、公安部牵头负责） 在经贸领域积极推动与金砖国家、“一带一路”沿线国家和地区的知识产权合作。（商务部牵头负责，海关总署、工商总局、新闻出版广电总局、国家知识产权局按职责分工负责） 举办 2017 年国际工商知识产权峰会。充分利用多双边工商合作机制，推动知识产权领域国际交流。（贸促会负责）

开展多双边执法协作。建立完善多双边执法合作机制，策划重大侵权假冒案件跨国联合执法，加强中美、中欧知识产权刑事执法合作。（公安部负责） 提升中美、中欧、中俄、中日韩海关执法合作水平，适时开展联合执法行动。（海关总署负责）

健全海外维权援助机制。完善国际经贸领域知识产权海外维权援助机制，引导我国企业积极开展海外维权，建立海外知识产权问题及案件信息提交平台，推动形成海外知识产权维权援助服务网。（商务部牵头负责） 继续完善境外展会防侵权管理体系，完善知识产权综合服务机制，帮助企业加快适应国际规则，增强知识产权保护意识，提升管理知识产权和应对纠纷能力。在美国国际消费类电子产品展览会等国外重要展会上设立中国企业知识产权服务工作站。（商务部、国家知识产权局、贸促会按职责分工分别负责） 拓展海关对外合作，协助企业维护海外知识产权利益。（海关总署负责）

加强地方涉外交流合作。指导和推动地方加强打击侵权假冒涉外交流工作，与有关国家和地区开展务实合作。（全国打击侵权假冒工作领导小组办公室牵头负责） 各地区要主动加强与外国驻华机构、跨国公司的沟通交流，营造良好的营商环境，要指导企业加强展会知识产权保护，提升民族品牌意识。要统筹协调，主动加强对外宣传，努力维护我国国际形象。（各地打击侵权假冒工作领导小组负责）

在 2017 年世界地理标志大会开幕式上的主旨演讲

（2017 年 6 月 29 日）

时任原国家工商行政管理总局局长　张　茅*

尊敬的王勇国务委员，

尊敬的高锐总干事，

女士们，先生们，朋友们：

大家上午好！

今天，世界地理标志大会在历史文化名城扬州隆重举行，这是继 2007 年后世界地理标志大会再次在中国举办。明天，我们还将与世界知识产权组织共同举行中国商标金奖颁奖大会，对蓬勃发展的中国商标品牌事业来说，可谓是双喜临门。我谨代表中国国家工商总局对大会的召开表示热烈的祝贺，对远道而来的各位嘉宾表示诚挚的欢迎，对关心、支持中国商标品牌事业发展的各界人士表示衷心的感谢。

当前，全球新一轮科技革命和产业变革蓄势待发，创新成为推动经济发展的强大引擎，知识产权制度激励创新、保护创新的基本保障功能日益凸显。中国经济发展进入新常态，推动经济转型升级更加需要发挥商标品牌的引领作用。近年来，中国国家工商总局按照国务院“简政放权、放管结合、优化服务”的改革要求，大力推进商事制度改革，充分激发了市场的活力和创造力，2016 年，全国日均新设企业 1.5 万户，企业活跃度保持在 70％左右，营商环境持续改善。随着市场主体的快速增长，中国商标品牌事业发展迅速。商标注册便利化改革成效显著。2017 年以来，日均新增商标申请达 1.16 万件，截至 5 月底，中国有效注册商标总量达 1322.24 万件，平均 7 个市场主体拥有 1 件注册商标。同时，加大商标专用权保护力度，推进商标监管方式创新，加强商标信用监管，为商标品牌竞争营造了良好环境，有力地促进了经济社会创新发展。

地理标志是重要的知识产权。各国重视保护和发展地理标志，不仅在于地理标志可以创造可观的经济价值，促进区域经济社会发展，更蕴含了浓厚的历史和文化底蕴。地理标志是大自然对我们的慷慨馈赠，更是历史和文化的传承和弘扬。神州大地，物华天宝，中国地理标志资源丰富，源远流长。依据《与贸易有关的知识产权协定》和《中华人民共和国商标法》，保护地理标志是中国履行加入有关国际协定的义务，也是中国国家工商行政管理总局的重要职能。30 多年来，中国国家工商行政管理总局严格按照《中华人民共和国商标法》的有关规定，不断加大对地理标志和农产品商标的保护力度，推动运用地理标志和农产品商标开展精准扶贫，促进农民增收、农业增效，助力贫困地区绿色发展，取得显著成效。截至 2017 年 5 月，地理标志商标注册达 3615 件，比 2007 年（301 件）增长了 11 倍。据统计，一半以上的地理标志成为区域经济支柱产业，地理标志商标对当地

* 张茅：现任国家市场监督管理总局局长。

就业、居民增收和经济发展的综合贡献率和影响程度超过30%。

2017年5月，中国成功举办了“一带一路”国际合作高峰论坛，“一带一路”战略对于应对全球形势变化、推进全球一体化具有重大意义。地理标志独具特色的地域优势和历史文化，必将在“一带一路”建设中发挥重要作用，促进世界各国的贸易往来、文化交流和经济发展。刚才，王勇国务委员对进一步加强地理标志工作提出明确要求，并就深化地理标志全球合作发出积极倡议。中国国家工商行政管理总局将以此次世界地理标志大会为契机，深入贯彻落实李克强总理重要指示和王勇国务委员重要讲话精神，扎实推进地理标志工作，加强国际合作交流，助推“一带一路”建设。

一是加强地理标志商标注册工作。进一步畅通地理标志商标注册“绿色通道”，简化手续、优化流程，提高审查效率。加大对地理标志商标恶意抢注的打击力度，坚决遏制违反诚信原则、占有公共资源的商标违法行为。

二是加强对地理标志商标运用的指导工作。突出地域和历史文化特色，指导地方和地理标志权利人提高地理标志运用和管理能力，提升地理标志商标品牌的竞争力。有效调动相关各方的积极性，充分发挥地理标志区域品牌的引领作用，推动区域经济发展。

三是加强地理标志保护维权工作。严厉打击地理标志商标侵权假冒违法行为，加大案件查处力度，切实维护地理标志权利人的合法权益，维护消费者利益。加强对知名地理标志商标的协同保护，推动形成地理标志跨地区、跨部门执法协作机制。

四是加强地理标志商标宣传工作。创新与媒体合作方式，丰富宣传形式，突出地理标志专题宣传，提升社会各界的地理标志意识。加强地理标志文化研究，厚植地理标志文化土壤，推动地理标志文化成为国际交流新亮点。

长期以来，世界知识产权组织致力于推动构建国际知识产权保护体系，为促进全球经济创新发展提供了有力支撑。我们将一如既往支持世界知识产权组织开展工作，继续保持和发展与世界知识产权组织的良好合作关系，密切与各国知识产权界的沟通联系，共同努力推动全球知识产权事业发展。

最后，预祝本次大会圆满成功！

谢谢大家！

在第三届中国商标金奖颁奖会议上的主旨演讲

（2017年6月30日）

时任原国家工商行政管理总局局长　张　茅

尊敬的高锐总干事，

各位来宾，同志们、朋友们：

大家上午好！

今天，国家工商行政管理总局和世界知识产权组织在这里隆重举行“中国商标金奖”颁奖仪式，表彰在商标创新、运用、保护和有效利用马德里商标国际注册体系方面取得突出成绩的单位和个人。首先，我谨代表国家工商行政管理总局对获奖单位和个人表示热烈的祝贺！对江苏省政府、扬州市政府给予本次会议的大力支持表示衷心的感谢！对长期以来致力于商标品牌建设事业的各位嘉宾和朋友致以敬意！同时借此机会，真诚感谢世界知识产权组织多年来对中国商标事业的宝贵支持与帮助。

近年来，商事制度改革带来的政策红利持续释放，随着大量新登记企业的产生和社会创新创业活力的不断增强，我国商标品牌事业实现了快速发展，取得举世瞩目的成就。2016 年，商标注册申请量达到 369.1 万件，比 2015 年增长了 28.35%，商标申请量连续 15 年位居世界第一。截至 2017 年 5 月底，商标累计申请量 2384.2 万件，累计注册量 1547 万件，有效注册商标量 1322.2 万件，每万户市场主体商标拥有量从 2011 年的 1074 件增长到当前的 1448 件，增幅为 34.8%。目前，我国每 7 个市场主体拥有一个有效商标，中国已经成为名副其实的商标大国。

我们的商标保护工作取得了显著成效，为品牌经济发展营造了良好的竞争环境。各级工商和市场监管部门充分发挥职能作用，不断加大商标监管执法力度，开展了一系列专项整治，有效规范了市场秩序。工商、公安、海关、法院等各部门通力合作，行政、司法有力衔接，形成了打击侵权假冒行为的合力。企业商标品牌保护意识不断增强，成为打击侵权假冒行为的积极力量，为引导全社会形成保护商标品牌、保护知识产权的良好氛围作出了贡献。

我们的商标运用水平和品牌价值不断提升，为建设商标品牌强国提供了有力支撑。全国工商和市场监管部门深入实施商标品牌战略，积极为企业商标工作开展、品牌建设壮大做好服务和引导工作，着力构建政府引导、企业主导、市场裁判、行业自律、社会参与的商标品牌发展健康环境，助推品牌经济发展。近年来，我国的商标品牌价值不断增长，世界品牌咨询公司“华通明略”最具价值全球品牌 100 强排行榜上，中国品牌从 12 年前的 1 个增加至 2017 年的 13 个，品牌价值增长了 937%。

当前，全球经济格局面临深刻调整，新一轮世界科技革命和产业变革蓄势待发，创新成为引领发展的第一动力。商标具有连接创新和市场的桥梁纽带作用，可以使转化为生产力的创新成果最终在市场上形成竞争力。商标创造通过规范和保护品牌利益关系，保护和激励创新。商标运用通过不断提升品牌的公众认知度，使创新成果最终被市场接受，实现创新成果的市场价值。实施商标品牌战略，是落实创新驱动发展战略的必然选择。我们应进一步深化对商标品牌建设重要性的认识，牢牢把握实施知识产权战略、创新驱动发展战略、“一带一路”战略等重要历史发展机遇，推进我国由商标大国向商标品牌强国转变。

工商和市场监管部门将进一步发挥职能作用，积极推进商标品牌战略实施，激发商标品牌在促进经济转型升级中的引领作用，为服务“双创”、推动供需结构升级、助推中国经济转型发展贡献力量。一是围绕“放管服”要求，不断提高商标注册服务水平，持续推进商标注册便利化；二是切实加强注册商标行政保护，创新监管机制和方式，加强信用监管，提高监管效能；三是全面构建品牌培育体系，理顺政府、企业和市场的关系，激励企业发扬商标保护、品牌建设的自主性，调动社会组织参与商标品牌工作的积极性；四是大力开拓品牌发展国际空间，积极支持中国企业和中国品牌“走出去”，鼓励、指导国内企业围绕“一带一路”战略扩大海外商标布局，在国际竞争中抢占先机。

各位来宾，同志们、朋友们：

开展商标金奖评选，对在商标创造、运用、保护和管理等各项工作中取得突出成就的单位和个人予以表彰，既是对他们的成绩和贡献给予肯定和鼓励，也是对我国企业、行政和司法机关运用商标品牌服务经济发展取得成果的展示，必将形成先进典型的引领示范效应，促进全社会商标品牌意识的进一步提升。让我们以受表彰的单位和个人为榜样，振奋精神，勇于作为，努力开创商标品牌工作新局面，推动我国商标品牌建设实现新发展，为经济社会持续健康发展做出新贡献。

谢谢大家！

深化知识产权领域改革 加强知识产权保护运用 奋力谱写知识产权强国建设新篇章

——在2017年全国知识产权局局长会议上的报告

（2017年1月5日）

国家知识产权局局长 申长雨

同志们：

这次会议的主要任务是：全面贯彻党的十八大和十八届三中、四中、五中、六中全会精神和中央经济工作会议精神，深入学习贯彻习近平总书记系列重要讲话精神，紧紧围绕统筹推进“五位一体”总体布局和协调推进“四个全面”战略布局，牢固树立和贯彻落实新发展理念，落实党中央、国务院关于知识产权工作的决策部署，深入实施知识产权战略，深化知识产权领域改革，加强知识产权保护运用，提升知识产权管理效能，总结2016年工作，分析知识产权事业发展形势，部署2017年重点工作，动员全系统扎实推进知识产权强国建设，有效促进大众创业、万众创新，为实施创新驱动发展战略和推进供给侧结构性改革提供更加有力的支撑。

下面，我向大会作报告。

一、2016年主要工作进展

2016年，全国知识产权系统紧密团结在以习近平同志为核心的党中央周围，深入学习贯彻习近平总书记系列重要讲话精神，加强党对知识产权事业的领导，认真开展“两学一做”学习教育，牢固树立“四个意识”特别是核心意识和看齐意识，自觉向党中央看齐，向党的理论和路线方针政策看齐，向党中央的决策部署看齐，始终在思想上政治上行动上同以习近平同志为核心的党中央保持高度一致，自觉维护党中央的权威和集中统一领导，认真做好巡视配合和巡视整改工作，扎实推进全面从严治党，深入开展党风廉政建设和反腐败工作，为知识产权事业发展提供了有力的政治保证。

2016年，全国知识产权系统攻坚克难、开拓进取，圆满完成了各项目标任务，实现了“十三五”良好开局。特别是在以下几个方面取得了重大突破。一是知识产权综合管理改革取得重大突破。知识产权综合管理改革试点总体方案经中央全面深化改革领导小组第三十次会议审议通过，知识产权综合管理改革正式启动。二是知识产权发展规划取得重大突破。知识产权规划首次纳入国家重点专项规划，“十三五”知识产权事业发展顶层设计总体完成。三是国家知识产权战略组织协调机制取得重大突破。知识产权战略实施工作部际联席会议升格为国务院部际联席会议，由国务院领导同志担任召集人，联席会议成员单位由28个扩大为31个。四是知识产权强国建设基层实践取得重大突破。知识产权强省、强市、强企建设工作架构基本形成，广东、江苏、上海、江西等地率先启动知识产权强省建设。五是知识产权国际合作取得重大突破。成功举办“一带一路”知识产权高级别会议，发布“一带一路”合作共同倡议，构建起“一带一路”知识产权合作常态化机制。

2016年，全国知识产权系统各项任务圆满完成，发展指标量质齐升。三种专利申请受理量达到346.5万件，同比增长23.8%，其中发明专利申请受理量为133.9

万件，同比增长21.5%。发明专利审结67.5万件，平均审查周期稳定在22个月。PCT国际专利申请受理超过4万件。国内有效发明专利拥有量突破100万件，每万人口发明专利拥有量达到8件。审理专利无效案件4100件，同比增长12%。专利行政执法办案总量达到4.9万件，同比增长36.5%。2015年专利密集型产业增加值占国内生产总值的比重达到12.4%。专利质押融资额达436亿元。各类重点产业知识产权运营基金首期募集资金42.8亿元。知识产权贯标企业达到1.8万家，涌现出一大批知识产权示范企业和优势企业。

2016年，我们主要开展了以下工作：

一是完善知识产权强国建设工作体系。初步形成分层分类、协调发展的知识产权强国建设政策体系。各地区各部门认真落实新形势下加快知识产权强国建设的若干意见，部际联席会议办公室牵头制定分工方案和年度推进计划，31个部际联席会议成员单位按照分工扎实推进相关工作，24个省区市和新疆生产建设兵团制定出台具体实施意见。25个省区市编制出台知识产权“十三五”规划，天津、辽宁、江苏、浙江、四川等5省市纳入地方重点专项规划。13个省区市分类开展知识产权强省建设试点工作。与京津冀地区和江西等4省市开展新的合作会商。制定出台专利事业发展年度推进计划和知识产权强市建设指导意见。新批复国家知识产权示范城市11个，知识产权优势企业623家，知识产权示范企业101家。

二是加大知识产权保护力度。落实中央关于严格知识产权保护的决策部署，制定出台严格专利保护的若干意见，积极构建知识产权大保护工作格局。加大专利行政执法力度，深入开展“护航”“闪电”执法专项行动。启动知识产权保护中心建设，推动快速审查、快速确权、快速维权有机结合、协调联动。继续开展海外展会知识产权快速维权援助工作。知识产权信用纳入国家诚信体系，设立中国电子商务领域专利执法协作调度（浙江）中心，确定首批30个国家级知识产权保护规范化市场。广东积极推行政府知识产权保护责任制，建立重点企业知识产权保护直通车制度。福建、江西设立专利行政执法总队。继续推进专利法和职务发明条例、专利代理条例的制修订工作。地方立法指导协调机制建设取得积极成果，江苏、湖南、湖北、河南等地专利立法工作取得新的进展。

三是加快提升专利质量。出台专利质量提升工程实施方案，从创造、申请、代理、审查、保护、运用等各个环节着手，全面提升专利质量。修改专利审查指南，编制审查质量保障手册，形成涵盖计划、落实、检查、改进的质量管理循环。加大专利质量在对地方局工作考核中的权重，加强专利申请质量监管，建立工作约谈机制，指导有关省市打击非正常专利申请行为。加强专利代理行业事中事后监管，印发专利代理行政执法规程，开展专利代理专项整治，严厉打击“挂证”行为，先后核查230家无资质机构，有效净化了专利代理市场。全年通过专利代理人资格考试4954人，新设专利代理机构269家，专利代理行业进一步壮大。完成第十八届中国专利奖评选，共评选出20项专利金奖、5项外观设计金奖和633项专利优秀奖，专利奖对专利质量的激励和引导作用进一步发挥。

四是提高知识产权运用效益。初步建成全国知识产权运营服务体系，国家公共服务总平台完成规划设计并启动信息化系统和硬件建设，珠海、西安试点平台投入试运营，子节点建设进展顺利。中央财政安排14亿元资金，引导重庆等10个城市开展重点产业专利运营服务试点，联合工业和信息化部开展高价值知识产权培育和运营工作。创新知识产权金融服务模式，推动北京等10省市设立重点产业知识产权运营基金，推进知识产权投融资试点示范工作，新增试点示范城市（园区）51个、专利保险试点示范单位21个。建立知识产权海外侵权责任等多个险种。深入实施专利导航试点工程，制定企业运营类专利导航项目实施导则。加快知识产权分析评议机制建设，围绕战略性新兴产业和重大经济科技活动开展39个分析评议项目。广西、广州、深圳等地探索开展知识产权区域布局试点工作。联合河南省人民政府印发国家知识产权创意产业试点园区发展规划。发布中国专利密集型产业目录和统计数据报告，开展专利密集型产业培育工作。升级面向公众的专利检索分析系统，完成地方专利信息服务系统首批试点。

五是增强知识产权管理能力。中央对知识产权综合管理改革试点作出部署。国务院批复在中新广州知识城开展国家知识产权运用和保护综合改革试验，14个部委联合印发中新广州知识城综合改革试验总体方案。上海、江苏、广东、陕西等地对推进知识产权综合管理改革作出安排。深入推进"放管服"改革，降低专利代理机构设立门槛，取消省级专利代理机构设立审批初审事项，在陕西、河南、湖北等10个省开展专利代理行业改革试点。开通国家知识产权局综合服务平台和手机客户端，上线中国专利受理及初步审查系统、专利费减备案系统。配合财政部、发展改革委制定出台专利收费减缴办法。清理部门规章和规范性文件，废止或宣布失效214件。

六是深化知识产权国际合作。习近平主席见证中国与乌兹别克斯坦政府间知识产权保护合作协定签署。李克强总理见证中国与吉尔吉斯斯坦知识产权领域合作协议签署。成功举办"一带一路"知识产权高级别会议，发布"一带一路"知识产权合作倡议。积极参与世界知识产权组织框架下的多双边事务，推动《视听表演北京条约》尽早生效，《外观设计法条约》谈判取得进展。主办中美欧日韩外观设计领域五局年度会议(ID5)，发表联合声明。推动中美两局开展新合作，深化中欧战略伙伴关系，促成金砖国家在世界知识产权组织成员国大会上发表共同声明。继续推进中蒙俄、中日韩、中国—东盟知识产权合作。继续推动专利审查高速路项目。上海成功举办知识产权国际论坛，江苏成功举办知识产权国际会议。

七是夯实知识产权事业发展基础。与地方共建京外专利审查协作中心取得新进展。完善专利统计调查工作体系，发布首个中国专利调查数据报告。批准设立北京中关村、上海漕河泾、苏州高新区等知识产权服务业集聚发展示范区，新遴选48家知识产权服务品牌培育机构。知识产权万里行活动走进新疆、山东、河南等地。成立第三届国家知识产权专家咨询委员会，选拔第二批专家库专家，建设国际化人才库，知识产权培训基地作用进一步发挥，上海成立国际知识产权学院。成功举办中国(大连)国际专利技术交易会、中国专利信息年会和中国知识产权保护高层论坛。成功举办世界知识产权日、全国知识产权宣传周、中国专利周等重大活动。联合教育部继续开展全国中小学知识产权教育试点示范工作，全社会知识产权意识进一步提升。

同志们，2016年各项成绩的取得，是党中央、国务院正确领导的结果，是中央各有关部门和各地方党委政府大力支持的结果，是全系统干部职工共同努力的结果，是全社会积极参与的结果。成绩弥足珍贵，值得备加珍惜。在此，我谨代表国家知识产权局，向各级领导、有关部门、社会各界和全系统干部职工，表示衷心的感谢！

二、聚焦中央重大决策部署，找准知识产权工作发力点

党的十八大以来，以习近平同志为核心的党中央作出了经济发展进入新常态的重大判断，形成了以新发展理念为指导、以供给侧结构性改革为主线的政策体系，明确了实施创新驱动发展战略等重大部署，引领中国经济朝着更高质量、更高效率、更加公平、更可持续的方向阔步前行。知识产权作为现代产权制度的重要构成、创新驱动发展的重要保障，在国家经济社会发展中的地位和作用日益凸显。党中央、国务院对知识产权工作高度重视，寄予厚望。习近平总书记、李克强总理多次对知识产权工作作出重要指示批示，要求我们深入实施知识产权战略、深化知识产权领域改革、加强知识产权保护运用、加快知识产权强国建设。我们必须进一步提高政治站位，服务国家大局，强化使命担当，聚焦中央重大决策部署，找准知识产权工作的发力点。

一要充分发挥知识产权对供给侧结构性改革的制度供给和技术供给双重作用。供给侧结构性改革是经济工作的主线，是解决中国经济中长期问题的根本之道。知识产权在供给侧结构性改革中发挥着制度供给和技术供给的双重作用。从制度供给来讲，知识产权是新型的产权安排机制、创新激励机制和有效的市场机制；从技术供给来讲，知识产权是产权化了的创新成果，代表着先进的生产力。推进供给侧结构性改革，必须进一步完善知识产权法律制度和管理体制，用好知识产权本身蕴含的“三个机制”，促进创新资源优化配置，提高全要素生产率。必须深入实施专利质量提升工程，培育更多高价值核心专利，加强知识产权转化运用，以新技术促进整个供给体系质量的提升，满足社会日益增长的物质文化需求。

二要充分发挥知识产权对创新驱动发展的基本保障作用。创新是引领发展的第一动力。党中央、国务院已经作出了深入实施创新驱动发展战略的重大部署，将创新摆在了国家发展全局的核心位置。知识产权制度是激励创新的基本保障，保护知识产权就是保护创新，用好知识产权就能激励创新。实施创新驱动发展战略，营造良好的创新环境，必须依法严格保护知识产权，保护创新者的合法权益和创新热情。必须构建有效的知识产权运用机制，完善以创新驱动为导向的评价体系，畅通知识产权价值实现渠道，加速科技成果向现实生产力的转化。必须加强知识产权公共服务，深入推进“放管服”改革，推动知识产权信息资源开放共享，更好地服务创新创业。必须大力发展知识产权密集型产业，促进产业结构转型升级和经济发展提质增效。

三要充分发挥知识产权在现代产权体系中保护无形财产权的核心作用。产权制度是社会主义市场经济的基石，保护产权是坚持社会主义基本经济制度的必然要求。党中央、国务院印发了关于完善产权保护制度依法保护产权的意见，明确要探索建立“归属清晰、权责明确、保护严格、流转顺畅”的现代产权体系，并将“加大知识产权保护力度”作为重要任务加以部署，充分体现了知识产权在现代产权制度中的重要地位和作用。保护产权，既要保护有形财产权，也要保护无形财产权，特别是体现创新成果的知识产权。必须按照党中央、国务院部署，建立健全严格保护知识产权的政策环境，积极构建知识产权大保护工作格局，加大知识产权行政执法力度，加强行政保护和司法保护的有机衔接，以严格的知识产权保护，促进现代产权体系的完善和运行。

四要充分发挥知识产权在推进高水平对外开放中的重要支撑作用。改革开放是决定当代中国命运的关键一招。站在新的历史起点上，着眼经济全球化、区域一体化和贸易便利化，党中央、国务院作出了推进“一带一路”建设的重大部署。知识产权是国际贸易的通行规则，是实施对外开放的重要保障。我们必须围绕“一带一路”建设，加强知识产权合作，构建良好的知识产权营商环境，促进国家间贸易往来更加顺畅。必须依法平等保护国内外企业的知识产权，促进高水平技术合作，让外资企业愿意来、方便进、留得住。必须提升国内企业知识产权运用能力，积极做好知识产权海外布局，有效规避知识产权风险，更好地走出去开拓国际市场。必须更加积极地参与国际规则的制定，推动知识产权规则朝着普惠包容、平衡有效的方向发展，让创新更多地惠及各国人民。

同志们，事业越发展，任务越艰巨。对照中央对知识产权工作的新期待和事业发展的新要求，我们深刻地认识到，当前知识产权事业发展还存在不少的薄弱环节和深层次的矛盾与问题。一是知识产权法律制度还不够完善，制度供给还不够有力，还不能很好地满足经济社会发展的需要。二是知识产权“大而不强、多而不优”问题依然存在，技术供给水平偏低。三是知识产权保护不够严格，专利行政执法力量薄弱，“取证难、周期长、成本高、赔偿低、效果差”状况尚未根本好转，保护效果与社会期待仍有较大差距。四是知识产权运用仍存在缺机制缺平台问题，知识产权转移转化渠道不畅、机制不活、效益不高，大量专利依然“沉睡”。五是知识产权管理体制机制依然不协调不顺畅，多头对上、多头对下、多头对外，效率不高，亟待通过知识产权综合管理改革加以破解。六是知识产权国际合作深度不够，服务企业走出去能力有待加强，知识产权外事工作全国一盘棋的格局尚未形成。上述问题的存在，既有我们工作理念上不适应深化改革要求的问题，也有体制机制上不适合发展需要的问题，还有工作方法上拘泥于惯常手段的问题，需要我们采取有针对性的措施，逐个加以破解，推动知识产权事业更好发展。

三、2017 年重点工作

2017 年，是推进知识产权综合管理改革、实施“十三五”国家知识产权保护和运用规划、加快建设知识产权强国的重要一年。今年工作的总体要求是：全面贯彻党的十八大和十八届三中、四中、五中、六中全会精神和中央经济工作会议精神，深入学习贯彻习近平总书记系列重要讲话精神，紧紧围绕统筹推进“五位一体”总体布局和协调推进“四个全面”战略布局，牢固树立和贯彻落实新发展理念，坚持稳中求进工作总基调，以加快知识产权强国建设为主线，以实施国家知识产权战略为载体，以深化知识产权领域改革为突破口，以知识产权保护运用为重点，努力提高知识产权的创造质量、运用效益、保护效果、管理能力和服务水平，加快实现知识产权事业发展“五个转变”，扎实推动知识产权强国建设迈上新台阶。

2017 年的主要工作指标是：专利申请结构更加优化，区域发展更加均衡，发明专利申请量增速预期 10%左右，每万人口发明专利拥有量达到 9.4 件左右，PCT 国际专利申请量增幅预期 20%左右。知识产权保护社会满意度稳步提升，专利行政执法办案总量增长 10%以上。国家知识产权运营体系初步建成并投入运营，专利质押融资金额或项目数增长 10%以上，贯标企业达到 2 万家，新增一批知识产权示范和优势企业，专利密集型产业增加值占国内生产总值的比重达到 13%。知识产权服务业营业收入年均增长 20%。培训各类知识产权人员 50 万人次以上。中小学知识产权教育试点示范学校达到 100 所。

要着重做好以下六方面工作：

（一）贯彻落实中央决策部署，深化改革促进发展

深入落实知识产权强国建设各项任务。充分发挥国务院知识产权战略实施工作部际联席会议办公室作用，统筹推进知识产权强国建设。协调推进新形势下加快知识产权强国建设的若干意见、深入实施国家知识产权战略行动计划、“十三五”国家知识产权保护和运用规划等重大部署的落实。加快推进专利法、职务发明条例、专利代理条例的制修订工作，加强对地方专利立法的指导。开展知识产权战略实施十年评估工作，制定实施2017年知识产权战略实施推进计划和专利事业发展战略推进计划。扎实推进知识产权强省强市强企建设，优化局省会商工作机制，制定强省建设试点评价指标体系，确定首批知识产权强市创建市，出台强企建设实施方案，培育一批知识产权优势企业。各地要制定相应的实施方案和配套政策，共同推进知识产权强国建设。

开展知识产权综合管理改革。按照中央关于开展知识产权综合管理改革试点总体方案的部署，选择部分地方开展改革试点，打通知识产权创造、运用、保护、管理、服务全链条，建立高效的知识产权综合管理体制，构建便民利民的知识产权公共服务体系，探索支撑创新发展的知识产权运行机制，推动形成权界清晰、分工合理、责权一致、运转高效的体制机制，更好地支撑创新驱动发展和大众创业、万众创新。总结推广上海浦东新区知识产权综合管理改革成功经验。推动已有自由贸易试验区知识产权综合管理改革成功经验向新设立的自由贸易试验区拓展，努力实现全覆盖。加快落实国家全面创新改革试验区有关知识产权的改革任务，构建适应创新发展需要的知识产权管理体制机制。加快推进中新广州知识城知识产权运用和保护综合改革试验，努力取得可借鉴可复制可推广的好经验好做法。

统筹推进知识产权领域各项改革。进一步深化"放管服"改革，放宽对专利代理机构股东和合伙人的条件限制，加强事中事后监管，提高整个代理行业的服务质量和水平，做好专利代理行业改革试点工作。深化知识产权权益分配改革，总结四川高校院所职务发明混合所有制改革经验，破解高校科研院所知识产权转化难突出问题。全面推行企业、高校、科研机构知识产权管理国家标准。

（二）实施专利质量提升工程，提高技术供给能力水平

提升专利申请质量。优化专利统计指标体系，指导地方设置与本地区发展相适应的指标。完善全国专利实力状况评价指标体系，增设区域创新发展质量评价模块，积极开展区域创新发展质量分析。动态监测专利申请质量，加强对非正常专利申请行为的监管，建立健全信息反馈联动机制和工作约谈机制。优化各类专利支持政策，强化质量效益导向，促进专利申请质量稳步提升。突出中国专利奖的激励和示范作用，引导高价值核心专利产出。

提升专利代理质量。实施专利代理行业发展规划。制定实施专利代理服务国家标准，加强执业培训和考核评价，加快提升代理能力和服务水平，培育一批国际一流的专利代理机构。开展专利代理质量评价反馈，加强正向激励引导。严厉打击"挂证"、无资质代理和不正当竞争行为，重点整治代理提交非正常专利申请行为，对相关机构进行约谈惩戒。健全专利代理诚信信息采集管理和信用评价制度，加大专利代理职业信息披露力度，加强社会监督。优化专利代理人考试大纲，提高考试内容的针对性和实操性，推动专利代理行业发展与知识产权事业发展相协调、相适应。

提升专利审查质量。严格依法审查，进一步完善专利审查质量保障体系和业务指导体系，强化内部审查质量评价和外部质量反馈。完善优先审查机制，制定复审无效优先审查办法，实施重点产业集中审查。提高PCT国际专利申请检索质量，探索PCT国际阶段检索结果申请人答辩机制，提升检索结果的公认度和权威性。持续提升审查员业务能力和职业素养，开展专业技术知识更新与实践培训，加强审查员与企业技术人员的业务交流，加快打造世界一流专利审查队伍。试点开展专利申请检索、预审等专利审查前置工作，做好知识产权保护中心的人员配置和业务培训。

（三）严格知识产权保护，积极构建大保护工作格局

加强专利行政执法。认真落实严格专利保护的意见，围绕重点领域关键环节开展执法专项行动，加大对专利侵权行为的惩治力度。深化京津冀、长江经济带和长三角、珠三角等区域的专利联合执法。加强与公检法和海关等部门的专利执法协作。加快推进知识产权保护社会诚信体系建设。鼓励开展知识产权仲裁调解。各地要不断加强专利行政执法体系建设，加大知识产权保护经费投入力度，持续提升专利行政执法能力。推广湖南等地专利纠纷行政调解司法确认机制和江西、福建等地专利行政执法总队建设经验。

突出专利执法重点。重点关注和依法严厉打击食品药品、环境保护、安全生产等民生领域专利侵权行为，加大对群体性、重复性专利侵权假冒行为的打击力度。推动专利假冒侵权执法关口前移，加强互联网、进出口、展会等关键环节的行政执法，针对网络交易平台、大型展会专业市场等组织开展专项行动。要充分发挥中国电子商务领域专利执法协作调度（浙江）中心作用，辐射带动全国电子商务领域专利行政执法的开展。加大国家局对地方局行政执法的指导，积极提供数据、人才、技术等方面的支持。

构建知识产权快速协同保护体系。结合地方产业发展需要，加快建设一批集快速审查、快速确权、快速维权于一体的知识产权保护中心，推动中心职能由外观设计向实用新型和发明专利扩展，由审批授权、快速维权向无效审理等环节扩展，由单一产业领域向多领域扩展。各地要积极推进知识产权保护中心建设，加强软硬件条件保障，更好地满足区域产业发展需要。

（四）促进知识产权高效运用，加快培育经济发展新动能

加快知识产权运营体系建设。继续推进知识产权运营平台建设，以国家知识产权运营公共服务总平台为枢纽，实现业务流、信息流互联互通、有序流动，平台、机构、资本和产业有机融合、联动发展。制定完善平台管理机制，明确交易运营规则，开放共享基础信息资源，开发提供基本服务产品，尽快使各类知识产权运营平台投入运行、发挥效益。探索设立国家知识产权运营基金，维护国家产业安全，服务企业走出去。支持各类知识产权运营机构积极探索运营模式，加强运营情况汇总分析，及时完善工作思路，促进工作高效开展。

创新知识产权金融服务。鼓励银行等金融机构积极开展知识产权质押融资业务，创新专利质押融资模式，完善质押融资风险补偿机制，提高专利质押融资规模效益，更好缓解企业融资难融资贵问题。继续探索开展专利保险工作，加强专利保险的险种开发、服务完善、人才培养和风险监控。加快专利价值分析指标体系建设，提高专利价值评估方法的科学性和评估结论的准确性。支持有条件的专利代办处开展专利权质押融资登记全流程服务。

深入开展专利导航。推广实施针对区域、产业和企业的专利导航项目，加强专利的海外布局、区域布局和产业布局，有效规避知识产权风险，提高核心竞争力。各地要通过实施区域创新质量提升类专利导航项目，促进区域创新发展。通过实施产业规划类专利导航项目，引领产业转型升级。通过实施企业运营类专利导航项目，提升企业竞争力。

更好服务创新创业。针对国家各类创新中心、双创示范基地和重点园区，做好知识产权公共服务对接。会同有关部门建立重大经济科技活动知识产权分析评议机制，建立重点领域知识产权评议报告发布制度。扶持一批知识产权众创空间、特色小镇，发挥知识产权在创新创业中的支撑引领作用。促进知识产权军民融合、双向转化，建设若干军民融合知识产权双创示范基地。继续办好中国专利信息年会，扩大地方专利信息服务系统试点范围，加强专利信息服务。

（五）深化知识产权国际合作，更好服务国家对外开放

服务"一带一路"建设。继续推动知识产权高层外交。落实"一带一路"知识产权合作倡议，深化与沿线国家的知识产权合作。研究发布"一带一路"知识产权环境报告，服务企业引进来和走出去。支持地方建设国家知识产权国际合作基地，探索设立世界知识产权组织技术创新支持中心，打造标志性的知识产权国际合作交流平台。办好"2017 年博鳌亚洲论坛"知识产权分论坛。

加强知识产权国际合作。继续深化与世界知识产权组织的合作，加大向世界知识产权组织的派员力度。筹备办好世界知识产权组织第 57 届成员国大会期间的中国文化周活动。加强多双边知识产权国际合作，深化中美欧日韩五局合作机制，办好第九届金砖国家知识产权局局长会，继续推动中日韩、中蒙俄、中国一东盟知识产权合作。拓展与非洲、拉美、南亚等地区的知识产权合作。扩大专利审查高速路国际合作网络。加强对境外参展企业知识产权风险预警和业务指导，开展境外知名展会现场维权服务。

（六）不断加强基础建设，有力支撑事业发展

加大知识产权人才工作力度。印发实施知识产权人才"十三五"规划。加强高校知识产权相关学科建设，加强专利信息、企业知识产权管理运营和国际化等各方面紧缺人才的培养。依托国家知识产权培训基地，开展知识产权人才产学研联合培养。加快知识产权智库建设。研究制定人才引进和使用知识产权鉴定办法。探索开展知识产权专员派驻工作。总结江苏、广东等地经验，推动建立知识产权管理职业水平评价制度。

加快知识产权服务业发展。继续推进知识产权服务业集聚区建设。组织开展全国知识产权服务业统计调查。加大各级各类知识产权服务品牌机构培育力度。各地要完善知识产权服务业扶持政策，加强对"互联网＋知识产权服务"等新模式的引导。继续举办"知识产权走基层 服务经济万里行"和知识产权服务品牌机构牵手"双创"助力发展等系列活动。

大力实施知识产权文化建设工程。组织办好世界知识产权日、全国知识产权宣传周、中国专利周、中国知识产权保护高层论坛等大型活动，增强活动影响力。加强知识产权普及教育，深入推进中小学知识产权教育试点，认真开展知识产权普法工作和公益讲座。完善新闻发布制度，加强对政策法规、典型事例的宣传报道，及时回应社会关注的热点问题，加快拍摄知识产权主题影视作品，凝聚知识产权事业发展正能量。

同志们！做好 2017 年的工作，我们要毫不动摇地坚持和加强党的领导，加强党的建设，深入学习贯彻习近平总书记系列重要讲话精神，扎实推进全面从严治党，为知识产权事业发展提供强有力保证。要进一步强化全国一盘棋、上下一条线，加快中央精神向工作理念的转化，工作理念向政策措施的转化，政策措施向工作实效的转化，始终保持昂扬向上的干劲韧劲，增强攻坚克难的意志品质，以实干求实效，以实绩求发展。

同志们！让我们紧密团结在以习近平同志为核心的党中央周围，认真贯彻落实党中央、国务院各项决策部署，聚焦发展、真抓实干，扎实推进知识产权强国建设，圆满完成各项目标任务，以优异成绩迎接党的十九大胜利召开！

不忘初心 继续前进
全面加强知识产权法院建设

——在第三次知识产权法院工作座谈会上的讲话

（2017 年 5 月 25 日）

最高人民法院副院长 陶凯元

同志们：

按照全国人大常委会《关于在北京、上海、广州设立知识产权法院的决定》，2017年下半年，最高人民法院将向全国人大常委会报告知识产权法院工作情况。为全面总结知识产权法院成立三年来的工作成绩与经验，分析存在的问题，并就进一步加强知识产权法院建设提出工作建议。今天，我们专门召开第三次知识产权法院工作座谈会。可以说，这次会议是在知识产权法院建设关键节点上召开的，承前启后，继往开来，对于全面加强知识产权法院建设具有十分重要的意义。一天来，与会代表围绕知识产权法院建设中的重大问题深入思考、畅所欲言、互相启发、富有成效。下面，我谈几点意见。

一、开拓创新，知识产权法院工作成效显著

三年来，北京、上海、广州知识产权法院深入学习贯彻习近平总书记系列重要讲话精神和治国理政新理念新思想新战略，紧紧围绕“努力让人民群众在每一个司法案件中感受到公平正义”的目标，以改革创新、敢为人先的精神，以严格知识产权司法保护为导向，以完善知识产权审判体制机制为基础，大力推进法院建设，各项工作取得显著成效，初步探索出中国特色知识产权专门化审判道路，充分展示了我国知识产权司法保护新形象，成为我国知识产权保护领域的重要里程碑。一是大力提高审判质量、效率和效果。通过一大批社会影响大、关注度高的重大案件的审理，确立重要裁判规则，为行业发展提供重要指引。加大知识产权侵权赔偿力度，推进诉讼诚信建设，着力解决侵权成本低、维权成本高等问题。发挥知识产权案例指导研究（北京）基地、知识产权司法保护与市场价值研究（广东）基地作用，加强对重点难点问题的调研，促进裁判标准统一，赢得社会各界高度评价和普遍赞誉，司法公信力明显提升。二是全面推进司法改革。落实司法责任制，法官员额化、机构精简化、管理扁平化，形成法官主导、人员分类、权责明晰、协同合作的审判新模式。尝试审判委员会直接开庭审理案件，实现院、庭长办案常态化。探索案件繁简分流和裁判文书改革，建立技术调查官制度，努力创造可复制、可推广的改革经验。三是全面深化司法公开。通过新闻发布会、公众开放日、网站、微博、微信等方式，全方位、多渠道地展示法院工作，探索远程视频开庭，建立法律服务志愿者机制，推进司法公开的信息化、数据化、精细化，司法透明度进一步提高，人民群众的获得感明显增强。四是加强对外交流合作。接待外事来访近百批次、一千余人，派员参加中美、中欧等外交谈判，及时跟踪知识产权保护国际新动态，宣传我国保护知识产权新成就。发挥知识产权司法保护国际交流（上海）基地作用，举办知识产权与国际贸易论坛等重要国际会议，积极推动构建更加公平合理的国际知识产

权规则，国际影响力进一步扩大。五是加强审判专门化建设。按照干部队伍正规化、专业化、职业化、国际化的要求，充分发挥知识产权法院审判资源和制度优势，大力推进审判机构专门化、审判人员专职化和审判工作专业化，努力当好发挥司法保护知识产权主导作用的引领者和推动者。六是加强组织领导和监督指导。最高人民法院党组和周强院长高度重视知识产权法院工作，院党组专门听取三个知识产权法院的工作汇报，对知识产权法院的设立、运行、建设和发展作出部署。北京、上海、广东高院加强对知识产权法院的工作指导，三地知识产权法院解放思想，开拓创新，锐意进取，创造性地开展工作，确保党中央的决策部署和全国人大常委会的决定落到实处。

知识产权法院作为全新创建的法院，运行三年就取得如此显著的成绩，来之不易，难能可贵，值得充分肯定。这是党和国家对知识产权审判工作高度重视的结果，是党委、政府、人大、政协等社会各界大力支持的结果，是三地高院有力指导、知识产权法院全体同志努力奋斗的结果。在此，我代表最高人民法院向关心支持知识产权法院建设的各有关方面表示衷心的感谢！向辛勤耕耘的知识产权法院全体同志表示崇高的敬意和诚挚的问候！

在认真总结成绩和经验的同时，我们也清醒地认识到，知识产权法院作为司法改革的先行者和探索者，在实际工作中暴露出一些短板弱项，遇到一些问题和困难。一是知识产权法院审判机制有待优化，二是知识产权法院工作体制亟需完善，三是知识产权法院人财物保障有待加强。对此，我们要高度重视，切实加以研究解决。

二、提高认识，进一步把握设立知识产权法院的重大战略意义

知识产权法院设立已近三年，但从专项报告等文稿征求意见的情况来看，我们对于设立知识产权法院的重大意义以及我国知识产权司法保护体制机制未来发展的大势，仍存在认识不透、把握不够的问题。这一轮司法改革的各项举措基本上是在原有法院框架下或基础上推行的，而知识产权法院是全新创建的法院，推行司改与创建法院同步展开。可以说，严格意义上的司法改革先行者的称号，知识产权法院当之无愧。知识产权法院的设立，是我国知识产权保护领域的重要里程碑，具有划时代的战略意义。

（一）深刻认识设立知识产权法院的初衷

回顾知识产权法院工作，值得总结的不仅仅是成绩和问题，更重要的是要深刻认识知识产权法院制度设计的初衷。不忘初心，方得始终。只有初衷不改，才能始终保持正确的前进方向，才能获得源源不竭的前进动力。

设立知识产权法院的初衷是什么？2014 年 8 月周强院长向全国人大常委会作关于在北京、上海、广州设立知识产权法院的决定（草案）的说明时指出，建立知识产权法院，逐步完善中国特色知识产权司法体系，是推动实施创新驱动发展战略，健全科技创新激励机制，优化科技创新法治环境的需要，对于维护公平竞争的社会主义市场经济秩序，推动科技创新，提升我国经济核心竞争力，增强参与全球经济共同治理的能力，具有十分重要的意义。对技术性、专业性更强的专利等知识产权案件进一步集中管辖，有利于建立一支高素质、专业化的审判队伍，不断完善有关诉讼制度和司法政策，更有效地解决知识产权案件裁判标准不够统一的问题，更好地促进我国科技创新和经济发展。由此可见，设立知识产权法院的目的是，通过审判机构专门化、审判人员专职化和审判工作专业化，充分发挥专门法院的制度优势，统一裁判尺度，提高审判质效，为创新型国家建设提供强大司法保障和支撑。为实现这一目

的，从知识产权法院设立方案的酝酿提出到修改论证到最后确定，始终坚持问题导向和顶层设计，着力破解制约知识产权审判工作发展的制度性难题。上述制度设计的初衷，对于将来完善知识产权法院体系，仍具有重要的启示和指导意义。

（二）全面把握知识产权司法保护的规律

总结知识产权法院工作，不仅仅限于北京、上海、广州知识产权法院的工作，更重要的是要全面把握我国知识产权司法保护的历史脉络、基本规律和发展方向。

回顾过去的三十年，我国知识产权审判经历了从无到有、从小到大、由弱变强的发展历程，不断打造审判机构、审判体制、审理规则、审判队伍“四位一体”的专门化体系，走出了一条融合与创新、自主发展与自我完善的“中国道路”，谱写了知识产权司法保护的壮丽篇章。一是审判机构不断完善，1993 年北京法院率先成立知识产权审判庭，1995 年最高人民法院成立知识产权审判庭，2000 年各高级法院、部分中级法院设立知识产权审判庭，2014 年建立知识产权法院，2017 年设立知识产权法庭。二是审判体制不断优化，从行政主导到司法、行政“双轨制”再到司法主导，从民事、行政、刑事审判并行到“三合一”，从技术类等案件由部分中院集中管辖到由知识产权法院（法庭）跨区域管辖。三是审理规则不断丰富，最高人民法院迄今共发布知识产权方面的司法解释 34 件、规范性文件 40 余件、指导性案例 20 件、典型案例数百件，提出“司法主导、严格保护、分类施策、比例协调”的基本司法政策，大大丰富和发展了我国知识产权法律体系。四是审判队伍不断加强，全国现有知识产权审判庭 300 余个，从事知识产权审判的法官约 3000 人、司法辅助人员约 2000 人，基本形成了一支信念坚定、业务精通、作风优良、清正廉洁的知识产权审判队伍。总的看，我国知识产权审判三十多年的发展史始终贯穿了“一个目标、两条主线”的发展脉络。“一个目标”是，充分发挥知识产权审判激励和保护创新、促进经济社会发展的职能作用。“两条主线”是，审判体系和审判能力的现代化。

我们回顾过去，不仅是为了肯定成绩、坚定信心、振奋精神，更要通过总结经验，理清今后的工作思路和方向。三十多年的实践和经验充分证明，知识产权审判专门化对于统一裁判尺度、优化审判资源配置、提升审判质效以及促进科技创新发挥了非常重要的作用，这说明审判专门化的思路是正确的，也恰恰揭示了未来十几年乃至更长时间知识产权司法保护的发展方向。前不久，最高人民法院发布的《中国知识产权司法保护纲要（2016—2020）》就充分体现了实现审判能力和审判体系两个现代化的目标要求。北京、上海、广州知识产权法院的建立，从审判体系现代化着手，同步推动审判能力现代化，不断实现内生动力和外部架构的协调发展，开创了我国知识产权司法保护的新局面，这正是知识产权法院对于整个知识产权司法保护制度的里程碑价值和划时代意义。同样，我们谋划知识产权专门法院制度的未来发展，也要把它放到历史发展大势中、放到党和国家工作大局中，用全局的视野、发展的眼光去认识和把握，坚决摒弃局部和地方利益的思维定式。

（三）切实增强知识产权法院体系改革的定力

2013 年 11 月，十八届三中全会通过的《中共中央关于全面深化改革若干重大问题的决定》提出，“加强知识产权运用和保护，健全技术创新激励机制，探索建立知识产权法院”。这里的“知识产权法院”，不宜狭义地理解为北京、上海、广州知识产权法院，还可以扩大理解为与之配套的国家层面的知识产权高级法院，也就是说，要探索建立的是知识产权法院制度。对照前面讲的“两条主线”，在知识产权法院制度建设中，审判体系层面的核心问题是什么呢？我认为，应该是以北上广知识产权法院、苏鄂川渝知识产权法庭为开端，到探索建立统一受理有关知识产权上诉案件的专门化高级法院的问题。审判能力层面的核心问题又是什么？我认为，是如何激发队伍内生活力和营造外部发展环境的问题。审判能力建设，一方面指审判业务水平和技能的提高，更深层面的问题是，要发挥审判能力的“指挥棒”作用，积极营造拴心留人的良好环境，让政治素质好、业务能力强的同志有干劲、有舞台、有奔头，最大限度地激发干部的积极性、主动性和创造性，确保各有其位、各展其才。审判体系和审判能力是一个互为表里、相辅相成的整体。没有能力支撑的体系，将难以维系、无法运转。没有体系保障的能力，将难以施展、无法发挥作用。只有两者有机融合，才能转化成强大的司法保护力，产生更好的社会效应。

当前和今后一个时期，是深化知识产权司法体制改革、加快知识产权审判现代化建设的关键时期。以北上广知识产权法院设立为标志的我国知识产权审判已经站在了一个新的历史起点上，2017 年下半年，最高人民法院将向全国人大常委会报告知识产权法院工作情况，同时，最高人民法院正在起草拟向中央深改组提交的关于知识产权审判领域改革创新的意见稿，这都是推动知识产权审判工作千载难逢的重大机遇，我们必须牢牢抓住制约知识产权审判发展的全局性、体制性、根本性问题，以创新的理念、改革的方法破解难题，不断完善工作体制机制，加快知识产权审判体系和审判能力现代化进程。

三、凝心聚力，进一步加强知识产权法院建设

一要坚持正确的政治方向。知识产权法院建设，是完善中国特色知识产权司法保护制度的重要组成部分。要持续深入学习贯彻习近平总书记系列重要讲话精神，运用马克思主义立场、观点、方法研究和解决司法实践中的重大问题，始终在思想上政治上行动上同以习近平同志为核心的党中央保持高度一致。一些改革措施或制度规则的创建，必须坚持走中国特色社会主义法治道路，紧扣司法实践需求，立足我国国情，遵循司法规律，确保知识产权法院建设始终沿着正确的政治方向不断前进。

二要敢于担当、务求实效。习近平总书记在中央深改组第 12 次会议上强调，“只要对全局改革有利、对党和国家事业发展有利、对本系统本领域形成完善的体制机制有利，都要自觉服从改革大局、服务改革大局，勇于自我革命，敢于直面问题，共同把全面深化改革这篇大文章做好。”我们要以一往无前的气魄、敢于担当的精神，进一步把思想和行动统一到中央精神上来，切实增强政治责任感和历史使命感，增强大局观、辩证思维和战略思维能力，自觉站在改革全局的高度，正确看待局部利益关系调整，敢于打破各种利益藩篱，勇于向自身开刀，动自己的“奶酪”，甘当“燃灯者”。要紧紧抓住影响知识产权司法保护发展的重大问题，增强改革措施的针对性和实效性，坚定不移地大力推进。2017 年全国人大常委会审议知识产权法院工作报告后，各有关法院特别是领导干部，要按照全国人大常委会审议意见和最高人民法院统一部署，强化担当意识、责任意识，加强组织领导，以“钉钉子”精神逐项抓紧抓好，确保各项工作部署落到实处、取得实效。

三要下大气力、攻坚克难。今天会议讨论的专项报告稿对知识产权法院工作中的问题和困难作了比较系统的总结，并有针对性地提出了工作建议。我们要以这次向全国人大常委会专项报告知识产权法院工作为契机，分清问题的轻重缓急，改进方式方法，重点突破，协调推进。对于人员机构编制、职级待遇、经费保障等超出法院自身解决能力的问题，最高人民法院会向中央有关方面积极反映、尽力争取，但问题的解决可能需要一个逐步推进的过程。对于增设知识产权法院、建立知识产权高级法院、研究制定知识产权诉讼特别程序法等顶层设计和法律制定修订的问题，最高人民法院将认真研究，充分论证，提出科学合理可行的意见方案，供中央决策参考。对属于法院自身解决范围的问题，要尽快研究解决。比如，司法责任制实行后，院庭长对其未直接参加审理案件的裁判文书不再进行审核签发，各审判团队之间裁判尺度不统一，甚至矛盾冲突的情况有所凸显。如何在坚持司法责任制的前提下，对于关联案件、类似案件的裁判尺度不一问题做到“早发现、早解决”，值得认真研究。又如，知识产权法院、法庭跨区域集中管辖技术类案件以及知识产权审判“三合一”之后，全国法院知识产权案件管辖布局存在多案由、多标准等问题，如何实现管辖权合理布局，优化审判资源配置，形成一、二审法院之间、知识产权法院与其他法院之间的工作合力，亟待解决。再如，《中国知识产权司法保护纲要（2016—2020）》提出，“要建立知识产权法院之间、知识产权专门审判机构之间、上下级法院之间形式多样的人员交流制度，逐步实现全国法院知识产权法官队伍建设一体化。”这是推进知识产权审判能力现代化的重要举措，有关部门要加强沟通协调，制定针对性、操作性强的具体实施办法，让纲要的规划早落地，见成效。

同志们，全面加强知识产权法院建设，事关创新型国家建设，事关科技进步社会发展，事关负责任大国形象。让我们紧密团结在以习近平同志为核心的党中央周围，紧紧围绕“努力让人民群众在每一个司法案件中感受到公平正义”的目标，不断创新理念，锐意改革，不忘初心，继续前进，在新的历史起点上不断开创知识产权法院工作新局面，以优异成绩迎接党的十九大胜利召开！

以党的十九大精神为指引
开创新时代版权社会服务工作新局面

——在2017年全国版权社会服务工作会议上的讲话

（2017年12月22日）

时任原国家新闻出版广电总局副局长　国家版权局副局长　周慧琳*

在全党全国各族人民深入学习贯彻党的十九大精神之际，我们召开全国版权社会服务工作会议，总结交流版权示范创建工作取得的成绩、分析面临的问题与挑战、谋划下一步工作思路和举措，对在新时期贯彻新发展理念，深入推进全国版权社会服务工作具有重要意义。

习近平总书记所作的党的十九大报告思想深邃、高屋建瓴，是指引中国特色社会主义事业迈进新时代、开启新征程、谱写新篇章的政治宣言和行动纲领。学习好、贯彻好、落实好十九大精神，是版权和新闻出版广电全行业当前首要的政治任务，要用十九大精神武装思想、统一认识、指导实

---

* 周慧琳：现任上海市委委员、常委，市委宣传部部长。

践、推动发展，准确把握版权工作面临的新形势、新机遇，认真分析版权工作出现的新问题、新挑战，在新时代新起点上，大力提升版权的创造、保护、运用，为激发全民族创新创造活力，建设创新型国家做出应有的贡献。这是党和国家的期盼，也是我们版权工作者的历史责任和光荣使命。这里，我就如何在新时期开创版权社会服务工作新局面，讲三个方面的意见。

一、十八大以来版权社会服务工作取得显著成绩

十八大以来，以习近平同志为核心的党中央将创新提升至国家经济社会发展全局的核心和战略位置，陆续颁布了《中共中央 国务院关于深化体制机制改革加快实施创新驱动发展战略的若干意见》和《国务院关于新形势下加快知识产权强国建设的若干意见》等重要文件，版权社会服务工作全面落实党中央、国务院各项决策部署，紧紧围绕服务经济社会发展新常态，大力实施创新驱动发展战略，按照创新、协调、绿色、开放、共享五大发展理念，推进版权社会服务工作理念创新、内容创新、方法创新，不断提高工作水平，加快版权强国建设，为建设创新型国家和全面建成小康社会提供有力支撑，各项工作取得显著成绩。

一是版权法律制度体系不断完善。我国批准加入世界知识产权组织《视听表演北京条约》，《著作权法》第三次修订工作深入推进，完成《著作权法实施条例》《信息网络传播权保护条例》等行政法规的修订工作，制定《使用文字作品支付报酬办法》《关于规范网络转载版权秩序的通知》等部门规章和规范性文件，版权地方性立法工作有序开展。既符合中国国情又与国际规则相衔接的版权法律制度体系不断完善。

二是版权社会服务水平不断提升。不断完善和推进著作权登记制度建设，先后出台《关于规范作品登记证书的通知》《关于规范电子版作品登记证书的通知》等多项规范性文件，著作权登记工作的规范化、标准化、信息化水平进一步提升，促进了登记总量的大幅度增长：2013 年，全国著作权登记总量突破 100 万件，2016 年总量突破 200 万件。各类作品和软件的创造、创新能力极大提升，版权成果转化成效明显。与此同时，加强对著作权集体管理组织及涉外著作权认证机构的指导与服务，版权社会服务体系日趋完善。

三是版权执法监管力度不断加大。各级版权行政管理部门坚持日常监管与专项行动相结合，严厉打击各类侵权盗版行为。2005 年至 2016 年，各级版权主管部门共办理行政处罚案件 9.35 万件，收缴各类侵权盗版制品 5.08 亿件。国家版权局联合相关部门持续开展打击网络侵权盗版“剑网行动”，共查处网络案件 5560 件，依法关闭侵权盗版网站 3082 个，有效打击和震慑了网络侵权盗版行为。五年来，版权秩序和环境持续好转，受到社会各界广泛好评，为推进版权社会服务提供了积极条件。

四是版权产业持续推进不断发展。我国版权产业对国民经济贡献的比重持续增长，2015 年已占全国 GDP 的 7.3%，中国版权产业在国民经济中的比重逐步上升，在推动经济发展、优化产业结构中发挥着越来越重要的作用。持续开展全国版权示范创建工作，目前，国家版权局已授予 10 个城市为全国版权示范城市、109 个单位为全国版权示范单位、29 个园区（基地）为全国版权示范园区（基地）。2015 年，在国家版权局指导和支持下，成立了全国版权示范城市联盟。国家版权局批准设立了 16 家国家版权交易中心（版权贸易基地），推动成立了国家版权交易中心联盟。

五是版权宣传培训工作不断加强。版权宣传工作与立法、执法、司法、产业发展紧密结合，并随着时代发展不断创新宣传方式和宣传手段，通过全媒体传播、多渠道进行、全社会共同参与的方式推动社会公众版权意识的提高。持续组织举办版权执法培训班、软件正版化培训班、版权相关热点问题媒体研修班，各地也开展了形式多样、丰富多彩的宣传培训活动，“尊重知识、尊重劳动、尊重创作、尊重版权”的良好氛围正在逐步形成。

六是版权国际交流合作不断深入。积极开展版权多边交流与合作，于2012年在北京承办了世界知识产权组织保护音像表演外交会议，推动并成功缔结《视听表演北京条约》。2014年积极推动世界知识产权组织在中国设立了办事处。在WTO、APEC等多边场合积极发声，增强我国在国际版权领域的话语权和影响力。积极落实与美、欧、英、日、韩等国家和地区的版权合作备忘录，完成世界贸易组织对华贸易政策审议及相关自贸区谈判、双边磋商等，为我国经济社会发展创造良好国际版权环境。

十八大以来的成绩是全面的、显著的。同时，必须清醒看到，我们的工作还存在许多不足，也面临不少困难和挑战。一是版权法治化水平仍有差距，法律体系和版权依法行政能力还有待进一步的提高；二是版权保护环境有待进一步优化。我国版权保护目前仍处于矛盾和纠纷高发期，总体特征仍然是保护不足，这就决定了今后一段时期仍然要将版权保护放在版权工作的突出位置，实行版权严格保护，维护良好的版权保护环境和秩序；三是全社会的版权意识有待进一步提高。“尊重创作、尊重版权”的氛围还没有在全社会普遍形成，需要持续加大版权宣传、培训力度；四是版权工作的体制机制、人才队伍等方面还不能适应建设创新型国家和版权强国建设的要求，需要不断完善工作机制，加强人才队伍建设。

五年来取得的成绩，是党中央国务院坚强领导的结果，是全国版权行政管理部门同志们共同努力的结果。在此，我代表总局和国家版权局，向为版权事业努力工作积极奉献的同志们表示衷心的感谢！

二、加强版权创造、保护、运用，服务创新型国家和版权强国建设

党的十九大是在我国全面建成小康社会决胜阶段、中国特色社会主义进入新时代的关键时期召开的一次十分重要的大会。习近平总书记在党的十九大报告中指出，倡导创新文化，强化知识产权创造、保护、运用。这就为实施创新驱动发展战略、加快版权强国建设提供了重要遵循。

（一）加强版权创造，不断满足人民的精神文化需求

中国特色社会主义进入了新时代，我国发展处于新的历史方位。新时代意味着新任务、新要求，新方位意味着新起点、新作为。随着生活水平不断迈上新台阶，人民对美好生活的向往越来越强烈，对精神文化生活需求也越来越突出，更加期待好看的电影、电视剧、图书、戏曲。这就需要我们大力扶持、推动版权创造。

我们要高度重视这方面有关机制的建立完善。搞好版权宣传工作，大力营造“尊重知识、尊重劳动、尊重创作、尊重版权”的良好氛围；表彰、激励对我国文学艺术、版权保护、社会和经济发展做出突出贡献的创作者、表演者和保护者；不断强化著作权服务意识，创新服务方式，优化服务内容，大力构建版权社会服务体系；开拓发展思路，进一步完善著作权登记制度。

（二）加强版权保护，营造良好版权生态环境

优秀作品的创作、传播、使用、交易都离不开版权制度的保障，唯有加大版权保护力度，依法严厉惩处侵权行为，维护著作权人合法权益，才能营造出全社会创新、创造的良好生态环境。

以习近平同志为核心的党中央高度重视知识产权保护工作。2017年7月17日，习近平总书记在中央财经领导小组第十六次会议讲话中对知识产权保护工作提出了更高、针对性更强的要求。2017 年 11 月 22 日，李克强总理主持召开的国务院常务会议对知识产权保护工作又作出新的具体部署。我们要坚决贯彻习近平总书记的重要指示和国务院要求，进一步修订、完善法律法规，进一步加强对版权执法工作的领导，建立健全部门间、区域间执法协作机制；积极推进基层执法队伍和执法能力建设，创建版权保护示范区；坚持日常监管和专项整治相结合，突出抓好查办案件；建立健全执法部门与司法机关信息共享、案情通报、案件移送等制度；完善群众举报投诉、快速反应等机制，引领社会公众广泛参与，努力营造良好版权生态环境。

（三）加强版权运用，促进经济发展文化繁荣

版权的创造和保护，归根结底是为了运用。随着经济全球化和知识经济的不断发展，版权成为越来越重要的生产要素和财富资源，我国版权资源存量巨大，增长迅速，转化运用潜力大，版权产业已成为国民经济发展的重要支柱，成为建设文化强国的重要支柱。

近年来，我国核心版权产业在版权运用上取得了新的可喜进展，主题出版物通过版权贸易，在国际社会产生了重要影响，影视资源不断进行深度、系统开发和利用，版权已成为新兴媒体与传统媒体融合、文化与科技的融合发展中最核心的要素。

我们要充分认识版权在产业融合发展、版权强国建设中的重要地位和作用，切实推进版权的推广运用，注重版权的成果转化，研究适合产业发展的版权资产管理模式。

三、锐意进取，开创新时代版权社会服务工作新局面

建设版权强国，服务创新型国家建设，是我们今后一个时期版权工作的中心任务，全国版权行政管理部门的同志要加深对我国社会主要矛盾变化新的科学判断的理解，全面深刻认识版权社会服务工作在创新型国家和版权强国建设中的地位和作用，要将版权社会服务工作纳入创新型国家和版权强国建设的总体布局中，统一部署，协调推进，不断提升版权社会服务工作水平。

版权社会服务涵盖了著作权登记、版权产业发展、版权宣传普及、版权行政监管等多方面工作，很好地体现了版权工作的社会化属性。要突出重点、抓出实效。

一是切实做好著作权登记工作。鉴于近年来全国著作权登记总量迅猛增长，工作压力数倍增大，希望各地版权局、中国版权保护中心要高度重视此项工作，采取妥善应对措施。积极协调有关部门妥善解决登记机构人员、资金、设备等问题，加强对著作权登记申请的审核把关，注重提高作品登记质量，同时，要通过制定登记机构管理办法对下设的版权登记工作站点进行有效管理，确保著作权登记工作有序进行。

按照国务院政务信息公开的要求，目前，国家版权局在版权监管平台的基础上，正在建立全国统一的著作权登记、信息统计和公示查询系统。2017 年在全国人大组织的对著作权法执法大检查中，各地集中反映无法查询到作品登记的相关信息。希望各地版权局要高度重视并以严肃认真的态度对待此项工作，要按照国家版权局的具体要求，及时准确报送作品登记信息。从 2018 年起，国家版权局将定期通报此项工作，对落实不力的地方版权局和登记机构要实行问责。

二是深入开展版权示范创建工作。目前，已有 19 个省级版权局开展了此项工作，有效地带动了当地版权产业发展；发挥了版权示范城市、单位和园区（基地）在自主创新、提升城市和单位创新能力、集聚版权要素和版权资源、促进区域经济转型升级的引导作用；构建了绩效评价指标体系；形成了以点带面的建设格局。

国家版权局将依据《全国版权示范城市、示范单位、示范园区(基地)管理办法》,深入开展版权示范创建工作,争取培育出更多更好的版权示范城市、单位和园区(基地)。各地版权局要高度重视此项工作,将版权示范创建作为促进版权产业发展的重要抓手,创造条件,积极推动。

三是加大版权宣传力度。版权宣传工作担负着对内提高公众版权意识,引导正确舆论,对外展现我国版权工作成就,树立国家形象的重要任务。要将版权宣传普及作为一项基础性、长期性工作抓好抓实。

四是推动版权产业健康发展。近年来,国家版权局相继批准设立了一批国家版权交易中心、国际版权交易中心和国家版权贸易基地,2016 年完成了在全国六大行政区划间设立国家版权交易中心的规划布局,一批集版权评估、质押、交易、投融资为一体的版权交易平台已经建立。国家版权局将持续开展版权产业对国民经济贡献调研,各地版权局、版权示范城市也应开展此项调研工作,对地方版权产业发展进行针对性指导;开展对出版、广电等核心版权产业的版权资产管理研究,制定出版企业版权资产管理指南;进一步加强对国家版权交易中心、版权贸易基地的指导和规范,推动市场机制的完善,充分发挥其在版权交易、资产评估、融资等市场要素中的积极作用。

五是建立健全工作保障机制。为确保此项工作的扎实推进,各省级版权局要建立完善版权社会服务工作领导负责制,提升主要领导对此项工作的认识和重视程度;要将版权社会服务工作作为全局性的工作统筹谋划、切实抓好;要加强对地市级版权行政管理部门的指导和协调,强化对各项工作任务的落实和监督;积极争取把著作权登记、版权示范创建、版权交易及成果转化等纳入地方政府的重大规划、重点工作及考核目标;争取中央和地方财政予以专项资金支持和优惠政策,加大对版权社会服务工作的扶持力度;对省(区)内欠发达地区及少数民族地区版权社会服务工作重点加强指导、培育和扶持。确保各项版权社会服务工作任务落实到位。

在新的时代,我们要有新作为,要全面深入贯彻落实党的十九大精神,以高度的使命感和责任感,锐意进取,奋发有为,不断开创新时代版权社会服务工作新局面。

在第三届“中国品牌论坛”上的致辞

(2017 年 12 月 22 日)

时任原国家工商行政管理总局副局长　刘俊臣*

尊敬的马培华副主席,杨振武社长,

各位嘉宾,同志们,朋友们:

大家上午好!很高兴参加第三届“中国品牌论坛”。我谨代表国家工商行政管理总局,对本届论坛的举办表示热烈祝贺!

党的十八大以来,国家工商行政管理总局以及全国工商和市场监管部门认真贯彻党中央、国务院决策部署,深入推进商事制度改革,政策效果不断显现,平均每天新增市场主体 5.2 万户。市场主体总量达到 9000 多万户,市场主体的快速增长带动了商标注册量的迅猛增长,商标累计注册量达到 1700 万件,占全球的近 40%。2017 年前 11 个月,商标注册申请 511 万件,同

---

* 刘俊臣:现任全国人民代表大会常务委员会法制工作委员会副主任。

比增长54%。2017年我国商标申请量的增量将约占全球商标申请量增量的80%以上，中国已经成为全球商标知识产权增长的重要贡献者，也正逐步成为全球创新和品牌发展方面的引领者。

近年来，工商部门积极推行商标品牌战略，取得显著成效。一是商标注册便利化程度不断提高。105个地方商标受理窗口遍布29个省市，商标网上申请达到86.3%，商标审查周期从法定的9个月压缩到8个月，2018年将进一步压缩到6个月，达到世界领先水平。二是商标知识产权保护力度不断加大。与司法部门协力合作，严厉打击商标恶意抢注和侵权假冒行为，商标品牌发展环境日益改善，2017年以来，工商和市场监管部门共立案查处商标侵权假冒案件2.1万件，案值2.7亿元。三是推动中国产品向中国品牌转变效果显著。企业商标品牌运用能力不断提升，中国品牌价值日益提高，2016年100家沪深上市公司商标品牌价之和达到3.22万亿元，占其总市值的比例高达16.93%。中国商标品牌国际化步伐不断加快，2017年中国企业的马德里申请将超过4300件，同比增长将超过30%。商标品牌引领经济发展的作用日益突出，地理标志商标对当地就业、农民增收以及经济发展的综合贡献率超过30%。中国品牌在国际市场中的知名度和竞争力不断提高，“华通明略”发布的2017年全球最具价值品牌100强排行榜中，中国大陆上榜品牌已从2012年以前的1个增加到2017年的13个。

各位嘉宾，同志们，朋友们：商标是企业品牌的主要标志和象征，是品牌获得法律保护的主要形式和载体。习近平总书记在十九大报告提出的“强化知识产权创造、保护、运用”，为中国商标品牌建设指明了努力的方向，为我们打造全球知名中国品牌增添了信心和决心。工商和市场监管部门将以习近平新时代中国特色社会主义思想为指导，顺应我国经济由高速度增长向高质量发展转变的时代要求，努力加强中国品牌建设，努力推动品牌经济的发展。

祝本次论坛圆满成功！

谢谢大家！

在2017年全国统一举行集中销毁侵权盗版及非法出版物活动仪式上的讲话

（2017年4月24日）

时任原国家新闻出版广电总局副局长　吴尚之*

同志们：

在“4·26世界知识产权日”即将来临之际，按照全国“扫黄打非”工作小组部署，今天，全国各省（区、市）统一举行2017年侵权盗版及非法出版物集中销毁活动。这次活动销毁的盗版图书、盗版音像制品、盗版电子出版物及非法报刊全国共1730万件，其中在北京主会场销毁195万件。

一直以来，各级“扫黄打非”机构和相关部门大力配合，协同作战，不断加大对出版物市场的监管力度，大力查缴非法和盗版出版物；持续保持对各类非法出版活动的高压打击态势，依法严惩违法犯罪活动。仅2016年，全国“扫黄打非”部门就收缴非

* 吴尚之：现任十三届全国政协文化文史和学习委员会委员，中国期刊协会会长。

法及侵权盗版出版物1600余万件，查办相关案件6000余起，其中刑事案件600余起。山东、陕西“扫黄打非”部门查办的“5·16”经营非法期刊案，查获涉案非法期刊300余万份，抓获犯罪人员14人，打掉了涉及全国21个省市的非法销售网络；江苏查办的镇江“10·26”特大网络销售盗版图书案，查缴盗版图书120余万册，抓获犯罪人员14人，打掉非法印刷装订厂3个、大型盗版图书仓库5个；北京查办的“8·08”特大销售盗版少儿出版物案，查缴盗版少儿图书350余万册，涉案码洋9100余万元，抓获涉案犯罪人员14人，打掉大型盗版图书仓储窝点5个。对这些重点案件，全国“扫黄打非”办公室单独或联合公安部、国家版权局等部门进行联合挂牌督办，有效督促了案件的依法侦办和审理，实现了案件查办法律效果与社会效果的高度统一。

由于不断加大打击力度，出版物市场环境得到了明显改善。同时，我们也要认识到，打击非法和侵权盗版活动形势依然不容乐观，不法行为向网络转移的态势十分明显。做好这项工作，需要政府、社会、家庭和每个人都积极行动起来，打击与预防相结合，警示与教育相结合，不断提高公众拒绝非法和盗版出版物的意识，在全社会营造尊重知识、尊重创造的良好氛围。

让我们携起手来，认真贯彻落实中央的各项要求和部署，开拓创新，扎实工作，以优异的工作成绩迎接党的十九大胜利召开。

提高认识澄清误区，积极实施商标品牌战略

时任原国家工商行政管理总局局长　张　茅

国务院《“十三五”市场监管规划》明确提出，“实施商标品牌战略，提高产品服务的品牌价值和影响力，推动中国产品向中国品牌转变”。落实国务院重大战略部署，必须提高认识、澄清误区、找准定位，积极推进商标品牌建设，充分发挥商标品牌对经济社会发展的促进作用，推动我国经济转型升级、创新发展。

一、提高认识，深刻理解商标品牌战略的重大意义

实施商标品牌战略，是适应供给侧结构性改革、提升供给质量的迫切需要。随着经济发展进入新常态，传统发展模式下形成的供给结构已不能适应市场需求变化，有产量、缺品质，有产品、缺品牌，形成大量过剩产能，消耗大量社会资源。推动商标品牌建设，就是要抓住商标品牌这个载体，引导企业注重品质，培育品牌，提升产业素质，提高供给质量。

实施商标品牌战略，是适应消费升级趋势、推动消费增长的迫切需要。目前，百姓消费需求不再是简单的“有没有”的问题，而是能不能体现出个人消费品味，体现出自身的独特性。近年来，我国消费者的出国购物、跨境购物趋势，充分显示出追求品质、追求品牌的消费热情。推动商标品牌建设，就是要适应消费需求的新变化、新趋势，培育让百姓放心消费的自主品牌，提振消费信心，促进消费增长。通过扩大新消费，带动新投资，培育新产业，形成新动能。

实施商标品牌战略，是适应经济全球化趋势、提升国际竞争力的迫切需要。经济全球化过程，不仅是商品服务的全球化，也是商标品牌的全球化。商标品牌是提升产品服务市场价值的助推器，是提升国际竞争力的通行证。目前，我国正在积极推动“一带一路”建设、国际产能合作和全球化进程。在这种大背景下，积极实施商标品牌战略，就是要以品牌建设为引领，推动中国制造向中国创造转变，推动中国产品向中国品牌转变，树立中国商品服务品质的新形象。

二、澄清误区，扭转商标品牌建设中的偏差

我国商标品牌建设是随着改革开放进程，在经济发展实践中逐步启动、逐步完善的。受传统观念影响，在我国从计划经济向市场经济转型过程中，在从封闭经济向开放经济发展过程中，对驰名商标、著名商标、知名商标的理解和实践还存在一些误区和偏差。

首先，驰名商标是商标保护的法律概念，不是一种荣誉和商业宣传概念。目前，社会上对驰名商标的理解还有认识上的误区。驰名商标是国际通用的法律概念，目的是对相关公众熟知的商标进行法律保护。1884 年生效的《保护工业产权巴黎公约》，第一次以国际条约的形式明确对驰名

商标予以特殊保护。1995年世界贸易组织《与贸易有关的知识产权协议》，进一步将对驰名商标的保护扩大到非类似商品，并将服务商标纳入驰名商标保护范围。我国1985年加入《保护工业产权巴黎公约》，2001年加入世贸组织，开始负有保护驰名商标的义务。

国际上对驰名商标的保护遵循市场规则，实行"个案认定、被动保护"的原则，即通过对涉案商标进行驰名商标的认定来加以保护。20世纪80年代，我国引入驰名商标制度时，市场经济尚不健全，对驰名商标的认识还不清晰。在实践上，强调政府主导，采取"批量认定、主动保护"的方式，即通过政府部门事先认定一批驰名商标，再予以法律保护，形成"驰名商标就是一种信誉、一种品牌"的概念和社会影响。

在完善社会主义市场经济体制过程中，我们对驰名商标的认识逐步深化，将驰名商标的内涵回归到法律保护的本源，将驰名商标的认定回归到国际惯例。从2003年，我国将驰名商标认定修改为"个案认定、被动保护"原则，2013年新修订的《商标法》又增加"禁止宣传"原则，使我国驰名商标的实践真正与市场经济接轨、与国际规则接轨。但是，有的地方政府受习惯思维的影响，仍将驰名商标作为荣誉、信誉来宣传，甚至下任务定指标，实际上是一种不正当竞争行为，与驰名商标保护制度的宗旨相违背。

其次，政府评选认定著名商标、知名商标的方式，面临着政府"越位"的巨大风险。

一是政府"越位"影响政府公信力。一个商标品牌是否著名，不是由政府说了算，而是市场竞争中形成的，是消费者选择的结果。由政府组织评选认定，是用政府公信力、政府信誉为个别企业担保背书。运用行政权力介入微观经济事务，使政府承担了产品质量问题的无限责任，也存在着寻租的风险。

二是政府选择性的支持扭曲了市场公平竞争。许多地方政府不仅评选著名商标、知名商标，还给予大量优惠政策，使企业产品获得进入市场的特殊通行证，这严重违背了市场公平竞争的基本原则。

三是政府替代市场的评定误导消费者的选择。广大消费者和商家因为有政府的信用背书，往往将著名、知名商标作为选择的重要依据。这对消费者形成极大的误导，甚至使一些不法企业利用政府信用制造假冒伪劣商品欺骗消费者，带来严重的社会风险。

三、找准定位，积极实施商标品牌战略

"十三五"时期，是全面建成小康社会决胜阶段，是我国经济转型和体制完善的关键时期。要从发展全局的战略高度，把实施商标品牌战略作为发展品牌经济的重要支撑，促进经济发展质量和百姓生活品质的提升。

一是正确处理好政府与市场的关系。要坚持市场化改革方向，发挥企业作为商标品牌建设的主体作用，引导企业树立商标品牌意识，提高商标品牌的附加值和竞争力，培育具有全球竞争优势的自主品牌。

二是深化商标注册管理体制改革。围绕提高商标注册便利化水平，积极推进京外审查协作中心建设，提升审查效率。完善商标网上申请系统和商标注册全程电子化，加强商标数据共享，为申请人提供更加便利、快捷的商标注册服务。

三是切实加强商标知识产权的保护。遏制商标恶意抢注行为，加大对驰名商标、地理标志、涉外商标、老字号商标等的保护力度。落实事中事后监管，深入推进商标信用监管。继续推动跨地区、跨部门商标执法合作，加大侵权违法惩戒力度。

四是努力完善商标品牌服务能力。促进商标品牌服务业规范发展，开展商标品牌创业创新基地建设。鼓励企业开展注册商标质权登记，推动商标品牌资本化运作。支持独立第三方对我国商标品牌开展社会

化、市场化评价，建立客观、公平和国际化的商标品牌价值评价体系，加大商标品牌推广力度。

五是不断提升商标品牌国际化水平。主动参与商标领域国际规则制定，提高我国商标领域的话语权和影响力。围绕“一带一路”建设，引导企业在“走出去”进程中“商标先行”，加快培育以商标品牌为核心的国际竞争新优势。进一步健全企业商标海外维权协调机制，加大海外商标维权援助力度，为中国品牌构建更加公平便利的国际营商环境。

全面开启知识产权强国建设新征程

国家知识产权局局长　申长雨

党的十八大以来，以习近平同志为核心的党中央高度重视知识产权工作，作出了加快知识产权强国建设的战略部署，召开了一系列重要会议，研究部署知识产权重大问题，出台了一系列知识产权政策措施，极大地推动了知识产权事业发展，使我国成功跻身世界知识产权大国行列，取得了令人瞩目的巨大成就，全面开启了知识产权强国建设新征程。

五年来，中共国家知识产权局党组和全国知识产权系统深入学习党的十八大和十八届三中、四中、五中、六中全会精神，全面贯彻习近平总书记系列重要讲话精神和治国理政新理念新思想新战略，坚持用马克思主义中国化最新理论成果武装头脑、指导实践、推动发展，统筹推进“五位一体”总体布局和协调推进“四个全面”战略布局，牢固树立并认真践行创新、协调、绿色、开放、共享的新发展理念，切实增强“四个意识”特别是核心意识和看齐意识，坚决维护习近平总书记的核心地位，维护以习近平同志为核心的党中央权威和集中统一领导，始终在思想上政治上行动上同以习近平同志为核心的党中央保持高度一致，确保党始终成为知识产权事业发展的坚强领导核心，党中央、国务院关于知识产权工作的各项决策部署全面落实，收效显著。

五年来，在党中央、国务院的亲切关怀下，“加快建设知识产权强国”正式写入党中央、国务院印发的《国家创新驱动发展战略纲要》《中华人民共和国国民经济和社会发展第十三个五年规划纲要》和 2016 年《政府工作报告》等重要文件，成为中央部署的战略任务之一。《知识产权综合管理改革试点总体方案》经中央全面深化改革领导小组第三十次会议审议通过，成为中央部署的重要改革任务之一。《国务院关于新形势下加快知识产权强国建设的若干意见》正式印发，对知识产权强国建设作出整体部署。国务院办公厅转发国家知识产权局等 28 个部门联合印发的《深入实施国家知识产权战略行动计划（2014—2020年）》，将知识产权战略实施工作推向深入。《“十三五”国家知识产权保护和运用规划》首次被纳入国家重点专项规划，明确了“十三五”期间知识产权领域的一系列重大政策、重大工程、重大项目。“每万人口发明专利拥有量”指标继续写入国家“十三五”规划纲要，成为 25 个经济社会发展主要指标之一。“加大知识产权保护力度”写入《中共中央 国务院关于完善产权保护制度依法保护产权的意见》，成为完善现代产权制度的重点任务之一。知识产权在国家经济社会发展全局中的地位和作用显著提升。

五年来，我国知识产权大国地位日益

巩固。2013—2016年，国家知识产权局共受理发明专利申请419.4万件、实用新型专利申请436.4万件、外观设计专利申请244.4万件，其中，发明专利申请年均增长17.5%。继2015年起年发明专利申请受理量超过100万件之后，2016年又实现国内有效发明专利拥有量超过100万件的重大突破，我国成为世界上首个年发明专利申请受理量突破100万件的国家，以及继美国、日本之后第三个国内有效发明专利拥有量突破100万件的国家。2013—2016年，国家知识产权局共受理《专利合作条约》(PCT)国际专利申请12.5万件，年均增长25.2%，年度受理量跃居世界第三位；累计授权发明专利120.4万件，平均审查周期缩短至22个月。截至2017年6月底，每万人口发明专利拥有量达到8.9件，较2011年年底提高6.5件。

五年来，知识产权保护力度不断加大。全国知识产权系统共查处专利侵权假冒案件14.1万件，是前五年的近8.5倍；统一部署开展“护航”“闪电”“雷霆”等专利行政执法专项行动；29个省（区、市）开通“12330”知识产权维权援助与举报投诉服务热线；知识产权保护中心和快速维权中心数量达到24个，知识产权纠纷仲裁调解试点工作覆盖16个省(区、市)，知识产权保护规范化培育市场达到164家，其中30家市场被确定为第一批国家级知识产权保护规范化市场。在北京、上海、广州设立知识产权法院，知识产权司法保护进一步加强。知识产权保护社会满意度由2012年的63.69分提升到2016年的72.38分，反映出社会各界对知识产权保护工作的充分认可。

五年来，知识产权运用效益快速提升。“1+2+20+N”的知识产权运营平台体系初步建立并陆续投入运行，为知识产权的转移转化、收购托管、交易流转、质押融资、专利导航、专利保险、分析评议等提供了平台支撑。五年来专利质押融资总额达2057亿元，年均增长33%，惠及企业7000余家。在苏州、宁波等8个城市开展知识产权运营体系建设试点。国家知识产权局与世界知识产权组织共同评选表彰中国专利奖金奖80项、外观设计金奖20项，100项金奖项目新增利润1212亿元。专利许可备案量3.14万项，许可金额达208亿元，知识产权运营日趋活跃，知识产权价值加速实现，对经济社会发展的贡献度明显提高。

五年来，知识产权管理能力和服务水平明显增强。国家知识产权战略实施工作部际联席会议升格为国务院知识产权战略实施工作部际联席会议，由国务院领导同志担任召集人，统筹协调能力极大增强。地方知识产权综合管理改革试点工作全面启动，厦门、青岛、深圳、长沙、苏州、上海徐汇区首批6个试点地方率先开展改革工作。上万家企业贯彻实施企业知识产权管理规范国家标准，超千家企业进入知识产权示范企业及优势企业行列，涌现出华为、中兴通讯、腾讯等一批综合竞争力较强的知识产权优势企业。知识产权服务业快速发展，截至2017年6月底，全国具有专利代理人资格36 721人，执业人数15 945人，专利代理机构1651家。

五年来，知识产权事业发展基础更加牢固。共制修订知识产权相关法律法规14部，国家知识产权局出台部门规章9部。建设6个京外专利审查协作中心，专利审查人员达到11，543人。拥有各类专利文献资源达523种，专利文献总量超过1.09亿件，其中中国专利文献总量超过1987万件。建立国家级专利信息传播利用基地12个和全国专利文献服务网点120家。全国知识产权专业人才超过15万人，知识产权从业人员超过50万人，基本形成了梯次合理、门类齐全的知识产权人才队伍体系。全国县级知识产权机构覆盖率扩大一倍。国家知识产权培训基地和战略实施研究基地达到30个。国家知识产权局和教育部联合开展全国中小学知识产权教育试点示范工作，试点学校达到 60 所。连续举办全国知识产权宣传周、知识产权保护高层论坛、中国专利年会、国际专利技术与产品交易会、知识产权公益讲座等活动，全社会知识产权意识显著提升。

五年来，知识产权国际合作交流不断深化。积极参与知识产权国际事务，着力提升知识产权国际规则制定的话语权，稳步推动国际知识产权治理体系的变革。促成世界知识产权组织（WIPO）在华设立中国办事处，在 WIPO 设立中国信托基金。举办“一带一路”知识产权高级别会议、发明领域中美欧日韩五局局长系列会议和工业品外观设计中美欧日韩五局合作年度会议、中非知识产权制度与政策高级研讨会、中国—东盟知识产权局局长会、中国—维斯格拉德集团知识产权联合研讨会等重要国际会议。与 WIPO 及有关国家和地区签署多双边合作协议 199 个。与 23 个国家和地区签订了“专利审查高速路”（PPH）协议，极大地方便了我国企业海外获权，有力地配合了国家总体外交和对外开放。

五年来，全国知识产权系统党的建设全面加强。深入贯彻落实中央关于全面从严治党的战略部署，认真组织开展党的群众路线教育实践活动、“三严三实”专题教育、“两学一做”学习教育，推进党建工作与业务工作有机融合，充分发挥各级党组织的战斗堡垒作用和共产党员的先锋模范作用。国家知识产权局党组认真接受中央专项巡视，积极完善内部纪检工作体制机制，深入开展党风廉政建设和反腐败工作，深入贯彻落实中央八项规定精神，持之以恒纠正“四风”，为知识产权强国建设提供了强有力的思想、组织和作风保障。

一、完善知识产权事业发展顶层设计

党的十八大以来的五年，是国际国内深刻变革的五年。从国际看，全球新一轮科技革命蓄势待发，知识创造和技术创新的速度明显加快，创新要素流动空前活跃，以新技术突破为基础的产业变革不断加速。发达国家纷纷推进新的科技创新战略和知识产权政策，抢占新一轮科技革命制高点。从国内看，我国经济发展进入新常态，传统动能不断弱化，新动能加快成长，发展方式正从规模速度型转向质量效益型，发展动力正从资源要素转向创新驱动。我国要适应国际竞争新形势和国内发展新常态，就必须大力推动科技创新，加快经济转型升级，努力在世界经济深度转型调整的激流中赢得先机，占据主动。

新形势下，以习近平同志为核心的党中央高瞻远瞩、审时度势，聚焦世界发展新格局和国内发展新常态，作出了一系列富有远见卓识的战略部署。要更加自觉地坚持以提高经济发展质量和效益为中心，大力推进经济结构战略性调整，要更加注重加强产权和知识产权保护，更加注重科技进步和全面创新。2014 年 12 月，习近平总书记在中央经济工作会议上发表的重要讲话，发人深省，令人振奋。随之而来的是涉及知识产权工作的一系列重大政策措施陆续出台。

在政策体系建设上，加强知识产权事业发展顶层设计，“四梁八柱”性质的政策架构总体形成。习近平总书记主持召开中央全面深化改革领导小组第三十次会议，审议通过《关于开展知识产权综合管理改革试点总体方案》，对知识产权事业发展特别是体制机制改革作出重要指示。印发《国务院关于新形势下加快知识产权强国建设的若干意见》和《深入实施国家知识产权战略行动计划（2014—2020 年）》等重要文件，《“十三五”国家知识产权保护和运用规划》作为国家“十三五”重点专项规划印发，形成了以知识产权综合管理改革试点总体方案为引领，新形势下加快知识产权强国建设的若干意见、“十三五”国家知识产权保护和运用规划、深入实施国家知识产权战略行动计划“三驾马车”共同驱动知识产权事业发展的崭新局面。

国家知识产权局党组和全国知识产权系统深入学习领会习近平总书记重要指示，全面落实党中央、国务院决策部署，坚持稳中求进工作总基调，以加快知识产权强国建设为主线，以实施国家知识产权战略为载体，以深化知识产权领域改革为突破口，以知识产权保护和运用为重点，努力提高知识产权的创造质量、运用效益、保护效果、管理能力和服务水平，推动知识产权强国建设不断取得新进展，实现新突破，努力为国家经济社会发展提供更加有力的支撑。

在组织体系建设上，国家知识产权战略实施工作部际联席会议升格为国务院知识产权战略实施工作部际联席会议，由国务院领导同志担任召集人，联席会议成员单位由 28 个增加为 31 个，极大地增强了联席会议的统筹协调能力。按照新的职能，国务院知识产权战略实施工作部际联席会议统筹协调国家知识产权战略实施和知识产权强国建设工作，包括加强宏观指导，研究重大方针政策，制订年度推进计划，指导、督促、检查有关政策措施的落实，协调解决相关重大问题等。国务院知识产权战略实施工作部际联席会议制度建立以来，各成员单位按照职责分工，深入研究国家知识产权战略实施和知识产权强国建设工作中的重大问题，制定相关配套政策措施，认真落实联席会议确定的工作任务和议定事项，相互支持，密切配合，互通信息，形成合力，有力地推动了各项工作的落实。

2017 年 6 月 16 日，国务院知识产权战略实施工作部际联席会议第二次全体会议召开，深入学习贯彻习近平总书记系列重要讲话精神，特别是关于加强知识产权工作的重要指示批示，学习贯彻李克强总理有关要求，落实党中央、国务院关于加快知识产权强国建设的重要部署，审议《“十三五”国家知识产权保护和运用规划重点任务分工方案》《2017 年深入实施国家知识产权战略加快建设知识产权强国推进计划》《〈国家知识产权战略纲要〉实施十年评估工作方案》等重要文件，对新一阶段的工作作出系统部署。各个地方也参照国务院做法，不断完善自身的知识产权战略实施工作统筹协调机制，工作的协调性大大增强。

在法律制度建设上，《专利法》《专利代理条例》等法律法规的修订工作稳步推进。党的十八届四中全会明确提出，要全面推进依法治国，加强重点领域立法，完善激励创新的产权制度、知识产权保护制度和促进科技成果转化的体制机制，为知识产权法律制度建设指明了努力的方向。以《专利法》为例，为解决我国专利保护中存在的突出问题，切实维护专利权人的合法权益，增强创新主体对专利保护的信心，充分激发全社会的创新创造活力，国家知识产权局在之前相关工作基础上，结合全国人大常委会对《专利法》实施情况的执法检查结果，于 2014 年下半年启动了《专利法》第四次全面修改相关工作，通过 11 个方面的专题研究，有针对性地提出了修法建议。2015 年 4 月 1 日，国家知识产权局对外发布《专利法修订草案（征求意见稿）》，通过多种途径广泛收集针对此次法律修订工作的意见和建议，对修订草案作了进一步修改完善，形成了《专利法修订草案（送审稿）》，于 2015 年 7 月上报国务院。2015 年 12 月，国务院法制办就该修订草案送审稿面向社会公开征求意见。修订草案对进一步加大侵权惩罚力度，推进专利的实施和运用等，都作了较大幅度的修改和补充，获得社会的积极评价。同时，《专利代理条例》的修订工作也传来佳讯，这项始于 2001 年，历时十几年的条例修改工作，终于有望得以尽快完成，为我国专利代理行业发展提供重要遵循。

在做好国家层面知识产权法律法规建设的同时，国家知识产权局还建立了地方专利立法指导协调机制，加强了对地方专利立法工作的指导。这些年，分别推动广东、江苏、浙江等省市制修订了一批地方性知识产权法规，在各个层面构建起了知识产权法律法规制度体系，为推进知识产权事业进步、促进地方经济社会发展，提供了重要的法律保障。以浙江为例，2015 年 9 月 25 日，浙江省十二届人大常委会第 23 次会议高票通过了《浙江省专利条例》，并于 2016 年 1 月 1 日起施行。这是在原有的《浙江省专利保护条例》基础上，立足浙江实际，着眼发展需要，形成的新制度新规范。其中新增加规定 27 条，修改规定 25 条，总共设置 6 章 52 条，将条例规范的范围由保护拓展到了创造、运用、保护、管理、服务“全链条”，许多方面作出了突破性的规定，开全国之先河。如条例针对浙江省电子商务产业快速发展的现实需要，对电子商务专利行政保护作出了新的规范，明确规定被投诉人拒不提交申辩材料或者有证据证明是专利侵权、假冒专利的，网络、电视等交易平台提供者应当采取删除、屏蔽、断开链接、关闭网店等必要措施；未及时采取必要措施的，对损害的扩大部分与经营者承担连带责任。2016 年，在《浙江省专利条例》实施的第一年，浙江省专利行政执法特别是电子商务专利行政执法就呈现出全新局面，在处理电商平台上的专利侵权投诉案件数量和断开、删除侵权链接数量等指标上都位居全国首位，有效规范了电商领域的经营秩序，营造了电商产业良好发展环境，推动了浙江省电商产业快速发展。2016 年，浙江省电商网络零售额达到 10 306.7 亿元，同比增长 35.4%，占全国电商网络零售额的近 20%。

二、构建知识产权强国建设工作体系

面对中央确立的加快建设知识产权强国的战略部署，国家知识产权局党组和全国知识产权系统积极行动，深入开展调查研究，不断理清发展思路，凝练提出知识产权强国建设的战略目标、战略思路和战略举措，努力构建分层分类、协调发展的知识产权强国建设工作格局，在全国上下形成了千帆竞发、百舸争流的生动局面。

经过改革开放近四十年的发展，特别是国家知识产权战略的实施，知识产权事业已经具备了坚实的理论基础、制度基础、人才基础、数量基础和文化基础。进入“十三五”时期，知识产权事业呈现出鲜明的阶段性特征，进入了知识产权强国建设取得实质性进展的开创期、知识产权战略目标任务全面完成的关键期、知识产权领域改革取得决定性成果的攻坚期。面对这一阶段性特征，着眼未来若干年的发展，国家知识产权局党组明确提出，要立足现有基础和发展需要，努力推动实现知识产权事业发展的“五个转变”，即知识产权创造由多向优、由大到强转变，知识产权保护从不断加强向全面从严转变，知识产权转化运用从单一效益向综合效益转变，知识产权管理从多头分散向更高效能转变，知识产权国际合作交流从积极参与向主动作为转变。目标更加明确，重点更加突出。

在具体路径选择上，国家知识产权局党组提出了“十五字”方针，即“点线面结合、局省市联动、国内外统筹”。点线面结合，就是要在面上展开、线上加强、点上突破。面上展开，就是要认真落实党中央、国务院关于加快知识产权强国建设的总体部署，深入实施国家知识产权战略行动计划和知识产权“十三五”规划，整体提升我国知识产权事业发展总体水平。线上加强，就是要进一步做强知识产权工作链条，实现更高水平的创造、运用、保护、管理以及国际合作交流。知识产权工作是一项链条式的工作，在这个链条中，创造是源头，运用是目的，保护是核心，管理是关键，国际合作是重要方面，缺少任何一个环节，知识产权制度都很难发挥应有作用。点上突破，就是要积极推进知识产权强省、强市、强企建设，以点上突破带动全局提升。局省市联动，就是要充分发挥国家知识产权局和地方政府两方面的积极性，通过合作会商等各种有效形式，形成知识产权强国建设的强大合力。国内外统筹，就是要积极统筹国内、国际两个大局，以全球的视野推进知识产权强国建设。一方面，要准确把握世界知识产权整体格局和发展趋势，谋划好我们国家的知识产权外交策略，确保相关政策设计符合知识产权国际规则通行做法和发展变革主流趋势。另一方面，要积极参与知识产权国际规则的制定，努力使知识产权国际规则包含更多的中国元素、中国智慧、中国方案，推动世界知识产权体系朝着普惠包容、平衡有效的方向发展，不断提升中国在全球知识产权治理领域的话语权和影响力，更好地服务国家的对外开放，促进世界经济繁荣与发展。

例如，围绕点上突破，国家知识产权局统筹推进知识产权强省、强市、强企建设。在知识产权强省建设上，2016 年，在专家评审的基础上，遴选了首批知识产权强省建设试点，率先支持广东、上海、江苏等地建设知识产权强省，并依托这些知识产权强省，加快形成京津冀、长三角、珠三角等知识产权战略高地。在知识产权强省建设试点地方的遴选中，国家知识产权局还进一步创新工作思路，加强分类指导，既整体比较看实力，又纵向比较看发展，还横向比较看特色，努力构建一个分层分类、统筹推进、协调发展的知识产权强省建设工作格局，从南到北、从东到西调动了各个地方的工作积极性。在知识产权强市建设上，目前已评定国家知识产权试点示范城市 64 个，这 64 个城市的发明专利申请量和授权量之和均超过了全国的 50%，占到了“半壁江山”。2017 年，在试点示范城市工作的基础上，国家知识产权局又优中选优，遴选出了 10 个城市率先开展知识产权强市建设试点，努力在“高原”之中打造“高峰”。围绕知识产权强企，国家知识产权局也在积极制定相应的政策措施，努力培育更多的知识产权示范企业和优势企业，强化知识产权强国建设的“细胞工程”，夯实知识产权强国建设的重要基础。

在国家一系列政策的引导下，目前全国已有 13 个知识产权强省建设试点省，这些省份均出台了具体的知识产权强省建设实施方案。25 个省（区、市）编制出台了知识产权（专利）“十三五”规划，其中天津、内蒙古、辽宁、吉林、黑龙江、江苏、安徽、四川和宁夏 9 个地方还将其纳入了地方重点专项规划。2016 年 6 月，经国家知识产权局批复，广东省率先启动建设引领型知识产权强省试点。为此，不仅专门印发了《广东省建设引领型知识产权强省试点省实施方案》等政策文件，构建起了较为完善的知识产权强省建设政策体系，还积极探索在珠三角地区建设引领型知识产权强市和粤东西北地区建设特色型及支撑型知识产权强市的有效路径，实现协调发展、整体提升。目前，广东省已拥有国家知识产权示范城市 6 个。在强化产业支撑体系上，广东省在工业机器人、海洋工程装备、高端制造产业、生物医学工程、轨道交通装备等 9 个重点产业技术领域组织开展专利导航，探索根据专利链布局创新链的产业发展新模式。在知识产权运营方面，国家知识产权运营公共服务平台金融创新（横琴）试点平台投入运行，全省知识产权运营业态蓬勃发展。在知识产权综合管理改革探索上，经国务院批准，广东省在中新广州知识城开展知识产权运用和保护综合改革试验，努力将中新广州知识城打造成为“立足广东、辐射华南、示范全国”的知识产权引领型创新驱动发展之城。在知识产权强企建设上，中兴通讯、华为、腾讯、大疆、比亚迪等一批知识产权强企异军突起，加快向国际产业链的高端跃升，展现了中国创新型企业的新形象。2017 年 3 月，世界知识产权组织发布的 2016 年 PCT 国际专利申请情况报告显示，中兴通讯股份有限公司以 4123 件 PCT 国际专利申请量排名全球企业第一，华为技术有限公司以 3692 件 PCT 国际专利申请量名列第二，中国公司的表现惊艳全球。

同时，国家知识产权局不断加强知识产权政策与国家重大区域发展战略规划的协同。围绕“一带一路”建设、京津冀协同发展、长江经济带建设、东北老工业基地振兴、中部崛起等国家战略，联合相关部委共同制定出台了“一带一路”建设知识产权工作方案、中原经济区知识产权政策、东北老工业基地全面振兴知识产权政策，指导形成了地方推动长江经济带建设的工作计划，努力打造京津冀、长三角、珠三角等知识产权战略高地和长江经济带知识产权隆起带，全面对接和服务国家战略实施。以知识产权支持京津冀协同发展为例，2016年6月底，国家知识产权局与北京市、天津市、河北省人民政府共同签署《关于知识产权促进京津冀协同发展合作会商议定书》，正式建立“一局三地”知识产权合作会商机制。明确将通过四方共同努力，构建京津冀知识产权一体化的保护体系，营造良好创新环境；推进知识产权协同运用，提升创新效益与效率；共享知识产权服务资源，促进创新要素合理配置；打造全国重要知识产权发展极，推动完善京津冀创新生态圈。一年来，各项工作取得显著成效，京津冀专利行政执法办案量大幅提升，增长达59.1％。2016年，京津冀知识产权质押融资金额达到93.2亿元，占全国质押总额五分之一强。截至2017年6月底，京津冀地区发明专利拥有量达到23万件，同比增长23.6％，占全国总量的18.8％，成为知识产权强国建设的重要“支点”。

三、扎实推进知识产权领域改革

全面深化改革，知识产权是其中的一个重要方面。改革开放近四十年来，我国知识产权事业发展取得了举世瞩目的巨大成就，成功跻身知识产权大国行列。但同时，也积累了一系列深层次的矛盾和问题，知识产权数量与质量发展不协调，核心专利、知名品牌、精品版权较少，布局不尽合理；知识产权保护还不够严格，侵权易发多发势头尚未根本扭转，知识产权维权依然面临举证难、周期长、成本高、赔偿低、效果差等问题，影响创新创业热情；知识产权运用既缺机制，又缺平台，转移转化效益还不够高，影响企业知识产权竞争力提升；知识产权管理多头分散、效能低下；知识产权国际交流合作深度与广度还有待进一步拓展。破解这些难题别无他策，唯有改革。

党的十八届三中全会对全面深化改革作出系统部署，强调要加强知识产权运用和保护。党的十八届五中全会又进一步明确提出，要“深化知识产权领域改革”，使知识产权改革从运用和保护拓展到知识产权的“全领域”。这充分体现了以习近平同志为核心的党中央对知识产权领域改革的高度重视。

那么，改革的突破口何在？党中央给出了明确的指向：知识产权领域改革，要牢牢抓住体制机制这个“牛鼻子”。2016年12月5日，习近平总书记主持召开中央全面深化改革领导小组第三十次会议，审议通过《关于开展知识产权综合管理改革试点总体方案》。习近平总书记强调，要紧扣创新发展需求，发挥专利、商标、版权等知识产权的引领作用，打通知识产权创造、运用、保护、管理、服务全链条，建立高效的知识产权综合管理体制，构建便民利民的知识产权公共服务体系，探索支撑创新发展的知识产权运行机制，推动形成权界清晰、分工合理、责权一致、运转高效的体制机制。知识产权综合管理改革由此拉开序幕。对此，知识产权系统欢欣鼓舞，社会各界反响热烈。这意味着我国知识产权领域从过去三十多年的“九龙治水”分散管理，走向集中管理成为可能。专家学者普遍认为，这项改革对于中国的知识产权事业而言，具有重大的里程碑意义。

事实上，从国际实践来看，知识产权综合管理不仅符合知识产权工作的客观规律，也是世界各国的通行做法。据统计，在世界知识产权组织的 189 个成员国中，有 183 个实行了集中的知识产权管理模式，其中 107 个实行专利和商标统一管理的“二合一”体制，76 个实行专利、商标、版权统一管理的“三合一”体制，仅有我国及朝鲜、柬埔寨、埃及、希腊、荷兰 6 个国家实行专利、商标和版权机构分散设置。通过知识产权综合管理改革，建立一种与创新驱动发展要求相匹配、与强化政府公共服务职能相一致、与国际通行规则相接轨的集中管理体制，对推进知识产权领域国家治理体系和治理能力现代化，加快知识产权强国建设，具有重大而深远的意义。

从国内实践来看，这些年一些地方探索开展的知识产权综合管理改革的成功试验，也充分印证了这项改革带来的巨大活力和良好社会效应。2014 年 11 月 16 日，上海浦东新区率先在全国成立了集专利、商标、版权行政管理和综合执法职能于一身的知识产权局。几年来，上海浦东新区知识产权局努力在知识产权管理体制创新和保护、运用等方面深入探索，确立了专利、商标和版权“三合一”集中管理体制，构建了“管理和执法统一、保护和促进统一、交易和运用统一”的工作体系，形成了行政保护、司法保护、调解仲裁、社会监督“四轮驱动”的知识产权大保护工作格局，搭建了“投、贷、保、易、服”五位一体的知识产权价值实现平台，为营造国际化、法治化、便利化的营商环境提供了基础保障。特别是通过改革实现了知识产权公共事务“一站式”办理及举报投诉集中受理，做到了“一个部门管理、一个窗口服务、一支队伍办案”，极大地方便了企业和群众办理知识产权业务。企业及创新主体纷纷反映，上海浦东新区的知识产权综合管理改革，切合中央精神，符合知识产权基本属性，契合我国创新驱动发展的现实需要，为企业开展知识产权创造、运用、维权等方面的工作带来了极大便利，经验值得好好总结，加快推广。

2017 年 7 月 18 日，按照中央全面深化改革领导小组第三十次会议精神，根据《国务院办公厅关于印发知识产权综合管理改革试点总体方案的通知》要求，国家知识产权局正式发文确定福建厦门、山东青岛、广东深圳、湖南长沙、江苏苏州、上海徐汇区 6 个地方为知识产权综合管理改革首批试点，综合管理改革试点正式步入实施阶段。为此，国家知识产权局也明确了改革试点的基本思路，就是要把握“一个遵循”、体现“两个有利于”、做到“三个符合”。首先，是要把握“一个遵循”。就是要严格遵循习近平总书记重要指示精神和中央全面深化改革领导小组会议精神，以及会议审定的改革试点总体方案，去谋划改革、推进改革、评价改革的成效。其次，是要体现“两个有利于”。一是在纵向上，要有利于打通知识产权的创造、运用、保护、管理、服务“全链条”；二是在横向上，要有利于实现专利、商标、版权等知识产权的协同效应，更好地支撑创新驱动发展。最后，是要做到“三个符合”，一是要符合我国基本国情和现实发展需要，二是要符合知识产权工作的客观规律，三是要符合国际惯例。

与知识产权综合管理改革相伴而行的，还有两项重要改革，也让社会公众有了实实在在的获得感。一项是知识产权领域“放管服”改革。这其中又以专利代理行业、专利审批和专利收费最为显著。首先，是专利代理行业“放管服”改革。作为知识产权制度的重要构成和服务创新主体的重要依托，专利代理行业深受知识产权管理部门和社会公众的关注，也成为知识产权领域“放管服”改革的重点。围绕简政放权，近年来国家知识产权局取消了中央指定地方实施的“专利代理机构设立办事机构和办事机构停业、撤销审批”以及“专利代理机构设立审批初审”事项，简化了审批程序。针对一些地方代理机构偏少、代理力量不足的问题，在全国 12 个省（区、市）试行降低专利代理机构设立门槛，放宽专利代理机构股东条件限制，下浮专利代理人考试合格分数线等优惠政策。2017年上半年，全国新设立专利代理机构143家，较2016年同期增加21%，其中享受优惠政策的新设立机构63家，464人通过下浮合格分数线取得在本地执业的专利代理人资格，有效缓解了一些地方代理力量不足的问题。在简政放权的同时，不断加强专利代理行业事中事后监管，为此国家知识产权局专门对《专利代理管理办法》进行了修订，建立了专利代理机构年度报告公示制度，全面推行“双随机、一公开”监管。2016年针对代理行业存在的专利代理资格证书“挂证”、无资质代理等经营乱象，组织开展了专利代理行业专项整治工作，针对“挂证”违法行为，已核实并注销48人的专利代理执业证；针对涉嫌无专利代理资质进行虚假宣传的机构，经地方知识产权局约谈整改，撤除虚假宣传违法信息的有27家，有效净化了专利代理市场，规范了行业经营秩序。

其次，是专利审批方面的“放管服”改革。近年来着眼提高专利审查效率，国家知识产权局在持续探索优先审查工作的基础上，于2017年6月发布了《专利优先审查管理办法》，此举标志着我国正式建立起系统的专利优先审查制度。相较于此前的《发明专利申请优先审查管理办法》，新办法在很多方面都有了重大突破。例如，新办法的适用范围由发明专利申请拓展到了发明专利、实用新型和外观设计全类型。为了减轻申请人文件准备负担，新办法进一步简化了办理优先审查的手续。为了适应新业态发展，新办法把涉及节能环保、新一代信息技术、高端装备制造等国家重点发展产业核心技术专利申请和涉及社会公共利益的专利申请纳入优先审查范围。此外，新办法还将专利优先审查与知识产权保护中心、快速维权中心建设有机结合，实现快速审查、快速确权、快速维权的协调联动，提升知识产权保护效果。目前，《专利优先审查管理办法》已经正式实施，收到了良好的社会效果。

最后，是专利收费方面的“放管服”改革。为了减轻企业和个人专利申请与维护负担，促进创新创业，国家知识产权局会同财政部、发展改革委进一步完善了《专利收费减缴办法》，将专利年费减缴由3年调整至6年；个人减缴标准由年度收入低于2.5万元，调整至低于4.2万元；事业单位、社会团体、非营利性科研机构等单位提出费减请求时，也无须再出具经济困难证明；单个单位申请人的减缴比例，更是由70%提高到85%，而且申请人通过费减备案系统在线填写并提交备案信息，审核通过后，在一个自然年有效期内都可按照《专利收费减缴办法》享受相应比例的专利费用减缴。上述举措既减轻了企业和个人的经济负担，也减轻了工作负担。办法实施以后，仅天津市2017年上半年就有5000家企业减缴专利费用4000万元。

此外，国家知识产权局还积极推进“互联网+政务服务”和“一站式”服务，提高服务效率。积极打造知识产权政务服务“一张网”，实现实体业务大厅、网上政务平台、移动客户端、服务热线等线上线下一体化运行，让信息多跑路、群众少跑腿。充分发挥专利代办处辐射广泛、贴近基层的特点，不断推进相关业务的下放。在30个省(区、市)的33个代办处开展专利事务服务的受理业务，方便申请人就近办理各类业务，实现“一站式”办理。目前，专利审查意见通知书发文工作已下放至33个代办处，在北京、南京等代办处试点开展专利证书发放工作，在广州代办处开展外观设计前置服务工作，在全国24个代办处全面推广专利登记簿副本、专利许可合同备案、专利权质押登记，在23个代办处推广批量法律状态证明、优先审查业务，在9个代办处试点专利文档查阅复制、优先权文件业务，受到社会的普遍欢迎。

另一项是知识产权权益分配改革，经过近几年的实践和探索，也取得了显著成效。随着知识产权权益分配改革的不断推进，各地都掀起了为高校创新成果“松绑”的热潮。2016 年 1 月，西南交通大学在前期小范围试验的基础上，印发了《西南交通大学专利管理规定》（又称“西南交大九条”），在国内高校率先实施了“职务科技成果混合所有制”，开启了学校科研成果批量转化的新阶段，被誉为知识产权领域的“小岗村试验”。“西南交大九条”充分利用《促进科技成果转化法》赋予高校的完全成果处置权和奖励权，将过去的“先转化、后确权”改变为“先确权、后转化”，极大地提高了职务发明人进行科技成果转化的积极性、主动性。“西南交大九条”印发以后，短短半年时间，已有超过 120 项职务发明专利分割确权，7 家高科技创业公司成立。其中磁浮二代转向架成果转化加速，工程样车已与中车集团大连机车股份有限公司完成了联合设计。同相供电技术成果成功转化，签订 1 亿元合同。而此前，在 2010 年至 2012 年的 3 年间，西南交通大学只有 7 项专利得到转化。西南交通大学的职务科技成果混合所有制改革，得到了全国上下的高度关注，中央电视台《新闻联播》头条以《科技成果确权自主创新提速》为题，用了近 5 分钟时长专题报道了西南交通大学在加速科技成果转化中的新尝试和新实践，在全国引起了广泛影响。目前，此项改革的经验已经在更大范围推广。2016 年 6 月，成都市出台《促进国内外高校院所科技成果在蓉转移转化若干政策措施》（又称“成都新十条”），在全国城市中首次提出科技成果所有权改革，鼓励高校院所与职务发明人以股份等方式对职务科技成果分割确权，职务发明人可享有不低于 70%的股权。“西南交大九条”与“成都新十条”打破了职务发明成果转移转化的制度藩篱，激发了创新创业热情。

西南交通大学与成都市的探索着实令人欣喜，而更让人振奋的是，高校推动专利转化运用的气候日渐形成。2017 年 3 月，山东理工大学毕玉遂教授团队将其研发的新型聚氨酯化学发泡剂发明专利，以 5 亿元许可给有关企业实施，创造了山东省专利独占许可使用费新高。5 月，同济大学将该校物理科学与工程学院王占山教授团队自主研发的高性能激光薄膜器件及装置 6 件发明专利权以 3800 万元转让，并将转让收益的 85%归于科研团队。6 月，武汉工程大学陶瓷膜科研团队以 8 项碳化硅陶瓷膜技术作价 2128 万元入股某公司，并由该公司率先在全国实现碳化硅陶瓷膜产业化，高校职务发明成果转移转化和产业化如雨后春笋次第“开花”。

四、推进知识产权创造实现量质齐升

2014 年 5 月 9 日至 10 日，习近平总书记在河南考察时提出了“三个转变”的战略思想，即要“努力实现优势领域、共性技术、关键技术的重大突破，推动中国制造向中国创造转变、中国速度向中国质量转变、中国产品向中国品牌转变”，这一与知识产权密切相关的重要论述，旋即在全国知识产权系统引发热烈反响。5 月 15 日，第三届北京市发明专利奖颁奖大会举行。出席大会的国家知识产权局主要负责同志在会上指出，要认真贯彻落实习近平总书记重要指示精神，推动更高水平的创造，更加注重专利的质量，实现由数量和速度向质量和效益的转变，激励创新主体创造出更多基础专利、原始专利、核心专利和高价值专利。

回顾改革开放近四十年来的发展历程，我国的专利数量不断增长。特别是党的十八大以来的五年里，我国发明专利申请量保持了年均 10%以上的增长速度，连续 6 年位居世界首位，成功跻身知识产权大国行列。但我们也清醒地认识到，我国尽管是一个知识产权大国，但还并不是一个知识产权强国，知识产权“大而不强、多而不优”的矛盾比较突出，基础型、原创型、高价值核心专利相对不足。推动专利质量

数量协调发展，加快由知识产权大国向知识产权强国的转变，是知识产权系统面临的重大课题。

党中央、国务院印发的一系列重要文件中，都对知识产权质量提出了明确要求。2014年底，印发的《深入实施国家知识产权战略行动计划（2014—2020年）》指出，要进一步提高知识产权拥有量，促进知识产权结构明显优化，大幅增加核心专利、知名品牌、版权精品和优良植物新品种。2015年底，《国务院关于新形势下加快知识产权强国建设的若干意见》进一步明确，要提升知识产权附加值和国际影响力，实施专利质量提升工程，培育一批核心专利。专利质量提升工程也成为该文件中唯一一个明确实施的工程项目。2016年，国务院印发的《"十三五"国家知识产权保护和运用规划》中，"提高知识产权质量效益"再次成为其中的重点任务之一。

国家知识产权局党组深入贯彻落实党中央决策部署，多策并举提升专利质量。

首先，确立了"质量取胜、数量布局"的工作导向。在继续保持专利数量稳定增长的同时，把更多的精力放在提高专利的质量上，稳增长、调结构、促转型，努力实现专利领域的高水平创造、高质量申请、高效率审查、高规格授予。稳增长，就是要稳定专利增长的速度，使其保持在一个合理区间，既不过快又不过慢，既不大起又不大落，稳中求进。调结构，就是要调整发明专利、实用新型专利和外观设计专利三种专利所占的比例，不断提高技术含量高的发明专利的比重。促转型，一方面是促进技术含量比较低的专利向技术含量比较高的专利转型，努力在关键领域和核心技术上实现突破；另一方面是促进市场前景不明朗的专利向市场前景明朗的专利转型，凸显专利的市场价值导向。

其次，是启动实施专利质量提升工程。经过深入的研究和系统的谋划，国家知识产权局于2016年正式启动实施了专利质量提升工程，围绕专利的创造、申请、代理、审查、保护以及运用等重要环节，出台了一系列有针对性的措施，多策并举提升专利质量。一是加强政策引导。指导和督促地方健全质量导向的专利政策，重点体现对发明专利授权的支持导向，由以往更多地促进专利数量增长向主要促进专利质量提升转变。为此，国家知识产权局还改进了专利统计口径和公布数据的方式，更多地体现了专利质量的因素，引导地方更加重视专利质量。二是着力提高专利审查质量。一方面，成立专利审查质量评价组、非正常专利申请监控组和专利审查质量社会信息反馈工作组，聘请专利审查质量监督员，加强审查质量的组织保障，同时强化对非正常专利申请的监控，以及对专利审查质量的评价和反馈，形成审查质量内部外部双评价双监督的工作机制，确保专利申请和审查工作在有效的监控机制下运行。另一方面，进一步完善专利审查业务指导体系和质量保障体系，编制发明专利、PCT申请、复审无效等审查质量保障手册，明确相关部门、处室审查质量保障责任，严格责任追究，建立分层次、分阶段的质量保障体系，并强化专利审查标准的执行统一，严把专利审查授权关，努力对每一件专利申请都做到授权有理、驳回有据、客观公正、标准统一，筑牢专利质量的"大坝"。从近年来国家知识产权局委托第三方机构对专利审查质量进行的调查结果来看，自2010年起用户对专利审查质量的满意度持续处于"满意"区间。三是着力提高专利代理质量。一方面，进一步完善专利代理行业监管机制，加大对代理机构和代理人的执业诚信信息披露力度，严格行业监管，强化行业自律，促进专利代理质量和服务水平的提升。另一方面，建立专利代理机构非正常申请约谈制度，及时反馈专利代理质量评价信息，对存在非正常申请的专利代理机构及时进行约谈，对情节严重的依法依规予以惩戒。四是通过有效的专利保护和运用，形成对专利质量的客观反映和正向激励，进一步提高专利的质量。

五年来，专利审查工作取得显著成效，共审结发明专利申请 236.3 万件、实用新型专利申请 438.3 万件和外观设计专利申请 273.9 万件，分别是上一个五年的 2.5 倍、3.0 倍和 1.6 倍；复审请求案件结案 9 万件，无效宣告请求案件结案 1.5 万件，分别是上一个五年的 2.7 倍、1.3 倍；完成 PCT 国际检索 13.5 万件，是上一个五年的 3.1 倍。与审查结案量形成鲜明对比的是，专利审查周期同步实现了稳中有降，发明专利实审周期从 2012 年以前的 22.6 个月缩短至 2016 年的 22 个月，实用新型专利结案周期、外观设计专利结案周期均为 3 个月，复审请求案件和无效宣告请求案件的结案周期分别为 11.9 个月和 5.1 个月。从总的审查周期来看，中国的专利审查周期在国际主要大局中稳居中游，这对于基数大、增长快的中国专利工作而言，实属不易。

最后，是完善知识产权创造激励政策。创造是源头，没有高水平的创造，专利质量也就成了无源之水、无本之木。国家知识产权局深刻认识到，切实有效的激励引导机制，是提升专利质量的重要手段。其中中国专利奖的激励和示范作用，尤为令人关注。截至目前，中国国家知识产权局会同世界知识产权组织已经成功开展了十八届中国专利奖评选活动，表彰在专利创造、运用、保护和管理等方面作出突出贡献的权利人、发明人和设计人，累计评选出 4058 项创造质量高、运用效益好的专利项目，有力地促进了专利质量的整体提升。党的十八大以来开展的历届中国专利奖评选活动中，共评选出专利金奖 80 项、外观设计金奖 20 项、专利优秀奖 1819 项、外观设计优秀奖 239 项，这些获奖项目，既有较高的技术含量，又有较好的保护效果，还取得了较好的运用效益。

以 2016 年评选出来的部分专利金奖项目为例，这些获奖项目不仅紧贴国家重大需求，具备较高的技术创新水平，同时也通过有效的专利保护和运用实施，产生了显著的经济和社会效益。例如，北京空间飞行器总体设计部的多约束多航天器飞行间距预示及碰撞规避方法专利，针对“一箭双星”发射中多航天器间的碰撞风险，首次提出基于最恶劣作用力分析模型的多航天器距离准确预示方法，为我国一箭多星发射的成功实施奠定了坚实基础。再比如，中国石油天然气股份有限公司的裂缝储层含油气饱和度定量计算方法专利，原创性地提出了裂缝饱和度计算的科学方法，解决了我国天然气勘探开发领域长期悬而未决的技术难题。据统计，仅 2016 年评选出的 25 项金奖项目，就为相关企业新增利润 304 亿元。

在一系列政策措施的推动下，我国专利创造呈现“量质齐升”的良好局面。一是国内发明专利拥有量稳步增长。截至 2017 年 6 月底，我国国内发明专利拥有量（不含港澳台）达到 122.7 万件，每万人口发明专利拥有量达到 8.9 件，较 2011 年底提高 6.5 件，向国家“十三五”规划纲要明确的每万人口发明专利拥有量 12 件的指标稳步迈进。二是发明专利结构进一步优化。发明专利申请在全部专利申请中的比例保持在 4 成左右，企业占国内发明专利申请和授权的比例均达到 6 成以上，国内发明专利申请占到申请总量的 87.8%。三是国家重点区域专利布局态势良好。长江经济带覆盖省市发明专利拥有量达到 55.1 万件，同比增长 22%，占国内总量的 44.9%。专利创新有力支撑了国家区域发展战略的推进实施。四是我国申请人向国外申请专利增势强劲。在“走出去”战略实施过程中，涌现了一批依靠知识产权参与国际竞争的知识产权优势企业，带动我国 PCT 国际专利申请量快速增长。2017 年上半年，我国申请人通过国家知识产权局提交的 PCT 国际专利申请达到 2.12 万件，同比增长16%，受到广泛关注。这些年无论是神舟飞天、蛟龙潜海、盾构穿越，还是大飞机首航、国产航母下水，甚至小小“笔头钢”的研制成功，都让世界看到了中国创新的力量，这其中包含着一系列自主知识产权核心技术的突破，不少专利还被纳入了国际标准，中国正在加快由专利大国向专利强国迈进。

五、积极实行严格的知识产权保护制度

产权制度是社会主义市场经济的基石，保护产权是坚持社会主义基本经济制度的必然要求，正所谓“有恒产者有恒心”。党的十八大以来，党中央、国务院围绕建立现代产权制度、依法保护产权，作出了一系列重大部署。2016年11月4日，《中共中央 国务院关于完善产权保护制度依法保护产权的意见》印发，明确提出要探索建立“归属清晰、权责明确、保护严格、流转顺畅”的现代产权体系。该文件被誉为我国产权保护领域的“里程碑”。特别是文件将“加大知识产权保护力度”作为重要任务加以部署。

保护产权，既要保护有形财产权，也要保护无形财产权，特别是体现创新成果的知识产权。这不仅是营造良好创新环境，深入实施创新驱动发展战略，持续推进大众创业、万众创新的现实需要，也是营造稳定公平透明、可预期营商环境，扩大对外开放的必然要求。在《国家创新驱动发展战略纲要》《国务院关于新形势下加快知识产权强国建设的若干意见》《“十三五”国家知识产权保护和运用规划》《深入实施国家知识产权战略行动计划（2014—2020年）》等一系列重要文件中，都对知识产权保护作出了重要部署。特别是《中共中央 国务院关于深化体制机制改革加快实施创新驱动发展战略的若干意见》，首次以中央文件的形式明确提出，要让知识产权制度成为激励创新的基本保障，要实行严格的知识产权保护制度，不仅实现了对知识产权在创新中的重要作用认识上的升华，也为我国知识产权保护树立了一块新的“里程碑”。

2017年7月17日，习近平总书记主持召开中央财经领导小组第十六次会议，进一步对知识产权保护工作作出重要指示，强调要完善知识产权保护相关法律法规，提高知识产权审查质量和审查效率；要加快新兴领域和业态知识产权保护制度建设；要加大知识产权侵权违法行为惩治力度，让侵权者付出沉重代价；要调动拥有知识产权的自然人和法人的积极性和主动性，提升产权意识，自觉运用法律武器依法维权。这是习近平总书记站在党和国家事业发展全局的高度，对知识产权保护工作作出的重要指示，提出的明确要求，无论对深入实施创新驱动发展战略，推进供给侧结构性改革，还是营造良好营商环境，加快建设开放型经济新体制，推动国家经济持续健康发展，都具有重要的时代意义和全球影响，为我国新形势下严格知识产权保护提供了根本遵循和行动指南。国家知识产权局党组第一时间传达学习习近平总书记重要指示，制定详细的学习和落实方案，列入局党组和全局全系统重点工作，切实抓好工作落实，扎实推进严格知识产权保护。

党的十八大以来，国家知识产权局党组认真贯彻落实习近平总书记重要指示和党中央、国务院决策部署，努力建立健全严格保护知识产权的政策体系和工作环境，着力解决知识产权维权过程中存在的举证难、周期长、成本高、赔偿低、效果差等问题，推动知识产权保护从不断加强向全面从严转变，依法保护权利人的合法权益，更好地服务国家经济社会发展。五年来，全国专利行政执法办案总量达到14.1万件，知识产权保护社会满意度由63.69分提高到72.38分。与此同时，我国的知识产权保护也实现了从理念、思路到机制的全面升级。

一是积极推进知识产权“严保护”。2016年11月29日，国家知识产权局印发《关于严格专利保护的若干意见》，这是国家知识产权主管部门围绕严格知识产权保护出台的首个指导性文件。《关于严格专利保护的若干意见》从加大打击专利侵权假冒力度，提升专利保护的效率和效果，推进行政、司法有机衔接，加强维权援助平台建设，共建专利保护社会治理机制，深化执法保护国际合作等方面提出了30条有针对性的措施，全面推行严格专利保护。《关于严格专利保护的若干意见》的出台引发了社会的广泛关注，新华社、中央电视台、人民网等主流媒体和新浪网、网易网等各大门户网站都对此进行了报道或转载，相关报道达到500余篇。严格知识产权保护的舆论氛围进一步形成。

二是着力构建知识产权“大保护”工作格局。知识产权保护是一个复杂的系统工程。从知识产权类别来讲，包括专利、商标、版权、植物新品种、集成电路布图设计、商业秘密、地理标志、遗传资源、传统知识和民间文艺等多种类型，这些知识产权既有共性又有个性；从保护手段上来讲，涉及注册登记、审查授权、行政执法、司法裁判、仲裁调解、行业自律、个人诚信等多个方面。现实中很难用单一模式实现对所有知识产权类型的保护，也很难用单一手段实现对所有环节的保护。这注定知识产权保护不会是“独角戏”，而是需要唱响“合奏曲”。

国家知识产权局立足这一现实，近年来积极会同相关部门，推动构建知识产权大保护工作格局，努力形成知识产权保护的合力。特别是进一步完善知识产权保护的统筹协调机制，充分发挥国务院知识产权战略实施工作部际联席会议的统筹协调职能，加强国家层面和地方层面的知识产权保护联动，加快构建行政和司法两条途径“优势互补、有机衔接”的工作模式，深化知识产权保护的区域协作和国际合作，初步形成了协调、顺畅、高效的知识产权大保护工作格局。

例如，国家知识产权局在不断加大系统专利行政执法力度的同时，努力提高专利审查授权的质量，提高所授权专利的权利稳定性，强化“源头保护”。积极拓展仲裁调解等知识产权争议解决途径，先后4批次在16个省（区、市）部署开展知识产权纠纷仲裁调解工作试点，目前已创建（培育）50余家知识产权纠纷调解组织，组建了一支包括近600名专兼职调解员的人才队伍，成功调解案件780余件。围绕行政和司法保护的有机衔接，在中部大省湖南，近年来积极尝试专利纠纷行政调解司法确认工作。目前，湖南知识产权系统已行政调解专利纠纷400余件，所有确认案件均得到自觉履行，纠纷得到实质性解决，充分体现了行政调解和司法确认对接的优势，开辟了专利纠纷解决的新路径。围绕信用体系建设，国家知识产权局积极参与国家社会信用体系建设，推动将故意侵犯知识产权行为纳入企业和个人信用记录，让失信者寸步难行，让守信者一路畅通。根据国家知识产权局的相关工作安排，广州等城市已经开始探索知识产权信用体系的建设工作。广州专门出台了《广州市知识产权局系统社会信用体系建设实施方案》，将企业知识产权信用与专利质押融资、银行授信、知识产权优势企业等评审挂钩，为建设创新型城市提供有力支撑。

三是积极推进知识产权“快保护”。随着时代的发展和科技的进步，创新的周期越来越短，创新成果转化为现实生产力的时间越来越短，新技术新产品的更新换代也越来越快，知识产权保护如何顺应这一发展新趋势，满足发展新需要，是世界各国普遍面临的新问题、新挑战。保护知识产权要坚持保护效果与保护效率并重，既体现公平公正，又跟上发展的快节奏，满足社会的新需求。近年来，国家知识产权局积极推进快速维权机制建设，加快集快速审查、快速确权、快速维权于一体的知识产权保护中心建设，提供知识产权维权“一站式”服务，降低维权成本，缩短维权周期，提高维权效果，受到社会的普遍欢迎。截至目前，全国建立的知识产权保护中心和快速维权中心数量已经达到24个，涉及高端装备制造、生物医药、机器人及智能硬件等多个战略性新兴领域和灯饰、家纺、家具、家电、陶瓷、制笔等多个民生领域。同时，全国知识产权系统还针对互联网领域侵权发生快、隐蔽性强、证据易灭失等问题，积极完善线上线下和跨区域执法协作机制，提高行政执法效率。例如，针对电商领域的专利行政执法，2016年2月，中国电子商务领域专利执法维权协作调度（浙江）中心建立，电商领域专利行政执法效率大大提升。

四是继续坚持做到知识产权“同保护”。就是依法对各类市场主体和创新主体的知识产权进行同等保护，让所有的市场主体和创新主体都感受到公平正义。具体来讲，就是要做到对国内企业和国外企业的知识产权一视同仁、同等保护，对国有企业和民营企业的知识产权一视同仁、同等保护，对大企业和小微企业的知识产权一视同仁、同等保护，对单位和个人的知识产权一视同仁、同等保护。当然，在依法严格保护知识产权的同时，也坚决打击各类恶意诉讼、专利“蟑螂”，防止知识产权规则的滥用。

六、充分发挥知识产权综合效益

知识产权运用是充分发挥知识产权价值的必由之路，也是知识产权工作的目的所在。经过这些年的发展，我国已经成了名副其实的知识产权大国，积累了丰富的知识产权资源，特别是在专利领域，我国发明专利申请受理量已经连续6年位居世界首位，国内有效发明专利拥有量已超过120万件。如何盘活用好这些战略性资源，使其更好地产生效益、推动发展，既是当前我国加快实现由科技强到产业强、经济强的关键一环，也是知识产权事业发展亟待破解的核心问题。

党的十八届五中全会上，习近平总书记指出，要加强技术和知识产权交易平台建设，建立从实验研究、中试到生产的全过程科技创新融资模式，促进科技成果资本化、产业化。在《国家创新驱动发展战略纲要》《国务院关于新形势下加快知识产权强国建设的若干意见》《“十三五”国家知识产权保护和运用规划》《深入实施国家知识产权战略行动计划（2014—2020年）》等一系列重要文件中，也都对知识产权运用作出明确部署，强调要以知识产权利益分享机制为纽带，以知识产权运营平台为载体，促进创新成果知识产权化，知识产权产业化，努力提升知识产权对国家经济社会发展的贡献度，当好“攀枝花”，做好“顶梁柱”，直接贡献GDP。

按照党中央、国务院决策部署，知识产权系统进行了一系列新的实践和探索，从完善知识产权权益分配机制、搭建知识产权转化交易平台、推进知识产权军民融合、培育知识产权密集型产业、创新知识产权金融服务等方面着手，畅通知识产权价值实现渠道，培育知识产权运营新业态新模式，盘活用好知识产权资产，加速知识产权价值实现，提高知识产权运用综合效益。

一是着力深化知识产权权益分配改革，破解专利交易转化中的制度性障碍。长期以来，科研成果闲置率高、转化率低是国内高校和科研院所普遍面临的一个共性问题。不少专利成果未来得及转化，便进入了“沉睡”状态，被束之高阁，闲置不用，甚至还面临着快速失效的困扰。以高校为例，据统计，2016年我国高校失效专利总量近6.8万件，有些专利甚至在获权后就不再维持。究其原因，很大程度上是由于高校缺少专利转化的激励政策，科研团队不能或较少能够共享转化收益，实施专利转化的积极性普遍不高。

针对这一问题，国家知识产权局按照党中央、国务院的决策部署，会同有关部门，积极推进职务科技成果所有权、处置权和收益权改革，构建科学合理的权益分配机制，赋予单位和发明人更多的成果使用权、处置权、收益权，从根本上调动单位和发明人实施专利交易转化的积极性、主动性。特别是2015年修订后的《促进科技成果转化法》实施以来，各地高校科研院所相继出台了一系列措施，为科研成果专利化、专利成果产业化提供了制度保障。部分高校规定将不低于70％的职务科技成果转化净收益划归成果完成人或科研团队所有，作为奖励和再研究基金。还有不少高校有针对性地推出一批特色政策。例如，同济大学着力健全科研创新的政策导向，鼓励成果完成人以社会经济发展需求为导向开展科学研究工作，对教师申请的专利或其他科技成果开展评估，对具有潜在市场价值的科技成果对外进行重点推介。中国科学院西安光学精密机械研究所突破传统科研体制机制束缚，提出并实践“拆除围墙、开放办所”的理念，形成了“人才、技术、资本、服务”的四位一体发展模式，在促进科技成果转化的同时，提高对科技人员转化科技成果的奖励力度，调动科研人员实施成果转化的积极性，这些年直接孵化出了160多家拥有自主知识产权核心技术的创业公司，企业市值累计超过120亿元，增加就业5000余人。

二是加快知识产权运营体系建设。长期以来，我国知识产权转移转化不畅，不仅有体制机制方面的原因，也有缺平台缺渠道的原因。自2014年以来，国家知识产权局会同财政部以市场化方式，积极推进“平台、机构、资本、产业”四位一体的知识产权运营服务体系。截至目前，不仅在苏州、宁波等8个城市开展了知识产权运营体系建设试点，还基本完成了“1＋2＋20＋N”的知识产权运营平台体系建设，为知识产权的转移转化、收购托管、交易流转、质押融资、专利导航、分析评议等提供了平台支撑。目前，北京全国知识产权运营公共服务总平台、西安军民融合特色试点平台和珠海横琴金融创新特色试点平台均已建成并投入运行，同时还以股权投资的方式重点扶持了20家知识产权运营机构，引导10个省份和10个重点城市设立了20只重点产业知识产权运营基金，首期募集资金达到40多亿元，支持4个省份设立知识产权质押融资风险补偿基金，有效促进了知识产权与创新资源、产业发展、金融资本的有机融合。在一系列试点工作的直接带动下，全国知识产权运营业态如雨后春笋蓬勃兴起，技术交易日趋活跃。党的十八大以来，我国专利质押融资总额达到2057亿元，年均增长33％，有效解决了一批中小企业融资难融资贵的问题。据不完全统计，2016年全国技术合同成交额首次突破1万亿元大关，同比增长约16％。包括专利转让、许可、质押等在内的专利运营次数达到17万余次，同比增长近20％。

军民融合作为知识产权运营的一个重要领域，近年来也得到了国家的高度重视。国家知识产权局在会同有关方面积极推进西安军民融合知识产权运营平台建设的同时，还会同国防科技工业局联合印发了三批次的《国防科技工业知识产权转化目录》。目前正在会同中央军委装备发展部、工业和信息化部制定关于促进国防知识产权向民用领域转移，鼓励民用领域知识产权在国防领域运用的政策，推进知识产权军民双向转化，实现强军富民的协调发展，支撑国家军民融合战略的深入实施。

三是大力培育知识产权密集型产业。产业强则国家强，企业兴则国家兴。五年来，国家知识产权局结合“中国制造2025”等战略实施，通过深入实施专利导航工程、组建产业知识产权联盟等措施，大力促进知识产权密集型产业发展。以专利导航为例，国家知识产权局依托自身信息和人才等优势，会同有关地方，通过对相关产业专利数据信息的深度挖掘、综合分析，帮助企业、行业以及地方了解掌握相关产业专利布局和市场竞争态势，明晰发展方向，优化发展路径，主动规避风险，提高发展的质量和效益。目前已经基本形成面向企业、产业、区域，由点到线、由线到面的专利导航工作整体格局。全国17个园区、13个行业协会和115家企业开展了专利导航试点工作，并取得良好效果。苏州国家高新技术产业开发区等17个具有产业优势地位、地方政府重点发展、产业基础较好的专利密集型产业集聚区，被确定为国家专利导航产业发展实验区，有力促进了地方产业的发展。

在推进专利导航试点工程的同时，产业知识产权联盟建设也备受各方关注。近年来，在各方面共同推动下，有关企业和行业围绕高端装备制造、新能源新材料、生物医药、节能环保等国家战略性新兴领域，组建了91个产业知识产权联盟。这些联盟通过综合运用市场信息、专利分析等手段，掌握行业知识产权布局和竞争态势，识别技术创新的方向和技术需求的领域，在此基础上通过专利研发、收购、许可，实现全产业链完善的专利布局，保障并促进产业健康发展，维护国家产业安全和核心竞争力。加入联盟的企业之间也可以通过专利交叉许可、共享资源等方式深化合作，降低研发成本。同时，在遭遇知识产权侵权诉讼时，也可以通过集体“防御”，有效降低诉讼带来的压力。

在一系列工作的推动下，近年来专利密集型产业蓬勃发展。2016年首次发布的中国专利密集型产业目录和统计数据报告显示，2010—2014年，我国专利密集型产业增加值合计达到26.7万亿元，占国内生产总值(GDP)的比重为11.0%，年均实际增长16.6%，是同期GDP年均实际增长速度的两倍以上，专利密集型产业以占全社会3.4%的就业人口，创造了全国10%以上的GDP。另根据最新发布的研究数据，2015年，我国专利密集型产业增加值占GDP比重进一步提升至12.4%，显示出了旺盛的发展活力，专利密集型产业正加快成为我国实体经济发展的重要支撑。

七、深入推进知识产权国际合作交流

当前，经济全球化深入发展，知识经济方兴未艾，知识产权作为发展的战略性资源和竞争力的核心要素、作为世界贸易组织的三大支柱之一、作为企业开展国际投资的重要考量因素，受到了各个国家和企业越来越多的重视。“中国高度重视知识产权保护，这不仅是中国履行国际义务的需要，更是中国构建创新型国家、实现自身经济社会发展目标的需要。中国遵守国际条约义务，依法加强知识产权保护。”这是2013年6月习近平主席在一次中美元首会晤时发表的重要论述，充分彰显了中国依法保护知识产权的负责任大国形象。在中央财经领导小组第十六次会议上，习近平总书记再次强调，要加强知识产权保护，营造稳定公平透明、可预期的营商环境，加快建设开放型经济新体制，推动我国经济持续健康发展，进一步向世界传递了中国严格保护知识产权的鲜明态度和坚定决心。近年来，习近平主席还亲自见证了中国与乌兹别克斯坦两国政府间知识产权保护合作协定的签署和中国与塔吉克斯坦两国政府间知识产权领域合作谅解备忘录的签署，充分体现了对知识产权国际合作交流的高度重视。

2014年7月11日，国务院总理李克强在中南海紫光阁会见世界知识产权组织总干事弗朗西斯·高锐时强调，“中国政府对中外企业和各类主体的创新成果一视同仁、同等保护，正不断加大行政和司法保护力度，严厉打击假冒伪劣等侵权行为，努力营造公平公正、规范透明的法制和市场环境。”在2015年的夏季达沃斯论坛上，李克强总理在回答世界经济论坛主席施瓦布的提问时表示，中国政府将尽最大力量保护知识产权,因为中国的大众创业、万众创新需要知识产权得到严格保护。

五年来,国家知识产权局主动作为,积极参与世界知识产权组织等多边框架下的知识产权国际事务,努力推动知识产权国际治理体系变革,促进知识产权国际规则朝着普惠包容、平衡有效的方向发展,展示了一个负责任的知识产权大国形象。不断深化与主要国家和地区的知识产权合作,积极推进知识产权周边外交,加强与发展中国家交流合作,充分展示中国依法严格保护知识产权的信心、决心和显著成效,努力服务国家对外开放大局和“一带一路”建设。

这些年,国家知识产权局积极发挥统筹协调涉外知识产权事务职能,组织协调国内相关部门参与国际知识产权多边合作。全面深入参与世界知识产权组织遗传资源、传统知识和民间文艺政府间委员会,商标、工业品外观设计和地理标志法律常设委员会,专利法常设委员会,发展与知识产权委员会以及专利合作条约(PCT)等方面磋商,积极提出中国方案,发出中国声音,维护中国利益。同时,国家知识产权局还不断加强与世界知识产权组织的双边务实合作,推动知识产权事业发展。2014 年 7 月,世界知识产权组织中国办事处在北京正式成立,这是世界知识产权组织在日内瓦总部之外设立的 5 个办事处之一。它的设立是世界知识产权组织与中国合作的又一个“里程碑”,既体现了世界知识产权组织对中国知识产权事业发展成就的充分认可,也为中国加强与世界知识产权组织的联系,更好地服务用户和社会公众创造了条件。

推动“一带一路”知识产权国际合作,是国家知识产权局落实“一带一路”建设的一项重要工作。2016 年 7 月,经国务院批准,国家知识产权局联合国家工商行政管理总局、国家版权局、商务部、北京市人民政府和世界知识产权组织,成功举办了“一带一路”知识产权高级别会议,沿线 50 多个国家和地区的知识产权机构负责人出席会议。与会各方一致认为,知识产权作为保护人类智慧结晶的无形财产权,已经成为国家发展的重要资源,在激励创新、促进经济发展和文化繁荣方面发挥着重要作用。“一带一路”沿线国家和地区在知识产权领域保持紧密合作符合各国共同利益,建立良好的知识产权生态体系,有利于促进各国知识产权制度完善,营造创新和可持续发展的环境。会上,与会各方通过了《加强“一带一路”国家知识产权领域合作的共同倡议》,初步构建起“一带一路”知识产权合作常态化机制。同时,中国政府相关部门也发布了加强“一带一路”知识产权合作的具体措施。例如,国家知识产权局明确提出,将在推动多双边区域合作、加强知识产权制度与法律法规交流、知识产权审批能力提升、人才培养、提高市场主体知识产权运用能力、增强社会公众知识产权意识、知识产权问题研究等十个方面,与“一带一路”沿线国家和地区知识产权机构展开合作,促进“一带一路”沿线国家创新发展、共同繁荣,受到与会各国的普遍欢迎。目前,会议议定的各项合作内容都在扎实推进,为“一带一路”建设提供了有力支撑。2017 年 5 月,在“一带一路”国际合作高峰论坛期间,国家知识产权局代表中国政府与世界知识产权组织签署了《中华人民共和国政府和世界知识产权组织加强“一带一路”知识产权合作协议》,这是中国政府与国际组织签署的首个有关“一带一路”知识产权合作的文件,双方将围绕“一带一路”建设开展全方位深入合作。

在加强与世界知识产权组织以及“一带一路”沿线国家和地区知识产权合作的同时,一系列的多双边合作也成为近年来中国知识产权国际合作的亮点。例如,积极推进中美欧日韩五局在发明领域和外观设计领域的合作,发明领域五局的发明专利申请受理量占到了全球的 80%,外观设计领域五局的申请受理量占到了全球的90%，在国际知识产权领域有着广泛的影响力，其合作动向不仅受到国际社会的广泛关注，也对知识产权国际规则的走向产生着重要影响。近年来，中国不仅先后主办了中美欧日韩发明领域五局局长系列会议和工业品外观设计中美欧日韩五局年度会议，还借助主场优势，成功推动各方签署了发明领域五局合作共识和工业品外观设计领域五局联合声明，实现了五局合作理念的升级和合作内涵的充实。国家知识产权局还积极倡导和推动建立金砖国家知识产权合作机制，深化与金砖国家务实合作，促进共同发展。此外，国家知识产权局还力所能及地向发展中国家提供能力建设方面的支持和援助，连续举办面向发展中国家的知识产权培训班，五年来培训人数近500人次。

在具体业务层面，国家知识产权局从中国企业的现实需要出发，积极开展相关工作。比如，为了帮助中国企业海外申请专利，加快专利获权，国家知识产权局先后与23个国家和地区的专利审查机构签订了“专利审查高速路”（PPH）协议，PPH合作网络已具规模，为中国企业“走出去”，更好维护海外知识产权利益提供了便利。再比如，针对近年来越来越多的中国企业“走出去”参与全球竞争与合作，遇到了越来越多的知识产权纠纷，甚至不公平待遇，国家知识产权局在及时发布海外知识产权环境状况报告，指导企业做好海外专利布局的同时，积极开展知识产权海外维权援助工作。在柏林国际消费类电子产品展、法兰克福国际汽车零部件展等重要国际展会现场，开展知识产权维权工作。目前，国家知识产权局已建设了专业的海外知识产权信息平台网站，汇编了189个国家和地区的知识产权法律法规1300余部，编制了20余个重点国家知识产权环境概况和实务指引，收集了近70家海外知识产权专业服务机构信息，为企业“走出去”提供了重要参考。

中国的知识产权事业发展成就，得到了国际社会的普遍赞誉。在世界知识产权组织发布的2015年度《世界知识产权指标》报告中指出，中国在专利、商标、工业品外观设计等知识产权领域的申请量均位居世界第一，已成为世界知识产权事业发展的主要推动力；2016年度《世界知识产权指标》报告强调，中国是首个年发明专利申请量超百万的国家，申请量占全球总量近40%，超过美国与日本之和，继续领跑全球。根据《2016全球创新指数报告》，中国是第一个跻身于25强的中等收入经济体。2017年4月26日，一年一度的全国知识产权宣传周拉开序幕，世界知识产权组织高锐总干事专门发来贺信，祝贺中国知识产权体系稳步向前，成为世界上最大的专利、商标和工业品外观设计申请国。

2017年4月，全球著名的科技博客Tech Crunch刊登了美国知识产权法协会前主席韦恩·索邦（Wayne Sobon）的一篇文章，题目是《中国意外成为知识产权强国》，文章列举了一系列相关数据，包括2015年中国的专利申请量占到全球申请总量的逾1/3；中国各法院受理的知识产权民事案件量超过10万件；中国如今越来越被选为非中国公司间专利诉讼的一个关键地方，因为诉讼当事人觉得他们在这里会受到公正对待，在华外国当事人诉中国企业的专利案件胜诉率达到81%，等等。文章表示，中国现在可能还不是知识产权保护和执法的全球领导者，但正朝着这个角色迅速逼近。2017年7月，美国外交官杂志官方网站也刊登了一篇文章，表达了同样的观点，那就是：中国并非陈旧印象中的“仿冒之国”，它将成为全球知识产权领军者。

八、不断夯实知识产权事业发展的基础

无数实践表明，基础建设关乎全局和

长远，必须始终摆在重要位置抓紧抓好。党的十八大以来，国家知识产权局党组始终高度重视知识产权事业发展的基础性工作，紧扣加快建设知识产权强国目标，有针对性地从人才队伍、文献资源、知识产权服务业、知识产权文化等多个方面着手，加强知识产权事业基本建设，夯实知识产权事业发展的基础，促进知识产权事业行稳致远。

一是加强人才队伍建设。干任何事业，人才都是最根本、最核心、最关键的要素。我国建立知识产权制度只有短短三十多年时间，又是一个快速发展中的知识产权大国，客观上面临着人才积累少和需求总量大的现实突出矛盾。国家知识产权局积极统筹知识产权人才队伍建设，努力为知识产权事业发展提供有力的人才支撑。

首先是加强专利审查人才队伍建设。近年来，我国专利申请量逐年攀升，而社会公众对缩短专利审批周期的需求日渐迫切，这给专利审查工作带来了极大压力。国家知识产权局顺时应势，在江苏、广东、河南、湖北、天津、四川新建了 6 个专利审查协作中心。截至 2016 年底，国家知识产权局专利审查员总数已经超过万人，达到 11 543 人，成为名副其实的世界第一大局。在此基础上，国家知识产权局根据审查工作需要，科学制订年度审查计划，分解下达审查任务，统筹调配审查资源，全面优化审查流程，实现了发明专利审查质量和周期的进一步改善。国家知识产权局还在加快推进局三期工程专利业务用房和京外专利审查协作中心业务用房建设，为专利审查业务的开展提供基础保障。

与此同时，国家知识产权局积极组建专家人才队伍，大力推进知识产权智库建设，发挥好专家咨询作用。目前已经构建起了包括领军人才、高层次人才、骨干人才在内的较为完整的人才梯队。大力培养知识产权专业人才，一方面，推动高等学校知识产权专业人才培养，形成了博士、硕士、本科完备的知识产权人才培养体系。目前全国设立知识产权学院的高校已超过 30 所，设立知识产权专业的院校近百所。另一方面，加大社会人才培训力度，在全国设立了 24 个国家知识产权培训基地，五年来累计培训知识产权从业人员 230 余万人。积极推动将知识产权相关职业正式纳入国家职业分类大典，新增了“知识产权专业人员”小类，下设专利审查专业人员、专利管理专业人员、专利信息分析专业人员和专利代理专业人员等 8 种职业，为知识产权人才的成长提供了条件。

二是加强信息化等条件支撑。“工欲善其事，必先利其器。”在知识产权事业发展的过程中，始终伴随着技术支撑条件的革新与进步。其中，最为基础的就是信息化条件的建设。因为无论是专利审查，还是专利信息的传播与利用，都离不开信息化技术的条件支撑。首先，专利审查业务需要庞大的数据库作支撑，通过这些数据库对专利文献进行检索、对比、分析，才能完成专利的审查工作。经过五年的建设，国家知识产权局专利审查与管理信息化支撑能力有了大幅提高，专利文献收录范围及类型不断扩大，检索的效率和准确率显著提升，专利电子申请率已超 95%，居世界前列，颁证周期由 4 个月缩短至 15 个工作日。建成了中国 PCT 申请国际阶段受理和审查管理系统，成为世界上首个实现 PCT 申请全流程代码化审查的 PCT 申请受理局、国际初审单位和国际检索单位。建成并汇聚了中国国家知识产权局、欧洲专利局、日本特许厅、韩国特许厅、美国专利商标局等 13 个机构 195 万件专利案件信息的云专利审查系统，为各国审查员信息共享和业务交流搭建了桥梁。

其次，专利信息的传播与利用，同样需要信息化技术作为平台和载体。目前，国家知识产权局除了自身的专利信息库外，还与 50 个国家、地区和组织保持着专利文献双边交换关系，获得各国专利文献 523

种。近年来，国家知识产权局不断加大专利基础信息资源开放力度，依托专利信息资源，支撑创新驱动发展，面向不同层次、不同领域的创新主体，扩展专利信息传播和利用工作的深度和广度，形成了覆盖全国的专利信息传播利用体系。上线了专利数据服务试验系统，免费向全社会提供国内外最新专利基础数据，成为全球第一个向社会免费开放中美欧日韩五大局最新专利基础数据资源的机构，系统上线以来，社会公众已累计下载数据超过170余TB。面向社会公众的专利检索及分析系统注册用户已经达到了30多万户，较好地满足了社会公众创新创业对专利信息的需求。

三是大力发展知识产权服务业。知识产权服务业是推动知识产权事业发展的重要力量，也是知识产权事业发展水平的重要体现。为了进一步做大做强知识产权服务业，推动知识产权服务与知识产权创造、运用、保护和管理全面融合，国家知识产权局积极做好知识产权服务业的顶层设计，推动知识产权服务纳入国家大力发展服务业的总体布局中，牵头制定并联合发展改革委等9部门发布了《关于加快培育和发展知识产权服务业的指导意见》，全面规划和系统部署了知识产权服务业发展工作。2012年，国家知识产权局启动了国家知识产权服务业集聚发展试验区建设工作，到2016年底共批复建设了北京中关村、上海漕河泾、苏州高新区等12个知识产权服务业集聚发展区，遴选了145家知识产权服务品牌培育机构。同时，国家知识产权局还不断创新服务方式，组织开展知识产权服务品牌机构牵手经济发展以及助力“双创”等系列活动、“知识产权走基层服务经济万里行”活动，让社会公众感受到了知识产权服务带来的实实在在的好处。五年来，我国知识产权服务机构数量年均增长超过35%，营业收入年均增长30%以上。

四是大力培育知识产权文化。知识产权从根本上来讲是一种法律制度，而且作为一种“舶来品”，如何使这种制度所蕴含的理念被社会公众广泛接受和认同，并内化为个体的内在意识，是知识产权制度成功运行的关键。所以，自知识产权制度建立以来，国家知识产权局始终把知识产权文化建设作为一项重中之重的工作。2015年12月，《国务院关于新形势下加快知识产权强国建设的若干意见》中明确提出，要加强知识产权文化建设，提高全社会知识产权意识，使尊重知识、崇尚创新、诚信守法理念深入人心，为加快建设知识产权强国营造良好氛围。《“十三五”国家知识产权保护和运用规划》，也将加强知识产权文化建设作为四个重大专项加以部署。五年来，全国知识产权系统充分利用世界知识产权日、全国知识产权宣传周、中国专利周等重要时间节点，集中举办各类宣传活动，提高社会影响力。同时，通过电视、网络、报刊等媒体，加强日常宣传，通过网络进行知识产权公益讲座直播，推动形成“人人尊重知识产权、人人保护知识产权、人人从知识产权保护中受益”的良好社会氛围。同时，大力开展知识产权普及教育，建立知识产权教育试点示范学校，让青少年从小就形成尊重知识、崇尚创新、诚信守法的知识产权意识，并充分发挥中小学知识产权教育的独特作用，形成“教育一个学生，影响一个家庭，带动整个社会”的局面。截至目前，全国已分两批评定出60所试点学校，参与师生超过10万人。同时，已有超过一半的省份启动开展了省级中小学知识产权教育试点示范工作，评定省级试点学校700余所。

九、扎实推进全面从严治党

“抓好党建是最大的政绩。”“我们的事业前进到哪里，党的建设就要推进到哪里。”党的十八大以来，以习近平同志为核心的党中央作出了全面从严治党的战略部署，党的建设各项工作取得历史性的重大成就，极大地振奋了党心民心，增强了人民群众对党的拥护和支持，巩固了党的执政基础。国家知识产权局党组全面贯彻党中央决策部署，结合自身实际，扎实推进党的思想建设、组织建设、作风建设、反腐倡廉建设和制度建设，取得了显著成效，为知识产权事业发展提供了强有力的思想、组织和作风保证。

围绕思想建设，深入开展党的群众路线教育实践活动、“三严三实”专题教育、“两学一做”学习教育，组织全局党员干部职工深入学习党的十八大和十八届三中、四中、五中、六中全会精神，深入学习习近平总书记系列重要讲话精神和治国理政新理念新思想新战略，切实增强政治意识、大局意识、核心意识、看齐意识。大力发扬理论联系实际的马克思主义学风，坚持以问题为导向，以运用为目的，不断深化理论学习，自觉运用马克思主义立场、观点、方法分析问题、解决问题。五年来，国家知识产权局党组组织专题集体学习研讨30次，并探索总结出了“全面系统学、与时俱进学、温故知新学、联系实际学、示范带动学”的“五学”经验，相关做法被中央国家机关工委作为典型案例进行推广。各基层党组织紧跟局党组年度理论学习规划部署，坚持把学习习近平总书记系列重要讲话精神作为必学内容，贯穿“两学一做”学习教育、党课教育、“三会一课”全过程，自觉将习近平总书记系列重要讲话列为党校教育、干部培训的必修科目和重点内容。五年来，共组织培训党员干部4500余人次，开通网上学习账号8185个，思想建设全面加强。

围绕组织建设，全面落实《中国共产党党和国家机关基层组织工作条例》等党内法规，坚持把精力放在基层、把工夫花在平时，狠抓经常性基础性工作，强基固本，夯实基础。一是加强基层组织建设和党员队伍建设。截至2017年7月1日，全局共有基层党组织660个、党员10 808人，比五年前分别增长98.2%、85.6%，为快速发展的知识产权事业提供了坚实的组织保证。二是狠抓党员教育管理。依托局党校、井冈山干部学院等教育基地，以深化理论武装、加强党性锻炼、坚定理想信念、增强使命担当为主线，不断加大培训力度，优化培训内容，有效提升了培训效果。三是认真贯彻“控制总量、优化结构、提高质量、发挥作用”发展党员的新方针，严把党员发展入口关。五年来，共发展新党员440名。四是坚持党委委员、纪委委员基层联系点制度。充分发挥“两委”委员面对面指导帮带作用，增强了一线基层党组织科学谋党建、主动抓党建、积极强党建的责任感。各基层党组织把压力当动力，变“要我抓”为“我要抓”，有效推动了“一岗双责”的落实，建设一流堡垒、锻造一流队伍、培育一流作风、创造一流业绩，成为各基层党组织的思想自觉和行动自觉。

围绕作风建设，不断强化党员干部的党性锤炼和作风建设。认真落实《关于新形势下党内政治生活的若干准则》《中国共产党党内监督条例》等党内法规，着力在增强党性观念、严格党内政治生活上聚焦用力，使党员干部弄清了“该做什么、不该做什么，能做什么、不能做什么”，把握了为人处世的基准和底线。认真召开民主生活会，深入开展批评和自我批评，有效增强了党内政治生活的政治性、时代性、原则性、战斗性。认真组织开展党的群众路线教育实践活动，认真落实中央八项规定精神，聚焦“四风”问题，深入查摆，认真纠治，形成一批实践和制度成果，促进了作风转变。准确把握“三严三实”专题教育的主题主线、基本原则和内容步骤，对照严以修身、严以用权、严以律己，谋事要实、创业要实、做人要实，聚焦对党忠诚、个人干净、敢于担当，紧抓处级以上领导干部这个“关键少数”，层层传导压力，“严”“实”作风在党员领导干部的头脑中牢固树立。

围绕反腐倡廉建设，全面贯彻十八届中央纪委历次全会和国务院廉政工作会议精神，扎实推动党风廉政建设和反腐败工作深入开展。坚决贯彻中央纪委关于派驻机构全覆盖工作部署，积极配合完成中央纪委驻局纪检组的撤并工作，建立起与综合派驻纪检组协调顺畅的工作机制，自觉接受组织监督。同时不断完善内部纪检工作体制机制，加强自我监督。始终保持对各种腐败行为的高压态势，加强监督执纪问责，从具体问题抓起，以身边的人、身边的事教育干部职工。对利用职务便利，干预专利审查，帮助企业拓展业务等违规违纪问题，发现一起查处一起。2016 年 6 月，国家知识产权局党组迎来重要“政治体检”，接受中央专项巡视。巡视期间，局党组和全局干部职工认真配合，确保了巡视工作的顺利进行。针对巡视组的反馈意见，国家知识产权局党组逐条加以梳理分析，共梳理出 73 项具体整改任务，认真制定整改方案，明确整改责任，切实做到件件有着落、事事有回音。在解决具体问题的同时，着力构建长效机制，仅制定和修订各类规章制度就达到 24 项，很好地推进了标本兼治，全局上下不敢腐、不能腐、不想腐的政治生态进一步形成，为知识产权强国建设提供了更为坚实的政治保证。

围绕制度建设，国家知识产权局在认真学习贯彻中央关于全面从严治党各项党内法规的同时，不断结合自身实际，完善内部规章制度，先后制定印发了《贯彻落实中央改进工作作风、密切联系群众八项规定的实施办法》《关于贯彻落实全面从严治党要求的实施意见》《基层党组织贯彻落实监督执纪“四种形态”的实施意见》《基层党组织落实主体责任工作规范》等规章制度，对党组工作规则、局工作规则、党组会议议定事项督办机制、专利审查回避等重要制度进行了修订完善。同时，狠抓制度落实，强化制度执行，使制度建设由虚变实、由无形到有形，把权力关进制度的笼子，在全局上下形成了“凭制度行权、按制度办事、靠制度管人”的良好氛围。

围绕机关文化和精神文明建设，认真贯彻《中共中央关于加强和改进党的群团工作的意见》，坚持党建带群建，自觉把群团工作纳入党建工作总体部署，支持工会、共青团、妇联等群众组织按照各自章程开展活动。成立了国家知识产权青年联合会，动员组织社会各界有志青年献身知识产权强国事业。坚持把服务群众作为群团工作的生命线，着力解决职工住房、医疗、子女就业的后顾之忧。及时走访慰问老党员和困难群众，传递组织温暖，用心用情做好老干部工作。进一步加强精神文明建设，大力践行社会主义核心价值观，组织开展党史学习、国情考察、志愿服务、文化大讲堂、机关文化月、家庭助廉、集体婚礼等项目，倡导社会文明新风。五年来，一批单位和个人获得全国性荣誉，为加快知识产权强国建设贡献了力量。

扎实开展精准扶贫、精准脱贫。国家知识产权局把对口扶贫工作作为重要政治任务，不断提高扶贫工作的力度和效度，促进帮扶地区精准脱贫。五年来，累计向对口帮扶的湖南省桑植县、河北省张家口市崇礼区选派扶贫干部 39 名，在科技培训、农业产业开发、基础设施建设、构建民生工程和支持教育事业等方面开展扶贫项目 64 个，直接投入资金和实物折算 1731 万元，协调帮助引进资金和实物折算 1520 万元，对促进当地经济发展和群众生产生活改善发挥了积极作用。

“雄关漫道真如铁，而今迈步从头越”。党的十八大以来，在以习近平同志为核心的党中央坚强领导下，我国知识产权事业取得了令人瞩目的巨大成就，在国家知识产权事业发展历史上写下了浓墨重彩的一笔。面向未来，国家知识产权局党组和全国知识产权系统决心更加紧密地团结在以习近平同志为核心的党中央周围，深入学习贯彻习近平总书记系列重要讲话精神和治国理政新理念新思想新战略，不忘初心，继续前进，砥砺奋进，创新发展，深入实施国家知识产权战略，深化知识产权领域改革，加快知识产权强国建设，以优异成绩迎接党的十九大胜利召开，为全面建成小康社会、实现中华民族伟大复兴的中国梦作出新的更大的贡献！

创新是网络版权保护与发展的不竭动力（摘录）*

时任原国家新闻出版广电总局副局长　国家版权局副局长　周慧琳

党的十八大以来，以习近平同志为核心的党中央把加强网络治理和知识产权保护提高到了前所未有的高度。习近平总书记亲自担任中央网络安全和信息化领导小组组长以来，多次对网络安全和信息化工作发表重要讲话，就建设网络强国、促进互联网持续健康发展提出一系列新思想新观点新论述，并专门强调要增强互联网企业的使命感和责任感，加大知识产权保护力度，提高侵权代价和违法成本，震慑违法侵权行为。这些重要讲话既对加强网络治理、培育良好网络文化提出了明确要求，也为做好网络版权工作指明了努力方向。我们必须立足于党和国家的工作大局，进一步把握新机遇、认清新形势、应对新挑战，才能实现网络版权的创新发展。

一是要充分把握新机遇。当前，我国经济发展进入新常态，正处于实施创新驱动发展战略和供给侧结构性改革的关键时期，创新引领发展的趋势更加明显，促进知识产权运用、严格知识产权保护已成为转变发展方式的迫切需要，也是推进供给侧结构性改革、促进产业转型升级的必然要求。2016 年以来，中央相继下发《关于新形势下加快知识产权强国建设的若干意见》《关于完善产权保护制度依法保护产权的意见》《“十三五”国家知识产权保护和运用规划》等一系列重要文件，对加快知识产权强国建设、加强知识产权保护特别是对网络知识产权保护做出了重要部署，更是为网络版权创新发展带来了前所未有的大好机遇。

二是要科学认识新形势。2016 年，我国著作权作品登记量突破 200 万余件，版权产业增加值对经济贡献率超过 7%。随着网络全面融入经济社会，版权的创作传播更加丰富、交易使用更加便捷、应用转化更加广泛，已经成为互联网产业发展的重要基础性资源。特别是近年来政府部门持续加大对侵权盗版行为的打击力度，社会公众和网络企业的版权意识不断提升，网络版权环境显著改善，良性商业生态逐步形成，版权市场更加趋于统一规范。网络新闻、网络视频、网络音乐、网络游戏、网络文学的用户数量一直居于互联网应用前列，优质 IP 越来越获得企业的青睐，版权资源的价值更加凸显，展现出了十分广阔的发展前景。

三是要积极应对新挑战。为规范网络版权秩序，国家版权局、网信办、公安部、工信部四部门连续 12 年联合开展“剑网行动”并取得显著成效，大规模侵权盗版现象基本得到遏制。长期阻碍网络文学行业发展的侵权盗版行为受到严厉打击，网络文学版权环境显著改善，网络文学的 IP 开发向纵深拓展；网络视频良性商业生态逐步形成，会员付费收入表现出强劲增长；网络音乐市场进一步整合，全行业尊重版权的意识已经形成，音乐版权资源加快流转，不仅推动网络音乐收入的高速增长，也提升了广大用户的体验。在看到成绩、充满信

* 本文系作者在 2017 年中国网络版权保护大会上的主旨演讲，刊发时有删改。

心的同时，也应正视仍然存在的问题：比如网络环境下未经授权使用作品的现象仍很突出，权利人仍然处于弱势地位；比如传统版权授权模式受到挑战，侵权与维权的矛盾更加凸显；比如新的网络应用层出不穷，网络执法还不能适应各种新情况新问题等。现阶段和未来一个时期，我国网络版权领域的各种矛盾、纠纷还处于高发期，保护版权、打击侵权盗版将是一项长期、复杂、艰巨的任务，实施严格保护仍然是网络版权管理的主基调。各级版权行政管理部门都要敢于担当、善于担当，坚决打击各类网络侵权盗版活动，切实保护网络版权、维护社会公平正义。

习近平总书记强调，“创新是民族进步之魂”“创新是引领发展的第一动力”“创新是文艺的生命”。版权与创新之间有着天然的内在联系，既是知识产权创新的重要领域，又是创新成果的重要表现方式。要推动网络版权相关产业持续健康发展，就必须始终坚持创新发展理念，努力在内容、传播、制度、管理各方面取得新的突破。

第一，要坚持版权内容创新。文化创新的核心是多出优秀作品，而优秀作品的创作、传播、使用、交易都离不开版权制度的保障。可以说，版权是文化创新的基础性资源和战略性要素。抓好版权内容创新，要始终秉持以人民为中心的创作理念，大力生产传承中华优秀传统文化、弘扬社会主义核心价值观、提高公民道德水准和文化素养、人民群众喜闻乐见、内涵丰富健康向上的优秀作品；要建立健全科学完备的作品登记体系，进一步完善作品登记、版权质押和转让合同备案制度，保证作品登记的严肃性、权威性和统一性，减少版权运用、管理和保护成本，更好地激励保障内容创作；要大力培育版权示范基地和示范企业，推动形成一批版权产业发展较快、竞争力较强的排头兵，促使企业不断提升运用版权实现发展的能力。

第二，要坚持版权传播创新。把握好版权保护与版权传播的关系，是版权领域的永恒命题。在移动互联网、大数据、云计算的环境下，如何在保护著作权人权益的同时促进优秀版权资源的传播，更需要我们认真思考、大胆探索。抓好版权传播创新，要积极推动建立版权交易平台和版权价值评估体系，构建规范快捷、成本低廉的良性交易机制；要优化社会服务，完善版权融资体系，建立规范科学的版权相关统计标准；要建立健全版权行业组织，加强著作权集体管理体系建设，大力发展版权代理和版权调解仲裁，充分发挥各类主体在保护创作者利益、促进版权产业发展方面的积极作用；要积极探索建立适合互联网特征的授权机制，着力改变网络环境下作品授权难、使用难的状况，促进网络海量作品的授权与使用。

第三，要坚持版权制度创新。版权制度讲求动态平衡，一方面赋予作者一系列适当的权利，鼓励更多地创造和传播原创作品；另一方面，推动他人合法使用既有作品，促进公共教育和社会文化发展，最终目的还是让更多人受益，促进人类社会的健康、可持续发展。抓好版权制度创新，要明确“有利于作品创造、保护、传播、使用”的大方向，在此基础上不断细化规则，该完善的完善、该修订的修订、该限制的限制、该保护的保护。为此，要更加充分地认识《著作权法》修订工作的必要性、紧迫性和复杂性，按照主动、全面调整的要求，积极回应信息化带来的挑战，在修订过程中不断完善互联网版权法律制度，赋予著作权人更多权利，强化行政执法手段，加大对侵权盗版行为的处罚力度，为促进网络版权健康发展夯实制度基础。

第四，要坚持版权管理创新。抓好版权管理创新，要继续把网络作为版权管理的主阵地、主战场，不断强化互联网思维，坚持政策引导和依法管理并举，坚持执法监管和服务发展并重，进一步发挥好网络版权执法监管的重要作用，切实维护网络版权安全；要不断适应打击侵权盗版新形势，针对网络影视侵权、网络新闻作品非法转载、第三方应用程序（APP）等方面问题，在今年的“剑网行动”中加大专项治理力度，进一步增强网络版权管理的实效性；要进一步加强司法和行政保护的有效衔接，加大刑事打击力度，重点打击以营利为目的的集团性侵权盗版犯罪活动，提高版权管理和执法能力；要改变单纯依靠政府部门的做法，把行业、企业包括社会公众的力量凝聚起来，形成政府有效监管、企业自我约束、行业自律与公众监督相结合的打击盗版新格局；要推动互联网企业切实履行主体责任，强化合法经营意识，不断建立健全内部版权管理体系，进一步增强网络版权保护的主动性。互联网企业是版权保护和运用的受益者，应该更懂得版权的价值，更懂得尊重版权。希望广大互联网企业都能增强版权保护意识，在版权保护和版权创新方面做出良好示范，起到表率作用。今年世界知识产权日的主题是“创新改变生活”，凸显了创新在经济社会发展中的重要作用。对创新的尊重和激励，恰恰是版权制度的核心要义，也是网络版权保护与发展的不竭动力。让我们更加紧密地团结在以习近平同志为核心的党中央周围，牢固树立“四个意识”，特别是核心意识、看齐意识，同心协力，开拓创新，为推动网络强国建设和知识产权强国建设做出新的更大贡献，以优异成绩迎接党的十九大胜利召开。

用战略眼光理性看待网络版权（摘录）*

中国版权协会理事长 阎晓宏

网络 IP 是近两年出现的一个新词，从它的字面意义上看，包括了著作权、专利、商标等，但其中主要是著作权，在网络文学中更是如此。网络 IP 的兴起，反映出人们对网络传播内容知识产权价值的认识发生了重要变化。

一、公众能否获益是平衡作者和使用者的目的

10 多年前，网络一片乱象，人们谈论最多的是 ICP 和 ISP，他们是内容提供商和网络运营商，当时的互联网是无序的，无论是影视作品、音乐作品还是文字作品的作家都很弱小，许多网站打着公益的名义，无偿使用他人作品，还美其名曰“免费时代”。

免费是可以的，但是不能未经许可大量使用别人的作品，拿别人的作品来免费，既违背法律的原则，也是不道德的，但当时大家并没有认识到这一点。在这种环境下，作家们几乎拿不到钱。各类作品的创作者，在作品创作完成后，能否拿到钱，是其劳动成果能否获得相应报酬的一个标准，也是其能否维持生活、继续创作的一个前提条件。

如果互联网的秩序优良，网络作品传播效果显著，但是作者未从中盈利，那就不能称之为好。因为作品的创作与使用之间没有达到平衡，这不仅意味着作者和使用者之间双方利益不平衡，更重要的是，只有在作者和使用者之间达到平衡和双赢，作品才能最大限度地被传播，公众才能获益。让公众获益，这才是平衡双方利益所应该达到的终极目的。其实著作权的制度，在当时总体来看是没有问题的，关键是没有

* 本文系作者在 2017 年杭州版权交易大会上的演讲，刊发时有删改。

执行好现行的法律制度。

现在情况发生了根本变化，网络 IP 对文化传播的贡献很大，特别是网络文学不仅有众多的读者，而且走出国门，对此，《人民日报》专门刊发文章做了长篇报道。

首先，作家、音乐家能够在网络中拿到报酬，应该强调的是，虽然现在作家、音乐家的作品通过网络的传播拿到了报酬，但并不是越高越好，关键是把握好度。其次，网络的免费时代进入到付费和免费共存的时代，需要明确的是，这里说的免费指的是网络平台拿到作品合法授权后的免费使用。最后，网络 IP 在网络中的价值越来越被重视，在某种意义上，谁拿到了网络 IP 的控制权和使用权，谁就是赢家。

二、好作品与现代传播能力是发展社会主义文化的关键

网络传播的各类作品，包括影视作品、音乐作品、文字作品等在文化传播中是根本性的基础资源。在网络中首先应该有好作品，其次才能广泛传播。在作品和传播两者的关系上，作品是源，传播是流。

但是，就目前而言，网络优质 IP 是稀缺资源。就网络 IP 的数量来讲是极其庞大的，就其中版权而言，数量毋庸置疑是世界第一，而只谈数量是没有意义的，这是互联网内容产业发展的一个误区，并不是越多越好，而是越精越好，越专越好。甚至也不能一般地讲网络 IP 的原创，或者版权的原创，就网络 IP 的原创和版权的原创来讲，数量是巨大的，但其中大多数传播价值是不高的。我们需要把目光聚焦到网络 IP 和版权的优质内容上，但它的数量很少，是网络传播中的稀缺资源，优质的网络 IP 虽然数量很少，但是传播的能量很大，我们要唱响网络主旋律，传播正能量，所凭借的只能是内容积极健康向上，审美情趣高雅，拥有众多读者的优秀作品。

发展壮大社会主义文化，关键因素包括：一是要有好作品，二是要有现代传播能力。因此，创作好作品，判断好作品，控制好作品（能否拿到好作品的授权许可）是极其重要的。首先，我们要能够准确判断作品的价值，并非所有的作品都是有价值的，大多数是有权利但没有传播价值，我们如何以犀利的目光选择好的作者、好的作品，这是一项非常专业、非常复杂的事情，我们应当更多地挖掘名不见经传、有巨大潜力的优秀作者和优秀作品，而不是追逐已经在市场上具有相当影响力的著名作家和大牌艺人。

三、网络环境下传统授权模式面临挑战

就如何使网络 IP、网络版权交易降低成本和更为便捷这一问题来看，在网络快速发展的背景下，传统的授权模式受到很大挑战，如何在现行法律制度下探索更好的授权方法，这是很重要的问题，也是实践中的难题。

我们在努力探索和破解这个难题的同时，也需要以一种与时俱进、实事求是的态度来看待现行著作权法律制度的修订问题，中国的著作权法出台已逾 20 年，但仅经过两次局部修改，现阶段进行一次较大修改符合实践发展的需要，也势在必行。

在社会主义市场经济的条件下，有形财产、无形财产的交易规则，本质上是一致的。一般而言都需要通过民事合同来确定，不同的是无形资产能转移财产权，但其人格权是不被转移的。

四、着力解决好作品授权与使用矛盾

现在网络 IP 的网络版权交易和竞争，已经由传统的作者和使用者之间的交易竞争，转变为公司和公司之间的交易和竞争，代表作品一方的公司与代表平台一方的公司之间的博弈和竞争。

在这个过程中，伴随着众多的版权纠纷和诉讼。大多数情况下是通过民事主体的调解和诉讼来解决的，但这并不意味着政府无须介入，也不意味着政府不能介入。

发达国家有很好的例子，知识产权就总体而言是由民商法协调的，知识产权作为推动社会的重要力量，它既需要民商规则来调节，也需要国家对其运行秩序进行维护，当知识产权的运行秩序出现问题时，就应当在法律的授权下，给予必要的干预。

在当前和今后相当长的一段时间内，IP 网络版权既是一个争夺的高地，也是一个矛盾纠纷的焦点。我们需要用战略的目光来看待这个问题，在实践中着力解决好作品授权和使用的矛盾，推动网络文化、网络内容产业的健康发展。

现代种业发展战略下强化植物新品种保护的政策措施

陈　红　杨雄年*

习近平总书记指出，"要下决心把民族种业搞上去，抓紧培育具有自主知识产权的优良品种，从源头上保障国家粮食安全"[1]。李克强总理指出，"创新的必要条件就是保护知识产权"[2]。近年来，党中央、国务院多措并举，不断强化植物新品种保护。2008 年国务院发布《国家知识产权战略纲要》，将植物新品种确定为与专利、商标、版权等并列的七大战略专项任务之一。2011 年，国务院发布《关于加快推进现代农作物种业发展的意见》[3]，将"严格品种审定和保护"作为加快推进现代农作物种业发展的重点任务之一。2015 年，国务院发布《关于新形势下加快知识产权强国建设的若干意见》，对强化植物新品种保护制度建设提出明确要求。加强植物新品种保护是发展现代种业、建设种业强国的重要支撑。发展现代种业，就必须要加强植物新品种的保护。

一、深刻认识植物新品种保护与发展现代种业的内在联系

强国必先强农，强农必先强种。农作物新品种是发展现代种业的重要支撑和掌握农业发展主动权的关键。发展现代种业的核心任务是培育一批突破性优良品种，壮大一批有国际竞争力的种子企业。植物新品种保护贯穿于品种研发、生产、经营全过程，在发展现代种业中发挥着积极的激励作用、纽带作用和保障作用。

（一）加强植物新品种保护是激励种业科技创新的基本保障

中共中央、国务院《关于深化体制机制改革加快实施创新驱动发展战略的若干意见》明确提出，"实行严格的知识产权保护制度""让知识产权制度成为激励创新的基本保障"。随着现代育种技术的发展，农作物育种成为农业技术创新中最活跃的因素。而培育一个植物新品种需要相当复杂的过程，育种者投入了大量人力、物力和资金，每一个新品种都凝聚着育种者的智慧和心血。植物新品种保护的本质是通过授予植物育种者权益建立合理的利益回馈机制，从而激励企业持续投资育种研发，不断推进种业科技进步。完善的植物新品种保护制度是激励种业科技创新的基本保障。20 世纪 70 年代以前，美国由于对植物新品种保护不力，企业投资育种得不到回报，技

* 陈红，农业农村部科技发展中心植物新品种保护处副处长、高级农艺师，中国政法大学法律硕士学院兼职教授、硕士生导师；杨雄年，农业农村部科技发展中心主任、研究员。

[1] 习近平：《在中央农村工作会议上的讲话》（2013 年 12 月 23 日），载《十八大以来重要文献选编》（上），中央文献出版社 2014 年版，第 664 页。

[2] 李克强：《创新的必要条件就是保护知识产权》，http://www.sipo.gov.cn/ztzl/ndcs/qgzscqxcz/xgbd/201501/t20150113_1061200.html，最后访问日期：2017 年 4 月 19 日。

[3] 国发〔2011〕8 号。

术创新成果得不到法律保障，突破性品种不多，企业经营规模小。20世纪70年代颁布《美国植物新品种保护法》后，美国逐步强化植物新品种保护，极大地激励了私人企业投资育种的积极性，从而促进了育种技术创新。从20世纪70年代到90年代，私人企业育种研发投入增长220%以上，种子企业巨头育种研发投资一般都占其销售收入10%以上[1]，并占据着商业化育种的主导地位，产生了大量的新技术和新品种，加快了种子产业的升级，引领了世界种业发展。当前我国种子企业仍存在“小、散、乱”问题，育成品种同质化问题十分严重，亟需强化植物新品种保护促进种业科技创新、推动现代种业发展。

（二）加强植物新品种保护是促进种业要素合理流动和科技成果转化的必然要求

植物新品种保护是国际通行规则，是市场经济发展的必然要求。加强植物新品种保护可以充分发挥市场配置资源的决定性作用，加快种业要素资源依法有序流动、促进种业科技成果有效转化。首先，加强植物新品种保护是促进种业要素合理流动的基础。在传统种业向现代种业转型升级过程中，加强植物新品种保护，才能有效促进科研院校与种子企业更加紧密结合，通过权益交易、作价入股等方式，推进科研院校的种质资源、技术成果、科研人才等要素顺畅地向种子企业流动。这既有利于科研院校加强种业基础性公益性研究，又有利于按照市场竞争法则，形成育繁推一体化的现代种子企业。其次，加强植物新品种保护是推进种业科技成果转化和交易的桥梁。对植物新品种进行确权，明确具体的权利主体，才可以通过法律保障将创新的种业科技成果尽快地转变为现实生产力。最后，加强植物新品种保护是保障种业科技成果权益合理分配的纽带。2013年，国务院办公厅印发《关于深化种业体制改革提高创新能力的意见》，明确提出保护科研人员合法权益。加强植物新品种保护，健全品种保护机制，才能让科研人员依靠创新成果依法获得权利收益，持续激发育种创新活力，从而进一步推进和加速科技成果转化。

（三）加强植物新品种保护是维护种业市场秩序的有力举措

社会主义市场经济条件下，政府的重要职责是营造良好的社会环境和市场竞争秩序。植物新品种权的保护，不但涉及一系列复杂的植物品种鉴定技术，还关涉国家的种业安全和粮食安全，因此政府相关部门应该对侵权假冒行为进行严格监管。否则，受损害的不仅是品种权人，还有政府的公信力、全社会育种创新的能力以及种子市场公平竞争环境。由于多种新型经营主体出现，种子生产经营方式也呈现多样化发展趋势，当前种子市场制假售假、套牌侵权问题显得更加复杂和突出。2016年中央一号文件就明确提出，“加强农业知识产权保护，严厉打击侵权行为”。加强植物新品种保护，可以充分调动权利人积极性和主动性，采取自上而下和自下而上相结合、打假和维权相结合的方式，更有效地维护公平有序的种子市场秩序。

（四）加强植物新品种保护是我国参与国际种业竞争赢得贸易主动权的战略选择

近年来，党中央作出了“一带一路”“农业走出去”重大战略部署。在经济全球化背景下，我国要发展现代种业、建设种业强国，必须在激烈的国际种子市场竞争中掌握主动，“与狼共舞”。国与国的竞争，越来越体现在企业之间的较量，而企业间的较量日益表现为知识产权的角力。植物新品

---

[1] 《关于美国农作物种业的考察报告——中国种子协会赴美考察团》，http://e-nw.shac.gov.cn/kjxn/sxjs/xpz/201510/t20151010_1582220.html，最后访问日期：2017年4月19日。

种权是农业知识产权中的重要类型。“种业要走出去，新品种保护要先行。”从国际上看，种业强国无一不是植物新品种保护的强国，跨国种子企业无一不把新品种保护作为维系其核心竞争力的关键因素。全球各主要农业国家都建立了完善的植物新品种保护制度。植物新品种保护是保护育种家权益、激励育种创新的国际通行做法。目前国际植物新品种保护联盟（UPOV）成员已达到 74 个，包括 72 个成员国和 2 个政府间组织[1]。就单个国家而言，我国品种权申请量全球第一，但“走出国门”的新品种申请不足千分之五。2014 年，我国向国外申请只有 2 件，而 UPOV 成员国中，当年来自于成员国国内申请 9778 件，来自成员国国外申请达到 5733 件，到国外申请比例达到 50%以上[2]。可以看出，与种业发达国家相比，我国除了缺乏国际种业竞争力外，种子企业还普遍缺乏品种权战略国际布局意识。支持植物新品种走出国门已经成为我国政府在国际种业战略布局的重点，也成为我国种子企业开拓国际种业市场的必然选择。

二、目前我国植物新品种保护存在的问题

自 1997 年颁布《植物新品种保护条例》以来，我国农业植物新品种保护从无到有，取得长足发展。植物新品种权人利益得到了更好维护，激励育种创新的作用持续增强，社会资本投资育种的积极性空前高涨，推动现代种业发展的作用日益凸显。面临创新驱动发展战略实施和现代种业发展新形势，农业植物新品种保护遇到了一些新情况、新问题。这些问题制约着我国农业植物新品种保护可持续发展，影响了育种创新和现代种业的发展进程，必须切实加以解决。

（一）植物新品种保护制度亟需完善

我国《植物新品种保护条例》按照 UPOV 公约 1978 年文本框架制定并于 1997 年颁布。2016 年 1 月 1 日实施的新《种子法》将植物新品种保护作为专章，提升了新品种保护法律位阶、加强了品种权侵权假冒行为的处罚力度。但是，就审查流程、保护范围、保护环节和保护水平而言，近二十年来一直未做实质性调整，这与当前建设创新型国家与发展现代种业的要求相比差距甚远。我国至今仍然是未建立实质性派生品种制度（EDV）的少数几个 UPOV 成员国之一。由于缺乏 EDV 制度，种子企业投资育种创新积极性大为减弱，“谁搞原始育种，谁就是冤大头”的思想和模仿育种盛行，品种同质化问题非常严重。其次，现行品种权保护范围仅限于繁殖材料生产和销售环节，保护客体限于授权品种繁殖材料，保护范围未延伸到存储、运输等环节，也未延伸到特定条件下利用繁殖材料所获得的收获物。侵权者分明在生产繁殖授权品种甚至是不育系、自交系等的种子，却说成是在生产粮食，因此难以查处这些侵权行为。再次，不少侵权企业委托农民进行大规模育种，但由于现行制度没有对“农民”和“自繁自用”作出明确规定，而无法追究这些侵权行为的法律责任。实践表明，很多情况下农民所进行的大规模育种行为，实际上均属于代繁代制侵权品种的繁殖材料，社会危害极大。

（二）技术支撑体系不足

从我国目前植物新品种申请的受理审查体系来看，日益增长的新品种申请量与相对有限的审查资源间的矛盾逐步显现。

---

[1] 载 http://www.upov.int/members/en/，最后访问日期：2017 年 2 月 20 日。

[2] 载 Plant variety protection statistics for the period 2010-2014-Revision，载 http://111.44.228.219/cache/www.upov.int/edocs/mdocs/upov/en/c_49/c_49_7_rev.pdf?ich_args2=123-02101209016130_5c78d997e516802f07ed4d5c21f03ba8_10001002_9c886d2fdlcaf0d0903b518939a83798_81326dl3e367547002c899bl33845616，最后访问日期：2017 年 4 月 19 日。

随着品种保护名录的不断扩大，还给新品种审查测试和测试指南研制等工作提出了新的要求。此外，随着现代分子生物技术和定向辐射育种技术等发展，品种真实性鉴定愈发困难，亟需制定更为快速科学的品种鉴定标准。

（三）执法维权途径不畅

从品种权执法体系建设来看，新《种子法》将植物新品种行政查处拓展到县级以上农业、林业主管部门。但由于基层品种权执法部门权责不清、执法人员队伍不健全、缺乏必要的调查取证装备和品种真实性检测基本设备，加之新品种保护专业性强，法律要求高，程序性复杂，因此基层的品种权行政执法力量十分不足，无法切实满足植物新品种保护工作的基本需要。

（四）农作物新品种质量不高、结构不合理

我国是植物新品种申请大国，但远不是品种权保护强国。虽然新品种数量规模可观，但新品种结构布局不合理。大田作物新品种占授权品种的85%，且水稻、玉米、小麦三大作物新品种占申请总量的75%，具有较高市场经济价值的花卉、蔬菜、果树等园艺作物新品种仅占15%，而美国、欧盟、日本园艺作物新品种申请量达到80%以上。新品种质量也是参差不齐。全国推广面积前列的两系杂交稻品种，母本基本来源于Y58S、广占63S，父本多来源于扬稻6号。对260个玉米品种进行DNA指纹检测，与郑单958在4个位点以内差异的品种就达69个。可以看出，我国农作物育种更多停留在对主要推广品种和核心亲本改造的修饰性育种方式上，从而导致当前农作物品种遗传基础狭窄，突破性品种匮乏。

（五）我国农作物新品种的国际影响力亟需提高

目前，我国单位和个人向海外申请植物新品种权数量仅占在国内申请量的1.1%，我国科研企事业单位培育的绝大部分品种均未在国外提出品种权申请。原因之一是国家层面和育种企业均缺乏前瞻性的植物新品种战略布局。原因之二是我国农作物新品种的国际竞争力不足。我国种子企业育成的创新度低的商业修饰型品种多，原创性的主控品种少；急功近利型的短线品种多，防御型战略型的品种少。原因之三是不熟悉国际植物新品种保护规则。我国熟悉国际植物新品种保护制度的人才较少，尤其缺乏具有法律、新品种保护、遗传育种复合型知识结构以及熟悉国际事务和国际规则、具备国际视野和战略思维的高层次人才。

三、加强植物新品种保护的政策措施

植物新品种保护是发展现代种业的基础支撑，我们应站在国家实施知识产权战略和创新驱动发展战略、建设知识产权强国和发展现代种业强国的高度，加强植物新品种保护，以破除体制机制障碍，突出企业创新的主体作用，整合种业要素资源、优化布局，形成推动种业科技创新的强大合力。

（一）完善新品种保护制度，力争专门立法

按照简政放权、放管结合、优化服务、加强事中事后监督的改革思路，完善新品种保护制度，力争专门立法。一是简化受理审查流程。特别要在受理审查、繁殖材料、费用征集监控等影响品种权审查效率方面，不断优化完善。二是扩展品种权保护环节。在坚持“权利一次用尽原则”下，保护范围从繁殖材料扩大到收获物，将生产、繁殖、销售、提供销售、种子处理以及存贮、运输等各个环节纳入保护范围，拓展执法途径。三是明确“农民自繁自用”行为的范围，建议将“农民在通过家庭联产承包经营制的形式签订的农村土地上自繁自用授权品种”规定为育种者权利例外的情形。四是建立实质性派生品种（EDV）制度，强化对原始育种创新的保护。五是扩大保护名录范围。加大对潜在优势植物目录的征集、论证力度，特别是加强蔬菜、花卉、果树、中草药类作物品种保护名录扩大，为育种者提供公平的制度保护，也为农业转方式调结构、农业供给侧结构性改革、农民增收致富奠定基础。六是进一步规范打击涉及品种权侵权假冒行为的程序，尽快修订《农业植物新品种权侵权案件处理规定》和《农业植物新品种权纠纷案件处理规程》，充分发挥农业行政主管部门的技术优势，解决品种权侵权假冒纠纷案件。

（二）加强植物新品种审查和测试技术支撑体系建设

植物新品种保护需要不断完善技术支撑体系。首先，必须不断完善品种测试指南和鉴定标准，推进测试指南标准化进程，加强品种 DNA 指纹图谱鉴定技术研究，开展品种亲本来源真实性鉴定技术研究，提高分子生物技术在植物新品种保护中的应用水平。其次，必须不断推进植物新品种保护的信息化建设，实现品种权申请、审查、测试、授权和信息披露的数字化，向社会公众及时有效提供有关品种权的公共信息服务。最后，必须大力发展与品种权有关的服务组织。应鼓励和支持相关机构开展有关植物新品种保护的政策法规研究、法律援助以及公益性研究咨询服务，也应鼓励中介服务机构参与品种权申请、许可转让、价值评估、纠纷协调等事务，促进品种权维护与应用。

（三）加强植物新品种保护的宣传培训与引导

与专利、商标等知识产权相比，植物新品种权作为一种新类型的知识产权，其社会认知度和影响力相对较小。政府应充分运用报刊、网络、新媒体平台等渠道，加强政府部门与社会公众沟通互动，同时应分层次、分类别举办育种者、种子生产经营者、行政执法人员、审查测试人员培训班、研讨班、提高班等，全面提高种子产业链各个环节的品种权使用、管理和保护能力，并引导农业企事业单位建立健全新品种保护工作制度和组织机构，把品种权保护战略落实到品种研发、生产和管理的各个环节。通过这些宣传培训引导等活动，增强社会各界植物新品种保护意识，以营造有利于品种权创造、保护和运用的良好氛围。

（四）深化植物新品种保护的国际合作交流机制

随着全球化进程的不断推进，种业界的国际合作不断深化和发展，我国必须深化植物新品种保护的国际合作交流机制，在植物新品种保护领域发挥更大的国际影响力。首先，完善与其他国家或地区以及国际组织间的沟通和对话机制，加强国际和区域品种权信息资源、基础设施建设与利用的交流合作，探索区域性测试指南与测试报告互惠共享互认机制。其次，积极参加和承办 UPOV 相关会议，跟踪国际新品种保护发展动态，开展对外培训交流，推动非 UPOV 成员建立和完善植物新品种保护制度，增强我国国际影响力和话语权。再次，配合国家“一带一路”倡议，强化植物新品种保护战略布局，建立植物新品种权预警系统。最后，建立植物新品种繁殖材料出口快速审批通道，发布主要贸易国品种权申请指南，完善帮扶机制，支持植物新品种“走出去”，在国际领域发挥应有的影响。

全面深化改革创新，实现知识产权司法保护新飞跃

最高人民法院知识产权审判庭庭长　宋晓明

党的十九大是在全面建成小康社会决胜阶段、中国特色社会主义进入新时代的关键时期召开的一次十分重要的大会。习近平总书记所作的报告，通篇闪耀着马克思主义真理的光辉，“实施创新驱动发展战略、加快建设创新型国家、深入推进全面依法治国、强化知识产权创造、保护、运用”等一系列重大思想、重大论断、重大决策，为新时代人民法院知识产权审判工作指明了前进方向，提出了更高要求，带来了新的历史机遇。

一、近五年知识产权司法保护工作回顾

党的十八大以来，人民法院知识产权审判全面贯彻落实党的各项重大战略部署，紧紧围绕“努力让人民群众在每一个司法案件中感受到公平正义”目标，坚持“知识产权审判激励和保护创新、促进经济社会发展”这一主要任务，遵循“实现知识产权审判体系现代化和审判能力的现代化”两大发展主线，审判机构、审判体制、审判规则、审判队伍不断发展完善，走出了一条融合与创新、自主发展与自我完善的知识产权司法保护的“中国道路”。知识产权审判成效更加显著。2012 年至 2016 年，全国法院新收知识产权民事、行政和刑事各类案件 690 829 件，审结 665 754 件，在法官数量未明显增加的情况下，审结案件数和结案率大幅上升，再审率和改判发回重审率双双下降。高度重视重大、疑难和新类型案件的审理工作，注重通过司法裁判明确法律标准和行为准则，彰显司法的公信和权威。迈克尔·乔丹诉商标评审委员会、乔丹体育股份有限公司商标争议行政纠纷案、广药集团公司与广东加多宝公司擅自使用知名商品特有包装装潢纠纷案、腾讯公司与奇虎公司垄断及不正当竞争纠纷案、琼瑶诉于正侵害著作权纠纷案等案件的成功审理，受到国内外的广泛好评。知识产权审判机制更加健全。2014 年在北京、上海、广州设立知识产权法院，2017 年在江苏等 7 个省设立 10 个跨区域管辖专利等技术类案件的知识产权专门审判机构（知识产权法庭），推进审判机构专门化、审判人员专职化和审判工作专业化。在全国法院推行知识产权民事、行政和刑事案件审判“三合一”，有效优化司法资源配置，提高知识产权保护整体效能，实现对权利人的全方位救济。制定出台《知识产权法院技术调查官选任工作指导意见（试行）》《关于知识产权法院技术调查官参与诉讼活动若干问题的暂行规定》等文件，初步形成技术调查官、司法鉴定、专家辅助人、专家咨询等技术事实查明多元化机制，提高技术事实认定的中立性、客观性和科学性。知识产权司法政策更加完善。确立了“司法主导、严格保护、分类施策、比例协调”的知识产权基本司法政策，设立了“最高人民法院知识产权司法保护研究中心”“最高人民法院知识产权案例指导研究（北京）基地”“中国法院知识产权司法保护国际交流（上海）基地”“最高人民法院知识产权司法保护与市场价值研究（广东）基地”“最高人民法院知识产权司法保障科技创新研究（上海）基地”，及时总结、权威展现中国知识产权司法保护的新成果、新经验。制定了《关于审理商标授权确权行政案件若干问题的规定》《关于审理侵犯专利权纠纷案件应用法律若干问题的解释（二）》等多个涉知识产权司法解释和司法政策性文件，首次发布

《中国知识产权司法保护纲要(2016—2020)》,加强对审判实践的指导,确保知识产权创造、运用和交易纠纷解决的法律适用标准统一透明、切实有效,确保在知识产权审判工作中坚持党的领导、人民当家做主与依法治国有机统一。知识产权审判能力更加增强。按照知识产权法官队伍正规化、专业化、职业化、国际化的要求,努力打造司法为民、公正司法的知识产权审判队伍。知识产权法官思想政治素质进一步提高,专业素养进一步提升,司法能力进一步增强。目前,全国现有知识产权审判庭300余个,从事知识产权审判的法官约3000人、司法辅助人员约2000人,基本形成了一支信念坚定、业务精通、作风优良、清正廉洁的知识产权审判队伍。

二、新时代对知识产权司法保护的新要求新期待

党的十九大报告指出:“创新是引领发展的第一动力,是建设现代化经济体系的战略支撑。”知识产权是激励创新的基本手段,是创新原动力的基本保障。知识产权审判工作,事关创新驱动发展战略实施,事关经济社会文化发展繁荣,事关国内国际两个大局,对于服务保障知识产权强国和世界科技强国建设具有重要意义。中国特色社会主义进入新时代,我国社会主要矛盾已经转化为人民日益增长的美好生活需要和不平衡不充分的发展之间的矛盾,人民法院面对的主要矛盾也转化为人民群众日益增长的司法需求与人民法院工作发展不平衡、保障群众权益不充分之间的矛盾。在知识产权领域,当前人民群众对知识产权司法保护的需求日益多样化多层次多方面,其中,知识产权权利人享有合理利益回报,侵权人无利可图就是人民群众的需求之一。知识产权司法保护要切实满足人民群众多元的司法需求,满足人民群众对美好生活的新期待。

一是要更加注重保障持续不断的创新。创新的重要性和对持续性创新的需要,要求我们进一步完善知识产权司法保护体制机制,用更加优质的现代化知识产权审判体系和审判能力为创新提供动力和保障,为世界知识产权保护贡献中国智慧和中国方案。二是要更加注重对知识产权和合法竞争的严格保护。近年来,社会上反映知识产权保护存在“举证难、赔偿低、周期长”等问题,要求我们进一步细化具体领域司法保护规则和手段,加大赔偿力度和司法救济的及时性,努力实现侵权赔偿与知识产权市场价值的协调性和相称性,坚决杜绝“赢了官司、输了市场”。三是要更加注重加强知识产权审判能力建设。队伍强则事业兴。完成好人民法院面临的繁重的知识产权审判任务,解决好我国知识产权司法保护进程中遇到的新情况,新问题,必须有一支过硬的审判队伍作支撑和保障。要求我们进一步加大知识产权审判人才培养选拔力度,激发知识产权审判队伍的生机和活力,确保各有其位、各展其才,实现人的全面发展。

三、新时代知识产权司法保护的努力方向和主要措施

一是优化知识产权司法保护体制。按照2008年《国家知识产权战略纲要》提出的“探索建立知识产权上诉法院”的要求,深入研究建立国家层面知识产权案件上诉审理机制。积极贯彻落实《京津冀协同发展纲要》精神,探索由北京知识产权法院集中管辖京津冀技术类案件。全面总结三年来北京、上海、广州知识产权法院设立、运行、建设、发展的经验,提出可复制、可推广的成熟模式。遵循知识产权司法规律,构建符合实际情况的“三级联动、三审合一、三位一体”的集中型立体审判模式,重点解决知识产权刑事案件侦查、批捕、公诉、审判等各个环节的协调配合问题。

二是完善知识产权司法保护规则。根据知识产权自身的无形性、时间性和地域性等特点，制定与之相适应的诉讼证据规则，引导当事人诚信诉讼。通过明确举证责任倒置等方式合理分配举证责任，完善诉前诉中证据保全制度，支持当事人积极寻找证据，主动提供证据。探索建立证据披露、证据妨碍排除等规则，明确不同诉讼程序中证据相互采信、司法鉴定效力和证明力等问题，发挥专家辅助人的作用，适当减轻当事人的举证负担，着力破解当事人举证难、司法认定难等问题。坚持知识产权创造价值，权利人理应享有利益回报，侵害知识产权就是侵害他人人身权和财产权的价值导向。建立公平合理、比例协调的知识产权损害赔偿制度，以补偿性为主，以惩罚性为辅，让权利人利益得到赔偿，侵权人无利可图，败诉方承担维权成本，实现对知识产权实行严格保护的历史性转变。推动在著作权法、专利法等法律中规定惩罚性赔偿制度，提高知识产权侵权的法定赔偿额。

三是加强知识产权审判能力建设。按照党的十九大报告提出的增强“八个本领”的要求，大力推进知识产权审判队伍正规化、专业化、职业化建设，着力提升知识产权审判队伍适应新时代中国特色社会主义发展要求的能力，不断提高知识产权审判队伍的职业素养和专业水平，努力造就一批顾全大局、精通法律、了解技术并具有国际视野的知识产权审判人才。认真履行全面从严治党“两个责任”，持之以恒推进党风廉政建设和反腐败斗争，坚持从严教育、从严管理、从严监督，确保公正高效廉洁司法。

激励科技创新和促进社会发展，是人民法院知识产权审判工作的重要职责。服务党和国家大局，是人民法院知识产权审判工作的重大使命。在中国特色社会主义迈入新时代的伟大历史起点上，人民法院知识产权审判将不忘初心、牢记使命、履职尽责，始终坚持以习近平新时代中国特色社会主义思想为根本指导，全面贯彻落实党的十九大关于发展中国特色社会主义法治理论的重大部署，深刻认识和把握新时代坚持全面深化改革的总体要求，坚持司法为民、公正司法，不断加强知识产权审判领域改革创新，充分发挥知识产权司法保护主导作用，进一步优化科技创新法治环境，为实现“两个一百年”奋斗目标和建设知识产权强国、世界科技强国提供有力司法保障。

全国知识产权工作概况

专利工作

第一章 法律事务

1. 法制建设

《专利法》《专利代理条例》修改取得突破性进展。通过完善工作机制，开展深入广泛调研，密切配合国务院法制办公室推进立法进程。《〈专利法〉修正案（草案）》和《〈专利代理条例〉修订草案》均已报请国务院常务会议审议。

深化对新业态、新领域创新成果知识产权保护制度研究，继续完善现行专利制度保护措施，探索开展商业模式示范法顶层设计，形成《互联网新商业模式专有权保护（示范法）草案》以及产业政策调整和相关法律修改建议。

顺利完成《国家知识产权局实施法治政府建设实施纲要》各项年度任务，及时上报并公开国家知识产权局 2016 年法治政府建设情况报告。

制定《国家知识产权局法律顾问和公职律师工作方案》，开展外聘法律顾问遴选工作。

地方立法指导协调机制建设取得显著成效。邀请地方立法机关深度参与，聚焦立法重点难点问题，充分发挥机制的指导协调作用，推进地方立法进程。吉林完成专利条例制定工作，河北、湖北完成专利条例的修订工作，广东、上海等地启动修改准备工作，天津开展专利立法后评估工作，北京和河北积极参与《北京市奥林匹克知识产权保护规定》修订。

深入开展普法。制定印发《全国知识产权法治宣传教育第七个五年规划（2016—2020 年）》。组织开展全局网络安全法规宣传教育、优秀微视频作品征集展播、宪法讲座等普法活动。

拟定法律专门人才能力提升计划实施方案和培训计划，开展国家知识产权局核心法律人才培训。

完善部门规章。贯彻落实党中央、国务院新要求、积极回应社会需求，完成《专利审查指南》《关于规范专利申请行为的若干规定》《专利优先审查管理办法》修改。开展《专利代理管理办法》《专利代理人资格考试实施办法》等部门规章修改准备工作。

继续开展 PCT 用户调查，广泛了解国内用户运用 PCT 的情况和问题。推进往年调查成果的落实，协调推进 PCT 国际阶段增加沟通机会试点工作。

2. 专利代理行业管理

深化改革。印发并实施《专利代理行业发展“十三五”规划》。2017 年，全国专利代理机构达到 1824 家，执业专利代理人 1.6367 万人，具有专利代理资格人员 3.72

万人。深化专利代理行业改革试点工作，印发《2017年专利代理行业改革试点工作方案》。2017年，试点省(区、市)增加至12个，共464人取得可在本地执业的专利代理人资格证，设立享受试点政策专利代理机构150家。

优化审批。全面实施行政审批标准化，编制并及时更新《行政审批服务指南》，简化手续、优化流程，取消不必要的证明文件，实时公开审批结果。注销专利代理机构11家。所有行政审批事项均做到零超时。

加强监管。针对专利代理资格证书挂靠行为在全国范围内开展了集中治理工作，加大督办力度，形成长效机制，向地方知识产权管理部门转送涉嫌“挂证”线索122条；各地方知识产权管理部门抽查专利代理机构1205家，占总数的73.0%；抽查执业专利代理人6935人，占总数的43.5%；清理整顿并曝光一批违法违规执业的机构和人员，已注销执业证或正在办理注销手续的26人，给予1家专利代理机构行政处罚，对“挂证”行为形成震慑，进一步规范了专利代理市场秩序。举行全国专利代理人资格考试。扩大考点到30个，报名人数达到3.2722万人，创历史新高。共计2.2712万人参加考试，5094人通过。推进专利代理质量提升工程。形成质量反馈、评价、约谈和惩戒机制建设方案草案。配合国家标准化管理委员会完成《专利代理机构服务规范》国家标准的制定、发布工作，该标准于2018年1月1日实施。

3. 行政复议

2017年共受理107件行政复议案件，以国家知识产权局名义应诉的一审行政诉讼案件有35件。

第二章　战略推进和保护管理

1. 战略推进

(1)国家知识产权战略的组织协调。

战略实施组织协调力度进一步加强。组织召开国务院知识产权战略实施工作部际联席会议第二次全体会议，王勇国务委员主持会议，对知识产权战略实施和知识产权强国建设作出全面部署。制定印发《国务院知识产权战略实施工作部际联席会议工作规则》，明确并加强了联席会议办公室工作职责。制定印发《2017年深入实施国家知识产权战略 加快建设知识产权强国推进计划》，提出5个方面103项具体措施，组织各成员单位按职责分工推进落实。审议通过《〈国家知识产权战略纲要〉实施十年评估工作方案》，从组织机制、部门自查、地方评估、专题评估、国际咨询等方面扎实推进评估工作有序开展。

加强知识产权战略实施基础工作。完善知识产权战略信息工作机制，制定印发《国家知识产权战略信息工作管理办法》。加强国家知识产权战略实施研究基地管理，组织基地开展12项专题研究和6项应急性研究。建成知识产权战略实施和知识产权强国建设政策库并上线运行，编制发布《2016年中国知识产权发展状况评价报告》。举办2017年国家知识产权战略实施工作研讨培训班及战略信息工作培训班。组织开展知识产权战略实施九周年相关宣传活动。

(2)行业知识产权战略的组织协调。

开展知识产权支持重点产业发展工作。编制知识产权重点支持产业目录，对焦集成电路、新材料、物联网等产业知识产权问题启动制定知识产权支持产业发展工作方案。组织开展知识产权密集型产业培育基础研究，研究设计了产业治理框架体系和政策支撑体系，并运用经济学模型对政策实施效果进行预测，为设计产业培育路径和政策支撑体系奠定基础。制定实施知识产权密集型产业培育启动工作方案，按照“做好顶层设计、摸清政策需求、掌握资源分布、开展试验引导”的思路提出了相关措施，并明确进度安排。

研究制定知识产权评议政策。先后在

湖北、陕西、广东、江苏、山东、浙江、上海浦东新区、北京市海淀区等地实施重大经济科技活动知识产权分析评议工程示范项目。积极培育知识产权分析评议服务示范机构，截至 2017 年底，已遴选出示范创建机构共 122 家，其中示范机构 15 家。指导全国知识产权分析评议联盟提升分析评议服务能力，宣贯《知识产权分析评议工作指南》。

持续推进"智南针网"平台建设。上线"智南针网"微信公众号，提供 189 个国家/地区的 1396 部知识产权法律法规（含 136 部中译本）、20 余个重点国家/地区知识产权环境概览、20 余册知识产权实务指引、70 余家海外知识产权服务机构、284 家国内涉外知识产权服务机构、30 余位海外实务专家信息等。

继续在湖南、大连、宁波、成都等地组织开展"知识产权走基层 服务经济万里行"活动。举办"战略性新兴产业知识产权竞争策略高级研修班"和"企业家知识产权训练营高级研修班"，参训人员超过 300 人。举办"跨境知识产权贸易交流研讨会"，增强企业应对国际知识产权风险、利用全球知识产权资源的意识。

（3）区域知识产权战略的组织协调。

深入推进区域知识产权战略。指导地方形成战略实施工作要点，梳理并印发《2017 年全国地方知识产权战略暨强国建设实施工作要点汇编》。推动地方政府开展《国家知识产权战略纲要》实施十周年评估，建立地方《国家知识产权战略纲要》实施评估工作机制，组织召开地方《国家知识产权战略纲要》实施评估工作座谈会，提供关于地方评估的参考资料和推荐指标。组织召开"2017 年全国地方知识产权战略实施培训班"。

推进重点区域知识产权工作。制定并印发《国家知识产权局推动"一带一路"建设工作方案》，组织开展针对以"一带一路"名义或冠以其名的机构与活动自查工作。配合制定长江经济带信息化协调发展行动方案，对长江经济带创新驱动转型升级方案、知识产权"十三五"工作方案落实情况进行检查，组织开展长江经济带专利资源分析工作。联合发展改革委、科技部、工信部、农业部、文化部、海关总署、工商总局和版权局印发《关于支持东北老工业基地全面振兴 深入实施东北地区知识产权战略的若干意见》，推动召开东北地区知识产权联席会，开展东北老工业基地专利资源分析。启动雄安新区知识产权工作，成立服务雄安新区建设工作组，编制了工作方案并召开第一次会议。探索建立国家自主创新示范区知识产权资源报告机制，指导地方制定自主创新示范区知识产权资源分析框架。

推动知识产权区域布局工作。指导编印区域布局阶段性理论成果《中国知识产权区域布局理论与政策机制》和《中国知识产权区域布局研究报告（2017）》。开展《知识产权区域布局导向目录范本》研究，形成编制技术方案和工作方案。加强对知识产权区域布局试点工作的统筹指导，组织召开全国知识产权区域布局工作现场会，根据地方需求举办三期"知识产权区域布局培训班"，形成季度进度报告和《知识产权区域布局工作交流》。召开理论研究成果发布会。

（4）全国专利事业发展战略推进。

认真组织实施《2017 年全国专利事业发展战略推进计划》。围绕专利制度创新、专利制度运行保障体系建设和专利支撑经济社会发展三大主体任务，推进各项工作落实，促进专利工作与产业、区域、科技、贸易等经济中心工作进一步融合。组织开展 2017 年全国专利事业发展战略年度推进计划专项督查工作，从统筹推进知识产权强省建设、深入实施关于严格专利保护的意见、加快构建知识产权运营服务体系、大力提升专利质量等方面反映专利事业发展战略实施效果。逐步构建年初任务部署、年中督导评价与年底绩效考核相衔接的专利事业发展战略协同推进机制。发布《2016年全国专利实力状况报告》。制定实施《2017年专利质量提升工程实施方案推进计划》，建立重点区域专利申请质量反馈监测机制，对重点地区开展专利申请质量评估实时监测。开展强省强市专利导航城市创新发展质量分析评价工作，精准指导强省强市做好各项建设任务。

2. 政策研究

进一步规范管理，加强宏观课题研究统筹，进一步统一国家知识产权局软科学研究项目的申报指南、立项结题程序和合同书规范。围绕深化知识产权综合管理改革、加快推进知识产权强国建设等，组织开展研究工作，形成了一批具有较高质量的研究成果，利用《中国知识产权年鉴》《知识产权工作动态》等共享课题研究成果，促进成果利用。完成《第九届全国知识产权（专利）优秀调查研究报告暨优秀软课题成果优秀作品集》出版工作。全年完成软科学研究项目立项35项，完成项目结题41项。

进一步加强政务信息工作。围绕党中央、国务院有关知识产权工作重大决策部署的贯彻落实、加快推进知识产权强国建设、深入实施知识产权战略、深化知识产权领域改革以及关注解决国内外知识产权热点问题等，及时组织编写报送信息，为党中央、国务院掌握相关工作进展情况提供了信息支持。全年编发《知识产权局简报》45期、《知识产权局信息》34期、《知识产权工作动态》27期，被中央办公厅、国务院办公厅采用信息24篇次，其中得到有关中央领导批示4篇次。

3. 保护管理

（1）全国知识产权保护的组织协调。

大力加强流通领域知识产权保护工作。组织开展第二批国家级知识产权保护规范化市场评审认定工作，确定重庆云环文化产业（集团）有限公司等32家市场为第二批国家级知识产权保护规范化市场。继续开展规范化培育市场遴选申报工作，确定北京秀水街市场有限公司等33家市场为第四批知识产权保护规范化市场培育对象，指导各市场制定培育方案和培育计划。完成包括实体市场和电子商务平台在内的共34家第三批规范化培育市场知识产权保护满意度调查工作。推进各批次培育市场落实培育计划，加强制度建设和能力提升。推进专业市场知识产权保护信息管理系统建设，编写《专业市场知识产权保护信息管理系统专家使用手册》及《专业市场知识产权保护题库》。

探索完善知识产权纠纷多元化解决机制。完成对北京等4个地方第二批试点单位的验收工作，试点期间共创建培育18家知识产权纠纷人民调解组织，组建了一支约170名专、兼职调解员的人才队伍，成功调解案件近430件。继续推进天津等8个地方的第三批试点单位不断深化试点工作，推动创建培育15家知识产权纠纷人民调解组织，组建了一支约320名专、兼职调解员的人才队伍，成功调解案件近2300件。启动首批知识产权纠纷仲裁调解试点工作，选择河北省等9个地方承担试点任务，成功调解案件850件，受理仲裁案件500余件。根据试点地方工作需求，组织开展2017年全国知识产权纠纷仲裁调解座谈交流活动。与司法部共同探讨调解合作方式和下阶段工作思路，与中国国际经济贸易仲裁委员会商讨仲裁合作事项，共同推进仲裁机构建设。

持续开展知识产权保护社会满意度调查。对全国31个省（区、市）的调查数据进行详细分析，形成《2016年度知识产权保护社会满意度调查报告》和《2016年度专利保护满意度调查报告》。丰富满意度调查工作内容，将《国家知识产权战略纲要》实施十周年评估、《专利法》修改和《职务发明条例》制定中社会关注焦点问题纳入2017年度满意度调查范围，完成2017年度知识产权保护社会满意度调查工作。

试点推进知识产权保护社会监督员工作。完成对首家试点单位北京市保护知识产权举报投诉服务中心的验收工作，组建了一支 115 人的监督员人才队伍，监督员提供各类侵权假冒线索 1524 条，成功转交执法部门立案查处案件 79 件。委托广东省知识产权维权援助中心作为第二家监督员工作试点单位，组建了一支 192 人的监督员队伍，指导开展监督工作，目前监督员提供各类侵权假冒线索 800 余条。

加强知识产权保护政策研究制定工作。研究形成《国家知识产权局强化知识产权保护行动计划(2018—2020 年)(讨论稿)》。推进专利强制许可专项研究工作，制定《国家紧急状态和非常情况下专利强制许可操作规程》和《公共利益下专利强制许可操作规程(初稿)》。完成《2016 年中国知识产权保护状况》白皮书编写工作。牵头完成对西藏自治区软件正版化工作督查及其他软件正版化相关工作。

(2)知识产权执法。

2017 年，全国专利行政执法办案总量 6.6649 万件，同比增长 36.3%。其中，专利纠纷办案 2.8157 万件(包括专利侵权纠纷办案 2.7305 万件)，同比增长 35%；查处假冒专利案件 3.8492 万件，同比增长 37.2%。

制定出台《关于严格专利保护的若干意见》的任务分工和工作进度方案，围绕 29 条举措，分解出 76 项具体任务，指导地方出台细化落实方案。不断细化执法规范，研究制定加强行政复议和行政应诉工作的系列文件，有效增强了执法办案的规范性与协调性。

持续强化执法办案工作力度，深入组织开展"护航""雷霆"专项行动，全面深化跨地区执法协作机制，不断拓展跨部门执法协作机制，加强大型展会专利执法办案工作力度，有序开展进出口环节专利保护工作，不断完善电商领域专利执法办案机制，健全线上专利执法维权跨区域协作调度与线上转线下案件办理机制，参与协作调度的省份拓展至 22 个，保持打击专利侵权假冒行为的高压态势。着力提升执法办案质量，强化重大案件督办工作，狠抓日常管理，规范全系统执法案件报送，施行《专利行政执法案卷评查办法》，不断提高办案质量。

加快推进集快速审查、快速确权、快速维权于一体的知识产权保护中心建设，到 2017 年底，共批复设立 14 家知识产权保护中心，长沙、烟台、常州保护中心正式启动运行。进一步扩大快速维权工作覆盖范围，全国已设立 17 家知识产权快速维权中心，有效地促进了知识产权保护与产业创新发展深度融合，为推进知识产权严保护、大保护、快保护、同保护积累了成功经验。不断深化维权援助与举报投诉机制，在已成立的 76 家维权援助中心基础上，设立分中心、工作站等分支机构共 400 余家，知识产权维权援助与举报投诉网络覆盖全国大部分地区。

(3)知识产权管理。

知识产权综合管理改革。按照《国务院办公厅关于印发知识产权综合管理改革试点总体方案的通知》要求，积极推进知识产权综合管理改革试点工作，确定福建厦门、山东青岛、广东深圳、湖南长沙、江苏苏州、上海徐汇区 6 个地方为试点。长沙市印发了《长沙市知识产权综合管理改革实施方案》，成立作为独立的正县级政府工作部门的知识产权局，对专利、商标、版权实行统一高效的管理与执法。深圳市审议通过《深圳市知识产权综合管理改革试点方案》，提出加快构建与创新驱动发展要求相匹配，与国际通行规则相接轨的知识产权综合管理体系，确定建立集中统一的知识产权(专利、商标、版权)"三合一"综合管理体制。其他试点地方抓紧推进试点实施方案起草制定、上会审议等工作。上海浦东、成都郫都区改革成效不断显现。持续加强与发展改革委、商务部、科技部等部委间的协调联动，推动在京津冀、全面创新改革试验区、自主创新示范区、自由贸易试验区等区域落实知识产权改革任务。会同发展改革委等部门积极研究推动在全面创新改革试验区加强知识产权保护工作。积极推进知识产权军民融合试点工作，促进知识产权军民双向转化运用。

知识产权强省强市、省部合作会商。推进知识产权强省建设，指导各试点省印发强省建设年度工作计划，督促落实好强省建设各项任务。与陕西、四川、广东、山东、浙江、深圳等地开展合作会商。重点支持 13 个地方分类开展强省建设试点。完成首批知识产权强市评定工作，批复广州、武汉、青岛、成都、厦门、南京、西安、长沙、苏州、烟台、郑州、东营、潍坊、镇江 14 个城市为首批国家知识产权强市创建市，督促有关城市政府印发强市建设方案，指导郑州等 5 市召开强市建设推进大会。开展专利导航城市创新发展质量分析评价工作，精准指导强市创建市做好各项强市建设任务。

知识产权强企建设。加大优势示范企业培育力度，新确定 182 家企业为示范企业，816 家企业为优势企业，截至目前，示范企业 463 家，优势企业 2325 家，总计 2788 家。联合工业和信息化部实施中小企业知识产权战略推进工程，在 20 个试点城市(区)的 35 个中小企业集聚的园区开展试点工作。新批国家知识产权试点示范园区 35 家，截至目前，试点示范园区 125 家。推行企业、高校、科研机构知识产权管理国家标准。2.6 万家企业开展贯标工作，其中高新技术企业和规模以上企业分别达到万家，7500 余家企业通过认证审核并获得认证证书。制定创新管理知识产权管理规范国家标准，开展《创新过程——知识产权管理指南》国际标准研究制定工作。会同国家认监委共同加强知识产权领域认证管理工作，做好知识产权领域认证体系顶层设计和发展规划。

专利运用及产业化。知识产权运营平台体系基本建成，国家知识产权运营公共服务平台和西安、珠海特色试点平台投入运行。指导国家平台进行二期开发，整合中国专利数据 1700 万条，审查过程数据 2.5 亿条，事务公告数据 3300 万条，费用数据 9000 万条。国家平台已有 452 家企业、服务机构入驻，西安、珠海试点平台合计已挂牌专利近 2 万件，累计服务企业上千家。批复设立首批 3 家国家专利导航项目研究和推广中心。支持产业知识产权联盟建设，备案的产业知识产权联盟数量达 100 家。积极争取中央财政安排 12 亿元，支持苏州、宁波等 8 个城市开展知识产权运营服务体系建设，开展高价值专利培育试点，打造知识产权运营高地，实现重点突破和示范引领，8 个城市均已正式印发建设实施方案。两批 20 支重点产业知识产权运营基金计划募集资金总规模超过 81 亿元，实际募集资金超过 42 亿元，已设立组建的基金 11 支；共完成项目储备 230 个，投资需求额超过 26 亿元，已投项目 10 个，投资金额超过 1.8 亿元。

知识产权质押融资工作。印发《关于引入专利质押融资保证保险 完善专利质押融资风险补偿机制的通知》《关于推进 2017 年度专利质押融资工作若干事项的函》《关于抓紧落实专利质押融资有关工作的通知》等文件。创新专利质押融资模式，完善专利质押融资风险补偿机制，推广贷款、保险、财政风险补偿捆绑的专利权融资模式，加强需求调查和项目对接，统筹开展区域质押融资试点示范工作，促进质押融资工作不断深化发展。2017 年，专利质押融资金额 720 亿元，同比增长 65%，质押项目 4177 项，同比增长 60%。

完成第十九届中国专利奖评选工作，评选出专利金奖 20 项，外观设计金奖 5 项，专利优秀奖 802 项，外观设计优秀奖 68 项。全国有 17 个省份设立省政府专利奖。

(4)知识产权服务。

知识产权服务业集聚区建设。批复深圳市福田区、河南省郑州市建设国家知识产权服务业集聚发展示范区，批复广东省广州开发区、江苏省南京市江宁区设立国家知识产权服务业集聚发展试验区，完成对广东佛山市、四川成都高新区集聚发展试验区建设 3 年的验收。截至 2017 年底，共批复设立国家知识产权服务业集聚发展试验区 14 家，示范区 5 家。

知识产权服务品牌机构培育。在重庆、河北、江西、安徽组织全国知识产权服务品牌机构牵手区域经济发展系列行动，组织品牌机构 80 多人次开展公益宣讲和对接洽谈，4 地累计吸引 600 多家企事业单位参加。举办全国知识产权服务品牌机构牵手桑植发展行动，建立公益服务长效机制，引导品牌机构为当地企事业单位和农户提供农业专利技术推介、专利数据库建设、商标和植物新品种咨询等多项公益产品和服务，助力扶贫攻坚。

知识产权服务业统计调查。国家知识局成为国家统计局首批统计名录库共享共建试点单位，获得含有 10 万多条知识产权服务机构信息的名录库。知识产权服务业整体纳入国家“三新”(新产业、新业态、新商业模式)统计调查范围。组织开展年度知识产权服务业统计调查，形成全国加四个重点省份的知识产权服务业统计调查报告。按照部门服务业财务统计报表制度，向国家统计局报送 2016 年知识产权服务业企业财务状况。统计显示，五年来我国知识产权服务机构数量年均增长超过 35%，营业收入年均增长 40%以上。

第三章　专利申请与审查

1. 专利申请与授权

2017 年，我国专利申请量 369.8 万件，同比增长 15.6%。专利创造水平稳中有进，企业知识产权创造运用主体地位持续稳固，每万人口发明专利拥有量达到 9.8 件。

(1)专利申请。

2017 年，发明专利申请量达 138.2 万件，同比增长 14.2%。其中，国内发明专利申请 124.6 万件，占总量的 90.2%，同比增长 15.4%；国外来华发明专利申请 13.6 万件，占总量的 9.8%，同比增长 4.2%。国内发明专利申请中，职务申请 104.4 万件，占 83.8%，同比增长 16.9%；非职务申请 20.2 万件，占 16.2%，同比增长 8.3%。国内发明专利申请中，企业所占比重达到 63.3%。

2017 年，实用新型专利申请量达 168.7 万件，同比增长 22.7%；外观设计专利申请量达 62.9 万件，同比增长 2.4%。

(2)专利授权。

2017 年，授权发明专利 42.0 万件，同比增长 3.9%。其中国内发明专利授权 32.7 万件，占总量的 77.9%；国外发明专利授权 9.3 万件，占总量的 22.1%。国内发明专利授权中，职务发明 30.4 万件，占 93.0%；非职务发明 2.3 万件，占 7.0%。2017 年，共授权实用新型专利 97.3 万件，同比增长 7.7%；授权外观设计专利 44.3 万件，同比下降 0.7%。

(3)专利拥有量。

截至 2017 年底，经国家知识产权局授权并维持有效的发明专利为 208.5 万件，同比增长 17.7%。其中，国内 141.4 万件，占总量的 67.8%，同比增长 22.1%；国外 67.1 万件，占总量的 32.2%，同比增长 9.4%。截至 2017 年底，我国每万人口发明专利拥有量(不含港澳台)达到 9.8 件(人口数据为 2017 年初步数据)。

2. 专利审查

(1)审查结案量。

2017 年，三种专利共审结 256 万件，同比增长 11%，其中发明专利结案 74.4 万件。发明专利申请优先审查请求量 1.8855 万件，同比增长 43%。

(2)审查质量。

深入实施专利质量提升工程，建立审

查质量双监督、双评价工作机制。审查质量社会满意度持续提升，2017 年该指数为 83.9，较 2016 年提升 1.2，且连续 8 年处于满意区间。

推动《审查质量保障手册》落到实处，审查质量保障体系和业务指导体系更为健全。持续加强审查能力建设，推行发明专利审查质量保障案例共享机制，加强同领域交流，促进审查标准执行一致。

(3)审查周期。

在发明专利申请量增长较快的情况下，审查周期整体平稳，发明专利申请授权周期稳定在 22 个月。

(4)审查能力。

2017 年，国家知识产权局专利局内设部门在编专利审查员人数约 2600 人。截至 2017 年底，作为专利局直属事业单位，专利局共有北京、江苏、广东、河南、湖北、天津和四川审查协作中心，专利审查员超过 8900 人。

3. PCT 国际专利申请

2017 年共受理 PCT 国际专利申请 5.0674 万件，同比增长 12.5%。自 1994 年起累计受理 PCT 国际专利申请 25.818 万件。作为国际检索单位，2017 年共完成国际检索报告 4.4651 万件，同比增长 19.6%。自 1994 年起累计完成 PCT 国际检索报告 22.8279 万件。作为国际初审单位，2017 年共完成国际初步审查报告 330 件，自 1994 年起累计完成国际初步审查报告 8213 件。2017 年收到进入中国国家阶段的国际专利申请 8.6753 万件，同比增长 4.8%，其中发明专利申请 8.5607 万件，实用新型专利申请 1146 件。自 1994 年起收到进入中国国家阶段的国际专利申请累计 101.7935 万件。

4. 复审与专利权无效宣告

(1)受理复审请求与结案。

2017 年，专利复审委员会受理复审请求 3.4123 万件，同比增长 160%。在 2017 年受理的复审请求中，涉及对驳回发明专利申请决定不服的复审请求为 2.8472 万件，占当年受理总量的 83.4%；涉及对驳回实用新型专利申请决定不服的复审请求为 5236 件，占当年受理总量的 15.3%；涉及对驳回外观设计专利申请决定不服的复审请求为 415 件，占当年受理总量的 1.2%。2017 年，复审请求结案共 1.8284 万件，其中涉及发明专利申请 1.5484 万件，涉及实用新型专利申请 2525 件，涉及外观设计专利申请 275 件。自 1985 年以来，专利复审委员会共受理复审请求 17.7412 万件。截至 2017 年底，复审请求结案 15.2518 万件。

(2)受理专利权无效宣告请求与结案。

2017 年，专利复审委员会受理无效宣告请求 4565 件，同比增长 15%。在 2017 年受理的无效宣告请求中，涉及发明专利权无效宣告请求为 1126 件，占当年总量的 24.7%；涉及实用新型专利权无效宣告请求为 1948 件，占当年总量的 42.7%；涉及外观设计专利权无效宣告请求为 1491 件，占当年总量的 32.7%。2017 年无效宣告请求结案共 4216 件，其中，涉及发明专利 943 件，涉及实用新型专利 1961 件，涉及外观设计专利 1312 件。自 1985 年以来，专利复审委员会共受理无效宣告请求 5.0045 万件，截至 2017 年底，无效宣告请求结案 4.5853 万件。

(3)专利行政诉讼。

2017 年，当事人向北京知识产权法院和北京市第一中级人民法院起诉和向北京市高级人民法院上诉的案件总计 1705 件，其中针对复审审查决定起诉和上诉的有 437 件，对无效宣告请求审查决定起诉和上诉的有 1268 件。2017 年，北京知识产权法院和北京市第一中级人民法院对由专利复审委员会作出的各类决定审理结案 760 件，其中涉及复审决定的 178 件，涉及无效宣告请求审查决定的 582 件。2017 年，北京市高级人民法院对由专利复审委员会作出的各类决定审理结案 444 件，其中涉及复审决定的 125 件，涉及无效宣告请求审查决定的319件。2017年,当事人向最高人民法院申请再审案件64件。最高人民法院对由专利复审委员会作出的各类决定审理结案51件,其中提审结案2件。

(4)集成电路布图设计撤销案件审理。

自2001年10月1日《集成电路布图设计保护条例》颁布施行以来,专利复审委员会累计受理13件集成电路布图设计撤销案。截至2017年底,审结6件。

(5)巡回审理庭的建设和使用。

截至2017年底,专利复审委员会已在广东、江苏、四川、山东、辽宁等10个省(区、市)建设了11个巡回审理庭。2017年,选择四川巡回审理庭推广建设全网管理平台。

(6)复审和无效请求电子请求率。

当事人通过复审和无效宣告电子请求系统提交复审无效请求的比率不断提高。据统计,2017年全国复审电子请求率为86.00%,无效电子请求率为32.98%。该系统方便了当事人,有效缩短了立案周期。

第四章　信息化和文献

1. 信息化

发布《国家知识产权局信息化"十三五"规划》。加快推进知识产权保护中心和快速维权中心信息化建设。稳步实施"新一代地方专利信息服务中心检索及分析系统"试点工作,增强专利信息公共服务能力。

(1)信息化建设。

优化核心系统,探索大数据、人工智能等新技术在专利审查业务中的应用,助力专利质量提升。中国专利电子审批系统对基础环境升级改造,全面提升对审查业务的支撑能力;优化公告流程,公布公告增加至每周两次;为审查员提供申请案件的外部反馈信息。专利检索与服务系统完成标准化格式数据应用和系统数据补充等检索基础数据优化工作,新增自动检索功能和发明检索信息自动记录功能,进一步提升系统的检索效率和检索报告质量。中国专利受理及初步审查系统稳定运行,不断提高智能审查的准确性、自动审查比例和审查效率。中国外观设计专利智能检索系统三期升级图像检索引擎,有效提升图像检索水平。

中国PCT申请国际阶段审查和流程管理系统提升了与国际局之间传输数据的质量,提高了PCT国际阶段流程处理的效率和准确性。

做好信息化支撑工作。对相关业务系统进行改造,实现对于2017年7月1日起执行国家新的专利收费标准的系统支持。按照《国务院关于加快推进"互联网+政务服务"工作的指导意见》要求,启动政务信息系统整合工作,完成全面调研及分析工作和整合初步方案设计。推进监测预警和应急通报体系建设,建成覆盖全局网站和对外服务系统的安全监测服务,提升网络安全事件应急响应和处置能力,国家知识产权局荣获2017年度国家网络与信息安全信息通报工作先进单位。修订知识产权行业标准《核苷酸和/或氨基酸序列表和序列表电子文件标准》(ZC 0003—2001)。

(2)专利信息公共服务。

多措并举,提升专利信息公共服务能力。建立国家知识产权局专利信息服务(区域)中心中期汇报机制,推动国家知识产权局专利信息服务(区域)中心服务深入开展。稳步实施"新一代地方专利信息服务中心检索及分析系统"试点工作。于6月在成都举办系统培训班,在15个试点中心完成系统部署,推进地方中心服务能力升级。专利数据服务试验系统稳定运行,持续推进专利数据资源开放共享。完善中国及多国审查信息查询系统,于5月面向公众开放案卷信息订阅提醒服务,依法及时公开专利审查过程信息。

贯通系统流程,创新实现保护中心业务。完成相关系统改造,保障知识产权保护中心审查政策落实到位,全流程实现各项加快业务。同时，优化已有外观设计申请加快审查业务的信息化流程，提高外观快速维权案件审查和授权效率，扩展各快速维权中心受理地域。

2. 文献

(1)文献资源。

2017年，共配置各类文献资源162种，其中专利资源9种，非专利资源153种，为专利审查、专利信息公共服务、宏观管理及相关研究等工作提供了基础保障；继续保持与34个国家(地区)或组织专利文献双边交换关系，向7个PCT国际检索与初审单位提供/赠予中国专利文献。截至2017年底，累计拥有539种专利文献资源，包括著录项目191种、全文图像166种、全文文本83种、专题数据18种、辅助检索72种、其他类20种。著录项目覆盖104个国家(地区)或组织，全文图像覆盖103个国家(地区)或组织，全文文本覆盖36个国家(地区)或组织。目前，国家知识产权局专利文献总量超过1.13亿件。数据加工和分类质检工作通过ISO9001质量管理体系监督审核。

(2)文献服务。

围绕审查工作需求持续优质高效开展文献提取与咨询服务。开展面向审查的知识化服务，向审查部门推送绿色化学、新能源化学、智能制造、能源互联网相关技术信息。编撰发布《STN检索案例》，促进了STN平台的深层次研究与利用。组织各类非专利数据库培训19次，累计培训2400余人次。

深化"互联网＋专利文献"服务模式，建立大窗口服务格局。利用政府网站、"专利文献众享"微信公众号、微信群、电子邮件等推送专利文献相关知识、资讯，在线提供咨询、文献传递等服务。围绕专利质量提升、知识产权运营和保护、大学生创业就业等19个专题举办公益讲座79期、知识产权高层讲堂5期、中小学教育课堂2期，讲座举办期数是2016年的2倍。培训社会公众2.9854万人次，是2016年的4.5倍。利用网络课堂将参加公益讲座的省(区市)及副省级城市由2016年的38个扩大至47个。知识产权陈列馆全年接待国内外团体参观37批1502人次。

(3)文献分类与研究。

针对全部领域发明专利新申请文献同时开展CPC和IPC分类，全年文献分类量共计303.5万件，其中发明专利申请分类量122.8万件，实用新型专利申请分类量152.3万件，IPC再分类23.8万件，CPC再分类量4.6万件。组织开展分类表翻译及更新工作，确保分类结果的有效性。推动开展专利检索及分析系统改造，实现国家知识产权局CPC分类数据向公众开放。

(4)文献出版物。

全年出版发明、实用新型和外观设计专利公报文献共310.6797万件，其中发明公布127.0363万件、发明授权42.0144万件、实用新型97.3294万件、外观设计44.2996万件。利用刊物平台推广文献研究成果，编辑出版图书《专利文献研究2017》；编辑刊发内部刊物《专利文献研究》6期、《专利文献研究》增刊4期；编译刊发《国外知识产权资讯》19期、《国外知识产权资讯专刊》6期。

(5)专利信息传播与利用。

深化对全国专利信息传播利用工作的指导。组织召开"2017年全国专利信息传播与利用工作会议"，编写并发放《全国专利信息传播利用2016》白皮书。发布并实施《2017年度全国专利信息传播利用工作计划》，实现对基地、人才等工作的重点指导和培育。建成覆盖专利局、各省级知识产权局的文献资源联合目录，涵盖41个局内部门(单位)、31个省级知识产权局的文献资源目录信息。

促进专利信息工作融入知识产权强国建设。2017年，认定专利文献服务网点120家，专利文献服务网实现全国覆盖，形成以提供专利文献支持、专利信息咨询、公共教育等基础公共服务供给的网点体系。通过特色基地培育试点以及专利文献服务网点能力培育，提升基地以及网点服务能力，项目覆盖全国 16 个省（区、市）。实施专利信息筛选及主动推送、专利信息助力创新创业、专利信息帮扶、企业专利信息能力建设 4 大类 23 个信息利用项目，覆盖山东、湖南等全国 13 个省（区、市）。

专利信息传播利用人才工作逐步充实。组织第二期专利信息实务人才评选，形成领军人才 105 人、师资人才 296 人、实务人才 941 人的三级专利信息人才梯队。实施面向全国专利信息领军人才和师资人才的专利信息人才作用发挥项目 10 项。面向青海、甘肃等 7 省（区）举办实务技能培训 7 期，夯实专利信息工作人才基础。

第五章　宣传、人才培养和学术活动

1. 宣传

2017 年，宣传工作紧密围绕国家经济社会发展大局，以宣传国家知识产权战略实施为主线，以增强全社会知识产权意识为目标，以迎接党的十九大胜利召开为重点，探索改进宣传工作的方式方法，全面展示我国知识产权事业的发展成就，知识产权大宣传工作格局逐步建立。

为迎接党的十九大胜利召开，国家知识产权局主办或参与举办展览 6 场，组织策划各类专题、专栏、专版、专刊超过 20 个，制作播出专题宣传片 10 部。各中央主流媒体刊发知识产权发展成就相关报道超百篇次，总字数近 20 万字。组织中央新闻媒体采访团赴山东、湖南等省（市）开展“知识产权 竞争未来”高价值专利主题采访活动。对全国“两会”、全国局长会、2016 年发明专利授权排行、第八届中国专利年会、第十九届中国专利奖等各项重大活动开展了专项宣传报道。联合中宣部等 23 个部门在全国范围内开展“知识产权宣传周”活动。通过举行启动仪式、召开新闻发布会、举办开放日等主题鲜明、形式多样的宣传活动，引起社会各界广泛关注。期间，组委会各成员单位单独或者多部门联合开展活动 60 余项次。全国各地宣传周活动同步启动，形成国家、省、地、县四级联动，全国一盘棋宣传局面。据不完全统计，各地区组织开展各项活动逾万项次，直接参与人数达数十万人次，全国知识产权相关新闻报道近万条，覆盖人群超亿人次。继续支持人民网建设“知识产权频道”，与中国科技网合作建设“知识产权板块”，联合《中国日报》出版《知识产权周刊》，委托《中国知识产权报》出版《知识产权双语周刊》。

健全例行新闻发布制度，围绕《“十三五”国家知识产权保护和运用规划》、2016 年国家知识产权局主要工作统计数据及有关情况等主题共举办 5 场新闻发布会。国家知识产权局政务微信公众号全年共推送 254 期 1007 条消息，公众号关注人数超过 7.8 万人。

联合教育部继续开展全国中小学知识产权教育试点示范工作，52 所学校被评定为第三批全国中小学知识产权教育试点学校，试点学校总数达到 102 所。组织举办全国中小学知识产权教育研讨培训班。首次参与主办全国青少年科技创新大赛，对试点学校进行集中展示，通过设置知识产权咨询台、举办专题讲座及图书展等使知识产权和活动深度融合。

2. 人才培养

(1)全国知识产权人才工作。

推动落实《中共中央关于深化人才发展体制机制改革的意见》《国家中长期人才发展规划纲要（2010—2020 年）》等政策文件关于知识产权工作的部署，落实国家专业技术人才知识更新工程，举办丝绸之路经济带、现代农业等知识产权高级研修班。实施《知识产权人才“十三五”规划》。紧紧围绕知识产权强国建设的任务目标，认真推动落实人才规划，成立落实人才规划工作组，制定《落实〈知识产权人才“十三五”

规划〉2017年度工作计划》。全国知识产权系统开展以急需紧缺人才为重点的培训班5000余期，培训超过50万人次。

积极推动国家知识产权智库体系建设工作。起草国家知识产权局关于加强知识产权智库体系建设的意见、中国特色知识产权新型国家智库建设方案等相关文件，开展智库调研工作，形成调研报告，举办智库相关研讨班和培训班。组织10期全国知识产权领军人才和专家库专家巡讲活动。

加强国家知识产权培训基地建设工作。启动“十三五”期间国家知识产权培训基地申报工作，2017年在深圳大学、横琴国际知识产权交易中心批复设立2家国家知识产权培训基地，截至2017年底，国家知识产权培训基地的数量增至26家。各培训基地围绕知识产权运营、专利质量提升等主题开展培训，全年共举办各类培训班300余期，培训3万余人次。举办国家知识产权培训基地研讨班。

制定实施《2017年全国知识产权人才专业能力提升培训计划》，围绕知识产权强国建设，以推动落实知识产权人才“十三五”规划、提升知识产权保护和运用水平为重点，针对知识产权国际化、知识产权运营、专利导航等紧缺人才开展培训，针对党政领导干部、企事业单位领导干部等举办知识产权强国建设主题系列宣讲培训，指导全国知识产权系统知识产权培训工作。举办全国知识产权局局长高级研修班和全国知识产权专家高级研讨班。

积极落实国家知识产权局党组“加快建设一批知识产权保护中心”重点工作要求，制定保护中心人员培训大纲和培训管理办法，高效组织完成对常州、长沙、烟台、浦东新区等保护中心人员的预审服务培训，为推进保护中心建设奠定人才基础。2017年，中国知识产权培训中心培训规模约26万人次。其中，面授培训班89期，培训人员6046人次；举办知识产权远程教育培训班615期，培训人员25.2万人次，远程分站总数达到160个，累计上线课程221门。接待来自30多个国家、地区及国际组织的外宾150余人次。世界知识产权组织远程教育中文平台开设7门课程，开展了2期WIPO远程教育中文课程，培训规模9668人次，同比增长145%，考核通过率达到79.8%。编制印发《专利信息分析专业人员能力素质指导大纲（2017年试用版）》，明确专利信息分析专业人员应当具备的知识和技能要点，按照初级、中级、高级不同水准进行分级标注。在北京、广东、重庆三地组织专利信息分析专业人员中级水平试点评测，人员规模共约300名。

（2）干部教育培训挂职工作。

2017年共选派国家知识产权局领导8人次、司局级干部29人参加调训班次的学习，20名司局级干部参加专题研修工作。继续组织司局级领导干部参加中组部中国网络干部学院在线学习。举办两期司级领导干部能力建设培训班，重点培训了党建、领导力、法律、信息化、保密等内容，全局100余名司级领导干部参加了培训。组织举办处级领导干部能力提升培训班，培训处级领导干部150名。举办处级领导干部任职培训班，培训70人次。举办处级领导干部轮训讲座，参加人数690余名。举办青年干部能力提升培训班，共培训学员234名。公务员初任培训126名。2017年共选派308名干部进行挂职交流，其中选派到中央国家机关有关单位1名，地方政府、地方知识产权局、国家实验室、专利导航区及其他单位58名；选派到湖南桑植和河北崇礼扶贫支教6名；选派到局机关、局直属单位（包括京外审查协作中心）和社会团体挂职共243名。

（3）局内人才培养工作。

印发《国家知识产权局贯彻落实〈知识产权人才“十三五”规划〉行动计划》。制定2017年实施方案，具体明确2017年相关工作的实施计划。着力推进包括专利审查人才在内的九类专门人才能力提升计划的实施方案制定和实施工作。制定并发布《国家知识产权局中高端人才发展工程实施方案(2017—2020年)》,明确中高端人才选拔、培训、使用和考核等相关工作。开展第六批高层次人才选拔工作,完成了第三批骨干人才结业考核和第五批骨干人才选拔工作。举办解读党的十九大精神、网络空间安全等中高端人才专题培训班共8期,培训总人数666人次,培训时长200学时。充分利用新媒体手段,发挥碎片化学习的"随时、随地、随身"优势,采用国家行政学院高端课程资源,引进中高端人才"云课堂",加大在线培训力度。规范培训质量评估体系,制作《培训综合质量评估表》《培训课程评估表》《参训学员总结表》,促进干部教育培训评估体系化、科学化。

着力加强管理审查业务培训统筹,推进新审查员入职培训标准统一,以"统一培训课程、统一授课师资、统一考试模式、统一颁发证书"为抓手,规范全局新审查员入职培训;全面推广"交规式"在线智能考试,客观评价入职培训质量;开展标准课程体系评估和优化工作,积极扩充SIPOLeMS在线课程资源,及时共享教研成果。继续开展审查业务培训师资库建设工作,提升教师的能力素质和业务水平。完善《国家知识产权局专利局审查业务培训局级师资认证管理办法(试行)》等相关文件及工作流程,实时更新专利局局级审查业务培训师资库。

举办涉外教师培训班,培训外派教师人选、涉外教师及从事国际合作事务人员共计30余人;举办外派国际化人才能力提升培训班,共计50余名外派国际化人才库人才参训。完善国家知识产权局外语培训体系,推进规范化、层级化、体系化、网络化的外语培训体系建设,2017年共举办22期外语培训班,累计培训450余人次。基础人才外语能力提升班共开设18个班次,培训250余人次;举办第十三期北京语言大学脱产高级外语人才培训班,培训30余人次;举办第九期高级在线英语培训班,培训100余人次;丰富外语培训考核评估的方式,首次开展2017年北京语言大学脱产培训班汇报展示活动。

修订并发布《国家知识产权局实践基地管理办法》。依托13家审查员实践基地,继续开展在岗审查员专业技术知识更新与实践培训工作、专业技术调研工作和专业技术实习工作。全年派出专业技术实践团组83个,共计400余人次。审批派出50个团组参加学术会议,共计近4000人次参加102个学术讲座,进一步加强审查员专业技术更新工作。推进企业专利实务教学研究工作,新开发"专利权价值评估基础""专利侵权判定与规避"等5门课程。赴成都实践基地开展调研工作,把握实践基地和企业切实需求;组织协调阿里巴巴、腾讯、北汽新能源等5次实践团组进驻启动会活动;赴深圳、成都等实践基地开展3次实践基地宣讲及专利实务课程试讲工作。

(4)涉外培训工作。

全年共选派60余人赴美国马歇尔法学院、卡多佐法学院、乔治·华盛顿大学、英国玛丽女王学院、西班牙阿利坎特大学等院校参加中长期出国培训和英国志奋领等各类奖学金项目,选派50人赴德国、韩国参加短期出国培训项目。邀请外国专家来局培训交流,共计110名审查员参训。组织国家知识产权局审查员63人次参加欧洲专利学院、欧盟专利局共计21门在线课程学习。

开发"中国知识产权保护体系"等3门新的涉外培训课程,修订"国家知识产权局专利局人力资源体系介绍"涉外培训课程。举办国际培训班及研讨会约40期,参加人数2500余人次。邀请外教来华授课27人次。选派5人赴埃塞俄比亚、沙特及海合会等国家和地区知识产权机构开展培训授课。

3. 学术活动

组织完成2017年度7项重大专项课题、14项一般课题和8项专利分析普及推广项目课题，内容涉及专利审查绩效提升研究、关键领域审查标准及政策研究、智能制造、波浪发电等重点产业专利分析等方面，形成一批有价值、有影响的研究成果。组织举办7场技术素养提升集中培训活动，2期中国专利学术论坛，40场技术说明会，稳步提升审查员技术素养。

组织举办10期专利分析方法培训班和10场专利分析成果宣讲会，有效传播专利信息利用方法和成果。编辑印发《审查业务通讯》12期，《学术观察》9期，出版《产业专利分析报告》系列丛书第49册至第64册。

组织国外知识产权制度环境系列研究，增加知识产权公共产品和公共服务供给。开展中东地区（伊朗、伊拉克等7国）、澳大利亚等国家知识产权制度环境研究。完成巴基斯坦、以色列知识产权制度环境研究报告及美国、韩国、南非等7份知识产权制度环境报告更新。

第六章　港澳台交流活动

2017年，按照中央涉港澳和对台工作大政方针和基本政策，积极稳妥开展港澳台交流合作。

1. 与我国港澳地区的交流

全面贯彻“一国两制”方针，支持港澳融入知识产权强国建设大局。充分支持特区知识产权部门需求，积极推进内地与香港特区、澳门特区知识产权交流。通过组织人员往来、联合举办研讨交流活动等形式，深入务实开展涉港澳知识产权工作。

2017年6月，与香港特区政府商务及经济发展局签署《关于加强知识产权领域的合作安排》，加强在法律制度交流、宣传教育、人员培训、文献、自动化和知识产权贸易等方面的合作。2017年9月，分别完成内地与香港特区、内地与澳门特区《CEPA经济技术协议》和《CEPA投资协议》知识产权章节的商讨工作，并派员赴特区宣讲。10月，何志敏副局长率团赴香港特区参加由国家知识产权局港澳台办公室、香港特区知识产权署和澳门特区经济局共同主办的“2017年内地与香港特区、澳门特区知识产权研讨会”，来自内地与港澳知识产权界的近300名代表参加了会议。会议围绕“内地与香港特区、澳门特区的知识产权领域的最新发展”“大学科研成果转化的挑战”和“企业创新发展的策略”等主题进行深入交流和研讨。11月，派员赴香港特区知识产权署，就内地与香港特区专利制度更好衔接进行业务交流。12月，贺化副局长率团赴香港特区参加第七届亚洲知识产权营商论坛。审查协作广东中心积极参与粤港、粤澳知识产权框架下合作，为香港特区知识产权署提供审查培训。继续为澳门特区经济局提供专利实质审查，就签署内地与澳门特区新的知识产权领域合作文件保持密切沟通。

2. 与台湾地区的交流

稳步落实《海峡两岸知识产权保护合作协议》，以知识产权交流促进两岸经济社会发展，有效维护两岸同胞的知识产权权益。

2017年9月，在成都主办两岸专利论坛，为两岸专利界和产业界人士提供良好的交流互动平台，增进两岸知识产权领域民间交流。12月，台湾地区知识产权主管机构人员到审查协作江苏中心进行业务交流。

第七章　国际合作

2017年，继续全方位深化对外知识产权交流合作，在国际及地区知识产权事务中发挥了重要的建设性作用。全年共签订知识产权多双边合作协议、联合声明、谅解备忘录、会议纪要、工作计划等52份，组织出访团组150个、560人次。主办国际会议18次，参会人数超过2000人次。通过主办涉外培训班、开展知识产权学位教育和外派讲师等形式，为20多个国家（地区）的知识产权领域人员提供培训。

1. 参加政府间机制性对话和磋商谈判

继续深度参与中美两国政府间对话机制，积极参加中欧知识产权对话、中英及中法经济财金对话政策成果磋商、中意政府间委员会，以及中欧、中瑞（士）知识产权工作组会议等。积极参加中日韩自贸区以及区域全面经济伙伴关系协定（RCEP）、中国—格鲁吉亚自贸区协定，以及中国—欧亚经济联盟经贸合作协议中有关知识产权章节的谈判。

2. 与世界知识产权组织（WIPO）的合作

（1）参与世界知识产权组织平台国际规则制定。

牵头组织协调有关部门参加 WIPO 框架下及国际植物新品种保护联盟（UPOV）等国际组织的各类会议，包括发展与知识产权委员会（CDIP），专利合作条约（PCT），商标、工业品外观设计和地理标志法律常设委员会（SCT），知识产权与遗传资源、传统知识和民间文学艺术政府间委员会（IGC）等会议。积极参与知识产权国际规则的磋商谈判，切实维护国家利益。10 月，申长雨局长率中国政府代表团出席 WIPO 第 57 届成员国大会系列会议。继续当选 WIPO 计划和预算委员会、协调委员会和巴黎联盟执行委员会国家成员。申长雨局长等 10 名我国候选人当选 10 个 WIPO 条约管理机构副主席。

（2）深化与 WIPO 双边合作。

进一步深化与 WIPO 合作，充分利用 WIPO 资源服务国内发展。3 月，在博鳌亚洲论坛年会期间，与 WIPO 联合举办知识产权研讨会，首次将知识产权议题纳入论坛议程。5 月，在“一带一路”国际合作高峰论坛期间，签署了《中华人民共和国政府与世界知识产权组织加强“一带一路”知识产权合作协议》，该协议是中国政府与有关国际组织签署的 9 份“一带一路”合作文件之一，纳入论坛成果清单。与 WIPO 签署数据交换、人员交流和 PCT 国际单位指定延长方面的合作协议，派出首批初级专业官员赴 WIPO 工作。与 WIPO 合作举办 PCT 和海牙协定相关巡回研讨会。与 WIPO 在仲裁调解领域加强合作，合作举办研讨会。在 WIPO 支持下，开展面向发展中国家及“一带一路”沿线国家知识产权能力建设活动，主办 2017 年“一带一路”国家专利审查培训班、“一带一路”知识产权硕士项目、中非知识产权制度与政策高级研讨会等活动。启动 WIPO 技术创新支持中心建设工作。支持 WIPO 中国办事处在华开展工作。

3. 多边合作

（1）中美欧日韩发明五局（IP5）和外观设计五局（ID5）合作。

积极推动五局合作继续沿着“为用户和公众提供更好服务”的方向发展。全年共讨论议题 400 多项，推动形成会议记录或行动点文件 20 多份，形成记录或行动点 1000 余条。3 月，何志敏副局长赴德国慕尼黑参加第十七次中美欧日韩发明五局合作副局长会议。5 月，申长雨局长率团出席在马耳他瓦莱塔举办的第十次发明五局局长会议，推动签署《2017 年发明五局合作联合声明》。5 月，何志敏副局长赴马耳他瓦莱塔参加第十八次中美欧日韩发明五局合作副局长会议，并赴沙特访问海湾阿拉伯国家合作委员会（GCC）专利局。12 月，派员参加第三次工业品外观设计五局合作年度会议，通过《工业品外观设计五局合作运行指南》。主办发明五局和工业品外观设计五局合作产业界推介会，提高企业和权利人对五局合作成果的利用和对知识产权国际规则的了解，帮助企业在“走出去”过程中更加便捷和高效地进行专利布局。

（2）金砖国家知识产权合作。

形成以金砖国家知识产权局局长会议为决策引领，以协调小组会议和审查员交流会为支撑，以金砖国家知识产权合作路线图确定的人员培训、信息服务等六大领域为重点内容的合作机制。4 月，申长雨局长赴印度新德里参加第八届金砖国家知识产权局长会议。9月，在金砖国家领导人第九次会晤期间，推动将“加强与金砖国家知识产权管理部门合作活动相协调的知识产权合作”写入《金砖国家领导人厦门峰会宣言》，进一步凸显了知识产权务实合作在金砖国家合作发展中的作用。10月，在日内瓦主办第九届金砖国家知识产权局局长会议和第四届金砖国家协调小组会。

(3)中国—东盟知识产权合作。

与东盟国家知识产权合作进一步加强，中国—东盟传统医药数据库建设等项目稳步推进。7月，在北京主办中国—东盟知识产权管理与运用研讨会，促进中国与东盟各国对彼此知识产权制度和最佳实践的相互了解。9月，在苏州主办第八届中国—东盟知识产权局局长会议，审议通过《2017～2018年中国—东盟知识产权合作工作计划》。其间，主办中国—东盟知识产权圆桌会，建立了中国—东盟知识产权工作组会议机制。

(4)中日韩三局合作。

主动引导中日韩合作，提出并达成新的三边合作方案，为中日韩合作注入新动力。11月，在杭州举行第二十三次中韩知识产权局局长会议和第二十四次中日知识产权局局长会议，并分别签署会议纪要及相关合作文件。12月，申长雨局长赴韩国济州出席第十七次中日韩知识产权局局长会议，并签署三局局长会议会谈纪要。

(5)中蒙俄合作。

与蒙古和俄罗斯在知识产权领域继续保持友好合作，不断深化合作机制，探索新的合作领域，持续提升区域知识产权环境。9月，申长雨局长率团赴俄罗斯符拉迪沃斯托克出席第五届中蒙俄知识产权研讨会。研讨会期间，举行三国知识产权局局长会议，就下一阶段合作开展进行深入探讨。

4. 双边合作

(1)与欧洲专利局(EPO)的合作。

进一步深化与EPO合作，将两局关系提升为全面战略伙伴关系。11月，王勇国务委员会见来访的EPO局长伯努瓦·巴蒂斯泰利。在郑州举行中欧两局第十一次局长会议，签署两局全面战略伙伴关系协议和两局年度工作计划。主办欧洲单一专利制度巡回研讨会、中欧产业界圆桌会等研讨交流活动，帮助中国企业更好地了解和利用中欧专利制度。与EPO签署关于数据交换和EPOQUE Net的合作协议，围绕审查业务、数据交换、EPOQUE Net系统、联合专利分类、能力建设等开展近百项合作活动。

(2)与欧盟知识产权局(EUIPO)的合作。

稳步推进与欧盟知识产权局合作，进一步提升两局战略互信和务实合作水平。4月，贺化副局长访问EUIPO，就外观设计和知识产权执法等进行交流，签署两局年度工作计划。9月，申长雨局长率团首次正式访问EUIPO，签署两局升级版合作谅解备忘录。与EUIPO签署知识产权信息交换协议。

(3)与欧亚专利局(EAPO)的合作。

举行高层会谈并签署专利审查高速路协议和数据交换协议。派员赴俄罗斯为EAPO及其成员国审查员授课并参与相关培训交流。

(4)与美国的交流与合作。

深度参与中美两国政府间对话与谈判，全面介绍中国在加强知识产权保护和运用及促进创新和经济发展方面所做的工作。加强与美国专利商标局的交流沟通，积极推动双方高层交流，务实推进两局业务合作。

(5)与欧盟及欧洲国家的交流与合作。

继续积极参加中欧知识产权对话、中欧知识产权工作组会议以及中欧法律交流等活动，加强与中欧知识产权合作项目(IP—KEY)的合作。持续深化与欧洲各国知识产权机构的友好合作关系。1月，习近平主席在访问瑞士期间见证国家知识产权局与瑞士联邦知识产权局合作文件的签署。3 月，国家知识产权局专利局徐聪副局长率团访问丹麦专利商标局、波兰专利局、欧洲专利局海牙分局。4 月，何志敏副局长率团访问立陶宛和拉脱维亚并分别举行中国专利制度报告会，与立陶宛专利局签署合作谅解备忘录。4 月，贺化副局长访问欧盟知识产权局，签署两局 2017 年双边工作计划。6 月，申长雨局长率团访问法国工业产权局和捷克工业产权局，签署中法专利混合委员会第三十次会议纪要和中捷 PPH 联合意向声明。9 月，申长雨局长率团访问芬兰专利注册局，签署两局更新版合作谅解备忘录；在参加 WIPO 成员国大会期间，申长雨局长会见英国知识产权局局长并与拉脱维亚专利局局长签署两局合作谅解备忘录。9 月，甘绍宁副局长率团参加中英知识产权研讨会，并赴美国、德国进行工作访问，就人才培养进行交流。11 月，国家知识产权局专利局徐治江副局长访问保加利亚专利局和瑞典专利注册局。国家知识产权局领导在华会见英国、瑞士、波兰、捷克、匈牙利、丹麦等国知识产权机构负责人。拓展与挪威、希腊、爱尔兰和乌克兰等国知识产权机构的双边合作关系。不断巩固和完善对欧合作布局。在华主办中瑞(士)副局长会议及产业界圆桌会、中国一维斯格拉德集团知识产权联合研讨会、中德专利制度报告会、欧洲单一专利制度巡回研讨会、中欧局长产业界圆桌会等合作活动，为中欧创新者和用户提供更好的知识产权服务。成功主办首届实用新型制度国际研讨会，交流并分享各国实用新型制度相关经验。

(6)与周边及亚洲国家的交流与合作。

与周边及亚洲国家高层交往更加密切，同地区各主要国家知识产权机构的友好合作关系继续向前发展。2 月，张高丽副总理见证中国国家知识产权局与新加坡知识产权局和广东省人民政府推进中新广州知识城知识产权改革试验三方合作框架协议的签署。3 月，刘延东副总理见证中国国家知识产权局与以色列司法部合作谅解备忘录的签署。8 月，习近平主席见证中国与塔吉克斯坦两国政府间知识产权合作协议的签署。9 月，国务委员王勇会见柬埔寨国务大臣。中国国家知识产权局与柬埔寨王国工业及手工业部签署关于知识产权合作谅解备忘录，明确经中国国家知识产权局授权且维持有效的发明专利，可直接在柬埔寨登记生效并获得保护。11 月，李克强总理见证中国国家知识产权局与菲律宾知识产权局合作谅解备忘录的签署。积极发展与周边国家知识产权机构交往，通过高层互访和务实合作等形式开展睦邻友好合作。3 月，何志敏副局长赴孟加拉国和巴基斯坦进行工作访问，并签署相关合作文件。7 月，何志敏副局长赴亚美尼亚和格鲁吉亚访问，签署中亚两局合作谅解备忘录和中格两局工作计划。8 月，何志敏副局长赴蒙古进行工作访问，签署相关合作文件。10 月，廖涛副局长赴泰国、越南和日本进行工作访问，签署相关合作文件。国家知识产权局领导会见柬埔寨、以色列、新加坡、塔吉克斯坦、蒙古、日本、韩国等国知识产权机构负责人。与巴基斯坦和海湾合作委员会(GCC)专利局合作关系升级，与新加坡、马来西亚、老挝、格鲁吉亚等国知识产权局的合作更加巩固，开拓与哈萨克斯坦、亚美尼亚、菲律宾知识产权机构的合作关系，进一步巩固并完善周边知识产权合作布局。

(7)与非洲国家的交流与合作。

与非洲地区知识产权组织(ARIPO)签署合作协议，成为该组织首个 PPH 合作伙伴局。4 月，申长雨局长访问摩洛哥和非洲知识产权组织(OAPI)，与摩洛哥签署专利审查共享合作协议和双边合作工作计划，与 OAPI 签署双边合作工作计划。7 月，在 WIPO 支持下，在广州主办中非知识产权制度与政策高级研讨会，与非洲国家就制度政策、数据信息、国际事务协调等议题展开交流，来自WIPO、ARIPO成员国、安哥拉、埃及和埃塞俄比亚等国知识产权机构的局长或高级代表50余人参加研讨。

(8)与拉丁美洲国家的交流与合作。

保持与相关国家知识产权机构的经常性对话，不断拓展各领域务实合作，深度挖掘合作潜力。4月，国家知识产权局党组成员肖兴威访问巴西和墨西哥，签署中墨两局2017～2018年合作工作计划，并就加快中国—巴西专利审查高速路合作试点开展磋商。6月，张茂于副局长访问阿根廷和智利，分别签署数据交换谅解备忘录和专利审查高速路试点谅解备忘录。11月，在华主办中巴(西)两局局长会，签署两局合作谅解备忘录，启动两局专利审查高速路合作试点。12月，在武汉为巴西、墨西哥，智利、秘鲁和厄瓜多尔等拉美国家举办知识产权培训班，进一步扩大与拉美地区知识产权机构的合作。

(9)与大洋洲国家的交流与合作。

3月，李克强总理在访问澳大利亚、新西兰期间，分别见证国家知识产权局与澳大利亚知识产权局合作谅解备忘录，以及国家知识产权局与新西兰知识产权局合作安排的签署。12月，申长雨局长访问澳大利亚、新西兰，与澳大利亚签署两局2018～2019年工作计划，与新西兰联合主办知识产权圆桌会。

5.“一带一路”知识产权交流合作

积极争取各方资源，扎实推进《加强“一带一路”国家知识产权领域合作共同倡议》各项成果的落实。5月，在“一带一路”国际合作高峰论坛期间，与WIPO签署《中华人民共和国政府与世界知识产权组织加强“一带一路”知识产权合作协议》，围绕“一带一路”建设开展全面深入合作，促进“一带一路”沿线国家和地区知识产权发展。面向“一带一路”国家的专利审查合作进展顺利，国内申请人“一带一路”沿线同族申请的集中审查和“一带一路”知识产权网站建设工作正式启动，云专利审查系统推广和专利审查高速路拓展的步伐明显加快。“一带一路”专利审查培训班、知识产权硕士项目和外派讲师人才队伍建设等工作稳步推进。

6. 面向发展中国家的培训援助

积极探索创新面向发展中国家培训援助方式，为发展中国家提供知识产权培训，帮助发展中国家在经济发展中运用知识产权制度，共同促进知识产权国际规则的完善与发展。11月，举办亚洲地区知识产权研讨班。分别向沙特、海湾阿拉伯国家委员会专利局和埃塞俄比亚派遣援外讲师授课。

7. 审查业务合作

不断拓展专利审查高速路对外合作网络，正式启动中国—埃及专利审查高速路试点，与捷克、智利、欧亚专利局、非洲地区知识产权组织和巴西的PPH合作协议顺利签署。《共同的PPH请求表》使用局增至19个。积极扩展云专利审查系统国际用户，稳步推进WIPO、五局合作和各双边平台下的审查业务合作，全面推进国际型审查人才培养。

8. 信息化合作

与26个国家、地区和组织广泛开展数据交换工作。与21个国家、地区和组织(其中有9个是首次开展信息化交流合作，6个为“一带一路”国家)深入开展双边多边交流合作。推进局牵头的IP5全球案卷法律状态项目与ID5优先权交换项目。巩固与欧洲专利局战略合作伙伴关系。云专利审查系统正式用户扩大至3家(新增秘鲁、沙特)，试用用户39家(新增11家)。专利检索及分析系统为23个国家和地区(新增5家)开通高级用户账号。

9. 专利文献合作

2017年，推动15项分类修订提案接受世界知识产权组织审议，8项获得通过，提案数量和获准数量均位居世界各局之首。积极参与发明五局合作，就新兴技术领域分类表发展事宜与各局进行深入探讨，推动图像数据和引文数据正式纳入五局专利信息政策适用范围，定期发布中国专利文献权威文档。

10. 与知识产权业界和相关机构的交流

保持与全球知识产权业界和产业界的密切沟通。年内，局领导会见了来访的美国全国商会、中国美国商会、日本贸易振兴机构、国际知识产权保护协会、丹麦企业律师代表团、德国机械工业协会、阿斯利康公司和博世集团等行业协会和企业。

（国家知识产权局办公室）

集成电路布图设计登记申请

2017 年，共收到集成电路布图设计登记申请 3228 件，予以公告并发出证书 2670 件。自 2001 年 10 月 1 日《集成电路布图设计保护条例》实施以来，共收到集成电路布图设计登记申请 1.8763 万件，予以登记公告并发出证书共计 1.6713 万件。

（国家知识产权局办公室）

商标工作

2017 年，全国工商和市场监管部门以习近平新时代中国特色社会主义思想为指引，认真贯彻落实党的十九大提出的“强化知识产权创造、保护、运用”要求，统筹推进“五位一体”总体布局和协调推进“四个全面”战略布局，坚持创新、协调、绿色、开放、共享的发展理念，进一步理顺政府、企业和市场的关系，立足职能，优化服务，以深化商事制度改革为契机，以商标注册便利化改革为突破口，以商标品牌有效运用和依法保护为重点，以提升中国品牌竞争力为目标，创新商标品牌战略实施工作理念和举措，着力构建企业自主、市场主导、政府推动、行业促进和社会参与的实施商标品牌战略工作格局，推动实现中国产品向中国品牌转变，促进经济社会持续发展。

一、商标注册便利化改革纵深推进

为充分发挥品牌引领经济发展的重要作用，进一步提高商标审查质量和审查效率，创造良好营商环境，工商总局印发了《关于深化商标注册便利化改革 切实提高商标注册效率的意见》，对进一步深化商标注册便利化改革做了全面部署，一年来各项改革措施有效推进、亮点纷呈。一是拓展申请渠道，为申请人提供更大便利。截至 2017 年底，已在全国批准设立地方商标受理窗口 120 个、商标专用权质权登记申请受理点 49 个，覆盖 29 个省（区、市）的工商和市场监管部门。商标网上申请业务扩大至 23 项，商标业务规费降低 50%，有效降低了企业经营成本。二是简化申请手续，优化工作流程。简化国内国际商标注册申请手续，公布可接受商品项目名称及商标形式审查标准，优化工作流程，国内商标注册申请受理通知书发放时间由 6 个月缩短到 3 个月以内。改进商标注册证发文方式和内容版式，向商标注册申请人直接寄发商标注册证。完善异议审查和管理机制，出台审限管理规定，异议工作效能有效提升。三是改革审查体制机制，提升审查效率。理顺京外商标审查协作中心关系，加快建设进度，上海、重庆商标审查协作中心挂牌运行。加强对各审协中心的业务指导和质量管理，提前实现了将商标注册审查周期从法定 9 个月缩短到 8 个月的目标。四是推进商标注册全程电子化，改善用户体验。商标注册网上申请、网上查询、网上公告、网上缴费全面实现。新版商标网上查询高效便捷，商标数据库已向全系统开放。2017年11月6日，新版商标电子公告系统正式上线运行，将商标初审公告排版等待周期由一个半月压缩至一周，实现商标公告复刊后数据全覆盖，可查询到自1980年第1期商标公告起的全部商标公告信息。商标审查审限管理功能模块成功运行，图形检索智能化取得实质性进展。商标档案电子化改革顺利推进，电子发文实现当日生成当日送达，有效缓解了纸质文件打印寄发压力。

随着商标注册便利化改革的深入推进，我国市场主体商标品牌意识日益增强，商标注册申请量持续快速增长。2017年，我国商标注册申请量为574.83万件，同比增长55.72%，网上申请489.7万件，占申请总量的85%。与此同时，我国企业商标品牌价值不断增长，品牌引领经济发展作用更加凸显。目前中国已经成为全球品牌价值提升最快的国家，据有关品牌评价机构统计，过去12年中国品牌价值增长了937%，已经占全球品牌百强总价值的11%。

二、商标专用权保护力度不断加大

2017年，全国工商和市场监管系统共查处各类商标违法案件3.01万件，涉案金额3.65亿元，罚没金额4.7亿元。工商总局商标局着力推动商标工作重点向注册确权与保护维权并重转变，以打击侵权假冒、遏制恶意抢注为落脚点，以推进关口前移、加强两法衔接、部署“溯源”行动为着力点，商标专用权保护工作取得显著成效。一是重拳出击，严厉打击侵权假冒行为。在全国工商和市场监管部门部署开展打击商标侵权“溯源”专项行动，以驰名商标、地理标志、涉外商标、老字号商标为重点，加大对商标侵权案件源头追溯力度。召开全国工商和市场监管部门商标行政执法工作座谈会，推广“北京经验”，全面提升监管执法水平。二是多管齐下，遏制恶意注册成效显著。面对商标恶意注册行为日趋规模化、专业化的新趋势，推进关口前移，在审查、异议环节，对认定具有明显主观恶意的商标申请，采取提前审查、并案集中审查和从严适用法律等措施，坚决遏制违反诚实信用原则的恶意注册行为。在中国商标网发布一批打击大规模恶意抢注商标行为的典型案件，形成震慑效应。三是协调联动，凝聚商标行政执法合力。加强行政执法与刑事司法的两法衔接，加强对地方商标行政执法工作的指导，强化对重点案件办理的组织协调，推动商标监管执法跨部门、跨区域协作，查处了侵犯“一得阁”“老凤祥”“公牛”“三环”“六国”“洛川苹果”注册商标专用权等一批跨区域、社会公众反映强烈的商标侵权案件，有力地打击了侵犯商标专用权的违法行为。四是加强监管，规范代理市场秩序。发布工商总局商标局备案的商标代理机构名单，实现商标代理机构备案及变更的电子化。强化商标代理机构的属地监管，对于社会反映强烈、投诉较为集中的商标代理机构涉嫌违法线索，及时汇总转交涉案地工商和市场监管部门调查处理。

三、商标品牌运用水平有效提升

一是权责归位，推动取消著名商标、知名商标行政认定。停止著名、知名商标行政认定工作，召开关于取消著名商标行政认定工作的座谈会，出台《工商总局关于做好著名商标行政认定规范性文件清理工作的通知》，推动通过法定程序取消著名商标行政认定。规范驰名商标认定，使驰名商标保护回归立法本意。二是创新引领，加快构建商标品牌培育服务体系。先后与广西、上海、重庆签署合作框架协议，推动各省市建设商标品牌创新创业基地，积极推进产业区域品牌建设，带动商标密集型产业集聚区、商标品牌服务业集聚区等区域经济的发展。中华商标协会成功举办中国国际商标品牌节，有效增强公众商标品牌意识，推动商标品牌战略实施。三是精准发力，加快推进区域品牌建设。利用集体商标、证明商标带动培育产业区域品牌，运用地理标志商标实施精准扶贫。畅通地理标志商标注册“绿色通道”，推广地理标志精准扶贫“宁德经验”“淮安经验”，扎实做好商标富农工作。截至 2017 年底，我国已注册地理标志商标达 3906 件。四是放眼国际，加快开拓品牌发展国际空间。大力加强商标国际注册工作，推广马德里商标国际注册“东营经验”“青岛经验”，引导企业在实施“走出去”战略中商标先行。2017 年，我国申请人提交马德里商标国际注册申请 4810 件，同比增长 59.6%，在马德里联盟中排名第三。加强商标领域国际交流与合作，与世界知识产权组织联合举办世界地理标志大会和中国商标金奖颁奖活动。积极构建企业商标海外维权协调机制，协调解决一大批海外抢注商标问题。五是加强研究，完善商标品牌价值评价机制。支持中华商标协会等行业组织加强商标品牌理论研究，制定品牌价值评价标准，建立中国商标品牌价值评价数据库。2017 年，中国商标品牌研究院发布了《2016 沪深上市公司商标品牌价值排行榜》，为国内商标品牌价值研究提供了先行先试的宝贵经验。

（国家知识产权局商标局综合处）

反垄断与反不正当竞争工作

2017 年，全国竞争执法系统按照“放管服”改革要求，加大监管执法力度，积极开展反不正当竞争执法工作，为维护公平竞争的市场秩序做出了积极贡献。

一、反不正当竞争行政执法工作

2017 年，反垄断与反不正当竞争执法局（以下简称竞争执法局）深入贯彻落实党的十八届历次全会、十九大会议精神要求，准确把握加强事中事后监管执法新要求，继续关注民生领域和社会反映的热点问题，强化反不正当竞争执法，全力做好反不正当竞争各项工作，努力营造公平竞争的市场环境。2017 年，全国工商和市场监管部门共查处各类不正当竞争案件 24 601 件，罚没金额 7.8 亿元。其中，共查处仿冒混淆案件 5793 件，罚没金额 6656 万元，侵犯商业秘密案件 46 件，罚没金额 147 万元，依法保护知识产权，鼓励促进创新发展；共查处商业贿赂案件 970 件，罚没金额 2.1 亿元，净化了市场环境；共查处限制竞争案件 862 件，罚没金额 1.9 亿元，积极解决民生热点问题；共查处虚假宣传案件13 380 件，罚没金额 2.1 亿元，维护公平的竞争秩序。

（1）多措并举，加大反不正当竞争工作力度。

加大对重大案件的统一部署和全国范围的协调推进，积极开展对涉及多地或多部法律适用的重大仿冒侵权不正当竞争案件的统一部署。先后在北京、云南、江苏等地召开专题会议，就“云天化”“蚂蚁金服”“新平衡”“劲牌”“维维”等重大仿冒不正当竞争案件进行集中研讨和部署。在“云天化”案中，全国工商和市场监管部门查处了包括云南、辽宁、黑龙江、山东、河南、河北、甘肃、湖北等地在内的化肥侵权案件 30 多起，查扣假肥 30 多批次 3000 多吨，案值 1000 多万元，进一步规范了市场竞争秩序，保护了经营者和消费者的合法权益。同时，关注民生热点，加强对医药领域不正当竞争行为整治。向全系统下发《关于进一步加强医药领域不正当竞争案件查处工作的通知》，对全系统执法工作提出了具体的工作意见和要求，进一步统一商业贿赂的认定标准和尺度，坚决查处商业贿赂行为，做到不枉不纵，杜绝畸轻畸重，维护市场竞争秩序。

(2)继续深入开展公用企业专项整治工作。

2017年,为进一步规范公用企业经营行为,营造公平竞争的市场经济环境,国家工商总局在全国继续开展集中整治公用企业限制竞争和垄断行为专项执法行动。向全系统下发了《工商总局关于进一步推进整治公用企业限制竞争和垄断行为突出问题的通知》,重点查处公用企业滥收费用、强制交易、附加不合理条件等限制竞争行为,维护公平竞争的市场环境。全国各级工商和市场监管部门高度重视,在总结2016年工作的基础上,以执法办案为抓手,突出重点领域,实施精准打击,取得良好的社会效果。2016年专项行动开展以来,共查处限制竞争案件1447件,罚没金额3.55亿元,退赔多收费用及减少消费者经营者损失7.15亿元。其中,2017年共查处限制竞争案件862件,罚没金额1.88亿元,退赔多收费用及减少消费者经营者损失2.45亿元,并建议地方和有关部门取消一些公交、供电、供水、供气等行业涉嫌妨害公平竞争的政策、规定。竞争执法局开展行政指导工作,接待了国家电网公司、燃气协会、公交一卡通公司等单位来访,就专项整治中发现的问题、整改建议等进行沟通。

二、配合推动《反不正当竞争法》修订工作完成并进行宣传贯彻

2017年,国家工商行政管理总局三次派员参加《反不正当竞争法》修订草案全国人大审议,组织准备审议发言材料,就修法过程中争议较大的重难点问题,组织征求专家学者、地方执法人员意见,积极与立法部门沟通,提出修法建议,推进条文修改完善。其中,《反不正当竞争法》修订草案于2017年2月22日首次提交全国人大常委会审议,修订草案送审稿一是进一步界定不正当竞争行为,针对新业态和新的商业模式,根据治理商业贿赂、保护商业秘密和适应互联网领域反不正当竞争的需要,补充完善了相关规定。二是理顺与相关法律制度的关系,与《反垄断法》等法律进行了衔接处理。三是明确了民事赔偿责任优先的原则,加大了行政处罚力度,增加了违法行为人的信用惩戒。2017年8月28日,全国人大常委会对《反不正当竞争法》修订草案进行了第二次审议,并于9月初公布了二次审议稿,审议稿细化了商业贿赂条款、进一步明确侵犯商业秘密的规定、增加法定赔偿额,同时删掉了对公用企业不正当竞争行为的禁止性规定。十二届全国人大常委会第三十次会议于2017年10月31日下午对《反不正当竞争法(修订草案三次审议稿)》进行了分组审议,全国人大法律委员会于11月2日上午召开会议研究了常委会组成人员的审议意见,对混淆、商业秘密等条款进行了修改。

经多方努力,2017年11月4日,《中华人民共和国反不正当竞争法(修订草案)》经十二届全国人大常委会第三十次会议审议通过,并于2018年1月1日起正式施行。

新《反不正当竞争法》立足于我国经济社会发展实际,以建设统一开放、竞争有序的市场体系为目标,针对市场经济发展中出现的新情况新问题,对现行反不正当竞争法律制度进行了完善,有利于完善中国特色社会主义法律体系,必将进一步鼓励公平竞争,促进创新发展,更好地保护经营者和消费者的合法权益。主要修改内容包括三个方面:与《反垄断法》《商标法》《广告法》《招标投标法》等法律实现有机衔接,对相关条款进行调整;针对实践需要,对不正当竞争行为的规制规则进行修改完善;完善对不正当竞争行为的查处和法律责任的规定。

2017年11月4日,《反不正当竞争法》修订案通过审议,11月7日,国家工商行政管理总局即下发通知部署宣传贯彻工作,11月13日即召开了贯彻落实新《反不正当竞争法》工作电视电话会议。按照国家工商总局部署,竞争执法局大力推进宣传贯彻工作,普及了法律知识,初步营造了知法、守法、懂法、用法的良好氛围,激发了全系统的工作热情,鼓舞了队伍士气,推动了办案工作的进行。

宣传方面，通过采取出席专题新闻发布会、接受集体采访、开展在线访谈、宣传有影响的案件、刊发新《反不正当竞争法》释评文章等形式，对新《反不正当竞争法》立法原则、法律适用、执法成果等内容，开展了多方式多层次的宣传。培训方面，竞争执法局在天津和珠海举办了两次培训班，参训人员逾 300 人；同时，积极支持各地培训，派出了 20 余人次赴各地帮助指导，现场说法，答疑解惑。

各地也积极动员，宣传贯彻工作亮点频出。上海在商业中心 LED 屏播放宣传片；江苏举办“以案说法”竞赛活动；山东召开反不正当竞争执法工作新闻通报会；重庆制作宣传漫画在主要商圈进行滚动播放，并走进企业、协会、市场、社区宣讲；海南发放 1.5 万份宣传手册；湖南与多家媒体合作，采取多种新颖传播形式进行宣传等等。这些做法为宣传贯彻工作积累了宝贵的经验。

三、拓宽视野，参加国际交流

高度重视反不正当竞争领域的国际交流工作，积极参加其他国家、国际组织举办的研讨会议，回应国际关切，介绍我国立法和执法成果，加强与其他国家、国际组织在反不正当竞争领域的交流借鉴，并向相关国家反馈涉外案件办理情况。

2017 年 5 月 23 日至 25 日，竞争执法局派员赴澳大利亚悉尼参加经合组织（OECD）韩国竞争政策中心举办的“医药领域竞争法研讨会”，交流我国医药领域反不正当竞争工作情况。8 月 29 日至 30 日，派员赴瑞士参加中瑞知识产权工作组第九次会议，交流《反不正当竞争法》修订进展及执法和知识产权保护情况。9 月 18 日至 22 日，竞争执法局有关负责同志赴俄罗斯参加金砖国家竞争国际会议及俄罗斯竞争周，交流我国反不正当竞争工作情况。此外，还派员参加了中欧知识产权工作组会议、中美知识产权工作组会议等国际会议，交流介绍我国《反不正当竞争法》修订情况和市场混淆、商业秘密等知识产权保护的有关情况。

（国家市场监督管理总局价格监督检查和反不正当竞争局反不正当竞争处）

版权工作

2017 年，全国各级版权行政管理部门坚持深入学习贯彻习近平新时代中国特色社会主义思想和党的十九大精神，牢固树立“四个意识”，深入思考研判新时代版权工作的总体形势，准确把握新时代版权工作基本要求，强化版权创造、保护、运用，围绕中心，服务大局，真抓实干，奋发有为，各项工作取得显著成绩。

一、推进完善版权法律制度体系

（一）协助推进《著作权法》第三次修改

国家版权局配合全国人大赴北京、上海、广东、青海、福建等 5 省（区、市）开展著作权法执法检查，委托天津等 10 省（区、市）在本区域内进行检查，协助全国人大完成著作权法执法检查报告。配合国务院法制办不断完善著作权法修改草案，根据近年来我国面临的国际国内形势变化、社会各界反馈的意见建议和执法检查报告所提主要问题，对送审稿进行多次修改。2017 年 12 月，向国务院法制办重新报送了最新修改草案，大力推进《著作权法》第三次修改。

（二）发布《版权工作“十三五”规划》

2017 年 1 月 25 日，国家版权局正式印发《版权工作“十三五”规划》。《版权工作“十三五”规划》回顾了“十二五”时期全国版权工作取得的成绩，分析了面临的形势，明确了“十三五”版权工作的发展目标和重点任务，对全国版权工作进行了全面部署，从完善版权法律制度体系、行政管理体系、社会服务体系、涉外工作体系四个方面提出了26项重点任务，明确了国家版权监管平台等重点工作项目，为“十三五”时期版权工作提供了顶层设计。

（三）清理版权相关法规和规范性文件

为贯彻落实国务院简政放权、放管结合、优化服务改革要求，国家版权局废止了一批部门规章和规范性文件，推进“放管服”工作深入开展。

二、深入开展打击侵权盗版工作

（一）开展“剑网2017”专项行动

2017年7月25日，国家版权局、国家互联网信息办公室、工业和信息化部、公安部联合启动打击网络侵权盗版“剑网2017”专项行动。专项行动的工作目标是聚焦新闻出版广播影视行业的网络版权保护，聚焦电子商务平台和移动互联网应用程序（APP）领域的版权整治，以规范影视和新闻作品网络版权秩序为重点任务，以查办大案要案为重要抓手，严厉打击各类网站、移动客户端、“自媒体”传播侵权盗版作品行为，集中整治电子商务平台、APP商店版权秩序，巩固网络文学、网络音乐、网络云存储空间、网络广告联盟版权治理成果。专项行动开展以来，各级版权执法监管部门巡查网站6.3万家（次），关闭侵权盗版网站2554个，删除侵权盗版链接71万条，收缴侵权盗版制品276万件，立案调查网络侵权案件543件，会同公安部门查办刑事案件57件、涉案金额1.07亿元，专项行动成效显著。

（二）加强网络重点版权监管

充分发挥国家版权监管平台作用，加强对58家大型视频、音乐、文学网站和网盘企业的版权重点监管，抽查16家网站3480部作品的授权文件，责令下架侵权作品1128部；开展重点作品版权预警保护，公布十二批重点作品版权保护预警名单，共计202部作品，对“央视2017春晚”及《战狼2》等国产优秀电影进行专项保护，下线盗版链接24 845条。按照规范网络音乐版权市场“停止侵权行为、引导规范授权模式、推动建立商业模式”的“三步走”工作思路，分别约谈主要网络音乐服务商、音乐公司和权利人组织，要求各方按照著作权法要求，抵制各类侵犯网络音乐著作权行为，建立完善内部版权管理制度，避免独家授权，促进网络音乐广泛传播，维护网络音乐版权良好秩序，共同推动网络音乐繁荣健康有序发展。在国家版权局的积极推动下，腾讯音乐、阿里音乐、网易云音乐等网络音乐服务商加快解决版权遗留问题，妥善处理版权纠纷争议，积极开放独家音乐作品转授权，有效满足消费者文化需求。同时，积极关注新兴领域和新型问题的版权监管。指导北京执法总队对“橙子VR”APP通过VR方式非法提供盗版影视作品案进行查处，这是国内查处的第一起通过VR方式进行盗版的案件。

（三）狠抓大要案件查办

大力实施版权严格保护，狠抓大案要案督办督查。国家版权局单独或联合全国“扫黄打非”办公室、公安部、最高人民法院和最高人民检察院挂牌督办23起案件。联合全国“打黄扫非”办公室、公安部、最高人民检察院联合组成5个督导检查组，对北京、山东、吉林、广东、江苏、河南、浙江、重庆、湖南、江西等10个省（区、市）开展案件专项督导检查，采取明察暗访、实地检查、召开座谈会、听取汇报等多种检查方式，重点督查打击侵权盗版工作，查办案件的数量和质量不断提升。如：浙江嘉兴“3・11”案，查获涉嫌侵权盗版图书1900余种5万余册，刑事拘留7名犯罪嫌疑人；河南尉氏“12・15”系列案，查获涉嫌侵权盗版图书76种46.6万册，涉案码洋2216万余元；广东“MTV235

在线手机电影天堂"网站涉嫌侵犯著作权案，查获涉嫌侵权盗版影视剧作品42 744部；北京"5·08"制售侵权盗版图书案，扣押涉嫌侵权盗版图书3.8万余册，涉案金额达210万余元；山东威海张某某等涉嫌侵犯著作权案，查获可录光盘100余万张以及侵权音像制品包装盒、光盘贴等制作侵权产品的辅助材料和电脑等作案工具；重庆宋某等涉嫌侵犯著作权案，涉案金额达630万余元；广东广州"3·27"少儿类出版物侵权盗版案，查扣盗版图书95万余册，涉案金额800万余元。

(四)加强版权社会共治

充分调动行业协会、企业、权利人的积极性，积极构建政府监管、企业自管、行业自律与公众监督相结合的网络版权执法监管工作新格局。深入互联网企业开展调研，积极推动行业自律，鼓励权利人投诉举报，引导互联网企业履行主体责任。推动淘宝网严格出版物证照审核，出版物证照审核拦截率提高到58.7%。推动人民日报社等10家主要中央新闻单位和新媒体网站联合发起成立"中国新闻媒体版权保护联盟"，在新闻作品版权统一管理、制定版权合作规则、组织共同议价、支持成员单位维权等方面进行有效的版权保护。"4·26世界知识产权日"当天，组织全国122家报纸、期刊、电台、电视台共同发布了《关于加强新闻作品版权保护的声明》。同时，为进一步调动版权相关执法部门查处侵权盗版案件的积极性和主动性，充分发挥查处侵权盗版案件先进典型的引导、示范作用，国家版权局开展了2016年度查处侵权盗版案件有功单位及个人的评选工作。2017年5月26日，下发《关于奖励2016年度查处侵权盗版案件有功单位及有功个人的决定》，对在2016年度查处侵权盗版案件工作中做出突出贡献的208家有功单位及243名有功个人给予奖励。

三、持续推进软件正版化工作

(一)专题研究部署全年工作

召开推进使用正版软件工作部际联席会议第六次全体会议，全面总结2016年工作成效，研究部署2017年工作任务。向国务院报送了《关于2016年推进使用正版软件工作情况的报告》，向各省(区、市)印发了《关于印发〈2016年推进使用正版软件工作总结〉和〈2017年推进使用正版软件工作计划〉的通知》。

(二)推进长效机制建设

重点围绕源头监管、使用管理、考核评议等关键环节，推进各地各部门完善长效机制，巩固拓展软件正版化成果。向各省(区、市)印发了《关于做好2017年推进使用正版软件有关工作的函》，推进各省(区、市)建立健全计算机软硬件采购制度和软件正版化考核评议制度，规范正版软件管理，巩固政府机关软件正版化成果，明确国有企事业单位软件正版化时限要求。

(三)组织重点督查

制定《2017年软件正版化督查工作方案》，组织10个部际联席会议成员单位联合督查组，对北京、河北、山西、内蒙古、福建、海南、四川、西藏、青海、新疆10个省(区、市)软件正版化工作进行督查。同时，在部际联席会议办公室领导下，利用国家版权监管平台检查工具，依托第三方专业机构技术人员组织专项督查组，对辽宁、吉林、黑龙江、浙江、湖北、宁夏6个省(区、市)的全部省级政府机关软件正版化工作进行督查。全年共检查单位389家、计算机26 989台，同比分别增长35.54%、242.94%。部际联席会议办公室通报了各地各部门的经验做法，督促指导有关省(区、市)针对督查发现的问题逐项整改，推动各地各部门进一步完善工作机制，补齐制度短板，巩固工作成果。

(四)开展国产软件应用试点

在宁夏盐池县、西吉县,贵州黔西县,山西平顺县,湖北云梦县开展国产软件应用试点工作,重点推广国产操作系统软件,取得了较好效果。宁夏盐池县成果突出,安装使用国产操作系统软件的比例达到60.07%。

四、不断强化版权社会服务体系

(一)依法加强版权行政监管工作

一是按照国务院行政审批制度改革要求,参与"放管服"等多项相关改革工作,推动"新闻出版行政审批预审查预受理平台"项目建设。二是加强对集体管理组织的监管。召开著作权集体管理组织工作会议,审核5家集体管理组织的年检报告,参与5家集体管理组织与行政机关脱钩的相关协调工作,妥善协调解决著作权集体管理组织与相关利益方之间的矛盾与纠纷。三是加强对涉外著作权认证机构的监管。召开涉外著作权认证机构在华代表处通气会。依据《境外非政府组织境内活动管理法》,积极协调有关部门办理6家涉外著作权认证机构重新登记。

(二)有序推进著作权登记工作

一是下发《关于规范电子版作品登记证书的通知》,要求各地版权局及登记机构制发出具的电子版作品登记证书必须与纸质版完全一致。二是继续推进著作权登记工作,国家版权监管平台著作权登记信息报送工作稳步推进。2017年,我国作品登记量200.2万件,比上年增长25.15%。计算机软件著作权登记量达74.54万件,比上年增长82.79%。三是举办了两期全国作品登记工作培训班,不断规范著作权登记工作。

(三)持续推动版权产业发展

一是推动版权示范创建工作深入开展。授予东莞市、即墨市为全国版权示范城市。下发《关于统一启用全国版权示范城市、示范单位、示范园区(基地)申报表的通知》,开展全国版权示范创建工作,评选出35家示范单位、5个示范园区(基地)并予授牌。召开全国版权社会服务工作会议,总结全国版权示范创建十年来的成果,交流版权示范创建工作经验。二是积极培育国家版权交易中心。同意建立北方国家版权交易中心、深圳国际版权交易中心、江苏国家版权贸易基地,完成了在我国六大行政区域布设国家级版权交易中心的规划,推动区域经济发展和版权产业健康发展。三是开展中国版权产业对国民经济贡献的调研工作。发布2015年、2016年中国版权产业对国民经济贡献的调查报告。调查显示,2015年中国版权产业的行业增加值为50 054.14亿元人民币,占全国GDP的7.30%;2016年中国版权产业的行业增加值为54 551.46亿元人民币,占全国GDP的7.33%。

五、不断加大版权宣传培训力度

(一)充分利用各种渠道加强版权宣传

一是圆满完成"4·26世界知识产权宣传周"期间重点宣传活动。举办中国网络版权保护大会,发布《中国网络版权保护年度报告》及年度重点事件,召开国家版权局重点工作新闻发布会,在国家版权局网站设置专栏专题,制作发布版权公益宣传片、宣传海报、版权特刊等,以各种形式提升版权工作的社会影响力。二是积极利用新媒体加强版权宣传工作。全年国家版权局网站共发布信息1275条;国家版权局微博发布信息217条,粉丝115.5万人;"国家版权"微信公众号发布信息61期共计73条图文消息,粉丝近2万人;"头条号"发布信息260条,粉丝56.5万人。相继开通百度"百家号"和腾讯"企鹅号",利用新媒体不断扩大版权工作影响力。三是加大对外宣传力度。开通国家版权局英文网站,通过线上、线下、文字、视频等多种方式发布中国权威信息,营造我国版权涉外工作良好局面。同时,积极推动国产软件"走出去”。贯彻落实“一带一路”国际合作高峰论坛精神，与泰国商务部知识产权厅共同举办中泰软件版权合作论坛，推动我国软件企业与泰国企业开展合作。编制《软件正版化在中国(2017)》专刊，系统全面宣传展示中国软件正版化工作成果。

(二)做好版权培训工作

一是召开5期全国版权执法监管培训班暨版权执法监管工作座谈会，对全国31个省(区、市)版权局、4个直辖市文化市场行政执法总队及部分重点城市版权执法部门相关人员进行培训。启动开展第二批版权执法监管培训师资选聘工作。二是举办6期大型软件正版化工作培训班，对各省(区、市)省级软件正版化工作领导小组成员单位和浙江、湖北、福建三个省的全部省级机关软件正版化工作责任人共计550余人进行培训。三是举办3期“版权相关热点问题媒体研修班”，对人民日报、新华社、中央电视台等40多家中央主流媒体新闻记者进行了培训。四是举办两期全国作品登记工作培训班、一期国家版权监管平台培训班和一期涉外版权培训班，通过对相关工作人员培训，不断提高版权工作信息化水平和涉外应对能力。

六、持续推进版权对外交流合作

(一)继续加强国际版权话语体系建设

一是继续巩固和加强与世界知识产权组织等国际组织的良好合作关系，积极参加相关委员会会议，合作举办多次高峰论坛及研讨会。二是采用多种方式推动《视听表演北京条约》早日生效。经过不懈努力，该条约批准或加入的国家从2016年的15个增加到2017年的19个。三是参加商务部牵头负责的WTO第七次对华贸易政策审议和我方对其他WTO成员贸易政策审议工作；参加亚太经合组织(APEC)知识产权专家组会议等，积极应对有关版权多边事务。

(二)深入推进版权双边交流合作

巩固中美、中英、中日、中泰版权交流合作关系，与英国进行了部级(此前为司局级)政府间版权工作会谈，加强与澳大利亚、汤加、新西兰、西班牙等国家的版权交流；配合商务部完成中国与欧亚经济联盟经贸合作协议实质性谈判，推进《区域全面经济伙伴关系》、中日韩自贸协定等自贸区谈判进程，配合外交部、商务部等积极开展中欧、中日、中俄、中美、中英工作组谈判，努力营造良好版权双边关系，积极争取有利于我国发展的版权国际环境。

(中央宣传部版权管理局办公室)

打击盗版工作

2017年，各地“扫黄打非”部门紧紧围绕迎接宣传贯彻党的十九大工作主线，深入开展专项行动，持续强化市场监管，大力查办大案要案。全年全国共收缴侵权盗版等非法出版物3090万余件，查处各类“扫黄打非”案件10 300余起，其中侵权盗版类案件3100余起。

一、强化组织领导，加强出版物市场监管

打击侵权盗版作为“扫黄打非”主要任务之一，被写入中央办公厅、国务院办公厅转发的《2017年“扫黄打非”行动方案》中。全国“扫黄打非”办公室将打击侵权盗版作为“扫黄打非”重点任务纳入全年部署，在全国第三十次“扫黄打非”工作电视电话会议、2017年全国各省(区、市)“扫黄打非”办公室主任会议上予以强调。

全国“扫黄打非”办公室部署各地各部门组织开展“秋风2017”和“护苗2017”等专项行动，重点整治网上网下侵权盗版活动，严厉打击销售侵权盗版出版物的网店，深挖倒查非法出版物制售链条；集中整治中小学校园周边出版物市场，集中打击高校及周边复印店盗印、培训机构擅自编印教材教辅行为。

各地各部门在春节、全国“两会”、五一劳动节、香港回归20周年、建军90周年、党的十九大召开期间等重要时间节点开展多轮次文化市场集中检查、专项检查，加强对印刷复制企业、物流寄递企业、出版物经营场所、校园周边文化场所等监管，严查各类违法违规行为，坚决收缴侵权盗版等各类非法出版物。

继续组织开展全国性集中销毁活动，展现我国政府部门坚决打击侵权盗版、保护知识产权的态度和决心。2017年4月24日，全国“扫黄打非”工作小组在全国31个省(区、市)统一举行2017年侵权盗版及非法出版物集中销毁活动，小组领导同志和各地“扫黄打非”工作小组负责同志分别出席活动仪式。全国共销毁侵权盗版图书、盗版音像制品、盗版电子出版物及非法报刊共1730万件，其中在北京主会场销毁195万件。

二、开展“秋风”行动，严厉打击侵权盗版行为

按照部署，各地各部门积极开展“秋风2017”专项行动，重点打击电商平台销售非法出版物等行为，对销售非法出版物的网店，坚持线上线下打击相结合，依法严惩。

行动中，各地查处、公诉及判决了一大批侵权盗版类案件。案件涉及少儿类、教材教辅类及其他图书、音像制品和网络影视剧等的侵权盗版活动，且数量和涉案金额巨大。其中河南侦破的一起案件查获涉嫌侵权盗版图书76种46万余册，涉案码洋2216万余元；广东侦破的一起案件查获涉少儿类侵权盗版图书、音像制品等711种110余万册，涉案码洋达800余万元。

全国“扫黄打非”办公室通过媒体分别曝光多批次典型侵权盗版类案件。如安徽肥西“12·27”侵犯著作权案，共抓获犯罪嫌疑人16名，查明涉案金额1950余万元。湖北武汉“2·24”批销盗版及淫秽光盘案办结，销售侵权盗版音像制品3万余张、淫秽音像制品5000余张的戴某，因犯侵犯著作权罪、贩卖淫秽物品牟利罪，于2017年9月8日被法院判处有期徒刑11年，并处罚金人民币5万元。

三、开展“护苗2017”行动，深入查处非法少儿类出版物

为切实保护未成年人的权益，全国“扫黄打非”办公室要求各地各部门，强化对涉少儿的侵权盗版非法出版物等“护苗”类案件的查办工作，通过加大督办、查办力度，对危害少年儿童权益的不法行为从严打击。“护苗2017”行动中，全国查缴非法有害少儿出版物20多万件。

各地“扫黄打非”部门集中力量抓好“护苗”三项工作，一是在春节前后和中小学秋季开学前后开展校园周边文化市场集中检查；二是开展教材教辅市场专项督导检查，收缴了一批宣扬淫秽、暴力、自杀等内容的有害出版物，取缔了一批校园周边无证照店档和游商地摊；三是大力加强对涉少儿有害出版物、涉未成年人传播网络有害信息、涉儿童色情信息案件的查办工作。

各地成功查办了一批侵权盗版少儿类出版物案件。如广东佛山查办“6·27”储存销售盗版图书案，现场查获《黄冈小状元》系列教辅等涉嫌非法出版物81万余册，码洋1424万余元。目前，仓库负责人李某某、盗版样书提供人刘某某等5名犯罪嫌疑人已被批准逮捕。浙江海盐查办“3·11”销售侵权盗版出版物案，打掉一个涉及北京、山东等地的地下销售侵权盗版教材教辅类出版物的网络。安徽六安查办楚某某擅自发行非法出版物案，查获一批“知行合一”经典听读机、《国学经典诵读全书》等非法出版物，涉案经营额170万元，非法牟利20万元。

（全国“扫黄打非”工作小组办公室）

农业植物新品种保护工作

2017年，农业部深入落实《种子法》和《“十三五”国家知识产权保护和运用规划》，扎实推进《植物新品种保护条例》。2017年度申请量首次位居国际植物新品种保护联盟（UPOV）成员第一位。品种权审查进一步提质增效，技术支撑能力不断增强，维权执法成效明显，体系建设继续拓展，宣传培训、国际交流等深入开展。

一、农业植物新品种保护制度进一步完善

2017年，加强植物新品种保护制度建设，农业部会牵头组织国家林业局等多家单位，汇集各方意见完成《植物新品种保护条例》修订草案和修订说明。农业部同国家知识产权局、林业局向国务院上报《关于加强植物新品种保护制度建设的报告》，起草完成《我国建立实质性派生品种制度的可行性研究》《UPOV公约1991年文本对我国农林发展的影响研究》报告。

2017年，开展第11批农业植物新品种保护名录征集。

2017年4月1日起停征植物新品种保护权收费，妥善处理临期费用清理和追缴，保证了品种权收费工作的平稳过渡和品种权人权利的维护。

二、年度申请量首次位居UPOV成员第一位

2017年，受理品种权申请3842件，同比增长52.3%，首次位居UPOV成员第一位，申请总量近2.2万件；2017年授权1486件，授权总量近9700件。2017年，受理植物新品种复审申请32件，形成审理决定17份，复审工作进一步规范化、标准化。

三、体系建设持续拓展

2017年，植物新品种测试（DUS测试）体系建设与管理卓有成效。农业部植物新品种保护测试中心实验室获得中国合格种子检验机构（CASL）资质。组织编写2017年“现代种业提升工程”项目可行性研究报告，有8家测试分中心（新建5家、改扩建3家）获得立项支持，建设资金达6500万元。测试中心实验室和信息化建设得到2905万元立项支持。

2017年，积极推进DUS测试相关制度建设，提升DUS测试质量管理水平。《农业植物已知品种库建设和维护规程》《近似品种筛选规程》发布实施，进一步规范审查测试程序；起草《测试机构考核管理办法》和《测试机构考核准则》。组织开展北京、济南和公主岭等7家测试分中心的监督检查，引导测试机构树立质量意识，加强测试质量控制。

2017年，中国种子协会植物新品种保护专业委员会成立，构建新品种研发、销售、推广和权益维护的平台。

四、宣传培训与合作交流深入开展

2017年，举办品种保护与DUS测试技术培训班10余期，培训学员1000余人次，同时，通过各类媒体发表品种保护相关新闻报道100余条，不断提高社会品种保护意识，营造尊重知识产权氛围。

2017年，落实外专局引智项目，甄选并引进外国专家20余人次，增强国际合作主动性；首次派员赴UPOV总部顶岗实习，为双方深入合作搭建桥梁；举办植物新品种保护国际高级研讨会暨《植物新品种保护条例》颁布20周年活动、中美植物新品种保护和科技成果转化交流和中欧知识产权IP Key项目总结会等活动，吸取外国

智慧，促进国际交流；与欧盟植物新品种保护办公室签订为期3年的中欧植物新品种保护合作战略协议，进一步推动双方合作共赢；先后派员赴美、法、德等地调研现代种业知识产权制度，参加UPOV系列会议和东亚植物新品种保护论坛等，跟踪国际最新进展，学习先进发展理念，指导我国种业知识产权改革。

五、技术支撑能力不断增强

2017年，参与构建种业数据大平台和国家政务信息资源整合建设，启用品种权在线申请系统，同时推进品种保护办公系统优化升级，使品种权信息充分公开、申请便捷、办公高效。参与品种权国际申请平台（PRISMA）研发和汉化工作，中文成为该平台的首个UPOV非官方语言，我国成为首批用户。该平台中文系统的启用为国内品种权申请人向国外申请搭建了桥梁，同时也为国外优良品种“引进来”提供了便利途径。

2017年，引入玉米SSR指纹分析系统，完成786份玉米自交系的指纹平行采集入库；建立了大豆DNA指纹数据库引物panel设置；完成《柑橘品种鉴定SSR分子标记法》《番茄品种鉴定SSR/SNP分子标记法》初稿，翻译317个UPOV国际测试指南；同时参与中、荷、法三国联合研制番茄SNP分子标准。为加快农业植物品种特异性、一致性和稳定性测试指南研制，首次对育种家自主研制的18个测试指南按标准管理程序进行审定，为品种保护名录的扩大提供技术依据。

六、维权执法成效明显

2017年，印发《农业部办公厅关于做好种子市场监管和品种保护工作的通知》，先后抽查了湖南、四川等9个重点省份，侵权案件较上年减少36%，种业市场秩序明显好转，尊重知识产权的氛围日渐浓厚。

（农业农村部科技教育司）

农产品地理标志工作

一、规范开展产品登记审查

做好申报材料审查。严格审查把关，加强名录外产品审定、受理公示、在先知识产权衔接等工作，确保登记申报材料质量。对于新申报的产品，实现先完善地标管理系统信息后审查制度。组织好专家评审工作，全年召开5次全国农产品地理标志登记专家评审会。2017年度新公告颁证农产品地理标志238个。截至2017年底，全国累计登记农产品地理标志2242个。

二、切实强化产品质量管控

部署2017年农产品地理标志监测工作，对黑龙江、北京、四川等6省（区、市）27个获证产品108个样品进行监测，质量安全指标监测合格率100%。进一步验证获证产品质量安全情况。

三、加大示范创建和培训力度

部署2017年农产品地理标志示范创建工作，经组织申报、实地考察和专家审定，新授予岚县马铃薯、黑山褐壳鸡蛋等17个产品国家级农产品地理标志示范样板创建资格，并对第三批国家级示范样板进行了验收和发布。截至目前，全国已创建国家级示范样板37个，省级示范创建工作也积极开展，实现了良好的示范带动作用。积极开展农产品地理标志核查员、管理系统、品牌建设、示范创建等专题培训，举办2期全国性培训班，支持甘肃、张北、广西等地开展本地区、本行业农产品地理标志核查员培训。

四、积极推进国际交流合作

加强对话磋商，全面参与中欧、中美、中格(格鲁吉亚)等双(多)边地理标志和知识产权磋商对话，全程参加中欧地理标志协定谈判，展示和维护我方利益关切。35个农产品地理标志进入中欧百个地理标志产品互认清单，公示期已过，目前正在讨论后续技术性细节工作。

五、全方位加强品牌宣传

在第十五届农交会期间，成功举办了农产品地理标志展区展览及第三届全国农产品地理标志品牌推介会重大活动，对优秀组织机构和参展单位进行了表彰。目前，地标展得到各界积极评价，品牌效应初步形成。世界知识产权日期间，结合茶文化节及“贵州绿茶”农产品地理标志证书颁发，在贵州湄潭举办农产品地理标志知识产权宣传活动，在央视七套做了专题报道；组织开展全国农产品地理标志品牌价值评价工作，相关结果在央视权威发布；支持福建、贵州等地开展各类农产品地理标志宣传推广活动，提升农产品地理标志品牌知名度；首部农产品地理标志大型纪录片《源味中国》在央视四套播出，受到社会强烈反响。出版《中国农产品地理标志》系列丛书，宣传推介我国农产品地理标志发展成果及精品形象。

(农业农村部科技教育司)

林业植物新品种保护工作

一、林业植物新品种保护法规与政策

会同有关部门联合成立了《中华人民共和国植物新品种保护条例》修订工作组，通过深入调研、广泛征求意见，完成了该条例修订初稿。参与最高人民法院《关于审理植物新品种权纠纷案件具体应用法律问题的规定》的修改工作，进一步强化了对植物新品种的保护。发布了《国家林业局植物新品种保护办公室关于停征植物新品种保护权收费的公告》(第20170号)，自2017年4月1日起停止征收植物新品种保护权收费。组织专家起草了《林业植物新品种测试机构能力评估办法》及其评估指标体系，起草了《林业植物新品种特异性、一致性、稳定性测试中近视品种确定规则》。

二、林业植物新品种审查和授权

2017年，林业植物新品种申请量、审查量大幅上升。全年共受理新品种权申请623件，同比增长55.8%；完成423个申请品种的特异性、一致性、稳定性DUS现场审查，同比增长95.8%；对272件实审材料进行补正，同比增长48.6%；授权160件，授权总数1358件。按照UPOV规定，完成了2016年授权的195个品种信息3800多个数据项的整理、翻译和上报工作。组织专家团队创建了林业植物新品种信息管理系统2.0版，并组织品种权申请单位进行了系统的品种权网上电子申报和审批试运行测试工作。

三、林业植物新品种权行政执法

按照全国打击侵权假冒工作领导小组办公室的要求，参加了全国打击侵权假冒工作现场考核，分别对辽宁、内蒙古进行了检查，现场打分；组织开展全国林业系统植物新品种行政执法工作评分活动，根据各省(区、市)报送的2016年度林业植物新品种行政执法材料进行了部门考核打分；落实《国务院关于新形势下加强打击侵犯知识产权和制售假冒伪劣商品工作的意见》，研究印发了《国家林业局科技发展中心关于继续开展打击侵犯林业植物新品种权专项行动的通知》，专项行动期限为2017年4月至11月；仔细解答品种权人的各种维权咨询，认真解释《中华人民共和国植物新品种保护条例》《中华人民共和国植物新品种保护条例实施细则》（林业部分）《林业植物新品种保护行政执法办法》的有关规定，指导利害关系人积极维权。同时，对各省林业部门在实施执法办法过程中的疑问，及时解答，认真指导，努力促进各地营造较好的新品种市场氛围。

四、林业植物新品种测试体系建设

加快推进林业植物新品种测试中心、3个分中心、2个实验室和5个专业测试站的条件能力建设。按照国际植物新品种保护联盟（UPOV）对品种审查的要求，组织国内相关科研院所开展蔷薇属、丁香属等6项测试指南的制（修）订工作，截至2017年底，共开展了137项林业植物新品种测试指南的编制工作，已完成了槐属、蔷薇属、桉属、枸杞属、榆属和崖柏属等44项测试指南标准的制定，分别以国家标准或行业标准发布，有效提高了授权质量和审查测试能力。组织专家开展了测试指南编制技术研究、已知品种数据库建设情况调研、测试机构评估方法研究、欧美植物新品种保护体系比较研究等多方面研究工作。指导测试机构开展测试工作，2017年共安排91个品种测试，完成了30个品种的测试工作，并提交测试报告30份，为植物品种授权提供了科学的审查依据。根据林业植物新品种测试工作的需要，委托有关机构新增了杜鹃花、绣球、山茶、油茶等植物品种的田间测试，使国家林业局新品种测试工作逐步向田间实测靠拢。

五、林业植物新品种宣传应用

2017年，充分利用报刊、网络等媒体，结合知识产权宣传周等，多渠道、多层次扩大林业植物新品种动态、政策法规则的宣传面和普及率。在“4·26知识产权宣传周”，利用《中国绿色时报》专版宣传了以林业植物新品种为主的林业知识产权成就，制作了“2017林业知识产权宣传周”网站，在中国林业网、中国林业知识产权网专题宣传，编辑出版了《中国林业植物授权新品种》（2016）。2017年11月，在北京举办了“林业植物新品种测试指南编制培训班”，来自国家林业局植物新品种测试指南制定任务的主要研究人员、国家林业局测试机构项目有关人员和其他有关育种人员等共计60人参加了培训。培训班安排的课程主要有：UPOV植物新品种测试技术、植物新品种分子测定技术、林木植物新品种测试指南编制、花卉植物新品种测试指南编制、已知品种数据库研制和在实际测试中的具体应用等。此外，培训班还就植物新品种测试指南编制的经验与问题进行了交流研讨。2017年12月，在云南举办了“林业植物新品种保护培训班”，来自各省、区、市林业主管部门、林业科研院所、育种企业和育种者等共100余人参加了培训。培训班讲授了“林业植物新品种保护制度与现状”“月季DUS田间测试”“林业植物新品种权审批”“实质性派生品种的说明与分析”“林业植物新品种保护网站”“林业植物新品种保护信息系统”和“林业植物新品种权申请常见错误”等知识。

六、国际合作交流与履约

国家林业局认真履行《国际植物新品种保护公约》，派员参加了2017年4月举行的UPOV日内瓦系列会议，依据会议的内容和国际发展趋势，结合国内情况，了解UPOV发展动态、积极研读相关文件，跟踪行政、法律以及技术进展，及时提出意见和建议，履行了成员国责任，维护了中国林业植物新品种保护的国际地位和国家利益。

2017年4月12日，会同有关部门在北京组织召开了“植物新品种保护国际研讨会暨中国植物新品种保护条例颁布20周年座谈会”，有关单位领导及农林两部门植物新品种保护相关管理人员及专家 50 余人和来自国际植物新品种保护联盟（UPOV）及其成员国的 11 名海外专家出席了会议。

2017 年 5 月 8 日至 10 日，会同有关部门联合承办了“中美植物新品种保护”北京研讨会和南京研讨会，研讨交流了植物新品种法律法规、审批授权等内容。

5 月 30 日至 6 月 6 日，国家林业局就植物新品种保护测试技术出访美国和日本进行了考察，先后与美国专利商标局（USPTO）、美国农业部植物新品种保护办公室（US，PVP）、日本农林水产省植物新品种保护办公室（PVP，MAFF）、日本国家种子和种苗中心（NCSS）的管理和技术人员进行了交流，了解了美国植物专利和植物新品种权的审查流程、美国蓝莓和观赏植物等现场测试情况，还访问了日本植物新品种测试站。此次技术交流对改进的管理和完善测试体系均具有重要作用。

9 月 11 日至 12 日，国家林业局参加了在缅甸内比都举办的第 10 届东亚植物新品种保护论坛会议和国际植物新品种保护研讨会。东亚植物新品种保护论坛（EAPVP）的成员国印度尼西亚、老挝、马来西亚、缅甸、菲律宾、泰国、越南、中国、日本、韩国及国际植物新品种保护联盟（UPOV）、欧盟植物新品种保护办公室（CPVO）、荷兰植物新品种保护局、日本 JATAFF 咨询公司（东亚植物新品种保护论坛秘书处挂靠机构）等机构的代表 100 余人参加了会议。与会代表交流了各自国家植物新品种保护领域的最新进展情况，讨论了第 9 届论坛会议以来取得的进展和本次会议之后拟开展的合作事宜。大会一致同意并确定由菲律宾举办第 11 届东亚植物新品种保护论坛会议。

11 月 15 日，国家林业局植物新品种保护办公室与欧盟植物新品种保护办公室（CPVO）在北京签署合作协议。CPVO 于 1995 年成立，是专门实施欧盟植物品种保护相关法规的欧盟机构，负责审查及授予在欧盟 25 个成员国境内有效的植物新品种权。据 UPOV 2017 年 10 月最新统计，CPVO 是世界植物新品种保护申请量和授权量最大的机构，2012～2016 年其申请量达全世界总量的 21.4%，授权量占 24.6%。国家林业局植物新品种保护办公室主任王焕良和欧盟植物新品种保护办公室主任 Martin Ekvad 出席了签字仪式。期间，国家林业局植物新品种保护办公室与 CPVO 机构代表进行业务交流，探讨了加强合作的领域和意愿，双方将加强在植物新品种管理和测试方面的技术交流，相互借鉴经验，提高管理和技术水平。这标志着我国未来在林业植物新品种保护领域将与欧盟开展更广泛和更深入的合作。

开展自贸区谈判与涉外知识产权工作，参加了中欧知识产权合作研究项目——促进中国加入 UPOV 91 文本可行性研究（IPK 项目）北京圆桌会议，对 IPK 项目进行了总结，取得了一定成果。提供了“中国－欧亚经济联盟经贸合作协议”植物新品种保护对案。参加了“中加自贸区联合可行性研究暨探索性讨论第一次会议”。提供了“中瑞自贸区升级知识产权章节植物新品种保护方案”“中日韩自贸区第十二轮谈判”植物新品种保护对案等。

2017 年 11 月，国家林业局植物新品种保护办公室与欧盟植物新品种保护办公室在北京签署了植物新品种保护合作协议，双方在植物新品种保护管理和测试技术等方面全面进行合作，有力提升林业植物新品种保护水平。

（国家林业和草原局科技发展中心）

海关知识产权工作

2017年，全国海关认真学习贯彻习近平新时代中国特色社会主义思想和党的十九大、十九届一中全会以及中央经济工作会议精神，坚决落实党中央、国务院各项决策部署，围绕创新驱动发展战略，全面履行把关服务职能，马上就办，真抓实干，扎实推进知识产权海关保护各项工作任务，取得较好成效。

一、执法情况

2017年，中国海关进一步提升执法效能，持续加大知识产权边境保护力度，全年共采取知识产权保护措施2.25万余次，实际扣留进出境侵权嫌疑货物1.91万余批，涉及货物4094万余件。主要呈现以下特点。

——以海关依职权主动查扣为主。2017年海关依职权主动查扣的侵权嫌疑货物批次约占全年扣留批次总数的99.78%，涉及货物4075万余件，约占扣留货物总量的99.54%；海关依申请扣留侵权嫌疑货物43批次，涉及货物18.65万余件，约占扣留货物总量的0.46%。（见图1）

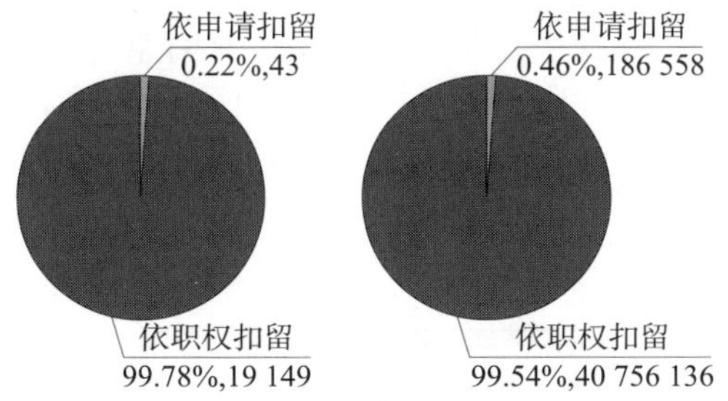

批次单位：批　　商品数量单位：件/双

图1　2017年执法模式统计

——以侵犯商标专用权货物为主，侵犯专利权货物案值持续增长。2017年海关扣留的货物涉及的知识产权类型包括商标专用权、专利权、著作权和与著作权有关的权利等，其中涉及侵犯商标专用权的货物达4031万余件，占侵权嫌疑货物总量的98.48%（见图2）。涉及专利权保护的货物案值呈现持续增长态势，同比增长41.2%。

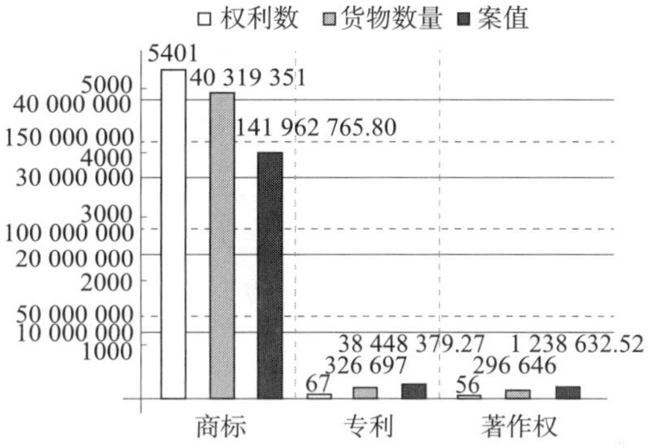

图2　2017年中国海关保护权利类型统计

——海运和邮递是查获侵权嫌疑货物的主要渠道。2017年海关在海运渠道扣留侵权嫌疑货物3886万余件，占全年扣留货物数量的94.92%。在进出境邮递渠道共查扣侵权嫌疑货物约1.69万件，占全年扣留批次的88.48%。（见图3）

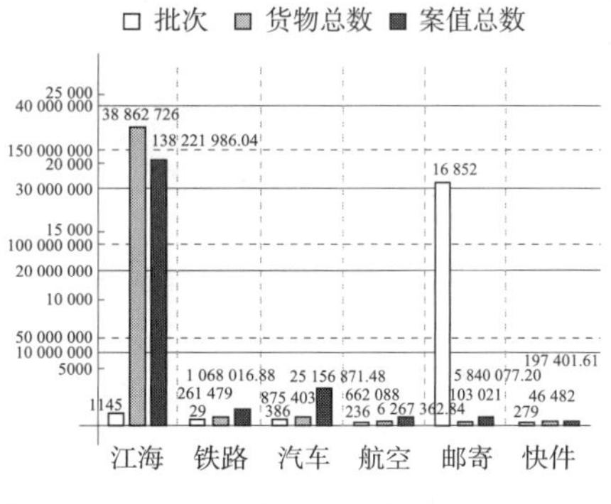

图3　2017年扣留侵权货物运输方式统计

——东部沿海地区海关成为打击侵权的主战场。2017年中国海关全年共扣留侵权嫌疑货物4094万余件，其中上海、深圳、宁波、厦门、杭州、天津、黄埔、南京等海关合计查处3920余万件，约占总量的96%。（见图4）

——查获的侵权嫌疑商品以五金机械、烟草类为主。占比分别为25.56%和25.25%。与2016年相比，药品、其他机电

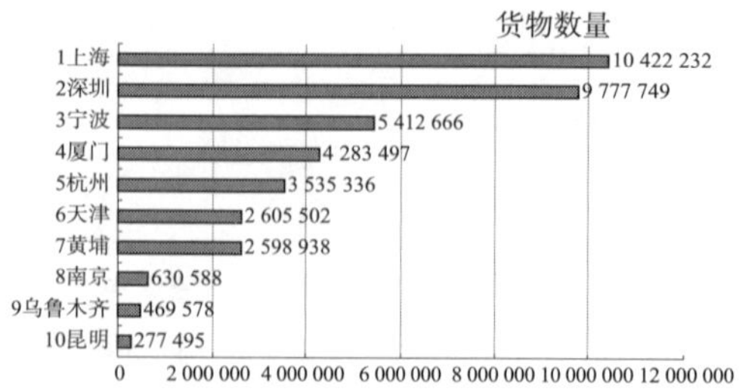

图 4　2017 年查处侵权货物数量排名前十海关

类、服装的数量呈下降趋势，分别下降 98.51%、66.05%和 44%。（见图 5）

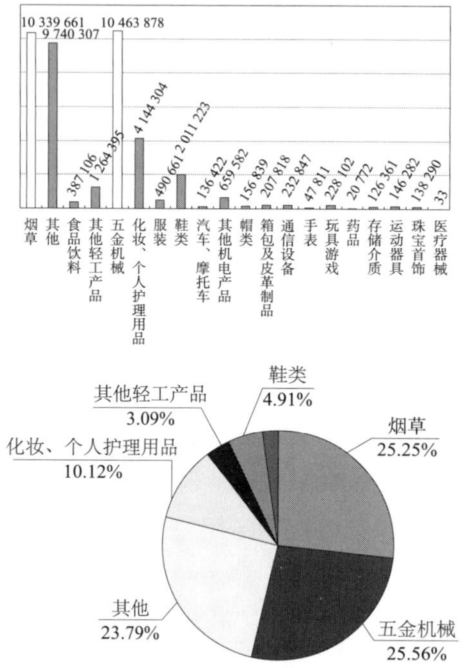

图 5　海关扣留侵权商品类别统计

——查获涉嫌侵犯国内企业知识产权货物数量持续增长。2017 年全国海关开展出口知识产权优势企业培塑“龙腾”行动，进一步促进新技术、新产业、新业态蓬勃发展。全年共查获涉嫌侵犯自主知识产权货物 1294 万余件，同比增长 70.8%。（见图 6）

——进口环节查获侵犯知识产权货物数量呈上升趋势。2017 年中国海关在进口环节查处涉嫌侵犯知识产权货物数量较去年同期增长 20.7%，连续十年呈增长态势，涉及商品主要为通信设备、服装鞋帽、箱包和药品。（见图 7）

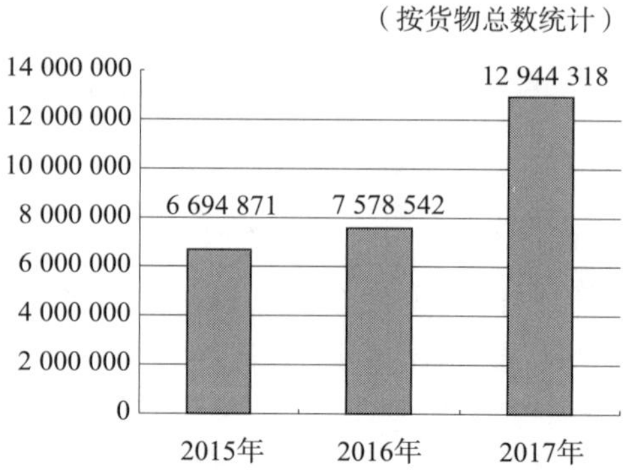

图 6　2015～2017 年海关查获侵犯自主知识产权案件统计

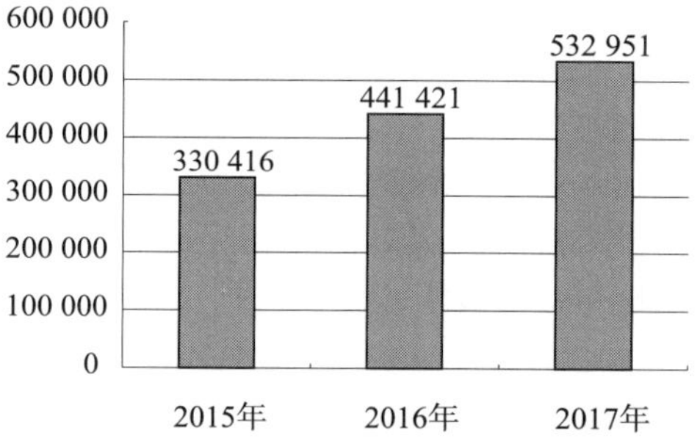

图 7　2015～2017 年海关查获进口侵权案件统计

——邮递、快件渠道侵权案件高发多发。近年来，跨境电子商务在中国蓬勃兴起，极大地拓展了企业进入国际市场的路径，2017 年中国海关全年在邮递、快件渠道共查处侵权案件批次 17 700 余起，案件查处地域呈发散式分布，其中南京、济南、深圳、郑州、上海、重庆、广州、杭州、大连、青岛海关共查获 16 800 余批次，约占总量的 95%。（见图 8）

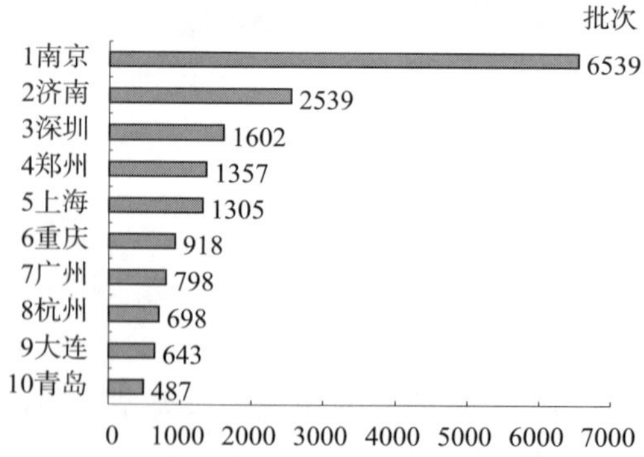

图 8　2017 年邮递、快件渠道案件数量排名前十海关

二、专项整治

中国海关根据党中央、国务院部署，结合海关执法实际，集中执法力量，加强督办协调，大力进行专项整治，精准高效打击危害性强、国际国内反响大的进出口环节侵权行为，保持打击侵权假冒高压态势，有效维护了市场经济秩序，营造法治化营商环境。

——中国制造海外形象维护“清风”行动圆满收官。行动期间海关以出口至非洲、阿拉伯、拉美和“一带一路”沿线国家和地区的机电产品、手机类电子产品、医疗器械、药品等商品为重点，持续加大对出口侵权货物违法行为的打击力度，查获多起大案要案，进一步树立“中国制造”良好形象。在为期三年的行动中，海关系统共查获涉嫌侵权货物5.33万批次，数量1.15亿件，案值5.2亿元。

——组织开展中美海关知识产权联合执法行动。2017年中国海关与美国海关合作开展了两次各为期一个月的联合执法行动，重点监控通过快件、海运渠道往来美国的侵权消费类电子产品、汽车零配件、食品药品、运动服饰以及通过邮递渠道寄自(往)美国的侵权商品。广州海关通过风险分析在跨境电商渠道查获寄往美国侵权邮包615批次，涉及商品主要为服装鞋帽、箱包及皮革制品。上海、黄埔、宁波、深圳、厦门等海关在行动期间也查获了数量较多的来往美国的侵权货物。

——深入推进互联网领域侵权假冒专项治理。以促进跨境电子商务等新兴业态健康发展为目标，持续推进互联网领域侵权假冒专项治理，加强打击跨境电子商务进出口侵权假冒行为。中国海关积极探索跨境电子商务长效治理机制，杭州海关与阿里巴巴集团建立了“信息共享、线索互通、联合打击”的跨境电商知识产权保护常态化协作机制并向其通报侵权线索，后者从中比对查实并关闭侵权店铺37家，双方合作通报的侵权刑事犯罪线索均已进入刑事程序。广州海关与电商平台密切合作，查获互联网领域侵权邮包632批次，查获涉嫌侵权货物6197件。厦门、大连、济南、拱北、哈尔滨、重庆、郑州等海关也查获大量侵权货物。

——开展外商投资企业知识产权保护行动。贯彻落实《关于促进外资增长若干措施》，营造公平竞争的市场环境和良好投资环境，进一步促进外资增长、提高利用外资质量，严厉打击侵犯外资企业知识产权违法行为，切实保护外资企业合法权益，会同商务部等12个部门联合印发《外商投资企业知识产权保护行动方案》，自2017年9月至12月，开展了为期3个月的集中整治行动。行动期间，全国海关供查获进出口侵犯外商投资企业知识产权货物案件9306批次，涉及侵权货物586万件，案值3586万元人民币。

——执法透明度持续提升。知识产权海关保护权责事项对外公布，海关知识产权保护权力边界进一步明晰；案件处罚信息百分之百网上公开，对侵权违法行为的威慑力不断增强；与进出口企业信用管理有效对接，联合激励和联合惩戒机制进一步完善。美国商会发布的《2018年国际知识产权指数报告》中，对中国海关知识产权执法透明度给予了满分评价。

社会各方面对海关打击侵权假冒工作的成绩给予了高度评价。全国海关有五个集体、两位个人被评为全国打击侵犯知识产权和制售假冒伪劣商品工作先进集体和先进个人。

三、促进创新

中国海关坚持依法治理和促进创新相结合，保护知识产权和激发企业创新活力并重，深入实施国家创新驱动发展战略和知识产权强国战略，积极推进“出口知识产权优势企业培塑计划”，助推我国实现“从制造大国向创造强国转变、从中国产品向中国品牌转变”。

——开展出口知识产权优势企业知识产权保护“龙腾”专项行动。全国海关将开展“龙腾”行动作为实施培塑计划的重点内容和主要抓手，广泛发动、多措并举，取得良好执法效果和社会效果。行动期间共新增自主知识产权备案1400余项，78家企业新增专业维权人员约200人、维权资金1157万余元，企业维权内生动力增长明显。各地海关加强与“龙腾”行动重点企业的沟通配合，行动期间共扣留并立案调查涉嫌侵犯自主知识产权案件253起，涉及货物数量311万余件，为企业挽回经济损失7400余万元。企业普遍反映海外市场得到显著净化，市场占有率明显回升。

——促进行业自律管理。积极推进与有关行业协会的合作，帮助行业加强知识产权保护和运用。海关总署指导电动平衡车行业建立专利授权许可机制，帮助行业规范发展，与中国机电产品进出口商会、中华商标协会、中国半导体协会、中国外商投资企业协会优质品牌保护委员会、中国制笔协会等行业协会组织在信息交流、人员培训、制度建设、行业维权等方面开展了实质性的合作。拱北海关主动对接珠海打印耗材协会、中国中山(灯饰)快速维权中心等地方行业协会，南京海关与江苏省进出口商会、广州海关与地方珠宝厂商会紧密合作，引导和规范行业内企业健康发展。

——企业维权成本持续降低。延续暂停收取备案费政策，全年新增知识产权海关保护备案9200余项，在前一年高速增长的基础上又有所增长，全年免收备案费近800万元人民币。拱北海关协调横琴知识产权交易中心为重点培塑企业提供第三方担保服务，上海海关创新加工贸易出口货物专利纠纷担保放行方式；广州海关设立南沙自贸试验区“办案中心”，建立自贸区快速维权机制，提高维权效率，降低企业维权成本。

四、执法协作

中国海关积极参与全国打击侵犯知识产权和制售假冒伪劣商品综合治理，注重与相关执法部门开展协作，着力推进区域海关执法合作，有效形成知识产权边境保护合力。

——加强“两法衔接”。继续推动海关行政执法与刑事司法的衔接，加大案件移送的督办力度。各地海关认真按照海关总署的要求，积极开展与当地公安机关的执法协作。南京海关与江苏省公安厅举办知识产权两法衔接研讨会，青岛海关与公安机关形成会议纪要，进一步加强执法合作；杭州海关对某侵权运动鞋邮包开展溯源调查并及时通报公安机关，侦破近亿元大案；广州海关利用大数据准确锁定侵权邮包，为公安机关开展“云端”行动提供支持，破获跨国大案。

——注重综合治理。海关与商务、工商、专利、版权等部门的协作全面开展。呼和浩特、满洲里、拉萨、成都等地海关与当地工商、专利、版权等部门签订合作协议，完善知识产权行政执法协作机制；哈尔滨、长沙等地海关与地方知识产权局建立联合打击进出口环节专利侵权假冒违法行为工作制度；重庆、西安、乌鲁木齐等地海关积极参与地方打击侵犯知识产权和制售假冒伪劣商品协作机制，在信息共享、个案协作、联动执法等方面密切合作；中西部十省区海关、商务、工商、质监、公安等部门联合开展“丝路清风”专项行动，取得良好成效。

——深化区域海关执法协作。各地海关以全国海关通关一体化改革为契机，强化信息交流、情报共享和案件协查，防范侵权假冒货物口岸漂移。北京、天津、石家庄海关依托京津冀海关区域执法合作机制，针对重点商品联合开展专项执法行动；上海、南京、杭州、宁波、合肥等地海关着力构筑长三角海关知识产权立体执法网络，开展通关一体化联合风险监控；广东分署牵头珠三角区域海关整合执法资源，提高打击效能；福州、厦门海关联合举办福建省内知识产权海关保护执法交流会，推动省内海关知识产权执法统一性建设。

五、能力建设

中国海关高度重视自身能力建设，积极开展执法培训和交流，充分发挥风险管理的作用，探索完善知识产权科技手段应用，夯实知识产权执法基础。

——加强执法培训。海关总署组织召开“知识产权海关保护现场经验交流推进会”，分享先进经验、规范执法行为、统一执法标准，提升执法水平。各地海关纷纷通过案例研讨、法规解读、真伪鉴别培训、模拟法庭、座谈交流等方式，着力提高一线执法关员知识产权执法素质和能力。

——强化风险管理。实现全国海关知识产权保护执法联动，结合全国海关通关一体化改革，将知识产权保护纳入海关安全准入风险防控体系，探索建立全国海关知识产权风险分析专家组，集中开展风险研判，提高布控的针对性和有效性，推进靶向治理，实现精准打击。

——提升执法智能化水平。全国海关树立科技兴关理念，充分利用科技手段，试点推广知识产权海关保护“以图查图”智能识别系统等工具，提高查获侵权货物时效性与准确性。广州海关以“大数据”提升海关知识产权风险管理效能，探索开发“知识产权风险数据辅助分析工具”，增强风险布控的精准度，全年通过该工具查获涉嫌侵权货物100余万件。

六、国际合作，及与港澳合作

侵权贸易是全球性问题，打击侵权货物的跨境交易和运输离不开各个国家和地区边境执法机关的密切合作。2017年，中国海关持续拓展合作的广度和深度，知识产权海关保护国际影响力不断增强。

——扩展合作内涵。主动服务国家“一带一路”建设及新时代大国外交布局，大力拓展中美、中欧、中俄、中日、中韩海关等双边知识产权执法合作的内涵，从经验交流、统计数据和个案信息交换、人员往来等内容为主，逐渐转向开展联合执法行动等深层次的合作。目前已与各主要贸易国家和地区的海关签署行政执法互助协议。为我国香港、澳门地区海关关员开设专题培训班，增强港澳海关对内地知识产权边境保护制度的了解。

——开展跨区域执法。海关总署利用中欧海关合作渠道，帮助华为公司解决了货物在意大利口岸因专利侵权纠纷被扣留的难题，维护了华为公司的合法权益；德国海关根据中国海关提供的情报，在海运渠道查获了3500多双假冒运动鞋；天津海关和广州海关参加亚欧会议“变节者”知识产权执法行动，期间查发多起侵权情事，并向欧盟反瞒骗办公室发送口岸执法信息，得到其高度评价；广东省内海关与香港、澳门地区海关以粤港澳大湾区建设为契机，积极开展联合执法行动。

——参与多边合作体系。积极参加世界海关组织、世界知识产权组织、国际刑警组织、亚太经合组织等国际机构多边国际知识产权事务，发挥中国海关国际影响力；中国海关两名关员被世界海关组织认定为知识产权认证专家，代表世界海关组织赴有关国家和地区执行任务，积极履行国际义务。

七、对外宣传

中国海关认真落实“谁执法、谁普法”责任制，注重通过知识产权宣传教育，提升社会公众知识产权保护意识，营造保护知识产权良好氛围。

——实施精准普法。转变普法理念和方式，将知识产权执法与普法有机融合，增强普法实效。上海、南京、拱北、厦门、江门、黄埔、青岛、天津等地海关以普法促规范，根据企业实际需求制定知识产权普法方案，帮助辖区外贸企业建立订单侵权风险管控机制；昆明、贵阳、南宁、合肥、郑州、太原、银川、长春、沈阳等地海关以知识产权海关保护企业联络员为纽带，对企业维权实施“一对一”帮扶，把普法融入知识产权执法全过程；兰州、济南、汕头、湛江等地海关积极推广知识产权预确认制度，合法货物通关时间进一步压缩，贸易便利化水平不断提升。

——创新宣传形式。主动满足社会各界对知识产权海关保护宣传的新需求。北京、天津、南京、济南、成都、贵阳、拉萨、乌鲁木齐等地海关充分利用微信、微博、微视频等新型媒介和新兴科技手段开展宣传，介绍海关执法依据和工作流程，解答公众疑问，获得广泛好评。厦门海关摄制知识产权保护微电影《道高一丈》，在海关总署门户网站和相关微信公众号、微博刊播；江门海关设计知识产权宣传海报，制作《护航》等动漫作品；拱北海关采用智能机器人开展多样化立体宣传；上海海关推出微视频动漫宣传片《想象保卫战》，在机场、海港等口岸滚动播放，逾百万人次收看。

——用好宣传平台。全国海关充分利用各类宣传平台唱响"海关好声音"。海关总署和杭州、青岛海关依托中国海关博物馆"海关与知识产权"展厅、中国海关知识产权保护展示中心（义乌、青岛）开展现场教学，接待参观者逾万人次；广州海关在广交会举办"携手合作，保护创新"知识海关保护宣讲会；西宁海关以监管服务中国（青海）藏毯国际展览会为契机，组织宣传小组进驻展会发放知识产权宣传手册；厦门海关建成全国首个自贸区海关知识产权保护展示中心，在金砖国家领导人厦门会晤期间接待南非、巴西海关代表团的参观访问，增进社会各界对海关知识产权保护工作的了解。

（海关总署综合业务司）

商务知识产权工作

2017年，商务部继续加强与经贸相关的多双边知识产权谈判、双边知识产权合作磋商机制及国内立场的协调等工作。充分发挥全国打击侵权假冒工作领导小组办公室的职能作用，加强统筹协调，持续推动打击侵权假冒工作。巩固知识产权双边对话机制，增进多双边交流和合作。扎实推进专项谈判，积极参与国际秩序构建。研究制定与经贸相关的知识产权规则，加强部门间信息沟通交流。加强知识产权海外维权援助机制建设，完善海外维权信息平台建设。

一、开展知识产权双边对话

2017年4月和12月分别召开了中欧知识产权第二十次工作组司局级会议和第十一次副部级对话。双方就相关立法进展、商标、商业秘密和知识产权执法等开展了交流和探讨。

2017年6月，为配合中意经济合作混委会顺利召开，商务部与意大利经济发展部牵头在罗马举行了中意知识产权工作组会议，双方就知识产权管理体制、知识产权保护案件、地理标志保护等议题进行了交流和探讨。

2017年8月，中瑞知识产权工作组第九次会议在瑞士召开，双方就知识产权立法、执法和司法等方面的情况，尤其是瑞士国家名称滥用、地理标志保护、药品上市监管等议题展开了交流。

2017年12月，第五次中日知识产权工作组在北京召开，双方就知识产权战略相关的信息交换、知识产权法律制度的最新动向、网络知识产权侵害的对策、促进国际性的技术转移、植物新品种保护等议题进行了交流和探讨。

2017年12月，中韩自贸协定项下第二次知识产权委员会会议在北京召开。双方就广播组织权利、著作权人或所有权人的身份推定、打击盗版、驰名商标认定原则与程序的信息分享等议题展开了交流和探讨。

二、开展知识产权多双边合作项目

在中欧知识产权合作项目项下，组织各单位赴欧与欧洲议会、欧盟贸易总司、欧洲刑警组织、荷兰海关和欧洲业界展开了知识产权法律交流，了解了各方关注，增进了彼此了解。在中美知识产权合作框架下，与美方在京共同举办了知识产权许可研讨会，就知识产权许可的立法司法实践等议题进行了交流。

积极推动落实金砖国家知识产权合作，在2017年金砖国家经贸联络组会议上，组织召开金砖国家知识产权合作机制首次会议，通过了金砖国家知识产权合作指南。

三、牵头开展多双边知识产权规则谈判

牵头中国—加拿大、中日韩、中国—格鲁吉亚、中国—摩尔多瓦、中国—毛里求斯、中国—巴拿马、中国—欧亚经济联盟经贸合作伙伴协定、区域全面经济伙伴关系协定等知识产权章节的谈判工作。

2017年举行了中欧地理标志协定第十三至十五轮谈判，双方就地理标志的保护范围、地理标志与商标的关系等问题进行深入讨论，公示了产品清单，并继续讨论异议的处理工作以及剩余文本的内容。

牵头参与亚太经合组织知识产权专家组会议，参与世贸组织知识产权理事会知识产权相关议题磋商，就各方关注的知识产权议题展开了讨论并表达了中方关注。

四、加强知识产权海外维权援助机制建设

通过中国保护知识产权网及时分享国外知识产权相关动态信息。发挥驻外使领馆经商机构的作用，跟踪研究有关国家知识产权管理体制、法律法规及政策发展，加强知识产权涉外信息分享。

逐步完善知识产权海外维权及预警机制，推动驻外机构加强涉外知识产权工作。继续推进企业知识产权海外维权服务，2017年分别在美国国际消费类电子产品展览会、德国汉诺威消费电子、信息及通信博览会、奥芬巴赫中国品牌箱包展和德国柏林电子消费品展览会上设立知识产权服务站，聘请当地律师作为专家免费为中国参展企业提供法律咨询与服务，获得中国参展企业的好评。加强对海外知识产权贸易壁垒的研究，指导我国企业应对美国“337调查”取得积极成效。完善海外知识产权信息平台建设，发布海外知识产权服务机构名录和案例库，开发建立海外维权案件信息报送平台。

（商务部条法司）

公安机关保护知识产权工作

2017年，公安部按照国务院严格知识产权保护工作部署，将打击侵权假冒犯罪作为一项重点工作，组织全国公安机关坚持打击主业，突出信息化建设主线，积极构建数据化实战攻坚格局，全力服务创新驱动发展战略。

一是持续高压严打。2017年初即紧扣“云端2017”专项行动部署，认真谋划全年任务安排，先后制定下发《关于纵深推进2017年打击侵权假冒犯罪工作的通知》《关于贯彻落实2017年全国打击侵权假冒工作电视电话会议精神　深入推进知识产权刑事保护工作的通知》，组织部署各地结合本地特点，全面、科学部署常态化条件下的打防工作格局，准确引导各地工作方向。切实发挥部局统筹指挥督导职能，挂牌督办105起重特大案件，明确专人予以全程督导，推动各地重点突破。据统计，2017年，全国公安机关共破获各类侵权假冒犯罪案件1.7万起，抓获犯罪嫌疑2.2万人，

涉案价值 64.6 亿元。

二是优化打击模式。进一步优化顶层设计和机制建设，积极探索多领域实战应用，全力构建集约作战机制化、常态化。一是持续打击涉烟经济犯罪，依托“打击涉烟违法犯罪研判室”建设，研判生成 38 起特大跨地域案件线索，部署 27 省公安机关导侦扩线集中收网，破案 129 起，抓获犯罪嫌疑人 343 名，捣毁犯罪窝点 169 个，案值 12.7 亿元，形成“全国打、打全国”的集约打击攻势，以务实行动和战果服务，保障了烟草中央税收。二是突出打击假酒犯罪，组织各地全力开展情报研判，先后实施三轮集约围剿，共破案 234 起，抓获犯罪嫌疑人 598 名，捣毁犯罪窝点 457 个，缴获各种品牌假酒 81.8 万瓶，案值 9.56 亿元，打出波澜气势。三是重点打击事关国计民生、国外企业高度关注的突出犯罪，组织重庆、河南联合侦破“6・24”特大制售假冒品牌电缆案，抓获犯罪嫌疑人 75 名，捣毁犯罪窝点 39 个，案值 5900 余万元，以严打高压力保公共安全。组织山东等 11 省公安机关合成作战，破获“3・19”特大制售假冒品牌箱包案，抓获犯罪嫌疑人 53 名，捣毁犯罪窝点 49 个，查扣制假生产线 56 条、设备 1431 台，涉案价值 5.2 亿元。

三是深化国际合作。按照“以合作促共识、谋共赢”的工作思路，持续推进知识产权领域国际执法合作，以坦诚务实的态度和实实在在的成果彰显公安部严打犯罪的决心和立场。一方面，合作机制更加巩固深化。继续巩固现有合作机制平台的基础上，依托国际刑警组织，以及中美、中欧知识产权刑事执法领域会晤机制等基础较好、影响较大的合作渠道，推动构建常态化合作格局。2017 年 9 月，公安部工作组与美方在纽约共同举行中美知识产权刑事执法会晤，双方围绕进一步巩固和深化双边执法合作，特别是完善常态合作机制进行探讨并达成共识。同时，双方商定将知识产权执法合作成果纳入中美执法及网络安全对话框架，以更好推动双方合作。另一方面，联合执法更加频繁有力。应国际刑警组织邀请，再次参与互联网假药犯罪“盘古”行动、侵权假冒和非法物品贩运“链条”行动，迄今我方已参与 18 期国际刑警组织发起的国际执法行动并发挥主导作用，国际反响积极。同时，继续以对美合作为龙头，以牵引带动整体执法合作。围绕中美共同确定的 4 起年度合作重点跨国案件，调动各自资源，集中力量予以推进。此外，根据重庆侦办的 1 起利用互联网跨国销售假冒名牌商品案，主动通报美方开展执法合作摧毁跨国犯罪链条。深化合作的国际效应持续显现，欧盟反欺诈办公室、德国驻华使馆知识产权与法律事务办公室、德国联邦刑警总局等纷纷到访公安部，与公安部交流寻求合作领域。

四是夯实工作基础。牢固树立信息化引领实战工作理念，结合打假专业特点，依托机制创新构筑常态化打防格局。一是以信息联结深化“两法”衔接。重点应对涉烟、走私经济犯罪高发态势，积极创新与烟草、海关等行政执法和行业监管部门长效、常态机制建设。特别是会同国家烟草专卖局联合建设的首个涉烟违法犯罪研判室正式启用，深度整合公安、烟草部门各类相关数据，打造数据集成、情报扩线、指挥调度等功能为一体的专项实战应用平台，为打击涉烟违法犯罪提供数据支撑和研判服务。二是以平台建设优化类罪模型。与阿里、京东等电商平台建立工作机制，强化数据交换，共同研发侵权假冒类罪监测模型，提升预测预警能力。三是以阵地建设强化预警防控。依托贵州省遵义市公安局，启动打击假酒犯罪情报监测点，加强假酒领域的预警监测，延伸打击侵权假冒犯罪防控触角。

五是同步教育宣传。始终将宣传作为推进打假工作的一个重要阵地，不断提升宣传意识，谋划宣传工作，切实提升公安机关打击犯罪的影响力和感知度。结合“3・15”“4・26”“5・15”以及党的十九大召开等重要时间节点，围绕重点案件筹划集中宣传报道，全面展示打假成果，营造舆论声势。同时，统筹外宣战场，积极做好美国“301调查”应对工作，利用当前中美刑事执法合作需求持续增多，合作意愿更加强烈的有利背景，大张旗鼓地宣传公安部打击成效。结合2017年中美双方再次合作，成功侦破“7·7”跨国侵犯知识产权案的重大战果，抓住有利时机主动沟通美方，联合美方共同于11月开展同步宣传，双方合作氛围再跃新高度。此外，通过会同国际刑警组织举办“全国公安机关知识产权刑事保护培训班”、会同中国外商投资企业协会优质品牌保护委员会举办2017中国知识产权保护论坛、重点外商投资企业座谈会等，积极输出打击理念，争取更多理解和支持。

（公安部经济犯罪侦查局）

知识产权司法保护工作

2017年，人民法院坚持以习近平新时代中国特色社会主义思想为指导，全面贯彻落实党的十八大和十九大精神，忠实履行宪法法律赋予的职责，牢固树立“四个意识”，按照统筹推进“五位一体”总体布局和协调推进“四个全面”战略布局要求，紧紧围绕“努力让人民群众在每一个司法案件中感受到公平正义”的工作目标，坚持司法为民、公正司法，加强知识产权审判领域改革创新，树立保护知识产权就是保护创新的理念，充分发挥司法保护知识产权的主导作用，不断提高审判质量效率、队伍素质能力和司法公信力，优化科技创新法治环境，推动实施创新驱动发展战略，为实现“两个一百年”奋斗目标和建设知识产权强国、世界科技强国提供有力司法保障。

一、依法履行审判职责，发挥司法保护主导作用

创新是引领发展的第一动力，是建设现代化经济体系的战略支撑。为实现把我国建成知识产权强国和世界科技强国这一宏伟目标，归根到底要依靠创新驱动。一年来，在知识产权案件数量大幅增加，新类型、重大疑难案件增多，案件审理难度加大的情况下，人民法院始终坚持以执法办案为第一要务，充分发挥司法保护知识产权的主导作用，以民事审判为基础，行政审判和刑事审判并行发展，公正高效地审理大量知识产权案件。2017年，人民法院共新收一审、二审、申请再审等各类知识产权案件237 242件，审结225 678件（含旧存，下同），比2016年分别上升33.50%和31.43%。

（一）充分发挥民事审判职能，遏制知识产权侵权行为

一年来，人民法院充分发挥知识产权司法保护对于激发全社会创新动力、创造潜力和创业活力的独特作用，加强知识产权民事审判工作，加大对智力成果的保护力度，着力维护公平竞争的市场经济秩序。2017年，地方各级人民法院共新收和审结知识产权民事一审案件201 039件和192 938件，分别比2016年上升47.24%和46.37%。其中，新收专利案件16 010件，同比上升29.56%；商标案件37 946件，同比上升39.58%；著作权案件137 267件，同比上升57.80%；技术合同案件2098件，同比下降12.62%；竞争类案件2543件（含垄断民事案件114件），同比上升11.24%；其他知识产权民事纠纷案件5175件，同比下降2.60%。地方各级人民法院共新收和审结知识产权民事二审案件21 818件和20 525件，同比分别上升4.92%和0.94%；共新收和审结知识产权民事再审案件77件和55件，同比分别下降2.5%和35.29%。

2017年，最高人民法院新收知识产权民事案件503件，审结493件，比2016年

分别上升 36.31%和 28.72%。其中,新收和审结二审案件 15 件和 13 件;新收和审结申请再审案件 452 件和 442 件,比 2016 年分别上升 41.69%和 33.53%;新收提审案件 21 件,审结 21 件。

一年来,人民法院审结的具有较大社会影响的知识产权民事案件有:广东加多宝饮料食品有限公司与广州王老吉大健康产业有限公司擅自使用知名商品特有包装装潢纠纷案;福州米厂与五常市金福泰农业股份有限公司等侵害注册商标专用权纠纷案;捷豹路虎有限公司与广州市奋力食品有限公司侵害商标权纠纷案;沈韦宁等与南京经典拍卖有限公司等著作权权属、侵害著作权纠纷案;商务印书馆有限公司与华语教学出版社有限责任公司侵犯商标权及不正当竞争纠纷案;四川中正科技有限公司与广西壮族自治区博白县农业科学研究所等侵害植物新品种权纠纷案;鹤壁市反光材料有限公司与宋俊超、李建发、鹤壁睿明特科技有限公司侵害商业秘密纠纷案等。

(二)充分发挥行政审判职能,促进依法管理知识产权

人民法院贯彻落实全面推进依法治国的基本方略,准确适用 2014 年修订的行政诉讼法,加大司法对知识产权授权确权案件的司法审查力度,加强对行政执法行为的司法监督,严格规范知识产权行政执法行为,支持、监督、促进依法行政。2017 年,地方各级人民法院共新收知识产权行政一审案件 8820 件,比 2016 年上升 22.74%。其中,专利案件 872 件,同比下降 22.35%;商标案件 7931 件,同比上升 32.40%;著作权案件 17 件,同比下降 45.95%。审结一审案件 6390 件,同比上升 2.24%。地方各级人民法院新收知识产权行政二审案件 882 件,审结 1146 件。其中,维持原判 964 件,改判 150 件,发回重审 5 件,撤诉 24 件,驳回 1 件,其他方式结案 2 件。

2017 年,最高人民法院新收和审结知识产权行政案件 391 件和 412 件,比 2016 年分别上升 10.14%和 17.05%。其中,新收申请再审案件 346 件,审结 366 件,比 2016 年分别上升 22.70%和 29.33%;新收提审案件 35 件,审结 37 件。

一年来,人民法院审结的具有较大社会影响的知识产权行政案件有:西峡龙成特种材料有限公司与榆林市知识产权局、陕西煤业化工集团神木天元化工有限公司专利侵权纠纷行政处理案;北京万生药业有限责任公司与国家知识产权局、第一三共株式会社发明专利权无效行政纠纷案;迈克尔·杰弗里·乔丹与国家工商行政管理总局商标评审委员会、乔丹体育公司商标争议行政纠纷案;四川省宜宾五粮液集团有限公司与国家工商行政管理总局商标评审委员会、甘肃滨河食品工业(集团)有限责任公司商标异议复审行政纠纷案;传感电子有限责任公司与国家知识产权局专利复审委员会、宁波讯强电子科技有限公司发明专利权无效行政纠纷案等。

(三)充分发挥刑事审判职能,严厉打击侵犯知识产权犯罪

人民法院紧紧围绕推进平安中国、法治中国建设的总体要求,履行好维护国家政治安全、确保社会大局稳定、促进社会公平正义、保障人民安居乐业的主要任务,继续保持打击侵犯知识产权犯罪的高压态势,依法严惩侵犯知识产权犯罪行为,充分发挥法律的威慑作用。保护权利人合法权益。2017 年,地方各级人民法院共新收侵犯知识产权罪一审案件 3621 件,同比下降 4.69%。其中,侵犯注册商标犯罪案件 3425 件,同比下降 3.93%;侵犯著作权罪案件 169 件,同比下降 13.33%。

地方各级人民法院共审结侵犯知识产权罪一审案件 3642 件,同比下降 6.69%;涉及侵犯知识产权的生产、销售伪劣商品罪案件 1100 件,同比下降 61.47%。在审结的侵犯知识产权罪一审案件中,假冒注册商标罪案件1687件，同比下降5.91%；销售假冒注册商标的商品罪案件1494件，同比下降3.18%；非法制造、销售非法制造的注册商标标识罪案件260件，同比下降16.40%；假冒专利罪案件1件；侵犯著作权罪案件170件，同比下降17.87%；销售侵权复制品罪案件4件，与2016年持平；侵犯商业秘密罪案件26件，同比下降35%。[1]

地方各级人民法院共新收涉知识产权的刑事二审案件533件，同比下降32.27%；审结540件，同比下降33.50%。

一年来，人民法院审结的具有较大社会影响的知识产权刑事案件有：北京易查无限信息技术有限公司、于东侵犯著作权犯罪案；合肥市国耀电子有限公司、钟传锐销售假冒注册商标的商品犯罪案；陈奕泉等四人侵犯商业秘密犯罪案等。

2017年的知识产权司法保护工作呈现出四个重要特点。

案件数量持续增长。2017年，人民法院新收知识产权民事、行政和刑事案件数量大幅增加，比2016年上升33.50%。其中，北京、上海、江苏、浙江、广东五省市法院收案数量保持高位运行，新收各类知识产权案件数合计167 613件，比2016年上升56.63%，占全国法院案件总数的70.65%。人民法院新收知识产权民事一审案件上升幅度达到47.24%。其中，广东法院2017年新收知识产权民事一审案件58 000件，同比增长84.70%；北京法院新收25 932件，同比增长49.20%；上海法院新收14 012件，同比增长43.17%。其他一些省份新收各类知识产权案件同比也呈迅猛攀升态势，如吉林上升210.00%；湖南、福建分别上升73.80%和73.14%；内蒙古上升59%。此外，安徽法院知识产权案件也增长迅速，同比上升31.90%；山东法院涉外知识产权民事一审案件同比上升119%。

裁判影响力显著提升。随着我国创新驱动发展战略的深入推进，知识产权日益成为市场主体参与国内外市场竞争，提高市场竞争地位的核心要素和战略资源，知识产权司法保护越来越得到国内外各界的持续广泛关注。人民法院紧紧把握发展机遇，高度重视重大案件的审判工作，引领规则设定，回应社会关切。如在广东加多宝饮料食品有限公司与广州王老吉大健康产业有限公司擅自使用知名商品特有包装装潢纠纷案中，最高人民法院明确指出，双方当事人对涉案“红罐王老吉凉茶”包装装潢权益的形成均作出了重要贡献，双方可在不损害他人合法利益的前提下，共同享有“红罐王老吉凉茶”包装装潢的权益。该案双方当事人涉诉纠纷众多，利益牵涉面广，社会影响大。公开宣判后，主流媒体纷纷刊文报道并肯定判决公正，社会反响积极热烈，向国内外各界人士展现了最高人民法院的良好风貌，双方当事人亦发表声明服从最高人民法院的判决。北京法院审理了一大批具有重大影响的知识产权案件。如适用商标损害赔偿消极举证推定制度的“墙锢”商标侵权纠纷案，界定特殊历史时期创作作品著作权归属的“红色娘子军”侵害著作权纠纷案，等等。上海知识产权法院审理的红五新加坡私人有限公司诉联系有限公司、齐飞国际发展有限公司等著作权许可使用合同纠纷案，标的额高达10亿元，社会影响广泛。

审判质效明显提高。一是结案数量大幅上升。吉林法院审结各类知识产权案件同比上升135.00%；福建法院审结各类知识产权案件同比上升90.06%；广东法院审结知识产权民事一审案件同比上升84.73%；北京法院审结二审、再审知识产权民事案件同比上升162.50%；河南法院审结著作权案件同比上升316.35%；天津法院审结知识产权刑事案件同比上升

[1] 以上公开数据不含新收和审结涉知识产权刑事一审案件总数、涉及侵犯知识产权的生产、销售伪劣商品罪案件数、涉及侵犯知识产权的非法经营罪案件数以及其他侵犯知识产权案件数。

53.6%。二是再审率大幅下降。2017 年，地方各级人民法院审结的知识产权民事一审案件虽然同比上升 46.37%，但是二审案件的改判发回重审率为 5.33%，与上一年基本持平，再审率下降 37%。知识产权行政二审案件的改判发回重审率为 12.04%，同比下降 13.07%。三是案件调撤率大幅上升。上海法院知识产权民事案件调撤率达 76.31%；辽宁省大连市中级人民法院知识产权案件调撤率达 74.53%；山东法院民事一审案件调撤率达 63%；江西法院民事案件调撤率超过 60%；新疆法院民事一审案件调撤率达 56.50%，申诉信访率为零；黑龙江法院民事一审案件调撤率达 53.80%；宁夏法院民事二审案件调撤率达 88.46%，服判息诉率 100%。山西省高级人民法院审理的二审知识产权民事案件调撤率达 49.30%，取得了良好的社会效果。

保护力度全面加强。知识产权侵权案件赔偿低是人民群众一直关注的问题之一。最高人民法院向全国法院提出以市场价值为导向解决赔偿低问题，加大对知识产权侵权行为的惩治力度，提升侵权人的违法成本，使赔偿数额与知识产权市场价值相适应。依法提高司法救济效率，完善知识产权的行为保全、证据保全、财产保全措施的适用规则，提高知识产权司法救济的及时性、便利性和实效性。在安徽省芜湖市中级人民法院审理的宜宾五粮液股份有限公司诉肖泽好侵害商标权纠纷案中，将关联刑事案件确定的假酒贩卖数量、单价、支出计算出因侵权行为所获利益，判赔 1300 余万元，有力保护了权利人的合法权益。北京知识产权法院在布鲁克诉迪盈特等侵害发明专利权纠纷案中详细论证侵权赔偿数额和合理支出的计算方法，判决赔偿权利人经济损失及合理支出共计 615 万元。北京市海淀区人民法院在卓路体育诉新赛点公司不正当竞争纠纷案中认定离职员工与新单位构成侵害商业秘密，判赔 800 余万元。河南法院严厉惩处知识产权刑事犯罪，对假冒知名商标，生产、销售与人民群众生命财产安全密切相关的食品、种子、药品、香烟、白酒等犯罪分子判处实刑，在法律规定幅度内加大财产刑的处罚力度。

二、加强审判改革创新，完善知识产权审判体系

为深入贯彻实施创新驱动发展战略和国家知识产权战略，强化知识产权创造、保护、运用，破解制约知识产权审判发展的体制机制障碍，充分发挥知识产权审判激励和保护创新、促进科技进步和社会发展的职能作用，中央深改组指定最高人民法院牵头起草《关于加强知识产权审判领域改革创新若干问题的意见》。2017 年 11 月 20 日，习近平总书记主持召开十九届中央全面深化改革领导小组第一次会议，审议通过这一重要文件。该文件是中共中央办公厅、国务院办公厅印发的第一个专门面向知识产权审判的里程碑式的纲领性文件，确立了新时代人民法院知识产权审判工作的指导思想、基本原则、改革目标和重点措施，夯实了知识产权司法事业的理论、制度和组织基础，为新时代人民法院知识产权司法事业的发展描绘了宏伟蓝图，对于全面加快我国知识产权审判体系和审判能力现代化进程具有重大的现实意义和深远的历史意义。

（一）扎实有效推进知识产权法院建设

发挥司法改革排头兵作用。三年来，北京、上海、广州三家知识产权法院解放思想，开拓创新，锐意进取，创造性地开展工作，确保党中央的决策部署和全国人大常委会的决定落到实处，各项工作扎实推进，进展顺利，成效凸显。一方面，依法审理社会影响大、关注度高的重大案件，确立裁判规则，促进裁判标准统一，为行业发展提供重要指引；加大知识产权侵权赔偿力度，推进诉讼诚信建设，赢得社会各界积极评价。另一方面，作为司法改革的先行者和探索

者，落实司法责任制，法官员额化、机构精简化、管理扁平化，形成法官主导、人员分类、权责明晰、协同合作的审判新模式，尝试审判委员会公开开庭审理案件，实现院、庭长办案常态化；探索案件繁简分流和裁判文书改革，建立技术调查官制度，努力创造可复制、可推广的改革经验。2017 年，三家知识产权法院共受理知识产权民事和行政案件 26 698 件，审结 22 631 件，比 2016 年分别上升 54.61％和 51.93％，结案率 84.77％。北京知识产权法院推进案例指导研究基地建设工作，上海知识产权法院积极服务上海科技创新中心建设，广州知识产权法院加强知识产权市场化研究，树立了中国法院知识产权司法的新形象。

总结推广经验谋划新发展。最高人民法院加强对北京、上海、广州三家知识产权法院的组织领导和监督指导工作，深入调查研究知识产权法院在改革发展中遇到的困难和问题，以“钉钉子”精神逐项抓紧抓好，确保各项工作部署落到实处、取得实效，巩固知识产权法院工作已经取得的成绩。2017 年 5 月 25 日，最高人民法院召开第三次知识产权法院工作座谈会，全面听取三家知识产权法院三年来在改革工作中的经验和建议，全面总结知识产权法院成立三年来的工作成绩与经验，分析存在的问题，并就进一步加强知识产权法院建设提出工作建议。陶凯元副院长与会并作重要讲话，对三家知识产权法院过去三年的工作成绩充分肯定，并提出今后一段时间的工作目标和方向。2017 年 8 月 29 日，周强院长在第十二届全国人民代表大会常务委员会第二十九次会议上对三年来知识产权法院的工作情况、当前面临的问题和困难以及下一步的工作措施和建议进行了全方位的报告。

研究国家层面知识产权法院机制。《知识产权法院上诉体制机制》作为最高人民法院司法改革项目之一，将设立国家知识产权法院的必要性和可行性作为主要研究内容，经过多次调研论证，旨在对知识产权保护制度基础理论进行深入研究，为国家知识产权法院的设立提供可行性方案。在第三次知识产权法院座谈会上，与会代表就建立国家层面的知识产权法院问题进行了深入探讨。下一步将继续加强调研论证工作，为党中央未来决策提供重要参考。

（二）设立跨区域管辖的知识产权专门审判机构

为贯彻落实国家知识产权战略，优化知识产权案件管辖格局，整合知识产权审判资源，最高人民法院于 2017 年共批复在南京、苏州、武汉、成都、杭州、宁波、合肥、福州、济南、青岛、深圳 11 个市设立跨区域管辖的知识产权专门机构。至 2017 年底，11 家知识产权专门机构已全部揭牌成立并开始正式运行。11 家知识产权专门机构的设立，对于进一步推进完善知识产权保护机制，统一知识产权司法裁判尺度和审判质量，维护市场秩序和市场主体合法权益，实施创新驱动发展战略，具有重要意义。

（三）继续全面深入推进“三合一”改革工作

在《最高人民法院关于在全国法院推进知识产权民事、行政和刑事案件审判“三合一”工作的意见》的基础上，推动“三合一”改革工作迈上新台阶。最高人民法院于 2017 年上半年已实行知识产权审判“三合一”，与知识产权民事、行政和刑事审判有关的业务全部纳入知识产权庭职责范畴。全国各高级人民法院也加大力度推进。截至目前，已有 10 个省（直辖市）制定了实施方案报最高人民法院批准实施，并已按照方案初步完成了业务隶转、资源整合、人员调配、组织协调等一系列配套工作。下一步，在中央政法委协调下，最高人民法院将继续推进与最高人民检察院、公安部沟通，共同会签知识产权刑事司法保护的相关文件，进一步巩固“三合一”改革工作成效。同时加大培训力度，努力造就一支能够驾驭三大诉讼的复合型法官队伍。

（四）健全完善技术事实查明机制

最高人民法院完成《知识产权法院技术调查官选任工作指导意见（试行）》的起草工作，结合之前出台的《关于知识产权法院技术调查官参与诉讼活动若干问题的暂行规定》《关于北京、上海、广州知识产权法院案件管辖的规定》等文件，建立技术调查官制度，细化和完善技术调查官参与诉讼活动工作职责，规范技术调查报告的采信机制。北京法院注重查清技术事实，强化技术类案件审理的程序保障，发挥法官在查明技术事实方面的主导作用。有效发挥技术调查官在技术类案件事实查明中的突出作用，探索建立技术调查官通过法官向当事人告知的程序，研究技术调查官出具报告的公开条件和时机，初步建立全市三级法院技术调查官资源"共享"机制。2017 年，共有 33 名技术调查官参与了 319 件案件的技术事实查明工作。上海知识产权法院探索完善技术调查、技术咨询、专家陪审和技术鉴定"四位一体"的技术事实调查认定体系综合运用规则，平稳实现常驻技术调查官的交流轮换。青海法院出台《关于技术调查官参与诉讼若干问题的规定（试行）》《技术调查官职责任务及相关要求》等配套制度，通过启用技术调查程序替代鉴定程序，极大降低了查明专门性问题的经济成本，提高了审判效率。

（五）推进知识产权多元化纠纷解决机制建设

近年来，知识产权案件呈现逐年迅速增长的趋势，人民法院充分发挥自身优势，促使各种纠纷解决方式各得其所、各尽其能、多元共治、形成合力，大大提升知识产权案件的质量和效率。湖北法院注重发挥司法调解功能，坚持多措并举，以调解促和谐、促合作、促发展，妥善化解了大量知识产权领域的矛盾纠纷。如湖北省高级人民法院在审理中国音像著作权集体管理组织、恒大音乐有限公司等多个权利人诉武汉欢乐迪音乐城等侵犯著作权纠纷的超千件关联案中，尽最大努力做好调解工作，妥善化解纠纷，最终上述案件全部以调撤方式结案。海南法院通过采取"维权和教育"的方式调撤一批知识产权民事侵权案件，如海南知名工艺美术家陈某侵犯著作权纠纷案等，以调撤审判相结合的方式，彻底化解纠纷。新疆建设兵团法院创新调解方式，搭建化解知识产权纠纷诉调对接平台，引导当事人选择委托调解、行业调解、专家调解、行政调解等方式解决知识产权纠纷。广西壮族自治区玉林市中级人民法院建立"司法＋行政"联动解决知识产权纠纷机制，与工商行政部门联合发布《关于建立侵害商标权纠纷司法调解与行政调解衔接机制的意见》，整合执法信息资源，建立信息共享平台，打击侵害商标权的行为。河北省石家庄市中级人民法院设立仲裁委员会诉调对接仲裁工作室，在立案大厅开设调解接待窗口。安徽省芜湖经济技术开发区人民法院打造多元化解服务平台，建立"线上＋线下调解"的多元化纠纷调解机制，诉前化解纠纷 1645 件。

三、强化审判监督指导，统一司法裁判尺度标准

公正司法在法治中国建设中具有至关重要的地位和作用，是人民法院的生命线，也是确保司法公信力的基础。2017 年，人民法院进一步健全完善司法保护规范，强化审判管理和监督机制，加大审判调研指导工作力度，提高知识产权审判质量和效率，努力让人民群众在每一个司法案件中感受到公平正义。

（一）加强司法解释和司法政策的制定发布工作

2017 年 4 月 24 日，最高人民法院发布

的《中国知识产权司法保护纲要（2016—2020）》，系最高人民法院首次针对专门审判领域制定发布的保护纲要。纲要发布后，社会各界广泛关注，理论界和实务界都给予了高度评价，先后被评为2017年度人民法院十大法院新闻之一和2017年推动互联网法治进程十大事件之一。纲要在总结、归纳、提炼过去三十年知识产权司法保护的成功经验基础上，明确了知识产权司法保护工作的指导思想、基本原则、主要目标和重大措施，规划发展路径和蓝图，尤其是首次系统地、创造性地提出了知识产权司法保护要达到的8个目标、15项具体措施。纲要的发布已经成为我国知识产权审判体系趋于完善、审判能力走向成熟的重要标志，为知识产权审判事业的发展夯实了制度、组织、经验和理论基础，让世界更加了解知识产权司法保护的“中国智慧”和“中国经验”。

最高人民法院制定发布《最高人民法院关于审理商标授权确权行政案件若干问题的规定》，该规定是最高人民法院总结审判实践经验、完善商标授权确权法律适用标准的重要举措，对倡导诚实信用理念、形成良好的商标申请和注册秩序、统一裁判标准具有重要意义。正在研究起草《最高人民法院关于知识产权纠纷诉前行为保全申请应用法律若干问题的解释》《最高人民法院关于审理商标民事纠纷案件适用法律若干问题的解释》《最高人民法院关于审理专利授权确权行政案件若干问题的规定（一）》。

（二）积极参与法律的编纂修订和研究起草工作

最高人民法院积极参与专利法、著作权法、反不正当竞争法等法律的修改工作，在民法典的起草研究中充分反映知识产权司法保护的经验和要求。及时掌握新情况和新问题，组织专项研究和论证，认真总结审判实践中形成的司法原则和经验，结合审判实际，有针对性地提出修法建议。积极参与反不正当竞争法的修订工作，最高人民法院所提的重要意见大部分被《反不正当竞争法》在修订时采用。参与全国人大常委会的著作权法执法检查，围绕执法检查提出的问题，认真研究落实全国人大常委会著作权法执法检查报告以及审议意见。

（三）加强审判调研和案例指导工作

加强法律适用的专题研究。最高人民法院完成“商业模式等新形态创新成果的知识产权保护办法”专题调研工作，提出了新形势下加快知识产权强国建设的重要举措，对前沿领域加强知识产权司法保护主导作用作出了积极探索。最高人民法院2017年11月24日在上海召开第二届自贸区知识产权司法保护研讨会，就自贸区法院知识产权“三合一”审判机制、知识产权诉讼特别程序等专题展开研讨交流。举办“第四届中国知识产权保护热点问题研讨会”，就恶意抢注商标行为的规制等议题展开深入细致的探讨。江苏省高级人民法院完成“知识产权司法保护中防范商业秘密诉讼泄露问题研究”等调研课题。广东省高级人民法院积极起草《关于以知识产权市场价值为导向　破解侵权损害赔偿难问题的研究报告》，取得实质性推进成果。重庆市高级人民法院完成《后商标使用行为的类型化分析与规范使用》等重点调研课题。湖北省高级人民法院形成《关于标准必要专利案件审理有关情况的调研报告》等调研报告。北京知识产权法院承担的重点调研课题“涉国际竞争知识产权司法保护问题研究”获得最高人民法院审判理论重大课题优秀奖。贵州省高级人民法院完成“贵州省非物质文化遗产司法保护问题研究”，引导贵州非物质文化遗产健康发展。

加强案例指导作用。最高人民法院发布第16批10件涉知识产权纠纷的指导性案例。知识产权指导性案例与公报案例、

“4·26知识产权宣传周”期间发布的典型案例、最高人民法院知识产权案例指导研究(北京)基地发布的案例以及最高人民法院司法案例研究院发布的知识产权典型案例构成案例群,成为中国特色案例指导制度的重要组成部分。下一步,最高人民法院知识产权审判庭将继续推进建立覆盖全国的知识产权案例数据库,充分发挥最高人民法院知识产权案例指导(北京)基地的作用,推进知识产权案例数据库建设,完善中国特色知识产权案例指导制度,促进裁判标准统一。

四、大力推进阳光司法,提升司法保护公正公信

2017年,人民法院切实抓好各项审判公开制度在知识产权审判工作中的落实,促进案件审理的公开、公正、透明,大力推进阳光司法,切实保障案件当事人和社会公众的知情权。

(一)深化司法公开,保障司法公正

继续推进裁判文书公开。积极探索移动互联环境下司法公开的新途径,强化知识产权审判对中国裁判文书网、中国审判流程信息网、中国庭审公开网等平台的广泛应用,推进知识产权司法公开的信息化、数据化、精细化。对于适宜公开的裁判文书及时、全面上网,定期通报文书上网情况,并逐渐提高裁判文书的公布范围和公布效率。最高人民法院知识产权审判庭裁判文书上网率100%。

推进审判流程公开和网上办案。加强知识产权案件审判流程管理,保障当事人的知情权、监督权,提高审判质量和效率。加强科技法庭建设,大力推进庭审同步录音录像和庭审网络直播,创新庭审公开形式,拓展庭审公开范围,提高司法公开的智能化水平。最高人民法院对于二审和依法提审的知识产权案件,除依法不公开审理以及当事人申请不公开的案件,均通过庭审直播公开网进行直播。

(二)加大宣传力度,提升司法影响力

为总结和展示三十余年来人民法院知识产权审判工作的丰硕成果,最高人民法院于2017年知识产权宣传周期间在中国法院博物馆举办了“中国法院知识产权司法保护成就展”。此次专题展览,内容丰富、形式新颖、技术含量高,涉及范围广、规格高,个人和团体观展逾2000人,充分体现了知识产权审判工作的亮点和影响力。来自16个中央国家机关和中华全国工商联合会等6个社会团体的代表,最高人民法院部分特约监督员、特邀咨询员,俄罗斯、法国、意大利、美国、尼日利亚、塞内加尔等6个国家的驻华使节以及世界500强企业的部分代表应邀参加开幕式并观展。人民法院报、凤凰卫视、中国新闻网、法制网、中国法院网、最高人民法院网、中国经济网等多家媒体进行了报道。世界知识产权组织总干事弗朗西斯·高锐到访并参观了中国法院知识产权司法保护成就展,对中国法院知识产权司法保护取得的成就给予了高度评价。各地方法院积极响应号召,提供了丰富展览素材,充分展示人民法院知识产权审判队伍的凝聚力和良好精神风貌。

(三)参与专项工作,开展国际交流

最高人民法院积极配合全国打击侵犯知识产权和制售假冒伪劣商品工作领导小组办公室工作,圆满完成各项任务。2017年4月,周强院长应邀访问世界知识产权组织(WIPO)总部,代表最高人民法院与WIPO签署了司法交流与合作谅解备忘录,与WIPO建立合作机制,将共同起草一套发展中国家通用的知识产权法官培训教材。参与《承认与执行外国民商事判决公约》谈判工作。参与中欧知识产权对话、工作组会议、自由贸易区知识产权章节谈判。派员参与第139届国际商标协会年会,就商标国际保护的前沿问题参与讨论并作主题发言。充分利用中国知识产权司法保护

国际交流(上海)基地,建立健全知识产权国际交流合作长效机制,加强与国际组织、知识产权司法保护经验丰富国家之间的交流合作,出版发行中英文双语版《最高人民法院知识产权案件年度报告 2008—2015》,扩大对外交流影响范围。

(四)突出工作亮点,做好"4·26"宣传

自 2009 年起,最高人民法院以"4·26 世界知识产权日"为契机,紧紧围绕司法公正公开的主题,突出知识产权司法保护的热点和亮点,不断总结和完善知识产权司法保护和宣传的措施、渠道。九年来,全国法院的知识产权宣传活动逐步体系化、规模化,形成品牌效应。陶凯元副院长在 2017 年知识产权宣传周活动新闻发布会上介绍了 2016 年人民法院知识产权司法保护的总体情况以及 2017 年的工作设想,通报创新亮点;发布《中国法院知识产权司法保护状况(2016 年)》(中英文版)、2016 年中国法院十大知识产权案件和五十件知识产权典型案例、发布《最高人民法院知识产权案件年度报告(2016)》。来自中央和地方的 20 余家媒体对新闻发布会进行了报道,舆论反响热烈。各地法院结合本地实际开展形式多样的"4·26"宣传活动。浙江省高级人民法院召开媒体见面会,介绍全省知识产权司法保护的总体状况,启动"辉煌三十年"杭州地区法院知识产权司法保护成果展,发布知识产权十大保护案件、十大民生案件和十大调解案件。湖南法院积极开展知识产权审判宣传进企业、进社区、进校园活动,精心组织"4·26 世界知识产权日"活动,发布司法保护白皮书和典型案例,在中南大学公开开庭审理涉及"九牧"商标的侵权及不正当竞争纠纷案,取得良好的社会效果。

五、强化审判队伍管理,推动司法审判能力建设

队伍建设始终是人民法院知识产权审判工作的根本基石。各级法院知识产权司法审判队伍必须提高政治站位,提升职业能力素养,着力锻造一支政治坚定、顾全大局、精通法律、熟悉技术并具有国际视野的知识产权司法审判队伍,为新时代知识产权司法审判工作提供坚强有力的组织保障。

(一)加强思想政治学习,提高政治站位

全国法院知识产权法官按照中央部署要求,围绕"学懂、弄通、做实",采取扎实有力措施,深入学习贯彻十九大精神。全国法院知识产权法官通过不断学习,深刻领会习近平新时代中国特色社会主义思想中的战略思维、创新思维、辩证思维、法治思维、底线思维,深刻领会共产党人的初心使命、政治品格、价值追求、精神境界,坚定理想信念,世界观、人生观、价值观"总开关"问题得以解决,使每个干警的认识水平、思维方式更加符合新时代新使命的要求,提高了履行职责使命的本领,增强了工作的科学性、预见性、主动性和创造性。最高人民法院知识产权审判庭研究制定学习贯彻党的十九大精神实施方案,多次举办"知产庭党支部大讲堂"活动,抓党建、带队建、促审判。

(二)加强审判业务学习,提升履职能力

人民法院始终坚持把提升知识产权司法队伍履职能力作为推进知识产权司法保护工作的重要环节抓紧抓好。充分运用专题培训、专题研讨、在职培养、交流挂职、庭审观摩等形式,加大学习教育培训力度,打造学习型审判队伍,以适应知识迅速更新、实践快速发展的新形势。最高人民法院知识产权审判庭于 2017 年 9 月 3 日至 9 日举办全国法院知识产权审判实务培训班,地方法院共 120 名法官参加培训。针对商标授权确权审判中的难点和重点问题,多个法院邀请商标授权确权司法解释的主要起草人对重要条款以及在适用过程中应当注意的标准问题进行详解,丰富和服务审判实践。浙江省高级人民法院邀请最高人

民法院法官以及知识产权专家、学者授课，课程内容涵盖知识产权审判业务各方面。

（三）加强司法廉洁建设，打造过硬队伍

2017 年，全国法院知识产权司法审判机构保持司法腐败零容忍，抓好党风廉政建设和反腐败斗争，坚持无禁区、全覆盖；坚持重遏制、强高压、长震慑；坚持刚柔相济，严管厚爱，共同发力，提高功效；坚持抓早抓小、防微杜渐，最大限度防止干部出问题。逐步形成发现问题、及时纠偏，不断增强队伍自我净化、自我完善、自我革新、自我提高的能力。标本兼治，坚决杜绝利用腐败潜规则进行权钱交易、在办案法官与案件当事人之间充当诉讼掮客的行为，确保党和人民赋予的审判权不被滥用。

附件

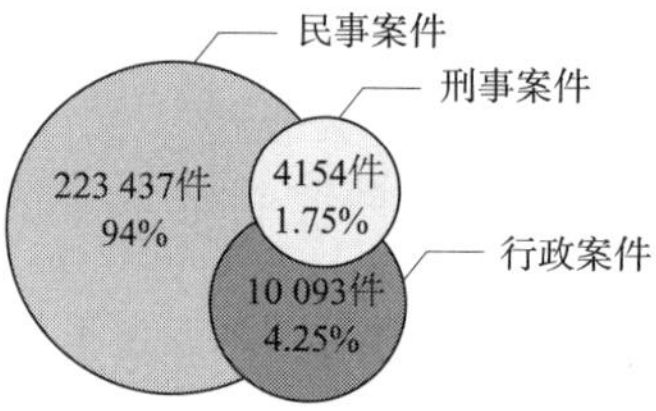

图 1　2017 年全国法院新收知识产权案件类型与数量图

图 2　2017 年全国地方各级人民法院新收知识产权民事一审案件同比增幅图

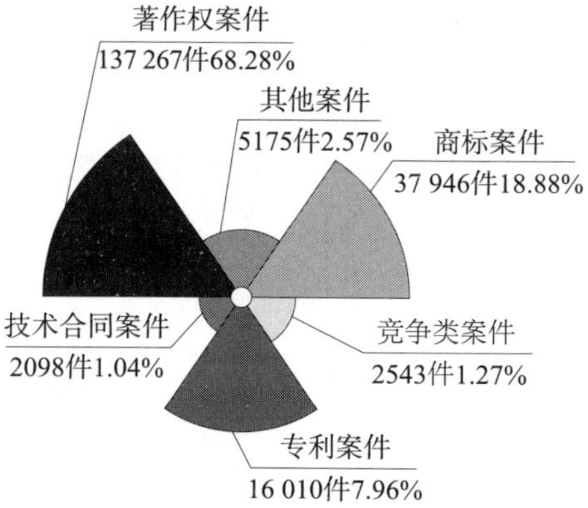

图 3　2017 年全国地方各级人民法院新收知识产权民事一审案件类型与数量图

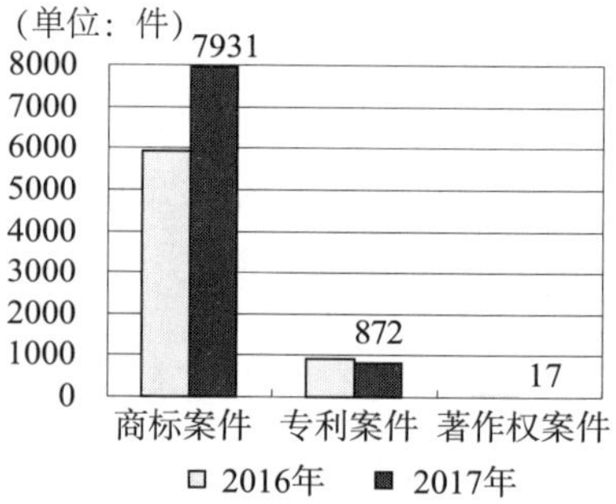

图 4　2017 年全国地方各级人民法院新收知识产权行政一审案件同比增幅图

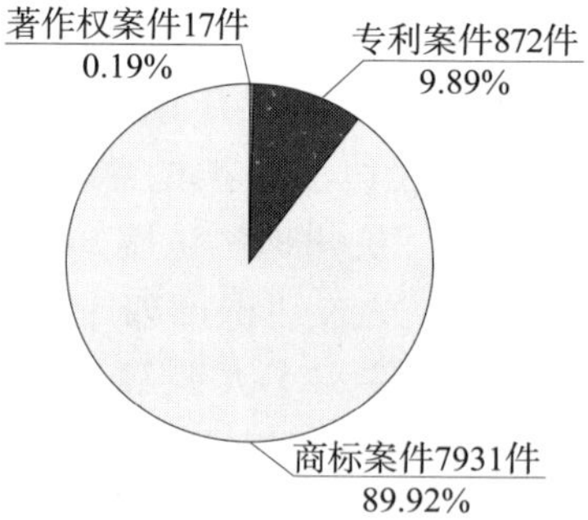

图 5　2017 年全国地方各级人民法院新收知识产权行政一审案件类型与数量图

图 6　2017 年全国地方各级人民法院新收知识产权刑事一审案件同比增幅图

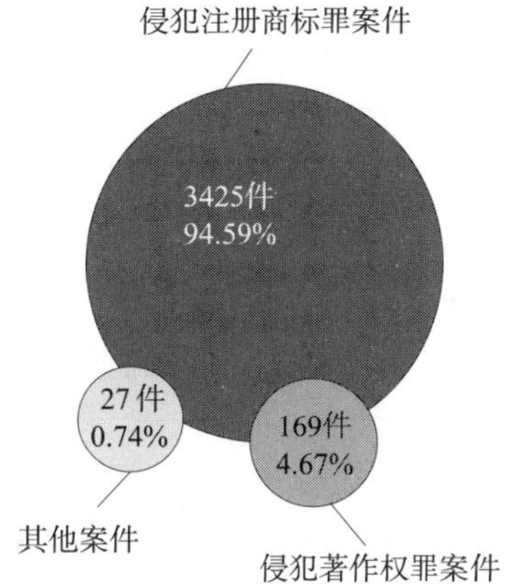

图 7　2017 年全国地方各级人民法院新收知识产权刑事一审案件类型与数量图

（最高人民法院知识产权审判庭）

检察机关保护知识产权工作

2017 年，全国检察机关深入学习贯彻党的十九大精神，坚持以习近平新时代中国特色社会主义思想为指导，坚持保护知识产权就是保护创新的理念，积极履行各项法律监督职责，依法打击侵犯知识产权犯罪，全面加强知识产权司法保护，取得了新的进展和成效。

一、加大打击力度，保持对侵犯知识产权犯罪高压态势

一是依法审查批捕、起诉侵犯知识产权犯罪案件。2017 年，全国检察机关共批准逮捕涉知识产权犯罪 2510 件 4272 人，提起公诉涉知识产权犯罪 3674 件 6809 人。其中，批捕假冒注册商标罪，销售假冒注册商标的商品罪，非法制造、销售非法制造的注册商标标识罪犯罪嫌疑人 3975 人，提起公诉 6468 人，分别占侵犯知识产权犯罪批准逮捕和提起公诉案件的 93.1% 和 95.0%；批捕侵犯著作权罪 67 件 115 人，提起公诉 156 件 272 人；批捕侵犯商业秘密罪 32 件 59 人，提起公诉 24 件 61 人；批捕假冒专利罪 3 件 3 人，起诉 1 件 2 人；批捕数罪中含侵犯知识产权罪 9 件 27 人；批捕他罪中含侵犯知识产权行为 48 件 87 人。

二是充分发挥诉讼监督职能，加大知识产权保护力度。检察机关充分发挥刑事立案监督、民事行政抗诉、执行监督等法律监督职能，及时纠正商标侵权假冒领域的有案不移、有案不立、以罚代刑、裁判不公、执行不力等问题。以打击侵犯知识产权犯罪为重点，深入开展对行政执法机关移送涉嫌犯罪案件和公安机关刑事立案活动的监督，防止和纠正有案不移、有案不立和以罚代刑。2017 年，全国检察机关共监督公安机关立案侵犯知识产权犯罪案件 180 件 211 人。向公安机关提出书面纠正涉知识产权犯罪案件侦查活动中的违法行为 86 件次，公安机关已纠正 68 件次。单独挂牌督办了 10 起侵犯知识产权犯罪重大典型案件，与有关部门联合挂牌督办了 29 起侵犯知识产权犯罪重大典型案件。

三是注重提前介入，提高指控犯罪能力。对重大侵犯知识产权犯罪案件，检察机关指派办案骨干提前介入侦查活动，及时引导侦查思路，明确侦查方向，有针对性

地提出收集、固定、完善证据的意见和建议，确保侦查取证有效性。北京市海淀区人民检察院知识产权案件检察部成功提前介入 12 起侵犯知识产权案件。在出庭指控犯罪时，检察机关高度重视对物证、书证、电子证据等客观性证据的运用，围绕侵犯知识产权犯罪构成要件的认定、犯罪数额、情节和案件争议焦点等，科学合理示证，充分有力质证答辩，保证了对侵犯知识产权犯罪的指控效果。

二、积极探索专业化办案模式，提升办理知识产权案件能力水平

针对知识产权犯罪专业化、科技化含量高的特点，检察机关多措并举，探索建立专业化办案模式，不断提升办理知识产权案件能力水平。一是建立专门化办案部门。目前，全国已有 13 个省份的检察机关设立了专门负责办理知识产权类犯罪案件的机构，如上海市人民检察院第三分院设立了知识产权检察处、湖南省长沙市人民检察院设立了知识产权检察局、江苏省苏州市人民检察院设立了知识产权检察室。二是建立专业化办案队伍。选派具有知识产权专业知识、办案经验丰富的检察官组建专业化办案队伍，有针对性地培养专业复合型人才，提升办案人员的业务水平，适应检察机关办理疑难、复杂知识产权案件需要。三是探索知识产权案件集中快速办理机制。北京、上海、江苏等地对知识产权案件推行区域集中办理，部分地方对侵犯知识产权案件实行“捕、诉、监、防”一体化办案，即将审查逮捕、审查起诉、诉讼监督、犯罪预防工作全部集中由一个办案部门或办案组负责。山东检察机关建立审查起诉“绿色通道”，对知识产权案件安排专人优先审查，提高办案质效。四是建立专家库，服务知识产权检察业务。北京、上海检察机关建立了由知识产权业界、司法实务、法学理论研究专家、律师等组成的专家库，开展业务培训、个案咨询、类案研讨等，为检察机关办案、人才培养提供智力支持。五是不断强化知识产权业务培训。各地检察机关通过邀请知识产权法学专家、技术专家授课，召开知识产权研讨会等方式，加强业务培训，促进提升检察人员办理知识产权案件的能力和水平。

三、创新工作方法，全面加强对知识产权司法保护

一是加强知识产权司法保护宏观指导。2017 年 1 月，最高人民检察院印发《关于充分履行检察职能加强产权司法保护的意见》，明确要求“依法惩治侵犯知识产权和制售假冒伪劣商品犯罪，突出打击链条式、产业化侵犯知识产权犯罪，以及具有反复侵权、恶意侵权、网络侵权、有组织侵权等恶劣情节的犯罪”。12 月 4 日，最高人民检察院印发《关于充分发挥职能作用营造保护企业家合法权益的法治环境　支持企业家创新创业的通知》，要求各级检察机关“依法惩治侵犯企业知识产权等各类产权、背信损害企业利益以及其他严重扰乱市场秩序的犯罪，有力维护健康有序的市场秩序”。12 月 20 日，最高人民检察院会同公安部修订印发《关于公安机关办理经济犯罪案件的若干规定》，对包括侵犯知识产权犯罪案件的经济犯罪案件办理作出了明确规定。通过制定这些重要指导性意见或者司法解释性质文件，知识产权司法保护理念在检察司法办案环节得到进一步强化。

二是积极推动“两法衔接”机制建设运行。最高人民检察院积极推进建立健全“两法衔接”工作机制，进一步推动各地加强“两法衔接”信息共享平台的高效利用，广东、四川、宁夏等 30 个省（区、市）建成打击侵权假冒执法司法信息共享平台，其中检察机关主导建成 10 个。积极参与推进“健全行政执法与刑事司法衔接机制”改革任务，就检察机关开展“两法衔接”工作进行专题调研，向有关部门报送了《检察机关推进“两法衔接”工作评估报告》。派员参

与打击侵权假冒绩效现场考核组赴福建、吉林等省市进行现场考核，并配合全国打击侵犯知识产权和制售假冒伪劣商品工作领导小组办公室（全国“双打办”）考核了各省级检察机关打击侵权假冒犯罪工作情况。最高人民检察院承办了多份全国人大代表和政协委员提出的关于“完善行政执法与刑事司法衔接机制”的建议、议案答复工作，得到了代表委员的高度认可。

三是加强涉知识产权民事行政检察监督。检察机关注重通过依法支持企业、知识产权集体管理组织进行诉讼的形式来保护知识产权。如湖南省长沙市人民检察院成功办理了支持江西江中制药（集团）有限责任公司起诉长沙市望城区达湘源食品厂等企业、店铺商标侵权案，有力保护了江中制药享有的“猴姑”文字商标、“江中猴姑”商标专用权等合法权益。长沙市天心区人民检察院成功办理了支持中国音像著作权集体管理协会起诉湘府吉园娱乐城等KTV娱乐场所侵犯著作权系列案。2017年以来，全国检察机关对知识产权纠纷类民事行政检察案件支持当事人起诉38件。检察机关还注重加强对知识产权纠纷案件的执行监督。湖北省钟祥市人民检察院通过提出执行监督检察建议，促使一起执行时间长达6年的台胞著作权受侵犯执行积案得到圆满解决。福建省泉州市人民检察院开展了“知识产权涉财产执行案件检察监督”专项工作，提出的执行监督检察建议获法院采纳。

四是加强与公安、法院等协作配合，促进规范高效办案。就知识产权案件诉讼证据和法律适用等问题，检察机关加强与法院、公安及其他行政机关协作配合，共同研究、人民制订统一标准，促进规范高效办案。贵州省贵阳市人民检察院会同市中级人民法院、市公安局、市司法局召开知识产权刑事案件专题联席会议，形成了四家会签的会议纪要，就案件中隐匿身份、非法经营数额、强制措施及判决执行等问题形成了一致意见。深圳市人民检察院会同市中级人民法院、市公安局以及市价格认证中心等相关部门会签了《关于办理侵犯知识产权刑事案件侵权产品价格认定相关问题的意见》，对侵权产品价格认定等问题统一作出规范。检察机关还及时将办案中发现的行政监管不到位、管理漏洞等问题反馈给行政执法机关和行业主管部门，以加大行政监管力度，为预防和打击犯罪提供保障。

五是加强宣传教育，营造知识产权司法保护合力。各级检察机关在依法办理知识产权案件的同时，积极借助“国际消费者权益日”“世界知识产权日”等契机，综合运用检察建议、案例手册、新闻媒体等方式加强宣传，引导社会公众和企业经营者不断提升合法经营和知识产权保护意识，扩大保护效应。最高人民检察院连续五年发布“年度中国检察机关知识产权保护十大典型案例”，北京市人民检察院发布《2016年北京市检察机关知识产权刑事司法保护白皮书》。检察机关还积极开展送法进企业活动，重点针对企业知识产权管理者、关键技术岗位人员、科技企业员工开展知识产权法律知识的普及宣传，提升企业及相关人员尊重、维护知识产权意识。北京市海淀区人民检察院汇编案例并印制《侵犯知识产权刑事案件取证指引手册》，向有关行政执法机关和中关村高新企业发放，收到良好反响。

（最高人民检察院侦查监督厅）

全国知识产权社团工作

中国知识产权研究会(第七届)

理　事　长　田力普
副 理 事 长(按姓氏笔画排序)
马小航　王宏祥　刘建波
刘春田　朱雪忠　何盛宝
吴汉东　张　平　张　勤
张雪红　张景利　李国华
李明德　李顺德　杨　哲
杨宗仁　杨铁军　陈文彤
周中琦　林广海　俞思瑛
徐志武　聂玉栋　陶鑫良
高　峰　黄　峰　曾祥銮
谢商华
秘　书　长　赵志彬
副 秘 书 长(按姓氏笔画排序)
马秀山　李　剑　段玉萍
赵　颖　谢小勇

2017年,在国家知识产权局党组和领导的坚强领导下,研究会干部职工扎实工作、锐意进取,切实加强基层党组织建设,较好地完成了理事会建设、学术研究、编辑出版、宣传培训、会员管理和服务、法律咨询、民间国际交流等各项工作任务。

一、理事会换届选举工作顺利完成

组织召开研究会第七次全国代表大会,总结了第六届理事会工作,选举产生了第七届理事会。新一届理事会构成涵盖了政府有关部门,以及科研单位、高校、企业、服务机构等各界人士,代表性广泛,规模保持稳定,力量不断加强。部署了新一届理事会工作任务,做出了进一步提高政治站位、加强重大理论和实践问题研究、打造有影响力的品牌项目、加强理事会和办事机构建设等战略部署。

二、学术课题研究取得积极进展

完成了规划发展司委托的美国、日本、韩国、巴西、南非知识产权制度环境研究,以及欧盟和主要国家(美日韩)海关知识产权保护政策性研究;完成了审业部委托的“各行业专利技术现状及其发展趋势研究”15项、“重点领域专利技术分析研究”2项、“国际知识产权热点问题研究”2项等研究;继续与河北省知识产权局保持合作,完成了相关传统课题研究。

三、《知识产权》杂志影响力不断扩大

全年共出刊《知识产权》杂志12期,聚焦知识产权理论探索、制度建设、司法实践和国际知识产权新发展,围绕《民法总则》知识产权条款、网络游戏直播相关著作权问题、信息网络传播权和标准必要专利疑难问题等进行专题研究。2017年内,刊发的申长雨局长《全面开启知识产权强国建设新征程》,引起业内广泛反响,提升了杂志的政治站位;刊登的吴汉东教授《论知识产权一体化的国家治理体系——关于立法模式、管理体制与司法体系的研究》,发挥了杂志的学术引领作用,杂志的学术研究地位、社会影响力不断加强。

四、会员管理和服务水平明显提升

2017年,团体会员已达570家、个人会员达375人,队伍不断扩大。全年在北京、上海、杭州、成都等地共举办专利、商标、版权等知识产权实务培训班13期,培训4000余人次,深受会员欢迎。完成人事司委托的相关培训任务,联合地方研究会举办“京津冀及雄安新区知识产权工作一体化战略构想研讨会”。全年出刊《知识产权竞争动

态》和《中国知识产权研究会通讯》各20期；利用研究会网站和微信公众平台等手段，向广大会员和社会各界推送最新知识产权信息、学术研究成果等；积极推荐会员单位参加各类各项评选、评比活动。

五、民间国际合作交流深入开展

完成了美国知识产权法律协会（AIPLA）代表团来访有关工作，甘绍宁副局长与代表团进行了会谈，提升了合作交流的层级和水平，在国际合作司的统筹下，协调了最高人民法院、北京知识产权法院、代理人协会、专利审查协作四川中心等部门，与代表团进行了深入交流，进一步加深了合作关系。年内，联合英国《知识产权管理》杂志举办“全球知识产权及创新峰会”、联合美国飞翰律师事务所举办“知识产权提升企业国际竞争力高级研讨会”“美国外观设计权利、商业包装及非传统商标最新实务及案例讲析高级研讨会”和“美国知识产权最新实务及案例讲析高级研讨会”，受到了我国创新主体的广泛好评，对我国企业“走出去”起到了积极作用。

六、法律咨询业务能力不断提高

扎实开展法律咨询服务，司法鉴定案件完成数量保持稳中有升，加大与各级人民法院和公安机关合作力度，完成司法鉴定报告共计31份。进一步提高法律咨询服务的科学化、规范化水平，注重司法鉴定质量，规范内部操作流程，明晰案件受理、书面记录、鉴定专家与委托方沟通等各环节要求；积极当好鉴定专家的助手，耐心做好争议问题的沟通协调工作，严格从形式修改到实质审核、从事实认定到法律适用等方面的审查，确保鉴定意见客观公正、合理合法。

七、基层党组织建设得到加强

认真落实机关党委年度工作部署，组织开展学习宣传贯彻党的十九大会议精神活动，严格落实“三会一课”制度，积极开展专题学习讨论、党史知识竞赛等活动，引导党员干部牢记党员身份，增强党员意识。切实加强对党员的教育管理，坚持摘编《人民日报》刊登的有关知识产权的文章及论述，每周定期组织党员集中学习讨论。

（中国知识产权研究会）

中国专利保护协会

会　　　长　孟凤朝

副　会　长　（按姓氏笔画顺序排列）

王小川　王　宇　王　军
王明文　王　晔　王雄姿
元英进　龙传红　付炳锋
白　韦　白　莉　巩月琼
曲　阳　朱　兵　刘喜鹊
江海涛　许开华　苏　静
杜吉洲　李学锋　李　勇
李　彬　肖　彪　邱则有
宋柳平　张　帆　张贵民
张　娜　张雪红　陈　伟
陈　培　陈梓平　陈媛青
林诗美　林　㵘　季　节
周　炜　郑永锋　郑泰强
孟凤朝　赵　杰　胡柏剡
侯玉奇　耿文军　柴洪峰
徐　炎　郭小明　彭支援
董友梅　董伟良　谢海楠
靳晓东　赖贞澄　解辰阳
裴振江　戴厚良

副会长兼秘书长　马维野

2017年，协会面临脱钩后的第一年，为贯彻十八届五中全会精神，落实知识产权工作要求，推动知识产权强国建设，协会牢固树立“创新、协调、绿色、开放、共享”的发展理念，顺应社会组织深化改革的大方向，探索、强化市场化运作方式，加快转型，努力成为依法自治的现代社会组织，着力发挥协会在推动知识产权强国建设、加强知识产权保护和运用、优化企业发展环境、为企业提供服务等方面的作用，推进协会持续、健康发展。

一、内部管理工作

协会建立了以《章程》为核心的内部管理制度，拥有健全的会员代表大会、理事会和常务理事会制度。协会在发展业务工作中，重视按照《章程》要求加强内部管理，不断提高协会的工作水平和服务能力。

(一)加强自身制度建设，不断提高工作水平

协会领导重视自身制度建设，通过规范内部管理，不断提高工作水平，为工作提供保障。协会按照建立现代社会组织的要求，参照国家知识产权局内有关规章制度完善了协会内部管理制度，包括组织制度、财务制度和党务制度等，实行民主决策，开创了稳定的工作局面。

(二)提高服务能力，加强会员发展与管理

协会坚持依靠优质的服务吸引会员。换届改选之后，协会围绕推动国家知识产权战略实施，进一步明确了工作方向，转变工作思路和服务方式，不断提高服务能力，先后与高校、代理机构、地方政府部门签署战略合作协议，广开渠道加强会员发展、服务与管理工作。积极为企业提供各项知识产权专业服务，深化知识产权研究和信息咨询服务工作，加大面向企业的知识产权培训工作力度，充分发挥政府与企业之间的桥梁和纽带作用。通过加强与企业的沟通和联系，会员数量稳步上升，有望年底突破500家，形成了稳定的会员发展局面。

二、会员服务工作

协会在发展业务工作中，始终以会员企业的实际需求为出发点，在了解和掌握会员企业知识产权管理的基本状况、发展方向和目前专业管理需求情况的基础上，为会员提供多方位的专业服务。

(一)完善平台功能，继续做好信息服务工作

协会重视以网站、微信公众号作为信息发布平台和宣传服务窗口，为会员提供多种增值信息服务。一是重新改版了协会网站，增加了会员风采的展示和链接，作为联系会员的窗口和渠道，立足于会员实际需求，提供快捷、高效和有针对性的信息服务，以便会员及时了解有关法律、政策及管理和学术上的重要信息和动态。二是开立了微信公众号，与会员的联系更加便捷，提高了信息时效性。协会每天发布信息，有热点评论、国际国内知识产权重要信息、时事报道、协会工作动态、通知、会员投稿等。关注度稳步提升，浏览量突破5000，不仅为企业提升知识产权创造、运用、保护和管理能力提供帮助与借鉴，也增加了协会的知名度。

(二)开展法律服务，为会员企业提供法律帮助

根据企业知识产权工作的实际需要，加强面向会员的知识产权法律服务工作，是协会的重要职责之一。协会利用自身法律专业人才和信息资源优势，为会员提供信息咨询、专题检索查询、技术专利性评价分析、涉外知识产权保护等工作，帮助会员解决工作中出现的疑难法律问题。2017年，协会结合课题研究项目，深入会员企业、科研院所进行调研，为会员提供专业性服务积累了资料，同时建立了与科研院所和相关政策研究部门的联系，为今后开展法律研究工作拓宽了咨询和意见反馈的渠道。除此之外，协会通过举办最新专利政策宣讲和法律援助等有针对性地为会员提供法律服务；开展了关于“药品专利链接制度”和“专利期限延长制度”的调查问卷设计、发放、收集和统计分析工作，组织医药行业重点企业召开“医药领域专利热点问

题研讨会”等；开展大量专利维权援助工作，为中化集团、洛阳兰迪玻璃机器股份有限公司和海南椰树集团等会员企业解决了日常专利工作中遇到的难题和纠纷；协助北京市维权援助与举报投诉公益服务12330，研究“专利行政执法”以及调解案例收集工作；开展会员个性化法律服务，承接了“上海振华”“福建液晶”“中冶赛迪”相关的三个专利咨询分析项目。脱钩后，为落实国家知识产权局和申长雨局长关于“知识产权大保护”和“发挥仲裁调解作用”的精神，协会努力尝试建立人民调解委员会这一公益性的知识产权多元纠纷解决机制。2017 年 4 月，调解组织的设立已获得北京市司法局备案同意，名称为“中国专利保护协会知识产权纠纷人民调解委员会”。北京市司法局的复函不仅标志着中国专利保护协会在国家知识产权局发挥仲裁调解解决知识产权纠纷中作用的方面取得了阶段性成果，而且标志着“知识产权大保护”向社会实践方面迈出了宝贵探索步伐。在上述工作中，协会着眼于企业在市场运营中面临的知识产权问题，保障会员企业的合法权益，及时、有效地为会员提供法律服务。

(三)发挥桥梁作用，加强企业与政府的沟通和联系

协会作为一家专业性的社会团体，注重充分发挥政府与企业之间的桥梁作用，联系沟通会员与政府部门，向政府管理和决策部门传达企业的呼声和诉求。其中，工作的重点之一就是积极向政府立法部门反映企事业单位和会员有关知识产权立法等方面的意见和建议，将广大会员企业在法律修改中的话语权充分体现。积极配合行政部门，开展强市、强企、强国建设的研究工作，深入参与强市建设政策研究、强国建设督办考核机制研究、“双创”城市研究、重点联系机制等方面的工作。提出意见建议，反映企业利益诉求，成为政府联系企业的重要渠道。2016 年底至 2017 年 10 月，维权事务部通过组织和举办专题研讨会、调研以及意见征求会的形式，配合条法司陆续开展了《专利法》及其实施细则修改项目(3 个子课题)、《职务发明条例》配套项目以及贸易政策审议项目的推进工作，获得了来自会员企业的大力支持，共计 400 余人次踊跃报名参加，以实际行动彰显了协会为会员全心全意提供专业服务的决心。协会通过承担“审查技术专家咨询系统”项目的运维工作，为审查员提高专利审批质量提供外部智力支撑。同时，维权事务部还在专利复审委员会、湖北审查协作中心、北京审查协作中心、江苏审查协作中心、河南审查协作中心、广东审查协作中心等地组织了一系列课题宣讲和审查业务研讨活动，向会员企业展示了行业分析与普及推广项目的最新成果，帮助会员企业跟进《审查指南》修改和《优先审查管理办法》等专利法规的最新变化情况，以企业为主体开展意见征求和宣讲活动。

(四)开展培训工作，提高企业专利管理水平

企业既是技术创新与知识产权创造的主体，也是市场经济的主体。帮助和支持企业提高知识产权运用能力，培育自身发展的核心竞争力上发挥作用，是协会的长期工作任务。当前，企业在知识产权工作中面临的最大问题就是缺乏知识产权人才。为此，协会注重根据会员企业的实际需求，开展面向企事业单位的专业培训。脱钩以来，协会先后在贵州贵阳学院、江苏镇江和大连理工大学盘锦校区成立了中国专利保护协会的培训基地，开展各类知识产权培训；据统计，换届以来，协会共举办各类培训、研讨活动近 30 期，参加人员多达 2000 余人次，主办地区涉及北京、南宁、上海、江苏、昆明、哈尔滨、西安、长春、深圳、广州等全国各大城市，培训在服务会员的同时，也为社会各界知识产权界的非会员人士提供了充分的学习机会。

为了有针对性地开展培训，协会培训部门在年初就设计了一套调查问卷，通过微信公众号、会员邮箱、企业走访等多种途径发放问卷，了解企业的培训需求；同时，每次培训过程中及时与参训学员了解培训效果，使得课程设置更为合理和贴近实际。授课内容也涵盖了宏观政策解读、审查政策宣讲、审查业务实践、高质量专利培育、专利信息分析利用、专利运营等。

（五）加强对外交流与合作，为企业搭建沟通与交流平台

协会重视与国外知识产权专业协会的交流与合作，为会员企业与跨国公司之间的沟通与交流搭建平台。协会与美、日、欧等国家和地区知识产权行业协会及有关组织建立了民间对外交流合作关系，以组织企业知识产权研讨会、考察等方式就知识产权热点问题展开交流和研讨，使协会的专业研究与服务工作能广泛吸取国外知识产权管理与战略方面的有益经验，为会员单位提供参考与借鉴。一是组织国内各类知识产权国际交流研讨活动，包括组织企业国际规则相关需求调研座谈会；组织召开中国专利保护协会国际事务工作组沙龙活动；与欧洲专利局（EPO）共同组织举办中欧专利质量伙伴会议，为中国用户介绍欧洲专利局最新政策及五局合作进展；与美国知识产权所有人协会（IPO）共同组织第十一届中美企业知识产权论坛。二是组织会员赴国（境）外开展学习考察、交流研讨活动，主要有组织中国企业（百度、比亚迪、绿叶制药、正大天晴等）知识产权管理人员赴德国、法国进行知识产权访问交流活动；与外观设计审查部沟通确定并组织企业代表参加外观设计五局合作 ID5 会议；组织企业（华为、中兴）参加五局合作全球案卷任务组产业界系列会议；协助国际合作司组织中国企业（华为、港专）参加在慕尼黑的 B+小组会议。

（六）深化专题项目研究，促进企业知识产权工作发展

经济全球化背景下，企业面临的知识产权问题越来越多。协会一直致力于从企业知识产权创造、运用、保护以及法律纠纷等方面为会员提供服务，开展面向企事业的知识产权专题项目研究工作。换届以来，协会承担了《PCT 制度在中国的实施状况调查》《专利法及其实施细则修改配套工作项目》《职务发明制度调研和宣传》《知识产权强市建设相关政策及建设路径研究》《开展新形势下专利战略及专利执法重点任务研究》《知识产权强省建设工作考核督办机制研究》《开展示范城市落实知识产权助力“双创”情况评估工作》《开展知识产权助力大众创业万众创新需求问卷调查工作》《开展专利保护重点联系机制工作》《开展知识产权助力中小企业“双创”服务工作》《建立执法指导和专利侵权判定咨询机制》等专项课题研究，上述研究成果提供给会员，为会员开展知识产权管理工作提供有益的借鉴与参考。

（七）坚持开拓创新，不断满足会员服务需求

协会坚持开拓创新，创新会员服务内容和方式，简化会员管理流程和入会手续，开通在线入会，开发印制了普通会员以上会员、创新创业会员和个人会员权益手册，重新设计制作了会员卡和会员铜牌。使会员服务更加清晰、更加灵活、更加有针对性。拓宽业务范畴积极利用政策为企业提供服务。协助企业推荐申报中国专利奖，为企业提供加快审查申请服务。按照国家知识产权局的总体部署和要求，认真做好中国专利奖评选事务性组织工作。同时，利用协会资源优势，加大对专利奖工作宣传。利用协会网站、微信公众号等平台，对中国专利奖评选背景、程序、指标等进行政策解读，加强对专利奖评选工作的宣传，扩大专利奖影响力。

协会十分重视会员企业的实际需求，以实地调研等方式加强与会员企业的沟通与联系，提升为会员服务的质量。2017年，协会在深入学习、贯彻科学发展观活动的基础上，为进一步了解会员企业在技术创新、知识产权创造、运用、保护和管理以及产品市场推广等方面状况和实际需求，协会有针对性地开展了会员企业调研工作。走访调研了华为、京东、北汽、京东方、中石化、中化等在京副会长会员单位，以考察座谈的形式了解了当前企业知识产权工作的现状和困扰企业发展的诸多问题，为协会今后进一步做好为会员和广大企事业单位服务的工作提供了方向。

（中国专利保护协会）

中华全国专利代理人协会

会　　长　杨　梧

副 会 长　林柏楠　马　浩　王宏祥　姜建成　李　勇（港专）　任　虹　陈　浩　胡　杰　吴大建

秘 书 长　徐媛媛

常务理事　（按姓氏笔画排序）

马　兰　马　浩　王文庆
王达佐　王宏祥　叶学军
田玉兰　龙　淳　任　虹
刘小红　刘　芳　刘孟斌
庄英菊　汤建武　汤茂盛
许宗富　闫俊芬　余　刚
吴大建　张建成　张　明
张敬强　李卫东
李　勇（港专）
李　勇（金杜）　李　柯
李雁翔　李　毅　杨　梧
陆锦华　陈　浩　岳泉清
林柏楠　范严生　哈庆华
姜建成　胡建平　胡　杰
赵志远　赵　洪　党晓林
徐冬涛　徐　平　徐申民
徐　宏　袁庆云　郭晓东
高尚梅　尉伟敏　程　伟
董建林　戴巨龙　戴晓翔
蹇　炜　魏征骥
宋建华（特邀）

2017年，协会在局党组的正确领导下，在局领导的指导、各职能部门的关心以及协会全体员工的全力配合下，紧密围绕局中心工作，充分发挥对专利代理行业的领导、引导、指导和服务的职能，以促进行业发展为重点，以加强自身建设为保障，各项工作稳步扎实推进，顺利完成了全年各项任务。

一、重要工作进展情况

（一）坚决贯彻中央及局党组工作部署，加强党的建设

一是深入学习贯彻中央精神，组织全体员工学习十九大报告，学习习近平总书记系列讲话，结合工作实际，落实中央关于知识产权工作的重大决策部署。二是坚决贯彻局党组各项工作部署。认真贯彻落实局党组各项工作部署以及局领导的各项重要批示精神，以实际行动确保把各项工作部署落到实处，确保把重点工作任务落实到位。三是扎实开展专利代理行业党建调研。面向全国1700余家专利代理机构下发了问卷调查，赴北京的代理机构、广东省知识产权局开展实地调研活动，了解诉求，形成行业党建调研情况报告呈报局党委。四是加强协会党建工作。深入落实全面从严治党，推进“两学一做”学习教育常态化、制度化，抓好“三会一课”制度年各项活动。

（二）加强自律监督，维护有序竞争的行业秩序

进一步充分发挥协会的自律监督职能，维护行业有序竞争的秩序，促进行业诚信体系建设。一是修订《专利代理职业道德与执业纪律规范》，根据专利代理行业出现的新情况、新问题，完善不正当竞争等条款。二是开展行业诚信建设倡议活动。在"4·26 知识产权日"发起专利代理行业诚信建设倡议活动，呼吁全体专利代理行业从业人员坚持诚信经营、自律自强、专业服务、规范发展，共同构建中国专利代理品牌，为强国建设作出新的更大贡献。三是做好投诉查处工作，截至 2017 年 11 月底，共收到投诉案件 70 起，与 2016 年相比增长了 79.5%(2016 年的增长量为 62.5%)。与局条法司做好密切配合，前述案件均按规定进行了调查处理，给予处分决定的共 2 起。四是继续开展挂证抽查，配合局条法司，通过抽查代理机构、社会公众进行举报等措施对专利代理人挂证情况进行了清查。五是继续曝光无专利代理资质机构，协会累计汇总了 24 批共 524 家无专利代理资质机构名单及证据材料报送了局条法司并在协会网站、全国专利代理公共信息服务平台进行了曝光。同时，在协会网站开设专利代理资质查询专栏。六是充分利用全国专利代理公共服务平台，通过平台上行业信息的公开公示，加强社会监督，不断提高专利代理服务效能和服务质量。七是加强对专利代理机构规范化建设的指导，就专利代理机构内部管理问题举办专题交流活动。

(三)全方位加强培训扩大队伍，提升专利代理服务质量

一是夯实常态化基础性培训，提高专利代理申请质量。全年共举办各类培训及交流研讨活动 51 期，培训学员 4831 人次；协助局相关部门举办各类培训及会议 9 期，培训学员 902 人；两项共培训学员 5733 人次。为实现培训工作的系统化、制度化和规范化，制定并发布《专利代理行业上岗培训管理办法》。协助北京、广东、厦门地方协会举办 6 期专利代理人上岗培训班。二是丰富高端增值业务人才储备，加强对高端人才的培养和使用。注重在课题研究等各类活动中发挥高端人才的引领作用。三是创新培训模式，积极与地方协会合作。积极与地方协会合作，根据地方行业发展特点及培训需求，有针对性地设置实务技能培训班课程。四是优化师资队伍结构，完善培训师资数据库。细化师资类型，建立上岗培训师资库，逐步完善师资队伍结构。2017 年新增教师 31 名，目前培训教师共 117 名。注重发挥师资库新增教师的作用，通过实践提高师资的授课水平。五是做好专利代理人资格考试命题工作。继续受局条法司委托开展专利代理人资格考试题库建设、试卷命题、答案和评分标准的确定，以及与试题相关保密工作的组织和落实等。协会严格加强对涉密人员管理，落实保密工作要求，充分落实委托方案对命题数量和质量的要求，确保命题工作按时、顺利开展。六是丰富远程教育培训课程内容，扩大远程教育培训受众范围，共有 12 002 人参加了远程教育培训，比上年同期增长了 34%。

二、年度工作目标完成情况

(一)做好行业各项工作，服务于专利事业发展大局

做好行业服务，加强行业宣传与文化建设。一是做好行业服务。继续做好诉讼代理人的管理和服务工作。完成 2016 年度诉讼代理人年度考核工作，以及 2017 年 3 批诉讼代理人集中申报工作。目前，公布的专利案件诉讼代理人推荐名单共 2242 人。做好个案申报审批工作，发放诉讼个案推荐函共计 2087 份。继续实施专利代理职业责任保险方案，做好保险续保工作，截至 2017 年 11 月，全国共 547 家代理机构的 7501 名代理人办理了投保手续，较上年同期机构增长了 78.18%，人数增长 43.45%；做好中小专利代理机构 EAC 升级改版、推广工作，2017 年起将培训分为新用户推广培训班和业务提高培训班，EAC 系统正式用户达 508 家，比上年增长了 163 家。二是加大行业宣传力度。对协会的门户网站和微信公众号进行升级优化，通过协会微信公众号发布124篇文章，关注人数达9831人。做好《专利代理》发行工作，全年共发行期刊32 800册。通过国家新闻出版广电总局学术期刊认定，《专利代理》杂志学术影响力不断提升。与超星签订合作协议，利用多媒体平台不断扩大行业社会影响力。三是加强行业文化建设。继续开展扶贫倡议活动，积极调动7家专利代理机构出资援建了桑植县的2个扶贫项目。

深化对外交流，提升国际影响力。一方面，积极开展对外交流活动。参加了第57次WIPO成员国大会、AIPPI第23、24次NGO协调会议、全球知识产权从业者协会第9次网络峰会等国际知识产权NGO的活动和会议，发出中国专利代理行业的声音。全年共接待来自英国、美国、日本以及FICPI国际代表团来访6次，接待外宾共计约45人。另一方面，做好配合工作。配合国家知识产权局组织召开"第十届两岸专利论坛""第六届中日专利制度研讨会"等。协助WIPO驻中国办事处组织"PCT最佳实践与ePCT在线管理系统高级研讨班"。此外，重视并利用国际培训资源开展对国际化专利代理人才的培养工作，开展多种类型的国际专利业务培训。如举办"中国知识产权研讨会（杭州）"，与日本贸易振兴机构共同举办第八次中日外观设计制度培训班等。

支撑标准贯彻和实现机制运行管理。2017年中规公司主要开展了以下工作。一是贯标咨询工作。截至2017年11月，中规公司已签署认证合同2500家，与上年同期相比增长了127%，已完成认证审核企业数量近1700家，完成监督审核近400家，颁发证书1500张，审核业务呈现快速增长态势。注重质量把控，制定《审核指导文件汇编（内部文件）》，不断规范审核活动。截至2017年11月，在广州、成都等地设立数家分公司，以便更好服务于各地认证企业，提高工作效率。二是开展知识产权贯标培训及审核相关培训，力图针对不同类型的企业的不同需求，分别落实有针对性的培育措施。截至2017年11月，共举办各类培训108场次，培训学员逾万人次，共计培养合格外审员500余人，内审员4000余名。中规"知识产权管理体系审核员培训"课程成功通过中国认证认可协会（CCAA）备案，正式成为经官方认可的外审员培训机构。

（二）加强秘书处内部建设，提高综合能力

一是加强人事管理。做好转正、任职、评选工作。与发展研究中心联合组建评审委员会，开展了2017年度中级专业技术职务任职资格评审活动。二是做好记账、结账、报税、预算编报等财务管理工作，配合审计署开展预算执行情况检查工作。三是做好呈报文上报、存档、政府采购等日常综合管理实务。四是做好安保保密工作。认真贯彻落实保密工作各项要求，加强安全保卫，保密工作，确保协会全年无泄密事件发生。五是开展垃圾分类宣传活动，倡导垃圾分类从我做起，从身边人做起。

2017年，协会充分发挥对专利代理行业的领导、指导、引导和服务的功能，在促进专利代理服务有效融入专利创造、运用、保护和管理、服务各环节，推动专利代理行业朝着专业化、规范化、规模化方向的发展方面做出了不懈努力。但是，专利代理行业发展现状与知识产权强国目标的要求还存在较大差距，与国家、社会对行业发展的愿景还有相当的差距，行业的服务质量和诚信水平有待进一步提高，责任感和紧迫性有待进一步增强，行业整体的能力、实力尚不足以满足新形势下创新主体的要求。

（中华全国专利代理人协会）

中华商标协会

会　　　长 马　夫
副 秘 书 长 吴东平　臧宝清　南　平

2017年，中华商标协会围绕国家工商行政管理总局中心工作，立足协会脱钩大形势，开拓工作思路，创新工作方式，以"政府的助手，会员的帮手，实施商标品牌战略的行业推手"为目标，按照办公厅关于贯彻落实《国务院知识产权战略实施工作部际联席会议"十三五"国家知识产权保护和运用规划重点任务分工方案》等文件要求，稳步推进各项工作，取得显著成绩。

一、大力推进商标品牌建设

协会围绕承担的《〈国务院关于新形势下加快知识产权强国建设的若干意见〉重点任务分工方案》中制定品牌评价国际标准、建立品牌价值评价体系等相关工作，主动作为，积极推进商标品牌战略实施。

（1）中国商标品牌研究院工作取得初步成果。一是编制并发布《2016中国商标品牌价值排行榜》。该排行榜的发布既是贯彻落实国务院有关规定的具体举措，也是深入实施商标品牌战略的重要环节，从一个侧面推动我国从商标大国向商标强国转变，推动中国产品向中国品牌转变。二是发布《2016中国商标品牌发展报告》，对我国商标品牌的发展方向进行了展望，为我国商标品牌事业的持续发展提供智力支持和理论动力。三是积极开展中国商标注册与使用情况统计分析，探索建立中国商标品牌价值评价数据库。

（2）在国家工商总局商标深化改革领导小组领导下，推动商标注册便利化改革。积极完成分工任务；联系全国人大和政协委员，呼吁在统一市场监管框架下开展知识产权综合管理改革试点。

（3）围绕首个"中国品牌日"组织开展系列活动，倡导提高商标品牌意识，助力打造自主品牌。一是开展"为5·10点赞"活动。二是开展"消费者喜爱的自主品牌调查"活动。三是组织中国贵州茅台酒厂等实力会员企业参加中央电视台财经频道《对话》节目"中国品牌论坛"。四是出席京东集团举办的中国品牌专家研讨会，主动服务会员单位自主品牌创新发展。

（4）为大型企业提供商标品牌战略规划。为紫光集团、京东集团等会员企业提供商标品牌培育和保护个性化解决方案，制定商标品牌战略框架；开展中国铁路总公司系统商标和品牌战略规划研究课题调研。

（5）积极开展商标品牌精准扶贫。邀请国家工商总局定点扶贫地区抚远、同江、泰和代表免费参加商标品牌节，免费提供中华品牌博览会展位；向三地赠送商标品牌专业书籍；与皋兰县人民政府签订商标品牌战略合作协议，助力当地推进商标品牌助农、富农。

（6）筹备成立中华商标协会品牌价值评估专业委员会。

二、成功举办2017中国国际商标品牌节

国务院2016年12月30日发布的《"十三五"国家知识产权保护和运用规划》，明确将中国国际商标品牌节列入知识产权重大宣传活动。2017年9月1日至4日，经国家工商总局批准，协会和广西工商局在桂林市共同主办2017中国国际商标品牌节。围绕"商标品牌保护 创新共享发展"主题，举办了中国商标年会、中华品牌博览会、"遍行天下 心仪广西——广西品牌成果展"等系列活动。本届商标品牌节具有以下突出亮点：一是参与广泛，共有1988名代表参会，参会注册人数1168人，刷新历届商标品牌节纪录；二是议题丰富，中国商标年会设置24个论坛，创历史最高；三是成果显著，中华品牌博览会展览面

积达1.6万平方米，近500家企业参展，其中广西品牌成果展签约金额达30.8亿元；四是更加国际化，世界知识产权组织（WIPO）、国际商标协会（INTA）、欧洲商标权人协会（Marques）等国际组织纷纷在商标品牌节举办论坛，境外参会国家和地区多达31个。据不完全统计，2017年商标品牌节线上传播覆盖人群近1亿人次，满意率达到96.3%，传播了商标品牌文化知识，提升了公众商标品牌意识，对于推动商标品牌战略实施产生了积极影响。

三、充分发挥桥梁纽带作用

一是举办以“创新 保护 发展”为主题的第二届“商标行政执法与司法保护联动高层论坛”，促进了行政执法与司法保护的衔接；二是为相关部门制定政策法规建言献策，协助办理全国人大、政协涉及商标品牌方面27件提案的答复工作；三是加强与有关部门的合作，建立定期沟通机制，初步解决推荐会员单位参与商标行政诉讼案件代理问题；四是与广东省工商局共同主办第二届“南方商标品牌高端论坛”，在商标注册大省传递商标品牌建设最新信息。

四、主动提升服务会员水平

2017年，协会主动采取多项措施，进一步提升会员服务水平：一是3月正式上线运行会员系统，并开通了远程网络培训教育功能，拓展了服务会员的渠道；二是年初发布协会全年培训活动计划，不断提高培训课程的规范化、模块化水平，同时增强培训活动的针对性和实效性；三是分别在北京、深圳、西藏等地举办了12期培训班，对来自全国工商和市场监管部门的执法干部、商标代理人、律师及企业法务人员3000余人进行了培训。

五、加强商标代理行业自律

一是修订完善《中华商标协会商标代理行业道德规范》《中华商标协会商标代理服务规范》《中华商标协会商标代理机构会员单位信用信息管理办法》，明确行业服务标准；二是就商标局关于《国家工商行政管理总局停止受理商标代理机构商标代理业务工作办法（征求意见稿）》《商标代理信用信息管理暂行办法（征求意见稿）》等提出意见建议，配合主管部门加强监管；三是充分发挥协会商标代理分会作用，加强商标代理人培训教育，11月在北京、杭州两地同时开展2017年商标代理人业务培训及考试，近700人参加。

六、积极拓展国际和地区交流

协会充分发挥民间社团组织的优势，积极开展国际及海峡两岸交流合作，在国际知识产权领域的影响力不断提升。一是参加世界知识产权组织（WIPO）、国际保护知识产权协会（AIPPI）、国际商标协会（INTA）及欧洲商标权人协会（Marques）年会，并在INTA年会上主办CTA论坛和“中国之夜”招待会；二是与世界知识产权组织（WIPO）中国办事处共同主办“商标国际注册与保护高级研修班”；三是在北京召开海峡两岸民族品牌创新青年联谊会成立大会，组团赴台湾参加2017海峡两岸商标品牌研讨会，促进两岸商标品牌交流。

七、全面提升宣传工作

一是继续加强新媒体建设，进一步完善、丰富协会网站、微信栏目，协会微信公众号总用户数达1.6万余人，《中华商标》杂志微信公众号总用户数超3万人；二是创新宣传方式，第二届“商标行政执法与司法保护联动高层论坛”在线全程图文直播；2017商标品牌节首次在新华网首页、《环球时报》《中国之翼》等报刊刊登宣传广告，开幕式、主论坛等在新华网现场视频直播，开发会议信息手机APP、手机专网，通过多渠道开展立体化宣传报道；三是《中华商标》杂志围绕商标注册便利化改革、推进商标战略实施等总局商标工作重心，设立专栏，开展有针对性的宣传。

八、切实加强党建工作

一是认真贯彻落实党的十八届六中全会、十九大会议精神，严肃党内政治生活，强化党内监督，持续推进“两学一做”学习教育常态化制度化。通过集体学习、小组讨论、个人自学等多种形式，加强协会全体党员干部政治思想教育，牢固树立“四个意识”，在思想上政治上行动上同以习近平同志为核心的党中央保持一致。二是支部书记带头讲党课，严格落实“三会一课”制度。三是高度重视国家工商总局党组巡视组对协会党支部的巡视反馈意见，制定问题清单，逐项抓好整改落实，结合审计和行政事业单位内部控制建设工作，全面梳理和完善协会现行财务、行政管理制度，严防廉政风险点。四是开展“以案释纪明纪 严守纪律规矩”主题警示教育月活动，组织专题讨论，带领全体党员及入党积极分子参观中央国家机关廉政教育基地，接受反腐倡廉警示教育。五是及时办理党员组织关系转移。协会现有党员 16 人，党组织关系已全部转入协会党支部，切实做到党的组织和党的工作全覆盖，协会全体自觉按月足额缴纳党费。

九、积极稳妥做好脱钩准备工作

2017 年 2 月，协会被列入第三批全国性行业协会商会脱钩试点名单。按照《行业协会商会与行政机关脱钩总体方案》及配套政策文件的要求，协会拟定了协会脱钩试点实施方案，上报国家工商行政管理总局人事司。5 月 27 日，国家工商总局党组会研究并通过了协会脱钩试点实施方案。为保证脱钩平稳过渡，协会班子积极推动解决养老保险历史遗留问题，目前养老保险补缴工作已经基本完成，最后的养老金领取审批工作在进行中。

（中华商标协会）

中国版权协会

名誉理事长	柳斌杰
理事长	阎晓宏
常务副理事长	王国庆
副理事长	万　捷　于慈珂　王　涛　石　村　刘正荣　刘春田　吴汉东　邹建华　陈一丹　邱文友　殷忠民　郭义强　童之磊　葛　珂
秘书长	孙　悦
副秘书长	张有立　殷秩松

2017 年，中国版权协会以党的十九大精神为指引，结合协会工作实际，认真学习贯彻习近平新时代中国特色社会主义思想，秉承服务会员、服务版权事业的宗旨，坚持正确导向，不断改进创新协会工作内容与方法，围绕国家版权工作大局，努力提高服务大局、服务会员单位的能力。

一、拓展协会业务范围，完善协会组织机构，加强沟通交流，提高服务会员能力

（1）为配合党中央、国务院知识产权战略要求，优化网络版权监管手段，中国版权协会正式成立中国版权协会版权监测中心，启动版权监测服务，并于 2017 年 4 月 19 日召开了中国版权协会版权监测中心平台上线仪式。200 多位影视公司、互联网公司的相关负责人参加了大会。2017 年 6 月 15 日相关领导率著作权法执法检查组赴监测中心进行实地考察。

截至 2017 年 11 月，中国版权协会版权监测中心累计监测保护作品超过 1000 万个，持续监测社区论坛、网盘、视频、音频平台、各类影视移动应用、中小网站等超过 1.5 万个，累计处理盗版侵权链接资源超过 400 万条，持续为国内外影视作品版权方保驾护航。

（2）艺委会发挥行业作用，艺术品领域

版权保护工作开展顺利。中国版权协会艺术品版权工作委员会2017年4月21日召开“第一届中国版权协会艺术品版权高峰论坛”，中国版权协会理事长阎晓宏、中国美术家协会名誉主席、原中央美术学院院长靳尚谊、国家新闻出版广电总局版权管理司司长于慈珂以及知名艺术家、艺术机构负责人、版权法律界人士、媒体记者近150人出席，在艺术界、知识产权界产生了较大影响。会上，艺委会成立专家顾问委员会，聘请了42位国内知名艺术家和艺术机构领导。截至2017年10月，“中国艺术品鉴证备案服务”已与包括靳尚谊、韩美林、何家英等1000余名艺术家签约并提供服务，有10万余幅作品进入鉴证备案数据库，全面保障艺术家权益。

艺委会自成立至今，已发展个人和单位会员近70名，建立了艺委会的微信公众号，为艺术行业从业人员举办了多场艺术版权培训；与深圳版权协会、重庆版权交易中心、安盾网等知识产权机构达成了版权维权合作，跨地区多维度的为我国艺术品版权构筑版权保护和贸易服务平台。

(3)促进软件产业版权保护与发展，成立中国版权协会软件工作委员会。为更好地发挥中国版权协会行业的组织作用，维护会员权益，促进软件产业版权保护与发展，在国家版权局的指导下，协会于2017年9月7日召开中国版权协会“软件工作委员会”成立发布会，对外宣布“软件工作委员会”正式成立。中国版权协会软件工作委员会旨在充分发挥行业组织在维护会员权益，促进产业发展，协助推进使用正版软件等工作的协调和组织保障作用。

(4)召开2017年协会工作座谈会，加强会员交流。协会在景德镇举行了2017年工作座谈会，会上总结回顾中国版权协会近两年主要工作，介绍了协会2017年下半年重点工作，并听取了部分会员对于协会工作的意见和建议。依据听取的意见和建议，协会对未来的工作计划进行了更细致的规划和部署。

(5)继续做好面向会员的版权培训服务。2017年9月11日至12日邀请立法、司法、行政、教学科技单位的领导和专家，以及版权产业界的领军人物在北戴河举办了会员培训班。期间，向会员介绍版权立法的新动态、司法行政的新情况、技术发展与运用的新趋势、版权产业发展的新特点。100多位会员参加了培训，通过理论与实践的双重解读，增强了会员对版权发展规律的总体把握能力，受到会员单位的积极评价。

(6)针对社会热点问题，开展版权研讨活动。中国版权协会、青岛市人民政府、山东省新闻出版广电局于2017年4月14日在青岛共同主办“互联网形势下的版权产业发展”高峰论坛，会上专家学者呼吁推动互联网环境下的版权保护机制升级，营造鼓励知识创新和保护版权的社会环境，助推“互联网＋版权”产业快速发展。同时参展了2017年4月14日至16日在青岛国际会展中心举办的第三届“东亚版交会”。

2017年6月22日，美国专利商标局代表团访问中国版权协会，双方就中国著作权立法和执法问题，中国版权协会版权监测中心的建立、运行、技术措施等问题展开了深入的探讨，双方就许多中美版权热点问题陈述了观点。

2017年7月28日，由中国版权协会主办的“互联网＋图片版权保护与产业发展”研讨会在北京举行。来自版权管理部门、权利人组织、司法界、专家学者，以及腾讯、百度、新浪、网易、阅文、雅昌、中视瑞德等企业单位代表近百人出席了会议。此次研讨会旨在围绕图片版权的分类、流向、保护、监测、商业模式等问题展开探讨，以推进相关问题解决，促进产业发展。

二、服务会员、服务行业、配合政府，积极开展反盗维权活动

(1)配合政府部门启动的著作权法实施情况检查工作、“剑网2017”等行动，开展版权执法、监测和反盗维权研讨等活动。春节期间，中国版权协会版权监测中心协助国家版权局完成版权网络监测任务，进行了春节档六部重点影片和热播剧《人民的名义》等的监测。为协助全国人大常委会开展著作权法实施情况检查工作，中国版权协会广泛征求会员单位及相关专家建议，2017 年 5 月 2 日在中国出版创业产业基地园区召开著作权法实施情况座谈会。

（2）配合国家版权局等部门积极推进软件正版化工作。2017 年，协会接受国家版权局的委托，在推进软件正版化工作方面主要做了如下工作：一是组织培训。2017 年，协会承办了 3 期政府机关软件正版化培训班，来自全国 31 个省（区、市）的政府办公厅、工信厅、财政厅、发改委、版权局等部门的千余名公职人员参加了培训。二是承担软件正版化督查的组织协调工作。根据国家版权局关于开展软件正版化督促检查的工作总署，协会完成了对辽宁、吉林、黑龙江、浙江、湖北、宁夏 6 省区使用正版软件工作进行督查的组织协调工作，6 省区共检查 286 家省级政府机关，共检查电脑 22 600 台，并根据实地检查结果，向国家版权局提交了该 6 省区使用软件正版检查工作报告和有关检查数据资料等。协会软件正版化工作人员积极开展调研活动并编写了软件正版化工作手册，为正版化工作提供了重要借鉴。

三、深化各地版权协会交流，召开“新形势下版权协会的定位与作用”座谈交流会

2017 年 7 月 21 日，中国版权协会组织全国版权协会在长春举办了“新形势下版权协会的定位与作用”座谈交流会暨“全国版权协会会长、秘书长联席工作座谈会”。会上，各地版权协会主要负责同志就版权协会的定位，如何处理好协会与政府、协会、会员之间的关系等问题进行了深入交流。本次研讨会增强了各省、市版权协会之间了解，增强了工作交流与业务合作。

四、秉承“碰撞思想火花，汇集八方智慧”，中国版权协会举办“远集坊”文化讲坛

为了全面贯彻落实习近平总书记有关“文化自信”讲话精神，及党的十八届五中全会提出的“创新、协调、绿色、开放、共享”的发展理念，把创新作为引领发展的第一动力，推进版权工作开拓创新，充分发挥模范版权单位和产业的引领和示范作用，充分推动国家版权工作和版权产业的发展，中国版权协会在中国出版创意产业基地建立了一个文化讲坛，取名“远集坊”。

“远集坊”将坚持正确的文化发展方向和舆论导向，倡导平等交流，碰撞思想火花，汇集各方智慧，开展对话讨论，旨在为业界朋友搭建符合时代发展需求的文化交流平台。“远集坊”面向中国版权协会会员、中国出版创意产业基地入驻企业以及更广泛的文化产业同仁，提供智力支持与服务，促进版权创新产业发展。远集坊主题活动内容涵盖文化产业的各个领域，以及相关的经济、金融领域。所谈的内容经过权利人许可后，通过传统媒体和新媒体推送，将各方交流的智慧结晶传播到更广阔的空间。

截至 2017 年底，“远集坊”论坛活动已成功举办了 3 期，分别邀请了阎崇年、王文章及雷军先生作为主讲嘉宾，更邀请了郑欣淼、王亚民、蔡翔、卜键、郭连德、沈仁干、马文辉、邱运华、罗振宇、李国庆、葛珂、刘丛星、成湘均等众多文化产业界同仁作为特邀嘉宾参与讲坛活动，已经产生了较大的社会影响。

五、筹备举办第十届中国版权年会

中国版权年会是中国版权界规格最高、规模最大的年度盛会，在中国版权界及社会各界有较大的影响力，已成功举办九届。根据会员建议及第九届中国版权年会的良好口碑，本届年会在听取协会工作总

结及颁发年度奖项之后，重点放在开展会员间的自由交流互动环节上，使广大会员真正成为版权年度盛会的参与者，并通过互动交流达到交流经验、增进友谊、加强合作、思想融合、共谋创新等目的。

六、加强协会组织建设，促进协会健康有序发展

2017年，中国版权协会根据国家有关社团管理以及中央巡视组、国家新闻出版广电总局人事、党务、纪检等部门的有关管理要求，采取多项措施加强协会组织建设，包括完善党组织建设，推进“两学一做”学习教育常态化、制度化，扩招协会工作人员，促进协会健康有序发展。

(1)积极落实中央、国家新闻出版广电总局社团工作要求。中国版权协会领导高度重视并加强完善管理制度，按照中央、国家新闻出版广电总局和民政部文件要求，认真贯彻执行中央八项规定精神，严格遵守了党政机关干部(含离退休干部)兼职取酬的规定，党政机关和事业单位在协会兼职的有关领导均未在协会取酬。根据中央有关党政干部和公职人员社团兼职的有关规定，按照程序报请国家新闻出版广电总局人事部门批准，办理了部分党政干部和公职人员请辞本协会领导职务的申请。

(2)加强党建工作，发挥党组织政治核心作用。坚持党的领导，在2016年协会成立党支部基础上，积极开展党建活动，落实国家新闻出版广电总局人事、党务、纪检等工作要求，认真开展学习党的十九大会议精神相关活动，明确党组织在社会组织中的功能定位，发挥党组织在协会的政治核心作用，确保协会在新时期能够继续坚持正确的政治方向，健康平稳的发展。

(3)加强人员培训，提升专业技能。2017年5月3日，协会举办了二级机构及内部工作人员培训会，原国家新闻出版广电总局政策法规司司长王自强围绕版权法律制度体系、版权发展历史与现状进行了系统的培训。这次培训使协会职工更加了解了中国版权协会的发展史和我国版权产业的发展现状，增强了员工的理论基础。

(4)完善管理制度，落实管理要求。协会2017年继续修订完善各项管理制度，在现有各项制度的基础上，编制《中国版权协会管理制度汇编》，加强日常和财务管理，明确了各项制度要求。

(5)明确工作计划和职责分工，加强管理和监督，完善职工薪酬体系。2017年，协会加强了工作计划和管理监督力度，明确了职工工作职责。一是落实日常督查，实行周报告、月例会、半年年度总结，定期调度各项工作进度，确认每个岗位职工的工作职责及成果；二是健全年度绩效考核工作机制，对协会干部实行绩效考评、利益挂钩，增强党员干部干事创业的责任感、紧迫感和积极性，完善了职工的薪酬标准，对每位职工实行定岗定酬，制定了较为科学的工资考核标准。

总体来看，2017年是协会的发展年，通过搭建版权相关服务平台，协会聚集了一大批有影响、有实力的优秀协会成员，成为协会不断发展的强劲动力。在各会员单位的热情支持下，在版权界同仁的大力帮助下，2017年协会各项工作取得一定成效，开拓了协会发展的新局面。

(中国版权协会)

中国音乐著作权协会

主　　席　赵季平
副 主 席　陈晓光　雷　蕾　屈景明
终身名誉主席　王立平
名誉主席　傅庚辰　谷建芬　阎　肃
常务理事　柯肇雷　李海鹰　刘春田　刘文金　那日松　宋小明　唐建平　王世光　徐沛东　张丕基　张亚东

一、会员发展

2017年中国音乐著作权协会(以下简称音著协)新发展会员数为405,其中词作者130人、曲作者252人、继承人17人、其他3人、出版公司3家。截至2017年底,会员总数达8907。在新发展的会员中,较有影响力的个人会员有刘世民、王磊、张渠、王梓赫、舒文轩、梁凡、方磊、刘畅、袁娅维、徐梦雅、尤小刚、于湉、周英男、王耀光、王嘉诚等;公司会员有北京少城时代文化发展有限公司等。

二、音乐作品资料管理

作为中国大陆地区唯一的音乐作品著作权集体管理组织,音著协通过全球最大的中文音乐作品版权信息系统DIVA(Documentation Innovation Visionary Art)对海量的音乐作品进行管理。DIVA可凭借其强大而完善的数据库处理会员信息、作品资料及版税分配等工作内容。当会员加入音著协时,音著协会在DIVA系统中为每一名会员建立一个专属的权利人识别编码,其中包含会员的姓名、身份证号码、住址、入会身份(词曲作者、继承人或其他著作权人)等个人信息,以及该会员公开发表的音乐作品名称和该音乐作品的详细权利信息,包括音乐的词曲作者、权益人、权利归属和权利比例等内容,这些都是附着在一首音乐作品上的重要法律信息。2009年2月1日,音著协成为ISWC在中国大陆的唯一代理机构,负责ISWC编码在中国大陆地区的登记、发放和管理等工作。在数字音乐和网络环境下,ISWC编码是一首音乐作品在世界范围内被有效给予辨识、版权保护的"身份证号码"。

截至2017年底,DIVA数据库作品数目达到825万余首,其中音著协会员登记作品为41万余首,包括原创作品32.5万首,影视作品7.3万首,改编作品近8千首,填词作品5千余首,其中申请ISWC作品有13.4万首。

(一)进一步加强会员作品信息的公开透明

根据《著作权集体管理条例》的规定,著作权集体管理组织应建立网上音乐作品公示系统,音著协为持续保证所公开作品信息的新鲜度与准确性,对8000多名会员和出版商进行了统一整理,分类索引并一一筛查,将所公示的15万余首作品的信息进行了重新确认和更新。

(二)协助执法部门完成音乐作品版权信息的鉴定

2017年初,音著协接受威海市公安局的委托,完成了"哆咪音乐"系列光盘涉及的6000多首音乐作品的版权信息资料的鉴定工作;2017年12月,接受河南省新闻出版广电局的委托,鉴定完成了5ND音乐网站歌曲的权利归属工作。作为中国大陆地区唯一的音乐作品著作权集体组织,音著协提供的版权归属证明具有重要的参考价值,为司法机关最终认定非法经营等侵权行为提供了有力的帮助。

(三)与海外协会进行交流并提供影视作品核查清单

在CISAC(国际作者与作曲者协会联合会)的框架下,各国集体管理组织通过签订相互代表协议,在本国范围内实现对全球词曲作者版权的保护,从而形成强大的国际版权体系。

为维护协会会员的海外著作权益,顺利实现海外使用音乐作品的许可收费,音著协每年与海外同类协会进行音乐作品版权信息的相互核查。2017年,全年核查包括MCT(泰国)、SIAE(意大利)、APRA(澳大利亚)、JASRAC(日本)、SACEM(法国)等十几家海外协会提供的影视剧作品26 581余部,共发送会员作品40余部,1000余集。包括电影《智取威虎山》、电影《夏洛特烦恼》、89集电视剧《水浒传》、33集电视剧《射雕英雄传2008》、50集电视剧《全民公主》等。

核查歌曲71 526余首，共发送会员作品70余首。包括《北京北京》《驼铃》《清粼粼的水蓝莹莹的天》《迎宾曲》等。并与IMRO（爱尔兰）、TESTO（芬兰）、ACUM（以色列）、UCMR-ADA（罗马尼亚）等几家海外协会进行了资料交流。

三、音乐作品许可使用工作

2017年，音著协许可总收益突破2亿元，达到2.16亿元（含海外收益约900万元），创历年收入新高，较2016年增长17.4%（见图1和图2）。

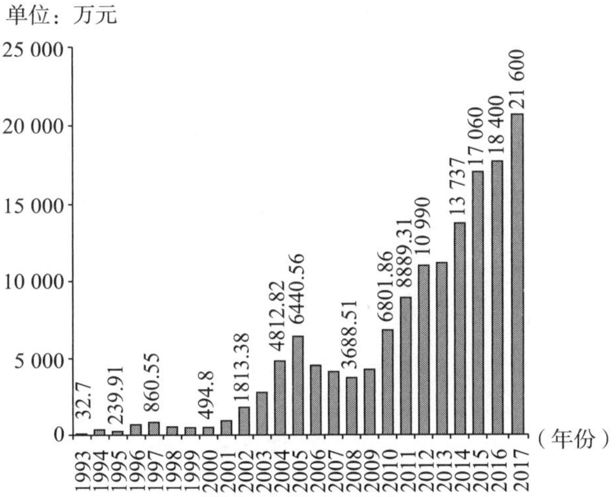

图1　1993～2017年许可收入图

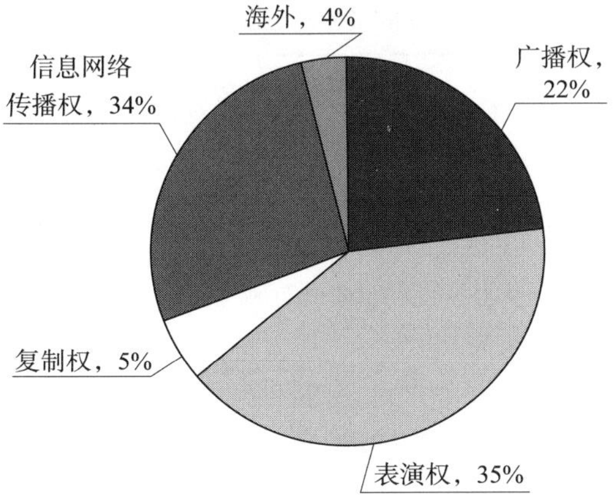

图2　2017年许可收入构成

（一）表演权许可工作

2017年，音著协表演权许可收益约人民币7496万元。

1. 现场表演

商业演出一直是音著协许可工作的重点，但由于演出分散在全国各地，工作人员与演出组织者谈判时频繁受地域差异、场地差异等因素的影响，导致实际收费标准常年偏低。自2011年音著协开始推行新的标准以来，至2017年，经过多年的沟通、协调，演出主办方对于新标准的执行已逐渐普遍接受，演出市场收费平稳增长。

小型剧场类演出长期以来是著作权人比较关切的问题之一。与常态演艺活动相比，小剧场演出具有组织者不固定、场地规模小、演出使用歌曲数量少、门票低等特点，导致取证、公证工作难度大，工作成本较高，一直是音著协地方工作的难点，在后面的工作中音著协将逐步关注这部分许可市场的开拓。

2. 机械表演

2017年，音著协在机械表演许可工作方面重新调整了方法，采取"走出去了解市场、接触市场、研究市场"的思路，重新对许可团队分组，主动出击，广泛地深入到现场中去，并积极配合地方代表团队进行市场调研、踩点、取证工作。在掌握更为丰富的市场信息后，提出建设性、可操作性的整体工作方案，并坚决执行，取得了良好的效果，许可收益较2016年有了较为明显的提升。

具体工作方面，由于主题公园已成为人们当下重要的娱乐场所，因此音著协加强了对其音乐的使用情况监控和许可工作。2017年完成了对上海迪士尼的续约，并完成无锡华谊兄弟娱乐城的签约，同时也在持续关注包括宋城主题公园、刘老根大舞台等文化演艺类主题场所的许可情况；此外，完成了对北京南站站台使用音乐的许可，实现了国内首家对列车车站音乐使用许可；早教场所、小型儿童娱乐场等儿童娱乐场所方面的许可工作也多有进展；餐饮业方面，奶茶店、酒吧、健身房等都实现了不同程度的许可突破。

(二)广播权许可工作

2017 年,音著协共实现广播权许可收益约人民币 4860 万元。

广播权许可工作重点工作有四项:第一,许可发放,包括常规的签约、续约工作;第二,正式启动与广播、电视版权委员会就增长问题的协商;第三,全力推进对侵权台的诉讼;第四,强化对广电行业的服务,增加行业间互动。

截至 2017 年,已签约电视台 47 家,电台 62 家,共计 109 家。新增签约台数 18 家,其中电视台 7 家(广东广播电视台、深圳广播电影电视集团、呼和浩特广播电视台、宁波广播电视集团、太原广播电视台、贵阳广播电视台、长沙广播电视集团),广播电台 11 家(安徽广播电视台、广东广播电视台、深圳广播电影电视集团、呼和浩特广播电视台、宁波广播电视集团、太原广播电视台、贵阳广播电视台、长沙广播电视集团、衡阳广播电视台、广西人民广播电台、郑州人民广播电台)。

为满足著作权人的期望,逐步提升广播权收费标准,2017 年 8 月,音著协与电视版权委员会成员台代表正式启动关于"2016 及后续年度使用费增长问题"的协商。经过近半年的艰苦努力,双方已达成共识,广播权许可使用费的增长已是定局。此外,音著协同广播版权委员会的许可使用费增长谈判也在进行当中。

2017 年,音著协继续推行"以诉促谈"的许可工作理念,发出律师函 13 封,涉及 13 家台;提起诉讼 22 起,涉及 20 家台/总台,已结案的诉讼 13 起,涉及 10 家台。

在服务方面,音著协与中央电视台版权部门合作创建微信群,实现了与 20 余个节目部门,近 300 人的实时沟通;创办《广电月刊》,为广电行业普及版权知识;多次走访各台,深入编播一线,进行关于广电音乐版权实操知识的培训。

(三)复制权及信息网络传播权许可工作

2017 年,音著协复制权许可收益约 1121 万元,信息网络传播权许可收益约 7265 万余元,继续保持快速增长。

1. 复制权业务

(1)在图书出版使用音乐方面,自 2013 年启动法定许可教科书业务以来,大多数的教科书出版单位均与音著协达成合作。

(2)针对工业产品(如电话亭式卡拉 OK、早教机等)内置音乐的情况,音著协在市场调研后,通过向销售终端投诉的方式,促使生产厂家解决著作权问题。

2. 信息网络传播权许可业务

2016 年,音著协继续坚持原有的"主渠道合作"模式,并开拓直播类、视频类、游戏类应用的许可工作;与其他中小型企业达成合作关系的近三十家,包括王者荣耀总决赛直播活动、芭莎慈善晚会直播活动、大众点评宣传活动、锤子科技直播活动、天猫双十一全球潮流盛典活动、君马汽车品牌发布会、香港特别行政区政府驻成都经济贸易办事处宣传片等。

四、音乐作品许可使用费分配

2017 年,音著协共进行 12 次分配,涉及许可金额约 1.48 亿元,扣除增值税后约为 1.39 亿元,管理费比例约占 18%。

表 1 2017 年音乐作品许可使用费分配情况

期数	分配号	扣税后许可金额	管理费比例	参与分配金额
2017 第一期	P151(2015 现场表演许可使用费)	454	20%	364
	M162(2016 下半年复制权使用费)	516	15.5%	436
	B143(新增网络许可使用费 A)	660	10%	594

续表

期数	分配号	扣税后许可金额	管理费比例	参与分配金额
2017 第二期	K151（2015 年卡拉 OK 使用费）	2782	20%	2656
	2015 年机械表演许可使用费分配	3086	20%	2468
	B151(2015 年网络许可使用费 A)	1236	20%	996
2017 第三期	M171（2017 上半年复制权使用费）	565	16.5%	472
	P153(2015 年广播权许可使用费 A)	1792	20%	1434
	P152(2015 年背景音乐使用费)	139	5%	132
	B153(新增网络许可使用费 B)	660	10%	594
2017 第四期	P154(2015 年广播权许可使用费 B)	1554	20%	1243
	O161（2016 年海外许可使用费）	527	5%	500

（保留到“万”位，单位：万元）

五、音乐作品诉讼维权工作

2017 年，音著协共办理民事诉讼案件 279 件。通过诉讼方式获得判赔、调解及和解金计 476 万余元，待执行款 312 万元余元，诉讼花费总支出为 40 万余元。

重点案例：江苏凤凰少年儿童出版社有限公司侵权案，中国移动咪咕音乐侵权案，蔡健雅 2017 列穆尼亚演唱会成都站侵权案，后街男孩广州演唱会侵权案，刘老根大舞台（前门店）侵权案，上海宜家北蔡商场侵权案，北京铁路局北京南站侵权案，河北广播电视台侵权案，南京广播电视集团侵权案（第二次），济南广播电视台侵权案（第二次），太原广播电视台侵权案。

六、信息宣传工作

2017 年音著协共制作完成《会讯》两期——第 32 期、第 33 期。其他主要工作如下。

1. 建设自身的宣传平台

利用官方网站、微信公众号、简报、宣传彩页等方式，全面展示会员发展、许可收费、费用分配、对外交流等各项工作，为社会各界了解音著协主动提供了信息和窗口。

2. 扩大与社会各界的交流与合作

2017 年 5 月，由音著协、江苏地方许可工作团队、苏州大学知识产权研究院共同牵头主办的“商业场所播放背景音乐著作权问题华东地区研讨会”在南京成功举办，来自华东地区的司法机关、版权行政管理部门、高等院校、行业协会、国际版权保护组织、著作权集体管理组织、音乐使用者等各单位 50 多位专家与业内人士出席了研讨会。此外，音著协还参与了各类来自政府、司法界、产业界组织的会议，学习领会政府最新的指导精神、表达音著协的诉求、传播著作权集体管理知识。

七、国际事务

2017 年，音著协与波兰音乐著作权协会（ZAIKS）签订了相互代表协议。至此，音著协已与 75 家音乐著作权集体管理组织建立了相互代表关系。

（中国音乐著作权协会）

中国音像与数字出版协会

一、坚持正确的政治方向

作为国家批准设立的行业协会，必须坚持正确的政治方向。协会在工作中坚持为会员服务，为行业服务，坚持做好政府和会员单位之间的纽带，在政府主管部门指导下行使理事会赋予的使命，是坚持正确的政治方向的具体体现。

党的十九大报告提出了新时代文化建设的基本方略，明确了文化建设在中国特色社会主义建设总体布局中的定位，提出了新时代文化建设的目标，指出了新时代文化建设的着力点，提出了新时代文化建设的基本要求。

习近平同志在十九大报告中提出，要坚定文化自信，推动社会主义文化繁荣兴盛。没有高度的文化自信，没有文化的繁荣兴盛，就没有中华民族伟大复兴。要坚持中国特色社会主义文化发展道路，激发全民族文化创新创造活力，建设社会主义文化强国。

音像电子与数字出版都属于文化建设领域，十九大提出的新时代文化建设基本方略、定位、目标、着力点和基本要求就是我们的宗旨，我们置身于党和国家赋予重任的行业中，要自觉地承担起责任，为中国特色社会主义文化建设作出应有的贡献。

二、坚持为会员服务、为行业服务的宗旨

近年来，传统的音像电子产业已经发生了很大的变化，新兴数字出版业态方兴未艾，广大会员单位闻风而动，在转型升级、开拓创新方面做了许多工作。协会也随之做出工作调整，主要是在数字出版三大领域，即数字出版阅读、数字音乐和数字游戏做好行业管理和服务。协会围绕新闻出版广电总局关于数字出版转型升级、数字融合出版等指导意见和工作方针，结合新闻出版广电总局委托的关联标识符国家标准项目，搞好产业调研、企业协调和精准服务。

承办国家标准 MPR 和 ISLI 的注册机构，进行注册管理和服务，推广国际标准、国家标准，推动相关技术的市场应用和人员培训；积极配合新闻出版广电总局开展“数字出版千人培养计划”的组织工作；受新闻出版广电总局相关业务司和各省市、自治区的委托，针对不同地区数字出版产业发展的情况，为 18 家地方局和集团有针对性地举办了数字出版业务专题培训和讲座，参训学员和企业听课员工近千人。为了促进边远地区和少数民族地区的数字出版工作，协会还组织专家赴新疆、西藏、甘肃和贵州开展讲座。

协会秘书处协调和指导各工作委员会开展业务，举办各种培训、讲座、论坛，编写产业报告、行业调研，发布指数；联合有关单位建立数字融合实验室，深入参与到新技术、新业态、新模式的探索和创新实践中；积极参加国家法律法规的制定和修订，积极探索制定有利于企业发展的行业标准；协会还首次编纂了《2017 中国音像与数字出版年鉴》。

协会工作的很大一部分是依靠所属各个工作委员会（专业委员会）实施和完成的，以下为各工作委员会 2017 年工作简况。

（1）数字阅读工作委员会。

该工委连续三年承办协会和浙江省政府主办的“中国数字阅读大会”，产生了广泛的影响。数字阅读工委主任委员张燕鹏同志不仅认真履责，还出资出力，为行业做出了很大贡献。受新闻出版广电总局委托编写的《中国数字阅读白皮书》；组织相关会员单位起草了《移动阅读电子书内容交换格式规范》；还为全民阅读活动推广到基层群众中去做了许多工作。

（2）唱片工作委员会。

年初全国人大法工委修订《著作权法》致函协会，听取行业的意见，协会委托唱工委领导宋柯、周亚平同志牵头组织回复；周亚平代表音乐产业出席了全国人大法工委听证会，为音乐产业争取更多合法权益做了阐述。去年首办了在音乐业界产生良好影响的“唱工委音乐奖（CMA）”，该奖没有

海选、没有作秀，谢绝一切商业赞助，做到了公平公允，风清气正，获得业内很高的赞许和社会各界好评；还连续多年编写《中国流行音乐市场调研报告》。

(3)游戏出版工作委员会。

连续多年完成中国国际数码互动娱乐展览会(ChinaJoy)、游戏产业年会和产业调查等三大项工作，并为游戏企业做了大量的工作，在业界口碑很好，有信誉有威望；编写的《中国游戏产业报告》和产业调研报告都是游戏业界具有指导性的行业报告，得到了各级政府主管部门的好评。

(4)专业数字出版工作委员会。

积极协助新闻出版广电总局数字出版司和财政部文化司，抓住国家财政支持传统出版与新兴出版融合发展有利时机，推动会员单位积极探索混合所有制改革，引入社会资本尝试股权多元化运作，改善企业的资产结构与经营结构，为会员单位逐步实现综合性现代出版传媒业的转型做了很多工作。

专业工委协助会员单位在平台系统开发、产业模式创新、高新技术应用，内容资源的规模化聚集、结构化处理、知识化生产、国家标准应用以及产品的智能化应用等方面做了大量的工作。

(5)音乐产业促进工作委员会。

该工委主要功能是协调原总署批准建立在北京、上海、广州、成都四大音乐产业基地的业务活动。在汪京京主任委员的主持下，突破原有工作范畴，为音乐产业做了大量有益的工作。

在协助管理部门协调各大基地工作的同时，该工委与成都基地主办的“音乐产业峰会”等大型会议，已经成为对音乐产业具有影响力的峰会；联合高校编写了《中国音乐产业发展报告》，与中国传媒大学联合主办的“音乐产业高端论坛”；承接新闻出版广电总局研究课题《2017年中国音乐产业发展指数研究报告(城市篇)》；还编发了《音乐产业动态》。

(6)数字音像工作委员会。

该工委历时十数年研发的版权保护系统“中国数字知识产权检测维权平台”得到了新闻出版广电总局有关司局的认可；多年参加新闻出版广电总局的年度“净网行动”并取得很好的效果；该工委以自己拥有知识产权的版权监测体系加入了CCDI，成为贵州大数据项目中颇具实力、也很实用的平台；还多次参加“数字出版博览会”“文博会”。

(7)音视频工程专业委员会。

坚持为会员做好服务，在引领行业发展、推动技术更新、推广技术标准等方面做了很多工作。邀请国际知名专家来华讲课，进行技术指导和信息交流；带领国内专家团队走访各地，为会员单位解决企业生产遇到的难题。还在酝酿音视频行业技术标准的制定。

该专委在组织机构改革方面做出了探索，根据中组部、国家发改委对社会团体发展的指导意见，率先完成了主任委员轮值制的试点。经新闻出版广电总局人事司批准，在2016年底完成的换届中，2017年上任的新一届专委理事会推选出4位主任委员，每位当职一年，最大限度的发挥会员单位积极参与行业管理的积极性。

(8)数字教育工作委员会。

该工委在促进会员单位在语音识别技术、人工智能技术、大数据与自然语言技术在智慧课堂中的应用以及产业生态链重构等方面开展了基础性研究。特别是在高等教育的课程改造、中等教育和职业教育资源的数字化建设、中小学教育资源优化和质量保障建设等方面，该工委以专题研讨会的方式开展学术交流活动，为我国教育事业的数字化、智能化转型提供了支撑。举办了第二届“中国数字教育与出版论坛”。

(9)大众数字出版工作委员会。

该工委组织会员积极参与国家战略研究课题，在大力推进互联网全民阅读、出版走出去等项目中为行业发展争取有利的政策支持；与多个地方政府合作举办全民阅读活动，大力推动数字全民阅读形式的推广普及；积极组织会员参与首届中国“网络文学+”大会活动，为会员单位开拓市场、扩大品牌影响力提供了服务。

（10）有声读物专业委员会。

在新闻出版广电总局出版管理司许正明、许文彤两位副司长的指导和支持下，主任委员广东大音音像出版社闻宗禹社长团结全体会员，知难而进，做了许多工作。举行年会，举办论坛，认真研究数字出版和数字阅读近几年新产生的业态——“听书”的商业模式，进行业务探讨和经验交流；该专委还举办了为盲文出版社进行捐助的公益活动。

（11）电子出版工作委员会。

电子出版面临介质和产品转型的巨大挑战，特别是在国家数字经济产业大发展的环境下，如何将优质的存量知识资源和产品转化为数字产品并提供在线服务，通过光盘产品的再造技术、多媒体交互技术的升级、纸电合一技术和二维码技术的应用，以及 CNONIX 国家标准的推广，取得了一定的成果。一批出版单位通过全媒体出版和向影视媒体扩张，由单一的电子出版物制作出版转化为调动和运用资本市场，开展包括影视、动漫和游戏在内的全媒体混合出版模式，为音像电子出版单位转型提供了示范。

（12）教育音像工作委员会。

在教育部的指导下，连续多年组织会员参加“全国大学出版社图书订货会”，举行年会和论坛，为传统“教育音像”保留一块阵地。

（13）反盗版工作委员会。

该工委是在传统音像出版领域盗版严重的情况专设的反盗维权机构，并曾发挥过巨大的作用；传统产业变化后，该工委坚持为会员服务、为权利人服务的宗旨开展工作，协助会员通过司法手段维护合法权益，厘清市场，保障权利人受益。

（14）制作发行工作委员会。

传统音像业的衰退严重影响了音像制作发行业的发展，该工委基本处于休眠状态，近年来密纹唱片的兴起又引发了传统音乐制品制作发行的繁荣。2017 年以太平洋影音公司为代表的部分传统音像制品制作领域的会员单位，积极开展工作申请将制作发行工委更名为密纹唱片制作发行工作委员会，按照理事会审议通过的提案，该工委正在重新组建新的工作班子，将在老唱片制作技术标准、市场规则等方面发挥协调和管理作用。

（15）光盘工作委员会。

随着光盘载体的出版物市场的极度萎缩，光盘工委所属会员单位大部分转业、转型，2017 年该工委基本处于停顿状态。

以上是各二级工委 2017 年的基本情况。各二级工委成立有先后，专业领域不同，工作方法各异，但是基本上可以看出一个规律，各专业领域随着业态的变化而变化，随着企业的消长而消长，从中也大致可以看出音像产业、数字出版产业的大趋势。

三、完成各项政府委托和交办事项

协会日常工作的一项重要任务是完成政府委托的项目。受新闻出版广电总局委托，协会 2013 年始筹建 MPR 注册中心、2017 年组建中国 ISLI 注册中心，深入参与到 ISLI 国际标准的制定与推广应用工作。最近几年，协会一直重视 MPR 注册中心、中国 ISLI 注册中心的相关工作，注册中心上承政府委托，推广关联编码标识符，开展 ISLI 国家标准注册管理和产业应用；中间依托关联标准底层技术服务商深圳市天朗时代科技有限公司提供技术支持，下连广大用户，提供注册管理、编码发放服务，开展推广、培训、研讨和扩展等服务，得到国家标准化委员会和业务主管上级部门的认可。

另一项工作重点，是新闻出版广电总局补贴资助的法国戛纳世界音乐博览会

(MIDEM),受新闻出版广电总局委托由协会组织中国音像代表团参加一年一度的展览展示活动,代表团严格按照有关规定参加国际活动,到 2017 年已经连续 9 年顺利、安全地完成任务,并产生了良好的国际影响。

部分分支机构也有承接新闻出版广电总局相关司局委托的培训和研讨项目,都圆满完成。

四、国际交流

协会参加的国际交流活动,基本上是由对方邀请的,而且主要在音乐领域。如:一年一度香港的"亚洲流行音乐节",协会负责组织内地艺人参加演艺展示活动;参加东京国际音乐节(TIMM),并出席论坛进行演讲;参加韩国首尔亚洲音乐节等地区国际活动;参加国际音视频工程师大会(AES)等。各工委和专委会也有一些民间交往性质的国际交流活动。2017 年协会还接待英国唱片协会来华访问,并联合举办中国音乐产业专题演讲会等。

五、搞好协会的自身建设

遵照新闻出版广电总局机关党委和孙寿山理事长关于加强协会党支部的建设的要求,协会党支部按照规定进行了换届改选,并组织党员及时学习十八大以来和十九大提出的各项方针政策和指示精神,做好党员的自我学习和自我修养;协会还加强秘书处的日常管理,完善各项规章制度。

协会坚决执行中组部、新闻出版广电总局和民政部关于社团管理的各项要求和指示,坚决不做任何违反有关规定的事项,其中最为重要的就是坚决不摊派,不向会员单位收取会费之外的任何费用,不给会员单位增加负担。秘书处坚决参照执行"八项规定",完善"四风"建设。

(中国音像与数字出版协会)

中国发明协会

顾　　　问　袁隆平
理　事　长　潘云鹤
常务副理事长兼秘书长　余华荣
名誉副理事长　王永民　包起帆　曹培生

2017 年,中国发明协会在国家知识产权局领导和局有关部门的关心和指导下,认真学习贯彻落实党的十九大精神和习近平总书记系列重要讲话精神,紧密围绕局党组 2017 年工作重点积极开展工作,取得了显著的成效。

一、重要工作进展情况

(一)坚持党的领导,加强党建工作

为贯彻落实习近平总书记关于社团组织"党的组织全覆盖,党的工作全覆盖"的重要指示精神,发挥党组织在所属科技社团中的政治核心、思想引领、组织保障作用,经协会领导班子研究决定,组建中国发明协会党委。中国发明协会就成立党委一事,多次向中国科协、科技部、国家知识产权局有关部门汇报工作进展并听取意见。

2017 年 4 月 24 日,潘云鹤理事长主持召开了中国发明协会七届二次常务理事党员会,经过认真审议,以表决方式一致通过了中国发明协会党委十五人组成人选及成立党委的提议。

2017 年 5 月,经中国科协科技社团党委批准同意,正式成立中国发明协会党委。同意中国发明党委人选。

党的十九大召开后,协会组织全体员工收看开闭幕式并组织专题学习活动,进一步落实十九大新时代中国特色社会主义思想,向协会各分支机构及省地方协会发出通知要求加强党的组织建设,落实总书记两个全覆盖的重要指示。

(二)成功召开第十一届中国发明家论坛暨中国发明协会七届二次理事(扩大)会

2017年4月25日,第十一届中国发明家论坛暨中国发明协会七届二次理事(扩大)会在北京召开。论坛以“军民融合、创新创业、协同发展”为主题。大会得到科学技术部、中国科协、国家知识产权局、中华全国总工会等部委的大力支持。全国政协副主席、中国科协主席、科学技术部部长万钢在大会上发表了重要讲话。局党组成员,副局长甘绍宁出席会议。十八届中央候补委员、中国科协副主席、全国人大代表、中国工程院院士、中国海军工程大学教授马伟明将军做题为“科技创新催生海上作战新样式”的论坛主旨报告。与会嘉宾围绕“科技创新与发明的模式与思考”等议题展开研讨。中国发明家论坛已成为中国发明家沟通、交流的盛会。

同期举办的七届二次理事(扩大)会审议通过了余华荣同志所做的中国发明协会工作报告,审议通过了增补副理事长、常务理事、增补调整理事情况和增设分支机构等议题。会议取得了预期的成果。

(三)成功举办第二十二届全国发明展览会暨第二届世界发明创新论坛

2017年11月23日至25日,以“发明智造 梦想”为主题的第二十二届全国发明展览会暨第二届世界发明创新论坛在广东潭洲国际会展中心举行。

展会设立了“一带一路”展区、军民融合展区、粤港澳大湾区展区、企业发明创新展区、现代服务业创新展区、综合发明创新展区、全国青少年发明创新展区、第33届佛山市青少年科技创新大赛专区等展区,展示近年来我国各领域的新发明、新专利、新技术、新产品。本届展会,共有1234个项目参展,经专家评审委员会评审,授予336项目金奖;434项目银奖;464项目铜奖;授予“植入式脑部电刺激系统”等27项发明成果专项奖。

展会期间,还举办了第二届世界发明创新论坛、佛山产业分析与项目发布会、佛山市青少年科技创新大赛以及“一带一路”知识产权国际化战略高峰论坛暨首届“一带一路”沿线国家商贸文旅宣讲会等活动。共有来自44个国家和地区的国际组织及港澳台地区200人参加了本届展会和论坛,其中外宾112人。

发明者协会国际联合会主席阿里·瑞泽、韩国发明振兴会主席李熔硕、环印度洋联盟技术转移中心主任墨兰尼贾、瑞典斯德哥尔摩发明协会主席斯特兰德伯格、美国发明院理事罗伯特·顿肯等全球发明创新界的专家学者将应邀出席,并与佛山各界进行深入交流。

展会期间,协会还举行了发明创新研究院和健康医药分会成立仪式。

二、圆满完成年度主要工作

(一)加强协会工作报告,及时向上级领导和领导机关报告协会工作,并取得有力支持

2017年1月9日,习近平总书记接见出席2016年度国家科技奖励大会的中国发明协会领导班子成员余华荣、唐大立,并与常务副理事长兼秘书长余华荣亲切握手。

2017年4月5日,余华荣书记受邀与全国人大常委会副委员长、民盟中央主席张宝文汇报工作,并进行友好座谈。

2017年4月25日,全国政协副主席、中国科协主席、科技部部长万钢出席第十一届“中国发明家论坛”并做重要讲话。期间,余华荣书记向万钢部长汇报了协会工作情况。

2017年8月10日,由中国宋庆龄基金会和中国发明协会共同举办的第十三届“宋庆龄少年儿童发明奖”颁奖典礼在北京中国宋庆龄青少年科技文化交流中心举行。会上,余华荣书记与全国政协副主席、中国宋庆龄基金会主席王家瑞进行座谈。

2017 年 8 月 12 日，幸福泉儿童发展集团 20 周年庆典在宋庆龄基金会举办。余华荣书记与第十届全国人大常委会副委员长、中国关心下一代工作委员会主任顾秀莲进行座谈。

2017 年 10 月，余华荣书记与全国人大常委会常委、香港立法委员会主席范徐丽泰女士在全国人大会议中心友好会谈。

2017 年 5 月，余华荣书记访问了澳门特别行政厅立法会、澳门基金会、澳门科学技术发展基金，并与全国人大常委、澳门立法会主席贺一诚先生进行座谈。

日常工作中，协会领导及时向科技部领导和驻部纪检组进行工作汇报。

中国发明协会领导班子通过参加局务会，列席党组扩大会或进行汇报工作等形式，多次向有关部门领导就协会工作加强汇报与交流。

协会新一届领导班子积极加强与各界的沟通与交流。

余华荣书记同时拜访了最高科技奖获得者赵忠贤院士、中央候补委员彭建辉院士、王华明院士、北航书记张军院士、马伟明院士、被称为“中国紧凑型杂交玉米之父”李登海等科技界领军人物并进行交流座谈。

除此之外，余华荣书记还拜访了陕西省委常委、常务副省长梁桂，广东省委党委、深圳市委书记王伟中，广东省委常委、广东省副省长黄宁生等省领导，进行工作交流和座谈。

通过广泛的汇报、交流与座谈，中国发明协会的工作得到了科技部、国家知识产权局、中国科协、全国总工会、民盟中央、军方等各部委、各级政府和社会各界的大力支持。

(二)年度内工作目标完成情况

1. 创新与知识产权品牌培训工作

2017 年，中国发明协会受局相关部门委托继续承办“非职务发明人培训”工作。2017 年分别在陕西、广州、昆明、泉州、芜湖等地举办了六期“非职务发明、科技创新与知识产权”培训班，培训人员近千人次。培训内容围绕国家科技计划解读及申报实务、商业模式选择与创新、企业专利运营、企业知识产权管理的确权、维权及用权等多项内容展开，受到学员的一致好评，取得了良好的社会效果。与会学员表示希望中国发明协会能多举办此类的培训活动，继续加大培训力度，鼓励、支持并推动群众发明创造活动深入开展。

2. 组团参加国际发明展

2017 年协会继续组团参加巴黎国际发明展、日内瓦国际发明展、纽伦堡国际发明展、美国匹兹堡发明展等多个国际发明展览会。组织了近百项发明成果参展，并取得了优异的成绩，充分展示了我国发明创新的实力、能力和创新氛围，为发明创新型企业走出国门，打开海外市场创造了服务平台。

3. 推动军民融合，促进成果转化

第二十二届全国发明展览会暨第二届世界发明创新论坛与往届相比，最大的亮点在于有力推动军民融合，积极促进发明成果转化。在大会开幕式上，军委发展装备部发布了 2452 项国防解密专利，切实加强军民发明创新成果转化与应用。本次展会，国防知识产权局共组织军工系统和军队单位 70 多家，筛选了 156 个项目，在军民融合展区进行展示交流活动。与此同时，还首次在展会上将 2452 项已解密的国防专利汇编成册，正式发布。汇编包括两个部分：纸质部分刊载了专利的名称和基本信息；光盘部分刊载了国防专利的全文说明书。此次发布的解密国防专利，内容涵盖信息技术生物与环境资源、新材料先进制造与自动化技术、能源技术等多个领域。

中国发明协会通过展会展示交流国防技术，发布解密国防专利，推动军民融合深度发展，不断加大与军方的合作，力争通过多举措推进和落实军民融合发展战略。

4. 推进青少年创新活动的开展

2017 香港世界华人发明博览会暨青少年天才大会闭幕仪式在香港科学园举行。中国发明协会为此次大会的主办单位之一。此次香港世界华人发明博览会暨青少年天才大会涌现出众多优秀发明创新项目,尤其是青少年学生的参赛作品,代表了当前青少年一代积极投身发明创造的热情和水平。中国发明协会推荐的北京幸福园儿童教育科技发展有限公司程淮教授的"程式巧思法"获得金奖。

2017 年 7 月 10 日至 17 日,第十五届"全国中小学信息技术创新与实践活动"(NOC)决赛在青岛大学举行。NOC 活动由中国发明协会和中国教育技术协会主办,中国信息技术教育杂志社、创新时代杂志社承办,并得到了国家知识产权局、教育部基础教育司、教育部教师工作司的大力支持。活动自 2002 年在人民大会堂启动以来,已经吸引了 6 万多所学校的 6280 多万名师生参与。本届 NOC 有来自全国各省市包括澳门在内的近 8000 名代表参加了现场决赛,规模为历届之最。经过激烈角逐,本届共评出 NOC 活动最高奖项——恩欧希教育信息化发明创新奖 156 人,淄博、青岛、包头代表队分获团体总分前三名。

2017 年 8 月 10 日,由中国宋庆龄基金会和中国发明协会共同举办的第十三届"宋庆龄少年儿童发明奖"颁奖典礼在北京中国宋庆龄青少年科技文化交流中心举行。"宋庆龄少年儿童发明奖"是经科技部批准的唯一以国家领导人名字命名的青少年科技活动奖项,由宋庆龄基金会和中国发明协会共同主办,迄今已成功举办了 13 届,参与的中小学生超过 100 万人,在国内外取得了良好的社会反响。

2017 年 8 月 19 日,首届金砖国家创客大赛在昆明理工大学拉开帷幕。经过各高校及各国创客组织推荐,本次大赛决赛共有来自中国、俄罗斯、印度等国家的两百余名青年创客参与,带来了 42 项各具特色的精彩作品。经过两轮专家评审,最终来自清华大学、上海交通大学、广东工业大学、昆明理工大学的四支团队获得特等奖,包括来自俄罗斯圣彼得堡 Fab Lab 的创客团队在内的其他 6 支团队分获一等奖,另有西安理工大学的两款水下机器人等 10 个项目获得二等奖。

为更好地发挥新闻媒体的正确舆论导向作用,受国知局委托,协会于 2017 年 10 月设立了知识产权好新闻奖,组建了较高权威性的评审委员会。评选出突出贡献奖 3 项、一等奖 4 项、二等奖 6 项、三等奖 10 项。取得了较好的社会反响。

协会积极参与中国专利奖的组织推荐工作,注重推荐项目的质量并加强材料把关等服务工作,在推荐的 4 个项目中共获得金奖 1 项、优秀奖 2 项。

协会还探索性地开展了科技成果第三方评价的试点工作,为今后更好承担向政府购买服务工作积累经验,打好基础。

三、内部建设

(一)加强党的建设

中国发明协会领导班子非常重视党建工作,认真组织开展"两学一做"专题学习,传达贯彻落实局党组各项指示精神,坚决落实"三会一课",不断加强党风廉政建设和反腐败工作。2017 年 6 月 30 日协会党委在毛泽东手书馆召开第一次全体会议,由余书记主持。与会代表学习了习近平总书记"两个全覆盖"重要指示精神,中办《关于加强社会组织党的建设工作意见》等文件,讨论研究开展的一些重要工作。十九大会议期间,中国发明协会召开两次全体党员和员工会议,认真组织学习十九大会议精神和习近平总书记重要讲话精神。2017 年 10 月 18 日,余华荣书记组织全体党员和员工,认真收看十九大会议盛况,聆听习近平总书记代表第十八届中央委员会所作的工作报告。2017 年 10 月 26 日,组织全体党员和员工，认真学习十九届一中全会公报，学习习近平总书记带领十九届中央政治局常委与媒体见面会所作的重要讲话。2017 年 11 月 1 日，组织全体党员和员工，认真学习习近平总书记所作的十九大报告。结合协会实际，部署学习贯彻工作。2017 年 11 月中旬，向各地方协会、分会发出《中国发明协会党委关于学习宣传贯彻党的十九大精神的通知》。

（二）开展丰富多彩的工会活动

中国发明协会分工会克服人员少经费少的困难，坚持组织开展春季赏花健步走和秋季健步走等活动。2017 年 7 月 10 日，为纪念全民族抗战爆发 80 周年，中国发明协会全体工作人员由党委书记、常务副理事长兼秘书长余华荣和党委副书记、副理事长唐大立带队，参观了宛平城、卢沟桥和中国人民抗日战争纪念馆，并在讲解员的引导下，再一次重温了党史国史和中华民族那段波澜壮阔、艰苦卓绝的浴血抗日历史，受到了深刻的教育。

（三）开展全面内部控制，完善建章立制工作

2017 年，根据财政部关于印发行政事业单位内部控制建设的指导意见，中国发明协会领导高度重视，全力支持积极配合内部控制工作。根据意见全面开展协会内部清查整改工作，查找风险隐患，建立、健全、完善各项规章制度，重新修订完善各项管理制度 30 余项。

（中国发明协会）

国际保护知识产权协会（AIPPI）中国分会第七届理事会

会　　长　田力普

副 会 长　于　平　李玉光　许瑞表　龙传红　杨　梧　曾祥麦　林晓红　李　勇

秘 书 长　李　毅

副秘书长　宋建华　何训班

2017 年，国际保护知识产权协会（AIPPI）中国分会积极开展了以下活动。

一、2017AIPPI 中国分会春季青年知识产权研讨会

2017 年 3 月 16 日至 18 日，AIPPI 中国分会在张家口召开 2017AIPPI 中国分会青年知识产权研讨会（2017 AIPPI China Youth IP Spring Seminar）。此次青年研讨会仍然以英文为会议语言，并首次新增日语演讲和讨论环节。来自北京、上海和广州的 28 家知识产权代理事务所的会员以及部分非会员，共计 100 位专利/商标代理人、律师参加了此次研讨会。

会议内容涉及专利的产业价值、专利侵权诉讼损害赔偿、电学领域分论坛、创造性、补充实验数据、医药生物化学分论坛、专利侵权纠纷——禁令司法救济等热点问题。

林晓红副会长表示 AIPPI 中国分会将继续举办青年知识产权研讨会，为青年知识产权人才提供展示机会，为向国际社会宣传中国知识产权发展和保护的进步做出自己的贡献。

二、AIPPI 事务局代表团中国行

AIPPI 事务局代表团一行六人在会长马浩先生的率领下，于 2017 年 5 月 8 日至 9 日在北京分别拜访了国家知识产权局、国家工商行政管理总局商标局、最高人民法院知识产权庭和中国国际商会。

5 月 8 日上午，AIPPI 代表团首先拜访了国家知识产权局，受到国家知识产权局何志敏副局长的热情接待。双方表示要保持密切合作，分享知识产权相关意见和见解。5 月 8 日下午，AIPPI 代表团拜访中国国际商会，与于建龙秘书长以及中国国际商会知识产权委员会的企业代表座谈，马浩会长和缇邦秘书长向在座的商会企业代表发出邀请，希望他们积极踊跃报名参加 2017 年 10 月在澳大利亚悉尼举办的 AIPPI 世界知识产权大会。

5 月 9 日上午，AIPPI 代表团拜访国家工商行政管理总局商标局，商标局陈文彤副局长会见了 AIPPI 代表团一行。5 月 9 日下午，AIPPI 代表团拜访最高人民法院，代表团一行首先参观了法院博物馆，最高人民法院知识产权庭林广海副庭长会见了代表团一行，会见之后代表团一行参观了信息中心。博物馆正在举办的"中国知识产权成就展"以及信息中心全国法院大数据给代表团留下了深刻印象。

三、2017AIPPI 中日韩三国分会交流会

2017 年 6 月 2 日至 4 日，一年一度的 AIPPI 中日韩三国分会交流会在韩国济州岛召开，来自中日韩三国的知识产权律师和代理人、韩国知识产权法院法官、韩国知识产权局官员、AIPPI 总会会长和秘书长近 100 位代表参加了此次交流会，其中来自中国分会的代表达 35 人，人数几乎与韩国分会的 39 位代表相同。

6 月 3 日，龙传红副会长在开幕致辞中简短介绍了 2016 年底国务院发布的《关于完善产权保护制度依法保护产权的意见》中加大知识产权保护力度的几项重要措施以及近期的几个典型案例，比如北京知识产权法院 2016 年 12 月 8 日作出的判决被告恒宝公司赔偿原告专利权人握奇公司经济损失及诉讼合理支出共计 5000 万元的专利侵权赔偿案。

本届交流会的第一个议题——中日韩三国知识产权法和实践的最新发展，按照日本分会的建议，此议题中三国演讲人分别介绍了各自国家争议解决机制的现状和未来发展。

三国分会领导人共同协商了 2018 年中日韩三国交流会的时间和地点。

交流会的第二个议题是计算机相关发明的可专利性，此议题也是 2017 年 AIPPI 悉尼大会的专题研究题目。第三个议题是商标恶意注册，也是 2017 年 AIPPI 悉尼大会专题研究的题目。

四、2017AIPPI 中国分会青年知识产权夏季研讨会

2017 年 8 月 18 日至 19 日，AIPPI 中国分会青年知识产权夏季研讨会在北京平谷区金海湖成功举办。

本次会议参会人数达 110 人，分别来自 34 家知识产权代理机构和律师事务所。在会议闭幕式上，龙传红副会长表示希望 AIPPI 青年研讨会继续为中国青年知识产权人才提供展示专业能力和英文演讲水平的舞台，期待未来能有更多青年人才加入 AIPPI，积极参与青年研讨会。

五、2017AIPPI 悉尼大会

2017 年 10 月 13 日至 17 日，2017 AIPPI 世界知识产权大会在澳大利亚的悉尼市召开，来自世界各国和地区的 1200 余名会员参加了本次大会，其中 113 人来自中国大陆地区，仅次于东道国澳大利亚的 114 人排列第二位。

本届 AIPPI 悉尼大会对于中国来说有两项第一值得载入史册：其一，本届大会是该协会成立 120 年以来首位来自中国的会长马浩主持的第一届大会；其二，在本届大会上，国家知识产权局首次举办专场午餐会，介绍中国知识产权保护的最新发展。马浩会长在开幕式致辞中，回顾了 AIPPI 成立 120 年来走过的道路以及对世界知识产权发展和进步所作出的贡献。国家知识产权局何志敏副局长发表主旨演讲，介绍中国知识产权保护近期的发展、保护体系的不断完善、保护力度的不断加大、政府对知识产权价值实现的重视以及大力推进的国际合作等。国知局条法司何越峰副司长介绍了专利法第四次修改草案的主要内容。

大会期间共举办了2次执委会和多场专题讨论会。执委会通过了以下专题报告和常设委员会报告的决议：

(1)计算机实现的发明的可专利性；

(2)图形用户界面的保护；

(3)恶意商标注册；

(4)金钱救济的量化；

(5)地理标志保护；

(6)发明人奖励；

(7)基因可专利性。

中国分会四个专题报告的报告人分别在悉尼参加了专题报告决议的起草和讨论，深度参与国际知识产权规则的制定，发挥中国对世界知识产权的影响力。

悉尼大会召开之前，中国分会应AIPPI总报告人的要求，与最高人民法院联系，邀请最高院法官参加AIPPI医药领域“充分公开”论坛演讲，并最终协助最高院知识产权庭法官罗霞顺利赴悉尼参加大会并发表演讲。此外在悉尼大会各项论坛筹备过程中，中国分会向悉尼大会论坛推荐了演讲人和主持人。

中国分会在2017年取得很多成绩，其中会员数增长明显。在10月17日举行的本届大会的第二次执委会上，会员发展委员会主席在年度报告中，特别列出2017年会员数量增长排名前几位的国家分会，其中中国分会以净增新会员79名排名第一。

六、2017AIPPI中国分会与美国AIPLA联合研讨会

2017年11月14日，AIPPI中国分会与美国AIPLA代表团共同举办了一场知识产权研讨会。这是两协会之间继2014年之后举办的第四次年度活动。

中国分会方面由贸促会专商所的陈新和中科专利商标代理有限公司的王新华分别发言，陈新向美国同行介绍了我国专利审查指南修改后，计算机相关发明的可专利性方面的最新发展，引起美国专利律师的极大兴趣。王新华的发言重点介绍了我国知识产权诉讼近期的两个典型案例。美国AIPLA方面由AIPPI第一副总报告人乔纳森·欧夏介绍了美国关于计算机相关发明专利申请的实践，另外一个演讲由AIPLA董事柯思鹰先生介绍美国专利商标局双方复审程序(IPR)的近况。

AIPPI总会会长马浩代表AIPPI高度赞扬中美两个协会之间的这种定期活动，希望通过这样的活动增进中美知识产权律师和代理人的相互交流和相互了解，为中美之间的经济发展和贸易往来作出贡献。

七、2017AIPPI中国分会版权热点论坛

2017年12月16日，2017 AIPPI中国分会版权热点论坛在中国传媒大学中传国际交流中心举办。国内版权领域法官、学者、律师等法律人士以及AIPPI中国分会会员200余人参会。

发布了2017年度中国版权行业十大热点案件，北京知识产权法院审判监督庭庭长对各个热点案件进行了点评。

此届论坛围绕着“版权保护中的疑难、新问题研究”“版权保护与商业模式演进(商业利益)之间的冲突与互动”“有关版权权限范围、使用方法及限制等问题”“新类型及特殊类型作品的版权保护”4个主题展开研讨。

(国际保护知识产权协会中国分会)

地方知识产权工作概况

北京市

专利工作

2017年，在北京市委市政府的正确领导下，在国家知识产权局的大力指导下，北京市知识产权局牢固树立“四个意识”，不断增强“四个自信”，紧紧围绕“四个中心”城市战略定位，求真务实，锐意进取，完成了全年目标任务。

一、统筹协调，优化布局，着力推进知识产权首善之区建设

市知识产权局推动制定了《北京市人民政府关于加快知识产权首善之区建设的实施意见》任务分工方案；完成《首都知识产权战略实施评估报告(2008—2017年)》。

积极推进国家知识产权试点示范城市建设，形成“2+2+10”的区域知识产权发展新格局。市知识产权局与海淀区签订《推进知识产权强区建设框架协议》；昌平区出台《推进落实知识产权首善之区工作任务，建设国家知识产权试点城区实施方案》；通州区修订出台《通州区知识产权(专利)促进暂行办法》。

二、创新机制，聚焦产业，着力加快科技创新，构建高精尖经济结构

成功申建中国(北京)知识产权保护中心和中国(中关村)知识产权保护中心。大幅缩短发明、实用新型和外观设计专利审查时间。开通专利确权和专利维权快速通道。

围绕高精尖产业，市知识产权局深化产业知识产权联盟建设。截至2017年末，全市共有21个产业知识产权联盟通过国家知识产权局备案，占全国总数的21%。编制《北京市重点产业专利创造指南》和《北京市知识产权(专利)密集型产业指导目录》。发布《2016年北京市战略性新兴产业知识产权(专利)状况》白皮书。

三、激发活力，注重培育，着力推动高质量知识产权创造

市知识产权局深入开展“在京央企知识产权领先工程”，中国铁建成立全国首个央企知识产权中心；推动《企业知识产权管理规范》国家标准施行，朝阳、丰台、西城、昌平、通州等区相继出台政策。北京交通大学等高校试点开展《高等学校知识产权管理规范》国家标准推行工作。2017年，全市专利申请量为185 928件，其中，发明专利申请量为99 167件。全市专利授权量为106 948件，其中，发明专利授权量为46 091件。

市知识产权局实施“千件专利企业”培植计划，培育千件专利企业。市知识产权局联合中关村管委会实施“中关村领军企业培育计划”。

四、严格执法，完善体系，着力优化营商环境

全市各行政执法部门严格知识产权行政执法，严厉打击知识产权侵权行为。市知识产权局办理专利行政案件1209件，同比增长43.6%;全年进驻京交会、文博会、科博会等大型展会32个,出动专利执法人员约600人次,处理专利案件144件;率先在全国建立专利技术分析师制度,聘用资深专利审查员协助专利行政执法案件审理。组织成立全国首个电子商务领域知识产权保护联盟,建立电商知识产权保护快速处理机制。全市办理知识产权公证事项16 313件,同比增长25%。

深入开展知识产权保护公共服务体系建设。截至2017年末,北京市保护知识产权举报投诉服务中心累计建立分中心、工作站70个;指导中国专利保护协会建立知识产权纠纷人民调解委员会,全市9家知识产权调解委员会累计调解知识产权纠纷360件,调解成功率达到67.7%。市知识产权局、市经信委共同指导朝阳区获批国家知识产权局、工业和信息化部认定的全国首批中小企业知识产权战略推进工程试点城市。市知识产权局开展中小企业知识产权帮扶工作,编制《创新创业载体知识产权服务指引》《中关村双创企业知识产权工作指引》等知识产权创新创业实用手册。

五、强化运营,对接资本,着力推动知识产权资源转化为现实生产力

市知识产权局在全国率先出台省级知识产权运营机构培育规范性文件,首批认定北京市知识产权运营试点单位68家,各试点单位共持有运营专利超过3万件。国家知识产权局批复同意北京建设全国首个汽车产业知识产权投资运营中心。在全国率先成立北京军民融合知识产权协同创新联盟,首批联盟成员单位118家。联合国防知识产权局,在新一代信息技术等产业征集"民参军"和"军转民"专利技术产品100余项。

继续做大做强知识产权服务业。截至2017年底,全市共有专利代理机构503家,占全国专利代理机构总量的27.58%;共有执业专利代理人7084名,占全国执业专利代理人总数的43.11%,在全国独占鳌头。

六、弘扬文化,扩大合作,着力提升首都知识产权工作影响力

北京市知识产权办公会议发布《2016年北京知识产权保护状况》白皮书。市知识产权局发布《2016年北京市专利行政保护十大典型案件》。市知识产权局率先在全国开展专利代理中级专业技术职务任职资格评审工作。

在中关村试运行知识产权国际注册政策和法律服务中心。成功争取国家知识产权局在京设立国家知识产权国际合作基地,持续推进首都知识产权国际交流合作基地建设,截至目前,已在10个国家建立了26家海外站点。组织接待WIPO副总干事、柬埔寨国务大臣等高访活动。举办2017知识产权与创新大会、新时代知识产权发展研讨会、第二十届京台科技论坛知识产权分论坛等活动,开展"一带一路"沿线国家知识产权保护环境研究,组织编写《中东欧六国专利工作指引》,提高创新主体涉外水平。

七、落实战略,聚焦重点,着力加强京津冀协同发展和中关村示范区建设

落实京津冀协同发展重大战略部署。推动京津冀三地共同签署《京津冀专利行政执法协作调度中心协议》;共同发布《京津冀12330知识产权保护联动服务推进计划(2017—2020年)》;共同推广应用北京知识产权公共信息服务平台;共同举办第三届京津冀知识产权高层论坛。北京与天津共建"京津C92文创产业园12330工作站",北京与河北共建"京冀保定·中关村创新中心12330工作站"。

中关村示范区知识产权发展总体态势良好。全年,中关村企业专利申请首次超过7万件,达到73 838件,同比增长9.5%,占全市专利申请量的56.9%;其中,发明专利申请43 696件,同比增长7.7%。

专利授权 43 383 件，同比增长 15.9%；其中，发明专利授权 18 872 件，同比增长 24.6%。每万名从业者发明专利拥有量达到 324.7 件。PCT 专利申请 3652 件，同比增长 14.6%，占北京同期 PCT 专利申请的 72%。中关村拥有年度专利申请超千件企业 9 家，占全市的半数以上。

（北京市知识产权局）

商标工作

2017 年，北京市工商局深入推进实施首都商标品牌战略，以深化商事制度改革为契机，以提升商标注册便利化公共服务水平为突破口，以加强商标品牌保护和运用为重点，以提升首都品牌竞争力为目标，积极服务品牌经济持续发展。

一、推进首都商标品牌战略深入实施

（1）北京市工商局发布《关于深入实施首都商标品牌战略的若干意见》，积极做好实施商标品牌战略的顶层设计。着力构建以企业自主、市场主导、政府推动、行业促进和社会参与的商标品牌战略格局，提高首都企业自主创新能力，打造北京商标品牌升级版，引领消费品标准升级和质量提升，促进首都国际一流和谐宜居之都建设，服务品牌经济持续发展。成立商标专家委员会，利用专家委员丰富的实践经验和专业知识优势，帮助商标监管机关工作，参与商标品牌战略实施，以提升商标监管、指导与服务水平。

（2）北京市工商局发布《2016 年度北京市商标发展报告》，报告内容包括北京市商标发展概况、北京市 2016 年商标业务办理情况、截至 2016 年底有效注册商标类别情况、北京市马德里商标国际注册情况、北京市商标代理情况、北京市商标集聚和活跃情况、北京市各区商标发展情况、北京市商标案件查处情况等八部分，全面反映了本市商标的发展状况，引导广大企业在经济活动中积极培育、使用、发展自主注册商标，全面提升企业创立自主商标品牌的意识，并为商标监管部门、政府职能部门提供了决策参考和依据。

二、夯实商标监管和公共服务基础

（1）初步建成“北京市商标监管服务数据系统”。为进一步规范商标监管，加强商标指导服务，利用商标注册数据，在充分调研的基础上，开展了北京市商标监管服务数据内外网建设。服务数据系统主要包括商标数据、商标监管、法律法规、典型案例、专家智库、指导服务等板块，构建内网规范商标监管工作、外网提供社会指导服务的工作格局。

（2）推进北京设立商标受理窗口。为适应首都市场主体申请注册商标的需求，结合首都整体规划和区域特点，经国家工商行政管理总局商标局批准，已在朝阳、石景山、昌平设立商标注册受理窗口，构建“东西南北”辐射全市的便利化注册服务新格局，将商标咨询注册服务与市场准入服务共同打造成促进企业健康发展的完整服务链条。通过“一条龙”式的商标便利化服务，引导企业以自主品牌开拓市场，“创业”与“创新”紧密融合，受到广大企业的欢迎。截至 2017 年底，已成功受理商标申请 2000 余件。

三、持续加强商标专用权保护

2017 年，北京市各级工商部门共办理罚没金额 10 万元以上的侵权假冒案件 67 件，罚没款 5238 余万元，有效净化了市场环境。其中，北京市丰台分局查办了“美多味”面包坊仿冒“味多美”注册商标案，当事人北京美多味科贸有限公司将与“味多美”字体颜色、读音都相近的“美多味”作为商标在门头牌匾及塑料袋上突出使用，造成消费者对“味多美”面包坊产生混淆，对此行为工商部门罚款 221 万元；海淀分局根据“海贼王”商标权利人提供的线索对北京

乐汇天下科技有限公司利用360手机助手、百度、豌豆荚等商用手机软件运营平台擅自提供下载“口袋海贼王”“街机海贼王”游戏软件客户端，并提供手机在线应用、购买虚拟货币进行充值消费的侵权行为进行查处，对当事人处以2937.03万元的罚款。

北京市“打击侵犯知识产权和制售假冒伪劣商品”工作取得明显成效。截至2017年12月，共办结侵犯商标知识产权和制售假冒伪劣商品案件2436件，罚没款6530.85万元。移送司法机关12件，案值539.46万元。捣毁制假售假窝点16个。

四、加强商标法律法规宣传

充分运用报纸、广播、电视、互联网等多种媒体形式，在“4·26”知识产权宣传周、中国品牌日等重大时间节点组织开展形式多样的商标法律法规宣传活动。主动曝光侵犯驰名商标、地理标志、涉外商标、老字号注册商标等典型案例，营造尊重、保护商标知识产权的良好社会氛围。

（国家知识产权局商标局综合处）

版权工作

2017年，北京市版权局积极推进版权普法宣传活动，大力开展软件正版化工作，重点提升版权监测评估水平，全方位推进版权保护工作，取得了显著成效。北京地区作品自愿登记数量809 586件，同比增长16.8%。软件著作权登记量125 015件，同比增长51.6%。

一、形式多样，多方参与，着力抓好版权普法宣传活动

（一）基础与声势相结合，启动“打造版权保护示范区，助力城市副中心建设”主题活动

2017年4月22日，北京市版权局和通州区人民政府共同举办了以“创新改变生活，版权创造财富”为主题的“打造版权保护示范区，助力城市副中心建设”活动。此次活动营造了“尊重知识、崇尚创新”的版权保护氛围，为将通州打造成全国的版权保护示范区奠定了坚实的基础。

（二）主导与参与相结合，举办版权宣传健步走活动

2017年4月26日，在通州区大运河森林公园举办了“创新改变生活、版权就在身边”版权宣传健步走活动，展示了北京市近年来的版权保护工作成果。

（三）普及与推动相结合，打造《视听表演北京条约》研讨会

为推动《视听表演北京条约》早日生效，与世界知识产权组织（WIPO）中国办事处于2017年7月26日在金台艺术馆共同主办了视听表演版权保护研讨会。

（四）传统媒体与新媒体相结合，多种形式宣传版权保护理念

以“4·26世界知识产权日”和“6·26《视听表演北京条约》签署周年纪念日”为契机，采取了多种形式的版权宣传活动。通过多种媒体开展相关宣传活动，使版权保护理念融入每个人的生活之中。同时，推出一系列《视听表演北京条约》签署周年纪念公益广告，在地铁站、公交候车亭以及长安街沿线进行了为期两个月的户外宣传，取得良好的宣传效果。

（五）借力与发力相结合，推出优秀版权项目展示推介活动

2017年，北京市版权局参加了北京国际服务贸易交易会、北京图书节、北京市文博会的优秀版权项目推介活动，扩大了版权影响力，提高了版权保护力度，进一步推动了我国版权贸易的“走出去”战略。同时，与动漫产业联盟合作通过甄选优秀动漫游戏版权项目，开展系列推介展示活动，向社会发布版权发展的成果与经验，促进版权的交流与交易。

二、加强协作，攻坚克难，稳步推进软件正版化工作

根据国务院关于推进使用正版软件工作部署，北京市版权局积极贯彻落实《政府机关使用正版软件管理办法》的各项要求，充分发挥北京市使用正版软件工作联席会议办公室牵头单位组织协调作用，各成员单位密切配合，在全面完成全市各级国家机关软件正版化工作的基础上，巩固成果，乘势而上，积极推进政府机关软件正版化工作长效机制建设，确保各项工作稳步推进、圆满完成，正版化工作取得显著成效。

（一）及时响应，贯彻落实国家任务

按照国家相关工作要求，为健全完善软件正版化工作责任机制，北京市版权局联合市财政局发布了相关通知，对计算机软硬件采购所涉及的经费预算保障、采购组织实施和版权信息核验等重要环节都提出了详细要求，并为软件资产的源头管理及版权认证等工作提供了明确的政策依据。同时，经过三年的不断总结，全市软件正版化考核评议工作逐渐完善，已建立一套具有可操作性的考评体系，并针对机关和企业分别制定了详细具体的考核标准及评分原则。

（二）广泛培训，政策标准专项解读

2017 年 7 月份起，分别针对全市 110 余家市级机关、16 个区级机关和 1000 余家市属国有企业举办了多期软件正版化工作推进培训班，及时传达国家推进软件正版化工作的整体思路与方向，并由相关专业人员重点针对全市软件正版化年度考核标准及评分原则等进行讲解，帮助各参训单位理顺工作脉络、明确工作流程和标准，切实提高了相关责任人员的意识和专业技能水平。

（三）明确依据，全面跟进督促落实

根据全市软件正版化工作相关年度考核标准等文件的具体要求，联席会议办公室责成专人，采取电话指导、微信答疑，接受全市 110 余家市级国家机关、16 个区级机关、1000 余家市属国有企业以及数十家卫生、计生系统相关单位关于软件正版化相关资产清查、采购落实、迎检准备等各项工作中遇到各类问题的咨询，并全面深入有关单位内部，针对其存在的实际困难，通过约谈走访、实地督导、协调服务等方式加以有效解决，为下阶段的考核评议工作打好了坚实的基础。

三、提升监测水平，聚焦大案要案，切实加强版权保护工作力度

（一）高度重视，准备充分，圆满完成全国人大常委会著作权法执法检查

2017 年 6 月 12 日至 16 日，由全国人大常委会副委员长吉炳轩带队的全国人大常委会著作权法执法检查组在北京市进行了为期 5 天的执法检查。北京市版权局高度重视、准备充分、选点准确，得到了副委员长的表扬。

在北京市版权局的协调组织下，检查组召开了多场座谈会，实地检查、调研了北京青年报社、红旗出版社、冠勇科技、掌阅科技、搜狐、爱奇艺等代表企业。检查组充分肯定北京市贯彻实施著作权法取得的成效，认为北京在首善建设中不断完善政策体系，提高执法水平，广泛开展普法宣传，积累了很多先进经验。

（二）监测与评估结合，引导和治理并重，积极营造版权法制氛围

北京市版权局完成对 APP 应用市场、新闻类作品、影视类作品的经常性版权监测。按月对各网站主要在线作品的类别、数量、内容等版权和传播情况进行 24 小时不间断跟踪监测，按月形成监测报告，评估网站综合版权状况，提供版权监测维权服务。重点作品播放前向网站和互联网平台发布预警通知，发现侵权盗版作品及时发布侵权下线通知，基本实现 24 小时及时删除盗版链接，大型网络版权秩序良好，网络企业自有版权越来越多，版权意识逐步增强，搜狐、中文在线等互联网企业利用法律成功维权，互联网版权环境得到基本好转。

部分网盘用户、淘宝、微信公众号等由于隐蔽性较强成为侵权较为严重的个人平台，北京市版权局积极联合平台方共同探讨监测排查方式，加大整治工作力度。加强网络新闻作品传播的版权监管，发现侵权平台 562 个，移除侵权链接 15 897 条，跟踪监测重点影视、文字作品的传播和转载情况，下线侵权链接 138 777 条。

(三)聚焦大案要案，联动综合治理，落实 2017 年“剑网行动”

立足首都政治、文化中心建设，根据国家版权局的工作指示和安排，结合首都地区版权保护的实际情况，会同北京市文化市场行政执法总队、北京市通信管理局和北京市网信办等剑网行动成员单位，着力抓好专项行动的动员部署工作。建立大要案办理的快速反应机制；积极支持、配合司法机关办理侵犯著作权刑事案件，协助公安司法机关对侵犯著作权刑事案件提供有力证据支持。按照大案要案办理流程，对“快看影视”“717 电影网”进行查办。会同北京市公安局、北京市文化市场行政执法总队对案件进行沟通交流，推动案件的进一步查办落实。

(四)维护著作权人权益，积极开展调解工作

2017 年，北京版权调解中心加入了北京多元调解发展促进会，与人民法院进行诉调对接。作为北京市高级人民法院特邀行业调解组织，北京版权调解中心于 6 月在北京朝阳区人民法院设立调解庭，受理朝阳区法院委托的著作权诉前调解案件。2017 年，中心受理各类著作权调解案件 210 起，达成调解协议 80 起。

（北京市版权局）

司法工作

2017 年度，北京法院坚持司法为民、公正司法，不断发挥知识产权司法保护的主导作用，圆满完成了各项知识产权审判任务。

一、服务首都工作大局，推进北京“四个中心”建设

(一)统一裁判尺度

北京市高级人民法院出台了《关于商标授权确权行政案件审查标准适用若干问题的解答意见》《关于专利复审及无效审查标准适用若干问题的解答意见(2)》等一系列具有针对性的指导文件，细化了类型化案件的裁判标准。对《专利侵权判定指南》进行了大幅度的修改，明确了图形用户界面外观设计及标准必要专利等新类型案件的裁判规则，适应了审判实践快速发展的需要，继续发挥了北京法院在全国知识产权审判领域中的引领作用。

(二)调整管辖分工

出台《关于调整本市法院知识产权民事案件管辖的规定》，按照诉讼标的额重新调整三级法院知识产权民事案件管辖分工，既减轻了基层法院知识产权庭的审判压力，又确保了高级法院能够通过具体案件的审判提高调研督导工作能力。

(三)加强调研督导

北京市高级人民法院立足首都实际，起草完成了《北京市高级人民法院关于为“北京加强全国科技创新中心建设”提供司法保障的意见》，积极推进“北京知识产权司法保护研究会”的设立工作，努力为首都知识产权司法保护提供智力支持。组织开展侵害著作权案件审理指南和专利商标授权确权行政案件审理指南的起草工作，完成 2011～2016 年全市法院涉及垄断纠纷

案件的调研报告、商标授权确权行政案件专项调研、专利创造性判断、图形用户界面专利权保护等多项调研课题。

(四)收结案再创新高

2017年,在收案数量大幅增长的情况下,北京法院克服案多人少的困难,结案数量再创历史新高。全市三级法院共新收一审知识产权民事案件25 932件,同比增长49.2%;审结24 606件,同比增长46.5%。新收一审知识产权授权确权行政案件9672件,同比增长37.5%;审结7188件,同比增长18%。

北京市高级人民法院、北京知识产权法院共新收二审、申诉、再审知识产权民事案件2819件,同比增长127.5%;审结2814件,同比增长162.5%。新收二审、申诉、再审知识产权授权确权行政案件2897件,同比减少9%;审结2914件,同比减少4.3%。

二、落实知识产权司法政策,加大知识产权保护力度

(一)提高侵权损害赔偿数额

北京法院坚持案件损害赔偿与知识产权的市场价值、创新贡献度相匹配的理念,深化司法裁判对于知识产权定价的引领作用,使侵权者付出应有的代价。积极探索确定损害赔偿的途径与方法,努力实现侵权损害赔偿额的精细化、科学化。对于难以证明实际损失或侵权获利具体数额,但有证据证明前述数额明显超过法定最高限额的案件,积极采用裁量性赔偿的认定方法,在法定赔偿最高限额以上合理确定赔偿数额,并充分考虑权利人支付的合理支出。对于恶意侵权或者重复侵权、情节严重的案件,依法从高赔偿或予以惩罚性赔偿。在赔偿数额的认定上,结合证据保全、调查取证、举证妨碍、第三方销售记录、宣传介绍等情况,合理确定被控侵权产品的营业利润以及涉案知识产权对被控侵权产品的贡献率,确定损害赔偿数额,并根据案件事实适当考虑侵权行为所导致的可预期利益损失。

(二)积极合理运用证据规则

北京法院依法积极运用举证责任转移、举证妨碍等证据规则,在当事人之间合理分配举证责任。探索知识产权诉讼证据开示制度,完善相关程序和规则,明确当事人披露相关事实和证据的义务。对故意逾期举证、毁损证据、隐匿证据、抗拒证据保全、妨碍证人作证等举证妨碍行为,依法给予程序和实体双重制裁。对于当事人作伪证的行为,根据民事诉讼法、行政诉讼法的相关规定给予罚款、拘留。

(三)及时采取司法保全措施

北京法院健全司法临时保护机制,加大知识产权案件的保全力度。对于当事人能够提供线索但确实无法自行取得的关键证据、需要及时查封的财产或者需要及时禁止的行为,能够结合案情灵活确定担保方式,依法采取证据保全、财产保全、行为保全等措施。对于案外人持有的关键证据,当事人难以自行取得向法院提出调查取证申请的,根据案情及时向律师颁发调查令,支持律师依法取证。

三、突出知识产权案件特点,不断提高案件质量和审判效率

(一)完善技术事实查明机制

北京法院注重查清技术事实,强化技术类案件审理的程序保障。充分发挥法官在查明技术事实方面的主导作用,注重通过诉辩双方的对抗查明事实。注重对复杂技术的现场勘验、专家咨询及鉴定。允许并鼓励当事人委托专家辅助人参与诉讼,允许当事人通过提交产品实物及模型、制作及展示PPT等方式,灵活多样地展现案件所涉及的技术问题。有效发挥技术调查官在技术类案件事实查明中的突出作用,

探索建立技术调查官意见通过法官向当事人告知的程序，研究技术调查官出具报告的公开条件和时机，加强技术类案件审理的透明度。目前，已初步建立全市三级法院技术调查官资源共享机制。2017年，共有33名技术调查官参与了319件案件的技术事实查明工作，其中简单咨询47件，参与出庭、谈话136件，涉及保全、勘验的43件，提交技术审查意见130份。

北京知识产权法院制定《技术调查官回避实施细则》，修订《技术调查官管理办法》，与国家知识产权局、审协北京中心等机构开展沟通，聘请专家进行个案咨询。北京市海淀区人民法院尝试邀请北京知识产权法院的技术调查官参与诉讼，出庭协助法官查明技术事实，并就案件涉及的技术问题撰写技术审查意见，供法官认定技术事实时参考，这是该项制度首次在全国基层法院适用。北京市丰台区人民法院通过引入技术调查官制度和专家辅助人制度，协助法官准确认定涉时间戳电子证据的效力。

（二）优化流程高效审理案件

北京法院优化审判流程，注重知识产权案件快捷审理和纠纷的实质性解决。继续推进案件繁简分流，根据不同审级和案件类型性质，实现案件审理程序和裁判文书的繁简有度，做到简案快审、繁案精审。

北京知识产权法院优化速审流程，在集约送达的基础上，同步对接电子卷宗随案生成工作，推动建立行政诉讼被告固定代理人出庭制度，进一步改善行政机关应诉效果。建立管辖权异议上诉案件快审机制，在立案庭设立管辖权异议案件快审组，对接各基层法院知产庭和诉服办，将此类案件的审理周期从过去的27天缩短到14天，将立案到退卷的平均周期缩短为27天，有效提升了审判效率。全市法院已推广使用庭审智能语音同步转换文字，达到了记录的自动化，极大地提高了办案效率，更加直观、客观地反映了庭审全过程。

（三）坚持多元调解化解纠纷

北京法院重视诉讼与其他纠纷解决机制的衔接，充分发挥行政调处、人民调解、律师调解、行业调解等矛盾化解主体的作用。

北京市东城区人民法院、丰台区人民法院、石景山区人民法院继续加强与北京赛智知识产权调解中心的合作关系，将部分事实清楚、争议不大的文字作品、音乐作品、电影作品信息网络传播权侵权案件委托该调解中心调解，并将互联网企业中的技术专家、企业管理人员及公司法务人员吸纳进来共同参与矛盾纠纷化解。

四、加强法治宣传，延伸知识产权审判职能

北京法院加强与政府机关、行业组织、科研院所的交流沟通，研讨知识产权司法保护方面的热点难点和突出问题，做好知识产权纠纷的预判引导和治理防范。通过个案审理和案例指导，为权利人提供有效司法指引。依托各类媒体平台大力宣传知识产权法律法规和司法政策，增强社会各界知识产权司法保护意识。

北京市各区人民法院开展普法宣传、巡回审判等各种形式的法律活动。全市三级法院均通过司法建议、专题座谈等多种形式，为权利人的司法维权行为明确诉讼预期、提供司法指引，促使全社会形成尊重知识、崇尚创新、诚信守法的知识产权法治文化。

（北京市高级人民法院知识产权审判庭）

检察工作

2017年以来，北京市检察机关在组建全市各级检察院专业监督部门和6个专业化办案部门的基础上，建立由22名检察人员组成的全市专业领域检察人才库和66

人组成的外部专家智库,创新建立专业人员同步辅助审查机制、优化提前介入等工作机制,成功办理全国最大盗版儿童绘本案、全市最大跨境代加工假冒苹果手机案等一批专业性强的重大敏感案件。全市共批准逮捕侵犯知识产权犯罪案件 126 件 197 人,起诉 105 件 162 人。受理案件主要涉及假冒注册商标,销售假冒注册商标的商品,非法制造、销售非法制造的注册商标标识,侵犯著作权,侵犯商业秘密罪等五个罪名。

一、创新专业化检察办案机制,聚力解决新型领域疑难复杂问题

一是建立专业人员同步审查机制。制定相关工作办法,合理调配检察机关技术人员,将技术人员临时编入专业案件办案组,由专门人员对新型疑难案件同步提供专业意见。二是结合“三合一”审判机制精研法律适用。市检察机关及时总结梳理 30 类疑难复杂问题,组织专家论证,形成 2 类案件专家论证会纪要,撰写知识产权刑事司法保护白皮书等综合性报告 20 余篇。三是发挥提前介入机制作用。各专业化部门积极发挥审前主体作用,第一时间介入侦查机关及时准确引导取证,保证案件质量。如海淀区人民检察院科技犯罪检察部等专业化部门派员跟随侦查人员赶赴外地侦查一线,第一时间引导收集固定证据,公安机关对专业化检察官的意见十分信赖,频频邀请其提前介入。目前海淀区人民检察院科技犯罪检察部提前介入案件数已占办案数的 10.6%。

二、进一步加强两法衔接,推动社会共治体系建设

一是进一步优化全程打击策略。建立并完善与两法衔接机制相适宜的提前介入工作机制,引导及时收集关键证据、规范取证过程。二是充分运用两法衔接平台,监督效果也颇为明显。如张某某非法制造多乐士、立邦商标标识案,该案由行政执法部门移送至侦查部门,因犯罪数额分歧未予立案,北京市大兴区人民检察院通过两法衔接平台,发现张某某非法经营数额达 10 万余元,涉嫌犯罪,制发《立案通知书》,促使本案成功办理并最终获得法院判决认可。三是深化与相关行政单位沟通协作。经济犯罪检察、侦查监督等专业化部门领域已出台并试行了 19 份关于促进行刑衔接的规范化文件,建立了与工商局、知识产权局、版权局、质监局等单位之间的联席工作机制,实现了信息共享,形成了工作合力。

三、推进专业素质建设,构筑首都检察人才高地

一是建立专业素能标准。确定了专业领域检察人员素能标准,指引专业化人才的健康长效发展。二是持续开展专业领域业务培训工作。先后组织专业领域经济犯罪案件检察业务培训 9 次。三是建立全市知识产权领域办案人才库。从全市范围内挑选涵盖刑事检察、民事行政检察领域共 22 人的人才库。四是建立全市经济犯罪检察领域专家库。建立了由学者、律师等不同领域 66 名专门人员组成的专业领域专家库,针对注册商标、著作权、商业秘密、制销伪劣商品等四类知识产权领域出现的新问题新案件,组织专家研讨论证。

四、充分延伸职能,深入做好“三事”取得实效

一是加大宣传力度,全面开展办案社会预防。2017 年 4 月世界知识产权日前夕,北京市人民检察院经济犯罪检察部组织撰写了《北京市 2016 年知识产权刑事司法保护白皮书》,推出 20 期典型案例,并通过院新闻办召开新闻发布会,这在省级人民检察院乃属首例。二是加强与专业监管单位、专业经营单位的联系,积极开展社会综合治理创新。海淀区人民检察院知识产权案件检察部、科技犯罪检察部与腾讯、微软、华为、今日头条、豌豆荚等多家驻区企业加强沟通、调研，听取企业需求，推进资源共享、开展合作研究。

（最高人民检察院侦查监督厅）

天津市

专利工作

2017 年，天津市授权专利 41 675 件，同比增长 4.3%；有效专利 144 706 件，同比增长 16.3%，其中有效发明专利 28 601 件，同比增长 26.2%。企业知识产权主体地位日益巩固，全市每万人口发明专利拥有量达到 18.3 件，居全国第六。《中国知识产权指数报告 2017》显示，天津市知识产权综合指数位列全国第七。

一、推进知识产权强市建设取得新进展

以市政府办公厅文件形式印发实施《天津市人民政府办公厅关于贯彻落实“十三五”国家知识产权保护和运用规划的实施意见》，完成《天津市知识产权战略实施十年总体评估报告》。发布年度《天津市专利实力报告》《天津市知识产权发展状况》白皮书和《天津市知识产权保护状况》白皮书。整体推进知识产权强区建设。专利综合指数首次纳入天津市各区绩效考评发展指标体系。2017 年，推动全市 16 个区共投入 1.04 亿元用于开展区域专利工作，国家知识产权试点示范城市（城区）累计达到 7 个。重点推进知识产权强企工程。4374 家企业实现专利申请零突破，有专利的企业数达到 11 990 家，其中拥有发明专利的企业达 3401 家；培育区级专利试点企业 2262 家；145 家市级专利试点单位培育专利密集产品（技术）207 项；新增国家知识产权优势示范企业 9 家，国家知识产权优势示范企业总数达 53 家。

二、推进京津冀知识产权协同发展取得新发展

多角度促进京津冀知识产权协作。落实“一局三地”议定书部署安排，积极服务天津“一基地三区”建设。与北京市、河北省知识产权局签订《中国知识产权执法华北调度中心协作协议》，推进京津冀知识产权保护一体化进程。京津冀三地联合举办专利执法业务研讨会，开展跨区域协同执法办案，建立起高效顺畅的专利行政执法合作机制。在津举办第三届京津冀知识产权协同发展高层论坛，共同探讨推进京津冀一体化保护体系建设等热点问题，发起成立京津冀生物医药产业发展知识产权联盟，促进产业知识产权保护高端服务三地共享。推进京津冀全面改革创新实验区改革任务，制定《天津市推进知识产权全面创新改革试验工作方案》，推动自贸区完善知识产权保护“1＋4”工作体系，建立华北知识产权运营中心“1＋7＋N”运营体系。与国家知识产权局专利复审委员会签订《合作备忘录》，共同建立专利审查信息共享、法律技术咨询绿色通道。与国家知识产权局专利审查协作天津中心签订《2017—2020 年度合作框架协议》。高标准建设覆盖 103 个国家和地区的新一代专利检索服务系统，全面提升专利信息支撑能力。

三、服务实体经济发展取得新成效

推进华北知识产权运营中心分中心建设，“1＋7＋N”运营体系基本成形。“华北知识产权运营网”上线运行，推动形成中药产业专利运营联盟等 6 个知识产权联盟组织，联盟企业成员过百家。推动成立天津市首家基金规模亿元的知识产权运营基

金。指导中国汽车技术研究中心推出首家汽车行业专利数据库服务平台。2017 年，华北知识产权运营中心联盟成员单位促成专利交易 1778 件，总金额 2239 万元。深化知识产权金融创新。突破传统的“企业＋银行”两方模式，推动研发专利权质押担保产品——“智保贷”，形成“企业＋银行＋担保＋回购”四方模式。推动平安财险、人寿财险等 4 家财险公司开展专利保险承保业务，新增试点险种“境外展会专利纠纷法律费用保险”，海鸥集团投保全国首单“境外展会专利纠纷法律费用保险”。2017 年，全市 42 家企业获得专利质押贷款 65 笔，贷款金额 25.37 亿元。

四、知识产权保护得到新加强

贯彻落实市委市政府《关于营造企业家创业发展良好环境的规定》，研究制定《天津市严格知识产权保护实施方案（2018—2020 年）》，打造知识产权严格保护最优城市，为企业家在津创业发展提供良好的知识产权环境。制定实施《关于推进严格专利保护工作实施意见》，加大专利行政执法力度。建立市局与国家级知识产权试点城区委托执法协作工作机制，委托滨海新区、河西区、西青区开展区域专利行政执法，提高全市专利行政保护水平。推动与市场监管、版权、海关、公安经侦等部门协作，加强专利行政调处与司法审判的信息沟通和联合研判，知识产权“大保护”协作机制不断深化。推动知识产权保护规范化市场建设取得新进展，7 家市场入选国家级知识产权保护规范化培育市场。2017 年，全市开展专利行政执法行动 40 余次，出动执法人员 650 余人次，检查商品 35.1 万件，立案查处各类专利行政案件 651 件。

五、知识产权服务水平得到新提升

加快打造天津市知识产权服务网，发挥国家专利信息传播利用（天津）基地的作用，组织开展专利信息大讲堂 11 期、培训近千人次。天津知识产权维权援助中心公开 12330 热线服务内容和标准，全年接待来访、来函等各类有效举报、投诉、咨询 4260 件。提高专利代办服务水平，对天津市近 8000 家企业进行专利费减免备案，为企业减免专利费用超过 7000 万元。高质量建设滨海高新区国家知识产权服务业集聚发展试验区，该试验区集聚了北京、江苏等地各类知识产权服务机构 225 家，为超过 1000 家企业提供全创新链服务。推动东丽、西青、红桥等 5 个区（园区）启动开展市级知识产权服务业集聚发展实验区。加强对专利代理行业的监督管理，加大专利代理行业人才培养力度，争取国家知识产权局专利代理行业改革试点政策，扩大专利代理人队伍。截至 2017 年底，天津市已有 393 人拥有全国和地方专利代理执业资质。

六、知识产权文化建设得到新加强

天津市知识产权局等 11 个部门共同举办“2017 年天津市知识产权创新创业发明与设计大赛”，吸引全市近 1000 个项目参赛，60 个项目获奖，大力推进知识产权创新创业。深入推进中小学知识产权教育工作，天津市实验小学等 6 所学校入选全国中小学知识产权教育试点学校。评定天津市第四中学等 9 所中小学为天津市青少年知识产权教育示范学校，全市市级青少年知识产权教育示范校达到 29 所。举办“2017 年天津市青少年小发明设计大赛”，全市 500 多个项目参赛，66 个优秀小发明受到奖励，在全市校园营造了良好的知识产权文化氛围。

（天津市知识产权局）

商标工作

2017 年，天津市积极推进商标品牌战略实施，着力做好商标创造、保护和运用工作，全市商标品牌竞争力得到有效提升。2017 年全市各类市场主体共提交商标注

册申请49 849件,截至2017年底,全市累计有效注册商标量159 048件。

一、继续深入推进商标品牌战略实施,促进地方品牌经济发展

天津市各级市场监管部门按照商标战略发展情况调查建档工作要求,结合贯彻落实"双万双服",加强对本区域商标发展的研讨和情况摸底,对本区域涉外商标、地理标志、驰名商标企业建立档案,梳理情况。主动积极服务民营经济发展,统计全市31个示范工业园区民营经济企业户数,逐园区调研商标发展情况,有针对性地对民营企业商标使用、管理、保护和发展进行指导和帮扶。开展商标战略实施示范评选工作,制定下发《关于开展2017年度天津市商标战略示范工作安排的通知》,对开展商标战略实施示范企业推荐及认定的时间、方法、步骤、工作要求做了详细安排,提出了加强组织领导、搞好工作协调、严把申请初审、具体指导培训等具体要求,按照企业申报,区局初审,征求社会各界意见,委主任办公会评审的工作流程,武清区被认定为天津市商标战略实施示范区,天津金锚集团有限公司等四家企业被认定为商标战略实施示范企业。

二、切实做好商标行政执法保护工作,净化市场竞争环境

(1)开展多项专项整治行动。2017年,根据《天津市2017年打击侵犯知识产权和制售假冒伪劣商品工作实施方案》和国家工商行政管理总局《2017年全国工商和市场监管部门打击侵犯知识产权和制售假冒伪劣商品工作要点》工作要求,制定了《2017年全市市场监管系统打击侵犯知识产权和制售假冒伪劣商品工作要点》,开展了商标专用权专项整治、商标侵权"溯源"行动、保护外商注册商标等若干专项整治行动,取得了卓有成效的成果。全年投诉举报中心共接到外省市移交案件31件,办结29件,办理中2件;全国12315互联网平台分拨11 638件,已办结8067件。委市场监管系统共查处"双打"(工商部分)违法案件466件,罚款621.24万元。其中,侵犯注册商标专用权案件350件,罚款566.5万元;移送公安机关案件19件;没收销毁侵权假冒物品34.48吨。

(2)开展保护知识产权宣讲活动,营造良好社会氛围。组织开展"4·26世界知识产权日"宣传活动,开展内容丰富、形式多样的宣传活动,通过到企业现场指导、征询、宣讲,取得了良好宣传效果。活动期间,共发放各类宣传材料40 000余份,参与宣传2700余人次,指导商标申请353件,受理投诉案件42件。举办天津市知识产权行政与司法保护座谈会,进一步提高本市企业的商标品牌意识,解决企业发展中遇到的知识产权保护新情况、新问题。

(3)以宣传月为契机,抓好商标执法工作。集中受理举报投诉案件,开展商标监管和反不正当竞争宣传活动,解答辖区企业有关知识产权保护的问题,现场受理涉嫌商标侵权和假冒伪劣商品投诉(举报)案件42件,均得到及时处理。部署开展专项执法行动成效显著,对经营汽车配件、汽车玻璃膜、汽车美容服务等经营店(场所),开展集中专项检查行动,查获问题店铺15家并得到有效处理。开展"红盾护农"执法行动,通过宣讲法律法规、解答群众咨询,共发放宣传资料1000余份,接待咨询80人次,解答问题50余个,使人民群众在购买农资时,提高了识假辨假的能力,增强了防范假冒农资的意识,了解了维护自身合法权益的途径。

三、大力推动地理标志工作,服务农业经济发展

组织市地理标志商标武清"西肖庄紫薯"和"宝坻大蒜"参加由国家工商行政管理总局和世界知识产权组织联合主办的2017年世界地理标志大会,并进行产品展示。召开2017年京津冀地理标志产品保护区域合作工作会，会议集中讨论制定了京津冀三地集中进行地理标志运用与保护联合检查的方案，并就地理标志保护实际工作中遇到的重点和难点问题，进行了梳理汇总，有力地加强了京津冀地理标志保护区域务实合作。

（国家知识产权局商标局综合处）

版权工作

2017年，天津市版权局将打击网络侵权“剑网2017”专项行动、进一步加强软件正版化长效机制建设、组织版权宣传教育培训作为重点工作，同时，加强了版权行政监管及推进版权产业发展，在净化网络版权环境，保护权利人的合法权益，积极开展版权宣传等方面取得了显著成绩。

一、开展专项行动，严厉打击侵权行为

2017年8月至12月，天津市版权局、市网信办、市通信局、市公安局、市文化市场行政执法总队成立专项行动协调小组，联合开展了打击网络侵权盗版“剑网2017”专项行动。

（一）召开启动协调会，对“剑网2017”专项行动进行研究部署

2017年，天津市相关单位多次召开协调会，确定了全市“剑网2017”专项行动重点任务、行动措施及检查方案。

（二）扩大市重点监管网站数量

在原有53家市重点监管网站的基础上，又增加了17家网络出版服务单位、4家网络视听节目公司，将市重点监管网站的数量扩大至74家。

（三）对市重点监管网站开展联合执法检查

2017年9月6日至10月28日，专项行动协调小组巡查网站8000余次，对存在疑似问题的133家网站做了远程勘验笔录；查办了13起网络行政案件；约谈了6家网络直播平台；公安部门共删除网上有害信息4877条，查处4起网络刑事案件。

（四）加强宣传培训，提高版权保护意识

2017年，天津市版权局举办版权工作培训会，参会的各重点监管网站负责人签订了版权保护承诺书；协调小组成员单位主动作为，将专项行动与日常工作相结合，取得了明显成效。

二、继续推进和巩固软件正版化工作

2017年，天津市、区两级政府机关采购正版操作系统软件1191个、办公软件6831个、杀毒软件2866个，采购金额1383.58万元。企业采购正版操作系统软件2379套、办公软件2548套、杀毒软件2376套，采购金额838.04万元。

（一）进一步完善软件正版化长效机制

2017年初，制定并印发了《天津市2017年推进使用正版软件工作计划》，完善了软件采购、软件管理、督促检查、考核监督等相关制度。

（二）及时更新信息，制定推进工作时间表、路线图

天津市版权局组织54家市级政府部门、43家市国资委监管企业，完成了软件正版化工作责任人信息和国有企业使用正版软件工作计划报送工作；制定了推进企事业单位使用正版软件工作规划。

（三）政府机关软件正版化工作考核常态化

2017年11月13日至24日，天津市推进使用正版软件工作联席会议成员单位组成4个检查组分别对10个市级政府部门和4个区政府软件正版化工作进行了考

核。7个市级政府部门获得A级，占70%，较2016年增长了30%；3个区政府获得A级，占75%，与2016年持平。

三、完成版权示范园区评选工作

2017年天津市版权示范区县、示范单位和示范园区（基地）评选工作再次被天津市版权局确定为重点工作。

2017年10月17日，在对11家拟获得示范称号的单位进行公示后，天津市版权局组织16个区版权部门负责人及示范单位，召开了天津市版权示范单位授牌大会。2017年10月31日，国家版权局发文批复了天津人民出版社、新蕾出版社（天津）公司、天津颐博数码公司3家单位为国家级版权示范单位。

四、做好社会服务，促进版权产业发展

2017年办理涉外版权贸易引进合同备案363件；涉外电子出版物和计算机软件著作权认证498件、著作权作品登记344件；2017年完成18种涉嫌侵权图书及光盘认定工作，为案件审理工作提供了依据。

五、做好资助项目的申报，推动出版物版权输出

按照国家新闻出版广电总局关于申报2017年经典中国国际出版工程、丝路书香工程重点翻译资助项目、中国当代作品翻译工程项目的通知要求，天津市版权局组织完成了2家出版社、1家民营发行公司的53个品种的申报工作。天津人民出版社和中国人民大学出版社联合出版的《中国道路为世界贡献了什么》，天津人民出版社出版的《中国特色社会主义为什么行?》入选。

六、加大著作权宣传，提高全社会维权守法意识

利用2017书香天津·春季书展进行版权宣传。在举办书香天津·春季书展期间，设立了咨询服务区，对著作权法进行宣传，受到了群众的好评；利用“4·26知识产权宣传周”开展版权宣传。

（天津市版权局）

司法工作

2017年以来，天津法院不断加大知识产权的司法保护力度，为天津加快知识产权强市建设提供了有力的司法保障。

一、主要工作情况及成效

一是公正高效地审理各类知识产权案件。2017年，全市法院共受理各类知识产权案件2694件，审结1955件。其中，新收和审结知识产权民事案件2548件和1823件，民事审判在知识产权司法保护中的主渠道作用进一步发挥；受理知识产权刑事案件143件，审结129件，分别同比增长45.5%和53.6%，有效打击和威慑了严重侵害知识产权的犯罪行为；受理知识产权行政案件3件，审结3件，行政审判对行政执法行为的审查监督职能进一步发挥。

二是知识产权司法保护的主导作用充分发挥。加大对创新程度高的发明创造的保护力度，重点加强对关键核心技术和基础前沿领域技术成果的保护，审结涉专利、技术秘密、技术合同等技术类民事案件共233件，同比增长50.3%。积极运用适度保护、平衡利益的原则，加强网络环境下的著作权保护，受理各类著作权民事案件1884件，占知识产权民事案件受理量的72.9%，保障文化创造源泉充分涌流。加强商业标识类知识产权保护，受理相关案件383件，严格遏制“傍名牌”“搭便车”行为，营造统一开放、公平有序的市场竞争环境。加强对新类型案件的调查研究，对新类型商业模式和行为进行依法规范，审慎审理商标平行进口等新类型案件，持续推动天津成为企业投资创业的“首选地”“优选地”。知识产权案件审判精品战略进一

步见成效，审结了一批有重大影响的知识产权案件。

三是司法保护机制创新取得新突破。(1)自 2017 年 1 月 1 日起，天津法院的知识产权审判部门升级为知识产权审判庭，统一审理指定辖区内的知识产权民事案件、行政案件和刑事案件，实现知识产权民事、行政和刑事案件审判“三合一”。(2)深入推进知识产权审判标准化建设，出台《天津法院侵害信息网络传播权纠纷案件审理标准(试行)》，有效解决了相关案件审判中存在的突出问题，统一了裁量标准。(3)积极构建知识产权保护大格局，全面深化司法公开，积极开展主题宣传活动，先后发布《天津法院知识产权司法保护状况(2016年)》《天津市知识产权司法保护数据统计报告》和《天津法院知识产权司法保护案例精选》，提升人民群众的知识产权保护意识；先后与天津市市场监管委、滨海一中关村科技园管委会、市知识产权局研讨知识产权保护领域突出问题，不断完善知识产权保护协作机制，优化知识产权保护体系，有效形成知识产权保护合力。

四是知识产权司法保护能力进一步提高。择优选任员额法官，组建专业法官团队，深入推进知识产权法官队伍的正规化、专业化、职业化建设。注重知识产权复合型人才培养，举办全市知识产权法官培训，采用多种形式不断加大业务培训力度。选派优秀法官积极参加最高法院组织的专业会议和学习交流活动，不断提升审判业务水平。深化与天津大学、南开大学、中国民航大学等院校的合作共建机制，共同推进知识产权审判理论与实务研究，先后完成最高人民法院审判理论重大课题《互联网与审判的关系研究》和最高人民法院审判理论自选课题《关于为天津自贸试验区建设提供司法保障的调研》并通过验收。加强互联网技术的应用，推进滨海新区法院网上诉讼平台建设，制定互联网法庭审理规程，知识产权纠纷处理效率持续提升，专业化、信息化建设初见成效。

二、2017 年度亮点工作

天津法院 2017 年知识产权司法保护工作的亮点为：标准化与规范化并举，全面提升侵害信息网络传播权纠纷案件审理水平。

2017 年，天津高院组织制定了《天津法院侵害信息网络传播权纠纷案件审理标准(试行)》和《天津市高级人民法院侵害信息网络传播权纠纷案件审理指南(试行)》并印发全市相关法院施行，为统一裁判尺度，提升该类型案件审理水平，提供了规范指引，赢得了全市法院知识产权审判人员的普遍赞誉和良好的社会反响。

(天津市高级人民法院知识产权审判庭)

检察工作

2017 年，天津市各级检察机关在“五个现代化天津”建设工作中，充分发挥检察职能作用，依法打击侵犯知识产权和制售假冒伪劣商品犯罪案件，着力提高知识产权刑事司法保护水平，取得了明显成效。

一、打击侵权假冒刑事犯罪情况

2017 年，天津市各级检察机关充分发挥法律监督职能，依法履行立案监督、审查批捕、审查起诉、诉讼监督职责，开展知识产权类案件专案督办工作，完善行政执法与刑事司法无缝衔接机制，完善专案办理机制，严肃查处行政执法机关不依法移送该类案件的渎职行为，纠正公安机关对移送的案件有案不立等违法行为，有效增强知识产权刑事司法保护水平。2017 年全市检察机关共批准逮捕侵犯知识产权和制售假冒伪劣商品类犯罪案件 74 件 107 人，同比分别提高 80%和 52.9%；提起公诉侵犯知识产权和制售假冒伪劣商品类犯罪案件 99 件 180 人，同比分别提高 98%和 83.7%，有效打击了该类犯罪。

二、打击侵权假冒领域行政执法与刑事司法衔接工作情况

一是深化市区两级的“两法衔接”工作机制。天津市人民检察院与相关市直行政执法机关等部门积极沟通，通过系列会签文件在全市范围内建立起打击侵犯知识产权和制售假冒伪劣、食品药品、工商等领域的“两法衔接”机制。2017年，天津市人民检察院积极推动“两法衔接”工作机制的深化工作，于1月26日与天津市政府法制办公室会签《关于进一步推进行政执法与刑事司法衔接工作的实施意见》，强化了知识产权两法衔接机制。天津市各区检察院已与辖区内相关部门会签了50余项“两法衔接”文件。

二是积极推动“两法衔接”信息共享平台建设。“双打信息共享平台”上线运行以来，全市各级检察机关主动加强与本辖区公安、行政执法等部门的联系，积极推动平台规范化使用。2017年，全市检察机关利用该平台监督行政机关移送、公安机关立案100余件。

三、积极宣传保护知识产权工作成果，营造创新氛围

在国家鼓励“大众创业、万众创新”的背景下，社会大众对知识产权保护的关注度日益提升。为回应社会关切、鼓励创新，天津市检察机关利用检察日报、微信公众号等媒体积极宣传打击知识产权领域犯罪的工作。天津市人民检察院将近年来全市办理的王某、董某昌等人假冒注册商标案等6件侵犯知识产权案件和民事行政检察案件编辑成新媒体作品，在微信公众号和微博发布，并在10余家平面媒体和网络上发表。天津市人民检察院、河东区人民检察院等多个院通过微信、微博，大力传播知识产权检察监督知识；蓟州区人民检察院深入社区开展“尊重创意、重塑文化”主题宣传活动，取得良好的宣传效果。

（最高人民检察院侦查监督厅）

河北省

专利工作

2017年，河北省知识产权局紧紧围绕国家知识产权局的安排部署和河北科技创新的中心工作，以知识产权创造、保护和运用为工作重点，攻坚克难、开拓进取，强力推进知识产权强省建设，圆满完成了各项目标任务，知识产权事业实现又好又快发展。

2017年，河北省专利申请量61 303件，较2016年增长11.8%；专利授权量35 348件，较2016年增长11.1%，其中体现创新发展重要指标的发明专利授权4927件，较2016年增长16%；万人发明专利拥有量2.88件，较2016年底增加了0.76件。国家级知识产权试点城市达到3个，知识产权强县达到13个；知识产权贯标验收合格企业达到300家，通过国家第三方认证企业近60家；国家级知识产权优势示范企业达到42家；国家知识产权品牌服务机构达到4家；全国中小学教育试点学校达到3家。2017年度专利质押融资21.4亿元。入选国家级知识产权保护规范化培育市场8家，荣获第十九届中国专利优秀奖6项，通过全国专利代理人资格考试102人，年度通过人数首次突破100名。

一、积极推进知识产权量质齐升

一是积极发挥政府部门的政策引导作用，根据河北省专利资助的相关规定和发明专利资助项目申请情况，组织开展专利资助工作。2017 年发放专利资助金 1200 万元，资助专利申请(授权)8549 件。二是组织开展了第八届河北省大学生工业设计创新大赛和第三届河北省少年儿童发明奖评选活动，既营造了浓厚的知识产权文化氛围，又能激发学生发明创造热情和创造潜力。三是组织开展省知识产权优势培育专利奖评选活动。评选出 38 项在技术创新与专利实施中为河北省经济社会发展作出突出贡献的专利项目，并给予表彰奖励。同时，推荐优秀专利参评第十九届中国专利奖，英利能源(中国)有限公司的“一种太阳能电池栅线电极及太阳能电池片”等 6 项专利获得优秀奖。

二、不断加大知识产权执法维权工作力度

一是圆满完成《河北省专利条例》修订工作。《河北省专利条例》为鼓励发明创造、促进专利转化运用、打击侵权行为、保障专利权人合法权益、规范专利管理与服务等提供了全方位的法律保障。二是积极推进京津冀知识产权保护一体化，京津冀三地知识产权局签订了华北调度中心执法协作协议，确认了华北调度中心工作办法。三是积极营造良好营商环境，全年培育省级知识产权保护规范化专业市场 20 家，其中 8 家被认定为国家级知识产权保护规范化市场。四是组织开展知识产权执法“雷霆”专项行动、电子商务领域专利行政执法维权“闪电”专项行动。全年全省共处理专利侵权纠纷案件和查处假冒专利案件 2046 件，较 2016 年翻了近一番。省市间执法协作移交移送案件 213 件，比 2016 年翻了两番。五是持续加强知识产权维权援助与举报投诉工作，知识产权维权援助机构实现了体制上的重大突破。2017 年 11 月，河北省知识产权维权援助中心被正式批准为公益一类的全额拨款事业单位。进一步加强维权援助与举报投诉体系建设，新设 2 家 12330 工作站和河北省(石家庄高新区)知识产权维权援助中心等 4 家维权援助工作站。

三、稳步推进企业知识产权工作

一是规范企业知识产权管理，选择确定了 50 家企业开展知识产权管理标准推行工作。二是借助区位优势，利用国家智力和信息资源，与中国知识产权研究会等单位共同实施了 15 个专利导航计划项目。三是在全省范围内确定了 8 家试点企业首次开展重大经济活动知识产权评议试点工作，提升防范知识产权风险能力。

四、积极拓展知识产权金融创新途径

深入推进专利质押融资，出台《石保廊专利权质押贷款风险补偿实施办法》，明确在石家庄高新技术开发区、保定高新技术产业开发区及廊坊经济技术开发区开展专利权质押贷款风险补偿工作。鼓励金融机构积极开展专利质押贷款业务，促进专利技术创新和产业化。深化专利保险机制创新，委托江泰保险经纪股份有限公司，以竞争性谈判方式在河北开展专利保险统保示范项目，平安、太保、大地、燕赵 4 家保险公司作为共保体中标。专利保险工作实现了由“政府主导”向“政府引导＋市场化运作”的成功转型，推动专利保险在机制创新、产品创新上迈出了坚实的一步。

五、强力开启知识产权运营新模式

大力推动知识产权运营服务平台建设工作，引进了横琴国际知识产权交易中心有限公司等多家运营公司。初步形成了以国家知识产权运营服务“1＋N”体系为中心的鹿泉区知识产权军民融合、新华区知识产权金融创新、高新区中小企业专利产业化服务、藁城区农业知识产权运营四大专项试点平台建设布局。

六、积极发挥各类知识产权机构作用

深入推进知识产权服务品牌机构培育

工作，在保定成功举办了“牵手京津冀、促协同发展”全国知识产权服务品牌机构河北行活动，开阔省内知识产权服务机构的视野，有效提升了河北知识产权服务业的水平。积极发挥中介服务机构专业优势，支持中介机构参与省内专利导航、知识产权贯标、重大经济活动知识产权评议试点等重点工作。

七、大力夯实知识产权事业基础

一是组织开展知识产权宣传周、中国专利周等大型主题宣传活动，在全省范围内开展了主题宣讲、研讨会、专项检查等近百项知识产权宣传活动。二是在《中国知识产权报》等新闻媒体刊登有关河北知识产权工作新闻事件、重点工作的宣传稿件。三是就《河北省专利条例》颁布实施进行集中宣传报道，组织专家进行全省巡讲，推动了该条例的贯彻落实。四是强化知识产权培训工作，研究制定了《河北省知识产权人才工作“十三五”规划》。五是进一步加强知识产权培训基地建设，组织召开了河北省知识产权培训基地建设座谈会，研究制定了《河北省级知识产权培训基地管理办法》，对知识产权培训基地建设进行重新定位与谋划。指导河北工程大学、河北农业大学、河北科技大学、保定学院知识产权培训基地开展了知识产权人才培养相关活动。六是组织开展了专利代理人资格考试考前培训班等9期知识产权专业培训，培训人员1000余人次。七是邯郸市汉光中学入选了第三批全国中小学知识产权试点学校。

（河北省知识产权局）

商标工作

2017年，河北省工商局以“商标兴企”和“保护注册商标专用权”两个专项行动为抓手，着力推进商标品牌战略实施，各项工作取得明显成效。全省新增注册商标7万件，同比增长23%，有效注册商标达37万件；新增地理标志商标19件，创历年注册数量之最，总数达69件。

一、突出重点统筹安排，有效推进商标品牌战略实施

2017年初印发《“商标兴企”专项行动方案》和《保护注册商标专用权专项行动方案》及考核办法，明确了全年工作目标、工作措施、工作重点以及时间安排。下发《2017年河北省商标品牌扶贫工程工作方案》《关于在商标扶贫工程中加强地理标志商标培育工作的通知》《关于加强马德里商标国际注册工作的通知》等文件，推进地理标志商标工作深入开展，助力河北商标品牌国际化。

二、开展商标品牌扶贫，助力全省脱贫攻坚

以培育农产品商标和地理标志商标为具体抓手，以涉农商标品牌发展促进农业产业化，带动农业增效、农民增收。举办了全省工商系统地理标志业务培训，提升商标管理人员业务水平。开展了地理标志资源普查，挖掘地理标志资源723件，建立了地理标志培育库。加大行政指导力度，每个贫困县至少建立3家以上的商标品牌指导站，重点抓地理标志商标培育，形成对地理标志注册从机构成立、材料组织、注册申报到管理运用及保护的全过程指导。组织召开商标扶贫工作调度会，交流工作经验和做法。开展调研督导，全面了解各市商标扶贫工作进展情况，解答基层和企业在商标扶贫工作中遇到的问题，指导各地充分运用地理标志商标带动区域经济发展。2017年，地理标志商标注册申请量139件，受理79件；全省累计地理标志商标数量69件，在实现品牌增质增效、有效增加农民收入、推动产业集群和区域品牌发展中发挥了重要作用。

三、推进商标国际注册，培育国际竞争优势

为支持企业开展马德里商标国际注册、建立全球化的商标品牌保护体系，多次组织对商标系统工作人员和涉外企业进行国际注册与保护专题培训，进一步增强了商标管理人员的专业知识，提升了企业商标品牌国际化意识。各地还通过召开座谈会、深入企业走访、发放调查问卷等方式，宣传商标国际注册知识，了解企业注册需求和存在的困难、问题，分类指导，不断推进商标国际注册工作取得实效。

四、推动商标注册运用便利化，提升商标服务效能

一是指导石家庄市、唐山市商标注册申请受理窗口开展受理工作，累计受理商标注册申请1100余件，方便企业注册商标。二是指导石家庄注册商标质押受理点帮助企业完成了1.7亿元的商标质押登记，缓解企业融资难题。三是支持雄安新区商标品牌发展，在雄安新区设立商标专用权质押登记受理点和商标注册申请受理窗口。

五、深入开展打击侵权假冒工作，不断净化市场环境

全系统共查处侵权假冒案件2863件，案值1778.6万元，其中查处侵犯商标权案件914件，案值626.93万元。推进"两法衔接"工作，向司法机关移送涉嫌侵犯商标专用权犯罪案件12起。强化打击侵权假冒案件信息公开力度，公示率达到100%。在全国商标监管工作座谈会和全省打击侵权假冒工作会议上做了典型发言。

六、多渠道开展商标宣传，营造良好发展氛围

一是利用报刊、省工商局网站及微信群、QQ群等宣传媒介和平台，宣传商标知识及各级工商和市场监管部门实施商标品牌战略取得的成效，努力营造"重商标、创品牌"的知识产权保护氛围。二是利用"4·26世界知识产权日"，全系统共组织各类宣传活动100多场，接受群众咨询近万人次，收到良好社会效果。三是组织企业参加"2017世界地理标志大会""2017中国商标品牌节"，展示河北品牌风采，引导企业开拓视野、提升商标品牌意识和商标运用能力。

（国家知识产权局商标局综合处）

版权工作

2017年，河北省各级版权行政部门按照国家有关部门的要求和部署，积极创建版权示范城市、单位和园区（基地），进一步巩固政府机关和企事业单位软件正版化工作成果，严厉打击各领域侵权盗版行为，不断提高版权服务能力，取得了显著成绩。

一、加大版权示范创建及版权登记和服务推广工作，促进版权产业发展

一是积极推进全国版权示范城市和示范单位创建工作。为促进全省版权产业高水平、高质量发展，河北省版权局主动与国家版权局和廊坊市政府联系对接，协调全国版权示范城市创建有关工作。2017年10月，河北省版权局推荐的河北乐聪网络公司、石家庄君乐宝乳业公司经过严格审核，获得了国家版权局授予的"全国版权示范单位"称号。

二是积极推进省级版权示范单位、基地创建工作。2017年12月22日，河北省版权局依据标准和程序授予了河北教育出版社、邱县文化馆、晏钧设计公司等三家单位"河北省版权示范单位"称号，授予了邱县漫画培训创作中心"河北省版权示范基地"称号。

三是优化版权登记环境。2017年全省登记作品数量达1904件，是2016年全年登记量的5倍以上，实现了爆发性增长。此外，河北省版权保护中心制定了《河北省版权服务站管理办法》，继续在全省范围选择版权产业密集地区、园区、基地或版权相关行业团体、协会、单位建立版权服务站，健全规章制度，建立考评机制，规范站点服务，提高登记数量。

四是开展版权服务平台建设。根据版权作品登记数量快速增长的实际情况，河北省版权保护中心筹划了河北省版权信息数据库项目，2017 年下半年完成了项目的招投标工作并进入了实施阶段。

二、进一步巩固各级政府机关和企事业单位软件正版化工作成果

一是强化各阶段工作部署。2017 年 4 月，制发了《河北省 2017 年推进使用正版软件工作实施方案》，对 2017 年的工作进行了统一部署。2017 年 5 月，印发了《关于进一步做好 2017 年推进使用正版软件有关工作的函》；2017 年 9 月底，制发了《关于组织开展“软件正版化工作整改提升月”活动的通知》。

二是加强多项制度建设。2017 年 6 月，制发了《关于签订〈使用正版软件承诺书〉的通知》，2017 年 7 月，在总结以往两个年度开展的软件正版化考核评议经验和问题的基础上，重新修订并印发了《河北省政府机关使用正版软件工作考核办法（试行）》；2017 年 9 月，根据人员变化情况，按照省政府要求印发了《关于调整河北省使用正版软件工作领导小组的通知》，进一步明确了各成员单位的成员名单。

三是开展迎检和督查考评工作。2017 年 1 月，组织了 11 个考核组，分别对全省 11 个设区市及其所辖县级政府、定州和辛集市政府，以及 96 家省直单位 2016 年度软件正版化工作进行了考核评议，之后印发了《关于政府机关软件正版化考核评议工作的情况通报》。2017 年 9 月 11 日至 14 日，国务院软件正版化工作第七督查组对河北省软件正版化工作进行了现场督查。2017 年 12 月下旬，全国打击侵犯知识产权和制售假冒伪劣商品工作领导小组办公室考核组对河北省 2017 年度包括软件正版化在内的打侵工作进行了检查，现场查看资料和听取汇报，并实地抽查了石家庄市 2 家政府机关的计算机，对河北省软件正版化工作的考核均给予了满分。2017 年 12 月，国家版权局在《关于对北京市、河北省等 10 省（区、市）软件正版化工作督查情况的通报》中，对河北省的相关工作给予了肯定。

四是深入推进企事业单位软件正版化工作。2017 年 4 月，河北省国资委印发了《推进监管企业使用正版软件工作实施方案》，并于 9 月和 12 月分别组织对部分监管企业进行了督导检查。

三、认真开展著作权法执法检查工作和打击各类侵权盗版行动

一是完成了著作权法执法检查工作。2017 年 6 月，受全国人大委托，河北省人大开展了全省著作权法执法检查工作，河北省版权局积极配合此次活动，一同深入唐山、秦皇岛、定州等市开展实地检查和指导，撰写了《著作权法实施工作情况汇报》，协助完成了检查工作。

二是组织开展“剑网 2017”专项行动。按照相关要求，2017 年 8 月 24 日，河北省版权局会同省互联网信息办公室、省通信管理局、省公安厅等部门联合制发了《河北省打击网络侵权盗版“剑网 2017”专项行动方案》。2017 年 11 月 20 日，河北省版权局在石家庄组织召开了全省版权执法监管工作暨“剑网 2017”专项行动工作推进会议。专项行动期间，四部门加强信息共享和协同行动，主动监管网站 6000 多家（次），共处理涉嫌侵权盗版违规网站 11 个，注销违规网站备案 9 个，取消违规网站接入 5 个，列入黑名单管理 8 个。

三是开展了出版物市场的版权执法工作。组织全省各级版权执法部门，重点对盗版重大题材、畅销、常销、教材教辅及计算机软件、影视音像制品等出版物的行为进行了严厉打击，及时发现并从严处理了一批违法违规的出版物印刷和销售企业。

四是加大版权案件的查处力度。先后查处了“5·19”非法印刷销售盗版图书案、“8·12”非法经营盗版光盘案、一素广告公司网络侵权案、吴喆公司网络侵权案、博远建筑书店发行侵权盗版图书案、撕夜娱乐会所使用侵权音乐作品案、北京成业恒信印刷公司盗印出版物案、林海印务公司非法印制图书案、周某某非法盗播影片案、龙潭宾馆非法盗播影片案等侵权盗版案件。

四、加强版权宣传、教育和培训等工作，提高公众的版权意识

一是重视“4·26知识产权宣传周”宣传活动。各级版权部门高度重视版权宣传活动，组织开展了形式多样的版权宣传活动。一方面省级主要新闻媒体都登载了国家版权局制作的《创作+保护，生活更美好》《厉害了！我们的创作者》主题公益广告；另一方面及时公布了版权典型案件，河北省版权局认真梳理案件，选取了2016年度有代表性的8起侵权盗版案件在省级主要新闻媒体进行宣传报道，受到社会广泛关注。

二是加强日常宣传。充分利用《中国版权年鉴》《河北新闻出版广播影视年鉴》《软件正版化在中国》等出版物的地位及影响，积极总结全省版权保护经验，通过文字、图片等形式，全面展示版权保护成果，不断扩大对外宣传。

三是加强软件正版化工作培训。2017年8月下旬，河北省版权局组织省直97家单位召开了软件正版化培训会议，传达学习了国家2017年软件正版化工作重点，部署了2017年软件正版化重点工作，同时介绍了软件正版化工作相关政策与知识，讲解了《正版软件管理工作指南》《河北省政府机关使用正版软件工作考核办法（试行）》和正版软件检查工具软件的相关问题。会同省国资委组织了18家省属国有企业开展软件正版化培训工作，分别参加了河北省发展和改革委员会、中国证券监督管理委员会河北监管局、河北省外贸资产经营有限公司以及石家庄、衡水、廊坊等市版权局组织的企事业单位、政府机关软件正版化培训会议，并进行了专业授课。

四是推荐并宣传了查办案件的有功单位和个人。2017年4月，按照国家版权局要求，对全省2016年度查办的案件进行了梳理、汇总和上报。2017年5月26日，国家版权局印发《关于奖励2016年度查处侵权盗版案件有功单位及有功个人的决定》，河北省18家单位及7名个人获奖。

（河北省版权局）

司法工作

2017年，河北法院充分发挥审判职能作用，大力加强知识产权司法保护，努力为创新驱动发展、“一带一路”建设、京津冀协同发展保驾护航，知识产权司法保护工作取得了新的进展。

一、狠抓执法办案，切实发挥知识产权司法保护主导作用

2017年，全省法院共新收一审知识产权民事案件1013件，同比上升30%；审结1017件，同比上升26%，结收比100.4%。在新收的1013件案件中，涉及专利权案件260件（其中，发明专利39件、实用新型专利120件、外观设计专利101件），同比上升4%；商标权354件，同比上升25%；著作权181件，同比上升4%。省法院新收二审知识产权民事案件206件，同比上升46%；审结206件，同比上升50%。涉及专利权71件、商标权67件、著作权37件、技术合同9件、不正当竞争6件、植物新品种权6件、特许经营6件、商业秘密2件。全省法院新收一审知识产权刑事案件105件，审结108件，结收比103%；新收二审知识产权刑事案件13件，审结13件。

2017年，全省法院知识产权民事案件呈现以下特点：一是案件数量有所增加。新收一审知识产权民事案件同比2016年上升30%。二是发明专利案件相对有限。在新收的260件专利权案件中，涉及发明专利仅有39件，占15%。三是地区分布相对集中。主要集中在石秦保廊，在新收的1013件案件中，石家庄534件，占52.7%；秦皇岛133件，占13.13%；保定107件，占10.56%；廊坊84件，占8.3%；其他七个中院共155件，合计仅占15.3%。

一年来，全省法院充分发挥司法在知识产权保护中的主导作用，通过具体案件的司法审判最大限度地合理配置科技创新资源，依法保护知识产权权利人的合法权益，激发科技创新热情，保护科技创新成果，促进了科技创新转化。一是全面落实《中国知识产权司法保护纲要（2016—2020）》。收结一、二审知识产权案件数量较大幅度上升，司法公信力得到有效提高。二是认真贯彻“司法主导、严格保护、分类施策、比例协调”知识产权司法政策。全省法院依法加大侵权赔偿力度，减轻权利人举证负担，努力破解“举证难、赔偿低、周期长”问题。三是着力加强对科技型中小微企业的司法保护。通过知识产权案件审判，激发市场主体科技创新热情，维护市场主体科技创新利益，大力促进科技进步、品牌创新和文化繁荣。

二、强化监督管理，有效提升全省法院知识产权司法保护水平

一是全面落实司法责任制。法官员额制改革后，河北法院共有知识产权入额法官67名。二是注重加强知识产权审判调研。撰写了《河北法院著作权司法保护情况的调研报告》《河北法院知识产权司法保护发展历程》等多篇调研报告。三是有针对性地加强监督指导。对发回重审及改判案件通过电话沟通等多种方式与一审法官双向交流，听取一审法院意见，增强发改案件准确性；对社会影响较大的关联案件，加强沟通协调，统一裁判标准，维护司法权威；有效利用裁判文书上网、局域网及时更新、电话微信答疑等信息化手段，加强案例和法律适用指导，最大限度统一全省知识产权审判理念。四是加强对重点法院的监督指导力度。

三、积极服务大局，不断延伸知识产权审判职能作用

一是研究谋划服务雄安新区建设。省法院及时成立服务保障雄安新区建设领导小组；省法院知识产权庭参与研究制定《关于为雄安新区规划建设提供司法服务和保障的指导意见》，充分发挥知识产权审判职能作用，为雄安新区建设提供良好司法服务和有力司法保障。

二是依法保护企业家知识产权。省法院知识产权庭参与研究制定《关于完善产权保护制度，依法保护产权工作的实施意见》，下发全省法院贯彻实施；与有关庭室联合召开企业家代表座谈会，向与会代表介绍了全省法院知识产权司法保护的有关情况，听取了与会代表对知识产权司法保护的意见建议；石家庄、秦皇岛中院分别到石家庄君乐宝乳业有限公司、秦皇岛泛亚餐饮管理公司等企业就知识产权司法保护进行调研指导。

三是开展4·26系列活动。省法院、石家庄中院分别召开新闻发布会，发布知识产权司法保护状况白皮书，公布知识产权典型案例；联合有关单位共同举办“保护知识产权大型广场宣传咨询活动”，发放知识产权宣传材料、进行知识产权法律咨询。

四是积极开展知识产权宣传。2017年10月20日《河北法制报》以“不断加大知识产权司法保护力度，以积极姿态营造创新发展环境”为题，全面报道了近年来河北省法院知识产权审判情况。

五是为地方立法提供参考意见。协助省法制办、省知识产权局等单位对《河北省冬季奥林匹克运动会知识产权保护规定》

《河北省专利条例》(草案)等地方立法提出具体修改意见和建议。

四、勇于改革创新,进一步完善知识产权司法保护体制机制

一是积极稳妥推进“三合一”审判。省法院民三庭增挂“知识产权审判庭”牌子,原有机构规格和人员编制不变,增加知识产权行政、刑事审判职能;沧州中院出台《推进知识产权案件“三合一”审判实施方案》,确定在专门审判庭中设立知识产权审判合议庭,统一归口管理知识产权民事、行政、刑事案件。

二是成立知识产权巡回法庭。石家庄中院在高新区成立河北省首家知识产权巡回法庭。

三是充分发挥人民陪审员作用。石家庄中院充分发挥人民陪审员作用,人民陪审员参与审理知识产权案件 442 人次。

四是大力推进多元化纠纷解决机制。石家庄市仲裁委在石家庄中院设立诉调对接仲裁工作室,在立案大厅开设调解接待窗口。

五、加强队伍建设,大力提高知识产权审判队伍政治与业务素质

一是加强政治理论学习,提高干警自身修养。

二是积极组织参加各类培训,全面提高业务水平。协助组织并派员参加国家法官学院举办的四期审判业务培训班,受训法官 50 余人。应 IP Key 及法国斯特拉斯堡大学国际知识产权研究中心(CEIPI)邀请,河北法院知识产权法官赴法国参加“中国法官高级进修项目知识产权案件法庭实践”。

三是加强党风廉政建设,确保干警廉洁司法。认真履行党风廉政建设主体责任,狠抓队伍党风廉政建设,不断增强拒腐防变能力,严格遵守中央“八项规定”等廉洁自律的各项规定,确保知识产权审判队伍风清气正,廉洁司法。

(河北省高级人民法院知识产权审判庭)

检察工作

2017 年,河北省检察机关立足检察工作实际,强化法律监督,依法从重从快严厉打击侵犯知识产权和制售假冒伪劣商品犯罪,为维护全省市场经济秩序稳定和营造全社会知识产权保护浓厚氛围提供了有力的司法保障。

一、统一思想认识,建立健全组织领导机构

河北省人民检察院成立了“打击侵犯知识产权和制售假冒伪劣商品专项行动领导小组”,设立了办公室,负责全省检察机关参加专项行动的组织领导、指挥、协调、调度及案件督办工作;制定印发了《打击侵犯知识产权和制售假冒伪劣商品年度工作安排》;同时严格落实领导责任制,明确职责任务,把责任落实到每一个人、每一个岗位、每一个环节,确保各项工作落到实处。

二、认真履行职能,严惩侵犯知识产权和制假售假刑事犯罪

对公安机关提请批准逮捕、移送起诉的侵犯知识产权和制售假冒伪劣商品犯罪案件,各级检察机关适时介入侦查、引导取证,把好事实关、证据关、程序关和适用法律关,做到不枉不纵。在确保办案质量的前提下,切实加快了办案进度,确保打击效果。

三、突出打击重点,严肃查处知识产权领域和制售假冒伪劣商品大案要案

全省各级检察机关突出打击工作重点,积极配合有关部门严厉打击在新闻出版、文化娱乐、高新技术和农业领域侵犯著作权、商标权以及制售假冒伪劣商品的犯罪活动;突出打击印刷复制盗版图书、音像制品、软件以及假冒国际国内知名品牌和制售假冒伪劣药品、食品、农资等侵害民生民利的犯罪,在生产环节打击治理质量安全隐患突出和问题严重的企业，切实保障民生，服务科学发展。

四、强化法律监督，形成打击侵犯知识产权和制售假冒伪劣商品犯罪强大合力

结合对行政执法机关移送涉嫌犯罪案件专项监督活动，各地检察机关多次召开与公安、监察、商务部门的工作联席会，认真分析交流相关案件及当前形势。廊坊市人民检察院、邢台市人民检察院建立多部门参与的协调联动工作机制。在强化检察机关内部配合的同时，全市各级检察机关与公安、工商、商务、食药品监管部门建立联席会、调度会等协调沟通措施，保障专项监督活动有序开展。走访农业、卫生、质检等18家行政执法机关，调阅审查行政执法机关处罚的重点案件的案卷2650多册，发现并建议移交刑事案件线索9件。

五、深化“两法衔接”，努力规范依法行政

2017年3月，由河北省检察院、河北省政府法制办公室、河北省打击侵犯知识产权和制售假冒伪劣商品领导小组办公室相关人员组成“信息共享平台建设考察组”，到广东省、湖北省、四川省、宁夏回族自治区进行了学习考察。在调研和考察的基础上制定了《河北省“两法衔接”信息共享平台建设实施方案》，为工作开展提供强有力的支撑，在依法高效履行职责上下功夫。

六、积极探索创新，不断建立完善知识产权保护长效机制

结合办案加强调查研究，河北省检察机关在认真研究建立和完善全方位、多层次的预防打击侵犯知识产权和制售假冒伪劣商品犯罪工作机制上下功夫，实现打击和预防两个层面上的突破。为及时准确把握全省检察机关打击侵犯知识产权和制售假冒伪劣商品工作形势，切实增强工作针对性和实效性，河北省人民检察院建立全省检察机关打击侵权假冒工作重大事项报告制度。通过对类案和典型个案的剖析，掌握侵犯知识产权和制售假冒伪劣商品犯罪的特点和规律，积极向当地党委、政府和相关企业提出强化管理、消除隐患、预防犯罪和建章立制的检察建议，促进企业管理和打击侵权假冒工作长效机制建设。为加强横向合作，河北省检察机关与公安、法院、海关、农业、文化、新闻出版、知识产权等部门密切配合，不断推动“两法衔接”，促进依法行政。

（最高人民检察院侦查监督厅）

山 西 省

专利工作

一、完善专利政策体系

（一）组织制定《山西省全面推进知识产权强省建设行动方案（送审稿）》

该方案是为贯彻落实国务院《“十三五”国家知识产权保护和运用规划》《知识产权综合管理改革试点总体方案》等重要文件精神，全面实施《山西省人民政府关于新形势下推进知识产权强省建设的实施意见》，由山西省知识产权局组织起草。该方案先后向省财政厅、省工商局、省新闻出版广电局等27家单位征求意见，预计于2018年出台。

（二）制定出台《山西省专利奖励办法实施细则》，组织首届省专利奖的评选

山西省专利奖的实施，进一步完善了山西省专利促进与激励机制，对于提高山西省专利创造与运用水平，实施创新驱动发展战略具有重要意义。

（三）首次在省级层面对授权发明专利、中国专利奖、专利质押融资进行资助

2017 年 11 月 13 日，山西省人民政府办公厅印发《山西省支持科技创新的若干政策》，规定对国内外授权发明专利进行资助，对获得中国专利金奖、优秀奖的单位进行奖励，对专利质押贷款利息等费用进行补助。其中对中国专利金奖、优秀奖的奖励额度分别达到 100 万元、20 万元，在全国处于较高水平。

二、提升专利创造能力

全面完成省政府考核中的两项专利指标。2017 年，山西省知识产权局采取多项措施，加强专利数量、质量提升工作，全省发明专利申请量 7379 件，超额完成指标 379 件；有效发明专利拥有量 11 675 件，超额完成指标 999 件；每万人口发明专利拥有量 3.2 件，全国排名第 20 位。

三、加强知识产权保护

（一）加大专利行政执法保护力度

积极开展“双打”专项行动，全省 2017 年查处假冒及各类专利纠纷案件 123 件，同比增长 40%。

（二）加强部门执法协作

与山西省工商局、版权局、人民法院、公安厅等部门建立会商机制、重大案件通报制度。加入全国知识产权系统电子商务领域专利执法维权协作调度机制。

（三）加强“12330”维权援助平台建设

全年共接收各类维权援助与举报投诉 400 多人次，共受理举报、投诉、维权援助申请案件近一百起，案件转交、办结率达到 95%以上。

四、促进专利转化运用

（一）积极引导专利成果转化运用

围绕山西省知识产权战略实施、科技创新和产业转型升级，2017 年继续开展山西省专利推广实施资助，共安排专项资金 510 万元，项目总数 60 项，涉及领域包括高端装备制造、新能源、新材料、现代农业、医药卫生、化工、电子信息等。一批企业利用专利制度在市场竞争中获得优势，推动了山西省产业转型升级。

（二）大力开展知识产权试点示范工作

太原市、阳泉市两市入选国家知识产权试点城市；朔州市朔城区等 6 个县区入选国家知识产权强县工程试点县区；太钢、太重、亚宝药业等 16 家企业入选国家知识产权优势企业；晋城市陵川一中、太原市第二十七中学校入选全国中小学知识产权教育试点学校。

（三）组织中国专利奖山西地区推选

2017 年山西省企事业单位共获中国专利奖优秀奖 5 项，是近年来获奖数目最多的一年。

五、提高专利代理行业服务能力

推进专利代理行业“放管服效”改革，加强事中事后监管。首次在山西省设立全国专利代理人资格考试考点，精心组织完成考试，受到全省考生的一致好评。2017 年，山西省新增专利代理人 22 人，新增专利代理机构 1 家，截至目前，山西省共有 13 家专利代理机构，约 90 名具有执业资格的专利代理人，专利代理机构专利电子申请率达到 100%。

（山西省知识产权局）

商标工作

2017 年，山西省工商局认真贯彻落实全国工商和市场监管工作会议、全省工商和市场监管工作会议精神，全力推进商标品牌战略实施，强化商标行政保护，严厉打击商标侵权和制售假冒伪劣商品等违法犯罪行为，圆满完成各项任务。

一、积极实施商标品牌战略，有力推动商标品牌创建

（1）积极争取设立商标受理窗口。为方便申请人就近办理商标注册申请，推进商标注册申请便利化，经国家工商行政管理总局商标局批准，在太原市、长治市设立了商标注册申请受理窗口。截至2017年底，共受理商标申请注册945件，累计接待咨询（含电话咨询）6650余人次。

（2）积极帮助和指导市场主体申请注册商标。加强对企业的指导与商标品牌培育工作，通过走访、座谈等方式了解企业情况，有针对性地对企业进行品牌培育指导，截至2017年底，山西省有效商标注册量达到108 969件。

（3）大力提升企业商标运用能力。积极帮助企业推进商标市场化运作，通过开展商标使用许可、商标授权经营、商标加盟连锁、地理标志商标扶贫和商标权质押融资等多种形式，不断将商标品牌做大做强，全面提升企业的商标运用、创新能力。

二、提升行政执法效能，加强商标专用权保护

（1）开展专项执法行动，切实提升商标行政执法工作效能。开展打击商标侵权“溯源”专项行动，同权利人、行业协会、电商平台等各方合作，对侵权商品的生产、销售、注册商标标识制造等环节开展溯源式全链条打击；开展中国制造海外形象维护“清风”行动；开展互联网领域、小商品市场、农资市场及农村和城乡结合部等市场专项整治工作；打击侵犯地理标志商标违法行为等多个专项执法行动，有力净化市场环境。截至2017年底，全省各级工商和市场监管部门共立案查处侵犯知识产权和制售假冒伪劣商品案件842件，罚没款701.09万元。

（2）加强行政与司法衔接，注重信息公开。为充分发挥信用信息公示对企业的约束作用，各级工商和市场监管部门在执法中，将制假售假、商标侵权等违法行为全部纳入信用记录，开展联合惩戒，增强了社会维权意识，警示了不法分子。加强了工商行政执法与刑事司法的衔接。2017年，共向司法机关移送案件13件。

（3）加强商标业务培训，提升执法干部队伍水平。山西省工商局举办了全省商标监管干部行政执法能力培训班和送教下基层活动，各市工商局结合实际也开展了不同形式的培训工作，有效提升了商标监管干部的工作能力。

（4）加强打击侵犯知识产权成果宣传。在“3·15国际消费者权益日”“4·26世界知识产权日”“12·4全国法制宣传日”，组织各类宣传活动，增强群众知识产权保护意识。充分利用报纸、电视、网络等新闻媒体，大力宣传报道尊重知识产权的成功典型，及时曝光侵权典型案例，在“4·26世界知识产权日”，向社会公布了2016年度全省商标侵权十大案例，有效地震慑了不法分子，营造了良好社会氛围。

三、强化地理标志商标注册，推动精准扶贫

针对本省农村经济落后、地理标志商标注册量少、运用不佳等情况，山西省工商局赴运城、长治等地进行深入调研，并结合调研结果，制定下发了《关于推进地理标志商标富农的工作措施》，提出积极引导新型市场主体和行业协会申请注册农产品商标和地理标志商标，以地理标志商标助力精准扶贫，带动区域农村经济发展，并确定到2020年全省每个县平均要拥有一件地理标志商标的工作目标。经各级工商、市场监管干部的努力工作，全省共有16件地理标志商标申请被商标局受理，是多年来申请数量最多的一年。截至2017年底，全省已注册“隰县玉露香梨”“壶关旱地西红柿”等48件地理标志商标。

（国家知识产权局商标局综合处）

版权工作

2017年，山西省版权局致力于创新版权管理服务方式，不断加大版权监管保护力度，有效拓展版权宣传教育范围，扎实开展打击侵权盗版和推进软件正版化等工作，取得了积极成效。山西省版权局版权管理处被评为“全国打击侵权假冒先进集体”和“全国打击侵权盗版有功单位”。

一、加强版权行政执法监管，认真开展版权领域“双打”工作

（一）加强领导，形成版权监管合力

切实发挥“双打”领导小组办公室的职能作用，对全省版权领域“双打”工作进行部署，要求加强版权监管源头治理，开展大检查、大整顿、大治理工作，突出重点领域、重点环节、重点位置、重点对象的整顿工作，保持对生产、销售侵权盗版制品违法行为的高压打击态势。

（二）突出重点，整顿网络版权秩序

一是认真落实规范网络转载版权秩序的工作要求，推动建立健全版权合作机制，规范网络转载版权秩序。二是下发了《关于做好网络文学作品版权管理工作的通知》，要求各市版权行政机关加强网络文学作品版权执法监管力度，严厉打击通过网站、贴吧、微博、微信等方式未经授权非法传播网络文学作品的侵权盗版行为。三是与省公安厅等四部门共同组织开展了打击网络侵权盗版“剑网2017”专项行动，共主动监管重点网站7个，查办国家版权局交办的网络侵权盗版案件5起，分别是“圣城家园”“中国高清网”“笔趣阁”等侵犯著作权案件。

（三）注重管控，规范传统版权市场

坚持抓行动、抓案件、建队伍、建机制的工作思路不放松，与山西省“扫黄打非”办公室、印刷发行等部门共同组织全省各市开展了一系列的打击侵权盗版专项行动，加强图书报刊音像市场、物流枢纽、集市景区、数码电脑城等重点部位的监管，立案查办各类侵权盗版案件53起。

二、优化版权管理执法环境，不断加大版权宣传教育力度

“4·26知识产权宣传周”期间，紧紧围绕“创新创造改变生活，知识产权竞争未来”的宣传主题，组织全省各级版权管理部门开展版权宣传活动。通过版权宣传进媒体、进机关、进企业和街头集中宣传，共发放宣传资料12 000余份，版权宣传手册3500余本。

三、突出责任落实和检查整改，强化政府机关软件正版化工作长效管理

（一）全面落实责任

为充分明确工作责任，对山西省直各单位软件正版化工作责任人信息数据库进行核实清理调整，进一步理清软件正版化工作责任人。

（二）完善制度建设

制定下发了《关于进一步加强计算机软硬件采购源头管理工作的通知》，对软件年度计划、软件经费预算、软件采购细则、违规责任追究等方面做了明确规定。

（三）注重使用管理

要求各相关单位严格对照国家版权局《正版软件管理工作指南》的相关规范，做好软件的日常安装、维护和软件台账管理工作。

（四）组织业务培训

组织山西全省各市和部分县的正版化工作负责人在平顺县召开国产软件试点观摩交流和软件正版化工作培训会议，分析形势，统一思想，明确任务，学习经验。

(五)严格考核检查

按照《山西省政府机关使用正版软件工作考核办法(试行)》的有关要求,由山西省使用正版软件工作领导小组部分成员单位带队,对全省政府机关软件正版化工作责任落实情况、软件正版化工作实施情况、软件安装使用情况、软件资产管理和长效机制建设情况等方面进行了严格考核。

四、拓宽版权管理服务渠道,重视版权示范创建工作

山西省版权局在全省12个重点版权密集型单位建立专职的版权工作机构,努力构建版权管理、交易交流、维权保护、衍生开发、宣传教育全流程归口统一管理的工作格局,出台了《山西省版权示范单位和示范园区(基地)管理办法》,为全省版权产业发展起到了积极的推动作用。

(山西省版权局)

司法工作

2017年山西法院知识产权审判工作积极探索符合山西发展战略、山西经济社会发展状况的知识产权保护新理念、新模式,整合优化审判资源配置,大力发展和提高知识产权专业审判团队的规模和业务能力水平,为推动知识产权创新生产力助推山西经济发展做出贡献。

一、案件审理情况

全省法院2017年共受理一审知识产权及竞争纠纷民事案件895件,审结871件,调撤348件。其中受理专利案件72件;商标案件493件;著作权案件218件;其他知识产权及竞争纠纷案件112件。2017年山西高院受理二审知识产权及竞争纠纷民事案件78件,审结77件,调撤38件,结案率98.7%,调撤率49.4%。其中受理专利案件12件;商标案件35件;著作权案件12件;其他知识产权及竞争纠纷案件19件。

二、审判调研、指导工作开展情况

(1)山西高院积极开展知识产权审判的调研指导工作,先后赴太原、忻州、长治、晋城、吕梁、大同等地对当地知识产权案件的审理情况、审判人员配置情况进行调研了解,在借鉴其他省市知识产权审判工作先进经验的基础上,探索一条适合山西省知识产权"三合一"的审判方式,逐步推进"三合一"工作。已经起草了《山西省高级人民法院关于在全省法院开展知识产权审判"三合一"工作的实施意见》。该意见对全省法院确定知识产权审判庭名称以及知识产权案件审理范围、审判组织、案号编制等作出了详细规定。该意见将于2018年下发全省执行,在全省法院全面推行"三合一"工作。

(2)开展知识产权疑难复杂案件法律适用的调研工作。为统一KTV著作权侵权案件的裁判尺度,山西高院邀请专家学者和KTV业主共同座谈,从理论与实践等不同角度进行了广泛的研讨,为妥善审理此类案件寻找新的突破口。起草了《山西省高级人民法院关于审理卡拉OK著作权纠纷案件的若干意见》,即将下发全省执行。进一步规范山西省卡拉OK版权使用等著作权纠纷关联案件的审判工作,解决审判实践中遇到的新情况新问题。

(3)确定全省法院知识产权调研联系点。为全面落实中共十八大、十九大精神,深入贯彻实施国家知识产权战略,充分发挥山西省司法保护知识产权主导作用,进一步激发全省市场主体自主创新活力、推动全省创新驱动发展战略实施,促进全省经济持续良好发展,山西高院在积极走访调研的基础上,选定太原钢铁(集团)有限公司、山西汾酒股份有限公司等8家创新能力较强、知识产权成果丰富的企业(单位),作为山西高院知识产权审判工作的调研联系点,通过此窗口平台,及时掌握知识产权创新主体在知识产权培育、创新、运用中遇到的困难和问题以及知识产权司法保护的现实需求，以便进一步针对性地改进工作，提高审判质效，进一步提高全省法院知识产权的司法水平，精准发力、优质服务、保驾护航。

(4)建立全省法院知识产权审判专家库。为提高知识产权审判的能力和水平，进一步增强知识产权审判的公信力，山西高院已选定邀请一批知识产权技术专家，拟建立全省法院知识产权审判专家库。为规范全省法院知识产权审判技术专家选任、使用和管理工作，山西高院起草了《山西省高级人民法院关于知识产权审判技术专家的管理办法(试行)》，即将下发全省执行，对破解全省法院知识产权审判中经常面临的知识产权技术事实认定困难的问题，提供有力的支撑。

(5)加强知识产权保护协调和多元化纠纷解决联动机制。为切实加强知识产权司法保护，有效形成人民法院、行政机关化解矛盾纠纷的合力，促进山西省经济社会持续健康发展，山西高院与山西省工商管理局、山西省科学技术厅(知识产权局)、山西省版权局积极协商，形成联动工作机制，并起草了《关于建立司法审判与行政执法协调和多元化纠纷解决机制的意见》，该意见对于完善现代产权制度、推进产权保护法治化，对于增强人民群众财产财富安全感、增强社会信心、形成良好预期，对于营造公平公正透明稳定的法治环境、激发各类经济主体创业创新动力，对于维护社会公平正义、促进经济社会持续健康发展，具有十分重要的意义。

(6)开展知识产权宣传工作。2017 年 4 月 22 日，山西高院精心组织，周密安排，到山西大学校园积极开展了题为“创新创造改变生活，知识产权竞争未来”的 2017 年度山西省知识产权宣传周宣传推介活动。重点宣传最新的法律法规、司法解释等法律知识，以“崇尚创新，诚信守法”为核心理念，有效增强了大学师生和社会公众的知识产权意识。通过对知识产权审判工作的法治宣传，以及利用裁判文书上网、庭审直播等司法公开平台，推动形成保护知识产权的良好社会氛围，促使保护知识产权的观念深入人心。

(山西省高级人民法院知识产权审判庭)

检察工作

2017 年，山西省各级检察机关侦查监督部门加强对危害食品药品安全犯罪的侦查监督，深入推进行政执法与刑事司法衔接长效机制建设，着力维护人民群众合法权益，取得了较好的成效。2017 年山西省检察机关共批准逮捕侵犯知识产权罪 21 件 34 人，起诉 33 件 53 人。其中，假冒注册商标罪批捕 4 件 4 人，起诉 11 件 18 人。销售假冒注册商标的商品罪批捕 14 件 19 人，起诉 19 件 29 人。非法制造、销售非法制造的注册商标标识罪批捕 1 件 3 人，起诉 2 件 5 人。侵犯商业秘密罪批捕 2 件 5 人，起诉 1 件 1 人。

一、构建监督体系，严密知识产权保护工作“网络”

一是联席会议常态化、固定化。山西省各级检察机关定期联合工商局、公安局、烟草局等多家相关部门召开联席会议，统一组织协调知识产权保护工作，并建立“联席会议、案件移送、预防建议、联合检查、一体办案”等五项知识产权保护工作机制，摒弃各部门各自为战、单兵作战的做法，构建了密切联系、协同配合、无缝对接的知识产权“大保护”工作格局，形成强大工作合力。

二是依托“两法衔接”平台，构建知识产权保护工作网络。以深入开展对行政执法机关监督为契机，以“两法衔接”平台为依托，规范行政执法单位对涉嫌犯罪案件的移送程序。将大数据的信息化监督与传统监督结合，以知识产权保护为重点，充分发挥检察监督、执法联络的基础平台和链接纽带的作用，深入开展知识产权保护工作。

二、多措并举，积极梳理和排查监督线索

通过派驻公安机关侦查监督检察室、“两法衔接”信息共享平台、“两微一端”新媒体等多种方式，积极梳理和排查监督线索。阳泉市人民检察院在两个专项立案监督活动中，主动会同公安机关、行政执法部门对重点区域、领域开展排查，主动向食药等行政执法机关的信访部门收集控告、举报材料，加大对公安机关不立案、立案后撤销案件、另案处理的案件的监督力度，设立网络媒体观察员，关注危害食品药品安全事件的舆情，及时发现可能存在的监督线索。

三、加强工作宣传，形成打击合力

坚持派员参与侵权物品现场销毁、法律知识有奖问答等形式多样的知识产权保护宣传活动，鼓励企业和群众积极举报侵犯知识产权案件线索，自觉抵制侵权产品，主动防范知识产权侵害犯罪，在全社会营造尊重和保护知识产权的良好氛围。同时，山西省各级检察机关逐步建立健全与公安机关、行政执法部门的信息沟通机制和协作配合机制，研究预防打击对策，形成执法合力，提高打击效率，构建起统筹协调的保护知识产权工作体系，积极配合行政执法部门依法查处侵犯知识产权的违法行为。各级检察机关更加注重加强同人民法院、公安机关的联系配合，共同研究，确保案件办理的准确，做到不枉不纵，并能形成打击犯罪的合力。

四、创新机制，延伸监督触角

针对司法改革后市县(区)两级机构设置不同，县区级人民检察院审查逮捕业务繁忙、人员不足等实际情况，部分地市创新侦查监督工作机制，确保两个专项立案监督工作取得实效。忻州市人民检察院印发了《在全市食品药品监督管理部门设立检察联络室的办法》，于 2017 年 5 月 26 日挂牌成立了“忻州市人民检察院驻忻州市食品药品监督管理局检察联络室”，进一步密切了行政执法与刑事司法的工作联系。

(最高人民检察院侦查监督厅)

内蒙古自治区

专利工作

2017 年，内蒙古自治区知识产权局贯彻落实中央关于加强知识产权运用和保护相关政策精神，加强顶层设计、统筹协调推进，扎扎实实做好各项工作，取得了一定的成绩。

一、顶层设计进一步完善

在内蒙古自治区人民政府印发《内蒙古自治区关于加快知识产权强区建设的实施意见》的基础上，又通过并印发了《内蒙古自治区知识产权事业发展“十三五”规划》，这是全国 9 个由省一级发布的重点规划之一。

二、知识产权创造水平持续提高

内蒙古自治区专利申请量连续两年保持在万件以上，每万人发明专利拥有量达到 1.79 件。开展知识产权托管工程，服务范围覆盖 8 个盟市、12 家服务机构、500 余家企业，“入托”企业专利申请量较“入托”前平均增长 20%以上。修订了《内蒙古自治区发明专利费用资助办法》，加大了资助力度，5 年资助发明专利 3600 项，金额 927 万元。

三、知识产权保护能力不断提升

修订了《内蒙古自治区假冒专利行为行政处罚自由裁量适用规则》。深入巴彦淖尔市、呼和浩特市、乌海市等8个盟市开展联合执法，指导盟市开展专利纠纷调处、假冒专利行为查处以及执法培训。加大对7个国家级、10个自治区级知识产权保护规范化培育市场宣传、培训和执法力度。加强“12330”维权中心建设，形成了“自治区、盟市、专业市场”三级知识产权保护体系。举办全区首届专利行政执法案例评析研讨会。国家知识产权局专利复审委员会六位审查员开展巡回口审及专利复审、无效专题培训活动。

2017年，自治区知识产权保护及专利保护社会满意度调查得分居全国之首，执法工作受到国家知识产权局和公安部通报表扬。

四、知识产权运用水平和能力取得新进展

引进中科院“普惠计划”，建立“专利池”，实现区外优质专利成果为区内企业高效运用。知识产权金融工作取得重大突破，实现知识产权质押融资金额2.8亿元，比上年增加370%，累计达到33.54亿元。内蒙古自治区知识产权局荣获全国企业知识产权工作先进集体称号。开展行业专利大数据建设，目前已完成中蒙药、硅产业、稀土等8个区内优势特色领域数据集群建设。

五、知识产权管理和服务水平进一步提高

建设了“内蒙古技术转移及知识产权一站式服务平台”，推动内蒙古自治区知识产权行政综合管理及服务工作开展。引进2家区外专利代理机构、多位专利代理人到自治区领办、创办专利代理机构或设立分支机构。国家知识产权局专利局呼和浩特专利代办处在实现“蒙汉双语”服务的基础上，继续保持各项业务“零差错、零投诉”纪录，优异的工作成绩多次获得国家知识产权局的肯定。在园区、企业、学校设立多个代办处工作站，从各个层面为创新创业主体提供专利申请、专利公共服务等相关业务咨询。

六、知识产权人才基础逐步夯实

通过实施知识产权托管工程，培训企业知识产权工作人员1900人次，培训执法人员150人次，培训企业知识产权管理人员500人次。组织专利代理人资格考试，报名参加人数214名，比上年增长69%，23人通过考试，通过率接近全国平均水平。新增国家级中小学知识产权教育试点学校3所，自治区试点学校14所，培训知识产权师资140余人次。开展贯标培训3场次，培养内审员200余人、外审员18人，贯标咨询辅导人才30余人，培育区内贯标辅导机构3家。

七、知识产权宣传力度不断加大

2017年，举办了知识产权宣传周启动仪式和第十一届中国专利周活动。宣传周期间全区各盟市，自治区专利、商标、版权、公安、司法、海关等系统开展各类培训、研讨，以及知识产权进企业、进社区、进学校等活动200余项；专利周期间，自治区举办中科院“普惠计划”专利对接会、专利权质押融资对接会、知识产权试点示范系列培训、高校和中小学知识产权宣传培训、专利执法维权“雷霆”专项行动、维权援助青年志愿者行动、知识产权入园区以及专利技术对接会等主题活动。同时，自治区还积极开展展会宣传，全年共组织企业参加国家级展会5次，设置展位17个，推荐参会项目70余项，在全区营造了良好的知识产权环境。

（内蒙古自治区知识产权局）

商标工作

内蒙古自治区以党的十九大精神和

习近平新时代中国特色社会主义思想为指导，围绕“五位一体”总体布局和“四个全面”战略布局，牢固树立创新、协调、绿色、开放、共享发展理念，积极适应经济发展新常态，不断提高商标品牌培育建设和创新发展水平，推动品牌内蒙古建设，提升全区经济发展综合实力和核心竞争力。

一、大力实施商标品牌战略

发布《内蒙古自治区人民政府关于进一步实施商标品牌战略的意见》，全区各地区、各部门按照要求加快组织实施商标品牌战略，加大品牌创建和宣传力度，扩大商标品牌总量，提升商标品牌质量。2017年，全区新注册商标 24 283 件，新注册地理标志商标 24 件；截至 2017 年底全区有效注册商标 11.49 万件，累计注册地理标志商标 101 件。

全区各级工商和市场监管部门结合实际制定地区、行业商标品牌发展规划，有计划、有重点地培育、发展和保护商标品牌。以“扩大商标品牌总量，提升商标品牌质量”为主线，广泛开展品牌价值评估与推广，加大品牌创建宣传力度，营造推进品牌建设的良好社会氛围。呼和浩特市、兴安盟、鄂尔多斯市、巴彦淖尔市等工商和市场监管部门通过走访相关企业和农民专业合作社，实地了解企业生产运营情况及商标使用、管理等情况，积极帮助企业解决在商标注册、使用、保护和管理等方面的困难，为企业量身定制商标培育发展措施，以提升企业市场竞争力和产品知名度。

二、推进落实商标注册便利化改革

内蒙古自治区工商局深入贯彻落实《工商总局关于大力推进商标注册便利化改革的意见》，方便申请人办理商标注册申请，经国家工商行政管理总局商标局批准，在呼和浩特市工商局、鄂尔多斯市工商局、赤峰市工商质监局设立了 3 个商标受理窗口，在鄂尔多斯市设立了 1 个商标质押受理点，极大地方便了申请人办事。各受理窗口进一步提高服务水平，印制各类业务指南资料，进行现场讲解，扩展服务地域范围，有力提升了各类市场主体申请注册商标、保护商标品牌的商标意识。2017 年，各窗口共受理商标注册申请 649 件，办理商标质押登记 28 件、贷款 5385 万元；接待各类咨询 4490 余人次，发放申请指南 5880 余份。

三、持续强化商标专用权保护

近年来，特别是自 2013 年以来，全区各级工商和市场监管部门，充分发挥市场监管主力军作用，突出重点领域整治，强化执法办案力度，先后组织开展了打击侵权假冒、保护注册商标专用权、打击商标侵权“溯源”行动等专项整治工作，查处一大批侵犯“PHILIPS”“龙牌”“拉菲”“燕京”“草原王”“同仁堂”“搜狐”“阿迪达斯”“耐克”等注册商标专用权案，发布了“全区工商和市场监管部门商标侵权十大典型案例”。五年来，全区共查处各类侵权假冒案件 4130 件，案值 2821.95 万元，罚没金额 2595.18 万元。

全区工商和市场监管部门深入开展保护商标专用权专项行动，呼伦贝尔市各级工商和市场监管部门联合知识产权、文体广电等部门对辖区商场、药店、书店等进行执法检查；锡林郭勒盟苏尼特右旗、多伦县食药工商质监局联合文化局对辖区内盗版书籍、光盘开展市场检查，对查获的盗版书籍和音像制品进行了没收并销毁。

四、不断加强商标宣传培训

全区各级工商和市场监管部门在“4·26知识产权活动月”期间充分运用广播、电视、网络、微信、微博、报刊、宣传栏等媒介，广泛开展商标法宣传活动，营造了重视商标、运用商标、保护商标的良好氛围。全区开展宣传咨询服务活动 70 余次，设点 100 余个，制作宣传展板 150 余个、条幅

(LED)宣传600余条,解答群众咨询1.8万人次。

全区各级工商和市场监管部门通过举办培训班或召开座谈会等形式,对辖区内高知名度商标企业负责人、农民专业合作社、个体工商户代表及相关商标管理人员进行商标法律法规及商标注册、使用、管理、保护等知识培训,进一步提升了企业经营者商标保护意识,提高了商标管理人员执法办案水平。

(国家知识产权局商标局综合处)

版权工作

一、版权作品登记质升量增

2017年全年,内蒙古自治区版权局登记作品299件,同比增长38.89%。尤其是登记的著作权中涌现了一批高质量作品,其中有作曲家乌兰托嘎的《父亲的草原母亲的河》等13首著名音乐作品、鄂尔多斯羊绒集团一系列知名商标美术作品、蒙古源流文化产业园区的《元大都》等一批特色建筑作品、东方民族艺术团的《鄂尔多斯婚礼》等多部民族舞蹈作品。内蒙古版权局使用国家版权平台登记作品工作多次受到国家版权局表扬,并在2017年全国版权平台培训会上作了典型发言。

二、软件正版化工作深入推进

一是组织开展年度考核。2017年1月,自治区组成8个考核组,对各盟市和区直机关的软件正版化工作进行考核,检查了12个盟市的72个机关单位、21个旗县区的52个机关单位,59个区直机关单位,抽查计算机1845台,圆满完成考核任务。二是扩大软件正版化覆盖。经过4个多月反复调研论证,制定出台《内蒙古自治区推进企事业单位使用正版软件工作规划》,为全区企事业单位软件正版化工作制度化、标准化、规范化、长效化作出制度安排。三是迎接国家对内蒙古自治区软件正版化工作督查。2017年8月底,组织4个检查组对20家区直机关、10家直属国企、1500余台计算机进行了自查。2017年9月中旬,配合国家督查组抽查了6家区直机关、4家直属国企,并组织召开督查汇报反馈会。2017年10月,根据督查反馈意见对6个问题单位下达整改通知书,完成整改工作,并代政府办公厅向国家版权局报送了整改报告。

三、版权执法力度进一步加大

一是配合完成著作权法执法检查工作。2017年4月下旬,内蒙古版权局全程配合自治区人大常委会代表国家对自治区著作权法实施情况进行执法检查,实地检查3个盟市、7个旗县区、15个机关单位,召开7次座谈会,并按照自治区人大常委会执法检查审议意见督导完成了整改工作。二是深入开展"双打"和"剑网"行动。一方面,细化双打考核指标,将信息报送和案件补贴与年终评优挂钩,并开设"双打"专栏,及时通报工作进展。另一方面,制定《"剑网2017"专项行动实施方案》和《宣传方案》,召开推进会议,开展督导检查,共办理案件61起,为净化舆论环境迎接党的十九大营造良好文化氛围。三是加强版权执法队伍建设。内蒙古版权局结合向国家版权局推荐执法人才和培训师资,着手建设自治区版权执法骨干数据库,现已入库执法骨干16名、师资骨干7名,为今后联合查办重大案件和版权培训积蓄力量。

四、版权宣传培训活动常态化

内蒙古版权局将版权宣传教育贯穿日常工作,形成宣传、教育、培训常态机制。一是集中开展版权主题宣传。结合"4·26世界知识产权日",利用"知识产权宣传周",开展系列宣传普及和集中销毁活动,全区共销毁各类侵权盗版和非法出版物36.2万件。二是运用多种方式提升宣传效果。利用政府网站适时发布版权工作情况，制作发放1600件版权宣传品，印发3期版权信息宣传提示，通过给新闻媒体提供宣传资料，邀请记者参加重要的版权活动，搞好重大版权执法报道，在户外大屏和公交移动电视播放版权广告，保持版权宣传常态化。三是开展版权业务培训。2017年共举办全区版权执法、公共服务、正版化业务培训3次，组织参加上级各类培训5次，盟市和自治区直属机关本级培训11次，首次组织广电企业人员参加全国正版化培训，全年各级累计参加培训600余人次，无论是培训次数还是参加人数均创历年新高。

（内蒙古自治区版权局）

司法工作

2017年，内蒙古自治区法院进一步强化审判管理、提高司法能力和水平，以求真务实的工作作风，持续提升知识产权审判业绩，认真贯彻落实国家知识产权战略，发挥司法的主导作用，将司法审判和法制宣传相结合，为服务保障自治区创新驱动发展战略、"一带一路"建设和生态文明建设提供有力的司法保障。

一、狠抓执法办案第一要务，着力发挥司法的主导作用

（一）案件数量及特点

全区受理知识产权纠纷案件801件，其中知识产权民事案件788件，知识产权刑事案件12件，知识产权行政案件1件。知识产权民事案件中商标专用权纠纷案件185件，著作权纠纷案件428件，专利权纠纷案件46件，特许经营纠纷案件38件，技术合同纠纷案件46件，其他类型案件45件；知识产权刑事案件类型涉及销售假冒注册商标的商品罪，非法制造、销售非法制造的注册商标标识罪；知识产权行政案件1件。知识产权民事、刑事案件共审结297件，审限内结案率为100%。案件呈现出的特点为：

（1）案件数量显著上升。相比于2016年503件知识产权案件，2017年全区受理的知识产权纠纷案件数量猛增59%，上升到801件。其中KTV著作权纠纷案件在临近年终时井喷式增长，仅呼和浩特市中级人民法院就受理了381件KTV著作权纠纷系列案件。

（2）刑事案件数量明显降低。2017年全区法院受理的知识产权刑事案件12件，相比2016年的28件明显减少。

（3）受理知识产权行政案件。2017年，包头市中级人民法院受理自2009年开展知识产权"三合一"审判以来的首例知识产权行政案件，为今后以"三合一"模式审理知识产权行政案件进行了有益的探索。

（4）明显提高侵权赔偿数额。全区法院认真落实严格保护知识产权的司法政策，切实加大知识产权侵权赔偿力度，知识产权一、二审民事案件的判赔数额明显提高。

（二）主要举措和成效

（1）进一步推进"三合一"审判机制，提升审判质效。2017年，包头市中级人民法院知识产权审判庭受理首例知识产权行政案件后，至此全区法院完成真正意义上的知识产权刑事、民事、行政案件统一由知识产权审判庭审理的"三合一"审判模式。

（2）建立合议庭成员相互审签文书的机制，着力提高裁判文书质量。2017年，强化知识产权裁判文书的制作把关工作，建立合议庭成员相互审签文书的机制。

（3）审判与调研结合，富有成果。2017年，内蒙古自治区各级法院的多篇论文、案例评述发表。

二、加强对下指导，着力提升专业化审判能力

（1）注重现场指导，二审案件在一审法院集中审理。2017年4月，自治区高院知

识产权庭赴赤峰市中级人民法院集中公开开庭审理 14 件著作权纠纷系列案件，就如何把握此类案件的裁判尺度及如何从源头解决 KTV 著作权纠纷案件的问题进行充分的交流和探讨。

(2)评选典型案例。全区评选出知识产权典型案例 5 件，通过新闻发布会的形式向社会公开。

(3)举办培训班。2017 年 6 月 30 日至 7 月 3 日举办全区法院知识产权、商事仲裁及环境资源审判业务培训班。

三、能动司法，服务大局

(1)依法维护中外当事人合法权益。全区法院公正高效审理涉外知识产权案件，坚持平等保护中外当事人的合法权益，积极回应"一带一路"建设中市场主体的司法关切和需求，有效化解矛盾纠纷，为"一带一路"建设营造良好法治环境。

(2)以"4·26 世界知识产权日"为契机，精心筹备、周密部署全区法院在辖区范围内组织开展知识产权宣传活动。在公共场所开展知识产权宣传、咨询活动。2017 年 4 月 20 日，自治区高级人民法院参加内蒙古自治区人民政府知识产权战略实施工作厅际联席会议 29 家成员单位联合主办的 2017 年内蒙古自治区知识产权宣传周启动仪式。部分中院集中公开审理、宣判知识产权典型案件，开展现场普法宣传和知识产权讲座活动，到辖区内的重点工业企业进行调研和法制宣传，还有部分中院通过各种方式开展法律宣传活动。

(3)召开新闻发布会。自治区高院 2017 年 4 月 26 日召开新闻发布会，向社会公开发布《内蒙古自治区高级人民法院知识产权年度报告》(2016)，通报 2016 年全区法院知识产权审判工作基本情况以及知识产权典型案例 5 件。

(4)开展送法"进企业、进学校、进社区、进律所"活动。依托"4·26 知识产权宣传周"，开展主题党日活动，加大为创新发展提供司法保障的工作力度，服务自治区经济社会发展大局。

(5)与内蒙古电台开展知识产权专题节目，通过广播电台向社会公众传播知识产权法律常识，提高人民群众知法守法意识；根据宣传处的安排，接受内蒙古电视台关于习近平同志"五四讲话"感想的采访。

(6)加强司法建议工作，积极参与社会管理。呼和浩特市中级人民法院就审理北京四环制药有限公司与齐鲁制药有限公司侵害专利权纠纷一案中发现的问题，向国家食品药品监督管理局发出司法建议。此外，就涉及内蒙古美好食品有限责任公司的外观设计专利权纠纷一案中发现的问题，向该公司提出司法建议。

四、推进司法公开，回应群众需求

坚持以公开促公正，运用新闻媒体、微博等现代信息技术和方式，丰富司法公开的形式和内容，主动接受监督。尝试通过新闻媒体促进审判公开，回应人民群众对司法公开的新期待，保证人民群众的知情权和社会各界的监督权。部分中级法院主动邀请人大代表、政协委员、新闻媒体、社会公众和企业代表旁听案件的庭审。

五、抓党建、促审判

坚持抓党建、带队建，开展主题党日活动，延伸法律服务。2017 年 10 月 13 日，自治区高级人民法院开展主题党日活动，赴爱德律师事务所召开座谈会，搭建了法官与律师的良性互动交流平台。深入开展"两学一做"专题学习教育，政治理论学习和业务学习并重，全面提升凝聚力和战斗力，2017 年作为区直机关先进基层党组织代表在区直机关党的建设暨"两学一做"学习教育常态化、制度化工作推进会上发言。坚持以制度管人管事，廉政教育不放松，确保没有任何违法违纪行为，公正廉洁司法。

(内蒙古自治区高级人民法院
知识产权审判庭)

检察工作

一、严厉打击侵权假冒犯罪活动

2017 年，内蒙古自治区全区各级检察机关始终保持严厉打击的态势，以“零容忍”的态度严肃查办此类犯罪。严把事实关、证据关、法律适用关，稳、准、狠打击涉嫌侵权假冒犯罪。对符合逮捕、起诉条件的犯罪嫌疑人坚决予以逮捕、提起公诉；对提请逮捕存在证据不足的，及时提出取证意见以确保起诉、审判的顺利进行。2017 年全区共批准逮捕侵犯知识产权类案件 7 件 12 人，起诉 14 件 27 人。

二、健全两法衔接工作机制

（1）加强部门联动，推进两法衔接信息平台建设。除鄂尔多斯市已经建成全市范围内的两法衔接信息共享平台之外，其他盟市通过多种途径加强与行政执法机关的沟通联系。2017 年，呼和浩特市两级人民检察院侦查监督部门与相关行政部门召开联席会议共 12 次，应邀商讨“两法衔接”相关工作 32 次，主动询问相关工作内容 26 次，涉及的案件均已及时作出合理有效的处理。包头市人民检察院积极运行维护打击侵权假冒“两法衔接”信息共享系统，加强数据管理和有效应用，加大对行政处罚案件的诉讼监督。

（2）加强信息通报制度建设。全区各级检察机关为强化工作效果，注重加强与行政执法机关、公安机关之间的信息统计、通报制度。内蒙古自治区人民检察院侦查监督处每月按时向内蒙古自治区打击侵犯知识产权和制售假冒伪劣商品领导小组办公室报送检察机关查办案件统计报表，及时报送总结，完成上传下达工作任务。

三、积极开展法制宣传教育

内蒙古全区各级检察机关采取各种形式开展普法宣传，引导群众尊重知识产权和抵制假冒伪劣商品，培养敢于同侵权假冒犯罪作斗争的意识。赤峰市人民检察院以“12・4 全国法制宣传日”为契机，联合控申部门，在向广大民众普及法律知识的同时，告知民众检察机关立案监督举报电话和微信公众号，以此拓宽侵犯知识产权和制售假冒伪劣商品的监督范围和线索收集渠道。乌兰察布市检察机关利用“3・15 国际消费者权益日”和“4・26 世界知识产权日”“5・15 打击和防范经济犯罪宣传日”“放心农资下乡进村宣传周”等重要节点开展宣传活动，结合各自工作实际，采取宣传展示、播放录音录像、发放宣传手册和宣传资料、播报典型案件、现场解答等形式，深入开展法制宣传教育，向社会公众全方位、多层次、多角度、立体式普及侵权假冒相关法律法规知识，提高公众知识产权保护意识，形成强大的舆论声势，为深入推进“双打”工作营造了良好的社会氛围。

四、严密防范和化解区域风险

（1）及时介入引导侦查取证，强化对侵权假冒类案件的监督。内蒙古自治区人民检察院要求对情节严重、影响恶劣和直接损害群众切身利益的违法犯罪案件，要适时提前介入、积极引导公安机关调查取证工作，加大对重大案件的会商协调力度，主动支持配合法院做好侵权和假冒伪劣案件审理工作，保障相关案件刑事诉讼程序顺利进行。2017 年，包头市针对大量侵犯知识产权的案件因取证不力而流失的情形，检察机关转变工作思路，积极发挥介入侦查的作用，在侦查阶段即引导侦查机关按照侵犯知识产权犯罪的构成取证。全市全年共受理销售假冒注册商标商品罪 1 件 1 人，受理公安机关移送起诉的制售假冒注册商标商品罪等类案件 5 件 7 人，经审查，起诉 2 件 4 人。

（2）聚焦重点案件，突出监督重点。2017 年，内蒙古自治区人民检察院侦查监督处决定对 7 起制假售假刑事案件予以挂牌督办。乌海市人民检察院为做好挂牌督办案件的跟踪监督，侦查监督部门确定专人，细化工作台账，加强与公诉部门的联系，相互通报案件办理情况，强化捕诉衔接，切实做好挂牌督办案件的下情上传工作。

（最高人民检察院侦查监督厅）

辽宁省

专利工作

2017 年，辽宁省专利申请量共 49 871 件，同比增长 8.3%，其中，发明专利申请 20 500 件；专利授权量共 26 495 件，同比增长 2.8%，其中，发明专利授权 7708 件，同比增长 11.3%；有效发明专利量 33 270 件，同比增长 19.2%。万人有效专利 7.60 件。规模以上企业有效发明专利量 5914 件，平均有效发明专利 0.74 件；高新技术企业有效发明专利量 9435 件，平均有效发明专利 5.14 件。

2017 年，辽宁省知识产权局主要做了以下几方面工作。

一、完善体制机制，提高知识产权综合管理能力

辽宁省知识产权局组织召开省政府知识产权办公会议，研究制定了《贯彻落实〈关于支持东北老工业基地全面振兴 深入实施东北地区知识产权战略的若干意见〉重点任务分工方案》，完成辽宁省知识产权战略纲要实施十年评估，出台《关于加快建设知识产权强县（市、区）的指导意见》。省知识产权局联合中国（辽宁）自由贸易试验区领导小组办公室共同出台《关于加强中国（辽宁）自由贸易试验区知识产权工作的若干意见》。省知识产权局出台《关于辽宁省重大经济科技活动知识产权分析评议的指导意见》，积极开展重大经济科技活动知识产权工作。《辽宁省知识产权保护办法》以第 137 号省长令的方式颁布实施。

二、调动市场主体创新积极性，提高专利创造质量

修订出台《辽宁省发明专利申请费用补助管理办法》，提高辽宁专利申请的含金量。继续加大对中国专利奖的支持力度，全省共有 27 项专利获得第十九届中国专利优秀奖，3 项获得第十九届中国外观设计优秀奖，获奖数量为历年之最。

三、促进专利高效运用，在本省转移转化上下功夫

辽宁省知识产权局先后完成《节能环保产业专利发展规划制定报告》《硼泥镁渣治理专利信息分析项目》《储能专利导航分析报告》等产业行业微导航报告。全年全省共转化 122 个重点专利项目。在东北大学、大连理工大学等 10 所大专院校和大连化学物理研究所等 3 所科研院所建立了知识产权成果转移转化机构，并在东北大学高校科技成果转化示范基地设立知识产权运营与保护中心。

四、严格知识产权保护，营造良好的市场竞争环境

全省共开展专利执法专项行动 54 次，共查办专利执法案件 1046 件，同比增长 20%。全省 14 个市开通了“12330”知识产权援助与举报投诉公益服务热线。“12330”接听量 1982 件，办理维权援助申请 223 件，办理举报投诉案件 68 件。

五、提升知识产权服务水平，支撑事业更好发展

省知识产权局成功举办“4·26 世界知识产权日”“知识产权宣传周”等大型活动，协调省政府新闻办召开 2016 年辽宁省知识产权发展与保护状况发布会，举行 2017 年辽宁省暨沈阳市知识产权宣传周启动仪式。与《辽宁日报》合作策划了“加速专利成果转化 促进辽宁振兴发展”系列报道活动，拍摄《2016 年辽宁省知识产权局工作纪实》专题宣传片。全年共报送各类政务信息 649 篇，各类新闻媒体报道知识产权工作 652 篇次，知识产权系统信息采用量位列全国第六位。

9 家基础扎实、创新性强、辐射范围广的知识产权代理服务单位被评为知识产权服务品牌机构。102 人通过 2017 年专利代理人资格考试，取得专利代理人资格。目前，全省专利代理服务机构增至 50 家，执业代理人 305 人。

2017 年，辽宁省知识产权质押融资额创历史新高，全省专利权质押 43 项，融资金额 55.2 亿元，列全国第三位。省内 10 个试点市设立了质押融资风险补偿基金，总规模 1.62 亿元。

省知识产权局开通运行“知识产权综合服务平台”，建设完成“辽宁省集成电路产业专题专利数据库”和“辽宁省纺织行业专题专利数据库”，全省专题专利数据库达到 29 个。

沈阳工业大学成立中德知识产权学院，成为本省第三个知识产权学院，大连市第 112 中学成功入选第三批全国中小学知识产权教育试点学校。

六、积极拓展国内外知识产权交流与合作

省知识产权局与俄罗斯科学院西伯利亚分院签署了合作备忘录，建立与俄罗斯有关部门的知识产权合作机制。建立辽宁—德国巴符州知识产权保护和运用联络热线。国家知识产权战略实施研究基地（大连理工大学）成立首个辽宁知识产权国际交流合作基地，加强与英国、日本、中国香港、中国台湾等国家和地区的知识产权交流合作。

（辽宁省知识产权局）

商标工作

2017 年，辽宁省各级工商和市场监管部门以深化商标品牌战略为主线，落实商标注册便利化改革措施，加强商标专用权保护，统筹协调打击侵权假冒各项工作，各项工作稳步推进。

一、引导商标注册取得新进展

全省各级工商和市场监管部门继续推进商标注册建议书、品牌建设指导书、商标管理提示书和商标使用情况登记表的“三书一表”制度，并印发商标注册申请指南 5 万余份，采取多种形式开展宣传、咨询和培训，切实提高商标意识。2017 年，全省商标注册申请量 8.26 万件，同比增长 38.97%，新增注册商标 4.35 万件，同比增长 25.75%，有效注册总量 25.42 万件，增长 20.40%。新增地理标志商标 8 件，全省地理标志商标总量 114 件。马德里体系商标国际注册申请新增 13 件，总量达 392 件，商标国际化进程持续推进。

二、指导商标运用取得新成果

积极推进地理标志商标运用，指导地理标志商标注册人制定推广应用规划，完善许可使用规范。全省各地以应用带动注册，对地理标志商标进行特色挖掘，棋盘山蓝莓、黑山花生等成为地理标志商标重点培育对象。

积极服务中小微企业开展商标权质押融资，沈阳商标质权登记受理点开辟绿色通道，先后为数十家企业的 263 件注册商标办理质权登记，累计授信额 6.9 亿元。

以深入推进企业商标品牌建设为切入点，积极探索在重点园区和产业集群建立商标品牌指导站 107 处，指导企业完善商标品牌管理制度，不断提高企业商标运用与管理水平。

三、落实商标注册便利化改革取得新突破

经国家工商行政管理总局商标局批准，先后在沈阳、大连、盘锦设立商标注册申请受理窗口，受商标局委托开展商标注册申请受理业务，设立受理窗口得到了当地党委、政府的高度重视，受理窗口的启动运行，标志着商标注册便利化改革措施在辽宁正式落地，商标注册申请人可以就近到受理窗口办理商标注册申请，既提高了效率，又节约了成本，从根本上解决了商标申请渠道单一、服务渠道不够畅通等问题。受理窗口累计接待咨询 1.5 万多人次，办理商标注册申请 5873 件。

四、商标信用监管取得新进展

初步完成了 25 万多条商标注册信息与企业信用信息的关联归集工作，进一步完善了商标违法行为条目归集随机抽查范围，研究修订了 16 项商标违法行为行政处罚自由裁量标准，完善了 710 户商标代理机构、商标代理业务的律师事务所信用档案建设，推行《商标代理机构监督管理工作规范》，引导商标代理组织加强行业自律、诚信经营。将查处商标违法行为行政处罚信息纳入企业信用信息公示系统，加大失信联合惩戒力度，完善商标信用监管和专用权保护长效机制。

五、强化商标专用权保护取得新成效

围绕重点行业、重点区域强化商标行政执法，加大对侵犯驰名商标、地理标志、涉外商标、老字号注册商标专用权等违法行为的查处力度。先后查处侵犯“中国石油”商标专用权案、侵犯“西塔大冷面”老字号商标专用权案、侵犯“宽甸石柱参”地理标志商标专用权案等一批典型侵权案件。2017 年，全系统共查处商标侵权案件 246 件，案值 182.38 万元，罚没款 320.42 万元。

探索建立商标行政执法区域协作机制，指导沈阳、大连、鞍山、抚顺、本溪、丹东、锦州等七个城市工商局签署商标品牌保护区域协作备忘录，涵盖区域商标品牌保护联络制度、信息共享平台和区域行政执法协作机制等三项主要内容，强化区域执法联动，遏制重特大侵权事件，降低企业商标维权成本，为企业发展营造良好知识产权环境。

积极开展打击侵权假冒各项工作，完善打击侵权假冒工作组织，召开系统打击侵权假冒电视电话会议，组织开展打击商标侵权“溯源”专项行动，全省出动执法人员 2297 人次，检查经营场所 528 处，主动走访企业 1275 户，与相关省市交换案件线索 174 条。全省工商和市场监管部门共查处侵权假冒案件 566 件，案值 729.44 万元，罚没款 827.70 万元。

（国家知识产权局商标局综合处）

版权工作

2017 年，辽宁省版权局统筹推进打击网络侵权盗版、软件正版化、迎十九大印刷复制发行监管专项行动、版权宣传培训、版权贸易等方面工作，全省版权工作取得了新成绩新成效。

一、以“剑网行动”为重点扎实开展打击侵权盗版工作

（一）以开展重点作品、APP 领域和电子商务平台为三项整治重点开展“剑网 2017”专项行动

根据国家版权局等四部门关于“剑网 2017”专项行动的部署，辽宁省版权局、省互联网信息办公室、省通信管理局和省公安厅结合辽宁工作实际共同研究制定了《实施方案》，于2017年8月至11月在全省范围内组织开展了第十三次打击网络侵权盗版“剑网2017”专项行动。

据统计，2017年度共查办侵犯著作权案件44件(2016年度38件)，较2016年度增长15.8%。其中，辽宁省查办的“和生活爱辽宁”APP客户端影视作品侵权案、“0414dj”网未经授权擅自下载传播音乐作品案受到国家版权局充分肯定，并在《中国新闻出版广电报》和国家版权局网站上予以发布。

(二)全力组织查办国家版权局等五部委挂牌督办案件

2017年内，辽宁省版权局对国家版权局、公安部等五部委挂牌督办的大连“12·28”王某某批销侵犯著作权案、大连“8·29”宋某发等团伙制售侵权盗版图书案予以挂牌督办。

(三)组织开展“秋风2017”专项行动，开展年度侵权盗版及非法出版物集中销毁活动

辽宁省组织开展以打击“三假”和侵权盗版活动为核心内容的“扫黄打非·秋风2017”专项行动。据统计，专项行动中累计出动执法检查人员4500余人次，查处有违法情节的出版物经营点、印刷企业、打字复印社56家(个)，取缔无证照摊点和游商92个，收缴各类非法出版物10.8万件(盗版8.6万件，非法报刊1.2万份)；抓捕收审犯罪嫌疑人5名。

(四)积极指导和支持文化执法和公安机关做好“两法衔接”和案件信息公开工作

2017年初以来，辽宁省版权局积极指导和支持沈阳、大连、鞍山、抚顺、本溪等地文化市场综合执法队伍和公安机关查办侵权盗版案件。除年度例行的执法培训以外，通过给予法律适用指导意见、提供网络案件信息、快速给予版权鉴定等，使执法机关提升了办案效率，加大了处罚力度，并按照规定要求对所查办的案件及时依法进行信息公开。

二、以省级政府机关正版化全覆盖为重点推进政府机关和企业软件正版化工作

2017年，在国务院推进使用正版软件工作部际联席会议指导下，全省各级政府机关和有关企业认真贯彻落实国家推进使用正版软件的决策部署，推进软件正版化工作规范化、常态化、制度化和信息化。

(一)以优异成绩通过国务院检查组对省级政府机关软件正版化全覆盖检查

2017年8月2日至10日，国务院推进使用正版软件工作部际联席会议检查组对辽宁省在推进软件正版化工作方面从领导重视、协调配合、制度建设、责任落实、宣传培训等五个方面经验做法予以充分肯定。

(二)开展政府机关软件正版化管理情况审计工作

2017年以来，辽宁省审计厅继续加强对省直部门正版软件使用情况的审计监督，将推进使用正版软件工作列入重大政策措施落实跟踪审计方案，结合预算执行、经济责任等审计项目对17家省直机关软件正版化工作进行了审计。

(三)组织开展打击非法预装计算机软件专项治理行动

根据《辽宁省2017年推进使用正版软件工作实施方案》的工作部署，2017年4月至11月组织开展为期8个月的打击非法预装计算机软件专项治理行动。

(四)扎实有序推进企业软件正版化工作

根据《辽宁省2017年推进使用正版软件工作实施方案》的部署，全面巩固了全省新闻出版广电行业软件正版化工作。持续推进全省国有企业软件正版化工作。以宣传培训为抓手，积极推进企业软件正版化工作。通过各单位自查整改上报采购数据以及省版权局组织的抽检验收，共有103家企业实现了通用软件正版化工作任务。

三、积极开展版权宣传，促进全社会版权意识提升

(一)举办“侵权盗版及非法出版物集中销毁活动”及版权集中宣传

2017年4月24日，联合“扫黄打非”办公室在沈阳浑南区亿丰时代广场举行了辽宁省侵权盗版及非法出版物集中销毁活动，共销毁各类非法及盗版出版物40余万件。

(二)组织开展版权宣传周集中宣传活动

以4月20日至26日为重点阶段，以“尊重创作、保护版权”为主题组织全省开展了2017年知识产权宣传周版权宣传活动。

(三)组织全省版权执法培训

2017年10月中旬，辽宁省版权局举办2017年全省版权执法业务培训班，来自省内各市县的基层版权管理与执法人员、各市公安、通信管理、互联网从业者代表等共130人参加了培训。

(四)组织策划拍摄公益宣传片在辽宁卫视及各市县电视台播出

为更好地宣传普及版权知识，进一步提升全社会使用正版软件的版权保护意识，辽宁省版权局联合省知识产权局、省工商局、辽宁广播电视台组织策划拍摄了保护知识产权系列公益宣传片。在全省30家市县广播电视台的50多个频道、频率，累计播放3000余次。

四、以十九大期间的文化安全为主线，开展全省印刷企业和出版物市场专题整治

一是2017年“两会”、春节期间省版权局集中力量对全省印刷行业进行专项检查。重点检查是否印制含有涉政、涉军、涉宗教内容的非法书籍、报刊。二是2017年6月下旬，辽宁省版权局派出三个检查小组对全省印刷企业和出版物市场进行专项检查。检查的范围涉及14个市172家出版物印刷企业。重点检查擅自从事印刷经营活动，以及侵权盗版，含有涉政、涉军、涉宗教和低俗有害内容的非法出版物及宣传品等。

五、促进版权贸易，推动版权产业发展

在一年一度的北京国际图书博览会上，辽宁展团与美国、英国、日本、韩国等国家的出版商共计达成各种合作意向112项，其中引进意向65项，输出意向47项；现场签约14项，其中引进签约5项，输出签约9项。

六、圆满完成第十三届中韩著作权研讨会承办任务

第十三届中韩著作权研讨会于2017年7月在大连市举办。此次研讨会主题为“智能环境下的中韩著作权产业发展”，旨在就移动互联网及新媒体不断发展和应用形势下，中韩两国著作权产业发展的政策变化和未来合作规划进行讨论，探索智能环境下中韩著作权产业共同发展的合作方案。

2017年，辽宁省共办理作品自愿登记9007件，审核涉外著作权合同登记324件，办理著作权合同备案登记7件。

(辽宁省版权局)

司法工作

2017年全省法院知识产权民事案件受理2679件。其中一审案件2325件，审结2038件；二审案件352件(含旧存24件)，审结279件；再审案件2件，审结0件；知识产权刑事案件受理35件，审结29件。

一、案件数量持续增加

大连中院全年新收案件数量由2016年的96件上升至172件，增幅达79.17%。一审知识产权案件数量由2016年的12件增至41件。与商标有关的知识产权案件在全部受理案件中仍占有较大比重。沈阳中院商标纠纷占37.1%；大连西岗区法院受理商标权侵权纠纷案件488件，比2016年同期增加145件；著作权侵权纠纷269件，比2016年同期增加72件。由于中院一审知识产权案件数量增加，技术合同案件数量增加，也导致案件审理难度加大。

二、案件调撤率高

大连中院在已审结的161件知产案件中，共调解、撤诉120件，调撤率高达74.53%，高出庭内平均调撤率38.66%近一倍。省法院没有一审知识产权案件，在已审结的105件知产二审案件中，共调解、撤诉45件，调撤率42.85%。调撤率高的影响因素包括案情复杂、当事人诉讼策略、一二审法官对事实和法律的把握尺度不尽相同。这一情况既体现了法官对复杂情况的灵活处理，不生搬硬套法条，以维护当事人合法权益，也体现了法官公正司法的审判艺术和审判宗旨。这一情况也同时说明一、二审法官应该通过业务学习和交流，尽可能统一司法尺度。

2017年，大连中院民四庭受理了一批商业维权上诉案件，这批案件的特点是被告绝大部分系侵权产品的销售终端，知识产权意识不高、维权技术弱，若机械性地对其侵权行为处以重罚，实际上放纵了侵权产品生产商作为实际侵权人的侵权过错，也加大了这些终端销售商的负担，社会效果不佳。为此，知识产权审判庭采取了以下工作方法：统一两级法院裁判尺度，诉讼中引导当事人提出合法来源抗辩，充分考虑侵权的恶意程度，区分不同情况，确定公平合理的赔偿数额。知识产权审判庭受理的21件彤德莱不正当竞争案件，双方争议极大，存在群访风险。知识产权审判庭经研究认为，该批案件一审法院查明事实不清，适用法律错误，应发回重审。为避免案件发回后，当事人矛盾更加激化，六位员额法官群策群力，分工配合，召开三次专业法官会议，制定调解方案。每位法官先就自身案件进行第一轮调解，审判长再就本组案件进行第二轮调解，部门负责人最后就全庭案件进行第三轮调解，每轮调解均进行了三至五次。最终，在全庭法官的努力下，21件案件在三个月内均成功调解，有效地化解了诉讼风险。

三、案件类型特点持续变化，难度逐渐加大

涉及品牌保护的商标、知名著作权纠纷案件较多，在大连西岗区法院，这类案件占全部知识产权案件的78%左右。涉及新商业模式案件和疑难案件继续出现，涉及信息网络传播的著作权纠纷和不正当竞争纠纷不断增多，审理难度加大。沈阳中院受理技术合同纠纷50件，同比增加16件。大连西岗区法院共受理技术合同类案件30件。其他网络著作权案件、信息网络传播权、计算机软件著作权、网络域名、特许经营、企业名称权、商业秘密及虚假宣传等新类型案件占比较高，增加较快。同时涉及名企、名牌案件持续增多。案件中相关的技术和法律问题日趋复杂，审理难度持续加大。

四、程序性工作量和工作难度显著增加

诉讼中申请诉讼保全、证据保全措施案件增多。大连西岗区法院2017年诉讼保全、证据保全知识产权案件14件，占近四年诉中临时措施知识产权案件的63.64%。

（辽宁省高级人民法院知识产权审判庭）

检察工作

辽宁省检察机关认真贯彻落实最高人民检察院和辽宁省打假工作领导小组的部署，健全机制，强化措施，主动加强与行政执法机关的沟通协作，积极搭建两法衔接信息共享平台，全面扎实推进行政执法与刑事司法衔接，2017 年各项工作取得较好成效。

一、不断提高打击侵权假冒工作的责任意识

辽宁省检察机关高度重视打击侵犯知识产权和制售假冒伪劣商品工作，将该项工作纳入《2017 年侦查监督工作要点》作为全年重点工作。全省各级检察机关深入贯彻省打击侵权假冒工作领导小组下发的《2017 年辽宁省打击侵犯知识产权和制售假冒伪劣商品工作要点》的要求和最高人民检察院《关于依法严惩危害食品安全犯罪和相关职务犯罪的通知》的精神，明确责任，强化措施，扎实工作。大力推进行政执法与刑事司法衔接，加强两法衔接平台的建设和应用，开展第三期为期两年的危害食品药品安全犯罪专项立案监督活动，严查侵权假冒犯罪案件背后的职务犯罪案件，确保打击侵犯知识产权和制售假冒伪劣商品工作取得实效。由于工作成绩突出，2017 年 5 月在辽宁省全省打击侵权假冒工作会议上辽宁省人民检察院做经验介绍。

二、依法严厉打击侵犯知识产权和制售假冒伪劣商品犯罪活动

全省各级检察机关积极发挥监督职能，按照最高人民检察院的工作部署，全省检察机关持续开展危害食品药品安全犯罪专项立案监督活动，对办理侵犯知识产权犯罪案件中存在的有案不送、有案不立、有罪不究、以罚代刑的情况，及时予以监督纠正。对于有重大影响的案件，及时予以督办。严肃查处侵权假冒犯罪背后的职务犯罪。2017 年，全省检察机关共批捕侵犯知识产权案件 36 件 56 人，起诉侵犯知识产权案件 68 件 115 人。

三、积极推动行政执法与刑事司法衔接信息共享平台的应用

辽宁省人民检察院积极推动行政执法与刑事司法（侵权打假领域）信息共享平台的应用，要求全省检察机关充分运用已经建成的信息共享平台，切实做到对网上录入的案件凡录必审、认真核查、同步反馈，切实强化案件及时审查和有效办理。辽宁省人民检察院对各地审核率进行网上巡查并适时通报，并要求各地将对信息共享平台的运用与“两个专项立案监督活动”有机结合起来，力争依托平台有效监督一批案件的移送。2017 年全年，全省检察机关通过平台审核案件 4668 件，占录入案件的 91.3%，其中，盘锦地区已监督立案 2 件。

四、深入开展新一期专项监督活动

2017 年 2 月按照最高人民检察院部署，侦查监督部门继续开展了第三期两个专项活动，第一时间下发了全省专项方案；在考评中大幅增加了专项活动开展情况的分值；联合省公安厅等部门或者单独挂牌督办案件 7 件。10 月，在全省检察机关办理的涉及外商投资企业知识产权案件开展专项活动中，大连市中山区人民检察院受理一起涉案金额 3700 余万元涉嫌仿造路易威登・马利蒂（中国）商业销售有限公司商标产品的案件，以销售假冒注册商标的商品罪、假冒注册商标罪批准逮捕 6 名犯罪嫌疑人，取得良好社会效果。12 月，辽宁省人民检察院侦查监督部门干警组成 7 个督导组赴全省 14 个地区，就两个专项立案监督工作中存在的系统填录问题、监督立案的困难及消灭空白基层院等工作开展实地督导。

（最高人民检察院侦查监督厅）

吉林省

专利工作

2017年吉林省知识产权工作认真落实全国知识产权局局长会议和省委第十一次党代会及十一届一次全会和全省经济工作会议精神，大力实施创新驱动发展战略，为建设科技创新强省、实现吉林老工业基地全面振兴，决胜全面小康、建设幸福美好吉林提供知识产权支撑。

一、强化宣传培训，营造区域专利氛围

以“知识产权宣传周”“中国专利周”为契机，进社区、进企业、进校园宣传普及知识产权知识，发放宣传资料28 000余份，省科技厅（省知识产权局）与省教育厅共同举办吉林省首届青少年发明创造大赛，全省120所学校组织参加活动，最终产生160个获奖项目，有15所学校获优秀组织奖。针对企业、院校、科研机构、服务机构以及知识产权管理部门等相关人员开展了专利保险、质押融资、维权和信息利用、代理能力等培训，举办培训班41期，培训7500人次，吉林省知识产权远程教育平台开设班级12个，注册1800人，选课36 742人次。

二、围绕强省建设，推动完善专利制度

出台了《“十三五”吉林省知识产权保护和运用规划》（吉政办发〔2017〕68号）。按照《〈国家知识产权战略纲要〉实施十年评估工作方案》部署，牵头组织吉林省知识产权战略实施十年评估工作并形成评估报告。推动专利地方立法，《吉林省专利条例》已由吉林省第十二届人民代表大会常务委员会第三十八次会议于2017年12月1日通过，自2018年1月1日起施行。

三、开展试点示范，提供区域发展动力

受国家知识产权局委托，完成了对省内国家知识产权示范培育城市、强县工程试点示范县（市、区）年度工作考核及试点工作考核验收。经推荐申报，1个县（市、区）被确定为国家知识产权强县工程示范，4个县（市、区）被确定为试点。开展吉林省知识产权试点示范工作，出台了《吉林省知识产权试点示范市县管理办法》，确定2个市（州）、2个县（市、区）为首批吉林省知识产权强市县工程试点；吉林省第二实验中学和东北师大附中明珠学校先后被确定为全国知识产权教育试点学校，继续开展吉林省中小学知识产权教育试点示范工作，至2017年底吉林省知识产权教育试点学校已达到103所，有230名省内中小学教师获知识产权师资培训结业证书。

四、依托资金引导，激发驱动创新潜能

完成了2014年专利转化项目验收和2017年专利转化项目任务书签订，对已列的专利转化项目进行了中期调度检查。每季度进行一次项目中期调度检查，对逾期没有完成进度的企业，查明原因，限期完成。起草了《2018年专利转化项目指南》及其指南说明，2018年专利转化项目立项29个，扶助资金650万元。起草了《2018年知识产权试点示范市县项目指南》及其指南说明，2018年试点示范市县立项5项，安排经费90万元。完成了2014年和2015年部分专利推进项目的验收及2015年41个项目、2016年20个项目的中期检查工作。2018年专利推进项目立项44个，安排经费600万元。向中国专利奖评审办公室推荐17个专利项目参加第十九届中国专利奖评选，其中，1项获中国外观设计金奖、5项获中国专利优秀奖。

五、完善资助机制，增强申请专利意识

2017 年专利补贴项目立项 1087 个，发放补贴资金 200 万元。2017 年，吉林省专利申请量 20 450 件，比上年增长 8.08%，其中：发明 7780 件，比上年增长 3.22%；实用新型 10 964 件，比上年增长 13.65%；外观设计 1706 件，比上年减少 1.84%。获授权专利 11 090 件，比上年增长 10.96%，其中：发明 3057 件，比上年增长 25.91%；实用新型 6673 件，比上年增长 7.99%；外观设计 1360 件，比上年减少 2.02%。每万人口发明专利拥有量 4.2 件，比上年增长 25%。

六、建立联动机制，实行严格专利保护

省科技厅（省知识产权局）与省高级人民法院建立知识产权保护合作工作机制，与浙江省在知识产权保护协调等方面建立对口合作工作机制。组织省、市（州）、县（市、区）多地联动开展春季农机产品专利行政执法专项行动、“4·26”知识产权执法专项行动及汽博会、东博会、农博会等展会专利行政执法专项行动等。在白城市设立了知识产权维权援助分中心，长春市、长春新区成立专利联合行政执法办公室。2017 年，全省办理专利侵权纠纷和查处假冒专利案件 95 件，同比增长 20%。

七、加强体系建设，提高专利服务水平

组织开展“知识产权服务‘双创’，助力专利质量提升”主题活动。组建吉林省专利推进工作专家库。确定中国科学院长春应用化学研究所等 16 家单位为吉林省专利文献服务网点单位。新增贯标企业 43 家，贯标企业已达到 57 家。新增示范企业 1 家、优势企业 28 家，示范及优势企业已分别达到 4 家和 58 家。完成《吉林省知识产权质押融资贷款风险补偿合作方案（草案）》起草工作，着手制定《吉林省知识产权质押融资补助管理办法》，选择并指导长春市、吉林市开展专利质押融资工作试点。专利权质押登记 64 件，质押金额 20 944 万元。举办了吉林省专利保险理赔第一单现场支付会，2017 年为 68 家企业的 237 件专利给予保险补贴，补贴金额 29.88 万元。完成了 2017 年全国专利代理人考试长春考点考务工作，组织 310 人报名参加考试，通过 2016 年全国专利代理人资格考试人员 21 人。吉林省专利代办机构共受理专利申请 20 049 件，同比增长 52.82%，电子申请率达 100%，办理专利实施许可备案 7 件，出具专利登记簿副本 280 件。

（吉林省知识产权局）

商标工作

2017 年，吉林省工商局坚持以服务发展为中心，充分发挥商标行政管理职能作用，指导全省系统深化商标行政指导服务，加强商标专用权保护，全面推动实施商标品牌战略，促进全省品牌经济发展。

一、强化商标行政执法，持续规范市场竞争秩序

（1）进一步强化商标专用权保护。开展打击商标侵权“溯源”专项行动；发布重点保护商标维权联系人信息，查处了一批侵犯“喜丰”“查干湖”等知名品牌权益违法案件；协调解决了部分市场主体字号与“云天化”“途虎养车网”商标权冲突问题。全年共查处商标侵权案件 208 件，案值 388.35 万元，罚没款 281.71 万元。投诉举报、上级转办案件线索查办率和行政处罚信息公示率均达到 100%。

（2）加强商标印制和商标代理行为监管。集中开展了为期 2 个月的商标印制和商标代理“双随机、一公开”专项抽查。抽查商标代理机构 37 户、包装装潢印刷品印刷企业 114 户，查处 2 起违法印制行为、1 起商标代理违法案件。研究制订了《吉林省商标事务代理委托合同（示范文本）》，促进商标代理行业规范经营。

(3)深入开展打击侵权假冒工作。制发年度“双打”工作要点,坚持日常监管和专项整治相结合,集中开展了元旦、春节期间消费市场专项整治、流通领域商品质量抽检等专项执法工作。案件信息全部录入吉林省打击侵权假冒领域“两法衔接”信息平台。全省累计查处侵权假冒案件540件,案值593.99万元,罚没款681.21万元。

二、提升行政指导服务,助力企业商标品牌发展

(1)落实商标注册便利化改革措施。经国家工商行政管理总局商标局批准,在长春、吉林、延边新设立商标注册受理窗口和商标专用权质权登记受理点。全省共有商标受理窗口3个、质权登记受理点2个,全年受理注册商标申请1077件,办理质权登记12件。

(2)深化商标行政指导工作。继续落实“三书五进”行政指导,积极开展融资需求调查和银企对接服务,对240家知名品牌企业进行回访。2017年,指导企业申请注册商标863件、申请商标国际注册6件,企业商标权质押融资32 428万元。

(3)推进地理标志精准扶贫。更新完善省、市、县三级地理标志商标发展储备,新增收录地理标志18件,持续推进商标注册保护。统一开展地理标志商标使用情况调查,指导60家地理标志协会加强商标使用与管理。组织“黄松甸黑木耳”“洮南辣椒”“长白山人参”“舒兰大米”地理标志商标权利人参加世界地理标志大会,增进学习交流。“黄松甸黑木耳”商标运用入选全国系统“商标富农和运用地理标志商标精准扶贫十大典型案例”。

三、持续完善制度措施,推动商标品牌战略深入实施

(1)全面落实商标品牌战略部署。制发《吉林省工商局深入推进商标品牌战略实施意见》并召开全省系统商标品牌战略推进工作会议进行部署。吉林市局代政府起草了吉林市“十三五”期间商标品牌发展和保护实施规划。四平市政府召开商标品牌推进大会,并将商标兴市工作列入对县、区政府绩效考核项目。

(2)推动产业区域品牌建设。制定实施加强产业集群区域品牌商标注册工作意见,印发扶持小微企业商标品牌发展若干意见,提出14项措施;编制吉林省十大服务业著名商标评选办法并会同相关部门开展评选活动,促进服务业品牌发展。2017年全省新增地理标志商标9件、有效注册商标20 565件,总数分别达60件、125 297件。

四、扎实开展商标宣传,营造良好商标知识产权氛围

开展“4·26知识产权宣传周”活动,通过座谈培训、媒体宣传、现场咨询、调研走访等方式,集中宣传商标法律常识。各地还举办了第三届长春市商标成果展、商标品牌知识进松原大学讲堂等特色宣传。吉林省工商局举行全省商标品牌建设及发展情况新闻发布会,编写发放《吉林省商标战略发展报告(2009—2016年)》。组织部分知名品牌企业参加中国国际商标品牌节、长春农博会、吉林大米文化节暨嘉兴“白城弱碱大米”等展览展示活动。“长白山人参”荣获中华品牌博览会金奖。

(国家知识产权局商标局综合处)

版权工作

2017年,吉林省各级版权管理部门加强社会监管,加大版权保护力度,营造良好社会环境,创新工作手段,提高社会服务水平,推动版权产业健康发展。

一、版权集中宣传效果突出

吉林省版权局围绕第17个“4·26世

界知识产权日”，研究制定工作方案，向各市（州）版权管理部门下发通知，统一部署全省“4·26”版权知识产权宣传周活动，在全省版权工作座谈会上对集中宣传工作做出具体安排，对版权宣传工作早协调、早部署，统筹安排，上下联动，活动丰富。全省各级版权管理部门开展版权知识进企业、进校园等宣讲活动 30 余次，发放版权知识读本 2 万余册，取得了较好的宣传效果。

二、集中执法和专项治理取得实效

从 2017 年 3 月中旬开始，全省各级版权执法机关对省内出版物复制、发行企业开展集中执法检查，检查各类经营主体 400 余个，查缴各类侵权复制品 3 万余件。从 2017 年 7 月开始，吉林省版权局组织开展打击网络侵权盗版的“剑网 2017”专项行动，全省共立案查处网络侵权案件 24 件，做出行政处罚 23 件，行政调解 1 件，处理上级部门移转网站侵权案件 1 件，罚款总额 14.4 万元。

三、版权侵权案件查处工作取得新进展

吉林省版权局进一步加强对全省行政执法工作的统一领导和协调，完善、落实案件预报和月报制度，通过督办、转办等方式及时督促、指导各地的案件查处工作，充分发挥全省各级版权执法机关的主动性，落实工作责任，组织查办了一批典型、重大侵权盗版案件。2017 年，全省各级版权执法机关共立案查处各类侵权盗版案件 80 件，作出行政处罚 79 件，移送司法机关 1 件，省版权局督办 2 件，罚款总额达 65 万元，案件查处数量同比增长 30%。2017 年度，全省 15 个集体和 12 名个人（专案组）获国家版权局查处侵权盗版有功单位和有功个人的奖励，获奖数量居全国前列。

四、软件正版化工作持续推进

吉林省版权局牵头组织、协调省推进使用正版软件工作领导小组各成员单位研究工作措施，制定了 2017 年软件正版化工作实施方案，制定印发了《吉林省政府机关软件正版化工作考核评议细则（试行）》，完善了吉林省政府机关软件正版化工作考核评议制度。

五、服务产业发展有新举措

为建立有效的服务平台，提高版权社会服务水平，吉林省版权局与吉林省新闻出版与影视广播文化创意创作产业园区共同设立了省内首个版权服务工作站，为园区内企业开展版权咨询、业务培训、作品登记、合同审核备案、项目论证、纠纷调解等个性化版权服务，在版权管理部门和产业园区间建立起有效的合作、沟通机制，发挥园区的示范带动作用。提高了作品登记质量，全年登记作品数量超过 1200 件。

六、版权培训工作不断强化

为推动省级政府机关软件正版化工作，吉林省版权局举办了两期软件正版化工作培训班，参训的软件正版化工作人员超过 150 人次。继续加强版权行政执法工作培训，在吉林、通化、白山地区举办版权执法监管培训，培训人数超过 200 人次。

（吉林省版权局）

司法工作

2017 年，吉林省法院知识产权审判始终将保护创新、维护公平作为工作重心，全面落实党的十九大精神，以习近平新时代中国特色社会主义思想为指引，坚持“五位一体”“四个全面”，在知识产权审判中严格遵循最高人民法院“司法主导、严格保护、分类施策、比例协调”的司法政策，坚持围绕省委各项决策部署，主动适应经济发展新常态，立足长远，服务大局，加强知识产权审判领域改革创新，完善知识产权审判体制机制，审判质效得到明显提升。

一、知识产权案件审判基本情况

2017年,吉林省法院共新收各类知识产权案件1466件,较2016年净增长994件,同比增长达210%,旧存23件,合计收案1489件,同比增加848件,增幅达132%。审结1436件,同比增加826件,增幅达135%。年总体结案率为96.44%,与2016年基本持平。

在全部已结案件中,涉及著作权纠纷案件725件;涉及商标权纠纷案件644件,占比量提升近20%;涉及专利权纠纷案件43件。

吉林省法院在知识产权案件审理过程中,牢固树立司法红线,积极应对社会发展需求,区分把握案件特点,贯彻落实司法政策,在加大司法保护力度的同时,坚持分门别类、宽严相济,从服务地方经济发展的大局角度出发,确保每一当事人都在审判过程中感受到司法的公平正义。

2017年,吉林省法院审理的有关商标权纠纷案件共计644件,其中包括涉及"酒鬼""老奶奶"侵犯注册商标专用权纠纷案件372件,占全部商标权纠纷案件数量的57.8%。还审理了涉及"联想""小米""永和""贵州茅台""泸州老窖""如家""骆驼"等一系列在全国有广泛影响的商标权纠纷案件,有效地打击了违法侵权行为,维护了良性健康的市场竞争秩序。

2017年,吉林省法院共审理涉及著作权纠纷案件725件,其中,涉及佳路公司的著作权许可使用合同纠纷案件577件,该系列案件进入诉讼程序,是吉林省法院2017年知识产权案件激增的主要原因。

二、知识产权审判工作经验

(一)提升审判站位,裁判与宣传并重

与其他民商事案件的审判工作不同,很大一部分当事人对知识产权法律规则相对陌生,对自身的注意义务和侵权违法行为认识不足。因此,知识产权审判的过程,不仅是一个定纷止争的过程,更是一个释法明理,向当事人及相关行业商事主体普及和宣传知识产权法律制度的过程。为此,全省法院坚持放大审判视野,提高审判工作站位,在审判工作中对案件的裁量不以个案标的为限,而以案件背后所关系的社会利益来确定审判思维的根本点,通过个案的审判工作,向相关市场主体昭示了人民法院坚决打击违法侵权行为的裁判铁则。通过裁判的示范效应,不仅涉案的主体认识到了违法行为的严重性,主动承担了侵权责任,更通过他们的口耳相传,使各个领域内潜在的侵权行为得到了有效的预防。

(二)注重研究学习,紧跟时代步伐

随着信息技术的高度发达,科技发展和文化传播一日千里,知识产权相关案件中,不但客体发展变化较快,更加隐蔽的和更富有争议的新的侵权方式更是层出不穷。为保持审判理念的先进性,提高审判队伍素质,吉林省法院始终坚持向先进地区兄弟法院学习先进经验,在辩证地借鉴外省审判经验的同时,因地制宜地发展具有吉林特色的知识产权审判工作。同时,坚持将知识产权审判与高校、科研院所等研究机构相对接。2017年,在院领导的支持下,吉林省法院派员参加各类知识产权学术会议十余次、与科研机构组织座谈交流五次,并在各类学术会议中多次发表论文和作主旨发言,形成了关于知识产权侵权赔偿数额考量因素、知识产权证据保全若干规则、反不正当竞争法中关于知名商品特有名称包装装潢的保护等一系列对审判实践极具指导意义的调研报告。

(三)创新审判方法,提升审判效率

随着商业维权行为的日益广泛,法院的知识产权审判工作面临着更多的数量上的压力。为此,吉林省法院总结商业维权案件的特点,对于事实清楚、争议不大的案件,不但广泛开展一、二审的诉前调解,在

降低当事人诉讼成本的前提下促成各方达成和解，还就同一系列案件，通过集中开庭、多庭并审的方式，组织被诉侵权主体与维权方集中调解，在增强被诉侵权人的议价能力的同时，引导当事人及时履行，不但减少了各方当事人的诉累、极大地提升了审判效率，还最大限度地降低了造成执行积案的可能性。

（吉林省高级人民法院知识产权审判庭）

检察工作

一、高度重视，积极谋划，侵权假冒工作被列入检察工作重点

吉林省为全国司法改革试点先行先试地区，吉林省人民检察院在着手调研、谋划机构重组、职责整合等诸多改革问题中，深刻认识到打击侵权假冒对维护社会稳定、保障经济社会发展大局的重要意义，切实将打击侵权假冒工作作为重点调研内容。2017年底以来，按照吉林省人民检察院党组指示，吉林省人民检察院多次指派专人赴9个市州、2个扩权强县试点院和司法改革试点单位开展调研，并确定了2017年打击侵权假冒工作思路、工作重点、工作措施和落实抓手。在全省检察长工作会议上，吉林省人民检察院党组书记、检察长要求全省各级检察机关要积极参与整顿和规范市场经济秩序，加强行政执法和刑事司法衔接，从严惩治侵犯知识产权和制售假冒伪劣商品等严重经济犯罪。

二、立足职能，重拳出击，侵权假冒违法犯罪得到有力遏制

全省检察机关立足审查逮捕、审查起诉职能，通过提前介入、引导取证，对进入批捕、起诉环节的案件依法快捕快诉。全省各级检察机关依托诉讼监督职能，通过走访行政执法机关和公安机关，查询“两法衔接”信息平台，行政处罚台账，关注新闻媒体报道，受理控告、举报、申诉，加强媒体宣传等多种方式，依法监督行政执法机关移送案件，纠正公安机关有案不立违法情况。

三、依托专项，突出重点，侵权假冒行为得到有效整治

在全国检察机关部署的“破坏环境资源和危害食品药品安全犯罪专项立案监督活动”中，各级检察机关将打击食品药品领域的侵权假冒案件作为重点，积极争取省食品药品安全委员会的支持，与省公安厅、省国土资源厅、省环境保护厅、省林业厅、省食品药品监督管理局、省工商行政管理局、长春海关等单位共同开展专项活动，取得明显成效。吉林省人民检察院稳步推进对公安派出所刑事执法监督试点工作，各地试点单位扩展工作如期完成。通过派员查阅派出所办案台账和“公安机关打防控应用系统”、110指挥中心的接警记录，通过建立联络员、信息通报规范化制度，通过参与案件情况分析会等，强化基础工作联系，畅通监督渠道，实现了信息动态共享常态化，为侵权假冒案件线索的发现、执法规范化建设奠定了坚实基础。2017年以来，延吉市人民检察院积极与延吉市公安局协商，取得了公安专网授权用户名，借助公安警务综合信息平台，共引导公安机关侦查侵权假冒案件10余件，提出补充侦查意见40余份。

四、注重宣传，弘扬法治，打击预防合力出击

吉林省人民检察院积极探索阳光检务新模式，不断完善全方位、立体化检察新媒体平台建设。通过检务公开、网络平台宣传，多手段、多渠道进行法制宣传活动，提高检察公信力，引导公众用法律武器捍卫消费者权益。通过制作电影、法制宣传片等多种手段，用真实案例影视视频的推广，开展警示教育活动，震慑犯罪分子嚣张气焰。在吉林省打击侵犯知识产权和制售假冒伪劣商品领导办公室牵头举办的吉林省纪念“3·15国际消费者权益日”咨询服务活动中，吉林省人民检察院派员现场“一对一”“面对面”接受群众的法律咨询与法律解答，不仅让群众知晓如何通过法律途径保护自身权益，还取得了让群众认知假冒伪劣商品和侵犯知识产权对社会经济发展危害的良好效果，切实做到普法宣传与预防的有机统一。

（最高人民检察院侦查监督厅）

黑龙江省

专利工作

一、知识产权强省建设

2017年，黑龙江省知识产权局联合省知识产权战略制定和实施工作领导小组成员单位共同完成了《黑龙江省知识产权保护和运用“十三五”规划》制定工作，黑龙江省政府于9月26日正式印发实施。充实调整了黑龙江省知识产权战略制定和实施工作领导小组，省委组织部、省国资委和国防科工办加入领导小组，成员单位达到28家。完成了黑龙江省知识产权战略十年评估工作。继哈尔滨市成为国家知识产权示范城市之后，大庆、牡丹江、伊春三市成为国家知识产权试点城市。

二、知识产权创造

（1）推进企业知识产权工作。2017年，黑龙江省知识产权局新认定专利优势企业43家，全省专利优势企业累计达到343家。省内3家企业被确定为国家知识产权示范企业，11家企业被确定为国家知识产权优势企业。黑龙江省内6家企业通过“贯标”认证。

（2）加强高校院所专利“提质促量”工作。2017年，14家高校、院所获得高校、科研院所专利事业发展项目支持。哈尔滨工业大学、第703研究所开展知识产权“贯标”试点工作。首次赴俄罗斯举办中俄高校知识产权文化交流活动。黑龙江省知识产权文化代表团访问美国芝加哥约翰·马歇尔法学院，双方达成知识产权文化交流合作意向。

（3）深化专利创造质量工作。2017年受理专利资助申报项目7223件。经审核，对6042项发明专利进行资助，资助金额共计350万元。在第十九届中国专利奖评选中，黑龙江省14项专利获中国专利优秀奖，比往年翻倍，哈尔滨工业大学6项发明专利获奖。

2017年，黑龙江省专利申请30 958件。其中，发明专利申请10 607件，实用新型专利申请17 963件，外观设计专利申请2388件。2017年，黑龙江省授权专利18 221件。其中，发明专利4947件，实用新型专利11 395件，外观设计专利1879件。截至2017年底，黑龙江省有效发明专利20 007件，每万人口发明专利拥有量为5.266件。

三、知识产权运用

（1）推进专利展示交易及展会工作。黑龙江省知识产权局与12所高校建立专利项目展示交易合作机制，储备优质专利5000余项。黑龙江省专利技术交易服务联盟发布信息50期，推介优质专利108项。组团参加第五届中国（上海）国际技术进出口交易会，100项专利技术参展。黑龙江省知识产权公共服务（运营）平台初步建成。

（2）推进知识产权质押融资和专利保险工作。组织专利权质押融资培训和银企对接活动，开展专利权质押融资需求调查，拓展知识产权融资渠道。首次开展专利权质押登记补贴工作。全年专利权质押融资金额 3.66 亿元。

(3)推进专利预警和知识产权评议工作。开展专利分析与预警工作，确定“黑龙江省专利密集型产业分析”和“黑龙江省海外知识产权预警应急和风险发布机制研究”等 7 批 17 个项目，覆盖重点产业和技术领域 21 个。召开专利分析预警报告会 10 余场，与会企事业单位 1000 多家次。

四、知识产权保护

(1)加大专利行政执法力度。以“护航”“闪电”“雷霆”专项行动为重点，对市地进行执法督查，并提供相关法律服务。进驻第四届中俄博览会，现场调解专利侵权投诉。全系统共查处各类专利违法案件 1150 件，13 个市(地)专利行政执法工作实现全覆盖。全省执法支队数量达到 12 个。

(2)健全知识产权维权援助体系。2017 年，黑龙江省知识产权维权援助中心共接听电话 581 个，同比增长 24.4%，处理维权援助事项 30 件。

(3)推进知识产权保护规范化市场培育工作。组织开展 2015 年第二批国家知识产权保护规范化市场验收工作，1 家公司被认定为第二批国家级知识产权保护规范化市场。推进 2016 年第三批规范化市场培育工作。制订 2017 年知识产权保护规范化市场培育工作方案并开展申报工作，1 家公司被确定为第四批知识产权保护规范化培育市场。

五、知识产权管理

(1)提升知识产权服务能力。联合哈尔滨市中小企业公共服务平台举办知识产权服务“双创”主题活动 11 场，参加人员 2600 余人次。47 家科技企业孵化器建立了知识产权服务联络员机制。争取专利审查协作河南中心支持，为黑龙江省内知识产权服务机构提供“定单式”培训。黑龙江省构建全链条知识产权服务体系的工作信息被上报国务院办公厅。

(2)加强专利代理管理工作。全省专利代理机构和分支机构达到 24 家，执业代理人 109 名。研究制订《黑龙江省专利代理行业发展规划(2016—2020 年)》。开展专利代理资格证书挂靠行为整治工作，2 家机构被责令整改。加强对省内视撤、视放专利情况监控并形成情况简报。开展专利调查工作，专利信息问卷有效回收率 98.3%。

(3)提高哈尔滨代办处窗口服务水平。哈尔滨代办处在全国代办处中首批上线应用“专利缴费信息网上补充及管理系统”，开展“专利权质押登记全流程审查业务”，被团省委评为“黑龙江省青年文明号”和“百优先进集体”，被国家知识产权局机关工委评为“国家知识产权局青年文明号”。

六、知识产权宣传培训

举办“4·26 知识产权宣传周”和第十一届中国专利周专题活动。举办 2 场政策解读新闻发布会，10 篇稿件在《黑龙江日报》头版刊发。开设黑龙江省知识产权局官方微博、微信公众号。2017 年，在省直媒体刊发稿件 160 篇，重要政务信息采用 10 余篇。

大庆师范学院获教育部批准设立知识产权专业。省内全国中小学知识产权教育试点学校 3 家，省级试点学校 4 家。全省知识产权远程教育分站 13 家。黑龙江省知识产权局子平台注册总人数 16 530 人，连续三年被评为优秀子平台。全年共培训各类人员超过 2 万人次。黑龙江省知识产权人才库人才储备达到 100 名，其中国家知识产权人才 18 名。

(黑龙江省知识产权局)

商标工作

2017 年，黑龙江省工商局按照国家工商行政管理总局及省委省政府重点工作部署，深入实施商标品牌战略，进一步发挥职能作用，从提高注册商标总量、培育特色区域商标品牌、支持商标权资本化运用、宣传推广特色商标品牌、强化商标专用权保护等方面采取有效措施，商标工作取得显著成效。

一、进一步提升商标注册便利化水平

充分发挥哈尔滨商标受理窗口的作用，积极申请在齐齐哈尔、牡丹江设立商标受理窗口，指导商标受理窗口提高服务水平、完善服务设施，进一步提升商标注册便利化水平。

充分发挥国家工商行政管理总局商标局商标专用权质权登记黑龙江受理点的作用，认真做好注册商标专用权质权登记申请受理、初审转报及发证等工作。积极研究支持促进黑龙江省商标专用权质押贷款、拓宽企业融资渠道的政策措施。2017年共受理商标专用权质权登记申请9件，质押融资金额1.28亿元。

修改完善商标注册建议书、商标规范使用提示书、商标违规使用警示书、商标维权保护联络书等行政指导文书，通过各地登记窗口、商标受理窗口、品牌指导站向市场主体发放，引导市场主体积极注册商标。

2017年全省共申请注册商标6.01万件、新注册商标3.19万件，与2016年同期相比分别增长42.78%、29.42%；注册商标总量达到16.46万件，与2016年底相比增长了21.32%。

二、进一步强化地理标志商标的培育与运用

围绕商标品牌促进经济增长的着力点，撰写了《以发展地理标志为具体抓手着力培育新的经济增长点》的报告，分析省内地理标志现状，提出提高地理标志商标注册总量、加强地理标志商标管理、增强地理标志产品供给能力、强化地理标志产品营销、坚决打击侵犯地理标志合法权益的违法行为的政策建议。

全省各级工商和市场监管部门充分发掘本地优势资源，有46件地理标志纳入了2017年地理标志商标培育名录，并建立了培育档案，设定了培育目标和培育规划。2017年全省共新注册地理标志商标13件，全省地理标志商标总量达到72件。

全省各级工商和市场监管部门充分发挥行政指导服务职能作用，针对本辖区重点农产品或地理标志商标企业在商标运用中存在的突出问题，指导和促使企业发挥商标品牌建设的主体作用，提高商标品牌运用能力和水平。编制印发《地理标志注册使用保护指南》，进一步提高本省地理标志商标注册人运用、管理和保护地理标志商标的意识和能力。

与省内媒体联合制作《龙江名物志》栏目，以纪实报道、专题访谈、公益宣传等方式宣传地理标志商标文化、历史传承、产品品质优势，充分展示省内特色商标品牌的特点及文化内涵。组织哈尔滨、齐齐哈尔、牡丹江、鸡西、伊春、黑河、省垦区等地50余件特色商标参加2017中国国际商标品牌节，有力提升省内农产品品牌形象和影响力。

三、进一步加大商标专用权保护力度

组织开展打击商标侵权“溯源”专项行动，全省工商和市场监管部门对辖区内重点商标权利人及企业进行走访、座谈，了解商标权保护情况，全方位收集商标侵权案件线索。

以驰名商标、地理标志、涉外商标、老字号商标及省内特色产业商标为重点，加大商标专用权保护力度，严厉打击侵犯商标专用权违法行为。哈尔滨市市场监管局先后开展了“帽儿山”“哈肉联”“秋林·里道斯”等商标专项执法行动。加强对“LV”“惠普”“阿迪达斯”“耐克”“五粮液”“贵州茅台酒”等国内外知名品牌商标专用权的保护力度，取得了良好效果。

印发了《黑龙江省工商行政管理局关于加强老字号保护工作的通知》，围绕老字

号保护，从深入开展调研、加强品牌培育和宣传推广、加大保护力度、建立长效保护机制等方面进行部署，深入推进老字号商标品牌建设。

健全商标案件线索投诉办理制度，认真做好商标案件线索自办、转办、督办工作。2017年全省工商和市场监管系统共查处商标侵权违法案件152件，案值156.92万元，罚没款210.12万元；移送司法机关5件，涉案金额157万元。

（国家知识产权局商标局综合处）

版权工作

一、软件正版化工作

制定《黑龙江省2017年推进使用正版软件工作实施方案》，并以省政府名义报国务院，及时将方案有关精神下发各市（地）人民政府，对软件正版化工作进行了总体部署。并拓展工作成果，组织督促检查，开展考核评议。

二、版权执法工作

（一）打击网络侵权盗版"剑网行动"

制定了《开展打击网络侵权盗版专项治理"剑网2017"工作方案》。密切与工信、网信、公安部门及电信公司的协调与合作，建立了重大信息互通共享机制。

在"剑网行动"期间，组织各地著作权行政管理部门根据本地区的网络分布情况，制定工作方案，紧紧抓住监管重点，变被动查办侵权投诉案件为主动监管；加强与网络视频企业的合作，严厉打击私人影院非法传播影视、音乐等作品的侵权行为。

（二）打击侵犯知识产权和制售假冒伪劣商品专项行动

2017年，全省各级版权行政管理部门加强对出版物市场的监管执法，共查缴侵权盗版出版物8657件，对10起自媒体、出版物市场、软件等侵权盗版案件予以行政处罚。

三、推进版权示范单位和示范园区建设

评选出哈尔滨双创网络众创空间为2017年省级版权示范园区（基地）；黑龙江省教育出版社有限公司等18家单位为省级版权示范单位，形成以点带面、竞相创新的版权产业发展新格局。

四、宣传工作

制定《关于做好2017年黑龙江省知识产权宣传周版权宣传活动的通知》，组织全省各地开展形式多样的"4·26知识产权宣传周"活动。

五、组织北京国际图书博览会参展工作

组织全省13家图书出版单位参加第二十四届北京国际图书博览会。展会期间，共展出出版物近1100种，展示了黑龙江新闻出版业的最新成果。

六、调解各种版权纠纷

积极调解各类著作权侵权纠纷，对群众诉省内出版单位纠纷进行调解，双方对调解结果满意；组织相关人员鉴定出版物161种，其中侵权盗版107种。

（黑龙江省版权局）

司法工作

2017年，黑龙江省各级法院充分发挥人民法院在知识产权司法保护中的主导作用，完善知识产权诉讼制度，不断提高知识产权审判质量效率，切实履行好审判职责。

一、依法履行职责，切实抓好执法办案

2017年，黑龙江省两级法院共审理知识产权一审案件560件（含旧存26件），其中著作权纠纷233件，商标纠纷184件，专利纠纷59件，技术合同纠纷22件，植物新

品种纠纷5件，其他纠纷57件，共审结526件，结案率为93.9%，其中调解撤诉283件，调撤率为53.8%；知识产权二审案件107件，其中著作权纠纷45件，商标纠纷28件，专利纠纷16件，技术合同纠纷5件，植物新品种纠纷2件，其他纠纷11件，共审结107件，结案率为100%，其中发改案件23件，发改率为21.5%；调解撤诉24件，调撤率为22.4%。

在为地方经济发展提供司法保障方面，加强对涉“一带一路”知识产权案件及涉农业机械专利产品、植物新品种及品牌商标等案件的司法保护，加大对侵犯知识产权行为的打击力度。以充分实现知识产权的市场价值为指引，妥善审理涉及黑龙江省特色农业、畜牧业、林业产业和绿色产品产业发展的品牌商标的保护，及涉农业机械专利产品、植物新品种等知识产权侵权案件，合理确定损害赔偿额度，对于重复侵权、恶意侵权等侵权行为，依法适用惩罚性赔偿原则确定赔偿数额，加大侵权成本。

二、加大司法宣传力度，充分展示知识产权司法保护新成果

(一)紧抓“3·15国际消费者权益日”契机，提高消费者知识产权维权意识

在“3·15国际消费者权益日”，公开审理了两起小米科技有限责任公司与某大型超市侵害“MI”注册商标权纠纷，合议庭特地邀请了部分商家代表旁听了庭审，并在庭审中向经营者及商家代表讲解了相关法律规定，释法解疑与法制宣传同步进行，使经营者与商家代表都进一步了解了侵害知识产权应当承担的法律责任，明确了诚信经营及规范经营行为的必要，共同提升消费者和经营者的知识产权保护意识。

(二)围绕“4·26世界知识产权日”开展一系列的司法宣传活动

一是召开全省法院知识产权审判工作情况新闻发布会，通报2016年度全省法院知识产权审判工作情况，发布2016年度全省知识产权司法保护十大典型案例和知识产权保护白皮书。二是召开“创新驱动发展战略下的企业知识产权司法保护”座谈会，就司法实践中与企业发展战略相关的知识产权问题与多家知名企业代表进行了交流。三是积极履行省知识产权战略制定和实施工作领导小组成员职责，参加全省知识产权保护状况新闻发布会，介绍了全省知识产权案件的审理情况。四是在“4·26”期间公开审理了一起侵害实用新型专利权纠纷案件。五是举办第六届黑龙江知识产权司法保护论坛，邀请行政机关、高校、科研机构等单位从事知识产权法学研究的专家、学者围绕“植物新品种侵权判定及赔偿规则”“建立知识产权多元化纠纷解决机制”等主题，结合黑龙江省经济社会发展及知识产权审判实际进行了座谈交流。

(三)通过审判实践挖掘维权难的原因，适时向企业发出司法建议，指导企业维权

注重通过个案分析查找知识产权权利人权利保护及维权中出现的问题并挖掘深层次的原因。

三、切实强化调研指导，促进知识产权司法保护尺度统一

一是积极协助完成最高院调研任务，加强疑难案件沟通，先后完成《最高院关于商标法司法解释征求意见》《最高院侵犯商业秘密相关案件统计》等统计调研工作，针对审判工作中的新型、疑难案件及时上报。二是加强对下级法院的指导，统一全省裁判尺度。起草并下发《2015—2016年度全省法院知识产权、涉外商事案件年度报告》。完成《黑龙江法院审判参考丛书：知识产权纠纷》丛书分册的编写工作，积极将审判经验转化为研究成果。三是积极配合黑龙江省其他政府职能部门完成相关调研任务。参加省政府组织的研究部署开展知识产权战略实施十年评估工作；参与省知识产权局举办的《黑龙江省知识产权保护和运用“十三五”规划》政策解读新闻发布会并答记者问；与贸促会联合下发《关于建立商事纠纷诉调对接工作机制的实施意见》；根据《国家知识产权战略纲要》十年评估工作的要求，完成省知识产权战略制定和领导办公室的数据统计及调研。四是根据黑龙江省知识产权审判的基本情况，调整管辖布局，配齐配强审判人员，进一步加强调研指导，继续深入推进知识产权“三合一”审判机制改革工作。

四、抓好队伍建设，切实提升素质能力

一是加强思想政治建设。号召全省各级法院知识产权审判人员深刻学习和领会习近平总书记“7·26”系列讲话及在中国共产党第十九次全国代表大会上的讲话精神，努力提高政治意识、大局意识。二是加强廉政教育建设。三是加强业务学习。

（黑龙江省高级人民法院知识产权审判庭）

检察工作

按照最高人民检察院侦查监督厅和黑龙江省打击侵犯知识产权和制售假冒伪劣商品工作领导小组的统一部署，全省检察机关认真履行检察职能，充分发挥法律监督职责，积极参与专项行动，依法做好打击侵犯知识产权和制售假冒伪劣商品犯罪工作。

一、提升思想认识，确保工作成效

为了全面贯彻落实最高人民检察院侦查监督厅和黑龙江省打击侵犯知识产权和制售假冒伪劣商品工作领导小组的精神，黑龙江省人民检察院要求全省各级检察机关一定要从维护经济社会健康发展的战略高度，充分认识开展打击侵犯知识产权和制售假冒伪劣产品专项行动的重大意义，坚决把思想和认识统一到最高人民检察院及省委、省政府的领导和部署上，进一步树立政治意识、大局意识，切实增强责任感，将开展打击侵犯知识产权和制售假冒伪劣商品专项行动作为黑龙江省各级检察机关的重要任务摆上突出位置，在各级党委、政府的组织下充分发挥法律监督职能，确保专项活动取得实效。

二、加强组织领导，统筹进行部署

为将检察机关开展专项行动的工作引向深入，黑龙江省人民检察院确定了以下工作重点：一是加大对侵犯知识产权和制售假冒伪劣商品犯罪的打击力度，依法及时批捕、起诉严重侵犯知识产权和制售假冒伪劣商品的犯罪案件，保持对侵犯知识产权和制售假冒伪劣商品行为的高压态势。二是充分发挥监督职能，将打击侵犯知识产权犯罪和制售假冒伪劣商品专项行动与最高人民检察院开展的“危害食品药品安全犯罪专项立案监督活动”结合起来，切实加强对行政执法机关移送涉嫌犯罪案件的监督。三是加强调查研究，结合执法办案，发现打击侵权假冒违法犯罪的新规律、新特点，深入分析研判，找准工作的切入点和着力点，积极完善打击侵权假冒工作的长效机制。四是加强统筹，做到与检察工作同规划、同部署、同检查、同落实，抓好战线管理，加强对下指导，充分发挥检察机关职能作用，积极配合牵头部门按领导小组的要求完成专项活动规定的各项工作。

三、立足检察职能，打击相关犯罪

全省检察机关始终将案件查办工作作为各项工作的重中之重，依法、公正、高效审查批捕、起诉侵犯知识产权和制售假冒伪劣商品相关的犯罪案件，有效发挥刑事诉讼惩治和震慑的功能。2017 年 1 月至 12 月，全省检察机关共批准逮捕 33 件 53 人；提起公诉 44 件 81 人。

四、突出监督重点，深入开展专项

为进一步巩固 2016 年专项监督活动

的成果，积极回应人民群众期待，黑龙江省检察机关认真履行法律监督职责，按照最高人民检察院的部署要求，切实提升工作站位，将开展好“危害食品药品安全犯罪专项立案监督活动”作为服务“五位一体”发展战略，推进健康中国建设，保护人民群众切身利益的重要载体，切实从聚焦大局、服务大局、保障大局的高度，增强政治责任感，并结合本地实际，全力推进实施。

（最高人民检察院侦查监督厅）

上海市

专利工作

2017年，上海市深入实施知识产权战略，大力加强知识产权创造、运用和保护，加快培育知识产权发展新动能。

一、知识产权创造数量质量稳步提升

全年专利申请量131 746件，同比增长17.2%，专利授权量72 806件，同比增长10.4%；每万人口发明专利拥有量41.5件。新增注册商标19.1万件，同比增长21%；有效注册商标总量88.8万件，同比增长23.7%。作品版权登记数234 658件，同比增长8%。

二、知识产权宏观管理举措日益完备

中国（浦东）知识产权保护中心成立，聚焦高端装备制造、生物医药两大产业，开展知识产权快速审查、快速确权、快速维权等协同保护工作。国家工商行政管理总局商标局上海（徐汇）商标受理窗口、上海商标审查协作中心相继设立，徐汇公证处知识产权公证法律服务中心揭牌成立。上海市政府与国家工商行政管理总局签署《关于大力实施商标品牌战略的合作协议》。全市13个区建立知识产权纠纷人民调解委员会。

三、知识产权运用助推企业产业加快发展

全年国家知识产权局专利局上海代办处办理专利权质押融资62笔，融资额折合人民币6.6亿元；57家企业办理专利保险，保费额57.8万元，投保额2508万元。完成专利实施许可合同备案72件，涉及合同金额3.61亿元，同比增长59%；完成全市专利技术合同认定33项，涉及合同成交金额3.28亿元，同比增长162%。全年国家知识产权优势企业、示范企业分别新增10家、6家，新增“国家知识产权示范园区”2个。新增“全国版权示范单位”2家和“全国版权示范单位（软件正版化）”1家。

四、知识产权服务体系建设持续发展

上海知识产权交易中心挂牌成立，以“政府引导、资本参与、市场运作”为运营模式的知识产权交易平台应运而生。全年上海新增专利代理机构16家和执业专利代理人132名，迄今全市共有专利代理机构133家、执业专利代理人1169名以及商标代理机构1129家。全年上海市知识产权公共服务平台访问量96 182人次，全国注册用户新增446家，处理国内外专利数据280余万条，企业依托平台自主建立网上专题数据库新增86个。

五、严格知识产权保护工作坚定有力

2017年，上海法院受理各类知识产权案件15 809件，审结15 715件，同比分别增加40.76%和38.47%。上海检察机关共受理涉嫌侵犯知识产权审查逮捕案件146件241人，批准逮捕91件139人；受理侵犯知识产权犯罪审查起诉案件210件

388 人，审结起诉 172 件 268 人。上海公安机关共立侵犯知识产权犯罪案件 395 起，破案 280 起，抓获犯罪嫌疑人 575 人。上海专利管理部门全年开展 34 次执法检查，涉及商业单位 68 家以及专利商品 800 余件；立案审理各类专利案件 314 件；派员 372 人次入驻 46 个大型国际展览会，现场处理专利侵权纠纷投诉 238 件；在全市商业系统的 283 家单位 4000 余个门店持续开展“销售真牌真品，保护知识产权”承诺活动。上海工商和市场监管部门立案查处商标侵权违法案件 1254 件，没收各类商标侵权商品和标识 16.77 万件（只），罚款 909.77 万元，移送涉嫌商标犯罪案件 22 件。上海文化执法部门检查各类文化经营场所 1.7 万家次，查处和取缔相关无证经营场所 198 处，收缴盗版图书、非法音像制品等近 35 万件，立案处罚 334 起。城管执法部门处置涉及侵犯知识产权案件 55 起，查扣盗版图书、非法音像制品等 4375 件。上海海关查获侵犯知识产权案件 308 起，涉案侵权货物 1670 万件，案值合计 2.19 亿元。全年上海知识产权仲裁院、上海国际经济贸易仲裁委员会（上海国际仲裁中心）分别仲裁知识产权争议案 184 件和 40 件。

（上海市知识产权局）

商标工作

2017 年，在上海市委、市政府的正确领导和国家工商行政管理总局的业务指导支持下，上海市工商局深入实施商标品牌战略，加大商标监管保护力度，积极服务上海自贸试验区和科技创新中心建设，努力推动上海品牌经济发展，为上海商标品牌健康发展营造了良好的市场环境。

一、商标注册便利化改革取得突破性成果

上海市以服从和服务国家战略为宗旨，积极参与国家工商行政管理总局商标注册便利化改革，争取国家工商行政管理总局各项试点在沪落地。2017 年 3 月 1 日，国家工商行政管理总局商标局上海（徐汇）商标受理窗口在徐汇区行政服务中心设立，进一步打通企业创业创新全链条。2017 年 9 月 29 日，上海商标审查协作中心正式落户徐汇区，至此国内商标的申请、审查和马德里商标国际注册等业务都能在上海办理，上海的企业真正实现“足不出沪”即可办理国内外商标注册业务。截至 2017 年底，上海商标审查协作中心累计受理国内商标注册申请 2101 件、国际商标对外注册申请 5 件，累计完成商标注册实质审查 173 859 件；徐汇商标注册受理窗口累计受理商标注册申请 4785 件；徐汇商标质押受理窗口累计完成商标质押申请 16 件，企业获得质押融资金额 8200 万元。

二、商标品牌战略实施取得明显进展

2017 年 9 月 29 日，上海市政府与国家工商行政管理总局共同签署了《关于大力实施商标品牌战略的合作协议》。这是自 2017 年 5 月《工商总局关于深入实施商标品牌战略推进中国品牌建设的意见》印发后，首个关于实施商标品牌战略的部市合作协议，充分体现了上海市对商标品牌战略实施的高度重视和工商总局对上海商标品牌工作的大力支持。2017 年 6 月 29 日至 7 月 1 日第三届中国商标金奖颁奖大会和第八届世界地理标志大会在扬州举办。锦江国际（集团）有限公司被授予中国商标金奖——商标运用奖，上海联影医疗科技有限公司被授予中国商标金奖——马德里商标国际注册特别奖，上海市普陀区市场监管局获得中国商标金奖——商标保护奖（提名）。上海选送了嘉定“马陆葡萄”和“嘉定竹刻”两个地理标志产品参加世界地理标志大会。

三、商标品牌维权保护取得新成绩

重点加强对“迪士尼”“老凤祥”“喜茶”

等高知名度商标的保护，受到商标权利人的赞扬，在社会上引起良好反响。加强区域执法协作，参加“苏浙沪皖工商局商标行政执法区域协作会议”；开展云剑联盟行动，推进互联网领域的跨部门跨地区协作；开展“溯源”专项行动打击跨地区商标侵权行为。在上海开展了保护外地“大光明”眼镜商标的专项行动，并向工商总局提供本市企业商标跨省被侵权的案件线索 11 件，帮助上海及外地企业加强商标维权。2017 年，上海市各级工商部门共查处商标违法案件 1254 件，比上年案件数略有上升；罚款 909.77 万元，上升 9.84％；罚款 10 万元以上案件 17 件，上升 13.3％；没收各类侵权商标标识和商品共计 16.77 万件（只）；收缴主要用于制造商标侵权商品和标识的模具印版等工具 281 件；移送涉嫌商标犯罪案件 22 件，上升 37.5％。

四、商标品牌宣传服务取得好效果

上海市工商局召开“中国（上海）自贸试验区商标保护工作座谈会”，探讨研究适合上海自贸区创新发展的商标监管体制和模式；与世界知识产权组织联合举办企业商标国际战略培训会，围绕品牌国际化与知识产权海外保护经验、知识产权组织的全球服务等展开培训，增强企业“走出去”的意识和能力；与美国新百伦公司、法国爱马仕公司、历峰集团等六家公司共同召开涉外高知名度商标商品真伪鉴别培训会，提升基层商标执法水平，更好地维护商标权利人利益；与移动电视联合制作 8 集 6 个主题的对话商标系列宣传片，在公共场所和交通站点通过多种形式进行了 2000 多万人次/天的播放。市工商局建成“上海商标历史文化走廊”并编印相应图集，运用丰富的史料展示上海商标的历史文化和发展保护成果，营造良好的商标法制宣传氛围。

（国家知识产权局商标局综合处）

版权工作

2017 年，上海市版权局紧紧围绕上海国际文化大都市和科创中心建设，进一步加大版权保护力度，营造良好版权发展环境，各项工作取得新进展。

一、以长效管理为重点，继续发挥市软件正版化工作领导机制作用，政府机关与企业使用正版软件工作推进有力

（一）强化组织领导，完善长效管理机制

要求各级政府机关进一步完善软件正版化工作责任制度，建立健全软件正版化工作责任人数据库，明确本市各级政府机关软件正版化工作责任部门和责任人，及时更新各级政府机关软件正版化工作责任人信息。

（二）加强日常管理，深化考核机制

上海市“使用正版软件工作领导小组”要求各级政府机关建立软件资产管理台账、签订个人承诺书、与公务员绩效考核挂钩等方式，对政府机关工作人员使用软件进行管理约束，有效遏制了私自安装并使用盗版软件的现象，确保正版软件资产来源清晰、使用合法、流转有序。

（三）加强督查，巩固工作成果

2017 年 9 月，上海市“使用正版软件工作领导小组”办公室对全市 116 家市级政府机关和 16 个区级政府机关进行全覆盖督查，根据督查和评议情况，要求被督查单位在规定期限内做好整改工作。

（四）积极使用国家版权监管平台，按时保质完成上级交办的任务

积极协调并指导上海市“软件正版化工作领导小组”成员单位，按时完成了年度报告报送工作。

二、以开展“剑网行动”为抓手，继续发挥版权保护综合治理机制作用，做好版权主动监管与执法协调指导工作

（一）以大要案查处为目标，继续加大网络版权执法协调力度

与上海市人民检察院、文化执法部门建立工作协作机制，有效推进两法衔接；与文化执法、公安、检察院等执法部门加强协作，推进案件查处。“剑网行动”期间，全市共查处网络侵权盗版刑事案件12起（其中5起案件已判决），以上案件中，李某某等人侵犯日本万代公司动漫玩具著作权案、郑某某等人侵犯网络游戏“航海王”著作权案等2起案件被国家版权局正式挂牌督办，卿某侵犯著作权案入选国家版权局、全国“扫黄打非”办联合发布的“2017年度全国打击侵权盗版十大案件”。上海市文化执法总队共办理版权行政处罚案件64件（其中侵犯信息网络传播权案件2件，侵犯计算机软件复制权案件62件），较2016年同比增长33.33%，累计罚款额达347万元，其中上海智器公司擅自通过信息网络向公众提供权利人文字作品案也入选国家版权局、全国“扫黄打非”办联合发布的“2017年度全国打击侵权盗版十大案件”。另外，为进一步扩大案源，上海市版权局还通过网络版权监测平台，通过技术手段搜集各类侵权线索，并向执法部门移送共计10起重大版权侵权线索。

（二）以深挖重大侵权线索为突破，有效开展网络版权主动监管

“剑网行动”期间，为进一步深挖侵权线索，有效扩大案源，上海市版权局网络版权监测平台重点采取了多项举措，累计监测作品接近190万个，其中专项行动重点整治的新闻作品超过177万篇、影视剧作品共70部；针对监测作品累计发现盗版侵权资源185.08万条，已下线173万条，总体下线率93.47%；影视剧作品和新闻作品下线率较高，均在94%以上。平台已累计发布4期监测分析报告。上海市版权局对监测到的侵权线索进行梳理并向相关执法部门移送侵权线索10起。

三、完善版权工作大格局，不断提高公共服务能力

（一）作品登记工作有序开展

2017年，上海市版权局共完成作品著作权登记234 658件，较2016年增长8.01%。

（二）软件著作权登记资助工作妥善处理

按照财政部《关于清理规范一批行政事业性收费有关政策的通知》（财税〔2017〕20号）要求，中国版权保护中心自2017年4月1日起停止执收软件著作权登记费，根据政策调整，市版权局决定停止软件著作权登记资助工作，并做好后续的通知、安抚和拨款工作，尽量维护权利人的合法权益，力求政策平稳过渡。

四、以争先创优为抓手，持续推动版权产业繁荣发展

（一）继续推进版权示范创建培育工作

2017年有12家单位（园区）获评上海版权示范单位、示范园区（基地）。在此基础上，积极培育、支持和鼓励多家有条件的单位和园区（基地）申报“中国最具影响力版权企业”和“全国版权示范单位和示范园区（基地）”。

（二）以资金申报为契机，积极引导产业发展

完成2017年度新闻出版专项资金（版权）评选工作，共资助了7家单位的9个项目，扶持资金达410万。

（三）继续开展版权“走出去”优秀项目评选工作

继2016年26个项目获上海市版权“走出去”扶持资金95万元资助后，2017年又有

14 家单位 30 个项目获资助金额 115 万元。

(四)稳步推进国家版权贸易基地的建设

继续支持国家版权贸易基地举办版权特色展会——2017 中国(上海)自由贸易试验区文化授权交易会,为文化内容创新与版权权利受让融合发展提供专业对接平台。

(五)上海出版物对外版权贸易高速增长

2017 年,上海共引进图书版权 1770 种,录音制品 112 种,录像制品 115 种,电子出版物 254 种。共输出图书版权 444 种,电子出版物 572 种。与 2016 年相比,图书版权引进增加了 431 种,同比上升 32.2%;图书版权输出增加了 264 项,同比上升了 146.7%。电子出版物引进增加了 225 种,是 2016 年的 8.8 倍,电子出版物输出增加了 569 种,是 2016 年的 190.7 倍,版权贸易数量整体有了较大增幅。

五、加强立法调研,做好宣传培训,积极营造版权保护良好氛围

(一)迎接全国人大常委会来沪著作权执法检查,积极配合做好调研工作

2017 年 6 月 19 日至 21 日,全国人大常委会著作权法执法检查组来沪开展执法检查。在沪期间,检查组一行先后赴上海知识产权法院、上海电影博物馆、上海市文化市场行政执法总队、世纪出版集团、上海自贸区国家版权贸易基地、阅文集团等机构和单位进行执法检查和调研座谈。6 月 19 日,执法检查组召开汇报会,听取市政府有关负责人汇报上海市贯彻实施《著作权法》的有关情况。

(二)问题导向,注重实效,行业突破,做好版权专题培训工作

2017 年 5 月 9 日至 12 日,全国第一期版权执法监管及软件正版化工作培训班在上海召开。本期培训班主要围绕版权法律法规、版权行政执法实务、软件正版化相关法律法规政策解读、国家软件正版化工作平台操作等内容开展重点培训。上海市版权局精心组织本市相关版权执法部门、软件正版化相关单位负责人共近 100 人参加了培训,效果良好。

(三)以案说法,提高版权社会认知度,积极营造良好版权保护氛围

为进一步加大版权保护宣传力度,2017 年 4 月,上海市版权局开展 2016 年度“上海版权保护十大典型案件”评选及发布活动,并专门编写印制了《上海 2016 年度十大版权典型案例》宣传手册,结合“4·26 世界知识产权日”宣传活动周,向有关单位与市民免费发放,有效普及版权基本知识,取得良好反响。

(四)开展版权保护评优评先推荐工作,树立正面典型,积极扩大版权保护社会影响力

2017 年上半年,上海市版权局顺利完成 2016 年度全国查处侵权盗版案件有功单位及有功个人组织推荐及颁奖工作。共有 22 家单位和 13 名个人获国家版权局表彰。“echo 回声”APP 侵犯音乐作品信息网络传播权案、吴某某侵犯网络游戏著作权案等两起案件被国家版权局评为 2016 年度“全国十大版权典型案件”。

(五)继续推进版权产业报告撰写工作

上海市版权局积极协调上海市统计局、上海海关、中国外汇管理局上海市分局等单位,完成《版权产业报告(2015)》的有关撰写工作,并在《中国新闻出版广电报》《中国知识产权报》等媒体发布。按照《上海市新闻出版局调研课题管理暂行办法》有关规定,积极推进《上海版权产业统计报告(2016)》《上海版权产业分析报告(2016)》撰写工作。

（六）增进互信，提升形象，积极开展版权对外合作交流

2017 年 6 月，在上海国际电影节期间，上海市版权局成功承办了世界知识产权组织（WIPO）和国家新闻出版广电总局（国家版权局）在沪举行的“保护创作者权利，推动文化和电影产业发展版权论坛”。

（上海市版权局）

司法工作

2017 年，上海法院扎实工作，开拓进取，知识产权审判工作取得了较好成效，充分发挥了司法保护知识产权的主导作用，为上海科创中心建设、自贸区建设提供了有力的司法服务和保障。

一、狠抓执法办案工作，充分发挥司法保护主导作用

（一）收结案数量大幅增加

2017 年，全市法院受理和审结各类知识产权案件数量大幅上升，共受理 15 809 件、审结 15 715 件，同比分别增长 40.76%和 38.47%。受理一审知识产权案件 14 191 件，审结 14 132 件，同比分别增长 41.97%和 40.29%。其中，受理一审知识产权民事案件 14 012 件、审结 13 961 件，同比分别增长 43.17%和 41.55%；一审刑事案件数量有所下降，受理一审知识产权刑事案件 164 件、审结 156 件，同比分别下降 7.87%和 12.85%；受理一审行政案件 15 件、审结 15 件，同比分别上升 150%和 114.29%。

（二）审判质效总体良好

全市法院知识产权庭在案件收结总量大幅增长的态势下，审判质效总体保持良好，同期结案率 99.41%；法官人均结案数 194 件，同比上升 19.75%；民事案件调撤率为 76.31%，同比上升 3.23%；一审案件服判息诉率 89.83%，同比上升 0.69%；审限内结案率 98.03%，同比上升 0.77%。

（三）审理了一批影响重大和新类型案件

一是大标的额案件。上海市高院指定上海知识产权法院管辖的红五新加坡私人有限公司诉联系有限公司、齐飞国际发展有限公司等著作权许可使用合同纠纷案诉讼标的额达 10 亿元。二是社会影响力较大的案件。如高院一审审结的上海高通半导体有限公司诉卡尔康公司商标侵权及不正当竞争纠纷案备受各界关注；浦东法院审理的捷豹路虎公司不服浦东市场监管局行政处罚决定及浦东新区政府行政复议决定一案，系全国首例涉自贸区不正当竞争行政诉讼案。三是新类型案件。主要有上海壮游信息科技有限公司与广州硕星信息科技有限公司等侵害著作权、商标权及不正当竞争纠纷案，系全国首例将角色扮演类网络游戏的整体画面认定为类电影作品进行整体保护的案件；浙江淘宝网络有限公司诉上海载和网络科技有限公司、载信软件（上海）有限公司不正当竞争纠纷案，系全国首例网购助手不正当竞争纠纷案。

（四）精品案例工作再创佳绩

“毕加索”商标独占使用重复授权商标使用许可合同纠纷案、维多利亚的秘密商店品牌管理公司诉上海麦司投资管理有限公司商标侵权及不正当竞争纠纷案入选《最高人民法院公报》案例。上海晨光文具股份有限公司与得力集团有限公司等侵害外观设计专利权纠纷案入选“2016 年中国法院知识产权司法保护十大案件”；广州市指南针会展服务有限公司、广州中唯企业管理咨询服务有限公司与优衣库商贸有限公司等侵害商标权纠纷案 3 件案件入选“2016 年中国法院知识产权司法保护 50 件典型案件”。上海耀宇文化传媒有限公司与广州斗鱼网络科技有限公司著作权侵权及不正当竞争纠纷案入选《人民法院报》“2016 年度人民法院十大民事行政案件”。上海牟乾广告有限公司不服上海市静安区市场监督管理局行政处罚决定上诉案行政判决被评为“上海法院 2017 年度十大优秀裁判文书”。

二、积极发挥司法职能，服务保障大局有力有效

(一)服务保障上海科创中心建设

一是精心审理技术类案件，在专利纠纷案件审理中探索依据被告侵权获利计算损害赔偿数额，加大侵权损害赔偿力度，严格保护知识产权。二是成立最高人民法院知识产权司法保障科技创新研究(上海)基地，基地与市法学会共同举办了首届知识产权司法保障科技创新研讨会。三是拓展“全国审判业务专家陈惠珍法官工作室”的服务覆盖区域，辐射全市高新技术产业园区，并成立“全国审判业务专家丁文联法官工作室”。

(二)服务保障自贸区建设

知识产权法院充分发挥涉自贸区知识产权案件专项合议庭作用，共受理相关案件 286 件，审结 259 件。浦东法院发布《加强知识产权司法保护、服务保障中国(上海)自由贸易试验区建设情况(2016 年 10 月至 2017 年 9 月)》白皮书，并召开第二届自贸区知识产权司法保护研讨会。

(三)服务保障上海国际贸易中心建设

为深入贯彻落实上海市政府《“十三五”时期上海国际贸易中心建设规划》，知识产权法院制定《上海知识产权法院为“十三五”时期上海国际贸易中心建设提供司法保障的若干意见》，积极推进自贸试验区制度创新，打造贸易制度环境新高地，为上海国际贸易中心建设提供更有力的司法服务和保障。

三、推进各项改革措施，不断优化知识产权审判体制机制

(一)深化“三合一”综合审判机制改革

上海市高院制定出台了《关于深入推进知识产权民事、行政和刑事案件审判“三合一”工作的意见》，高院会同市公安局、市检察院制定了《关于指定上海市黄浦区人民法院管辖长宁区辖区内知识产权刑事案件的规定》，将知识产权刑事案件跨区划片集中指定管辖落实到位。

(二)推进多元纠纷解决机制建设

知识产权法院及六家设置知识产权庭的基层法院开展或对接了知识产权纠纷多元化调解机制，并探索形成了各自特色的工作模式。

(三)完善多元化技术事实查明机制

制定出台了《技术调查官出庭规则》，平稳实现常驻技术调查官交流轮换，启动聘任制技术调查官招录工作。2017 年，技术调查官共参与案件 67 件，出庭 91 次，出具技术调查意见书 16 份，参与保全、咨询等 212 次。

(四)推进知识产权审判司法智库建设

成立了上海司法智库学会知识产权研究分会，首批聘请四位专家学者担任分会顾问，并就推动智库建设与提升知识产权司法保护水平和影响力进行了专家座谈。举办专家讲堂，由华为技术公司的专家就“大数据及云计算”为全市知识产权法官进行授课。

(五)以信息化建设助推审判水平提升

参与“上海民商事、行政案件智能辅助办案系统”研发，就侵害信息网络传播权纠纷和计算机软件开发合同纠纷两类案由探索人工智能辅助办案，目前已完成系统需求调研。探索采用远程视频方式开庭审理案件、组织技术鉴定等，提高案件审理效率，节约诉讼成本。

四、深化调研指导工作，促进适法统一

(一)开展学术研讨

针对知识产权审判中出现的新情况、

新问题，高院会同知识产权法院、浦东法院、杨浦法院分别组织召开了“特许经营纠纷相关法律问题研讨会”“知识产权刑事问题研究”和“体育赛事直播法律问题研讨会”三个全国性专业研讨会，为相关案件审理提供指引。浦东法院承办了最高法院“互联网知识产权司法保护案例座谈会”。

（二）统一裁判规则

在“商标多重许可中的法律问题”“涉深层链接的著作权侵权问题”和“特许经营纠纷相关法律问题”三个研讨会的基础上，高院民三庭起草了三份指导性文件，推进研讨会成果转化，统一裁判规则。其中《关于涉链接的信息网络传播权纠纷若干问题的解答》已下发全市，另两个文件目前在征求意见中。知识产权法院形成了《关于特许经营合同纠纷若干疑难问题的研究》专项报告，制定出台《侵害商业秘密纠纷审理指引》。

（三）加强审判调研

完成全市法院重点调研招标课题《我国知识产权刑法保护的反思与重构》，另两项报批调研课题被评为 2017 年上海法院优秀调研课题。翻译出版《最高人民法院知识产权案件年度报告（2008—2015）》；参与撰写《中国知识产权司法保护纲要》；参与编写《〈民法总则〉司法适用与审判实务》一书；完成最高人民法院组织编写的“裁判的思维”系列丛书之《知识产权法》中“程序性案件”部分的撰写、《中国审判大词典》中知识产权审判词条撰写。

五、加强国际交流和司法宣传工作，提升知识产权审判影响力

（一）深化知识产权司法保护国际交流

2017 年 12 月第十四届上海知识产权国际论坛期间，中国法院知识产权司法保护国际交流（上海）基地、世界知识产权组织中国办事处共同举办了“知识产权（司法）保护国际交流与争端解决机制”国际论坛。

（二）加大司法宣传力度

在第 17 个“4·26 世界知识产权日”期间，高院召开知识产权司法保护新闻发布会，发布《2016 年上海法院知识产权审判》白皮书（首次采用中英文版）和“2016 年上海法院知识产权司法保护十大案件”；知识产权法院、浦东法院、闵行法院和黄浦法院分别发布知识产权审判白皮书（专项审判白皮书）及典型案例。全市法院通过电视、网络、微信、微博等新媒体手段共直播庭审 18 起案件，集中公开宣判 20 起案件；中央电视台、《人民法院报》《中国知识产权报》《法制日报》《民主与法制》、中新社、中央人民广播电台等媒体对上海知识产权审判工作及典型案例进行宣传报道。全市法院还通过走访、座谈、模拟法庭、讲座等形式积极延伸审判职能，服务区域创新发展。

六、抓好队伍建设，打造高素质审判队伍

（一）加强队伍思想政治建设

深入开展“两学一做”专题教育，学习贯彻中共十九大精神，开展集中学习与交流。牢固树立“四个意识”，增强“四个自信”。加强司法廉洁教育，认真落实党风廉政建设主体责任和监督责任，严格执行中央八项规定、《上海法官、检察官从严管理六条规定》等各项纪律制度。

（二）开展条线业务培训

为提升全市法院知产审判人员专业化审判能力，高院民三庭依托菜单式培训对全市法院知识产权审判人员进行了专题培训。

（上海市高级人民法院知识产权审判庭）

检察工作

上海市检察机关紧紧立足法律监督职能，坚持以执法办案为中心，强化监督，依法办案，切实以监督的成果来体现工作成效。2017 年，上海市检察机关受理侵犯知识产权审查逮捕案件146件241人，逮捕91件139人，起诉172件268人。

召开“加强知识产权保护 助推上海科创中心建设”座谈会。上海市人民检察院与中国外商投资企业协会优质品牌保护委员会共同举办这一座谈会，邀请上海市16位跨国企业代表与全市金融检察部门负责人就检察机关如何深入服务保障科创中心建设、知识产权刑事司法保护相关热点、难点问题展开交流。

上海检察机关服务保障科创中心建设统一平台启动上线。此平台是上海检察机关的一个大胆探索，将检察职能与科技创新深入融合。平台服务形式为集中与分散相结合、线上线下同步推进，通过完善专业化科创检察保护机制，打造线上科创检察平台，以及在上海科创重要承载区设立检察官办公室，将司法保护延伸至科创最前沿。目前与平台运转相关的浦东区、徐汇区、杨浦区、闵行区、嘉定区人民检察院已逐步开展具体法律服务保障工作，其中浦东区人民检察院、徐汇区人民检察院已经在科创重要承载区设立了检察官办公室，杨浦区人民检察院成立了创新创业司法服务基地。

推动知识产权案件权利义务告知工作。为了进一步提升知识产权刑事办案专业化水平，依法保障知识产权权利人的程序性权利，全市金融检察部门在一审公诉侵犯知识产权犯罪案件的审查起诉节点启用《知识产权刑事案件被害人（单位）诉讼权利义务告知书（审查起诉阶段）》（中英文版本），对被害知识产权权利人进行告知，英文版本可作为参考向外国知识产权被害权利人提供，正式签署文本须为中文版本。

典型案件频获表彰。普陀区人民检察院公诉科获得国家版权局2016年度“查处侵权盗版案件有功单位”一等奖，上海市检察院金融处获得二等奖，嘉定区人民检察院公诉科、浦东新区人民检察院公诉二处、杨浦区人民检察院金融科获得三等奖，长宁区人民检察院公诉科沈畅同志获得“查处侵权盗版案件有功个人”二等奖。普陀区人民检察院办理的“吴华刚侵犯著作权案”被评为2016年度全国打击侵权盗版十大案件。虹口区人民检察院办理的“沈澄等销售假冒注册商标的商品案”获得最高人民检察院2016年度中国检察机关保护知识产权十大典型案例。督促移送法欣食品（上海）有限公司生产销售伪劣商品案，闵行区人民检察院督促移送的许洪芳等8人污染环境案被最高人民检察院评为全国检察机关两个专项立案监督活动优秀案件。另有多起案件入选2016年度上海知识产权十大典型案件和上海版权十大典型案件。

上海市人民检察院获得全球反假冒机构（GACG）“2017年全球反假冒国家公共机构最高贡献奖”。这是GACG首次将最高贡献奖颁给地方司法机构，充分说明上海检察机关深入服务，保障科创中心建设，构建高标准国际化知识产权保护体系的工作获得了国际社会的认可。

探索建立知识产权两法衔接平台。上海市人民检察院三分院与上海市版权局、上海市文化执法总队共同搭建版权领域“两法”衔接平台，并签署工作协作备忘录，建立工作联络、协同研究、专家平台共享、人员培养培训等机制，形成工作合力。浦东新区院与该区知识产权局签订相关合作协议，启动知识产权行政执法和刑事司法工作平台建设，设立知识产权案件检察官办公室，拓宽检察监督线索来源。

积极参与社会治理，扩大专项活动效果。2017年以来，共通过网络、报纸、电视等媒体报道55篇次，“上海检察”微信平台宣传46次。“6·5世界环境日”，上海市人民检察院与市公安局、食药监局、环保局联合举办的新闻发布会，网易、看看新闻全程网络直播，1小时会程点击量超过10万，取得良好社会反响。

（最高人民检察院侦查监督厅）

江苏省

专利工作

2017年，江苏省知识产权局系统紧紧围绕建设“强富美高”新江苏和“五个迈上新台阶”的要求，坚持稳中求进工作总基调，以新发展理念为引领，狠抓工作落实，圆满完成了各项目标任务。

一、专利创造稳量提质取得实效

新批建省级高价值专利培育中心10家，总数达27家，前两批17家培育期间专利产出数量实现了翻番。加大对优质专利的奖励力度，省财政对96项第十九届中国专利奖优秀奖、10项省专利项目奖金奖、50项省专利优秀奖共给予2000万元的奖励。调整优化专利资助政策，突出质量导向，加大对高质量发明专利和PCT专利的资助力度。2017年，全省专利申请量514 402件，授权量227 187件，其中发明专利申请量187 005件，授权量41 518件；PCT专利申请量达到4590件，同比增长42.86%；万人发明专利拥有量达22.50件，增长22.22%。96项专利获第十九届中国专利奖优秀奖，10项专利获第十届江苏省专利项目金奖。

二、企业和产业知识产权工作持续深入

2017年新增2403家企业参与贯彻企业知识产权管理规范化国家标准，1423家企业通过认证和绩效评价，69家企业承担省级知识产权战略推进计划，144家国家知识产权示范和优势企业。战略性新兴产业集群管理试点工作持续深入，兴化特种合金材料及制品产业基地在国家验收中连续三年评分全国第一。6个国家级高新园区探索建设专利审查员实践基地，国家级专利导航试点单位达28家，全省知识产权密集型产业增加值占GDP的比重达32.1%。全省有专利申请的企业突破3万家，企业专利申请量、授权量占总量的比重分别达到70.04%和70.95%。

三、知识产权运营体系渐趋成熟

江苏国际知识产权运营交易中心投入运行，省重点产业知识产权运营基金正式签约运行，基金规模达10亿元。全国首家面向高校的中高知识产权运营交易平台落户江苏并上线运行。全省知识产权运营机构达到27家。江苏省知识产权局与中国银行、平安财险、省信用再担保集团等金融机构合作，探索建立“园区＋平台＋担保＋银行”的知识产权质押融资新模式，全省专利质押融资额达40亿元，比2016年翻了一番。

四、知识产权保护效能持续提升

省市县联动开展“双打”“护航”“雷霆”执法专项行动，全年受理专利案件8055起，其中侵权纠纷1674件；结案8106件，其中侵权纠纷1725件。中国（常州·机器人及智能硬件）知识产权保护中心正式投入运行，中国（南京）知识产权保护中心获批。全省维权援助机构总数达到63家，维权援助江苏中心进入司法鉴定机构名录，探索建立了知识产权仲裁机构。新增“正版正货”承诺企业265家、示范街区14家、示范行业协会4家，12家街区入选国家知识产权保护规范化市场及培育市场，8家电商平台建立知识产权监管机制。选取集成电路封测等10个技术领域开展了专利预警分析，对重大科技成果转化项目、高层次创新创业人才引进计划等重大经济科技活动进行了知识产权评议。

五、知识产权服务支撑更加坚实

印发《江苏省“十三五”知识产权服务业发展规划》，组织修订省专利代理机构星级评定办法、百件优秀发明专利申请文件评选办法，推动服务业稳步发展。全省新增专利代理机构35家，总数达367家，其中星级机构达到43家，执业专利代理人达到1150人。苏州国家知识产权服务业集聚发展示范区集聚效应显现，南京市江宁区获批国家知识产权服务业集聚发展试验区，省级知识产权服务业集聚发展区启动建设。国家专利审查协作江苏中心、国家专利局南京代办处和苏州分理处、省专利信息服务中心等服务机构快速发展，为区域创新发展提供了重要支撑。

六、知识产权培训宣传成效显著

印发《关于进一步加强新形势下高等学校知识产权工作的意见》；新增南京大学紫金知识产权研究中心等3家知识产权培训研究载体，全省总数达到20家；在南京理工大学知识产权学院建成知识产权创新实践中心实验室；开展首批20家中小学知识产权教育试点工作；联合团省委开展第一届江苏省大学生知识产权知识竞赛。全年培训知识产权工程师2315人、企业高级管理人员893人、专利代理人600余人。深入开展知识产权宣传，知识产权社会影响力显著提升；组织“知识产权18条”政策解读和宣讲，推动政策深入人心。

七、知识产权国际交流合作深入开展

配合国家知识产权局在苏州成功举办第八届中国—东盟知识产权局局长会议。与南京市政府共同举办第二届紫金知识产权国际峰会，创新组织形式，促成一批合作项目和载体平台落户江苏。成功举办第十四届中国(无锡)国际设计博览会、第四届太湖知识产权论坛、第五届三江知识产权国际论坛等国际性活动。与世界知识产权组织中国办事处、美国专利商标局、波兰专利局等开展高层互访。中欧、中美、中以、中德等知识产权国际合作载体建设顺利推进。

八、全面从严治党扎实推进

深入开展“旗帜鲜明讲政治”学习教育，推进“两学一做”学习教育常态化制度化，严格落实“三会一课”制度，规范党内政治生活。扎实开展“大走访”调研活动，形成《知识产权强省建设亟需持续发力》调研报告。建立与省纪委派驻纪检组工作对接机制，全面开展廉政风险排查和廉政文化教育，制定廉政风险白皮书，加强重点岗位、关键环节的廉政风险防控，确保知识产权事业始终沿着正确方向阔步前进。

（江苏省知识产权局）

商标工作

2017年，江苏省主动适应经济新常态，自觉践行发展新理念，紧紧围绕“两聚一高”发展方略，坚持改革创新，坚持发展与监管并重，全面提升商标品牌的创造、管理、培育、运用和保护能力。

一、重点做好顶层筹划，深入推进商标品牌战略实施

江苏省工商局围绕“两聚一高”目标，对接产业和区域品牌发展目标，起草《江苏省商标品牌战略三年行动计划》，制定加大高知名度商标培育力度等15项工作举措，进一步明确商标战略实施工作目标任务，不断提升商标品牌保护法治化和商标品牌服务体系化水平。

大力推进商标注册便利化改革，提升公共服务能力。经国家工商行政管理总局商标局批准，新设立无锡、常州商标注册受理点、注册商标专用权质权登记申请受理点。

截至2017年底，全省共有国内有效注册商标888 601件，同比增长19.89%。全省地理标志商标总数达 269 件，新增 16 件。2017 年，全省共新申请商标 352 736 件，同比增长 68.05%。全省共新增注册商标 159 474 件，同比增长 27.26%。

二、重点培育三类品牌，扎实推进商标品牌强省建设

(1)紧扣“创新”，培育制造业商标品牌。围绕先进制造业，实施高知名度商标培育计划，建立品牌培育梯队，实施精准扶持；加强品牌培育基地建设，以中国制造 2025 苏南城市群为重点，依托全省各地特色产业集群，突出抓好 41 家省产业集群品牌培育基地建设；开展商标品牌战略指导服务，打造区域品牌，孵化催生企业品牌，认定 13 家省产业集群品牌培育基地，推动制造业迈向中高端。

(2)紧扣“富民”，培育地理标志商标。以协助国家工商行政管理总局和世界知识产权组织筹备世界地理标志大会为契机，组织拍摄地理标志宣传片，谋划地理标志商标展览，做好江苏地理标志宣传；加强地理标志注册与培育力度，继续推进地理标志产品在苏宁“中华特色馆”平台宣传销售，发挥地理标志富民效应。会同淮安市盱眙县，成功承办了全国工商和市场监管部门地理标志商标精准扶贫经验交流会。

(3)紧扣“国际化”，推进商标国际注册。积极落实《江苏省对外贸易“优进优出”行动计划(2016—2020)》，与省商务厅进行沟通，加强商标国际注册推进合作；与世界知识产权组织中国办事处合作举办 2 期专项培训，在 4 期品牌管理专业人才培训中增加国际注册专项课程。省内企业商标品牌国际化意识加强，国际化速度加快。2017 年，全省共新申请马德里国际注册商标 629 件，同比增长 86.6%。

三、强化四类商标保护，持续净化市场环境

(1)围绕高知名度商标、地理标志、涉外商标和老字号商标，列出重点保护名录，不断强化商标保护和执法力度。2017 年，全省共立案查处侵权假冒案件 4261 件，结案 2959 件，案值 3469 万元，罚没款 4768 万元，移送司法机关 28 件。

(2)查办商标大要案件。全省各级工商和市场监管部门加强互联网领域整治，查处“抢工长”网络商标侵权案件，涉案金额 40 余万元；组织开展打击商标侵权“溯源”专项行动，加强全省商标案件的行政指导，组织查处侵犯“ENGGA 及图”“云南三七”“一得阁”等商标专用权案件；协助省内玩具生产和出口企业解决商标境外抢注问题。

(3)完善日常监管机制。不断完善专项检查、随机抽查和重点检查相结合的日常监管机制。组织开展为期半年的地理标志商标专用权保护专项行动，开展商标代理机构信用监管机制建设，将商标代理机构“双随机”抽查作为监管重点。

(4)强化部门和区域协作。加强与公安、法院等部门的合作，完善商标行政执法与刑事司法保护的衔接机制。建立重大案件会商等四项商标保护长效协作机制，召开商标疑难案例研讨会，建立完善统一高效的执法保护体系。依托长三角、淮海经济协作区等协作网络，加强区域协作，帮助“富春”“康沃”等商标开展跨区域商标维权行动。

(5)扩大宣传整治效果。利用广播、电视、网络、微信等平台，不断加大打击侵权假冒工作成果的宣传和典型案件的曝光力度。

(国家知识产权局商标局综合处)

版权工作

2017 年，江苏省版权局深入贯彻落实中共十九大会议精神，按照国家和省委省政府对版权工作的总体要求，围绕中心，服务大局，认真落实年度工作安排，各项重要

工作有序推进，江苏省版权局版权管理处被国家版权局评选为2016年度“全国查处侵权盗版案件有功单位”一等奖，首次创办江苏（南京）版权贸易博览会，取得了良好工作实效。

一、积极推动版权产业发展

成功创办江苏（南京）版权贸易博览会。首届江苏（南京）版权贸易博览会（以下简称版博会）于2017年9月15日至17日在南京国际展览中心成功举办。

促进开展版权交易。推进创建江苏省国家版权贸易基地，修改江苏省国家版权贸易基地建设方案并报国家版权局，完成基地实地核验，在9月获国家版权局批准挂牌“江苏国家版权贸易基地”。基地的挂牌设立必将对江苏版权产业发展产生巨大而深刻的影响。继续组织省内各出版社参展北京国际图书博览会，江苏各参展单位共举办版权贸易洽谈活动140余场，实现非华语地区版权输出117种，获得本届组委会“优秀版权贸易输出奖”。

推进全省版权示范创建。先后创建了江苏海门工业园区等2家省版权示范园区（基地）和常州恐龙园公司等11家省版权示范单位，苏州太湖雪丝绸公司、江苏佳一教育公司和昆山文化创意产业园分别被授予全国版权示范单位和示范园区称号，截至2018年1月，全省13个设区市版权示范创建已实现全覆盖。

继续开展江苏省版权产业经济贡献率调查。2017年4月江苏省版权局发布了《江苏省版权产业的经济贡献（2014）》报告，从行业增加值、就业人数和对外贸易三个方面分析了江苏省版权产业对国民经济的贡献。2015年江苏版权产业增加值达5900亿元，占当年GDP比重达到8.52%，在经济社会发展中的作用日益凸显。

率先成立省版权研究中心和版权培训基地。江苏省版权局与南京理工大学、苏州大学联合建立省版权研究中心、版权培训基地，并分别签署框架协议，多个研究课题和培训项目正在稳步推进，为江苏省版权理论研究和人才培养进一步夯实了基础。

二、扎实推动正版化工作

推进全省各级政府机关落实软件正版化工作责任机制。2017年5月以江苏省版权工作领导小组办公室名义向全省各省级机关和各市“使用正版软件工作领导小组”办公室发文，布置2017年推进使用正版软件重点工作，大力推进省、市、县三级政府机关单位明确软件正版化工作责任部门和责任人，更新了江苏省级机关软件正版化工作数据库，将软件正版化工作成果巩固情况与具体责任人挂钩，并进一步明确要求各县（区、市）建立软件资产管理制度。

三、加大版权执法工作力度

版权执法工作成效明显。2017年江苏共立案侵权盗版案件90起，其中刑事案件17起，行政执法61起，行政调解12起，国家五部门挂牌督办案件1起，省局挂牌督办案件10起。在国家版权局有功单位和个人评选中，江苏获奖数量与奖金额度均居全国前列，其中江苏省版权局版权处被评选为有功集体一等奖，张家港“风雨文学网”侵犯文字作品著作权案、常州“九九漫画”等网站侵犯漫画作品信息网络传播权案、昆山邹某等制售盗版图书案3起案件被列为2016年度全国打击侵权盗版十大案件。

扎实开展打击侵权假冒专项行动和“剑网2017”专项行动。江苏省版权局与省公安厅、省网信办、省通管局联合制定打击网络侵权盗版“剑网2017”专项行动工作方案，上半年和下半年分两次赴全省各设区市进行专项检查，指导各地组织网络巡查，主动出击，查办一批大案要案，切实规范了网络传播秩序。发挥典型案例的示范引导作用，组织评选江苏省2016年度侵权盗版十大案件，较好发挥了典型案例的警示作用。

四、提升版权公共服务水平

开展优秀作品申报认定。江苏省版权局与江苏省经济和信息化委员会共同开展2017年江苏省优秀版权作品申报认定工作，广泛征集优秀作品，组织专家完成评审认定，共评选出《大美昆曲》《小镇》《苏州史纪》等74件作品为省优秀版权作品，对作品登记、激励创新创造起到了促进作用。

大力提升作品登记效能。江苏省一般作品登记平台二期项目成功上线运行，其查重作用不断显现，2017年查出重复登记申请作品3654件。作品登记效用普遍增加，全年完成作品登记28.6万件，同比增长58%。各类作品登记查询975批次（涉及作品2738件），大幅增长1377%，作品登记证书在文化经济生活中的作用逐步显现。2017年还完成图书版权引进合同登记725份，电子出版物版权认证69件，一般作品转让和许可合同备案4033份。

五、创新版权宣传方式

为宣传普及版权知识，提升全社会的版权保护意识，组织开展2017年“4·26知识产权宣传周”版权宣传活动，采取多种形式开展版权宣传，营造浓厚的版权保护氛围。通过地铁、新媒体、电视、电台、院线和阅报栏屏等宣传。用广而告之的方式向全社会宣传版权保护的重要性，提升全社会使用正版、反对盗版的意识。

（江苏省版权局）

司法工作

2017年，江苏法院积极履行审判职能，激励和保护创新、促进科技进步，加大对创业投资、公平竞争、技术创新、开放发展的司法保护力度，服务经济社会发展，创造良好营商环境。

一、围绕执法办案，全面发挥知识产权司法保护的主导作用

（一）全省法院知识产权案件总体情况

1. 江苏法院案件基本情况

2017年，江苏法院审理各类知识产权纠纷案件14 726件（其中知识产权民事案件14 249件，刑事案件449件，行政案件28件）。新收各类案件12 931件，新收一审民事案件数较上年同期增长10.96%，一审刑事案件数较上年同期增长30.16%，一审行政案件数较上年同期增长137.5%。审结各类案件12 328件（其中知识产权民事案件11 964件，刑事案件348件，行政案件16件）。

表1　江苏法院知识产权案件审理概况

类别	一审			二审		
	旧存	新收	审结	旧存	新收	审结
民事	1529	11 160	10 696	164	1396	1268
刑事	95	328	331	2	24	17
行政	4	19	11	1	4	5

在新收的一审知识产权民事案件中，著作权纠纷案件4213件，占37.8%；商标权纠纷案件4471件，占40.1%；专利权及技术合同纠纷案件1479件，占13.3%；不正当竞争纠纷案件171件，占1.5%。同去年相比，著作权纠纷案件数量同比下降7.2%，比重自45.2%下降至37.8%；商标权纠纷案件同比上升24.5%，比重自35.7%上升至40.1%；技术类纠纷案件同比上升22.1%，比重自12%上升至13.3%；不正当竞争纠纷案件变化不明显。

表2　江苏法院一审知识产权民事案件审理概况

类别	旧存	新收	审结
著作权	477	4213	4111
商标权	443	4471	4303
专利权	307	1242	1075
植物新品种权	3	61	35
技术合同	104	237	265
特许经营权	42	276	225

续表

类别	旧存	新收	审结
集成电路布图设计	1	1	0
不正当竞争(包括商业秘密)	67	171	149
商业秘密	21	63	48
垄断纠纷	1	2	2

表 3　江苏法院一审知识产权刑事案件审理概况

类别	旧存	新收	审结
假冒注册商标罪	47	143	153
销售假冒注册商标的商品罪	32	153	139
非法制造、销售非法制造的注册商标标识罪	9	17	21
侵犯著作权罪	5	14	15
侵犯商业秘密罪	2	1	3

表 4　江苏法院一审知识产权行政案件审理概况

类别	新收	旧存	审结
商标行政案件	9	4	6
专利行政案件	7	0	2
其他	3	0	3

2. 南京、苏州知识产权法庭案件基本情况

2017 年 1 月 19 日，南京、苏州知识产权法庭挂牌成立。成立一年来，南京知识产权法庭受理各类知识产权案件 1255 件，比 2016 年同期增长一倍多。其中，民事案件 1239 件(一审 934 件，二审 305 件)，刑事案件 6 件，行政案件 5 件，其他类型 5 件。审结 968 件，比 2016 年同期增长 56.9%。苏州知识产权法庭新收各类知识产权案件 1663 件，同比上升 84.37%。其中，民事案件 1656 件(一审 1110 件，同比上升 113.5%；二审 471 件，同比上升 35%)，刑事案件 3 件，行政案件 4 件，保全等特别程序案件 75 件，同比上升 200%。新收一审民事案件中，跨区域集中管辖 406 件，占比 36.6%，其中 95%为技术类案件。审结 1405 件，同比上升 69.1%。

(二)继续坚持知识产权审判精品战略

2 件案例入选最高法院第 16 批指导性案例。1 件案例入选中国法院十大知识产权案件。4 件案例入选中国法院保护知识产权 50 件典型案例。1 件案例入选人民法院保护知识产权典型案例。2 件案例在全国法院系统案例评选中获奖。1 件案例入选“全国打击侵权盗版十大案件”。

(三)多措并举，加大知识产权保护力度

长期以来，江苏法院坚持运用精细化裁判的理念和方式，区分不同案件类型与案情体现差异化裁判，加大对重复侵权、恶意侵权及群体性侵权的打击力度。

(四)切实加强司法调研，全面提升知识产权保护能力

江苏高院民三庭完成《知识产权司法保护中防范商业秘密诉讼泄露问题研究》《知识产权技术事实查明机制的规范与创新问题研究》调研课题；开展涉专利类知识产权民事发改案件、知识产权刑事案件评查，并分别撰写评查报告；拟定《江苏省高级人民法院关于知识产权犯罪的量刑指南》(讨论稿)；启动 2017 年江苏省法院重大课题“知识产权案件共同侵权问题”的调研工作；启动最高法院委托江苏高院民三庭开展的医药产业知识产权司法保护调研课题。

二、全面深化司法改革，不断完善知识产权审判工作机制

(一)设立南京、苏州知识产权法庭，实行专利等技术类案件跨区域管辖

(1)加强与北京、上海、广州知识产权法院的工作交流。江苏高院民三庭组织南京、苏州知识产权法庭部分法官赴北京知识产权法院考察交流，确保知识产权法庭按照设立要求、机构职能和工作定位更好

地开展审判工作。

（2）南京知识产权法庭在泰州、徐州、镇江三地分别设立了巡回审判点，为外地当事人就近提供优质、便捷、高效的司法服务；在南京江北新区“知识产权保护中心”设立南京知识产权法庭、江北新区知识产权法庭案件联合受理点，全面受理与保护与该中心相关的各类知识产权案件；借助网上立案和电子送达系统提高司法效率，方便外地当事人维权诉讼。

（3）苏州知识产权法庭先后与无锡、南通、常州三地中院签署《知识产权司法保护合作共建协议》，在信息融通、管辖衔接、技术资源共享、诉讼保全协助、行政机关协调等方面开展扎实合作，整体提升司法服务区域创新经济的综合能力；利用“电子卷宗＋庭审语音＋智能服务”一体化解决方案，电子案卷随案同步生成，庭审采用讯飞语音转写输入系统；搭建远程听证系统以及后台旁听观摩电子系统，探索开展远程视频开庭和庭审后台观摩。

（二）继续推进以团队审判为核心的审判权运行机制改革

近年来，江苏高院民三庭探索建立以合议庭为中心的审判权运行机制，加强疑难复杂案件审判力量。2017 年，庭长、副庭长主办案件结案 224 件、担任审判长结案数 771 件，分别占全庭案件数的 17.7％和 60.8％。推进庭审方式改革，充分运用审前程序分流同质化简易案件及商业维权关联案件；通过庭前会议等制度，进行争点整理和要素式审判，排除无争议事实，提高庭审效率，节约司法资源，促进纠纷化解。

（三）继续推进知识产权审判“三合一”改革试点工作，积极推进建立科学高效的知识产权综合保护体系

江苏高院民三庭发文确定在南京铁路法院、南通市通州区法院开展刑事案件适用简易程序试点工作；在充分调研基础上，探索知识产权刑事量刑规范化，拟定《江苏省高级人民法院关于知识产权犯罪的量刑指南（讨论稿）》；与江苏省工商局联合召开 2017 年度商标疑难案例研讨会，精选商标行政执法与司法审判中的疑难复杂案例展开深入探讨。至此，江苏省法院系统与工商系统已连续六年共同召开研讨会，成为江苏法院深入推进“三合一”改革试点中的亮点。

（四）稳步推进知识产权纠纷案件繁简分流，优化资源配置

2017 年，江苏法院受理知识产权案件 14 726 件，同比增长 7.4％，受理一审专利纠纷案件 1549 件，同比增长 27.91％。江苏高院民三庭发布《关于扩大知识产权民事案件适用简易程序范围和开展知识产权刑事案件适用简易程序试点工作的通知》，进一步扩大了知识产权民事案件简易程序的适用范围，并就开展知识产权刑事案件适用简易程序试点工作做出统一安排；通过关联案件信息收集、召开协调会、庭长例会等方式指导关联案件的裁判，进一步统一裁判尺度，节约审判资源；提倡简案快审，难案精审，裁判文书制作繁简得当。

（五）积极探索技术调查官制度，有效解决技术事实查明难问题

南京知识产权法庭在全国率先招聘六名聘用制专职技术调查官。苏州知识产权法庭与国家知识产权局专利局专利审查协作江苏中心合作，建立了一支技术覆盖面广、选任严格的兼职技术调查官队伍。通过一系列举措，江苏法院初步形成司法鉴定、专家咨询、专家辅助人、专家陪审员、技术调查官等技术事实查明多元化机制，不断增强技术事实查明的专业性、中立性和科学性。

三、不断加强知识产权保护的宣传，提升社会影响力

（1）以“4·26 世界知识产权日”主题宣

传活动为契机，采取多种形式，开展司法宣传。如召开新闻发布会通报2016年知识产权司法保护状况，举办公开庭邀请人大代表、政协委员等旁听，召开座谈会，利用传统媒体、电子媒体发布典型案例、白皮书等。

（2）积极采用新媒体形式加强宣传，及时传递江苏法院知识产权司法保护的最新资讯和新类型、重大影响案件的裁判情况。

四、加强队伍建设，打造业务过硬、风清气正的高素质知识产权审判团队

邀请最高法院、北京高院法官为南京、苏州知识产权法庭的法官、法官助理以及技术调查官等，就专利案件的审判理念、审理思路、审判方法等问题进行专门培训；参加江苏法官培训学院员额法官轮训；积极派员参加最高法院组织的各类相关业务培训。

深入推进作风建设、党风廉政建设。专人负责，保障党支部工作计划落实，完善相关制度要求，认真学习中共十八届六中全会以及中共十九大报告精神。按照院党组统一部署，开展“两学一做”学习教育实践活动，确保“两学一做”学习教育常态化。

（江苏省高级人民法院知识产权审判庭）

检察工作

江苏省检察机关把加强知识产权保护作为检察机关有效融入创新驱动发展战略的切入点，把加强知识产权司法保护工作作为检察工作的一项重要任务来抓，为加快实现江苏从知识产权大省向知识产权强省跨越的战略提供刑事司法保护。南京市雨花台区人民检察院审查起诉的“科鲁斯公司侵犯商业秘密案”被评为全国检察机关2016年度打击侵犯知识产权十大典型案件；孙某平侵犯著作权案被国家版权局评为“剑网2017”专项行动典型案例；无锡新吴区办理的张某某等人假冒注册商标，洪某洲等人销售假冒注册商标的商品，黄某浩非法制造、销售非法制造的注册商标标识案被中国外商投资企业协会优质品牌保护委员会评为“2016—2017年度知识产权保护十佳案例”。江苏省检察院《加大知识产权保护助力创新创造发展》经验在全省知识产权联席会议上作交流发言。

一、开展知识产权保护宣传工作

2017年1月19日，江苏省检察院举行“聚焦创新·护航发展”新闻发布会，通报全省检察机关知识产权保护工作情况，并回答了人民日报等媒体的记者就检方办理知识产权刑事案件特点、如何看待知识产权案件赔偿力度等问题。省检察院与南京铁路检察院联合举办“4·26世界知识产权日”活动，分别邀请了12位全国及省人大代表、政协委员、特约检察员和检察日报、江苏省电视台等7家新闻媒体代表共同走进中国擎天软件科技集团有限公司，参观擎天科技有限公司软件成果暨获奖产品，并观看了南京铁路检察院的知识产权检察工作宣传展板。

二、开展知识产权专项治理活动

南通市院、崇川区院、港闸区院和知识产权局、市场监督管理局、文广新局、公安局、法院等多家单位联合开展知识产权执法专项活动，分别抽查方太灶具、万家乐热水器等十余家电器销售柜台。针对检查出的问题，执法人员采取执法、宣传、教育相结合的方式，就相关知识产权知识向商家进行了宣传。

三、送法进企业、校园

徐州泉山区人民检察院、开发区人民检察院分别到中国500强企业徐州盾安重工机械制造有限公司和江苏万鑫电力设备有限公司为企业宣传知识产权保护工作。南京鼓楼区人民检察院与南京师范大学共同开展知识产权保护进高校活动，邀请知识产权科检察官为高校学生举办知识产权保护专题法治讲座，增强了高校学生自觉抵制侵犯知识产权犯罪和保护知识产权的积极性。

四、推进知识产权专业化建设

江苏省检察院制定了《省检察院贯彻落实〈关于知识产权强省建设的若干政策措施〉推进工作专门化方案》，加快知识产权检察室的建设，推动知识产权案件的集中办理。2017 年 8 月，省检察院出台关于印发《江苏省人民检察院关于设立知识产权检察室的意见》的通知，在省检察院、南京市检察院、苏州市检察院专门设立知识产权检察室，强化知识产权人才建设、专业化建设。镇江市开发区院先后成立了知识产权保护专业委员会、知识产权犯罪办案小组，并与南京大学法学院合作成立了知识产权保护中心，使知识产权保护工作一步步向高层次发展；经国家知识产权局批复同意，率先在全国检察机关中成立知识产权维权援助分中心，统一受理市、区关于专利权、商标权等知识产权的维权法律咨询，帮助企业完善防范侵权的机制；建立了全省首个“专利门诊”，为丁卯科技新城创新企业申报专利，预先排除风险隐患。

五、健全知识产权保护工作机制

全省检察机关积极行动，通过健全机制、创新办法，探索建立知识产权司法保护一体化机制，有效遏制侵犯知识产权犯罪活动，尊重和保护知识产权的社会意识得到明显加强。南京市检察院成立了南京市检察机关知识产权检察室，该检察室依据工作职责，牵头协调全市检察机关侦监、公诉、民行等部门办理涉及知识产权的刑事案件、民事案件和行政申诉案件，与市法院“三审合一”相对接，实行“三检合一”，提高知识产权检察保护的总体效能。

（最高人民检察院侦查监督厅）

浙 江 省

专利工作

2017 年，浙江省认真贯彻实施创新驱动发展战略和知识产权战略，以建设知识产权强省为目标，不断深化知识产权领域改革，严格知识产权保护，提高知识产权质量效益，优化知识产权服务环境，各项工作取得新进展。到 2017 年底，全省万人发明专利拥有量达到 19.67 件，发明专利申请量占专利申请量的比重达到 26.25％，专利合作条约（PCT）国际专利年申请量达到 1196 件。

一、深化知识产权领域改革

（1）深入推进知识产权管理改革。省政府办公室印发《关于新形势下加快知识产权强省建设的实施意见》，推进知识产权管理改革。省知识产权局细化完善专利优先审查细则，完成专利优先审查初审事项上线工作，累计办理专利优先审查审批件近 1000 件。

（2）统筹协调机制不断完善。国家知识产权局与浙江省政府建立了知识产权部省合作会商机制，打造知识产权生态最优省。省政府成立了知识产权强省建设工作联席会议。

（3）推进知识产权成果使用、处置和收益权改革。省人大常委会第三十九次会议审议通过《浙江省促进科技成果转化条例》，进一步优化知识产权成果使用、处置、权益分配与激励机制。

（4）优化知识产权区域布局。10 个设区市列入国家知识产权示范试点城市序列，全省累计有 23 个县（市、区）列入国家知识产权强县工程试点示范单位，8 个园区先后列入国家知识产权试点示范。全省三分之二以上的县(市、区)开展了省级知识产权创建与示范工作。

二、严格知识产权保护

(1)推进知识产权维权体系建设。积极推进专利行政执法权下放工作,金华、丽水市全部实现执法权下放辖区内各县(市、区),实现区域内知识产权(专利)纠纷精准投诉、依法受理、快速保护。积极推进知识产权保护中心和快速维权中心的建设,新认定省级知识产权维权援助中心3家。举办"电子商务专利执法维权推进会",22个省、7个市的知识产权局加入了电商领域协作执法办案工作。2017年共移送或办理协作单位移交的电商案件6619起。积极推进温州市成立浙江省第三家知识产权纠纷调解第三方平台,受理知识产权类调解案件400余起。

(2)开展专项行动。聚焦食品药品、环境保护、家电、日用品等民生和高新技术领域,有针对性地组织和开展集中执法,查处涉嫌假冒专利行为的案件1300余件。启动电商领域的"雷霆"专项行动,加强电商领域专利保护,目前已累计处理专利侵权投诉案件19.5万件。

(3)加强知识产权信用体系建设。《浙江省公共信用信息管理条例》发布实施,全面推进实施统一的社会信用代码,完善联合惩戒机制。

三、提高知识产权质量效益

(1)大力培育知识产权密集型产业。启动专利密集型产业测算工作,完成了行业分到中类及5年就业人员数据汇总工作,为做好专利密集型产业的测算提供了可靠的数据支撑。

(2)推进知识产权强企建设。累计举办企业知识产权贯标内审员培训班20多期,培养企业内审员4000人。省专利示范企业网上申报与管理系统上线运行,全省累计拥有省专利示范企业1000余家,国家知识产权优势和示范企业186家。新认定专利保护重点联系单位15家。

(3)提高专利质量和运用效益。第十九届中国专利奖创历史最好成绩,省专利奖评选周期由3年调整为1年。扎实推进2017年度省专利战略推进项目成果推广工作,新启动实施2018年度项目20个。扎实推进国家专利导航试点工程实施。湖州市电梯等4个地方产业知识产权联盟成功备案为国家知识产权产业联盟。

此外,浙江省积极强化知识产权人才和中介服务机构培育,知识产权运用指数、专利实施许可、专利质押等工作走在全国前列。认真组织开展全省"4·26知识产权宣传周"系列活动,第八届知识产权宣传巡回演讲公益服务活动、2017中国知识产权(电梯产业)创新创业大赛、中国专利活动周等活动,崇尚创新、尊重知识产权的文化氛围日益浓厚。

(浙江省知识产权局)

商标工作

2017年,浙江省按照习近平总书记提出的"秉持浙江精神,干在实处、走在前列、勇立潮头"新要求,部署开展"商标品牌战略2017浙江行动"。全省全年新增注册商标25.5万件,有效注册商标总量达154.5万件;查处各类商标违法案件3865起,案值6206.5万元,罚没总额达9202.6万元。

一、放大成效,明确目标,再掀商标工作新高潮

2017年,浙江省工商局部署下发了"商标品牌战略2017浙江行动"方案,并及时转发《工商总局关于深入实施商标品牌战略推进中国品牌建设的意见》,积极总结,大胆创新,形成经验,放大"浙江样板"成效。

(1)进一步形成"浙江经验"。2017年5月25日,全国工商和市场监管部门商标品牌战略实施工作会议在杭州召开，浙江省工商局作为典型单位做大会交流发言。这次会议是商标注册便利化改革、知识产权综合执法改革以来第一次的全国性工作部署会议，放大了浙江工作的成效，扩大了商标品牌工作的影响；发布《浙江省商标品牌发展报告(2016)》，宣传2016年浙江省商标品牌建设成就，进一步使全省商标品牌战略实施氛围更加浓郁。

(2)进一步推进商标便利化改革。巩固提升台州、宁波、温州和金华商标受理窗口的服务能力和效率，新设湖州、义乌两个窗口，规范工作流程，制定服务细则，有力壮大商标工作抓手，服务区域经济发展。

(3)进一步探索知识产权综合改革。高度关注、积极跟进知识产权综合执法改革工作，先后赴义乌、新昌两地开展调研，发函支持舟山市局在自贸区组建过程中早谋划、早切入。

二、突出亮点，创新思路，再创示范引领新标杆

2017年商标工作重点围绕服务农业供给侧改革，创新工作思路，塑造新的样板，进一步形成示范引领新标杆。

(1)农产品区域品牌建设重点突破。农产品区域品牌是近年来浙江省工商系统服务农业供给侧改革，探索启动的新的工作抓手。浙江省工商局联合省农业厅、省质监局、省食药管理局出台《关于支持“丽水山耕”品牌提升发展的若干意见》，进一步推进农产品区域公用品牌建设服务农业供给侧发展。

(2)商标品牌评价进一步推进。2017年是省级商标品牌示范评价工作第三年，经第三方评价，新认定浙江省商标品牌示范企业55家，省商标品牌示范县(市、区)8个，省商标品牌示范乡镇(街道)13个；进一步提炼示范经验，形成示范样板，放大示范效应。联合品牌研究院正式启动商标品牌评价标准化工程，目前，《“浙江省示范商标品牌”评价规范》已起草，从产品品质卓越、品牌形象清晰、品牌投入稳定、品牌绩效显著、品牌管理规范和社会责任履行等六方面设置评价指标，并拟在下阶段完善提交专家评审，将商标标准化工作继续推进一大步。

(3)商标质押融资工作持续开展。重点指导提升浙江省和台州市两个受理点工作效能，贯彻落实“最多跑一次”工作要求，提升工作成效，推进商标质押融资工作规范化、常态化运行。全省新开展商标质押登记企业单位482家，涉及商标1860件，授信额58.6亿元。

三、深度溯源，强化服务，再造商标监管新环境

围绕“双打”行动和商标“溯源”行动，进一步强化政企合作，推进执法打击，进一步净化了商标监管市场环境。

(1)“双打”行动部署开展。围绕线上线下“一体化”监管，以驰名商标、地理标志、老字号商标、涉外商标为重点，开展打击侵权假冒专项执法，积极做好重点市场的专项保护。

(2)“溯源”行动深入推进。部署全省范围打击商标侵权“溯源”专项行动，全方位收集梳理本地重点企业在本省或外省受到商标侵权的案件线索，下一步将做好省内专项维权执法。

(3)商标区域协作有效推开。组织召开苏浙沪皖工商局商标行政执法区域协作会。下一步，将进一步完善商标区域协作机制，巩固提升区域案件的查处效率，营造良好的区域知识产权保护环境。

(国家知识产权局商标局综合处)

版权工作

2017年浙江版权工作紧紧围绕新闻出版、广播、影视业三大目标，组织开展打击侵犯知识产权和制售假冒伪劣商品专项行动，进一步推进政府机关党群系统软件正版化工作，举办“创新创造改变生活，知识产权竞争未来”为主题的版权系列宣传活动，努力提升版权服务水平，促进版权产业和版权事业的繁荣发展。主要工作如下。

一、版权保护方面

（一）认真做好打击侵犯知识产权和制售假冒伪劣商品工作

1. 做好2016年度打击侵犯知识产权和制售假冒伪劣商品绩效考核的有关工作

起草上报了《关于2016年浙江省打击侵权盗版专项治理“剑网行动”工作情况的自评报告》《关于2016年浙江省政府机关软件正版化工作情况的自评报告》。

2. 制订并印发了《2017年浙江省版权行政执法工作方案》

工作方案明确要求各地要落实执法责任，严格执法程序，加大执法力度，同时重申了案件查处信息报送、信息公开的有关规定。

3. 做好浙江省2016年度全国查处侵权盗版案件有功单位和个人推荐工作

全省共有13家单位、12名个人分别获有功单位及有功个人一、二、三等奖，浙江省版权局版权处荣获有功单位一等奖。

4. 组织开展“剑网2017”专项行动

印发了《浙江省打击网络侵权盗版“剑网2017”专项行动实施方案》，明确专项行动工作目标、主要任务、工作要求、实施步骤，确保专项行动落到实处。

2017年，浙江省各地版权行政执法部门巡查网站3万余家，关闭侵权网站18家，删除侵权链接3400多个，关闭各类违规店铺2000余家，配合上级部门和外地执法部门调取淘宝店铺侵权信息30余件。全省共立案查处各类侵权盗版案件27件，移送司法部门1件，罚款43万元。

5. 做好全国人大科教文卫委员会关于著作权法执法检查前期调研相关工作

2017年4月17日至21日，全国人大科教文卫委员会对浙江省著作权法执法检查进行前期调研，浙江省就贯彻实施著作权法律法规，促进著作权的创造、运用、保护和管理，加强版权行政执法机构和队伍建设，特别是目前著作权法实施中存在的主要问题以及对下一步修订完善《著作权法》的意见建议等进行了认真梳理。

（二）继续推进软件正版化工作

印发《2017年浙江省推进使用正版软件工作计划》，将省级部门软件正版化工作纳入法治政府建设（依法行政）考核范围，将市县政府机关软件正版化工作纳入平安市县考核范围，这在全国属于首创。

浙江省版权局负责组织实施了浙江省级单位正版软件集中采购工作，组织相关工作培训会，并做好相关检查工作。

二、版权宣传方面

在全省组织开展知识产权宣传周版权主题宣传活动，宣传重点是著作权法律法规，开展打击侵犯知识产权和制售假冒伪劣商品专项工作、“剑网行动”及软件正版化工作取得的成果。举办浙江省第五届“知识产权杯”创意设计大赛活动，推动了创意设计与相关产业的融合发展。

三、版权服务方面

设立了温州版权服务工作站、咪咕数媒版权服务工作站、义乌小商品版权保护中心，明确了工作站的职责、组织机构、人员配备等事项，为更好开展浙江省版权工作打下基础。指导浙江省版权协会推进“2016年浙江省推动作品登记工作先进单位”“2016年浙江省作品登记与保护示范企业”评选活动。

浙江省版权局指导省版权协会推选出8家单位为“2016年浙江省推动作品登记工作先进单位”，6家单位为“2016年浙江省作品登记与保护示范企业”。

组织浙江省出版单位参加第二十四届

北京国际图书博览会，参展出版物达1000多种。共达成一百多项版权输出协议和意向。

截至2017年12月31日，已登记一般作品21 005件，核准登记出版境外图书合同320件，办理涉外图书、音像制品、电子出版物制作合同登记286件，计算机软件著作权合同备案148件。

（浙江省版权局）

司法工作

2017年，浙江法院加强知识产权审判领域改革创新，充分发挥知识产权司法保护主导作用，知识产权审判工作取得新成效。

一、坚持执法办案第一要务，提升司法公信力

2017年，全省法院共新收知识产权民事一审案件22 200件，审结20 969件，分别同比上升19.29%和13.45%；新收知识产权民事二审案件1587件，审结1559件。收结案数量占全国总量的10%以上。在新收的知识产权民事一审案件中，著作权案件13 863件，同比上升21.53%；专利权案件新收2760件，同比上升30.31%；商标权案件新收4611件，同比上升50.78%；不正当竞争案件379件，同比上升254.21%；技术合同案件144件，同比上升53.19%。共新收知识产权刑事一审案件258件，同比下降56.98%；审结271件，生效判决人数439人。新收和审结知识产权行政案件20件，同时审查执结了一批涉知识产权的非诉行政执行案件。

全省法院针对知识产权司法保护中的疑难和前沿问题进行了有益的探索，打造了一批具有指导意义的精品案件。2015年、2016年连续两年，浙江法院各有1起案件入选全国法院十大知识产权案件、4起案件入选全国法院50个典型案例，另有一起发明专利权案件入选最高人民法院第16批指导性案例。

二、深化体制机制改革，保障公正高效司法

（一）推进知识产权审判"三合一"工作

制定《浙江省高级人民法院关于推进知识产权审判"三合一"工作的实施方案》并上报最高人民法院，确保"三合一"工作有序开展。

（二）成立杭州、宁波知识产权法庭并建立配套机制

2017年9月8日，杭州、宁波知识产权法庭正式挂牌成立，对全省专利技术类案件和大标的知识产权案件实行跨区域管辖。两家知识产权法庭的成立，有利于优化审判资源配置，统一裁判标准，但在短期内也带来了人员力量配备不足、异地保全任务繁重等问题。为此，杭州、嘉兴、湖州、金华、衢州、丽水中级法院已就跨区域知识产权审判协作事宜达成共识，形成《跨区域知识产权审判协作会议纪要》，在全省法院"三大机制"跨区域立案的基础上，建立了送达、调查、保全等方面的跨区域协作机制。

（三）设立长兴、新昌知识产权司法保护服务中心

浙江高院指导湖州长兴县、绍兴新昌县两地通过设立司法保护服务中心的全新方式，为当地企业提供法制宣传、诉调对接、诉讼指导、法律咨询等诉讼外知识产权司法服务。长兴县知识产权司法保护服务中心于2017年5月9日正式授牌成立，成为全国第一家设在无知识产权案件管辖权的基层法院的知识产权司法保护服务中心。新昌县知识产权司法保护服务中心随后也于2017年9月27日成立。

（四）完善知识产权第三方平台建设

2017年4月26日，温州知识产权纠纷

调解第三方平台也正式成立。它们是在积极争取当地党委政府支持的背景下设立的，以法院为枢纽，广泛吸收了与知识产权相关的行政部门、行业协会、商会等多方主体的参与，处理的知识产权纠纷能够涵盖各种类型，形成了“党委领导、司法推动、社会参与、多元并举、法治保障”的工作格局。与此同时，原有的符合当地案件特色的诉调模式也仍然在发挥作用，如余杭法院与中国互联网协会调解中心的涉网纠纷诉调对接机制，海宁法院与海宁市家纺知识产权调解委员会的涉家纺知识产权纠纷委托调解机制等。2017 年，通过多元化解机制调解的知识产权纠纷数量达 8792 件（其中诉前 2162 件），同比增长 85.09%。

三、重视实务调研，加强基础性审判指导工作

（一）开展重点课题调研

浙江高院将“关于知识产权纠纷多元化解机制的调研”作为 2017 年全省法院重点课题开展调研，为浙江省知识产权纠纷多元化解机制的完善升级提供理论依据和实践指导。此外，浙江高院牵头完成的调研报告《市场开办者知识产权侵权责任研究》被编入《中国应用法学》（2017 年第 3 期）。

（二）针对损害赔偿问题制定审理指南

浙江高院制定并下发《知识产权损害赔偿审理指南》，明确了认定知识产权损害赔偿数额的总体导向与具体方法，回应了司法实践中多个具有代表性的疑难复杂问题。

（三）协助最高法院开展调研活动

浙江高院接受最高人民法院委托起草了《关于知识产权民事诉讼证据规则的若干规定（建议稿）》，通过举证责任倒置、推定，证据保全，证据披露，降低证明标准等多种方式，适当降低权利人的举证难度，解决知识产权纠纷中权利人维权难、举证难、获赔难的问题。此外，配合最高人民法院做好《关于审理商标民事纠纷案件适用法律若干问题的解释》的修订工作，在广泛征集各中级人民法院和相关基层人民法院意见的基础上，对司法解释修订稿进行逐条分析并提出修改意见；高质量地完成了最高人民法院下达的关于“反不正当竞争案件审理情况”“反垄断案件审理情况”“涉美知识产权案件审理情况”等多项调研任务。

四、加强宣传交流，提高浙江知识产权司法保护影响力

（一）开展知识产权宣传周活动

2017 年 4 月 19 日，浙江高院在杭州铁路运输法院召开媒体见面会，介绍浙江省知识产权司法保护的总体状况；启动“辉煌三十年”杭州知识产权司法保护成果展；直通案件庭审现场，组织旁听“浙江曹一操网络科技有限公司诉杭州优行科技有限公司侵害商标权纠纷案”并现场宣判；举行新闻发布会，发布 2016 年浙江法院知识产权十大保护案件、十大民生案件和十大调解案件，并回答记者提问。此外，浙江高院还联合新闻宣传处、浙江电视台民生休闲频道，以“司法助推创新，创新改变生活”为主题，于第一个“中国品牌日”推出专题片《知识产权司法保护在浙江》，全面展现了浙江各级法院在加强知识产权保护方面的重要举措，受到社会广泛好评。

（二）成功举办第二届“三知论坛”

2017 年 8 月 12 日，浙江高院联合国内知识产权新媒体“知产力”、知识产权法律数据服务平台“知产宝”在嘉兴中院成功举办第二届“三知论坛”。论坛聚焦“知识产权民事诉讼证据规则问题”，为完成最高人民法院委托浙江高院开展“知识产权民事诉讼证据规则”的调研课题提供了理论支持和学术指导。

（三）及时更新“知之汇”网站内容

浙江高院于 2016 年开通的“浙江法院

新闻网·知之汇”子网站运行良好，2017年共发布全省知识产权新闻动态、案例分析、学术文章60余条，直播各类知识产权侵权纠纷典型案件庭审近20件次，“讲述浙江知识产权司法保护故事，传播浙江知识产权司法保护声音”的功能得到充分发挥，网站影响力显著增强。

五、加强政治业务学习，狠抓队伍建设

(一)开展案件质量评查

浙江高院积极推进案件质量评查工作，通过案件巡查和集中评查相结合的方式，加强对下级法院知识产权审判工作的指导。2017年3月，组织审判业务骨干对温州、台州、丽水地区的知识产权案件进行质量评查，并对二审上诉至浙江高院的知识产权案件进行集中评查，制定并下发《2017上半年案件质量通报》，助推下级法院审判质效逐步提升。

(二)举办知识产权审判业务培训班

浙江高院和法官学院精心设置课程，邀请了最高人民法院资深法官以及知识产权实务专家、民法学者授课，并安排学员到阿里巴巴集团调研。

（浙江省高级人民法院知识产权审判庭）

检察工作

2017年来，浙江省检察机关认真贯彻落实中共中央、最高检等指示精神，切实发挥刑事司法保护作用，依法从严惩处制售伪劣商品和侵犯知识产权的犯罪分子。2017年，全省检察机关共批准逮捕侵犯知识产权刑事案件98件122人，共起诉侵犯知识产权刑事案件272件518人。

一、开展外商投资企业知识产权保护专项行动

根据浙江省双打办要求，2017年10月至12月，全省检察机关开展专项行动，重点打击侵犯企业商业秘密的犯罪行为，打击“傍名牌”、侵权假冒、虚假宣传等侵犯商标权的犯罪行为，打击网络领域的侵权盗版等犯罪行为，集中查处了一批侵犯外商投资企业知识产权的违法犯罪典型案件，如宁波市余姚区人民检察院办理的刘某假冒注册商标案（侵犯施耐德注册商标）、宁波鄞州区人民检察院办理的王某甲、王某乙、周某、廖某、蔡某假冒注册商标案（侵犯“CK”等注册商标），形成有力震慑。

二、完善行政执法与刑事司法衔接机制

一是通过召开座谈会、业务交流会、派员赴执法一线了解执法机关执法情况等多种方式及时了解行政执法机关查处侵权假冒违法线索的情况，共享案件信息，形成打击侵权假冒工作合力。二是探索建立成员单位信息网上共享平台。舟山市检察机关依托“两法衔接”、浙江政务服务网“行政处罚结果信息公开”等平台，优化执法资源配置，加强信息整合、分析和研判，推动实现知识产权犯罪案件“网上移送、网上受理、网上监督”。三是与公安、法院探索建立案件定期通报制度。做到信息互通、情报共享，定期不定期地进行情况交流、个案会商、类案分析和形势研判，形成打击合力。四是增强监督合力。杭州市检察机关确立“精确监督”和“全程监督”兼顾的法律监督模式，既要对行政执法活动进行监督，防止以罚代刑、该移送不移送等情形的发生，也要深挖违法办案背后的职务犯罪线索。

三、加强知识产权司法保护和服务

(1)强化对电子商务领域知识产权的司法保护和服务。加强与法院、公安、商务、科技、市场监管等部门的衔接协作，引导企业提高涉电商知识产权保护意识、提升维权能力，增强知识产权保护合力。如杭州市余杭区人民检察院在办理具体侵犯知识产权犯罪案件时，强化与市场监督管理局的合作，就加强知识产权刑事司法保护、开展打击制售假冒伪劣商品专项活动进行了系列对接，集中给企业主上课并分发该院编写的《保护知识产权宣传手册》。该院还结合阿里巴巴等在辖区内的工作实际，在杭州未来科技城设立“知识产权检察工作室”，负责知识产权侵权案件的前置指导、知识产权保护民事行政案件监督、知识产权保护行政执法监督等，通过知识产权联席会议，形成“线索共享、手段互补、执法联动”的保护机制。

(2)强化其他领域内的知识产权保护和服务。各地结合本地经济发展特点，积极探索符合本地实际需要的知识产权保护和服务机制。如龙泉市人民检察院针对涉企知识产权跨界维权难问题，主动加强与龙泉青瓷宝剑产业局的协作配合，成立丽水首家知识产权服务站，在检察服务大厅专设剑瓷产业服务窗口，切实强化对剑瓷行业知识产权的司法保护。

四、强化长效机制建设

浙江省人民检察院陆续出台了《关于新形势下加强打击侵犯知识产权和制售假冒伪劣商品犯罪检察工作的意见》《浙江省人民检察院关于外商投资企业知识产权保护的行动方案》等规范性文件，提出多项工作任务和工作举措，推动和指导全省检察机关相关工作。在专业化办案的基础上，浙江省人民检察院相继成立了金融检察和知识产权检察等专业指导组，对全省涉金融、知识产权等领域公诉案件进行研究指导。温州、台州、义乌等地检察机关积极探索，通过试行“三合一审判”、设立金融知识产权科等模式，拓展知识产权类案件办理渠道，提升专业化办理能力和水平。

（最高人民检察院侦查监督厅）

安 徽 省

专利工作

2017年，安徽省知识产权工作以加快知识产权强省建设为主线，以深化知识产权领域改革为突破口，以知识产权保护和运用为重点，努力提高知识产权的创造质量、运用效益、保护效果、管理能力和服务水平，改革创新、扎实进取，知识产权事业发展再上新台阶。

一、知识产权强省建设稳步推进

建立知识产权强省建设联席会议制度，印发《加快知识产权强省建设2017年推进计划》和《“十三五”安徽省知识产权保护和运用规划》，制订实施知识产权战略和专利战略年度推进计划。

二、知识产权领域改革取得突破

系统推进全面创新改革试验，合肥高新区制订专利、商标、版权“三合一”综合执法试点方案，合肥申报建立知识产权保护中心，启动知识产权信托交易试点工作。

三、知识产权创造量质齐升

深入实施专利质量提升工程，大力培育高价值核心专利。制定《专利质量评价技术规范》这一国内首个专利质量地方标准。2017年，全省共申请专利175 871件，其中发明专利申请93 527件；共获授权专利58 213件，其中发明专利授权12 440件。拥有有效发明专利47 734件，每万人口发明专利拥有量7.7件。

四、知识产权运用效益显著

合肥市引进法国专利基金，与中国科

学技术大学先进技术研究院合作建设知识产权运营中心。芜湖市成立皖江专利运营中心和旺科知识产权运营公司。组建安徽特种电缆、机器人、新能源汽车、通用航空和智能制造5个产业知识产权联盟。推进企业“贯标”和优势企业培育，安徽省组织“贯标”的企业500多家，国家知识产权示范企业29家，优势企业126家，省级优势企业180家。推进专利权质押融资和专利保险试点工作，2017年，共办理专利权质押融资529笔；质押金额48.9亿元，分别较上年增长140%和98.5%。推进知识产权评议和专利导航工作，建立安徽省高校协同创新平台，举办高校、科研院所科技成果转移转化研讨班，促进科技成果知识产权化、商品化。

五、知识产权保护力度加大

落实国家知识产权局《关于严格专利保护的若干意见》和省政府《新形势下加强打击侵犯知识产权和制售假冒伪劣商品工作实施方案》，深入开展“护航”“雷霆”“清风”等专项行动，积极参与长江经济带等跨地区执法协作，努力构建知识产权大保护工作格局。与省高院、合肥知识产权法庭建立诉前调解合作机制，与公安、工商等部门建立联合执法工作机制，与仲裁委建立行政调解协议仲裁确认机制，成立安徽省首家知识产权仲裁中心，逐步构建起多元化专利纠纷解决机制。印发《安徽省专利执法维权典型案例》《专利行政执法手册》《执法文书规范》，全面推行“双随机一公开”工作制度，实现科学高效监管。加强专利行政执法资格认证培训，全省600余人取得专利行政执法资格。2017年，全省专利案件受理量首次突破2000件，达到2229件，较上年增长88.9%，其中专利纠纷案件958件，假冒专利案件1271件。

六、知识产权管理能力不断提高

以示范引领带动知识产权强市、强县、强企建设。安徽省现有国家知识产权强县工程示范县（市、区）17个、试点县（市、区）16个、传统知识知识产权保护示范县1个、试点县2个；国家知识产权示范园区1个、试点园区6个，省级知识产权示范园区29个。全省82%的县级行政区建立了知识产权管理机构。推进中小学知识产权教育试点示范工作，现有国家级试点学校3家。

七、知识产权服务能力快速提升

开展省级知识产权服务品牌机构培育工作，首批认定10家省级知识产权服务品牌机构。承办全国知识产权服务品牌机构“牵手美好安徽　共促创新发展”行动，取得良好效果。加强专利代理机构的日常管理，定期发布专利代理机构发明专利代理质量通报，从发明专利授权数量、平均质量、授权率三个方面进行量化评估。全省现有专利代理人668人，执业代理人246名；本土代理机构40家，外省分支机构50家。

（安徽省知识产权局）

商标工作

2017年，安徽省大力实施商标品牌战略，出台《“十三五”实施商标品牌战略规划（2016—2020年）》，深入开展“增品种、提品质、创品牌”专项行动，制定下发《安徽省工商行政管理局贯彻落实五大发展行动计划推进质量品牌升级工程实施方案》，推进安徽“五大发展行动计划”、创新发展行动、质量品牌升级工程，发展品牌经济，促进供给侧结构性改革和高质量发展，取得了积极成效。

一、积极推进商标注册便利化改革，促品牌升级

安徽省工商局积极推进商标注册便利化改革，经商标局批准，在合肥、芜湖、安庆、阜阳、蚌埠、淮南、宣城、黄山、六安、滁州、铜

陵等11个省辖市设立了商标申请受理窗口，方便了省内各类市场主体注册商标，减轻了企业注册商标的负担，受到了企业和地方政府的欢迎，促进商标注册量迅猛增长。2017年，全省新申请商标注册163 261件，首次当年申请量突破10万件大关，同比增幅高达85.4%。全省有效注册商标总数突破30万件，达301 957件。新申请马德里商标国际注册93件，新增马德里商标国际注册72件，有效马德里国际注册商标457件。

出台支持“十大皖药”商标品牌建设的实施意见和沿江沿淮行蓄洪区商标品牌建设实施意见，积极支持创新发展行动，有力促进区域经济发展。新认定安徽省商标品牌基地23个，已认定的98个省级专业商标品牌基地2017年产值达7874亿元，利润676亿元，纳税238亿元，基本形成龙头企业带动、产业集聚、品牌荟萃的规模经济效应。组织200多家企业参加中博会暨徽商大会“安徽品牌产品展”，集中展销一万多种安徽名特优产品，受到了企业和消费者的欢迎。

二、加大商标富农工作力度，助力商标精准扶贫

积极构建“企业（产品）商标＋地理标志商标＋龙头企业＋基地＋农户（贫困户）＋地理标志注册人”等运用模式，坚持典型带动和一大批地理标志商标的有效运用，带动了一大批贫困户脱贫致富。“太平猴魁”“宁国山核桃”等两件地理标志商标产品参加第八届世界地标大会中国地理标志产品展，“枞阳媒鸭”地理标志被评为“商标富农和运用地理标志精准扶贫十大典型案例”。2017年，全省新增“黄山毛峰”和“宣笔”等17件地理标志，全省地理标志商标总数达117件。

制定下发《农村电商商标注册与品牌建设实施意见》，探索“互联网＋商标品牌”，推进农村电商商标注册，发挥商标富农作用，推进农业品牌化，助力电商精准扶贫。2017年，按计划推进的全省乡镇有1267个，农村电商已有1982个，农村电商已注册商标1154个。

三、开展商标质押融资工作，扶持实体经济发展

以服务企业发展为出发点，督促全省工商和市场监管部门手把手帮助企业办理商标质押贷款，助力实体经济发展。2017年，经商标局批准，在合肥市、阜阳市和芜湖市工商局新设立商标质权登记窗口。全年办理商标质押贷款325件，助企融资22.5亿元。全省累计已办理商标质押贷款1879件，助企融资169.4亿元。

四、加强商标品牌保护和执法力度，维护市场秩序

组织开展了打击侵犯知识产权和制售假冒伪劣商品专项行动、打击商标侵权“溯源”行动，以驰名商标、地理标志商标、老字号商标和涉外商标为重点，严格打击侵犯商标专用权行为，保护企业的商标品牌权益，为创新、创造、创业营造良好的市场环境。按照不低于3%比例的要求，组织开展全省商标代理机构商标代理行为和酒类生产企业商标使用与商标侵权情况随机抽查。积极指导和帮助江淮汽车、六国化工、洽洽瓜子等省内重点企业开展商标品牌维权行动。全年共立案查处侵犯知识产权和制售假冒伪劣商品案件5339件，结案4755件，案值2055.5万元，罚没2767万元。移送司法机关案件14件，捣毁制假售假窝点8个。

（国家知识产权局商标局综合处）

版权工作

2017年，安徽省版权管理工作推动科学依法管理，提供优质高效服务，为知识产权强国建设提供良好版权支撑。

一、深入开展版权执法监管工作，提升依法行政水平

（一）开展"剑网2017"专项行动

安徽省版权局会同省公安厅、省网信办、省通信管理局共同商研，制定《安徽省开展打击网络侵权盗版"剑网2017"专项行动实施方案》，积极部署加强对新闻、影视类作品、APP领域、电子商务平台等领域版权秩序的专项整治。

（二）严厉查处侵权盗版违法行为

共立案查处重点典型版权案件31起，其中刑事案件4起，办结1起，2起案件获国家版权局、公安部等五部门联合挂牌督办。行政立案21起，办结17起，行政处罚12起。在国家版权局公布的2016年度查处侵权盗版案件有功单位和有功个人名单中，安徽省共有2个单位（专案组）和13名个人获得表彰。

二、大力推进软件正版化工作，建立健全长效工作机制

一是建立健全政府机关软件正版化工作长效机制，建立健全并严格落实计算机软硬件采购源头管理、软件资产台账管理、软件使用责任人管理、软件采购审计长效管理制度，防止出现反弹。建立健全省、市、县三级政府机关单位软件正版化工作责任人信息库，进一步明确各单位软件正版化工作的主体责任和相关责任部门的责任。

二是开展对部分市直政府机关单位全覆盖督查考评。在全省政府机关单位再次开展自查清理工作。同时大力开展政府机关软件正版化考评工作。

三是创新工作方式，分类推进软件正版化工作，确定重点，加强宣传培训，加大推进力度，强化督查，坚决杜绝企业使用侵权盗版软件。

三、强化版权公共服务，组织开展版权理论研究

（一）推动版权示范单位创建

2017年，安徽漂牛网络公司被国家版权局授予"全国版权示范单位"称号；安徽江淮汽车集团被国家版权局授予"全国版权软件正版化示范单位"称号。安徽新媒体集团被中国版权协会授予"2017年中国版权最具影响力企业"称号。安徽省现已创建"全国版权示范单位（基地、园区）"8家，软件正版化示范单位1家，省级版权示范单位（基地、园区）10家。

（二）积极开展作品版权登记服务工作

2017年安徽省作品登记数量大幅攀升，同比增幅160%，达到10 011件，创历史新高。

（三）积极推动版权贸易活动

组织相关单位积极参加北京国际图书博览会、2017江苏（南京）版权贸易博览会等行业会展，推进皖版优秀版权作品"走出去"。在北京国际图书博览会上，实现版权输出517项。

四、丰富版权宣传形式，扩大版权社会影响

一是开展版权宣传周活动。围绕"4·26世界知识产权日"，启动2017年版权宣传周活动。

二是举办知识产权博士论坛。安徽省版权局联合中国科学技术大学、省知识产权局、省律师协会举办第九届"知识产权博士论坛"暨"科技创新与区域发展研讨会"，邀请知识产权理论和实务界的相关专家学者在论坛上进行交流发言。有关省直机关、高校、律师事务所、相关行业企业、省内有关媒体以及国外知识产权代理机构共200余人参加论坛。

（安徽省版权局）

司法工作

2017年，安徽法院紧紧围绕“努力让人民群众在每一个司法案件中感受到公平正义”目标，坚持司法为民、公正司法工作主线，适应新常态，展现新作为，执法办案、深化改革、调研指导、队伍建设等各项工作齐头并进，成绩斐然。

全省法院全年共受理民事知识产权一审案件5732件，其中新收5393件；受理二审案件372件，其中新收328件。审判工作呈“四升”发展态势：一是受理案件总量上升，同比2016年增幅近31.9%，延续多年来的增长势头，司法保护主导作用凸显；二是结案数、结案率双双上升，一、二审共结案6104件，同比增长1385件，结案率提升约一个百分点，司法效率再攀新高；三是调撤率上升，全年一、二审共调撤案件4329件，同比增长1191件，调解率为76.95%，上升近3个百分点，多元化解成效显著。

一、“三成效”聚力中心工作

（一）树立司法导向，塑造良好营商环境

“产权保护特别是知识产权保护是塑造良好营商环境的重要方面。”全省法院立足审判职能作用，着力打造挖掘规则意义突出的典型案件，彰显强化产权保护的司法导向和厚植创业创新沃土的坚定决心。

（二）加大保护力度，增添创新发展动能

不断加大知识产权保护力度，保障文化创新，推动品牌战略实施，推进技术创新，着力培育科技、文化创新能力和拓展创新空间，服务保障创新驱动发展战略，助力安徽打造内陆开放新高地。《人民法院报》以“安徽：为创新添活力 为发展增动力”为题整版报道了安徽省法院知识产权审判工作的丰硕成果。

加大品牌保护力度。安徽省高院审结刘某与合肥市安之酸化妆品有限公司等侵害商标专用权纠纷案，在查明事实基础上合议庭认为在案涉商标已经独占许可给案外人的情况下，商标权人仍享有原告诉讼主体资格，但因其相关权益已经通过收取许可使用费的方式完全实现，其就涉案商标不享有其他经济权益，从而明确了独占许可情形下的商标权人无权主张经济损害赔偿的裁判规则。

助推文化产业健康发展。安徽省高院审结涉“哆啦A梦”“熊大”“熊二”等知名动漫形象商业化利用引发的著作权案件，支持权利人维权，使智力劳动得到应有尊重和合理回报。

规范市场竞争秩序。安徽省高院审结安徽老家酒业公司与安徽八宝春酿酒公司等侵害商标权及不正当竞争纠纷案。合议庭在审慎查明案件事实基础上辨法析理，认定被控侵权人不具备商标在先使用行为，纠正其不当依附注册商标行为的偏差，鼓励其以自有品牌参与市场竞争，弘扬诚实信用原则，发挥司法裁判导向作用。

（三）突出办案效果，贯彻市场理念

着眼知识产权的财产属性，重视其作为市场竞争的核心要素和战略性资源的角色定位，从有利于市场资源优化配置、有利于提高资源利用效率的角度出发规范关系、调整利益、解决纠纷。蚌埠市禹会区法院在审理北京一得阁墨业公司诉蚌埠市十余家个体工商户侵害商标权的系列案件过程中，转变调解思路，针对被诉商户反映的有销售正品意愿但缺乏正规进货渠道的情况，办案法官积极沟通北京一得阁墨业公司，促成被诉商户与之达成合作协议，实现商标权利人开拓市场与零售商户合法安心经营的双赢，进一步挖掘了品牌市场潜力。

二、“三突破”展现改革活力

以“钉钉子”精神贯彻落实司法体制改革部署，积极探索完善审判权运行机制和审判责任制，按照正规化、专业化、职业化

要求优化工作机制、配置审判资源，改革持续推进，红利不断释放，在专业化建设、司法改革、探索完善诉讼制度三方面努力实现新突破。

（一）合肥知识产权法庭正式挂牌履职

经最高人民法院批复同意，合肥知识产权法庭于 2017 年 8 月 30 日正式揭牌。合肥知识产权法庭的设立开启了安徽省知识产权专业审判的新纪元，标志着安徽省知识产权审判机制体制改革步入新阶段。

（二）司法责任制和审判权运行机制全面落实

按照司法规律要求建立完善审判权运行机制，坚持有序放权和有效监督相统一，实现放权不放任、监督不缺位。

一是实现院庭长办案常态化。二是进一步完善合议庭功能定位，明确庭长、审判长、合议庭成员职责权限，为“让审理者裁判，由裁判者负责”提供制度保障。三是建立专业法官会议制度。四是依托信息化应用，加强审判流程和节点的监督管理。

（三）探索完善诉讼制度迈出新步伐

一是着力探索破解知识产权权利人“举证难”问题。积极运用各类诉讼保全措施，提高司法救济的及时性。提升技术事实查明能力，芜湖经开区试行“专业审判＋权威咨询”审判模式。合理分配举证责任，适当减轻权利人举证负担。二是着力探索破解知识产权侵权诉讼“赔偿低”问题。坚持知识产权创造价值的价值导向，规范统一裁判尺度。依法从重处罚恶意侵权、重复侵权行为。三是着力探索破解知识产权案件审理“周期长”问题，遵循司法规律，推进繁简分流。主要经验如下：完善送达程序与送达方式，推进审判辅助事务集中管理；科学调配和高效运用审判资源；探索实行示范诉讼方式；发挥庭前会议功能；创新开庭方式，推动智慧法院建设；推行裁判文书繁简分流；完善多元化纠纷解决机制。

三、“三抓手”提升综合效能

有的放矢拓展审判职能，三大抓手彰显责任担当，实现监督指导、司法服务同步推进，司法保护综合效能稳步提升。

（一）以调研指导为抓手，统一裁判尺度

一是强化类案指导。安徽省高院首次出版《安徽法院案例参考（知识产权专辑）》，集中展现多年来安徽省法院知识产权审判工作成果。二是落实改判发回双向沟通机制。三是加强态势分析，安徽省高院定期研判全省知识产权案件数量变化、特点及类案情况，规范知识产权司法行为，提升审判质效。四是强化调研工作。

（二）以工作协同为抓手，打造立体保护格局

一是自觉接受人大监督，做好“两会”代表联络工作。二是参与产权保护等协调工作机制，优化创新生态。三是踊跃参与业务交流。四是加强与司法、行政执法机关的沟通与交流。

（三）以对接创新主体为抓手，凝聚知识产权保护共识

一是加强与高校交流，广泛寻求智力支持。二是加强对企业的司法服务。三是加强与律师联系，发挥法律共同体作用。四是加强司法公开，营造社会氛围。

四、“三强化”打造过硬队伍

以不断强化党建工作、能力建设、司法廉洁为基点，努力打造一支忠诚而有担当的审判队伍。主要从三个方面着手：（1）强化党建工作，保持正确政治方向；（2）强化能力建设，提升专业化水平；（3）强化廉政建设，营造风清气正氛围。

（安徽省高级人民法院知识产权审判庭）

检察工作

2017年，安徽省检察机关认真贯彻落实全省打击侵权假冒工作部署，充分发挥检察职能，持续加大对侵权假冒行为的打击力度，积极加强知识产权保护，努力为安徽“创新型省份”建设提供有力司法保障。

一、强化动员部署，把“双打”工作摆上更高位置

安徽省人民检察院高度重视打击侵权假冒工作，安徽省人民检察院专门出台《安徽省检察机关充分履行检察职能加强产权司法保护的指导意见》，要求全省检察机关依法惩治侵权假冒犯罪，突出打击链条式、产业化侵犯知识产权犯罪，以及具有反复侵权、恶意侵权、网络侵权、有组织侵权等恶劣情节的犯罪，加大对涉外知识产权犯罪打击力度；在安徽省人民检察院印发的《关于充分发挥检察职能服务保障五大发展美好安徽建设的意见》中，着重强调全省检察机关要依法惩治侵犯商标权、侵犯著作权、侵犯商业秘密犯罪，依法惩治重大科研项目、关键核心技术、优势产业等领域的假冒专利犯罪，维护创新主体合法权益。

二、充分发挥职能，严厉打击侵权假冒行为

充分发挥审查逮捕、审查起诉、诉讼监督以及职务犯罪侦查等职能，始终保持对侵权假冒犯罪的高压打压态势。一是依法从严从快批捕起诉，加大打击力度。2017年全省检察机关共批捕侵犯知识产权犯罪案件67件106人，起诉139件263人。二是强化刑事诉讼监督，促进有罪必究。综合运用立案监督、侦查活动监督等措施，监督纠正有案不立、有罪不究现象。三是加强办案督导。对重大、复杂、疑难的侵权假冒案件，加大对下督导力度，确保办案质量和效率。

三、深化“两法衔接”，增强打击侵权假冒合力

一是推动健全“两法衔接”机制。针对“两法衔接”方面法律法规不够健全的现状，着眼于促进“两法衔接”工作深入规范开展，利用安徽省人大常委会听取全省检察机关侦查监督工作汇报的契机，提出启动“两法衔接”地方立法的建议，得到安徽省人大常委会重视。二是推动“两法衔接”信息共享平台建设。积极推动安徽省打击侵权假冒领域“两法衔接”信息共享平台扩大覆盖范围，发挥更大作用。联合省“双打”办，加强与省烟草专卖局沟通协调，积极推动将烟草系统纳入“两法衔接”平台，并会同省“双打”办、省烟草专卖局，赴海南、福建两省考察“两法衔接”信息共享平台建设经验。三是强化工作督导。为促进全省各级检察机关充分发挥在“两法衔接”中的监督职能，省检察院侦查监督一处（“两法衔接”工作牵头部门）实行处领导包片指导制度，深入各市检察院实地调研，督促各地加大对行政执法机关移送涉嫌犯罪案件和对公安机关立案的监督力度。2017年，全省检察机关共建议行政执法机关向公安机关移送涉嫌侵权假冒犯罪案件126件，公安机关已立案82件。

四、延伸工作触角，提升知识产权保护工作成效

一是参与重点领域综合整治。配合有关行政执法机关开展重点领域侵权假冒行为专项整治，合力治理人民群众反映强烈的侵权假冒顽疾。二是积极建言献策。各地检察机关针对办案中发现的知识产权保护领域存在的问题，主动向有关单位发出检察建议，促进其增强知识产权保护意识，完善知识产权保护制度，减少和预防侵犯知识产权行为发生。三是开展打击侵犯知识产权和制售假冒伪劣商品专项行动工作督查。安徽省人民检察院牵头组织相关部

门，赴阜阳、亳州开展打击侵权假冒工作现场督查，全面了解两地打击侵权假冒工作情况，指出存在的问题，提出改进工作的建议。四是加强知识产权保护宣传。将打击侵权假冒工作作为法治宣传重点，利用“4·26世界知识产权日”等时机，开展形式多样的知识产权宣传活动，促进形成“保护知识产权、抵制假冒伪劣”的浓厚社会氛围。

（最高人民检察院侦查监督厅）

福建省

专利工作

2017年，以习近平新时代中国特色社会主义思想为指导，围绕中共中央、国务院关于知识产权工作的部署要求，福建省坚持新发展理念，以“机制活”为牵引，推进知识产权强省战略实施，各项工作取得显著成效。

一、专利创造继续保持量质齐升良好态势

全省专利申请128 079件，其中发明专利申请26 460件，同比增长10.48％；全省专利授权68 304件，其中发明专利授权8718件，同比增长22.22％。截至2017年底，全省有效发明专利共计31 006件，同比增长30.32％；每万人口发明专利拥有量8.004件，同比增长29.14％，提前三年完成“十三五”科技发展专项规划目标。专利电子申请率跃居全国第一。全省共有24项专利荣获第十九届中国专利奖，获奖数量为历年最多。

二、知识产权保护力度持续增强

创新省、市、县（区）三级专利行政执法模式，在全省范围内实施跨地方行政区划行政执法资源组织调配，同时强化省知识产权智库执法维权专家库建设并提供法律支持。建立健全知识产权领域守信激励与失信惩戒机制，与省诚信促进会联合开展知识产权诚信促进行动。2017年全省共办理专利行政执法案件2057件，同比增长43.7％，办理举报投诉案件342件，开展展会专利执法保护服务活动30余场次。

三、知识产权综合运用效益大幅提升

加强各类知识产权运营平台建设，强化知识产权金融服务。2017年，全省专利权质押融资达32亿元，涉及项目219项；对符合条件的80家企业专利权质押贷款项目予以财政贴息1357万元，降低中小微企业融资成本。支持全省国家级知识产权示范企业和优势企业为核心发明专利购买专利执行险，全省累计118家企业为1089件专利投保专利执行险，保额达2007.75万元。

四、知识产权服务体系进一步完善

深入实施“放管服”改革，加快建设“知创中国”与“知创福建”线上线下双平台，已遴选确认中知（北京）认证有限公司福州分公司等一批中高端服务机构首批入驻“知创福建”平台。强化督促协调，确保国家知识产权局专利审查协作福建分中心建设工作顺利竣工。加强知识产权智库建设，目前智库已收录124家各类服务和研究机构、407名专家信息。认真组织开展全国专利代理人资格考试福建考点考务工作，全省通过考试的考生人数达107人，同比增长40％，考试通过人数创历史新高。促进专利代理行业快速健康发展，2017年新增专利代理机构12家，全省共有专利代理机构37家，专利代理分支机构45家。全

年共组织举办知识产权远程培训班 101 期，参训学员 3.8 万多人次。

五、知识产权试点示范工作取得全方位突破

全省共有国家知识产权强县工程示范县(区)8 个，试点县(区)14 个，国家传统知识知识产权保护示范县 1 个，国家知识产权试点园区 3 个，国家知识产权示范优势企业 131 家，全国中小学知识产权教育试点学校 6 所。此外，厦门市入选首批全国知识产权综合管理改革试点城市，成功获批国家知识产权强市创建市，并入选由财政部和国家知识产权局组织实施的国家知识产权运营服务体系建设试点单位，获得中央财政资金 2 亿元支持。

六、军民知识产权融合发展势头强劲

与国防知识产权局共建国家级军民知识产权融合运营平台，联合国防知识产权局、东部战区陆军装备部共同举办"6·18军民知识产权融合专题展""军民知识产权融合论坛暨项目对接交流会"，组织地方企业通过专利导航开展军民融合领域的研发创新，努力探索军民两用技术供需对接新路径、新方法。推动成立福建省军民融合知识产权联盟(福州)，促成龙岩市与中国和平利用军工技术协会签署战略合作框架协议，支持南平市举办"绿色发展创新大会暨军民融合生物产业产学研对接会"，探索建立军地、军民沟通协作的快速通道和军民协同创新机制，加快形成全要素、多领域、高效益、具有福建特色的军民知识产权融合深度发展新模式。

七、一系列改革探索举措在全国知识产权创新发展格局中凸显福建作为

在全国首创以省市联动方式实施"1＋10"专利导航产业发展创新计划，并着手构建具有福建产业特色的专利导航大数据中心，得到地方政府和广大企业的肯定与支持；在全国首推全面覆盖企业、高校和科研院所的知识产权专员制度，近 2000 人被确认为首批知识产权专员，并纳入专员库管理；在全国率先建立公力保护与私力救济相结合的知识产权保护新机制，得到全国"双打办"肯定。

(福建省知识产权局)

商标工作

2017 年，福建省工商局以实施商标品牌战略为主线，积极推进商标注册便利化改革，深化商标富农工作，不断加大商标专用权保护力度，服务企业发展，取得了较好的成效。

一、商标品牌战略实施持续推进

福建省工商和市场监管部门认真贯彻落实福建省政府下发的《关于推进商标品牌工作的若干措施》，大力推进全省企业实施商标品牌战略。"4·26 世界知识产权日"期间，福建省工商系统开展了"尊重保护商标权，护航金砖会晤"的主题宣传周活动；发布了《福建商标发展报告(2016 年度)》；推荐优秀企业和单位参评中国商标金奖，福建泉州匹克体育用品有限公司获得"商标运用奖"，福耀玻璃工业集团股份有限公司获得"商标创新奖"提名，泉州市工商局获得"商标保护奖"提名。

随着商标品牌工作的深入，企业商标保护意识不断提升，全年新申请商标 29 万件，比 2016 年增加 12 万件，新增注册商标 128 709 件，有效注册商标总数达 734 624 件。

二、商标注册便利化改革初显成效

大力推进商标注册便利化改革，提升商标公共服务水平，经商标局批准，设立了漳州、福州、泉州、南平 4 个商标申请受理窗口，4 个商标受理窗口自成立以来，累计受理商标注册申请 1805 件，受理商标申请咨询 3900 余人次，为省内市场主体申请注册商标提供了便利,节约了企业成本。

三、地理标志商标精准扶贫不断深化

深入贯彻《福建省工商局关于印发推进地理标志商标工作若干措施的通知》精神,编写了《福建省地理标志商标调研情况报告》,对福建省现有地理标志商标的基本情况进行分析;组织地理标志商标产品参加世界地理标志大会,展示优秀地理标志商标风采,提升了地理标志商标的知名度和美誉度。

组织开展优秀地理标志商标注册人推广示范工作,按照规范使用、严格管理、产品质量稳定、品牌知名度高、富民及带动效应明显等若干标准,确定安溪县茶业总公司、福鼎市茶业协会、宁德市渔业协会、南靖县兰花协会、云霄县枇杷协会、漳平市茶叶协会等 6 个地理标志商标注册人作为 2016 年度优秀地理标志商标注册人,并在全省进行推广示范。通过对地理标志商标注册人规范使用、严格管理地理标志商标行为的正向激励,充分发挥地理标志商标"富农""惠农"的积极作用,因地制宜发展特色生态产业,加快推进农业可持续发展和生态产业转型升级,服务生态省建设。

四、商标专用权保护力度全面加强

全年共立案查处打击侵犯知识产权和制售假冒伪劣商品案件 636 件,办结案件数 818 件,罚没款 1952 万元,公开案件信息 800 件。

(1)开展专项整治行动。结合"双随机、一公开"工作,开展了商标代理市场专项检查;继续开展 2017 年维护中国制造海外形象"清风"行动,以向"一带一路"沿线国家出口的商品为整治重点,严厉打击跨境制售侵权假冒商品违法行为;开展打击商标侵权的"溯源"专项行动,对商标侵权商品生产、销售、注册商标标识制造等环节开展全链条打击。厦门市市场监管局在金砖国家会晤期间,加强对 2017 年金砖国家领导人会晤相关标识、礼品、影音资料等有关产品的商标保护工作。

(2)加强商标监管信息化建设。将全省已注册的约 70 万件商标计于国家企业信用信息公示系统(福建)的市场主体名下,以增强对商标违法行为线索的发现、收集和甄别能力,提高预测预警和分析研判水平,推动商标行政执法信息共享平台的有效应用。

(3)加强商标信用监管。将因商标侵权假冒、违法商标代理行为受到行政处罚等信息纳入国家企业信用信息公示系统,形成对商标失信行为的协同监管和联合惩戒。

(4)持续推进商标执法协作。加大商标监管执法跨部门、跨区域协作,通过请求商标局、商标评审委员会加快审理、开展专项执法等行动,维护福建省商标权利人的合法权益。

(国家知识产权局商标局综合处)

版权工作

2017 年,福建省版权工作积极实施版权发展战略,继续推进版权产业发展,努力提高版权监管水平,形成新的亮点。主要体现在以下几方面。

一、强化版权行政监管

(一)着力打击侵权盗版

2017 年 7 月至 11 月,福建省版权局牵头会同省网信办、省通管局、省公安厅联合组织开展打击网络侵权盗版"剑网 2017"专项行动,截至 11 月底,福建省共主动巡查网站 1768 家,办理各类网络侵权案件 52 起,其中行政立案处罚 11 起、调解(含诉调对接)版权纠纷 6 起,移送司法机关 3 起,关闭侵权网站 4 家,删除侵权盗版链接 16 起,撤销网站 ICP 备案号 2 起,其他方式处理 4 起,在办 6 起;对全省 189 家网站进行主动监管,100 家互联网企业在版权自查自纠中厘清版权关系作品188余万件，主动下架未授权作品7万余件，公布影视、文学、游戏、动漫等重点作品版权保护白名单465件，全省120家互联网企业平台按要求设置了"福建版权保护"英文logo的版权举报投诉窗口，进一步净化了网络版权空间，维护了网络版权秩序。在全国"双打"办对福建省2016年度打击侵权假冒工作的考核中，涉及打击侵权盗版等项目在考核总分值100分中占11分，福建省版权局因工作成绩突出，得满分并加0.3分，共得11.3分。福建省版权局版权处荣获国家版权局2016年查处侵权盗版案件有功单位一等奖。

(二)深入推进软件正版化

2017年7月，福建省厅际联席会议正式印发《福建省推进企事业单位使用正版软件工作规划》，要求各地各部门按照规划抓好落实。2017年第一季度对71家省直机关(包括党委、人大、政府、政协、法院、检察院、人民团体、民主党派机关)2016年度使用正版软件情况进行全面考核，确定优秀等次59家、良好等次10家、良好以下等次2家，并以省推进使用正版软件厅际联席会议名义将考核结果通报各省直机关。

(三)积极配合著作权法执法检查

2017年6月，福建省版权局积极配合省人大常委会做好迎接全国人大常委会执法检查组开展著作权法执行检查工作，向检查组介绍福建省贯彻实施著作权法情况，报告相关意见建议。

二、优化版权公共服务

2017年以来，"福建省作品自愿登记系统"正式投入运营，实现了网上申报、在线审核、电子发证等全程网办的无纸化运作。

2017年1月至11月，福建省共核准版权登记作品57 838件，比2016年同期增长36.97%。此外，2017年1月至11月共审核登记出版境外图书合同82件，比2016年同期增长34.42%。

三、积极开展版权宣传培训

(一)多渠道开展版权系列宣传

以"4·26世界知识产权日"为重要时间节点，制定宣传方案，组织开展系列宣传活动。参与召开全省知识产权宣传周活动新闻发布会，通报全省版权保护工作成效，回答记者相关提问。在福州公交车移动电视频道播放版权公益宣传片，日均受众达50多万人次；在全省126家影院播映版权知识公益宣传片2.6万多场，受众达45万多人次；在福建电视台少儿频道播放由省版权局制作的普及版权知识系列动画片；在福建省版权局微信学法平台推送版权法律基本知识。

(二)全面开展版权业务培训

2017年，福建省版权局共培训200多人次，讲解版权行政执法、软件正版化等相关问题，普及版权法律知识。

四、推动版权产业发展

(一)积极推进版权示范工作

2017年福建省版权示范园区(基地)、单位采取各地版权行政部门自愿申请的办法，福建泉州顺美集团和福建三福家具公司获得"全国版权示范单位"称号，实现本省获得此称号零的突破。

(二)指导地市加强版权工作

2017年4月和9月，福建省版权局分别赴泉州、厦门和南平、三明、龙岩等地调研版权相关工作，深入企业了解版权产业发展情况，听取相关意见和建议。10月，福建省版权局组织召开全省版权工作座谈会，了解全省各地版权工作开展情况，重点针对福建省版权工作存在发展不平衡不充分的问题提出具体要求。

（福建省版权局）

司法工作

福建法院紧紧围绕创新驱动发展战略，积极回应福厦泉国家自主创新示范区建设提出的司法需求，强化知识产权的创造、保护和运用，不断深化知识产权审判领域改革创新，知识产权司法保护成效显著。

一、忠实履行审判职责，加大知识产权保护力度

狠抓执法办案第一要务。认真贯彻落实最高法院“司法主导、严格保护、分类施策、比例协调”基本司法政策，依法公正高效审理各类知识产权案件，2017 年共受理各类知识产权纠纷 9256 件，办结 8640 件，比 2016 年上升 73.14%和 90.06%。受理知识产权民事案件 8303 件，办结 7760 件；受理知识产权刑事案件 940 件，办结 872 件；受理知识产权行政案件 13 件，办结 8 件。牢固树立保护知识产权就是保护创新的理念，严格制止和打击各类知识产权侵权行为，切实维护权利人合法权益，为市场主体营造了公平竞争的市场秩序。

高度重视大要案的审理。经多年积淀，福建法院知识产权审判能力和水平受到业界的高度认可，众多全球知名度高、社会影响力大的企业选择在福建维护知识产权权益。福建法院高度重视大要案的审理，严把事实认定和法律适用关，妥善确定赔偿数额，向国内外树立了知识产权司法保护的良好形象。成功审结华为终端有限公司诉三星（中国）投资公司等侵害发明专利权纠纷案，判决结果得到国内外主流媒体的一致好评。妥善调解中微半导体设备（上海）公司诉维易科精密仪器国际贸易（上海）公司等侵害实用新型专利权纠纷案，促成双方当事人的合作和共赢，取得良好的社会效果。

加大知识产权保护举措。以实现知识产权市场价值为指引，积极探索科学合理的损害赔偿司法认定机制。对于源头侵权、重复侵权、故意侵权的情形，酌情确定适当高于市场价值的损害赔偿。运用根据具体证据酌定实际损失或侵权所得的裁量性赔偿方法，引导当事人对于损害赔偿问题积极举证，进一步提高损害赔偿计算的合理性。妥善运用惩罚性赔偿规则，一方当事人已经尽力举证仍无法提供相关证据，有证据证明对方当事人持有该证据但无正当理由拒不提供的，审慎推定一方当事人所主张的事实为真实。依法积极适用行为保全、证据保全、财产保全等临时措施，有效降低权利人维权成本。

规范审判流程管理。严格落实司法责任制改革的要求，制定出台院庭长等各类司法人员岗位职责和权力清单，规范院庭长行使审判管理权与审判监督权权力边界和行权方式，由审判长签发合议庭文书，真正实现“让审理者裁判，由裁判者负责”。细化审判权运行的各个流程节点，对案件收案、立案、分案、庭审、送达等全部环节作出细化规定，规范审判权运行。实行“分调裁”机制改革，推进案件繁简分流。依据繁简程度，在简案团队和审判团队之间合理分配案件，实现简案快办、繁案精办，进一步提升审判质效。

二、深化司法体制机制改革，优化审判资源配置

深入推进“三合一”审判。推进“三合一”审判工作向纵深发展，构建资源优化、运行科学、公正高效的知识产权综合审判体系。对知识产权审判庭的名称、机构及人员作出调整和优化，建立与检察机关、公安机关及知识产权行政执法机关的沟通联络机制，协调公安机关、检察机关做好刑事案件的侦查和移送起诉工作，推动“三合一”工作在福建省全面实施。

加强专门化审判体系建设。优化整合

全省知识产权案件的管辖格局，根据最高人民法院的批复成立福州知识产权法庭，跨区域管辖全省范围内涉技术类的知识产权案件。

健全多元化纠纷解决机制。全省法院在知识产权司法保护中始终重视多元化纠纷解决机制建设，注重发挥多元化纠纷解决机制的作用，加强与知识产权行政管理部门、人民调解组织、仲裁机构、行业协会、专业调解组织等的协调配合，创新纠纷解决方式，动员和发挥社会各界力量，打造知识产权保护的立体平台，形成保护合力。完善省法院与省知识产权局、中基层法院与其他行政部门建立的诉调对接机制，注重发挥行业协会和科技专家的专业技术优势。

三、延伸司法服务，着力提升司法公信

全面推进司法公开。以科技手段推进司法公开的力度，运用科技法庭全面实行庭审同步录音录像，对案件审理进行“实时监控”。落实庭审直播工作，通过网络直播、庭审进校园和邀请人大代表观摩公开庭等形式，进一步改进庭审风貌。规范裁判文书上网，对于不涉及当事人隐私、商业秘密等的案件，通过福建法院网和中国裁判文书网及时向社会公布。

扩大司法宣传。精心组织“4·26知识产权宣传周”活动，召开新闻发布会，开展公众开放日活动，发布上一年度知识产权司法保护状况白皮书及十大典型知识产权案例，充分展示知识产权审判工作成效和司法保护成果。德化法院联合行政机关发布白皮书，宣传“司法＋行政”双轨制保护经验。加大媒体宣传力度，在《福建法制报》《东南早报》等开辟“以案释法”专栏，对社会关注度高、法律适用典型的案件进行深度点评，提升知识产权审判影响力。开展庭审进校园、进企业活动，选取典型案件“以案释法”，营造“尊重知识、崇尚创新、诚信守法”的知识产权保护氛围。

落实便民服务举措。创新完善司法便民利民惠民举措，最大限度地满足人民群众对司法工作的新要求和新期待。

四、加强队伍建设，不断提升审判能力

加强思想政治建设。把政治建设放在首位，认真学习中共十九大、十九届一中全会精神和习近平新时代中国特色社会主义思想及习近平总书记系列重要讲话精神，推动“两学一做”学习教育常态化制度化。牢固树立“四个意识”，坚决维护以习近平同志为核心的中共中央权威和集中统一领导，做到维护核心、绝对忠诚、听党指挥、勇于担当。持续深入学习先进典型，营造“人人争先创优”的良好氛围。

加强司法能力建设。紧密结合知识产权审判特点与需要，持续加强队伍正规化专业化职业化建设，夯实审判业务能力。加强调研和理论研究，适时与高校、知识产权行政部门联合举办研讨会，共同研讨热点和难点问题。

加强反腐倡廉建设。认真落实党风廉政责任制，严格落实“五个严禁”，以零容忍的态度坚决杜绝违纪违法问题的发生。锲而不舍加大正风肃纪力度，强化纪律约束力，真正把纪律和规矩挺在前面。健全司法权运行监督管理机制，用制度管人管权管事，从源头上预防和制止腐败，确保司法公正廉洁。

（福建省高级人民法院知识产权审判庭）

检察工作

一、高度重视，始终保持打击侵权假冒犯罪的高压态势

按照《福建省贯彻落实2017年全国打击侵犯知识产权和制售假冒伪劣商品工作要点的任务分工》和最高人民检察院对全国检察机关打击侵权假冒的工作部署，从福建省实际出发，明确将互联网领域、农村和城乡结合部市场、“清风行动”、危害食品药品安全等作为专项工作重点，制定 2017 年打击侵权假冒专项工作计划。2017 年 9 月，积极组织开展外商投资企业知识产权专项保护。2017 年，全省检察机关共批准逮捕侵犯知识产权犯罪案件 63 件 74 人，起诉 220 件 306 人。南平市延平区人民检察院办理的陈某等人假冒南孚电池“聚能环”注册商标、非法制造注册商标标识、销售假冒注册商标的商品案入选“2016 年度全国检察机关保护知识产权十大典型案例”。

二、结合专项，不断强化侵权假冒犯罪的法律监督力度

一是强化协作配合，实现监督“四个全覆盖”。即实现监督环节从生产、流通、销售到消费环节全覆盖；监督范围从 2012 年以来行政违法案件到违法线索全覆盖；监督内容从移送涉嫌犯罪到立案侦查全覆盖；监督职能从批捕、起诉、查办职务犯罪到综合治理全覆盖。二是强化法律监督，严格纠正有案不移和有案不立。充分发挥福建省人民检察院为主导、市人民检察院为主体、县区人民检察院为基础的上下一体的工作机制，加强工作督导和案件挂牌督办，强化对行政执法机关移送涉嫌犯罪案件和公安机关立案活动的监督。三是强化机制建设，推进社会共治。龙岩市人民检察院完善挂钩责任制，检察机关根据人员结构优化资源，建立分片挂钩联系人制度，由专人专门负责联系具体的行政执法机关，对行政备案案件进行审查跟踪，提高了工作效率，形成既相对独立又有机统一、条块结合、相辅相成的侦监工作格局。

三、健全机制，大力推进“两法衔接”平台规范高效运行

2017 年，福建省人民检察院会同福建省人民政府法制办公室、福建省经济信息中心下发《关于规范福建省网上行政执法平台和两法衔接平台应用的通知》，针对平台应用存在的主要问题，提出做好平台规范应用与互联工作相关要求。截至 2017 年底，福建省“两法衔接”信息共享平台共接入市场监管、农业、文化、林业、新闻出版广电、知识产权、海关等部门成员单位 510 家，共录入侵权假冒行政处罚案件信息 64 300件，涉嫌犯罪案件信息 474 件。

四、注重服务，突出保障非公企业知识产权

一是把握“需求点”，深入研究经济发展态势和企业发展困难，从企业的现实需求出发，充分发挥打击犯罪、诉讼监督等职能作用，积极完善和实施知识产权保护制度。二是抓住“切入点”，以保护地域民族品牌为切入点，因地制宜开展打击侵犯知识产权犯罪工作，加大对反复侵权、恶意侵权行为的打击力度。三是找准“结合点”，加强对大数据时代侵犯知识产权新型犯罪研究，细化证据标准，完善案例指导机制，实现精准打击与有效服务相统一。2017 年 10 月，泉州市人民检察院与泉州市工商局、泉州工商联、厦门大学法学院共同举办“品牌保护与网络知识产权犯罪惩治研讨会”，加强法学理论与司法实践结合。

五、加强宣传，积极参与知识产权保护社会治理体系建设

一是通过广泛宣传，提升知识产权人和社会公众的知识产权保护意识。福建省人民检察院通过两微一端、“举报宣传周”等方式向社会和新闻媒体通报相关情况。二是积极运用预防调查、检察建议等措施，对工作中发现的制度不健全问题，协助发案单位及其主管部门健全管理制度。三是积极推进知识产权专业化建设。福州、厦门等地探索集中批捕、起诉知识产权刑事案件工作机制，着力提升办理侵权假冒案件专业化水平；泉州市人民检察院在全省创新成立知识产权刑事司法保护研究中心。

（最高人民检察院侦查监督厅）

江西省

专利工作

2017年,江西省知识产权系统坚决贯彻落实党中央、国务院和省委、省政府的决策部署,真抓实干,改革创新,基本完成年初制订的总体工作目标任务,知识产权事业实现又好又快发展。

一、紧抓工作落实,特色型强省建设达到新高度

国家知识产权局将江西省列为全国首批3个特色型知识产权强省建设试点省份之一,重点探索新常态下中西部地区知识产权引领支撑产业转型升级、经济跨越发展、国家生态文明先行示范区建设,大力发展LED、新能源等知识产权密集型战略性新兴产业;加快发展自主知识产权农林生物技术和低碳生态农业;突出发展污染防控关键专利技术和环保产业,打造知识产权强省"江西样板",并突出"生态"二字。

二、配合强省建设发展,知识产权政策体系进一步完善

出台了《江西省国家知识产权试点示范城市建设工作办法》和《江西省知识产权强县工程试点示范县建设工作办法》,支撑和大力推进强省建设,进一步夯实事业发展基础。

三、提升综合服务能力,专利金融创造新模式

一是联合省教育厅开展全省中小学知识产权教育试点示范工作。经过评审,确定20家中小学为全省首批知识产权教育试点学校。南昌市第二中学被确定为第三批"全国中小学知识产权教育试点学校",试点工作取得新突破。二是专利代理机构建设快速发展。全省新增专利代理机构9家,总数达34家。新增的这9家专利代理机构均享受了国家专利代理行业改革试点带来的政策红利,实现了各设区市专利代理机构的全覆盖。三是知识产权金融工作创出新佳绩。省知识产权局构建了省市共同发力的机制,向国家知识产权局争取了九江经济技术开发区等4个国家知识产权质押融资试点单位,批准了九江市等4个省级知识产权质押融资试点单位。2017年全省质押融资金额7.99亿元,增长142%。

四、创建国家级保护载体,打造知识产权保护"江西高地"

中国(南昌)知识产权保护中心已获国家知识产权局批复,建设中国(南昌)知识产权保护中心是国家知识产权局加快知识产权强国建设、支撑供给侧结构性改革等国家战略的重大布局,是江西省知识产权工作的重要进展,是打造知识产权保护"江西高地"的重要举措。2017年,全省专利行政执法案件775件,同比增长33.6%,知识产权"保护高地"建设成效初显。在全省多个设区市设立知识产权维权援助分中心或工作站,统一设立12330知识产权维权援助与举报投诉公益服务热线,集中受理全省范围内知识产权维权援助咨询与举报投诉等。2017年接听电话、接待咨询300余人次,受理并移交知识产权举报投诉案件近100件。

五、狠抓工程部署和调度,实施入园强企"十百千万"工程升级版

江西省知识产权局在知识产权入园强

企“十百千万”工程的现有基础上，研究制定了《江西省知识产权入园强企“十百千万”工程升级版实施方案》，并定期开展调度分析，将落实好“十百千万”工程升级版作为省知识产权局管理处头等大事抓紧抓好。通过知识产权入园强企“十百千万”工程升级版的实施，鼓励园区和企业建立、完善知识产权管理工作体系，使全省创新氛围不断浓厚，创造活力进一步迸发，主导产业和战略性新兴产业知识产权优势明显，充分实现创新驱动发展。2017 年，全省企业申请专利 37 185 件，占全省申请量的 52.7%；授权 17 833 件，占总授权量的 54.0%，实现双过半，企业创新主体地位日益凸显。

六、规范项目管理，专利产业化项目发挥示范引导作用

根据 2017 年度省发明专利产业化项目申报指南和《江西省战略性新兴产业专利技术研发引导与产业化示范专项资金项目和资金管理暂行办法》，报送了 2017 年省发明专利产业化立项项目，共计 20 项，金额 400 万元。

七、不断强化富民强县绩效考评制度及验收工作

富民强县专项考评工作包括：一是通过中期检查，强化项目管理；二是通过年度绩效考评，促进项目实施提升效果；三是坚持问题导向，对部分项目实施县（区）在实施过程中存在的问题加强指导。富民强县专项验收工作包括：一是推动各县（市、区）成立了知识产权机构；二是促进了各县（区）完善知识产权管理制度和政策体系；三是加强了各县（区）知识产权行政执法、培训、宣传等工作。

八、利用多种渠道，加强知识产权宣传培训力度

2017 年，江西省知识产权局门户网站共发布新闻 300 余条，国家知识产权局网站首页刊登相关新闻报道 18 次，在国家级和省级媒体刊登知识产权工作相关宣传报道 40 余次。全省各设区市、县（区）及国家、省级培训基地共开展知识产权各类培训 153 班次，参训人员 19 000 多人次，培训项目总数、培训规模创历年新高；积极组织有关人员参加国家知识产权局举办的各类业务培训 90 多人次。

九、确保专利增幅任务，全面提升专利质量

2017 年，全省申请专利达 70 591 件，同比增长 25.2%，授权 33 029 件；全省专利数量快速增长的同时，质量进一步提升，结构进一步优化，发明专利申请累计 11 507件，同比增长 57.6%；发明专利授权 2238 件，同比增长 16.9%；万人发明专利拥有量 1.96 件，同比增长 0.44 件。

（江西省知识产权局）

商标工作

2017 年江西省商标监管工作，以实施商标品牌战略为主线，以地理标志商标和马德里商标国际注册为主要抓手，着力注册商标专用权保护，维护公平竞争的市场环境。

一、助力商标注册便利化改革

2017 年全省商标注册申请量 105 660 件，同比增长 83%；新增注册商标 43 806 件，同比增长 38%；新增地理标志商标注册 7 件。全省有效注册商标总量 204 053 件，同比增长 25%。

（1）主动融入商标注册便利化改革。经国家工商行政管理总局商标局批准，设立江西省工商局、赣州、宜春、上饶 4 个商标受理窗口，公布咨询电话，公示申请商标注册流程，提供申请商标表格下载，发放《商标注册申请指南》。开发“江西省创业咨询一点通”平台，开设“我要商标”专栏指导商标注册申请。

(2)持续推进注册商标专用权质押工作。通过与北京银行、上饶银行、农商银行等金融机构合作,积极推荐优质企业商标权质押融资,缓解企业融资难题。全省商标质押贷款超过4亿元。

(3)开展商标与字号一体化注册保护工作。打造商标特色服务,利用登记注册窗口,推行商标与字号一体化注册保护工作,帮助市场主体打造商标与字号相统一的整体品牌。

二、扎实推进商标执法保护工作

2017年,江西省工商和市场监管部门查处各类商标侵权行为,共立案363件,办结案件303件,罚没款445.85万元,移送公安机关15件涉嫌犯罪案件。

(1)开展专项整治行动。开展元旦、春节期间打击侵权假冒行动,农资、成品油打假行动,中国制造海外形象维护"清风"行动,长三角"云剑联盟"联合打假行动以及以中国驰名商标、地理标志商标、老字号为重点的保护注册商标专用权行动。

(2)开展"双随机,一公开"商标监督抽查工作。强化事中事后监管,制定《基层商标日常监督现场检查工作指南》,规范商标监管;对全省350余家食品企业商标使用情况抽查,检查"国家企业信用信息公示系统"的信息录入,建立企业商标侵权假冒"黑名单"制度,营造商标品牌建设良好社会环境。

(3)注重线上线下并重。利用江西省工商局官网公布各设区市及省直管县市商标违法投诉举报电话,通过群众投诉举报、授权经营资质查验、网络交易技术监测、互联网大数据指向等渠道,借助舆论跟进监督,线上线下双轨打击商标侵权假冒行为。

(4)加强执法协作联动。加强部门执法协作联动,利用华东、泛珠三角区域商标保护协作网等,协助跨省维权,强化追踪溯源,铲除违法链条;建立政企商标联络制度,强化企业打假维权主体责任,实施高效精准打击。

(5)规范商标代理机构执业行为。对全省300余家商标代理机构开展专项整治行动,鼓励支持商标代理机构公开收费项目、收费标准、自律承诺,推动构建商标代理服务市场良性竞争的生态环境。

三、深入推进商标品牌战略实施

(1)多种形式推进商标品牌创建工作。实地调研指导"余干辣椒"地理标志商标的使用推广,协调当地政府解决产品产业化困难;帮助协调解决江西汉腾汽车、南城建昌帮等商标品牌创建难题;与省有关部门对接,指导涉农产品及历史文化资源商标品牌建设。推进区域品牌建设,加大培育区域公共商标品牌力度,推动更多江西商标品牌走向全国。

(2)大力推进地理标志商标与马德里商标国际注册工作。组织开展地理标志商标和马德里商标国际注册与运用培训,编印《地理标志商标指导手册》和《马德里商标国际注册指导手册》,召开推进地理标志商标工作经验交流会。建立推进地理标志商标注册备选目录,重点指导和全程帮扶。

(3)加大了对商标品牌战略及法律法规的宣传力度。通过登记注册窗口、"4·26知识产权宣传周"等区域和节点,宣传商标品牌战略与法律保护;利用平面、影视、互联网等媒企合作平台,建立省级农产品龙头企业微信联络群,宣传品牌创建知识,传播商标品牌成长故事,组织景德镇陶瓷、江中等参加中国商标节商标品牌展、世界地理标志大会展;进园区、进企业宣传商标品牌战略,指导商标品牌建设。

(国家知识产权局商标局综合处)

版权工作

2017年,江西省各级版权部门大力加强版权执法监管,持续推进软件正版化工作，不断优化版权服务和宣传举措，江西版权各项工作得到了全面快速发展，版权社会影响力显著提升。

一、版权执法工作成效显著

2017年，江西省各级版权部门大力推进版权执法监管工作，积极构筑联动联防体系，取得了突出成绩。

（一）突出抓好案件查办工作，办案数量稳步增长创历史新高

全年共办结版权行政案件123起，同比增长29.5%。版权执法获奖体量大且份额重，全省有18家单位和45名个人获得国家版权局查处侵权盗版案件有功单位和有功个人奖。在2017年12月27日国家版权局召开的全国版权执法培训班上，江西省受邀介绍版权执法监管工作经验。

（二）大力开展网络治理行动，“剑网2017”专项行动圆满收官

2017年，江西全省上下大力开展“剑网2017”专项行动，全省查办网络版权案件38起，同比增长137.5%。其中，“摇头网”侵犯音乐作品著作权一案入选“2017年度全国打击侵权盗版十大案件”和全国“剑网2017”专项行动20起典型案件；2起网络案件因案情较严重，已移送公安部门；1起全国首例微信公众号侵权案件已由国家版权局、全国“扫黄打非”工作小组、公安部等五部门联合挂牌督办。“剑网行动”期间，江西省私人影院侵权行为得到有效查处，获国家版权局通报表扬。

二、软件正版化工作有力推进

2017年，江西省人民政府办公厅出台了《江西省推进使用正版软件工作督查考评办法（试行）》和《江西省推进企事业单位使用正版软件工作规划（2017—2020年）》，全省政府机关推进使用正版软件督查考评工作得到规范，企事业单位软件正版化工作得到有效推进。

2017年中，组织7个督查组对全省机关软件正版化工作情况进行了全面督查，实地查看20个省直单位、11个设区市及其66个市直单位工作台账，检查965台计算机，并在全省通报了全省机关使用正版软件工作督查指导情况，推广地方及省直单位软件正版化工作典型经验做法，责令督查中发现问题的相关单位进行整改，党政机关单位软件正版化工作步入了常态化、制度化轨道。

2017年7月，江西省人民政府办公厅印发了《江西省推进企事业单位使用正版软件工作规划（2017—2020年）的通知》，明确了江西省推进政府机关所属企事业单位软件正版化工作进度要求。

首开先河设立版权输出奖。2017年9月，首届江西省版权输出奖评选工作正式启动，旨在对2014年至2016年期间已经实现版权输出的江西新闻出版和广播电影电视优秀版权项目进行奖励表彰。在省政府领导的高度重视下，江西省新闻出版广电局牵头成立了省版权输出奖工作部门联席会议和评审委员会，规范有序、扎实稳妥地推进了首届江西省版权输出奖评选工作。经各地申报、资格审查、专家评审、征求意见、联席会议审定和联合公示等流程，评出了15个获奖项目，每个项目奖励20万元，共计300万元。《中国新闻出版广电报》、人民网、《江西日报》、江西卫视等多家主流媒体进行了广泛报道，受到社会广泛关注。

三、版权示范和贸易工作取得新进展

（一）版权示范单位初具规模，成效初步显现

2017年，全省国家级版权示范单位（基地）总数达到8家。省级版权示范单位新增6家，总数达到39家。江西网络广播电视台、江西新华发行集团、江西金太阳教

育研究公司3家单位被中国版权协会授予“2017年中国版权最具影响力企业”称号。

(二)版权贸易进展顺利,取得新成果

2017年江西省出版单位共输出版权286种,较上一年度有大幅增长。第二十四届北京国际图书博览会期间,达成版权贸易合同100多种。2017年,江西省人民政府设立版权输出奖,为全国首例。同时出台了《江西省版权输出奖励暂行办法》和《首届江西省版权输出奖评选工作方案》。

四、版权服务与宣传工作出新出彩

2017年,全省作品登记数量突破1万件大关,达到10 325件,同比增长68.7%。江西省版权局联合团省委,全年先后走进7所高校,发展大学生版权服务志愿者510名,现场聆听版权宣讲的高校师生近万名。“版权宣传进影院”平台连续滚动播放“版权保护公益宣传片”171 150次,总时长达1426小时,起到了良好的社会宣传效果。

(江西省版权局)

司法工作

2017年,江西法院知识产权审判工作深入开展坚持“弘扬井冈山精神,争创一流工作业绩”活动,做了以下工作。

一、推进精品战略,审判质效大幅提升

(1)审判效率高。2017年,全省共受理知识产权案件3701件,结案率93.2%。江西各级法院知识产权审判庭注重内部挖潜,优化审判力量配置,充分调动全省知识产权审判人员的积极性和主观能动性,在确保质量的前提下,不断提高效率,收案数和结案数均创历年新高。

(2)审判质量好。知识产权审判的新问题多、新类型案件多、专业性强,容易出错。江西各级法院知识产权审判庭牢固树立质量第一观念,切实落实合议庭的审判责任制和院庭长的监督指导职责。江西省没有一件案件被最高人民法院发改或再审,实现了零再审改判,审判质效保持较高水平。高度重视重大、疑难和新类型案件的审理,审理效果良好。润田公司诉玉京峰公司仿冒纠纷案、日本铃木公司诉九江海神摩托艇公司不正当竞争案、林某诉姚某及百花洲文艺出版社著作权侵权纠纷案等成功审理,彰显了司法公信和权威,受到社会广泛好评。

(3)案件调撤率高。知识产权审判涉及的群体性、系列性案件较多,机械就案办案易激发矛盾,影响社会稳定。江西法院知识产权审判庭践行司法为民理念,积极开展调解工作,注重从根本上解决纠纷,调撤率高达60%以上,已审结的案件没有出现再审情况,做到了法律效果与社会效果的有机统一。

二、推进司法改革,促进司法公开公正

(1)落实司法责任制。根据最高人民法院及江西高院党组落实司法责任制的要求,严格贯彻,既发挥合议庭办案主体作用,又加强指导与监督。一是按照“谁审理,谁裁判”的要求,完善案件评议与文书签发机制。二是落实院庭长办案制度。院庭长审结案件占员额法官50%以上。三是放权不放任。在还权合议庭的同时,充分发挥法官会议咨询作用,发挥院庭长对疑难复杂案件的监督作用。

(2)知识产权“三合一”审判工作取得可喜进展。根据最高人民法院《关于在全国法院推进知识产权民事、行政和刑事案件审判“三合一”工作的意见》,迅速制定相关方案。一是经最高人民法院、省编办批复同意,在南铁中级人民法院设立知识产权审判庭,该机构正有序运行中;二是对全省中基层法院申报专利案件、一般知识产权案件管辖权的情况进行摸底,进一步优化全省知识产权审判布局;三是开展调研,就知识产权法庭建设进行了专门研究,并向最高人民法院报送了《关于设立南昌知识产权法庭的请示》材料，以构建符合江西省知识产权司法特点与规律的审判体制。

(3)大力推进司法公开。结合“4·26世界知识产权日”活动，江西高院知识产权审判庭于2017年5月召开新闻发布会，公布近年来江西法院知识产权司法保护状况及10大典型案例，明晰法律规则和司法导向，《人民法院报》《经济晚报》《江南都市报》等多家媒体予以报道，起到了较好的司法宣传效果。

三、主动融入大局，服务创新社会建设

刘奇书记视察江西高院提出：“要着力服务全省创新创业，加大知识产权案件保护力度，使侵权者受到惩治，发明者得到有力保护。”为贯彻落实刘奇书记提出的相关意见，江西各级法院知识产权审判庭多措并举，施效良好。

(1)妥善审理了侵害“江中”“润田”“四特”等驰名商标或地理标志的案件，保障品牌优势和特色产业优势。

(2)印发《关于进一步加大知识产权保护力度 为促进创新发展提供司法保障的若干意见》，形成全省知识产权保护“一盘棋”。

(3)与江西省知识产权局、江西省检察院联合发布《江西省外商投资企业知识产权保护专项行动实施方案》，建立全省范围内的知识产权多元化纠纷解决机制，营造公平竞争的市场环境和良好投资环境，保护外商投资企业合法权益。

(4)建立江西知识产权审判微信群，及时研讨问题，成效明显。

四、开展国际交流，提升知识产权审判形象

2017年4月，接待美国驻上海总领馆商务领事孟旺贤一行来访，效果良好，进一步提升中国知识产权司法保护的国际形象。

五、坚持从严管理，队伍素质不断提高

事业发展，关键在人。严格落实反腐倡廉要求，深入推进队伍思想政治、纪律作风和廉政建设。

坚持一手抓审判、一手抓党建，切实做到党建工作与审判工作同安排、同落实。“两学一做”学习教育常态化、制度化，系统学习领会习近平总书记系列重要讲话精神。使每位党员干部切实做到政治信念和政治立场坚定，在思想上、行动上时刻与中共中央保持高度一致。全省知识产权审判人员呈现出比办案、办好案、团结和谐、无私奉献的良好精神风貌，队伍风清气正，无一人违法违纪。

(江西省高级人民法院知识产权审判庭)

检察工作

2017年，江西省检察机关充分发挥检察职能作用，与有关部门密切配合，积极开展打击侵犯知识产权和制售假冒伪劣商品等严重危害民生的刑事犯罪。全年共批准逮捕涉嫌侵犯知识产权犯罪案件48件74人，提起公诉74件120人，有力打击了侵犯知识产权和制售假冒伪劣商品犯罪活动，保护了知识产权拥有人的合法权益。

一、深入动员部署，确保打击侵权假冒专项活动顺利开展

一是组织到位。江西省人民检察院成立了监督活动领导小组，负责组织和协调全省检察机关打击侵权假冒和专项立案监督活动。全省各市、县(市、区)检察机关结合本地实际制定工作方案，成立领导组织，明确责任分工。二是动员到位。2017年初，国务院办公厅下发《关于印发2017年全国打击侵犯知识产权和制售假冒伪劣商品工作要点的通知》，江西省人民检察院专门就此作出指示和部署，要求全省各级检察机关认真贯彻国务院通知精神，加强与商务、公安及其他行政执法机关的沟通联

系，明确打击重点，形成打击犯罪合力。

二、创新工作模式，促进工作机制建立健全

一是有效发挥“专项监督”工作机制作用。江西省人民检察院根据江西省实际情况及最高人民检察院要求，通过明确专项监督活动要求，突出工作重点，强化工作举措，加强组织领导等途径和方式，深入推进全省破坏环境资源犯罪专项立案监督活动和危害食品药品安全犯罪立案监督活动。各地立足实际，开展形式多样各具特色的“小专项”行动，提升办案规模，增强办案效果。二是完善两法衔接机制。2017 年 4 月，江西省人民检察院联合江西省食品药品监督局、江西省公安厅及江西省高级人民法院制定出台《江西省打击食品药品违法犯罪行政执法与刑事司法衔接工作实施细则》，进一步建立和完善在食药品领域行政执法与刑事司法的衔接配合，形成打击合力。三是健全侦捕诉衔接机制。对于一些疑难、复杂案件批捕前，听取公诉部门意见，形成侦捕诉打击合力。

三、重视督导督办，提升办案质效

一是加强督导检查。2017 年以来，江西省人民检察院侦查监督一处多次派出督导组，分赴各地市对打击侵权假冒、“两个专项监督”工作开展情况进行督导检查，对发现的问题进行全省通报，要求各地检察机关提高思想认识，加大工作力度。二是加大案件指导力度。在梳理 2016 年典型行政执法与刑事司法衔接案件的基础上，2017 年各地注重加大个案指导力度。三是对重点案件挂牌督办。江西省各市人民检察院对辖区内行政执法机关移送及公安机关自行立案的有重大影响的案件主动挂牌予以督办，安排专人负责，减轻基层办案阻力，确保案件及时依法规范办理。

四、创新宣传营造氛围，防范区域性风险发生

江西省人民检察院主动向新闻媒体提供打击侵权假冒以及“两个专项”监督活动的宣传素材。《人民日报》《法制日报》《检察日报》、江西省人民检察院门户网站、正义网集中报道相关工作情况。各地充分利用“举报宣传周”，采取多种方式宣传“两个专项”立案监督活动。如南昌、吉安等地两级检察机关联动，印制宣传资料，在高校、中心城区、企业及人流量大的社区，设置宣传点，现场解答群众法律咨询，接待群众来访，提高广大人民群众的知识产权法律意识，引导企业守法、诚信经营。新余市人民检察院积极参加法制宣传教育活动，依托“4·26 世界知识产权日”等平台，在大型商场、重点市场等重点区域，采用一对一法律咨询、提供维权指导、发放法律知识宣传单等形式，还采用生动的案例来现场说法，为群众解答有关知识产权的法律问题，积极营造全面保护知识产权的良好法治氛围。

（最高人民检察院侦查监督厅）

山 东 省

专利工作

2017 年，在国家知识产权局的支持和帮助下，山东知识产权系统认真学习贯彻习近平新时代中国特色社会主义思想和中共十九大精神，在省委省政府的正确领导下，牢牢把握“走在前列”的目标定位，知识产权强省建设迈出坚实步伐，全省知识产权事业实现了又好又快发展，取得了新突破。

(1)在省部会商上实现了新突破。召开了省部合作会商工作会议，省政府与国家知识产权局正式建立合作会商机制。

(2)在顶层设计上实现了新突破。省政府首次将知识产权工作列入专项规划，印发《山东省“十三五”知识产权保护和运用规划》。

(3)在服务能力上实现了新突破。高标准建成了山东省知识产权综合服务平台。平台集知识产权展示交易、申请受理、信息服务、维权援助及知识产权大数据等服务为一体，营业面积 5000 余平方米，硬件设施和条件达到国内一流。

(4)在知识产权改革上实现了新突破。青岛被列为首批 6 个开展知识产权综合管理改革试点市(区)之一。

(5)在知识产权相关工作上实现了新突破。4 个市入围国家知识产权强市创建市。获批建设国家级知识产权保护中心 3 家，其中烟台知识产权保护中心是国内首家正式挂牌的国家级知识产权保护中心。专利行政执法办案量达到 5209 件。获第十九届中国专利奖金奖 4 项，获奖总数达到 68 项。专利质押融资额和项目数分别达到 49.87 亿元和 458 项。

2017 年，主要开展了以下工作。

(1)着力提升知识产权创造质量。遴选培育第二批关键核心技术知识产权。坚决杜绝非正常申请和“黑代理”等不良行为。2017 年，共申请发明专利 67 773 件，获得授权 19 090 件。PCT 国际专利申请达到 1700 件。每万人口有效发明专利拥有量达到 7.57 件。

(2)不断增强知识产权运用效益。搭建“重点城市＋创新主体＋运营机构”多层次知识产权运营体系，知识产权运营基金规模超过 3 亿元。青岛成为首批 8 个国家知识产权运营建设重点市之一，获中央财政 2 亿元专项资金支持。开展高端装备制造等 7 个产业规划类专利导航项目和威高集团“高端医疗器械”等 22 个企业运营类专利导航项目。开展山东理工大学“无氯氟聚氨酯化学发泡剂”项目微观专利导航，该项目专利独占许可转让费达到了 5 亿元人民币。开展专利权“政银保”融资试点。

(3)持续加大知识产权保护力度。启动《山东省专利条例》《山东省查处冒充专利行为暂行办法》的修订工作。加强专利行政执法，组织开展“雷霆”专项执法行动。山东专利执法维权工作在全国“双打办”2017 年度考核中获得满分。组成执法督导组开展现场督导。加强电商、展会、市场联合执法。联合省直相关部门建立展会知识产权审查制度。建成 16 家国家级知识产权保护规范化培育市场，6 家市场通过国家认定。初步探索形成了多元化解决知识产权纠纷机制，威海成为第 4 批知识产权纠纷仲裁调解试点地区。

(4)努力提升知识产权管理水平。深入推进“放管服”改革，加强对专利代理机构的事中事后监管。开展专利代理资格证书挂靠行为集中治理，将专利代理机构事后监管纳入省诚信评价体系。新增专利代理机构 25 家(含分支机构)，新增执业专利代理人 57 人。专利代理机构总数达到 163 家(含分支机构)，执业专利代理人 563 人。山东省拥有国家知识产权试点示范城市(含知识产权强市创建市)7 家，国家试点示范园区达到 11 个，国家级示范县为 18 个，国家级试点县为 23 个，国家级知识产权试点学校达到 7 所。扎实推进优势企业培育工作，全省累计培育省级示范企业 441 家，国家级示范企业 25 家、优势企业 223 家。672 家企业取得《企业知识产权管理规范》国家标准认证证书。开展第五届山东优秀发明家评选，省政府通报表彰了 10 名优秀发明家。4 个国家知识产权集群管理试点单位通过国家评审验收。组织开展知识产权战略实施十年评估工作。

(5)不断增强知识产权服务能力。公布群众和企业办事“零跑腿”和“只跑一次”

事项清单，进一步明确规范了试点示范园区、强县工程、试点示范城市和强市创建市的申报规程。修订专利代办服务流程，大力推广“互联网＋专利受理”服务，专利申请网上办理率达到94.32%。加强维权援助服务，建成了10家国家级维权援助中心和5家省级维权援助中心。在20个扶贫重点县建立县域知识产权公共服务和知识产权维权援助工作站。

(6)不断深化知识产权合作交流。与北京市知识产权局签署京鲁知识产权战略合作框架协议。与日照市人民政府签订战略合作协议。指导东营、泰安、威海等市与专利审查协作天津中心建立了合作关系。组织知识产权管理机构、外向型企业、专利代理机构代表参加第七届亚洲知识产权营商论坛。组织召开了山东—南澳洲科技创新与知识产权合作交流会。举办了2017中德中小企业合作交流大会知识产权论坛。

(7)深入开展知识产权宣传培训。与山东融媒体建立合作，山东卫视新闻联播播出《第十九届中国专利奖出炉 山东获四项金奖》的专题新闻报道。在《大众日报》整版刊登15项关键核心技术知识产权项目，整版宣传10名山东优秀发明家先进事迹。举办“4·26知识产权宣传周”各项活动，联合省政府新闻办召开新闻发布会。举办“知识产权竞争未来”山东行高价值专利宣传采访活动。举办首届山东知识产权黄河口论坛。加强知识产权人才培训，制订年度培训计划，统筹举办各类培训班61个，培训各类人才5500余人次。共建滨州知识产权学院。

（山东省知识产权局）

商标工作

2017年，山东省工商局认真贯彻落实全省品牌建设大会及省政府《关于加快推进品牌建设的意见》精神，坚持典型引领、重点突破、开拓创新、积极进取，全省商标品牌发展与保护工作再上新台阶。

一、加快推进商标注册便利化改革，全省商标申请与注册量快速增长

2017年济南、青岛、济宁、临沂4市商标申请受理窗口共受理商标注册申请3821件，接受各类咨询1.5万多人次；泰安市商标专用权质押登记申请受理窗口受理商标质押登记申请22件，贷款额8.2亿元，极大地方便山东省企业开展商标注册和质押融资。

加强对企业指导和帮扶，引导企业、行业协会等强化主体意识，提高商标注册积极性。2017年全省新增商标申请28.4万件，新核准注册14.1万件，有效注册商标72.3万件，同比分别增长53.5%、29.4%和22.1%。

二、加快推进自主品牌国际化进程，马德里商标国际注册与保护取得重大突破

印发并组织实施《关于加快推进全省马德里国际商标注册的实施方案》，形成了加快推进全省马德里国际商标注册“十三五”规划及2017年实施方案，明确了目标任务和工作措施。2017年全省新增马德里国际商标注册申请2513件，自主品牌国际化工程取得重大突破。截至2017年底，全省拥有马德里国际注册商标2487件。

三、加快推进商标扶贫兴农富民工程，地理标志商标工作取得显著成效

开展地理标志商标扶贫兴农富民大调研，召开全省地理标志扶贫兴农富民工作座谈会，积极推进地理标志商标的注册、运用和管理，2017年全省新增地理标志商标53件。截至2017年底，全省拥有地理标志商标542件，涉及180多个农产品及一批具有地方特色的工艺品，全省相继涌现了“章丘大葱”“胶州大白菜”等一批区域品牌，在扶贫、兴农、富民等方面发挥了重要作用。

四、加快推进商标品牌的规范管理和科学运用，商标战略示范工作取得新进展

山东省工商局印发《关于开展“商标助企大走访”活动的实施方案》，通过“商标助企大走访”活动，引导企业增强商标品牌意识，发挥企业品牌建设的主体作用。通过宣传商标法律知识，加强行政指导，为企业解难题、办实事；推动商标申请注册量持续增长，加快培育一批自主品牌、区域品牌、特色品牌和国际化品牌；完善商标工作机制，加大商标专用权和品牌商誉保护力度，充分发挥商标品牌对经济社会发展的促进作用；引导企业发挥商标品牌的引擎作用，带动产业集聚、优化资源配置、拉长产业链条，促进相关产业转型升级，塑造高质量、高效率的供给体系，实现更高水平的供需平衡。积极推荐优势商标品牌企业参加中国商标金奖评审，2017 年潍柴控股集团有限公司、山东科瑞石油装备有限公司荣获世界知识产权组织和国家工商行政管理总局联合授予的 2017 年中国商标金奖。

五、加快推进商标专用权保护，打击侵犯知识产权和制售假冒伪劣商品专项行动成效明显

在全省组织开展了排查和防控商标监管风险集中行动和“溯源行动”，召开了第 18 届淮海经济区商标保护协作会议，依法严厉打击商标侵权违法行为，开展打击侵权假冒专项行动并取得明显成效，全年查处商标侵权、假冒案件 1924 件，罚没款 1861.1 万元。

六、加快推进商标品牌基础性工作，商标监管效能明显提升

举办全省商标国际注册与保护培训班，召开全省工商和市场监管部门深入实施商标品牌战略、促进新旧动能转换座谈会，向各市、省直有关部门通报 2016 年全省商标发展与保护情况，拨付各市商标战略专项资金 468 万元；积极参与全省新旧动能转换重大项目调研和规划编制，山东商标展览中心立项、争取设立山东商标审查协作中心等工作取得积极进展；加强与各类新闻媒体合作，充分利用省政府、工商总局信息平台等媒介，多渠道、多形式推介全省商标品牌工作。

（国家知识产权局商标局综合处）

版权工作

2017 年，山东省版权局以“版权突破”为抓手，较好地完成了全年工作任务，许多指标完成量走在全国前列。具体工作情况如下。

一、编制《山东省版权工作“十三五”规划》和印发《2017 年版权工作要点》

在全面总结“十二五”版权工作经验、广泛征求意见的基础上，制订了《山东省版权工作“十三五”规划》。同时，山东省版权局制定下发了《2017 年版权工作要点》。

二、加大版权执法力度，打击侵权盗版行为

（一）圆满完成山东省人大常委会著作权“一法一条例”执法检查工作

受全国人大常委会委托，2017 年 5 月下旬至 6 月上旬，山东省人大常委会组成执法检查组，对全省贯彻实施《著作权法》和《山东省著作权保护条例》情况进行了执法检查。山东省版权局组织协调了相关活动。

（二）督办大案要案

在国家版权局发布的年度全国打击侵权盗版十大案件中，山东省查处的案件占了 2 起，分别是“青岛约吧公司侵犯影视作品著作权案”和“巩某某等销售盗版光盘案”，获得国家版权局重大侵权盗版案件办案经费补贴共计 40 万元。

(三)积极做好推荐全国查处侵权盗版案件有功单位及个人工作

2017 年 6 月 8 日,国家版权局正式公布查处侵权盗版案件有功单位及个人名单,山东省版权局版权管理处等 21 家单位及青岛市文化市场行政执法局杜荣华等 54 名个人获奖,奖励金额共计 74.1 万。

(四)打击网络侵权盗版"剑网 2017"专项行动取得阶段性成果

山东省版权局、省互联网信息办公室、省通信管理局、省公安厅于 2017 年 8 月至 11 月联合开展打击网络侵权盗版专项治理"剑网行动"。全省共查处网络侵权盗版案件 30 起,其中已刑事移交的 4 起,列入国家版权局督办案件 3 起,关闭侵权网站 23 家,并列入黑名单管理。

三、扎实推进软件正版化检查整改工作

2017 年 2 月,山东省版权局印发《关于在全省开展软件正版化检查工作的通知》。2017 年 5 月,山东省软件正版化工作联席会议印发了《2017 年山东省推进使用正版软件工作计划》,对全省软件正版化工作进行了全面部署,山东省版权局印发《关于做好省直预算单位 2017 年度新购计算机配装国产办公软件工作的通知》。

四、积极推进版权产业发展

由山东省版权局和青岛市人民政府共同主办的第三届"青岛·东亚版权创意精品展示交易会"于 2017 年 4 月 14 日至 16 日在青岛国际会展中心举行。展会期间共接待观众 10 万余人次,实现工业版权、出版、影视、动漫等 22 项签约,版权项目交易额达 43 亿元,较上届增长 115%。

2017 年,山东省开展了"山东省版权产业的经济贡献"项目调研。此次调研报告显示,从增长规模看,2015 年山东省版权产业的规模得到扩大,实现增加值 3710.43 亿元人民币,已经占到全省 GDP 的 5.89%,占 GDP 的比重比 2014 年的 5.64%提高了 0.25%,在地区经济发展中的地位显著提高。从增长速度来看,2015 年山东省版权产业的行业增加值比上年增长了 356.83 亿元人民币,同比增长 10.6%,保持了两位数的增长速度,高于同期全省 GDP 增速 4.6%。调研结果表明,版权产业对全省的经济贡献进一步提高,在山东省内支柱性产业地位的特征更加明显,为拉动全省经济增长发挥了重要作用,正逐步成为山东经济发展新的增长点。

经各市、省直部门考察推荐,山东省版权局研究,山东山大华天公司等 38 家单位被评为山东省版权示范单位、园区(基地),中泰证券公司等 17 家单位被评为山东省版权保护示范单位、园区(基地)。

2017 年 9 月 7 日国家版权局正式批复同意授予即墨市"全国版权示范城市"称号。

2017 年 10 月 31 日,国家版权局授予山东教育出版社、山东尚舜文化公司、山东省泰山教育创新研究院、威海海马地毯集团"全国版权示范单位"称号,授予山东省商业集团"全国版权示范单位(软件正版化)"称号,授予临沂国家中印科技国际创新园"全国版权示范园区(基地)"称号。

截至目前,山东省已成功创建全国版权示范城市 2 个,全国版权示范单位、园区(基地)25 家,省级版权示范单位、园区(基地)195 家。山东省示范争创工作在国家级会议上交流,受到好评,《中国新闻出版广电报》全文发表经验介绍。

五、健全完善版权社会服务体系建设

(一)著作权作品登记体系进一步健全,登记数量进一步增长,作品质量不断提升

2017 年全省著作权作品登记达到 8.3 万余份,同比增长 12%,其中美术作品 40 857份,摄影作品 22 583 份,文字作品 9257 份。美术作品主要来源是纺织、印

染、服装产业的图案设计。文字作品和摄影作品的主要来源分别是目前火爆的网络文学产业和网络影视产业。

(二)版权贸易与“走出去”工作成效显著

2017年，山东省共登记引进图书版权合同329份，输出图书版权合同429份，与2016年同期相比均略有增长。2017年8月19日至20日，首届中国·山东“一带一路”图书版权贸易洽谈会在济南成功举办。会上共签订图书版权贸易协议240余种，包括输出220余种、引进20余种，另有近40种图书达成版权合作意向，取得丰硕成果。

(三)制定《山东省版权工作站管理办法》

2017年8月7日制定下发了《山东省版权工作站管理办法》，制定《著作权作品登记审核细则》，为进一步拓展版权服务渠道、规范版权服务工作提供了依据。

六、创新方法，进一步加大版权宣传培训力度

(一)召开版权保护新闻发布会

2017年4月10日，山东省政府召开新闻发布会，山东省版权局发布版权保护工作有关情况。

(二)制作版权工作宣传片和版权公益广告

2017年全省结合“4·26知识产权宣传周”活动，通过各种媒体形式进行播放制作的版权工作宣传片和版权公益广告，提高公众的版权保护意识，相关公益广告网上点击率超过80多万人次。

(三)做好业务培训工作

2017年11月15日至17日，山东省版权局承办了2017年国家版权监管平台(二期)项目应用专题培训班，80余人参加培训。

为进一步提升全省版权行政执法监管能力和水平，2017年11月8日至10日，山东省版权局在淄博举办2017年度全省版权行政执法监管工作培训班，150余人参加培训。

(山东省版权局)

司法工作

2017年，山东各级法院知识产权审判质效不断提高，各项工作取得新成效。

一、依法公正高效审理各类知识产权案件

2017年，全省法院新收、审结知识产权民事一、二审案件数量分别为8498件和8393件，均创历史新高。其中，新收一审商标案件3758件，同比增长37%；专利案件910件，同比增长34%；著作权案件2773件，同比下降31%；技术合同案件88件，同比基本持平；不正当竞争等其他知识产权案件607件，同比增长76.9%。一审案件调撤率达到63%。山东省法院新收知识产权二审案件数量523件，同比增长15.5%，二审案件改发率为14.5%，同比基本持平。

2017年全省知识产权案件审理工作总体呈现以下特点。

(1)收结案数持续增长，审判质效不断提高。知识产权民事一审案件收、结案数量分别为7914和7828件，同比分别增长0.2%和5.3%。其中，一审商标案件、专利案件，分别同比增长37%和34%，涉外知识产权民事一审案件同比增长119%，新收案件中诉讼标的额在50万元以上的案件同比增长2.9%，体现出全省法院知识产权司法保护需求旺盛及大要案比例持续加大。全省法院知识产权民事一审案件收结案数、结案率同比均有所增长，案件结案率相较2016年提升了4.7%。全省法院不断创新调解方式，知识产权民事一审案件共调撤结案4932件,调撤率达到63%,大部分知识产权民事案件能够通过调撤方式解决纠纷。

(2)新类型、疑难复杂案件比例继续攀升。同往年相比,各类知识产权民事案件中,专利案件和技术合同案件增幅明显,新型疑难案件比例继续攀升。新型疑难案件大量涌现。审结案件中裁判案件明显增多,同比增长35%,相应的上诉案件明显增多。

(3)精品案件审理再结硕果。坚持推行"精品案审判"工程,创新审判思路和保护方法,打造出一批具有指导意义和较大影响的精品案件。

二、发挥职能作用,服务经济文化强省建设

(1)加强知识产权专业化审判改革,完善优化管辖布局。一是最高人民法院2017年8月批准在山东省设立济南、青岛知识产权法庭,2017年9月正式挂牌并跨区域管辖涉技术类知识产权案件。二是最高人民法院2017年11月批复同意指定山东省济南历下区法院等21个基层法院管辖一般知识产权案件,并开展知识产权审判"三合一"工作。

(2)大兴调查研究之风,破解体制机制改革难题。一是承担最高人民法院2017年度司法研究重大课题"新形态创新成果的知识产权保护研究"的研究工作。二是承担山东省社会科学规划审判研究专题"关于加强知识产权司法保护的调研"的研究工作。三是组织筹备设立知识产权法学研究会。山东高院起草完成了《关于成立山东省法学会知识产权法学研究会的请示》和《山东省法学会知识产权法学研究会章程》。

(3)出台服务举措为科技创新保驾护航。青岛中院发布《关于新形势下依法保障和促进科技创新及知识产权强市建设的意见》,积极为青岛市科技创新和经济发展大局服务。菏泽中院在充分调研的基础上,出台了《关于充分发挥知识产权审判职能作用服务全市创新驱动发展的意见》。

(4)多种形式助力企业创新与发展。一是继续完善知识产权保护企业联系点制度,主动邀请部分具有代表性的创新型企业召开知识产权司法保护工作座谈会。二是继续在创新型企业密集区增设巡回法庭,为企业提供全方位知识产权司法保护。三是细化司法便民利民措施,济南中院坚持开展"知识产权司法保护进企业"活动,专门向企业印发并赠送该院编写的《企业知识产权保护司法实务》,并多次应邀赴驻济南企业进行知识产权法律宣讲。

(5)加强横向沟通协作,形成知识产权保护合力。山东高院向山东省知识产权工作联合会报送了《山东法院知识产权战略实施评估报告》;向山东省知识产权局通报了《2016年山东法院知识产权保护状况》;向山东省人大常委会报送了《山东法院关于贯彻实施著作权"一法一条例"的情况汇报》;对《山东省国民经济和社会发展第十三个五年规划纲要》提出贯彻落实意见。

(6)深化司法公开营造良好社会氛围。山东高院连续十多年持续开展"4·26知识产权宣传周"活动,召开新闻发布会介绍相关情况,公布山东法院知识产权司法保护十大典型案件,发布山东法院知识产权司法保护白皮书,并通过"山东高法"官方微博、微信等新媒体实时发布,获得社会广泛关注和好评。各中院纷纷利用电视台、报纸、网络等平台宣传知识产权司法保护成果。全省法院积极利用司法公开"四大平台",扎实推进知识产权裁判文书上网、庭审网络直播、审判流程公开工作。

三、加强审判指导,提升知识产权司法水平

(1)拓宽渠道加强审判监督指导。山东高院于2017年初制定公布《2017年知识产权审判工作要点》；通过撰写《知识产权一审案件情况及运行态势分析》和《二审知识产权案件改发情况及典型案件分析》，明确裁判尺度，完善法律统一适用机制，促进全省法院不断提高知识产权司法水平；通过“一网”（省院内网庭室园地）、“一刊”（《知识产权审判要情》）、“一群”（法官微信群），及时向全省法院发布审判经验和典型案例；召开全省法院知识产权审判工作座谈会；举办全省知识产权审判业务培训班；组织召开了全省法院“知识产权审判疑难问题研讨会”。

（2）多种形式促进调研交流。积极参与最高人民法院所委托《裁判的思维》一书相关章节的撰稿、编辑工作。完成了《关于〈中华人民共和国反不正当竞争法〉的调研报告》《关于〈中华人民共和国反垄断法〉的调研报告》《关于开展涉标准必要专利案件审理专项调研报告》等。积极参与国内外知识产权各类研讨论坛，围绕商标法司法解释修改、知识产权证据规则、专利法实施与完善等专业问题交流研讨、提出建议。

四、抓好队伍建设不松懈，不断提升履职能力

（1）加强思想政治建设。结合“两学一做”学习教育活动，利用“三会一课”等组织形式，以作风建设永远在路上的精神，扎实推进廉政作风建设，培养“四讲四有”合格党员，树立知识产权法官的良好形象。

（2）加强司法能力建设。组织集体学习与个人学习相结合，多种形式提升业务水平。定期组织全省法官业务培训，积极参加最高人民法院组织的业务培训和研讨交流，在全省知识产权法官微信群及时发布最新理论文章和典型案例，多渠道提高知识产权司法能力。

（3）加强廉政作风建设。深入开展廉洁司法集中教育活动，认真学习中共中央纪委六次全会和省纪委七次全会精神，学习《廉洁自律准则》等制度，自觉按照“三严三实”标准严格要求，切实将最高人民法院“五个严禁”“十个不准”牢记于心。

（山东省高级人民法院知识产权审判庭）

检察工作

山东省检察机关按照最高人民检察院和山东省打击侵权假冒领导小组的部署要求，充分履行检察职责，依法严厉打击侵犯知识产权和制售假冒伪劣商品犯罪，不断加强与公安、行政执法机关的配合，推动相关领域严格规范执法，成效显著。据统计，2017 年，山东省各级检察机关共批准逮捕侵犯知识产权犯罪案件 108 件 173 人，提起公诉 180 件 331 人。2017 年 5 月，最高人民检察院发布的全国检察机关 2016 年保护知识产权十大典型案例中，山东省聊城在平县人民检察院办理的刘某等人销售假冒注册商标商品案、枣庄山亭区人民检察院办理的珍视明药业公司与董某侵害商标权纠纷执行监督案均当选。

一、强化组织领导，确保专项工作深入开展

各级人民检察院党组始终把打击侵犯知识产权和制售假冒伪劣商品等严重破坏社会主义市场经济秩序犯罪活动作为工作重点，定期听取工作汇报，全面掌握工作情况，确保了在检察环节上的打击效果。各级检察机关克服案多人少的突出矛盾，注重将执法力量向基层和一线倾斜，集中力量办理侵权假冒犯罪案件。结合检察机关的职责和工作实际，组织干警积极参加法律宣传、咨询活动，在城镇、乡村广泛宣传知识产权保护的知识及有关法律、法规，帮助群众认清相关犯罪行为的危害，鼓励举报各类侵犯知识产权、制售假冒伪劣的违法犯罪行为，努力营造全社会参与打击侵权假冒犯罪行为的浓厚氛围。注重对打击侵权假冒犯罪案件的舆论引导，利用微博、微信等新兴媒体进行公开审查和检察宣告等，加大对专项活动开展及重大、典型案件的宣传，有效提升了检察机关执法形象和司法公信力。

二、认真履行检察职责，注重打击效果

山东省各级检察机关始终保持对侵权假冒犯罪的高压态势，充分发挥批捕、起诉职能，对进入批捕起诉环节的案件依法快捕、快诉，及时就个案中存在的问题与公安、法院等部门联系和沟通，统一意见分歧和证据标准，确保案件顺利办理。积极配合公安、质检、海关等部门正在开展的互联网侵权行为专项治理，坚持线上线下相结合，对互联网侵权假冒犯罪展开重点打击。

三、加强沟通配合，形成工作合力

山东省检察机关结合最高人民检察院正在部署开展的“破坏环境资源犯罪专项立案监督活动”和“危害食品药品安全犯罪专项立案监督活动”，下发深化活动专项通知，将制假售假、侵犯知识产权犯罪作为专项监督活动的重点，积极加强与公安、工商、质检、食药监等有关部门的联系。全省三级检察机关不断加强与行政执法、公安、审判机关的沟通协调，健全完善联席会议、信息共享、案情通报、案件移送等制度，避免有案不移、有案难移、以罚代刑现象，形成管用实用、规范高效的常态化监督机制，着力完善案件移送标准和程序，解决案件移送、证据收集、检验鉴定、涉案物品处置等工作中存在的问题，消除分歧，达成共识，形成执法合力。2017 年，山东省人民检察院先后对 2 起侵犯知识产权犯罪案件挂牌督办，指定专人负责，定期调度案件办理进度，加强监督催办。

四、提前介入，引导侦查取证

办案中，对于侵犯知识产权和制售假冒伪劣商品类案件，加强与侦查机关的联系与配合，形成打击合力，对重大、有影响的案件，山东省人民检察院侦查监督部门主动或应邀提前介入案件，引导侦查取证，及时收集、固定证据，充分发挥检察机关在刑事诉讼中的监督作用。

五、坚持办案与制作检察建议相统一

办理审查侵犯知识产权和制售假冒伪劣商品犯罪案件中，山东省检察机关注重发现行政执法机关执法时存在的不规范、违法现象，同时注重从个案中发现问题，深挖嫌疑人涉嫌犯罪的深层次原因，通过多种途径探求犯罪行为背后可能存在职能部门的监管缺位、隐患等问题，以点带面，及时和有关部门进行沟通，制发检察建议，并帮助企业树立自主维权意识，以一案推进一个问题的解决，促进堵漏建制。

（最高人民检察院侦查监督厅）

河南省

专利工作

一、统筹知识产权强省建设顺利推进

知识产权强省建设是河南省强化顶层设计、统筹引领知识产权事业全面发展的总抓手，被纳入《河南省国民经济和社会发展“十三五”规划》，写入 2017 年度省政府工作报告。2017 年 5 月 11 日，《省政府关于新形势下加快知识产权强省建设的若干意见》正式印发，“一意见一方案一制度”（即《省政府关于新形势下加快知识产权强省建设的若干意见》《河南省建设支撑型知识产权强省试点省实施方案》和河南省知识产权战略实施工作联席会议制度)是全面开展知识产权工作,加快强省建设的基本遵循和重要支撑,同时研究出台了《加强郑洛新国家自主创新示范区专利创造运用保护暂行办法》和《加强中国(河南)自由贸易试验区知识产权工作的若干意见》等相关配套政策,为强省建设的顺利推进提供了更加有力的政策支撑。

二、知识产权创造质量明显提升

2017 年 8 月,省政府印发了《河南省专利奖励办法》,河南省知识产权局会同省人社厅出台了《河南省专利奖励办法实施细则》,并正式启动了第一届河南省专利奖申报和评审工作,提出拟奖励建议专利 49 项,其中特等奖 2 项、一等奖 5 项、二等奖 17 项、三等奖 25 项。除设立专利奖对促进社会发明创造的激励引导之外,近年来全省深入实施了专利质量提升工程、专利导航工程、知识产权强企工程、高校知识产权能力提升工程等,大力培育高价值核心专利,知识产权创造能力显著提升。2017 年,全省专利申请量首次突破 10 万件,达到 119 243 件,同比增长 26%,授权量突破 5 万件,达到 55 407 件,同比增长 12.7%,全省拥有有效发明专利 28 615 件,每万人拥有发明专利 3.02 件,同比增长 26.61%,PCT 国际专利申请量达到 232 件,较去年增长 1 倍。

三、知识产权保护效果更加凸显

(1)严格知识产权保护。组织开展"雷霆""护航"等专项行动,做好打击侵犯知识产权和制售假冒伪劣商品工作。持续加大展会等重点区域、电子商务等重点领域和关系国计民生的重点行业知识产权保护工作力度。积极参与"一带一路"10 省市双打互动,开展双打督导考核,提升各地对知识产权保护重视程度,2017 年全省共受理专利侵权假冒案件 2981 件,较上年增长 45%,其中侵权案件 1208 件,较去年增长 72%,假冒专利案件 1773 件,较去年增长 31%。

(2)完善执法维权体系建设。中国郑州(创意产业)快速维权中心获批成立并投入运行;设立全国唯一一家知识产权社会法庭和河南首家知识产权巡回法庭,全面启动省级知识产权保护中心申建工作。支持条件成熟的地市优先布局市级知识产权保护中心。全省维权援助工作站达到 86 家,知识产权保护社会满意度持续提升。

四、知识产权转化运用效益良好

(1)加大质押融资工作力度。获批国家知识产权质押融资重点推广省,年度质押融资额 15.5 亿元,发放省级融资补贴近 300 万元,涉及企业 88 家,为缓解中小企业融资困难、推动创新创业发挥作用。

(2)构建知识产权运营服务体系。首支规模为 3 亿元的重点产业知识产权运营基金设立,郑州市成功获批国家知识产权运营服务体系建设重点城市,获中央财政 2 亿元资金支持。依托河南省技术产权交易所,建设国家知识产权运营公共服务平台金融创新(郑州)试点平台。

五、知识产权管理服务不断加强

(1)加强重点项目建设。国家知识产权局专利审查协作河南中心是国家知识产权局与河南省政府共建的重点项目,于 2017 年全面建成,现有职工达 1022 人,年审发明专利 8.4 万件、实用新型专利 9.7 万件。2017 年 11 月,中欧两局第十一次局长会议在审协(河南)中心顺利举办。国家知识产权创意产业试点园区、国家知识产权服务业集聚发展示范区、国家专利导航(超硬材料)产业发展实验区顺利推进,引领了相关产业快速发展。在全国率先建立省级专利导航工作机制,积极开展专利导航产业公共信息服务体系建设,布局建设专利导航实验区 18 家,培育对象 5 家,累计支持资金 1800 万元,导航产业总产值超千亿元。

（2）加大试点示范工作力度。9个省辖市获批国家知识产权示范试点城市，数量列中西部省份首位，郑州成功获批知识产权强市创建市（全国10个）；获批国家知识产权强县工程试点示范县（区）12家；继洛阳高新区之后，郑州高新区成功获批河南省第二个国家知识产权示范园区，试点示范城市群的区域创新格局梯次成形。

（3）实施知识产权强企工程。58家企业获批国家知识产权示范企业、优势企业；省级知识产权强企备案129家，年自主知识产权产品产值超2500亿元；192家企业通过《企业知识产权管理规范》贯标认证，数量居全国前列。

（河南省知识产权局）

商标工作

2017年，河南省工商局紧紧围绕河南省人民政府《关于实施商标战略的意见》和《河南省实施商标品牌战略2016—2018年行动计划》，大力推进实施商标品牌战略，坚持"一手抓培育发展，一手抓监管维权"，有效提升了社会的商标品牌意识，在商标注册、运用、保护和管理等方面取得了明显成效，多次受到省领导的表扬肯定。

一、积极推动商标品牌战略向纵深发展

（1）不断强化商标品牌意识。召开全省专题商标品牌建设推进会，表彰先进、总结经验、部署任务。充分利用省内各类媒体在"4·26世界知识产权日"和"5·10中国品牌日"，广泛宣传商标有关法律法规，省广播电台和《大河报》分别开辟了"商标在线""商标品牌"栏目，传播商标品牌知识，鼓励、引导企业注册商标，加强商标品牌培育。

（2）大力开展商标品牌知识培训。2017年，河南省工商局举办400人大中型企业负责人商标品牌战略培训班。省内各地也分别组织了不同类型的企业商标品牌专题培训，先后举办培训56场次，培训人数1200余人，得到各级政府肯定和参训企业的好评。

（3）深入挖掘商标品牌潜力。为进一步推进商标富农，运用地理标志开展精准扶贫，在全省深入开展了地理标志资源调查摸底工作，进一步掌握了全省各地"名、优、特、新、稀"农副产品特色资源情况。印发《关于进一步加强地理标志商标注册、运用、保护的意见》，引导地方政府加强行政指导，强化涉农企业和团体及时申请注册地理标志商标，在对现有地理标志商标有效规范、运用的基础上，2017年新增申请地理标志商标40件，成功注册6件。

二、深入推进产业集群商标品牌培育基地建设

为进一步落实《河南省实施商标品牌战略2016—2018年行动计划》目标，省商标品牌战略领导小组印发了《河南省产业集群商标品牌培育基地认定和管理办法》，充分发挥产业集群商标品牌集聚效应，逐步实现从培育商标品牌企业到培育商标品牌产业、由产业集聚向商标品牌集聚转型升级。经各县（市）产业集聚区申报，市（县）两级商标品牌战略实施工作领导小组办公室推荐，省商标品牌战略实施工作领导小组办公室考察，2017年认定10家产业集群商标品牌培育基地。为更好发挥产业集群商标品牌基地的集聚效应、总结经验、表彰先进、推进工作，河南省工商局组织召开了全省产业集群商标品牌培育工作经验交流会，对荣获"河南省产业集群商标品牌培育基地"的产业集聚区进行了表彰并颁发奖牌，有力地推动了产业集聚区向商标品牌集中区和商标品牌示范区转变。

三、商标注册和品牌建设取得历史性突破

为认真贯彻落实《工商总局关于大力推进商标注册便利化改革的意见》，确保政

策精准实施，经国家工商总局商标局批准，全省已有 8 家商标受理窗口挂牌运行，2017 年内完成受理商标申请 3606 件，接受咨询12 860 次，进一步调动了企业商标注册的积极性，全省商标注册呈现逐年迅猛增长的良好态势。截至 2017 年 12 月底，全省有效注册商标 44.8 万件，比 2016 年同期增长 25.84%。

四、专项打假维权和商标品牌保护力度进一步加大

始终坚持“一手抓培育，一手抓维权”的工作理念，不断创新监管方式，始终保持打击假冒商标的高压态势，切实加强商标专用权保护，优化商标培育发展良好环境。2017 年，全省工商部门查处商标侵权假冒案件 1263 件，案值 885.31 万元，罚没金额 954.63 万元，没收销毁侵权商品 18 163 件，没收销毁侵权商标标识 22 406 件。

针对春节期间个别农村市场出现违法销售假冒“王老吉”“加多宝”“六个核桃”等商标食品饮料的问题，迅速安排在全省部署集中开展了打击假冒名牌食品饮料违法行为专项执法行动，共出动执法人员 2 万人次，排查市场经营主体 6 万多户次，立案 145 起，有效净化了市场环境。

在加强日常监管的同时，根据国家工商总局部署和企业投诉，积极开展专项执法行动。组织开展了保护“搜狐”“钧瑶”“一得阁”“老凤祥”“迪士尼”等商标专用权整治行动。

（国家知识产权局商标局综合处）

版权工作

2017 年，河南省版权局紧紧围绕打击侵权盗版，规范市场秩序；加强组织协调，持续推进软件正版化；强化普法宣传，优化法制环境；注重队伍建设，提高执法水平；提升公共服务水平，强化服务意识等主要工作，突出工作重点，抓好工作落实，版权工作呈现新亮点。

一、强化社会公共服务，推进版权产业健康发展

（一）做好普法宣传

河南省版权局以“4·26 世界知识产权日”为契机，开展了大型的主题宣传活动。活动通过现场咨询、资料发放、有奖问答、设置展板等形式，向广大人民群众宣传版权基本知识及相关法律法规。针对群众疑问，现场进行详细解答。同时还设置了互联网有奖问答环节，通过线上线下的联合互动，极大提升了群众的参与热情，共有 2000 余人（次）参与了此次宣传活动。

（二）开展作品著作权登记和版权贸易合同审核登记

2017 年，共受理各类作品著作权登记 1370 件和电话咨询 1000 余人次，同比增长 20%。审核登记出版单位从国（境）外引进版权贸易合同 287 件。

（三）开展版权示范单位、示范园区（基地）评选

根据国家版权局《版权工作“十三五”规划》，河南省版权局开展了河南省首届版权示范单位、示范园区（基地）的评选工作，授予河南日报报业集团等 8 家单位为河南省首批“版权示范单位（园区）”，并从中筛选了 7 家单位推荐申报“全国版权示范单位（园区）”。2017 年 10 月 31 日，国家版权局正式批复同意授予河南日报报业集团、河南广播电视台、河南大学出版社 3 家单位为“全国版权示范单位”。

二、规范版权市场秩序，严厉打击侵权盗版行为

（一）加强版权日常监管执法工作力度

2017 年全省共查办侵权盗版案件 45 起，其中国家版权局挂牌督办案件 4 起。2017 年 4 月，在全国查处侵权盗版案件有功单位和个人评选活动中，河南省版权局共申报查处侵权盗版案件有功集体15个单位，有功个人28人，获得奖金36.5万元。

(二)深入开展"剑网2017"专项行动

2017年8月，河南省版权局联合省网信办、省通讯管理局、省公安厅下发了《关于开展打击网络侵权盗版"剑网2017"专项行动的通知》，明确河南省"剑网2017"专项行动的工作目标、重点任务和工作要求，并通过河南省新闻出版广电局官网、映象网、《东方今报》、河南省广播电台等新闻媒体进行宣传报道，公布举报电话、邮箱，发动权利人和群众举报投诉。

(三)举办版权执法培训班，强化基层版权行政执法能力

河南省版权局于2017年7月18日在郑州举行全省版权行政执法培训班，对全省18个省辖市、10个直管县(市)文广新局，文化市场综合执法支队、大队共150余名执法干部进行培训。

三、持续推进全省政府机关、企事业单位软件正版化工作

河南省版权局制定下发了《2017年河南省推进使用正版软件工作计划》，对2017年软件正版化工作进行了详细的安排部署。

2017年，河南省版权局认真开展全省企事业单位正版软件使用情况摸底调查工作，同时启动了全省政府机关、国有企业软件正版化督查工作，对督查中发现的问题，要求相关单位及时进行整改。

河南省版权局牵头组织召开了2017年河南省推进使用正版软件工作联席会议，通过认真研究，《河南省政府机关使用正版软件工作考评办法(试行)》于2017年6月正式下发。

根据河南省版权局2017年工作计划的安排，2017年8月22日省版权局在郑州举办了全省省管企业软件正版化工作培训班。针对各企业分管软件正版化工作领导、技术人员共70余人开展了版权保护、正版软件使用、软件资产管理等方面的业务知识培训。

四、配合完成著作权法执法检查工作

河南省版权局向河南省人大进行了近5年来著作权法在本省贯彻实施情况的全面汇报，随后陪同省人大执法检查组赴许昌、漯河、平顶山三个省辖市，对贯彻落实著作权法情况进行了检查。

（河南省版权局）

司法工作

2017年河南法院以加强知识产权司法保护为导向，以执法办案为中心，以完善知识产权审判体制机制为基础，为河南创新驱动发展战略的实施提供了强有力的司法保障。

一、加大知识产权司法保护力度，公正高效审理知识产权案件

一是审结大量知识产权纠纷案件。2017年，全省法院新收知识产权民事、行政和刑事各类案件6467件，审结6398件，其中审结著作权案件4276件；审结商标权案件1541件；审结专利权案件280件；审结不正当竞争案件48件；审结商业秘密案件4件。在法官数量未明显增加的情况下，审结案件数和结案率大幅上升，再审率和改判发回重审率双双下降。

二是有效缩短权利人的维权周期。全省法院一审知识产权案件的审理周期平均为90余天，二审案件的审理周期平均为50余天，均远远低于《民事诉讼法》规定的案件审理期限。

三是平等保护各方当事人合法权利。河南各级法院坚持"保护创新"的审判工作目标，严格落实国家“一带一路”倡议，克服地方保护主义，对境内外、省内外的知识产权权利人平等保护。

四是依法维护公平竞争的市场秩序。准确认定使用知名商标注册企业名称、假冒专利进行虚假宣传等不正当竞争行为，依法规范市场竞争秩序，营造公平、有序的市场竞争环境。

二、加大对知识产权侵权惩治力度，有效遏制侵犯知识产权行为

一是严惩知识产权刑事犯罪，加大刑事处罚的威慑力。对假冒知名商标，生产、销售与人民群众生命财产安全密切相关的行业的犯罪分子全部判处实刑；在法律规定幅度内加大财产刑的处罚力度，从经济上剥夺犯罪分子再次犯罪的能力和条件。

二是探索建立以补偿为主、惩罚为辅的侵权损害认定机制。在确定赔偿数额时，全面考虑知识产权类型、侵权故意、侵权行为持续时间、侵权获利以及地域经济差别等情况，以实现知识产权市场价值为指引，着力破解知识产权侵权诉讼“赔偿低”问题。

三是发挥司法审查和监督职能，规范行政行为。在审理知识产权行政诉讼中，河南各级法院强化对知识产权行政行为合法性的全面审查，不受当事人诉讼主张的严格限制。同时引导知识产权行政主管机关的调查取证、证据审查、侵权判定等标准向司法标准看齐，促进知识产权行政行为进一步规范化和法治化，取得明显效果。

三、全力推进知识产权“三合一”工作，全面优化知识产权审判模式

一是全力推进知识产权“三合一”工作迈上新台阶。作为全国首批知识产权“三合一”试点法院，河南各级法院及时总结改革试点以来取得的经验，对于试点工作所反映出来的问题和疑惑，积极向河南省委、河南省委政法委汇报，同时加大与河南省检察院、河南省公安厅的沟通协调力度。2017 年 6 月 26 日河南省委政法委牵头召开了由公检法三家参加的知识产权“三合一”协调会，明确了知识产权刑事案件的管辖原则，知识产权刑事案件乱立案问题得以纠正。同时，知识产权“三合一”工作被写入河南省自贸区法律服务体系方案，为下一步工作推进打下良好基础。

二是全面完善知识产权案件管辖布局。拟申请指定郑州航空港经济综合实验区人民法院作为管辖知识产权案件的基层法院，为郑州航空港经济综合实验区建设提供公正、高效的司法保障。

三是全面整合审判资源，培养复合型法官。全省法院按照精英化标准严格选拔审判业务骨干，配置到知识产权庭从事知识产权审判，确保每名知识产权法官都持续参与知识产权刑事、行政案件的审理，统一裁判理念。同时积极组织法官参与最高人民法院组织的专业培训，为知识产权“三合一”审判培养复合型人才。

四、突出知识产权保护重点，全力服务经济社会发展大局

一是加强对高新技术企业的知识产权司法保护。审结了一批专利权、商业秘密、技术服务合同纠纷案件。

二是着力维护知名食品企业品牌和商誉。食品加工行业在河南经济中占据举足轻重的地位，河南各级法院主动融入地方特色经济，为河南实现“天下粮仓”向“国人厨房”跨越保驾护航。

三是加强对传统文化的知识产权保护。全省法院以保护民间艺术，传承民族文化为出发点，从著作权、外观设计专利权、商标权等不同角度进行保护。

四是积极服务“一带一路”倡议。强化知识产权平等保护，公正高效审理了一批涉“一带一路”建设相关知识产权案件，增强外国企业在河南投资的信心，推进“一带一路”发展战略在河南的实施。

五是加强对植物新品种的保护，打击侵权行为，保护植物新品种权利人的合法权利。提高侵权赔偿数额，燃起育种人的热情，从而促进我国农业科技发展。

五、完善司法服务举措，提升全社会知识产权保护意识

一是大力开展巡回审判。河南各级法院大力开展送法进企业、进机关、进校园活动。选择专利权、著作权等民事、行政纠纷典型案件，以案说法，普及知识产权法律知识，提升知识产权司法保护的社会效果。

二是大力加强司法宣传。河南高院在2017年“4·26世界知识产权日”来临之际，发布“2016年河南法院知识产权司法保护十大典型案例”，为公众提供知识产权维权范本。

六、大力加强队伍建设，不断提高知识产权法官队伍的政治素养和专业水平

一是以河南高院主导的河南省法学会知识产权法学研究会为平台，提高知识产权审判队伍理论水平。2017年7月，河南高院以“知识产权与创新发展”为主题，成功举办“河南省法学会知识产权法学研究会2017年年会暨第二届法治河南青年论坛”，组织全省知识产权法官参加学习。

二是密切关注和研究知识产权保护热点问题，强化理论和实践的密切结合。2017年12月，河南高院先后到郑州市金水区国家知识产权创业产业试点园区和原阳县河南现代农业研究开发基地开展知识产权司法保护专题调研，深入探索河南省植物新品种权保护的司法经验，助力河南省现代化农业实现更快发展。应邀参加由上海市人民政府与世界知识产权组织共同主办的第十四届上海知识产权国际论坛，学习国际知识产权保护新理念。

三是持续加强思想政治建设，努力打造一支清正廉洁、公正高效的法官队伍。

（河南省高级人民法院知识产权审判庭）

检察工作

2017年，河南省人民检察院在最高人民检察院的领导下，以维护人民的利益为根本，严格按照《2017年河南省打击侵犯知识产权和制售假冒伪劣商品工作任务及分工方案》的要求，切实履行法律监督职责，服务经济发展大局，积极开展打击侵权假冒工作。

一、深入开展对侵犯知识产权犯罪的专项立案监督活动，服务创新驱动、经济强省建设

深入贯彻省检察院《关于充分发挥检察职能保障和促进郑洛新国家自主创新示范区建设的意见》，自2016年7月开展为期1年的“对侵犯知识产权犯罪的专项立案监督活动”，又延长至2017年底。主动结合版权、工商、知识产权局等行政执法机关，深入排查侵犯知识产权案件线索。在2017年“4·26世界知识产权日”，河南省人民检察院部署全省检察机关开展知识产权保护专题宣传活动，注重发挥法治对创新的引领、支撑作用，努力营造“大众创业、万众创新”的良好法治环境，最大限度激发社会创造活力，服务知识产权强省战略，助推河南省奋力建设中西部地区科技创新高地。

二、依法重点打击涉嫌侵权假冒的犯罪分子

2017年，河南省全省检察机关积极行动，在打击侵权假冒领域取得了一定的效果。打击各类商标和地理标志侵权、假冒行为，加大对侵权盗版案件的打击力度，打击制售、传播盗版产品的行为，依法保护著作权人的合法权益，维护公平的市场竞争秩序，并特别要求各级人民检察院对社会影响恶劣、群众反映强烈的案件，要集中力量、集中时间、介入侦查、优先办理。各级检察院组织精干的办案力量，及时介入侦查活动，与公安机关密切配合，克服取证难，在取得关键证据上下功夫，坚决、及时地批捕和起诉了一批严重犯罪分子。2017年共批准逮捕涉嫌侵犯知识产权类犯罪案件 111 件 157 人；提起公诉 753 件1051人。

三、完善行政执法与刑事司法相衔接的长效机制

在省级层面出台行政执法与刑事司法衔接工作办法的基础之上，河南省大部分地区结合本地的工作实际和专项监督活动中发现的行政执法机关在执法和管理中存在的突出问题，加强调研、沟通、协调，对规范移送案件程序、制度化解决行政执法与刑事司法衔接工作中的有关难题起了积极作用，并极大地推动了行政执法与刑事司法衔接机制的完善。2017 年河南省各级检察机关通过共享平台建议执法机关移送涉嫌侵权假冒犯罪案件 130 件 146 人，监督公安机关对侵权假冒犯罪案件立案 258 件 293 人。

（最高人民检察院侦查监督厅）

湖 北 省

专利工作

一、概况

2017 年 5 月 24 日，湖北省第十二届人大常委会第 28 次会议通过《湖北省专利条例》，自 2017 年 9 月 1 日正式实施。出台了《加强中国（湖北）自由贸易试验区知识产权工作的意见》《中国（湖北）自贸区重大项目专利导航工作建设方案》《关于推进湖北省知识产权金融服务工作的指导意见》，制定《湖北省知识产权证券化工作实施方案》。全省专利申请量首次突破 10 万件，达到 110 234 件；发明专利申请首次突破 5 万件，达到 51 569 件；全省 PCT 专利申请量首次突破千件，达到 1300 件。

武汉市入选全国首批知识产权强市创建市，荆门市获批国家知识产权试点城市，襄阳高新区获批国家知识产权示范园区，仙桃市、孝感安陆市、咸宁通城县、十堰张湾区获批国家知识产权强县工程试点县。新认定 266 家湖北省知识产权示范建设企业，全省示范建设企业达到 986 家，覆盖所有县市区；全省新增国家级知识产权示范企业 11 家、优势企业 47 家。全省重大项目建设中确定 18 个项目组织开展知识产权分析评议；全省 29 个高校开展知识产权推进工程，推动部分重点高校成立知识产权转化运营中心。推进东湖高新区国家知识产权服务业集聚发展试验区建设，东湖高新区集聚各类知识产权服务机构 79 家，从业人员近千人。在全省 11 个市州建立了 35 家知识产权“双创”服务基地，总计拥有在孵企业 3000 多家，总产值 120 多亿元。

二、武汉知识产权审判庭挂牌成立

2017 年 2 月 22 日，经最高人民法院批复，武汉知识产权审判庭在东湖高新区正式挂牌成立。2017 年，武汉知识产权审判庭新收知识产权案件 4129 件，旧存 991 件，结案 4431 件，结案率 86.54%。

三、“华创会”首次举行知识产权专场

2017 年 7 月 8 日，第十七届华侨华人创业发展洽谈会首次举办知识产权专场活动。斗鱼科技、新浪网等对活动进行现场直播，超过 62 万人次观看；现场举行了知识产权高层论坛、创业华侨代表项目路演、项目签约等多项活动，项目涉及金额近 4000 万元。

四、高价值专利加速湖北区域产业化

2017年，湖北高价值专利培育、转化和产业化项目培育了一批拥有高价值专利的企业。湖北硅金凝节能减排科技有限公司的专利“一种二氧化硅气凝胶的制备方法及其应用”，公司通过对其进行产业转化，项目期内专利产品销售收入达1000万元，专利产品销售额占企业总销售额比例达70%。

五、知识产权海外护航工程

2017年，湖北省共有52家知识产权海外护航工程企业，涉及全省13个市州。省知识产权局对首批27家知识产权海外护航企业中期检查，企业建立了应对专利纠纷的流程，企业与律师事务所或专利服务机构开展合作应对海外知识产权纠纷；其中6家护航工程重点企业新申请海外专利70余件，进入国家或地区包括美国、日本、巴西和欧盟等。

六、知识产权“双创”服务基地建设

2017年，湖北省知识产权“双创”服务基地58家，分布在全省的14个市州，总计拥有在孵企业4500家。其中武汉留学生创业园、十堰高新区创业服务中心等7家基地在孵企业的发明专利申请量较上年同期增长50%以上。

七、岱家山知识产权特色小镇揭牌

2017年4月21日，岱家山知识产权特色小镇在武汉市江岸区岱家山科技创业城正式揭牌。将特色小镇打造成地区经济转型升级的全新载体，以引进知识产权源头企业和促进知识产权转化为核心，围绕知识产权工作，为企业提供全套服务和系列资金扶持。

八、知识产权宣传教育

2017年，知识产权宣传周期间举办500余场宣传活动，直接参与人数超过2万人次。省知识产权局微信公众号推送199条信息，712篇报道，官方微博推送126条信息，微博阅读量超过50万人次。设立省级知识产权培训基地11家，培训6万余人次；全省远程教育分站20个，线上培训超25 000人次，连续三年获全国知识产权远程教育优秀子平台。

（湖北省知识产权局）

商标工作

2017年以来，湖北省工商和市场监管部门围绕商标品牌战略各项部署，把握商标工作面临的新形势和新要求，推动工作取得新成绩。全省全年新申请注册商标145 367件，有效注册商标达29.48万件；地理标志总数325件。

一、持续推进品牌强省建设

湖北省工商局积极发挥品牌强省建设、品牌引领供需结构升级“双牵头”单位的作用，推进制造业品牌提升、农产品品牌转化、服务业品牌示范三项行动。全省各级工商部门全面推行商标“四书五进”工作机制，指导聚集区内企业开展商标注册及农产品品牌转化，创建服务业品牌建设示范园区。会同湖北省有关部门联合开展全省重点成长型产业集群（聚集区）企业品牌精准培育工作，确定2076家企业为品牌提升服务对象，全省新增制造业商标5674件；共同梳理农业“三品”的商标注册情况，全省新增农产品商标2080件。

构建全省商标“四书五进”工作信息化平台，完成商标大数据展示分析系统开发。积极推进商标注册便利化改革，经商标局批准，已在全省设立9个商标受理窗口。2017年，全省商标受理窗口全年共受理商标申请4273件，接待咨询近两万人次，其中，省局窗口直接受理申请2524件，接待咨询9305人次，降低了企业办事成本，提升了企业的获得感。

全面落实省政府办公厅《关于发挥品牌引领作用推动供需结构升级的意见》，先后在省内主要媒体公布全省县(市、区)、企业注册商标总量50强和品牌建设示范典型；组织召开全省品牌建设示范交流暨深入推进商标品牌战略工作会，着力形成全社会加强品牌强省建设的共识。

二、开展"打击侵权假冒执法年"活动

突出重点商品、重点区域和重点品牌的监管与保护，在省级媒体及省局门户网站刊登《重拳打击侵权假冒 营造良好品牌环境》专题宣传，曝光了全省2016年度商标侵权十大典型案例。2017年，全省共查办侵权假冒案件5696件，案值5207.86万元，其中查处商标侵权案件1440件，案值1112.91万元，向公安机关移送案件37件。

组织开展"订单式"打假，部署开展"周黑鸭""茅台"等商标专用权专项保护行动。全面清查和处置了周黑鸭公司反映的78家含"周黑鸭"字号的市场主体，注销市场主体65家，立案查处侵权假冒案件8件；定向检查了茅台集团反映的127家涉嫌擅自将"茅台""MOUTAI及图""GMT"等商标作为字号或门店招牌使用的市场主体，立案查处侵犯"茅台"等注册商标专用权案件41件，案值47.1万元。全省各级工商和市场监管部门全年开展"订单式"打假近200次，查办案件519件。

湖北省工商局公布了"你点题，我打假"线索征集网址，通过专栏宣传了武汉、黄石、宜昌等11个市州开展打击侵权假冒执法行动的成效。

三、深化商标品牌精准培育

指导地理标志的运用和管理，提升商标富农效应。274件资源纳入地理标志孵化库，全省新增地理标志33件。出版《湖北省地理标志特辑》，"沼山胡柚""英山云雾茶"2件地理标志获评"全国十大农产品商标和地理标志商标精准扶贫典型案例"，"武汉汉绣""宜昌红茶""孝感米酒""笔架鱼肚""房县小花菇"5件地理标志入选2017年世界地理标志大会期间地理标志产品展示。举办地理标志视频培训班，提高地理标志相关单位代表和工商工作人员理论基础和业务技能。

发挥品牌价值提升影响力，有序推进"商标贷"融资服务，引导和支持企业通过商标出质融资贷款4.35亿元。

宜昌市主动与商务部门对接，摸底调查全市334家对外贸易备案登记企业，推动商标国际注册。荆门市开展为期一个月的"大走访"，走访企业和个体工商户超2.8万家，发放商标"四书"1.25万份。随州市实施"百名工商干部联系服务百家企业""四书五进"等活动，推动专汽、风机出口企业在"一带一路"沿线国家和地区注册商标。

（国家知识产权局商标局综合处）

版权工作

2017年，湖北省版权局严格版权行政执法，严厉打击侵权盗版，完善版权服务体系，加强行业管理指导，整合版权资源，推动产业发展，保证了年度各项任务圆满完成。2017年全省版权行业共有15个单位、8名个人荣获国家和部省级表彰奖励。湖北省版权局版权管理处再次被国家版权局评为全国打击侵权盗版工作单位一等奖，胡先阳同志被评为全国打击侵权盗版有功个人二等奖，卢文俊同志被省委宣传部评为全省思想宣传工作先进个人。

一、版权执法管理取得新成效

一是深入开展执法专项行动。2017年"双打""剑网"等专项行动开展以来，全省各级版权行政执法部门累计查处侵权盗版案件56件，移送司法机关6件，收缴各类侵权盗版复制品5万多件，有效打击了各类侵权盗版行为。

二是严格落实《著作权法》执法检查。2017年，湖北省人大完成了全省《著作权法》执法专项检查，了解掌握《著作权法》贯彻实施中取得的成绩和存在的问题，并提出了相关建设性的意见和建议，为《著作权法》的修订完善提供第一手资料。

三是积极推进查处侵权盗版案件评奖活动。2017年，湖北省获得全国查处侵权盗版有功单位一等奖1个、二等奖3个、三等奖5个，有功个人二等奖2个、个人三等奖5个，累计10个单位、7名个人获奖，资金总额29.1万元。

四是大力加强版权行政执法队伍建设。2017年5月举办版权管理工作人员培训班，突出解决制约执法办案的短板，着眼提升基层一线版权行政执法管理人员的办案管理能力，契合学员实际需求，受到学员的普遍好评。

二、软件正版化工作取得新突破

一是切实加强软件正版化工作的组织领导。2017年4月组织召开了推进使用正版软件工作领导小组成员单位联席会议，通过了《2016年全省软件正版化工作检查情况通报》《2017年湖北省推进使用正版软件工作计划》《2017年湖北省软件正版化督查实施方案》，对年度工作目标、任务和推进措施等进行了专题部署。积极推动软件正版化工作信息平台试点应用，先后指导全省17个市州、120余个县区、120余家省直单位完成了平台接入和调试，并正式运用信息平台接收上报工作数据。

二是严密组织软件正版化督促检查。2017年9月19日至10月11日，先后对57家省直单位进行了全覆盖检查，共检查计算机7921台次，对督促检查组检查反馈的问题及整改措施以要情专报的形式分别报送省政府领导，确保湖北省软件正版化工作继续走在全国前列。按照《2017年湖北省软件正版化督查实施方案》要求，完成了17个市州政府机关的软件正版化督查。

三是办好软件正版化工作培训班。2017年5月初，举办政府机关软件正版化工作培训班，通报了2016年全省软件正版化工作督查情况，布置了2017年软件正版化工作重点任务，省级机关、各市州推进软件正版化工作成员单位相关负责人约200多人参训。6月初，组织省直部门120余家单位参加了国家版权局举办的省直机关软件正版化工作全覆盖检查专题培训。

三、版权公共服务质量有了新提升

2017年5月19日，湖北省自主开发的著作权登记系统正式上线运行并取得圆满成功，标志着湖北省著作权登记工作正式进入“互联网＋”时代。全年共受理作品登记19 117件，比上年同期增长17.5％以上。出版外国图书合同登记和合同备案登记近369件，涉及美、英、德等22个国家和地区。认真做好侵权盗版鉴定工作，共受理执法部门出版物鉴定（版权认定）申请57份，涉及各类出版物15万多册（张）；出具出版物鉴定书31份、侵权复制品认定书17份、复函9份；为有力打击侵权盗版行为、有效净化网络环境提供了法律支持。

四、版权产业发展有了新起色

一是抓好版权示范创建活动。按照《湖北省创建版权示范城市、版权示范单位、版权示范园区实施办法》要求，认真组织开展版权示范创建活动，对提交资料的20多家申报单位、园区进行了初审。2017年11月，国家版权局正式批复湖北省博润通公司、武汉出版社、湖北教育出版社、武汉大学科技园等分获2017年“全国版权示范单位”“全国版权示范单位（软件正版化）”“全国版权示范园区”称号。

二是推进交易中心建设工作。积极指导华中国家版权交易中心公司开拓版权代理登记及增值服务业务。截至2017年11月底，华中国家版权交易中心公司完成交易额695万元，创收512万元，实现收支平衡并略有结余。

（湖北省版权局）

司法工作

2017年，湖北法院营造良好的知识产权司法保护环境，为湖北经济创新驱动发展提供有力司法服务和保障。

一、案件审理情况

2017年，全省知识产权审判工作迅猛发展，全省法院受理的知识产权案件首次破万，全省法院受理知识产权案件13 874件，审结12 914件，结案率93.08%；民事一审案件11 215件，审结10 338件，结案率92.18%；知识产权民事二审案件2534件，审结2457件，结案率96.96%；受理知识产权刑事一审案件101件，审结96件，结案率95.05%；受理知识产权刑事二审案件23件，结案22件，结案率95.65%。

二、主要工作

（一）狠抓执法办案，有效发挥知识产权司法保护主导作用

2017年，湖北法院坚持以执法办案为第一要务，依法公正高效审理各类知识产权案件，审理了一大批疑难复杂、社会关注度高的知识产权案件，取得了较好的法律效果和社会效果，为激励保护创新、维护公平竞争秩序起到了积极作用。

（二）坚持多措并举，积极推动矛盾纠纷多元化解

在审判工作中，始终注重发挥司法调解功能，坚持多措并举，不断加大调解撤诉工作力度，以调解促和谐、促合作、促发展，妥善化解了大量知识产权领域的矛盾纠纷。在保护创新发展的同时，为维护社会稳定发挥了积极作用。积极探索运用案例调解、委托行业协会调解、邀请政府主管部门参与调解等多种方式，善于将调解工作贯穿审判全过程，妥善调解了大批案件。

（三）主动拓展司法功能，积极服务知识产权强省建设大局

不断加大知识产权司法宣传力度。2017年，在“4·26世界知识产权日”宣传周期间，湖北省法院组织召开了湖北法院知识产权司法保护状况新闻发布会，公开发布《湖北法院知识产权司法保护状况及十大典型案例（2016年度）》，向人大代表发放白皮书850份，并向社会公布湖北省知识产权司法保护取得的成绩及审理的典型案例；各级法院主动上街头、入企业开展知识产权普法宣传。同时，积极借助电视、报纸、微信公众号等媒体进行宣传。通过宣传报道，进一步增强了社会公众对知识产权重要性的认知，引导企业走创新驱动发展之路，为全社会尊重知识产权，创造、运用和保护知识产权营造了良好社会氛围。

强化与行政机关横向协作。全省法院注重加强与知识产权局、工商行政管理局等相关行政机关的沟通协作，就知识产权保护问题进行磋商协作，增进共识，增强合力。

积极提供司法意见建议。全省各级法院注重发挥知识产权审判优势，积极为当地经济发展建设建言献策。

（四）大力改革创新，不断完善知识产权审判体制机制

积极推进武汉知识产权审判庭建设。2017年2月22日，武汉知识产权审判庭正式挂牌成立，开始跨区域集中管辖全省范围内专利、植物新品种、技术秘密、计算机软件等技术类案件。2017年，武汉知识产权审判庭新收知识产权案件4129件，旧存991件，结案4431件，结案率86.54%。

稳步推进“三合一”试点工作。深入贯彻最高人民法院《关于在全国法院推进知识产权民事、行政和刑事案件审判“三合一”工作的意见》，湖北省法院专门成立“三合一”工作领导小组，强化组织领导。随着实行“三合一”审判法院数量的不断增加，进一步扩大了全省知识产权司法保护的影响力和整体效能。

有效发挥审判咨询专家库作用。积极探索知识产权技术事实查明机制，有效化解知识产权案件技术事实查明难的问题。自专家库建立以来，已累计有150余件疑难复杂知识产权案件，向有关专家进行了咨询，有效发挥了专家库的智力支持作用。

（五）强化队伍建设，不断提升知识产权司法能力

注重打造专业过硬审判队伍。综合运用专业培训、学术交流和课题调研等手段，不断增强知识产权法官专业素养，打造专业型知识产权法官。2017年11月1日至3日，举办了全省法院知识产权审判业务培训班，专门邀请最高人民法院资深法官及高等院校专家学者，就当前知识产权审判中的热点难点问题进行授课，相对统一了裁判尺度，提升了知识产权法官的司法能力。多次选派法官参加“知识产权（司法）保护国际交流与争端解决机制论坛”“知识产权司法保障科技创新研讨会”等学术研讨活动。参加最高人民法院指导的“第二届自贸区知识产权司法保护研讨会”。2017年12月10日、16日，分别参加了湖北省知识产权研究会、湖北省法学会竞争学会和知识产权学会年会。

扎实开展审判疑难问题研究。形成了《关于标准必要专利案件审理有关情况的调研报告》《关于全省法院贯彻实施著作权法情况的报告》《关于动漫及其衍生品知识产权司法保护相关问题的调研报告》等近十份调研报告；在刊物及“知产力”微信公众号上发表文章14篇。

（湖北省高级人民法院知识产权审判庭）

检察工作

2017年，湖北省检察机关积极贯彻落实省委省政府、高级人民检察院和全国“双打”工作领导小组关于打击侵犯知识产权和制售假冒伪劣商品的工作部署，立足检察职能，以积极开展专项活动为抓手，积极推进“两法衔接”工作，继续深入开展打击侵犯知识产权和制售假冒伪劣商品工作，严厉打击侵害人民群众切身利益的侵权假冒违法犯罪行为，维护市场经济秩序，取得了显著成效。

一、充分发挥检察职能，严厉打击侵权假冒违法犯罪

一是充分发挥批捕起诉职能，将侵权假冒犯罪作为重点，加大对此类案件批捕、起诉力度，严厉打击通过移动互联网实施侵权盗版等侵犯著作权及其他知识产权犯罪行为。二是认真履行职务犯罪侦查职能，严肃查办国家工作人员在知识产权的申报、审批、授权、执法等环节和高校科技成果转化过程中“吃拿卡要”构成贪污贿赂的犯罪行为和滥用职权、玩忽职守造成合法知识产权受到侵犯的犯罪行为。三是依法履行诉讼监督职能，通过监督行政执法机关移送和监督公安机关立案等方式，监督一批涉及侵权假冒的案件进入诉讼程序。2017年4月26日，最高人民检察院对外发布了2016年度检察机关保护知识产权十大典型案例，湖北省汉川市人民检察院办理的张某假冒注册商标案成功入选，并位列十大典型案例之首，充分展示了湖北检察机关加强知识产权保护、服务创新驱动发展战略、服务湖北经济社会发展大局的工作成效。

二、以专项活动为依托，加大知识产权保护力度

2016年3月以来，湖北省人民检察院

制定出台了《湖北省人民检察院关于充分发挥检察职能依法保障和促进非公有制经济健康发展的十条措施》，专门就依法保障非公企业和科技人员创新创业作出规定，强化保护知识产权，激发创造活力。随后部署开展了“侵犯非公有制企业合法权益违法犯罪专项法律监督工作”。在专项监督活动开展过程中，全省各级检察机关高度重视依法保护非公有制企业创新创业权益，针对当前侵犯非公有制企业计算机软件、图形作品、创作作品等侵犯知识产权犯罪行为日益猖獗的情形，积极履行法律监督职能，加大惩治力度，依法保护了非公有制企业自主创新成果，有力维护了非公有制企业的合法权益和商品声誉，为非公有制企业营造了安全稳定的经营环境。全省检察机关还积极开展打击危害食品药品安全违法犯罪、治理电信网络新型违法犯罪等多个专项整治行动，依法保护知识产权，均取得了较好成效。

三、加强建用结合，两法衔接工作取得新成绩

按照“互联网＋”的新要求，湖北省检察机关一方面继续深化行政执法与刑事司法衔接信息平台建设。为强化大数据、人工智能作用，正对平台进行第三次重大“提档升级”，主持召开10余次调研和论证会，已对外进行软件公司招投标。另一方面进一步完善两法衔接机制建设。全省各级检察机关还认真履行牵头职责，注意统筹协调，建立完善联席会议、案件咨询、走访检查、统计通报、监督考核等制度，规范线索通报、案件移送等业务流程，采取专线互联、定期拷贝等方式，完善网上移送、受理和监督机制，实现从线索受理、分流查处、移送立案的全程同步监督，及时发现可能涉嫌侵权假冒的犯罪案件。

（最高人民检察院侦查监督厅）

湖 南 省

专利工作

2017年，在省委、省政府坚强领导下，湖南省知识产权系统深入学习贯彻习近平新时代中国特色社会主义思想和中共十九大精神，坚决贯彻落实省委、省政府决策部署，加快推进知识产权强省建设，攻坚克难、开拓创新，圆满完成全年目标任务。

一、强省建设稳步推进

省政府研究出台了《关于加快推进知识产权强省建设的实施意见》，明确了强省建设总体目标和重点任务。长沙市在全国率先完成知识产权综合管理改革试点，实现专利、商标、版权“三合一”管理。新增国家知识产权试点园区1家、示范企业2家、优势企业16家，新增国家级中小学知识产权教育试点学校1所，新增省知识产权建设强县10家。

二、专利创造量质齐升

2017年，湖南省专利申请量77 934件，发明专利申请量31 365件，同比增长27.85%和41.92%；专利授权量37 916件，发明专利授权量7909件，同比增长9.60%和10.03%；有效发明专利量34 774件，每万人有效发明专利拥有量5.09件。获得第十九届中国专利奖22项，其中金奖3项，连续两年获得全国20项金奖中的3项。组织开展了2017年湖南专利奖评选活动，评选出51个奖项。

三、保护机制不断完善

专利行政执法案件立案 4652 件，结案 4564 件，同比增长 28.6％和 26.9％。与长沙海关及长江经济带 11 省市等建立了跨部门、跨区域专利保护协作机制。加大了重点领域侵权假冒专项治理协调力度，全省共立案查处侵权假冒案件 12 728 件，办结案件 12 670 件，涉案金额 1.9 亿元。移送司法机关案件 99 件，涉案金额 386 万元；捣毁窝点 109 个。与省高院建立知识产权纠纷诉调对接机制，接听 12330 热线电话 3500 多次，处理举报、投诉 62 起，实施维权援助 143 件次，入驻大型展会 5 次。中国(长沙)知识产权保护中心试运行。

四、转化运用成效明显

加强知识产权运营服务机构的培育，支持湘潭、邵阳建立知识产权交易中心，启动高校知识产权中心建设。支持长沙市开展国家知识产权运营服务体系建设试点市，争取国家财政投入 2 亿元资金。长沙市重点产业知识产权运营基金正加紧设立，首期将募资 1 亿元。省知识产权交易中心促成 58 个项目转移转化，合同金额 2.1 亿元。专利质押融资额 14.2 亿元，同比增长 114％。

五、管理服务持续加强

开展了知识产权宣传周、中国专利周等宣传活动，发布了 2016 年湖南省知识产权保护状况白皮书，制作出品的国内首部知识产权专题纪录片《国之利器》相继在湖南、北京、上海、广东等省级卫视播出。依法设立的专利代理机构 78 家。124 人通过全国专利代理人考试。湖南省知识产权研究院获评中国高校智库 100 强。举办培训班 25 期，培训 3000 余人次。组织 30 人赴香港开展知识产权保护与运营研修。选派了 20 名知识产权协理员进驻 19 家企业。成立了湖南省知识产权服务联盟。成功举办"知识产权走基层、服务经济万里行"活动，举办泛珠三角区域知识产权联席会议暨"一带一路"知识产权高层论坛并签署了合作协议。

六、创新实事圆满完成

开展创新成果知识产权化促进工程，支持 50 个创新项目进行高价值专利及专利组合培育。开展知识产权保护示范园区创建工作，望城经开区等 6 个园区进入首批创建名单。省重点产业知识产权运营基金首期规模达 1.5 亿元，完成对首个项目 2000 万元投资。建立包括专利、商标、版权纠纷的人民调解、行业调解、行政调解、司法调解"四调联动"知识产权纠纷多元化调解平台。开展专利信息传播和利用工作，为 130 多家企业推送专利信息，开展专利导航、预警、评议分析工作。

七、党的建设全面加强

深入推进"两学一做"学习教育常态化、制度化，全面落实党风廉政建设责任制，切实加强纪律检查和作风督查，持之以恒纠正"四风"。推进专利产业化精准扶贫，引进的油茶、紫薯种植和光伏发电等项目在局驻村帮扶点株洲市炎陵县船形乡新生村全部落地。

(湖南省知识产权局)

商标工作

湖南省工商和市场监管部门认真贯彻新发展理念和"放管服"改革要求，紧紧围绕省委、省政府实施创新引领，开放崛起战略的重大决策部署，抓培育、强监管、促发展，扎实推进商标品牌战略实施，取得了新成效。

一、大力推进商标品牌建设

(1)加强商标受理窗口建设，提升商标公共服务水平。经国家工商行政管理总局商标局批准，新增衡阳、永州、邵阳、常德、湘潭5个商标受理窗口，2017年，全省7个商标受理窗口共受理申请近6000件，商标公共服务水平得到有效提升。

（2）推动马德里国际商标注册，助力企业海外布局。深入重点出口企业进行指导，开展出口企业商标国际注册摸底调查，推动马德里国际商标注册成效显著。2017年全省新申请马德里国际商标注册78件，马德里国际商标注册总量398件。

（3）加强商标品牌重点培育，助力企业品牌打造。加强对联系点企业和老字号企业商标品牌指导，向全省20家中华老字号、61家湖南老字号企业发放调查表，收集了解老字号企业商标注册、使用和保护情况，并进行重点走访指导。组织部分湖南品牌企业在桂林举办的中国国际商标品牌节参展，提升湖南品牌形象。

2017年，全省新申请商标注册66 897件，有效注册商标总数突破30万件；新核准注册地理标志商标8件，地理标志商标总数125件；新申请马德里国际商标注册78件，马德里国际商标注册总量398件。

二、大力加强商标专用权保护

（1）部署开展多项商标专项执法行动。下发《2017年保护商标专用权暨中国制造海外形象维护“清风”行动实施方案》《开展打击商标侵权“溯源”专项行动方案》《开展外商投资企业知识产权保护行动的通知》等文件，全面部署相关商标保护专项行动。组织对侵犯“长康”“搜狐”“中石化”等商标专用权的专项执法，得到了企业的好评。全年共查处商标侵权案件1105件。

（2）切实履行“双打”工作牵头职责，加强与内设职能机构和知识产权、公安、质监、食药等部门的协调配合，有效发挥内牵外联作用。印发《2017年全省工商和市场监管部门“红盾利剑”打假专项行动工作方案》，部署了八项整治行动、四项重点工作，明确了牵头机构的职责、任务和要求，并制定印发了考核评分细则。2017年全省共查处各类侵权假冒案件4360件，案值13 578.76万元，罚没7260.23万元。移送司法机关13件。

三、大力提升地理标志精准扶贫效能

（1）强化政策引领，地理标志商标注册稳步增长。印发《关于进一步加强地理标志商标注册管理的意见》，明确下阶段地理标志商标发展的目标、任务和重点。组织召开全省地理标志商标工作经验交流会，总结、推介地理标志商标发展经验，部署地理标志商标工作。严格落实《关于支持贫困地区发展产业扩大就业的若干政策》，支持贫困县申报地理标志商标。截至2017年底，全省地理标志商标达125件。

（2）加强指导服务，地理标志品牌效应日益凸显。各级工商和市场监管部门把推进地理标志商标工作与促进地方产业发展、精准扶贫有机结合起来，加大了对地理标志商标注册、运用、管理和保护的全过程、全方位指导服务力度，促进了地理标志商标品牌的知名度和区域经济带动作用不断提升。“浏阳花炮”“安化黑茶”“武冈卤菜”“宁乡花猪”“永兴冰糖橙”“麻阳柑桔”“古丈毛尖”“醴陵陶瓷”“平江酱干”“沅陵碣滩茶”“炎陵黄桃”等一大批具有湖湘特色、竞争力较强、市场占有率较高的湘字号地理标志品牌脱颖而出，对区域经济发展的贡献率不断提升，成为区域经济发展的重要支撑。

（3）严查侵权假冒，地理标志商标保护不断强化。各级工商和市场监管部门把地理标志商标作为商标保护的重点之一，组织开展了保护“浏阳花炮”“石门柑橘”“武冈卤菜”“古丈毛尖”等一系列专项执法行动，查处了一大批侵犯地理标志商标专用权行为，有效维护了地理标志商标注册人和消费者的合法权益。

（国家知识产权局商标局综合处）

版权工作

2017年，湖南省版权局加强版权服务职能，积极巩固软件正版化工作成果，加大版权行政执法和监管力度，认真贯彻落实年初工作计划的各项任务。

一、积极配合省人大开展著作权法执法检查

受全国人大常委会的委托，湖南省人大常委会首次将著作权法实施情况的专项检查列入年度监督计划，并组织开展工作。为做好相关工作，湖南省版权局协助省人大制定了检查方案，起草了关于贯彻实施《著作权法》的报告，并根据省政府针对《审议意见》中提出的意见和建议，逐条进行了分析研究，提出湖南省进一步贯彻落实《著作权法》的措施，努力抓好落实，将落实情况向湖南省人民政府报告。

二、服务产业发展

一是指导企业、园区开展全国版权示范创建工作。长沙天心区文化产业园顺利通过国家版权局的验收，获评全国版权示范园区。天舟文化公司成为湖南省第四家全国版权示范单位。二是规范作品登记管理。2017年4月初组织长沙市知识产权局、湖南省版权代理公司、长沙市代办点等单位开展2015年至2017年作品登记清理工作。据统计，2017年全年完成作品著作权登记3446件，引进合同登记236件，海外承印登记37件。

三、严厉打击侵权盗版行为

一是持续开展打击网络侵权盗版“剑网行动”。2017年8月至11月，湖南省版权局、省网信办、省通信管理局和省公安厅四部门联合在全省范围内开展以整治网络文学、音乐、游戏、影视等领域侵权盗版为重点的专项治理，共巡查网络相关经营店铺1330多家，立案查处重大案件23件，移送公安机关追究刑事责任2件，下线侵权盗版的音视频1.2万余部，保持了对侵权盗版的高压态势。

二是推进大案要案查办工作。2017年全省版权系统共组织查处案件32起，其中国家督办1件、交办案件7件。

三是加强主动监管。根据本地新闻网站的规模、内容等实际情况确定了91家主动监管名单，帮助网站建立健全版权管理制度。约谈企业删除侵权盗版内容。

四、深入推进软件正版化

一方面巩固政府机关软件正版化成果，建立健全长效工作机制。另一方面，推动实施国有企业软件正版化工作。

湖南省推进使用正版软件工作联席会议办公室制定了《湖南省2017年推进使用正版软件工作计划》，于2017年4月中旬印发省直各单位和市州人民政府落实执行。

2017年6月12日，印发了《关于做好2017年全省软件正版化重点工作的通知》，组织各地、各单位开展年度自查清理工作。

研究制定了《湖南省政府机关使用正版软件工作考核办法》，进一步健全了软件正版化工作考核监督体系。强化审计监督，协调省审计厅继续开展省直单位软件采购经费使用和日常使用管理的专项审计监督。

五、强化宣传培训

一是发布湖南省版权保护现状。联合湖南省知识产权局在“4·26知识产权宣传周”期间，发布了2016年湖南知识产权保护白皮书，举办专题新闻发布会，介绍湖南版权执法和软件正版化工作的最新进展。

二是积极开展版权业务培训。组织部分市州执法人员和省财政、审计、国资、机

关事务等单位人员参加全国版权执法培训和软件正版化培训，提升了相关工作人员的业务水平。联合省国资委举办省属国有企业软件正版化专题培训班，宣讲国有企业软件正版化相关文件政策精神，讲解正版化工作推进措施和具体安排。

2017 年 8 月 14 日至 15 日，举办了全省软件正版化工作培训班和全省版权执法工作培训会，48 家省直单位和 14 个市州的有关负责同志参加会议，取得了良好的成效。

（湖南省版权局）

司法工作

2017 年，湖南省法院共受理知识产权案件 8519 件，同比增长 73.8%，共审结知识产权案件 5651 件，同比增长 58.6%。其中审结商标案件 1587 件；审结专利案件 251 件；审结著作权案件 3429 件；审结不正当竞争和其他知识产权案件 200 件。审结知识产权刑事案件 76 件，审结知识产权行政案件 49 件，构筑了知识产权民事保护、行政执法和监督、刑事打击三位一体的知识产权全方位保护格局，工作发展态势良好，服务创新驱动发展战略成效显著。

一、围绕创新驱动发展战略，抓好执法办案第一要务

（一）突出特点

（1）案件增长率和工作量持续升高。2017 年，长沙两级法院员额法官 11 人，审结知识产权案件 3975 件，人均结案 361 件。

（2）案件类型多元化发展。一方面，案件类型从以知识产权民事案件为主，逐渐扩展到知识产权刑事案件、行政案件兼具的局面。另一方面，反不正当竞争、植物新品种等其他知识产权案件也日渐增多。而且，一些新的案件类型，如侵犯网络著作权案件也出现了。

（3）办案难度不断增加。涉及尖端、前沿技术的疑难复杂案件、涉及市场占有率和知名品牌保护的商标纠纷案件、涉及信息网络传播的著作权纠纷和维护市场竞争秩序的竞争纠纷不断增多，审理难度加大。

（4）管辖权异议数量激增。长沙中院知识产权庭 2017 年办理管辖异议案件数量激增，半数案件当事人都提出管辖权异议，并提出管辖权异议上诉，极大地加重了工作量，并拖延了办案期限。

（二）措施和成效

（1）推进知识产权民事案件庭审方式改革。对于事实清楚、权利义务关系明确、争议不大的知识产权民事案件，法院简化程序，归纳争议焦点后直接围绕诉讼请求进行庭审，不受法庭调查、法庭辩论等庭审程序限制。对类案实行集中排期、开庭、宣判、送达，由同一审判组织在同一时段内对多个案件连续审理。对批量式、多发性、群体性纠纷，选择具有典型性的案件先行审判，提炼裁判规则，明确行为导向，达到“审结一件、解决一片”的良好效果。与此同时，结合法院审级、案件类型、庭审情况等，积极推行裁判文书繁简分流。

（2）充分发挥人民陪审员作用。长沙中院实行人民陪审员参与诉前调解工作制度，充分发挥人民陪审员社会阅历丰富、了解乡规民约、熟知社情民意的独特作用，积极促使当事人诉讼和解、服判息诉及自愿履行，取得了良好的社会效果和法律效果。

（3）规范送达工作，凸显实体与程序并重。基于许多一审案件被告以小规模个体工商户为主的实际情况，细化庭室内部分工，优化司法资源配置，针对送达保全工作量大的现状，成立了专门的送达保全工作小组，先由送达保全小组根据案件具体情况进行排期，分批次进行送达保全，提升送达保全工作质效。

（4）加强新时代司法能力建设。坚持举办全省法院知识产权审判专题培训班，

对全省法院知识产权审判法官进行培训，选取业务骨干参加最高人民法院组织的培训，进一步提升司法能力。加强知识产权业务骨干之间的交流，在案件审理、业务调研方面打造一支湖南特色的生力军。

二、破解工作难点，提升审判法律效果和社会效果

（1）积极引导当事人举证，着力解决“维权难”问题。适当加大证据保全和依职权调取证据的力度，对于符合证据保全或者调查收集证据条件的案件，及时采取相关保全或调查措施；合理分配举证责任，努力提高法律事实认定的客观真实性；推进诉讼诚信建设，鼓励当事人积极举证，对于故意逾期举证、毁损证据、抗拒证据保全等妨碍查明事实的不诚信诉讼行为，依法给予司法制裁。

（2）妥善处理类案，统一裁判标准。建立三级法院受理案件的互联互通机制，就涉音像著作权集体管理协会案件的赔偿问题、著作权集体管理组织的诉权问题等进行交流会商。对于同类案件注意区分不同经营者、侵权情节等情况，确定不同的注意义务和赔偿标准，避免一味追求案件处理结果的相似而忽视案件的个体差异；通过赔偿数额的确定，引导权利人向侵权源头主张权利，从根本上保护创新。

（3）着重落实“严格保护、比例协调”政策。坚持“严格保护”原则，对于法律明文规定构成侵犯知识产权的行为，准确定性，坚决制止，充分赔偿。坚持“比例协调”原则，在确定知识产权损害赔偿数额时，区分不同情况，根据侵权行为的性质、作用和侵权人主观恶性程度，恰如其分地给予保护和确定赔偿。对恶意侵权、重复侵权、不履行法院生效裁判的侵权人加大打击力度，加重赔偿数额；探索新型赔偿计算方式。

（4）继续推进“双打”工作和知识产权审判“三合一”。按照湖南省政府的部署，积极参与打击侵犯知识产权和制售假冒伪劣商品工作；深入推进知识产权审判“三合一”，加大知识产权刑事案件打击力度，构建了对知识产权的全方位立体保护模式。2017 年，依法惩处各类知识产权刑事犯罪行为，公正、高效地审结知识产权刑事案件 76 件。

三、贯彻创新理念，推动审判机制进一步完善

（1）在扁平化管理改革新形势下，坚持知识产权审判工作专业化。报请最高人民法院设立长沙知识产权法庭；继续推动从事知识产权审判业务的部门统一更名为知识产权审判庭，或加挂知识产权审判庭牌子。坚持“精英化法官、专业化审判”的总体思路，积极推进审判团队改革，优化审判团队资源配置，力推专业化审判模式。

（2）加强平台合作，推进诉调对接，加强多元解纷。湖南省法院与湖南省知识产权局联合出台《关于建立知识产权纠纷诉调对接机制的意见》。助推湖南知识产权调解委员会成立与运行。积极推进知识产权纠纷多元解决机制建设，加强与知识产权局、专业调解组织、行业协会等协作。

（3）继续开展专利纠纷行政调解协议司法确认试点工作。以尊重当事人自愿为首要考虑因素，继续推进专利纠纷行政调解协议司法确认试点工作。

四、强化调研指导，促进全省法院协同发展

（1）业务指导有实效。湖南省法院赴常德等地调研音像作品著作权类案件的审理情况，统一裁判尺度，为湖南文化产业营造良好的发展环境；完成的《知识产权案件技术事实查明机制研究》课题被评为省知识产权软科学研究优秀成果。湖南省法院派出代表团赴英国、德国进行为期 8 天的考察交流。

（2）开展多项实地调研。岳阳中院累计走访企业三十多家，进行具体化指导和解答，取得良好的社会效果；株洲中院走进中国动力谷，确保企业在知识产权战略中取得更大的主动。

(3)坚持精品意识，积极打磨经典案例。全省法院注重精品案件、典型案件的培育，对重大、典型案件安排审判经验丰富的法官参与合议庭审理，产生了一批具有良好法律效果和社会效果的精品案件。

(4)积极开展知识产权司法宣传。积极开展知识产权审判服务宣传进企业、进社区、进校园活动，精心组织"4·26世界知识产权日"，召开新闻发布会，发布司法保护白皮书和典型案例；在中南大学公开开庭审理涉及"九牧"商标的侵权及不正当竞争纠纷案；积极利用司法审判短信互动平台向当事人全面公开办案情况及程序进展情况，应上网文书100%上网公开。

(湖南省高级人民法院知识产权审判庭)

检察工作

一、加大刑事司法保护，依法严厉打击侵权假冒犯罪

一是密切协作，强化工作指导。湖南省各级检察机关加强与公安机关协作配合，对侵犯知识产权和制售假冒伪劣商品案件及时了解进展情况，适时介入侦查、引导取证，依法快捕快诉。如长沙市人民检察院知识产权检察局与长沙市公安局建立了案件集中管辖移送制度，确定了本局管辖内的案件集中由长沙市公安局直属分局统一移送机制，并就知识产权案件建立了会商联系、提前介入、统一标准等工作机制。二是依法把关，确保案件质量。湖南省检察机关坚持以事实为依据、以法律为准绳，认真把好案件事实关、证据关、程序关和法律关，做到不枉不纵，既依法严惩侵权假冒犯罪分子，又注重宽缓刑事政策的运用，最大限度地化解社会矛盾。三是强化监督，突出打击效果。对涉嫌犯罪案件不依法移送或者有案不立、有罪不究、以罚代刑、重罪轻判的，依法予以监督纠正，确保打击到位，做到不枉不纵。

二、积极推进行政执法与刑事司法衔接工作，建立长效机制

一是加强行政执法与刑事司法衔接工作，推进信息共享平台的健康运行。全省检察机关通过走访执法部门以及通过两法衔接平台查询等方式，查阅了涉及知识产权工作的案件，与执法部门就案件查办的相关情况进行了沟通。二是加强协作配合，形成执法合力。湖南省各级检察机关针对食品药品安全、涉农惠农、环境资源、经济发展环境等涉及民生民利的重点领域和重点问题，加强与相关单位的衔接，形成了相互协调、相互促进的工作局面。三是狠抓机制落实，挖掘案件线索。通过关注媒体报道、网络舆情、走访行政执法机关以及受理群众举报等各种渠道加强与人民群众、行政执法机关和公安机关的联系，主动挖掘扩大监督线索来源，依法严厉打击侵权假冒犯罪。四是加强知识产权刑事案件的指导和办理。针对行政执法职能广泛、知识产权案件罪与非罪界限难于把握、执法人员对知识产权犯罪法律熟悉掌握程度不够等问题，积极为行政机关开展知识产权类案指导，对刑事案件立案标准进行专题讲解。

三、统筹协调形成合力，营造良好法治氛围

一是积极参与社会治理工作。湖南省各级检察机关结合办案加强调查研究，通过对类案和典型个案的指导、剖析、培育和推荐，积极向当地党委、政府和相关企业提出消除隐患、预防犯罪和建章立制的检察建议，促进企业管理和社会治理创新。二是积极开展知识产权宣传活动。湖南省各级检察机关通过拉宣传横幅，摆宣传展板、开展现场咨询、现场发放宣传资料的形式走上街头、走进校园、走向企业进行宣传，并结合办案工作和典型案例，向群众普及了知识产权保护方面的法律法规。还通过

检察外网、微博、微信等方式，将检察机关在打击侵权假冒方面发挥的作用、取得的成绩、典型案例和先进经验等内容进行宣传，提高社会公众对打击假冒伪劣特别是知识产权保护重要性的认识。三是及时收集典型案例和经验做法，进行推广。湖南省人民检察院对各地在打击侵权假冒工作中发现的典型案例和取得的成效及好的经验做法，及时进行收集和整理，以工作简报的形式在全省推广，以便各级检察机关学习借鉴，提高对侵犯知识产权犯罪和制售假冒伪劣产品犯罪行为的打击处理能力。如长沙地区检察机关两级民事行政检察部门充分履行法律监督职能，办理的迅达科技集团股份有限公司因商标权纠纷申请支持起诉案，被最高人民检察院评为2016年度中国检察机关保护知识产权十大典型案例。四是加强知识产权保护，成立专门的机构。在湖南省人民检察院的指导下，于2017年1月成立了长沙市知识产权检察局，创立了“三检合一”和五项职能融合的工作模式，对知识产权领域刑事案件的查办、批捕、起诉、民事行政监督、服务等工作实行资源共享、人力共享、信息共享等，达到办案效率备增的目标。

（最高人民检察院侦查监督厅）

广东省

专利工作

2017年，广东省知识产权系统认真学习贯彻习近平新时代中国特色社会主义思想和中共十九大精神，以习近平新时代中国特色社会主义思想为指导，牢固树立“四个意识”，不断增强“四个自信”，围绕供给侧结构性改革、创新驱动发展和构建开放型经济新体制，加快引领型知识产权强省建设，改革创新，真抓实干，推进全省知识产权事业蓬勃发展。

一、引领型知识产权强省建设打开新局面

（1）推进知识产权高层次谋划。广东省第十二次党代会对广东打造全国知识产权交易中心、建设具有国际影响的知识产权运营平台等作出重要部署。省政府与国家知识产权局围绕“支撑国家科技产业创新中心建设”推动合作会商。深圳市与国家知识产权局合作共建知识产权强国建设高地。

（2）落实知识产权改革试验。国务院将广东“专利快速审查、确权、维权一站式服务”作为全面创新改革试验举措予以推广。中新广州知识城深化全国知识产权运用和保护综合改革试验，建立综合行政管理机构，出台知识产权专项政策。深圳成为首批知识产权综合管理体制改革试点城市。省知识产权局牵头制定《广东省知识产权专利研究人员专业技术资格条件（试行）》和《广东省重大经济和科技活动知识产权分析评议暂行办法》。

（3）建设知识产权强市群。广州市成为国家知识产权强市创建市，全省共有国家知识产权试点示范和示范培育城市13家，强县工程试点、示范县（市、区）26家，肇庆端州区获评国家传统知识知识产权保护试点区。

二、知识产权创造质量和能力跃上新台阶

（1）专利质量稳步提升。全省专利申请量62.78万件，同比增长36.01%，全省专利授权量33.26万件，同比增长28.42%。其中，发明专利申请量18.26万件，同比增长30.88%，发明专利授权量

4.57 万件，同比增长 18.42%。有效发明专利量达 20.85 万件，每万人口发明专利拥有量 18.96 件。PCT 国际专利申请量 2.68 万件，同比增长 13.81%，占全国总量的 56.49%。获评第十九届中国专利金奖 6 项、优秀奖 208 项。

(2)企业创新显著增强。全省通过《知识产权管理规范》标准认证企业达 2896 家。全省国家级知识产权优势企业 162 家、示范企业 50 家，省级优势企业 668 家、示范企业 200 家。全省 5.6 万家企业共申请专利 45.54 万件，占全省专利申请总量的 72.54%；2.18 万家企业申请发明专利 14.03 万件，占全省发明专利申请总量的 76.83%。

(3)高价值专利培育初现成效。探索产学研协同高价值专利培育新模式，建设"产学研专利育成转化中心"6 家，"知识产权布局设计中心"2 家。新增知识产权产业联盟 10 家，全省知识产权产业联盟达 31 家。

三、知识产权支撑产业发展实现新突破

(1)打造全国知识产权交易中心。举办首届广东知识产权交易博览会，促成知识产权交易 7.2 亿元。国家知识产权运营服务平台金融创新(横琴)试点平台正式启用。广州组建重点产业知识产权运营基金，深圳建设华南知识产权运营中心。全省共有知识产权运营平台机构 29 家，知识产权交易服务机构 28 家，其中国家专利运营试点企业达 15 家。

(2)推动知识产权转化运用。全省专利质押融资额 134.60 亿元，一批拥有核心知识产权的企业获得融资。支持建设省内高校、科研院所知识产权转移转化机构 8 家。建设知识产权众创空间和专利技术创业孵化器 5 家。在产业园区和专业镇建设"专利密集型产业集聚区"7 个。全省国家知识产权试点、示范园区达到 11 家。

(3)开展产业专利导航。组织开展集成电路、生物医药等 22 个战略性新兴产业和技术领域全球专利态势分析及预警。围绕新一代通信(东莞)、轨道交通装备(江门)、汽车制造(佛山)等 9 个区域重点产业开展专利导航。

四、知识产权保护体系构建呈现新格局

(1)加强打击侵权假冒统筹协调。全省知识产权行政部门共立案查处侵权假冒案件 18 952 宗；公安机关共立侵权假冒案件 3656 宗，刑事拘留 6518 人，逮捕 4137 人；检察机关共起诉侵权假冒案件 1657 件 3121 人；法院系统共受理打击侵权假冒一审案件 1468 件，审结 1305 件，生效判决被告人 1353 人。

(2)加大专利行政执法力度。广东省各级知识产权局积极开展"护航"等专项行动，依法处理专利侵权纠纷，受理各类专利案件 5866 件，结案 5817 件，同比增长 45.27%和 49.96%。加强展会知识产权保护，第 121 届和第 122 届广交会共受理知识产权投诉案件 1030 宗，处理被投诉企业 1327 家。

(3)构建产业知识产权保护体系。组建中国(广东)、中国(佛山)知识产权保护中心。省内 7 家国家级知识产权快速维权中心完成快速授权 8124 件，快速维权 1431 宗。全省 6 家知识产权维权援助中心提供维权援助 506 宗，受理举报投诉 1348 宗。省市两级入库知识产权保护重点企业 1246 家。深圳市制定《深圳经济特区知识产权保护条例》。

五、知识产权发展基础建设取得新进展

(1)知识产权服务体系日趋完善。全省创建国家知识产权服务业集聚发展示范、试验区 3 个，省级试验区 5 个。广东省知识产权公共信息服务平台建成战略性新兴产业专利数据库 28 个。支持高新区和

孵化器建设知识产权综合服务平台14家。全省专利代理机构277家，分支机构302家，同比分别增长28%和50%，执业专利代理人达1899人。

（2）加强知识产权人才培养。全省国家知识产权培训基地达到5家，全省各类知识产权培训基地达18家，知识产权学院7家。组织开展各类专题培训250余期，培训3万余人次。广州市与暨南大学共建“广州知识产权人才基地”，广东外语外贸大学成立华南国际知识产权研究院，广东工业大学成立知识产权开发与运用学院，佛山市成立广东知识产权创新学院。

（3）促进知识产权开放合作。省政府与中国国家知识产权局、新加坡知识产权局签署推进中新广州知识城知识产权改革试验三方合作框架协议。承办“中非知识产权制度和政策高级研讨会”“PCT高级巡回研讨会”，举办“广东知识产权实务（日本）研讨会”。推进粤港澳大湾区知识产权合作，签署并落实《粤港保护知识产权合作协议（2017—2018年）》和《粤澳保护知识产权合作协议（2017—2018年）》。

（4）加强知识产权宣传教育。组织开展知识产权宣传周和中国专利周活动，召开广东省知识产权保护状况新闻发布会，组织各类活动近百场。广州市、湛江市举办大学生知识产权、外观设计知识竞赛。

（广东省知识产权局）

商标工作

2017年，广东省工商和市场监管部门认真贯彻中共十九大精神，落实知识产权强国、创新驱动发展战略部署，强化商标知识产权创造、保护、运用，深入实施商标品牌战略，全力服务创新驱动发展、供给侧结构性改革和“一带一路”建设，广东商标品牌建设再跃上新台阶，商标品牌提质增量。2017年，全省商标注册申请量109.5万件，商标注册量51.4万件，分别同比增长58.8%、25.3%，截至2017年底，全省商标有效注册量252.5万件，比2016年底增长23.5%。截至2017年12月上旬，广东省马德里商标有效注册量5525件。

一、打造商标品牌创新创业新高地

认真落实国家工商总局、广东省政府关于广东建设商标品牌强省战略合作框架协议，全力打造立足广东、辐射华南、带动全国的商标品牌创新创业新高地。积极推进广州审协中心属地管理，服务广东经济发展。全力推动国家商标品牌创新创业基地建设，制定《国家商标品牌创新创业（广州）基地建设工作方案》，全力开展基地建设工作。2017年12月19日国家商标品牌创新创业（广州）基地正式开业运营，已吸引品牌企业及代理机构进驻经营，集聚和辐射效应初显。

加强商标注册、商标质权登记受理窗口建设。经商标局批准设立的深圳市市场监管委和珠海横琴新区工商局商标注册申请受理窗口正式启动，共受理商标注册申请8647件、咨询5448人次。国家工商总局广东注册商标专用权质权登记申请受理点共办理商标质权登记申请12件，帮助企业融资4.8亿元，有力支持企业融资发展，激发企业创牌积极性。

二、加强商标品牌战略的顶层设计

广东省工商局开展了“学习贯彻中共十九大精神，重塑营商环境广东优势”综合调研，与大学院校、知识产权研究机构合作开展《广东省商标密集型产业的经济贡献研究》《商标品牌战略及区域品牌建设》《广东省地理标志商标课题》等专题研究，积极探索商标品牌创新发展新路径。在充分调研基础上，按照省委确定的2017年全面深化改革重点任务，起草《广东省关于深入实施商标品牌战略 服务经济社会发展的若干政策措施》，并于2017年12月经省政府批准印发，全省执行。

三、加强地理标志商标的培育运用

下发《广东工商行政管理局关于加强地理标志商标工作的通知》，明确到2020年的发展目标和18项工作措施，编印《地理标志商标注册指南》。全省工商和市场监管部门大力推动全省加强地理标志商标培育运用，落实省政府关于“深入挖掘南粤古驿道内涵，强化保护传承和合理利用”的要求，大力发掘特色地理标志资源，强化古驿道沿线地理标志商标品牌培育运用。扶持发展“德庆贡柑”“德庆沙糖桔”“新会陈皮”等一批特色农业区域品牌，服务精准扶贫和商标富农，带动区域经济持续增长。2017年，地理标志商标注册申请量快速增长，新注册申请50件。

四、实施严格的商标知识产权保护

全省工商和市场监管部门落实严格的知识产权保护制度，深化打击侵权假冒工作，部署开展打击商标侵权“溯源”、外商投资企业知识产权保护等专项执法行动。创新监管方式，推行商标信用监管和信息化监管，将故意侵犯商标知识产权行为纳入市场主体信用记录，予以公示。以互联网为基础，建立知识产权创造、运用、保护公共服务平台，启动“广东省商标维权援助服务体系平台”建设，提升广东工商和市场监管部门商标监管和服务能力，全面提高企业商标注册、使用、保护和管理能力。2017年，全省工商和市场监管系统共查处商标侵权假冒案件3547宗，案值6812.3万元，罚没款1.08亿元，移送司法机关39件、39人。

认真落实《粤港合作框架协议》，商定《粤港保护知识产权合作协议（2017—2018年）》，开展粤港商标专题交流活动，加强与香港海关、香港知识产权署等执法协作，与香港海关交换商标侵权线索17条。指导珠海横琴新区加强国际知识产权保护联盟建设，打造“一带一路”“中国—葡语系国家”知识产权保护新平台。

（国家知识产权局商标局综合处）

版权工作

一、2016年广东省版权产业的经济贡献调研数据出炉

2016年，广东省版权产业的行业增加值为6844.33亿元人民币，同比增长10.7%（未考虑价格因素，下同），比同期全省GDP名义增速高1.5%；版权产业占全省GDP的比重为8.61%，同比提高0.12%；就业人数为512.45万人，占到全省就业人数的8.16%，同比提高0.33%。

二、巩固拓展软件正版化工作成果

建立起了《省级政府机关和地市软件正版化工作考核评议办法》，软件正版化工作的长效机制不断健全，省财政投入300万元专项资金为省直单位续采金山办公软件，进一步巩固了政府机关软件正版化工作成果。省属国有企业软件正版化工作逐步向基层延伸，截至2017年全省已完成1800多家企业的软件正版化督办工作。

三、版权社会服务网络体系形成

2017年新增4个“广东省作品登记代办机构”，全省共设立了17个“广东省版权基层工作站”和33个“广东省作品登记代办机构”，覆盖全省的版权社会服务网络体系已经形成。

四、作品著作权登记量持续增长

2017年，全省共完成作品著作权登记274 501件。其中一般作品登记54 641件，同比增长55.79%；软件作品登记219 860件，居全国首位，占全国登记总量的29.5%，同比增长139.6%，连续多年居于全国领先地位。

五、扎实推进版权示范创建工作

积极组织全省各地开展版权示范创建

活动。指导东莞市成功创建全国版权示范城市、广州市朗声图书公司获得全国版权示范单位称号。2017 年新认定 12 家“广东省版权兴业示范基地”，截至 2017 年全省已认定 110 家版权兴业示范基地。

六、资助粤东西北地区作品登记

广东省版权局积极争取财政资金资助粤东西北地区作品登记。资助对象为 2016 年度在广东省版权局办理著作权登记并取得《作品登记证书》的潮州、汕头、揭阳、汕尾、梅州、韶关、清远、河源、湛江、茂名、云浮、阳江等粤东西北 12 个地市行政区域内的户籍人员或在其行政区域内注册并从事生产、经营、科研等活动的企事业单位、社会团体和其他组织。共计发放 56.48 万元，资助 2824 件作品。

七、全国人大常委会执法检查组在粤开展著作权法执法检查

深圳、东莞、广州市的一线版权相关单位配合全国人大常委会著作权法执法检查组考察调研。检查组充分肯定了广东贯彻实施著作权法的经验做法和工作，指出在著作权的创造、运用、保护、管理和服务等方面都取得了显著成绩。

八、版权行政执法情况

(一)指导推动查办重大案件

2017 年广东省各地版权执法部门查处侵权盗版案件 194 宗，同比增长 300%以上，并且其中有 6 宗案件列入国家版权局公布的查处网络侵权盗版典型案件。

开展“剑网 2017”专项行动，查办案件 52 起。开展展会版权保护，以展会为平台，专门设立版权服务工作站，开展现场版权纠纷调解和版权案件查处工作，维护良好的营商环境。

(二)持续推动版权工作向纵深发展

深化和拓展“版权保护在广东”“公益广告”“年度广东省版权保护十大事件”“版辩羊城·大学生版权保护辩论大赛”等广东特色的品牌宣传栏目和宣传活动，版权保护工作的社会影响力不断提升。

（广东省版权局）

司法工作

2017 年，广东法院公正高效审理各类知识产权案件，加强知识产权审判领域改革创新，完善知识产权审判体制机制，充分发挥知识产权审判的职能作用，为全面深化改革和实施创新驱动发展战略提供了有力的司法服务和司法保障。

一、积极履行审判职能，有效回应知识产权司法保护需求

(一)民事审判在知识产权司法保护中的主渠道作用进一步发挥

2017 年，全省新收知识产权民事一审案件 58 000 件，同比增长 84.70%；新收二审案件 12 755 件，同比增长 57.82%。全年共审结知识产权民事一审案件 56 268 件，同比增长 84.73%，结案率为 83.79%，同比上升 6.91%；审结知识产权民事二审案件 11 871 件，同比增长 46.97%，结案率为 90.07%，同比下降 4.82%；二审发改案件 388 件，发改率为 3.27%，同比下降 1.61%。广东高院新收知识产权民事一审案件 6 件，二审案件 2044 件，同比增长 70.33%；审结民事一审案件 1 件，二审案件 1762 件。

(二)刑事审判惩治和震慑知识产权犯罪的职能作用进一步加强

2017 年，全省新收涉知识产权刑事一审案件 2665 件，同比减少 28.13%；全省审结涉知识产权刑事一审案件 2648 件，同比减少 34.86%。其中，审结生产、销售伪劣商品罪 3255 件 3982 人；假冒注册商标罪 1047 件 2215 人；销售假冒注册商标的商品罪 649 件 1100 人；非法制造、销售非法制造的注册商标标识罪 192 件 319 人；侵犯著作权罪 248 件 275 人；侵犯商业秘密罪 11 件 20 人。

(三)行政审判对行政执法行为的审查监督职能进一步发挥

2017 年，全省新收知识产权行政一审案件 45 件，同比增长 21.62%；审结 40 件，同比持平。新收知识产权行政二审案件 23 件，审结 24 件，同比分别增长 4.55% 和 60%。

(四)实施知识产权审判精品工程，打造广东知识产权审判品牌

审结的 Burberry 格子图形商标权及不正当竞争纠纷案参加了在中国法院博物馆举办的中国法院知识产权司法保护成就展，得到最高人民法院周强院长批示肯定，中央电视台将该案作为保护产权典型案例进行了专题报道，《人民法院报》对该案进行了整版深度报道。在最高人民法院和中央电视台联合举办的“2016 年度推动法治进程十大案件”活动投票中，“非诚勿扰”商标权纠纷案作为广东省法院唯一入选案件，得票位列 21 个候选案件的第二位。此外，“荣华月饼”商标侵权纠纷案、“怕上火喝加多宝”广告语不正当竞争纠纷案、“空气炸锅”发明专利侵权纠纷案等重大、敏感、典型案件，在国内外知识产权界引起广泛关注，取得了良好的法律效果和社会效果。在世界知识产权组织和国家工商行政管理总局每两年举办一次的“中国商标金奖”评选中，广东高院民三庭荣获“商标保护奖”，是此次评选中全国法院系统的唯一获奖集体。

二、坚持体制机制创新，知识产权司法保护整体水平明显提升

(一)知识产权市场价值研究取得实质性推进成果，侵权损害赔偿数额提升明显

广东高院开展了“实现知识产权市场价值，破解侵权损害赔偿难”的专题调研，起草了《关于以知识产权市场价值为导向破解侵权损害赔偿难问题的研究报告》。由广东高院主办、广州知识产权法院协办的“知识产权司法保护与市场价值”研讨会于 2017 年 11 月 9 日在广州成功举行，最高人民法院陶凯元副院长、广东省高级人民法院龚稼立院长等领导出席研讨会并讲话。据统计，全省法院商标权、著作权纠纷案件权利人平均获赔数额比 2014 年分别提高 22%、48%，实用新型和发明专利纠纷的平均赔偿数额分别提高 36%和 21%。

(二)推进知识产权专门审判机构建设，优化知识产权案件管辖布局

一是大力加强广州知识产权法院各项建设，巩固并扩大改革成果。2017 年广州知识产权法院新收案件 9214 件，比上年同期增长了 93.9%，办结 7805 件，同比增长了 59.06%。法官人均结案 289 件，同比增长了 39.61%；上诉案件发改率比上年下降了 5.16%。广州知识产权法院探索实施办案绩效管理机制、繁简分流机制、技术调查官配套制度、发改案件复查制度、律师调解制度等。二是深圳知识产权法庭挂牌成立，办理由深圳中院管辖的知识产权案件。三是继续推动有条件的地区实施基层法院跨区域集中管辖知识产权案件，优化审判资源配置和人才培养。

(三)深入推进司法公开，彰显司法保护的权威和公正

主动开展司法宣传，多措并举推进庭审活动公开、裁判文书公开，加强与人大代表、政协委员的沟通联络，通过庭审网络直播、裁判文书上网公开、发布知识产权司法保护白皮书等多种形式，进一步提升司法公信力。推动全省法院上网公布知识产权裁判文书，建立规范化、制度化和常态化的裁判文书发布机制。不断扩大庭审公开程度，邀请人大代表、政协委员、新闻媒体、专家学者、高校学生等社会各界人士旁听庭审。确定广东省法院 2017 年知识产权宣传周活动以宣传破解侵权损害赔偿难、实现知识产权市场价值作为重点和主线，以推动司法服务创新创造作为总体设计，召开广东法院知识产权司法保护工作新闻发布会。利用微博、微信等自媒体创新对典型案例和承办法官的宣传。

（四）积极开展国际国内交流合作，提升知识产权保护合力

全省法院注重与行政管理部门、高等院校、行业协会和国外知识产权保护机构之间的沟通交流，介绍广东知识产权审判经验。积极拓展国际国内交流合作渠道，加强对外交流，派员参加高层次研讨活动、学术交流、学习培训活动。出席了与美国司法部官员就知识产权案件审判情况交流的座谈会，应邀参加各类学术活动。部分业务骨干还应邀到高校和机构为知识产权领域相关研修班授课，派员参加了各地举办的交流、培训和研讨活动。

三、强化调研指导工作，有效统一司法保护标准

（一）开展知识产权审判前沿问题专题调研

2017年受理两件标准必要专利一审案件，涉案标的达32亿余元。广东高院整合了学术界和产业界的研究力量，及时组织开展专题调研，形成调研报告并起草了该领域首个专业、全面、规范的审判指导意见。

（二）健全和落实审判情况分析通报机制

广东高院将对全省知识产权审判工作大数据的分析通报作为常规对下指导方式，运用审判情况分析通报、分类指导和沟通协调三项工作机制，依法加强审判监督指导。

（三）突出对重点地区和法院的协调指导

全面分析广州知识产权法院、深圳中院等重点法院一审案件中存在的问题，提出改进建议并进行了座谈交流，有效降低了上诉案件发改率。及时协调解决广州知识产权法院行政案件的管辖问题，根据深圳地区知识产权审判工作实际需求，提出在深圳成立知识产权法庭的建议，获得最高人民法院批复同意。对于下级法院审理的重大敏感案件，指定专人进行跟踪指导，确保重大案件审理的顺利进行。

四、强化审判队伍建设，保障公平正义的实现

坚持正确的政治方向，始终保持政治清醒和政治定力。深入推进党风廉政建设，始终保持清正廉洁的政治本色。不断提升知识产权审判能力，建设高素质的知识产权审判队伍。

（广东省高级人民法院知识产权审判庭）

检察工作

2017年，广东省检察机关立足检察职能，严厉打击侵犯知识产权犯罪行为，加大行政执法与刑事司法衔接力度，充分发挥检察机关在知识产权保护中的保障和促进作用，切实维护广大知识产权权利人和消费者的合法权益。

一、制定具体实施意见，保障创新驱动发展战略

为深入贯彻习近平总书记对广东工作的重要批示精神，全面贯彻中央、省委关于实施创新驱动发展战略的决策部署，制定了《广东省人民检察院关于充分发挥检察职能依法服务保障创新驱动发展战略的实施意见》，提出13条措施，要求全省检察机关综合运用打击、预防、监督、教育、保护等措施，努力为广东加快形成以创新为主要引领和支撑的经济体系和发展模式提供有力司法保障。

二、立足刑事检察职能，依法严厉打击侵权假冒犯罪

2017年，广东省检察机关批准逮捕侵犯知识产权犯罪案件1033件1919人，提起公诉1233件2301人。深圳南山区人民检察院办理的罗某等人侵犯著作权一案入选全国检察机关2016年度保护知识产权十大典型案例。

三、深化沟通协作，不断提升各领域"双打"工作"两法衔接"水平

一是不断落实联席会议、线索共享、联合执法和案件咨询等各项机制，着力克服制假售假、侵犯知识产权案件不移送、难移送、不立案等现象。2017年全省检察机关共建议行政执法机关移送侵犯知识产权案件56件57人；监督公安机关立侵犯知识产权案件7件7人。二是不断完善案件移送标准和程序，广东省人民检察院与广东省知识产权局、广东省工商管理局、广东省质量监督局、广东省食品药品监督局、广东省烟草专卖局等22家省直行政执法机关联签下发了相关领域的案件移送标准和程序，进一步统一思想和标准，促进衔接顺畅。三是积极推动"两法衔接"信息共享平台升级和运用。广东省21个地市与省级平台统一软件并完成数据对接，全省"横到边，纵到底"的全覆盖式平台建设目标已经实现，省行政执法与刑事司法衔接信息共享平台作为其中的子平台，可以与中央"双打"平台通过导入进行互联互通。

四、强化知识产权保护机制建设和研究，提升办案能力和服务水平

基于知识产权保护专业化较强、技术含量高等特点，广州、东莞等地成立了知识产权专门办案组织，对重大疑难案件，由专门办案组成员负责办理，以专业的办案力量确保办案质量和效果。广州黄埔区人民检察院与世界500强企业之一广州宝洁有限公司签订知识产权刑事保护合作备忘录，建立健全协作联络、信息通报、互助保障等机制。深圳市人民检察院在原知识产权刑事法律保护研究中心的基础上，注册成立"深圳市知识产权法律保护研究中心"，研究中心的宗旨是贯彻落实国家创新驱动战略，服务深圳创新型城市建设、服务深圳创新发展、服务深圳经济转型升级，会员单位包括腾讯、华为、中兴、比亚迪、创维、大疆等23家高新技术企业。深圳南山区人民检察院联合粤海街道办、区科技创新局建立"南山区知识产权保护和服务中心"，龙华区人民检察院率先探索在科技园区建立知识产权检察室，先后在知识产权企业聚集的锦绣科学园、宝能科技园和银星科技园设立了知识产权检察室，将知识产权保护触角延伸至创新最前沿。

五、综合运用传统手段和新兴平台，开展形式多样的宣传教育活动

广东省检察机关通过街头普法、送法上门、校园宣讲、召开座谈会以及电视报刊等传统方式和手段，同时充分利用网络、"两微一端"等现代信息平台开展宣传教育活动，普及知识产权和识假辨假知识，鼓励企业和公众举报侵权假冒违法犯罪行为，营造抵制侵权假冒的良好社会氛围。珠海市人民检察院与珠海市知识产权局等单位共同举办第十七个世界知识产权日普法宣传活动，除了接受群众咨询外，现场发放了《侵犯知识产权犯罪立案与追诉标准》《版权常识笔记本》《"扫黄打非"2017绿书签》等宣传资料，取得良好的宣传效果。

（最高人民检察院侦查监督厅）

广西壮族自治区

专利工作

广西壮族自治区知识产权深入贯彻落实全区创新驱动发展大会精神，坚决贯彻落实中央、自治区决策部署，以创新精神引领工作的开展，围绕“三个坚持、五大突破、七项任务、九张名片”创新发展思路，推动全区全民发明创造活动深入开展，着力推进特色型知识产权强区建设，圆满完成全年主要目标任务，知识产权事业实现稳中有进发展。

新设立、引进专利代理机构 10 家，目前专利代理机构达 48 家，知识产权分析评议服务机构 19 家，在广西开展企业知识产权贯标认证服务的辅导机构有 30 家。广西知识产权发展研究中心被评为 2017 年国家知识产权分析评议服务示范创建机构。

全区三种专利申请总量为 56 957 件，同比增长 8.15%；获得专利授权 15 263 件，同比增长 1.04%；年末有效发明专利拥有量为 18 277 件，同比增长 28.3%，每万人口发明专利拥有量为 3.81 件，同比增长 27.23%。

新确定广西柳工机械股份有限公司、广西田园生化股份有限公司等 5 家单位为第二批广西高价值专利培育示范中心。支持投融资机构依托高新区设立专利孵化园，项目完成将引进入园企业 40 家，转移转化专利技术 80 项，专利融资 1 亿元以上。新增自治区知识产权优势企业培育单位 69 家，目前已有 218 家培育单位。

柳州市新列入国家知识产权试点城市，桂林市荔浦县成为广西首个国家知识产权强县工程示范县，桂林市兴安县、防城港市港口区等 9 个县（区）列入国家知识产权强县工程试点县（区），柳州高新区获批成为广西首个国家知识产权示范园区；新建河池市金城江区、罗城仫佬族自治县为广西知识产权示范县（区），隆安县、桂林市雁山区等 8 个县（区）为广西知识产权试点县（区），新确定南宁高新技术产业开发区等 9 个园区为广西知识产权示范园区。防城港市、贺州市辖县（区）实现国家或自治区知识产权试点示范县（区）全覆盖。

制订实施《2017 年广西知识产权局人才培训计划》，全区共组织举办各种培训班 30 多期，培训各类知识产权人员超过 4500 人次。全区新入选全国专利信息实务人才 20 人，新通过全国专利代理人资格考试 44 人，新认定广西“十百千”知识产权（专利）人才 229 人，新确定广西知识产权通信员（信息员）145 名；新设立高校知识产权学院 1 家，新培育建设广西知识产权培训基地（试点）4 个，新建广西中小学生发明创造示范（试点）学校 30 所；广西民族大学广西知识产权发展研究院成功入选中国智库索引（CTTI）。

全区拥有专利行政执法人员 388 人，比 2016 年末增长 53%。在 5 个行业建立了知识产权维权援助工作机制，在 76 家企业建立了知识产权维权援助工作站，受理维权援助案件 65 件，同比增长 25%；组织开展“护航”“雷霆”专项行动，全区专利行政执法系统共出动执法人员 405 人次，检查各类商业场所 160 余次、各类商品39 596 件，展会和电商领域办案数量同比增长 142%。

在玉林市举办第七届广西发明创造成果展览交易会，打造 10 个板块、23 个互动体验式主题展区，组织全区 400 多家企事业单位的 1100 项“高精尖”科技创新成果集中亮相展会，开展国际生物知识产权运营专场对接会、科技创新创业大赛、青少年科技运动会、现代农业科技嘉年华、专利报告会等多项专题活动，展会参展项目达成合作意向 34 项，签约金额 1.33 亿元，玉林市成为目前广西唯一承办两次发明展的城市。

（广西壮族自治区知识产权局）

商标工作

2017 年，广西壮族自治区工商局围绕“聚力广西商标品牌建设，打造商标品牌少数民族示范区”的工作重点，全面落实创新驱动发展战略和“商标强桂”的战略目标，商标战略工作有了新突破。截至 2017 年 12 月，全区有效注册商标 127 544 件，同期增长 23.67%，其中地理标志商标 39 件，马德里商标国际注册 118 件。

一、扎实推进商标品牌战略各项工作

着力打造“政府主导、工商主推、企业主创”的商标建设合力，全面提高全区企业的自主创新能力，发挥商标示范引领作用。印发《广西商标品牌战略实施工作厅际联席会议制度》，积极落实厅际联席会议制度。探索建立实施商标品牌战略激励机制，强化商标品牌培育、扶持与发展，创建商标品牌示范点，充分发挥示范引领作用，开展创建商标品牌战略示范点活动，共创建示范点 33 个。开展了以“县域经济发展视角下广西地理标志商标公共品牌建设分析及对策”“广西农产品品牌走进大型消费城市新型模式和便捷渠道研究——以北京为例”为主题的课题研究。

二、努力推动自治区商标品牌“走出去”

2017 年 3 月 2 日，广西壮族自治区人民政府与国家工商行政管理总局签署了《关于推进广西建设商标品牌强区合作框架协议》，开启部区合作新里程。

（1）印发《广西壮族自治区人民政府办公厅关于印发广西深入实施商标品牌战略推进广西品牌建设工作任务分解方案的通知》（桂政办电〔2017〕173 号），进一步明确了各单位、各部门在推动广西商标品牌建设工作中的职责和任务，扎实推进广西商标品牌战略实施。

（2）“遍行天下 心仪广西——广西品牌神州行”活动正式启动，2017 年 9 月 4 日广西品牌神州行在桂林举行，展会当天 33 家区内外企业达成合作签约，签约金额约 30.8 亿元，是启动仪式签约金额的 6 倍，总体规模有了大大的提升。

（3）成功承办 2017 年国际商标品牌节及系列活动，组织广西参展企业 270 家，占参展企业总数的 46.8%。

三、创新商标富农强桂品牌扶贫新路子

（1）实施商标富农强桂战略，草拟了《广西壮族自治区运用商标品牌助力精准扶贫若干政策措施》。

（2）开展“党旗领航·商标扶贫”主题活动。指导小微企业、个体工商户和专业市场（小个专）党组织、党员经营户注册并依法规范使用农产品商标以及地理标志商标。

（3）指导区域品牌整合工作，大力推行“公司（龙头企业）＋商标品牌（地理标志）＋农户（基地）”产业化经营模式，进一步提高农民进入市场的组织化程度，做大做强名优特产品产业，助推商标富农强桂战略实施。

（4）积极探索服务“三农”新模式。围绕全区产业脱贫工作部署及目标任务，深入百色、河池、三江、桂平、横县等地，调研、指导“百色芒果”“三江茶”“横县茉莉花”“靖西绣球”等名优特产业品牌整合培育工作，提出了建立地理标志产品孵化库的意见。2017 年成功注册了“德保矮马”“荔浦砂糖橘”“上林八角”“容县沙田柚”和“上林大米”5 件地理标志证明商标。

四、深入推进商标注册便利化改革在广西的试点工作

推进商标注册便利化改革，2017 年，

经国家工商行政管理总局商标局批准，广西新增设南宁、崇左 2 个地方商标受理窗口。截至 2017 年底，广西已有商标受理窗口 3 个，地方注册商标质权登记申请受理点 3 个，商标受理窗口办理商标注册申请 2167 件，商标质权登记申请受理点累计办理业务 16 笔，质押贷款共计 35 亿元人民币。

五、突出保护重点强化商标专用权保护

先后组织开展“双打”“溯源”等系列专项行动，以驰名商标、地理标志、涉外商标为重点，强化商标侵权案件查处，深入推进打击侵犯知识产权和制售假冒伪劣商品专项行动。2017 年，全区共查处各类商标违法案件 736 件，案件总值 740.75 万元，罚没金额 479.48 万元。加强商标法宣传，提升全社会商标品牌意识，开展形式多样的商标法宣传活动，印制、发放各类宣传资料 13 000 余份。

（国家知识产权局商标局综合处）

版权工作

2017 年，广西壮族自治区版权局以推进使用正版软件工作和“剑网 2017”专项行动为重点，做好版权执法、版权服务社会等各项工作，取得了一定的成绩。

一、加强制度建设，大力推进使用正版软件工作

（一）加强对全区使用正版软件工作的领导和部署

2017 年 2 月 28 日，广西壮族自治区人民政府使用正版软件工作领导小组暨自治区推进使用正版软件工作厅际联席会议在南宁召开全体会议，明确各成员单位在 2017 年的工作任务，进一步理顺工作领导机制。

（二）加强计算机软硬件资产采购管理工作

2017 年，广西版权局联合广西财政厅，向全区各政府机关印发《关于进一步加强全区机关单位计算机软硬件资产采购管理工作的通知》，确保全区政府机关使用正版软件工作的规范化、常态化、制度化。

（三）制定考核办法，通过考核巩固工作成果

2017 年 7 月，广西版权局向全区印发《广西壮族自治区政府机关使用正版软件工作考核办法》，正式建立全区政府机关使用正版软件工作年度考核机制，从 12 个方面对全区各机关使用正版软件工作进行全面的考核，推进全区政府机关使用正版软件工作长效机制建设。

（四）深入推进国有企业使用正版软件工作

2017 年 10 月 31 日，广西版权局、广西国资委联合举办 2017 年自治区国有企业使用正版软件工作培训会。全区各市国资委、26 家自治区国资委直管国有企业集团及部分子公司，以及部分市属国企参加培训会。

二、狠抓版权执法，加强版权保护

（一）查处侵权盗版案件获得国家充分肯定

2017 年 6 月，国家版权局作出奖励 2016 年度查处侵权盗版案件有功单位及有功个人的决定，广西 5 家单位、4 名个人（专案组）分别被评为有功单位、有功个人。其中，广西版权局版权管理处获得有功单位二等奖。

（二）精心组织，围绕重点，深入开展“剑网 2017”专项行动

在“剑网 2017”专项行动中向全区媒体印发《关于加强新闻作品转载秩序管理的

通知》《关于开展全区新闻网站版权核查监管工作的通知》，加强对全区新闻网站的版权监管。2017 年，全区版权部门共查办各类侵权假冒案件 151 起，收缴各类侵权盗版制品 40 余万件，其中侵犯著作权案件 24 起，数量比 2016 年增长 84.6%。南宁市办结的“皮皮小说网”侵犯著作权案被国家版权局列为“剑网 2017”专项行动全国 20 起典型网络侵权盗版案件之一。

三、做好版权服务社会工作，提升全社会版权保护意识

（一）规范新闻作品转载秩序

2017 年 6 月，广西版权局向全区各市版权局、各新闻媒体印发《关于加强新闻作品转载秩序管理的通知》，对进一步规范全区各媒体新闻作品转载秩序，促进全区各类媒体的融合发展提出了指导意见。

（二）多种形式开展版权宣传活动

2017 年 4 月下旬到 5 月上旬，广西版权局开展了多种形式的版权宣传活动，尤其是在广西电视台举办了 2017 广西优秀版权登记作品展播活动启动仪式，扩展了作品版权登记工作的影响力和覆盖面。

在 2017 年“4·26 知识产权宣传周”期间，广西版权局投放了宣传标语、动画短片、海报等多种形式的版权宣传公益广告，向广大群众加强版权宣传，取得良好效果。

（三）认真做好作品著作权登记、涉外版权合同备案登记工作，推动版权贸易发展

2017 年，广西版权局共办理作品著作权登记 581 件，引进图书版权合同备案登记 336 件。全年共实现引进图书版权 495 种，输出图书版权 413 种。

（广西壮族自治区版权局）

司法工作

2017 年，广西法院扎实推进知识产权司法审判工作，审判质量效率进一步提升、司法宣传不断加强、指导基层工作扎实推进，各项工作全面发展。

一、依法履行审判职能，不断提高审判质效

2017 年，广西各级法院共受理各类知识产权案件 1945 件，审结 1332 件。在审结的 1209 件知识产权民事案件中，著作权纠纷 529 件，商标权纠纷 369 件，专利权纠纷 150 件，技术合同纠纷 37 件，其他知识产权纠纷 124 件（见图 1）。从案件构成看，著作权侵权、商标权侵权纠纷仍占知识产权案件数量的大多数，新类型、疑难复杂案件增多，出现广西首例确认驰名商标案件、专利申请权权属纠纷案件、植物新品种合同纠纷案件等，案件审理难度增大。2017 年9 月，广西法院开展全区法院案件质量专项评查活动，对 2017 年 1 月 1 日以来审结的各类案件进行随机抽查，围绕案件的证据采信、事实认定、法律适用、实体处理、庭审情况、裁判文书制作、社会效果等方面进行严格评查，随机抽查的知识产权案件评查结果均为优秀，没有不合格的案件。

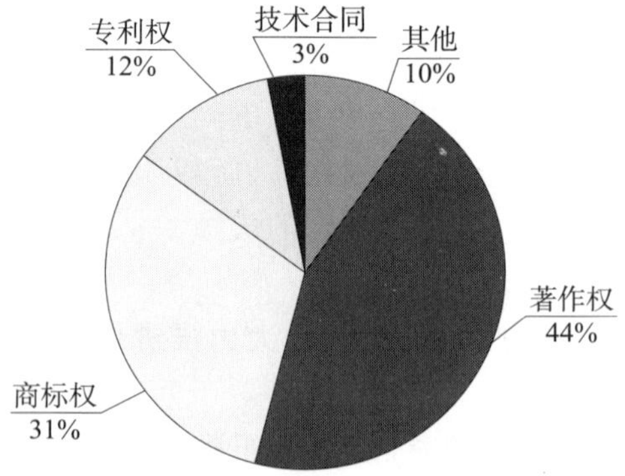

图 1 2017 年审结的各类知识产权民事案件占比分布图

二、深入推动司法公开，彰显司法保护的权威和公正

一是持续加大知识产权保护宣传力度。2017 年 4 月 25 日，广西高院召开“广西法院‘4·26 世界知识产权日’新闻发布会”，向新华社、《人民日报》《法制日报》、广西电视台、《广西日报》《南国早报》等11家新闻媒体通报2016年度广西知识产权司法保护工作情况，公布2016年度全区知识产权司法审判典型案例，并针对知识产权保护热点问题，回答媒体记者提问。南宁市中院发布《南宁法院知识产权司法保护状况（2012—2016年）》白皮书、发布“2012—2016年南宁法院知识产权司法保护十大典型案例”。向社会公众充分展示了知识产权审判工作取得的新成果，扩大了知识产权司法宣传的覆盖面和社会影响力。二是加强庭审公开，以公开促公正。对一些社会关注度高，具有典型意义的案件，邀请相关社会公众观摩庭审。在朗姆酒专利权权属纠纷案、美国微软公司计算机软件著作权纠纷案件中，邀请了广西大学、广西民族大学法学院学生到现场观摩庭审，在一起外观设计专利纠纷案件的庭审直播中，邀请广西林业集团工作人员旁听庭审，在对社会公众进行知识产权法律教育的同时积极接受公众监督，以司法公开促进司法公正。

三、积极探索审判机制创新，配合司法体制改革深入进行

随着司法改革的不断深入，广西法院以深化改革、完善制度、统一规则为着力点，积极探索符合知识产权案件审理规律的审判体制机制创新，知识产权审判工作机制进一步完善。一是推进知识产权审判“三合一”工作。根据最高人民法院《关于在全国法院推进知识产权民事、行政、刑事案件审判“三合一”工作的意见》以及全国法院知识产权审判工作座谈会暨全国法院知识产权审判“三合一”推进会议的精神，深入分析广西法院知识产权审判工作实际，成立知识产权审判“三合一”协同小组，负责组织协调指导广西法院知识产权案件审判“三合一”改革工作以及广西知识产权案件的管辖布局和指导监督，为广西全面推进知识产权审判“三合一”工作奠定基础。二是推进知识产权审判标准化工作。为了避免司法改革审判人员大规模调整带来的法律适用不一致、裁判标准不统一的问题，广西高院对近两年来案件数量占大比例的商标侵权案件开展调研，广泛听取下级法院在审理商标侵权案件中所遇到的问题以及相应的处理方法，制定《侵害商标专用权裁判指引》，对规范司法活动、统一司法标准，以及顺利推进司法改革起到促进作用。

四、加强部门联动，高质高效解决知识产权纠纷

针对近几年来广西法院受理的KTV侵权纠纷案件数量大增的情况，南宁中院积极与南宁市文化新闻出版广电局、南宁市文化娱乐行业协会等行政职能部门举行座谈会，就南宁市KTV行业被诉侵犯音乐作品著作权相关情况进行座谈，对KTV行业版权收费情况、司法行政部门如何更好介入纠纷解决等问题进行探讨，促进这类案件的良好解决。针对大量的商标商业维权案件，玉林中院建立“司法＋行政”联动解决知识产权纠纷机制，于2017年9月与玉林市工商行政管理局联合发布《关于建立侵害商标权纠纷司法调解与行政调解衔接机制的意见》。该意见从指导思想、工作目标、工作机制、人员配置、工作要求等方面对司法调解与行政调解衔接长效工作机制的建立和落实进行了部署，有效整合执法信息资源，建立信息共享平台，实现行政执法机关与司法机关之间、行政执法与解决民事赔偿纠纷之间的信息互联互通，促进行政执法机关依法查处行政违法案件，并减少该类民事纠纷案件进入诉讼程序，打击侵害商标权的行为，净化市场经营环境。

五、加强队伍建设，提升知识产权审判队伍专业化水平

一是加强政治理论学习。各级法院按

照院党组和机关党委统一部署，结合知识产权工作实际，认真组织开展政治理论学习，学习十八届六中全会精神以及自治区第十一次党代会精神，深入学习习近平新时代中国特色社会主义思想和党的十九大精神，进一步加强知识产权审判队伍思想政治建设，引导全庭人员牢固树立政治意识、大局意识、核心意识、看齐意识，坚定理想信念，坚守法治信仰，确保知识产权审判工作正确的政治方向。二是加强司法廉政建设。认真学习广西法院系统“五查五整顿”专项活动《铁规禁令学习手册》，落实廉洁自律各项规章制度，深入开展自查自纠，增强反腐倡廉的自觉性，筑牢拒腐防变、廉洁自律的“高压线”，自觉维护法律尊严和法官荣誉。三是加强专业化、职业化建设。在司法改革过程中，广西法院的知识产权审判力量重新调配，以便适应知识产权“三合一”审判趋势，但也存在新到岗的法官对知识产权审判业务不熟的情况，针对此种情况，广西高院民三庭组织汇编《2011—2016年广西高院知识产权典型案件裁判文书集》，一共收集96个知识产权典型案件供各级法院学习参考，促进提高知识产权审判人员适用法律的能力和裁判说理的能力，努力实现让人民群众在每一个司法案件中都感受到公平正义的司法目标。

（广西壮族自治区高级人民法院知识产权审判庭）

检察工作

一、继续保持对侵犯知识产权和制售假冒伪劣商品犯罪活动的严打态势，做好对相关刑事案件的审查批捕、审查起诉工作

2017年广西壮族自治区各级检察机关继续保持对侵犯知识产权和制售假冒伪劣商品犯罪的打击力度，对于公安机关提请批准逮捕、移送审查起诉的相关案件，在注重对证据的审查，准确把握批捕、起诉条件的同时，坚决依法及时批捕、起诉严重侵犯知识产权和制售假冒伪劣商品的案件。对重大、有影响的案件加强与公安机关、人民法院的联系与配合，形成打击犯罪合力，保持对侵犯知识产权和制售假冒伪劣商品犯罪行为的严打高压态势。

二、严格按照分工要求，积极与相关部门密切配合，确保依法查处涉嫌犯罪的刑事案件

（一）积极参与打击侵犯知识产权和制售假冒伪劣商品犯罪专项行动

广西壮族自治区人民检察院派员多次走访了打击侵犯知识产权和假冒伪劣商品工作小组办公室、“扫黄打非”办和版权局以及质量技术监督、食品药品监督、工商管理等部门，了解打击侵犯知识产权和制售假冒伪劣商品犯罪专项行动执法情况，及时解决专项行动中遇到的执法适法问题，增强执法合力。全区各市、县（区）人民检察院认真依法履行批捕、起诉职能，与公安、法院以及行政执法机关一起分工合作，有力打击侵权假冒犯罪案件。进一步加强与公安机关、行政执法机关的日常工作联系，及时掌握办案工作动态，对重大复杂案件提前介入，与公安机关、行政执法机关一起共同研究交流，在侦查取证、案件定性等方面给予适当的建议。在案件进入批捕、起诉环节后，多数基层人民检察院还相对集中办案骨干办理侵权假冒案件，尽量快捕快诉，加强跟踪引导和监督，保证批捕案件能诉能判。同时，为保证案件质量，对于不符合逮捕条件的，严格把关，依法不捕。

（二）加强个案协调

广西壮族自治区人民检察院侦查监督处积极配合自治区“扫黄打非”办公室督办贺州“11·01非法复制音像制品案”、柳州温某等人侵犯著作权等重大案件，与各市“扫黄打非”办、公安、检察、法院等部门共商解决办案中遇到的难点问题，就案件事实的查

清和相关证据的收集固定以及案件性质与数额的认定、行为人是否涉嫌犯罪等问题提出指导性意见，依法批捕、起诉了一批“涉黄”“涉非”和侵犯知识产权等犯罪案件。

(三)牵头完善行政执法与刑事司法衔接工作机制，通过座谈、授课等方式积极参与加强和创新社会治理

广西壮族自治区检察机关以开展专项立案监督活动为契机，走访相关行政执法机关，与主管领导和责任部门座谈沟通，调研了解查办移送涉嫌犯罪案件情况、“两法衔接”信息平台建设情况等，与行政执法机关达成工作共识。应各行政执法机关的邀请，广西壮族自治区人民检察院和各市人民检察院侦监部门负责人多人次到食药监、质监、渔政等部门给行政执法人员授课，宣传检察机关在行政执法与刑事司法衔接工作中的职能作用，就行政机关在查办案件中的证据收集、移送案件、职务犯罪预防等知识进行讲解，进一步强化行政执法与刑事司法衔接意识，理顺工作关系，完善衔接机制。

三、积极参与建立健全知识产权保护工作的长效机制

广西壮族自治区各级检察机关结合办案加强调查研究，积极向当地党委、政府和相关企业提出强化管理、消除隐患、预防犯罪和建章立制的检察建议，促进企业管理和社会治理创新，与公安机关以及其他行政执法机关就联席会议、情况通报、备案审查、查阅行政执法案件台账和案卷等方式加强沟通，达成共识，研究建立打击侵犯知识产权和制售假冒伪劣商品犯罪工作长效机制。

（最高人民检察院侦查监督厅）

海南省

专利工作

在海南省科技厅的正确领导和国家知识产权局的指导帮助下，海南省深入贯彻落实党的十九大精神和各项决策部署，以《海南省人民政府关于新形势下加快知识产权强省建设的实施意见》为抓手，认真完成各项工作，为海南省知识产权事业的发展和创新驱动发展战略的实施作出了新的贡献。

2017 年海南省专利申请量 4417 件，同比增长 20.39%，其中，发明专利申请量 1594 件，同比增长 25.02%；实用新型专利申请量 2136 件，同比增长 15.09%；外观设计专利申请量 687 件，同比增长 27.70%。全省专利授权量 2084 件，同比增长 7.53%。其中，发明专利授权量 352 件，同比减少 8.57%；实用新型专利授权量 1263 件，同比增长 8.04%；外观设计专利授权量 469 件，同比增长 22.14%。有效发明专利达到 2344 件，同比减少 2.09%，每万人有效发明专利拥有量 2.60 件。全省 PCT 国际专利申请 17 件，专利权质押融资额达到 2.97 亿元。同时，海南省加大知识产权工作资金投入力度，安排技术创新引导计划知识产权专项资金共计 1658.1 万元，资助、补助、奖励专利、国际商标注册、植物新品种等类别的知识产权项目 984 项。

一、组织实施知识产权战略，推进知识产权强省建设

编印《2017 年海南省知识产权工作要点》，指导督促各市县遵照实施。同时，指导省知识产权战略实施工作联席会议工作。组织召开联席会议第一次会议，年末汇总各成员单位年度工作要点并上报。

二、加强制度建设，修订出台相关政策

编制《海南省"十三五"知识产权发展规划》，修订《海南省技术创新引导计划知识产权专项资金管理办法》，制定《专利权质押融资管理办法》，并协调配合出台《中共海南省委、海南省人民政府关于加快科技创新的实施意见》等政策。

三、大力推动知识产权宣传和培训工作

（1）组织协调国家知识产权局办公室"知识产权 竞争未来"主题采访活动，对海南省知识产权工作进行全面广泛的报道和宣传。（2）组织 2017 年海南省知识产权宣传周和第十一届中国专利周海南省活动周暨知识产权展览会活动共 80 余场次。（3）举办海南省第二届知识产权与创新创业论坛，邀请知名专家、学者和企业家围绕"知识产权：为创新创业护航"主题发表演讲。（4）积极开展全省"专利倍增"系列培训暨专利质押融资服务宣讲活动，共举办 25 场次，培训 3000 余人。（5）创新工作模式，印发《海南省知识产权简报》，发布海南省企业专利技术创新排行榜，利用微信群及微信公众号等新媒体平台广泛宣传知识产权工作。

四、大力推进企业知识产权培育和服务体系建设工作

（1）完成省内 2017 年度知识产权示范和优势企业的现场考核工作，推荐申报 2 家国家知识产权示范企业和 6 家国家知识产权优势企业。（2）积极推动海南省知识产权产业联盟创建，2017 年成立并报备医疗健康产业、旅游业、互联网产业等三家知识产权联盟。（3）首次在海口设立全国专利代理人资格考试考点，考试报名人数达到 120 人，创历史新高。（4）组织评选第十九届中国专利奖，推荐 6 个优秀专利项目，同时推动设立海南省专利奖，大力促进海南省创新创业。

五、专利行政执法持续强化

（1）组织开展省、市（县）联合执法和跨部门联合执法，排查各类商品 50 多万件，核查专利商品 500 件，立案处理涉嫌假冒专利案 76 件。（2）组织开展跨省区执法协作，联合广东、广西二省区知识产权局组织开展"粤、桂、琼三省区专利行政联合执法"，共立案 26 件。（3）充分发挥中国（海口）知识产权维权援助中心的作用，争取将中国（海口）知识产权维权援助中心的职能范围扩展到全省。（4）赴文昌等 4 市县举办专利行政执法培训班，培训 240 多人。

六、抓好中小学校知识产权教育工作

（1）指导海南华侨中学举办知识产权宣传、咨询和讲座，鼓励师生开展发明创造活动。（2）动员并推荐海口市第四中学、第二十八小学和华师大附属黄流中学等申报全国中小学知识产权教育试点学校，其中海口市第四中学被列为全国知识产权教育试点学校。（3）联合省教育厅、省科协、团省委制定《海南省中小学知识产权教育试点示范工作方案》。

七、做好会议筹备和接待等服务工作

积极协助"博鳌亚洲论坛 2017 年年会知识产权研讨会"和"全国知识产权系统党建工作交流会"在琼成功举办。

（海南省知识产权局）

商标工作

海南省工商局紧紧围绕省委、省政府和国家工商总局的中心工作，立足商标工作职能，坚持服务导向，把培育商标、运用商标、保护商标作为工作重点，深入实施商标品牌战略，大力推进商标富农、商标强企工程，努力服务海南国际旅游岛建设，较好地完成了各项工作任务。

一、推进商标注册便利化改革

海南商标受理窗口和三亚商标受理窗口于 2017 年 3 月 1 日正式运行，进一步拓展了商标申请渠道，方便申请人申请注册商标，海南、三亚两个受理窗口全年共受理商标注册申请 2174 件，接受咨询 1925 人次，为企业节省注册费用 260 多万元。在省政务中心设立的商标质权登记海南受理点自 2017 年 6 月 15 日起正式启动，目前已办理商标质押权登记 5 件，为企业融资 19 289 万元。

二、着力抓好商标品牌培育工作

加大商标宣传培训工作力度，以“3·15 消费者权益保护日”“4·26 知识产权宣传周”为契机，开展全方位、多层次的商标宣传培训和场外普法咨询活动。增强了企业诚信守法和注册商标专用权的自我保护意识，营造了知识产权保护的良好社会环境。积极引导市场主体注册商标，通过积极引导商标注册，商标注册量有了明显提高。截至 2017 年底，全省累计商标有效注册量 59 156 件，2017 年全省商标申请 21 175 件，注册 9953 件，分别比上年同期增长 18.13%、57.39%、15.24%。

三、加大打击商标侵权力度

2017 年，海南省各级工商部门共查处商标侵权案件 112 件，案值 110.93 万元，罚没金额 91.6 万元，移交公安机关案件 1 件。统一组织在全省 7 个市县区查获 53 辆侵犯“宗申”注册商标电动三轮车和 5469 件涉案物品，涉案金额近 60 万元的商标侵权案经海南省第二中级人民法院于 2017 年 7 月 21 日判决被告人王某山犯假冒注册商标罪有期徒刑三年，没收全部涉案物品并处罚金人民币 15 万元的宣判给该案画上了圆满的句号，此案为海南近年因商标侵权判处当事人有期徒刑开了先河。

四、大力开展商标富农工作

积极实施品牌农业发展战略，推进海南农业品牌建设，积极开展商标富农工作，加强农业优势产业和拳头产品商标的培育，逐步实现农产品向专业化、品牌化、集群化发展，并形成了区域品牌运作体系，极大地提高了省内企业的品牌市场影响力。2017 年新增地理标志商标 15 件，是历年来获准注册最多的一年，累计核准地理标志商标 36 件。截至 2017 年底，全省累计注册涉农商标 16 587 件，占全省有效商标注册量的 28%。运用农产品和地理标志精准扶贫，商标富农工作成绩喜人。特别是儋州、海口、保亭地理标志商标工作取得了突破性进展。儋州市以 9 件地理标志商标居全省之首，以商标品牌效益推动了儋州“九大农产品”向“亿元产业”挺进；澄迈县依托全国唯一的“国家商标战略实施示范县”的优势，借助商标品牌助推农业发展，农业总产值突破百亿大关。“三亚芒果”地理标志商标，以年产值 47 亿元、种植面积 38 万亩带动种植户 1.2 万户，取得了解决 2 万余人就业的战绩，在海南地标产业中独占鳌头；“万宁槟榔”以年产值 19.32 亿元、种植 53.2 万亩，解决近 30 万人就业、862 户精准扶贫；“文昌鸡”作为海南“四大名菜”之首，以年产值 19 亿元，解决从业人员 26 000 余人的稳定业绩，充分释放地标效益；“定安粽子”以创造了年销售 2.7 亿元的奇迹与“三亚芒果”一道被选入 2017 年世界地理标志大会地理标志产品展示。

（国家知识产权局商标局综合处）

版权工作

2017 年，海南省版权工作严厉打击侵权盗版保护创新，积极开展版权宣传营造版权保护氛围，大力鼓励版权创作推动创新发展，为海南省创新发展助力。

一、扎实推进软件正版化工作

(一)取得的工作成效

(1)政府机关软件正版化进一步巩固。截至2017年底,海南省各级政府机关持有操作系统软件、办公软件、杀毒软件授权各4.9万多套,实现了正版软件全覆盖。

(2)国家软件正版化督查顺利通过。2017年9月,推进使用正版软件工作部际联席会议派督查组,对海南省软件正版化工作进行督查,抽检省直机关6家、国有企业4家。督查反馈会上,督查组对海南省软件正版化工作给予肯定。

(二)采取的工作措施

(1)加强组织领导,压紧压实责任。海南省政府办公厅印发《关于加强我省软件正版化工作的通知》,就加强软件正版化工作提出相关意见,要求各市县、各单位贯彻落实。坚持联席会议制度,定期召开海南省使用正版软件工作厅际联席会议,传达贯彻推进使用正版软件工作部际联席会议精神,研究审议海南省软件正版化年度工作计划,并就全省软件正版化工作重大事项作出决策。各市县、各部门软件正版化领导机构,分别以会议、文件等形式对软件正版化工作进行研究部署。

(2)组织宣传培训,提高思想认识。2017年全省共组织政府机关软件正版化培训22次,参训单位1281家,参训总人次2089次;举办企业软件正版化培训8次,参训企业101家次,参训人员285人次。

(3)坚持督查考核,健全长效机制。海南省使用正版软件工作厅际联席会议派出督查组,对全省政府机关软件正版化工作开展全覆盖多批次督查,全年督查政府机关361家次,检查计算机近3000台次。

(4)完善制度台账,夯实工作基础。海南省版权局、省财政厅、省机关事务管理局联合印发《海南省政府机关办公通用软件采购管理规定》和《海南省政府机关计算机硬件采购管理规定》,对全省政府机关新购计算机预装正版操作系统、同步购置必需的办公软件和杀毒软件提出硬性要求,为正版软件规范管理奠定坚实基础。

二、严厉打击侵权盗版行为

(一)开展"剑网2017"专项行动

2017年7月31日,海南省版权局联合省通信管理局、省网信办、省公安厅召开工作会议,对专项行动进行研究部署,拟定海南省"剑网2017"专项行动实施方案,印发各市县实施。2017年9月,开展网络企业"剑网2017"自查自纠活动。指导网站在首页显著位置设置版权投诉窗口,切实履行侵权作品通知—删除义务,加强对省内APP商店和电子商务平台的网上监管。主动查处网络侵权盗版案件1起,接收并查处国家版权局移送案件2起。

(二)开展文化市场清理整顿

2017年,全省共查处著作权案件3起,其中接收国家版权局移转案件2起,即海口环讯信息公司运营"乐享逍遥问道"游戏私服涉嫌侵犯著作权案(已结案)和中国流行音乐网涉嫌未经许可传播他人作品案(正查处中);查处重大案件1起,即陵水县龚某某涉嫌侵犯著作权、贩卖淫秽物品牟利案,已移交公安机关刑事立案。

(三)开展侵权盗版及非法出版物集中销毁活动

2017年4月24日,按照全国"扫黄打非"工作小组统一部署,海南省"扫黄打非"领导小组办公室在海南省歌舞剧院广场,与全国同一时间举行"2017年全国侵权盗版及非法出版物集中销毁海南分会场活动",此次活动共销毁侵权盗版及非法出版物23万多件。

三、大力开展版权保护知识宣传

2017年4月20日至26日期间,海南省版权局组织开展形式多样的版权宣传活动。在“4·26 世界知识产权宣传周”启动仪式现场发放《著作权法》知识小册子 200 多册，接受群众咨询答问近百次。各市县版权行政管理部门通过张挂横幅、发放知识手册、播放版权保护视频等形式，向广大群众宣传版权保护知识。

四、积极做好版权社会服务工作

2017 年，海南省共登记各类作品 172 件，审核备案涉外图书版权贸易合同 178 个，引进图书版权 179 种。

（海南省版权局）

司法工作

2017 年，海南法院落实均衡结案制度，妥善审理全省知识产权案件，较好地完成了审判任务。

表 1　一审知识产权民事案件统计表　（件）

年份	收案总数	著作权案件	商标权案件	专利权案件	其他案件	其中：涉外案件
2017	266	119	86	49	12	7

表 2　二审知识产权民事案件统计表　（件）

年份	收案总数	著作权案件	商标权案件	专利权案件	其他案件	其中：涉外案件
2017	27	2	17	2	6	6

表 3　知识产权刑事、行政案件收案统计表　（件）

年份	收案总数	刑事一审	刑事二审	行政一审	行政二审
2017	81	64	14	2	1

一、依法审理各类涉知识产权案件

（1）依法审理知识产权行政案件。一是海南高院审理了全国首例纵向垄断协议的行政案件。本案判决尊重了行政机关在执法领域的裁量权，同时也监督了行政机关合法行政，有利于保障行政相对人的合法权益。本案对民事赔偿案件与行政执法案件在纵向垄断协议的适用上进行了比较和区分，具有一定的典型意义和创新性。二是监督知识产权行政机关依法行使职权。严格依照法律法规从程序的合法性和处理的合理性审查行政机关的行政行为，规范知识产权行政行为，保障行政相对人合法权益。

（2）依法审理知识产权民事案件，保护知识产权民事权益。充分发挥审判职能，切实发挥民事审判在保护知识产权中的主渠道作用。一是依法审理著作权纠纷案件，维护著作权人合法权利，提升文化软实力。二是依法审理商标权纠纷案件。海南法院准确适用法律，有效地制止了侵犯“五粮液”“椰树”“椰岛”“白莲鹅”等省内外知名企业品牌商标权的行为，同时也注意合理分配举证责任，平衡商标权人与善意销售者之间的权益，既有效保护商标权人的商标不被继续非法使用，也促使商标权人在法律范围内积极行使权利，防止权利滥用情形的发生，均衡保护市场主体的合法权益。三是依法审理专利权纠纷案件，保障技术创新权益，促进自主创新。

（3）严厉打击知识产权刑事犯罪。充分发挥刑事审判职能，积极配合“双打”专项工作，持续保持打击侵犯知识产权犯罪的高压态势，全年共受理侵犯知识产权案件 78 件，知识产权刑事保护手段进一步增强，有效惩治和震慑了相关犯罪行为。一是在案件受理上，保证及时受理、及时立案；二是在案件审理上，全部案件均在审限内结案，并依法从重、从快打击侵权假冒违法犯罪行为，保持强大的司法威慑力。在审理假冒注册商标罪、销售假冒注册商标的商品罪等案件时，法院综合考虑了犯罪违法所得、非法经营数额、损失程度、社会危害性等情节，在依法适用主刑的同时，加大罚金刑的适用与执行力度，依法惩治了犯罪人员，维护了正常的市场秩序。加强打击涉食品药品安全犯罪行为。贯彻落实习总书记“最严谨的标准、最严格的监管、最严厉的处罚、最严肃的问责”四个“最严”标准要求，要求全省法院对危害食品药品违法犯罪行为在法律允许的范围内“顶格”判处刑罚，加大罚金刑力度，加重犯罪分子违法成本；同时适用“从业禁止”新型制裁方式，充分发挥司法震慑作用，取得了很好的法律效果和社会效果。

二、统一裁判标准，提升司法公信

一是在 2017 年“4·26 知识产权宣传日”当天，海南省高院组织召开了“海南法院知识产权司法保护新闻发布会”，并在会上发布了《2016 年海南法院知识产权司法保护状况（白皮书）》和《2016 年海南法院知识产权十大典型案例（白皮书）》。海南省双打办、省检察院、省公安厅等单位应邀参加，多家媒体进行了集中报道，取得了良好的社会效果。二是继续落实海南省司法改革中提高案件质量的类案参考制度，将 2016 年的典型案例以“知识产权十大典型案例”的形式于“4·26 知识产权宣传周”活动时推出，并作为类案参考知识产权卷的储备。三是继续落实大要案报告制度，确保大要案司法尺度和裁判标准的统一。通过采取措施，海南省知识产权案件的司法尺度，尤其是知识产权刑事案件的量刑标准得到了很好的统一。

三、加大调解力度，妥善化解纠纷

海南法院通过采取“维权和教育”的方式调撤了一批知识产权民事侵权纠纷，在依法维护商标权人合法权益的同时，加大对侵权人的知识产权法律宣传教育和引导，促使侵权人认识其行为的违法性，自行纠正错误。在侵权人认识错误的基础上，争取权利人的谅解，以达成和解，从而以调解方式快速解决纠纷。

四、配合“双打”工作，净化市场环境

海南法院根据海南省打击侵权假冒工作领导小组办公室的要求，积极配合“双打”工作的开展，贯彻落实省政府有关“双打”工作的各项部署。指定专人定期上传数据，撰写相关报告，完善平台建设，形成定期报告工作机制；充分利用“双打”联动平台，完善行政执法与刑事司法的有效衔接，通过信息共享平台，就知识产权案件办理中的专业性问题接受相关单位咨询，学习交流工作经验，实现资源共享；通过“双打”信息共享平台发布法院工作动态、典型案例等，积极发挥法院的审判职能优势。此外，还积极加强与其他部门的联系和协调，建立长效的横向交流、沟通机制和平台，实现行政执法与司法信息共享，对知识产权行政保护和司法保护的分工与合作达成共识，共同提升全省知识产权保护水平。

五、推动司法公开，扩大司法影响

海南法院认真落实公开开庭、裁判文书上网等“阳光司法”措施。对于所有知识产权案件依法公开开庭审理，严格按照《最高人民法院关于人民法院在互联网公布裁判文书的规定》的要求，知识产权生效裁判文书上网率 100%。通过此类措施的运用，进一步推进司法公开，透明司法，树立了审判工作的良好形象，以司法公开促进司法公正，实现司法民主，达到了良好的社会效果。

六、加大司法宣传，营造良好氛围

一是精心挑选典型案例开观摩庭。二是开展“送法进企业”活动。三是到商品集散中心开展宣传活动。四是通过电视广播平台，纸质媒介，以及新媒体手段，大力宣传和报道相关案件，宣传工作再上一个新的台阶。

（海南省高级人民法院知识产权审判庭）

检察工作

2017 年，海南省检察机关切实履行检

察职能，共依法批捕侵犯知识产权和制售假冒伪劣商品案件 15 件 21 人，提起公诉 29 件 42 人，监督行政执法机关移送涉嫌犯罪案件 7 件，监督公安机关立案案件 10 件。

一、保持对“双打”案件的高压态势，从快从严审查犯罪案件

海南省各级人民检察院深刻领会人民群众对于打击危害食品药品的决心，认识到这既是政治责任，也是司法责任，不断强化责任意识，树立证据裁判意识，依法及时准确批准逮捕、提起公诉。

二、多措并举，积极推进两法衔接机制建设

一是探索推进大平台建设。“双打”平台在各成员单位的配合下有序运行，海南省人民检察院多次与海南省商务厅协商，力争实现全省执法信息在该平台录入，以此拓宽检察机关监督渠道。二是积极参加专项督查。2017 年上半年，海南省人民检察院派员参加海南省商务厅开展的督查活动，针对行政执法机关执法情况进行督查，防止以罚代刑，有案不移，进一步促进全省“双打”工作。

三、拓宽线索来源渠道，加强检察监督

海南全省检察机关不局限于在审查案件中发现监督线索，还通过人民群众控告申诉、行政执法机关移送、专项执法检查、行政执法与刑事司法衔接信息共享平台、网络媒体等多种渠道发现监督线索。

四、加强与公安机关、行政执法机关的协作配合

一是加强个案协作。通过召开公安、检察、行政执法机关三方研讨会解决个案中存在的案件移送、证据收集、检验鉴定、涉案物品等问题。二是形成执法司法合力。海南省检察机关主动商请参加食品药品监督等部门开展的环境保护督察、食品药品安全督查等专项执法活动。三是及时介入重大疑难案件的侦查工作。

（最高人民检察院侦查监督厅）

重庆市

专利工作

2017 年，重庆市专利申请 64 648 件，其中发明专利 19 297 件，占申请总量的 29.8%，企业专利申请 44 266 件，占申请总量的 68.5%；专利授权 34 780 件，其中发明专利授权 6138 件，占授权总量的 17.6%，企业专利授权 24 973 件，占授权总量的 71.8%；每万人口发明专利拥有量达到 7.3 件，同比增长 30.4%；全市规模以上工业企业专利产品数量达到 16 324 类、专利产品产值达到 3168.3 亿元。积极落实知识产权质押融资政策，2017 年新增专利质押融资 18.57 亿元，同比增长 1 倍多；率先建立知识价值信用评价体系，并成功在重庆设立国家自主创新示范探索试点，67 家科技型企业获得银行知识价值信用贷款 1.3 亿元。实施高校专利管理能力建设计划，支持重庆理工大学成立“一带一路”知识产权与创新发展研究院，重庆理工大学知识产权学院与英国伦敦大学玛丽女王学院签订知识产权国际化人才培养协议，西南政法大学知识产权保护协同创新中心被列为市级重点项目，重庆工商大学与新加坡知识产权学院共同开展中新（重庆）合作知识产权项目研究。实施知识产权示范试点城市建设计划，支持江北区扎实推进国家知识产权示范城市建设，九龙坡区成功创建国家知识产权示范城市和国家中小企业知识产权战略推进工程试点城市，铜梁区、长寿区获批国家知识产权试点城区，重庆高新技术产业开发区、长寿经济技术开发区成为国家知识产权示范园区，两江新区、重庆空港工业园区积极创建国家知识产权示范园区。实施知识产权优势企业培育计划，引导企业实行《知识产权管理规范》国家标准，新培育国家级知识产权示范企业 4 家，国家级知识产权优势企业 33 家，市级知识产权优势企业 121 家，指导企业获得第十九届中国专利奖优秀奖 16 项，获奖项目新增销售额 76.2 亿元。开展众创空间专利“聚芯”行动，成立众创空间联盟专利工作委员会，支持 4 家众创空间建立知识产权子站，培训知识产权管理人员 400 余名，推介企业专利技术 13 项。加强商贸流通领域知识产权保护，180 家单位参与“保护知识产权、销售正版正货”承诺活动，全市新培育国家级知识产权试点市场 4 家、保护规范化示范市场 2 家。深入开展打击侵权假冒工作，全年立案查处案件 3652 余件，捣毁窝点 41 个，涉案金额 3.5 亿元，连续 6 年国务院绩效考核位列全国前十位，2017 年进入全国前三位；加大专利行政执法力度，全年立案调处专利纠纷案件 336 件，受理知识产权维权援助案件 137 件，江北区、酉阳县成立知识产权执法大队，连续 3 年专利行政执法工作考核进入全国前十位，2017 年进入全国前五位。大力发展知识产权服务业，举办全国知识产权服务品牌机构服务重庆等活动，全市知识产权服务机构达到 130 家，从业人员达到 2194 人，年营业收入 3.99 亿元。

（重庆市知识产权局）

商标工作

2017 年，重庆市工商系统认真贯彻落实工商总局和市委、市政府的决策部署，围绕重庆西部创新中心、商标品牌强市建设，全面深入实施商标品牌战略，大力推进商标注册便利化改革和商标“三中心”建设，切实加强商标创造、运用和保护，各项工作取得显著成效。

一、落实商标注册便利化改革取得新进展

重庆商标审查协作中心是国家工商总局为推进商标注册便利化改革、缓解我国商标审查压力，在京外设立的三个商标审查协作中心之一，也是中西部唯一的商标审查协作中心，被写入了 2017 年重庆市政府工作报告。为优质高效推进重庆商标审查协作中心建设，全系统抽调工作人员成立筹建工作组，在总局指导组的指导下，精心组织，狠抓落实，有力推进机构设立、场地装修、设备采购、人员招录、后勤保障等各项工作。中心于 2017 年 12 月 1 日在江北区科技金融中心建成挂牌。重庆商标审查协作中心揭牌当月共受理商标注册申请 966 件，完成商标形式审查 17 327 件、实质审查 9419 件，基本形成商标审查能力。

二、实施商标品牌战略取得新成绩

推动市政府与工商总局签署《关于支持重庆建设商标品牌强市战略合作协议》，从推动商标注册便利化改革、商标品牌战略实施、产业和区域品牌培育等 9 个方面开展部市合作，共同把重庆加快建设成为西部创新中心和商标品牌强市。成功举办《商标兴渝商 品牌耀重庆——重庆商标品牌发展巡礼》图片展，以历史足迹、发展轨迹、未来奇迹为主线全面展示重庆商标品牌发展历程和商标品牌战略实施成果，受到国家工商总局领导和社会各界的一致好评。

深入开展“4·26 知识产权宣传周”活动，发布《2016 年重庆市商标发展报告》，发放宣传资料 8.3 万份，接受咨询 1 万余人次，走访企业 5000 余家，组织开展商标

座谈、培训 27 次，参训人员近 2000 人，营造了良好的商标发展氛围。全市注册商标、驰名商标、地理标志、马德里国际注册商标“四标”数量稳步增长。全年新增注册商标 5 万件，增量创历史新高，总量达 29.1 万件；新增地理标志 21 件，总量达到 230 件；新增马德里国际注册商标 7 件，总量达到 249 件。

三、商标管理运用水平不断提升

深入开展“商标富农”行动。积极运用地理标志精准扶贫，开展农村经纪人商标培训，组织“涪陵榨菜”“合川桃片”“永川豆豉”参加 2017 世界地理标志大会产品展示，提高重庆地理标志产品知名度和影响力。

继续推进商标权质押融资工作。充分发挥江北局注册商标权质权登记申请远程受理点作用，帮助企业拓宽融资渠道，解决融资难问题，设立以来累计办理商标权质押贷款 7 笔，金额近 3 亿元。

初步建成了较为完备的运行规则体系。按照“政府引导、市场运作、电子交易、公开透明、全程监管”原则，探索重庆商标交易中心建设，建立完善了资金管理、会员管理、信息系统安全稳定保障等规章制度。2017 年，累计发布商标交易信息近 4 万条，完成商标交易 1026 件、交易金额 3188 万元，有效盘活了商标闲置资源。

四、商标监管保护成效显著

加大商标保护力度。持续开展打击侵犯知识产权和制售假冒伪劣商品专项行动，加大侵权假冒打击力度。全系统累计查处商标违法案件 146 件，案值 473 万元，罚没 307 万元，维护了商标权利人的合法权益和公平竞争的市场环境。

加强商标交易市场监管。与市金融办联合出台《重庆市商标交易管理办法》，规范商标交易行为，防范商标交易风险。

重庆商标培训中心建设顺利推进。成立了专门工作小组，对建立重庆商标培训中心的必要性、可行性进行了论证研究，形成了《重庆商标培训中心建设规划方案》，明确了重庆商标培训中心功能定位、发展目标，初步选定中心地址。

（国家知识产权局商标局综合处）

版权工作

2017 年，重庆市版权局认真学习贯彻习近平新时代中国特色社会主义思想和党的十九大精神，认真落实市委、市政府各项决策部署，各项工作取得新进步。

一、贯彻严格保护主基调，聚焦执法办案主战场

继续巩固拓展重庆市版权局、市公安局、市文化执法总队等相关部门执法办案协作机制。国家版权局 2017 年第一批 14 件督办大案中，涉及重庆市的 2 件案件(重庆“龙腾合击”传奇私服涉嫌著作权案、重庆宋某涉嫌侵犯著作权案)，圆满侦办完成。

二、提高版权社会化服务的数量、质量和覆盖面

制定《重庆市区县版权登记工作站管理办法》，完成了 2 轮、10 课时的集中业务培训。截至 2017 年 11 月 30 日，走访大中型企业 55 家，开展现场服务 11 次，派出工作人员 130 余人次，开展专项培训 6 次，完成作品登记 69 680 件，版权贸易合同备案登记 298 件。继续强化重庆市版权局、市版权保护中心与人民法院建立联动协调、诉调机制，处理各类版权纠纷 80 余起。

三、正视新问题思考新办法，探索创新维权新模式

在全国率先建立“新闻生产及运营监管”“数字化转型技术支撑”两级平台。在“新闻生产及运营监管”平台的 6 大业务子系统中专设“版权保护”板块，自2016年10月运营以来，累计确权350余万条原创新闻作品（其中图片160余万张）。通过“版权保护”系统中确权、监测、取证、分析“四个模块”的综合研判，累计确认网络侵权转载行为131 693次，有效取证84 653次，涉及原创报道文章12 463篇。

四、落实抓细推动软件正版化工作

重庆市“正版软件资产管理及日常监管系统”一期建设完成调试，正式上线运行。举办覆盖全市各区县、市级各部门、市属重点国有企业等230余家单位、近300人的专题培训，建立QQ工作群，重庆市软件正版化日常管理工作更加系统、精细、精准。落实专项经费，开展重庆市政府机关软件正版化年度考核工作，借助第三方技术及人员服务队伍，于2017年底完成对70余个市级政府机关（含中央在渝机构）12 000余台计算机的全覆盖自查，做好迎接国家全覆盖检查准备。

五、积厚成势，产业发展是版权工作的发动机

其一，2017年以来，重庆市文化艺术品行业协会、石会艺术、昂格科技、首班车文化等20余家企业签订“重庆版权市场”入园协议；中国艺委会、克莱斯克影视传媒、云环文化、重庆永钢、重庆展艺、江苏万和、深圳前海、深圳缘聚天下、中云国际等一批市内外文化企业和组织，就影视版权限量衍生品、版权作品印刷加框、限量版画等20余个项目，累计达成版权交易总值2亿余元；开展了面向社会公众的“2017年新年艺术家（拍卖）节”“三喜重庆·名家画展”“开放的六月”“原创婚纱设计”“版权衍生品研发交易”等丰富多彩的惠民版权交易和普及宣传活动。其二，以更宽广的视野、更务实的举措推动版权市场建设，而不仅局限于实体版权市场。重庆市委领导率版权处、版权保护中心，两次和“猪八戒”网召开工作座谈会，帮助其设立“知识产权事业部”，指导其上线运营集创作、授权、衍生品生产、电商销售等一条龙服务的“酷版权”平台，并与重庆市版权保护中心联合设立全国首个“威客创意网络版权保护中心”，真正把政府“完善政策体系，加强规划引导，强化市场监管，提供良好的政策环境和市场环境”等核心职能落到实处。半年来，平台已代理登记作品3万余件，服务创作用户2万余个，累计实现交易2500余万元。其三，组织重庆市出版单位、动漫设计、游戏制作等企业远赴海外，参加伦敦书展、俄罗斯书展、美国E3展、法兰克福书展，开拓眼界，寻求文化输出合作机会，开展版权国际贸易。

六、同频共振，在全社会努力营造学习、了解、掌握、应用版权的氛围，推动社会共治

2017年重庆市版权局就重庆市2012年以来实施著作权法的情况向全国人大常委会著作权法执法检查组作总体汇报。“4·26世界知识产权宣传周”期间，通过“以案说法”的形式，公布了“269小说网”“8·6”“10·19”等一批公安部、国家版权局“双部督”互联网侵犯著作权重大案件，发挥震慑教育作用；重庆市版权局、市公安局、市文化执法总队发放作品登记流程、网络视听节目管理、识假防假小知识等宣传读本、资料、活页5000余份，并就市民关注的版权产业、作品价值评估、盗版鉴伪等进行咨询回答。

（重庆市版权局）

司法工作

2017年，重庆法院积极履行审判职能，继续加大知识产权保护力度，为重庆实施创新驱动发展战略提供了有力的司法保障与服务。

一、积极履行审判职能，延伸司法服务

立足审判职能，狠抓执法办案第一要务。2017年重庆法院共受理一、二审知识产权案件6248件，与2016年案件受理数4666件相比，同比上升33.9个百分点。审结一、二审知识产权案件5818件，结案率93.12%，与2016年审结数4236件相比，同比上升37.35个百分点，结案率上升2.34个百分点。新收知识产权一、二审案件共5791件，同比增长30.99个百分点。在2017年受理的6248件知识产权案件中，著作权纠纷占比83.24%，商标权纠纷占比9.28%，专利权纠纷占比3.35%，其他知识产权纠纷占比4.13%。

高度重视典型案例的培育，注意发挥案例的裁判指引作用。2017年，重庆松江与上海松江侵害商标权纠纷案和涉海宁皮革城不正当竞争纠纷诉中禁令案入选最高法院发布的“中国法院50件典型知识产权案例”，重庆市一中院审理的“和美家”商标侵权纠纷案入选最高人民法院知识产权司法保护成果展示。

在抓好执法办案的同时，积极延伸司法服务职能。重庆法院积极营造稳定公平透明的营商环境，为重庆实施创新驱动发展战略提供有力的司法保障与服务。同时，通过“4·26新闻发布会”，发布知识产权司法保护白皮书，在新浪微博进行主题访谈。

二、多管齐下加强审判指导，统一裁判尺度

（一）充分发挥法官联席会统一裁判规则的作用

通过联席会议，对涉及作品登记证书认定的效力、音乐作品著作权人的认定、生产商与销售商的责任、商业秘密的构成要件等问题进行了讨论，统一重庆法院的法律适用。

（二）加强专题研讨解决突出问题

一是强化改发分析，把握运行态势。二是针对重点案件重点探讨，统一法律适用。

（三）以审判为中心发挥裁判引领作用

一是充分发挥二审裁判作用，注意及时总结审判经验。二是强化案例意识，转化审判成果。对发现的重点案件，认真审理、精心裁判，注重成果的转化，积极培育、报送典型案例。

三、围绕法院中心工作，提升调研能力

（一）突出问题导向，注重实务调研

一年来，重庆法院完成了多项全市法院重点调研课题，承担了《特许经营纠纷审判中的若干问题》重点调研课题任务，完成全国法院系统第二十九届学术讨论会论文两篇。条线法官的多篇文章发表在《法律适用》《人民司法(案例)》等全国各类期刊报纸上。

（二）服务法院中心工作，开展前瞻调研

积极参与重庆自贸区法院筹建工作，做好重庆成立知识产权法院的前期调研。同时，草拟《关于在重庆设立知识产权法院的报告》《关于实施知识产权战略十年的评估报告》等，争取在重庆设立知识产权审判专门法院。

四、进一步完善审判机制，优化审判结构

（一）调整知识产权案件管辖范围，促进专业化审判

为推进知识产权案件跨区域集中管辖，兼考虑到知识产权案件的专业性和案件数量等因素，原则上由中级法院受理一审知识产权案件，基层法院（包括渝中区法院和沙坪坝区法院）一般不再受理知识产权案件；同时为进一步加强两江法庭建设，将重庆市一中院辖区可以由基层法院受理的民事知识产权案件全部交由两江法庭集中管辖。

（二）指导智审平台建设，推进类案审判信息化

重庆市五中院、两江法庭与交大慧谷

公司共同开发"著作权纠纷类案智能专审平台"。在分步实现网上立案、批量化立案的同时，借助计算机智能提取技术，将相关信息导入法律文书模板并自动生成相关法律文书。

五、加强横向联系，增进交流合作

一是促进司法、行政协调保护。加强与兄弟法院的工作联系，学习优秀法院的先进经验。与重庆市工商局共同组织商标侵权法律问题研讨，逐步统一司法与行政执法的尺度，并结合知识产权司法保护和行政保护对接，开展诉讼案件联合调解工作。

二是巩固院校合作。委托西南政法大学对两江法庭的运行状况进行了第三方评估，专家小组对法庭审判工作、审判机制建设等各方面工作给予充分肯定。同时，在继续开展"庭审进校园"活动的基础上，开展知识产权法官到重庆大学做讲座、参加重庆大学的双师课堂等形式多样的活动。

六、积极稳步推进专委会工作

一是组织召开新商标法司法解释座谈会。重庆法院承办新商标法司法解释（征求意见修订稿）座谈会。与会代表围绕诉讼当事人资格、案件管辖、商标合同、侵害商标权判定、正当使用及侵害商标专用权抗辩、民事责任、诉讼时效等问题进行了深入的讨论和交流，为最高法院制定新商标法司法解释提供了重要参考。

二是继续办好"中国知识产权法官讲坛"。2017 年共举办五场讲坛，每次讲坛都组织三级法院法官参加。同时，通过及时微信直播推送、年底结集汇编的方式，扩大讲坛的影响力。

三是积极做好《中国知识产权审判理论研究》的编辑出版及秘书处日常工作。目前已完成第七辑的征稿、审稿、编辑，正由最高法院核稿。同时，做好专委会秘书处日常工作，及时制订全年工作计划，撰写《知识产权专委会年度报告》。

七、加强队伍建设，提升政治业务素质

以学习贯彻党的十九大精神为首要政治任务，认真组织政治与业务学习，扎实推进党风廉政建设，增加重庆法院知识产权法官的战斗力、凝聚力。

一是抓好政治理论学习。重庆法院注重思想作风建设，积极学习宣传党的十九大精神，深学笃用习近平新时代中国特色社会主义思想，认真落实市委五届三次全委会要求，同时对标对表制定落实行动方案。此外，务实开展"两学一做"主题活动，加强日常的党风廉政建设，做到防微杜渐、警钟长鸣。2017 年，重庆法院知识产权法官无一例违法违纪事件发生，保持了一贯良好的司法作风。

二是加强业务培训提升业务素能。举办"知识产权审判法官讲坛"，组织条线法官对新颁布的司法解释、业务会议、最高人民法院发布的指导案例及其他典型案例等进行认真学习讨论。积极派员参加最高人民法院等组织的各种学习与培训业务会、研讨会及审判业务培训班。

（重庆市高级人民法院知识产权审判庭）

检察工作

2017 年，重庆市检察机关在最高人民检察院领导下，充分发挥检察职能服务，加快实施创新驱动发展战略，依法严厉打击侵权假冒犯罪，为保护和激发创新主体活力作出了应有的贡献。共批捕侵犯知识产权犯罪 14 件 29 人，起诉侵犯知识产权犯罪 28 件 86 人。

一、进一步提高思想认识，增强服务意识，加快实施创新驱动发展战略的使命感

重庆市人民检察院以保护产权为核心，以营造公平有序的营商环境为重点，先后出台了《重庆市人民检察院关于充分履行检察职能加强产权司法保护的指导意见》《重庆市人民检察院关于服务保障中国（重庆）自由贸易试验区建设的指导意见》，提出围绕助推知识产权综合管理改革试点，依法惩处侵犯商标权、专利权、著作权、商业秘密等侵犯知识产权犯罪，致力于运用司法手段保护市场主体创新动力、创造潜力、创业活力。提出深入贯彻落实《中共中央、国务院关于完善产权保护制度依法保护产权的意见》《最高人民检察院关于充分履行检察职能加强产权司法保护的意见》的工作要求，服务“西部创新中心”建设，依法惩治侵犯专利权、商标权、著作权、商业秘密等犯罪，重点保护重庆自贸试验区、高新区、经开区等各类园区高新技术企业、创新型领军企业的知识产权。

二、进一步加大办案力度，充分发挥检察职能，依法严厉打击侵权假冒犯罪

重庆市人民检察院牢牢把握人民群众对美好生活的向往，始终把严厉打击侵权假冒犯罪摆在突出位置，指导督促全市检察机关将打击侵权假冒犯罪及其背后的职务犯罪作为重点工作来抓。重庆市人民检察院侦查监督、公诉等部门加强横向沟通协调和对下指导，构建上下联动的办案机制，与分院、基层院形成打击合力，不断加大办案力度。细化利用互联网侵犯知识产权犯罪证据标准，落实提前介入侦查引导取证、重大疑难案件公安机关听取检察机关意见建议工作机制，提高打击能力。

三、进一步加强监督协作，深入开展“危害食品药品安全犯罪专项立案监督活动”

2017年，最高人民检察院第三次在全市检察机关部署开展为期两年的危害食品药品安全犯罪专项立案监督活动。重庆市各级检察机关精心组织、周密部署，密切与行政执法机关、公安机关的协作配合，积极拓宽监督线索来源，不断创新监督方式，全年共建议行政执法机关移送侵权假冒案件53件76人，监督公安机关立案2件2人。11月，为进一步推进专项监督工作成效，重庆市人民检察院牵头与重庆市“双打办”、重庆市公安局、重庆市食品药品监督管理局等单位组织召开了行政执法与刑事司法衔接工作座谈会，就两法衔接工作机制建设、信息共享平台应用、执法难点问题解决等深入交换了意见，与重庆市公安局会签了《关于办理联合挂牌督办破坏环境资源和危害食品药品安全案件的实施细则(试行)》《关于办理危害食品药品安全犯罪案件收集证据指引》。

四、进一步加强信息报送和法制宣传工作，积极营造保护智慧创新的社会氛围

重庆市人民检察院指定专人负责数据和材料的收集报送工作，及时向市政府报送相关数据和信息。积极落实“谁执法谁普法”的要求，认真开展“双打”领域的法制宣传和普法活动。重庆市检察机关根据工作情况，通过送法进企业、检察开放日、预防宣讲等活动，广泛开展宣传和普法工作，取得了较好的效果。

（最高人民检察院侦查监督厅）

四川省

专利工作

2017年，四川省知识产权工作以党的十九大精神为指引，全面贯彻落实中央关于知识产权工作的决策部署，深入实施知识产权战略，加快建设引领型知识产权强省，深化知识产权全面创新改革，知识产权工作取得新成效，为全省经济社会发展作出积极贡献。全年新申请专利167 484

件，同比增长17.51%，其中申请发明专利64 642件，同比增长19.1%。获得专利授权64 006件，其中获得发明专利授权11 367件，同比增长7.39%。企业新申请专利113 103件，同比增长23.41%，其中新申请发明专利43 313件，同比增长41.28%。全省有效发明专利拥有量44 511件，同比增长20.91%。每万人发明专利拥有量5.43件，同比增长20.93%。

一、推进知识产权强省建设和全面创新改革

签署《国家知识产权局 四川省人民政府知识产权合作会商议定书》。四川省政府出台《四川省建设引领型知识产权强省试点省实施方案》《四川省"十三五"知识产权保护和运用规划》。成都市获批首批国家知识产权强市创建市。截至2017年底，全省共培育国家知识产权试点示范城市10个；国家知识产权强县工程试点示范县（市、区）57个；国家知识产权试点示范园区3个、省知识产权试点示范园区57个；国家知识产权示范优势企业166家、省知识产权试点示范企业541家、市（州）知识产权试点示范企业300余家。

专利快速审查、确权、维权一站式服务和贷款、保险、财政风险补偿捆绑的专利权质押融资服务2项改革举措纳入国务院首批推广支持的13项改革举措。放宽对专利代理机构股东或合伙人的条件限制、职务科技成果权属混合所有制改革试点、专利权质押融资新模式、知识产权类型化案件快审机制4项改革举措纳入四川省政府首批推广的21项改革举措。首批在全省20家国有高校和科研院所开展职务发明知识产权归属和利益分享制度改革试点，分割确权职务发明专利200余项，成立企业40余家，带动项目投资超过100亿元。开展专利代理行业改革试点，全省25家服务机构和109人享受改革试点扶持政策，成都市获批全国唯一开展专利代理行业进一步改革试点工作的城市。中国成都（家居鞋业）知识产权快速维权中心授牌运行，中国（四川）知识产权保护中心批准建设。

二、加强专利行政执法保护和维权援助

深入开展"双打""雷霆""闪电""护航"专项行动，加大电商平台和大型展会执法检查力度。加强泛珠三角区域、长江经济带、丝绸之路经济带专利行政执法协作，联合打击跨区域专利侵权违法。知识产权举报投诉和维权援助中心实现21个市（州）全覆盖，2017年接待来电来访620人（次），开展企业知识产权维权援助10余次。全年开展专利行政执法检查4231次，出动执法人员8549人（次），检查商业场所7520个，检查商品1 039 774件，开展大型展会执法保护10余次，立案受理专利案件2981件，同比增长110.08%。协同办理电子商务领域专利案件1300余件。向广东、江西、浙江、湖北等省移送涉嫌假冒专利案件42件。

三、促进知识产权转移转化

创立"平台＋机构＋高校院所＋金融＋企业"知识产权运营模式。成都市获批首批国家知识产权运营服务体系建设重点城市。中国（绵阳）科技城军民融合知识产权运营平台建成投运，成都中医药大学挂牌成立知识产权运营中心。建立"1＋1＋3＋N"四川省知识产权运营基金出资联动机制，推动宜宾、乐山、德阳等地建立区域知识产权运营子基金。天府知识产权运营高峰会签约高价值知识产权项目81个，签约金额113亿元。全年7家国家知识产权运营试点企业运营金额8.1亿元。设立专利质押融资贷款利息、保险费、评估费、担保费"四贴"资助资金。推出"一次征信、一次授信、反复使用、随借随还"的"天府知来贷"金融产品。创新"贷款＋保险保证＋财政风险补偿"专利质押融资新模式，引入保险公司11家，投保专利240项，保额2.5亿元。全年专利实施许可合同备案212件，金额3708万元。新增专利实施项目12 876项，新增产值1755.49亿元。四川省政府评选表彰2016年度四川省专利奖41项。全省荣获第十九届中国专利奖金奖1项、优秀奖20项、外观设计优秀奖1项。

四、加快发展知识产权服务业

四川省知识产权公共服务平台建成投运。成都高新区获批创建国家知识产权服务业集聚发展示范区。成都高新区服务业联盟加快建设，聚集各类知识产权服务机构84家，接受知识产权托管服务企业1300余家。全年新增专利代理机构17家、分支机构9家，分别累计达72家、45家；新考取专利代理人资格273人、累计达1443人，执业专利代理人464人。截至2017年底，全省共培育全国知识产权服务品牌机构和品牌培育机构7家、国家知识产权分析评议服务示范机构和示范创建机构6家；共有知识产权服务机构1398家，知识产权从业人员达3.65万人。

（四川省知识产权局）

商标工作

2017年，四川省工商和市场监管部门深入推进商标品牌战略实施，重点突出农业供给侧结构性改革，大力实施商标品牌提升行动，促进“四川产品”向“四川品牌”转变，服务四川品牌经济发展。截至2017年12月底，全省商标新增申请数194 765件，新增注册数93 701件，有效商标注册数累计达478 192件，居全国第八位；地理标志商标新增43件，累计达243件，跃居全国第五位；新增马德里商标国际注册43件，累计404件；新办理商标权质押登记27件，涉及商标563件，质押金额5.7亿元。

一、商标注册便利化水平进一步提升

为推进“放管服”改革，四川省工商局积极承接国家工商总局商标注册便利化改革，2017年新设立泸州、南充商标受理窗口，目前全省拥有五个商标受理处（窗口），完成了在四川经济较发达区域的布局。据统计，自全省五个商标受理窗口启动运行之日起截至2017年12月底，共接受商标咨询34 620件次，完成书式审查并向商标局提交商标注册申请达12 192件，其中省外319件；办理商标专用权质押登记22件，涉及商标181件，质押金额5.16亿元，占全省2017年度新增质押金额5.7亿元的91%。德阳市充分利用省内首个商标质权登记窗口的优势，积极引入风险管控机制，支持中小企业商标质押贷款，自设立以来共办理商标质权登记12件，涉及商标98件，质押金额4.37亿元，占全省2017年度新增质押金额的70%以上。

二、商标品牌增效进程进一步加快

四川省创新服务企业方式，以企业为主体，以问题为导向，开展“商标助企大走访”活动，走访企业2169户，加强行政指导，推动品牌建设专业化。注重专业市场，加强高端白酒商标品牌调研，形成《四川高端白酒品牌及竞争力调研报告》，推动白酒产业健康发展。多种形式加强品牌推广，依托主流媒体加强商标富农宣传，依托“互联网+”推进四川商标品牌网上线，依托商标节举办“川货全国行·桂林站”展销活动。

三、商标品牌保护力度进一步加强

以“红盾春雷2017”为契机，持续组织开展“清风行动”“网剑行动”，联合四川省高院出台《关于建立商标专用权保护协作机制的意见》，加强行政执法与刑事司法衔接，召开商标专用权保护案件研讨座谈会。截至2017年12月底，全省共查处各类商标违法案件1029件，案值863.08万元，其中商标侵权假冒案件有 888 件(涉外商标案件 22 件),案值 702.03 万元。加强出口型企业在“一带一路”沿线国家和地区的商标品牌建设,积极探索商标国际保护预警工作,首次委托专业机构针对已认定的驰名商标企业,开展商标国际抢注分析预警工作,撰写《四川省驰名商标国际抢注预警分析报告》,召开商标国际抢注预警座谈会,研讨商标国际抢注防范对策。

四、“红盾助农”工程取得有效进展

着力服务农业供给侧结构性改革,印发《关于“红盾助农工程”服务农业供给侧结构性改革的实施意见》,商标富农工作取得新进展。面向区域产业发展需要,服务涉农市场主体,支持区域公用商标品牌注册。突出民族地区特色农产品区域品牌建设,支持甘孜州“圣洁甘孜”、阿坝州“净土阿坝”、遂宁市“遂宁鲜”等区域公共品牌商标注册工作,为农业区域公共品牌建设奠定了坚实的基础。“大凉山”“净土阿坝”“圣洁甘孜”等区域品牌已成为民族贫困地区产业脱贫的重要支撑。在广元市苍溪县首次召开地标精准扶贫经验交流现场会,总结了地标精准扶贫“四川实践”,提出要大力推进“地标精准扶贫”工程。

(国家知识产权局商标局综合处)

版权工作

2017 年,四川省版权局紧紧围绕版权创造、运用、保护、管理和服务,全面实施版权战略,强化宣传教育培训,深入推进作品登记制度改革,依法开展版权执法监管,持续推进软件正版化工作,大力推动版权社会服务体系建设,有效促进版权产业发展,为全省经济社会发展作出了积极贡献。

一、版权宣传教育工作

印发《2017 年四川省版权工作要点》,将著作权法律法规宣传列为年度工作重点。采取的措施主要有:一是联合“扫黄打非”等相关部门举办四川省暨成都市 2017 年侵权盗版及非法出版物集中销毁活动,销毁侵权盗版及非法出版物 48 万余册(张、盘),开展“绿书签”签名活动。二是参加四川省知识产权保护新闻发布会暨 2017 年知识产权宣传周四川地区活动启动仪式,会同知识产权部门公开发布《2016 年四川省知识产权保护状况白皮书》,就 2016 年度四川省版权保护状况答记者问。三是联合四川省知识产权局、四川省公安厅、四川省工商局,对成都市图书音像批发市场实施联合执法检查,共抽查经营摊点 30 余个,出版物 240 余册,并加强计算机软件市场检查,打击非法预装计算机软件行为。四是发布典型案例。召开新闻发布会,向省内主要媒体公开发布《2016 年度四川省版权保护典型案例》,宣传全省版权行政执法部门打击侵权盗版工作成果。

二、版权执法监管工作

联合四川省公安厅、省通管局、省网信办,制定工作方案,组织开展为期 6 个月的全省打击网络侵权盗版专项治理“剑网 2017”专项行动,围绕网络版权保护和电子商务平台、移动互联网应用程序(APP)领域的专项整治,巩固网络文学、网络音乐、网络云存储空间、网络广告联盟版权治理成果,规范影视和新闻作品网络版权秩序,严厉打击各类网站、移动客户端、自媒体传播侵权盗版作品行为,营造网络版权良好生态。召开全省版权执法专题工作培训会,进一步提升全省各级版权执法部门网络版权行政执法能力和水平。集中查处侵权盗版案件,全省版权行政处罚侵权假冒案件 53 件,并依法实行信息公开,组织查处网络侵权盗版案件 16 件。

三、版权社会服务工作

全面实行作品著作权免费登记制度改革,各市(州)版权行政管理部门和相关作

者行业协会组织、版权产业单位、科研院所高度重视，采取有力有效措施，加强宣传普及、拓展重点业务、改善服务方式，作品登记工作规范化、标准化和信息化水平不断提升，取得显著成效。全省作品登记总量达到14万件，完成全年目标任务140%，居全国第五位。同时，积极推动作品成果转化，影视剧本等优秀作品版权交易金额近2亿元，全省计算机软件登记20 156件。

贯彻执行《四川省版权示范单位和示范园区（基地）管理办法》，规范全省版权示范创建工作。国家版权局批准绵阳市创建全国版权示范城市，四川根石家文化公司荣获全国版权示范单位称号。

积极推动版权贸易，认真做好图书版权引进和输出合同备案工作。制定《2017年度图书版权输出项目评审方案》，对图书出版单位实施版权输出、合作出版的新闻出版项目，通过项目补助和成本费用补助两种方式给予100万元资助。完成图书版权贸易合同登记备案913项，其中，图书版权引进713种，图书版权输出200种，图书版权输出与引进总量同比增长86%。

四、软件正版化工作

根据国家推进使用正版软件工作部际联席会议总体部署，按照推进落实主体责任、规范使用管理、保障信息安全的工作思路，加强统筹协调、服务指导和督促检查，全面巩固省、市、县三级政府机关软件正版化工作成果，健全完善软件正版化长效机制，圆满完成工作任务。2017年，全省58个省级部门、21个市（州）1347个市级部门、184个县（市）区9455个县级部门，共计拥有服务器和台式电脑、便携式电脑共315 697台，累计拥有正版操作系统、办公软件、杀毒软件共929 634套。其中，2017年，全省各级政府机关补充采购操作系统软件41 222套，办公软件51 064套，杀毒软件7704套，共计99 990套，实施采购资金9022.64万元。全省129家国有企业完成软件正版化工作，共采购正版软件7234套，采购资金1474万元。

（四川省版权局）

司法工作

2017年，四川法院全面推进知识产权审判体制改革，不断提高司法能力和司法公信力，为四川省实施创新驱动发展战略提供了有力的司法保障。

一、认真抓好执法办案第一要务

2017年，全省法院积极履行知识产权司法审判职责，深入贯彻“司法主导、严格保护、分类施策、比例协调”的知识产权司法保护基本政策，充分发挥司法保护知识产权的主导作用，公正高效审理各类知识产权案件，切实维护知识产权权利人的合法权益。2017年，全省法院全年受理知识产权案件5140件、审结4381件，分别同比增长42.50%、39.3%。其中，受理知识产权民事案件4985件，审结4241件；受理知识产权刑事案件148件，审结134件；受理知识产权行政案件7件，审结6件。在知识产权案件的审理中，全省各级法院在保证判决协调性的基础上，普遍加大了知识产权的侵权损害赔偿数额，严厉打击各类侵害知识产权行为，有效遏制侵权行为，维护了公平竞争的社会主义市场经济秩序。同时，四川法院从四川省知识产权审判技术专家库中选择相应专家为其提供智力支持，充分发挥技术专家在技术咨询、技术调查等方面的作用，逐步建立由技术鉴定、技术调查、技术咨询与专家陪审相结合的有机协调的“四位一体”技术事实认定体系。2017年，四川省法院就技术问题向专家库中的专家咨询的多起案件，技术专家均对法院提出的相关技术问题进行了详细分析、解答，并在两周之内出具了《技术咨询意见书》。

二、强力推进知识产权审判“三合一”改革工作

2017年，全省法院强力推进知识产权审判“三合一”改革工作，切实提高知识产权司法保护的整体效能和综合效能，努力构建“三级联动、三审合一、三位一体”的知识产权审判模式，取得良好效果。2017年，全省共受理、审结的各类知识产权案件较2016年的3607件、3145件分别增加了1533件、1236件，受理、审结的案件数分别提高了42.5%和39.3%。知识产权审判“三合一”工作机制在整合审判资源、统一裁判规则、提高审判质效等方面的优势进一步显现。

三、充分发挥成都知识产权审判庭服务创新发展的引领作用

2017年1月4日，最高人民法院批复同意在成都设立跨区域管辖知识产权案件的专门审判机构。成都知识产权审判庭选址天府新区核心区域，由成都市中级人民法院副院长兼任庭长，配备2名正处级副庭长，员额法官11名、法官助理及书记员15名，以及立案、诉讼服务、法警、司法行政人员17人，实行跨区域集中管辖审理全省专利、植物新品种、集成电路布图设计、计算机软件等技术类知识产权民事和行政案件。截至2017年12月31日，成都知识产权审判庭共受理各类知识产权案件2852件，同比增幅达41.5%，其中技术类知识产权案件673件（含跨区域集中管辖技术类知识产权案件45件），共审结2266件，结案率79.5%，较2016年同期新增结案516件。四川高院和成都知识产权审判庭还积极扩大影响，邀请人员旁听案件庭审，并进行座谈。受邀参加“2017中国·成都全球创新创业交易会”介绍成都知识产权审判庭的相关情况。

四、全面推广知识产权类型化案件快审机制

2017年5月，四川法院探索建立的“知识产权类型化案件快审机制”被列入全省“第一批全面创新改革试验可复制可推广经验成果”，并被确定为省内扩大试点的改革举措之一。该机制以“难案精审，简案快审”为指导思想，在总结相同类型知识产权案件审理思路、裁判标准的基础上，形成通俗易懂的《诉讼要素表》和《应诉释明表》，在庭审前由法官助理指导当事人填写，并通过庭前会议固定诉辩主张、无争议事实和争议焦点，围绕争议焦点开展高效庭审，并有条件地适用简化裁判文书，实现知识产权类型化案件快速审理。2017年7月，四川高院下发《关于在全省法院推广“知识产权类型化案件快审机制”经验成果的实施方案》，在全省推广该项机制。

五、努力营造激励自主创新的司法环境

四川高院以“4·26世界知识产权日”为契机，结合四川省知识产权司法保护的现状和特点，积极组织全省法院开展一系列“知识产权宣传周”活动，努力营造激励自主创新的司法环境。四川高院通过召开新闻发布会，发布《2016年知识产权司法保护白皮书》《2016年知识产权司法保护典型案例》；成都知识产权审判庭开展“创新创造改变生活 知识产权竞争未来”系列活动；德阳市中级人民法院通过中央电视台财经频道“经济与法”栏目全程宣传报道李某某、毛某某销售假“剑南春”“五粮液”等知名品牌白酒案，社会反响强烈；还开展“送法进校园”活动，在四川建筑工程技术学院巡回法庭审理了一起侵害商标权纠纷案。

六、努力提升知识产权法官司法能力

2017年，全省法院扎实开展“三严三实”“两学一做”专题教育活动和向邹碧华、郭兴利同志学习活动，引导知识产权法官坚定理想信念，坚守法治信仰，进一步提高思想政治素质。继续推进知识产权法院队伍正规化、专业化、职业化建设，加强司法

能力培养和科技知识培训，通过开展专题培训、在职培养、交流挂职、庭审观摩等多种形式，加大知识产权法官培训力度，有效提升全省知识产权法官准确把握知识产权司法政策、理念，正确适用法律和运用裁判规则解决实际问题的能力，培养精通知识产权民事、刑事、行政三类诉讼的审判人员，打造一支知识结构合理、化解矛盾纠纷综合能力强、适应知识产权审判专业化需求的法官队伍，为深入开展知识产权审判“三合一”改革工作、开创四川知识产权审判工作新局面提供充足的人才保障。

（四川省高级人民法院知识产权审判庭）

检察工作

2017 年，四川省检察机关充分履行检察职能，积极服务科技创新，在打击侵犯知识产权和制售假冒伪劣商品犯罪、建立健全打击侵权假冒领域行政执法与刑事司法衔接工作机制、维护市场经济秩序和司法公正等方面取得了较好成效。

一、依法履职，严厉打击侵犯知识产权和制售假冒伪劣商品违法犯罪

四川省检察机关始终保持打击侵犯知识产权和制售假冒伪劣商品违法犯罪的高压态势，依法及时履行批捕、起诉职能，有力打击和震慑犯罪。2017 年，四川全省检察机关批准逮捕侵犯知识产权犯罪案件 95 件 187 人；起诉侵犯知识产权犯罪案件 124 件 220 人。成都市检察机关办理的“吹妖动漫”网、“爱漫画”网侵犯动漫作品著作权案分别被国家版权局、全国“扫黄打非”办公室作为典型案件在全国公布。

二、立足职能，加强对打击侵权假冒领域的法律监督

2017 年，四川省检察机关建议行政执法机关向公安机关移送涉嫌侵犯知识产权犯罪和制售假冒伪劣商品犯罪案件 265 件 309 人。加强对公安机关办理侵犯知识产权和制售假冒伪劣商品犯罪案件立案和侦查活动的监督，着力纠正有案不立、立而不侦、久侦不决以及违法适用强制措施、查封扣押冻结款物等问题。2017 年，监督公安机关立案查处侵犯知识产权犯罪案件 4 件 4 人。

三、注重协调配合，积极推进打击侵权假冒领域“两法衔接”工作

四川省检察机关认真履行牵头职能，加强与打击侵权假冒领域行政执法机关的沟通协作，不断增强打击合力。一是认真开展专项活动。2017 年，四川省人民检察院联合四川省食品药品监管局等 12 家单位部署开展了第三次“打击危害食品药品安全违法犯罪专项活动”。二是加强督导检查。2017 年 7 月至 9 月，四川省人民检察院派员参与四川省依法治省领导小组牵头开展的全省行政执法与刑事司法衔接工作专项督查，实地走访 74 个市县级行政执法机关和 37 个市县级公安机关，对 21 个市（州）和 10 个省级单位的行政执法与刑事司法衔接工作开展情况进行检查，有力确保了行政执法与刑事司法衔接重点任务落实。三是加强平台应用管理。组织行政执法与刑事司法衔接平台操作培训，督促行政执法机关积极应用平台，推进涉嫌侵犯知识产权犯罪和制售假冒伪劣商品犯罪案件网上办理，及时向全国打击侵权假冒行政执法与刑事司法衔接信息共享平台推送侵权假冒案件信息。2017 年，全省行政执法机关通过“两法衔接”平台移送涉嫌侵权假冒犯罪案件 712 件，向全国“双打”平台上传侵权假冒案件信息 127 785 条。

四、打造专业化队伍，努力提高法律服务能力

针对涉及侵权假冒领域犯罪案件专业性强的实际情况，四川省检察机关积极推动专业化队伍建设。成都市人民检察院成立了由检察长任组长的知识产权专项工作

领导小组，并从侦查监督、公诉、反贪等部门挑选办理侵犯知识产权犯罪案件实践经验丰富的干警，组建了知识产权工作专班。同时，成都市人民检察院指导基层检察院以专业办案组、联合工作组、派驻检察室等形式建立保护知识产权专业办案组织 18 个，成都市龙泉驿区人民检察院在成都经济开发区园区内设立“成都经开区知识产权检察室”。

五、强化宣传工作，营造打击侵权假冒的良好氛围

2017 年 4 月 20 日至 26 日，四川省各级检察机关根据本地实际情况以“创新创造改变生活，知识产权竞争未来”为主题开展了多种形式的知识产权宣传活动。发放知识产权宣传手册、资料等 1.5 万余份，向群众提供有关著作权法、专利法、商标法等问题的法律咨询 1100 余人次。成都市高新区人民检察院向辖区 1000 家高新技术企业和 263 名高层管理人员寄送了该院编印的《知识产权强国强区成都高新区检察院为您护航》宣传册。邀请媒体召开知识产权检察保护新闻发布会，公开知识产权检察保护成果。

（最高人民检察院侦查监督厅）

贵州省

专利工作

2017 年，贵州省知识产权局积极贯彻落实《国务院关于新形势下加快知识产权强国建设的若干意见》（国发〔2015〕71 号）、《国务院关于印发“十三五”国家知识产权保护和运用规划的通知》（国发〔2016〕86 号）和《国务院办公厅关于印发知识产权综合管理改革试点总体方案的通知》（国办发〔2016〕106 号）等文件精神，全省深入推进知识产权强省建设工作，知识产权工作取得了新进展。全省专利授权 12 559 件，同比增长 20.5%，其中发明专利 1875 件。通过《专利合作条约（PCT）》途径到国外（或境外）申请专利 35 件，同比增长 59.1%。全省地理标志保护产品增至 252 个。新增国家知识产权试点示范园区 3 家。知识产权运用取得新突破，新增国家知识产权示范企业、国家知识产权优势企业 8 家，100 家企业通过知识产权贯标认证，全省专利权质押贷款突破 10 亿元，同比增长 32.7%。严格知识产权保护，深入开展“护航”“雷霆”等专项行动，全省查办专利案件 4067 件，同比增长 45.4%，知识产权保护力度持续加大。新一代地方专利信息服务中心检索与分析系统投入使用，启动了发明专利运营试点工作。

一、知识产权创造、运用、管理和服务取得新进展

（1）全省年度专利申请创下历年之最。2017 年，贵州省专利年度申请呈现数量快速增长、质量显著提升的局面。据统计，贵州省全年共申请专利 34 607 件，同比增长 36.7%，年度专利申请首次突破 3 万件大关，其中发明专利为 13 884 件，同比增长 26.8%；全省专利授权总量为 12 559 件，同比增长 20.5%；每万人发明专利拥有量从上年末的 1.99 件增长到 2.37 件，实现了稳步增长。

（2）知识产权运用工作取得新突破。2017 年，制定印发了《贵州省发明专利运营试点后补助方案》，探索建立了发明专利所有权、运营权和收益权“三权分置、托管运营、收益分享”的知识产权运营新模式。贵州省年度专利权质押贷款首次突破 10 亿元大关，达到 10.6 亿元，发放专利权质押贷款贴息补助资金300余万元。5个项目在第十九届中国专利奖评奖中获得中国专利优秀奖，并分别获得省知识产权局给予的一次性10万元奖励。

(3)实施知识产权强企工程有新进展。贵州省1家企业被认定为2017年度国家知识产权示范企业、7家企业被认定为国家知识产权优势企业，分别获得省知识产权局给予的一次性补助50万元。至此，全省共有国家知识产权示范企业4家、国家知识产权优势企业26家。持续实施贵州省知识产权优势企业培育工程，立项支持20家企业开展贵州省知识产权优势企业培育工程，遴选贵州天义技术有限公司等3家企业为2017年贵州省知识产权优势企业，分别支持经费20万元。全面推行企业知识产权管理规范贯标工作，全年通过贯标认证的企业达到100家。

(4)建成新一代专利信息检索分析系统。贵州省的“新一代专利信息检索与分析系统”正式上线运行并面向全省有需求的用户免费开放注册(网址：zlxx. gzst. gov. cn)。该系统涵盖了103个国家、组织和地区经过大量数据关联加工和补充完善的文摘、全文代码化、全文图像以及引文、同族、法律状态等丰富的数据资源，加载入库的专利文献数据超过了1.5亿条。除了专利检索和专利分析以外，该系统还具备自建专题库和数据标引、批量下载数据、药物专题数据库等一系列特色功能。

(5)专利代理行业改革试点成效显著。2017年5月，贵州省获批成为全国专利代理行业改革试点省份。印发实施《贵州省专利代理行业改革试点工作方案(2017～2019)》。新增专利代理机构6家，总数为16家，比试点前增长60%；新增外省来黔设立分支机构2家，总数达到10家，比试点前增长25%；新增24人获得专利代理人资格证书，其中12人享受改革试点倾斜政策获得在贵州省内执业的专利代理人资格，比试点前增长一倍。

二、知识产权战略深入实施

(1)统筹全省知识产权战略实施。贯彻落实国务院《关于新形势下加快知识产权强国建设的若干意见》和《“十三五”国家知识产权保护和运用规划》有关精神和要求，制定《关于新形势下加快知识产权强省建设的实施意见》及相关任务分工；制定《2017年全国专利事业发展战略推进工作贵州省实施方案》，组织分工落实；牵头组织开展“贵州省知识产权战略实施十年评估”工作，评估报告经省政府审核后呈国务院知识产权战略实施工作部际联席会议办公室。

(2)协调地理标志工作。召开全省地理标志统筹协调工作推进会，通报全省地理标志推进情况，协调省农委、省工商局、省质监局、省出入境检验检疫局等单位共同推进地理标志产品保护和运用工作；执行地理标志奖励政策，对21个新增获批的地理标志产品兑现奖励42万元，全省地理标志产品增至252个；组织实施“都匀毛尖”等8个地理标志产品产业化促进工程，给予440万元资金支持，围绕地理标志专用标识使用、建立完善管理制度和技术标准制订等，推进全省地理标志产品产业化。

(3)推进区域知识产权工作。启动实施全省第四批县域经济知识产权战略推进工程项目10个和首批县域经济知识产权示范项目2个，坚持“一县一策”，全面提升项目实施县知识产权创造、运用、保护、管理和服务能力，促进知识产权与地方经济发展的融合；推进国家知识产权强县工程试点、知识产权试点示范园区、知识产权试点城市等工作。

(4)开展知识产权普及培训。开展“4·26知识产权宣传周”活动，组织举办外观设计专利保护与产业发展论坛；举办2017年度全国专利代理人资格考试考前强化培训班，黔东南州、铜仁市地理标志申报和管理工作实务培训班；继续为县(市、区)党政干部和省直事业单位新进人员开展知识产权基础知识培训和讲座；推进全国中小学知识产权教育试点工作。

三、知识产权保护力度不断加强

(1)夯实专利保护工作基础。为贯彻落实“实行严格的知识产权保护”精神,制定印发实施《贵州省知识产权局关于贯彻落实国家知识产权局〈关于严格专利保护的若干意见〉的实施方案》。制定实施《贵州省知识产权局专利行政强制执行工作衔接制度》《贵州省专利行政执法与刑事司法衔接工作办法》《贵州省知识产权预警防范、侵权查处快速反应机制工作方案》和《贵州省专利行政执法情况通报制度》。分别在重庆、成都签署了《长江经济带知识产权执法协作、联合执法协议与备忘录》和《西部十二省区知识产权执法协作、联合执法协议与备忘录》,将执法协作机制的义务与承诺延伸到全省各级专利行政执法工作当中。举办全省专利行政执法资格培训班,来自各市(州)、县(市、区、特区)195 名从事专利管理工作的人员参加培训,取得国家知识产权局颁发的执法证;举办了全省专利行政执法能力提高班,培训一线执法人员 300 多人。研发“贵州省专利行政执法信息管理系统”并投入使用;制定《贵州省 2017 年度专利行政执法案卷评查工作方案》,对 9 个市(州)、45 个县(市、区、特区)专利案卷进行评查,多方面进一步夯实了专利行政执法的工作基础。

(2)扎实开展“护航”专项行动。制定实施《贵州省 2017 年知识产权执法维权“护航”专项行动方案》,实施专利执法县级区域全覆盖、产业园区重点企业专利保护服务全覆盖和重大科技项目专利保护全覆盖三大工程,加强互联网、城乡结合部、展会、专业市场、专利密集型企业和进出口商品等六大领域专利执法与维权,以食品、药品、农资、医疗器械、日用品等民生领域为执法整治重点,严肃查处线上线下侵权假冒专利等违法行为。深入部分高新技术、大数据、农特产业等园区、行业协会开展知识产权保护需求调研,指导企业知识产权保护与维权工作,加强执法督导检查与现场指导执法,赴 9 个市(州)开展省、市(州)、县(市、区、特区)三级联合执法。2017 年,全省共查处专利案件 4067 件(其中,专利侵权案件 50 件,假冒专利案件 4017 件),较 2016 年 2797 件同比增长 45.4%,专利保护力度持续加大。

(贵州省知识产权局)

商标工作

2017 年,贵州省紧紧围绕经济社会发展大局,积极推进商标品牌战略,把推动商标建设、培育和保护商标品牌作为服务全省经济发展的重要突破口,严厉查处各类商标侵权行为,扎实推进全省商标品牌战略实施,全省商标注册、运用和管理水平明显提高,品牌建设取得了显著成效。截至 2017 年 12 月,有效注册商标 112 343 件,地理标志商标 69 件。

一、制定商标品牌战略实施推进计划,做好顶层筹划

贵州省工商局制定下发了《省工商局关于印发 2017 年实施商标品牌战略推进计划的通知》《贵州省工商局关于印发进一步推进商标品牌战略发挥品牌引领作用推动供需结构升级的实施方案的通知》等文件,积极做好顶层筹划,明确新形势下深入实施商标品牌战略,是适应供给侧结构性改革、提升供给质量的迫切需要,是提高产品服务的品牌价值和影响力、推动中国产品向中国品牌转变的重要抓手。

二、大力推进商标品牌战略实施,服务地方经济又好又快发展

加大行政指导力度,推动企业创建自主商标品牌,为企业发展出谋划策,提出商标注册与保护的建议,引导和帮助企业积极主张权利,争取注册商标权的保护,提升企业商标保护水平。联合开展贵州省产品市场占有率及品牌培育发展调研,对本省

高知名度品牌产品市场占有情况、存在的主要问题及对策建议等进行深入分析研究，为本省品牌引领经济发展提供参考数据及合理化建议。做好地理标志与非物质文化遗产的课题调研，挖掘本省非物质文化资源，引导非物质文化遗产申报地理标志商标。组织“修文猕猴桃”“仁怀酱香酒”参加“2017年世界地理标志大会”等活动，展示省内特色商品，展示自主品牌。制定下发《省工商局关于在全省开展贵州省著名商标检查的通知》，对著名商标申请及报送、认定、公示、公告程序等内容进行了自查，进一步厘清政府、市场和企业的关系。

三、积极推进商标注册便利化改革，着力提升商标公共服务水平

截至2017年12月，经国家工商总局商标局批准，贵州省已设立贵阳、六盘水、黔东南、遵义、安顺5个商标受理窗口和6个商标质权登记受理点，累计受理商标注册申请2081件。截至2017年12月，办理了4件商标质权登记。为进一步提升窗口人员业务能力，组织贵阳市、遵义市等五市(州)商标监管工作人员，赴浙江省台州市市场监督管理局考察学习商标注册登记及商标质权登记业务。积极承办工商总局商标局第二批商标受理窗口启动运行工作会议。

四、建立完善商标专用权保护机制，营造公平有序的市场环境

开展保护注册商标专用权行动，加大驰名商标的保护力度，有效遏制了侵犯注册商标专用权的违法行为，2017年，全省工商(市场监管)部门共查办商标监管案件806件，案值534.39万元，罚没款612.04万元，为贵州省经济社会健康有序发展提供了有力保障。

一是制定并印发了《2017年打击侵犯知识产权和制售假冒伪劣商品工作方案》，要求全省各级工商(市场监管)部门深刻认识打击侵犯知识产权和制售假冒伪劣商品工作的重要性和艰巨性，坚持打防结合、标本兼治，保持高压态势，建立健全长效机制，提升综合治理能力，务求取得成效。二是开展打击商标侵权“溯源”专项行动，切实加强跨省沟通协调、信息共享、执法协作，有效防范和抑制商标侵权地域性风险；加大打击“傍名牌”行为工作力度，以保护省内特色产业、名优产品知识产权为重点，依法严厉查处假冒仿冒国内外知名品牌的“傍名牌”不正当竞争行为。三是开展保护省内名优酒知识产权和打击假冒省内名优酒违法行为整治工作，重点开展茅台酒、习酒、青酒、赖茅酒、金沙回沙酒等假冒、侵害知识产权整治工作。四是开展线上线下一体化网络市场监管，严厉打击互联网销售假冒伪劣商品和侵犯商标专有权的违法行为。

(国家知识产权局商标局综合处)

版权工作

2017年，贵州省版权局通过实施目标管理，搭建登记平台，完善服务体系，加强联合执法，严打严查侵权盗版，版权工作在创造、运用、保护、管理和服务等方面取得一定成效。

一、取得的成效

(一)创新工作机制，助推版权保护信息化水平提升

“贵州省作品自愿登记平台”基本开发完成，平台已经通过技术测试和后台使用人员培训等环节，试运行期间已登记各类作品近200件。

(二)受全国人大常委会委托对贵州省著作权法贯彻实施情况执法检查

受全国人大常委会的委托，贵州省人大常委会对贵州省著作权法贯彻实施情况进行检查。贵州省版权局完成了《贵州省版权局贯彻实施〈著作权法〉情况汇报》，上报省人大常委会，对本省近几年来的版权工作进行了系统总结和全面回顾。

二、主要做法

（一）加强版权保护，开展日常执法和监管工作

重点抓好版权行政执法。通过行政调解办理侵权行政投诉案件，有效保护权利人合法权益，震慑了侵权盗版行为。2017年贵阳市文化市场综合执法支队获得2016年度国家版权局查处侵权盗版有功单位二等奖，该队一人获得有功个人二等奖，贵州省版权局版权处获有功单位三等奖。

积极开展“剑网2017”专项行动。专项行动聚焦新闻作品版权、影视作品版权、APP版权、电商平台版权等领域的专项整治。接国家版权局案件移转函3次，涉案线索4起，贵州省版权局进行了调查核实，并根据具体情况进行了处理。加大网站巡查力度，利用大数据巡查网站84家（次），关闭侵权盗版网站3个。

（二）加强监督检查，扎实推进使用正版软件工作

有序推进政府部门软件正版化。按照《贵州省推进使用正版软件工作计划》要求，指导、督促市（州）、县（区）政府机关对软件正版化工作进行常态化管理。健全软件正版化责任人数据库，及时更新和补充省、市（州）各级93家政府机关软件正版化责任部门及负责人的信息。

有序推进企业软件正版化。部署推进企业软件正版化工作，明确目标，巩固省属国有企业和新闻出版行业软件正版化已取得的成果，正版化工作目的得以实现。

开展推进国产操作系统软件试点工作专项检查。实地抽检试点县的31个机关单位，抽查计算机125台。专项检查工作进一步了解国产操作系统在实际使用中的具体情况和用户的真实体验，为促进使用国产办公软件、操作系统营造了良好的舆论氛围。

（三）做好版权社会服务和宣传培训工作，不断提高版权社会服务水平和社会公众的版权意识

2017年全年办理作品自愿登记435件，2016年作品登记量是271件，登记数量较2016年增长61%。完成全年作品登记数据库录入上报工作，作品登记类型涉及社会、经济、文化各个方面。

贵州省版权局注重开展具有地方和行业特色的版权宣传活动，在黔东南州开展非物质文化遗产传承人版权保护培训讲座2次，培训传承人120余名。贵州省版权局全年接受版权咨询200多（人）次。

（四）版权对外合作交流有序开展

2017年，贵州省图书出版单位积极开展版权贸易活动，加强版权贸易推介和对外交流，版权贸易实现顺差，全年输出版权46件，引进版权30件。

（贵州省版权局）

司法工作

2017年，贵州法院充分发挥审判职能，不断完善审判体制机制，努力营造和谐稳定的社会环境和公正、高效的知识产权司法环境，为贵州实施创新驱动发展战略提供了有力的司法保障。

一、抓好执法办案第一要务，充分发挥审判职能

2017年，总共受理知识产权各类一、二审案件374件，结案344件，结案率为91.98%，所结案件均在审限期内审结，各项审判质效指标完成情况良好；其中，贵州省法院知识产权审判庭审理的被告人彭某侵犯商业秘密罪一案入选最高人民法院“2016年中国法院50件典型知识产权案例”。贵州省开展知识产权审判“三

合一”试点工作以来，受理了第一件知识产权行政处罚案件，充分发挥了司法审查对知识产权行政执法行为的维护和监督职能。

始终坚持贯彻“调解优先，调判结合”工作原则，注重统筹协调好调解与判决的关系。结合审判工作特点，积极探索上下级法院、法院与行政机关、法院与行业协会之间联动的调解方式，注意调解的成效，努力做到“调解一个，化解一片”。

二、深入贯彻实施国家知识产权战略，积极服务经济社会发展大局

（一）加强专题调研，助推重点产业发展

贵州省法院广泛调研完成了《贵州省非物质文化遗产司法保护问题研究》，引导贵州省非物质文化遗产健康发展，有序传承。贵州茅台酒厂（集团）公司是贵州省知名企业，为加强对酒类产业的系统保护，借助最高人民法院白酒产业知识产权司法保护调研基地平台，遵义中院与贵州茅台酒厂（集团）公司多次沟通、对接，收集资料、信息，以茅台酒注册商标多年维权的实际情况，探索建立茅台酒注册商标保护的体系，完成了调研课题《茅台酒业商标权保护机制研究》。

（二）加强司法服务，促进企业健康发展

贵阳中院与贵州茅台酒（集团）公司组织座谈。通过座谈调研，知识产权审判法官更深入地了解企业知识产权保护中的薄弱环节，有利于在今后的司法实践中更有针对性地为企业提供有效的司法保护。这是贵州法院参与对社会管理创新、延伸知识产权审判职能、发挥能动司法的又一次有益探索。

（三）强化司法建议工作，服务发展大局

针对知识产权审判实践中遇到的普遍性问题，及时向有关部门提出司法建议，充分发挥司法能动性，服务发展大局。

三、建立知识产权审判咨询专家库，推进审判改革

近年来，贵州法院受理知识产权案件数量不断攀升，为适应新形势下知识产权审判工作需求，充分利用社会智力资源，切实解决知识产权案件“专业性强、技术领域广、法律问题新”的难题，贵州省法院知识产权审判庭在贵州省首次建立“贵州省高级人民法院知识产权审判咨询专家库”，并同步出台《关于建立贵州省高级人民法院知识产权审判咨询专家库的实施方案》和《贵州省高级人民法院知识产权审判咨询专家库运行办法》，知识产权审判咨询专家库的建立，是贵州法院认真贯彻《国家知识产权战略纲要》，完善审判工作机制，全面提升知识产权审判水平的一项重要举措和积极探索，使贵州省首次通过设立审判咨询专家库的形式，破解了知识产权审判专业性难的问题。

四、强化监督指导，确保司法裁判统一

贵州法院知识产权审判不断强化案件审判监督指导工作，通过工作座谈、典型案例示范等一系列措施，努力确保案件法律适用和政策保护的统一。

（一）举办知识产权审判工作座谈会

贵州法院知识产权审判针对知识产权审判实践中出现的疑难问题，积极开展审判座谈，提出指导意见，分析解决贵州省知识产权审判工作中存在的突出问题。通过具有针对性和实效性的座谈讨论，理清审理思路，统一裁判标准和尺度，有效地促进了知识产权审判人员对相关法律、政策的正确理解、把握。

（二）重视典型案例的示范引导作用

一是大力鼓励审判人员结合实践撰写案例分析。二是狠抓全省知识产权典型案例的编写工作，定期将具有代表性的典型案例汇编成册，供广大审判人员学习和交流。三是积极组织审判人员学习研讨最高人民法院发布的知识产权典型案例，并在审判实践中参考借鉴。

五、加大宣传力度，树立良好司法形象

"4·26 知识产权宣传周"期间，贵州法院举办丰富多彩的系列活动，获得了良好的社会效果。省法院发布《贵州法院2016年知识产权司法保护状况》白皮书和《2016年贵州法院知识产权保护典型案例》。

六、加强审判队伍建设，全面提升队伍素质

贵州法院始终狠抓知识产权审判队伍建设，大力推进知识产权审判法官的培训教育工作，从思想建设、作风建设、审判业务素质等方面对法官进行综合培训，贵州省知识产权法官整体素质不断提升。(1)加强培训交流，提高业务水平。贵州法院知识产权审判着力加强对审判人员的培训和交流工作。(2)开展教育实践活动，提升廉洁自律理念。

（贵州省高级人民法院知识产权审判庭）

检察工作

一、围绕主责主业，确保办案质效

贵州省检察机关全面履行法律监督职责，严把案件事实关、证据关、程序关和法律适用关。认真做好案件风险评估和社会矛盾化解工作，对于存在不稳定因素的案件，及时向相关部门提出化解风险的建议，有效防范和化解社会矛盾。重视与人民法院、公安机关协作配合形成打击犯罪合力，提高案件质量。六盘水市钟山区人民检察院指派专人负责办理侵犯知识产权案件，建立知识产权案例指导制度，及时发布典型案例，提升办案技能。

二、适时提前介入，有效引导侦查

贵州省检察机关积极派员提前介入公安机关侦查取证，确保在最佳取证时间内固定、完善证据材料，防止因取证不力导致侵权假冒案件犯罪分子逃脱法律制裁。

三、加强"两法衔接"，拓宽监督渠道

贵州省检察机关进一步加强与行政执法机关的沟通联系，积极开展线索摸排，对可能涉嫌犯罪的行政处罚案件，及时监督行政执法机关移送案件线索。全力抓好侵权假冒犯罪立案监督工作。六盘水市钟山区人民检察院为钟山区市场监管局全体执法人员上法制课，讲解证据种类、证据收集及固定方法，提高知识产权保护工作的针对性和有效性，并针对执法中存在的问题向区市场监管局发出检察建议。

四、聚焦智慧检务，提高监督能力

2017年4月11日，贵州省人民检察院召开贵州省检察机关侦查监督业务条线工作部署会，会议重要议程之一是安排部署行政执法与刑事司法衔接信息共享平台有关工作。黔东南州检察院牵头建成黔东南州行政执法与刑事司法衔接信息共享平台，改变将案件结果信息手工录入平台的传统数据采集模式，新增案件共性分析、个性预警等功能，根据预设标准对可能涉及以罚代刑的案件实现自动预警，检察官对预警的案件进行重点审查，实现案件办理信息的动态同步更新、同步共享。此外，该平台还配置关联案件智能分析功能，通过对时间、地点的关联性分析找出具有拆案嫌疑的案件，为发现犯罪线索提供信息，消除监督死角。目前，已有6个部门104家单位接入平台进行试运行。

五、重视法制宣传，加大普法力度

贵州省检察机关进一步加强对依法打击侵权假冒违法犯罪案件的宣传，营造严厉打击该类犯罪的社会氛围，彰显检察机关打击该类犯罪的决心。毕节市公安机关、检察机关和人民法院以及相关行政执法部门联合开展普法宣传，同时要求各县

（市）与当地行政执法部门积极参与、配合相关部门做好知识产权保护的宣传工作，通过电视、报纸等媒体以及“4·26世界知识产权日”等宣传知识产权保护知识，普及《专利法》《商标法》《著作权法》等法律法规；同时，贵州省检察机关还向社会公布打击侵犯知识产权犯罪的职责和受案范围，动员广大人民群众积极举报、投诉侵犯知识产权犯罪，维护自身合法权益。

（最高人民检察院侦查监督厅）

云南省

专利工作

2017年，云南省大力推动实施创新驱动发展战略和国家知识产权战略，全面推进知识产权强企强县工程，知识产权创造、运用和保护能力稳步提升，全省知识产权事业取得新成效。

一、推进知识产权战略实施

加强知识产权整体谋划，云南省人民政府印发《云南省“十三五”知识产权发展规划》，明确了“十三五”期间云南省知识产权发展目标、主要任务、重点工作和保障措施。加强知识产权工作统筹协调，云南省知识产权战略实施工作联席会议升格为云南省人民政府知识产权战略实施工作联席会议。组织开展了云南省知识产权战略实施十年评估，形成评估报告，经云南省政府审定并报送国务院知识产权战略实施工作部际联席会议办公室。

二、专利创造实现新突破

2017年，云南省申请专利28 695件，同比增长21.03%，居全国第22位。授权专利14 230件，同比增长18.27%，居全国第21位。有效发明专利10 551件，首次突破万件大关。全省万人发明专利拥有量为2.21件，较2016年增加了0.31件。通过国家知识产权局受理的《专利合作条约》（PCT）国际专利申请48件，同比增长54.84%。截至2017年，云南省累计申请专利154 519件，授权专利89 576件，有效专利50 223件。

三、知识产权运用取得新成效

云南省知识产权局制定实施《云南省专利奖奖励办法（试行）》，开展2017年云南省专利奖评选工作，对50项发明专利转化实施单位予以奖励，获奖项目涉及生物医药、先进装备制造、新材料等云南省重点发展的产业。组织参加第十九届中国专利奖评选，云南7项专利获中国专利优秀奖。扶持企业专利转化，以生物医药和大健康等重点产业发明专利为重点，省知识产权局对14项专利转化项目立项扶持，带动项目总投资1.1亿元。推进知识产权质押融资，2017年云南省专利权质押贷款达6.67亿元，昆明市、玉溪市被列为国家开展专利权质押融资试点城市。推进知识产权运营服务平台建设，支持昆明理工大学等单位建立知识产权运营服务平台，2017年云南省专利交易合同350个，金额17.88亿元。推动建立云南生物医药和大健康产业知识产权战略联盟，推进产业协同创新和知识产权协同运用。

四、知识产权保护取得新进展

2017年，云南省共检查商品批发和零售市场60个，检查商品10万余件，其中专利产品8200余件，专利行政执法办案466件，增长58.5%，其中侵权案件47件，共办理电商案件16件。加强展会知识产权保护，以“商洽会”“昆交会”为重点，组织开展专利行政执法和维权服务，进一步规范了展会市场秩序，树立了云南重视和保护知识产权的国际形象。云南省知识产权局被云南省政府通报表彰为筹备组织工作先进单位。加强知识产权维权援助服务，新建楚雄州工作站，形成“1 中心 5 工作站”的知识产权维权援助服务网络，全年共受理举报投诉案件 24 件。云南省知识产权局成立了专利行政执法队，建立了“双随机一公开”专利行政执法机制，加强跨地区、跨区域执法协作。

五、实施知识产权强企强县工程

实施知识产权强企工程。2017 年，亚太环保股份有限公司、云南大红山管道有限公司 2 家企业确定为国家知识产权示范企业。云南天士力帝泊洱生物茶集团有限公司等 6 家企业确定为国家知识产权优势企业。云南利鲁环境建设有限公司等 10 家企业确定为云南省知识产权优势企业。截至 2017 年，云南省共有国家级知识产权示范企业、优势企业 31 家，省级优势企业 80 家，通过知识产权“贯标”认证 4 家。完成 203 家知识产权优势企业培育工作。2017 年，全省企业专利申请 17 052 件，增长 25.85%，占全省专利申请量的 59.42%；全省企业专利授权量 9605 件，同比增长 21.97%，占全省专利授权量的 67.50%。

实施知识产权强县工程。2017 年，昆明市官渡区和西山区被列入国家知识产权强县工程示范县区，昆明市盘龙区和西双版纳州景洪市被列入国家知识产权强县工程试点县区。截至 2017 年，云南省 23 个县（市、区）进入国家级和省级知识产权强县工程，其中国家级知识产权强县试点示范 11 个。2017 年，23 个县（市、区）申请专利 20 628 件，占全省总申请量的 71.89%，申请发明专利 6399 件，占全省发明专利总申请量的 82.02%。扎实推动重点园区知识产权工作，楚雄高新区国家知识产权试点园区工作成效显著，保山高新区申报成为国家知识产权试点园区。

六、推进知识产权服务体系建设

加强知识产权公共服务能力建设，国家知识产权局专利局昆明代办处开展“群众满意服务窗口”活动，群众满意率连续 5 年达 100%。2017 年，昆明代办处发出专利受理、审查通知书 7.76 万份，办理法律状态证明（登记簿副本办理）1633 件。为云南省重点发展产业、重大科技项目开通绿色通道，办理专利申请优先审查 132 件。办理专利费用减缴 4089 件，为各类创新主体申请专利节省费用上千万元。积极推行专利电子申请，全省电子申请率连续 5 年位居全国前列。

推动知识产权服务业发展，遴选云南滇创科技孵化器企业管理有限公司等 4 家机构为首批云南省知识产权服务品牌培育机构。昆明市建立了面向南亚、东南亚知识产权服务（昆明）中心，为企业“走出去”提供知识产权服务。截至 2017 年底，全省具有专利代理资质的服务机构 28 家（其中分支机构 11 家），执业专利代理人 116 人。

（云南省知识产权局）

商标工作

2017 年，云南省工商和市场监管系统以习近平新时代中国特色社会主义思想为指导，按照国家工商总局和省委、省政府的安排部署，认真落实各项工作举措，深入实施商标品牌战略，强化商标品牌保护，积极服务云南品牌经济发展，各项工作进展顺利，成效明显。

一、深入实施商标品牌战略，助推品牌经济发展

全省各级工商和市场监管部门充分发挥职能作用，坚持服务为先、同频共振、依法行政的工作理念，加强商标分类指导、分层推进，加大基础商标发展，强化品牌培

育，加快推进商标品牌战略实施。2017 年全省各类主体共提交商标注册申请 80 246 件，核准注册 42 064 件，有效注册商标总数达到 212 407 件，排名全国第 18 位。

根据《云南省工商局关于 2017 年度云南省商标战略工作目标考核的通知》安排，按照《云南省商标战略工作目标考核办法》分别对 16 个州市工商局开展商标品牌的培育申报、地理标志商标的指导申报、“双打”、日常工作开展等情况进行目标任务考核，确保全年商标战略任务目标全面完成。

各级工商部门认真贯彻落实《云南省工商局关于加强地理标志商标工作助推高原特色农业发展的指导意见》，加大商标富农工作力度，积极培育指导地理标志商标发展。2017 年新增“德宏柠檬”“保山猪”等地理标志商标 23 件，全省地理标志商标总数达到 178 件。组织“文山三七”“勐海茶”参加世界地理标志大会地理标志产品展示。

二、坚持依法监管，努力维护商标品牌市场秩序

2017 年，全省各级工商和市场监管部门继续坚持一手抓发展，一手抓保护，以保护促发展，在保护商标品牌上下功夫，积极营造公平有序的商标品牌发展环境。2017 年，全省共查处商标案件 443 件，案值 484.05 万元。

持续加强商标监管执法，通过落实重点工作、整治突出问题、开展专项行动，抓好转办、督办案件强化商标专用权保护，开展了保护“三环”“白鹇”“依兰”等商标专用权行动，安排部署保护商标专用权“溯源”专项行动、外商投资企业知识产权保护行动。

继续做好对企业的指导，分别对“云天化”“云南白药”等知名企业商标品牌保护进行指导。走访省内知名企业和商标代理机构，先后为“永昌”“捞鱼河”“翠湖宾馆”等省内重点企业和州市区域性品牌的商标投诉、抢注、异议、争议等案件和问题提供业务咨询，协助云南州市和企业维护商标品牌合法权益。

深入开展打击侵权假冒工作，有效维护了市场秩序和消费者的合法权益。

三、认真落实商标注册便利化改革措施，营造商标品牌发展良好氛围

经工商总局商标局批准，先后在玉溪市、昆明市、曲靖市设立了商标受理窗口和商标专用权质权登记申请受理点。截至 12 月底，玉溪和昆明商标受理窗口共受理商标注册申请 630 件，昆明商标专用权质权登记申请受理点共办理质权登记 16 件，被担保债权总额 3.478 亿元。

推动全省商标品牌战略进一步延伸到基层，在全省 16 个州市，129 个县、市、区政务服务中心的工商和市场监管服务窗口、各基层工商和市场监管所设立商标品牌咨询服务点，实现窗口服务从单一式服务向综合式服务转变，构建省、市、县、乡四级联动的商标品牌发展机制。

四、坚持加大商标品牌宣传和培训力度

积极组织开展“4·26 知识产权宣传周”主题活动，组织召开知识产权周新闻发布会，发布全省工商和市场监管部门“十二五”期间打击商标侵权假冒工作情况。省内各地工商和市场监管部门通过举办新闻发布会、知识讲座等方式，综合利用新闻媒体、印刷品、宣传栏等，集中展示商标工作取得的成就。

继续加强面向基层的商标品牌业务培训，举办全省商标品牌咨询业务培训班，对各级工商和市场监管登记窗口业务工作人员开展商标基础知识、商标品牌培育及商标法等内容的培训。举办 2017 年云南省工商和市场监管部门商标品牌战略培训班，进一步提高了商标监管干部的能力和水平，来自全省 16 个州市商标工作骨干约 170 人参加了培训。

（国家知识产权局商标局综合处）

版权工作

2017年，云南省的版权工作在版权创造、运用、保护、管理和服务等方面创新工作、积极作为，全面完成年度各项工作任务，在主要领域推动有力并取得新突破新进展，为云南创新发展社会提供了积极支持。

一、版权宣传培训工作不断加强

宣传培训工作形成了以“4·26世界知识产权日版权宣传周”为重要平台，配合版权重点工作有计划开展的常态机制。宣传工作突出“创新创造改变生活 知识产权竞争未来”主题，向社会公众发放版权宣传品8万多份，组织了形式多样、丰富多彩的云南主会场活动，社会各界不断增进对版权工作的认识和理解。所制作的“保护知识产权 清扫创作雾霾”动漫宣传短片入围全省年度“普法公益广告”作品名单。培训工作突出针对性、实用性和可操作性，相继举办全省软件正版化、版权执法监管和省属国有企业培训班等培训工作，共计626人参加培训，有效提高了全省从业人员业务能力。

二、使用正版软件工作不断推进

软件正版化工作取得明显进展，全省软件正版化长效工作机制不断建立完善。积极发挥省联席会议工作机制，争取省级财政专项工作经费80万元。组织开展金山WPS Office2016专业版办公软件升级服务项目的推送、检查和验收工作，全省升级安装达到182 678套台，云南成为以全省场地授权方式连续6年集中采购国产办公软件覆盖各级政府机关的省份。按照全覆盖、零容忍要求对全省各地进行专项督查，共查阅政府部门台账60多家、检查电脑1900多台，全省各级党政机关软件正版化工作成果进一步巩固。推动全省金融机构、新闻出版行业企业集团基本实现软件正版化；全面启动省属国有企业软件正版化工作；积极探索民营企业和省属事业单位软件正版化工作。

三、版权执法监管力度不断加大

2017年内，联合省网信办、省通信管理局、省公安厅、省文化厅等部门在全省范围内开展打击网络侵权盗版专项治理“剑网2017”专项行动，共查办重点版权案件11起，结案7起，其中3起作出行政处罚，是近几年来查办版权案件最多的一年，有效打击和震慑了网络侵权盗版行为。

四、版权社会服务水平不断提高

著作权登记工作规范化、标准化水平不断提升。版权公共服务以作品自愿登记和涉外著作权合同登记为重点，2017年办理作品登记583件、涉外著作权合同登记301件，登记数量较上年均实现倍增，分别增长257%和107%。此外，受理作品登记咨询2621人次。

五、版权法治化工作不断深入

符合国情省情又与国际规则相衔接的版权制度建设不断推进，先后制发了《云南省版权局关于进一步规范网络转载版权秩序的通知》和《云南省版权局关于加强新闻作品转载秩序管理的通知》两个文件。

（云南省版权局）

司法工作

2017年，云南法院忠实履行法律赋予的职责，扎实开展知识产权审判工作，为实施创新驱动发展战略作出了积极贡献。

一、依法履行审判职责，助力经济社会健康有序发展

2017年，云南省各级人民法院共受理知识产权一、二审民事案件2518件（其中

著作权案件1682件、商标权案件518件、专利权案件198件、技术合同案件75件、植物新品种案件1件,其他类型案件44件),审结1928件,有力地维护了权利人的合法权益,营造“大众创业,万众创新”的公平竞争环境。受理知识产权刑事案件93件(其中假冒注册商标罪案件40件,销售假冒注册商标的商品罪案件47件,非法制造、销售非法制造的注册商标标识罪案件4件,侵犯著作权罪案件2件),审结49件,切实制裁了侵犯知识产权的犯罪行为,全力维护社会稳定。受理的知识产权案件有以下特点。

知识产权刑事、行政案件数量不多,收案较为稳定。近三年知识产权刑事案件每年均在50件左右,行政案件都是个位数。2017年知识产权刑事案件略有上升,未受理知识产权行政案件。

知识产权民事案件数量上升。2017年知识产权民事案件数量较2016年的927件,上升171.63%。

著作权、商标权、专利权民事案件比例大。著作权、商标权、专利权纠纷占知识产权民事纠纷的绝大部分,稳居知识产权民事案件前三位,但在不同年度排名有所变化。2017年著作权、商标权、专利权纠纷占知识产权民事纠纷案件的95.23%。2015年排第一位的是专利权纠纷,占全部民事案件的51.09%;2016年排第一位的是著作权纠纷,占35.06%;2017年排第一位的也是著作权纠纷,占比高达66.80%。

案件数量受系列案件影响较大。著作权、商标权、专利权纠纷案件数量排名变化与系列案密切相关。2015年一原告起诉的侵害实用新型专利权纠纷系列案件达到243件,导致专利民事纠纷案件占第一位。2016年、2017年专利权纠纷案件大幅下降,而中国音像著作权集体管理协会作为原告起诉的侵害作品放映权纠纷案件逐年递增,导致著作权纠纷案件占全部案件数量第一位,且占比在不断增大。

二、推进知识产权民事、行政和刑事案件审判“三合一”工作,完善审判体制机制改革

为贯彻全国法院知识产权审判工作座谈会暨全国法院知识产权审判“三合一”推进会的精神,根据最高人民法院《关于在全国法院推进知识产权民事、行政和刑事案件审判“三合一”工作的意见》,以全省知识产权案件数量分布为基础,结合云南省地域特点,提出了跨行政区划“三合一”审判方案,该方案得到最高人民法院的充分肯定和大力支持,在最高人民法院批复同意云南知识产权审判“三合一”方案后,积极与云南省检察院、云南省公安厅沟通协调,联合下发通知,自2017年7月1日起全省法院正式实施知识产权民事、行政和刑事案件跨行政区划“三合一”审判,由有区位优势、审判资源好、信息化建设程度高的昆明、红河、大理、普洱四州(市)中级法院管辖全省第一审知识产权民事、刑事和行政案件,形成“以一领四”全省知识产权审判的精简构架。在最高人民法院的大力支持下,四家中级法院都能审理专利、商标、著作权案件,真正实现知识产权审判“三合一”。云南的知识产权审判“三合一”模式有以下特点:(1)全省跨行政区划实现知识产权审判“三合一”模式;(2)知识产权民事、行政、刑事案件统一由四家中级法院一审;(3)四家中级法院都能审理专利、商标、著作权案件。

三、加大宣传力度,切实发挥知识产权司法保护的引领作用,增强社会公众对知识产权的保护和维权意识

(1)发布2016年云南省知识产权司法保护情况及十大典型案例。2017年4月20日,在省政府举办的云南省知识产权宣传周新闻发布上,向凯副院长发布了2016年云南省知识产权司法保护情况及十大典型案例,并详细介绍了云南法院开展知识产权审判跨行政区划“三合一”情况。通过新闻发布，让社会公众了解知识产权司法保护的最新状况，提高社会公众对知识产权保护的关注度。

（2）开展裁判文书上网及庭审直播活动。认真执行最高人民法院关于司法公开的有关要求，做好裁判文书上网及庭审直播工作，便于公众查询，了解法院知识产权审判的情况，也利于增强公众的知识产权保护意识。

（3）推荐案例参与评选。云南省高级人民法院审理的西双版纳同庆号与云南易武同庆号茶业公司、高某侵害商标权及不正当竞争纠纷一案入选最高人民法院2016年中国法院50件典型知识产权案例，该案例也荣获全国法院系统2017年度案例分析暨“促公正·法官梦”第四届全国青年法官优秀案例评选活动优秀奖。

四、加强研究，提高知识产权审判质效

加强对新类型案件的学习和研究，提升审判能力。2017年云南省高级人民法院审理了2件知识产权新类型案件：一是云南盈鼎生物能源公司和中石化销售公司、中石化销售公司云南石油分公司拒绝交易纠纷案，该案是全国由卖方起诉买方拒绝交易第一案。二是重庆恒胜鑫泰贸易有限公司、重庆恒胜集团有限公司与本田公司侵害商标权纠纷案，该案涉及“HONDA”注册商标，是一起涉外定牌加工案，借助本案的审理，认真研究，从保护知识产权与维护我国定牌加工企业利益两个角度，根据商标法立法精神，找出一个公平公正的处理方案，让司法审判在国家“一带一路”战略推进中发挥积极作用。

加强审判机制改革研究，为制度创新奠定理论基础。云南省高级人民法院知识产权审判庭组织人员对国际、国内知识产权审判模式进行研究，对跨行政区域“三合一”审判方式的可行性和合法性进行了分析论证，完成2016年云南省法院重点调研课题《知识产权跨行政区划“三合一”审判机制研究》。

（云南省高级人民法院知识产权审判庭）

检察工作

2017年，云南省检察机关紧紧围绕云南省改革发展稳定大局，以强化监督能力建设为抓手，依托信息共享平台，严格依法打击侵犯知识产权和制售假冒伪劣商品犯罪活动，促进云南省经济跨越发展，为建设“法治云南”“平安云南”提供了有力司法保障。经审查批准逮捕侵犯知识产权案件36件56人，提起公诉47件92人。

一、紧盯民生领域，深入开展专项立案监督活动

2017年以来，云南省检察机关继续深入开展“危害食品药品安全犯罪专项立案监督活动”，2017年，云南省检察机关共监督行政执法机关移送危害食品药品安全类案件56件64人，监督公安机关立案侦查危害食品药品安全类案件58件60人。

二、保护特色产业，积极开展普洱茶联合打假行动

为了规范普洱茶产业，加强对普洱茶质量的管控，让老百姓都喝上放心茶，2017年12月20日，云南省检察院侦查监督处与云南省食品药品监督管理局稽查局、云南省公安厅食品药品犯罪侦查总队和云南省普洱茶协会举行了云南普洱茶联合打假发布会暨合作备忘录签署仪式。普洱茶联合打假行动以防范和打击假冒伪劣普洱茶为重点，加强多方互动合作，针对涉及普洱茶地理标志证明商标的保护和行业标准的维护及普洱茶品牌领域的违法犯罪问题，开展联合打击工作。此次多部门联动重拳出击，重在源头防范和综合治理，规范普洱茶生产、销售市场，对积极推进普洱茶行业标准体系建设，确保云南普洱茶质量，有效保护云南普洱茶品牌都具有积极意义。

三、加强"两法衔接"，为行刑无缝衔接夯实基础

2017年10月，云南省食药监局、省公安厅、省法院、省检察院、省政府食安办五家单位下发了《关于依法打击危害食品药品安全违法犯罪的指导意见》。11月23日，云南省政府食安办、省法院、省检察院、省工商局、省食药监局召开了"云南省加强食品药品行政执法与刑事司法衔接工作新闻发布会"，发布会上发布了《关于依法打击危害食品药品安全违法犯罪的指导意见》和云南省打击食品药品安全违法犯罪典型案例，得到社会各界的好评。

四、依托信息平台，推动"两法衔接"工作纳入考评

2017年，云南省信息共享平台共录入行政处罚案件信息42 495件，同比增长350.3%；行政执法机关移送公安机关涉嫌犯罪案件452件，同比增长136.7%；通过信息共享平台发现并立案194件，同比增长84.76%。云南省检察院受省政府法制办委托起草了《云南省人民政府法制办公室关于进一步加强行政执法与刑事司法衔接信息共享平台建设工作的通知》，并以该办名义对各州市政府法制部门及十余家省级行政单位法制机构发文，明确了平台建设时限、录入内容和要求。该通知出台以后，全省"两法衔接"信息共享平台新增用户及录入案件数量均创历史新高，成效显著，与各地检察机关积极推动"两法衔接"工作并将其纳入当地党委、政府考核密不可分。曲靖、红河、文山等地检察机关积极推动党办、政办、政法委、法制办等部门出台或联合相关部门会签了"两法衔接"工作实施办法、考核办法，信息共享平台管理办法等文件，将"两法衔接"工作及平台建设运用情况纳入各地依法治州或综治考核项目，初步建立起既有操作性，又具有针对性，且符合本地实际的行政执法与刑事司法衔接信息共享机制和考核机制。

（最高人民检察院侦查监督厅）

西藏自治区

专利工作

党的十八大以来，西藏自治区知识产权局深入贯彻学习习近平总书记系列重要讲话精神和治国理政新理念新思想新战略，认真落实西藏自治区党委决策部署，在国家知识产权局大力支持下，西藏自治区知识产权工作进展明显，尤其是在国家知识产权战略实施以来，知识产权创造、运用和保护水平逐步提高，全社会知识产权意识不断增强，知识产权工作环境得到改善，近五年发明专利申请同比增长保持在35%以上。西藏自治区知识产权局紧紧围绕自治区知识产权需求和工作实际情况开展工作。

一、完善知识产权政策

根据《国务院关于新形势下加快知识产权强国建设的若干意见》总体部署和自治区有关领导批示要求，结合"2016年科技工作任务分解"，为深入实施创新驱动发展战略，推进国家知识产权战略实施，落实《西藏自治区人民政府关于加强知识产权工作的若干意见》（藏政发〔2016〕76号）要求，由自治区知识产权局起草并由自治区政府办公厅印发了《〈西藏自治区人民政府关于加强知识产权工作的若干意见〉重点任务分工方案》（藏政办发〔2017〕55号）；为完善专利资助政策，突出质量导向，印发了《西藏自治区专利资助办法》（藏政办发〔2017〕102号）。上述文件的出台，进一步提升了自治区知识产权创造、运用、保护、

管理和服务能力。

积极开展地方知识产权战略实施十年评估工作，并按计划完成评估报告。评估报告客观全面地反映了自治区知识产权事业近十年的发展情况，并针对自治区知识产权战略实施中存在的问题和进一步推进知识产权战略实施工作提出了建设性的意见和建议，对于自治区进一步推动知识产权工作，提升知识产权治理能力，促进知识产权事业发展具有十分重要的意义。

二、加强创新主体能力建设

在中国知识产权培训中心支持下，举办一期“西藏企业知识产权培训班”，在专利局文献部的支持下举办一期“西藏专利信息利用帮扶培训班”，同时依托知识产权工作服务站启动知识产权专题培训相关工作，先后邀请了国家知识产权局、北京大学等单位的多名老师进藏授课，自治区各类创新主体近六百人次参加培训，通过培训提升创新主体专利信息利用和专利挖掘设计能力，指导创新主体建立专利申请质量内部管理体系，促进创新主体系统性保护创新成果，提高专利质量。西藏奇正藏药股份有限公司等依靠高价值专利成为知名企业。

三、严格知识产权保护

为创造和维护法治化营商环境，鼓励企业科技创新，切实强化日常执法和专项保护行动，加大对知识产权侵权行为的打击力度，司法执法和行政执法之间建立了“两法衔接”机制。西藏自治区知识产权局与拉萨海关签署了知识产权行政保护和海关知识产权保护合作协议。自治区知识产权局多次联合各地市知识产权局骨干执法人员开展专利行政执法检查，有效提高了全区专利保护意识和执法能力，积极推进了自治区专利法制环境建设。

四、加大知识产权宣传力度

自治区知识产权局组织人员在西藏电视台做了专利资助奖励政策解读的专题访谈节目；在《西藏科技报》连载“知识产权知识问答”宣传周活动专栏；参加自治区公安厅组织的“5·15 打击经济犯罪宣传活动”；联合西藏大学开展首次西藏自治区“知识产权进高校”活动。通过多种不同的宣传方式，营造“人人重视知识产权、人人参与知识产权”的良好环境，提升社会公众知识产权意识，引导社会公众尊重知识产权，保护创新成果。

五、优化知识产权服务

国家知识产权局专利局拉萨专利代办处正式获批。分别在拉萨高新区 N 次元众创空间、拉萨高校毕业生就业服务中心和西藏民族大学创新创业基地挂牌“知识产权服务工作站”。完成 2016 年度专利申请资助及奖励受理和资金发放工作，受自治区专利资助和奖励的专利共 295 件，其中专利资助 222 件，专利奖励 73 件，经费合计 654 915 元。推荐 2 件专利参与第十九届中国专利奖的评选活动。

（西藏自治区知识产权局）

商标工作

2017 年，西藏自治区积极适应经济发展新常态，全力提升西藏商标品牌的数量和质量，切实营造商标发展良好氛围。全区各级工商机关适应商事制度改革的新形势新任务新要求，始终遵循“345”工作思路，综合施策，多方发力，商标品牌建设实现了快速发展。

一、加强扶持引导，积极推进商标品牌建设

起草下发了《西藏自治区工商局实施商标品牌战略 2018—2020 年发展规划》，明确发展目标、工作思路、主要任务和保障措施，为推动西藏商标品牌发展提供强有力指引。一是鼓励支持高知名度商标创建活动，继续协调推动自治区政府对商标品牌建设的支持力度，积极推动区域公用和特色重要商标注册，积极协调做好“西藏好水”“拉萨净土”“那曲虫草”“文成公主”等对西藏经济社会具有重要作用与特殊意义商标的注册。二是加强对商标注册、运用、管理和发展的指导，大力实施“四书五进”等制度，积极引导市场主体通过网上申请注册。2017 年，全区共申请注册商标 10 511件，累计有效注册量为 12 890 件。三是工商总局商标局西藏商标受理窗口在自治区工商局挂牌运行，目前该窗口已受理商标注册申请 236 件。四是完成了自《国家知识产权战略纲要》实施以来西藏商标品牌战略实施十年的评估工作，上报了评估报告和企业实施商标品牌战略典型案例。

二、强化商标行政保护，保护创新创造和消费者合法权益

继续深入开展打击商标侵权假冒专项执法工作，全面保护企业商标知识产权。2017 年，依法查处商标违法案件 109 件，案件总值 215.54 万元，罚没款 54.1 万元。其中商标侵权假冒案件 65 件，案件总值 152.36 万元，罚没款 26.37 万元。一是强化工作部署，在年初工作思路中，明确将打击商标侵权等作为工作重点，突出互联网领域商标侵权假冒整治、农村和城乡结合部市场治理、深入推进中国制造海外形象维护“清风行动”等重点领域，加大商标专用权保护，严厉打击侵犯知识产权不正当竞争行为。二是强化商标专项整治，组织开展了系列打击商标侵权专项行动，围绕强化中国驰名商标、地理标志商标及涉外商标专用权保护工作，落实“双随机、一公开”要求，加强投诉举报案件查处工作，加强区域跨部门执法协作，特别是行政执法与司法保护的衔接，全面加强了对各类市场主体的监管，提高了商标保护的针对性、实效性，增大侵权假冒的违法成本。

三、加强教育宣传，进一步营造商标品牌发展氛围

自 2017 年 8 月 1 日至 9 月上旬，组织开展了推进商标品牌战略实施宣传教育系列活动，努力营造了政府主导、企业主体、媒体重视、全民参与的浓厚氛围。一是举办全区推进商标品牌战略实施高级研修班，邀请商标局、商评委以及江苏、上海、青岛等地的工商和市场监管部门，知名知识产权机构，大型国有企业等 11 个单位的 14 名专家进藏授课，3 天时间共有 1200 多人次参加培训。培训期间同时做好商标品牌基层宣讲调研工作，先后赴拉萨、日喀则、山南、林芝等市开展商标品牌宣讲调研工作，共同研究谋划西藏商标品牌发展大计。二是组织媒体开展讲述西藏品牌故事活动。筛选推荐“甘露”“拉萨啤酒”“达美拥”“海思科”等 28 个商标品牌参加“讲述商标品牌故事”宣传推介活动，通过介绍企业成长史、商标品牌发展史以及商标品牌的重要带动作用等，充分展示西藏商标品牌对经济社会发展的促进作用。自治区人民广播电台、《西藏商报》等主流媒体持续播出和刊登。三是举办实施商标品牌战略成就展活动，充分展示近年来本区商标品牌建设取得的成绩，由中国驰名商标篇、地理标志商标篇、中华商标节篇、工商篇、企业篇等 60 个展板组成，来自各地市的 46 家企业参加展示。四是组织 30 家西藏企业在中国国际商标品牌节上展示，商标品牌涵盖特色农畜产品、藏医药、手工业产品等多个领域，展示了西藏特色优势商标品牌，扩大了西藏商标品牌影响力和美誉度。

（国家知识产权局商标局综合处）

版权工作

2017 年西藏自治区版权局认真贯彻

落实国家版权局的总体安排部署和局党组安排的各项工作任务，以《西藏自治区版权局 2017 工作要点》《2017 年度全区推进软件正版化工作计划》为抓手，积极有序推进各项工作。

一、推进版权公共服务

（一）推动版权示范城市建设

制定了《西藏自治区版权示范单位申报评定办法（试行）》（讨论稿），在征求相关部门意见的基础上，形成《西藏自治区版权示范单位申报评定办法（试行）》。

（二）推进著作权作品自愿登记工作

进一步完善细化《关于尽快开展著作权作品自愿登记工作的方案》，并报自治区版权局主要领导审定，在此基础上，西藏自治区版权局局长办公会于 2017 年 10 月 12 日讨论通过了《关于尽快开展著作权作品自愿登记工作的方案》及相关文件。

二、深化软件正版化

（一）制订工作计划

制订印发《2017 年度全区推进软件正版化工作计划》，召开了自治区推进使用正版软件工作厅际联席会议，讨论通过了 2017 年软件正版化工作计划。

（二）完善软件正版化数据库

进一步建立和完善西藏自治区市县级软件正版化责任人数据库的建设，并完成区直各单位的计算机软件正版化统计工作。

（三）制定督查方案

制定《2017 年全区软件正版化督查方案》，在多次细化的基础上，于下半年组成督查组，对各地（市）、各部门进行督查，形成以各级政府督查为主导、相关职能部门紧密配合的督查工作格局。

（四）组织开展培训工作

2017 年 11 月 13 日至 14 日，开展了西藏自治区的软件正版化基本知识培训，掌握和提高正版软件基本知识。

（五）顺利开展软件正版化检查

按照国家部际联席会议的要求，积极配合国家推进使用正版软件部际联席会议第五督查组对西藏自治区进行软件正版化督导检查，历时 5 天，分别对西藏自治区政府办公厅、科技厅、网信办、农牧厅、国资委、财政厅等 8 家自治区级单位和 5 家自治区国有企业的 151 台计算机进行了检查。

三、积极开展“剑网 2017”专项行动

根据国家版权局等四部委的安排部署和西藏自治区版权局领导的主要批示，结合国家版权局等部委《关于开展打击网络侵权盗版“剑网 2017”专项行动的通知》要求，召开相关部门工作座谈会，制订工作计划，明确职责分工，正式启动“剑网 2017”专项行动，并按规定上报相关数据报表。

四、做好版权宣传工作

为迎接第 17 个“4·26 世界知识产权日”，西藏自治区版权局自主设计了具有西藏民族特色的三幅主题宣传海报，并以藏汉两种文字形式印刷各类宣传海报 12 000 张，分别发放给各市（地）新闻出版广电（版权）局和局属各单位，要求配合做好相关宣传活动；并为西藏电视台等媒体资源提供宣传报道的素材，在西藏卫视播放宣传周公益宣传短片，做到与国家版权局上下联动、形成合力，扩大版权宣传的社会影响力。

五、加强版权执法工作

（一）推进案件申报

据国家版权局办公厅《关于推荐 2016 年度查处侵权盗版案件有功单位及个人》

和《关于推荐2016年举报侵权盗版案件有功单位及个人的通知》的文件精神，版权管理处积极同自治区文化综合执法总队和区"扫黄打非"办公室沟通和联系，完成了西藏自治区2016年度查处和举报侵权盗版案件有功单位和有功个人的推荐工作。

(二)加强版权执法培训

组织安排全区各地市版权工作者参加国家版权局举办的版权执法培训班，形成学习情况汇报。

2017年11月11日至12日，开展了西藏自治区的版权执法培训，进一步提升了版权执法人员素质。

(西藏自治区版权局)

检察工作

自国务院决定在全国集中开展打击侵犯知识产权和制售假冒伪劣商品违法犯罪活动以来，西藏全区检察机关加大知识产权保护力度，查禁假冒伪劣商品，维护市场经济秩序，创造了良好的社会经济发展环境。

一、发挥组织协调作用，确保专项活动有序开展

打击侵犯知识产权和制售假冒伪劣商品活动关乎人民切身生活利益，开展此项工作需要多个部门的密切配合和通力协作，检察机关是强化对行政执法机关移送涉嫌犯罪案件的监督机关，同样发挥着极其重要的作用，西藏自治区检察机关逐一将打击侵权假冒活动的一般"参与"角色变为"主动"角色，充分发挥组织协调的"能动"作用，把握重点，加强联系，督促行政执法机关及时移送案件，监督公安机关及时立案侦查涉嫌犯罪案件。西藏自治区检察机关成立专项监督活动领导小组，制定下发实施方案，积极走访相关行政机关、公安机关，推动健全相关领域行政执法与刑事司法衔接机制。

二、突出重点，围绕重点领域严肃打击各类违法犯罪行为

西藏自治区检察机关结合本地工作实际确定重点突出问题，要求严肃依法严厉打击，确保打击侵犯知识产权和制售假冒伪劣商品工作有重点、有实效。2017年以来，全区各级检察机关共受理提请审查逮捕侵权假冒案件4件8人，批准逮捕3件7人。

三、广泛开展宣传，营造浓厚舆论氛围

西藏自治区检察机关充分依托日常法制宣传，下乡巡回法制宣讲，积极营造舆论宣传氛围，强化人民群众对行政执法与刑事司法衔接工作的认识和了解，更好地推动"两法衔接"工作良性开展。昌都市江达县人民检察院积极利用"检察开放日""举报宣传周""女子检察官宣传队"等活动，选择典型案例"以案说法"，在广大人民群众中广泛开展与人民群众的生产生活息息相关的法制宣传活动。

四、积极总结，建立长效机制

2017年，西藏自治区人民检察院侦查监察处通过"两法衔接"信息共享平台审查8件行政处罚案件，同时全区检察机关积极协调相关行政执法部门开展联合执法检查活动。目前，未发现需要移送的犯罪线索。打击侵犯知识产权和制售假冒伪劣商品行动是一项长期开展的工作，全区检察机关将进一步研究部署，积极会同相关执法部门协作、配合，总结工作经验，达成工作意见，建立长效工作机制，以发现行政执法过程和检察机关监督立案中存在的问题，构建各单位齐抓共管的工作格局，形成打击侵犯知识产权和制售假冒伪劣商品工作的合力，确保西藏自治区公平有序的市场经济秩序。

(最高人民检察院侦查监督厅)

陕西省

专利工作

2017 年，陕西省知识产权局以加快知识产权强省建设为目标，以进一步深入实施知识产权“一一八”工程为抓手，着力推进全省知识产权发展再上新台阶，各项工作取得较好成效。

一、实施专利质量提升工程和专利申请“挖潜”工程

向全省 12 个市区划拨专利创造资助经费 1100 万元，共撬动市、县(区)专利资助资金约 9000 万元，重点资助授权发明专利和国外专利申请。全省共申请专利 98 935 件，同比增长 42.1%，其中发明专利申请 46 607 件，同比增长 106.6%。共获授权专利 34 554 件，其中发明专利授权 8774 件，同比增长 16.9%。截至 2017 年底，共有有效发明专利 33 752 件，同比增长 22.3%，万人发明专利拥有量 8.9 件(上述数字不包括国防专利)。向省政府报告并在《陕西日报》公布 2016 年全省各市区专利、专利十强企业及排在前 100 位的企业、全省高校专利状况。

二、实施知识产权运用工程

修订实施《陕西省专利权质押贷款评估资助办法》。与邮储银行陕西省分行签署战略合作协议，至此陕西省知识产权局已与 7 家银行建立战略合作关系，协同指导各市区知识产权管理部门与市区各银行加强质押融资工作合作。全年专利权质押合同登记 456 件，同比增长 67.7%；质押总金额 23.6 亿元，同比增长 56.5%；质押专利 775 件，同比增长 44.6%；质押贷款惠及 325 家企业，同比增长 45.7%。各项指标增幅均为近年最高，继续位居全国前列。与陕西保监局协同推动专利保险试点及推广工作，完成专利保险投保 123 件，保障金额 492 万元。西安市入选国家知识产权运营服务体系建设重点城市，获国家财政专项资金 2 亿元。宝鸡市入选全国中小企业知识产权战略推进工程试点城市。航空航天产业知识产权运营基金管理公司完成备案，募集首期基金 1 亿元，制定完善项目入库标准和入库项目管理办法，建成包含 100 余家企业的基金项目库，初步确定了 10 个拟投资项目。推进“中国军民融合平台”提升建设，开展军民融合知识产权运营机制探索。“线上平台”已开设知识产权运营店铺 95 家，展示可运营专利 12 723 件、解密国防专利 3001 件、可运营商标 1120 件。“线下平台”已为 75 家民参军企业开展技术需求调研和高价值专利挖掘与布局。推动西安光机所光电子产业技术创新联盟构建专利池。为近 80 家企业、高校、科研院所提供知识产权运营服务。

三、实施知识产权强企工程

新增中航富士达科技股份有限公司 1 家国家知识产权示范企业、新增陕西迪泰克新材料有限公司等 5 家国家知识产权优势企业。全省累计有国家知识产权示范企业 3 家、国家知识产权优势企业 33 家。继续开展知识产权“贯标年”活动。新增 170 家企业和 5 家科研机构开展知识产权贯标工作。完善工作体系，印发《关于开展知识产权贯标质量监督检查的通知》。新增完成贯标企业 122 家。近三年，全省累计 501 家企业、高校、科研机构分别开展《企业知识产权管理规范》《高等学校知识产权管理规范》和《科研组织知识产权管理规范》等国家标准的实施工作。到 2017 年底，其中

301 家单位完成贯标，在全国率先形成“三标同贯”的工作格局，受到国家知识产权局的充分肯定。

四、实施知识产权保护工程

在全国省级层面率先建立知识产权行政保护与海关保护衔接机制，完善知识产权行政与公、检、法等司法保护衔接机制。组织开展知识产权执法维权“护航”“雷霆”专项行动，共开展执法检查活动 49 次，出动执法人员 437 人次，检查商品约 10 180 件，严厉打击侵权假冒专利违法行为。进驻“丝博会”“农高会”等省内重点展会开展保护工作，得到省政府相关领导的充分肯定。推动设立中国西安知识产权保护中心。在瞪羚谷创业社区、蒜泥科技孵化器等众创空间建立知识产权维权援助工作站。完善知识产权维权援助工作体系，12330 维权援助与举报投诉热线在全省实现有效运转，热线接听量 2831 通。全年专利行政执法立案 905 件，结案 910 件，同比增幅均在 20%以上，创历年新高。首次将非物质文化遗产等传统知识的知识产权保护工作纳入《2016 年陕西省知识产权保护状况》发布。

五、实施知识产权培训工程和知识产权文化建设工程

继续开展“培训年”活动。全年举办各类培训班 389 班次，培训 76 469 人次。成功举办世界知识产权日、全国知识产权宣传周等重大活动。充分利用陕西省知识产权局门户网站、“两微”等加强知识产权宣传。与省教育厅、省科学技术协会确定 27 所中小学校（含 3 所中等职业学校）为全省第五批中小学知识产权教育试点学校，至此全省累计正在开展的知识产权教育试点示范学校达到 70 所，其中试点学校 58 所，示范学校 12 所。举办 2017 年“知识产权杯”陕西省大学生工业设计大赛，引导大学生在文博、非遗、旅游等方面设计陕西形象、讲好陕西故事。举办 2017 年西安市碑林环大学创新产业带创新设计大赛。

六、实施知识产权评议工程和专利导航工程

陕西省被纳入国家知识产权评议工程示范省份。组织实施中国（陕西）自由贸易试验区、西安全面创新改革试验等产业类、企业运营类专利导航项目 8 个，推动重点区域建立专利导航工作机制。发布《陕西省空间互联网通信产业专利导航报告》，为该领域的相关决策提供参考。新培育 4 家综合性专利运营单位。完成陕西省无人机产业专利分析、网络安全和信息化领域专利分析等 3 项专利信息分析利用项目。开展全省专利资源调查与分析工作，对陕西省国民经济领域 42 个行业的专利信息进行分析，初步弄清楚了全省专利布局以及各个主要行业专利基本状况。

七、实施知识产权服务能力提升工程

继续实施专利代理能力倍增计划。全年举办各类服务能力提升培训班 12 期，参培人数 1500 人次。成功组织举办全国专利代理人资格考试西安考点考试工作，报名参加考试人数 1287 人，达到历史新高。截至 2017 年底，全省专利代理能力倍增计划目标全面完成。专利代理机构发展到 65 家，执业专利代理人发展到 368 人，有效支撑了全省专利较快发展。与省律协加强合作，共同开展陕西自贸区重点产业知识产权海外法律保护服务体系构建研究。与西安外国语大学、知识产权出版社共同在西安外国语大学建设“一带一路”知识产权语言服务人才培养中心。建设全面覆盖的全省专利信息传播利用体系，不断探索增强创新主体专利信息应用能力的新领域、新内容、新形式。在学校、科研机构、公共图书馆和行业信息中心等建立专利信息服务网点，满足社会不同层次知识产权信息需求。向知识产权密集型产业重点企业、与

陕西省知识产权局建立战略合作的重点企事业单位推送专利信息 13 000 条。

八、注重知识产权密集型产业培育

"一产业一方案、综合施策"。运用集成创新成果产权化，知识产权运用、保护、贯标、培训，专利导航、预警、信息推送等措施，建立和完善知识产权密集型产业培育发展统计制度。2017 年，全省 12 个培育发展的知识产权密集型产业涉及企业 1754 家，实现产业工业总产值 1880.8 亿元，工业增加值 384.4 亿元；申请专利 6137 件，授权专利 3116 件，其中，发明专利授权 718 件；参与贯标企业 40 余家，开展各类知识产权评议 15 项；举办各类培训活动 96 批次，培训人员 6400 人次。2017 年新确定 4 个产业启动知识产权密集型产业培育发展工作。

（陕西省知识产权局）

商标工作

2017 年，陕西省工商局以商标品牌建设为主线，以地理标志商标精准扶贫和马德里商标国际注册为抓手，以商标注册、运用、管理和保护为重点，全面推进实施商标战略，省著名商标清查工作顺利完成，商标监管工作取得了较好的成绩。截至 2017 年 12 月 15 日，全省商标注册申请量 88 754 件。全省新增注册商标 58 894 件，累计有效注册商标 242 900 件；地理标志商标新增 15 件，累计达 89 件；马德里商标国际注册申请量 24 件。全省工商和市场监管系统查办商标侵权案件 744 件，没收违法所得并处罚款 489 万元。

一、商标品牌服务发展取得新成效

与西北农林科技大学经管学院协商议定了发布陕西省农产品商标品牌发展指数报告实施方案框架，并制订"一带一路"农产品商标品牌研究院章程和合作协议。在第 24 届中国杨凌农业高新科技成果博览会（以下简称农高会）上发布了全省农产品商标品牌发展指数报告。会同省农业厅代省政府起草了《关于加强农产品商标品牌建设的实施意见》；制定了《陕西省商标馆对外开放参观办法》和《陕西省商标馆管理制度》。加强商标注册受理窗口和商标质权登记受理点业务指导，完善流程规范，确保受理窗口和受理点运转正常，方便企业群众办理相关业务。截至 2017 年 11 月 30 日，全省三个商标注册受理窗口共受理商标注册申请 1479 件，商标专用权质押融资 4.59 亿元。

二、及时开展省著名商标清查工作

西安地铁"问题电缆"被媒体曝光后，及时安排部署著名商标清查工作。根据清查情况撤销了在国家企业信用信息公示系统中因产品质量、安全、环保问题受到行政处罚和存在其他问题的 94 件陕西省著名商标认定。同时根据国家工商总局要求，对存在行政认定陕西省著名商标的文件进行了清理，停止了省著名商标行政认定工作，进一步厘清了政府与市场、企业的关系，着力构建企业自主、市场主导、政府推动、行业促进和社会参与的实施商标品牌战略工作新格局。

三、商标专用权行政保护工作得到加强

继续组织开展"双打"专项行动，按照统一部署，推动"双打"专项行动扎实有效开展。重点查处侵犯高知名度商标和地理标志商标专用权案件。对"心特软"和"陕汽"等商标侵权行为开展专项整治行动，申请在全国开展了保护"洛川苹果"商标专用权执法行动。走访了与陕西省工商行政管理局签订《注册商标专业权保护合作协议》的 16 户企业，充分了解企业在商标运用和管理等方面的诉求，有效维护了商标权人和消费者合法权益。

四、商标品牌助推精准扶贫发挥新作用

坚持将扶贫与培育贫困地区地理标志商标相结合，充分利用地理标志商标助推打赢脱贫攻坚战。在农高会期间，举办地理标志商标助推脱贫攻坚高峰论坛和地理标志商标精准扶贫展览，陕西省工商局荣获杨凌农高会"优秀组织奖"和"优秀展示奖"。2017 年 11 月下旬，在紫阳县召开了全省运用地理标志商标助推精准扶贫现场会，会上代表们交流了各自运用地理标志商标精准扶贫和商标富农方面取得的成果，为其他地区运用地理标志商标助推精准扶贫工作提供了借鉴。推荐地理标志商标"延安小米"和"铜川大樱桃"参加世界地理标志大会展览。

五、商标知识宣传普及有效开展

全省工商系统继续深化商标注册行政指导工作，开展商标企业"大走访"活动，下发《关于开展商标品牌精准扶贫暨万名工商(市场监管)干部帮建活动实施方案》，以商标品牌带动全省经济提质增效，助力精准扶贫工作。自活动开展以来，参与的工商(市场监管)干部达到 10 657 人，帮建企业、农民专业合作社、个体工商户 11 122 户。利用"3·15 消费者权益保护日""4·26 知识产权宣传周"等集中宣传商标法律法规、展示商标专用权专项执法行动成果。9 月底，举办了地理标志商标和马德里商标国际注册培训班，为有效促进产业集群、地理标志产业区、外向型企业走出去发展提供品牌培育和指导。

（国家知识产权局商标局综合处）

版权工作

一、软件正版化得到了新推动

2017 年，陕西省版权局印发了《陕西省 2017 年推进使用正版软件工作实施方案》，对各有关职能部门的责任进行了明确，为有效推进陕西省软件正版化工作提供了指导。陕西省版权局召开了省软件正版化工作职能部门联络员会议，对长效机制建设、日常监督检查、重点案件查处等重点工作进行了强调部署。同时印发了《关于开展省级机关软件正版化工作督查的通知》和《关于开展国有企业软件正版化督查工作的通知》，对省级 20 个机关单位和 15 家国有企业的软件正版化工作进行了督导和检查。考核评定软件正版化版权示范单位工作，新购买正版软件数量、金额。

二、版权行政执法迈上了新台阶

按照相关部署，积极开展"双打"和"剑网"行动。陕西省版权局指导协调各地市文化行政执法部门查处侵权案件 6 起。及时向国家版权局申报举荐全省查处侵权盗版案件有功单位和个人，经国家版权局评选，全省共荣获 2016 年度全国查处侵权盗版案件有功单位一等奖一项，三等奖二项；有功个人一等奖一项，三等奖二项，获奖层次达到了近年来的最好水平。

三、版权社会服务管理开创了新局面

积极探索作品登记新方法，启动了全省版权共用服务平台建设项目，经过调研论证，完成了平台建设方案并向领导进行了上报，目前，该项目正在加紧推进当中。积极开展作品登记活动，截至 2017 年底，作品版权登记已达 5008 件，比 2016 年同期增长了 70.6%。

四、版权产业发展取得了新成绩

不断拓展方法思路，着力推动版权产业发展。一是指导西安电视剧版权交易中心开展版权贸易，全年实现经营收入 1 亿元，比 2016 年增长了 10%。二是组织指导版权示范单位创建，积极推荐相关版权单位参评全国版权示范单位。西安维真视界公司荣获"全国版权示范单位"荣誉称号。

（陕西省版权局）

司法工作

2017年，陕西法院审理了数量较多的全国知名知识产权案件，知识产权案件收案数逐年以20%比例增长，随着“一带一路”建设深入推进和西安自贸区建设工作步入正轨，预计2018年陕西省知识产权案件收案数还将进一步增加。

一、2017年度全省知识产权案件收、结案情况

类型/数量	民事一审		民事二审		行政一审	
	收案数	结案数	收案数	结案数	收案数	结案数
著作权	408	379	29	26	0	0
商标	745	727	56	53	2	2
专利	131	113	12	12	0	0
不正当竞争	39	33	8	8	0	0
其他	162	146	37	36	0	0
合计	1485	1398	142	135	2	2

类型/数量	刑事一审		刑事二审		刑事申请再审	
	收案数	结案数	收案数	结案数	收案数	结案数
生产、销售伪劣商品罪	163	149	19	19	9	9
生产销售假药罪	40	37	0	0	0	0
销售假冒注册商标商品罪	23	22	9	9	3	3
侵犯著作权罪	1	1	0	0	0	0
其他	0	0	0	0	0	0
合计	227	209	28	28	12	12

二、2017年审理知识产权案件的特点

(一)案件管辖适应审判需求

2017年民事、行政、刑事“三审合一”实施以后，陕西全省法院均按照《最高人民法院关于在全国法院推进知识产权民事、行政和刑事案件审判“三合一”工作的意见》指示要求，陕西高院、西安中院以及两个基层法院建立了由民事、行政、刑事法官建立“三审合一”审判组织，专门审理涉及行政和刑事的案件，确保审判公正性和实效性。

(二)案件数量增长迅速

全省近三年知识产权民事案件数量以20%的比例逐年增长，2017年刑事案件数量是2016年刑事案件数量的4倍。

(三)调判结合，提升审判效果

陕西全省法院始终将调解工作贯穿于审判程序的全过程，及时化解和疏导矛盾，争取做到案结事了，不断提高审判的社会效果。近三年知识产权民事一审案件调撤诉率均保持在50%左右。通过坚持调判结合，取得良好的审判效果和社会效果。

三、全省法院在知识产权审判中好的做法

(一)人才队伍建设专业化、高学历化

2017年，陕西全省法院知识产权审判法官共81名，其中省高院10名，西安两级法院20名，咸阳中院9名，其他中院均保持5～6名知识产权专业法官。81名法官中，研究生以上学历占51%，庭长和审判长中研究生以上学历占庭长和审判长总人数的84%。随着国家改革开放不断深入，经济发展走向世界，为适应陕西知识产权保护需求，陕西省法院积极开展各类知识产权法律培训活动，通过减免学费措施，鼓励法官参加全国法硕考试，提高法官业务素质，打造专业化知产审判队伍。

(二)继续深入推进知识产权“三合一”工作

根据省法院制定的《陕西省高级人民法院关于在推进知识产权民事、行政和刑事案件审判“三合一”工作的实施方案》，为了落实上述方案，继续在陕西省全面深入推进知识产权“三合一”工作，推动知识产权司法和行政、刑事保护深度衔接。2017年省高院向全省各中院下发了《关于继续落实“三合一”》明传，督导基层法院加强落实“三合一”力度。陕西省高院为西安知识产权法庭的设立做了大量的前期准备和申请工作，目前西安知识产权法庭已正式挂牌成立。

(三)加大知识产权法律保护宣传

陕西省法院每年在“世界知识产权日”对全省知识产权典型案件进行公开宣判并全程直播庭审，邀请人大代表、政协委员、在校学生等参加庭审旁听，并邀请多家媒体进行报道，开展知识产权法律宣传。坚持开展“送法进企业、进军营、进校园”活动，把庭审开在企业、军营和校园，通过这样直观的展示，让更多人了解知识产权保护的重要性。西安市中级人民法院连续多年在“世界知识产权日”来临之际举行“知识产权司法保护状况暨十大典型案例”新闻发布会，并通过官方微博同步视频直播。通过宣传，让更多人了解陕西法院知识产权司法保护政策，促进陕西经济建设健康发展。

(四)构建陕西知识产权保护大平台

陕西省法院为全面落实“一带一路”倡议，积极配合省自贸区建设工作，促进陕西自贸区制度建设，为中国自贸区发展积极创造公正司法保护、构建良好竞争环境贡献力量。

(五)加强类案同判指导工作

陕西省法院建立与下级法院沟通交流机制，通过两级法院审判人员沟通会、审判长对口业务指导机制、典型案例上报制、基层调研等方式，加大全省法院知识产权关联案件的协调和指导力度，促进疑难法律问题的解决和裁判标准的统一。通过上下沟通，审判长碰头会，防止了案件审判标准不统一，有效促进了全省群体性和疑难案件审判尺度一致。

(六)加强理论和实务研究

2017年，全省法院成功审理了一大批在全省乃至全国具有重大影响、获得社会各界高度关注的知识产权典型案件。例如陕西省高院审理了影响较大的陕西白水杜康酒业有限责任公司与洛阳杜康控股有限公司商业诋毁纠纷案，陕西省高院审理的路易威登马利蒂诉西安东方大酒店侵害注册商标专用权纠纷案被编录入《最高人民法院“一带一路”司法理论与实务纵览涉外商事案例精选》一书。在调研基础上加强对下指导，全年共对下指导案件8件，通过沟通指导，进一步统一了全省裁判认识和尺度，促进了司法能力整体提升。

（陕西省高级人民法院知识产权审判庭）

检察工作

2017年，陕西省检察机关认真开展打击侵犯知识产权犯罪活动，共批捕侵犯知识产权犯罪案28件44人，起诉25件30人。

一、高度重视，精心组织，确保专项行动扎实开展

对于打击侵犯知识产权和制售假冒伪劣商品专项活动，陕西省人民检察院成立了以陕西省人民检察院领导为组长，侦查监督一处、办公室、公诉一处、反渎局等相关部门负责同志为组员的领导小组，制定了全省检察机关“打击侵犯知识产权和制售假冒伪劣商品专项行动”实施方案。2017年4月，陕西省人民检察院召开了领导小组会议，要求各相关部门切实抓好工作，确保打击活动取得实效。全省各级检察院结合工作实际，制定了实施方案，从组织上保证专项行动有计划、有步骤地扎实开展。

二、发挥职责，加大力度，确保打击工作取得成效

一是以危害食品药品安全犯罪专项立案监督活动为契机，从各种渠道发现涉嫌食品药品犯罪的线索，严厉打击制售假冒伪劣商品、危害食品药品安全犯罪。从2014年起，陕西省人民检察院指导全省检察机关连续4年开展危害食品药品安全犯罪专项立案监督活动，积极走访行政执法单位，了解掌握其查处案件的情况，对已构成刑事犯罪的案件督促向公安机关及时移送。发现对犯罪案件有案不立、有罪不究、以罚代刑等违法现象，依法监督纠正，维护行政执法和司法公正。强化跟踪监督，确保案件及时判决。

二是实行挂牌督办，加强打击效果。陕西省人民检察院对涉及面广、社会危害后果严重、社会各界反应强烈的侵权假冒案件及时进行挂牌督办，提高打击实效。陕西省人民检察院督办的销售假冒五粮液、飞天茅台等高档酒达126万元的犯罪嫌疑人邓某，已被法院一审以假冒注册商标罪判处有期徒刑五年，并处罚金100万元。

三是强化检察建议推进社会治理。全省检察机关充分发挥参与综治工作的职能作用，认真分析研究所办案件的犯罪类型、发案原因和规律特点，针对办案中发现的社会管理漏洞，及时制发检察建议，向有关单位提出防范和整治建议。

三、建立和完善“双打”领域行政执法与刑事司法衔接机制，推进信息共享平台建设

一是健全“双打”领域两法衔接工作机制。2017年8月，陕西省人民检察院结合全省检察机关开展“双打”工作的实际，起草了《陕西省打击侵权假冒行政执法与刑事司法衔接工作实施办法（试行）》，与省“双打”办联合下发，极大地完善了陕西省“双打”领域行政执法与刑事司法衔接工作机制。

二是强化联席会议制度。检察机关以联席会议、案件双向咨询等多种形式加强与行政执法机关和公安机关的沟通协调，定期与公安局食药部门、食品药品监督局、质量监督局等行政执法部门召开两法衔接联席会。

三是加快推动两法衔接信息共享平台建设。为进一步推动“双打”信息工作平台的运作，陕西省人民检察院与陕西省“双打办”联合起草下发了《陕西省打击侵权假冒行政执法与刑事司法衔接实施办法（试行）》《陕西省打击侵权假冒行政执法与刑事司法衔接信息共享平台管理使用办法（试行）》，对“双打”领域的行政执法与刑事司法衔接工作机制、流程和共享信息平台信息录入工作的程序和时限做了明确规定。

四是积极配合省“双打办”进行“双打”工作督查。陕西省检察院侦查监督一处负责人带队，对汉中、安康、商洛地区“双打”工作进行了实地督查。针对三地“双打”工作存在的重视程度不够、措施不力等问题分别进行了正式反馈并提出了整改建议，有效督促了当地的“双打”工作。

四、加强检察宣传，进一步提高人民群众保护知识产权的意识

一是充分发动群众举报积极性，调动人民群众参与法律监督的热情。在“举报宣传周”期间，陕西省人民检察院将打击侵犯知识产权犯罪作为一项重点内容在宣传周进行宣传，发放宣传册并积极受理群众提供的线索。

二是借助广播电视、报纸、网络、微信平台，利用标语横幅、照片、视频等宣传素材广泛深入宣传，提升社会公众对检察机关依法保护知识产权的认知度。

（最高人民检察院侦查监督厅）

甘肃省

专利工作

一、深入实施知识产权强省建设

制定《甘肃省2017年特色型知识产权强省试点省建设推进计划》《甘肃省2017年知识产权战略实施要点》和《甘肃省2017年专利事业发展战略实施方案》并组织实施。开展城市和县区知识产权试点示范工作，嘉峪关、定西、张掖、庆阳等4个城市成为国家知识产权试点城市，张掖市民乐县获批国家知识产权强县工程示范县，定西市安定区，张掖市山丹县、高台县，白银市靖远县，庆阳市西峰区、宁县，平凉市华亭县7个县区成为国家知识产权强县工程试点县，庆阳市华池县成为国家传统知识知识产权保护试点县。

二、提高知识产权创造能力

2017年，甘肃省专利申请24 448件，同比增长20.6%，授权9672件，同比增长21.3%。有效发明专利达到6045件，同比增长20.4%，每万人口发明专利拥有量2.32件。按月发布《2017年甘肃省专利申请授权统计分析月报》和《甘肃省各市州专利指标情况通报》，对全省有效发明专利的法律状态进行监测。制定《甘肃省首件授权发明专利资助办法》，对81家获得首件授权发明专利的科技型企业给予资助。完成2017年甘肃省专利资助的申报、审核和资金拨付，共拨付资助资金386.79万元。

三、稳步提升知识产权运用能力

启动《甘肃省专利奖励试行办法》修订工作，推荐13项专利参评第十九届中国专利奖，其中4项专利获中国专利优秀奖。推进专利权质押融资，2017年，新增专利权质押融资28笔，质押专利128项，质押金额4.9亿元。推动专利保险工作，制定《甘肃省专利保险资助资金管理办法（试行）》，与中国人民财产保险股份有限公司甘肃省分公司签订《甘肃省专利保险战略合作协议》。开展知识产权运营工作，联合省科技厅、省政府金融办、省工商局、省新闻出版广电局、省工信委等6部门出台《关于加快甘肃省知识产权运营体系建设的意见》，启动知识产权运营体系建设工作。

四、全面改善知识产权保护环境

制定印发了《甘肃省2017年知识产权执法维权“护航”专项行动方案》《甘肃省举报假冒专利行为奖励办法（试行）》《中国（甘肃）知识产权维权援助中心分中心（工作站）管理办法》，在张掖、天水、庆阳、金昌、临夏成立了中国（甘肃）知识产权维权援助中心分中心，在白银、定西、武威和嘉峪关成立了中国（甘肃）知识产权维权援助中心工作站。签署了《丝绸之路经济带九省（区、市）专利协作执法与联合执法工作备忘录》和《西部地区专利协作执法与联合执法工作备忘录》。积极开展电商领域和展会专利执法，签订了《电子商务领域专利执法维权协作调度机制运行协调会议备忘录》，办理电商案件110起，展会案件20起。2017年，全省共处理各类专利案件709起，其中侵权145起，假冒564起，较上年增长46.79%，结案率98.72%。

五、有序培育知识产权优势企业

修订完善《甘肃省知识产权优势企业管理办法》，与省工信委联合印发了《关于全面组织实施中小企业知识产权战略推进工程的意见》，制定了《甘肃省产业知识产权联盟备案办法》，大力推动企业知识产权工作。2017 年，新增 2 家国家知识产权示范企业，23 家国家知识产权优势企业，28 家省级知识产权优势企业。对 2016 年新认定的国家和省级知识产权示范、优势企业落实财政补助资金 990 万元。

六、不断提高知识产权服务水平

建立完善高校、科研院所专利转移转化的统计和报告制度。开展战略性新兴产业骨干企业专利状况统计分析，完善中小企业创新服务体系。完成《2016 年甘肃省专利事业发展报告》的编制印发工作。2017 年，新增 15 位全国专利信息实务人才。1 家服务机构获批国家知识产权分析评议服务示范机构，2 家机构被评为国家知识产权分析评议服务示范创建机构，4 家单位获批全国专利信息服务网点，新增 1 家本地专利代理机构，2 家分支机构。

（甘肃省知识产权局）

商标工作

2017 年，甘肃省工商局深入推进实施商标品牌战略，围绕中心，服务大局，积极借鉴创新，各项工作取得了积极进展。2017 年度，全省商标申请量 24 920 件，同比增长 38.8%；新增有效注册商标 12 835 件，同比增长 69.3%；有效商标累计 53 499 件，同比增长 29.1%，均创历史同期新高。

一、加强商标品牌战略实施顶层筹划

出台了《关于深入实施商标品牌战略的意见》，对全省“十三五”期间商标品牌建设作出了全面规划部署，强化了政策支撑，搭建了较为完善的商标品牌战略发展框架。组织召开了全省商标品牌战略推进（视频）会议，进一步明确了发展目标方向，有效推动了工作开展，全省抓商标品牌、谋经济发展、促转型提升的氛围进一步浓厚。印发了《2017 年全省商标工作要点》，细化了工作目标考核指标，分解压实了任务，基层商标品牌建设路径进一步清晰。组织召开了全省商标工作东、中、西三个片会，交流了经验，分析了形势，部署了工作，了解掌握了各地工作进展情况，推动了商标品牌建设向纵深发展。

二、加大商标品牌战略实施力度

制定下发《关于做好甘肃十个大宗道地药材商标品牌培育保护工作的指导意见》，加快培育优势中药材“陇”字号品牌。起草了《关于加快注册兰州牛肉面地理标志商标的建议函》，推进“兰州牛肉面”百年老店的品牌建设。加强商标品牌指导站建设，下发《关于在全省开展商标品牌指导站建设工作的指导意见》，省内普遍建立了商标品牌指导站，夯实了商标品牌建设基础。积极推进商标注册便利化改革，经工商总局商标局批准，已在兰州、天水、酒泉等八地设立了商标受理窗口。充分发挥商标权质押贷款登记点作用，促成商标权捆绑质押贷款 5 笔，共计 3.14 亿元，解决企业融资难问题。建成了“甘肃商标档案资料室”，商标档案管理进一步科学化、规范化。

三、强化商标行政执法办案力度

出台《关于加强商标印制企业监管管理工作的指导意见》《关于对全省商标专用权保护工作开展专项检查的通知》，开展了商标印刷企业专项整治和商标专用权保护专项督查，加强了源头治理。积极组织全省系统查办涉嫌侵犯“一得阁”“老凤祥”“三环及图”等商标侵权案件，上报了“莫高窟”“兰州牛肉拉面”“静宁苹果”“兰石”等 5 件商标侵权“溯源”行动案件线索。组织查办了“中银”“携程”“美的”“大禹节水”等商标侵权案件，进一步维护了商标企业合法权益和公平有序的市场竞争环境。印发了《关于打击侵犯知识产权和制售假冒伪劣商品专项行动实施计划的通知》《关于进一步做好打击侵犯知识产权和制售假冒商标工作的通知》，严厉打击侵犯注册商标专用

权行为。截至2017年12月，全省系统商标侵权假冒立案641件，案值854.53万元，罚没524.62万元，市场环境、营商环境和消费环境进一步好转。上半年甘肃省打击侵权假冒立案数和罚没数分列西部12省(区、直辖市)第4位、第3位，两项均列西北第2位。

四、深化商标监管机制建设

先后和省打假办、省公安厅、省知识产权局等部门配合开展联合执法行动，有效震慑了商标侵权和制售假冒伪劣商品违法活动。联合省高法、省农牧厅、省知识产权局、省版权局出台了《关于建立健全甘肃省知识产权司法保护与行政执法机关协作配合机制的实施意见》，加强了两法衔接。完善了全省商标发展保护情况(季度)通报制度，对商标发展情况和打击侵权假冒工作依照工作成绩分类排名，通报各市州、县市区政府，有力地促进了工作。

五、加强商标宣传和人才培训

通过省市电视台、报纸、微信、网络等媒体和"甘肃商标网""每日甘肃网"、商标品牌指导站，以及"3·15""4·26""5·10"等时机深入进行了打假维权宣传。举办"全省商标监管业务培训班"，组织基层"走出去"学习借鉴外省先进地区经验，汇编了福建宁德《全国工商系统商标富农工作座谈会经验材料》下发基层学习，进一步提升基层干部理论水平和实践能力。

(国家知识产权局商标局综合处)

版权工作

2017年，甘肃省版权行政管理工作以建立长效机制、巩固党群机关软件正版化为重点，同时兼顾版权行政执法及法律服务，以此带动全省版权行政管理工作的全面进步。

一、软件正版化工作推进

(一)工作成效

2017年，甘肃省以完善软件正版化工作长效制度，落实各地、各部门第一责任人责任为抓手，以全力推进党政机关软件正版化工作常态化管理为目标，通过制度建设规范化、责任落实精细化、源头监管制度化、日常管理责任化、监督检查经常化、考核评议标准化等制度机制建立，基本实现了党政机关软件正版化工作成果的长效巩固。

(二)工作措施

加强指导，推动有力。为了加强工作指导，规范软件正版化工作标准，甘肃省软件正版工作领导小组办公室筹集20余万元，专门组织编辑了包含我国著作权有关法律法规、国家政策、省上规定及国家版权局提供的《软件正版化工作指南》在内的《软件正版化工作指导手册》。

制度到位，保障有力。先后下发了《关于进一步加强全省党政机关正版软件使用管理工作的通知》《甘肃省机关使用正版软件工作考核办法》《甘肃省推进企事业单位使用正版软件工作规划》，完善的制度为全省的软件正版化各项工作开展提供了保障。

督查到位，措施有力。按照属地管理的原则，建立了一级督查一级，省级抽查市县的工作机制。2017年10月，对甘肃省甘南、白银两地软件正版化相关工作进行了抽查。2017年12月，省市县分级以全覆盖形式，集中对党政机关进行了督查考核。

考核问责，落实有力。按照省上确定的"分级负责"原则，建立起了政府将责任落实到各部门、各部门将责任落实到计算机使用人员的政府、部门两级责任追究机制。不断更新完善本省党政机关软件正版化责任人数据库，推进各单位进一步明确软件正版化工作责任部门和责任人，将软件正版化工作成果巩固情况与具体责任人挂钩。

二、开展“剑网 2017”专项行动

公安部门、互联网信息管理部门、通信部门联合下发“剑网 2017”专项行动的通知，制定了专项行动工作方案。各市州按照省上的安排，积极组织开展专项行动，及时与相关部门沟通协作，加强对主要网站的监管，对侵权网站保持持续高压态势。

三、版权法律服务水平稳步提高

（一）提高作品著作权登记的效率

为鼓励作者创作作品，提升全省作品著作权登记数量，甘肃省版权局采取了一系列措施，如进一步加大作品登记意义的宣传力度和宣传针对性；积极为作者提供免费登记；提高登记工作效率，把办理时限由原来的 30 天降为 20 天；对作品档案实施电子化管理；加强对登记作品的使用指导、维权咨询及侵权打击等。2017 年，全省作品登记 195 件。与此同时，注意强化向著作权人、版权产业单位积极提供诸如版权纠纷调解、版权贸易合同审核指导、版权应用咨询等法律服务。

（二）加大对著作权的宣传力度

以“双打”“4·26 世界知识产权宣传周”为平台，在全省安排部署宣传活动。各市州均结合本地实际，积极创新形式，深入宣传版权保护的措施和成效。

（甘肃省版权局）

司法工作

2017 年，甘肃法院深入贯彻落实国家知识产权战略和创新驱动发展战略，充分发挥知识产权司法保护的主导作用，公正高效审理各类知识产权案件，知识产权司法保护工作取得新进展。

一、公正高效司法，知识产权审判工作成效显著

一是充分发挥民事审判职能，加大对知识产权的保护力度。2017 年共新收知识产权民事案件 238 件，同比减少 3%。其中，按审级划分，新收一审案件 191 件，二审案件 47 件；按案件类型划分，专利权纠纷 38 件，著作权纠纷 32 件，商标权纠纷 103 件，植物新品种权纠纷 12 件，技术合同纠纷 22 件，其他知识产权案件 31 件。审判工作呈现出案件审理难度增大，审判质效稳中向好，赔偿力度有所提升的新特点。商标权诉讼日益成为企业争夺品牌和市场份额的重要手段。二是充分发挥刑事审判职能，严厉打击侵犯知识产权犯罪。甘肃法院紧紧围绕推进平安甘肃建设的总体要求和部署，依法严惩侵犯知识产权犯罪行为，保护知识产权权利人的合法权益。2017 年，全省法院共新收侵犯知识产权犯罪一审案件 51 件，审结 53 件，涉案人数 80 人。其中，受理假冒注册商标罪 6 件，审结 4 件，判决 5 人；销售假冒注册商标的商品罪 19 件，审结 20 件，判决 35 人；侵犯著作权罪审结 1 件，判决 1 人；受理非法经营罪 3 件，审结 5 件，判决 8 人。受理侵犯知识产权犯罪二审案件 3 件，其中新收案件 3 件，结案 3 件。涉及品牌广、知名度高，通过网络实施犯罪的案件增多成为全年知识产权刑事案件的突出特点。三是注重重大复杂知识产权案件审判的法律效果和社会效果，切实维护当事人的合法权益。全省各级法院准确理解并贯彻落实最高人民法院知识产权司法保护政策，把推进庭审实质化和改革庭审方式结合起来，集中精力成功审理了一批具有典型性和代表性的案件。四是统筹兼顾，构建科学审判管理体系。甘肃高院制定了《省法院民三庭审判长主办案件裁判文书复核制度》《民三庭关于建立与案件当事人约谈机制的意见》等制度，建立新型办案团队，通过流程监督，注重节点管控，实现均衡结案，切实实现用制度管人管事。构建了多元化技术事实查明体系，形成技术调查与专家辅助、司法鉴定、专家咨询有效衔接的多元化技术事实查明机制。

二、积极发挥职能作用，服务保障大局

一是建立健全常态联动机制。积极与知识产权司法保护相关行政管理、执法部门沟通，共同签署了《关于建立健全甘肃省知识产权司法保护与行政执法机关协作配合机制的实施意见》。“4·26知识产权宣传周”期间，省法院牵头组织并邀请甘肃省知识产权局、甘肃省版权局、甘肃省工商局等相关部门参加了甘肃省知识产权司法保护工作座谈会，积极探索甘肃省如何建立健全诉调对接机制、建立甘肃省知识产权司法保护专家库，促进了法院与行政部门的交流与联系。金昌市中级法院围绕“创新创造改变生活，知识产权竞争未来”的主题，联合市工商局、市商务局、市知识产权局等单位在全市开展主题宣传活动。二是为企业创新保驾护航。针对知识产权案件审理中发现的地方政府和企业、科研机构在知识产权工作中存在问题，及时提出司法建议，督促其健全制度、加强管理、堵塞漏洞、消除隐患。三是全面推进知识产权司法公开。积极探索移动互联网环境下司法公开的新途径，充分运用现代信息技术，全面启用“案件审判流程管理系统”和“甘肃法院系统网络办公平台”两大信息网络技术，实行网络办公自动化、审判流程自动查询、庭审同步录音录像等信息公开管理。所有审理案件自动关联审判流程，告知当事人信息查询序列号并送达《司法公开告知书》，使其随时登录甘肃省法院司法公开网即可查询案件进程。按照裁判文书上网公开的规定要求，严把裁判文书上网关，设立专人负责文书上网工作，对于应当上网的裁判文书实现100％全部上网公布，对于不上网的裁判文书进行一案一批。

三、坚持对下指导，加强知识产权调研工作

一是进行实地调研。调研工作中，甘肃省法院深入基层和矛盾纠纷的最前沿，从不同方面了解甘肃省商标权审判的工作状况、工作环境，审判队伍的工作方式、工作态度，并针对调研中发现的问题，认真分析成因、仔细研究解决办法。二是加强对下指导。甘肃高院全面分析知识产权审判工作存在的新形势和新问题，认真总结审判经验，进一步明确司法政策和方向。适时加强对有关法院办理案件的抽查、督查，认真回复下级法院的请示、报告，结合案件谈问题、反馈意见，共同提高审判业务水平。三是积极推动成果转化。天水市出台了《天水市知名商标认定和保护办法》《天水市扶持企业争创驰名著名知名商标的若干规定》等以保护驰名商标、涉外商标、地理标志商标、著名商标为重点的规定，努力把调研成果转化为推进工作、推进发展的办法和举措。

四、创新宣传方式，营造良好氛围

一是首次举办以知识产权司法保护为内容的大型展览。以甘肃法院知识产权审判庭成立十五周年成果展为主题，以图片、文字、实物等多种方式，向社会各界集中展示了甘肃法院知识产权审判工作的丰硕成果。二是宣传方式多样，活动层出不穷。召开2016年甘肃省知识产权十大典型案例及2016年甘肃省知识产权司法保护现状（白皮书）新闻发布会、以“司法护权 激励创新”为主题的知识产权保护座谈会、邀请知识产权专家做专题讲座，在甘肃农业大学、甘肃省农科院等单位召开了植物新品种司法保护研讨会，增补甘肃省农大、甘肃省农科院4位专家为甘肃省知识产权审判咨询专家库人员，组织送法进校园进企业进科研院所、全省法院集中庭审网络直播、现场庭审观摩等活动。三是宣传力度大，范围涉及广。宣传活动引发了媒体和社会公众对知识产权司法保护工作的极大关注。

五、夯实党建工作基础，加强自身建设，打造过硬队伍

一是强化理论武装，牢固党风廉政建设的思想根基。注重学习先行、思想发动，坚持把学习习近平新时代中国特色社会主义思想作为首要政治任务，引导党员干部牢固树立“四个意识”，增强“四个自信”，在审判工作中明确政治站位，坚定政治方向，自觉把“补钙壮骨”作为人生常态。在已有廉政风险防控制度的基础上，制定了《民三庭廉政风险防控再部署、再落实的意见》，将廉政工作引向深入。二是强化责任落实，夯实全面从严治党的组织基础。甘肃省法院民三庭党支部坚持把“三会一课”作为开展“两学一做”学习教育的基本途径，组织党员按期参加党员大会、党小组会和上党课。三是强化作风修养，增强围绕中心服务大局的坚定性。始终围绕最高人民法院中心工作，服从组织安排，积极参与丝绸之路（敦煌）司法合作国际论坛、精准扶贫驻村工作队等工作。深入贯彻落实十九大对脱贫攻坚作出的新部署新要求，积极开展脱贫攻坚帮扶工作。

（甘肃省高级人民法院知识产权审判庭）

检察工作

一、始终保持打击侵犯知识产权和制售假冒伪劣商品犯罪高压态势

2017 年全省检察机关共批捕涉嫌侵犯知识产权案件 10 件 13 人，审查起诉侵犯知识产权案件 23 件 41 人。在严格依法的前提下从快批捕、起诉，为维护人民群众生产生活秩序、规范市场经济秩序、保护企业自主创新活力和优化投资环境提供有力司法保障。

二、深化重点领域突出问题专项治理

2017 年开展“危害食品药品安全犯罪专项立案监督活动”以来，甘肃省检察机关将打击食品药品领域的侵权假冒犯罪作为工作重点，共监督行政执法机关移送涉嫌犯罪案件线索 42 件 45 人，监督公安机关立案侦查 17 件 17 人。

三、深化对下业务指导，认真办理挂牌督办案件

甘肃省检察机关把挂牌督办案件作为加强对下业务指导的有力抓手，挂牌督办危害食品药品安全犯罪案件 9 件，并加强跟踪管理，落实督办责任。

四、加强协作配合，形成打击合力

甘肃省检察机关积极参加农资打假专项行动，部署开展集中打击侵权假冒联合行动，充分发挥法律监督职能，注重及时与行政执法机关沟通交流。2017 年 9 月，甘肃省人民检察院、甘肃省公安厅、甘肃省食品药品监管局召开联席会议，就如何进一步开展专项工作做出了安排部署。

五、发挥检察职能，加强产权司法保护

2017 年 2 月，为充分发挥检察职能，加强产权司法保护，增强人民群众财产财富安全感，强化各类经济主体创业创新动力，促进全省经济社会持续健康发展，甘肃省人民检察院出台了《甘肃省检察机关充分履行检察职能加强产权司法保护的指导意见》，从九个方面对履行检察职能，加强产权司法保护提出了意见。

六、注重宣传舆论引导，提升司法公信力

甘肃省检察机关将知识产权保护列入法治宣传重点，充分利用消费者权益保护日、世界知识产权日、法治宣传日等时机，通过设点集中宣传、深入基层上门宣传、借力媒体广泛宣传等方式，宣传打击侵权假冒相关法律法规，提高消费者识假辨假能力，为打击侵权假冒营造良好的舆论氛围。

（最高人民检察院侦查监督厅）

青海省

专利工作

2017年青海省知识产权局紧紧围绕年度重点工作目标，有效提升专利创造、运用、保护、管理的服务能力和水平，主要工作成效如下。

一、不断完善政策体系，营造良好的政策环境

一是青海省政府办公厅出台了《青海省知识产权工作推进计划(2017—2020)》。二是由青海省科技厅会同多部委共同发布《青海省重大经济科技活动知识产权分析评议办法》《青海省重大经济科技活动知识产权评议工作操作指南》。三是制定出台了《青海省专利奖评奖办法实施细则》《青海省知识产权优势企业培育工作实施方案》《青海省知识产权试点示范园区管理办法》《青海省知识产权特派员管理规定(试行)》。

二、激发创造活力，促进专利质量和数量稳步提升

一是对2016年度申请和授权的专利进行了资助和奖励，共发放资助奖励金额758万元。二是中国科学院青海盐湖研究所和亚洲硅业(青海)有限公司各有一项专利获得了第十九届中国专利优秀奖。2017年，全省专利申请受理量3581件，同比增长9.04%；每万人有效发明专利拥有量达到2件，同比增长30.2%。

三、促进知识产权的运用，打造青海省专利工作亮点

一是首次开展了青海省科技重大专项知识产权分析评议工作，对《太阳能热发电多元熔盐产业及工程验证》《沙棘资源高值化产品开发及产业化》等8个重大科技专项进行分析评议。二是组织省内外专利信息中心，开展了青海锂产业导航研究。三是积极创新质押融资担保模式，开创了“企业(专利权人)＋银行＋担保”“企业(专利权人)＋银行＋担保＋保险”等质押融资新模式。与青海省农牧业信贷担保有限责任公司签署了《专利权质押贷款担保服务合作协议》。2017年，共促成7笔专利权质押融资，总质押金额达2.05亿元，同比增长150.09%。四是首次对在2017年度内以购买评估、担保机构服务的方式进行专利权质押融资项目的企业给予经费补贴。

四、严格知识产权保护，专利行政执法不断加强

2017年共处理专利侵权纠纷案件6起，作出侵权处理决定6起、行政诉讼案件5起。积极开展知识产权“护航”“雷霆”专项执法行动，开展随机抽查和联合检查12次，涉及商品2万多件，查处了一批假冒专利产品，并对涉事企业发出责令整改的行政查处决定。制定出台了《青海省知识产权局专利行政执法合法性审查制度》《青海省专利行政执法调查取证规则》等11项制度文件，进一步规范了青海省专利行政执法行为。

五、加强知识产权管理，提高知识产权服务能力

一是完成5家企业的贯标认证工作。二是召开了两次服务机构座谈会，宣讲了国家知识产权方面的政策、制度，开展经验交流、学习和观摩。三是经青海省知识产权局组织推荐，经国家知识产权局和教育部批准，西宁市第五中学被确定为第三批

全国中小学知识产权教育试点学校。

六、加大知识产权宣传力度，知识产权保护氛围日益浓厚

全年共举办各类宣传培训班20期，参训人员达1500余人次，制作宣传展板25张，发放宣传资料约1500份(册)。向国家知识产权局和青海省科技厅报送专利信息46条，青海省知识产权局网站公开各类政务信息125条，被国家知识产权局采编信息23条，被新闻媒体报道转载信息30条。

七、加强知识产权人才培养，队伍能力不断提高

一是加强知识产权管理队伍素质培养。2017年共参加国家专题培训10余次，参训人员达60余人次。二是加强知识产权服务人员教育培训。与广东省知识产权局开展工作学习交流，与江苏省专利信息服务中心开展重点项目合作，与专利审查协作天津中心签署合作框架协议，学习先进地区的经验，开拓视野思路。三是加强专利信息利用人才培养。经国家知识产权局审核确定青海省15名同志为第二期全国专利信息实务人才。四是强化专利执法队伍建设。组织西宁市科技局和青海省知识产权局工作人员参加了由国家知识产权局举办的执法能力培训班。参加培训的11名干部均通过考试取得了国家级行政执法上岗证。

（青海省知识产权局）

商标工作

青海省工商局紧紧围绕“四个扎扎实实”重大要求和“四个转变”新思路，以深化商事制度改革为契机，以商标品牌有效运用和依法保护为重点，以提升青海品牌竞争力为目标，创新商标品牌战略实施工作理念和举措，着力构建企业自主、市场主导、政府推动、行业促进和社会参与的实施商标品牌战略工作新格局。

一、举办“2017青海品牌商品西安推介会”，推进商标品牌战略的实施

制定下发《青海省工商局推进商标品牌战略工作方案》，明确以“大美青海特色品牌商品推介会”为抓手，着力把推介会打造成丝绸之路经济带上的响亮品牌，有力推进商标品牌战略实施。一是制定出台了2018年至2028年青海品牌商品推介规划，坚持短、中、长期相结合，国内外统筹安排，选择“一带一路”沿线国家和京津冀、粤港澳、东北、珠三角、川渝等城市群的某一个城市，立足“绿色发展、创新品牌、合作共赢”的基本定位，承办以“大美青海、特色品牌”为主题的推介活动。二是圆满举办“2017青海品牌商品西安推介会”，共组织266家品牌企业参展，是历届推介会参展企业最多的一次。参展企业涵盖全省两市六州36个县(区)和西宁国家级经济技术开发区的特色企业、规模企业及优势企业；参展商品共计26个大类，2800个品种，其中，牛羊肉、酸奶、青稞酒、矿泉水以及冬虫夏草、枸杞等高原特色食品和土特产品的参展企业达198家，占参展企业总数的75%。推介会期间，综合运用展示、销售、交流等方式，使“青海生产”“青海制造”的民族特色、地域特色、生态特色、文化特色、品牌特色进一步凸显。三是推介会期间，成功举办了青海企业对接陕西客商恳谈、参观学习杨凌农科城、青海印象风情展演、青海藏毯文化及产品集中展示、青海湖景区及风情海东旅游资源推介等一系列专场活动。四是组织多家媒体深入企业采访，利用电视、报纸、网络等媒体，多层次、多视角宣传报道全省品牌企业推进品牌建设的新业绩、新亮点。

二、突出重点领域，扎实开展商标品牌培育工作

制定下发《关于印发2017年全省商标

广告工作要点的通知》，从强化商标品牌培育、推介、宣传、运用、保护、基础等六个方面进行了部署。一是紧紧把握低碳、循环、生态、绿色、集聚的发展方向，加快培育一批牧业绿色商标品牌。2017年全省申请注册农畜产品商标3700件，成功注册2300件，同比增长62%和38.5%。截至2017年底，全省拥有农畜产品商标总量达到8000件，占全省有效注册商标总量的35.2%，同比增长27%，全省地理标志证明商标总数达34件。二是对重点商标给予重点支持，积极支持三江源国家公园管理局申报120多件保护性商标，支持海北州打造“中国原子城”品牌，支持原子城纪念馆申报40多件“原子城”保护性商标。2017年，全省申请商标注册量突破10 444件，超额完成年度任务的400%，同比增长49%，这是青海省商标申请注册历史以来最好的成绩。全省成功注册商标4799件，超额完成年度任务的348%，同比增长49%，全省累计注册商标总数达22 981件，同比增长23%。

三、加大打击商标侵权力度，切实保护商标权利人和消费者的合法权益

紧紧围绕青海省高知名度商标、地理标志证明商标重点保护领域，以保护注册商标专用权，打击侵犯知识产权和制售假冒伪劣商品为重点，切实保护商标权利人和消费者的合法权益。2017年，全省工商及市场监管部门以保护驰名商标为重点品牌，以集贸市场、商场、超市为重点区域，以食品、日用品、化妆品品牌侵权，“特供、专供”广告宣传为重点商品，加强了“反欺诈、打侵权、保权益”百日攻坚执法行动，检查各类经营主体14 390户，查获侵犯他人注册商标专用权的白酒等物品2764瓶（袋、件），下架428瓶（袋、件），查处商标侵权案件24起，已结案14起，收缴罚没款8万元。部署开展“清风”行动，2017年共查处商标侵权案件118起，已结案97起，案值268.39万元。

（国家知识产权局商标局综合处）

版权工作

2017年，青海省版权局围绕版权管理和推进软件正版化等工作，把握重点，认真谋划，精心实施，较好地完成了各项工作任务。

一、精心安排，积极开展“双打”各项工作

制定了《2017年全省文化新闻出版（版权）打击侵犯知识产权和制售假冒伪劣商品工作实施方案》，就年度各项工作作出安排部署，并采取有效措施，加大对文化市场的监管力度，有力打击侵权盗版违法行为。

二、开展印刷复制发行专项检查行动

依照工作部署开展了一系列专项整治，有效查处违法违规行为。一是开展了出版物印刷发行市场监管专项行动。二是深入开展了迎接党的十九大印刷发行专项行动。重点检查了印制销售重大选题出版物的情况，特别是涉及政治类、民族宗教类出版物的情况。三是开展了内部资料性出版物专项整治行动。督促承印单位严格执行承印验证制度和印刷质量标准。专项行动期间，共出动文化行政执法人员2387人、共检查各类印刷企业48家、打字复印店230家、出版物发行单位756家，检查取缔流动售书摊（点）28家、对1家出版物印刷企业进行了行政处罚，查缴非法出版物及宣传品2.1万件、侵权盗版出版物1.6万件。

三、积极开展“扫黄打非·秋风2017”专项行动

青海省“扫黄打非”办公室制定印发了《关于开展“扫黄打非·秋风2017”专项行

动的通知》，严厉打击假媒体、假记者站、假记者等“三假”和侵权盗版活动，对出版物印制销售环节和印刷经营秩序进行了集中整治。专项行动期间，检查出版物印刷企业 45 家(次)，查缴非法报纸、期刊 2230 件，侵权盗版出版物 8.3 万件。

四、积极开展打击网络侵权盗版“剑网2017”专项行动

制定下发了《青海省开展打击网络侵权盗版“剑网 2017”专项行动实施方案》，对全省开展“剑网行动”作出了安排和部署，明确要求各市、州紧密围绕工作重点积极组织开展重点作品版权专项整治、APP 领域版权专项整治、电子商务平台版权专项整治，查办网络侵权盗版案件。

五、加大市场监管力度，规范市场经营秩序

截至 2017 年底，全省共出动文化市场综合执法人员 39 131 人(次)，检查文化市场经营单位 21 855 家(次)，查处违规经营单位 365 家(次)，查缴非法出版物及宣传品 2.3 万件，侵权盗版出版物 9.9 万件。

六、全面推进软件正版化工作

制定印发了《青海省 2017 年推进使用正版软件工作实施方案》《关于做好 2017 年推进使用正版软件有关工作的通知》，为进一步巩固扩大省、市(州)、县级政府机关软件正版化工作成果，建立健全政府机关软件正版化长效机制，为全面推进全省软件正版化工作规范化、常态化、制度化和信息化提出了明确要求。先后组织参加国家软件正版化工作培训班 3 期，举办全省政府机关推进软件正版化工作培训班 2 期，参训人员 350 余人(次)。

根据国务院“扎实推进企业软件正版化工作”要求，部署开展了 2017 年省属国有企业、民营企业、市(州)国有企业及省属金融机构软件正版化检查整改工作。截至 2017 年 12 月底，省属 18 家国有企业已有 10 家全面完成软件正版化检查整改，省属金融机构已全部完成软件正版化检查整改工作。

七、加强宣传，提升公众版权意识

持续不断加强版权宣传普及，2017 年 4 月 24 日，省版权局、省“扫黄打非”领导小组办公室联合举行集中宣传咨询活动。现场悬挂横幅 3 条、展出展板 12 块、发放海报等宣传资料 2000 余份，集中展示宣传了青海省开展打击侵犯知识产权和制售假冒伪劣商品专项行动、推进全省政府机关软件正版化、版权保护工作取得的成果。

（青海省版权局）

司法工作

2017 年，青海两级知识产权审判机构紧扣年初确定的知识产权审判司法能力提高、推进“三合一”审判、调查研究知识产权司法保护、贯彻落实司法责任制四项重点开展工作。

一、精审精办知识产权案件

青海法院知识产权案件少，类型也较单一。2017 年共受理知识产权案件 36 件，其中专利纠纷 9 件、商标纠纷 15 件、技术服务纠纷 4 件、技术转让纠纷 2 件、侵犯商业秘密纠纷 2 件，行政案件 4 件。

“精品案”的重要环节是加强裁判文书质量。在裁判文书说理上，注重用通俗易懂的语言对证据取舍作充分阐明。对赔偿数额依据事实情节酌定的，交待认定依据的各个情节，使当事人明了数额认定的参考情节，认真做好判后答疑。

二、探索实践技术调查官、技术法官制度

2017 年 3 月，青海高院针对知识产权案件专业性强、技术事实查明难的特点，积

极探索技术调查官制度，出台《青海省高级人民法院关于技术调查官参与诉讼若干问题的规定(试行)》，推动建立多元化技术事实查明机制。为确保该规定的贯彻实施，出台了《技术调查官职责任务及相关要求》《关于专门知识的人参加司法技术活动的实施细则(试行)》《关于采集司法技术证据材料的工作规则》《关于确认技术性证据材料的规则》四项配套制度。在三起专利侵权纠纷案中，合议庭主动启动技术调查制度，组织专家针对该案中的技术问题进行调查，提出技术审查意见，帮助完成对技术事实的内心确认。

2017 年 3 月，青海高院将一名具备理工知识背景和法律知识背景的法官调入，在知识产权领域广泛尝试技术法官制度。

三、积极推进知识产权“三合一”审判

根据 2016 年全国法院知识产权审判工作座谈会暨全国法院知识产权审判“三合一”推进会精神和《最高人民法院关于在全国法院推进知识产权民事、行政和刑事案件审判“三合一”工作的意见》，结合青海知识产权司法实际，于 2017 年初制定了《知识产权案件集中管辖和“三审合一”工作方案》(以下简称《方案》)。《方案》已经报批最高人民法院。

青海省高级法院和西宁中院以民事审判第三庭为基础组建了知识产权审判庭，专司知识产权案件的审理。对知识产权民事、行政和刑事案件实行“三审合一”，体现知识产权案件审判的专业性、统一司法裁判标准。在知识产权行政案件上，已有突破，在行政庭法官参与下审结 4 件撤销具体行政行为行政案件。

为做好全面推行“三审合一”的基础性工作，对近五年来青海涉知识产权刑事、行政案件情况进行了摸底，并与有关法院和政府职能部门进行了深入座谈。起草了《关于加强知识产权审判改革的实施意见(征求意见稿)》。

四、努力提升知识产权司法能力

着眼规范化。一是强化指导。制定印发了《青海省高级人民法院关于全省法院知识产权案件审判工作指导意见》。二是创新机制。制定了《青海省高级人民法院知识产权审判庭关于庭前会议的参考性规则》，制作《提交先例裁判告知书》《交换证据告知书》等文书。三是建立知识产权案件裁判规则、法律观点库。整理了 300 余条裁判规则。结合青海案件特点，汇编了《知识产权典型案例精选》《知识产权实务观点》等资料。四是统一裁判尺度。推进鼓励当事人庭前提交先例裁判、裁判规则、法律观点制度。五是发挥类案示范效应。

多措并举。正视队伍素质与工作要求有差距的实情。加强同各级法院及政府职能部门的工作交流，建立沟通联络工作机制，借助信息公开平台，加强信息交流和信息分享。组织全体干警同知识产权局等行政主管部门进行业务座谈与交流，扩大个人业务、促进能力素质提升。依托法信、中国法律数字图书馆等网络平台积极开展业务学习，经常组织进行岗位练兵、疑难案件分析研讨等活动。对近五年来青海省涉著作权案件情况以及案由特征、侵权赔偿数额进行了梳理，对涉网络、涉域名案件的审判难点进行了归纳。

(青海省高级人民法院知识产权审判庭)

检察工作

2017 年，青海省检察机关在高检院和省打击侵犯知识产权和制售假冒伪劣商品领导小组的正确领导下，根据院党组的要求，认真履行法律监督职责，严格公正执法，依法规范办案，推进“两法”衔接机制建设，以规范市场秩序和维护公平正义为出发点，以保障和改善民生为落脚点，圆满完成了检察环节打击侵犯知识产权和制售假

冒伪劣商品的各项工作。

一、依法履行审查逮捕、起诉职能，严厉打击侵犯知识产权和制售假冒伪劣商品犯罪

2017 年，青海省检察机关紧紧围绕全省工作大局，依法规范履行检察职能，严厉打击各类侵犯知识产权和制售假冒伪劣商品犯罪。全年共批准逮捕侵犯知识产权类案件 16 人，经审查，依法提起公诉 15 人。通过上述案件的办理，极大震慑了侵犯知识产权犯罪分子，为保护知识产权发挥了积极的作用。

二、依法履行法律监督职能，加大对侵犯知识产权和制售假冒伪劣商品犯罪的监督力度

2017 年，根据最高人民检察院和省“双打办”的统一部署要求，青海省人民检察院高度重视，全面开展全省检察机关打击侵犯知识产权和制售假冒伪劣商品犯罪相关工作。

青海省各级人民检察院按照专项活动实施方案要求，深入开展第三次“危害食品药品安全犯罪专项立案监督活动”，结合实际，加强协作配合，突出监督重点，强化办案力度，提升监督质量。同时，将专项立案监督活动纳入年终考评中，由青海省人民检察院侦查监督部门结合各市、州人民检察院开展专项立案监督活动的情况，对各市、州人民检察院进行评分。在全省各级检察机关的努力下，专项活动成效明显，加大了知识产权司法保护力度，依法惩治假冒注册商标、侵犯商业秘密等犯罪，依法保护企业创新权益。

三、持续推进“两法衔接”工作机制建设，强化司法保护力度

依据《刑事诉讼法》和“两法衔接”的相关规定，青海省检察机关加大与行政执法机关的协作力度，持续推动行政执法与刑事司法衔接机制建设，严格规范公正文明执法，强化对行政权力的制约和监督。2017 年，青海省人民检察院与相关行政执法机关积极沟通，先后与青海省食品药品监督管理局等五家单位联合下发《关于印发青海省食品药品行政执法与刑事司法衔接工作办法实施细则的通知》，与青海省工商行政管理局、青海省公安厅联合制定《青海省工商行政管理行政执法与刑事司法衔接工作规范》。这些机制的建立，有力地促进了“两法衔接”深入推进，为纠正有案不移、有案难移、以罚代刑现象，疏通案源渠道提供了制度保障，有效推进了对行政权力的制约和监督工作。

（最高人民检察院侦查监督厅）

宁夏回族自治区

专利工作

2017 年，宁夏回族自治区知识产权工作紧紧围绕党的十九大精神、知识产权强国建设等重大决策部署，结合宁夏区情，深入推进知识产权战略实施，知识产权政策体系更加完善，全区专利数量和质量进一步提升，知识产权强企进展顺利，专利运用突显成效，专利信息利用水平不断提高，专利行政执法更为严格，宣传和培训工作效果显著，专利代办服务范围不断拓展。

一、自治区知识产权战略实施

制定出台了《宁夏回族自治区贯彻落实〈国务院关于新形势下加快知识产权强国建设的若干意见〉的实施方案》《宁夏知

识产权保护和运用"十三五"规划》，进一步充实完善了宁夏知识产权政策体系，重点突出了知识产权创造、保护、运用，对宁夏"十三五"期间知识产权事业发展进行了具体谋划和部署，对未来全区知识产权工作具有重要指导意义。

二、知识产权创造工作

培育高价值专利，引导宁夏专利创造实现从数量到质量的转变。出台《宁夏回族自治区知识产权补助资金管理暂行办法》，对发明专利授权、PCT 申请补助资金 572.5 万元。鼓励发明专利申请人提交优先审查申请。神华宁煤"一种旋流干煤粉气化炉"荣获第十九届中国发明专利金奖，4 家企业的 4 项发明专利获得优秀奖。

2017 年，宁夏专利申请量 8754 件，授权专利 4243 件；其中发明专利申请 2561 件，授权发明专利 657 件，有效发明专利 2215 件，每万人口有效发明专利拥有量达到 3.30 件。

三、知识产权强企工作

银川市经济技术开发区、吴忠市金积工业园区入选国家知识产权试点园区。获批 1 家国家级知识产权示范企业、7 家国家级知识产权优势企业。对 21 家国家知识产权优势企业、部分自治区知识产权试点企业补助资金 352.5 万元。组织 20 家企业开展贯标工作，选定 5 家贯标咨询辅导机构开展企业咨询辅导工作。

四、知识产权保护工作

强化各市知识产权局的行政执法职责，专利行政执法办案数量实现增长。进行"中国(宁夏)知识产权保护中心"申请成立前期调研。促使银川市知识产权局在市级综合行政执法改革中继续保留专利行政执法权。开展知识产权执法维权"护航""雷霆"专项行动，重点开展对食品药品、环境保护、安全生产、高新技术等重点领域的专利执法活动。全年办理专利侵权纠纷案件 49 件，假冒专利案件 15 件。加强互联网领域侵权假冒治理，开展电子商务领域专利执法维权"闪电"专项行动，与中国电子商务领域专利执法维权协作调度(浙江)中心合作，办理电商侵权投诉案件 170 件。进驻展会开展知识产权维权服务 3 次，现场受理知识产权举报投诉，现场解答知识产权咨询 60 余人次，发放宣传资料 500 余份。完成知识产权诚信管理系统的硬件设施安装等工作。

五、知识产权运用工作

2017 年，宁夏知识产权运用实现新突破，神华宁煤 400 万吨/年煤炭间接液化项目中的核心技术神宁炉，已在世界单体规模最大的煤制油项目示范运行 28 台，与美国、印度等国的外国企业和国内企业签订技术许可协议 23 台，累计产生经济效益 3.9 亿元，是宁夏具有自主知识产权专利技术实施运用的典型。开展专利技术成果转化及推广应用项目征集工作，面向全区企业、高校、科研院所征集了 117 家 145 个专利技术项目，项目数量同比增长 269%，经专家评审，对 10 个项目进行资助共计 100 万元。制定《自治区专利运营试点企业培育方案》，培育 3 家专利运营试点企业。扩展质押融资新模式，推进担保机构与专利项目对接，部分中小企业获得担保机构贷款，2017 年，宁夏知识产权质押融资额达到 2.34 亿元，其中担保机构贷款 0.24 亿元。

六、知识产权信息利用工作

首次在发改委高新技术领域重大项目评审中引入知识产权评议，对 6 个重点项目进行专利信息分析并形成评议报告。专利信息帮扶项目深入展开，为共享集团开展铸造领域 3D 打印技术专利信息分析。新一代专利检索和分析系统及海量专利信息资源被列入自治区科研条件建设项目，进一步为宁夏各类主体提供专利信息检索服务。

七、知识产权服务工作

委托2家区内知识产权服务机构作为贯标咨询辅导机构，为贯标推广企业开展辅导服务。引进一家外省区专利代理服务机构在宁夏设立分支机构。设立专利信息分析项目，支持银川长征专利代理事务所、合天律师事务所等4家机构与启元药业、奔牛集团、泰瑞制药、天纵泓光等多家企业签订了专利文献信息分析课题合作研究协议，形成6个专利信息分析课题报告初稿。

八、知识产权人才培养和宣传工作

全年举办培训班7期。银川唐徕回民中学入选全国第三批中小学知识产权教育试点学校。出台《全区中小学知识产权教育试点工作方案》，培育自治区中小学知识产权教育示范学校5家、试点学校10家。全区专利专员企业243家，人数增至346人。选派十余人次参加全国专利行政执法上岗培训。基本建成自治区知识产权人才库。创新宣传形式，举办“小小发明为生活添彩”青少年未来信活动。开通宁夏知识产权微信公众号，宣传周期间精准推送20万次。

九、专利代办工作

全年专利受理2961件，收费11 960笔、共计612万元。远程票据递送409笔，共计12万元。专利实施许可合同备案3件，出具专利登记簿副本55件，专利费用减缴备案2005件。提升代办处对外服务的水平和能力，完成专利缴费信息网上补充及管理操作系统，升级开通专利收费远程票据打印系统，完成了专利网上缴费远程票据递送系统升级更新。拓展银川代办处业务范围，开辟专利权质押登记宣传和办理登记服务，办理6件专利权质押登记。全年业务质量实现零差错。

（宁夏回族自治区知识产权局）

商标工作

2017年，宁夏回族自治区工商局紧紧围绕贯彻落实“放管服”改革要求，认真履行商标监管服务职能，积极实施商标品牌战略，逐步形成从引导创牌到指导用牌，从帮助护牌到自主强牌的商标品牌创新之路。

一、着力“放”，注册便利化引导创牌增大总量

2017年3月1日，国家知识产权局商标局宁夏受理窗口在自治区行政服务中心正式运营；9月，吴忠商标受理窗口正式批准设立。商标受理窗口的开通，使宁夏当地商标咨询更直接、商标注册更便捷，大大激发了企业申请注册商标的热情。截至2017年底，宁夏商标受理窗口已接受各类商标注册咨询1867人次，已受理商标注册申请730件。

截至2017年底，宁夏拥有有效注册商标32 319件，同比增长27%；2017年商标注册申请13 368件，核准注册7150件，同比分别增长41.6%、20.5%；地理标志证明商标22件，比2016年增加2件。

二、强化“管”，事中事后监管护牌重心转移

宁夏回族自治区工商局进一步加大商标行政执法力度，以开展专项行动为重点，对宁夏本土地理标志、驰名商标开展保护注册商标专用权行动；以城乡结合部为重点区域，在重大时间节点开展打击侵权假冒专项整治行动，有力净化了市场环境。截至2017年底，全区工商、市场监管部门共立案查处侵犯商标权案件121件，案值75.86万元，罚没金额82.2万元，移送司法机关1件，案值14.7万元；查处假冒伪劣商品案件259件，已办结259件，案值139.59万元，罚没金额162.48元，移送司

法机关1件，案值9万元，捣毁窝点1个。

一是开展“中宁枸杞”“盐池滩羊”等注册商标专用权保护行动，分别对27家违法使用“中宁枸杞”证明商标的经营户依法进行了处理。共查扣各类包装物近2万余个、暂扣枸杞600余公斤；对39户未经许可擅自悬挂“盐池滩羊”门头牌匾的商户进行限期整改，责令变更字号名称的17家，现场拆除侵权“盐池滩羊”门头牌匾18个，取缔店堂广告43条，没收侵权包装62个。二是在节日期间对城乡结合部等重点区域开展打击侵权假冒专项整治行动，通过重点抽查、突击检查等手段，严厉查处侵犯商标专用权，掺杂使假、以次充好、过期销售等违法行为。三是加强部门协作与区域协同治理，与河南、山东、湖北、重庆、西藏、陕西、甘肃、青海、新疆等10省(区、市)联合开展“丝路清风”跨区域打击侵权假冒专项行动。在日常执法过程中主动与相关部门联合，建立完善跨区域、跨部门协作机制，形成共同打击侵权假冒行为的良好态势。四是建设宁夏商标查询统计系统，方便查询宁夏有效注册商标数据库，提高商标数据的使用效能。

三、优化“服”，指导企业用品牌走向强牌之路

宁夏回族自治区工商局深入实施商标品牌战略，优化服务水平，加强对企业的指导，进一步提高商标品牌的运用水平。一是深化地理标志证明商标保护运用，助推精准扶贫。制定下发《加快宁夏枸杞质量监管品牌保护及市场规范的指导意见》《“盐池滩羊”地理标志证明商标使用管理办法》《宁夏贺兰山东麓葡萄酒产区保护条例》《贺兰山东麓葡萄酒地理标志证明商标管理办法》等文件，指导地理标志证明商标使用、管理、保护。二是加强对商标注册人和使用人的指导。2017年，深入吴忠、盐池、青铜峡、平罗等地以及到贺兰山东麓葡萄酒庄，对涉农企业、地理标志商标注册人和使用人现场讲授指导商标使用、管理、保护、维权知识，规范其使用商标的自觉性和创品牌的积极性。三是实施特色产业品牌工程。配合自治区其他职能部门制定相关发展规划，打造优质粮食、现代畜牧、酿酒葡萄、枸杞、瓜菜等区域特色品牌。四是拓展商标权资金转化服务，帮助商标企业利用商标专用权质押取得贷款，解决企业融资困难。五是加强宣传，树立商标品牌意识。以“3·15”“4·26”等宣传节点为契机，运用报纸、广播、电视、网络、宣传栏等多种媒介，有计划有针对性地开展宣传活动，增强社会公众对商标品牌的认知度。

(国家知识产权局商标局综合处)

版权工作

2017年，宁夏回族自治区软件正版化工作以党政机关、国有企事业为主体，以国产软件应用试点为重点，加强组织领导，着力统筹协调，健全工作机制，明确工作责任，创新督查方式，强化培训宣传，严格考核评议，宁夏软件正版化工作取得了新进展、新突破、新成效。

一、建立长效机制，落实软件正版化工作责任制

2017年，宁夏回族自治区研究并印发了《2017年软件正版化工作实施方案》和《关于调整自治区推进使用软件正版化联席会议成员及成员单位职责的通知》，明确了工作任务，落实了职责分工，各级政府将软件正版化工作纳入重要议事日程，列入年度工作责任目标绩效考核，形成了常态运行机制。下发了《关于对2017年度全区党政机关使用正版软件工作考核的通知》文件，对区直机关，各市、县(区)使用正版软件工作进行了考核。完善了自治区级和市、县级各单位软件正版化工作责任人数据库。

二、落实考核机制，巩固软件正版化工作成果

根据年度工作安排，2017 年 10 月至 11 月，自治区推进使用正版软件工作联席会议办公室从联席会议成员单位抽调相关专业技术人员分成两个考核组，对自治区 70 家省级党政机关，5 个市、20 个县（区）的 305 家党政机关软件正版化工作进行了全面考核。考核结束后，联席会议办公室全面汇总区直机关，各市、县（区）党政机关软件正版化考核的总体情况，形成考核报告，上报自治区人民政府，并于 2017 年 12 月底，对 2017 年度全区党政机关使用正版软件工作考核情况进行了通报。

三、形成整体合力，圆满完成国家督查任务

2017 年 8 月下旬，国家软件正版化工作督查组对自治区 40 家省级政府机关软件正版化工作进行了全覆盖督查，检查了 3643 台计算机软件安装情况，占全部省级政府机关计算机总数的 78.70%。省级政府机关办公软件和操作系统软件的正版率分别达到 98.98%和 99.15%，其中，26 家单位使用软件正版率达 100%，国产办公软件使用率为 74.53%，受到了督查组的表扬。

四、创新工作机制，加大国产软件应用试点力度

宁夏盐池县的工作机制的创新之处在于建立了机关单位软件正版化工作“一责、一账、一表、五制度”。即主要负责人为本单位软件正版化工作的第一责任人；软件资产要入财务账；要有详细的软件使用登记表；正版软件管理涉及的责任制度、日常管理、软件配置、软件台账、安装维护等 5 项软件使用管理制度和台账。与机关单位工作人员签订了使用正版软件承诺书，填写了软件正版化工作领导小组信息统计表、软件使用情况明细表及汇总表等情况的台账，建立了国产版软件管理工作的长效机制，进一步巩固了试点工作成效。截至 2017 年 7 月底，盐池县纳入试点的 68 个单位、8 个乡镇文化站、103 个村级综合文化服务中心和 4 个社区的 2507 台计算机中，安装国产系统软件 1506 台，占比 60.07%，为全国 3 个成效最好的试点县，受到了推进使用正版软件工作部际联席会议办公室的高度评价和充分肯定。

五、加强协调配合，扎实推进企事业软件正版化

2017 年，自治区新闻出版广电局（版权局）和自治区国资委制订了国有企业推进使用正版软件工作计划，有计划、有步骤地在区属国有大型企业推进软件正版化工作。一是组织新闻出版广电行业 3 家企业进行软件正版化工作培训，明确工作要求，进一步推进新闻出版广电行业企业软件正版化长效机制建设。二是开展企业软件正版化工作检查，自治区版权局与自治区国资委联合印发了《关于推进全区民营企业使用正版软件工作的通知》，组织开展国有企业软件正版化工作检查，抽调有关专业人员组成检查组，对区属 7 家国有企业软件正版化情况和长效机制建设情况进行了检查。银川市举办了国有企业软件正版化工作培训班，13 家企业采购正版软件 546 套，采购经费 103 万元。三是积极推动行业企业软件正版化。自治区版权局与卫生和计生委联合下发了《关于做好推进医疗机构使用正版软件工作的通知》，按照“整体规划、先易后难、分步推进”的原则进行推进，力争在 2020 年前完成区属、市属和县级医院软件正版化工作。

六、健全检查机制，加大督促检查力度

2017 年，根据《自治区人民政府办公厅关于印发宁夏回族自治区政府机关使用正版软件管理办法的通知》和《宁夏回族自治区人民政府专题会议纪要》精神，全年共组织抽查自治区区直机关 70 家，抽查银川

市、石嘴山市、吴忠市、固原市、中卫市及所辖县(区)党政机关198家和国有企业20家,随机抽查计算机2410台。截至12月底,全区党政机关、法检两院和人民团体基本完成了使用正版软件工作,市、县(区)正在按自治区人民政府的要求加快推进。

七、强化宣传培训,营造使用正版软件良好氛围

2017年,宁夏共举办党政机关软件正版化工作培训班16次,参培单位860个,参训人员1580人次;组织企事业单位软件正版化培训2次,参培单位105家。在"4·26世界知识产权宣传周"活动期间,利用电视、报刊等传统媒体和网站、微信等新媒体,播放推送普及使用正版软件的有关知识,开展了形式多样、内容丰富的系列宣传活动。宁夏新闻出版广电局(版权局)借助微信网络平台,建立软件正版化工作交流平台,及时解答软件正版化工作中出现的各类问题,加强信息沟通反馈。

(宁夏回族自治区版权局)

司法工作

2017年,宁夏法院知识产权审判工作有了长足发展和进步。全区法院审理的知识产权案件,当事人无一上访,服判息诉率100%。

一、狠抓执法办案第一要务,充分发挥知识产权审判职能

积极发挥知识产权民事审判在知识产权司法保护中的主渠道作用。2017年,全区法院共受理一审知识产权民事案件154件,结案130件。其中,受理知识产权合同纠纷案件83件,结案74件;受理知识产权权属、侵权纠纷案件71件,结案56件。共受理二审知识产权民事案件28件,共审结26件(调撤23件)。其中受理知识产权合同纠纷案件16件,审结15件(调撤13件);知识产权权属、侵权纠纷案件12件,审结11件(调撤10件)。

加强审判管理,强化业务知识,坚持推进精品战略。小米科技有限责任公司诉宁夏华润万家生活超市有限公司等侵害商标权纠纷一案被评为2016年全国知识产权审判50大典型案例之一。

坚持调解优先,调判结合,妥善化解影响重大的知识产权纠纷。在审判实践中,始终坚持根据个案特点合理设计调解方案,努力追求社会稳定和谐、当事人双方共赢的最佳结局。

深化司法公开,提升司法公信力,积极接受社会各界监督。一是全面落实公开审判原则;二是对一些社会普遍关注的案件,主动邀请人员参加庭审旁听,接受社会各界监督;三是高度重视知识产权裁判文书上网工作。

二、积极延伸审判职能,坚持能动司法,服务经济社会发展

宁夏法院结合知识产权审判工作实际,找准服务经济社会发展大局的切入点,深入贯彻实施国家知识产权战略,为经济社会又好又快发展提供强有力的司法保障。

加强沟通协调,探索诉调对接,积极构建多元化调解机制。注重服务地方特色产业发展,积极帮助企业解决知识产权难题。加强知识产权司法保护宣传工作,建立良好社会氛围。加强对宁夏回族自治区遗传资源、传统知识、传统工艺、民间文艺、回族医药等非物质文化遗产的保护。

三、拓宽审判监督指导途径,提高案件质量,促进裁判尺度的统一

召开知识产权审判工作会议。始终高度重视典型案例在知识产权审判中的示范指引作用,认真做好案例指导工作。深入调查研究,加强指导,整体提升全区法院的案件审判质量。发挥内网优势,加强监督指导。

四、不断加强队伍建设，筑牢审判基础

加强知识产权法官的思想政治、司法作风与司法廉政建设，进一步促进司法公正。一是始终重视加强知识产权法官的思想政治建设；二是始终重视加强知识产权法官的司法作风建设；三是始终重视加强知识产权法官的司法廉政建设。

加强知识产权法官的业务学习，努力提高知识产权司法保护的能力和水平。一是积极选派审判人员参加最高人民法院举办的各类培训班，提高知识产权审判的理论水平；二是积极建设法院局域网的审判指导板块，收集全国知识产权审判方面的调研报告、审判经验介绍和国家知识产权行政管理资讯等信息，及时传达给审判人员，供大家学习、交流、借鉴；三是经常性地组织知识产权审判人员参加重点案件庭审观摩活动，促进全区知识产权审判工作共同发展。

（宁夏回族自治区高级人民法院知识产权审判庭）

检察工作

一、高度重视，加强组织领导

宁夏回族自治区人民检察院高度重视打击侵犯知识产权和制售假冒伪劣商品工作，认真贯彻落实有关文件要求，2017 年初制订下发了工作计划，要求各市、县（区）院在进一步加大打击力度的同时更加注重健全该领域的“两法衔接”工作机制，特别是重点做好监督移送涉嫌侵权假冒犯罪案件有关数据的统计上报和三级（县级）信息共享平台的应用工作。各地高度重视，迅速行动，积极协调当地打击侵权假冒工作领导小组办公室研究制定 2017 年度工作方案，并结合工作实际主动商请有关部门推进三级（县级）信息共享平台应用效果。

二、突出重点，严厉打击侵权假冒犯罪

一是认真贯彻落实最高检《关于充分履行检察职能加强产权司法保护的意见》，研究制定了《宁夏检察机关开展加强产权司法保护进一步加大办案力度活动的实施方案》，并甄选出 2 起涉及知识产权的案件线索进行挂牌督办，积极推进宁夏回族自治区检察机关开展产权司法保护工作。二是高度重视涉外企业知识产权司法保护工作，为完善外商投资企业知识产权保护，营造公平竞争的市场环境和良好的投资环境印发《全区检察机关 2017 年外商投资企业知识产权保护行动方案》。2017 年宁夏全区各级检察机关依法批准逮捕侵犯知识产权类案件 7 件 10 人。

三、转变工作思路、创新工作方法，依托宁夏检察工作标志性“品牌”，促进“双打”工作纵深发展

一是依托“两法衔接”工作平台，拓展涉嫌侵权假冒案件线索来源，有力打击侵权假冒犯罪行为。2017 年宁夏“两法”“检察官监督办公室”工作做法被写入最高人民检察院工作报告。目前，宁夏全区各级检察机关已与 588 家行政执法单位签订了工作机制协议，实现对接 365 家。录入“两法衔接”信息平台案件数量共计 3 万余件。二是宁夏依托全区 25 个县级以上检察官监督办公室、1 个地级市检察官监督办公室开展对涉嫌侵权假冒案件的立案及侦查活动监督。派驻的检察官可查阅公安机关执法办案系统中包括受案登记、审批文书、电子卷宗在内的全部行政、刑事案件的信息，实现了对公安机关侦查活动及所办案件的动态、实时监督。

四、开展全面督查检查，深入推进全区侦查监督工作再上新台阶

2017 年 5 月，由自治区检察院侦查监督处处长带队，对全区侦查监督工作开展了为期 20 天的全面督查检查。督查检查采取深入 5 市院、22 个县（区）院面对面座谈交流、听取汇报、实地检查、登录“两法衔接”“检察官监督办公室”操作平台查看等方式，对侦查监督三项工作、破坏环境资源和危害食品药品安全"两个专项"立案监督活动、"两法衔接"、驻县级公安机关检察官监督办公室等工作进行了全面督促检查，同时对捕后不诉案件和防范邪教案件进行了评查，有针对性地就下一步做好侦查监督全面工作作了安排部署，提出了明确要求和加强改进工作的意见建议。

五、加强宣传，营造良好氛围，提高全社会保护意识

深度挖掘宣传素材，通过专题报告会、制作"两法衔接"专题宣传片，广电、互联网、微博、微信、客户端等媒体多角度报道和宣传，增强全社会侵权维权意识。指导基层人民检察院充分利用主题宣传日活动，在本地区设立分会场，组织各相关单位积极参加，通过摆放展板，发放宣传材料，悬挂横幅标语，开展咨询服务，大力宣传知识产权，与自治区及各市新闻媒体以及有关部门合作，集中力量、创新方式、广泛开展保护知识产权宣传教育活动。

（最高人民检察院侦查监督厅）

新疆维吾尔自治区

专利工作

2017 年，新疆维吾尔自治区以知识产权强区建设为目标，以增强自主创新能力为核心，着力加强知识产权保护和运用，开创了知识产权事业发展的新局面。

一、知识产权工作顶层设计不断完善

组织编制并以自治区人民政府办公厅名义印发《关于落实〈国务院关于新形势下加快知识产权强国建设若干意见〉的实施意见》。自治区知识产权局印发《自治区知识产权（专利）"十三五"规划》《2017 年新疆知识产权战略实施推进计划》和《落实国家知识产权局〈关于严格专利保护的若干意见〉相关措施意见》；与自治区财政厅共同出台《自治区中小微企业专利权质押贷款风险补偿金管理办法（暂行）》和《自治区中小微企业专利权质押贷款贴息办法（试行）》。部分地州市印发知识产权政策文件，形成纵横联动的知识产权工作新格局。

二、知识产权创造能力实现量质齐升

将"万人发明专利拥有量增速"作为全区 14 个地州市的年度绩效考核指标，将发明专利授权指标列入专利申请任务指标体系中作为参考数据，逐步提高专利申请质量。2017 年，新疆维吾尔自治区专利申请受理量 14 260 件，同比增长 1.10%；专利授权量 8094 件，同比增长 13.74%，其中发明专利授权量 950 件，同比增长 4.40%，工矿企业专利授权量 4063 件，占专利授权总量的 50.20%。全区共有 8 项专利荣获第十九届中国专利奖，其中金奖 1 项，实现新疆维吾尔自治区该奖项零的突破。

三、知识产权大保护格局逐步显现

加大联合执法力度，全区知识产权局系统会同相关部门开展以食品、药品等领域为重点的打击专利侵权和假冒行为的执法行动。2017 年，全区共受理专利案件 842 件，结案 840 件，出动执法人员 1073 人次，检查商业场所 816 次，检查商品 182 110 余件。完善专利执法工作机制，与昌吉州共同编报中国（昌吉州·先进装备制造业）知识产权保护中心建设方案；受国家知识产权局委托，举办丝绸之路经济带 9 省（区、市）联合执法与协作执法工作研讨会，签订《丝绸之路经济带九省（区、市）专利协作执法与联合执法工作备忘录》。提高专利执法能力，组建自治区专利行政执法骨干人才库；举办电子商务领域专利执法维权培训班和北疆五地州市执法培训班。

四、知识产权运用能力日益提升

与自治区融资担保有限责任公司、建行新疆分行共同签署《支持小微企业发展合作框架协议》；通过政府引导、金融参与、市场运作的形式搭建融资平台，让发明创造成果与资本实现对接，帮助小微企业破解融资难题，2017 年全区专利质押融资金额达到 2600 万元。组织实施"自治区专利实施计划项目"56 项，共拨付项目实施资金 1800 万元，据对 2017 年验收的专利实施项目统计，共取得产值 35 687 万元，利润 2911 万元，新增专利 72 件，培训人员 1670 人次，解决就业 360 人。新确定国家知识产权示范企业 1 家，国家知识产权优势企业 18 家。成立自治区首家园区知识产权服务工作站，启动自治区知识产权综合服务平台建设。

五、知识产权援疆合作取得实质性进展

继续推进全国知识产权系统对口援疆工作，多地援疆合作取得实质性进展。江苏和伊犁哈萨克自治州签订了知识产权对口支援合作协议，并提出了对口支援工作推进计划，首次搭建了"苏—伊"知识产权培训基地合作交流平台；和田地区不断扩大与"援和"省市的合作交流，实现优势资源互补，安徽省芜湖市知识产权局围绕引进适合和田特色产品加工的专利技术需求开展了调研商洽，并就和田地毯、玫瑰花系列产品的加工技术提出了知识产权创造、管理方面的咨询建议；喀什地区同广东省知识产权局确定了推进企业知识产权工作、开展执法工作交流协作、培育知识产权试点学校等 5 项知识产权对口援助合作项目；博尔塔拉蒙古自治州加强与湖北省知识产权局的对接合作，促成荆门市知识产权局与精河县人民政府签署对口支援合作协议。全年落实援疆经费 685.5 万元，实施援疆项目 17 项，培训人员 390 人次。

（新疆维吾尔自治区知识产权局）

商标工作

2017 年，新疆维吾尔自治区商标工作依托新疆丝绸之路经济带建设发展契机，按照年初制定的目标责任要求，积极推进商标品牌战略实施，持续加大商标行政执法保护力度，充分发挥商标品牌引领的服务作用。

一、积极实施商标战略

通过大力实施商标品牌战略，全区企业商标品牌意识逐渐增强。2017 年，全区申请注册商标 40 560 件，核准注册商标 25 426 件，累计有效注册商标总量 124 871 件。

为发挥商标品牌战略对经济社会发展的助推拉动作用，组织起草《关于深入实施商标品牌战略 推进新疆品牌建设的意见》，发布《2016 年度新疆商标发展报告》，为政府调控市场、企业诚信经营、消费者明白消费提供支持和帮助。为全区及丝绸之路经济带沿线国家市场主体办理商标申请提供便利，经国家工商总局商标局批准，在伊犁霍尔果斯口岸设立了全疆首个商标注册受理便利化窗口。

"走出去"与"请进来"相结合。组织库尔勒香梨、和田玉枣两个地理标志参加 2017 世界地理标志大会，向中外代表展示全区名优特色产品。组织全区 21 家高知名度品牌企业参加"2017 年中国国际商标品牌节"，展示了新疆特色品牌文化，提升了品牌竞争力。举办"深耕品牌经济 助力一带一路"研讨会，邀请国内外多名品牌战略专家、学者及知名企业负责人共同探讨新疆实施品牌战略，促进经济转型的办法和路径，为新疆品牌经济腾飞建言献策。

二、加强商标专用权保护

为有效遏制侵权假冒行为蔓延，自治区工商局重拳出击，与自治区高级人民法院共同签署发布《关于加强合作共建打击商标侵权行为协调机制的备忘录》，加强与司法部门的信息共享，推进商标知识产权行政保护与司法保护有效衔接，形成执法合力。在全区范围内组织了打击侵犯“特变电工”“笑厨”商标专用权保护行动，共办结案件55件，没收侵权电缆1437卷。办理国家工商总局、自治区打假办批转的“AUCMA澳柯玛”“湘鹅庄”“老凤祥”等商标侵权案件14起。同时，依托“3·15”“4·26”“12·4”等时间节点，积极开展商标法律法规宣传，借助各类媒体宣传“双打”成果。截至2017年11月30日，全疆工商系统围绕“打假”共立案880件，结案746件，案值2082.04万元，捣毁窝点4个，移送司法机关6件。

为杜绝宗教极端思想通过商标途径宣传扩散，新疆工商局组织力量加强市场检查，同时与自治区民宗委、民语委加强协调沟通，加大对维文商标注册申请的监测，并将监测结果及时报送国家工商总局商标局，为驳回有不良社会影响的维文商标提供参考。

三、促地理标志商标运用

为发挥地理标志商标在扶贫帮农中的有效作用，积极开展调研，摸清“哈密瓜”“吐鲁番葡萄”“吐鲁番葡萄干”等地标的运用现状，指导当地政府及地理标志持有人提升管理、运用、保护地理标志商标的能力。在巴州若羌县组织举办了全区地理标志商标运用和保护工作现场交流培训班，帮助企业和农专社把品牌做大做强，促进农民增收、助推脱贫攻坚。为充分挖掘新疆优质农产品资源，建立地标培育资源库，加大培育力度，主动上门指导注册和运用。2017全区注册地标已达86件。

（国家知识产权局商标局综合处）

版权工作

一、软件正版化工作

新疆维吾尔自治区版权局着力完善长效机制，推进软件正版化工作规范化、标准化，巩固政府机关软件正版化工作成果，加强督促检查和宣传培训，稳步推进国有企事业单位及其他企业的软件正版化工作。2017年全区各级政府机关、企事业单位共投入1683万元新购正版软件80 025套，新增正版软件数量较2016年增长9.6倍，采购金额较2016年增长4.4倍。企业软件正版化稳步推进，自治区13家大型国企全面完成集团总部的软件正版化，启动二级子企业软件正版化工作；事业单位的软件正版化工作在教育、卫生、畜牧、粮食、水利、司法、新闻出版广电行业取得较好进展。举办国有企业软件正版化培训班1期，自治区政府机关软件正版化培训班1期，与27家自治区厅局机关联系，举办5期厅局系统正版化推进会，在地州县市举办13期培训，共培训人员1900多人次。

二、版权执法工作

2017年，新疆维吾尔自治区版权局在打击侵权盗版工作以及“剑网2017”专项行动中，各级版权部门共出动执法人员117 446人次，出动车辆12 447车次，检查出版物经营场所56 312家（次），查缴盗版图书30 820册，盗版音像制品143 726张，取缔非法窝点226个，集中销毁盗版制品440 064册（张）。截至11月30日，全区版权部门已完成打击侵权盗办行政案件25起，并全部进行信息公开，其中，调解结案1起，行政处罚24起。

三、版权宣传工作

以“4·26世界知识产权日”为契机，在全区开展知识产权宣传周版权宣传活动。制作了30秒民族卡通形象动漫公益广告，协调乌鲁木齐移动电视在 BRT 大容量公交车上每天播放 8 次，每天受众 30 万人次以上；5 家地市级电视台、12 家县市电视台播出。协调中国人民银行乌鲁木齐中心支行和自治区科协，在宣传周期间利用全区所有银行网点的电子大屏和科协设在全区的 78 块电子大屏循环播放国家版权局的公益宣传片、海报以及自治区版权局制作的公益广告和图片、文字标语；协调新疆“亚心网”以浮动图标的方式，推送国家版权局和自治区版权局制作的版权公益宣传片。利用大众接受度高的微信群的即时通讯形式，组建“新疆版权执法宣传工作群”，在宣传周期间共推送各类版权保护宣传图片、视频、消息 23 条，转发超过 20 000 次，受众超过 30 000 人。开展版权进校园、进社区、进企业活动。组织新疆人民广播电台主办的法制新疆栏目“知识产权保护”专场普法活动现场直播，经开区（头区）200 多家企业参加活动。

四、版权社会服务工作

截至 2017 年底，共办理作品登记 1270 件，创历史新高。向国家新闻出版广电总局进口管理司报送自治区版权贸易情况，输出版权 32 项，引进国外版权 14 项。加强版权研究，着眼推动产业发展，完成了《民族地区免费使用、译制传播汉语言影视作品问题研究报告》课题的结题工作，并据此向国家版权局和自治区人大法工委提出修改《著作权法》的建议。

（新疆维吾尔自治区版权局）

司法工作

2017 年，新疆高院通过司法裁判为创新发展战略以及加快经济建设提供了有力的司法保障。

一、立足审判，狠抓办案

2017 年，全区法院共办理知识产权民事一审案件 682 件，其中新收案件 622 件，旧存案件 60 件，新收案件中专利纠纷 51 件，商标纠纷 361 件，著作权纠纷 168 件，其他知识产权及不正当竞争纠纷 42 件。新收案件数量与 2016 年相比略有上浮。2017 年全年共审结知识产权民事案件 584 件，结案率 85.6%，在全部审结的案件中，以调撤方式结案的 330 件，调撤率达到 56.5%，审判质效总体良好。

一是加强商标权保护。加大对驰名商标、著名商标等标识类权利的司法保护，加大对恶意侵权、重复侵权、规模化侵权和恶意违约的制裁力度。通过商标侵权案件的审理，保护了“长城”“美的”“中华”“潍柴”等驰名商标的商标权人合法权益。二是加强著作权保护。在依法保护传统文化产业的同时，高度重视文化创意、动漫形象、网络、计算机软件等战略性新兴文化产业的著作权保护。通过审理涉及 KTV、考试教材的著作权纠纷等诸多案件，保护了文化创造者的合法权益，加强了对盗版违法行为的打击。三是加强专利权保护。大力保护创新程度高的发明创造成果，促进高新技术产业发展，维护企业核心竞争力。运用权利要求解释、等同侵权等裁量标准，适度从严把握等同侵权的适用条件，正确适用现有技术抗辩。四是充分发挥知识产权刑事、行政审判职能作用，依法打击知识产权犯罪，促进提高知识产权行政保护水平。2017 年全区法院共受理刑事知识产权案件 13 件，结案 13 件。加大刑事制裁力度，在依法适用主刑的同时，加大罚金等附加刑的适用与执行力度，制止侵权人重复犯罪；强化行政审判对涉知识产权行政行为的司法审查职责，妥善处理因行政机关查处知识产权侵权行为引发的行政纠纷。

二、服务创新发展大局，营造良好法治环境

（一）服务全区发展战略大局

结合全区法院审判实践，新疆高院完

成了自治区知识产权战略小组《五年改革纲要》中关于人民法院工作方面的调研任务，形成《自治区高级人民法院落实知识产权战略纲要及实施推进计划的评估工作报告》。出台了《为自治区实施创新发展战略和丝绸之路经济带核心区建设提供司法服务和保障的若干意见》，有效服务和保障自治区创新发展战略和丝绸之路经济带核心区建设的顺利实施。

（二）积极推进“三合一”审判试点工作，努力实现知识产权审判模式逐步优化

目前，在全区法院全面推进“三合一”审判工作不具备现实条件。根据审判任务需要配齐配强审判力量，严格选拔审判业务骨干，确保参与知识产权审判的法官具有相应的审判业务能力和经验。

（三）采取多种宣传方式，继续深入推进知识产权司法保护

2017 年 4 月 22 日，在新疆高院举办以知识产权司法保护为主题的法院开放日活动，邀请人大代表、特邀监督员、相关政府部门工作人员及媒体记者共计 50 余人参与系列宣传活动。选择一起知识产权案件进行公开庭审，并当庭宣判。召开新闻发布会，全面回顾 2016 年全区知识产权司法保护工作，同时公布六起典型案例，对新类型案件和难点、热点问题的法律适用作出示范。与人大代表、政协委员、特邀监督员、相关政府部门工作人员召开座谈会，就法院如何开展知识产权司法保护工作征询各方意见及建议。

（四）发挥法院核心引导与社会其他部门的联动协调，实现优势互补

全区法院不断创新调解工作方法，拓宽纠纷解决渠道，积极落实 2015 年自治区高院与自治区知识产权局联合制定的《专利民事纠纷司法审判与行政调处衔接机制的实施意见》和《诉调对接机制合作备忘录》相关内容，形成了“委托调解、调诉对接、司法审判”合一的知识产权纠纷处理模式。积极加强与自治区知识产权保护职能部门之间的协调与配合。参加自治区知识产权局专利侵权案件研讨会，围绕近年来行政执法处理的专利侵权典型案例的法律适用、处理程序、事实认定等方面进行交流沟通，为知识产权审判工作扩宽思路，形成司法、行政保护合力。与自治区工商局共同签署《加强合作共建 打击商标侵权行为协调机制备忘录》，建立司法部门与行政部门共同打击商标侵权行为的协调机制，营造鼓励创新发展的良好市场环境。通过联合建立商标宣传机制，典型、重大案件情况随时通报机制，商标侵权案件诉调对接机制，协助取证、信息互助及协助送达机制等五大机制，充分整合社会资源，顺畅司法部门与工商行政部门沟通联络渠道。为维护新疆公平、公开、有序的竞争市场，为新疆维吾尔自治区范围内知名品牌培育和成长提供良好的法治环境，为技术创新提供司法保障。

三、加强知识产权司法保护情况调研和对下指导

（一）积极组织调研工作

新疆高院及时下发《审理知识产权商标侵权案件关于证据认定方面的有关意见》，规范证据审查，统一裁判尺度。

（二）通过授课培训开展对下指导

新疆高院民三庭通过召开座谈会、个案讨论、电话、内部函等形式有针对性地进行对下指导。

（三）取得良好的调研和研讨成果

形成多项成果：《为自治区实施创新发展战略和丝绸之路经济带核心区建设提供司法服务和保障的若干意见》《加强合作共建 打击商标侵权行为协调机制备忘录》《自治区高级人民法院贯彻落实知识产权

战略纲要及实施推进计划的评估工作报告》《关于在乌鲁木齐市中级人民法院开展知识产权审判“三合一”试点工作的实施意见》《审理知识产权商标侵权案件关于证据认定方面的有关意见》。新疆维吾尔自治区知识产权法官积极撰写典型案例及调研文章，在《新疆审判》等相关刊物上发表。

（新疆维吾尔自治区高级人民法院知识产权审判庭）

检察工作

2017 年，新疆维吾尔自治区人民检察院结合推进供给侧结构性改革，依法严厉打击影响知识产权保护、妨碍公平竞争和侵害消费者权利人合法权益的侵权假冒违法犯罪，打造法治化营商环境，为实施创新驱动发展战略、知识产权战略和《“十三五”国家知识产权保护和运用规划》，促进经济平稳健康发展与社会和谐稳定提供有力保障，不断提升打击侵权假冒工作水平，为实现社会稳定和长治久安总目标做出新贡献。

一、高度重视，周密部署

新疆维吾尔自治区人民检察院党组高度重视打击侵犯知识产权和制售假冒伪劣商品工作，多次研究部署，相继研究制定出台了《自治区人民检察院落实〈自治区“十三五”时期经济社会发展主要目标和任务分工〉的责任分解方案》《全疆检察机关开展“破坏环境资源犯罪专项立案监督活动”和“危害食品药品安全犯罪专项立案监督活动”工作方案》《新疆维吾尔自治区人民检察院关于全面履行检察职能依法平等保护非公有制经济健康发展的实施意见》等相关文件，要求全疆各级检察机关要加强对知识产权的司法保护，依法惩治侵犯商标权与著作权、假冒专利权、侵犯商业秘密的犯罪，强化对涉及知识产权案件的法律监督，推进知识产权领域行政执法与刑事司法衔接机制建设，建立行政执法与刑事司法优势互补、有机衔接的知识产权保护体系。

二、加强重点领域治理

新疆检察机关按最高人民检察院的统一部署，积极开展“破坏环境资源犯罪专项立案监督活动”和“危害食品药品安全犯罪专项立案监督活动”，突出监督重点，紧盯问题严重的案件、领域、区域，重点监督生产、销售假药劣药犯罪等侵害人民群众切身利益的案件。加强农资打假力度，严厉打击制售假劣农资违法犯罪行为。

三、加大宣传力度，营造良好氛围

新疆检察机关制订宣传计划，同时结合办案加大宣传力度，通过自治区人民检察院“两微一端”等平台，结合“3·15 国际消费者权益日”“4·26 世界知识产权日”“5·15 打击和防范经济犯罪宣传日”等重要节点做好集中宣传工作，把新疆各级检察机关加强知识产权保护和打击制售假冒伪劣商品犯罪的措施和成效以各种形式呈现出来。充分发挥拓展“举报宣传周”的功能，对人民群众反映的涉及侵权假冒方面的线索统一归口，逐件落实。努力营造知识产权保护和打击制售假冒伪劣商品犯罪的良好环境。

四、充分履行检察职能

新疆检察机关加大立案监督力度，积极回应人民群众关切，切实防止对侵犯知识产权和制售假冒伪劣商品犯罪有案不移、有案不立、以罚代刑等问题。2017 年度经检察机关建议，行政执法机关已移送涉嫌侵权假冒案件线索 4 件，经监督公安机关已立案 2 件。

五、推动跨区域跨部门协作

新疆检察机关积极推动跨区域跨部门合作，加强统筹协调，建立区域间、部门间执法协作机制。通过与公安、食品药品监督、监察、经贸、知识产权等部门联系和沟通，各单位进一步统一了思想，提高了认识，完善了线索通报、证据转移、案件协查等制度，加强了各地各部门间综合执法、联合执法。

（最高人民检察院侦查监督厅）

新疆生产建设兵团

知识产权工作

一、实施“知识产权战略”和“专利事业发展战略”

按照兵团贯彻落实《国务院关于新形势下加快知识产权强国建设的若干意见》的实施意见及兵团各部门重点任务分工方案，认真落实知识产权强国建设、知识产权战略和专利事业发展战略的实施方案和配套措施。制定并实施《2017 年兵团知识产权战略推进计划》《兵团知识产权局 2017 年专利事业发展战略推进工作组织实施方案》，及时调整了兵团知识产权战略实施领导小组成员，组织开展兵团知识产权战略实施评估工作，并上报国家知识产权局。全年与新疆维吾尔自治区知识产权局就知识产权合作事宜召开工作交流会 3 次，联合举办活动 2 次。2 人被评为全国企业知识产权工作先进个人。

二、兵团专利申请、授权平衡发展

2017 年，兵团专利申请量 1894 件，同比增长－0.68%；专利授权量 1157 件，同比增长 9.77%，其中发明专利 199 件，发明专利授权量增长 20.61%；企业专利申请、授权量占到 30%。新疆天业（集团）有限公司的“电石炉气变换深度用于分离提纯 CO 和 H_2 的工艺”和第七师张和平的“一种机械式精量点播器”2 项发明专利获得了“中国专利优秀奖”。

三、专利行政执法工作

积极组织开展兵地、兵师、兵团各部门的专利联合行政执法活动，以“3·15”“4·26”“质量月”“专利周”等为契机，开展专利行政执法活动 7 次，检查专利标识商品 165 件，查处专利假冒商品 9 件。加强对八师知识产权局纠纷调解试点工作的指导，探索知识产权纠纷调解工作模式，全年办理电商平台知识产权纠纷案件 54 件。各级积极实践行政执法和司法保护互补保护模式，组织不同级别、不同主题的“行刑”联席会议 20 余次，会签相关行政执法与刑事司法衔接工作意见，形成打击侵权合力，全年兵团三级法院共受理知识产权案件 27 件，结案 26 件。

四、企业知识产权工作

持续推进《企业知识产权管理规范》国家标准贯标工作。组织召开企业贯标工作推进会。新确定了 9 家贯标试点企业。扎实开展知识产权优势、示范企业工作。新疆希望电子有限公司、阿拉尔市天典农业装备科技开发股份有限公司等 5 家企业获评国家优势企业。推进专利质押和保险工作，6 家企业投保了专利执行保险和侵权责任险，4 家企业投保了专利质押融资保证保险。

五、知识产权宣传工作

在兵团组织开展以“创新创造改变生活，知识产权竞争未来”为主题的“全国知识产权宣传周”“第十一届中国专利周”等宣传活动。活动期间，通过举办兵团知识产权工作新闻发布会、兵团知识产权宣传展，协办第六届“新疆知识产权杯”大学生知识产权主题演讲比赛暨 2016 年度新疆发明创造优秀大学生评选活动、大学生专利海报创意展，召开兵师企业“知识产权贯标”工作推进会，举办“专利信息公益讲座”等活动，调动兵团各部门积极性，利用电视、报刊、网络等媒体进行专访、刊登典型企业专刊等方式，集中造势，营造了浓厚的知识产权保护氛围。

六、知识产权人才工作

2017年针对兵团知识产权人才短缺的实际，在全面落实“科教兴兵团战略”与“人才强兵团战略”的基础上，制定知识产权人才落实方案，知识产权人才培养工作紧跟兵团经济发展需求，争取相关机构的大力支持，举办“兵团知识产权运营培训班”“专利代理能力提升暨专利信息利用培训班”两期专题培训班，培训人员100余人。各师举办各类培训班5次，参训407人次。成功推荐4人入选全国专利信息实务人才，为兵团知识产权事业发展提供了人才保证。

七、专利信息工作

实现每月按兵团各级单位、月份、申请人类别对专利的申请和授权情况进行分类统计，为政府决策提供依据和参考。组织兵团知识产权信息中心开展专利信息帮扶工作，深入企业调研，与4家企业签订帮扶协议，为企业建立了“低温快充充电桩专利专题数据库”“曳引机专利专题数据库”“碳化硅生长炉专利专题数据库”等4个专题数据库，导入3550条专利数据。累计为兵团企业、高校及科研院所出具法律状态查询报告156份、科技查新报告114份，为帮扶企业提供预警分析报告2份。开展专利信息检索与利用普及培训，利用学校教学平台培训大学生5000余人次。

（新疆生产建设兵团知识产权局）

司法工作

2017年，兵团法院知识产权审判庭坚持司法为民、公正司法，深入贯彻国家知识产权战略以及“一带一路”倡议实施，以高效、优质的审判，为兵团实施创新驱动发展提供了有力的司法保障和服务。

一、依法公正高效审理各类知识产权案件

（1）进一步提高审判质效。以案件审理为工作中心，依法履行审判职责，妥善审理好各类知识产权案件，在查清案件事实、严格证明标准、实质化解纠纷等方面狠下功夫，不断提高审判质效。认真落实合议庭工作机制等司法责任制改革文件规定，实现让审理者裁判、由裁判者负责。做好新的审判模式下对审判权行使的监督制约，加强审判管理和节点把控，严格控制审限延长和长期未结案件，不断提高审限内结案率，实现全年均衡结案。2017年，兵团三级法院知识产权案件共收案27件，结案26件，其中一审收案26件，结案25件。调撤案件15件。调撤率60%。二审收案1件，结案1件。

（2）进一步挖掘典型案件。以“精品案审判”为指引，重视挖掘和打造具有典型指导意义的精品案件，将新类型案件办成在所属领域影响积极、法律适用有所创新的案件；将社会关注度高、影响面广的案件办成审理程序合法且实体裁判准确、法律效果和社会效果有机统一的案件。注重典型案件的推广和宣传，积极参加各类案例评选活动，善于通过典型案件培养和打造知名法官，充分发挥典型案件的指导作用和知名法官的示范效应，不断扩大知识产权审判的影响力。

（3）多元化解知识产权纠纷。不断创新调解方式，积极引导当事人选择委托调解、行业调解、专家调解、行政调解等方式解决各类知识产权纠纷。积极搭建化解知识产权纠纷诉调对接平台，鼓励当事人合理选择高效便捷的纠纷化解渠道。加强与公安、工商、知识产权局等部门及人民团体

和其他有关社会组织的衔接联动，交流共享信息，形成保护合力，共同做好知识产权纠纷化解工作。

(4)提高庭审和裁判文书质量。严格遵守民事诉讼法和庭审规则的相关规定，不断提高庭审质量和效率，切实保障当事人合法的诉讼权利。认真学习并严格按照最新的民事裁判文书制作规范撰写裁判文书，重视和加强裁判文书说理，确保观点归纳全面有条理、事实叙述清楚确凿、说理论证严密充分，让当事人看得懂、信得过。严格把握文书审签标准，坚决杜绝文字用语上的瑕疵和错误，凡是在裁判文书上签字和署名的均负有校核责任。

二、发挥职能作用，服务兵团经济

(1)发挥保护创新的主导作用。依法服务和保障国家和兵团重大战略实施，围绕兵团创新驱动发展战略的实施，妥善处理好经济发展新常态下创新驱动和结构性改革过程中的各类知识产权纠纷。以严格公正的知识产权司法保护，切实推动和保障兵团科技创新、管理创新、商业模式创新、业态创新。

(2)深化司法公开营造良好氛围。做好日常宣传工作，不断创新宣传方式，抓住宣传热点、重点和亮点，积极推动知识产权司法保护由幕后走向台前。利用“4·26世界知识产权日”期间的宣传工作，将发布知识产权司法年度保护状况和典型案例常态化、制度化，积极营造良好的知识产权司法保护氛围。积极利用司法公开“四大平台”，扎实推进知识产权裁判文书上网、庭审网络直播、审判流程公开工作，确保审判工作全程监管、全程留痕、全程可查，让司法权始终在阳光下运行。

三、坚持改革创新，不断完善体制机制

进一步完善知识产权审判格局。根据最高人民法院的要求，全面推进知识产权民事、行政和刑事审判“三合一”工作，为科技创新和产业发展提供全方位和系统有效的保护。根据各地经济发展和科技创新的实际需求，及时报请最高人民法院增加具有专利、驰名商标、植物新品种、集成电路布图设计等案件管辖权的一审法院以及具有一般知识产权案件管辖权的基层法院。

四、提升司法能力，建设过硬法官队伍

(1)始终保持正确的政治方向。坚持不懈地强化理论武装，坚定理想信念，坚守法治信仰，切实增强“四个意识”，自觉以党的旗帜为旗帜，以党的方向为方向，以党的意志为意志，始终在思想上政治上行动上同以习近平同志为核心的党中央保持高度一致，确保知识产权审判工作正确的政治方向。

(2)通过多种途径提升司法能力。加强业务培训，针对审判工作中的重点、难点问题，有针对性地开展培训工作。适应“三合一”审判工作需要，培养能够熟练驾驭三类诉讼的复合型法官。积极开展裁判文书评比、庭审观摩、案例研讨等活动，促进法官办案能力的提升。

(3)坚定不移推进廉洁司法建设。开展专题教育，坚持“三会一课”制度，结合党的群众路线教育实践活动、“三严三实”“两学一做”专题教育活动，坚决落实从严治党要求，不断改进审判作风，深入推进党风廉政建设。针对审判权力的调整重组，规范院长、庭长对审判权行使的监督制约工作，完善廉政风险预防体系，营造风清气正的审判氛围，确保知识产权法官公正司法，清正廉洁。

（新疆维吾尔自治区高级人民法院生产建设兵团分院知识产权审判庭）

检察工作

2017年，新疆生产建设兵团检察机关围绕社会稳定和长治久安总目标，积极开展打击侵犯知识产权和制售假冒伪劣商品

专项立案监督活动，以持之以恒的精神，聚焦打击重点，深化专项整治，创新工作举措，改进舆论宣传，为保障民生安全、建设法制化经营环境提供了有力保障。

一、办案概况

(1)案件数据。受理审查逮捕侵犯知识产权案件 4 件 6 人，其中批准逮捕 2 件 3 人，提起公诉 3 件 4 人，法院均作有罪判决。

(2)办案特点。涉案罪名比较集中。仅涉及假冒注册商标罪、销售假冒注册商标的商品罪，以及非法制造、销售非法制造的注册商标标识罪 3 个罪名，而且主要集中在销售假冒注册商标的商品罪。

二、主要做法

(1)贯彻依法"从严从快"方针。坚决、及时地批准逮捕和起诉侵犯知识产权和制售假冒伪劣商品犯罪嫌疑人，特别是主犯、惯犯，防止和纠正打击不力。

(2)提前介入，加强对案件指导侦查取证。充分利用提前介入机制，发挥专业优势，在立案、侦查阶段即掌握信息，有针对性地对取证进行同步指导，避免一些证据时过境迁后难以收集，或者在审查逮捕阶段再收集没有充足的时间。

(3)强化立案监督力度。为切实防止和纠正在打击制假售假和侵犯知识产权违法犯罪中存在的"以罚代刑"问题，各级检察机关加强与公安机关、行政执法机关密切配合，及时介入行政执法机关、侦查机关的办案活动，查询案件情况、查阅案卷材料。督促行政执法机关及时移送构成犯罪的案件，监督公安机关及时立案侦查。

(4)加大宣传力度。针对案源不多的现状，各级检察机关将工作重点集中在宣传教育和举报工作上，及时披露公开本地和其他地方重大案件信息，组织开展系列宣传，印发宣传资料，重点做好法律法规教育和识假防骗知识的普及宣传。

(5)加强与被侵权企业的沟通。及时向被侵权单位通报办案情况，对于未能批捕的案件，加强释法说理工作，积极和相关企业沟通，听取要求，以更好地遏制犯罪，服务企业，消除涉检上访隐患。

(最高人民检察院侦查监督厅)

香港特别行政区

知识产权工作

香港特别行政区知识产权署下设商标注册处、专利注册处、外观设计注册处和版权特许机构注册处。香港特别行政区知识产权署负责就知识产权的政策和法例提出专业意见，并向政府提供知识产权方面的民事法律意见，此外，香港特别行政区知识产权署还负责增进公众对知识产权的认识和尊重，推动香港特别行政区成为区域知识产权贸易中心的相关工作。

一、保护知识产权

香港特区有健全的知识产权保护制度，通过周全的法例、简便易用的注册系统、严格的执法行动和持续的公众教育计划，在有效保护知识产权方面，建立了良好声誉。

(一)注册

香港特区知识产权署通过互联网提供电子服务，使注册及管理更具效率。公众可以随时免费查阅中英文的相关资料。电子提交系统亦可让知识产权权利人或代理人安全便利地提交申请。

知识产权权利人或代理人也可使用电子互动服务，直接更改注册记录册上有关其注册及申请的某些资料，而系统亦会实时更新相关记录。年内，以电子方式提交商标、专利和外观设计注册申请分别为66％、83％和80％。

（二）商标

2017年，香港特区知识产权署商标注册处接获37 630件注册申请，注册的商标有35 488个，新注册数目与2016年相当。提出注册申请的国家和地区有116个，其中，排名前三的国家和地区分别是：中国香港特区（14 509件）、中国内地（6758件）、美国（3720件）。2017年底时，香港特区共有402 099件注册商标。

（三）专利

根据《香港特区专利条例》，标准专利的授权以三个指定专利局，即中国国家知识产权局、英国专利局或欧洲专利局（适用于指定英国的专利）任何一个所授权的相应专利为基础。该条例也规定短期专利申请经形式审查后可获授权。2017年，香港特区知识产权署专利注册处收到13 299件标准专利申请及693件短期专利申请，共授权6671项标准专利和582项短期专利。授权数量与2016年相比，分别增长17.1％和20％。

2016年《香港特区专利条例（修订）》的制定，为调整和完善香港特区专利制度及建立"原授专利"制度，提供了法律依据。香港特区政府有关部门正为实施新专利制度进行筹备。新的专利制度将有助于香港特区发展成为知识产权贸易中心和区内创新科技枢纽。

（四）注册外观设计

2017年，香港特区知识产权署外观设计注册处共接收2609件申请，要求为4816项外观设计注册；获准注册的外观设计有4604项，较2016年增加3.9％。

（五）版权

根据《香港特区版权条例》，文学作品、戏剧作品、音乐作品、艺术作品、已发表版本的排印编排、声音纪录、影片、广播、有线传播节目，以及表演者的表演，不论其版权拥有人属何居籍，均可获得保护。根据国际惯例，条例并无规定版权拥有人必须注册版权。

二、公众教育

香港特区知识产权署持续开展知识产权贸易的价值及知识产权保护重要性的宣传教育活动。2017年，香港特区九个商会所属的1100多个零售商的6800多个销售点参加了香港特区知识产权署举办的"正版正货承诺"计划。香港特区知识产权署通过学校探访及互动剧场计划，与179所学校超过48 000名学生互动。同时，香港特区知识产权署还举办各类不同活动，提高年青人的知识产权意识。

三、知识产权贸易

为推动知识产权贸易，香港特区知识产权署与相关部门合力开展四个方面的工作，即优化知识产权保护制度；支持知识产权的创造和运用；促进知识产权中介服务和提升人力资源；以及推广、教育及对外合作的工作。香港特区知识产权署设有咨询服务、知识产权管理人员计划，并联同相关各方举办培训课程。同时，香港特区知识产权署还积极推广知识产权审核及尽职审查，并展示成功个案。与香港特区政府律政司合作，推广以仲裁和调解方式解决知识产权争议。2017年1月，香港特区知识产权署委托第三方进行统计调查，收集香港特区知识产权贸易和管理方面的人力资源情况。

四、与内地交流合作

香港特区知识产权署与内地（包括粤

港澳大湾区)有关部门紧密合作,推广知识产权保护、管理及贸易。

五、参与国际知识产权活动

香港特区知识产权署在中央政府相关部门统筹下参加世贸组织辖下与贸易有关的知识产权理事会及世界知识产权组织的活动,代表中国香港特区参加亚太经合组织知识产权专家小组的会议。

(国家知识产权局港澳台办公室)

(注:根据香港特别行政区知识产权署提供资料整理)

澳门特别行政区

知识产权工作

一、工业产权申请与授权

(一)商标申请与注册

2017年,澳门特区共受理商标申请13 135件,较2016年增长14%,其中,产品商标申请量为8438件,服务商标申请量为4697件。来自中国内地的商标申请量排名第一,其次是中国澳门特区、美国、中国香港特区和日本。2017年,共批准注册商标11 076件。

(二)专利申请与授权

1. 发明专利申请与授权

2017年,共受理在澳门特区提交的发明专利申请68件,较2016年增加33%。2017年,授权的发明专利21件。全年,送往中国国家知识产权局作实质审查的发明专利申请61件,较2016年增加13%。

2. 内地申请在澳门特区登记生效的发明专利申请与授权

2017年,在内地授权并申请在澳门特区登记生效的发明专利共441件,较2016年减少2%。申请人来自33个国家和地区,其中,美国、日本和中国内地分别占37.41%、16.10%和12.02%。全年,共获准登记416件。

3. 实用专利申请与授权

2017年,共受理实用专利申请18件,较2016年增加20%,来自中国香港特区、中国内地及中国台湾地区的申请分别占33.33%、27.78%及16.67%。2017年,共授权实用专利7件。

(三)设计/新型申请与授权

2017年,共受理设计/新型申请193件,较2016年减少11%。其中,来自中国香港特区、法国、中国内地、日本及中国澳门特区的申请占70.47%。截至2017年12月31日,设计/新型的累计申请总量为1966件。

二、优化行政服务

为向澳门特区市民提供高效便捷的优质服务,2017年,澳门特区政府经济局(以下简称经济局)持续优化内部工作业务流程管理,通过流程梳理优化,建立良好运作机制,进一步提升公共行政效能。

(一)跟进及完善“服务承诺计划”

自推行“服务承诺计划”以来,不断提供服务承诺项目的执行效果,为公众提供更优质的公共服务。2017年,涉及知识产权的64项服务项目,仅1项略低于预期指标(已制定改善措施),其余全部达到或高于目标的要求。根据2017年度服务满意度调查,澳门特区市民对经济局提供的包括知识产权项目在内的各项公共服务的满意度,以及整体服务的满意度均达到满意区值。

（二）继续优化电子卷宗的管理

2017年，为强化电子档案的服务功能，经济局综合应用人工管理和信息技术管理手段，进一步提高资料处理、储存、检索和存档工作的运作效率和效能。

三、持续推行“送服务上门”的便民措施

为配合澳门特区政府扶持中小企业发展和“送服务上门”政策，经济局持续推行多项便民措施。

（一）支持商会为澳门特区企业提供内地商标申请咨询及对接服务

自2016年与澳门连锁加盟商会签署《关于支持澳门企业在内地注册商标的合作协议》以来，一直支持该会提供内地商标注册咨询及申请对接的免费服务，并资助商会筹设“内地商标注册咨询服务中心”，为澳门特区需要在内地注册商标的企业及个人提供资讯、申请流程及途径的相关咨询。支持“内地商标注册咨询服务中心”举办“内地商标注册专题讲座”，帮助企业在开展内地业务时做好商标保护。

（二）为中小微企业及青年创业者上门办理商标注册申请手续

为协助澳门特区中小微企业及青年创业者解决营商中所遇到的知识产权问题，经济局继续为澳门特区中小微企和青年创业者上门协助办理商标申请，提供有关知识产权的咨询和指导。

（三）支持推动特色老店品牌传承和创新发展

11月，经济局与澳门连锁加盟商会签订了“特色老店扶持小组”合作协议，并组成联合工作组开展“澳门特色老店扶持计划”。2017年，经济局持续加大对老店商号知识产权管理的扶持力度，鼓励企业除了在澳门特区开展商标注册外，也在中国内地及邻近国家或地区做好知识产权保护工作。

四、电子化建设

为提高公共行政效率和公共服务素质，经济局通过实施“知识产权公共服务电子化”计划，持续加强对知识产权的电子申请、资讯提供服务及资讯基础设施建设，截至2017年，经济局已逐步为各项适合电子化的工业产权公共服务提供电子服务平台，积极通过电子化建设致力提升知识产权公共服务的便捷性。

（一）推出“工业产权更改认别资料及地址”“登记或注册之查阅（检索）”电子申请服务功能

经济局于2017年6月推出“电子提交工业产权更改认别资料及更改地址申请”服务功能，向电子申请用户提供便捷的工业产权申请认别资料及地址更改途径，于2017年9月推出“电子提交登记或注册之查阅（检索）申请”，申请者可直接在网上提交登记或注册查阅申请。2017年，通过“商标注册电子申请系统”提交的商标申请占总申请量的49％。

（二）继续推广“商标注册申请网上填表与提交备案”服务

“商标注册申请网上填表与提交备案”服务是为没有使用电子证书的申请人而设。自2009年推出此项服务以来，经济局应用户意见，不断完善系统功能。2017年，通过“商标注册申请网上填表与提交备案”系统提交的商标申请占总申请量的19％。

（三）优化工业产权资讯系统

持续完善工业产权资讯系统。在业务流程和内部行政管理电子化、公共服务电子化、网站资讯等方面已取得一定成效。2017年，经济局继续推进工业产权资讯系统的优化工作，提高系统性能，整合业务程序，为工业产权注册申请的审查和审批工作提供技术保障。

五、宣传与培训活动

(一)开展春节市场宣传教育

与澳门特区海关合作,在“2017 农历春节市场摊位竞投”活动上,向各竞投者派发宣传单,提醒售卖贺岁商品的档主须遵守知识产权相关法律规定,在现场进行联合巡查。

(二)开展“校园知识产权宣传巡礼”活动

自 2017 年 2 月,与澳门特区海关及澳门特区作曲家、作家及出版社协会联合向澳门特区校园展开保护知识产权宣传活动,以漫画形式,向学生宣传保护知识产权的重要性,以增强学校师生对知识产权的了解,让尊重和运用知识产权的理念在校园内广泛传播。

(三)庆祝世界知识产权日宣传活动

2017 年 4 月,与澳门特区作曲家、作家及出版社协会联合举办庆祝世界知识产权日宣传活动,提高公众尊重和保护知识产权的意识。

(四)举办“维护消费权益及知识产权”讲座

2017 年 4 月,与澳门特区海关、澳门特区消费者委员会合作举办“维护消费权益及知识产权”与“商标注册”专题讲座,向参加讲座的“加盟商号”及“诚信店”说明商标注册的重要性及申请手续须知。

(五)出席“青年创业创新培育计划”分享知识产权保护重要性

2017 年 5 月,派员参加由澳门特区教青局、经济局及青年创业创新培育筹备委员会合办的“青年创业创新培育计划”,与青创人士交流分享企业商标策略。

(六)配合澳门特区海关开展保护知识产权的社区宣传推广工作

2017 年 6 月,与澳门特区海关联合举办“社区打假联络机制”宣传活动,现场设置宣传展板,向澳门特区市民派发宣传知识产权的纪念品,向公众宣扬知识产权的重要性。

(七)协办“中国澳门特区及葡语国家企业如何在中国内地取得知识产权保护研讨会”

2017 年 7 月,与澳门特区贸易投资促进局及中国国际贸易促进委员会驻港澳代表处合办“中国澳门特区及葡语国家企业如何在中国内地取得知识产权保护研讨会”,增强企业及品牌的营商竞争力,助力澳门特区及葡语国家企业进入中国内地市场。

六、合作与交流

(一)与中国国家知识产权局的合作与交流

1. 专利保护工作的合作

自 2003 年 1 月 24 日签署《国家知识产权局与澳门特别行政区经济局关于在知识产权领域合作的协议》以来,共向中国国家知识产权局寄送作实质审查的发明专利申请 1015 件,实用专利申请 149 件。共受理 2899 件内地发明专利要求延伸至澳门特区生效的申请,其中已获准在澳门特区生效的 2558 件。

2. 数据和文献合作

2017 年,继续与中国国家知识产权局展开数据和文献合作,定期向中国国家知识产权局寄送澳门特区的各类专利数据和文献资料,为中国国家知识产权局信息化业务发展提供参考。

3. 组织参加全国专利代理人资格考试报名

为符合资格的澳门特区居民报名参加由中国国家知识产权局举办的全国专利代理人资格考试,提供报名咨询和协助。

4. 协办 2017 年内地与香港特区、澳门特区知识产权研讨会

2017 年 10 月,与中国国家知识产权局

港澳台办公室、香港特区政府知识产权署联合主办“2017 年内地与香港特区、澳门特区知识产权研讨会”。

(二)与国家工商行政管理总局的交流

2017 年 3 月，就加强在反不正当竞争、商标保护、澳门特区居民在内地设立个体工商户等与国家工商行政管理总局展开交流。

(三)与泛珠三角区域知识产权机构的合作与交流

2017 年 5 月，与香港特区政府知识产权署联合举办泛珠三角区域知识产权公务人员交流活动。8 月，派员参加泛珠三角区域知识产权部门负责人会议。11 月，派员参加“第十二届泛珠三角区域知识产权联席会议”暨“一带一路”知识产权高层论坛。

(四)粤澳合作与交流

2017 年 8 月，派员出席“2017 中国知识产权横琴论坛”和“2017 广东知识产权交易博览会”。12 月，派员出席“第二届南方商标品牌高端论坛”。

(五)港澳特区合作与交流

2017 年 6 月，与香港特区政府知识产权署举行工作交流。就如何协助两地企业在香港特区或澳门特区便捷地办理注册商标等工业产权的申请手续，以及两地商标的实质审查流程和实践经验等交换意见。

(六)与欧盟在知识产权法律范畴的合作

为落实第三期“欧盟与澳门特区在法律范畴合作项目”，于 2017 年 10 月，邀请万慧达知识产权代理有限公司高级合伙人举办主题为“如何将知识产权融入企业管理策略”的工作坊。

(国家知识产权局港澳台办公室)

(注：根据澳门特别行政区经济局提供资料整理)

台湾地区

知识产权工作

一、专利事务

(一)统计数据

2017 年中国台湾地区“智慧财产局”发明专利申请共计 40 124 件请求实质审查；发明专利结案 46 469 件，较 2016 年有所减少。发明专利的待办案件量降至 44 002件，为近五年最低。从结案状态来看，2017 年授权 35 756 件、驳回 9741 件、其他 972 件，各占 76.9%、21.0% 及 2.1%，授权及驳回件数均较 2016 年减少，但大致保持稳定水平。2017 年发明专利审查共发出 41 859 件审查意见通知书，其中发出第一次审查意见通知书件数 36 304 件，发出第二次(含以上)审查意见通知书件数 5555 件，发出最后通知书 78 件。发明专利审查周期近五年逐年下降，2017 年平均首次通知周期与平均审结周期分别为 8.8 个月和 15.5 个月，为近五年最短。

2017 年新型专利申请案 19 549 件，结案件数 18 640 件，平均审结周期降至 2.4 个月，为近五年最短。核发新型技术报告 2075 件，较 2016 年略有增加，维持在 2000 件以上。

2017 年设计专利授权 7174 件，驳回 486 件，各占 90.7% 和 6.1%。2017 年设计专利申请案平均首次通知周期为 6.0 个月，平均审结周期为 7.1 个月，与 2016 年相比略微延长。

(二)审查人力现况

中国台湾地区“智慧财产局”目前从事专利审查的人员共计 442 人，约占总人数的 54%。

(三)修订审查基准

1. 专利创造性审查基准

2017 年 6 月 27 日修正发布“专利创造性审查基准”，并自 7 月 1 日起施行。修正重点主要包括：

(1)明确规范创造性的审查原则；(2)确认创造性判断五步骤的内容；(3)强调复数引证间的结合动机；(4)强调简单变更、单纯拼凑及反向教示的审查原则。

2. 专利丧失新颖性或创造性的例外审查基准

修正“专利丧失新颖性或创造性的例外审查基准”并自 2017 年 5 月 1 日施行。修正重点主要包括：

(1)宽限期延长为 12 个月：发明、新型专利的宽限期由 6 个月延长为 12 个月，并增订公开事实发生日无明确记载时，推定其公开日期的原则；(2)放宽适用情况：专利宽限期的适用情况放宽为“出于申请人本意所致的公开”及“非出于申请人本意所致的公开”，不限制公开情况。

二、商标事务

(一)统计数据

2017 年商标注册申请案受理以案件计共有 83 802 件，办结 87 992 件，待办案件减少至 46 385 件。

2017 年商标注册申请案受理以类别计共有 108 758 类，办结 114 213 类，待办案件减少至 66 331 类。

2017 年商标注册申请案的平均首次通知周期为 5.1 个月，平均审结周期为 7.0 个月，均达到近五年最快审理时效。

(二)审查人力现况

中国台湾地区“智慧财产局”目前从事商标审查的人员共计 108 人，约占总人数的 13%。

(三)修订审查基准

1. 中国台湾地区“商标法实施细则”

为配合尼斯分类第 11 版 2017 年修正版内容，根据尼斯分类修正版的类别标题名称修订中国台湾地区“商标法实施细则”第 19 条附表，并于 2017 年 3 月 16 日发布。

2. 非传统商标审查基准

参考其他地区非传统商标相关规范及审查原则，新增“连续图案商标”与“气味商标”部分。修正后的审查基准已于 2017 年 9 月 12 日发布。

三、著作权事务

完成著作财产权人不明著作申请 3 件，音乐著作强制授权申请案 476 件，集体管理团体授权申请案 1 件。

四、两岸交流

2017 年 9 月，“台湾工业总会”与中华全国专利代理人协会在四川成都共同举办第十届两岸专利论坛，为两岸专利界和产业界人士提供良好的交流互动平台。

2017 年 12 月，由中华商标协会与海峡两岸商务协调会共同主办的“2017 海峡两岸商标论坛暨海峡两岸商标品牌创新青年联谊会”在中国台湾地区新北市举办。

(国家知识产权局港澳台办公室)

(注：资料来源于台湾地区“智慧财产局”年度报告)

国家知识产权局

1. 国家知识产权局机关党建和党风廉政建设工作会议召开。 1月13日，国家知识产权局机关党的建设和党风廉政建设工作会议在北京召开。

2.《中华人民共和国国家知识产权局与瑞士联邦知识产权局谅解备忘录》正式签署。 1月16日，在习近平主席和瑞士联邦主席洛伊特哈德的共同见证下，《中华人民共和国国家知识产权局与瑞士联邦知识产权局谅解备忘录》在瑞士伯尔尼正式签署。

3. 申长雨会见新加坡知识产权局局长一行。 2月21日，申长雨局长在北京会见新加坡知识产权局局长邓鸿森一行。

4.《创新管理——知识产权管理指南》获得国际标准化组织批准立项。 2月22日，由中国提出的首个知识产权管理新国际标准提案《创新管理——知识产权管理指南》获得国际标准化组织创新管理标准化技术委员会批准立项。

5. 国家知识产权局与陕西省人民政府第二轮合作会商签字仪式暨会商会议举行。 2月24日，国家知识产权局与陕西省人民政府第二轮知识产权合作会商签字仪式暨第一次会商会议在西安举行。

6.《国务院关于新形势下加强打击侵犯知识产权和制售假冒伪劣商品工作的意见》印发。 3月9日，《国务院关于新形势下加强打击侵犯知识产权和制售假冒伪劣商品工作的意见》印发。

7. 申长雨会见以色列司法部总司长一行。 3月20日，申长雨局长在北京会见以色列司法部总司长埃米·帕尔默一行。

8.《中华人民共和国国家知识产权局与澳大利亚知识产权局合作谅解备忘录》签署。 3月23日，在李克强总理对澳大利亚进行正式访问期间，中澳双方签署了《中华人民共和国国家知识产权局与澳大利亚知识产权局合作谅解备忘录》。

9. 申长雨出席博鳌亚洲论坛知识产权研讨会。 3月24日，博鳌亚洲论坛2017年年会知识产权研讨会成功举办，这是博鳌亚洲论坛首次设置知识产权相关议题并开展研讨交流，申长雨局长出席。

10.《关于支持东北老工业基地全面振兴深入实施东北地区知识产权战略的若干意见》印发。 3月28日，国家知识产权局、发展和改革委员会、科技部等9部门联合印发《关于支持东北老工业基地全面振兴 深入实施东北地区知识产权战略的若干意见》。

11. 新修改的《专利审查指南》施行。 4月1日，新修改的《专利审查指南》施行。

12. 国家知识产权局与四川省人民政府知识产权合作会商暨建设引领型知识产权强省推进大会举行。 4月1日，国家知识产权局与四川省人民政府知识产权合作会商暨建设引领型知识产权强省推进大会在成都举行。

13. 第八届金砖国家知识产权局局长会议召开。4月6日至7日，第八届金砖国家知识产权局局长会议在印度新德里召开，申长雨局长出席。

14. 申长雨率团访问摩洛哥工业和商业产权局。4月10日，申长雨局长率团访问摩洛哥工业和商业产权局，与该局局长阿迪尔·马里奇举行双边会谈，并签署《中华人民共和国国家知识产权局与摩洛哥工业和商业产权局关于专利审查工作共享的合作协议》和《中华人民共和国国家知识产权局与摩洛哥工业和商业产权局2017—2018年双边合作工作计划》。

15. 申长雨率团访问非洲知识产权组织。4月12日，申长雨局长率团访问非洲知识产权组织，与非洲知识产权组织总干事鲍林·艾都·艾都举行会谈，并签署《中华人民共和国国家知识产权局与非洲知识产权组织2017—2018年双边合作行动计划》。

16. 国务院批复在辽宁、浙江、河南、湖北、重庆、四川、陕西等7个新设立的自贸试验区开展知识产权综合管理改革试点。4月14日，国务院批复在辽宁、浙江、河南、湖北、重庆、四川、陕西等7个新设立的自贸试验区开展知识产权综合管理改革试点。

17. 申长雨作《知识产权助推创新发展》报告。4月17日，申长雨局长应邀赴国家行政学院作《知识产权助推创新发展》报告。

18. 国家知识产权局推进"两学一做"学习教育常态化制度化。4月17日，国家知识产权局党组召开动员部署会，推进"两学一做"学习教育常态化制度化。

19. 全国知识产权宣传周活动举办。4月20日至26日，全国知识产权宣传周活动举办。4月20日，国务委员王勇出席全国知识产权宣传周启动仪式并讲话。

20. 中国知识产权保护高层论坛举办。4月20日，2017中国知识产权保护高层论坛在北京举办，申长雨局长作主旨发言。

21. 申长雨发布2016年中国知识产权发展状况。4月25日，申长雨局长在国务院新闻办发布2016年中国知识产权发展状况。

22. 国家知识产权局举办开放日活动。4月26日，国家知识产权局举办开放日活动。

23. 申长雨局长作《知识产权与创新发展》报告。4月28日，申长雨局长应邀在江苏省委学习报告会上作《知识产权与创新发展》报告。

24. 申长雨会见世界知识产权组织总干事一行。5月15日，申长雨局长在北京会见来华出席"一带一路"国际合作高峰论坛的世界知识产权组织（WIPO）总干事弗朗西斯·高锐一行，并共同签署了《中华人民共和国政府和世界知识产权组织加强"一带一路"知识产权合作协议》。

25. 中国一维斯格拉德集团知识产权联合研讨会举行。5月18日，中国一维斯格拉德集团知识产权联合研讨会在四川成都举行。

26. 第十次发明领域中美欧日韩五局局长系列会议举行。5月30日至6月1日，第十次发明领域中美欧日韩五局局长系列会议在马耳他瓦莱塔举行。

27. 国家知识产权局与广东省人民政府第三轮合作会商工作会议举行。6月19日，国家知识产权局与广东省人民政府第三轮知识产权合作会商2017年工作会议在广州举行。

28. 国家知识产权局党组学习习近平总书记关于知识产权工作的重要论述。6月26日，国家知识产权局党组举行中心组理论学习扩大会，深入学习习近平总书记关于知识产权工作的重要论述。

29. 中埃专利审查高速路试点启动。7月1日，中埃专利审查高速路试点启动。

30. 习近平就知识产权工作作出重要指示。

7月17日，中共中央总书记、国家主席、中央军委主席、中央财经领导小组组长习近平主持召开中央财经领导小组第十六次会议，习近平就知识产权工作作出重要指示。

31. 国家知识产权局确定第一批知识产权综合管理改革试点地方。7月18日，国家知识产权局发函确定第一批知识产权综合管理改革试点地方，决定首批在福建厦门、山东青岛、广东深圳、湖南长沙、江苏苏州、上海徐汇区等6个市（区）级层面开展知识产权综合管理改革。

32. 中非知识产权制度与政策高级研讨会举办。7月24日至28日，中非知识产权制度与政策高级研讨会在广东省广州市举办。

33.《专利优先审查管理办法》施行。8月1日，《专利优先审查管理办法》施行。

34. 国家知识产权局首次参与主办全国青少年科技创新大赛。8月14日至19日，第32届全国青少年科技创新大赛在杭州举办，国家知识产权局首次参与主办。

35. 中美欧日韩五局合作产业界推介会召开。8月17日，中美欧日韩五局合作产业界推介会召开。

36. 全国知识产权局局长高级研修班开班。8月25日，全国知识产权局局长高级研修班在北京开班。

37. 国务院指出要发展专利质押融资新模式。8月30日，国务院召开常务会议，指出要发展专利质押融资新模式。

38.《中华人民共和国政府与塔吉克斯坦共和国政府知识产权领域合作谅解备忘录》签署。8月31日，在习近平主席和塔吉克斯坦总统拉赫蒙的共同见证下，《中华人民共和国政府与塔吉克斯坦共和国政府知识产权领域合作谅解备忘录》在北京正式签署，申长雨局长和塔吉克斯坦经济发展与贸易部部长希克玛杜罗佐达代表双方政府签字。

39. 申长雨会见欧亚专利局局长一行。9月4日，申长雨局长在北京会见欧亚专利局局长索里·特莱芙列索娃一行。

40. 第八届中国专利年会举办。9月5日，第八届中国专利年会在北京举办。

41. 第五届中蒙俄知识产权研讨会及三国知识产权局局长会举行。9月6日，第五届中蒙俄知识产权研讨会及三国知识产权局局长会在俄罗斯远东城市符拉迪沃斯托克举行。

42. 国家知识产权局与深圳市人民政府知识产权合作框架协议签字仪式举行。9月14日，国家知识产权局与深圳市人民政府知识产权合作框架协议签字仪式在北京举行。

43. 第八届中国—东盟知识产权局局长会议召开。9月18日，第八届中国—东盟知识产权局局长会议在江苏苏州召开。

44.《中国国家知识产权局与柬埔寨王国工业及手工业部关于知识产权合作的谅解备忘录》签署。9月21日，申长雨局长在北京会见柬埔寨王国国务大臣兼工业及手工业部部长占蒲拉西一行，双方共同签署了《中国国家知识产权局与柬埔寨王国工业及手工业部关于知识产权合作的谅解备忘录》，明确经中国国家知识产权局授权且维持有效的发明专利，可直接在柬埔寨登记生效并获得保护。9月22日，国务委员王勇在中南海会见柬埔寨王国国务大臣兼工业及手工业部部长占蒲拉西一行。

45. 第十四届中国（无锡）国际设计博览会开幕。9月21日，由国家知识产权局、科技部、江苏省人民政府联合主办的第十四届中国（无锡）国际设计博览会在无锡开幕。

46. 申长雨率团出席世界知识产权组织成员大会第五十七届系列会议。10月2日，申长雨局长率中华人民共和国政府代表团出席世界知识产权组织成员大会第五十七届系列会议。

47. 第九届金砖国家知识产权局局长会议

召开。10 月 3 日，第九届金砖国家知识产权局局长会议在瑞士日内瓦召开。

48. 国家知识产权局党组传达学习贯彻中国共产党第十九次全国代表大会精神。10 月 26 日，国家知识产权局党组召开扩大会议，传达学习贯彻中国共产党第十九次全国代表大会精神。

49.《国际外观设计分类与国民经济行业分类参照关系表(试行)》发布。10 月 30 日，国家知识产权局首次对外发布《国际外观设计分类与国民经济行业分类参照关系表(试行)》。

50. 国家知识产权局与山东省人民政府知识产权合作会商工作会议举行。11 月 2 日，国家知识产权局与山东省人民政府知识产权合作会商工作会议在山东济南举行。

51. 申长雨会见英国知识产权局局长一行。11 月 10 日，申长雨局长在北京会见英国知识产权局局长蒂姆·莫斯一行。

52. 申长雨会见巴西工业产权局局长一行。11 月 13 日，申长雨局长在北京会见巴西工业产权局局长路易斯·皮门特尔一行，并共同签署两局合作谅解备忘录及专利审查高速路（PPH)合作协议。

53.《中华人民共和国国家知识产权局与菲律宾共和国知识产权局知识产权领域合作谅解备忘录》签署。11 月 15 日，在李克强总理和菲律宾总统杜特尔特的共同见证下，《中华人民共和国国家知识产权局与菲律宾共和国知识产权局知识产权领域合作谅解备忘录》在马尼拉正式签署。

54. 国家知识产权局与浙江省人民政府知识产权合作会商工作会议举行。11 月 16 日，国家知识产权局与浙江省人民政府知识产权合作会商工作会议在杭州举行。

55. 第二十四次中日知识产权局局长会议、第二十三次中韩知识产权局局长会议举行。11 月 16 日，第二十四次中日知识产权局局长会议、第二十三次中韩知识产权局局长会议在杭州举行。

56. 国务委员王勇会见欧洲专利局局长一行。11 月21 日，国务委员王勇在中南海会见欧洲专利局局长伯努瓦·巴蒂斯泰利一行。

57. 国家知识产权局、欧洲专利局与中国产业界圆桌会举行。11 月 21 日，国家知识产权局、欧洲专利局与中国产业界圆桌会在北京举行。

58. 国家知识产权局与欧洲专利局第十一次局长会议举行。11 月 23 日，国家知识产权局与欧洲专利局第十一次局长会议在郑州举行。

59. 第十一届中国专利周举办。11 月 27 日至 12 月 3 日，第十一届中国专利周举办。

60. 国家知识产权局党组专题学习《习近平谈治国理政》第二卷。11 月 27 日，国家知识产权局党组召开会议，专题学习《习近平谈治国理政》第二卷。

61. 全国知识产权系统党建工作交流会召开。11 月 29 日，全国知识产权系统党建工作交流会在海南省海口市召开。

62. 长沙实现知识产权管理“三权合一”。12 月 5 日，长沙率先在省会城市实现知识产权管理“三权合一”。

63. 第十七次中日韩知识产权局局长会议举行。12 月 6 日，第十七次中日韩知识产权局局长会议在韩国济州市举行。

64. 第十九届中国专利奖颁奖大会举办。12 月 13 日，第十九届中国专利奖颁奖大会在北京举办。

65. 国家知识产权局京外专利审查协作中心运营和管理现场会召开。12 月 23 日，国家知识产权局 2017 年京外专利审查协作中心运营和管理现场会在武汉召开。

（国家知识产权局办公室）

国家工商行政管理总局

1. 商标局调整商标注册证的发放方式。 1月1日，工商总局商标局调整商标注册证的发放方式，优化商标注册证内容版式。

2. 发布新修订的《商标审查及审理标准》。 1月4日，经工商总局批准，新修订的《商标审查及审理标准》自公布之日起实施。

3. 商标局发布批准设立第二批商标受理窗口的公告。 3月1日，工商总局商标局发出关于批准设立第二批商标受理窗口的公告，批准北京市工商行政管理局朝阳分局等41个工商和市场监管部门设立商标受理窗口，2017年3月1日正式启动运行，开展商标注册申请受理工作。

4. 工商总局与广西壮族自治区人民政府签署《关于推进广西建设商标品牌强区合作框架协议》。 3月2日，工商总局与广西壮族自治区人民政府签署《关于推进广西建设商标品牌强区合作框架协议》。工商总局和自治区政府相关部门负责同志出席签约仪式。

5. 新版商标网上申请系统发布。 3月10日，新版商标网上申请系统发布，《商标网上申请暂行规定》施行。

6. 召开全国工商系统商标富农工作座谈会。 3月27日至28日，工商总局商标局在福建省宁德市召开全国工商系统商标富农工作座谈会，总结交流各地运用地理标志精准扶贫的经验，推广宁德市运用地理标志商标富农经验，部署工商总局商标局2017年及今后一个时期商标富农和运用地理标志商标精准扶贫等工作。

7.《关于调整商标注册收费标准的通告》发布。 3月30日，工商总局商标局发布《关于调整商标注册收费标准的通告》。根据《财政部、国家发展改革委关于清理规范一批行政事业性收费有关政策通知》（财税〔2017〕20号），自2017年4月1日起，商标注册收费标准降低50%。4月1日当天，共接收网上申请37 397件，较前一日增加33 856件。

8. 全国商标监管工作座谈会在河北省石家庄市召开。 4月13日，全国商标监管工作座谈会在河北省石家庄市召开。会议指出，应取消政府对著名商标的行政认定。

9.“加强与世界知识产权组织合作，共同推进马德里商标国际注册”座谈会召开。 4月27日，工商总局商标局与世界知识产权组织中国办事处联合举办“加强与世界知识产权组织合作，共同推进马德里商标国际注册”座谈会。

10. 新版商标网上查询系统试运行。 5月5日，新版商标网上查询系统试运行，新版系统具有运行速度快、查询准确率高、服务体验好等优点。

11.《关于深入实施商标品牌战略 推进中国品牌建设的意见》印发。 5月17日，工商总局印发《关于深入实施商标品牌战略 推进中国品牌建设的意见》。

12. 全国工商和市场监管部门商标品牌战略实施工作会议召开。 5月25日，全国工商和市场监管部门商标品牌战略实施工作会议在浙江省杭州市召开。

13. 关于批准设立第三批商标受理窗口的公告发布。 6月19日，工商总局商标局发出关于批准设立第三批商标受理窗口的公告，批准辽宁省盘锦市工商行政管理局等20个工商和市场监管部门设立商标受理窗口，2017年6月20日正式启动运行，开展商标注册申请受理工作。

14. 开放商标后续业务网上申请。6 月 19 日，中国商标网新版网上申请系统按计划开放商标后续业务申请，受理业务范围由商标注册申请扩大至商标变更、续展、转让、注销、许可备案等 23 项。

15. 第八届世界地理标志大会在江苏省扬州市召开。6 月 29 日，工商总局与世界知识产权组织在江苏省扬州市召开世界地理标志大会。国务院总理李克强专门发来贺信，国务委员王勇出席开幕式并致辞。世界地理标志大会是世界知识产权组织的重要会议，每两年举办一次。

16. 中国商标金奖颁奖大会在江苏省扬州市召开。6 月 30 日，工商总局和世界知识产权组织在江苏省扬州市召开中国商标金奖颁奖大会，表彰在商标创新、运用、保护和有效利用马德里商标国际注册体系方面取得突出成绩的单位和个人。

17. 全国工商和市场监管部门运用马德里体系现场经验交流会召开。7 月 28 日，工商总局商标局在山东省东营市召开全国工商和市场监管部门运用马德里体系现场经验交流会，总结推广"东营经验"。

18.《工商总局关于做好著名商标行政认定规范性文件清理工作的通知》印发。7 月 28 日，《工商总局关于做好著名商标行政认定规范性文件清理工作的通知》(工商标字〔2017〕127 号)印发，要求北京、陕西、山西、黑龙江、西安、广州 6 省市清理工商局规范性文件，取消著名商标行政认定工作，厘清商标品牌建设中政府与市场的关系，在商标品牌评价中发挥市场主导作用。

19. 商标评审案件开启口头审理实践。8 月21 日，商标评审委员会对"高麗紅蔘"商标驳回复审案进行口头审理，开启商标评审案件口头审理的实践。

20. 商标局举办知名作品名称、角色名称等在先权益商标权保护研讨会。8 月 22 日，工商总局商标局在中国商标大楼举办知名作品名称、角色名称等在先权益商标权保护研讨会。

21. 全国工商和市场监管部门地理标志商标精准扶贫经验交流会召开。8 月 25 日，工商总局在江苏省淮安市召开全国工商和市场监管部门地理标志商标精准扶贫经验交流会，总结推广"淮安经验"。

22. 2017 中国国际商标品牌节在广西壮族自治区桂林市举办。9 月 1 日至 4 日，2017 中国国际商标品牌节在广西壮族自治区桂林市举办。

23. 打击商标侵权"溯源"专项行动启动。9 月 20 日，《工商总局办公厅关于印发开展打击商标侵权"溯源"专项行动方案的通知》(办字〔2017〕165 号)正式下发，打击商标侵权"溯源"专项行动正式启动。

24. 上海商标审查协作中心正式挂牌运行。9 月 29 日，上海商标审查协作中心正式挂牌运行。同日，工商总局与上海市人民政府共同签署了实施商标品牌战略合作协议。

25. 关于批准设立第四批商标受理窗口的公告发布。10 月 17 日，工商总局商标局发出关于批准设立第四批商标受理窗口的公告，批准北京市工商行政管理局石景山分局等 29 个工商和市场监管部门设立商标受理窗口，2017 年 10 月 18 日正式启动运行，开展商标注册申请受理工作。

26. 正式启用新版电子公告系统。11 月 3 日，工商总局商标局在中国商标网发布《商标局关于启用新版电子公告系统的公告》，正式启用新版电子公告系统。

27.《工商总局关于深化商标注册便利化改革 切实提高商标注册效率的意见》印发。11 月 14 日，《工商总局关于深化商标注册便利化改革 切实提高商标注册效率的意见》(工商标字〔2017〕213 号)印发。

28. 2017 年度商标审查工作会议在重庆市

召开。11月30日，2017年度商标审查工作会议在重庆市召开。

29. 重庆商标审查协作中心正式挂牌运行。12月1日，重庆商标审查协作中心正式挂牌运行。同日，工商总局与重庆市人民政府共同签署了关于支持重庆建设商标品牌强市战略合作协议。

30. 商标电子发文试点工作正式启动。12月8日，工商总局商标局商标电子发文试点工作正式启动，通过电子邮件向百家代理机构发送《商标注册申请受理通知书》和《商标初步审定公告通知书》，实现电子文书当日导出当日寄发，同时发送文件清单，便于查收。

31. 商标审查审限管理功能模块正式运行。12月13日，商标审查审限管理功能模块在商标审查系统中成功运行，实现了对商标业务各环节时限的控制。

32. 全国工商和市场监管部门商标行政执法工作座谈会在湖北省黄石市召开。12月15日，全国工商和市场监管部门商标行政执法工作座谈会在湖北省黄石市召开。

33. 商标评审裁决文书全面即时公开系统正式上线运行。12月28日，工商总局商标评审裁决文书全面即时公开系统正式上线运行。

（国家知识产权局商标局综合处）

国家版权局

1. 2017年首批重点版权保护预警名单发布。1月20日，按照《国家版权局办公厅关于进一步加强互联网传播作品版权监管工作的意见》及国家版权局版权重点监管工作计划，根据相关网站上报的获得作品授权情况，国家版权局公布了2017年度第一批重点作品版权保护预警名单。2017年首批重点作品版权保护预警名单包括57项影视作品。预警信息包括作品名称、权利主体、授权形式、授权期限以及分销、置换情况。

2. 国家版权局印发版权工作“十三五”规划。1月25日，国家版权局印发了《版权工作“十三五”规划》。规划回顾了“十二五”时期全国版权工作取得的成绩，分析了当前面临的形势，明确了“十三五”版权工作的发展目标和重点任务，对全国版权工作进行了全面部署。

3.“2016 CPCC十大中国著作权人”评选揭晓。2月22日，由中国版权保护中心主办的“2016 CPCC十大中国著作权人”评选结果在2017 CPCC中国版权服务年会开幕式上揭晓。“CPCC十大中国著作权人”年度评选活动是中国版权保护中心于2008年推出的一项面向社会的版权公益活动，以“携手创新、保护版权、促进发展、构建和谐”为宗旨，已赢得了社会的高度认可。本次评选继续围绕“尊重原创”这一核心，新推出了“尊重原创 融合创新”的活动主题。

4. 推进使用正版软件工作部际联席会议第六次全体会议在京召开。2月28日，中宣部副部长、国家新闻出版广电总局（国家版权局）局长聂辰席主持召开推进使用正版软件工作部际联席会议第六次全体会议。会议传达了中共中央政治局委员、国务院副总理汪洋关于软件正版化工作的重要批示，对2016年推进使用正版软件工作进行了总结，并讨论审议了2017年工作计划。

5. 国家版权局公布2016年中国版权十件大事。 3月9日，国家版权局对外公布了评选出的“2016年中国版权十件大事”：(1)“剑网2016”专项行动成果显著；(2)我国版权产业对GDP贡献达7.28%；(3)版权司法保护力度不断加大；(4)推进《视听表演北京条约》生效取得重大进展；(5)全国著作权登记总量突破200万件；(6)首届中国版权金奖颁发；(7)“德化经验”全球共享；(8)五家著作权集体管理组织列入全国性行业协会脱钩试点名单；(9)互联网企业积极履行版权保护主体责任；(10)“网络版权产业研究基地”在腾讯公司设立。

6. 中国音像著作权集体管理协会第六次会员大会在京召开。 3月22日，中国音像著作权集体管理协会第六次会员大会在京召开。大会选举周建潮为中国音像著作权集体管理协会第二届理事会新一任理事长。

7. 国家版权局英文网上线开通。 4月24日，国家版权局英文网(http://en.ncac.gov.cn/)上线开通。网站将以国际化的思维和表达方式，向国际社会传递中国版权的声音，加强同国际社会的交流互动，并提供便捷的信息服务。网站可以通过两种方式登录：一是直接访问英文网域名：http://en.ncac.gov.cn/；二是通过国家版权局中文网页面右上方的英文链接进入。

8. 2017年版权宣传周新闻发布会在京举行。 4月24日，国家版权局在京召开2017年版权宣传周新闻发布会。会上发布了中国版权产业经济贡献调研的最新成果及2017中国网络版权产业发展报告。

9. 2016年中国知识产权发展状况发布。 4月25日，国务院新闻办公室在京举行新闻发布会，详细介绍2016年中国知识产权发展状况。国家版权局新闻发言人、版权管理司司长于慈珂出席发布会并回答记者提问。

10. 2017中国网络版权保护大会在京召开。 4月26日，时值第17个世界知识产权日，国家版权局在北京举办了“2017中国网络版权保护大会”。中宣部、国家网信办、工信部等相关部门负责人及来自中央新闻单位、版权产业界、学术界、法律实务界的代表，围绕“创新改变生活”主题进行了广泛研讨。国家新闻出版广电总局副局长、国家版权局专职副局长周慧琳出席大会并作主旨演讲。

11. 周慧琳在京会见世界知识产权组织总干事弗朗西斯·高锐一行。 5月15日，受中宣部副部长、中国国家新闻出版广电总局局长、国家版权局局长聂辰席委托，中国国家新闻出版广电总局副局长、国家版权局专职副局长周慧琳在京会见了世界知识产权组织(WIPO)总干事弗朗西斯·高锐一行。双方就进一步巩固和加强版权领域的合作，推进《视听表演北京条约》早日生效等相关情况进行了深入交流。WIPO副总干事王彬颖陪同会见。

12. 全国人大常委会著作权法执法检查组第一次全体会议召开。 5月26日，全国人大常委会著作权法执法检查组第一次全体会议在人民大会堂召开。

13. 首届中国报业版权大会在京召开。 6月9日，首届中国报业版权大会在京召开，人民日报社副社长、中国报业协会理事长张建星出席会议并致辞。本次大会由中国报业协会主办，大会汇聚了全国超过100家报社的社长、总编代表，新媒体、自媒体平台代表，学术、法律界代表，版权服务机构代表，旨在探讨中国传统媒体版权的运营现状、遇到的问题以及未来的发展趋势。在本次大会上成立了中国报业协会版权工作委员会筹备组，举行了“中国报业版权服务中心”正式授牌仪式。

14. 国家版权局发布《关于规范电子版作品登记证书的通知》。 6月12日，国家版权局就规范电子版作品登记证书的有关事项下发通知。通知明确，各作品登记机关出具的电子版作品登记证书，其法律效力完全相同；电子版作品登记证书与同一作品的纸质版登记证书的法律效力完全相同。

15. 中美体育赛事节目法律保护研讨会在京举行。6月23日，在由中国国家新闻出版广电总局（国家版权局）和美国专利商标局共同在京主办的中美体育赛事节目法律保护研讨会上，来自中外知识产权界、司法界、学术界、体育产业界及著作权集体管理组织等机构的百余名会议代表，就体育赛事节目所产生的相关权益，以及适用的法律保护方式等问题进行了深入研讨。

16. 我国首个互联网法院获批。6月26日，中央全面深化改革领导小组第三十六次会议审议通过了《关于设立杭州互联网法院的方案》。会议强调，设立杭州互联网法院，是司法主动适应互联网发展大趋势的一项重大制度创新。要按照依法有序、积极稳妥、遵循司法规律、满足群众需求的要求，探索涉网案件诉讼规则，完善审理机制，提升审判效能，为维护网络安全、化解涉网纠纷、促进互联网和经济社会深度融合等提供司法保障。

17. 数字版权保护技术应用产业联盟成立。7月12日，数字版权保护技术应用产业联盟在京成立，该联盟由中国新闻出版研究院发起，业内外100多家单位共同参与。该联盟将围绕数字版权保护技术研发工程，加快推进数字版权保护技术的推广与应用。大会同时举行了数字版权保护技术服务签约仪式。

18. 国家版权局等四部委启动“剑网2017”专项行动。7月25日，国家版权局、国家互联网信息办公室、工业和信息化部、公安部在京联合召开“剑网2017”专项行动通气会，启动“剑网2017”专项行动。国家新闻出版广电总局（国家版权局）版权管理司司长于慈珂通报了“剑网2017”专项行动的工作部署。

19. 视听表演版权保护研讨会在京召开。7月26日，视听表演版权保护研讨会在京召开。会议在国家版权局指导下，由北京市版权局和世界知识产权组织中国办事处联合举办，以宣传《视听表演北京条约》，推动《视听表演北京条约》尽早生效。

20. 十二届全国人大常委会第二十九次会议审议著作权法执法检查报告。8月29日上午，十二届全国人大常委会第二十九次会议举行分组会议，审议全国人大常委会执法检查组关于检查著作权法实施情况的报告。与会人员表示，著作权法的全面深入实施，是推动文化繁荣、科技进步和经济发展的重要举措。在网络时代，要用网络思维面对著作权保护新问题。

21. 中国版权协会“软件工作委员会”在京成立。9月7日，中国版权协会“软件工作委员会”成立大会在北京举行，国家新闻出版广电总局（国家版权局）原副局长、中国版权协会理事长阎晓宏出席成立大会并致辞。

22. 国家版权局版权管理司就网络音乐版权有关问题约谈境内外音乐公司以及国际唱片业协会等相关协会主要负责人。9月13日，国家版权局版权管理司就网络音乐版权有关问题约谈了环球音乐、华纳音乐、索尼音乐、英皇娱乐、中国唱片总公司、正大国际音乐等二十余家境内外音乐公司以及国际唱片业协会等相关协会主要负责人。

23. 周慧琳会见英国知识产权局局长提姆·摩斯一行。11月10日，中国国家新闻出版广电总局副局长、国家版权局专职副局长周慧琳在京会见英国知识产权局局长提姆·摩斯一行。双方就数字环境下的版权执法、著作权集体管理等共同关注的问题进行了友好会谈，并围绕巩固和加强中英双方在版权领域合作交换意见，确定了2018年中英版权工作计划。

24. 2017年全国版权社会服务工作会议在京召开。11月23日，2017年全国版权社会服务工作会议在京召开。会议总结了版权示范创建工作取得的成绩，分析当前面临的问题与挑战，谋划了下一步工作思路和举措，对在新时期贯彻新发展理念，深入推进全国版权社会服务工作具有重要意义。国家新闻出版广电总局副局长、国家版权局专职副局长周慧琳在会上作了《以党的十九大精神为指引，开创新时代版权社会服务工作新局面》的重要讲话，并为2017年全国版权示范城市、示范单位、示范园区（基地）授牌。

25. 第十届中国版权年会在京举行。11月24日，由中国版权协会主办的第十届中国版权年会在京举行。会上颁发了2017中国版权最具影响力企业奖、2017中国版权卓越成就者奖和中国版权年度特别贡献奖。全国人大教科文卫委员会主任委员、中国版权协会名誉理事长柳斌杰出席大会，并为获奖者颁奖。

26. 柳斌杰参加中国版权协会“远集坊”第四期论坛。12月2日，中国版权协会主办的“远集坊”第四期论坛在京举办。全国人大教科文卫委员会主任委员、中国版权协会名誉理事长柳斌杰以“中华优秀传统文化的血脉”为主题，通过对一些古籍的考证和研究，从文化的一般特性、中国文化的真谛、中国文化的传承与优秀传统文化的血脉四个方面，逻辑清晰地阐述了他对文化的认识与研究。

（中央宣传部版权管理局办公室）

农业部

1.《植物新品种保护条例》修订草案和修订说明起草完成。2017年，农业部牵头组织国家林业局等多家单位，汇集各方意见完成《植物新品种保护条例》修订草案和修订说明。

2. 停征植物新品种保护权收费。为切实减轻企业和个人负担，促进实体经济发展，根据《财政部、国家发展改革委关于清理规范一批行政事业性收费有关政策的通知》（财税〔2017〕20号）要求，自2017年4月1日起，停征植物新品种保护权收费。

3. 年度申请量首次位居UPOV成员第一位。2017年度受理品种权申请3842件，同比增长52.3%，首次位居UPOV成员第一位，申请总量近2.2万件。

4. 农业部植物新品种保护测试中心实验室获得中国合格种子检验机构（CASL）资质。2017年，农业部植物新品种保护测试中心实验室获得中国合格种子检验机构（CASL）资质。

5. 中国种子协会植物新品种保护专业委员会成立。11月13日，中国种子协会在青岛召开植物新品种保护专业委员会成立大会，该专业委员会搭建了一个集新品种研发、销售、推广和权益维护等的服务平台。

6. 植物新品种保护国际高级研讨会暨《植物新品种保护条例》颁布20周年座谈会在京召开。4月12日至13日，植物新品种保护国际高级研讨会暨《植物新品种保护条例》颁布20周年座谈会在京召开，来自8个国家的11位外国专家应邀参加高级研讨会。此次会议的成功举办，不仅收到了良好的国内外效果，而且增强了我国国际合作的主动性，提升了我国品种保护的国际影响力。

7. 签订中欧植物新品种保护合作战略协议。11月15日，与欧盟植物新品种保护办公室签订为期3年的中欧植物新品种保护合作战略协议，进一步推动双方合作共赢。

8. 品种权国际申请平台（PRISMA）在我国启动。 11月15日，品种权国际申请平台（PRISMA）在我国启动。2017年，我国农业部参与品种权国际申请平台（PRISMA）研发和汉化工作，中文成为该平台的首个UPOV非官方语言，我国成为首批用户。该平台中文系统的启用为国内品种权申请人向国外申请搭建了桥梁，同时也为国外优良品种"引进来"提供了便利途径。

9. 农产品地理标志处举办农产品地理标志知识产权周宣传活动。 4月28日，"4·26知识产权宣传周"期间，结合茶文化节及"贵州绿茶"农产品地理标志证书颁发仪式，地理标志处在贵州湄潭举办了农产品地理标志知识产权周宣传活动，通过专题大会和摆设宣传板的形式宣传知识产权，央视七频道做了专题报道。

（农业农村部科技教育司）

国家林业局

1. 参加粮食与农业遗传资源委员会第16次例会。 1月29日至2月5日，派员参加了在意大利罗马召开的FAO粮食与农业遗传资源委员会第16次例会。

2. 发布《国家林业局植物新品种保护办公室关于停征植物新品种权收费的公告》。 3月30日，发布《国家林业局植物新品种保护办公室关于停征植物新品种权收费的公告》，自4月1日起，对新受理的林业植物新品种权申请停征申请费、审查费、年费。

3. 参加"园林园艺植物自主知识产权新品种展示暨保护与推广高峰论坛"。 3月30日，参加了在武汉举行的"园林园艺植物自主知识产权新品种展示暨保护与推广高峰论坛"。

4. 印发《国家林业局科技发展中心关于继续开展打击侵犯林业植物新品种权专项行动的通知》。 4月7日，印发《国家林业局科技发展中心关于继续开展打击侵犯林业植物新品种权专项行动的通知》。

5. 召开植物新品种保护国际研讨会暨中国《植物新品种保护条例》颁布20周年座谈会。 4月12日，植物新品种保护国际研讨会暨中国《植物新品种保护条例》颁布20周年座谈会在北京召开。

6. 举办"4·26知识产权宣传周"活动。 4月20日至26日，开通了"2017林业知识产权宣传周"网站，在国家林业局"中国林业网"建立链接并宣传。出版了《2016中国林业知识产权年度报告》《中国林业植物授权新品种（2016）》和《木材用生物质胶黏剂专利与文献分析报告》。4月26日，在中国绿色时报做了题为"知识产权提升林业竞争力 全面创新助推林业转型"专版宣传。

7. 举办中美植物新品种保护研讨会。 5月8日至10日，相继在北京、南京举办中美植物新品种保护研讨会。

8. 召开第十九届中国专利奖林业推荐项目专家评审会。 5月18日，在京召开第十九届中国专利奖林业推荐项目专家评审会，推荐5项林业专利申报第十九届中国专利奖。

9. 开展中美日植物新品种保护测试技术交流活动。 5月30日至6月6日，赴美国、日本开展中美日植物新品种保护测试技术交流活动。

10. 召开林业专利产业化推进项目专家评审会。 6月2日，在京召开林业专利产业化推进项目专家评审会。

11. 印发《2017年加快建设知识产权强国林业推进计划》。 8月25日，印发《2017年加快建设知识产权强国林业推进计划》，提出了18项重点任务和工作措施。

12. 举办核桃遗传资源调查编目培训班。9月3日至6日，在西藏林芝举办了核桃遗传资源调查编目培训班。

13. 参加第十届东亚植物新品种保护论坛。9月10日至13日，派员参加了在缅甸召开的第十届东亚植物新品种保护论坛。

14. 举办第二届国际林木遗传资源培训班。9月19日至27日，在山东滨州举办第二届国际林木遗传资源培训班。

15. 参加国际植物新品种保护联盟(UPOV)第48届果树技术工作组(TWF)会议。9月17日至22日，派员参加了国际植物新品种保护联盟(UPOV)第48届果树技术工作组(TWF)会议。

16. 发布植物新品种权授权公告。10月27日，以国家林业局公告形式发布植物新品种权授权公告，"金焰"等160项植物新品种获得授权。

17. 与欧盟植物新品种保护办公室(CPVO)签署合作协议。11月15日，国家林业局植物新品种保护办公室与欧盟植物新品种保护办公室(CPVO)在北京签署合作协议。

18. 印发《国家林业局科技发展中心关于请协助提供侵犯林业植物新品种权典型案例的函》。11月22日，印发《国家林业局科技发展中心关于请协助提供侵犯林业植物新品种权典型案例的函》。

19. 举办林业植物新品种测试指南编制培训班。11月27日至30日，在北京举办了林业植物新品种测试指南编制培训班。

20. 举办林业植物新品种保护培训班。12月6日至10日，在云南举办了林业植物新品种保护培训班。

21. 印发《国家林业局科技发展中心关于报送2017年林业植物新品种行政执法工作总结的通知》。12月7日，印发《国家林业局科技发展中心关于报送2017年林业植物新品种行政执法工作总结的通知》。

22. 召开知识产权转化运用项目专家评审会。12月15日，召开知识产权转化运用项目专家评审会。

23. 编印《林业知识产权动态》。2017年编印了6期《林业知识产权动态》，全年发表动态信息37篇、政策探讨论文6篇、研究综述报告6篇、统计分析报告6篇。

（国家林业和草原局科技发展中心）

海关总署

1. 知识产权保护系统实施更新升级。2月3日，知识产权海关保护系统实施更新升级，增加知识产权海关保护总担保录入、查询功能，完善外观专利、实用新型专利备案申请表单等。

2. 中美海关知识产权工作组第四次会议在美国洛杉矶举行。2月22日至23日，中美海关知识产权工作组第四次会议在美国洛杉矶举行，双方分别介绍了自上一次工作组会议以来知识产权保护的最新进展情况，交流了两国知识产权法律制度及执法框架，并就拟于2017年4月开展的中美海关知识产权保护联合执法行动的具体方案进行了认真细致的商讨。

3. 中国机电产品进出口商会拜访海关总署。3月15日，中国机电产品进出口商会拜访海关总署，通报海关总署2016年组织的部分海关出口电动平衡车知识产权保护专项行动给行业规范管理、出口贸易量价回升等带来的积极影响，并希望继续得到海关的支持，做大做强电动平衡车行业。

4. 在武汉召开集中工作会议。3月22日至24日，海关总署在武汉召开集中工作会议，讨论贯彻落实2017年全国海关关长会议精神，筹划全年工作安排，研究部署重点工作。

5. 中美海关开展联合执法行动。4月1日至30日，中美海关开展联合执法行动，重点针对邮递、快件、海运渠道往来美国的侵权消费类电子产品、汽车零配件、食品药品、运动服饰。

6. 政法司举办“知识产权海关保护培训班”。4月6日至7日，政法司在海关总署广州教育培训基地举办“知识产权海关保护培训班”。就2016年知识产权海关保护总体情况及2017年工作思路、《海关对进出口侵犯知识产权货物违法行为行政处罚幅度参照标准(暂行)》《知识产权海关保护工作规程》的制定背景、条文理解及适用进行讲解。

7. 中国制笔协会代表拜访海关总署。4月7日，中国制笔协会代表拜访海关总署，介绍行业发展情况及遇到的知识产权问题。

8. 邹志武参加全国打击侵权假冒工作电视电话会议。4月11日，邹志武副署长在京参加2017年全国打击侵权假冒工作电视电话会议，并代表海关总署做了题为《深化国际合作，提升知识产权海关保护工作水平》的会议交流发言。

9. 世界轴承协会秘书长等人拜会海关总署。4月25日，世界轴承协会(WBA)秘书长Dr. Andreas Rowold率协会20余名会员代表拜会海关总署。双方就中国海关知识产权保护工作情况以及轴承侵权趋势等议题进行了充分的沟通和交流，并听取了世界轴承协会关于进一步加强海关知识产权保护工作的意见和建议。

10. 澳大利亚使馆海关处参赞及知识产权参赞一行拜会海关总署。5月19日，澳大利亚使馆海关处参赞及知识产权参赞一行拜会海关总署。澳方感谢海关总署邀请其参加4月在义乌举办的知识产权海关保护国际对话交流会，并对会议所取得的成效表示赞赏。

11. 政法司与美国移民与海关执法局驻华代表进行了交流。5月17日，政法司在美国驻华使馆与美国移民与海关执法局(ICE)驻华代表就中美海关知识产权保护联合执法行动情况进行了交流。双方通报了行动期间各自采取的主要措施及取得的执法成效，并就开展相关后续工作交换了意见。

12. 组织调研组赴南京、拱北海关开展工作调研。5月22日至26日，政法司组织调研组赴南京、拱北海关开展出口知识产权优势企业培塑工作调研。调研组通过分发调查问卷、召开座谈会、赴企业实地参观考察等方式，了解企业经营状况及拥有自主知识产权情况、面临的侵权问题、维权中遇到的困难等，听取企业对知识产权海关保护的意见和建议。

13. 在重庆海关召集专家开展集中工作。6月22日至23日，政法司在重庆海关召集专家开展集中工作，拟定出口知识产权优势企业知识产权保护“龙腾”行动工作方案。

14. 黄埔海关法规处荣获“商标保护奖”。6月29日，工商总局与世界知识产权组织于江苏省扬州市共同举办2017年中国商标金奖颁奖大会，黄埔海关法规处获得“商标保护奖”。

15. 下发《“龙腾”行动工作方案》。7月12日，海关总署下发《“龙腾”行动工作方案》，决定自9月1日至11月30日，在全国海关组织开展出口知识产权优势企业知识产权保护专项行动，代号为“龙腾”行动。

16. 中美海关开展联合执法行动。8月

1 日，中美海关开展联合执法行动，重点针对快件、邮递渠道往来美国的侵权药品、服装、鞋、表、手包、消费类电子产品、打印机墨盒、电池及相关产品。

17. 成立知识产权海关保护风险专家小组。 8 月 3 日，海关总署决定成立知识产权海关保护风险专家小组，小组主要工作任务是：深入研究知识产权案件的特征及规律，对接风险防控中心并及时处置知识产权风险信息。

18. 政法司开展金关工作二期物联网知识产权商标智能识别系统试点工作。 9 月 1 日，政法司开展为期一个月的金关工程二期物联网知识产权商标智能识别系统试点工作，参与试点海关有上海、宁波、厦门、深圳、黄埔 5 个海关。

19. 政法司组织部分海关及相关专家学者研究完善知识产权海关保护制度。 9 月 7 日至 8 日，政法司组织部分海关及相关专家学者研究完善知识产权海关保护制度，为下一步开展新形势下知识产权海关保护制度创新及《知识产权海关保护条例》的修订工作做好工作准备。

20. 欧盟知识产权局国际合作司拜访政法司。 9 月 19 日，欧盟知识产权局国际合作司拜访政法司，双方就 IP KEY 项目如何对《中欧海关知识产权合作行动计划》的实施提供协助进行交流。

21. 政法司召开全国海关出口知识产权优势企业保护“龙腾”行动中期推进会。 10 月 25 日、30 日，海关总署分别在南昌海关、兰州海关召开全国海关出口知识产权优势企业知识产权保护“龙腾”行动中期推进会。

22. 欧洲足球协会联盟拜访政法司。 12 月 7 日，欧洲足球协会联盟（UEFA）拜访政法司，UEFA 感谢中国海关近年来特别是 2016 年法国欧洲杯期间在打击侵权假冒产品工作中所做的巨大努力，并期盼与中国海关在 UEFA 知识产权保护和实施中进一步加强合作。

23. 开展“龙腾”行动评估总结集中工作。 12 月 11 日至 16 日，海关总署决定开展“龙腾”行动评估总结集中工作。

24. 中哈海关知识产权专家组第一次会议举行。 12 月 20 日至 22 日，中哈海关知识产权专家组第一次会议在哈萨克斯坦举行，磋商形成了《中哈海关知识产权边境执法合作备忘录（建议稿）》。

（海关总署综合业务司）

商　务　部

1. 商务部联合 15 部门印发《关于促进老字号改革创新发展的指导意见》。 2017 年 2 月，商务部联合 15 部门印发《关于促进老字号改革创新发展的指导意见》，积极构建老字号的保护、促进和宣传推广体系，并开展了一系列的工作，持续优化中华老字号的发展环境，增强老字号知识产权保护，提升品牌知名度和影响力。

2. 商务部在德国汉诺威消费电子、信息及通信博览会设知识产权服务站。 在 2017 年 3 月举办的德国汉诺威消费电子、信息及通信博览会上，商务部设立了中国企业知识产权服务站，为众多中国参展企业提供免费法律咨询，在维护展会秩序、保护企业合法权益方面取得了良好效果。截至 2017 年，由商务部打造的中国企业知识产权服务站在境外重要展会上提供服务已经是第八年，并已覆盖多个国外知名展会。下一步，商务部还将进一步开拓，为更多的“走出去”企业服务。

3. 汪洋出席全国打击侵权假冒工作电视电话会议并讲话。4 月 11 日全国打击侵权假冒工作电视电话会议在京召开，国务院副总理、全国打击侵权假冒工作领导小组组长汪洋出席会议并讲话。他强调，要坚持稳中求进工作总基调，坚持以新发展理念为指导，坚持依法治理、打建结合、统筹协作、社会共治原则，强化重点领域集中整治，推进法治建设，创新监管制度，开创打击侵权假冒工作新局面，以优异成绩迎接党的十九大胜利召开。

4. 中欧知识产权工作组第二十次会议在京召开。4 月 20 日，商务部条法司陈福利副司长和欧盟委员会贸易总司知识产权主任费尔南多·德皮尼克共同主持召开了第二十次中欧知识产权工作组会议。双方就商标、版权、专利、网络侵权、地理标志谈判的进展等广泛议题开展了深入讨论。

5. 商务部：美国发布的《特别 301 报告》缺乏客观标准和公正性。美国贸易代表办公室 2017 年 4 月发布关于知识产权的《2017 年特别 301 报告》，继续将中国列入疑似知识产权保护不力的重点观察国家名单。对此，中国商务部新闻发言人孙继文在例行记者会上回应称，中方表示严重关切，《特别 301 报告》缺乏客观标准和公正性。

6. 商务部与欧委会贸易委员签署知识产权领域合作文件。第 19 次中欧领导人会晤期间，在李克强总理和欧洲理事会主席图斯克、欧盟委员会主席容克见证下，中国商务部部长钟山与欧盟委员会贸易委员马尔姆斯特伦于 6 月 2 日在布鲁塞尔共同签署了《中华人民共和国商务部与欧盟委员会关于知识产权合作项目“IP Key 中国”的行政安排》和《中华人民共和国商务部和欧盟委员会农业与农村发展总司关于地理标志合作与保护协定谈判的备忘录》。双方将于 2017 年 9 月至 2021 年 8 月开展第四期知识产权合作项目“IP Key 中国”，继续在知识产权立法和执法、企业知识产权风险防范、国际知识产权规则等方面开展合作。

7. 中意知识产权工作组会议在罗马召开。2017 年 6 月，为配合中意经济合作混委会顺利召开，商务部条法司同意大利经济发展部专利、商标与打假局在罗马举行了中意知识产权工作组会议，双方就知识产权管理体制、知识产权保护案件、地理标志保护等议题进行了交流和探讨。

8. 商务部：欧盟有关方面指责中国假货的报告不负责任。商务部新闻发言人孙继文在 6 月 29 日召开的新闻发布会上表示，欧盟方面对中国假货指责的《2017 年欧盟打击假冒和盗版情况报告》是不负责任的，其中数据的真实性和客观性有待进一步研究。

“治理侵权假冒问题是全球性难题，既有市场的因素，也有监管的问题，需要国际社会共同努力和执法合作。”孙继文说，中国政府一直高度重视进出口领域侵权假冒问题的治理，不断强化进出口环节监管。

孙继文表示，下一步，商务部将从四个方面加大对侵权假冒的打击力度，包括继续以涉及健康和安全的消费品及大型投资、基建、大型设备材料出口为重点，加强进出口环节监管；扩大国际执法协作，提高对跨境制售侵权假冒商品的打击效能；加强对重点专业市场和商品集散地的日常监管；推进“打建结合”，进一步提升中国品牌的海外形象。

9. 商务部新闻发言人就美国对华启动“301 调查”发表谈话。8 月 21 日，商务部新闻发言人就美国对华启动“301 调查”发表谈话。8 月 18 日（美国时间），美国贸易代表依据《1974 年贸易法》宣布对华启动 301 调查。美方无视世贸组织规则，依据国内法对华发起贸易调查，是不负责任的，对中方的指责是不客观的。中方对美方这种单边主义、保护主义的做法表示强烈不满。中方敦促美方尊重事实，尊重双方业界希望加强合作的强烈愿望，尊重多边贸易规则，审慎行事。中方将密切关注调查的进展，并将采取所有适当措施，坚决捍卫中方合法权益。

10. 2017 年中瑞知识产权工作组第九次会议在伯尔尼召开。8 月，中瑞知识产权工作组第九次会议在瑞士召开，商务部条法司叶军副巡视员和瑞士联邦知识产权局副局长菲利克斯·阿多尔共同主持了会议，双方就知识产权立法、执法和司法等有关方面的情况，尤其是瑞士国家名称滥用、地理标志保护、药品上市监管等议题展开了交流。

11. 商务部期待金砖国家会议达成知识产权等八项共识。商务部副部长王受文于 9 月 3 日表示，电子商务等新技术将被全面引入金砖五国的经贸合作，经贸合作是金砖国家合作的推进器，金砖国家发挥各自产业优势，未来在经贸合作方面前景十分广阔。

王受文是在金砖国家经贸合作成果吹风会上作出上述表示的，他指出，期待通过此次会晤达成在电子商务、投资便利化、知识产权、服务领域合作等八项共识。

12.《外商投资企业知识产权保护行动方案》印发。9 月 8 日，全国打击侵犯知识产权和制售假冒伪劣商品工作领导小组办公室、国家知识产权局、公安部、农业部、商务部、海关总署、工商总局、新闻出版广电总局、国家林业局、国家邮政局、最高法、最高检等十二部门联合印发《外商投资企业知识产权保护行动方案》，决定于 9 月至 12 月，在全国范围内集中打击侵犯外商投资企业知识产权违法犯罪行为，这是近年来中国政府首次专门针对外商投资企业知识产权保护问题开展的专项行动。

13.《中国知识产权保护与营商环境新进展报告》发布。9 月 28 日，全国打击侵犯知识产权和制售假冒伪劣商品工作领导小组办公室发布了《中国知识产权保护与营商环境新进展报告》，从法律制度、行政执法、司法保护、统筹协调、国际合作、营商环境 6 个方面介绍了中国近年来知识产权保护和营商环境建设取得的成绩与进步。

14. 中日知识产权工作组第六次会议在京举行。12 月 13 日，商务部条法司陈福利副司长与日本经济产业省大臣官房审议官土田浩史共同主持召开了中日知识产权工作组第六次会议。双方就知识产权法律制度最新动向，中日地理标志保护制度，中日在仿冒品、盗版应对方面的信息共享及合作等彼此关注的议题进行了交流和探讨。

15. 第十一次中欧知识产权对话在京召开。12 月 18 日，商务部李成钢部长助理和欧盟委员会贸易总司佩特修尼副总司长共同主持召开了第十一次中欧知识产权对话。双方回顾了第十次对话以来的重点关注领域，确定了新一年的重点关注领域，并就中欧知识产权合作项目的执行情况交换了意见。

16. 中韩自贸协定项下知识产权委员会第二次会议在京召开。12 月，中韩自贸协定项下知识产权委员会第二次会议在北京召开。双方就著作权法的修订、广播组织权利、著作权人或所有权人的身份推定、打击盗版、驰名商标认定原则与程序的信息分享等议题展开了交流和探讨。

（商务部条法司）

公安部

1. 召开外资企业座谈会。1月16日，公安部经侦局召开外资企业座谈会，会同外商投资企业协会优质品牌保护委员会，以及“强生”“联合利华”“施耐德”“苹果”“惠普”“奥迪”等18家外商投资企业的25名代表召开座谈会，交流知识产权刑事保护工作。

2. 与欧盟反欺诈办公室举行会谈。5月16日，公安部经侦局与欧盟反欺诈办公室举行会谈，就加强知识产权执法合作进行交流。

3. 参加国际商标协会第139届年会。5月18日至22日，公安部经侦局组团赴西班牙巴塞罗那参加国际商标协会第139届年会并作大会发言。

4. 举办知识产权刑事保护培训班。6月13日至17日，公安部联合国际刑警组织在广西南宁举办知识产权刑事保护培训班，14个省、区、市公安机关经侦、打假、食药侦部门和部分地方国际合作部门负责同志和业务骨干120余人参加。

5. 组织全国公安机关经侦部门代表参加2017中国知识产权刑事保护论坛。6月20日至21日，公安部经侦局组织全国公安机关经侦部门代表赴浙江杭州参加2017中国知识产权刑事保护论坛。

6. 参加国际刑警组织第十一届知识产权执法大会。8月27日，公安部经侦局派代表团赴美国参加国际刑警组织第十一届知识产权执法大会。

7. 举行中美知识产权刑事执法会晤。9月1日，公安部经侦局会同美国司法部、国土安全部、知识产权协调中心等部门共同举行中美知识产权刑事执法会晤，并就中美双方目前正在推动的跨国案件执法合作进行会商。

8. 与美国移民海关执法局举行会谈。9月26日，公安部经侦局与美国移民海关执法局在北京举行会谈，就加强知识产权刑事执法合作进行交流。

9. 举办全国公安机关知识产权刑事执法培训班。11月20日至23日，公安部经侦局在云南昆明举办全国公安机关知识产权刑事执法培训班，来自全国32个省级公安机关的业务骨干110人参加。

10. 参加打击非法物品贩运“链条”行动案件分析会。11月28日至30日，公安部经侦局派员赴印度孟买，参加国际刑警组织的打击非法物品贩运“链条”行动案件分析会。印度、新加坡、泰国、越南、印度、哈萨克斯坦、阿联酋等10余个国家的30余名代表参会。

11. 组织开展打击侵犯知识产权犯罪集中行动。12月1日，公安部经侦局组织开展为期2个月的打击侵犯知识产权犯罪集中行动，代号“春雷”。

（公安部经济犯罪侦查局）

最高人民法院

1. 通报《最高人民法院关于审理商标授权确权行政案件若干问题的规定》。1月11日，最高人民法院召开新闻发布会，通报《最高人民法院关于审理商标授权确权行政案件若干问题的规定》，该司法解释于 3 月 1 日起施行。

2. 成都等地知识产权法庭揭牌成立。1 月 9 日，根据最高人民法院批复同意，成都知识产权法庭揭牌成立；1 月 19 日，南京知识产权法庭、苏州知识产权法庭揭牌成立；2 月 22 日，武汉知识产权法庭揭牌成立。

3. 公布最高人民法院第 16 批指导性案例。3 月 9 日，最高人民法院召开新闻发布会，公布最高人民法院第 16 批指导性案例，包括知识产权领域的 9 个民事案例和 1 个刑事案例。

4. 召开启动知识产权宣传周活动新闻发布会。4 月 24 日，最高人民法院召开启动知识产权宣传周活动新闻发布会，首次发布《中国知识产权司法保护纲要（2016—2020）》，并依照惯例发布《中国法院知识产权司法保护状况（2016 年）》（白皮书）和《最高人民法院知识产权案件年度报告（2016）》，公布了 2016 年中国法院十大知识产权案件和 50 件知识产权典型案例。

5. 举办"中国法院知识产权司法保护成就展"。4 月 27 日，最高人民法院在中国法院博物馆首次举办"中国法院知识产权司法保护成就展"，并举行了开幕式。周强院长和世界知识产权组织驻中国办事处主任陈宏兵出席开幕式并致辞，沈德咏常务副院长主持开幕式。

6. 召开"民法典分则知识产权独立成编相关问题研讨会"。5 月 5 日，最高人民法院知识产权审判庭召开"民法典分则知识产权独立成编相关问题研讨会"，对民法典分则知识产权独立成编问题进行研讨。

7. 召开第三次知识产权法院工作座谈会。5 月 25 日，第三次知识产权法院工作座谈会在广东省东莞市召开，最高人民法院陶凯元副院长出席会议并讲话。

8. 周强院长作关于知识产权法院工作情况的报告。8 月 29 日，周强院长在第十二届全国人民代表大会常务委员会第二十九次会议上作关于知识产权法院工作情况的报告。

9. 合肥等地知识产权法庭揭牌成立。8 月 30 日，根据最高人民法院批复同意，合肥知识产权法庭揭牌成立；9 月 8 日，杭州知识产权法庭、宁波知识产权法庭揭牌成立；9 月 28 日，福州知识产权法庭、济南知识产权法庭揭牌成立；9 月 30 日，青岛知识产权法庭揭牌成立。

10. 召开"第四届中国知识产权保护热点问题研讨会"。10 月 21 日，由最高人民法院知识产权司法保护研究中心、知识产权司法保护理论研究（深圳大学）基地主办，深圳大学法学院承办的"第四届中国知识产权保护热点问题研讨会"在深圳召开。

11. 审议通过《关于加强知识产权审判领域改革创新若干问题的意见》。11 月 20 日，习近平总书记主持召开十九届中央全面深化改革领导小组第一次会议，会议审议通过了《关于加强知识产权审判领域改革创新若干问题的意见》。

12. 深圳知识产权法庭揭牌成立。12 月 26 日，根据最高人民法院批复同意，深圳知识产权法庭揭牌成立。

13. 举行"知识产权（司法）保护国际交流与争端解决机制"论坛。12 月 12 日，由中国法院知识产权司法保护国际交流（上海）基地、世界知识产权组织中国办事处共同主办的"知识产权（司法）保护国际交流与争端解决机制"论坛在上海举行。

14. 召开首届知识产权司法保障科技创新研讨会。12 月 13 日，由最高人民法院知识产权司法保障科技创新研究（上海）基地和上海市法学会主办，上海知识产权法院承办的首届知识产权司法保障科技创新研讨会在上海召开。

（最高人民法院知识产权审判庭）

最高人民检察院

1. 印发《关于充分履行检察职能加强产权司法保护的意见》。1月，最高人民检察院印发《关于充分履行检察职能加强产权司法保护的意见》。

2. 发布2016年度检察机关保护知识产权十大典型案例。4月，最高人民检察院发布2016年度检察机关保护知识产权十大典型案例。

3. 对10起侵犯知识产权犯罪案件予以挂牌督办。6月，最高人民检察院对10起侵犯知识产权犯罪案件予以挂牌督办。

4. 印发《关于充分发挥职能作用营造保护企业家合法权益的法治环境 支持企业家创新创业的通知》。12月，最高人民检察院印发《关于充分发挥职能作用营造保护企业家合法权益的法治环境 支持企业家创新创业的通知》。

（最高人民检察院侦查监督厅）

1. 王勇在国家知识产权局调研

1月5日，国务委员王勇在国家知识产权局调研时强调，要深入贯彻落实党的十八届六中全会和中央经济工作会议精神，牢固树立新发展理念，大力实施知识产权战略，深化知识产权领域改革，努力提高知识产权创造质量、运用效益和保护效果，加快知识产权强国建设，为促进创业创新和经济提质增效升级作出更大贡献。

（新华社）

2. 全国知识产权局局长会议在京召开

1月5日，全国知识产权局局长会议在北京召开，国家知识产权局局长申长雨传达了国务委员王勇在国家知识产权局调研和主持召开知识产权工作座谈会时的重要讲话，并作了题为《深化知识产权领域改革 加强知识产权保护运用 奋力谱写知识产权强国建设新篇章》的工作报告。申长雨强调，2017年是推进知识产权综合管理改革、实施“十三五”国家知识产权保护和运用规划、加快建设知识产权强国的重要一年。全系统要牢固树立和贯彻落实新发展理念，坚持稳中求进工作总基调，以加快知识产权强国建设为主线，以实施国家知识产权战略为载体，以深化知识产权领域改革为突破口，以知识产权保护和运用为重点，努力提高知识产权的创造质量、运用效益、保护效果、管理能力和服务水平，加快实现知识产权事业发展“五个转变”，扎实推动知识产权强国建设迈上新台阶。

（王 康 孙 迪）

3. 国家知识产权局传达学习《“十三五”国家知识产权保护和运用规划》和《知识产权综合管理改革试点总体方案》

1月13日，国家知识产权局召开会议，传达学习两个重要文件。局长申长雨强调，要认真学习贯彻中央精神和文件部署，积极推进知识产权综合管理改革，加强知识产权保护运用，加快知识产权强国建设。

申长雨指出，两个重要文件的印发，充分体现了党中央、国务院对知识产权工作的高度重视，文件明确了知识产权综合管理改革试点工作的方向、原则、目标、路径，提出了“十三五”知识产权保护运用的重要政策、重要工程和重要项目，为推进知识产权综合管理改革，加强知识产权保护运用提供了遵循，指明了方向，将对知识产权事业发展产生重大而深远的影响，具有十分重要的意义。全局全系统干部职工要深入学习，深刻领会，把握实质，抓好落实。

（王 康）

4. 2016年我国知识产权事业发展各项指标量质齐升

1月19日，国家知识产权局在京召开新闻发布会，公布了2016年主要工作统计数据及有关情况。2016年，我国知识产权事业发展各项指标量质齐升，国内发明专利拥有量首次超过100万件，企业知识产权创造运用主体地位持续稳固。

国家知识产权局有关部门负责人表示，综合分析2016年主要统计数据，呈现出四个特点：一是我国国内发明专利拥有量突破100万件，成为继美国和日本之后，世界上第三个国内发明专利拥有量超过百万件的国家。二是我国发明专利创造实现量质齐升。2016年,我国国内发明专利申请在全部专利申请中的比例保持在40%左右,企业占国内发明专利申请和授权的比例均达到六成以上。三是部分领域专利布局与国外尚存差距。四是我国申请人对外专利申请增势强劲。 (王 宇)

5. 广东PCT国际申请连续15年位居全国首位

1月16日,广东省知识产权局局长会议召开,公布了2016年广东省PCT国际申请量为2.36万件,已连续15年居全国首位。

数据显示,2016年1月至11月,广东省专利申请量达43.85万件,同比增长42.5%;发明专利申请量13.57万件,同比增长53.5%。专利授权量23.54万件,同比增长10.67%;发明专利授权量3.48万件,同比增长17%。有效发明专利量达到16.58万件,保持全国第一位。 (王 康)

6. 今年世界知识产权日主题为“创新改变生活”

2月3日,世界知识产权组织(WIPO)在其官网公布了2017年世界知识产权日主题——“创新改变生活”,并发布了宣传海报。

WIPO官网指出,创新是一种没有止境的人类力量。它把问题转变为进步,不断突破可能性的界限,创造出前所未有的新能力。2017年世界知识产权日庆祝的正是这种创造力。我们将探讨世界上最非凡的一些创新如何改变了我们的生活;新创意如何帮助解决共同的全球挑战——气候变化、健康、贫困和养活不断增加的人口的需要。我们将探讨知识产权制度如何通过以下方式支持创新:吸引投资、回馈创造者、鼓励他们开发自己的创意,并确保他们的新知识可以免费获取,以使未来的创新者可以在当今新技术的基础上再接再厉。 (柳 鹏)

7. 专利行政执法办案效率稳步提高

2016年,全国知识产权系统办理专利纠纷案件达2.0859万件,专利行政执法办案总量达4.8916万件,12个省专利执法办案量超千件,97.5%的案件在立案当年结案。新春伊始,全国知识产权系统专利行政执法办案相关数据出炉,为2016年构建知识产权大保护工作格局交上了优异的答卷,也为2017年全面贯彻落实中央关于严格知识产权保护的决策部署,充分发挥知识产权在现代产权体系中保护无形财产权的核心作用奠定了坚实的基础。

2016年,全国知识产权系统打击专利侵权假冒办案力度持续加大。2016年,专利行政执法办案总量4.8916万件,同比增长36.5%。其中,专利纠纷案件首次突破2万件,达到2.0859万件(其中专利侵权纠纷2.0351万件),同比增长42.8%;假冒专利案件2.8057万件,同比增长32.1%,实现了“十三五”良好开局。

(孙 迪 关 键)

8. 我国商标申请注册量连续15年居世界第一

2月7日,国家工商行政管理总局商标局公布了2016年我国商标申请与注册统计情况。统计显示,2016年我国商标申请量达369.1万件,已连续15年位居世界第一。2016年国内商标申请量排前5位的省(区、市)分别为广东、北京、浙江、上海、江苏。

随着商标注册便利化改革扎实推进,2016年我国商标申请量同比增长28.4%,增速较2015年提高1.5%。其中,网上申请显著增加,共有300.1万件,占申请总量的81.3%,所占比重较2015年提高12%。至2016年底,商标有效注册量达1237.6万件,每万户市场主体商标拥有量达1422

件，比 2015 年底的 1335 件增长了 6.5%。商标质押登记总量快速增长，2016 年办理质权登记申请 1410 起，同比增长 20%，帮助企业融资 649.9 亿元，同比增长 90%。

（王国浩）

9. 中科院 2016 年知识产权转化 7000 余亿元

2016 年中国科学院加强知识产权运用，通过设立知识产权运营管理中心、知识产权转化基金等举措，全年实现知识产权转化价值 7000 余亿元。

中国科学院有关负责人表示，知识产权的数量、质量、运用能力以及保护力度是衡量一个国家创新能力的重要标志之一，也是国家综合竞争力的重要体现。2016 年中国科学院知识产权工作进一步转变了“重论文轻专利”等观念，切实发挥创新优势，坚持走市场化知识产权运营之路，实现各方的互利共赢。2016 年，中国科学院通过知识产权转化使相关企业新增销售收入约 3797 亿元，实现利润 472 亿元。中国科学院所属单位投资企业实现知识产权转化营业收入 3850 亿元，实现利润 134 亿元；累计收入达 7647 亿元，利润 606 亿元。

（赵建国）

10. 知识产权价值评估取得突破性进展

知识产权质押融资工作中，资产评估的准确量化一直是一个难题。2 月 15 日，由中国专利技术开发公司组织研发的国专知识产权评估认证系统 1.0 版本正式在京发布，为破解这一难题提供了解决方案。

该系统创新了知识产权评估评价方法，可以为知识产权评估、交易、保护、管理和服务提供可量化的依据。该系统运用大数据平台，可以开展知识产权价值评估、企业价值评估、重大经济活动项目评议等业务，对评估结果出具专业的评估评价报告。该系统致力于拓展知识产权全产业链服务内容，并努力探索“知识产权＋互联网平台＋产业化＋金融”的发展模式，服务知识产权工作实践。

（国　专）

11. 知识产权：京津冀协同发展的“助推剂”

“实现京津冀协同发展，是一个重大国家战略，要坚持优势互补、互利共赢、扎实推进，加快走出一条科学持续的协同发展路子来。”3 年前的 2 月 26 日，党中央国务院高瞻远瞩，全面深刻阐述了京津冀协同发展战略的重大意义、推进思路和重点任务，围绕京津冀协同发展的国家战略作出了重要部署。

协同发展，重在创新驱动。可以说，作为产业优化升级和创新驱动发展的重要支撑，知识产权在京津冀协同发展中大有可为。3 年来，在国家知识产权局的协调推动下，21.6 万平方公里的土地上，“一局三地”知识产权促进京津冀协同发展合作会商机制正式建立了起来，在严格知识产权保护、协同知识产权运用、共享知识产权服务资源等方面进行了一系列新的合作机制的探索，区域知识产权协同发展示范区初步打造成型。

（王　宇）

12. 万亿元成交额加速知识产权价值实现

2 月 26 日，科技部新闻发布会公布，2016 年全国技术合同成交额同比增长 15.97%，首次突破 1 万亿元大关，达到 1.1407 万亿元。随着经济社会的发展，越来越多的市场主体认识到创新成果的产权意义，逐年攀升的技术合同成交额正是技术市场数量规模不断扩大、创新主体技术转移活动不断丰富的重要体现。

近年来，促进科技成果转移转化的载体平台不断丰富，全国 1000 余家技术交易市场成为技术交易和知识产权转移转化的“主战场”。其中高校院所的技术供给积极性增强，成交额增幅达 21.78%。随着我国各领域产业链不断向高端迈进，企业技术交易也更青睐电子信息、生物医药等高新技术领域。据统计，2016 年，高新技术领域技术合同成交额占总成交额的80%。

（孙 迪）

13. 知识产权成地方两会热议词汇

全国两会召开在即，各地方两会陆续闭幕。在各地方两会无数议题之中，知识产权成为被热议的高频词汇之一。经梳理发现，在代表委员关注的知识产权话题中，加快知识产权综合管理改革、加强知识产权保护和运用等受到高度关注。

武汉市政协委员、国家知识产权局专利局专利审查协作湖北中心主任郭雯在武汉市两会的大会发言中建议推进武汉知识产权综合管理改革。她认为，一方面，武汉具有申报知识产权综合管理改革试点城市的优势；另一方面，武汉现行知识产权行政管理体制改革需求迫切。

关注知识产权综合管理改革的还有民建北京市委副主任、北京市交通委员会委员李晓松。她认为，知识产权作为发展的重要资源和竞争力的核心要素，在北京建设科技创新中心和首善之区的过程中发挥着重要作用。然而，现行的知识产权管理体系无法满足实际发展需要，需要通过知识产权综合管理改革，提高知识产权制度的整体运行效率。（王 康）

14. 四地引入专利质押融资保证保险

2月23日，国家知识产权局办公室发出通知，要求辽宁、山东、广东、四川四个专利质押融资风险补偿基金试点省份引入专利质押融资保证保险，完善专利质押融资风险补偿机制。上述省份知识产权局将按照通知要求，引入专利质押融资保证保险，并结合本地区实际完善各自的专利质押融资风险补偿基金实施方案。

2016年底，国家知识产权局会同中国人民财产保险股份有限公司开发的专利质押融资保证保险在广东省中山市正式落地运营。该保险由银行、保险、风险补偿基金和服务机构按约定比例共担风险，开启了专利质押融资与知识产权保险相互促进、融合发展的新模式，对降低企业融资成本、放大补偿基金杠杆作用、加强风险管控及完善追偿机制等起到了重要的促进作用。

（孙 迪）

15. 专利统计数据公开内容自2017年起进行调整

为进一步落实中央巡视精神，提升专利质量，更好地发挥专利统计指标的创新导向作用，自2017年1月起，国家知识产权局对专利统计数据公开内容进行调整，主要包括将按月公开专利申请量，不再公开专利受理量。

据介绍，专利统计数据公开内容的调整，将进一步引导申请人合理利用专利制度，有利于优化专利审查资源配置，真实地反映国家社会创新水平，提高科学决策水平，更好地支撑创新型国家建设。此次调整，不会影响专利申请人或专利权人应享有的法定权利。（刘 磊）

16. 政府工作报告强调：完善知识产权创造、保护和运用体系

3月5日，第十二届全国人民代表大会第五次会议在人民大会堂开幕。国务院总理李克强代表国务院向大会作政府工作报告。在报告中他指出，要全面提升科技创新能力，开展知识产权综合管理改革试点，完善知识产权创造、保护和运用体系。加快完善产权保护制度，依法保障各种所有制经济组织和公民财产权，对于侵害企业产权的行为，必须严肃查处、有错必纠。

（王 康 冯 飞）

17. 2017年全国知识产权宣传周活动于4月20日启动

3月9日，全国知识产权宣传周活动组委会表示，为加强知识产权宣传普及，提升全社会知识产权意识，结合庆祝第17个世界知识产权日，全国知识产权宣传周活动组委会(下称活动组委会)决定于2017年4月20日至26日开展主题为“创新创造改变生活,知识产权竞争未来”的2017年全国知识产权宣传周活动。

活动组委会确定了2017年宣传周的五项重点。一是宣传我国知识产权制度建立、完善和发展的不平凡历程、成就和经验,着重宣传“十三五”开局以来知识产权事业发展的新思路、新举措、新成绩。二是宣传各级党委政府加强知识产权保护的重大决策部署。三是宣传我国在提升知识产权质量和运用效益方面出台的政策和举措。四是宣传报道知识产权综合管理改革试点取得的进展,宣传报道各类试验区、示范区开展知识产权领域改革取得的成功经验和做法。五是宣传国家知识产权法律法规和基本知识,着重宣传知识产权各领域的专业知识,把宣传普及提升到传播以“尊重知识,崇尚创新,诚信守法”为核心理念的知识产权文化层面,增强全社会知识产权意识。 (徐子航)

18. 国家知识产权局开展知识产权纠纷仲裁调解试点工作

3月14日,国家知识产权局发布通知,在前期相关工作的基础上,国家知识产权局启动知识产权纠纷仲裁调解试点工作,旨在充分发挥仲裁与调解在协调解决知识产权纠纷中的重要作用,探索形成知识产权纠纷多元化解决机制,为权利人提供更多的争议解决途径和维权选择。

此次启动的知识产权纠纷仲裁调解试点工作,其总体目标和工作思路是贯彻实施2015年底印发的《国务院关于新形势下加快知识产权强国建设的若干意见》,以促进产业发展、改善创新环境为出发点,遴选需求强、基础好的地方、机构、社会组织或者协会作为试点单位,探索将知识产权纠纷仲裁和调解工作共同纳入试点范畴。

(崔静思)

19. 民法总则首次明确规定知识产权保护客体

3月15日,十二届全国人大五次会议以2782票赞成的高票表决通过《中华人民共和国民法总则》(下称《民法总则》),自2017年10月1日起施行。中国民事法律制度从此开启“民法典时代”。值得关注的是,为贯彻落实党中央关于实现公民权利保障法治化和完善产权保护制度的要求,《民法总则》在民事权利一章明确民事主体依法享有知识产权,对知识产权客体作了概括性规定,以统领各知识产权单行法律。

知识产权作为民事权利的一种,是指权利人依法就知识产权客体享有的专有的权利。为了加强对知识产权的保护,促进科技创新,建设创新型国家,《民法总则》在第123条规定,民事主体对作品、发明、实用新型、外观设计、商标、地理标志、商业秘密、集成电路布图设计、植物新品种及法律规定的其他客体依法享有知识产权。对比《民法通则》,《民法总则》中的商业秘密、集成电路布图设计、植物新品种等均为新增内容。 (王　康)

20. 博鳌亚洲论坛2017年年会知识产权研讨会成功举办

3月24日,博鳌亚洲论坛2017年年会知识产权研讨会成功举办,这是博鳌亚洲论坛首次设置知识产权相关议题并开展研讨交流。中国国家知识产权局局长申长雨出席研讨会,并与世界知识产权组织副总干事王彬颖、美国高通公司全球总裁德里克·阿博利、中南财经政法大学知识产权研究中心主任吴汉东等嘉宾围绕“知识产权:为创新护航”这一主题进行了深入探讨。

申长雨指出,中国积极参与知识产权国际事务,推动知识产权国际规则朝着平衡、普惠、包容的方向发展。在与周边国家知识产权合作方面,中国已经与多数国家建立了双边或多边知识产权合作机制。谈到知识产权保护和运用，申长雨强调，当前知识产权保护的着力点归结起来就是“严保护、大保护、快保护”。围绕知识产权运用，也有三个努力方向，就是“建机制、建平台、促产业”。首先是建机制，就是深化知识产权权益分配改革，构建更加科学合理的权益分配机制。其次是建平台，就是构建全国知识产权运营平台体系，在这个平台上开展知识产权的转移转化、收购托管、交易流转、质押融资、分析评议等，充分发挥知识产权的综合效益。第三是促产业，要通过推动知识产权密集型产业发展来促进产业转型升级。（王　宇）

21. 四川首家“三合一”知识产权局挂牌

3 月 27 日，四川首家“三合一”知识产权局——成都市郫都区知识产权局在郫都区茅蓉镇挂牌，这是《知识产权综合管理改革试点总体方案》出台以来成立的四川首家集专利、商标、版权于一体的知识产权综合管理机构。

据介绍，郫都区知识产权局充分整合原分布在科技部门、市场和质量监管部门、文化部门的专利、商标、版权等职能，通过“合三为一”，着力构建与创业创新创造相匹配、与强化公共服务相适应的知识产权综合管理体制，彻底打破“各管一摊、分立并行、职能交叉”的知识产权管理状况，力争取得“1＋1＋1＞3”的聚合效应。

（孙　迪）

22. 第八届金砖国家知识产权局局长会议召开

当地时间 4 月 6 日至 7 日，第八届金砖国家知识产权局局长会议在印度新德里召开，中国国家知识产权局局长申长雨率团出席。

申长雨表示，随着创新和开放在世界经济发展中的地位和作用日益凸显，知识产权作为创新发展的刚需和国际贸易的标配，正扮演着越来越重要的作用。中国国家知识产权局始终高度重视金砖国家知识产权合作，期待今年的金砖五局局长会议能够取得丰硕成果，促进五国的经济和科技文化交流。在各方的共同努力下，金砖国家知识产权局局长会议机制已被列入金砖国家合作部长级会议，金砖五局的知识产权合作将继续保持良好的发展势头，取得更多实质性成果，为金砖五国的合作提供更加有力的支撑。（盛　莉）

23. 2017 中国知识产权保护高层论坛在京举办

4 月 20 日，以“创新时代：知识产权保护”为主题的 2017 中国知识产权保护高层论坛在京拉开帷幕。中国国家知识产权局局长申长雨、世界知识产权组织（WIPO）副总干事王彬颖等出席论坛并作主旨发言。

申长雨在主旨发言中指出，近年来，党中央、国务院始终高度重视知识产权工作，将其作为激励创新的基本保障加以谋划和部署。按照党中央、国务院的决策部署，国家相关部门和各个地方持续加大知识产权保护力度，不断优化知识产权环境，有力地促进了经济社会创新发展。

申长雨表示，尽管近年来我国知识产权保护取得了各方公认的巨大成就，但与社会期待相比还存在一定差距，知识产权保护取证难、周期长、成本高、赔偿低、效果差状况尚未根本好转，需要我们立足国家经济社会发展的现实需要和社会公众的共同期待，进一步加大知识产权保护力度，营造更好的知识产权环境。（王　康）

24. 国家知识产权局举办 2017 年开放日活动

4 月 26 日，2017 年国家知识产权局开放日活动在京举办。国家知识产权局局长申长雨出席开放日活动启动仪式并致辞。创新型企业、知识产权服务机构、小学师生和新闻媒体代表共 400 余人应邀参加此次活动。

申长雨表示，党中央、国务院着眼未来

发展，提出了加快建设知识产权强国的新目标，强调要进一步加强知识产权的创造、运用、保护和管理，加快推动由知识产权大国向知识产权强国的转变。他希望社会各界能够参与知识产权强国建设，积极开展知识产权创造，参与知识产权保护，促进知识产权运用，传播知识产权文化，共同托举起我们的知识产权强国梦。

活动期间，代表们在工作人员和志愿者的引导下参观了全国知识产权宣传周活动图片展，以及国家知识产权局知识产权陈列馆、专利展示厅、专利受理大厅、专利局化学发明审查部，并与专利审查员进行了深入交流。（王　康）

25.《全国专利代理人资格考试大纲》公布

为方便全国专利代理人资格考试报名人员进行复习、备考，国家知识产权局于5月10日公布了2017年《全国专利代理人资格考试大纲》（下称《大纲》）。

《大纲》分为专利法律知识、相关法律知识、专利代理实务等三部分。在专利法律知识部分，对专利制度、授予专利权的实质条件、对专利申请文件要求、申请获得专利权的程序及手续、专利申请的复审与专利权的无效宣告、专利权的实施与保护、专利合作条约及其他与专利相关的国际条约等内容作了提纲挈领的介绍。（赵建国）

26. 我国新确定33家国家级知识产权保护规范化培育市场

5月10日，国家知识产权局办公室印发了《关于确定第四批国家级知识产权保护规范化培育市场并启动培育工作的通知》（下称《通知》），确定北京秀水街市场有限公司等33家市场为第四批国家级知识产权保护规范化培育市场，相关市场的培育期限为2017年6月至2019年6月。

按照《通知》要求，各省（区、市）知识产权局将在未来两年的培育期中重点指导相关市场建立完善知识产权保护规章制度，理顺市场事前、事中、事后的知识产权保护运行机制。同时，各地还将引导各市场使用“专业市场知识产权保护信息管理系统”录入相关数据信息，并鼓励各市场试用该系统进行本市场知识产权信息管理。

（崔静思　刘　佳）

27. 中国国家知识产权局与世界知识产权组织签署《中华人民共和国政府和世界知识产权组织加强“一带一路”知识产权合作协议》

5月14日，在“一带一路”国际合作高峰论坛期间，中国国家知识产权局局长申长雨和世界知识产权组织总干事弗朗西斯·高锐在京共同签署了《中华人民共和国政府和世界知识产权组织加强“一带一路”知识产权合作协议》。据了解，这是中国政府与国际组织签署的首个有关“一带一路”知识产权合作的文件，标志着双方将围绕“一带一路”建设开展全面深入合作，促进“一带一路”沿线国家和地区知识产权发展。

（王　康）

28. 中国—维斯格拉德集团知识产权联合研讨会举行

5月18日，中国—维斯格拉德集团知识产权联合研讨会在四川成都举行。中国国家知识产权局局长申长雨出席会议并致辞。申长雨表示，中国愿不断深化与维斯格拉德集团各国的知识产权交流合作，努力将其打造成为“一带一路”知识产权合作的典范，发挥好其示范带动作用，促进“一带一路”知识产权合作深入开展。

会上，来自中国国家知识产权局、波兰专利局、匈牙利知识产权局、捷克工业产权局等机构的负责人和四川省知识产权局、相关企业负责人围绕“加强中国—维斯格拉德集团知识产权合作，推动共同发展”“知识产权保护运用与创新发展”两大主题展开交流研讨。（王　康）

29. 国家知识产权局面向公众开放案卷信息订阅提醒服务

随着第十次发明领域五局局长系列会议的举行，中国及多国专利审查信息查询系统正式面向公众开放案卷信息订阅提醒服务。该服务由中国国家知识产权局与欧洲专利局合作实施，并在本次五局局长会上共同发布。

目前，公众用户可登录国家知识产权局政府网站中的中国及多国专利审查信息查询系统（cpquery. sipo. gov. cn），在查询结果列表中点击中国或欧洲专利局申请号后面的订阅按钮，即可进入订阅案卷信息的页面。订阅成功后，用户通过浏览器或者其他订阅阅读器即可方便及时地获得该申请号对应的中国和欧洲专利局案卷信息更新的提醒，并可查看更新列表和更新文件。 （杜云蒙）

30. 国家知识产权局将集中治理专利代理资格证书挂靠行为

6月7日，国家知识产权局印发《关于集中治理专利代理资格证书挂靠行为的通知》，决定于2017年6月至8月针对专利代理资格证书挂靠（下称“挂证”）行为开展集中治理工作。

此次集中治理工作的对象为专利代理资格证书挂靠违法违规行为。专利代理资格证书挂靠是指将本人持有的专利代理资格证书违规挂靠到非工作单位名下，以获取报酬或牟取其他利益的行为。治理具体措施包括全面收集违法线索、依法依规严肃处理、巩固落实治理成果。对已经发现、接收和处理中的“挂证”违法行为（或者线索），要一查到底，严肃处理，做到“件件有落实，件件有回音”。 （赵建国）

31.《2017年全球创新指数》报告发布 中国名列第22位

6月15日，世界知识产权组织、美国康奈尔大学和英士国际商学院共同发布《2017年全球创新指数》报告。报告显示，中国排名居第22位，比2016年上升3位。这是中国继2016年成为首个进入全球创新指数前25强的中等收入经济体之后，又一明显进步。

报告显示，中国是唯一一个与发达国家经济体创新差距不断缩小的中等收入国家，已经成功跻身全球创新领导者行列。2017年，中国创新效率排名居第3位（上升4位），创新质量排名居第16位（上升1位）。而且，中国在本国人专利申请量、本国人实用新型申请量、本国人工业品外观设计申请量、国内市场规模、知识型工人、提供正规培训的公司占比、知识影响力、高技术出口减去再出口在贸易总额中的占比、创意产品出口在贸易总额中的占比等多项指标排名均居全球首位。 （沙开清）

32. 2017年国家知识产权战略推进计划印发

6月23日，经国务院知识产权战略实施工作部际联席会议审议通过，《2017年深入实施国家知识产权战略加快建设知识产权强国推进计划》（下称《推进计划》）印发实施，确定了五大重点工作、103项具体措施。在备受社会各界关注的知识产权领域改革方面，《推进计划》提出，推进知识产权管理体制机制改革，改革完善知识产权重大政策，深化知识产权服务业“放管服”改革，包括落实《知识产权综合管理改革试点总体方案》，推进国家知识产权服务业集聚发展试验区和示范区建设。在严格知识产权保护方面，《推进计划》提出，完善法律法规规章，加强保护长效机制建设，开展重点领域专项治理，加强日常监管执法，并提出积极推进专利法、著作权法修订，推进知识产权民事、行政和刑事审判“三合一”工作，加强网络侵权盗版治理，深入开展中国制造海外形象维护“清风”行动，加强对个体专业市场的知识产权保护规范化培育工作等具体措施。 （孙　迪）

33. 习近平指出：知识产权保护是塑造良好营商环境的重要方面

中共中央总书记、国家主席、中央军委主席、中央财经领导小组组长习近平7月17日下午主持召开中央财经领导小组第十六次会议，研究改善投资和市场环境、扩大对外开放问题。习近平发表重要讲话强调，要改善投资和市场环境，加快对外开放步伐，降低市场运行成本，营造稳定公平透明、可预期的营商环境，加快建设开放型经济新体制，推动我国经济持续健康发展。

习近平指出，产权保护特别是知识产权保护是塑造良好营商环境的重要方面。要完善知识产权保护相关法律法规，提高知识产权审查质量和审查效率。要加快新兴领域和业态知识产权保护制度建设。要加大知识产权侵权违法行为惩治力度，让侵权者付出沉重代价。要调动拥有知识产权的自然人和法人的积极性和主动性，提升产权意识，自觉运用法律武器依法维权。

（中国知识产权报综合新华社）

34. 我国上半年PCT国际专利申请突破2万件

7月20日上午，国家知识产权局在京举行2017年第三季度新闻发布会，发布2017年上半年国家知识产权局主要工作统计数据，并介绍了将于2017年8月1日起实施的《专利优先审查管理办法》相关情况。数据显示，2017年上半年，国家知识产权局受理的《专利合作条约》(PCT)国际专利申请突破2万件，达到2.16万件，同比增长16%，广东、北京、江苏、上海、山东、浙江6省市的PCT专利申请量占国内总量的近9成。其中，广东以1.19万件居首。

统计数据显示，2017年上半年，我国发明专利申请量共56.5万件，同比增长6.1%。共授权发明专利20.9万件。国内发明专利授权16.0万件，其中，职务发明为14.9万件，占93.1%。

（王　康　邹碧颖）

35. 知识产权服务成为我国服务业发展重点

6月21日，国家发展改革委员会正式印发《服务业创新发展大纲(2017—2025年)》(下称《大纲》)。其中提出，知识产权服务是我国服务业创新发展重点之一。

根据《大纲》，我国将完善服务业相关法律法规体系，健全知识产权保护、信息安全、社会组织管理、统计等制度。大力发展知识产权服务，完善知识产权交易和中介服务体系，建设专利运营与产业化服务平台；加快培育标准化服务业，创新标准研制方式，完善科技、金融、物流、知识产权等生产性服务领域标准；建立健全服务认证制度体系。

（赵建国）

36. 福建厦门等6市(区)首批开展知识产权综合管理改革试点

7月，国家知识产权局按照中央全面深化改革领导小组第三十次会议精神，根据《国务院办公厅关于印发知识产权综合管理改革试点总体方案的通知》要求，发函确定第一批知识产权综合管理改革试点地方，决定首批在福建厦门、山东青岛、广东深圳、湖南长沙、江苏苏州、上海徐汇区6个市(区)级层面开展知识产权综合管理改革试点，期限为1年。

开展知识产权综合管理改革试点工作是中央深化改革领导小组部署的深化知识产权领域改革重点任务，旨在通过在试点地方深化知识产权综合管理改革，在纵向上打通知识产权创造、运用、保护、管理、服务的链条，在横向上发挥专利、商标、版权等知识产权的综合效应，推动形成符合我国国情和现实需要，符合知识产权发展的内在规律，符合国际通行做法和惯例的知识产权体制机制，实现知识产权行政管理更加顺畅、执法保护体系进一步完善、知识产权执法监管和公共服务水平明显提升。

（姜　伟　邵源渊）

37. 中国（浦东）知识产权保护中心启动建设

7月25日，中国（浦东）知识产权保护中心在上海浦东新区启动建设。国家知识产权局副局长贺化，上海市委常委、浦东新区区委书记翁祖亮，共同为中国（浦东）知识产权保护中心揭牌。该中心将面向高端装备制造产业、生物医药产业开展知识产权快速协同保护工作，后续还将根据区域产业发展情况进行业务拓展和优化。

据介绍，中国（浦东）知识产权保护中心正式运行后，将开启专利快速审查的“绿色通道”，极大地缩短相关领域专利授权周期。同时，还将进一步畅通投诉渠道，建立投诉快速反应机制、多元化纠纷解决机制、优势产业线上维权机制，实现快速维权；协助查处专利、商标、版权违法行为，配合开展专项执法行动，协助实施重点领域、重点区域和重点市场的知识产权侵权查处快速反应等，实现知识产权全领域的协作保护。

（聂　莉）

38. 上半年全国新增专利权质押融资318亿元

国家知识产权局最新统计数据显示，2017年上半年，全国新增专利权质押融资金额达到318亿元，同比增长92%；质押项目数1493项，同比增长41%，实现了快速增长。数据显示，2017年上半年，辽宁、江苏、山东、北京、天津五省市专利权质押融资金额位居前列，山东、陕西、安徽、江苏、广东专利权质押项目数排名前五。

国家知识产权局专利管理司相关负责人表示，为深入贯彻落实《“十三五”国家知识产权保护和运用规划》的部署，按照《国务院办公厅关于进一步激发社会领域投资活力的意见》的相关要求，国家知识产权局加强知识产权质押融资政策理论研究、实践实例分析和经验总结，加强与中国人民银行、中国银监会等部门的工作沟通与协调，并组织各地知识产权管理部门联合本地相关部门，协同推进创新型企业融资需求调查和项目对接等工作，推动质押融资工作不断迈上新台阶。

（王　宇）

39. 中塔两国元首见证两国政府间知识产权合作谅解备忘录签署

8月31日，在中国国家主席习近平和塔吉克斯坦总统拉赫蒙的共同见证下，《中华人民共和国政府与塔吉克斯坦共和国政府知识产权领域合作谅解备忘录》在京正式签署。中国国家知识产权局局长申长雨和塔吉克斯坦经济发展与贸易部部长希克玛杜罗佐达代表双方政府签字。

谅解备忘录指出，双方认识到知识产权在促进创新、增强国家与企业竞争优势、鼓励经济社会发展以及促进两国经济、教育、科技和文化领域的互利合作中的重要作用。

（刘　剑）

40. 第八届中国专利年会在京开幕

9月5日，以“专利，助推实体经济发展”为主题的第八届中国专利年会在京开幕。国家知识产权局局长申长雨出席开幕式并在致辞中表示，希望大家共同探寻专利服务实体经济的有效途径，为我国乃至世界经济的繁荣与发展注入新的动力，提供有力支撑。

申长雨表示，随着新一轮科技革命的兴起，实体经济的竞争越来越多地体现为包括专利在内的知识产权竞争。他从四个方面阐释了知识产权如何助推实体经济发展。首先，是加强知识产权的创造和运用，努力提高对实体经济的技术供给水平，不断为实体经济发展注入新的动力。其次，是进一步加强知识产权保护，努力提高知识产权保护效果，为实体经济发展营造良好的创新环境和营商环境。再次，是积极推进知识产权领域改革，努力降低制度性交易成本，为企业提供更加优质的知识产权公共服务。最后，是加大知识产权国际合作交流，推动知识产权国际规则朝着普惠包容、平衡有效的方向发展，促进国家间经贸和科技文化交流。（王 宇）

41. 中国国家知识产权局与柬埔寨签署专利权在柬生效协议

9 月 21 日，中国国家知识产权局局长申长雨在京会见了柬埔寨王国国务大臣兼工业及手工业部部长占蒲拉西一行。双方共同签署了《中国国家知识产权局与柬埔寨王国工业及手工业部关于知识产权合作的谅解备忘录》，明确经中国国家知识产权局授权且维持有效的发明专利，可直接在柬登记生效并获得保护。申长雨表示，该谅解备忘录的签署是中柬知识产权合作的里程碑。

申长雨表示，中柬知识产权合作谅解备忘录的签署，对双方都具有重要意义，不仅将为中国专利申请人在柬获权提供极大便利，对中柬知识产权合作及经济社会发展也将产生积极影响，在“一带一路”沿线国家和地区中产生示范效应，推动两国企业相互投资，促进互联互通。中方愿在谅解备忘录框架下，切实推进各项合作项目尽快落地，并在人力资源发展领域加大合作力度。

占蒲拉西对中国国家知识产权局长期以来给予柬知识产权方面的支持与帮助表示感谢。他指出，中柬两国知识产权合作是两国合作关系的重要组成部分。两国在知识产权合作方面硕果累累，源自于两国之间源远流长的深厚友谊。他表示，随着两国全面战略合作伙伴关系的进一步深化，越来越多的拥有自主知识产权的中国企业赴柬投资，对知识产权保护的需求日益迫切。柬方高度重视与中国的知识产权合作，希望通过此次签署知识产权合作谅解备忘录，促进双方在知识产权领域的合作交流，为两国创新主体提供更好的服务。

（王 康 孙 迪）

42. 全国知识产权系统干部群众积极学习十九大报告

10 月 18 日上午，中国共产党第十九次全国代表大会在北京人民大会堂隆重开幕。习近平总书记代表第十八届中央委员会向大会作报告。全国知识产权系统干部群众认真学习十九大报告，深受鼓舞，备感振奋。

十九大代表、中共国家知识产权局局长申长雨表示，习近平总书记所作的十九大报告思想深邃、内涵丰富、高瞻远瞩、催人奋进，完全赞成和拥护这个报告。十九大报告系统回顾了党的十八大以来，在以习近平同志为核心的党中央坚强领导下，党和国家事业发生的历史性变革，取得的历史性成就，深刻阐述了新的历史条件下坚持和发展中国特色社会主义的一系列重大理论和实践问题，清晰阐明了未来一个时期党和国家工作的大政方针和战略部署，是指引中国特色社会主义事业迈进新时代、开启新征程、谱写新篇章的政治宣言和行动纲领。全国知识产权系统干部群众要认真学习报告，自觉用习近平新时代中国特色社会主义思想武装头脑、指导实践、推动工作，进一步强化“四个意识”，增强“四个自信”，按照报告要求，大力倡导创新文化，强化知识产权创造、保护、运用，加快知识产权强国建设，为实现中华民族伟大复兴的中国梦作出新的更大贡献。

（王 康 孙 迪）

43. 中共国家知识产权局党组召开扩大会议传达学习贯彻十九大精神

10 月 26 日上午，中共国家知识产权局党组召开扩大会议，传达学习贯彻中国共产党第十九次全国代表大会精神。国家知识产权局局长申长雨强调，要把学习宣传贯彻十九大精神作为首要政治任务，认真学习贯彻习近平新时代中国特色社会主义思想，深刻学习领会十九大精神，更加紧密团结在以习近平同志为核心的党中央周围，不忘初心，牢记使命，锐意进取，埋头苦干，加快知识产权强国建设，为决胜全面建成小康社会、夺取新时代中国特色社会主义伟大胜利、实现中华民族伟大复兴的中国梦、实现人民对美好生活的向往继续奋斗。

申长雨逐一传达了十九大报告、中央纪律检查委员会工作报告和《中国共产党章程》修改有关精神，分享了大会盛况，畅谈了参会感受。与会同志进行了认真学习。

（孙　迪）

44. 国家知识产权局举行新任领导干部宪法宣誓仪式

11 月 1 日上午，在庄严的国歌声中，国家知识产权局新任领导干部宪法宣誓仪式启动。国家知识产权局局长申长雨监誓。申长雨强调，要始终坚持绝对忠诚的政治品格，始终坚持依法行政的法治意识，始终坚持恪尽职守的担当精神，始终坚持廉洁奉公的道德操守，认真履行宪法和法律赋予的神圣职责，做遵法、学法、守法、用法的好干部。

申长雨指出，宪法宣誓是国家工作人员履行国家赋予职责的重要仪式。在深入贯彻党的十九大精神之际，国家知识产权局举行新任领导干部宪法宣誓仪式，是全局上下以实际行动贯彻十九大精神、扎实推进全面依法治国的具体行动，对于增强全体干部职工的宪法意识、加快法治政府建设，具有十分重要的意义。

申长雨勉励参加宣誓的 20 名新任司级和 62 名新任处级干部要铭记誓词，牢固树立宪法意识，恪守宪法原则，弘扬宪法精神，履行宪法使命，不忘初心，牢记使命，锐意进取，埋头苦干。

宣誓仪式上，国家知识产权局 2016 年 1 月以来新选拔任用的司级干部，国家知识产权局机关、专利局、专利复审委员会新任处级干部，按照 2016 年 1 月 1 日开始施行的《全国人民代表大会常务委员会关于实行宪法宣誓制度的决定》，依法进行宪法宣誓。

（孙　迪）

45. 我国首次对外发布《国际外观设计分类与国民经济行业分类参照关系表》

11 月 1 日，国家知识产权局首次对外发布《国际外观设计分类与国民经济行业分类参照关系表（试行）》（下称参照关系表）。参照关系表通过建立外观设计专利与国民经济行业的映射关系，为外观设计专利的行业分类提供直接对照。

参照关系表的编制遵循了最小分类原则、产品对照原则和全面对照原则，将国际外观设计分类对照至国民经济行业相应的小类、中类或大类。与国际外观设计分类建立映射关系的国民经济行业共有小类 243 个、中类 22 个、大类 1 个，均集中在制造业（C 门）。

参照关系表由国家知识产权局组织制定，是为落实《“十三五”国家知识产权保护与运用规划》提出的“加强专利活动与经济效益之间的关联评价”所开展的一项具有重要意义的基础性工作。至此，我国已初步建立涵盖国际专利分类、国际外观设计分类在内的专利分类体系与国民经济行业分类的对照体系。（刘　磊）

46. 逾 3 万人参加今年全国专利代理人资格考试

2017 年全国专利代理人资格考试于 11 月 4 日至 5 日在全国 30 个考点城市同步举行。2017 年新增太原、呼和浩特、海口 3 个考点，全国设立考点城市创历史新高。

数据统计显示，2017 年通过报名审核并按时足额缴纳报名费的考生人数为 3.2722 万人，其中 1.7987 万人参加了专利法律知识科目的考试，1.7833 万人参加了相关法律知识科目的考试，1.8318 万人参加了专利代理实务科目的考试，各科目考试参考率与往年基本持平。

全国专利代理人资格考试由国家知识产权局统一组织。为适应新形势的需要，国家知识产权局在2005年、2009年先后对考试制度进行了重大改革，进一步提高了考试的公正性、科学性、透明度和规范化。2015年，全国专利代理人资格考试首次采用计算机化考试方式，允许对专利代理实务科目试卷中的专利文献及技术资料等进行复制、粘贴以及标记等编辑工作，在一定程度上减轻了考生的书写负担，提高了考生的答题效率，同时还有效提升了阅卷工作效率。（胡姝阳）

47. 中科院推出“普惠计划”投入近千件专利与企业共享

11月28日，从中科院“普惠计划”大连入池企业签约仪式上获悉，目前已有26家中科院研究所通过“普惠计划”将近千件专利免费共享给企业使用，已经加入“普惠计划”的企业和准备签约的企业近200家，共享专利近200件。

“普惠计划”是中科院2017年面向企业推出的一项专利运用计划，旨在通过促进中科院与企业之间的专利转移转化合作，建立中科院研究所与企业间密切的创新合作关系。首批“普惠计划”共有26家中科院研究所参与，入池的中科院专利近千件，平均维持年限8年，涉及信息与微电子、能源环境与工业制造、化工与材料、生物医药、农业与食品等领域。（邹碧颖）

48. 我国首部装备建设领域知识产权管理国家军用标准实施

自2017年12月1日起，由中央军委装备发展部颁布的《装备承制单位知识产权管理要求（GJB 9158—2017）》启动实施。这是我国首部装备建设领域知识产权管理国家军用标准。

该标准共分9个章节，包括装备承制单位知识产权管理的范围、术语和定义、知识产权管理体系、管理职责、合同管理、装备采购各阶段知识产权管理等内容，从装备预先研究、型号研制、生产、维修保障等各阶段，明确了装备承制单位知识产权工作的特殊要求。（孙　迪）

49. 长沙实现知识产权管理“三权合一”

12月5日，长沙市已将商标管理职责和人员编制移交划转至长沙市知识产权局，标志着全市专利权、商标权、著作权行政管理“三权合一”正式落地。

自被确定为全国第一批知识产权综合管理改革试点地方以来，长沙市积极落实中央改革精神，行动迅速，稳步推进，试点各项工作在全国6个试点市（区）中率先取得突破。9月30日，该市出台《长沙市知识产权综合管理改革实施方案》，明确提出建立集中统一的知识产权（专利权、商标权、著作权）行政管理体制，构建快速高效保护体系，完善便民利民服务体系，破除知识产权分散执法机制障碍，整合专利、商标、著作权等知识产权行政执法职责，统一行政执法主体，加大知识产权行政执法力度。11月22日，长沙市政府办公厅印发《长沙市工商行政管理局商标管理职责和人员编制划转方案的通知》，明确将长沙市工商行政管理局承担的注册商标管理、商标保护和执法监督工作等职责划转至长沙市知识产权局。（王　康　周　闯）

50. 第十九届中国专利奖颁奖大会在京举行

12月13日，由中国国家知识产权局和世界知识产权组织共同主办的第十九届中国专利奖颁奖大会在北京举行。中国国家知识产权局局长申长雨、世界知识产权组织副总干事王彬颖出席大会并讲话。申长雨在讲话中指出，要认真学习贯彻党的十九大精神，以习近平新时代中国特色社会主义思想为指引，充分发挥中国专利奖的激励和导向功能，进一步提升知识产权创造质量、保护效果、运用效益和管理水平，加快知识产权强国建设，更好地支撑创新发展。

会上，申长雨、王彬颖和中国国家知识产权局副局长贺化、何志敏，中国专利保护协会理事会会长、中国铁建股份有限公司董事长孟凤朝共同为第十九届中国专利金奖、中国外观设计金奖获奖代表和部分中国专利优秀奖获奖代表颁奖。贺化主持会议，何志敏宣读授奖决定。金奖获奖代表中国中车股份有限公司副总裁王军、神华宁夏煤业集团有限责任公司副总经理姚敏、海尔家电产业集团高级副总裁王晔作了发言。（王　康　孙　迪）

51. 商标申请总量持续领先

2017 年，我国商标注册申请量达 574.8 万件，比 2016 年增长 55.72%。其中国内申请 553.9 万件，占注册申请总量的 96.36%。申请量最大的前 3 个类别为第 35 类（广告；商业经营；商业管理等）、第 25 类（服装，鞋，帽）和第 9 类（仪器；计算机；存储媒介），集中的类别基本与全球产业发展趋势及创新驱动的特点吻合。

截至 2017 年底，我国商标累计申请量 2784.2 万件，累计注册量 1730.1 万件，有效注册商标量 1492 万件，连续 16 年位居世界第一。我国已经成为推动全球商标知识产权增长的重要力量。（鞠　文）

52. 商标审查效率进一步提高

2017 年，商标局共审查商标注册申请 425.2 万件，同比增长 41.76%；核准注册商标 279.2 万件，同比增长 23.82%；初步审定商标 265.8 万件，同比增长 48.25%；驳回及部分驳回商标注册申请 159.5 万件，同比增长 32.11%。10 月 27 日，商标注册审查周期从法定的 9 个月缩短到 8 个月。与世界主要国家相比，我国商标审查效率处于世界先进水平。（鞠　文）

53. 商标注册申请受理窗口运转顺利

截至 2017 年底，商标局已在全国 29 个省（区、市）批准设立了 120 个商标受理窗口。已经启动的 105 个窗口全年受理商标注册申请 9.2 万件，占申请人自行办理总量的 30%。受理窗口的设立，为申请人就近办理商标申请提供了便利，有效降低了申请人的申请成本。（鞠　文）

54. 商标注册收费标准降低 50%

3 月 30 日，商标局发布《关于调整商标注册收费标准的通告》，根据财政部、国家发展改革委财税〔2017〕20 号文件，自 4 月 1 日起，商标注册收费标准降低 50%。降低收费标准的项目共有 13 个，其中最基础的商标注册费由此前的 600 元降至 300 元。4 月 1 日当天，共接收网上申请 37 397 件，较前一日增加 33 856 件。（李　春）

55. 网上商标注册申请比例不断提高

2017 年，商标网上申请数量达 489.7 万件，占申请总量的 85%，比 2016 年增长了 4%（2016 年同期网上申请量占比 81%），有效降低了纸质档案的存量。商标网上申请系统向申请人直接开放，全年注册用户 2 万个，网上直接提交商标注册申请 10.1 万件，占申请人自行办理商标注册总量的 34%。（鞠　文）

56. 马德里商标国际注册申请量再创新高

2017 年，我国申请人提交马德里商标国际注册申请 4810 件，同比增长 59.6%，在马德里联盟中排名第三，再创历史新高。7 月，全国工商和市场监管部门运用马德里体系现场经验交流会在山东省东营市召开，总结和推广"东营经验"。8 月 23 日，商标局发出《关于简化马德里商标国际注册申请材料和手续的通知》，更好地服务商标申请人实施"走出去"战略。（李　春）

57. 地理标志精准扶贫亮点频现

2017 年，地理标志精准扶贫工作不断深入推进，为推进农业供给侧结构性改革，培育农业农村发展新动能，实现绿色生态可持续发展作出了应有贡献。截至 2017 年底，我国已注册地理标志商标达 3906 件，累计核准注册农产品商标 285.13 万件。全国各省级行政单位平均拥有地理标志商标 112 件，多地地理标志商标注册数有明显增长，超过 100 件的省（市）已有 11 个。外国在我国注册的地理标志商标达 91 件。3 月和 8 月，商标局分别在福建省宁德市和江苏省淮安市召开会议，总结推广“宁德经验”和“淮安经验”。（李　春）

58. 商标权质权登记量继续快速增长

2017 年，全国共办理商标权质权登记 1291 笔，涉及担保债权 370.22 亿元人民币，其中地方受理点办理 848 笔，涉及金额 168.24 亿元人民币。体现出地方商标专用权质权登记申请受理点根据本地经济结构特点，灵活支持小微型企业通过商标权质押获取小额贷款的业务特色。截至 2017 年底，全国已经批准设立商标专用权质权登记申请受理点 49 个。（鞠　文）

59. 商标行政保护工作取得新突破

2017 年，按照国务院“放管服”改革要求，商标局全面推进商标权保护工作。2017 年，全系统共查办各类商标违法案件 3.01 万件，涉案金额 3.65 亿元，罚没金额 4.7 亿元；共查办侵犯我国港澳台地区和外国商标注册人权益案件 6015 件，案值 1.01 亿元，罚款 1.6 亿元；移送司法机关涉嫌商标犯罪案件 97 件。（鞠　文）

60. 切实遏制商标恶意注册行为取得显著成效

面对商标恶意注册行为日趋规模化、专业化的形势，商标局在 2017 年推进商标监管保护关口前移，通过优化审查流程，对典型恶意申请类型案例进行梳理、汇总，采取提前审查、并案集中审查和从严适用法律等措施，驳回了一批恶意注册申请，并通过媒体曝光典型案件，起到了较强的示范效应，对恶意抢注行为形成了较大震慑力。

（李　春）

61. 开展打击商标侵权“溯源”专项行动

9 月 20 日，印发《开展打击商标侵权“溯源”专项行动方案的通知》，决定自 2017 年 9 月底至 2018 年第一季度在全系统开展打击商标侵权“溯源”专项行动。专项行动以驰名商标、地理标志、涉外商标和老字号商标为重点，与权利人、行业协会、电商平台等相关各方开展合作，加大商标侵权案件源头追溯力度，切实提升商标行政执法工作效能。12 月 20 日，商标局在湖北召开全国商标行政执法工作座谈会，总结交流执法办案中的经验做法。（李　春）

62.《商标审查及审理标准》修订实施

1 月 4 日，商标局在官方网站发布公告，公布新修订的《商标审查及审理标准》（下称《标准》）。《标准》由商标局与商标评审委员会共同修订，分不得作为商标的标志的审查、商标显著特征的审查等十大部分。本次修订新增了声音商标审查标准、审查意见书在审查实务中的运用标准、《商标法》第 19 条第 4 款的适用标准、《商标法》第 50 条的适用标准、《商标法》第 15 条第 2 款的审理标准、利害关系人的认定标准，并针对《商标法》第 10 条的部分修改对审查标准进行了相应修订，同时删减、新增了部分审查案例，丰富、完善了商标审查和审理标准的内容。（李　春）

63. 外商投资企业商标保护力度不断加大

商标局将加大对涉外商标专用权的保护力度作为 2017 年商标监管执法工作的重要任务，积极组织落实全国打击侵权假冒领导小组办公室等 12 部门联合印发的

《外商投资企业知识产权保护行动方案》，切实保护外商投资企业商标权益，优化营商环境。2017年，全系统共查办侵犯港澳台地区和外国商标注册人权益案件6015件，案值1.01亿元，罚款1.6亿元；移送司法机关涉嫌商标犯罪案件97件。

（鞠　文）

64. 商标代理市场秩序进一步规范

2017年，我国商标代理机构数量持续快速增长，商标代理机构监管工作进一步加强，商标代理机构信用管理系统和网上备案功能建设稳步推进。商标代理机构备案及变更实现全程电子化。2017年，商标局备案在册的商标代理机构实际新增3906家，其中律师事务所183家。截至2017年底，在商标局备案的商标代理机构总数为30 571家，其中律师事务所9048家。商标局还起草了《商标代理机构信用信息管理暂行办法》和《国家工商行政管理总局停止受理商标代理机构商标代理业务办法》的意见并广泛征求意见。商标代理行业自律水平、业务水平不断提高。（李　春）

65. 商评委受理各类评审案件突破20万件

2017年，商标评审委员会共收到各类商标评审案件申请205 239件，审结评审案件168 894件，有力维护了商标权人的合法权益和公平竞争的市场秩序，为促进经济社会发展作出了贡献。参与行政诉讼一审案件9310件，收到商标程序性争议行政复议案件880件，审结731件。除因法定事由需要中止审理或延期审理的211件案件外，均已严格按照审限要求完成了案件审理任务。驳回复审案件的审理时间进一步压缩。（李　春）

66. 商评委强力推进评审文书公开

12月15日，商标评审裁决文书全面即时公开系统初步建成并上线试运行，自动公布商标评审裁决文书1573份。12月28日，系统正式上线运行，商评委作出的所有裁决文书，包括驳回复审决定书、不予注册复审决定书、无效宣告请求裁定书、无效宣告复审决定书、撤销复审决定书以及其他具有终结评审程序作用的文书，将自交邮之日起20个工作日内，全部在商评委网站的《评审文书》栏目公开。（李　春）

67. 商评委开启商标评审案件口头审理实践

5月4日，《商标评审案件口头审理办法》（下称《办法》）施行。评审案件口头审理是一种不同于书面审理方式的案件审理模式，是对书面审理的补充。《办法》发布后，商评委认真做好相关配套措施的制定及实施工作，研究制定了《口头审理通知》《口头审理须知》《口头审理程序》《口头审理纪律》等文书。8月21日和25日，国家工商总局商标评审委员会分别对"高麗紅蔘"商标驳回复审案，BOLIMO、搏力谋商标无效宣告案进行口头审理。这是《办法》发布实施后，商评委首次进行口头审理的两起案件。（李　春）

68. 商标品牌战略强力推进

5月17日，国家工商总局印发《关于深入实施商标品牌战略 推进中国品牌建设的意见》（下称《意见》）（工商标字〔2017〕81号）。《意见》明确深化商标注册管理体制改革、切实加强注册商标行政保护、全面构建品牌培育服务体系、统筹推进产业区域品牌建设、大力开拓品牌发展国际空间等具体措施。5月25日，全国工商和市场监管部门商标品牌战略实施工作会议在浙江省杭州市召开。（李　春）

69. 世界地理标志大会在扬州举办

6月29日，国家工商总局与世界知识产权组织在江苏省扬州市召开世界地理标志大会。国务院总理李克强专门发来贺信，国务委员王勇出席开幕式并致辞。工商总局局长张茅出席开幕式并演讲。世界地理标志大会是世界知识产权组织的重要会议，每两年举办一次，这是2008年大会首次在中国举办之后，第二次来到中国。来自海内外近60个国家和地区的约300名嘉宾参加大会。（李　春）

70. 著名商标认定工作取消

7月28日，《工商总局关于做好著名商标行政认定规范性文件清理工作的通知》（工商标字〔2017〕127号）印发，要求北京、陕西、山西、黑龙江、西安、广州6省市清理工商局规范性文件，取消著名商标行政认定工作，厘清商标品牌建设中政府与市场的关系，在商标品牌评价中发挥市场主导作用。（鞠　文）

71. 2017中国国际商标品牌节在桂林举办

9月1日至4日，以“商标品牌保护 创新共享发展”为主题的2017中国国际商标品牌节在广西壮族自治区桂林市举办。本届商标品牌节由中国商标年会、中华品牌博览会以及一系列主题活动构成。2000余名中外嘉宾注册报到，品牌博览会汇聚了全国各地400多家企业的特色品牌产品。商标局在商标品牌节期间成功举办了主题为“商标实质审查程序中遏制恶意注册及热点问题探讨”的商标审查实务论坛以及中国企业商标海外维权论坛。（李　春）

72. 上海、重庆商标审查协作中心挂牌运行

9月29日，上海商标审查协作中心正式挂牌运行，工商总局局长张茅为上海中心揭牌。同日，工商总局与上海市人民政府共同签署了实施商标品牌战略合作协议。张茅局长、应勇市长见证了协议签署并讲话。

12月1日，重庆商标审查协作中心正式挂牌运行，工商总局局长张茅和重庆市委副书记、市长张国清为商标审查协作重庆中心揭牌。同日，工商总局与重庆市人民政府共同签署了关于支持重庆建设商标品牌强市战略合作协议。张茅局长、张国清市长见证了协议签署并讲话。（鞠　文）

73. 新版商标网上申请及查询系统启用

3月10日，新版商标网上申请系统发布，《商标网上申请暂行规定》施行。商标网上申请系统受理范围由仅对商标代理机构扩展至商标代理机构、国内申请人、在中国有经常居所或营业所的外国人或者外国企业。5月5日，新版商标网上查询系统试运行。新版系统具有运行速度快、查询准确率高、服务体验好等优点。6月19日，网上申请系统按计划开放商标后续业务申请，受理业务范围由商标注册申请扩大至商标变更、续展、转让、注销、许可备案等23项。

（鞠　文）

74. 新版电子公告系统启用

11月3日，《商标局关于启用新版电子公告系统的公告》发布，正式启用新版电子公告系统。新版电子公告系统有四个主要特点：一是大幅缩短商标公告刊发等待周期；二是大幅提高商标公告刊载量；三是商标公告数据全覆盖；四是优化商标公告查询体验。11月6日在中国商标网上发布第一期（第1574期）电子公告，顺利完成商标电子公告系统的上线工作。（李　春）

75. 作品名称、角色名称等在先权益商标权保护研讨会举办

8月22日，商标局在中国商标大楼举办知名作品名称、角色名称等在先权益商标权保护研讨会。与会人员围绕知名作品名称、角色名称等在先权益商标权保护的法律依据、保护条件以及在审查程序中的具体实践等问题展开讨论，交流了看法，达成了共识。全国人大常委会法工委、中国青年政治学院、北京君策知识产权发展中心等单位的专家学者和作家代表郑渊洁以

及媒体记者出席研讨会。（李　春）

76. 商标电子发文试点工作启动

12月8日，商标电子发文试点工作正式启动。商标局通过电子邮件向百家代理机构发送《商标注册申请受理通知书》和《商标初步审定公告通知书》，实现电子文书当日导出当日寄发，同时发送文件清单，便于查收。试点首日，电子发文1.6万余件。截至2017年底，电子发文日均约1万件，当日即时送达，缩短送达时间1个多月，有效缓解了纸质打印寄发压力。

（鞠　文）

77.《关于推进广西建设商标品牌强区合作框架协议》签订

3月2日，工商总局与广西壮族自治区人民政府签署《关于推进广西建设商标品牌强区合作框架协议》（下称《框架协议》）。《框架协议》着眼于落实党中央、国务院关于品牌建设的一系列重大部署，立足深入推进商标品牌战略实施，充分发挥广西作为中国西南出海大通道的区位优势，依托中国—东盟合作与交流平台，充分利用工商总局商标战略资源，发挥商标品牌在引领经济转型升级中的积极作用，推动广西创新驱动发展，全面落实"一带一路"战略布局。（李　晶）

78. WIPO推广马德里商标国际注册保护的"青岛经验"

9月5日，世界知识产权组织（WIPO）与山东省青岛市政府联合举办新闻发布会，发布《马德里商标国际注册保护与促进经济发展专题调研报告》（下称《报告》），推广马德里商标国际注册保护的"青岛经验"。《报告》总结了青岛市成功推广马德里国际商标体系的宝贵经验，为中国及全球城市和地区提供有益借鉴，还以6种联合国官方语言对外推广。（门　刚）

79."商标富农和运用地理标志精准扶贫十大典型案例"发布

6月19日，由商标局与中国工商报联合开展的商标富农和运用地理标志精准扶贫典型案例征集和评选活动圆满结束。经过公众投票，紫阳富硒茶、万荣苹果、静宁苹果、英山云雾茶、宽城板栗、平谷鲜桃、沿山胡柚、盐池滩羊、黄松甸黑木耳、枞阳媒鸭等10件地理标志商标获选。（李　春）

80. 商标局发出预警通知后130件被抢注商标回归

8月31日，商标局在官方网站发出商标抢注预警通知：智利一商人将120多家中国玩具企业的字号及商标以个人名义在智利工业产权局申请注册，主要涉及第28类玩具相关产品。被抢注对象主要为广东省汕头市澄海区的玩具礼品企业。通知发布后，汕头市和澄海区相关政府部门及时牵头组织启动维权程序，成立了中国赴智利商标维权代表团。最终智利商标抢注人答应将其在智利抢注的中国商标无偿转让给中国相关企业，归还抢注的全部130多件商标。（李　春）

81."京版十五联"2016暗访举报行程遍及全国67个地县

2月16日，京版十五社反盗版联盟2016年工作年会上发布数据。2016年京版十五社反盗版联盟配合政府执法部门查处14起盗版大案，查获藏匿盗版窝点20余个，行程遍及我国的20个省（区、市）的67个地、县。2016年，该联盟成员单位配合各地执法部门查处的盗版图书数量和码洋均创历史新高，除查处了大量库房、网店、书店、培训机构以外，还直接打击了盗版的源头，查处了多家大中型印厂。

（《中国新闻出版广电报》）

82. 中国音乐著作权协会与上海迪士尼签订协议

3月24日，中国音乐著作权协会公布，中国音乐著作权协会与上海迪士尼就上海迪士尼度假区许可使用音乐一事达成一致，双方签订了音乐许可合作协议。

2016年6月16日，中国大陆第一家迪士尼度假区——上海迪士尼度假区正式开幕。上海迪士尼度假区的各区域以背景播放和现场表演的方式使用音乐，除其自身享有著作权的音乐作品外，也涉及其他各类音乐作品的使用。因此迪士尼公司总部方面很早即主动通过电话、邮件等方式与中国音乐著作权协会接触，希望促成上海迪士尼度假区使用音乐的许可事宜。双方经过谈判，于2017年初签署了音乐著作权许可使用协议。（《中国新闻出版广电报》）

83.《2016中国网络文学版权保护白皮书》发布

4月，艾瑞咨询发布了《2016中国网络文学版权保护白皮书》（下称《白皮书》）。从《白皮书》公布的网络文学用户的调研数据可以看出，2016年国内网络文学用户的版权意识显著提升，更多的网络文学用户对正版和盗版网络文学的区分建立了初步的认知和了解。2016年以来，随着网络文学的版权环境得到明显改善，网络文学用户付费阅读的收入也实现了显著增长。

（《中国新闻出版广电报》）

84. 中国版权协会版权监测中心平台上线

4月19日，中国版权协会版权监测中心平台上线发布会在京举行，中国版权协会版权监测中心官网（www. 12426. cn）正式上线。这预示着版权方可通过线上进行版权认证、预警、监测、下线等系列维权工作。中国版权协会理事长阎晓宏出席发布会。

阎晓宏在致辞中指出，近10年来，我国网络视频领域版权环境发生翻天覆地的变化，版权市场得到进一步规范，权利人也从中受益。但是，随着技术的迅猛发展，这一领域依然存在着较多的问题。在国家版权局的支持下，上线的中国版权协会版权监测中心平台将致力于为会员服务，致力于网络版权生态环境的建设。

（《中国新闻出版广电报》）

85. 中国版权协会艺术品版权工作委员会在京召开高峰论坛

4月21日，由中国版权协会主办、中国版权协会艺术品版权工作委员会和雅昌文化集团承办的主题为“尊重艺术原则，发掘版权价值”的艺术品版权高峰论坛在京举办。

中国版权协会理事长阎晓宏在致辞时表示，在版权领域，艺术品版权理论研究、实践与保护都相对滞后，此次论坛讨论艺术品创作以及艺术品版权价值的发掘和实现途径，非常有现实意义。当前艺术品市场空前繁荣的背后，制假售假、未经授权使用、非法复制等现象层出不穷，严重侵害了艺术家的人身权利和财产权利，也严重扰乱了艺术品市场的正常秩序，必须予以高度重视和严厉打击。

（《中国新闻出版广电报》）

86. 国家新闻出版广电总局图书版权输出奖励计划二期项目名单公布

5月9日至16日，国家新闻出版广电总局图书版权输出奖励计划二期奖励项目名单通过《中国新闻出版广电报》进行公示。继一期项目对112种重点图书和370种一般图书进行了765.2万元的奖励后，二期又拿出547.55万元，奖励重点图书99种、一般图书597种。二期项目于2016年9月开始启动。获奖名单由18位专家从初审的102家单位上报的815种图书中精选而来。通过分析获奖励图书海外翻译出版语种发现，696种获奖励图书海外翻译出版语种有 23 种。

（《中国新闻出版广电报》）

87. 艾瑞咨询发布《中国网络文学版权保护白皮书》

6 月，艾瑞咨询发布《中国网络文学版权保护》白皮书（下称《白皮书》），对当前国内网络文学侵权盗版现象进行分析，并突出了当前网络文学版权环境的改变。

艾瑞咨询给出的数据显示，2015 年盗版给网络文学带来的损失达 79.7 亿元，其中移动端付费阅读收入损失达 43.6 亿元。2016 年损失为 79.8 亿元，其中移动端付费阅读收入损失达 50.2 亿元。在网络文学盗版模式上，移动端盗版带来的损失正在逐年上升。在移动端盗版方式上，《白皮书》指出，搜索引擎依旧是移动端盗版网络文学的最大入口。而盗版网络文学 APP 的渠道上升也十分明显。

（《中国新闻出版广电报》）

88. 中英版权研讨会在京召开

6 月 13 日，中英版权研讨会在京召开。研讨会由中国国家版权局和英国知识产权局、英国驻华大使馆共同主办，主题为“数字环境下中英版权交流与合作”。

来自中英两国的版权管理者、专家、学者，共同分享了数字环境下中英版权保护经验，探讨了版权制度建设、权利管理、国际合作等重要问题。中国国家版权局版权管理司司长于慈珂表示，中国政府一直高度重视版权保护工作，特别是近年来政府部门持续加大了对侵权盗版行为的打击力度，国家版权局联合国家网信办、公安部、工信部四部委连续 12 年开展打击网络侵权盗版专项治理“剑网”行动，并取得了显著成效。 （《中国新闻出版广电报》）

89. 2017 全球创新指数报告圆桌讨论会召开

6 月 24 日，2017 全球创新指数报告圆桌讨论会在京召开，对最新发布的《2017 年全球创新指数报告》（下称《报告》）进行解读。会议由世界知识产权组织中国办事处与北京大学全球创新指数研究中心主办。

世界知识产权组织总经济师办公室全球创新指数报告项目负责人沙夏在解读《报告》时表示，近年来中国在创新方面的崛起非常强劲，没有中国，全球创新指数的成绩单不会这么漂亮。他还谈到，越来越多中国高科技企业在现有领域如智能手机、移动电源等方面通过创新降低了成本，还有一些企业如腾讯、小米等公司创新水平很高，创业精神高涨，这是非常好的表现。 （《中国新闻出版广电报》）

90. 腾讯诉今日头条案获赔 27 万余元

7 月，北京市海淀区人民法院对腾讯计算机公司以侵害信息网络传播权为由，将今日头条的经营者字节跳动公司告上法庭系列案作出一审判决。法院经审理认定字节跳动公司构成侵权，判决该公司每个案件赔偿经济损失及合理开支 810 元至 1980 元不等，287 宗案件共计赔偿 27 万余元。 （《中国新闻出版广电报》）

91. 吴雪岚诉网易侵犯作品信息网络传播权案开庭审理

8 月 18 日，杭州互联网法院正式成立，这意味着中国涉互联网案件的集中管辖、专业审判在杭州揭开了新的篇章。成立当日，杭州互联网法院首次开庭审理案件。审理的案件为吴雪岚诉广州网易计算机公司、网易（杭州）网络公司侵害作品信息网络传播权纠纷案。

（《中国新闻出版广电报》）

92. 人民教育出版社与中国摄影著作权协会签订《教科书法定许可使用费收转协议》

8 月 23 日，人民教育出版社与中国摄影著作权协会在北京国际图书博览会上签订《教科书法定许可使用费收转协议》。国家新闻出版广电总局副局长、国家版权局专职副局长周慧琳，教育部部长助理、教材局局长郑富芝，中国摄影著作权协会代表宋明昌出席签约仪式并讲话。

（《中国新闻出版广电报》）

93. 国家版权局对山东即墨创建全国版权示范城市工作进行考核验收

9 月 1 日，国家版权局版权管理司司长于慈珂一行 3 人对即墨市创建全国版权示范城市工作进行了考核验收。验收组一行查看了即墨市部分版权示范单位，并听取了即墨市副市长宋宗军对即墨市创建工作情况的汇报。

宋宗军介绍，自 2015 年 10 月国家版权局批复同意即墨市创建全国版权示范城市以来，即墨市把强化版权管理、促进版权产业发展作为推动全市经济、科技、文化和社会建设的重要环节来抓，建立起完善的版权管理工作体系，促进了创建工作的顺利开展，为经济增长和文化发展提供了有力保障。（《中国新闻出版广电报》）

94. 打击盗版标准工作研讨会召开

9 月 13 日，在标准出版机构自律维权发展联盟第十次理事会暨打击盗版标准工作研讨会上，该联盟理事长、中国质检出版社（中国标准出版社）社长李迎丰介绍，“标发联成立近 10 年来，共协助有关部门查处制售盗版标准案件 400 余起，查获各种非法出版物 300 余万册，折合码洋近亿元，有效震慑了标准侵权盗版活动，维护了中国在保护标准版权、重视知识产权保护工作方面的负责任的大国形象”。

（《中国新闻出版广电报》）

95. 首例铁路车站播放背景音乐侵权案一审结果出炉

9 月 29 日，国内首例铁路车站使用背景音乐侵权案——北京南站播放背景音乐侵权案一审结果出炉：法院经审理认定北京南站候车大厅播放背景音乐侵权事实成立，判决北京南站所属单位北京铁路局单曲赔偿中国音乐著作权协会著作权使用费及合理费用共计人民币 6000 余元。

（《中国新闻出版广电报》）

96. 音著协诉“后街男孩广州演唱会”侵权案终审获胜

10 月，中国音乐著作权协会（下称音著协）诉“后街男孩广州演唱会”主办方涉音乐著作权侵权案历经两审败诉，经过申请再审最终获胜。音著协再一次以实际行动维护了音乐著作权人的合法权益，彰显了我国著作权集体管理组织的担当和维权能力，赢得了国际同类组织的广泛好评。

（《中国新闻出版广电报》）

97. 柳斌杰会见国际唱片业协会首席执行官弗朗西斯·摩尔

11 月 14 日，全国人大教科文卫委员会主任委员、中国版权协会名誉理事长柳斌杰在京会见国际唱片业协会首席执行官弗朗西斯·摩尔一行。

柳斌杰表示，目前，中国经济社会发展进入了新时代，为了服务于下一个 30 年的总目标，正在完善包括《著作权法》在内的各项法律制度和政策措施，积极推动建设世界发展的大平台，为人民群众和全世界提供更多更好的音乐作品。

（《中国新闻出版广电报》）

98. 阎晓宏参加“科技＋文化：天府数字文创产业高峰论坛”

11 月 30 日，由国家版权局网络版权产业研究基地和新华书店总店主办，腾讯研究院、国浩律师（成都）事务所、《国际出版周报》、成都天府软件园有限公司承办的“科技＋文化：天府数字文创产业高峰论坛”在成都举行。中国版权协会理事长阎晓宏在论坛上强调，没有好的作品，就不可能实现文化创意产业的良好发展。来自中国版权协会、成都市中级人民法院等政府部门、司法部门及研究机构、数字文创企业的代表，不仅就我国数字文创产业面临的机遇与挑战进行了深入的交流和探讨，还为数字文创产业的繁荣发展提供了新颖的、具有中国特色的思路。

（《中国新闻出版广电报》）

99. 周慧琳会见美国电影协会主席兼首席执行官查尔斯·瑞弗金一行

12 月 14 日，中国国家新闻出版广电总局副局长、国家版权局专职副局长周慧琳在京会见美国电影协会新任主席兼首席执行官查尔斯·瑞弗金一行。双方进行了友好会谈，并围绕继续深化版权交流与合作交换意见。

周慧琳首先对瑞弗金一行来访表示欢迎。他指出，中国国家新闻出版广电总局（国家版权局）与美国电影协会长期保持密切联系和良好关系，双方合作卓有成效，希望能够进一步深化双方在加强版权保护、打击侵权盗版等方面的交流与合作，为全球电影产业的良性健康发展和建立更加公正、合理的国际版权制度共同努力。

（《中国新闻出版广电报》）

100. 国家版权局决定在全国开展 2022 年冬奥会会徽版权专项保护工作

12 月 16 日，国家版权局下发通知，决定从 12 月 16 日开始，在全国开展北京 2022 年冬奥会会徽和冬残奥会会徽版权专项保护工作。通知强调，除法律法规另有规定外，未经北京冬奥组委会许可，任何单位或个人不得擅自使用北京冬奥会会徽。

通知要求，各级版权行政执法部门要加强对涉会徽版权的日常监管工作，加大执法资源投入，充分利用版权监测平台等技术手段，全方位开展涉会徽版权巡查工作，及时发现侵权线索，第一时间固定证据，组织精干力量依法从快、从严查处。要强化涉会徽侵权投诉举报工作，广泛宣传投诉举报方式，发布举报奖励公告，加大对有效举报的奖励力度。要加强与辖区内大型集贸市场、商品集散地、图书批发市场、著名旅游景点、电子商务平台的沟通联系，推动相关单位主动搜集涉会徽侵权线索并及时向版权行政执法部门举报。

（《中国新闻出版广电报》）

专 利

一、专利申请与授权状况

表 1 国内外三种专利申请年度状况(1985.4～2017.12) (单位:件)

	年份	合计	发明	实用新型	外观设计
合计	1985～2012	10 716 477	3 502 683	3 737 533	3 476 261
	2013	2 377 061	825 136	892 362	659 563
	2014	2 361 243	928 177	868 511	564 555
	2015	2 798 500	1 101 864	1 127 577	569 059
	2016	3 464 824	1 338 503	1 475 977	650 344
	2017	3 697 845	1 381 594	1 687 593	628 658
国内	1985～2012	9 412 188	2 379 272	3 710 715	3 322 201
	2013	2 234 560	704 936	885 226	644 398
	2014	2 210 616	801 135	861 053	548 428
	2015	2 639 446	968 251	1 119 714	551 481
	2016	3 305 225	1 204 981	1 468 295	631 949
	2017	3 536 333	1 245 709	1 679 807	610 817
国外	1985～2012	1 304 289	1 123 411	26 818	154 060
	2013	142 501	120 200	7136	15 165
	2014	150 627	127 042	7458	16 127
	2015	159 054	133 613	7863	17 578
	2016	159 599	133 522	7682	18 395
	2017	161 512	135 885	7786	17 841

注:2016 年及之前数据为专利申请受理量,2017 年数据为专利申请量。

表 2 国内三种专利申请量(2017.1～2017.12) (单位:件)

地区	2017 年		
	发明	实用新型	外观设计
全国总计	1 245 709	1 679 807	610 817
北京	99 167	68 400	18 361
天津	25 652	56 675	4669
河北	13 982	36 134	11 172
山西	7379	11 719	1599

续表

地区	2017 年		
	发明	实用新型	外观设计
内蒙古	2845	7 468	1388
辽宁	20 500	25 456	3915
吉林	7780	10 964	1706
黑龙江	10 607	17 963	2388
上海	54 630	60 925	16 185
江苏	187 005	219 503	107 894
浙江	98 975	191 372	86 768
安徽	93 527	72 333	10 012
福建	26 456	76 724	24 899
江西	11 507	39 496	19 588
山东	67 772	118 252	18 835
河南	35 625	66 803	16 812
湖北	51 569	49 744	8921
湖南	31 365	33 073	13 496
广东	182 639	283 564	161 631
广西	37 976	14 595	4417
海南	1627	2242	695
重庆	19 297	37 525	7826
四川	64 642	73 789	29 053
贵州	13 885	16 898	3827
云南	7801	17 867	3027
西藏	273	652	172
陕西	46 607	31 595	20 733
甘肃	5785	13 691	4972
青海	949	1 946	286
宁夏	2561	5633	381
新疆	3207	8927	2126
香港	1232	1098	1577
澳门	83	66	57
台湾	10 802	6 715	1 429
广州	37 041	53 508	28 026
长春	6254	7799	946
武汉	23 243	22 916	3567
南京	37 343	29 764	8484
杭州	25 690	35 143	15 105
西安	40 669	22 842	18 235
济南	11 740	16 724	2345

续表

地区	2017 年		
	发明	实用新型	外观设计
沈阳	9872	9542	1464
成都	47 035	46 680	20 269
大连	6103	6847	834
厦门	5816	13 929	4887
哈尔滨	8684	11 347	1295
深圳	60 263	75 581	41 340
青岛	22 485	28 363	3491
宁波	18 497	26 070	17 537
新疆建设兵团	498	1322	74

表 3 **国外三种专利申请量(2017.1～2017.12)** （单位:件）

国家和地区	2017 年		
	发明	实用新型	外观设计
合计	135 885	7786	17 841
安道尔	1	0	0
阿联酋	28	3	23
阿富汗	0	0	2
安圭拉	2	0	0
荷属安的列斯群岛	1	0	0
阿根廷	11	1	3
奥地利	828	37	59
澳大利亚	675	57	226
巴巴多斯	70	3	62
孟加拉国	0	0	1
比利时	708	27	93
保加利亚	8	3	1
百慕大群岛	72	2	0
文莱	1	4	0
巴西	133	15	6
巴哈马	5	0	0
伯利兹	4	5	0
加拿大	984	84	118
刚果民主共和国	2	1	0
中非	1	0	0
瑞士	3431	156	815
库克群岛	0	1	7
智利	22	0	0

续表

国家和地区	2017 年		
	发明	实用新型	外观设计
哥伦比亚	2	0	4
哥斯达黎加	1	0	0
塞浦路斯	19	5	9
捷克	44	14	112
德国	14 342	879	1639
丹麦	871	25	97
多米尼加	0	1	4
阿尔及利亚	0	0	1
厄瓜多尔	1	0	1
爱沙尼亚	8	1	6
埃及	2	0	0
西班牙	378	27	196
芬兰	877	79	128
斐济	2	0	0
法国	4926	313	651
英国	2296	117	708
格鲁吉亚	1	0	3
直布罗陀	3	1	0
希腊	32	1	1
危地马拉	1	0	0
克罗地亚	5	0	0
匈牙利	28	1	12
印度尼西亚	3	0	9
爱尔兰	251	10	25
以色列	884	38	70
印度	277	17	36
伊朗	1	5	0
冰岛	11	0	0
意大利	1695	155	558
牙买加	1	0	0
日本	40 908	2070	3756
肯尼亚	2	0	0
吉尔吉斯斯坦	0	0	1
圣基茨和尼维斯	1	0	0
朝鲜	2	0	0
韩国	13 180	809	2592
科威特	2	0	1

续表

国家和地区	2017 年		
	发明	实用新型	外观设计
开曼群岛	2867	82	274
哈萨克斯坦	2	0	0
黎巴嫩	4	1	1
列支敦士登	138	3	39
斯里兰卡	3	0	0
利比里亚	1	0	0
立陶宛	6	1	1
卢森堡	345	10	72
拉脱维亚	1	1	0
摩洛哥	2	0	0
摩纳哥	8	0	0
马里	7	4	2
缅甸	0	0	1
蒙古	0	1	0
马耳他	47	0	1
毛里求斯	1	0	1
墨西哥	40	0	14
马来西亚	65	20	22
尼日利亚	1	0	2
荷兰	3267	104	337
挪威	211	5	22
新西兰	197	13	53
阿曼	3	0	0
巴拿马	3	0	0
秘鲁	2	0	0
菲律宾	15	8	1
巴基斯坦	0	0	3
波兰	68	7	21
波多黎各	1	0	1
葡萄牙	38	0	7
卡塔尔	3	0	2
罗马尼亚	5	0	1
塞尔维亚	2	1	1
俄罗斯联邦	154	23	44
沙特阿拉伯	87	3	80
塞舌尔	25	6	1
瑞典	1842	53	367

续表

国家和地区	2017年		
	发明	实用新型	外观设计
新加坡	1015	520	148
斯洛文尼亚	13	0	10
斯洛伐克	7	0	4
泰国	86	19	36
土库曼斯坦	1	0	0
土耳其	62	6	17
乌克兰	14	3	13
美国	36 980	1876	4066
乌拉圭	4	0	0
乌兹别克斯坦	2	0	0
圣文森特和格林纳丁斯	1	0	0
英属维尔京群岛	99	34	91
越南	4	0	26
萨摩亚	31	12	1
南非	61	3	22

表4　　国内外三种专利申请授权年度状况(1985.12～2017.12)　　(单位:件)

	年份	合计	发明	实用新型	外观设计
合计	1985～2012	6 113 010	1 110 971	2 692 391	2 309 648
	2013	1 313 000	207 688	692 845	412 467
	2014	1 302 687	233 228	707 883	361 576
	2015	1 718 192	359 316	876 217	482 659
	2016	1 753 763	404 208	903 420	446 135
	2017	1 836 434	420 144	973 294	442 996
国内	1985～2012	5 431 559	592 328	2 671 301	2 167 930
	2013	1 228 413	143 535	686 208	398 670
	2014	1 209 402	162 680	699 971	346 751
	2015	1 596 977	263 436	868 734	464 807
	2016	1 628 881	302 136	897 035	429 710
	2017	1 720 828	326 970	967 416	426 442
国外	1985～2012	681 738	518 643	21 336	141 759
	2013	84 587	64 153	6637	13 797
	2014	93 285	70 548	7912	14 825
	2015	121 215	95 880	7483	17 852
	2016	124 882	102 072	6385	16 425
	2017	115 606	93 174	5878	16 554

表 5　　国内三种专利申请授权量(1985.12～2017.12)　　(单位:件)

地区	总累计			2017 年		
	发明	实用新型	外观设计	发明	实用新型	外观设计
全国合计	1 791 085	6 790 665	4 234 310	326 970	967 416	426 442
北京	253 466	365 829	99 548	46 091	46 011	14 846
天津	38 034	190 548	35 159	5844	32 353	3478
河北	25 998	154 735	50 549	4927	21 841	8580
山西	16 689	57 065	13 175	2382	7730	1199
内蒙古	5856	30 957	9889	848	4453	970
辽宁	49 288	195 129	34 465	7 708	15 821	2966
吉林	18 481	58 495	13 054	3057	6673	1360
黑龙江	29 020	114 619	33 175	4947	11 395	1879
上海	130 876	317 376	173 093	20 681	39 942	12 183
江苏	206 966	848 299	970 053	41 518	126 482	59 187
浙江	145 638	875 434	784 131	28 742	114 311	70 752
安徽	57 463	264 243	80 804	12 440	38 304	7469
福建	37 174	227 947	148 559	8718	39 608	19 978
江西	11 463	86 785	54 075	2238	17 613	13 178
山东	103 866	578 102	133 933	19 090	67 005	14 427
河南	38 673	232 310	71 960	7914	35 822	11 671
湖北	52 872	198 681	53 612	10 880	28 867	6622
湖南	44 087	159 208	69 114	7909	20 337	9670
广东	245 776	865 522	928 363	45 740	169 017	117 895
广西	20 604	55 154	22 130	4553	7755	2962
海南	3250	7959	4750	373	1285	475
重庆	27 963	160 148	65 839	6138	23 261	5381
四川	58 321	233 143	188 281	11 367	33 613	19 026
贵州	10 632	46 682	24 837	1875	7986	2698
云南	15 160	55 073	19 341	2259	10 085	1886
西藏	362	836	1042	42	257	121
陕西	46 980	128 066	59 858	8774	17 003	8777
甘肃	8629	35 233	8887	1340	6637	1695
青海	1399	5024	2403	240	1079	261
宁夏	2827	12 495	3416	657	3345	242
新疆	5877	39 365	12 066	950	5630	1514
香港	5299	11 115	27 775	554	751	1583
澳门	123	277	458	16	19	104
台湾	71 973	178 811	36 516	6158	5125	1407
广州	47 671	148 439	133 205	9349	32 201	18 720
长春	13 857	30 814	6197	2605	4795	789

续表

地区	总累计			2017 年		
	发明	实用新型	外观设计	发明	实用新型	外观设计
武汉	41 461	106 380	23 056	8444	14 260	2824
南京	54 718	102 252	41 098	10 730	17 351	4144
杭州	58 402	177 979	113 864	9875	21 326	11 110
西安	40 821	92 806	42 224	7990	11 784	5575
济南	25 616	94 259	13 662	5043	10 452	1852
沈阳	20 251	61 944	13 565	3373	5498	1020
成都	39 900	139 885	143 325	7990	19 687	13 414
大连	16 333	54 878	7984	2604	4497	667
厦门	10 939	50 621	29 345	2336	8193	4175
哈尔滨	23 662	58 275	15 908	4275	6 852	990
深圳	130 398	252 267	189 463	18 938	44 471	30 883
青岛	28 160	95 838	28 710	5941	15 088	2857
宁波	28 558	171 744	197 924	5382	16 518	15 093
新疆建设兵团	852	4236	404	199	852	106

表 6 **国外三种专利申请授权量(1985. 12～2017. 12)** (单位:件)

国家和地区	总累计			2017 年		
	发明	实用新型	外观设计	发明	实用新型	外观设计
合计	944 469	55 385	221 165	93 174	5878	16 554
安道尔	5	1	2	0	0	0
阿联酋	44	19	178	16	3	14
阿富汗	0	0	10	0	0	0
安提瓜和巴布达	4	0	3	0	0	0
安圭拉	0	2	0	0	0	0
阿尔巴尼亚	0	1	1	0	1	1
亚美尼亚	4	0	1	0	0	0
荷属安的列斯群岛	214	1	9	3	0	0
安哥拉	0	0	1	0	0	0
阿根廷	42	11	18	3	0	2
美属萨摩亚	1	1	0	0	0	0
奥地利	5266	278	869	832	41	47
澳大利亚	5235	530	2780	383	64	192
阿塞拜疆	2	1	0	0	1	0
波斯尼亚和黑塞哥维那	0	0	1	0	0	0
巴巴多斯	656	12	115	104	1	41
孟加拉国	0	1	3	0	0	0

续表

国家和地区	总累计			2017 年		
	发明	实用新型	外观设计	发明	实用新型	外观设计
比利时	4774	148	750	493	25	69
保加利亚	35	5	27	3	0	1
巴林岛	1	0	0	0	0	0
贝宁	0	0	1	0	0	0
百慕大群岛	454	106	104	52	0	0
文莱	28	33	28	3	0	0
巴西	725	100	468	73	17	12
巴哈马	132	19	48	6	0	0
白俄罗斯	8	0	6	0	0	0
伯利兹	5	56	12	2	6	0
加拿大	7301	470	1531	667	49	114
刚果民主共和国	0	0	7	0	0	0
中非	0	0	2	0	0	0
瑞士	25 155	1354	8080	2453	166	698
科特迪瓦	0	0	1	0	0	0
库克群岛	4	1	16	0	0	1
智利	76	6	4	9	1	0
喀麦隆	1	0	0	0	0	0
哥伦比亚	29	3	17	3	0	5
哥斯达黎加	2	0	1	1	0	0
捷克斯洛伐克	23	6	3	0	0	0
古巴	104	0	2	3	0	0
塞浦路斯	144	20	66	15	2	8
捷克	200	88	797	27	9	91
德国	94 416	4992	18 932	11 240	606	1559
丹麦	5600	263	1960	570	18	134
多米尼加	5	3	4	0	1	4
阿尔及利亚	2	2	2	1	1	0
厄瓜多尔	3	1	5	0	0	0
爱沙尼亚	19	3	23	0	0	4
埃及	8	8	21	1	1	0
西班牙	2091	242	1933	224	21	136
埃塞俄比亚	0	1	1	0	0	0
芬兰	9357	454	1795	814	47	91
斐济	0	8	1	0	0	0

续表

国家和地区	总累计			2017 年		
	发明	实用新型	外观设计	发明	实用新型	外观设计
福克兰群岛(马尔维纳斯群岛)	0	0	1	0	0	0
法国	35 291	1698	9148	3382	196	607
加蓬	2	0	0	0	0	0
英国	15 690	930	6218	1449	99	562
格鲁吉亚	2	1	7	0	1	0
直布罗陀	24	1	4	4	0	0
希腊	125	2	71	11	0	6
危地马拉	0	0	6	0	0	0
洪都拉斯	0	0	1	0	0	0
克罗地亚	57	5	6	0	0	0
海地	0	0	1	0	0	0
匈牙利	417	19	28	21	0	1
印度尼西亚	35	19	140	2	1	9
爱尔兰	1253	57	220	195	3	13
以色列	2972	254	700	423	18	62
印度	1322	64	398	134	12	16
伊拉克	0	3	4	0	0	0
伊朗	5	12	36	0	8	14
冰岛	148	1	1	14	0	0
意大利	12 009	793	7507	1123	121	599
泽西岛	5	0	0	0	0	0
牙买加	3	0	0	1	0	0
约旦	6	5	9	1	0	0
日本	367 526	19 780	73 752	31 090	1598	3536
肯尼亚	1	0	1	0	0	0
吉尔吉斯斯坦	4	0	0	0	0	0
圣基茨和尼维斯	1	1	0	0	0	0
朝鲜	11	4	0	0	0	0
韩国	72 568	4184	23 499	7 857	624	2626
科威特	6	0	4	0	0	1
开曼群岛	2105	335	1562	543	51	295
哈萨克斯坦	15	8	0	1	0	0
黎巴嫩	7	8	7	1	0	2
列支敦士登	850	13	619	101	2	32
斯里兰卡	7	2	24	0	0	0

续表

国家和地区	总累计			2017 年		
	发明	实用新型	外观设计	发明	实用新型	外观设计
利比里亚	2	0	1	0	0	0
莱索托	0	1	0	0	0	0
立陶宛	3	1	9	0	0	0
卢森堡	1127	124	491	149	9	63
拉脱维亚	29	3	11	2	0	0
摩洛哥	8	2	43	0	0	0
摩纳哥	68	9	21	3	0	1
摩尔多瓦	1	0	1	0	0	0
马达加斯加	2	0	0	0	0	0
马绍尔群岛	5	3	0	2	0	0
马其顿	1	0	0	0	0	0
马里	4	8	10	0	2	3
缅甸	0	0	5	0	0	1
蒙古	5	2	1	0	0	0
马耳他	106	9	12	22	0	2
毛里求斯	70	28	44	3	0	2
马尔代夫	1	0	0	0	0	0
墨西哥	246	12	215	19	0	17
马来西亚	372	172	606	31	15	22
纳米比亚	2	0	0	1	0	0
尼日利亚	0	2	14	0	0	2
荷兰	27 655	553	4743	2278	71	283
挪威	2021	41	357	172	6	27
尼泊尔	0	2	1	0	0	0
新西兰	732	79	398	88	11	54
阿曼	2	0	0	1	0	0
巴拿马	229	9	42	2	0	2
秘鲁	3	2	0	0	0	0
巴布亚新几内亚	0	0	2	0	0	0
菲律宾	38	31	33	8	0	4
巴基斯坦	3	3	15	0	0	4
波兰	254	23	169	37	1	19
波多黎各	6	1	4	3	0	1
葡萄牙	119	3	75	11	0	6
巴拉圭	0	0	3	0	0	2
卡塔尔	9	0	6	5	0	2
罗马尼亚	14	2	7	0	0	0

续表

国家和地区	总累计			2017 年		
	发明	实用新型	外观设计	发明	实用新型	外观设计
塞尔维亚	7	1	0	1	0	0
俄罗斯	968	260	275	96	19	30
沙特阿拉伯	428	11	442	111	0	80
塞舌尔	60	41	38	7	3	1
瑞典	15 944	482	3270	1376	44	440
新加坡	2694	819	1257	471	330	50
斯洛文尼亚	183	1	62	23	0	10
斯洛伐克	42	3	45	7	0	3
圣马力诺	5	3	2	0	0	0
塞内加尔	0	0	1	0	0	0
萨尔瓦多	2	0	0	0	0	0
叙利亚	1	1	3	0	0	0
斯威士兰	1	0	0	0	0	0
特克斯和凯科斯群岛	0	0	1	0	0	0
乍得	0	1	0	0	0	0
泰国	111	90	354	10	6	39
突尼斯	4	0	2	3	0	0
土耳其	382	74	474	43	5	16
特立尼达和多巴哥	3	0	2	0	0	0
坦桑尼亚	0	1	1	0	0	0
乌克兰	64	21	22	7	0	8
乌干达	0	0	2	0	0	0
美国	213 720	14 229	41 233	23 673	1487	3616
乌拉圭	13	1	1	1	0	0
乌兹别克斯坦	5	1	0	0	0	0
圣文森特和格林纳丁斯	9	0	0	0	0	0
委内瑞拉	42	0	8	2	0	0
英属维尔京群岛	1235	618	1430	93	43	79
越南	11	4	85	2	0	38
瓦努阿图	5	0	0	0	0	0
萨摩亚	33	117	54	5	8	2
也门	0	0	9	0	0	3
南斯拉夫	17	0	7	0	0	0
南非	698	31	132	52	3	17
赞比亚	0	1	0	0	0	0
津巴布韦	3	0	1	0	0	0

表 7

国内外三种专利有效状况(2017.12)

(单位:件)

	年份	合计	发明	实用新型	外观设计
合计	2013	4 195 139	1 033 908	1 936 789	1 224 442
	2014	4 642 506	1 196 497	2 291 326	1 154 683
	2015	5 477 625	1 472 374	2 732 554	1 272 697
	2016	6 285 238	1 772 203	3 154 485	1 358 550
	2017	7 147 608	2 085 367	3 603 187	1 459 054
国内	2013	3 635 929	586 493	1 917 122	1 132 314
	2014	4 032 362	708 690	2 265 224	1 058 448
	2015	4 792 356	921 757	2 700 833	1 169 766
	2016	5 527 183	1 158 203	3 118 410	1 250 570
	2017	6 324 215	1 413 911	3 563 389	1 346 915
国外	2013	559 210	447 415	19 667	92 128
	2014	610 144	487 807	26 102	96 235
	2015	685 269	550 617	31 721	102 931
	2016	758 055	614 000	36 075	107 980
	2017	823 393	671 456	39 798	112 139

* 有效量:报告期末处于专利权维持状态的案卷数量。统计范围为:发明、实用新型、外观设计。与申请量和授权量不同,有效量是存量数据而非流量数据。

表 8

国内三种专利有效量(2017.12)

(单位:件)

地区	2017 年			
	合计	发明	实用新型	外观设计
全国总计	6 324 215	1 413 911	3 563 389	1 346 915
北京	494 941	205 320	231 317	58 304
天津	144 706	28 601	103 717	12 388
河北	128 291	21 499	80 716	26 076
山西	44 848	11 675	28 663	4510
内蒙古	23 846	4505	15 592	3749
辽宁	113 693	33 270	69 555	10 868
吉林	39 892	11 585	23 286	5021
黑龙江	65 756	20 007	39 270	6479
上海	329 442	100 433	182 459	46 550
江苏	809 379	179 963	473 244	156 172
浙江	785 190	109 952	437 039	238 199
安徽	212 785	47 734	139 040	26 011
福建	226 325	31 006	134 193	61 126
江西	94 531	8936	54 462	31 133
山东	351 351	74 590	227 491	49 270
河南	174 998	28 615	115 789	30 594

续表

地区	2017 年			
	合计	发明	实用新型	外观设计
湖北	169 585	40 410	108 329	20 846
湖南	142 224	34 774	79 679	27 771
广东	1 165 677	208 502	574 463	382 712
广西	54 582	18 157	26 744	9681
海南	8442	2344	4545	1553
重庆	121 604	22 306	77 986	21 312
四川	215 601	44 511	120 675	50 415
贵州	43 048	8 408	27 291	7349
云南	50 223	10 551	32 474	7198
西藏	1474	539	552	383
陕西	119 892	33 752	61 741	24 399
甘肃	28 222	6045	18 066	4 111
青海	5107	1182	3072	853
宁夏	10 288	2216	7361	711
新疆	28 064	4458	18 792	4814
香港	16 426	4831	4025	7570
澳门	563	98	142	323
台湾	103 219	53 136	41 619	8464
广州	202 389	39 492	101 938	60 959
长春	28 059	8844	16 193	3022
武汉	99 004	30 962	58 532	9510
南京	120 100	41 515	65 106	13 479
杭州	174 053	43 917	92 085	38 051
西安	92 972	30 189	46 813	15 970
济南	63 368	18 246	38 608	6514
沈阳	39 859	13 387	22 599	3873
成都	134 168	30 540	72 075	31 553
大连	32 846	11 371	18 950	2525
厦门	57 905	9 414	34 420	14 071
哈尔滨	44 077	16 537	23 967	3573
深圳	373 048	106 926	170 444	95 678
青岛	83 360	21 805	49 790	11 765
宁波	155 511	20 731	78 524	56 256
新疆建设兵团	3627	714	2661	252

表 9　　国外三种专利有效量(2017.12)　　(单位:件)

国家和地区	2017 年			
	合计	发明	实用新型	外观设计
合计	823 393	671 456	39 798	112 139
安道尔	7	5	1	1
阿联酋	109	49	13	47
安提瓜和巴布达	6	4	0	2
安圭拉	3	2	1	0
阿尔巴尼亚	2	0	1	1
亚美尼亚	3	2	0	1
荷属安的列斯群岛	43	43	0	0
安哥拉	1	0	0	1
阿根廷	41	30	4	7
美属萨摩亚	4	1	2	1
奥地利	4729	4060	221	448
澳大利亚	4290	2810	268	1212
阿塞拜疆	2	1	1	0
波斯尼亚和黑塞哥维那	2	1	0	1
巴巴多斯	797	649	11	137
孟加拉国	1	0	0	1
比利时	4115	3572	118	425
保加利亚	35	23	3	9
巴林	2	2	0	0
百慕大群岛	454	312	60	82
文莱	16	9	7	0
巴西	764	457	69	238
巴哈马	102	91	1	10
伯利兹	50	5	36	9
加拿大	6147	4990	234	923
刚果民主共和国	13	0	0	13
瑞士	23 696	17 977	1249	4470
科特迪瓦	1	0	0	1
库克群岛	14	3	1	10
智利	67	64	2	1
喀麦隆	1	1	0	0
哥伦比亚	27	16	2	9
哥斯达黎加	2	1	0	1
古巴	74	74	0	0
塞浦路斯	131	85	14	32
捷克	590	135	46	409

续表

国家和地区	2017 年			
	合计	发明	实用新型	外观设计
德国	85 058	69 505	4049	11 504
丹麦	5218	4064	169	985
多米尼加	6	1	1	4
阿尔及利亚	5	2	1	2
厄瓜多尔	6	2	0	4
爱沙尼亚	26	13	1	12
埃及	13	5	2	6
西班牙	2327	1367	118	842
埃塞俄比亚	2	0	1	1
芬兰	7746	6499	381	866
法国	30 804	24 784	1404	4616
英国	13 829	9904	602	3323
格鲁吉亚	3	1	1	1
直布罗陀	27	23	1	3
希腊	131	83	1	47
克罗地亚	10	8	1	1
匈牙利	165	148	8	9
印度尼西亚	67	20	7	40
爱尔兰	1470	1355	32	83
以色列	2766	2169	197	400
马恩岛	1	1	0	0
印度	1105	932	41	132
伊拉克	6	0	4	2
伊朗	41	2	9	30
冰岛	85	83	1	1
意大利	12 249	8228	540	3481
泽西岛	3	3	0	0
牙买加	2	2	0	0
约旦	9	4	0	5
日本	302 116	255 429	14 433	32 254
吉尔吉斯斯坦	1	1	0	0
圣基茨和尼维斯	1	1	0	0
朝鲜	5	3	2	0
韩国	68 991	52 355	2421	14 215
科威特	5	2	0	3
开曼群岛	5392	3793	253	1346
哈萨克斯坦	11	9	2	0

续表

国家和地区	2017 年			
	合计	发明	实用新型	外观设计
黎巴嫩	11	3	2	6
圣卢西亚	1	1	0	0
列支敦士登	773	558	9	206
斯里兰卡	4	3	0	1
立陶宛	6	2	2	2
卢森堡	1708	1258	88	362
拉脱维亚	19	15	1	3
摩洛哥	45	8	0	37
摩纳哥	35	28	2	5
摩尔多瓦	1	0	0	1
黑山	1	0	0	1
马绍尔群岛	5	4	1	0
马其顿	1	1	0	0
马里	17	2	5	10
缅甸	16	2	9	5
蒙古	1	1	0	0
马耳他	138	120	9	9
毛里求斯	114	104	2	8
墨西哥	421	310	7	104
马来西亚	662	270	126	266
纳米比亚	1	1	0	0
尼日利亚	6	0	0	6
荷兰	20 203	17 567	429	2207
挪威	1461	1267	24	170
新西兰	793	497	51	245
阿曼	1	1	0	0
巴拿马	135	103	4	28
秘鲁	4	2	2	0
巴布亚新几内亚	2	0	0	2
菲律宾	93	64	11	18
巴基斯坦	11	1	3	7
波兰	314	185	14	115
波多黎各	10	6	1	3
葡萄牙	119	85	1	33
巴拉圭	2	0	0	2
卡塔尔	16	12	0	4
罗马尼亚	5	4	1	0

续表

国家和地区	2017 年			
	合计	发明	实用新型	外观设计
塞尔维亚	6	6	0	0
俄罗斯	723	481	116	126
沙特阿拉伯	558	411	6	141
塞舌尔	137	53	43	41
瑞典	13 341	10 952	342	2047
新加坡	4587	2804	1093	690
斯洛文尼亚	151	119	0	32
斯洛伐克	47	26	1	20
萨尔瓦多	2	2	0	0
叙利亚	1	0	0	1
乍得	1	0	1	0
泰国	263	78	25	160
突尼斯	4	4	0	0
土耳其	588	330	34	224
特立尼达和多巴哥	4	3	0	1
乌克兰	57	30	9	18
美国	186 843	155 771	9820	21 252
乌拉圭	7	7	0	0
乌兹别克斯坦	3	3	0	0
圣文森特和格林纳丁斯	1	1	0	0
委内瑞拉	6	4	0	2
英属维尔京群岛	1962	972	343	647
越南	71	12	1	58
萨摩亚	315	196	94	25
也门	3	0	0	3
南斯拉夫	2	2	0	0
南非	511	429	17	65
赞比亚	1	0	1	0

表 10　　国际申请业务进展统计表(1985.4～2017.12)　　(单位:件)

项　　目	总累计	2017 年
收到国际申请	258 741	50 636
进入中国国内阶段的国际申请(发明)	1 010 450	85 607
进入中国国内阶段的国际申请(实用新型)	6608	1146

二、专利行政执法

表 11　　2017 年各地区管理专利工作的部门专利执法统计表　　（单位：件）

地区	类别 / 时间	侵权纠纷		其他纠纷		查处假冒专利案件
		立案	结案	立案	结案	结案
合计	总累计	74 258	71 737	2680	2566	115 641
	2017	27 305	26 987	852	836	38 492
北京	总累计	770	662	1	0	2491
	2017	245	217	0	0	964
天津	总累计	414	413	8	8	1740
	2017	171	184	0	1	536
河北	总累计	2039	1996	154	153	2161
	2017	776	785	65	64	1205
山西	总累计	55	33	9	3	237
	2017	7	7	0	0	116
内蒙古	总累计	52	40	0	0	1652
	2017	17	9	0	0	352
辽宁	总累计	766	741	77	75	2399
	2017	446	437	19	18	581
吉林	总累计	249	243	4	4	128
	2017	65	65	0	0	30
黑龙江	总累计	842	802	577	564	1468
	2017	343	316	258	258	549
上海	总累计	786	762	24	23	229
	2017	229	235	11	11	74
江苏	总累计	4552	4316	315	311	21 085
	2017	1674	1725	22	22	6359
浙江	总累计	33 285	33 239	402	402	4110
	2017	11 830	11 833	4	4	1563
安徽	总累计	1837	1689	54	41	2656
	2017	933	887	25	12	1271
福建	总累计	1053	986	26	26	5155
	2017	518	502	2	4	1537
江西	总累计	574	517	4	1	1831
	2017	142	103	0	0	633
山东	总累计	2389	2290	38	38	13 268
	2017	928	933	2	3	4279
河南	总累计	2501	2084	69	65	5871
	2017	1208	991	0	4	1773
湖北	总累计	1714	1554	46	41	6192
	2017	746	731	1	1	2019

续表

地区	类别/时间	侵权纠纷		其他纠纷		查处假冒专利案件
		立案	结案	立案	结案	结案
湖南	总累计	1572	1392	272	215	14 886
	2017	510	463	53	12	4089
广东	总累计	12 472	11 933	188	185	5305
	2017	3586	3505	101	133	2179
广西	总累计	119	111	1	1	1868
	2017	41	41	0	0	628
海南	总累计	19	12	3	3	292
	2017	3	6	0	0	72
重庆	总累计	1085	1060	47	47	882
	2017	409	409	0	1	307
四川	总累计	2749	2732	348	347	3403
	2017	1639	1787	288	287	1054
贵州	总累计	211	176	0	0	9134
	2017	53	55	0	0	4014
云南	总累计	217	197	0	0	948
	2017	47	43	0	0	419
西藏	总累计	0	0	0	0	0
	2017	0	0	0	0	0
陕西	总累计	622	556	9	9	2487
	2017	189	197	0	0	716
甘肃	总累计	295	275	0	0	1648
	2017	145	148	0	0	564
青海	总累计	25	18	0	0	13
	2017	2	8	0	0	10
宁夏	总累计	161	155	0	0	96
	2017	74	68	0	0	25
新疆	总累计	833	753	4	4	2006
	2017	329	300	1	1	574
新疆兵团	总累计	0	0	0	0	0
	2017	0	0	0	0	0

三、中国专利金奖

表 12 中国专利金奖分布统计表 （单位:件）

地　区	合　计	第十九届
合计	292	20
北京	73	4
天津	6	0

续表

地 区	合 计	第十九届
河北	5	0
辽宁	12	0
吉林	2	0
黑龙江	4	0
上海	17	0
江苏	18	0
浙江	10	2
安徽	6	0
福建	2	0
江西	1	0
山东	17	2
河南	9	2
湖北	10	1
湖南	16	3
广东	44	4
广西	1	0
海南	4	0
重庆	5	0
四川	7	1
贵州	2	0
云南	3	0
陕西	14	0
甘肃	1	0
青海	1	0
宁夏	1	0
新疆	1	1

（国家知识产权局战略规划司）

商　标

一、商标申请与注册

表 1　　**2017 年度商标申请与注册概况表**　　（单位：件）

<table>
<tr><th>项目</th><th>国内</th><th>国际</th><th>马德里</th><th>合计</th></tr>
<tr><td>注册申请</td><td>5 538 980</td><td>141 951</td><td>67 244</td><td>5 748 175</td></tr>
<tr><td>异议申请</td><td>50 920</td><td>21 222</td><td>417</td><td>72 559</td></tr>
<tr><td>续展申请</td><td>158 802</td><td>20 384</td><td>10 929</td><td>190 115</td></tr>
<tr><td>变更申请</td><td>325 375</td><td>28 831</td><td>8787</td><td>362 993</td></tr>
<tr><td>转让申请</td><td>283 642</td><td>13 424</td><td>5970</td><td>303 036</td></tr>
<tr><td>注销申请</td><td colspan="2">13 180</td><td rowspan="2">9145</td><td rowspan="2">79 030</td></tr>
<tr><td>撤销申请</td><td colspan="2">56 705</td></tr>
<tr><td>许可备案申请</td><td colspan="3">26 045</td><td>26 045</td></tr>
<tr><td>注册商标</td><td>2 656 039</td><td>94 147</td><td>41 886</td><td>2 792 072</td></tr>
<tr><td>审定商标</td><td colspan="2">2 636 431</td><td>21 104</td><td>2 657 535</td></tr>
<tr><td>核驳商标</td><td colspan="2">876 911</td><td rowspan="2">43 586</td><td rowspan="2">1 594 500</td></tr>
<tr><td>部分核驳商标</td><td colspan="2">674 003</td></tr>
<tr><td>异议裁定量</td><td colspan="3">61 124</td><td>61 124</td></tr>
<tr><td>变更注册商标</td><td colspan="2">303 392</td><td>12 714</td><td>316 106</td></tr>
<tr><td>转让注册商标</td><td colspan="2">246 655</td><td>7187</td><td>253 842</td></tr>
<tr><td>续展注册商标</td><td colspan="2">178 276</td><td>9316</td><td>187 592</td></tr>
<tr><td>注销注册商标</td><td colspan="2">13 741</td><td rowspan="2">9510</td><td rowspan="2">51 756</td></tr>
<tr><td>撤销注册商标</td><td colspan="2">28 505</td></tr>
<tr><td>许可合同备案办理</td><td colspan="3">30 428</td><td>30 428</td></tr>
<tr><td>补发商标注册证</td><td colspan="3">21 804</td><td>21 804</td></tr>
<tr><td>国内企业马德里商标国际注册申请</td><td colspan="4">4810</td></tr>
<tr><td>国内企业马德里商标国际变更续展等</td><td colspan="4">1041</td></tr>
</table>

表 2　　**2017 年度各省、自治区、直辖市商标申请与注册统计表**　　（单位：件）

省、自治区、直辖市	申请件数	注册件数	有效注册量
北京	490 086	264 231	1 141 776
天津	49 849	26 938	159 048
河北	164 274	74 171	360 067
山西	40 016	19 948	108 969
内蒙古	46 580	21 782	115 917
辽宁	85 977	44 794	250 184

续表

省、自治区、直辖市	申请件数	注册件数	有效注册量
吉林	52 815	22 807	125 297
黑龙江	60 122	31 856	164 575
上海	343 879	192 661	878 460
江苏	352 736	159 474	888 601
浙江	546 987	254 918	1 544 827
安徽	163 261	65 423	301 957
福建	296 171	128 709	734 624
江西	105 660	43 806	204 053
山东	284 475	141 238	722 833
河南	208 393	97 536	448 013
湖北	145 367	59 600	294 792
湖南	138 400	66 897	319 766
广东	1 095 053	514 024	2 525 055
广西	55 794	26 095	127 544
海南	21 175	9 953	59 156
重庆	102 532	52 639	290 072
四川	194 765	93 701	478 192
贵州	53 766	23 488	112 343
云南	80 246	42 064	212 407
西藏	10 511	3264	12 890
陕西	88 754	44 481	242 900
甘肃	24 920	12 835	53 499
青海	10 444	4799	22 981
宁夏	13 368	7150	32 319
新疆	40 560	25 426	124 871
香港	150 392	63 374	377 661
澳门	1344	832	4972
台湾	20 308	15 125	153 489
合计	5 538 980	2 656 039	13 594 110

注：1. 由于不予受理件未电子化，以上各省数据的申请量不含不予受理量。

2. 申请件数、注册件数指2016年12月16日至2017年12月15日的商标统计情况，其他指截至2017年12月15日的统计情况。

表3　　2017年度外国（地区）在华商标申请统计表　　（单位：件）

外国（地区）	外国（地区）申请件数	马德里申请件数	合计
阿尔及利亚	51	1	52
阿富汗	55	0	55
阿根廷	147	0	147
阿联酋	387	35	422

续表

外国(地区)	外国(地区)申请件数	马德里申请件数	合计
阿曼	19	0	19
阿塞拜疆	35	0	35
埃及	59	18	77
爱尔兰	287	219	506
爱沙尼亚	19	46	65
安道尔	181	7	188
安哥拉	2	0	2
安圭拉	34	0	34
安提瓜和巴布达	4	0	4
奥地利	455	904	1359
澳大利亚	5468	2453	7921
巴巴多斯	39	7	46
巴布亚新几内亚	2	0	2
巴哈马	90	14	104
巴基斯坦	131	0	131
巴拉圭	14	0	14
巴勒斯坦	9	0	9
巴林	6	0	6
巴拿马	48	8	56
巴西	368	1	369
白俄罗斯	26	98	124
百慕大群岛	168	4	172
保加利亚	35	177	212
贝宁	0	9	9
比利时	5766	997	6763
冰岛	24	66	90
波多黎各	6	0	6
波黑	0	3	3
波兰	415	513	928
玻利维亚	2	0	2
伯利兹	47	9	56
博茨瓦纳	135	0	135
布基纳法索	4	0	4
朝鲜	1	38	39
丹麦	1290	941	2231
德国	6548	12 342	18 890
多哥	8	0	8
多米尼加	24	0	24

续表

外国(地区)	外国(地区)申请件数	马德里申请件数	合计
俄罗斯	864	1981	2845
厄瓜多尔	39	0	39
厄立特里亚	1	0	1
法国	4033	6656	10 689
菲律宾	147	46	193
斐济	7	1	8
芬兰	793	1126	1919
哥伦比亚	106	10	116
哥斯达黎加	4	0	4
格陵兰岛	0	1	1
格鲁吉亚	16	32	48
英属根西岛	1	0	1
古巴	48	10	58
圭亚那	1	0	1
哈萨克斯坦	17	45	62
海地	8	0	8
韩国	14 944	1212	16 156
荷兰	2032	2193	4225
荷属安的列斯群岛	5	0	5
黑山	1	45	46
吉布提	1	0	1
吉尔吉斯斯坦	10	5	15
几内亚	5	0	5
加拿大	3341	60	3401
加纳	2	0	2
加蓬	2	0	2
柬埔寨	28	1	29
捷克	112	363	475
喀麦隆	4	0	4
卡塔尔	41	0	41
开曼群岛	1318	15	1333
科特迪瓦	3	0	3
科威特	37	0	37
克罗地亚	15	36	51
肯尼亚	29	5	34
库克群岛	5	0	5
库拉索	0	13	13
拉脱维亚	16	43	59

续表

外国(地区)	外国(地区)申请件数	马德里申请件数	合计
黎巴嫩	74	8	82
立陶宛	84	81	165
利比里亚	1	0	1
利比亚	4	0	4
列支敦士登	104	123	227
卢森堡	435	742	1177
罗马尼亚	47	68	115
马达加斯加	1	0	1
马恩岛	217	7	224
马尔代夫	3	0	3
马耳他	24	39	63
马来西亚	1669	22	1691
马里	12	0	12
马其顿	1	29	30
马绍尔群岛	119	0	119
毛里求斯	72	10	82
毛里塔尼亚	13	0	13
美国	36 046	7519	43 565
蒙古	7	3	10
孟加拉国	21	0	21
秘鲁	84	0	84
缅甸	59	0	59
摩尔多瓦	0	26	26
摩洛哥	22	33	55
摩纳哥	33	79	112
莫桑比克	0	1	1
墨西哥	586	58	644
纳米比亚	53	0	53
南非	412	4	416
瑙鲁	10	0	10
尼泊尔	27	0	27
尼加拉瓜	1	0	1
尼日尔	94	0	94
尼日利亚	27	0	27
挪威	260	438	698
葡萄牙	137	224	361
日本	16 846	3 541	20 387
瑞典	1187	1351	2538

续表

外国(地区)	外国(地区)申请件数	马德里申请件数	合计
瑞士	3162	5124	8286
萨尔瓦多	2	0	2
萨摩亚	127	0	127
塞尔维亚	11	62	73
塞拉利昂	9	0	9
塞内加尔	25	0	25
塞浦路斯	74	253	327
塞舌尔	851	10	861
沙特阿拉伯	105	7	112
圣基茨和尼维斯	11	2	13
圣卢西亚	4	0	4
圣马力诺	13	12	25
圣文森特和格林纳丁斯	4	0	4
斯里兰卡	43	0	43
斯洛伐克	29	77	106
斯洛文尼亚	27	108	135
苏丹	29	0	29
塔吉克斯坦	3	0	3
泰国	1769	31	1800
坦桑尼亚	17	3	20
特克斯和凯科斯群岛	9	0	9
特立尼达和多巴哥	13	0	13
突尼斯	12	22	34
土耳其	309	636	945
土库曼斯坦	7	27	34
瓦努阿图	9	0	9
危地马拉	10	0	10
委内瑞拉	30	0	30
文莱	10	8	18
乌干达	7	0	7
乌克兰	52	207	259
乌拉圭	22	0	22
乌兹别克斯坦	10	13	23
西班牙	1173	1324	2497
希腊	164	98	262
新加坡	3331	756	4087
新喀里多尼亚	1	0	1
新西兰	1535	399	1934

续表

外国(地区)	外国(地区)申请件数	马德里申请件数	合计
匈牙利	52	119	171
叙利亚	85	0	85
牙买加	1	0	1
亚美尼亚	23	14	37
也门	91	0	91
伊拉克	353	0	353
伊朗	255	82	337
以色列	556	292	848
意大利	2984	4961	7945
印度	410	125	535
印度尼西亚	676	0	676
英国	10 874	4904	15 778
英吉利海峡群岛	20	0	20
英属维尔京群岛	2630	181	2811
约旦	62	0	62
越南	176	134	310
泽西岛	39	31	70
乍得	1	0	1
直布罗陀	1	6	7
智利	406	1	407
合计	141 951	67 244	209 195

表 4　　2017 年度外国(地区)在华商标注册统计表　　(单位:件)

外国(地区)	外国(地区)注册件数	马德里注册件数	合计
阿尔巴尼亚	2	1	3
阿尔及利亚	9	0	9
阿富汗	20	0	20
阿根廷	91	1	92
阿联酋	402	8	410
阿曼	13	0	13
阿塞拜疆	16	0	16
埃及	93	10	103
埃塞俄比亚	2	0	2
爱尔兰	201	147	348
爱沙尼亚	29	75	104
安道尔	6	7	13
安哥拉	3	0	3
安圭拉	37	0	37

续表

外国(地区)	外国(地区)注册件数	马德里注册件数	合计
奥地利	219	824	1043
澳大利亚	3317	1538	4855
巴巴多斯	53	0	53
巴布亚新几内亚	1	0	1
巴哈马	87	10	97
巴基斯坦	70	0	70
巴拉圭	3	0	3
巴林	5	3	8
巴拿马	63	0	63
巴西	327	0	327
白俄罗斯	6	29	35
百慕大群岛	149	5	154
保加利亚	35	92	127
北马里亚纳群岛	2	0	2
贝宁	5	0	5
比利时	380	453	833
冰岛	15	30	45
波多黎各	0	1	1
波兰	252	350	602
玻利维亚	16	0	16
伯利兹	32	3	35
朝鲜	2	13	15
丹麦	784	608	1392
德国	4444	8577	13 021
多米尼加	16	2	18
俄罗斯	363	1007	1370
厄瓜多尔	24	0	24
法国	2636	3240	5876
菲律宾	155	17	172
斐济	7	1	8
芬兰	324	1302	1626
刚果民主共和国	1	0	1
哥伦比亚	90	9	99
哥斯达黎加	13	0	13
格鲁吉亚	5	16	21
英属根西岛	5	1	6
古巴	7	1	8
圭亚那	2	0	2

续表

外国(地区)	外国(地区)注册件数	马德里注册件数	合计
哈萨克斯坦	15	56	71
海地	4	0	4
韩国	15 298	902	16 200
荷兰	1 251	1 187	2 438
荷属安的列斯群岛	4	0	4
洪都拉斯	5	0	5
吉尔吉斯斯坦	6	0	6
几内亚	6	0	6
加拿大	2089	22	2111
加纳	2	0	2
柬埔寨	7	0	7
捷克	89	245	334
喀麦隆	4	0	4
卡塔尔	22	0	22
开曼群岛	1441	6	1447
科特迪瓦	1	0	1
科威特	29	0	29
克罗地亚	8	29	37
肯尼亚	16	0	16
库克群岛	5	0	5
库拉索	2	2	4
拉脱维亚	17	32	49
黎巴嫩	33	0	33
立陶宛	22	16	38
利比亚	16	0	16
列支敦士登	138	49	187
卢森堡	387	405	792
卢旺达	2	1	3
罗马尼亚	11	25	36
马恩岛	85	32	117
马尔代夫	2	0	2
马耳他	73	34	107
马拉维	1	0	1
马来西亚	1046	8	1054
马里	6	0	6
马其顿	0	15	15
马绍尔群岛	128	0	128
毛里求斯	21	0	21

续表

外国(地区)	外国(地区)注册件数	马德里注册件数	合计
毛里塔尼亚	2	0	2
美国	25 197	4658	29 855
蒙古	13	3	16
孟加拉国	22	0	22
秘鲁	42	0	42
缅甸	26	0	26
摩尔多瓦	10	7	17
摩洛哥	4	19	23
摩纳哥	14	70	84
墨西哥	321	7	328
南非	188	0	188
尼泊尔	15	0	15
尼日利亚	10	0	10
挪威	136	186	322
帕劳	1	0	1
葡萄牙	115	118	233
日本	10 319	2616	12 935
瑞典	692	801	1493
瑞士	1745	2186	3931
萨尔瓦多	6	0	6
萨摩亚	153	0	153
塞尔维亚	10	17	27
塞拉利昂	2	0	2
塞内加尔	3	0	3
塞浦路斯	110	70	180
塞舌尔	407	0	407
沙特阿拉伯	93	0	93
圣基茨和尼维斯	1	0	1
圣卢西亚	4	0	4
圣马力诺	2	6	8
圣文森特和格林纳丁斯	1	0	1
斯里兰卡	22	0	22
斯洛伐克	11	78	89
斯洛文尼亚	12	71	83
苏丹	2	0	2
所罗门群岛	1	0	1
塔吉克斯坦	1	0	1
泰国	755	5	760
坦桑尼亚	15	0	15
特克斯和凯科斯群岛	1	0	1

续表

外国(地区)	外国(地区)注册件数	马德里注册件数	合计
特立尼达和多巴哥	19	0	19
突尼斯	10	2	12
土耳其	147	534	681
土库曼斯坦	8	0	8
瓦努阿图	30	0	30
危地马拉	8	0	8
委内瑞拉	31	0	31
文莱	32	0	32
乌干达	2	0	2
乌克兰	29	137	166
乌拉圭	16	0	16
乌兹别克斯坦	3	0	3
西班牙	899	527	1426
希腊	54	56	110
新加坡	1886	403	2289
新西兰	896	346	1242
匈牙利	26	76	102
叙利亚	31	0	31
牙买加	3	0	3
亚美尼亚	1	3	4
也门	72	0	72
伊拉克	75	0	75
伊朗	200	58	258
以色列	256	146	402
意大利	2074	3225	5299
印度	247	78	325
印度尼西亚	148	0	148
英国	6194	3704	9898
英吉利海峡群岛	30	0	30
英属维尔京群岛	2554	155	2709
约旦	31	0	31
越南	161	54	215
赞比亚	10	0	10
泽西岛	6	14	20
乍得	3	0	3
直布罗陀	2	3	5
智利	338	0	338
合计	94 147	41 886	136 033

表 5　　2017 年度按类申请和注册商标统计表　　（单位:件）

类别	申请				注册			
	国内	国际	马德里	合计	国内	国际	马德里	合计
1	65 206	2377	1489	69 072	36 167	1568	1113	38 848
2	32 032	838	373	33 243	17 181	533	327	18 041
3	183 207	10 403	2810	196 420	89 550	7227	1717	98 494
4	28 408	976	607	29 991	14 779	607	412	15 798
5	187 529	7152	2644	197 325	87 039	4661	1971	93 671
6	71 058	1986	1130	74 174	37 889	1303	771	39 963
7	101 322	3704	2361	107 387	57 618	2578	1579	61 775
8	36 860	1711	724	39 295	17 566	993	428	18 987
9	314 755	11 317	7310	333 382	169 472	7685	4425	181 582
10	83 104	3297	1781	88 182	35 866	2060	1140	39 066
11	142 972	3964	1863	148 799	74 413	2457	1178	78 048
12	74 558	2562	1441	78 561	39 663	1553	766	41 982
13	8711	338	80	9129	4133	151	48	4332
14	89 597	2423	1272	93 292	40 972	1748	838	43 558
15	19 645	605	165	20 415	8939	285	110	9334
16	108 925	3933	2025	114 883	55 246	2984	1400	59 630
17	29 176	1236	763	31 175	16 306	862	550	17 718
18	90 412	4053	1993	96 458	42 608	2847	1179	46 634
19	68 501	1003	677	70 181	36 701	640	422	37 763
20	151 425	2583	1317	155 325	62 801	1759	843	65 403
21	117 445	3536	1312	122 293	52 898	2495	886	56 279
22	18 911	790	266	19 967	9314	383	169	9866
23	12 213	386	116	12 715	5678	181	61	5920
24	62 734	2138	959	65 831	33 335	1472	643	35 450
25	526 604	7709	3410	537 723	182 133	5438	1977	189 548
26	25 139	889	324	26 352	12 943	550	243	13 736
27	29 784	902	326	31 012	13 095	435	228	13 758
28	89 490	3932	1598	95 020	46 394	2587	1005	49 986
29	234 953	4637	1315	240 905	127 951	3081	852	131 884
30	324 414	6184	1894	332 492	166 565	4375	1201	172 141
31	148 709	1870	684	151 263	79 088	1067	387	80 542
32	114 547	3725	1136	119 408	52 151	2346	656	55 153
33	136 870	3788	1359	142 017	49 893	2216	779	52 888
34	17 811	811	241	18 863	8 598	455	170	9223
35	611 419	9875	4544	625 838	270 282	6369	2263	278 914
36	98 298	1888	982	101 168	51 147	1297	596	53 040
37	70 342	1656	1480	73 478	36 141	1058	967	38 166

续表

类别	申请				注册			
	国内	国际	马德里	合计	国内	国际	马德里	合计
38	73 877	1686	1240	76 803	40 709	1083	768	42 560
39	74 227	1419	855	76 501	40 324	963	559	41 846
40	43 276	1076	834	45 186	23 004	677	539	24 220
41	226 438	5691	2850	234 979	108 578	3887	1704	114 169
42	189 645	4540	4138	198 323	106 654	2946	2418	112 018
43	254 739	3284	866	258 889	120 259	2298	574	123 131
44	96 890	2028	1008	99 926	45 664	1310	580	47 554
45	52 802	1050	682	54 534	28 332	677	444	29 453
合计	5 538 980	141 951	67 244	5 748 175	2 656 039	94 147	41 886	2 792 072

注：由于不予受理件未电子化，以上数据不含不予受理量。

表 6　　1979～2017 年商标注册申请及核准注册商标统计表　　（单位：件）

年度	申请				核准注册			
	国内	国际	马德里	合计	国内	国际	马德里	合计
1979	0	0	0	0	27 459	5130	0	32 589
1980	26 177	0	0	26 177	15 348	1297	0	16 645
1981	23 004	0	0	23 004	15 707	2049	0	17 756
1982	17 000	1565	0	18 565	12 385	4672	0	17 057
1983	19 120	1687	0	20 807	4293	2278	0	6571
1984	26 487	3077	0	29 564	13 252	1518	0	14 770
1985	43 445	5798	0	49 243	19 584	2084	0	21 668
1986	45 031	5939	0	50 970	26 993	5126	0	32 119
1987	40 014	4055	0	44 069	27 687	4454	0	32 141
1988	41 683	5866	0	47 549	25 448	3604	0	29 052
1989	43 202	5209	0	48 411	31 810	4625	0	36 435
1990	50 853	4371	2048	57 272	25 966	4036	1269	31 271
1991	59 124	5885	2595	67 604	34 501	3523	2306	40 330
1992	79 837	8367	2591	90 795	42 710	4198	1180	48 088
1993	107 758	21 014	3551	132 323	42 668	3999	2059	48 726
1994	117 186	20 238	5193	142 617	47 482	7803	3016	58 301
1995	144 610	21 442	6094	172 146	59 895	12 591	19 380	91 866
1996	122 057	22 615	7 132	151 804	101 178	15 843	11 407	128 428
1997	118 577	21 676	8 502	148 755	188 047	24 958	10 033	223 038
1998	129 394	18 252	10 037	157 683	80 095	14 137	13 478	107 710
1999	140 620	18 883	11 212	170 715	96 139	13 896	12 366	122 401
2000	181 717	24 623	16 837	223 177	129 441	16 327	12 807	158 575
2001	229 775	23 234	17 408	270 417	167 563	19 017	16 259	202 839

续表

年度	申请				核准注册			
	国内	国际	马德里	合计	国内	国际	马德里	合计
2002	321 034	37 221	13 681	371 936	169 904	23 364	19 265	212 533
2003	405 620	33 912	12 563	452 095	206 070	21 188	15 253	242 511
2004	527 591	44 938	15 396	587 925	225 394	25 069	16 156	266 619
2005	593 382	52 166	18 469	664 017	218 731	23 792	16 009	258 532
2006	669 276	56 840	40 203	766 319	228 814	25 254	21 573	275 641
2007	604 952	59 714	43 282	707 948	215 161	19 159	29 158	263 478
2008	590 525	60 704	46 890	698 119	342 498	31 870	29 101	403 469
2009	741 763	51 966	36 748	830 477	737 228	68 471	31 944	837 643
2010	973 460	67 838	30 889	1 072 187	1 211 428	108 510	29 299	1 349 237
2011	1 273 827	95 831	47 127	1 416 785	926 330	66 074	30 294	1 022 698
2012	1 502 540	97 190	48 586	1 648 316	919 951	58 656	26 290	1 004 897
2013	1 733 361	95 177	53 008	1 881 546	909 541	59 496	27 687	996 724
2014	2 139 973	93 284	52 101	2 285 358	1 242 840	86 394	45 870	1 375 104
2015	2 699 156	116 687	60 205	2 876 048	2 077 037	99 852	49 552	2 226 441
2016	3 526 827	112 347	52 191	3 691 365	2 119 032	97 497	38 416	2 254 945
2017	5 538 980	141 951	67 244	5 748 175	2 656 039	94 147	41 886	2 792 072
合计	25 648 938	1 461 562	731 783	27 842 283	15 641 649	1 085 958	573 313	17 300 920

二、商标评审案件

表 7　　**2017 年度商标评审案件统计表**

项目	案件类型	数量(件)
商标申请量	驳回商标注册申请复审	170 863
	异议复审	1652
	注册商标争议	22 968
	撤销注册商标复审	6139
	合计	201 622
商标评审程序认定驰名商标数量		1963
商标评审行政诉讼案件量	一审	9290
	二审	2194
	再审	254
	合计	11 738
商标注册程序性争议行政复议案件申请量		894

三、商标行政执法案件

表 8 **2017 年全国查处商标一般违法案件统计表** （单位：件）

项目		案件总数（件）		其中：涉外案件		案值（万元）	罚没金额（万元）	其中：立案查处（件）				收缴和销毁商标标识（件）	销毁物品（件）
		合计	其中：投诉案件	小计	其中：投诉案件			小计	其中：投诉案件	处罚程度			
										罚款 10 万～100 万元	罚款 100 万元以上		
合计		3145	507	33	9	3196.30	2735.10	1065	271	40	0	47 109	3037
注册商标使用的管理	自行改变注册商标的	44	6	0	0	33.09	*	2	1	*	*	*	*
	自行改变注册商标注册人名义、地址或其他注册事项的	28	0	0	0	17.91	*	6	0	*	*	*	*
	自行转让注册商标的	0	0	0	0	0.00	*	0	0	*	*	*	*
	商品粗制滥造、以次充好、欺骗消费者的	317	30	1	0	274.21	323.48	98	7	2	0	*	*
未注册商标使用的管理	冒充注册商标的	1828	360	23	7	1899.35	1528.24	664	201	18	0	*	*
	商品粗制滥造、以次充好、欺骗消费者的	475	27	0	0	492.72	456.85	88	7	3	0	*	*
	违反《商标法》第 6 条规定的	66	2	2	0	53.06	47.98	1	0	0	0	*	*
	违反《商标法》第 10 条规定的	77	2	0	0	35.05	52.84	24	0	0	0	*	*
违反《商标法》第 40 条第 2 款规定的		27	3	0	0	73.26	*	13	0	*	*	0	0
违反《商标法》第 13 条规定的		24	3	1	1	67.57	*	8	2	*	*	1052	0
违反《商标印制管理办法》规定的		144	33	1	0	155.67	84.77	60	13	7	0	46 057	3037
违法使用地理标志的		4	0	0	0	40.75	40.60	2	0	2	0	0	0
违法使用地理标志产品专用标志的		7	7	0	0	0.39	1.00	7	7	0	0	0	0
违法使用特殊标志的		104	34	5	1	53.27	199.34	92	33	8	0	0	0

表 9

2017 年全国查处商标侵权假冒案件统计表(一)

项目		案件总数(件)		其中:涉外案件		案值(万元)	罚没金额(万元)	其中:立案查处					
								小计	其中:投诉案件	处罚程度		利用互联网实施侵权假冒案件	
		合计	其中:投诉案件	小计	其中:投诉案件					罚款10万~100万元	罚款100万元以上	案件数(件)	案值(万元)
合计		26 985	10 614	6022	3326	33 348.33	44 307.22	18 254	8724	914	15	370	3708.02
假冒商标	小计	4615	1634	1290	723	8661.63	11 237.73	3119	1339	270	5	46	187.94
	未经注册商标所有人的许可,在相同商品上使用与其注册商标相同的商标的	2534	983	887	555	5412.54	8472.20	1802	801	68	5	24	22.61
	伪造、擅自制造他人注册商标标识或者销售伪造、擅自制造的注册商标标识的	486	134	91	34	786.78	637.40	284	122	88	0	2	0.25
	销售明知是假冒注册商标的商品的	1595	517	312	134	2462.31	2128.13	1033	416	114	0	20	165.08
商标侵权	小计	22 370	8980	4732	2603	24 686.70	33 069.49	15 135	7385	644	10	324	3520.08
	未经注册商标所有人的许可,在相同商品上使用与其注册商标近似的商标或在类似商品上使用与其注册商标相同或近似的商标的	4114	1483	1012	459	5780.61	7111.49	2847	1218	90	3	43	116.00
	销售侵犯注册商标专用权的商品的	17 315	7084	3664	2106	17 836.05	24 685.57	11 777	5868	529	7	256	3379.95
	在同一种或类似商品上,将与他人注册商标相同或近似的标识作为商品名称或者商品装潢使用,误导公众的	295	108	36	24	287.21	395.96	153	95	6	0	4	1.16
	故意为侵犯他人注册商标专用权行为提供仓储、运输、邮寄、隐匿便利条件的	41	9	3	0	124.55	40.74	18	3	6	0	0	0.00
	未经商标注册人同意更换其注册商标并将该更换商标的商品又投入市场的	30	13	0	0	92.43	27.90	2	2	0	0	1	0.57
	给他人注册商标专用权造成其他损害的	101	45	15	14	40.96	133.67	59	34	4	0	2	0.00
	侵犯地理标志专用权的	29	0	1	0	8.70	6.79	10	0	0	0	0	0.00
	侵犯特殊标志所有权的	26	3	0	0	183.30	189.00	8	2	1	0	0	0.00
	侵犯驰名商标权益的	419	235	1	0	332.89	478.37	261	163	8	0	18	22.40

表 9

2017 年全国查处商标侵权假冒案件统计表(二)

项目		没收、销毁侵权商品(件)	没收、销毁侵权商标标识(件)	没收、销毁专门用于制造侵权商品和伪造注册商标标识的工具(件)	移送司法机关					
					案件数			其中:涉外案件		
					合计	其中:投诉案件(件)	人数	合计	其中:投诉案件(件)	人数
合计		13 135 159	2 569 503	14 913	*	*	*	*	*	*
假冒商标	小计	5 696 764	1 387 254	13 710	172	85	171	84	38	97
	未经注册商标所有人的许可,在相同商品上使用与其注册商标相同的商标的	4 717 581	597 692	13 119	60	25	54	36	18	39
	伪造、擅自制造他人注册商标标识或者销售伪造、擅自制造的注册商标标识的	576 120	761 308	591	31	21	31	10	6	13
	销售明知是假冒注册商标的商品的	403 063	28 254	0	81	39	86	38	14	45
商标侵权	小计	7 438 395	1 182 249	1203	*	*	*	*	*	*
	未经注册商标所有人的许可,在相同商品上使用与其注册商标近似的商标或在类似商品上使用与其注册商标相同或近似的商标的	4 209 891	665 173	761	*	*	*	*	*	*
	销售侵犯注册商标专用权的商品的	3 071 734	485 646	436	*	*	*	*	*	*
	在同一种或类似商品上,将与他人注册商标相同或近似的标识作为商品名称或者商品装潢使用,误导公众的	85 103	60	0	*	*	*	*	*	*
	故意为侵犯他人注册商标专用权行为提供仓储、运输、邮寄、隐匿便利条件的	32 063	14 900	5	*	*	*	*	*	*
	未经商标注册人同意更换其注册商标并将该更换商标的商品又投入市场的	0	0	0	*	*	*	*	*	*
	给他人注册商标专用权造成其他损害的	1144	3	0	*	*	*	*	*	*
	侵犯地理标志专用权的	25	300	0	*	*	*	*	*	*
	侵犯特殊标志所有权的	0	2134	0	*	*	*	*	*	*
	侵犯驰名商标权益的	38 435	14 033	1	*	*	*	*	*	*

(国家知识产权局商标局综合处)

版　权

表 1　　2017 年全国版权合同登记情况统计表　　(单位:份)

	合计	图书	期刊	音像制品	电子出版物	软件	电影	电视节目	其他
合计	20 015	16 526	109	1860	424	869			227
中国版权保护中心	1845			1763		82			
北京	9596	9375	108		113				
天津	417	363			54				
河北	192	187				5			
山西	29	29							
内蒙古									
辽宁	326	326							
吉林	72	72							
黑龙江	165	165							
上海	1340	1129		97	114				
江苏	526					526			
浙江	543	364				179			
安徽	117	117							
福建	94	92				2			
江西	522	522							
山东	337	337							
河南	287	287							
湖北	481	366				65			50
湖南	306	306							
广东	555	235			143				177
广西	495	495							
海南	178	178							
重庆	298	298							
四川	737	726	1			10			
贵州	14	14							
云南	301	301							
西藏									
陕西	185	185							
甘肃	18	18							
青海									
宁夏	25	25							
新疆	14	14							

表 2

2017 年全国作品登记情况统计表

（单位：份）

	合计	文字	口述	音乐	戏剧	曲艺	舞蹈	杂技	美术	摄影	建筑	影视	图形	模型	其他	录音	录像
全国合计	2 001 966	480 640	201	11 619	293	154	266	27	653 820	734 998	743	45 171	8007	338	22 930	4714	38 045
北京	809 586	221 624	0	4889	5	0	1	0	6944	538 575	0	72	349	49	6768	533	29 777
天津	307	126	0	20	10	2	0	0	122	0	0	9	0	4	14	0	0
河北	1904	495	1	14	3	1	0	0	1311	1	0	13	19	0	43	0	3
山西	198	69	0	6	1	0	0	0	72	1	0	9	34	3	3	0	0
内蒙古	299	55	0	28	0	0	7	0	162	0	15	7	0	0	24	1	0
辽宁	9007	2653	0	188	1	0	0	0	2361	388	3	197	5	0	0	0	3211
吉林	1073	171	1	86	28	1	1	0	392	232	0	37	0	0	124	0	0
黑龙江	564	228	0	97	0	0	0	0	231	2	0	4	1	0	1	0	0
上海	234 658	129 859	0	280	24	0	0	0	69 943	19 464	2	8924	105	4	3506	583	1964
江苏	286 596	46 445	160	606	36	5	55	4	199 563	14 329	3	23 631	333	88	4	1007	327
浙江	21 005	554	0	117	0	0	0	0	17 731	1984	0	43	13	0	453	3	107
安徽	10 011	1437	2	21	5	0	2	0	2261	6056	0	160	11	40	15	0	1
福建	67 203	1444	0	408	1	1	0	1	64 079	477	50	301	268	14	76	1	82
江西	10 212	3773	0	72	0	0	1	0	2361	539	0	3093	37	10	3	11	312
山东	83 722	2181	9	90	1	5	0	4	13 568	65 662	390	490	1027	29	266	0	0
河南	1367	586	0	73	1	0	1	0	375	0	0	140	23	1	167	0	0
湖北	22 005	1621	0	78	18	0	0	0	17 870	489	0	240	9	0	89	11	1580

续表

	合计	文字	口述	音乐	戏剧	曲艺	舞蹈	杂技	美术	摄影	建筑	影视	图形	模型	其他	录音	录像
湖南	3971	673	0	36	1	0	0	0	2347	607	0	142	59	0	45	3	58
广东	54 641	7282	0	391	11	2	3	0	39 488	1239	4	903	813	34	2747	1670	54
广西	378	125	0	82	6	0	0	0	77	23	0	13	43	0	6	0	3
海南	172	51	1	21	0	0	0	0	44	1	0	7	31	0	10	0	6
重庆	75 601	10 851	0	407	1	0	7	0	42 585	14 761	31	714	594	13	5064	27	546
四川	140 271	37 028	6	1221	13	113	168	18	26 514	68 878	239	2470	3491	46	66	0	0
贵州	429	20	0	22	4	5	11	0	229	29	0	10	95	0	4	0	0
云南	583	312	0	91	0	0	0	0	180	0	0	0	0	0	0	0	0
西藏	0	0	0	0	0	0	0	0	0	0	0	0	0	0	0	0	0
陕西	5008	599	1	50	3	0	0	0	3219	1026	0	80	13	0	10	1	6
甘肃	190	104	0	3	0	0	0	0	76	1	0	4	0	0	2	0	0
青海	58	10	0	0	0	0	0	0	42	0	0	2	0	2	0	0	2
宁夏	488	107	0	34	2	0	0	0	319	0	0	25	1	0	0	0	0
新疆	1270	228	13	122	0	0	0	0	889	1	0	8	8	0	0	0	1
中国版权保护中心	159 189	9929	7	2066	118	19	9	0	138 465	233	6	3423	625	1	3420	863	5

注：中国版权保护中心作品登记 226 915 件，含作品登记 114 563 件，涉及作品 159 189 件，DCI 登记 67 726 件。

表 3

2017 年版权输出地汇总表

(单位:项)

原版权所在国家或地区名称 \ 输出版权总数	合计	图书	录音制品	录像制品	电子出版物	软件	电影	电视节目	其他
	13 816	10 670	322	102	1557	8	2	1152	3
美国	1213	592			525			95	1
英国	496	421			24	1		50	
德国	498	421			26			50	1
法国	222	172						50	
俄罗斯	309	306	2					1	
加拿大	273	222						51	
新加坡	363	254			9	1		99	
日本	330	327			3				
韩国	540	490	25		25				
中国香港地区	1177	339	168	100	514			56	
中国澳门地区	141	87			4			50	
中国台湾地区	2035	1909	16		58			52	
其他	6219	5130	111	2	369	6	2	598	1

表 4

2017 年版权引进地汇总表

(单位:项)

原版权所在国家或地区名称 \ 引进版权总数	合计	图书	录音制品	录像制品	电子出版物	软件	电影	电视节目	其他
	18 120	17 154	147	364	372	12	10	61	
美国	6645	6217	41	239	126	1	2	19	
英国	2991	2 835	23	17	80			36	
德国	951	933	2	11	3			2	
法国	1164	1133	2	11	14		4		
俄罗斯	93	90		1	2				
加拿大	170	156		5	9				
新加坡	259	249	5		3	1		1	
日本	2232	2101	25	54	46	4	1	1	
韩国	183	168	1	4	10				
中国香港地区	165	139	15	3	6	2			
中国澳门地区	0	0	0	0					
中国台湾地区	946	917	18	0	9	2			
其他	2321	2216	15	19	64	2	3	2	

表 5

2017 年全国版权执法情况统计表

案件查处				收缴盗版品			
项目	上年度数量	本年度数量	同比增减(%)	项目	上年度数量	本年度数量(种)	同比增减(%)
行政处罚数量(件)	3065	3552	15.89	合计	12 919 747	9 709 248	-24.85
案件移送数量(件)	189	442	133.86	书刊	10 042 515	5 468 163	-45.55
检查经营单位数量(个)	878 013	636 864	-27.46	软件	378 021	365 423	-3.33
取缔违法经营单位数量(个)	6243	4102	-34.29	音像制品	1 953 899	1 393 489	-28.68
查获地下窝点数量(个)	325	155	-52.3	电子出版物	162 048	169 552	4.63
其中:地下光盘生产线(条)	1	4		其他	383 264	2 312 621	503.4
违法经营网站服务器(个)	709	244	-65.58	未分类项			
罚款金额(元)	13 406 043	10 024 793	-25.22				

（中央宣传部版权管理局办公室）

集成电路布图设计

表 1　　2017 年集成电路布图设计登记申请统计表　　(单位:件)

地区	申请数量
合计	3228
国内	3174
东部地区	2311
中部地区	523
西部地区	321
东北地区	10
北京	259
天津	12
河北	6
山西	3
内蒙古	2
辽宁	8
吉林	0
黑龙江	2
上海	716
江苏	396
浙江	175
安徽	437
福建	114
江西	5
山东	24
河南	0
湖北	50
湖南	28
广东	609
广西	2
重庆	23
海南	0
四川	180
贵州	8

续表

地区	申请数量
云南	4
西藏	1
陕西	101
甘肃	0
青海	0
宁夏	0
新疆	0
香港	7
台湾	2
国外	54
美国	54
韩国	0
开曼群岛	0
日本	0

注:统计范围为向我国国家知识产权局提出集成电路布图设计登记申请的国内外申请人以及获得我国国家知识产权局登记发证的集成电路布图设计国内外专有权人。

表 2 2017 年集成电路布图设计登记发证统计表 (单位:件)

地区	发证数量
合计	2670
国内	2574
东部地区	1965
中部地区	383
西部地区	217
东北地区	7
北京	217
天津	13
河北	16
山西	0
内蒙古	1
辽宁	6
吉林	0
黑龙江	1
上海	566
江苏	370
浙江	124

续表

地区	发证数量
安徽	308
福建	105
江西	3
山东	24
河南	0
湖北	45
湖南	27
广东	530
广西	0
重庆	25
海南	0
四川	106
贵州	3
云南	1
西藏	0
陕西	80
甘肃	0
青海	0
宁夏	0
新疆	1
香港	0
台湾	2
国外	96
美国	96
韩国	0
开曼群岛	0
日本	0

注：统计范围为向我国国家知识产权局提出集成电路布图设计登记申请的国内外申请人以及获得我国国家知识产权局登记发证的集成电路布图设计国内外专有权人。

（国家知识产权局战略规划司）

农业植物新品种

1999～2017 年品种权申请情况汇总表

表 1　　根据植物种类划分的统计表　　（单位：件）

作物种类	植物种类	申请	授权	2016 年申请	2017 年申请	2017 年授权
大田作物 申请：17 660 授权：8115	水稻	6135	2932	669	944	464
	玉米	6934	3143	712	1086	415
	普通小麦	1785	683	241	306	67
	大豆	897	470	86	167	64
	甘蓝型油菜	336	199	32	20	23
	花生	279	117	35	60	37
	甘薯	122	56	19	24	18
	谷子	114	34	19	19	4
	高粱	84	49	14	3	11
	大麦属	131	69	10	21	21
	苎麻属	3	3	0	0	1
	棉属	549	302	31	37	33
	亚麻	6	4	2	0	0
	芥菜型油菜	1	0	0	0	0
	蚕豆	21	10	0	3	3
	绿豆	35	5	8	5	1
	芝麻	20	3	3	0	1
	甘蔗属	69	34	11	11	13
	小豆	20	2	8	7	1
	燕麦	4	0	0	4	0
	向日葵	99	0	65	34	0
	荞麦属	1	0	1	0	0
	白菜型油菜	5	0	4	1	0
	薏苡属	2	0	1	1	0
	蓖麻	5	0	5	0	0
蔬菜 申请：1692 授权：515	大白菜	105	47	5	23	1
	马铃薯	151	57	15	30	8
	普通番茄	271	62	50	88	12
	黄瓜	128	66	9	39	6

续表

作物种类	植物种类	申请	授权	2016 年申请	2017 年申请	2017 年授权
蔬菜 申请:1692 授权:515	辣椒属	270	79	37	86	10
	普通西瓜	196	57	26	71	7
	普通结球甘蓝	80	34	18	13	7
	食用萝卜	29	6	2	12	0
	茄子	46	20	6	11	3
	豌豆	8	2	0	6	1
	菜豆	34	6	1	17	2
	豇豆	17	7	2	6	1
	大葱	4	1	0	1	0
	西葫芦	51	15	5	12	6
	花椰菜	29	16	2	5	4
	芹菜	4	1	1	0	1
	胡萝卜	2	0	0	2	0
	甜瓜	104	29	15	38	6
	大蒜	7	5	0	2	0
	不结球白菜	48	5	9	15	2
	苦瓜	28	0	4	17	0
	芥菜	7	0	0	4	0
	芥蓝	5	0	1	2	0
	莴苣	14	0	0	13	0
	冬瓜	2	0	2	0	0
	菠菜	3	0	2	1	0
	南瓜	36	0	14	22	0
	丝瓜属	2	0	2	0	0
	青花菜	5	0	1	4	0
	洋葱	4	0	0	4	0
	姜	0	0	0	0	0
	茭白(菰)	0	0	0	0	0
	芦笋(石刁柏)	0	0	0	0	0
	山药(薯蓣)	0	0	0	0	0
	菊芋	1	0	0	1	0
	咖啡黄葵	1	0	0	1	0
花卉 申请:1544 授权:652	春兰	5	0	0	5	0
	菊属	398	182	38	105	26
	石竹属	148	71	9	21	13
	唐菖蒲属	3	2	0	0	0
	兰属	71	23	13	14	0
	百合属	130	63	9	4	14

续表

作物种类	植物种类	申请	授权	2016 年申请	2017 年申请	2017 年授权
花卉 申请:1544 授权:652	鹤望兰属	0	0	0	0	0
	补血草属	4	3	0	0	0
	非洲菊	142	95	5	12	9
	花毛茛	7	0	0	5	0
	雁来红	0	0	0	0	0
	花烛属	200	81	19	21	15
	果子蔓属	54	37	5	0	8
	莲	19	5	13	0	1
	蝴蝶兰属	257	66	57	61	20
	秋海棠属	22	9	5	5	4
	凤仙花	2	0	0	0	0
	非洲凤仙花	0	0	0	0	0
	新几内亚凤仙花	16	8	0	2	4
	万寿菊属	17	7	0	6	7
	郁金香属	0	0	0	0	0
	仙客来	0	0	0	0	0
	一串红	0	0	0	0	0
	三色堇	0	0	0	0	0
	矮牵牛(碧冬茄)	8	0	0	8	0
	马蹄莲属	7	0	0	7	0
	铁线莲属	0	0	0	0	0
	石斛属	15	0	5	10	0
	萱草属	19	0	5	14	0
	薰衣草属	0	0	0	0	0
	欧报春	0	0	0	0	0
	水仙属	0	0	0	0	0
水果 申请:829 授权:343	梨属	108	50	14	26	4
	桃	79	46	11	15	9
	荔枝	4	3	0	1	2
	苹果属	104	33	8	15	5
	柑橘属	88	44	8	14	16
	香蕉	20	11	5	2	7
	猕猴桃属	121	60	21	14	15
	葡萄属	108	54	16	13	15
	李	20	2	3	1	2
	草莓	122	30	14	56	3
	桑属	15	9	3	0	4
	龙眼	0	0	0	0	0

续表

作物种类	植物种类	申请	授权	2016 年申请	2017 年申请	2017 年授权
水果 申请:829 授权:343	枇杷	10	0	1	2	0
	樱桃	9	1	2	4	0
	芒果	15	0	0	14	0
	杨梅属	3	0	0	3	0
	椰子	0	0	0	0	0
	凤梨属	2	0	1	1	0
	番木瓜	0	0	0	0	0
	木菠萝(菠萝蜜)	0	0	0	0	0
	无花果	1	0	1	0	0
牧草 申请:22 授权:2	紫花苜蓿	7	1	0	0	1
	草地早熟禾	4	0	0	0	0
	酸模属	4	0	1	1	0
	柱花草属	3	1	0	1	1
	结缕草	4	0	4	0	0
其他 申请:173 授权:54	白灵侧耳	3	1	0	0	0
	华北八宝	0	0	0	0	0
	橡胶树	10	7	0	2	1
	茶组	121	32	16	37	12
	木薯	0	0	0	0	0
	人参	5	3	0	0	3
	三七	4	1	0	3	1
	烟草	7	5	1	0	5
	羊肚菌属	5	5	0	5	5
	香菇	7	0	1	6	0
	黑木耳	3	0	3	0	0
	灵芝属	2	0	0	2	0
	双孢蘑菇	3	0	0	3	0
	枸杞属	0	0	0	0	0
	天麻	0	0	0	0	0
	灯盏花(短莛飞蓬)	0	0	0	0	0
	何首乌	0	0	0	0	0
	菘蓝	0	0	0	0	0
	甜菊(甜叶菊)	3	0	1	2	0
合计		21 917	9681	2523	3842	1486

表 2 根据单位性质划分的统计表 （单位：件）

单位性质	申请	授权	2016 年申请	2017 年申请
国内科研	9346	3454	928	1893
国内企业	8650	4626	1173	1192
国内教学	1520	729	199	265
国内个人	1368	468	71	314
国外企业	897	378	137	138
国外个人	53	3	4	33
国外教学	50	10	2	3
国外科研	33	13	9	4
合计	21 917	9681	2523	3842

表 3 根据地区划分的统计表 （单位：件）

	排名	地区	申请	授权	2016 年申请	2017 年申请
国内	1	北京	2408	814	368	473
	2	河南	1764	676	189	344
	3	山东	1602	708	174	323
	4	江苏	1365	636	154	262
	5	黑龙江	1360	701	166	169
	6	四川	1264	425	87	240
	7	安徽	1156	751	195	89
	8	吉林	983	522	84	101
	9	河北	915	424	112	154
	10	云南	709	411	35	44
	11	湖南	892	362	90	190
	12	辽宁	781	451	77	119
	13	浙江	683	242	67	186
	14	广东	625	256	115	126
	15	福建	511	230	61	110
	16	湖北	455	219	48	66
	17	上海	371	187	46	50
	18	内蒙古	344	164	43	75
	19	广西	325	147	32	47
	20	陕西	280	103	46	60
	21	天津	224	80	22	31
	22	山西	217	135	17	28
	23	贵州	216	101	14	25
	24	新疆	195	111	25	15
	25	重庆	191	63	18	53
	26	江西	189	94	19	46

续表

	排名	地区	申请	授权	2016 年申请	2017 年申请
国内	27	甘肃	181	95	38	23
	28	海南	81	42	10	16
	29	台湾	61	5	15	13
	30	宁夏	48	20	4	10
	31	青海	13	8	0	0
	32	西藏	5	5	0	0
国外	荷兰		471	216	42	74
	美国		450	131	45	102
	韩国		131	39	7	68
	法国		117	0	10	50
	日本		96	47	5	1
	德国		78	22	7	31
	瑞士		38	5	9	13
	意大利		22	5	7	2
	西班牙		22	9	5	4
	比利时		18	10	4	0
	新西兰		18	4	2	0
	澳大利亚		17	0	3	6
	以色列		15	3	5	0
	英国		3	1	0	1
	南非		2	1	0	1
	爱尔兰		1	0	0	0
	希腊		1	0	0	0
	智利		1	0	0	0
	新加坡		1	0	1	0
	捷克		1	0	0	1
合计			21 917	9681	2523	3842

表 4　　1999～2017 年国外植物新品种权申请情况统计表　　(单位:件)

申请地区	植物种类	申请量
荷兰(申请 471 件)	马铃薯	27
	菊属	94
	石竹属	28
	普通番茄	8
	辣椒属	14
	梨属	1
	百合属	51
	普通结球甘蓝	3

续表

申请地区	植物种类	申请量
荷兰(申请 471 件)	茄子	7
	非洲菊	12
	花烛属	125
	果子蔓属	26
	蝴蝶兰属	45
	秋海棠属	18
	萱草属	6
	黄瓜	2
	马蹄莲属	2
	普通西瓜	1
	苹果属	1
美国(申请 450 件)	玉米	336
	普通番茄	21
	辣椒属	11
	苹果属	7
	柑橘属	2
	葡萄属	23
	草莓	47
	梨属	2
	甜菊(甜叶菊)	1
韩国(申请 96 件)	水稻	2
	玉米	6
	马铃薯	5
	菊属	22
	唐菖蒲属	1
	梨属	24
	兰属	4
	甘薯	3
	桃	2
	普通结球甘蓝	1
	苹果属	7
	猕猴桃属	5
	葡萄属	8
	草莓	2
	人参	4
日本(申请 131 件)	水稻	16
	菊属	14
	石竹属	8

续表

申请地区	植物种类	申请量
日本(申请131件)	石斛属	3
	普通番茄	1
	辣椒属	1
	兰属	10
	桃	1
	苹果属	6
	甜瓜	1
	草莓	11
	香菇	4
	新几内亚凤仙花	16
	梨属	8
	花毛茛	5
	矮牵牛(碧冬茄)	5
	莴苣	5
	柑橘属	4
	蝴蝶兰属	3
	葡萄属	2
	马蹄莲属	2
	洋葱	1
	猕猴桃属	1
	樱桃	1
	甘薯	1
	大豆	1
德国(申请78件)	水稻	2
	玉米	59
	菊属	5
	梨属	3
	苹果属	1
	李	2
	秋海棠属	1
	马铃薯	5
比利时(申请18件)	果子蔓属	14
	苹果属	4
新西兰(申请18件)	苹果属	9
	猕猴桃属	9
西班牙(申请22件)	石竹属	13
	柑橘属	4
	草莓	4
	向日葵	1

续表

申请地区	植物种类	申请量
澳大利亚(申请15件)	大麦属	2
	苹果属	8
	柑橘属	3
	李	2
意大利(申请22件)	石竹属	3
	梨属	2
	苹果属	4
	猕猴桃属	1
	葡萄属	2
	草莓	10
法国(申请117件)	玉米	108
	马铃薯	5
	苹果属	2
	草莓	2
瑞士(申请38件)	玉米	26
	莴苣	6
	向日葵	2
	菠菜	1
	青花菜	1
	普通番茄	1
	普通西瓜	1
以色列(申请17件)	非洲菊	4
	普通番茄	2
	草莓	3
	矮牵牛(碧冬茄)	3
	蓖麻	5
英国(申请3件)	马铃薯	1
	苹果属	1
	葡萄属	1
智利(申请1件)	葡萄属	1
爱尔兰(申请1件)	马铃薯	1
南非(申请2件)	柑橘属	2
希腊(申请1件)	猕猴桃属	1
新加坡(申请1件)	凤梨属	1
捷克	樱桃	1
合计(件)	1503	

(农业农村部科技教育司)

林业植物新品种

表 1　　1999～2017 年林业植物新品种申请量和授权量统计表　　（单位：件）

年份	申请			授权		
	国内申请人	国外申请人	合计	国内品种权人	国外品种权人	合计
1999	181	1	182	6	0	6
2000	7	4	11	18	5	23
2001	8	2	10	19	0	19
2002	13	4	17	1	0	1
2003	14	35	49	7	0	7
2004	17	19	36	16	0	16
2005	41	32	73	19	22	41
2006	22	29	51	8	0	8
2007	35	26	61	33	45	78
2008	57	20	77	35	5	40
2009	62	5	67	42	13	55
2010	85	4	89	26	0	26
2011	123	16	139	11	0	11
2012	196	26	222	169	0	169
2013	169	8	177	115	43	158
2014	243	11	254	150	19	169
2015	208	65	273	164	12	176
2016	328	72	400	178	17	195
2017	516	107	623	153	7	160
合计	2325	486	2811	1170	188	1358

表 2　　1999～2017 年林业授权品种中不同植物类别授权量统计　　（单位：件）

年份	林木	经济林	观赏植物	竹	木质藤本	其他	合计
1999	6	0	0	0	0	0	6
2000	3	0	20	0	0	0	23
2001	2	2	14	0	0	1	19
2002	0	1	0	0	0	0	1
2003	6	1	0	0	0	0	7
2004	6	4	5	0	0	1	16
2005	3	1	34	0	0	3	41
2006	5	0	3	0	0	0	8

续表

年份	林木	经济林	观赏植物	竹	木质藤本	其他	合计
2007	7	1	70	0	0	0	78
2008	10	6	19	1	0	4	40
2009	14	1	39	0	0	1	55
2010	10	6	10	0	0	0	26
2011	2	1	5	0	0	3	11
2012	27	20	113	0	2	7	169
2013	34	9	114	1	0	0	158
2014	24	13	121	1	0	10	169
2015	31	28	106	1	2	8	176
2016	44	40	104	2	3	2	195
2017	18	17	120	1	1	3	160
合计	252	151	897	7	8	43	1358

表 3　1999～2017 年林业授权品种中不同申请国家的授权量统计　（单位：件）

排名	国家	授权总量	2017 年授权量	主要属种
1	中国	1170	153	蔷薇属、杨属、山茶属、杜鹃花属
2	德国	57	0	蔷薇属、大戟属
3	荷兰	46	3	蔷薇属
4	法国	30	0	蔷薇属
5	英国	26	3	蔷薇属
6	美国	15	0	大戟属、悬钩子属
7	比利时	6	0	杜鹃花属
8	意大利	4	0	蔷薇属
9	丹麦	2	0	蔷薇属
10	新西兰	1	0	蔷薇属
11	日本	1	1	绣球属
合计		1358	160	

表 4　1999～2017 年各国授权品种的属（种）授权量统计　（单位：件）

属（种）	授权总量										
	中国	德国	荷兰	法国	英国	美国	比利时	意大利	丹麦	新西兰	合计
蔷薇属	148	42	42	30	26	0	0	4	2	1	295
杨属	126	0	0	0	0	0	0	0	0	0	126
山茶属	79	0	0	0	0	0	0	0	0	0	79
杜鹃花属	63	0	0	0	0	0	6	0	0	0	69
芍药属	57	0	0	0	0	0	0	0	0	0	57
含笑属	38	0	0	0	0	0	0	0	0	0	38
牡丹花属	33	0	0	0	0	0	0	0	0	0	33

续表

属(种)	授权总量									
	中国	德国	荷兰	法国	英国	美国	比利时	意大利	丹麦	新西兰	合计
核桃属	34	0	0	0	0	0	0	0	0	0	34
大戟属	3	15	0	0	0	7	0	0	0	0	25
银杏	24	0	0	0	0	0	0	0	0	0	24
木兰属	25	0	0	0	0	0	0	0	0	0	25
杏属	20	0	0	0	0	2	0	0	0	0	22
其他	520	0	4	0	0	6	0	0	0	0	531
合计	1170	57	46	30	26	15	6	4	2	1	1358

表 5　1999～2017 年林业授权品种中不同植物类别品种权人的授权量统计　(单位:件)

品种权人 / 植物类别	企业	科研院所	高等院校	个人	植物园	其他	合计
观赏植物	414	131	130	119	60	43	897
林木	40	121	76	14	1	0	252
经济林	19	95	25	9	0	3	151
木质藤本	3	2	2	0	0	1	8
竹	0	6	1	0	0	0	7
其他	19	16	4	3	0	1	43
合计	495	371	238	145	61	48	1358

(国家林业和草原局科技发展中心)

海关知识产权保护

表 1　　2017 年海关扣留货物涉及的知识产权类型统计表

知识产权类型	商品数量(件/双)	批次	案值
商标专用权	40 319 351	18 694	141 962 765.80
著作权	296 646	55	1 238 632.52
专利权	326 697	86	318 448 379.27

表 2　　2017 年海关扣留货物的进出口流向统计表

进出口类型	批次	占比	商品数量(件/双)	占比
合计	19 192		40 942 694	
进口	351	1.83%	532 951	1.30%
出口	18 841	98.17%	40 409 743	98.70%

表 3　　2017 年海关扣留货物的商品类别统计表

商品类别	商品数量(件/双)	占比
烟草	10 339 661	25.25%
食品饮料	387 106	0.95%
其他轻工产品	1264 395	3.09%
五金机械	10 463 878	25.56%
化妆、个人护理用品	4144 304	10.12%
服装	490 661	1.20%
鞋类	2011 223	4.91%
汽车、摩托车	136 422	0.33%
其他机电产品	659 582	1.61%
帽类	156 839	0.38%
箱包及皮革制品	207 818	0.51%
通信设备	232 847	0.57%
手表	47 811	0.12%
玩具游戏	228 102	0.56%
药品	20 772	0.05%
存储介质	126 361	0.31%
运动器具	146 282	0.36%
珠宝首饰	138 290	0.34%
医疗器械	33	0.00%
其他	40 942 694	23.79%

表 4　　2017 年海关扣留货物的运输方式统计表

	邮递	快件	海运	航空	汽车	铁路
批次	16 852	279	145	236	386	29
占比	81.33%	5.85%	6.81%	1.83%	1.64%	0.31%
商品数量(件/双)	103 021	46 482	38 862 726	662 088	875 403	261 479
占比	0.43%	0.18%	93.68%	1.74%	0.91%	0.18%
案值总数	5 840 077.20	197 401.61	138 221 986	6 267 362.84	25 156 971.48	1 068 016.88

表 5　　2017 年海关知识产权执法模式统计表

执法模式	批次	占比	货物数量(件/双)	占比
依职权扣留	19 149	99.78%	40 756 136	99.54%
依申请扣留	43	0.22%	186 558	0.46%

表 6　　2017 年海关保护的知识产权权利人来源情况统计表

国别(地区)	权利数	商品数量(件/双)	案值(元)
美国	1007	9 258 664	24 900 609.09
法国	929	654 617	4 621 912.48
德国	815	1392 586	19 400 508.81
韩国	242	511 113	7 296 046.52
瑞士	320	8 690 499	5 225 792.92
意大利	534	473 269	5 249 040.39
日本	342	1 539 033	10 696 103.45
中国	316	12 944 318	78 545 850.86
英国	169	335 837	2 417 449.41
荷兰	605	1 582 663	14 758 481.29
卢森堡	81	148 784	390 175.6
瑞典	35	84 653	870 407.66
加拿大	24	263 746	931 153.5
中国香港	20	750 730	1 708 359.2
巴西	11	420 349	2 692 364.9
中国台湾	13	24 502	244 177.53
印度	9	782 930	514 072
奥地利	3	5023	51 150
丹麦	12	81 848	154 023.9
芬兰	4	201 972	10 420
泰国	1	19 400	194 000
阿联酋	2	13 200	33 746
新加坡	6	2898	67 140
英属维尔京群岛	6	7804	250 200
阿根廷	1	780	23 400
印度尼西亚	3	14 999	49 343.93
比利时	2	700 001	7200
列支敦士登	4	31 119	291 650
爱尔兰	1	1296	2592

(海关总署综合业务司)

知识产权司法保护

表 1　　2017 年全国法院受理和审结各类知识产权案件统计表

项　　目	2017 年
一、全国地方法院刑事案件	
新收侵犯知识产权罪一审案件(件)	3621
同比下降(%)	4.69
审结侵犯知识产权罪一审案件(件)	3642
同比下降(%)	6.69
假冒注册商标罪	1687
销售假冒注册商标的商品罪	1494
非法制造、销售非法制造的注册商标标识罪	260
假冒专利罪	1
侵犯著作权罪	170
销售侵权复制品罪	4
侵犯商业秘密罪	26
审结生产、销售伪劣商品犯罪(涉及侵犯知识产权)(件)	1100
新收涉知识产权刑事二审案件(件)	533
审结涉知识产权刑事二审案件(件)	540
二、全国地方法院行政案件	
新收一审案件(件)	8820
同比增长(%)	22.74
新收专利案件(件)	872
新收商标案件(件)	7931
新收著作权案件(件)	17
审结一审案件(件)	6390
同比增长(%)	2.24
新收二审案件(件)	882
审结二审案件(件)	1146
三、全国地方法院民事案件	
新收一审案件(件)	201 039
同比增长(%)	47.24
专利案件(件)	16 010
同比增长(%)	29.56
商标案件(件)	37 946
同比增长(%)	39.58

续表

项　　目	2017 年
著作权案件(件)	137 267
同比增长(%)	57.8
技术合同案件(件)	2098
同比下降(%)	12.62
竞争案件(件)	2543
同比增长(%)	11.24
其中垄断民事一审案件	114
其他知识产权案件(件)	5175
同比下降(%)	2.6
审结一审案件(件)	192 938
同比增长(%)	46.37
新收二审案件(件)	21 818
同比增长(%)	4.92
审结二审案件(件)	20 525
同比增长(%)	0.94
四、最高人民法院知识产权审判庭案件	
新收知识产权民事案件(件)	503
审结知识产权民事案件(件)	493
新收知识产权行政案件(件)	391
审结知识产权行政案件(件)	412

(最高人民法院知识产权审判庭)

表 2　　2017 年全国检察机关办理侵犯知识产权案件情况统计表

项　　目	2017 年
合计	
批捕案件(件)	2510
批捕人数(人)	4272
起诉案件(件)	3880
起诉人数(人)	7157
一、侵犯知识产权犯罪	
批捕案件(件)	2453
批捕人数(人)	4158
起诉案件(件)	3674
起诉人数(人)	6809
1. 假冒注册商标罪	
批捕案件(件)	1131
批捕人数(人)	2094
起诉案件(件)	1703
起诉人数(人)	3310

续表

项　目	2017 年
2. 销售假冒注册商标的商品罪	
批捕案件(件)	1022
批捕人数(人)	1543
起诉案件(件)	1532
起诉人数(人)	2642
3. 非法制造、销售非法制造的注册商标标识罪	
批捕案件(件)	194
批捕人数(人)	338
起诉案件(件)	253
起诉人数(人)	516
4. 侵犯著作权罪	
批捕案件(件)	67
批捕人数(人)	115
起诉案件(件)	156
起诉人数(人)	272
5. 销售侵权复制品罪	
批捕案件(件)	4
批捕人数(人)	6
起诉案件(件)	5
起诉人数(人)	6
6. 侵犯商业秘密罪	
批捕案件(件)	32
批捕人数(人)	59
起诉案件(件)	24
起诉人数(人)	61
7. 假冒专利罪	
批捕案件(件)	3
批捕人数(人)	3
起诉案件(件)	1
起诉人数(人)	2
二、数罪中含侵犯知识产权罪	
批捕案件(件)	9
批捕人数(人)	27
起诉案件(件)	45
起诉人数(人)	40
三、他罪中含侵犯知识产权行为	
批捕案件(件)	48
批捕人数(人)	87
起诉案件(件)	161
起诉人数(人)	308

（最高人民检察院侦查监督厅）

第十九届中国专利金奖获奖项目简介

专利名称：具有分化和抗增殖活性的苯甲酰胺类组蛋白去乙酰化酶抑制剂及其药用制剂
专 利 号：ZL03139760.3
专利权人：深圳微芯生物科技有限责任公司
发 明 人：鲁先平　李志斌　谢爱华　石乐明　李伯玉　宁志强　山　松　邓　沱　胡伟明

2015 年，中国专利 ZL03139760.3 其核心化合物西达本胺作为全球首个亚型选择性组蛋白去乙酰化酶口服抑制剂正式上市销售，首个适应症为外周 T 细胞淋巴瘤(PTCL)。对此，中央电视台新闻联播头条专题播出《鲁先平：做老百姓用得起的救命药》，报道了原创抗癌药西达本胺的成功上市改变了中国 PTCL 患者无药可治、因病致贫的现状，填补了国内空白。

西达本胺的发现与成功上市不仅满足了中国患者亟待解决的临床需求，打破了只有等待外国药企创新药物进入中国的格局，更意味着中国患者在仅负担进口药 1/10 费用的情况下用上了全球最新作用机制的创新药物，给他们带来了疗效和安全性更优的生存获益！被中国医学科学院评为 2016 年最具临床价值创新药。

西达本胺上市仅两年时间已有超过 1800 名患者通过治疗而获益，累计销售收入已达 3.5 亿元人民币。2006 年，西达本胺专利的海外权利对美国公司许可这一里程碑开创了中国原创药许可发达国家之先河，2016 年其日本及东南亚的再许可付费已高达 2.8 亿美元。

专利名称：抑制血管新生的融合蛋白质及其用途
专 利 号：ZL200510073595.4
专利权人：成都康弘生物科技有限公司
发 明 人：刘　征

黄斑是每个人都有的正常眼底结构，是眼底视网膜最重要的部位，一旦黄斑损伤，人的视力就会严重下降，直至最后出现不可逆的视力丧失。随着年龄的增加，黄斑在没有其他可知的因素影响下出现病变，就是年龄相关性黄斑变性(AMD)，目前对于 AMD 的治疗药物存在结合靶点单一、半衰期短、注射频次高等缺陷，患者的顺应性差且用药成本昂贵。

专利产品朗沐是中国原创一类生物新药，选取 VEGF 受体的 FLT-1 的第 2 免疫球蛋白样区域和 KDR 的第 3～4 免疫球蛋白样区域以及免疫球蛋白 Fc 片断融合获得，具有结合靶点多，亲和力强，半衰期长，疗效显著，给药频次少等显著优势。此专利是“十一五”国家“重大新药创制”专项的标志性成果，被评为“中国最具临床价值的创新药”；上市三年来，获得国内外专家的好评和认可，国内市场占有率突破 50%。

活性物质康柏西普已获得美国、欧洲等 21 个国家专利权，目前已获美国 FDA 准许直接进入美国Ⅲ期临床研究。2017 年 11 月，朗沐(康柏西普)在美国Ⅲ期临床试验拟斥资 2.28 亿美元，约合 15.13 亿元人民币投入启动，为中国医药创新力量布局全球，树立国际化里程碑。

专利名称：一种小体积低功耗永磁偏置外转子径向磁轴承
专 利 号：ZL200510086831.6
专利权人：北京航空航天大学
发 明 人：房建成　孙津济　王　曦

本发明提出的一种永磁偏置外转子径向磁轴承，通过永磁磁路和电磁磁路的解耦设计实现了低功耗；通过定子铁心四磁极设计以及第二气隙的设计实现了小体积；通过混合因子概念的提出，实现了永磁/电磁之间的定量描述，解决了高端电磁轴承领域功耗高体积大的难题，特别适合在航空航天和精密仪器中应用。

本发明应用于国际第一台五自由度磁悬浮动量轮型号产品，并在我国第一颗新技术试验卫星"实践九号"成功搭载，已连续在轨运行五年。采用本发明的磁悬浮控制力矩陀螺将应用于航天八院"双超测绘试验卫星"，计划于 2019 年发射；本发明应用于高端仪器设备磁悬浮分子泵，真空度可提高近两个数量级，抽速时间加快一倍。

本发明可推广应用于星载光学载荷摆扫机构、航空多电发动机和潜艇系统等国防领域，打破国外技术封锁，填补国内空白；还可推广应用于鼓风机、压缩机，超速冷冻离心机、电主轴、储能飞轮电站等民用领域，打破国外垄断，为国内装备产业的结构升级，提供技术支撑。

专利名称：半刚性基层路面病害检测与高聚物注浆维修方法
专 利 号：ZL200710054044.2
专利权人：郑州安源工程技术有限公司
发 明 人：王复明　钟燕辉　张　蓓
蔡迎春　石明生　李　强

本发明公开了一种半刚性基层路面病害检测与高聚物注浆维修方法。针对我国高速公路养护维修的迫切需求和半刚性基层沥青路面典型病害处治难题，首次提出并实现了道路隐含病害无损检测识别与高聚物注浆相融合的非开挖维修技术，开创了高速公路病害处治的新途径。发明主要内容包括：

（1）提出了基于动力、电磁无损检测和反演理论的道路隐蔽病害识别方法，实现了对基层松散、脱空、积水等道路隐蔽病害的无损、实时、多指标检测识别；

（2）针对道路隐蔽病害，发明了非水反应高聚物精细注浆处治方法及工艺，实现了对道路隐蔽病害的非开挖、针对性处治，极大减少了资源浪费和对交通的干扰；

（3）融合上述内容，发明了道路隐蔽病害快速检测识别与非开挖维修系统技术，提出了道路隐蔽病害诊断—处治融合方法，建立了基于病害检测识别的高聚物精细注浆和处治效果实时检验方法，实现了"检修一体、诊治融合"，保障了处治效果。

目前，专利成果已推广应用于 29 个省、市、自治区的 120 多项工程，解决了高速公路、高速铁路及机场的病害处治和应急抢修难题，取得显著的经济社会效益。

专利名称：生产多晶硅的方法
专 利 号：ZL200710121059.6
专利权人：中国恩菲工程技术有限公司
发 明 人：严大洲　汤传斌　肖荣晖
毋克力　杨永亮　万　烨
沈祖祥　司文学　张升学
张志刚

中国恩菲工程技术有限公司前身是中国有色工程设计研究总院，是中华人民共和国成立后首批设立的研究设计院之一。60 多年来，中国恩菲在有色金属采选冶方面积淀了雄厚的技术。中国恩菲是我国镍都、铜都、铅都的主要设计者，也是我国硅基材料研发的先行者和领导者。

"生产多晶硅的方法"专利提出了"梯级分离提纯、动态循环净化"设计思想，首创了"加压分离－吸收－解析－吸附－再生”工艺，使原料利用率从 21.5%提高到 99.99%，生产成本降低 80%，一举打破了国外技术封锁，缔造了民族多晶硅产业。

为“生产多晶硅的方法”专利发明顺利实施，中国恩菲投资控股洛阳中硅高科技有限公司，目前已形成年产 1.8 万吨的多晶硅生产厂，产能世界第六，实现销售收入 87 亿元，利润 19 亿元，上缴税收 10 亿元。

依托多年形成的技术团队和以本发明为核心的技术体系，建立了我国多晶硅领域唯一的“多晶硅材料制备技术国家工程实验室”，建成了高纯材料试验平台，通过了 CNAS 和 CMA 认证，已成为我国硅材料前沿技术创新研发和产业孵化基地。

专利名称：2’-氟-4’-取代核苷类似物、其制备方法及应用

专 利 号：ZL200710137548.0

专利权人：河南真实科技有限公司

发 明 人：常俊标　包新洪　王　强　郭晓河　王　威　祁秀香

本专利所保护的药物阿兹夫定(FNC)，是一种以 HIV-1 Vif 及逆转录酶为双靶标而设计合成的具有我国自主知识产权的抗艾滋病Ⅰ类新药，它能够有效地抑制 HIV 在体内的复制。该专利成果最早是由郑州大学的常俊标教授率领团队发明，已获中国、美国、欧盟等全球专利，并于 2011 年 12 月以 4000 万元的技术转费转让给现在的专利权人。临床前研究表明，阿兹夫定能够更有效地针对变异的艾滋病病毒发挥阻断作用，具有低耐药性和高疗效的显著优点。该药物于 2013 年 4 月 30 日获国家食品药品监督管理总局(SFDA)批准应用于临床试验，目前已进入二期临床试验阶段。阿兹夫定是基于新机制的抗 HIV 小分子抑制剂，属于国际领先的新一代治疗艾滋病药物，其在高效抑制艾滋病病毒的同时，大大降低了毒副作用和耐药性的产生。临床试验结果表明，单一用药 2mg/人/天，其药效要好于拉米夫定 300mg/人/天和依非韦伦 600mg/人/天。由于研制成本相比国外较低，阿兹夫定将能够使艾滋病患者每年的治疗费用大幅度降低。

专利名称：润滑脂连续皂化的方法使用的装置

专 利 号：ZL200810072864.9

专利权人：新疆福克油品股份有限公司

发 明 人：涂　晶　涂　莹

传统的润滑脂生产工艺由于温度难以控制，反应时间长，不能连续生产、搅拌不均匀等技术难题，造成生产效率低、能耗高、安全性低、产品质量一般等严重不足。基于这些问题和不足，专利“润滑脂连续皂化的方法使用的装置”创造性地实现了工艺自动化控制的连续皂化的生产工艺，解决了同类行业的技术难题。

本专利首先利用自有技术“高污泵送技术”实现了原料的均匀化，导热油加热装置解决了传热不均匀的问题，曲管式反应器提高了反应速率，薄膜冷却技术解决了激冷过程中存在的激冷不均匀，皂基损失问题，薄油膜真空脱气装置增大了脱气面积，解决了脱气不均匀引起的产品质量一般的问题。原料利用率提高 10%以上，生产效率提高 70%以上，能耗降低 80%以上，综合成本降低 20%以上，减少有机烃挥发物 10%以上，实现清洁生产，绿色制造。其产品质量更高，可替代进口润滑材料，满足高端装备的润滑需要。

该专利实现了成套装备的产业化应用，可自动控制，操作简单、安全可靠，占地面积小，投资少，产品附加值高。示范装置年生产润滑脂 2 万吨以上，具有良好的推广前景。

专利名称：2,4,5-三氟苯乙酸的制备方法

专 利 号：ZL200910152771.1

专利权人：浙江永太科技股份有限公司

发 明 人:何人宝　邵鸿鸣　何　匡
钟建新　王莺妹　金逸中
林娇华

浙江永太科技股份有限公司作为全球领先的氟苯精细化学品制造商,始终注重和加强技术创新,形成了完善的产业链条和丰富的技术积累,产品主要应用于国家战略性新兴产业发展方向——新能源、新材料、生物医药三大领域,是国家第一批认定的“高新技术企业”。公司拥有国家级企业技术中心,在浙江、上海、美国均设有研发中心。在“2,4,5-三氟苯乙酸的制备方法”这项专利技术中公司将新型氯化剂和离子液体引入2,4,5-三氟苯乙酸的制备,解决了2,4,5-三氟苯乙酸制备过程中的安全性低、原子利用率低和生产成本高等问题,经过自主创新和技术攻关改进了2,4,5-三氟苯乙酸的合成工艺,并实现了产业化。

本发明专利产品2,4,5-三氟苯乙酸作为西他列汀的关键中间体,其核心技术对下游原料药的成本控制具有重要影响,专利产品国际市场占有率达到80%以上。

专利名称:一种近距离通信方法及系统
专 利 号:ZL201010166226.0
专利权人:国民技术股份有限公司
发 明 人:黄　臻　王根平　肖德银
赵　辉　沈　晔　潘文杰

本专利是公司自主创新研发基于2.45G RCC移动支付技术,使得各种具有近距离通信功能的移动终端不需要校准就能够实现电子支付等刷卡交易,且距离控制效果一致。改善由于不同终端个体差异导致刷卡距离的偏差影响,解决了本领域关键性、共性的技术难题,提升了用户体验。

本专利产品及整体解决方案中用户无须更换手机更无须更换号码,商户简单升级即可通用,支持线上线下支付渠道,对接多平台应用,具有金融级安全支付保障。已在我国多个城市及海外多地推广应用;其中在深圳市率先推出的“手机深圳通”更是拥有170万用户规模,累计交易金额已超过10亿元,不仅国内的哈尔滨、青岛、包头、绵阳等城市复制深圳模式,国际上也有阿塞拜疆、印度尼西亚等国在推广手机钱包上选择这一技术。截至2017年,本专利技术的产品已累计销售超过一千万颗、产生直接经济效益超5亿元。

这一技术的实施给人们的生活带来极大便利,提高劳动生产率,可为运营商、金融机构和商户提供推广自身业务的机会,深受青睐。未来的应用领域将进一步扩大,成为国内射频技术领跑者。

专利名称:一种安全性高的桂哌齐特药用组合物及其制备方法和其应用
专 利 号:ZL201110006357.7
专利权人:北京四环制药有限公司
发 明 人:车冯升　林善良　范扶民
霍彩霞

北京四环制药有限公司首次制备、表征了新的桂哌齐特氮氧化物,研究发现氮氧化物是桂哌齐特类药物产生不良反应的主要原因,进而制备出限定了式Ⅲ氮氧化物的桂哌齐特药物组合物,解决了桂哌齐特引起白细胞降低等不良反应的技术难题,提高了药品用药安全性。

在系列技术创新的基础上,北京四环制药有限公司不断改进注射剂原料药和制剂的生产工艺、检测方法和质量标准,促进产品的质量升级、保障了临床用药安全,技术创新成果荣获了国家、部委与北京市政府二十余项奖励与多项专项资金支持,充分展示了北京四环制药有限公司引领心脑血管药物研发的技术创新实力,具有国际首创价值。

北京四环制药有限公司生产的马来酸桂哌齐特注射液以选择性钙离子拮抗、局部腺苷增效、改善微血管血流三重药理作用机制、确切的临床疗效、可靠的安全性及良好的经济性，已成为临床医生治疗缺血性心脑血管疾病的一线用药。自专利产品克林澳®、安捷利®上市以来，产品已覆盖全国八千余家医疗机构，已有数百万人次的心脑血管患者在临床治疗中获益。

专利名称：一种架空输电线路雷击闪络的预警方法
专 利 号：ZL201110270394.9
专利权人：国网电力科学研究院武汉南瑞有限责任公司
发 明 人：谷山强　郭钧天　冯万兴　向念文　赵　淳　王海涛　陈　诚

雷电灾害是电力系统安全稳定运行的严重威胁。针对国内外雷电预警技术精度及效率不高，无法满足电网雷电预警与主动防护应用的突出问题，专利提出一种架空输电线路雷击闪络的预警方法，其创新点有：(1)提出了自适应大气电场阈值设定方法。(2)提出大气电场、雷电地闪、卫星云图、雷达回波等多参量融合的线路雷击多级预警技术。(3)提出了综合考虑雷电地闪分布、地形地貌和线路结构的电网雷击风险实时评估及预警方法。

基于专利研制的雷击风险预警系统产品填补了国内外电网雷电风险预警应用的空白，已在全国27个省市超/特高压线路、油田、煤矿等广泛应用，销售系统中心站96套、子站980套，直接效益约6.3亿元。产品应用有效减少了相关行业雷击灾害损失，累计节约5.5亿元，取得了显著的经济社会效益。

本专利及其专利池布局构建完善了我国“发现—分析—解决—预防”的电网防雷技术体系，对国防和民用重要基础设施的雷电灾害监测与防治有着重要的推广应用价值。

专利名称：一种无线中继设备的中继方法及无线中继设备
专 利 号：ZL201110437651.3
专利权人：华为终端有限公司
发 明 人：朱　冲　杜　维

移动互联网发展日新月异，网络带宽每两年翻一倍，Wi-Fi已成为支撑移动互联网带宽需求的主流技术之一。获奖专利公开了无线中继设备的中继方法，实现原理为：当无线中继设备与上行AP建立连接后，将上行AP的网络连接信息同步到无线中继设备的虚拟的下行WLAN AP接口，并为无线中继设备下挂的每一个下行无线STA建立与各自STA MAC地址成映射关系的虚拟的上行WLAN Client接口，根据STA MAC地址与上行WLAN Client接口的一一对应的映射关系，对上行AP与下行无线STA之间转发的数据进行管理。与现有技术相比，它解决了因为下行STA MAC地址被中继器自身MAC地址替换而存在的认证计费问题，此外，也解决了因为上行AP与下行STA ARP信息不对称导致的一系列兼容性问题。

本专利技术是物联网、智能家居、家庭、企业Wi-Fi等应用场景中互联互通的关键基础技术，已被华为家用路由器及主流设备商相关产品大量采用。该专利助力华为率先推出家用分布式Wi-Fi解决方案，分布式Wi-Fi解决方案已成为HiLink智慧家庭生态的关键基础技术之一，助力华为在智能家居领域确立领先优势，基于本专利的华为路由Q1等多个产品已斩获AWE“智能创新”“Best product of 2016”“2016中国企业网购受欢迎产品”等多项奖项。

专利名称：一种三电平双模式空间矢量过调制方法及其系统
专 利 号：ZL201210116432.X
专利权人：中车株洲电力机车研究所有限公司
发 明 人：冯江华　甘韦韦　刘可安

尚 敬 杨大成 梅文庆

牵引传动系统作为“心脏”给高铁列车提供动力，PWM 调制通过控制开关器件(IGBT)的开通/关断实现能量的调节。在我国特有的宽地域运行、高密度行车、供电能力区域不均衡等复杂应用环境下，PWM 调制如何实现能量的高效、快速、精确控制，更是业内前所未有的挑战。

本专利原创性提出了一种三电平双模式过调制方法及其控制系统，通过在线实时自适应补偿、最优非线性拟合算法，实现了全速度范围内脉宽调制电压精确输出，并创造性解决了低开关频率下转矩脉动、车网谐振和谐波抑制、无二次谐振回路下电流拍频等业界难题，构建了我国轨道交通牵引传动控制技术平台，实现核心技术完全自主；提升了中国轨道交通装备核心竞争力，完成从技术跟随向技术引领的转变；并推广至冶金、船舶、矿山等高端传动领域，打破了国外公司对相关行业核心动力系统的长期垄断。

本专利技术还将用于在研的 600km/h 高速磁浮列车、400km/h 跨国联运高速列车，以及基于新能源的综合交通系统等电传动相关领域，前景广阔。

专利名称：线性压缩机
专 利 号：ZL201210488806.0
专利权人：青岛海尔智能技术研发有限公司
发 明 人：宋 斌 李衡国 闫赛娜 赵志强 梁海山 许 升

压缩机作为制冷设备的心脏，长期以来，其高效核心技术都被外国企业垄断。海尔的线性压缩机项目就是为打破这一局面、应对未来制冷行业压缩机升级带来的风险采取的应对策略之一。海尔通过开放式创新平台，历时六年研发时间，经过五次大的技术迭代升级，最终形成了具有自主知识产权的、全球领先的线性压缩机技术，突破了外国企业的技术封锁。该技术克服了现有线性压缩机技术能效不足和性价比低的缺点，通过九大创新技术，在三大方面实现了突破性创新。具体表现为：更高能效、更高性价比、更低启动噪音。通过这三大功效，显著提升了制冷设备在食品保鲜、节能环保、柔和静音等方面的性能，为用户创造更高层次的使用体验。该项技术填补了国内空白，为中国家电企业实现中国智造全球引领贡献了坚实力量、为全球的节能减排和绿色环保事业更贡献出不可估量的中国力量！

专利名称：一种聚乙二醇修饰的 rhG-CSF 药物组合物及其制备方法
专 利 号：ZL201310022078.9
专利权人：石药集团百克（山东）生物制药有限公司
发 明 人：梁关军 窦燕峰 王龙山 徐 光

石药集团百克（山东）生物制药有限公司为我国医药行业龙头企业-石药集团有限公司的全资子公司。其采用具有自主知识产权的“重组蛋白类药物 PEG 化定点修饰技术”研发出国家生物一类新药-聚乙二醇化重组人粒细胞刺激因子注射液（简称“PEG-rhG-CSF 注射液”，商品名：津优力）。该产品为长效生物制剂，国内首家上市。产品填补了国内同类产品空白。

中性粒细胞减少为肿瘤化疗中常见症状，进而引进感染等其他并发症，因此化疗过程中通常化疗药物与提升中性粒细胞水平的升白药物联合使用。与国内其他升白药物相比，PEG-rhG-CSF 注射液具有长效、更安全有效、使用更方便、患者依从性高等特点。该产品每化疗周期仅需注射一次，从而使患者综合治疗成本大为降低，也减轻了患者经济负担。

该产品自上市以来，一直保持着 100% 以上的年增长率。石药集团百克公司借用此产品成功产业化的有利时机，利用独有的“PEG 化定点修饰技术”，开发了一系列的 PEG 化重组蛋白类药物，将公司打造成为石药集团的生物医药产业化基地。

专利名称：超级电容器的制造方法
专 利 号：ZL201310157526.6
专利权人：宁波中车新能源科技有限公司
发 明 人：阮殿波　傅冠生　黄庆福　潘国林　张洪权　陈照平

超级电容器是储能与节能领域最为高效的储能器件之一，美国《Discovery》将其列为 2006 年世界七大科技发现之一。针对超级电容器能量密度低及核心制造技术被国外垄断等问题，本公司发明了一种新型超级电容器制造工艺专利。本专利发明了一种水基热固性聚氨酯粘结剂，解决了电极浆料粘度稳定性及对温度敏感性的问题；引入全新理念的高频加热技术，降低能耗的同时提高了产品可靠性；此外，结合低内阻器件结构设计，实现了高比能超级电容器的规模化、智能化制造，彻底打破了国外技术垄断。应用本专利技术的产品之一12000F 能量密度高达 11.65Wh/kg，功率密度高达 19.01kW/kg，技术水平国际领先。基于本专利生产的系列产品已在超级电容储能式电车、混合动力公交汽车、地铁储能系统等交通领域得到率先应用。同时，公司已成功将超级电容器产品应用于风力发电、光伏发电等绿色能源领域，储能式充电站等智能电网领域，油田、港口等工程机械领域，以及军工国防等特殊领域，产生了极大的社会效益和经济效益。

专利名称：一种旋流干煤粉气化炉
专 利 号：ZL201310556488.1
专利权人：神华集团有限责任公司，神华宁夏煤业集团有限责任公司
发 明 人：姚　敏　马银剑　罗春桃　黄　斌　井云环　徐才福　张志华　杨巍巍　赵　涛

煤炭清洁转化是煤炭高效利用的主要途径之一，煤气化技术是煤炭清洁转化的关键和核心。本发明提供了一种日投煤量为 2000～3000 吨的旋流干煤粉气化炉，包括镶嵌组合式燃烧器系统、闭式循环膜式水冷壁反应室、沉降破泡式激冷室、智能操控系统等，具有技术指标优、煤种适应广、智能程度高、结构简单、操作方便等优点。本发明专利攻克了大型单喷嘴干煤粉加压气化技术、关键装备、材料及系统集成等难题，提高了气化效率及碳转化率，形成了具有自主知识产权的干煤粉加压气化成套技术（“神宁炉”）。该技术已在 2016 年列入国家能源局《煤炭安全绿色开发和清洁高效利用先进技术与装备推荐目录》。日投煤量 2500 吨级“神宁炉”已在世界单体规模最大的煤制油项目示范运行 28 台，对外授权转让 23 台，且成功进入美国市场，累计产生经济效益约 3.9 亿元。“神宁炉”的成功开发对保障国家能源安全、推动煤炭清洁转化和高效利用、实现煤气化装置大型化、降低投资和生产运行成本具有重要的战略和经济意义。

专利名称：轨道车辆实车撞击试验系统
专 利 号：ZL201410195318.X
专利权人：中南大学
发 明 人：田红旗　梁习锋　刘国伟　许　平　鲁寨军　高广军　王中钢

列车碰撞事故造成的重大人员伤亡触目惊心。车辆耐撞性已成为运载装备服役安全的核心技术需求。试验是开展耐撞性研究的必备手段。本专利发明的实际运营轨道车辆撞击试验系统，涵盖驱动、制动、测力、变形捕捉等关键技术，解决了耐撞列车生存空间完整、乘员冲击减缓、碰撞轨迹保持等试验与评估难题。

本专利技术已完全工业再现，研建了实际运营轨道车辆撞击测力技术及试验系统，获中国计量认证（CMA）测试资质、中国合格评定国家认可委员会（CNAS）认证资质。

完成“复兴号”高速列车、国内城轨列车、机车、出口美国等地铁列车的耐撞性试验及评估；显著提高了轨道车辆碰撞安全性，有效降低乘员面临的生命威胁；提升了机车车辆产品的国际竞争力；具有重大的社会效益和广阔的应用前景。

专利名称：一种集约型直流融冰装置拓扑结构

专 利 号：ZL201510138254.4

专利权人：国网湖南省电力公司，国网湖南省电力公司防灾减灾中心，国家电网公司，湖南省湘电试研技术有限公司

发 明 人：陆佳政　朱思国　李　波　方　针　张红先

国内外电网每年都遭受不同程度的覆冰，1998 年加拿大冰灾，倒塔 3 万多基，1000 多万人口停电。我国 2008 年冰灾，电网倒塔断线 70 多万基，直接经济损失 250 亿元，1 亿多人口停电。

人工除冰安全风险大，电网抗冰必须攻克高效融冰技术。SVC 型直流融冰装置谐波大，危及设备安全，需加装体积庞大、价格昂贵的滤波器；融冰与无功补偿无法同时运行，融冰时需退出 SVC 功能，影响电网电压稳定。

本专利首创了多档位多绕组谐波抵消技术，谐波小，取消滤波器，占地小，造价低；发明了融冰与 SVG 无功补偿同时运行的拓扑结构，极大提高了装置的利用率与经济性。

专利产品已在全国广泛应用，并出口加拿大，成功融冰 500 余次，节约抗冰改造 927 亿元，保障了冬季大电网安全运行与社会供电，具有显著的经济和社会效益。

本专利除电网外，还可推广至风电、铁路、油田、煤矿等供电线路的防冰工作，并可推广到北欧等国外重覆冰国家，应用前景十分广阔。

专利名称：一种微波变频电路及微波变频器

专 利 号：ZL201520269105.7

专利权人：华讯方舟科技有限公司，华讯方舟科技（湖北）有限公司

发 明 人：詹宇昕　何宏平　潘雄广　罗得辉

本专利提供一种微波变频电路及微波变频器，该电路包括射频放大单元、变频单元、一级中频放大单元、切换单元、二级中频放大单元和供电单元，各电路单元均采用对称设计，各信号线路的阻抗和容抗达到相对对称、对等的效果，从而实现各路输出信号的增益波动最小化，保证微波变频器多路多信号输出的稳定性；各信号输出线的长度保持了一致，从而实现功分损耗最小，线路布局清晰、层次分明，易分析、易维护，可靠性高。与现有技术相比，它解决了现有微波变频电路功分线路损耗较大，功率放大元件匹配不统一的问题。本专利产品是高标准的微波变频器核心器件，实现了使用同一地球站即可实现普通电视卫星接收、超高清电视卫星接收、以及星地双向宽带数据的传输，广泛应用于车载、船载和机载等多种卫星通信场景，为远洋、应急、高速移动通讯和军事通信扮演着重要角色。该专利技术达到国际先进水平，能够加速自主品牌的推广，打破国外技术的垄断，抢占先发优势，占据微波通信领域的制高点。目前该专利产品已打入欧美高端市场，提升了我国企业在全球市场的竞争力。截至 2016 年底，应用该技术的产品销售额超过 1.2 亿元人民币。

第十九届中国外观设计金奖获奖项目简介

专利名称:复式双滚筒洗衣机
专 利 号:ZL201430072176.9
专利权人:海尔集团公司,青岛海高设计制造有限公司
发 明 人:朱建平 孔 志 蒋春晖 李文伟

卡萨帝双子云裳洗衣机,源于宇宙双子星系的设计灵感,以卡萨帝品牌"浑然天成"的设计理念为出发点,首次定义洗衣机分区洗外观,其优雅的艺术化外形,0.2mm公差的匠心工艺,实现了家居艺术与现代科技的完美融合。

卡萨帝双子云裳洗衣机作为世界上第一台双滚筒洗衣机,一机双筒外观设计,创新互平衡技术,实现衣物分区洗护,节省了时间和空间,提升了生活品质。人机工学设计,1.28m的机身高度,用户不用弯腰取放衣物,使用更加舒适;20度倾斜的UI界面,获得直观高效流畅的操作体验。"光芒"视窗设计元素,为家电产品注入艺术气息,给用户带来美学享受。水纹涟漪造型侧板设计,将艺术美感与减振技术的科技感有机融合,静享生活。

卡萨帝双子云裳洗衣机为全球用户提供了一种新的洗衣解决方案,开创了全新的洗衣机品类,填补了行业空白。在万元以上洗衣机市场份额占比高达72%,产品出口欧洲、中东、澳洲、南亚、东南亚等二十多个国家和地区,引领行业向分类健康洗涤方向发展。

专利名称:空调柜机
专 利 号:ZL201530353443.4
专利权人:青岛海尔空调器有限总公司
发 明 人:雷永锋 李雄威 王 勇 郭 栋 李剑波 邓 恺 谢宏岗

卡萨帝云鼎空调,结合古代"鼎"的内涵和西方"凯旋门"的设计灵感,融合东方传统美学文化和西方现代主义设计,突破性的无边框造型,干净利落的线条切割,高亮镜面金属质感工艺,引领行业艺术化柜式空调发展。

镂空外观设计,创新BNT温自平衡科技,多吸收20%自然风在出风口与冷风混合,从"吹10℃冷风"到"吹23℃自然风"的舒适,出风温度和人体体感温度自然平衡,避免普通空调风太冷,容易感冒的问题;空间组合设计,独有的物理加湿模块,实现干湿自控,保持52%的最佳湿度,解决了空调使用皮肤干,嗓子不舒服的问题,让用户体验最佳温度、湿度的双重舒适;LEIP轻离子净化,自动检测去除PM0.3,去除率99%,让用户呼吸新鲜空气。

卡萨帝云鼎空调在面临激烈的全球竞争中,把握住了市场机会,提升了产品的表现力,抢占了市场制高点。在16 000元以上价格段取得了行业份额第一,超越日系品牌对手,成为高端空调第一;推动了中国家电企业创新,不断打造赢得用户需求产品,取得了巨大的社会效益。

专利名称:用于手机的图形用户界面
专 利 号:ZL201530430757.X
专利权人:腾讯科技(深圳)有限公司
发 明 人:陈碧琳 汤楚明 莫一民

该外观设计专利是一种用于手机的图形用户界面,主要用于预览或发送红包。该GUI外观设计专利具有独特的设计语言,包括:依托现实红包设计,赋予感情寄

托;赋予实体红包以互联网语言;通过独特社交属性,给予红包用户更多体验。通过该 GUI 外观设计专利,引领了红包类 GUI 的设计趋势,推动了行业发展;并进一步提高了使用红包的产品的附加值。本外观设计专利已经在腾讯公司的手机 QQ 等重点移动社交产品中得到应用。应用该外观设计专利,使得广大用户爱上了手机红包,并进一步促进用户绑定银行卡,从而推动整个移动支付的快速发展。以手机 QQ 为例,通过应用该设计,截至 2016 年底,新增 QQ 钱包绑卡量 4200 万,累计红包交易笔数 183 亿,红包交易金额超过 1729 亿。

截至 2017 年 6 月底,应用该技术的产品新增销售额超过 8 亿元人民币。

专利名称:电饭煲(MB-FZ4094)
专 利 号:ZL201630032085.1
专利权人:佛山市顺德区美的电热电器制造有限公司
发 明 人:陈倩妮　尹逊兰

本外观设计产品以中式柴火古灶为设计原型,将传统造型与高品质奢华质感相结合,以匠心精神打造的电饭煲。中式柴火古灶是中国人传统的烹饪工具,我们认为只有中式柴火古灶才能煮出适合中国口味的米饭。虽然社会在发展,柴火灶台也发生了一步步的进化,但是在国人心中,柴火灶台的雏形并未改变。这款饭煲正是以回归中式柴火古灶的初心为出发点设计,在造型功能性与设计美学上做到了统一。为了用现代科技还原地道的柴火米饭滋味,在功能上采用了变压搅拌与多段 IH 技术相结合,通过控制米饭的沸腾对流来增加米饭受热的均匀性和蓬松度,并辅以真空仿生内胆,模拟余碳小火烘烤激发米饭香气。在图形界面上,应用全息 ITO 触控技术,打造科技黑数码硬朗的风格,平衡多功能浮躁界面与简约极致的外观体验之间的冲突,老少皆宜操作。在人工智能上,搭载了 M-smart 平台,实现美的家电互联,并首推大米地图,内置 1000+烹饪曲线,解决了众口难调的难题。本外观设计产品凭借卓越的设计及精湛的工艺,打破国产无高端的困局,填补了 6000 价位段市场的空白,有效地带动了电饭煲行业的产业升级。

专利名称:车头(标准动车组)
专 利 号:ZL201630068714.6
专利权人:长春轨道客车股份有限公司
发 明 人:王金田　王　伟　张建平　卢　洋　于红艳　贾兴泷　张建刚　金　格

本项目为适应节能环保要求,标准动车组整车采用全新低阻力流线型头型设计和车体平顺化设计,降低气动阻力,减少持续运行能力消耗。流线型的车头外观造型简洁,配色干净明确,线条干净利落,具有良好的气动特性。线条流畅、圆润的同时棱线分明,富有层次,车头整体视觉立体感强,具有现代、时尚的造型,体现工业化时代的中国高效、确切的特点。既继承了中华民族古老的文化地域特征但又不乏现代工业产品特点。作为具有代表中国的、中国人的、中国特色的中国标准动车组,外观造型集成了中国古典元素。运用车灯的造型线条与整体造型搭配,勾勒出中华民族图腾的形状。突破即有动车组造型,又打破陈规,突出了工业产品、高速运行、交通工具等特征。

在中国标准动车组研制过程中,大量采用中国国家标准、铁道行业标准、铁路总公司企业标准,及专门为新型标准化动车组制定的一批技术标准,在涉及的 254 项重要标准中,中国标准占 84%。

中国标准动车组构建了体系完整、结构合理、先进科学的高速动车组技术标准体系,标志着我国高速动车组技术全面实现自主化、标准化和系列化,极大增强了我国高铁的国际话语权和核心竞争力。

(国家知识产权局知识产权运用促进司)

2017 年度已注册和初步审定的地理标志商标名录

序号	商标名称	注册人	注册号	类别	商品	省份
1	含山绿茶	含山县茶叶行业协会	16071553	30	茶	安徽
2	岳西黑猪	岳西黑猪养殖协会	17460656	31	活猪	安徽
3	望江风酿酱油	望江风酿调味品协会	18854255	30	酱油	安徽
4	宿州王枣子	宿州王枣子研发中心	18523783	30	用作茶叶代用品的花或叶(王枣子叶)	安徽
5	九华黄精	青阳县九华黄精产业化协会	18386449	5	黄精(中药材)	安徽
6	石台香牙	安徽省石台县茶业协会	16280741	30	茶	安徽
7	泾县书画纸	泾县书画纸协会	16645737	16	书画纸	安徽
8	黄花云尖	宁国市种植业局	16969029	30	茶	安徽
9	口孜大蒜	颍东区口孜镇农业综合服务站	19332141	31	新鲜蒜	安徽
10	大观绿豆糕	安庆市清真食品研发中心	17212643	30	绿豆糕(糕点)	安徽
11	黄山毛峰茶	黄山市茶叶行业协会	15430153	30	茶	安徽
12	望江挑花	望江挑花产业协会	16278690	24	丝织、交织图画等	安徽
13	旌德灵芝	旌德县灵芝协会	18734684	5	灵芝(中药材)	安徽
14	涡阳大豆	涡阳县优质大豆产业协会	19502980	31	豆(未加工的)	安徽
15	含山大米	含山县粮油行业协会	20469151	30	大米	安徽
16	五横茶叶	安庆市宜秀区五横乡农村综合服务中心	20625097	30	茶	安徽
17	草桥菊花	北京市丰台区花乡农业服务中心	17212893	31	菊花(自然花)	北京
18	花乡茉莉	北京市丰台区花乡农业服务中心	17212894	31	茉莉花(自然花)	北京
19	花乡牡丹	北京市丰台区花乡农业服务中心	17212895	31	牡丹(自然花)	北京
20	花乡月季	北京市丰台区花乡农业服务中心	17212896	31	月季(自然花)	北京
21	波尔多	波尔多葡萄酒行业联合委员会	19564619	33	葡萄酒	法国
22	BORDEAUX	波尔多葡萄酒行业联合委员会	19564618	33	葡萄酒	法国
23	卡斯蒂永-波尔多山坡	波尔多葡萄酒行业联合委员会	10528121	33	葡萄酒	法国

续表

序号	商标名称	注册人	注册号	类别	商品	省份
24	蓬华芥菜	南安市蓬华高山蔬菜种植协会	16559340	31	芥菜	福建
25	小湖水仙	南平市建阳区小湖镇三农服务中心	17925384	30	茶	福建
26	武夷山岩茶	武夷山市茶叶科学研究所	15669138	30	茶	福建
27	武夷山肉桂	武夷山市茶叶科学研究所	15669131	30	茶	福建
28	霞浦沙江牡蛎	霞浦县沙江镇农业服务中心	16769643	31	牡蛎(活的)	福建
29	长泰枋洋豆签	长泰县农产品流通协会	16745078	30	豆签	福建
30	南日海带	莆田市秀屿区南日鲍协会	17200632	29	海带	福建
31	南日紫菜	莆田市秀屿区南日鲍协会	17200633	29	紫菜	福建
32	莆田牡蛎	莆田市水产技术推广站	17411167	31	牡蛎(贝壳类活体动物)	福建
33	仙游书峰枇杷	仙游县书峰枇杷协会	15886620	31	枇杷	福建
34	福清花蛤	福清市贝类养殖协会	16455308	31	花蛤(活的)	福建
35	永安笋干	永安市农村合作经济组织联合会	18272617	29	笋干	福建
36	周宁玛坑宝岭花生	周宁县玛坑乡果蔬协会	17411996	29	加工过的花生	福建
37	南日鲍	莆田市秀屿区南日鲍协会	18020103	29	鲍鱼干	福建
38	南日鲍	莆田市秀屿区南日鲍协会	18020104	29	鲍鱼干	福建
39	莆田紫菜	莆田市渔业行业协会	18999008	29	紫菜	福建
40	安贞雪蔗	永安市槐南镇农业综合服务中心	16446914	31	甘蔗	福建
41	永安洪田脐橙	永安市洪田镇农产品产销协会	15865283	31	新鲜柑橘	福建
42	邵武和平豆腐	邵武市和平镇三农服务中心	19658608	29	豆腐	福建
43	干坑小种红茶	光泽县司前乡三农服务中心	19240580	30	茶	福建
44	武夷山奇种	武夷山市茶叶科学研究所	15669135	30	茶	福建
45	武夷山水仙	武夷山市茶叶科学研究所	15669136	30	茶	福建
46	福清白对虾	福清市水产加工与流通协会	17358518	31	虾(活的)	福建
47	福清白对虾	福清市水产加工与流通协会	17358519	29	虾(非活)	福建
48	周宁高山云雾茶	周宁县茶叶协会	20826107	30	茶	福建
49	莆田荔枝	莆田市荔城区水果协会	19883661	31	荔枝	福建
50	赖坊大蒜	清流县赖坊乡农业农村经济和科技服务中心	17164482	31	新鲜蒜	福建
51	平和琯溪蜜柚	福建省平和琯溪蜜柚发展中心	18585264	31	新鲜柚子	福建

续表

序号	商标名称	注册人	注册号	类别	商品	省份
52	平和琯溪蜜柚	福建省平和琯溪蜜柚发展中心	18585265	31	新鲜柚子	福建
53	PING HE GUAN XI MI YOU	福建省平和琯溪蜜柚发展中心	18585267	31	新鲜柚子	福建
54	PING HE GUAN XI POMELO	福建省平和琯溪蜜柚发展中心	18585266	31	新鲜柚子	福建
55	东山亲营紫菜	东山县西埔镇藻类养殖协会	19657827	29	紫菜	福建
56	大田高山茶	大田县茶叶协会	20158090	30	茶	福建
57	永定柿饼	龙岩市永定区特色产品协会	20730373	29	柿饼	福建
58	武夷山水金龟	武夷山市茶叶科学研究所	15669137	30	茶	福建
59	武夷山白鸡冠	武夷山市茶叶科学研究所	15669133	30	茶	福建
60	武夷山铁罗汉	武夷山市茶叶科学研究所	15669134	30	茶	福建
61	连城慈菇	连城县莲峰镇慈菇行业协会	17939796	31	慈菇	福建
62	永定蜜柚	龙岩市永定区特色产品协会	20730376	31	柚子	福建
63	甘谷大葱	甘谷县农产品流通经纪人协会	18349453	31	大葱(新鲜蔬菜)	甘肃
64	清水半夏	清水县半夏协会	18600180	5	半夏(中药材)	甘肃
65	凉州核桃	凉州区林业技术推广中心	17515698	31	核桃	甘肃
66	凉州皇冠梨	凉州区林业技术推广中心	17515709	31	梨	甘肃
67	凉州黄白花牛	凉州区养牛协会	17970752	31	活牛	甘肃
68	甘谷大白菜	甘谷县农产品流通经纪人协会	18349454	31	大白菜(新鲜蔬菜)	甘肃
69	庄浪苹果	庄浪县土特产行业协会	20501929	31	苹果	甘肃
70	庄浪粉条	庄浪县粉条生产协会	19885107	30	粉丝(条)	甘肃
71	杜阮凉瓜	江门市蓬江区杜阮镇农业综合服务中心	14828618	31	苦瓜(新鲜蔬菜)	广东
72	台山大米	台山市粮食行业协会	20672261	30	大米	广东
73	德保矮马	德保县矮马保种繁育管理中心	18601205	31	矮马(活动物)	广西
74	荔浦砂糖桔	荔浦县名特优农产品协会	17517347	31	砂糖桔	广西
75	上林八角	上林县名特优农产品协会	19674507	30	八角大茴香	广西
76	容县沙田柚	容县沙田柚协会	19722649	31	柚子	广西
77	上林大米	上林县名特优农产品协会	19674506	30	大米	广西
78	东兰乌鸡	东兰县畜牧管理站	21272924	31	活鸡;活乌鸡;孵化蛋(已受精)	广西

续表

序号	商标名称	注册人	注册号	类别	商品	省份
79	道真洛党	道真仡佬族苗族自治县特色产业发展中心	17200321	5	党参(中药材)	贵州
80	大方漆器	大方县特色产业发展中心	16022012	20	漆器工艺品	贵州
81	朵贝茶	普定县茶叶生产管理站	12171588	30	茶	贵州
82	石阡矿泉水	石阡县地热矿泉水协会	15930617	32	水(饮料);矿泉水(饮料);纯净水(饮料)	贵州
83	正安娃娃鱼 ZHENGAN GIANT	正安县水产技术推广站	18020346	31	娃娃鱼(活的)	贵州
84	赤水晒醋	赤水市特色产业发展中心	20532737	30	醋	贵州
85	赤水金钗石斛	赤水市特色产业发展中心	20532736	5	石斛	贵州
86	普安红茶	普安县茶叶协会	20731439	30	茶	贵州
87	普安四球茶	普安县茶叶协会	20730560	30	茶	贵州
88	石山壅羊	海口市秀英区农业技术服务中心	18652019	31	羊(活动物)	海南
89	石山黑豆	海口市秀英区农业技术服务中心	18652018	31	豆(未加工的)	海南
90	儋州红鱼干	儋州市海产品加工协会	16734682	29	红鱼(非活)	海南
91	光村沙虫	儋州市海产品加工协会	17731986	31	沙虫(活的)	海南
92	儋州蜜柚	儋州市农业产业协会	18247295	31	柚子	海南
93	保亭树仔菜	保亭黎族苗族自治县农业技术服务中心	17721181	31	树仔菜(新鲜蔬菜)	海南
94	陵水槟榔	陵水黎族自治县优质特色产品推广协会	18781120	31	新鲜槟榔	海南
95	儋州黄皮	儋州市农业产业协会	18247293	31	黄皮(新鲜水果)	海南
96	儋州跑海鸭蛋	儋州市林下养殖专业技术协会	18587395	29	鸭蛋	海南
97	儋州绿壳鸡蛋	儋州市林下养殖专业技术协会	18587396	29	鸡蛋	海南
98	儋州香芋	儋州市农业产业协会	19743159	31	香芋(食用植物根)	海南
99	陵水珍珠	陵水黎族自治县优质特色产品推广协会	18781121	14	珍珠(珠宝)	海南
100	三亚莲雾	三亚莲雾协会	18389590	31	莲雾(新鲜水果)	海南
101	陵水黄灯笼辣椒 LING SHUI LANTERN	陵水黎族自治县优质特色产品推广协会	18781119	31	辣椒(植物)	海南
102	儋州粽子	儋州市粽子行业协会	20023182	30	粽子	海南

续表

序号	商标名称	注册人	注册号	类别	商品	省份
103	曹妃甸大米	唐山市曹妃甸区农林畜牧水产技术推广站	14599071	30	米	河北
104	曹妃甸胭脂稻	唐山市曹妃甸区农林畜牧水产技术推广站	14599073	30	米	河北
105	丰润生姜	唐山市丰润区生姜行业协会	17926608	31	新鲜生姜	河北
106	遵化香菇	遵化香菇产业协会	19159281	29	香菇(干制)	河北
107	遵化香菇	遵化香菇产业协会	19159282	31	新鲜香菇	河北
108	黄旗小米	丰宁满族自治县黄旗镇农业技术推广站	16746899	30	小米	河北
109	鸡泽辣椒	鸡泽县辣椒行业协会	20089346	30	辣椒(调味品)	河北
110	邢窑白瓷	邢台市白瓷文化科技研究会	17680613	21	瓷器等	河北
111	武安小米	武安市优质农产品协会	19805754	30	小米	河北
112	肥乡圆葱	肥乡县特色农产品行业协会	20716898	31	圆葱(新鲜蔬菜)	河北
113	阜平核桃	阜平县农产品服务协会	21110853	31	新鲜核桃	河北
114	阜平板栗	阜平县农产品服务协会	21110852	31	新鲜板栗	河北
115	安国祁山药	安国祁山药协会	19807458	31	山药	河北
116	成安棉花	成安县棉花协会	20357940	22	未加工棉花	河北
117	隆化荞面	隆化县荞麦产业协会	20518251	30	面粉	河北
118	隆化小米	隆化具特色农产品开发协会	20518250	30	小米	河北
119	隆化草莓	隆化县特色农产品开发协会	20901224	31	草莓	河北
120	阜平苹果	阜平县农产品服务协会	21050483	31	苹果	河北
121	阜平仙桃	阜平县农产品服务协会	21050484	31	桃	河北
122	延津菠菜	延津县果蔬专业技术协会	17263785	31	新鲜菠菜	河南
123	封丘芹菜	封丘县王村乡芹菜产销协会	17559994	31	芹菜	河南
124	郏县山儿西烟	郏县烟草业协会	19240904	34	烟叶	河南
125	延陵大葱	修武县延陵大葱协会	18855750	31	大葱	河南
126	临颍大蒜	临颍县大蒜协会	19241056	31	新鲜蒜	河南
127	佳木斯大米	佳木斯市优质农产品行业协会	18247503	30	米	黑龙江
128	嫩江芸豆	嫩江县农业技术推广中心	17177079	31	芸豆(未加工的)	黑龙江
129	汤原大米	汤原县水稻协会	19824788	30	大米	黑龙江
130	饶河东北黑蜂蜂王浆	饶河县蜂业协会	20123263	30	蜂王浆	黑龙江

续表

序号	商标名称	注册人	注册号	类别	商品	省份
131	饶河东北黑蜂蜂胶	饶河县蜂业协会	20123264	30	蜂胶	黑龙江
132	饶河东北黑蜂蜂蜜	饶河县蜂业协会	20123265	30	蜂蜜	黑龙江
133	铁力大米	铁力市米业协会	19760564	30	米	黑龙江
134	海伦大豆 SOY OF HAILUN	海伦市农业产业化协会	19011621	31	豆(未加工的)	黑龙江
135	绥棱木耳	绥棱国有林场管理局	19470768	29	干木耳	黑龙江
136	依兰苍术	依兰县农业技术推广中心	20418352	5	苍术(中药材)	黑龙江
137	依兰红菇娘	依兰县农业技术推广中心	20418354	31	红菇娘(新鲜浆果)	黑龙江
138	依兰桔梗	依兰县农业技术推广中心	20594901	5	桔梗(中药材)	黑龙江
139	依兰赤芍	依兰县农业技术推广中心	20594900	5	赤芍(中药材)	黑龙江
140	蔡甸豆丝	武汉市蔡甸区豆丝研究会	18880306	30	豆丝	湖北
141	蔡甸索子长河草鱼	武汉市蔡甸区索河镇水产服务中心	20105994	31	草鱼(活的)	湖北
142	喜鹊湖黄鳝	武汉市汉南区湘口街龙沟大队喜鹊湖鳝鱼养殖协会	16569413	31	黄鳝(活的)	湖北
143	青草湖甲鱼	武汉市汉南区东荆街黄家墩青草湖甲鱼养殖协会	17569302	31	甲鱼(活)	湖北
144	来凤大头菜	来凤县优质农产品产销协会	16425169	29	大头菜	湖北
145	五峰五倍子	五峰五倍子产业协会	14543413	5	五倍子(中药材)	湖北
146	大堰水牛	当阳市大堰牛养殖协会	17272517	31	牛(活的)	湖北
147	大堰水牛	当阳市大堰牛养殖协会	17272518	31	牛(活的)	湖北
148	汈莲	汉川市农产品发展协会	13836051	29	莲子	湖北
149	房县核桃	房县药食植物协会	18497769	31	核桃	湖北
150	郧阳桑蚕茧	郧县桑蚕协会	16667799	22	茧	湖北
151	沙市豆瓣酱	沙市区调味品产销协会	18536198	30	豆瓣酱	湖北
152	沙市酱油	沙市区调味品产销协会	18536199	30	酱油	湖北
153	闸口小龙虾	公安县闸口镇农业产业化协会	17200941	31	龙虾(活的)	湖北
154	襄阳甲鱼	襄阳市襄州区水产养殖协会	16922403	31	甲鱼(活的)	湖北
155	荆山枣子	襄阳果蔬行业发展协会	15112391	31	鲜枣	湖北
156	南漳板栗	襄阳果蔬行业发展协会	15112392	31	新鲜栗子	湖北
157	襄阳保康高山蓝莓	保康县蓝莓种植技术协会	15971157	31	蓝莓	湖北
158	通山乌骨山羊	通山县乌骨山羊养殖协会	17024598	31	山羊(活动物)	湖北

续表

序号	商标名称	注册人	注册号	类别	商品	省份
159	通山香榧	通山县香榧产业协会	18893352	29	加工过的香榧	湖北
160	通山香榧	通山县香榧产业协会	18893352	31	(香榧树)树木	湖北
161	枝江桃	枝江市农民专业合作社联合会	19854513	31	桃	湖北
162	五峰红茶	五峰土家族自治县茶叶专业经济协会	17790712	30	茶	湖北
163	五峰红茶	五峰土家族自治县茶叶专业经济协会	17790713	30	茶	湖北
164	五峰毛尖	五峰土家族自治县茶叶专业经济协会	17790714	30	茶	湖北
165	五峰毛尖	五峰土家族自治县茶叶专业经济协会	17790715	30	茶	湖北
166	仙居麦酱	荆门市东宝区仙居乡农业技术服务中心	20320098	30	调味酱	湖北
167	石首银鱼	石首市土特产服务中心	17824562	29	银鱼(非活)	湖北
168	石首银鱼	石首市土特产服务中心	17864342	31	银鱼(活的)	湖北
169	津湖黑鱼	石首市土特产服务中心	17824563	29	黑鱼(非活)	湖北
170	远安冲菜	远安县农业技术推广中心	18587402	29	腌制蔬菜(冲菜)	湖北
171	云梦白花菜	云梦县白花菜协会	17743343	29	白花菜(腌制蔬菜)	湖北
172	随州金头蜈蚣	随州市金头蜈蚣技术研究中心	19742039	5	蜈蚣(中药药材)	湖北
173	嘉鱼大白菜 JYDBC	嘉鱼县渡普蔬菜协会	20024333	31	新鲜大白菜	湖北
174	庙岭红莲	鄂州市红莲湖新区莲子协会	20827440	29	莲子(干制加工的)	湖北
175	茅山螃蟹 MS	浠水县水产技术推广站	17143403	31	螃蟹(活的)	湖北
176	嘉鱼甘蓝	嘉鱼县金润蔬菜合作协会	17721432	31	甘蓝(新鲜蔬菜)	湖北
177	石首绿茶	石首市六虎山绿茶产销协会	18336742	30	茶	湖北
178	刀楼寨白茶	武汉市新洲区刀楼寨茶叶研究会	18880304	30	茶	湖北
179	北斗核桃	兴山县果业产业协会	19882464	31	新鲜水果(核桃)	湖北
180	江陵独蒜头	江陵县土特产品产销协会	20105995	31	独蒜头(新鲜蔬菜)	湖北
181	宣恩贡米	宣恩县贡米产业协会	20515849	30	大米	湖北
182	黄陂薹尖	武汉市黄陂区土特产协会	21156920	31	薹尖(新鲜蔬菜)	湖北
183	黄陂小香葱	武汉市黄陂区土特产协会	21156919	31	小香葱(新鲜蔬菜)	湖北
184	五峰苦荞	五峰特色食用作物产业协会	19026755	31	苦荞	湖北
185	长阳生漆	长阳经济林推广服务中心	19775318	2	漆;黑漆	湖北

续表

序号	商标名称	注册人	注册号	类别	商品	省份
186	赤壁青砖茶	赤壁市茶叶协会	20024336	30	茶	湖北
187	赤壁米砖茶	赤壁市茶叶协会	20024335	30	茶	湖北
188	荆州绿豆皮	荆州市荆州区土特产产销协会	20501081	30	绿豆皮(谷粉制食品)	湖北
189	潜江虾稻	潜江龙虾产业发展促进会	21732524	30	大米	湖北
190	洪山茶	宜都市农牧生物技术研究所	19423166	30	茶叶	湖北
191	贡水白柚	宣恩县贡水白柚协会	20515848	31	白柚(新鲜水果)	湖北
192	黄坪黄金梨	宣恩县黄坪黄金梨产业协会	20685741	31	黄金梨(新鲜水果)	湖北
193	沼山茶叶	鄂州市国有沼山林场	20827439	30	茶叶	湖北
194	岳州青瓷	湘阴县岳州窑青瓷研究会	17536965	21	瓷器	湖南
195	龙山七姊妹辣椒	龙山县蔬菜产业协会	15961839	31	辣椒(植物)	湖南
196	麻阳小籽花生	麻阳苗族自治县小籽花生协会	15779897	31	新鲜花生	湖南
197	涟源富田桥游浆豆腐	涟源市富田桥游浆豆制品行业协会	19522236	29	豆腐	湖南
198	沅江四季红镇腐乳	沅江市四季红腐乳产业协会	18433305	29	腐乳	湖南
199	凤凰红心猕猴桃	凤凰县旅游品牌发展协会	15119692	31	猕猴桃	湖南
200	沙子岭猪	湘潭市家畜育种站	17347200	31	猪(活动物)	湖南
201	古丈绿茶	古丈茶业发展研究中心	22030430	30	茶;绿茶	湖南
202	通榆草原红牛奶	通榆县通榆草原红牛养殖专业协会	15942208	29	牛奶	吉林
203	镇赉大米	镇赉县莫莫格湿地有机稻米发展协会	18843159	30	米	吉林
204	安图黑木耳	安图县黑木耳行业协会	17666379	29	木耳	吉林
205	双辽大米	双辽市优质农产品协会	16485073	30	大米	吉林
206	镇赉甜瓜	镇赉县建平乡甜瓜产业协会	19127616	31	甜瓜	吉林
207	安图香瓜	安图县香瓜行业协会	17666378	31	香瓜(新鲜水果)	吉林
208	通榆八面小米	通榆县名优特农畜产品产销协会	20842309	30	小米	吉林
209	公主岭油豆角	公主岭市农业行业协会	20517728	31	油豆角(新鲜蔬菜)	吉林
210	九台贡米	九台贡米协会	23025230	30	大米	吉林
211	滨海大米	滨海大米协会	15577245	30	米	江苏
212	扬州漆器	扬州市工艺美术行业协会	20943307	20	漆器工艺品	江苏
213	阳羡茶	宜兴市茶叶协会	10672455	30	茶	江苏

续表

序号	商标名称	注册人	注册号	类别	商品	省份
214	董浜筒管玉丝瓜	常熟市董浜镇农技推广服务中心	20172964	31	新鲜丝瓜	江苏
215	金湖鳜鱼	金湖县农副产品营销协会	17734891	31	鳜鱼(活的)	江苏
216	洪泽鲫鱼	洪泽县洪泽湖农产品协会	19013126	29	鲫鱼(非活)	江苏
217	洪泽鲫鱼	洪泽县洪泽湖农产品协会	19013125	31	鲫鱼(活的)	江苏
218	杨巷大米	宜兴市杨巷镇大米产销技术协会	19899846	30	大米(米)	江苏
219	高邮湖龙虾	高邮市高邮湖大闸蟹行业协会	21200941	31	龙虾(活的)	江苏
220	金湖鳜鱼	金湖县农副产品营销协会	17744620	31	鳜鱼(活的)	江苏
221	靖江猪肉脯	靖江市肉类协会	21611184	29	猪肉脯	江苏
222	东乡白花蛇舌草	东乡县白花蛇舌草行业协会	16380045	5	白花蛇舌草(原料药)	江西
223	东乡白花蛇舌草	东乡县白花蛇舌草行业协会	16380046	31	白花蛇舌草(植物)	江西
224	瑞金荸荠	瑞金市荸荠种植专业技术协会	18311651	31	新鲜蔬菜(荸荠)	江西
225	于都盒柿	于都县岭背镇大盒柿协会	18082938	31	柿子(新鲜水果)	江西
226	袁州茶油	宜春市袁州区油茶技术推广站	19126002	29	食用油(茶油)	江西
227	泰和竹篙薯	泰和县农副产品协会	18653897	31	山药(竹篙薯)	江西
228	井冈蜜柚	吉安市果业局	20942852	31	蜜柚(新鲜的)	江西
229	乐平辣椒	乐平市蔬菜科学研究所	18791887	31	辣椒(植物)	江西
230	长海鲍鱼	长海商会	17451523	29	鲍鱼(非活)	辽宁
231	长海虾夷扇贝	长海商会	17451524	29	虾夷扇贝(非活)	辽宁
232	大连鲍鱼	大连市海洋渔业协会	17898363	31	鲍鱼(活的)	辽宁
233	大连海参	大连市海洋渔业协会	17898364	31	海参(活的)	辽宁
234	喀左陈醋	喀左县陈醋协会	12867202	30	醋	辽宁
235	朝阳绿豆	朝阳县农业技术推广中心	16059686	31	绿豆	辽宁
236	锦州苹果	锦州市果树工作总站	18249041	31	苹果	辽宁
237	大民屯	新民市大民屯镇经济发展服务中心	19789093	31	白菜	辽宁
238	清水河黄米	清水河县农业技术推广站	17853912	30	黄米(人食用的去壳谷物)	内蒙古
239	清水河小香米	清水河县农业技术推广站	17853914	30	小香米(人食用的去壳谷物)	内蒙古
240	清水河胡油	清水河县农业技术推广站	17853916	29	烹饪用亚麻籽油	内蒙古

续表

序号	商标名称	注册人	注册号	类别	商品	省份
241	南海黄河鲤鱼	包头市南海湿地风景区管理处	15811260	29	非活鲤鱼	内蒙古
242	南海黄河鲤鱼	包头市南海湿地风景区管理处	15811260	31	鲤鱼	内蒙古
243	乌珠穆沁黄骠马	内蒙古自治区乌珠穆沁马文化协会	16060393	31	活马	内蒙古
244	卓资熏鸡	卓资县熏鸡协会	18392730	29	熏鸡	内蒙古
245	敖汉鲜蛋	敖汉旗畜牧技术服务中心	17154395	29	鸡蛋	内蒙古
246	敖汉小米	敖汉旗农业技术服务中心	17154394	30	小米	内蒙古
247	敖汉北虫草	敖汉旗农业技术服务中心	17154398	29	北虫草(干食用菌)	内蒙古
248	敖汉北虫草	敖汉旗农业技术服务中心	17154398	31	北虫草(鲜食用菌)	内蒙古
249	敖汉高粱	敖汉旗农业技术服务中心	17154399	31	高粱(未加工的)	内蒙古
250	固阳荞麦	固阳县土特产行业协会	20074188	31	荞麦(未加工的)	内蒙古
251	固阳荞麦	固阳县土特产行业协会	20074189	30	荞麦(加工过的)	内蒙古
252	固阳莜面	固阳县土特产行业协会	20074190	30	莜麦(加工过的)	内蒙古
253	固阳莜面	固阳县土特产行业协会	20074191	31	莜麦(未加工的)	内蒙古
254	土默特右旗大福计小米	土默特右旗土特产行业协会	19201768	30	小米	内蒙古
255	青龙山粉条	奈曼旗地方特产管理协会	17188254	30	粉丝(条)	内蒙古
256	阿鲁科尔沁紫花苜蓿	阿鲁科尔沁草业协会	18763143	31	紫花苜蓿	内蒙古
257	宁城草原鸭	宁城县农牧业技术推广服务中心	18188394A	31	鸭(活家禽)	内蒙古
258	敖汉苜蓿	敖汉旗畜牧技术服务中心	17154397	31	苜蓿(草本植物)	内蒙古
259	乌兰察布燕麦	乌兰察布市农副特色产品行业协会	19709122	31	燕麦	内蒙古
260	奈曼沙地西瓜	奈曼旗地方特产管理协会	19789799	31	西瓜	内蒙古
261	商都县西芹	商都县水漩蔬菜协会	18163958	31	芹菜(新鲜蔬菜)	内蒙古
262	青铜峡大米	青铜峡市农业技术推广服务中心	17755151	30	大米	宁夏
263	惠农枸杞	石嘴山市惠农区农业技术推广服务中心	20669996	5	枸杞	宁夏
264	祁连牦牛	祁连县畜牧业协会	16711858	29	牦牛肉	青海
265	莱阳河蚬	莱阳市渔业技术推广站	17626877	31	河蚬(贝壳类动物(活的))	山东
266	欧家夼板栗	招远市瓜菜协会	19055199	31	新鲜板栗	山东

续表

序号	商标名称	注册人	注册号	类别	商品	省份
267	欧家夼蓝莓	招远市瓜菜协会	19055200	31	新鲜蓝莓	山东
268	乳山文蛤	乳山市水产养殖协会	20960876	31	文蛤(贝壳类动物(活的))	山东
269	博兴金丝鸭蛋	博兴蛋黄金特禽蛋品研究所	18067621	29	鸭蛋	山东
270	滨州芝麻酥糖	滨城区食品研究会	18522420	30	芝麻酥糖	山东
271	泰山四叶参	泰安市泰山林业科学研究院	18274473	5	四叶参(中药材)	山东
272	泰山黄精	泰安市泰山林业科学研究院	18274474	5	黄精(中药材)	山东
273	泰山何首乌	泰安市泰山林业科学研究院	18274280	5	何首乌(中药材)	山东
274	泰山紫草	泰安市泰山林业科学研究院	18274281	5	紫草	山东
275	泰山南麓葡萄酒	泰安市葡萄酒协会	19077608	33	葡萄酒	山东
276	雨山核桃	肥城市边院镇农业综合服务中心	18047595	31	核桃(新鲜水果)	山东
277	大王樱桃	肥城市边院镇农业综合服务中心	18047593	31	樱桃	山东
278	泰山南麓葡萄酒	泰安市葡萄酒协会	17810446	33	葡萄酒	山东
279	新泰横山丝	新泰市横山丝研究所	17792139	22	生丝	山东
280	马家寨子香椿芽	新泰市放城镇马家寨香椿协会	16795198	31	香椿芽(新鲜的)	山东
281	泗水黑猪	泗水县畜牧技术推广工作站	16081999	31	猪(活动物)	山东
282	城前地瓜	邹城市城前镇农产品种植协会地瓜分会	16691833	31	地瓜(食用植物根)	山东
283	平阳寺杏鲍菇	邹城市太平镇食用菌协会	18161848	31	杏鲍菇	山东
284	边河黑猪	淄博市临淄区金山镇黑猪养殖协会	17293971	31	猪(活动物)	山东
285	寒亭西瓜	潍坊市寒亭区西瓜协会	19055197	31	西瓜	山东
286	高唐锦鲤	高唐县渔业协会	17537401	31	鲤鱼(活的)	山东
287	高唐桑葚	高唐桑葚产业技术研发服务中心	19055198	31	桑葚(新鲜浆果)	山东
288	佛头寺黑陶	垦利县佛头黑陶研究所	17712801	21	陶器	山东
289	广饶齐笔	广饶县齐笔文化研发协会	17537402	16	毛笔	山东
290	广饶面粉	广饶农产品种植协会	17712800	30	面粉	山东
291	广饶圆茄	广饶县广饶街道富源蔬菜协会	17594223	31	茄子(新鲜蔬菜)	山东
292	李鹊胡萝卜	李鹊镇农副产品协会	17594222	31	胡萝卜(食用植物根)	山东

续表

序号	商标名称	注册人	注册号	类别	商品	省份
293	韩庄头豆腐皮	肥城市边院镇农业综合服务中心	18047594	29	豆腐皮（豆腐制品）	山东
294	文登花香菇	威海市文登区大水泊镇农业综合服务中心	18100869	31	新鲜香菇	山东
295	青州黑山羊	青州市久富优质农产品开发服务协会	19391255	31	活羊	山东
296	高唐黄晶梨	高唐县黄晶梨协会	18485111	31	梨	山东
297	莒南驴肉	莒南县瀚德肉类食品研究中心	18067620	29	驴肉（肉）	山东
298	泗水花生油	泗水县义兴食用油脂协会	16691835	29	花生油（食用油）	山东
299	莱阳河蚬	莱阳市渔业技术推广站	17626877	31	河蚬（贝壳类动物（活的））	山东
300	莱阳五龙河鲤	莱阳市渔业技术推广站	18841522	31	活鱼	山东
301	东阿黄河鲫鱼	东阿县渔业协会	17626876	31	鲫鱼（活的）	山东
302	中心店草莓	邹城市中心店镇林果协会	19484616	31	草莓（新鲜水果）	山东
303	崔家庄芦笋	昌乐县营丘镇农业综合服务中心	19485693	31	新鲜芦笋	山东
304	泉林鸭	泗水县泉林镇家禽养殖协会	19391253	29	鸭（非活的）	山东
305	历城核桃	济南市历城区港沟街道冶河村核桃协会	18035676	31	核桃（新鲜水果）	山东
306	泊里红席	青岛市黄岛区泊里镇经济贸易服务中心	20336201	27	席等	山东
307	山马于西瓜	威海临港区山马于西瓜协会	21217176	31	西瓜	山东
308	中心店葡萄	邹城市中心店镇林果协会	19436029	31	新鲜葡萄	山东
309	崔家庄草莓	昌乐县营丘镇农业综合服务中心	19485692	31	草莓	山东
310	高青芹菜	高青县芹菜种植协会	19290090	31	芹菜（新鲜蔬菜）	山东
311	蓼坞小米	淄博市淄川区蓼坞小米协会	15616807	30	小米	山东
312	寿光绿光苹果	寿光蔬菜瓜果产业协会	20059702	31	苹果	山东
313	寿光羊角黄辣椒	寿光蔬菜瓜果产业协会	20059703	31	新鲜辣椒	山东
314	纪沟大白菜	邹城市太平镇蔬菜协会	17940023	31	白菜（新鲜蔬菜）	山东
315	莱阳缢蛏	莱阳市渔业技术推广站	18841521	31	缢蛏（活的）	山东
316	文登蚝	威海市文登区水产养殖协会	22457731	29	牡蛎（非活）	山东
317	白石核桃	汶上县白石镇农业综合服务中心	20454228	31	新鲜核桃	山东
318	临朐桑皮宣纸	临朐县桑皮纸制作技艺传习所	18508761	16	宣纸	山东

续表

序号	商标名称	注册人	注册号	类别	商品	省份
319	高青小米	高青县小米行业协会	19303992	30	小米(米)	山东
320	高集核桃	东阿县高集镇生态农产品协会	19805751	29	核桃(加工过的坚果)	山东
321	费县脆枣	费县新庄镇红丹脆枣协会	20901226	31	鲜枣	山东
322	荣成草莓	荣成市果业协会	20929989	31	草莓	山东
323	荣成苹果	荣成市果业协会	20929990	31	苹果	山东
324	荣成苹果 RONG CHENG APPLE	荣成市果业协会	21110121	31	苹果	山东
325	莱芜黑山羊	莱芜市畜牧兽医协会	21349259	31	羊(活动物)	山东
326	枣庄黑盖猪	枣庄市黑盖猪养殖协会	21349260	31	猪(活动物)	山东
327	东阿乌鸡	东阿县乌鸡协会	21349262	31	活鸡	山东
328	柘城三樱椒	柘城县三樱椒协会	21807335	31	新鲜辣椒	河南
329	宁津蟋蟀	宁津县蟋蟀协会	17098613	31	蟋蟀(活动物)	山东
330	白浮图芸豆	成武县芸豆协会	18099895	31	芸豆(新鲜蔬菜)	山东
331	齐河梨	齐河县祝阿镇农产品开发协会	18694836	31	梨	山东
332	泰安红根菠菜	泰安市岱岳区良庄镇瓜菜专业技术研究会	19077555	31	新鲜菠菜	山东
333	泰安红根韭菜	泰安市岱岳区良庄镇瓜菜专业技术研究会	19077556	31	新鲜韭菜	山东
334	长清茶	济南市长清茶叶协会	19150135	30	茶	山东
335	青州紫根红韭菜	青州市久富优质农产品开发服务协会	19391252	31	韭菜(新鲜蔬菜)	山东
336	泗水韭菜	泗水县中册镇农业综合服务中心	19391254	31	韭菜(新鲜蔬菜)	山东
337	莒南绿茶	莒南沭溪绿茶研究中心	19854035	30	茶叶	山东
338	广饶小米	广饶县农作物产业协会	20518252	30	小米	山东
339	菏泽芍药	菏泽市牡丹区牡丹芍药协会	20224059	31	芍药(植物)	山东
340	烟台葡萄酒	烟台市葡萄与葡萄酒局	20274857	33	葡萄酒	山东
341	千乘苹果	广饶农林协会	20765217	31	苹果	山东
342	寿光黄桃	寿光市纪台镇农副产品协会	20811806	31	桃	山东
343	费县金银花	费县金银花协会	20901223	5	金银花(中药材)	山东
344	单县香瓜	单县特色农副产品服务中心	20960874	31	香瓜	山东
345	梁山葡萄	梁山县马营镇农业种植协会	21733116	31	新鲜葡萄	山东
346	文登蠓子虾酱	威海市文登区水产养殖协会	22457732	29	虾酱	山东
347	乳山大花生	乳山市花生协会	23844026	29	加工过的花生	山东

续表

序号	商标名称	注册人	注册号	类别	商品	省份
348	乳山茶	乳山市茶叶协会	23844023	30	茶	山东
349	乳山蓝莓	乳山市果茶蚕工作站	23844024	31	新鲜蓝莓	山东
350	乳山葡萄	乳山市葡萄协会	23844027	31	新鲜葡萄	山东
351	乳山樱桃	乳山市果茶蚕工作站	23844025	31	新鲜樱桃	山东
352	乳山对虾	乳山市水产养殖协会	24241531	29	虾(非活)	山东
353	汪疃花饽饽	威海临港经济技术开发区汪疃镇农业综合服务中心	24420810	30	饽饽(馒头)	山东
354	汪疃葡萄	威海临港经济技术开发区汪疃镇农业综合服务中心	24420811	31	新鲜葡萄	山东
355	乳山秦米	乳山市水产养殖协会	24981460	29	海米	山东
356	乳山蜢子虾酱	乳山市水产养殖协会	24981459	29	虾酱	山东
357	文登刺参	威海市文登区水产养殖协会	25006035	29	海参(非活)	山东
358	文登海蜇	威海市文登区水产养殖协会	25006034	29	海蜇	山东
359	文登对虾	威海市文登区水产养殖协会	25006033	29	虾(非活)	山东
360	乳山牡蛎	乳山市牡蛎协会	25108356	31	牡蛎(活的)	山东
361	隰县玉露香梨	隰县果业局	20824877	31	梨	山西
362	岚皋魔芋	岚皋县魔芋产业发展局	18457639	31	新鲜魔芋	陕西
363	黄陵油糕	黄陵油糕协会	17992341	30	油糕	陕西
364	汉中大米	汉中市大米产业协会	18152835	30	米	陕西
365	汉中炒青	汉中市茶业协会	18973512	30	茶	陕西
366	留坝蜂蜜	留坝县棒棒蜜养蜂专业协会	18841647	30	蜂蜜	陕西
367	富平柿饼	富平县柿子研究所	19096948	29	柿饼	陕西
368	户县葡萄	户县农业技术推广中心	19077393	31	葡萄	陕西
369	安塞地椒羊肉	安塞县畜牧兽医局	18522007	29	羊肉	陕西
370	长武苹果	长武县果业服务中心	19657359	31	苹果	陕西
371	咸阳马栏红	咸阳市果业协会	22747158	31	苹果	陕西
372	绥德石雕	绥德县石雕业开发服务中心	23061404	19	石雕	陕西
373	黄陵翡翠梨	黄陵县果业管理局	21124363	31	梨	陕西
374	绥德山地苹果	绥德县园艺技术推广站	23061405	31	苹果	陕西
375	绥德山地核桃	绥德县林业工作站	23061406	29	加工过的核桃	陕西
376	绥德山地核桃	绥德县林业工作站	23061403	31	新鲜核桃	陕西
377	武功猕猴桃	武功县果业局	20418353	31	猕猴桃	陕西
378	宜君核桃	宜君县核桃产业办公室	20899309	31	新鲜核桃	陕西

续表

序号	商标名称	注册人	注册号	类别	商品	省份
379	黄龙中蜂蜂蜜	黄龙县农林牧产品专业技术推广协会	18349886	30	蜂蜜	陕西
380	陕北横山羊肉	横山县土特产产业协会	20256787	29	羊肉	陕西
381	南汇 8424 西瓜	上海市浦东新区农协会	18311939	31	西瓜	上海
382	昭化茯苓	广元市昭化区林业科技推广服务中心	17907155	5	茯苓(药用植物根)	四川
383	宜宾油樟	宜宾县林业科学技术推广站	16578523	31	油樟(树木)	四川
384	屏山白魔芋	屏山县果蔬协会	18051194	31	新鲜魔芋	四川
385	屏山白萝卜	屏山县果蔬协会	18082525	31	萝卜(新鲜蔬菜)	四川
386	屏山椪柑	屏山县果蔬协会	18082471	31	椪柑(新鲜水果)	四川
387	屏山龙眼	屏山县果蔬协会	18082126	31	龙眼(新鲜水果)	四川
388	屏山黑猪	屏山县畜牧站	17991691	31	猪(活动物)	四川
389	仪陇胭脂萝卜	仪陇县蔬菜协会	20515773	29	萝卜干	四川
390	仪陇酱瓜	仪陇县蔬菜协会	20515768	29	酱瓜(菜瓜)	四川
391	古蔺牛皮茶	古蔺县古蔺牛皮茶协会	17557222	30	茶	四川
392	黑水县核桃	黑水县芦花林业工作站	17440721	29	加工过的核桃	四川
393	蒙顶山石花	雅安市名山区茶业协会	17949083	30	茶	四川
394	蒙顶山毛峰	雅安市名山区茶业协会	17949084	30	茶	四川
395	蒙顶山黄芽	雅安市名山区茶业协会	17949085	30	茶	四川
396	蒙项山黑茶	雅安市名山区茶业协会	17949131	30	茶	四川
397	蒙顶山甘露	雅安市名山区茶业协会	17949132	30	茶	四川
398	蒙顶山藏茶	雅安市名山区茶业协会	17949133	30	茶	四川
399	新龙县牦牛	新龙县畜牧站	16391977	31	牦牛(活动物)	四川
400	康定芫根	康定市农业技术推广和土壤肥料站	17991692	31	芫根(新鲜蔬菜)	四川
401	康定红皮萝卜	康定市农业技术推广和土壤肥料站	18020714	31	萝卜(新鲜蔬菜)	四川
402	泸定红樱桃	泸定县农业技术推广和土壤肥料站	17924757	31	樱桃	四川
403	泸定核桃	泸定县林业技术推广站	18782072	29	核桃(加工过的坚果)	四川
404	广元红脆香甜李	广元市农业科学研究所	17823766	31	李子(新鲜水果)	四川
405	旺苍杜仲	旺苍县林业科技推广服务中心	15940314	5	杜仲(药用树皮)	四川
406	阿坝蜂蜜	马尔康县阿坝蜜蜂养殖协会	18390960	30	蜂蜜	四川

续表

序号	商标名称	注册人	注册号	类别	商品	省份
407	巴塘核桃	巴塘县林业局中咱片区林业工作站	18151082	29	核桃（加工过的坚果）	四川
408	色达牦牛	色达县畜牧站	19290795	31	牦牛（活动物）	四川
409	普格高山乌洋芋	普格县农业和科学技术局农技站	19190960	31	新鲜土豆	四川
410	普格高原粳稻米	普格县农业和科学技术局农技站	19201643	30	大米	四川
411	峨眉山藤椒油	峨眉山市藤椒行业协会	18763986	30	藤椒油（调味品）	四川
412	峨眉山藤椒	峨眉山市藤椒行业协会	18763919	31	藤椒（新鲜蔬菜）	四川
413	屏山炒青	屏山县茶叶协会	17317539	30	茶	四川
414	石渠藏系绵羊	石渠县畜牧站	21390560	31	藏系绵羊（活动物）	四川
415	江口青鳙	平昌县水产渔政局	17949271	31	青鳙（活的）	四川
416	得荣葡萄	得荣县农业技术推广和土壤肥料站	18782178	31	新鲜葡萄	四川
417	绵阳水稻种子	绵阳市种子管理站	19228454	31	水稻种子	四川
418	广安青花椒	广安市前锋区青花椒产业发展协会	19825259	30	花椒（调味品）	四川
419	南江蜂蜜	南江县名优产品流通协会	20764229	30	蜂蜜	四川
420	西充黄心苕	西充县农业科学研究所	20436830	31	黄心苕（新鲜蔬菜）	四川
421	通江银耳	通江银耳协会	19759021	29	银耳（干食用菌）	四川
422	团结镇生姜	自贡市大安区团结镇农业综合服务中心	21482214	31	生姜（新鲜蔬菜）	四川
423	东马房豆腐丝	天津市武清区东马房豆制品产销协会	18083209	29	豆腐制品	天津
424	当雄牦牛	西藏当雄县草原站	19087439	29	牛肉（肉）	西藏
425	当雄牦牛	西藏当雄县草原站	19087440	31	牛（活动物）	西藏
426	澎波半细毛羊	林周县畜牧兽医站	18446122	31	羊（活动物）	西藏
427	澎波牦牛	林周县畜牧兽医站	18446136	31	牦牛（活动物）	西藏
428	岗巴羊	岗巴县农牧综合服务中心	16527440	29	羊肉（肉）	西藏
429	岗巴羊	岗巴县农牧综合服务中心	16527446	31	羊（活动物）	西藏
430	康巴类乌齐牦牛	昌都市畜牧总站	16492113	31	牦牛（活动物）	西藏
431	朗县千年核桃	朗县核桃协会	18959515	29	核桃（加工过的坚果）	西藏
432	隆子黑青稞	隆子县农业技术推广站	13137848	31	黑青稞（谷类）	西藏
433	唐嘎藏鸡蛋	达孜县农业技术推广站	19087459	29	蛋（鸡蛋）	西藏
434	康巴昌都香猪	昌都市畜牧总站	21303786	31	猪（活动物）	西藏

续表

序号	商标名称	注册人	注册号	类别	商品	省份
435	艾玛土豆	南木林县农牧综合服务中心	18390984	31	新鲜土豆	西藏
436	达孜金银花	达孜县农业技术推广站	19086864	30	用作茶叶代用品的花或叶	西藏
437	普兰西德白糌粑	普兰县农牧业技术推广站(农机监理站)	20532246	30	白糌粑(青稞粉)	西藏
438	波密干松茸	西藏波密县农技推广服务站	21869716	29	干松茸	西藏
439	波密青稞	西藏波密县农技推广服务站	21869717	30	熟制青稞	西藏
440	波密鲜松茸	西藏波密县农技推广服务站	21869714	31	新鲜松茸	西藏
441	温宿大米	温宿县水稻协会	18161636	30	米	新疆
442	和田地毯	和田地区农村合作经济组织协会	17306966	27	地毯	新疆
443	和田玫瑰	和田地区农村合作经济组织协会	17306968	31	玫瑰花(自然花)	新疆
444	和田羊肉	和田地区农村合作经济组织协会	17306967	29	羊肉	新疆
445	和田大芸	和田地区农村合作经济组织协会	17306963	31	大芸(植物)	新疆
446	阜康打瓜籽	阜康市阜民打瓜协会	19291460	31	打瓜籽(未加工)	新疆
447	和硕葡萄	和硕县葡萄酒行业协会	14828918	31	新鲜葡萄	新疆
448	策勒红枣	策勒县红枣协会	21456108	31	干枣	新疆
449	格拉纳帕达诺	格拉那帕达那奶酪保护协会	19868467	29	奶酪	意大利
450	大可枇杷	石林彝族自治县大可乡农业综合服务中心	18020280	31	枇杷	云南
451	武定壮鸡	武定县动物疫病预防控制中心	17569773	31	鸡(活的)	云南
452	武定鸡	武定县动物疫病预防控制中心	17570274	29	鸡(非活)	云南
453	武定鸡	武定县动物疫病预防控制中心	17570275	31	鸡(活的)	云南
454	楚雄核桃	楚雄市核桃产业协会	16475817	29	干核桃	云南
455	马厂归	鹤庆县马厂归协会	17938189	5	当归(中药材)	云南
456	保山猪	保山市畜牧兽医协会	17885074	31	活猪	云南
457	保山猪	保山市畜牧兽医协会	17896229	29	猪肉	云南
458	澜沧移依	澜沧拉祜族自治县糯扎渡镇移依果产业协会	17603269	31	移依(新鲜水果)	云南
459	元江火龙果	元江县热带水果产业发展协会	17994138	31	火龙果	云南

续表

序号	商标名称	注册人	注册号	类别	商品	省份
460	德宏柠檬	德宏傣族景颇族自治州农学会	16568654	31	新鲜柠檬	云南
461	梁河回龙茶	梁河县茶叶技术推广站	15970065	30	茶	云南
462	西双版纳小耳猪	西双版纳傣族自治州畜牧技术推广工作站	16475731	29	猪(非活)	云南
463	维西百花蜜	维西县生物资源研究及开发协会	18749837	30	蜂蜜	云南
464	维西乌骨羊	维西县生物资源研究及开发协会	18721378	31	羊(活动物)	云南
465	维西核桃	维西县生物资源研究及开发协会	18720439	31	核桃(新鲜水果)	云南
466	镇康马鞍山茶	镇康县茶叶技术推广站	19436956	30	绿茶	云南
467	维西当归	维西县生物资源研究及开发协会	18721374	5	当归(药用植物根)	云南
468	维西糯山药	维西县生物资源研究及开发协会	18721375	31	山药(新鲜蔬菜)	云南
469	维西重楼	维西县生物资源研究及开发协会	18749836	5	重楼(药用植物根)	云南
470	维西天麻	维西县生物资源研究及开发协会	18763363	5	天麻(药用植物根)	云南
471	思茅松	普洱市林业产业协会	13685404	31	松树	云南
472	蒙自大枇杷	蒙自市期路白苗族乡大枇杷种植协会	20123808	31	枇杷	云南
473	大姚小把粉丝	大姚小把粉丝协会	19521119	30	粉丝	云南
474	蒙自年糕	蒙自市年糕发展研究会	20123807	30	年糕	云南
475	镇沅砍盆箐茶	镇沅彝族哈尼族拉祜族自治县茶叶和特色生物产业局	21361692	30	茶	云南
476	镇沅核桃	镇沅彝族哈尼族拉祜族自治县林业科技推广中心	21408693	29	核桃(加工过的)	云南
477	瑞丽香蕉	畹町水果行业协会	21469928	31	香蕉(新鲜水果)	云南
478	瑞丽香瓜	畹町水果行业协会	21481034	31	香瓜(新鲜水果)	云南
479	瑞丽西瓜	畹町水果行业协会	21481942	31	西瓜(新鲜水果)	云南
480	瑞丽菠萝	畹町水果行业协会	21732306	31	菠萝(新鲜水果)	云南
481	镇沅蜂蜜	镇沅彝族哈尼族拉祜族自治县林业科技推广中心	21869704	30	蜂蜜	云南
482	瑞丽蜜柚	瑞丽市农业局经济作物技术推广站	21361925	31	蜜柚(新鲜水果)	云南

续表

序号	商标名称	注册人	注册号	类别	商品	省份
483	瑞丽芒果	畹町水果行业协会	21361888	31	芒果(新鲜水果)	云南
484	永平白木瓜	永平县科学技术协会	21408712	31	白木瓜(新鲜水果)	云南
485	金华酥饼	金华酥饼行业协会	16279470	30	酥饼	浙江
486	义乌红糖	义乌市红糖产业协会	16179518	30	红糖	浙江
487	衢州山茶油	衢州市山茶油质量安全协会	17262911	29	山茶油	浙江
488	平阳黄汤	平阳县茶叶产业协会	16621786	30	茶	浙江
489	东阳红曲酒	东阳市食品工业协会	18323808	33	黄酒	浙江
490	象山柑橘	象山县林业特产技术推广中心	22756841	31	新鲜柑橘	浙江
491	涪陵龙眼	重庆市涪陵区南沱镇睦和果品专业技术协会	18959623	29	龙眼(干桂圆)	重庆
492	大足石雕	重庆市大足区品牌战略促进会	18323804	19	石雕	重庆
493	石柱金音石砚	石柱土家族自治县大歇镇石柱金音石砚专业经济协会	18137074	16	砚(砚台)	重庆
494	酉阳大白菜	酉阳土家族苗族自治县毛坝乡农业服务中心	17981499	31	大白菜(新鲜蔬菜)	重庆
495	梁平蜜柚	梁平县经济作物站	17925056	31	柚子	重庆
496	万州罗田土鸡	重庆市万州罗田土鸡专业技术协会	20274183	31	活家禽	重庆
497	万州罗田土鸡	重庆市万州罗田土鸡专业技术协会	20274185	29	家禽(非活)	重庆
498	开县肉兔	开县兔业协会	18721452	31	兔(活动物)	重庆
499	开县肉兔	开县兔业协会	18721453	29	兔(非活的)	重庆
500	开县桑叶鸡	开县蚕桑技术推广站	18720681	31	活鸡	重庆
501	金灵青山萝卜	重庆市万盛经济技术开发区农产品发展协会	16989171	31	萝卜(新鲜蔬菜)	重庆
502	江津乌皮樱桃	重庆市江津区珞璜镇农业服务中心	13132871	31	樱桃	重庆
503	万州罗田土鸡蛋	重庆市万州罗田土鸡专业技术协会	20274184	29	鸡蛋	重庆
504	东溪花生	重庆市綦江区农村合作经济组织联合会	20336381	29	加工过的花生	重庆
505	酉阳白术	酉阳土家族苗族白治县腴地乡中药材种植专业技术协会	19291290	5	白术	重庆
506	酉阳苦荞	重庆市酉阳县后坪苦荞专业技术协会	19290804	31	苦荞	重庆

（国家知识产权局商标局综合处）

2017 年度新登记农产品地理标志名单

序号	产品名称	所在地域	申请人全称	公告技术规范编号	登记证书编号
1	石洞彩苹果	河北	小南辛堡镇农业综合服务中心	AGI2017-01-2006	AGI02006
2	凉城 123 苹果	内蒙古	凉城县农产品质量安全监管站	AGI2017-01-2007	AGI02007
3	鄂伦春蓝莓	内蒙古	鄂伦春自治旗绿色食品发展中心	AGI2017-01-2008	AGI02008
4	鄂伦春黑木耳	内蒙古	鄂伦春自治旗绿色食品发展中心	AGI2017-01-2009	AGI02009
5	乌兰察布莜麦	内蒙古	乌兰察布市农畜产品质量安全监督管理中心	AGI2017-01-2010	AGI02010
6	鄂伦春北五味子	内蒙古	鄂伦春自治旗绿色食品发展中心	AGI2017-01-2011	AGI02011
7	扎兰屯鸡	内蒙古	扎兰屯绿色产业发展中心	AGI2017-01-2012	AGI02012
8	盘锦碱地柿子	辽宁	盘锦市农业技术推广站	AGI2017-01-2013	AGI02013
9	黑山地瓜	辽宁	黑山县农业技术推广中心	AGI2017-01-2014	AGI02014
10	黑山花生	辽宁	黑山县农业技术推广中心	AGI2017-01-2015	AGI02015
11	永康五指岩生姜	浙江	永康市经济特产站	AGI2017-01-2016	AGI02016
12	雁荡山铁皮石斛	浙江	乐清市铁皮石斛产业协会	AGI2017-01-2017	AGI02017
13	金寨猕猴桃	安徽	金寨县猕猴桃产业协会	AGI2017-01-2018	AGI02018
14	含山大米	安徽	含山县粮油行业协会	AGI2017-01-2019	AGI02019
15	明光梅鱼	安徽	明光市水产技术推广站	AGI2017-01-2020	AGI02020
16	孔坑茶	福建	宁化县农学会	AGI2017-01-2021	AGI02021
17	衙口花生	福建	晋江市种植业技术服务中心	AGI2017-01-2022	AGI02022
18	龙岩山麻鸭	福建	龙岩市新罗区畜牧兽医水产学会	AGI2017-01-2023	AGI02023
19	永春白番鸭	福建	永春白番鸭养殖协会	AGI2017-01-2024	AGI02024
20	大田槐猪	福建	大田县畜牧兽医水产中心	AGI2017-01-2025	AGI02025
21	樟树花生	江西	樟树市农业技术推广服务中心	AGI2017-01-2026	AGI02026
22	砖埠草莓	山东	沂南县草莓种植协会	AGI2017-01-2027	AGI02027
23	嘉祥红皮大蒜	山东	嘉祥县红皮大蒜研究协会	AGI2017-01-2028	AGI02028

续表

序号	产品名称	所在地域	申请人全称	公告技术规范编号	登记证书编号
24	潍坊烤烟	山东	潍坊市烟叶协会	AGI2017-01-2029	AGI02029
25	店子秋桃	青岛	平度市店子镇农业服务中心	AGI2017-01-2030	AGI02030
26	宝山苹果	青岛	宝山镇农业服务中心	AGI2017-01-2031	AGI02031
27	偃师葡萄	河南	偃师市农产品质量安全检测站	AGI2017-01-2032	AGI02032
28	开封县花生	河南	开封市祥符区农业发展中心	AGI2017-01-2033	AGI02033
29	嵩县银杏	河南	嵩县林业科学研究所	AGI2017-01-2034	AGI02034
30	嵩县皂角刺	河南	嵩县豫博皂角产业协会	AGI2017-01-2035	AGI02035
31	渑池丹参	河南	渑池县天津中药材协会	AGI2017-01-2036	AGI02036
32	京山乌龟	湖北	京山县水产技术推广站	AGI2017-01-2037	AGI02037
33	兴山石蛙	湖北	水月寺石蛙产业协会	AGI2017-01-2038	AGI02038
34	伏龙山七叶一枝花	湖北	十堰市茅箭区农业技术推广中心	AGI2017-01-2039	AGI02039
35	东兰板栗	广西	东兰县水果生产管理局	AGI2017-01-2040	AGI02040
36	七百弄鸡	广西	大化瑶族自治县畜牧管理站	AGI2017-01-2041	AGI02041
37	地灵花猪	广西	龙胜各族自治县水产畜牧站	AGI2017-01-2042	AGI02042
38	东兰黑山猪	广西	东兰县畜牧管理站	AGI2017-01-2043	AGI02043
39	阳朔九龙藤蜂蜜	广西	阳朔县水产畜牧技术推广站	AGI2017-01-2044	AGI02044
40	三江稻田鲤鱼	广西	三江侗族自治县水产技术推广站	AGI2017-01-2045	AGI02045
41	琼海番石榴	海南	琼海市石榴专业技术协会	AGI2017-01-2046	AGI02046
42	永兴黄皮	海南	海口市秀英区永兴镇农业服务中心	AGI2017-01-2047	AGI02047
43	永兴荔枝	海南	海口市秀英区永兴镇农业服务中心	AGI2017-01-2048	AGI02048
44	三亚莲雾	海南	三亚莲雾协会	AGI2017-01-2049	AGI02049
45	多文空心菜	海南	临高县多文镇农业服务中心	AGI2017-01-2050	AGI02050
46	屯昌黑猪	海南	屯昌县养猪协会	AGI2017-01-2051	AGI02051
47	千佛竹根姜	四川	阆中市农业技术推广中心	AGI2017-01-2052	AGI02052
48	石渠藏系绵羊	四川	石渠县畜牧站	AGI2017-01-2053	AGI02053
49	凯里水晶葡萄	贵州	凯里市大风洞镇农业服务中心	AGI2017-01-2054	AGI02054

续表

序号	产品名称	所在地域	申请人全称	公告技术规范编号	登记证书编号
50	贵州绿茶	贵州	贵州省绿茶品牌发展促进会	AGI2017-01-2055	AGI02055
51	都匀毛尖茶	贵州	黔南州茶叶产业化发展管理办公室	AGI2017-01-2056	AGI02056
52	楚雄撒坝猪	云南	楚雄彝族自治州种猪种鸡场	AGI2017-01-2057	AGI02057
53	凤翔苹果	陕西	凤翔县农产品质量安全检验检测站	AGI2017-01-2058	AGI02058
54	灵武长枣	宁夏	灵武长枣协会	AGI2017-01-2059	AGI02059
55	中宁枸杞	宁夏	中宁县枸杞产业发展服务局	AGI2017-01-2060	AGI02060
56	尼雅羊肉	新疆	民丰县畜牧兽医站	AGI2017-01-2061	AGI02061
57	于田麻鸭	新疆	于田县动物疫病控制与诊断中心	AGI2017-01-2062	AGI02062
58	黄骅梭子蟹	河北	黄骅市水产技术推广站	AGI2017-02-2063	AGI02063
59	代县酥梨	山西	代县雁丰农产品协会	AGI2017-02-2064	AGI02064
60	霍州核桃	山西	霍州市核桃产业协会	AGI2017-02-2065	AGI02065
61	汾西梨	山西	汾西县梨果产业协会	AGI2017-02-2066	AGI02066
62	北董大蒜	山西	曲沃县北董乡果蔬协会	AGI2017-02-2067	AGI02067
63	襄垣手工挂面	山西	襄垣县手工挂面协会	AGI2017-02-2068	AGI02068
64	沁州黄小米	山西	沁县沁州黄产业开发服务中心	AGI2017-02-2069	AGI02069
65	宁武莜麦	山西	宁武县农业环境保护监测站	AGI2017-02-2070	AGI02070
66	广灵苦荞	山西	广灵县荞麦协会	AGI2017-02-2071	AGI02071
67	繁峙黄米	山西	繁峙县农业技术推广中心	AGI2017-02-2072	AGI02072
68	繁峙胡麻油	山西	繁峙县农业技术推广中心	AGI2017-02-2073	AGI02073
69	曲沃麦茬羊肉	山西	曲沃县知名品牌协会	AGI2017-02-2074	AGI02074
70	晋城荆条花蜂蜜	山西	晋城市蜂业协会	AGI2017-02-2075	AGI02075
71	佳木斯大豆	黑龙江	佳木斯市优质农产品行业协会	AGI2017-02-2076	AGI02076
72	九三大豆	黑龙江	黑龙江省农垦九三管理局农产品质量安全检测站	AGI2017-02-2077	AGI02077
73	萝北红小豆	黑龙江	萝北县多种经营办公室	AGI2017-02-2078	AGI02078
74	七台河大米	黑龙江	七台河市大米行业协会	AGI2017-02-2079	AGI02079

续表

序号	产品名称	所在地域	申请人全称	公告技术规范编号	登记证书编号
75	交界木耳	黑龙江	哈尔滨市阿城区交界街道办事处农业综合服务中心	AGI2017-02-2080	AGI02080
76	兴凯湖梅花鹿	黑龙江	黑龙江省农垦牡丹江管理局鹿业协会	AGI2017-02-2081	AGI02081
77	东宁椴树蜜	黑龙江	东宁市蚕蜂业管理站	AGI2017-02-2082	AGI02082
78	连环湖鳜鱼	黑龙江	杜尔伯特蒙古族自治县渔业协会	AGI2017-02-2083	AGI02083
79	汀溪兰香茶	安徽	泾县茶业协会	AGI2017-02-2084	AGI02084
80	白云春毫	安徽	庐江县茶叶协会	AGI2017-02-2085	AGI02085
81	占圩红薯	江西	东乡县红薯行业协会	AGI2017-02-2086	AGI02086
82	黎川黎米	江西	黎川县水稻行业协会	AGI2017-02-2087	AGI02087
83	袁州茶油	江西	宜春市袁州区油茶局	AGI2017-02-2088	AGI02088
84	金乡大蒜	山东	金乡县无公害蔬菜种植协会	AGI2017-02-2089	AGI02089
85	鱼台毛木耳	山东	鱼台县农业标准化办公室	AGI2017-02-2090	AGI02090
86	麻大湖毛蟹	山东	博兴县渔业协会	AGI2017-02-2091	AGI02091
87	博兴对虾	山东	博兴县渔业协会	AGI2017-02-2092	AGI02092
88	东平湖鲤鱼	山东	东平县水产技术推广站	AGI2017-02-2093	AGI02093
89	汝阳红薯	河南	汝阳县农产品质量安全检测站	AGI2017-02-2094	AGI02094
90	松滋柑桔	湖北	松滋市柑桔生产销售协会	AGI2017-02-2095	AGI02095
91	峡州碧峰	湖北	宜昌邓村绿茶专业合作社联合社	AGI2017-02-2096	AGI02096
92	黄陂荸荠	湖北	武汉市黄陂区农业技术推广服务中心	AGI2017-02-2097	AGI02097
93	钟祥长寿村大米	湖北	钟祥市长寿稻种植协会	AGI2017-02-2098	AGI02098
94	钟祥长寿村鸡蛋	湖北	钟祥市长寿硒产业协会	AGI2017-02-2099	AGI02099
95	郴州高山禾花鱼	湖南	郴州市水产科学研究所	AGI2017-02-2100	AGI02100
96	东莞荔枝	广东	东莞市荔枝协会	AGI2017-02-2101	AGI02101
97	兴安葡萄	广西	兴安县水果生产技术指导站	AGI2017-02-2102	AGI02102
98	福泉梨	贵州	福泉市农业技术推广站	AGI2017-02-2103	AGI02103
99	赤水金钗石斛	贵州	赤水市现代高效农业园区管理委员会	AGI2017-02-2104	AGI02104
100	礼泉小河御梨	陕西	礼泉县小河酥梨协会	AGI2017-02-2105	AGI02105
101	靖边荞麦	陕西	靖边县农产品质量检验检测中心	AGI2017-02-2106	AGI02106
102	镇坪乌鸡	陕西	镇坪县畜牧兽医中心	AGI2017-02-2107	AGI02107

续表

序号	产品名称	所在地域	申请人全称	公告技术规范编号	登记证书编号
103	大庙香水梨	甘肃	靖远县农业技术推广中心	AGI2017-02-2108	AGI02108
104	条山梨	甘肃	景泰县农业技术推广中心	AGI2017-02-2109	AGI02109
105	景泰枸杞	甘肃	景泰县农业技术推广中心	AGI2017-02-2110	AGI02110
106	舟曲从岭藏鸡	甘肃	舟曲县畜牧草原工作站	AGI2017-02-2111	AGI02111
107	湟中胡麻	青海	青海高原酪馏文化发展促进会	AGI2017-02-2112	AGI02112
108	石河子一四三团蟠桃	新疆兵团	新疆生产建设兵团第八师一四三团	AGI2017-02-2113	AGI02113
109	下野地西瓜	新疆兵团	新疆生产建设兵团第八师一三四团	AGI2017-02-2114	AGI02114
110	新疆兵团七十三团大米	新疆兵团	新疆生产建设兵团第四师七十三团	AGI2017-02-2115	AGI02115
111	新疆兵团八十四团色素菊花	新疆兵团	新疆生产建设兵团第五师八十四团	AGI2017-02-2116	AGI02116
112	塔里木垦区马鹿胶	新疆兵团	新疆生产建设兵团第二师马鹿协会	AGI2017-02-2117	AGI02117
113	塔里木垦区马鹿花盘	新疆兵团	新疆生产建设兵团第二师马鹿协会	AGI2017-02-2118	AGI02118
114	北京鸭	北京	北京市畜牧总站	AGI2017-03-2119	AGI02119
115	南宫黄韭	河北	南宫市农业技术推广中心	AGI2017-03-2120	AGI02120
116	固阳黄芪	内蒙古	固阳县农牧业研究中心	AGI2017-03-2121	AGI02121
117	北镇鸭梨	辽宁	北镇市常宏鸭梨协会	AGI2017-03-2122	AGI02122
118	丹东草莓	辽宁	辽宁草莓科学技术研究院	AGI2017-03-2123	AGI02123
119	连环湖麻鲢鱼	黑龙江	杜尔伯特蒙古族自治县渔业协会	AGI2017-03-2124	AGI02124
120	吴中鸡头米	江苏	吴中澄湖水八仙水生蔬菜行业协会	AGI2017-03-2125	AGI02125
121	砀山酥梨	安徽	砀山县农产品质量安全监管中心	AGI2017-03-2126	AGI02126
122	亳丹皮	安徽	亳州市中药材种植协会	AGI2017-03-2127	AGI02127
123	胶州大白菜	青岛	胶州市农业技术推广站	AGI2017-03-2128	AGI02128
124	远安黄茶	湖北	远安县农业技术推广中心	AGI2017-03-2129	AGI02129
125	宜昌蜜桔	湖北	宜昌市柑桔产业协会	AGI2017-03-2130	AGI02130
126	水竹园大米	湖北	长阳土家族自治县都镇湾镇农业技术推广服务中心	AGI2017-03-2131	AGI02131
127	东江湖茶	湖南	资兴市茶叶协会	AGI2017-03-2132	AGI02132

续表

序号	产品名称	所在地域	申请人全称	公告技术规范编号	登记证书编号
128	台山青蟹	广东	台山市青蟹养殖协会	AGI2017-03-2133	AGI02133
129	荔浦砂糖桔	广西	荔浦县农业技术推广中心	AGI2017-03-2134	AGI02134
130	环江香粳	广西	环江毛南族自治县农业技术中心推广站	AGI2017-03-2135	AGI02135
131	文昌椰子	海南	中国热带农业科学院椰子研究所	AGI2017-03-2136	AGI02136
132	万宁柠檬	海南	万宁市柠檬协会	AGI2017-03-2137	AGI02137
133	兴隆咖啡	海南	万宁兴隆咖啡行业协会	AGI2017-03-2138	AGI02138
134	巴南接龙蜜柚	重庆	重庆市巴南区接龙镇农业服务中心	AGI2017-03-2139	AGI02139
135	荥经竹笋	四川	荥经县农业科技指导服务中心	AGI2017-03-2140	AGI02140
136	恩阳芦笋	四川	巴中市恩阳区农业技术推广服务中心	AGI2017-03-2141	AGI02141
137	大邑黄连	四川	大邑县农村服务发展中心	AGI2017-03-2142	AGI02142
138	毕节椪柑	贵州	毕节市七星关区果蔬技术推广站	AGI2017-03-2143	AGI02143
139	清镇酥李	贵州	清镇市农业局蔬菜工作办公室	AGI2017-03-2144	AGI02144
140	威宁黄梨	贵州	威宁彝族回族苗族自治县果蔬产业发展中心	AGI2017-03-2145	AGI02145
141	威宁苹果	贵州	威宁彝族回族苗族自治县果蔬产业发展中心	AGI2017-03-2146	AGI02146
142	镇宁蜂糖李	贵州	镇宁布依族苗族自治县植保植检站	AGI2017-03-2147	AGI02147
143	镇宁樱桃	贵州	镇宁布依族苗族自治县植保植检站	AGI2017-03-2148	AGI02148
144	兴义黄草坝石斛	贵州	兴义市农产品质量安全监测站	AGI2017-03-2149	AGI02149
145	沿河白山羊	贵州	沿河土家族自治县畜牧兽医局	AGI2017-03-2150	AGI02150
146	波密蜂蜜	西藏	西藏波密县农技推广服务站	AGI2017-03-2151	AGI02151
147	帕里牦牛	西藏	西藏亚东县农牧综合服务中心	AGI2017-03-2152	AGI02152
148	旬邑苹果	陕西	旬邑县果业服务中心	AGI2017-03-2153	AGI02153
149	旬阳狮头柑	陕西	旬阳县森林病虫害防治检疫站	AGI2017-03-2154	AGI02154

续表

序号	产品名称	所在地域	申请人全称	公告技术规范编号	登记证书编号
150	直社红枣	陕西	蒲城县直社红枣专业技术协会	AGI2017-03-2155	AGI02155
151	临潼石榴	陕西	西安市临潼区农产品质量安全检验监测中心	AGI2017-03-2156	AGI02156
152	佛坪土蜂蜜	陕西	佛坪县畜牧兽医技术推广中心	AGI2017-03-2157	AGI02157
153	略阳乌鸡	陕西	略阳县农产品质量安全监测检验中心	AGI2017-03-2158	AGI02158
154	泽库黄蘑菇	青海	泽库县有机畜牧业办公室	AGI2017-03-2159	AGI02159
155	泽库蕨麻	青海	泽库县有机畜牧业办公室	AGI2017-03-2160	AGI02160
156	玉田甲鱼	河北	玉田县鑫龙养殖专业合作社	AGI2017-04-2161	AGI02161
157	王官屯京杏	山西	阳高县王官屯农业技术推广中心站	AGI2017-04-2162	AGI02162
158	翼城苹果	山西	翼城县苹果产业协会	AGI2017-04-2163	AGI02163
159	平遥酥梨	山西	平遥县柒雨椿果业协会	AGI2017-04-2164	AGI02164
160	繁峙大杏	山西	繁峙县农业技术推广中心	AGI2017-04-2165	AGI02165
161	运城苹果	山西	运城市果业发展中心	AGI2017-04-2166	AGI02166
162	夏县西瓜	山西	夏乐精品瓜业协会	AGI2017-04-2167	AGI02167
163	昔阳小米	山西	昔阳谷物协会	AGI2017-04-2168	AGI02168
164	榆社小麻油	山西	榆社县小麻研究所	AGI2017-04-2169	AGI02169
165	石楼枣花蜂蜜	山西	石楼县养蜂产业协会	AGI2017-04-2170	AGI02170
166	安泽蜂蜜	山西	安泽县养蜂协会	AGI2017-04-2171	AGI02171
167	额济纳蜜瓜	内蒙古	额济纳旗农业技术推广中心	AGI2017-04-2172	AGI02172
168	三道桥西瓜	内蒙古	杭锦后旗绿色食品发展中心	AGI2017-04-2173	AGI02173
169	杭锦后旗甜瓜	内蒙古	杭锦后旗绿色食品发展中心	AGI2017-04-2174	AGI02174
170	通辽黄玉米	内蒙古	通辽市农畜产品质量安全中心	AGI2017-04-2175	AGI02175
171	阿拉善沙葱	内蒙古	阿拉善盟农业技术推广中心	AGI2017-04-2176	AGI02176
172	得利寺大樱桃	大连	大连瓦房店市得利寺镇精樱荟大樱桃产业协会	AGI2017-04-2177	AGI02177
173	旅顺海带	大连	大连市旅顺口区渔业协会	AGI2017-04-2178	AGI02178
174	启东绿皮蚕豆	江苏	启东市高效设施农业协会	AGI2017-04-2179	AGI02179
175	射阳大米	江苏	射阳县大米协会	AGI2017-04-2180	AGI02180
176	灌云豆丹	江苏	灌云县杨集镇豆丹养殖协会	AGI2017-04-2181	AGI02181
177	莫干黄芽	浙江	德清县农业技术推广中心	AGI2017-04-2182	AGI02182

续表

序号	产品名称	所在地域	申请人全称	公告技术规范编号	登记证书编号
178	鸠坑茶	浙江	淳安县农业技术推广中心	AGI2017-04-2183	AGI02183
179	兰溪毛峰	浙江	兰溪市经济特产技术推广站	AGI2017-04-2184	AGI02184
180	武阳春雨	浙江	武义县农学会	AGI2017-04-2185	AGI02185
181	泰顺猕猴桃	浙江	泰顺县猕猴桃专业技术协会	AGI2017-04-2186	AGI02186
182	兰溪枇杷	浙江	兰溪市经济特产技术推广站	AGI2017-04-2187	AGI02187
183	诸暨短柄樱桃	浙江	诸暨市经济特产站	AGI2017-04-2188	AGI02188
184	溪口雷笋	宁波	宁波市奉化区竹笋专业技术协会	AGI2017-04-2189	AGI02189
185	黟县香榧	安徽	黟县香榧协会	AGI2017-04-2190	AGI02190
186	九华黄精	安徽	青阳县农业检验检测中心	AGI2017-04-2191	AGI02191
187	滁州鲫	安徽	滁州市水产研究所	AGI2017-04-2192	AGI02192
188	福建百香果	福建	福建省绿色食品协会	AGI2017-04-2193	AGI02193
189	溪源明笋	福建	建宁县溪源乡农业服务中心	AGI2017-04-2194	AGI02194
190	长乐灰鹅	福建	长乐市动物疫病预防控制中心	AGI2017-04-2195	AGI02195
191	泰山红茶	山东	泰安市泰山茶业协会	AGI2017-04-2196	AGI02196
192	张高水杏	山东	邹平县黛溪街道办事处农业技术服务站	AGI2017-04-2197	AGI02197
193	南王店西瓜	山东	菏泽市定陶区南王店镇农业综合服务中心	AGI2017-04-2198	AGI02198
194	临沭地瓜	山东	临沭县植物保护站	AGI2017-04-2199	AGI02199
195	莱芜生姜	山东	莱芜生姜加工协会	AGI2017-04-2200	AGI02200
196	莒县绿芦笋	山东	莒县绿芦笋标准化种植联合会	AGI2017-04-2201	AGI02201
197	临朐丹参	山东	临朐县丹参协会	AGI2017-04-2202	AGI02202
198	枣庄黑盖猪	山东	枣庄市黑盖猪养殖协会	AGI2017-04-2203	AGI02203
199	新安樱桃	河南	新安县农产品安全检测中心	AGI2017-04-2204	AGI02204
200	夏邑西瓜	河南	夏邑县西瓜协会	AGI2017-04-2205	AGI02205
201	大年沟血桃	河南	鲁山县熊背乡农业服务中心	AGI2017-04-2206	AGI02206
202	马湾白桃	河南	叶县农业技术推广中心	AGI2017-04-2207	AGI02207
203	扶沟西瓜	河南	扶沟县农产品质量安全检测中心	AGI2017-04-2208	AGI02208
204	唐河红薯	河南	唐河县农产品质量检测站	AGI2017-04-2209	AGI02209
205	汝阳香菇	河南	汝阳县农产品质量安全检测站	AGI2017-04-2210	AGI02210

续表

序号	产品名称	所在地域	申请人全称	公告技术规范编号	登记证书编号
206	西峡香菇	河南	西峡县农产品质量检测站	AGI2017-04-2211	AGI02211
207	淮阳黄花菜	河南	淮阳县农产品质量安全检测站	AGI2017-04-2212	AGI02212
208	桐柏香椿	河南	桐柏县淮源生态香椿产业协会	AGI2017-04-2213	AGI02213
209	汝阳甪里艾	河南	汝阳县农产品质量安全检测站	AGI2017-04-2214	AGI02214
210	汝阳杜仲	河南	汝阳县农产品质量安全检测站	AGI2017-04-2215	AGI02215
211	曹镇大米	河南	平顶山市湛河区农林水利综合技术推广站	AGI2017-04-2216	AGI02216
212	秭归脐橙	湖北	秭归县柑橘协会	AGI2017-04-2217	AGI02217
213	房县樱桃	湖北	房县樱桃协会	AGI2017-04-2218	AGI02218
214	官庄湖西瓜	湖北	钟祥市官庄湖管理区	AGI2017-04-2219	AGI02219
215	宜昌木姜子	湖北	宜昌市林产品专业技术协会	AGI2017-04-2220	AGI02220
216	张家界菊花芯柚	湖南	张家界市永定区经济作物管理站	AGI2017-04-2221	AGI02221
217	沅江芦笋	湖南	沅江市湿地保护局	AGI2017-04-2222	AGI02222
218	桃江竹笋	湖南	桃江县竹产业协会	AGI2017-04-2223	AGI02223
219	九华红菜薹	湖南	湘潭市蔬菜协会	AGI2017-04-2224	AGI02224
220	湘潭矮脚白	湖南	湘潭市蔬菜协会	AGI2017-04-2225	AGI02225
221	甜水萝卜	广东	江门市新会区崖门镇农业综合服务中心	AGI2017-04-2226	AGI02226
222	龙门大米	广东	龙门县农产品行业协会	AGI2017-04-2227	AGI02227
223	客都稻米	广东	梅州市客都稻米协会	AGI2017-04-2228	AGI02228
224	环江青梅	广西	环江毛南族自治县水果生产管理局	AGI2017-04-2229	AGI02229
225	八步三华李	广西	贺州市八步区水果生产办公室	AGI2017-04-2230	AGI02230
226	惠水金钱桔	贵州	惠水县蔬果站	AGI2017-04-2231	AGI02231
227	绥阳子弹头辣椒	贵州	绥阳县经济作物站	AGI2017-04-2232	AGI02232
228	遵义朝天椒	贵州	遵义市果蔬工作站	AGI2017-04-2233	AGI02233
229	惠水黑糯米	贵州	惠水县蔬果站	AGI2017-04-2234	AGI02234
230	琊川贡米	贵州	凤冈县农牧局农业技术推广站	AGI2017-04-2235	AGI02235
231	播州乌江鱼	贵州	遵义市播州区乌江镇农业服务中心	AGI2017-04-2236	AGI02236

续表

序号	产品名称	所在地域	申请人全称	公告技术规范编号	登记证书编号
232	马厂当归	云南	鹤庆县农产品质量安全检测站	AGI2017-04-2237	AGI02237
233	察隅猕猴桃	西藏	察隅县农技推广服务站	AGI2017-04-2238	AGI02238
234	商洛香菇	陕西	商洛市农业技术推广站	AGI2017-04-2239	AGI02239
235	互助油菜籽	青海	互助土族自治县农业技术推广中心	AGI2017-04-2240	AGI02240
236	祁连黄菇	青海	祁连县畜牧业协会	AGI2017-04-2241	AGI02241
237	加什科羊肉	青海	青海省共和县畜牧兽医站	AGI2017-04-2242	AGI02242
238	木垒长眉驼	新疆	木垒哈萨克自治县动物疾病预防控制中心	AGI2017-04-2243	AGI02243

（农业农村部科技教育司）

农产品地理标志相关评选和认定

一、国家示范样板

马陆葡萄、丹棱桔橙、奇台面粉、金山时雨、灵宝香菇、崇仁麻鸡、盐池滩羊肉、洪泽湖大闸蟹等 8 个产品获得“国家级农产品地理标志示范样板”称号。岚县马铃薯、黑山褐壳鸡蛋、延寿大米、泰来绿豆、余干辣椒、大泽山葡萄、汝阳红薯、大围山梨、镇隆荔枝、富川脐橙、梁平柚、四川泡菜、唐家河蜂蜜、贵州绿茶、大荔冬枣、庆阳苹果、泾源黄牛肉等 17 个产品获得国家级农产品地理标志示范样板创建资格。

二、农交会金奖

四川泡菜、宜都宜红茶、千岛银针、柴达木枸杞、金山时雨、宁夏大米、章丘大葱、凤翔苹果、马陆葡萄、延寿大米、漳平水仙茶、泗洪大米、精河枸杞等地理标志农产品获得第十四届中国国际农产品交易会金奖。

三、全国品牌价值评价

临猗苹果、三亚芒果、蒙阴蜜桃、苍山大蒜、沂源苹果、莱芜猪、佳木斯大米、湄潭翠芽、南陵大米、眉县猕猴桃、大荔冬枣、庐山云雾茶、余干辣椒、秦安苹果、钦州大蚝、富川脐橙、乌兰察布马铃薯等地理标志农产品入选 2017 年中国品牌价值评价发布榜单。

（农业农村部科技教育司）

法律、法规、规章

中华人民共和国电影产业促进法

（2016年11月7日第十二届全国人民代表大会常务委员会第二十四次会议通过　2016年11月7日中华人民共和国主席令第54号公布　自2017年3月1日起施行）

第一章　总　　则

第一条　为了促进电影产业健康繁荣发展，弘扬社会主义核心价值观，规范电影市场秩序，丰富人民群众精神文化生活，制定本法。

第二条　在中华人民共和国境内从事电影创作、摄制、发行、放映等活动（以下统称电影活动），适用本法。

本法所称电影，是指运用视听技术和艺术手段摄制、以胶片或者数字载体记录、由表达一定内容的有声或者无声的连续画面组成、符合国家规定的技术标准、用于电影院等固定放映场所或者流动放映设备公开放映的作品。

通过互联网、电信网、广播电视网等信息网络传播电影的，还应当遵守互联网、电信网、广播电视网等信息网络管理的法律、行政法规的规定。

第三条　从事电影活动，应当坚持为人民服务、为社会主义服务，坚持社会效益优先，实现社会效益与经济效益相统一。

第四条　国家坚持以人民为中心的创作导向，坚持百花齐放、百家争鸣的方针，尊重和保障电影创作自由，倡导电影创作贴近实际、贴近生活、贴近群众，鼓励创作思想性、艺术性、观赏性相统一的优秀电影。

第五条　国务院应当将电影产业发展纳入国民经济和社会发展规划。县级以上地方人民政府根据当地实际情况将电影产业发展纳入本级国民经济和社会发展规划。

国家制定电影及其相关产业政策，引导形成统一开放、公平竞争的电影市场，促进电影市场繁荣发展。

第六条　国家鼓励电影科技的研发、应用，制定并完善电影技术标准，构建以企业为主体、市场为导向、产学研相结合的电影技术创新体系。

第七条　与电影有关的知识产权受法律保护，任何组织和个人不得侵犯。

县级以上人民政府负责知识产权执法的部门应当采取措施，保护与电影有关的知识产权，依法查处侵犯与电影有关的知识产权的行为。

从事电影活动的公民、法人和其他组

织应当增强知识产权意识，提高运用、保护和管理知识产权的能力。

国家鼓励公民、法人和其他组织依法开发电影形象产品等衍生产品。

第八条 国务院电影主管部门负责全国的电影工作；县级以上地方人民政府电影主管部门负责本行政区域内的电影工作。

县级以上人民政府其他有关部门在各自职责范围内，负责有关的电影工作。

第九条 电影行业组织依法制定行业自律规范，开展业务交流，加强职业道德教育，维护其成员的合法权益。

演员、导演等电影从业人员应当坚持德艺双馨，遵守法律法规，尊重社会公德，恪守职业道德，加强自律，树立良好社会形象。

第十条 国家支持建立电影评价体系，鼓励开展电影评论。

对优秀电影以及为促进电影产业发展作出突出贡献的组织、个人，按照国家有关规定给予表彰和奖励。

第十一条 国家鼓励开展平等、互利的电影国际合作与交流，支持参加境外电影节（展）。

第二章 电影创作、摄制

第十二条 国家鼓励电影剧本创作和题材、体裁、形式、手段等创新，鼓励电影学术研讨和业务交流。

县级以上人民政府电影主管部门根据电影创作的需要，为电影创作人员深入基层、深入群众、体验生活等提供必要的便利和帮助。

第十三条 拟摄制电影的法人、其他组织应当将电影剧本梗概向国务院电影主管部门或者省、自治区、直辖市人民政府电影主管部门备案；其中，涉及重大题材或者国家安全、外交、民族、宗教、军事等方面题材的，应当按照国家有关规定将电影剧本报送审查。

电影剧本梗概或者电影剧本符合本法第十六条规定的，由国务院电影主管部门将拟摄制电影的基本情况予以公告，并由国务院电影主管部门或者省、自治区、直辖市人民政府电影主管部门出具备案证明文件或者颁发批准文件。具体办法由国务院电影主管部门制定。

第十四条 法人、其他组织经国务院电影主管部门批准，可以与境外组织合作摄制电影；但是，不得与从事损害我国国家尊严、荣誉和利益，危害社会稳定，伤害民族感情等活动的境外组织合作，也不得聘用有上述行为的个人参加电影摄制。

合作摄制电影符合创作、出资、收益分配等方面比例要求的，该电影视同境内法人、其他组织摄制的电影。

境外组织不得在境内独立从事电影摄制活动；境外个人不得在境内从事电影摄制活动。

第十五条 县级以上人民政府电影主管部门应当协调公安、文物保护、风景名胜区管理等部门，为法人、其他组织依照本法从事电影摄制活动提供必要的便利和帮助。

从事电影摄制活动的，应当遵守有关环境保护、文物保护、风景名胜区管理和安全生产等方面的法律、法规，并在摄制过程中采取必要的保护、防护措施。

第十六条 电影不得含有下列内容：

（一）违反宪法确定的基本原则，煽动抗拒或者破坏宪法、法律、行政法规实施；

（二）危害国家统一、主权和领土完整，泄露国家秘密，危害国家安全，损害国家尊严、荣誉和利益，宣扬恐怖主义、极端主义；

（三）诋毁民族优秀文化传统，煽动民族仇恨、民族歧视，侵害民族风俗习惯，歪曲民族历史或者民族历史人物，伤害民族感情，破坏民族团结；

（四）煽动破坏国家宗教政策，宣扬邪教、迷信；

（五）危害社会公德，扰乱社会秩序，破坏社会稳定，宣扬淫秽、赌博、吸毒，渲染暴力、恐怖，教唆犯罪或者传授犯罪方法；

（六）侵害未成年人合法权益或者损害未成年人身心健康；

（七）侮辱、诽谤他人或者散布他人隐私，侵害他人合法权益；

（八）法律、行政法规禁止的其他内容。

第十七条 法人、其他组织应当将其摄制完成的电影送国务院电影主管部门或者省、自治区、直辖市人民政府电影主管部门审查。

国务院电影主管部门或者省、自治区、直辖市人民政府电影主管部门应当自受理申请之日起三十日内作出审查决定。对符合本法规定的，准予公映，颁发电影公映许可证，并予以公布；对不符合本法规定的，不准予公映，书面通知申请人并说明理由。

国务院电影主管部门应当根据本法制定完善电影审查的具体标准和程序，并向社会公布。制定完善电影审查的具体标准应当向社会公开征求意见，并组织专家进行论证。

第十八条 进行电影审查应当组织不少于五名专家进行评审，由专家提出评审意见。法人、其他组织对专家评审意见有异议的，国务院电影主管部门或者省、自治区、直辖市人民政府电影主管部门可以另行组织专家再次评审。专家的评审意见应当作为作出审查决定的重要依据。

前款规定的评审专家包括专家库中的专家和根据电影题材特别聘请的专家。专家遴选和评审的具体办法由国务院电影主管部门制定。

第十九条 取得电影公映许可证的电影需要变更内容的，应当依照本法规定重新报送审查。

第二十条 摄制电影的法人、其他组织应当将取得的电影公映许可证标识置于电影的片头处；电影放映可能引起未成年人等观众身体或者心理不适的，应当予以提示。

未取得电影公映许可证的电影，不得发行、放映，不得通过互联网、电信网、广播电视网等信息网络进行传播，不得制作为音像制品；但是，国家另有规定的，从其规定。

第二十一条 摄制完成的电影取得电影公映许可证，方可参加电影节（展）。拟参加境外电影节（展）的，送展法人、其他组织应当在该境外电影节（展）举办前，将相关材料报国务院电影主管部门或者省、自治区、直辖市人民政府电影主管部门备案。

第二十二条 公民、法人和其他组织可以承接境外电影的洗印、加工、后期制作等业务，并报省、自治区、直辖市人民政府电影主管部门备案，但是不得承接含有损害我国国家尊严、荣誉和利益，危害社会稳定，伤害民族感情等内容的境外电影的相关业务。

第二十三条 国家设立的电影档案机构依法接收、收集、整理、保管并向社会开放电影档案。

国家设立的电影档案机构应当配置必要的设备，采用先进技术，提高电影档案管理现代化水平。

摄制电影的法人、其他组织依照《中华人民共和国档案法》的规定，做好电影档案保管工作，并向国家设立的电影档案机构移交、捐赠、寄存电影档案。

第三章 电影发行、放映

第二十四条 企业具有与所从事的电影发行活动相适应的人员、资金条件的，经国务院电影主管部门或者所在地省、自治区、直辖市人民政府电影主管部门批准，可以从事电影发行活动。

企业、个体工商户具有与所从事的电影放映活动相适应的人员、场所、技术和设备等条件的，经所在地县级人民政府电影主管部门批准，可以从事电影院等固定放映场所电影放映活动。

第二十五条 依照本法规定负责电影发行、放映活动审批的电影主管部门，应当自受理申请之日起三十日内，作出批准或者不批准的决定。对符合条件的，予以批准，颁发电影发行经营许可证或者电影放映经营许可证，并予以公布；对不符合条件的，不予批准，书面通知申请人并说明理由。

第二十六条 企业、个人从事电影流动放映活动，应当将企业名称或者经营者姓名、地址、联系方式、放映设备等向经营区域所在地县级人民政府电影主管部门备案。

第二十七条 国家加大对农村电影放映的扶持力度，由政府出资建立完善农村电影公益放映服务网络，积极引导社会资金投资农村电影放映，不断改善农村地区观看电影条件，统筹保障农村地区群众观看电影需求。

县级以上人民政府应当将农村电影公益放映纳入农村公共文化服务体系建设，按照国家有关规定对农村电影公益放映活动给予补贴。

从事农村电影公益放映活动的，不得以虚报、冒领等手段骗取农村电影公益放映补贴资金。

第二十八条 国务院教育、电影主管部门可以共同推荐有利于未成年人健康成长的电影，并采取措施支持接受义务教育的学生免费观看，由所在学校组织安排。

国家鼓励电影院以及从事电影流动放映活动的企业、个人采取票价优惠、建设不同条件的放映厅、设立社区放映点等多种措施，为未成年人、老年人、残疾人、城镇低收入居民以及进城务工人员等观看电影提供便利；电影院以及从事电影流动放映活动的企业、个人所在地人民政府可以对其发放奖励性补贴。

第二十九条 电影院应当合理安排由境内法人、其他组织所摄制电影的放映场次和时段，并且放映的时长不得低于年放映电影时长总和的三分之二。

电影院以及从事电影流动放映活动的企业、个人应当保障电影放映质量。

第三十条 电影院的设施、设备以及用于流动放映的设备应当符合电影放映技术的国家标准。

电影院应当按照国家有关规定安装计算机售票系统。

第三十一条 未经权利人许可，任何人不得对正在放映的电影进行录音录像。发现进行录音录像的，电影院工作人员有权予以制止，并要求其删除；对拒不听从的，有权要求其离场。

第三十二条 国家鼓励电影院在向观众明示的电影开始放映时间之前放映公益广告。

电影院在向观众明示的电影开始放映时间之后至电影放映结束前，不得放映广告。

第三十三条 电影院应当遵守治安、消防、公共场所卫生等法律、行政法规，维护放映场所的公共秩序和环境卫生，保障观众的安全与健康。

任何人不得携带爆炸性、易燃性、放射性、毒害性、腐蚀性物品进入电影院等放映场所，不得非法携带枪支、弹药、管制器具进入电影院等放映场所；发现非法携带上述物品的，有关工作人员应当拒绝其进入，并向有关部门报告。

第三十四条 电影发行企业、电影院等应当如实统计电影销售收入，提供真实准确的统计数据，不得采取制造虚假交易、虚报瞒报销售收入等不正当手段，欺骗、误导观众，扰乱电影市场秩序。

第三十五条 在境内举办涉外电影节（展），须经国务院电影主管部门或者省、自治区、直辖市人民政府电影主管部门批准。

第四章 电影产业支持、保障

第三十六条 国家支持下列电影的创作、摄制：

(一)传播中华优秀文化、弘扬社会主义核心价值观的重大题材电影；

(二)促进未成年人健康成长的电影；

(三)展现艺术创新成果、促进艺术进步的电影；

(四)推动科学教育事业发展和科学技术普及的电影；

(五)其他符合国家支持政策的电影。

第三十七条 国家引导相关文化产业专项资金、基金加大对电影产业的投入力度，根据不同阶段和时期电影产业的发展情况，结合财力状况和经济社会发展需要，综合考虑、统筹安排财政资金对电影产业的支持，并加强对相关资金、基金使用情况的审计。

第三十八条 国家实施必要的税收优惠政策，促进电影产业发展，具体办法由国务院财税主管部门依照税收法律、行政法规的规定制定。

第三十九条 县级以上地方人民政府应当依据人民群众需求和电影市场发展需要，将电影院建设和改造纳入国民经济和社会发展规划、土地利用总体规划和城乡规划等。

县级以上地方人民政府应当按照国家有关规定，有效保障电影院用地需求，积极盘活现有电影院用地资源，支持电影院建设和改造。

第四十条 国家鼓励金融机构为从事电影活动以及改善电影基础设施提供融资服务，依法开展与电影有关的知识产权质押融资业务，并通过信贷等方式支持电影产业发展。

国家鼓励保险机构依法开发适应电影产业发展需要的保险产品。

国家鼓励融资担保机构依法向电影产业提供融资担保，通过再担保、联合担保以及担保与保险相结合等方式分散风险。

对国务院电影主管部门依照本法规定公告的电影的摄制，按照国家有关规定合理确定贷款期限和利率。

第四十一条 国家鼓励法人、其他组织通过到境外合作摄制电影等方式进行跨境投资，依法保障其对外贸易、跨境融资和投资等合理用汇需求。

第四十二条 国家实施电影人才扶持计划。

国家支持有条件的高等学校、中等职业学校和其他教育机构、培训机构等开设与电影相关的专业和课程，采取多种方式培养适应电影产业发展需要的人才。

国家鼓励从事电影活动的法人和其他组织参与学校相关人才培养。

第四十三条 国家采取措施，扶持农村地区、边疆地区、贫困地区和民族地区开展电影活动。

国家鼓励、支持少数民族题材电影创作，加强电影的少数民族语言文字译制工作，统筹保障民族地区群众观看电影需求。

第四十四条 国家对优秀电影的外语翻译制作予以支持，并综合利用外交、文化、教育等对外交流资源开展电影的境外推广活动。

国家鼓励公民、法人和其他组织从事电影的境外推广。

第四十五条 国家鼓励社会力量以捐赠、资助等方式支持电影产业发展，并依法给予优惠。

第四十六条 县级以上人民政府电影主管部门应当加强对电影活动的日常监督管理，受理对违反本法规定的行为的投诉、举报，并及时核实、处理、答复；将从事电影活动的单位和个人因违反本法规定受到行政处罚的情形记入信用档案，并向社会公布。

第五章　法律责任

第四十七条　违反本法规定擅自从事电影摄制、发行、放映活动的，由县级以上人民政府电影主管部门予以取缔，没收电影片和违法所得以及从事违法活动的专用工具、设备；违法所得五万元以上的，并处违法所得五倍以上十倍以下的罚款；没有违法所得或者违法所得不足五万元的，可以并处二十五万元以下的罚款。

第四十八条　有下列情形之一的，由原发证机关吊销有关许可证、撤销有关批准或者证明文件；县级以上人民政府电影主管部门没收违法所得；违法所得五万元以上的，并处违法所得五倍以上十倍以下的罚款；没有违法所得或者违法所得不足五万元的，可以并处二十五万元以下的罚款：

（一）伪造、变造、出租、出借、买卖本法规定的许可证、批准或者证明文件，或者以其他形式非法转让本法规定的许可证、批准或者证明文件的；

（二）以欺骗、贿赂等不正当手段取得本法规定的许可证、批准或者证明文件的。

第四十九条　有下列情形之一的，由原发证机关吊销许可证；县级以上人民政府电影主管部门没收电影片和违法所得；违法所得五万元以上的，并处违法所得十倍以上二十倍以下的罚款；没有违法所得或者违法所得不足五万元的，可以并处五十万元以下的罚款：

（一）发行、放映未取得电影公映许可证的电影的；

（二）取得电影公映许可证后变更电影内容，未依照规定重新取得电影公映许可证擅自发行、放映、送展的；

（三）提供未取得电影公映许可证的电影参加电影节（展）的。

第五十条　承接含有损害我国国家尊严、荣誉和利益，危害社会稳定，伤害民族感情等内容的境外电影的洗印、加工、后期制作等业务的，由县级以上人民政府电影主管部门责令停止违法活动，没收电影片和违法所得；违法所得五万元以上的，并处违法所得三倍以上五倍以下的罚款；没有违法所得或者违法所得不足五万元的，可以并处十五万元以下的罚款。情节严重的，由电影主管部门通报工商行政管理部门，由工商行政管理部门吊销营业执照。

第五十一条　电影发行企业、电影院等有制造虚假交易、虚报瞒报销售收入等行为，扰乱电影市场秩序的，由县级以上人民政府电影主管部门责令改正，没收违法所得，处五万元以上五十万元以下的罚款；违法所得五十万元以上的，处违法所得一倍以上五倍以下的罚款。情节严重的，责令停业整顿；情节特别严重的，由原发证机关吊销许可证。

电影院在向观众明示的电影开始放映时间之后至电影放映结束前放映广告的，由县级人民政府电影主管部门给予警告，责令改正；情节严重的，处一万元以上五万元以下的罚款。

第五十二条　法人或者其他组织未经许可擅自在境内举办涉外电影节（展）的，由国务院电影主管部门或者省、自治区、直辖市人民政府电影主管部门责令停止违法活动，没收参展的电影片和违法所得；违法所得五万元以上的，并处违法所得五倍以上十倍以下的罚款；没有违法所得或者违法所得不足五万元的，可以并处二十五万元以下的罚款；情节严重的，自受到处罚之日起五年内不得举办涉外电影节（展）。

个人擅自在境内举办涉外电影节（展），或者擅自提供未取得电影公映许可证的电影参加电影节（展）的，由国务院电影主管部门或者省、自治区、直辖市人民政府电影主管部门责令停止违法活动，没收参展的电影片和违法所得；违法所得五万元以上的，并处违法所得五倍以上十倍以下的罚款；没有违法所得或者违法所得不足五万元的，可以并处二十五万元以下的罚款；情节严重的，自受到处罚之日起五年内不得从事相关电影活动。

第五十三条 法人、其他组织或者个体工商户因违反本法规定被吊销许可证的，自吊销许可证之日起五年内不得从事该项业务活动；其法定代表人或者主要负责人自吊销许可证之日起五年内不得担任从事电影活动的法人、其他组织的法定代表人或者主要负责人。

第五十四条 有下列情形之一的，依照有关法律、行政法规及国家有关规定予以处罚：

（一）违反国家有关规定，擅自将未取得电影公映许可证的电影制作为音像制品的；

（二）违反国家有关规定，擅自通过互联网、电信网、广播电视网等信息网络传播未取得电影公映许可证的电影的；

（三）以虚报、冒领等手段骗取农村电影公益放映补贴资金的；

（四）侵犯与电影有关的知识产权的；

（五）未依法接收、收集、整理、保管、移交电影档案的。

电影院有前款第四项规定行为，情节严重的，由原发证机关吊销许可证。

第五十五条 县级以上人民政府电影主管部门或者其他有关部门的工作人员有下列情形之一，尚不构成犯罪的，依法给予处分：

（一）利用职务上的便利收受他人财物或者其他好处的；

（二）违反本法规定进行审批活动的；

（三）不履行监督职责的；

（四）发现违法行为不予查处的；

（五）贪污、挪用、截留、克扣农村电影公益放映补贴资金或者相关专项资金、基金的；

（六）其他违反本法规定滥用职权、玩忽职守、徇私舞弊的情形。

第五十六条 违反本法规定，造成人身、财产损害的，依法承担民事责任；构成犯罪的，依法追究刑事责任。

因违反本法规定二年内受到二次以上行政处罚，又有依照本法规定应当处罚的违法行为的，从重处罚。

第五十七条 县级以上人民政府电影主管部门及其工作人员应当严格依照本法规定的处罚种类和幅度，根据违法行为的性质和具体情节行使行政处罚权，具体办法由国务院电影主管部门制定。

县级以上人民政府电影主管部门对有证据证明违反本法规定的行为进行查处时，可以依法查封与违法行为有关的场所、设施或者查封、扣押用于违法行为的财物。

第五十八条 当事人对县级以上人民政府电影主管部门以及其他有关部门依照本法作出的行政行为不服的，可以依法申请行政复议或者提起行政诉讼。其中，对国务院电影主管部门作出的不准予电影公映的决定不服的，应当先依法申请行政复议，对行政复议决定不服的可以提起行政诉讼。

第六章 附　　则

第五十九条 境外资本在中华人民共和国境内设立从事电影活动的企业的，按照国家有关规定执行。

第六十条 本法自 2017 年 3 月 1 日起施行。

中华人民共和国网络安全法

（2016 年 11 月 7 日第十二届全国人民代表大会常务委员会第二十四次会议通过　2016 年 11 月 7 日中华人民共和国主席令第 53 号公布　自 2017 年 6 月 1 日起施行）

第一章　总　　则

第一条　为了保障网络安全，维护网络空间主权和国家安全、社会公共利益，保护公民、法人和其他组织的合法权益，促进经济社会信息化健康发展，制定本法。

第二条　在中华人民共和国境内建设、运营、维护和使用网络，以及网络安全的监督管理，适用本法。

第三条　国家坚持网络安全与信息化发展并重，遵循积极利用、科学发展、依法管理、确保安全的方针，推进网络基础设施建设和互联互通，鼓励网络技术创新和应用，支持培养网络安全人才，建立健全网络安全保障体系，提高网络安全保护能力。

第四条　国家制定并不断完善网络安全战略，明确保障网络安全的基本要求和主要目标，提出重点领域的网络安全政策、工作任务和措施。

第五条　国家采取措施，监测、防御、处置来源于中华人民共和国境内外的网络安全风险和威胁，保护关键信息基础设施免受攻击、侵入、干扰和破坏，依法惩治网络违法犯罪活动，维护网络空间安全和秩序。

第六条　国家倡导诚实守信、健康文明的网络行为，推动传播社会主义核心价值观，采取措施提高全社会的网络安全意识和水平，形成全社会共同参与促进网络安全的良好环境。

第七条　国家积极开展网络空间治理、网络技术研发和标准制定、打击网络违法犯罪等方面的国际交流与合作，推动构建和平、安全、开放、合作的网络空间，建立多边、民主、透明的网络治理体系。

第八条　国家网信部门负责统筹协调网络安全工作和相关监督管理工作。国务院电信主管部门、公安部门和其他有关机关依照本法和有关法律、行政法规的规定，在各自职责范围内负责网络安全保护和监督管理工作。

县级以上地方人民政府有关部门的网络安全保护和监督管理职责，按照国家有关规定确定。

第九条　网络运营者开展经营和服务活动，必须遵守法律、行政法规，尊重社会公德，遵守商业道德，诚实信用，履行网络安全保护义务，接受政府和社会的监督，承担社会责任。

第十条　建设、运营网络或者通过网络提供服务，应当依照法律、行政法规的规定和国家标准的强制性要求，采取技术措施和其他必要措施，保障网络安全、稳定运行，有效应对网络安全事件，防范网络违法犯罪活动，维护网络数据的完整性、保密性和可用性。

第十一条　网络相关行业组织按照章程，加强行业自律，制定网络安全行为规范，指导会员加强网络安全保护，提高网络安全保护水平，促进行业健康发展。

第十二条　国家保护公民、法人和其他组织依法使用网络的权利，促进网络接入普及，提升网络服务水平，为社会提供安全、便利的网络服务，保障网络信息依法有序自由流动。

任何个人和组织使用网络应当遵守宪法法律，遵守公共秩序，尊重社会公德，不得危害网络安全，不得利用网络从事危害国家安全、荣誉和利益，煽动颠覆国家政权、推翻社会主义制度，煽动分裂国家、破坏国家统一，宣扬恐怖主义、极端主义，宣扬民族仇恨、民族歧视，传播暴力、淫秽色情信息，编造、传播虚假信息扰乱经济秩序和社会秩序，以及侵害他人名誉、隐私、知识产权和其他合法权益等活动。

第十三条 国家支持研究开发有利于未成年人健康成长的网络产品和服务，依法惩治利用网络从事危害未成年人身心健康的活动，为未成年人提供安全、健康的网络环境。

第十四条 任何个人和组织有权对危害网络安全的行为向网信、电信、公安等部门举报。收到举报的部门应当及时依法作出处理；不属于本部门职责的，应当及时移送有权处理的部门。

有关部门应当对举报人的相关信息予以保密，保护举报人的合法权益。

第二章 网络安全支持与促进

第十五条 国家建立和完善网络安全标准体系。国务院标准化行政主管部门和国务院其他有关部门根据各自的职责，组织制定并适时修订有关网络安全管理以及网络产品、服务和运行安全的国家标准、行业标准。

国家支持企业、研究机构、高等学校、网络相关行业组织参与网络安全国家标准、行业标准的制定。

第十六条 国务院和省、自治区、直辖市人民政府应当统筹规划，加大投入，扶持重点网络安全技术产业和项目，支持网络安全技术的研究开发和应用，推广安全可信的网络产品和服务，保护网络技术知识产权，支持企业、研究机构和高等学校等参与国家网络安全技术创新项目。

第十七条 国家推进网络安全社会化服务体系建设，鼓励有关企业、机构开展网络安全认证、检测和风险评估等安全服务。

第十八条 国家鼓励开发网络数据安全保护和利用技术，促进公共数据资源开放，推动技术创新和经济社会发展。

国家支持创新网络安全管理方式，运用网络新技术，提升网络安全保护水平。

第十九条 各级人民政府及其有关部门应当组织开展经常性的网络安全宣传教育，并指导、督促有关单位做好网络安全宣传教育工作。

大众传播媒介应当有针对性地面向社会进行网络安全宣传教育。

第二十条 国家支持企业和高等学校、职业学校等教育培训机构开展网络安全相关教育与培训，采取多种方式培养网络安全人才，促进网络安全人才交流。

第三章 网络运行安全

第一节 一般规定

第二十一条 国家实行网络安全等级保护制度。网络运营者应当按照网络安全等级保护制度的要求，履行下列安全保护义务，保障网络免受干扰、破坏或者未经授权的访问，防止网络数据泄露或者被窃取、篡改：

（一）制定内部安全管理制度和操作规程，确定网络安全负责人，落实网络安全保护责任；

（二）采取防范计算机病毒和网络攻击、网络侵入等危害网络安全行为的技术措施；

（三）采取监测、记录网络运行状态、网络安全事件的技术措施，并按照规定留存相关的网络日志不少于六个月；

（四）采取数据分类、重要数据备份和加密等措施；

（五）法律、行政法规规定的其他义务。

第二十二条 网络产品、服务应当符合相关国家标准的强制性要求。网络产品、服务的提供者不得设置恶意程序；发现其网络产品、服务存在安全缺陷、漏洞等风险时，应当立即采取补救措施，按照规定及时告知用户并向有关主管部门报告。

网络产品、服务的提供者应当为其产品、服务持续提供安全维护；在规定或者当事人约定的期限内，不得终止提供安全维护。

网络产品、服务具有收集用户信息功能的，其提供者应当向用户明示并取得同意；涉及用户个人信息的，还应当遵守本法和有关法律、行政法规关于个人信息保护的规定。

第二十三条 网络关键设备和网络安全专用产品应当按照相关国家标准的强制性要求，由具备资格的机构安全认证合格或者安全检测符合要求后，方可销售或者提供。国家网信部门会同国务院有关部门制定、公布网络关键设备和网络安全专用产品目录，并推动安全认证和安全检测结果互认，避免重复认证、检测。

第二十四条 网络运营者为用户办理网络接入、域名注册服务，办理固定电话、移动电话等入网手续，或者为用户提供信息发布、即时通讯等服务，在与用户签订协议或者确认提供服务时，应当要求用户提供真实身份信息。用户不提供真实身份信息的，网络运营者不得为其提供相关服务。

国家实施网络可信身份战略，支持研究开发安全、方便的电子身份认证技术，推动不同电子身份认证之间的互认。

第二十五条 网络运营者应当制定网络安全事件应急预案，及时处置系统漏洞、计算机病毒、网络攻击、网络侵入等安全风险；在发生危害网络安全的事件时，立即启动应急预案，采取相应的补救措施，并按照规定向有关主管部门报告。

第二十六条 开展网络安全认证、检测、风险评估等活动，向社会发布系统漏洞、计算机病毒、网络攻击、网络侵入等网络安全信息，应当遵守国家有关规定。

第二十七条 任何个人和组织不得从事非法侵入他人网络、干扰他人网络正常功能、窃取网络数据等危害网络安全的活动；不得提供专门用于从事侵入网络、干扰网络正常功能及防护措施、窃取网络数据等危害网络安全活动的程序、工具；明知他人从事危害网络安全的活动的，不得为其提供技术支持、广告推广、支付结算等帮助。

第二十八条 网络运营者应当为公安机关、国家安全机关依法维护国家安全和侦查犯罪的活动提供技术支持和协助。

第二十九条 国家支持网络运营者之间在网络安全信息收集、分析、通报和应急处置等方面进行合作，提高网络运营者的安全保障能力。

有关行业组织建立健全本行业的网络安全保护规范和协作机制，加强对网络安全风险的分析评估，定期向会员进行风险警示，支持、协助会员应对网络安全风险。

第三十条 网信部门和有关部门在履行网络安全保护职责中获取的信息，只能用于维护网络安全的需要，不得用于其他用途。

第二节 关键信息基础设施的运行安全

第三十一条 国家对公共通信和信息服务、能源、交通、水利、金融、公共服务、电子政务等重要行业和领域，以及其他一旦遭到破坏、丧失功能或者数据泄露，可能严重危害国家安全、国计民生、公共利益的关键信息基础设施，在网络安全等级保护制度的基础上，实行重点保护。关键信息基础设施的具体范围和安全保护办法由国务院制定。

国家鼓励关键信息基础设施以外的网络运营者自愿参与关键信息基础设施保护体系。

第三十二条 按照国务院规定的职责

分工，负责关键信息基础设施安全保护工作的部门分别编制并组织实施本行业、本领域的关键信息基础设施安全规划，指导和监督关键信息基础设施运行安全保护工作。

第三十三条 建设关键信息基础设施应当确保其具有支持业务稳定、持续运行的性能，并保证安全技术措施同步规划、同步建设、同步使用。

第三十四条 除本法第二十一条的规定外，关键信息基础设施的运营者还应当履行下列安全保护义务：

（一）设置专门安全管理机构和安全管理负责人，并对该负责人和关键岗位的人员进行安全背景审查；

（二）定期对从业人员进行网络安全教育、技术培训和技能考核；

（三）对重要系统和数据库进行容灾备份；

（四）制定网络安全事件应急预案，并定期进行演练；

（五）法律、行政法规规定的其他义务。

第三十五条 关键信息基础设施的运营者采购网络产品和服务，可能影响国家安全的，应当通过国家网信部门会同国务院有关部门组织的国家安全审查。

第三十六条 关键信息基础设施的运营者采购网络产品和服务，应当按照规定与提供者签订安全保密协议，明确安全和保密义务与责任。

第三十七条 关键信息基础设施的运营者在中华人民共和国境内运营中收集和产生的个人信息和重要数据应当在境内存储。因业务需要，确需向境外提供的，应当按照国家网信部门会同国务院有关部门制定的办法进行安全评估；法律、行政法规另有规定的，依照其规定。

第三十八条 关键信息基础设施的运营者应当自行或者委托网络安全服务机构对其网络的安全性和可能存在的风险每年至少进行一次检测评估，并将检测评估情况和改进措施报送相关负责关键信息基础设施安全保护工作的部门。

第三十九条 国家网信部门应当统筹协调有关部门对关键信息基础设施的安全保护采取下列措施：

（一）对关键信息基础设施的安全风险进行抽查检测，提出改进措施，必要时可以委托网络安全服务机构对网络存在的安全风险进行检测评估；

（二）定期组织关键信息基础设施的运营者进行网络安全应急演练，提高应对网络安全事件的水平和协同配合能力；

（三）促进有关部门、关键信息基础设施的运营者以及有关研究机构、网络安全服务机构等之间的网络安全信息共享；

（四）对网络安全事件的应急处置与网络功能的恢复等，提供技术支持和协助。

第四章 网络信息安全

第四十条 网络运营者应当对其收集的用户信息严格保密，并建立健全用户信息保护制度。

第四十一条 网络运营者收集、使用个人信息，应当遵循合法、正当、必要的原则，公开收集、使用规则，明示收集、使用信息的目的、方式和范围，并经被收集者同意。

网络运营者不得收集与其提供的服务无关的个人信息，不得违反法律、行政法规的规定和双方的约定收集、使用个人信息，并应当依照法律、行政法规的规定和与用户的约定，处理其保存的个人信息。

第四十二条 网络运营者不得泄露、篡改、毁损其收集的个人信息；未经被收集者同意，不得向他人提供个人信息。但是，经过处理无法识别特定个人且不能复原的除外。

网络运营者应当采取技术措施和其他必要措施，确保其收集的个人信息安全，防止信息泄露、毁损、丢失。在发生或者可能发生个人信息泄露、毁损、丢失的情况时，应当立即采取补救措施，按照规定及时告知用户并向有关主管部门报告。

第四十三条 个人发现网络运营者违反法律、行政法规的规定或者双方的约定收集、使用其个人信息的，有权要求网络运营者删除其个人信息；发现网络运营者收集、存储的其个人信息有错误的，有权要求网络运营者予以更正。网络运营者应当采取措施予以删除或者更正。

第四十四条 任何个人和组织不得窃取或者以其他非法方式获取个人信息，不得非法出售或者非法向他人提供个人信息。

第四十五条 依法负有网络安全监督管理职责的部门及其工作人员，必须对在履行职责中知悉的个人信息、隐私和商业秘密严格保密，不得泄露、出售或者非法向他人提供。

第四十六条 任何个人和组织应当对其使用网络的行为负责，不得设立用于实施诈骗，传授犯罪方法，制作或者销售违禁物品、管制物品等违法犯罪活动的网站、通讯群组，不得利用网络发布涉及实施诈骗，制作或者销售违禁物品、管制物品以及其他违法犯罪活动的信息。

第四十七条 网络运营者应当加强对其用户发布的信息的管理，发现法律、行政法规禁止发布或者传输的信息的，应当立即停止传输该信息，采取消除等处置措施，防止信息扩散，保存有关记录，并向有关主管部门报告。

第四十八条 任何个人和组织发送的电子信息、提供的应用软件，不得设置恶意程序，不得含有法律、行政法规禁止发布或者传输的信息。

电子信息发送服务提供者和应用软件下载服务提供者，应当履行安全管理义务，知道其用户有前款规定行为的，应当停止提供服务，采取消除等处置措施，保存有关记录，并向有关主管部门报告。

第四十九条 网络运营者应当建立网络信息安全投诉、举报制度，公布投诉、举报方式等信息，及时受理并处理有关网络信息安全的投诉和举报。

网络运营者对网信部门和有关部门依法实施的监督检查，应当予以配合。

第五十条 国家网信部门和有关部门依法履行网络信息安全监督管理职责，发现法律、行政法规禁止发布或者传输的信息的，应当要求网络运营者停止传输，采取消除等处置措施，保存有关记录；对来源于中华人民共和国境外的上述信息，应当通知有关机构采取技术措施和其他必要措施阻断传播。

第五章 监测预警与应急处置

第五十一条 国家建立网络安全监测预警和信息通报制度。国家网信部门应当统筹协调有关部门加强网络安全信息收集、分析和通报工作，按照规定统一发布网络安全监测预警信息。

第五十二条 负责关键信息基础设施安全保护工作的部门，应当建立健全本行业、本领域的网络安全监测预警和信息通报制度，并按照规定报送网络安全监测预警信息。

第五十三条 国家网信部门协调有关部门建立健全网络安全风险评估和应急工作机制，制定网络安全事件应急预案，并定期组织演练。

负责关键信息基础设施安全保护工作的部门应当制定本行业、本领域的网络安全事件应急预案，并定期组织演练。

网络安全事件应急预案应当按照事件发生后的危害程度、影响范围等因素对网络安全事件进行分级，并规定相应的应急处置措施。

第五十四条 网络安全事件发生的风险增大时，省级以上人民政府有关部门应当按照规定的权限和程序，并根据网络安全风险的特点和可能造成的危害，采取下列措施：

（一）要求有关部门、机构和人员及时收集、报告有关信息，加强对网络安全风险的监测；

（二）组织有关部门、机构和专业人员，对网络安全风险信息进行分析评估，预测事件发生的可能性、影响范围和危害程度；

（三）向社会发布网络安全风险预警，发布避免、减轻危害的措施。

第五十五条 发生网络安全事件，应当立即启动网络安全事件应急预案，对网络安全事件进行调查和评估，要求网络运营者采取技术措施和其他必要措施，消除安全隐患，防止危害扩大，并及时向社会发布与公众有关的警示信息。

第五十六条 省级以上人民政府有关部门在履行网络安全监督管理职责中，发现网络存在较大安全风险或者发生安全事件的，可以按照规定的权限和程序对该网络的运营者的法定代表人或者主要负责人进行约谈。网络运营者应当按照要求采取措施，进行整改，消除隐患。

第五十七条 因网络安全事件，发生突发事件或者生产安全事故的，应当依照《中华人民共和国突发事件应对法》、《中华人民共和国安全生产法》等有关法律、行政法规的规定处置。

第五十八条 因维护国家安全和社会公共秩序，处置重大突发社会安全事件的需要，经国务院决定或者批准，可以在特定区域对网络通信采取限制等临时措施。

第六章　法律责任

第五十九条 网络运营者不履行本法第二十一条、第二十五条规定的网络安全保护义务的，由有关主管部门责令改正，给予警告；拒不改正或者导致危害网络安全等后果的，处一万元以上十万元以下罚款，对直接负责的主管人员处五千元以上五万元以下罚款。

关键信息基础设施的运营者不履行本法第三十三条、第三十四条、第三十六条、第三十八条规定的网络安全保护义务的，由有关主管部门责令改正，给予警告；拒不改正或者导致危害网络安全等后果的，处十万元以上一百万元以下罚款，对直接负责的主管人员处一万元以上十万元以下罚款。

第六十条 违反本法第二十二条第一款、第二款和第四十八条第一款规定，有下列行为之一的，由有关主管部门责令改正，给予警告；拒不改正或者导致危害网络安全等后果的，处五万元以上五十万元以下罚款，对直接负责的主管人员处一万元以上十万元以下罚款：

（一）设置恶意程序的；

（二）对其产品、服务存在的安全缺陷、漏洞等风险未立即采取补救措施，或者未按照规定及时告知用户并向有关主管部门报告的；

（三）擅自终止为其产品、服务提供安全维护的。

第六十一条 网络运营者违反本法第二十四条第一款规定，未要求用户提供真实身份信息，或者对不提供真实身份信息的用户提供相关服务的，由有关主管部门责令改正；拒不改正或者情节严重的，处五万元以上五十万元以下罚款，并可以由有关主管部门责令暂停相关业务、停业整顿、关闭网站、吊销相关业务许可证或者吊销营业执照，对直接负责的主管人员和其他直接责任人员处一万元以上十万元以下罚款。

第六十二条 违反本法第二十六条规定，开展网络安全认证、检测、风险评估等活动，或者向社会发布系统漏洞、计算机病毒、网络攻击、网络侵入等网络安全信息的，由有关主管部门责令改正，给予警告；拒不改正或者情节严重的，处一万元以上十万元以下罚款，并可以由有关主管部门责令暂停相关业务、停业整顿、关闭网站、吊销相关业务许可证或者吊销营业执照，对直接负责的主管人员和其他直接责任人员处五千元以上五万元以下罚款。

第六十三条 违反本法第二十七条规定，从事危害网络安全的活动，或者提供专门用于从事危害网络安全活动的程序、工具，或者为他人从事危害网络安全的活动提供技术支持、广告推广、支付结算等帮助，尚不构成犯罪的，由公安机关没收违法所得，处五日以下拘留，可以并处五万元以上五十万元以下罚款；情节较重的，处五日以上十五日以下拘留，可以并处十万元以上一百万元以下罚款。

单位有前款行为的，由公安机关没收违法所得，处十万元以上一百万元以下罚款，并对直接负责的主管人员和其他直接责任人员依照前款规定处罚。

违反本法第二十七条规定，受到治安管理处罚的人员，五年内不得从事网络安全管理和网络运营关键岗位的工作；受到刑事处罚的人员，终身不得从事网络安全管理和网络运营关键岗位的工作。

第六十四条 网络运营者、网络产品或者服务的提供者违反本法第二十二条第三款、第四十一条至第四十三条规定，侵害个人信息依法得到保护的权利的，由有关主管部门责令改正，可以根据情节单处或者并处警告、没收违法所得、处违法所得一倍以上十倍以下罚款，没有违法所得的，处一百万元以下罚款，对直接负责的主管人员和其他直接责任人员处一万元以上十万元以下罚款；情节严重的，并可以责令暂停相关业务、停业整顿、关闭网站、吊销相关业务许可证或者吊销营业执照。

违反本法第四十四条规定，窃取或者以其他非法方式获取、非法出售或者非法向他人提供个人信息，尚不构成犯罪的，由公安机关没收违法所得，并处违法所得一倍以上十倍以下罚款，没有违法所得的，处一百万元以下罚款。

第六十五条 关键信息基础设施的运营者违反本法第三十五条规定，使用未经安全审查或者安全审查未通过的网络产品或者服务的，由有关主管部门责令停止使用，处采购金额一倍以上十倍以下罚款；对直接负责的主管人员和其他直接责任人员处一万元以上十万元以下罚款。

第六十六条 关键信息基础设施的运营者违反本法第三十七条规定，在境外存储网络数据，或者向境外提供网络数据的，由有关主管部门责令改正，给予警告，没收违法所得，处五万元以上五十万元以下罚款，并可以责令暂停相关业务、停业整顿、关闭网站、吊销相关业务许可证或者吊销营业执照；对直接负责的主管人员和其他直接责任人员处一万元以上十万元以下罚款。

第六十七条 违反本法第四十六条规定，设立用于实施违法犯罪活动的网站、通讯群组，或者利用网络发布涉及实施违法犯罪活动的信息，尚不构成犯罪的，由公安机关处五日以下拘留，可以并处一万元以上十方元以下罚款；情节较重的，处五日以上十五日以下拘留，可以并处五万元以上五十万元以下罚款。关闭用于实施违法犯罪活动的网站、通讯群组。

单位有前款行为的，由公安机关处十万元以上五十万元以下罚款，并对直接负责的主管人员和其他直接责任人员依照前款规定处罚。

第六十八条 网络运营者违反本法第四十七条规定，对法律、行政法规禁止发布或者传输的信息未停止传输、采取消除等处置措施、保存有关记录的，由有关主管部门责令改正，给予警告，没收违法所得；拒不改正或者情节严重的，处十万元以上五十万元以下罚款，并可以责令暂停相关业务、停业整顿、关闭网站、吊销相关业务许可证或者吊销营业执照，对直接负责的主管人员和其他直接责任人员处一万元以上十万元以下罚款。

电子信息发送服务提供者、应用软件下载服务提供者，不履行本法第四十八条第二款规定的安全管理义务的，依照前款规定处罚。

第六十九条 网络运营者违反本法规定，有下列行为之一的，由有关主管部门责令改正；拒不改正或者情节严重的，处五万元以上五十万元以下罚款，对直接负责的主管人员和其他直接责任人员，处一万元以上十万元以下罚款：

（一）不按照有关部门的要求对法律、行政法规禁止发布或者传输的信息，采取停止传输、消除等处置措施的；

（二）拒绝、阻碍有关部门依法实施的监督检查的；

（三）拒不向公安机关、国家安全机关提供技术支持和协助的。

第七十条 发布或者传输本法第十二条第二款和其他法律、行政法规禁止发布或者传输的信息的，依照有关法律、行政法规的规定处罚。

第七十一条 有本法规定的违法行为的，依照有关法律、行政法规的规定记入信用档案，并予以公示。

第七十二条 国家机关政务网络的运营者不履行本法规定的网络安全保护义务的，由其上级机关或者有关机关责令改正；对直接负责的主管人员和其他直接责任人员依法给予处分。

第七十三条 网信部门和有关部门违反本法第三十条规定，将在履行网络安全保护职责中获取的信息用于其他用途的，对直接负责的主管人员和其他直接责任人员依法给予处分。

网信部门和有关部门的工作人员玩忽职守、滥用职权、徇私舞弊，尚不构成犯罪的，依法给予处分。

第七十四条 违反本法规定，给他人造成损害的，依法承担民事责任。

违反本法规定，构成违反治安管理行为的，依法给予治安管理处罚；构成犯罪的，依法追究刑事责任。

第七十五条 境外的机构、组织、个人从事攻击、侵入、干扰、破坏等危害中华人民共和国的关键信息基础设施的活动，造成严重后果的，依法追究法律责任；国务院公安部门和有关部门并可以决定对该机构、组织、个人采取冻结财产或者其他必要的制裁措施。

第七章 附 则

第七十六条 本法下列用语的含义：

（一）网络，是指由计算机或者其他信息终端及相关设备组成的按照一定的规则和程序对信息进行收集、存储、传输、交换、处理的系统。

（二）网络安全，是指通过采取必要措施，防范对网络的攻击、侵入、干扰、破坏和非法使用以及意外事故，使网络处于稳定可靠运行的状态，以及保障网络数据的完整性、保密性、可用性的能力。

（三）网络运营者，是指网络的所有者、管理者和网络服务提供者。

（四）网络数据，是指通过网络收集、存储、传输、处理和产生的各种电子数据。

（五）个人信息，是指以电子或者其他方式记录的能够单独或者与其他信息结合识别自然人个人身份的各种信息，包括但不限于自然人的姓名、出生日期、身份证件号码、个人生物识别信息、住址、电话号码等。

第七十七条 存储、处理涉及国家秘密信息的网络的运行安全保护，除应当遵守本法外，还应当遵守保密法律、行政法规的规定。

第七十八条 军事网络的安全保护，由中央军事委员会另行规定。

第七十九条 本法自2017年6月1日起施行。

中华人民共和国反不正当竞争法

（1993年9月2日第八届全国人民代表大会常务委员会第三次会议通过
2017年11月4日第十二届全国人民代表大会常务委员会第三十次会议修订）

第一章 总 则

第一条 为了促进社会主义市场经济健康发展，鼓励和保护公平竞争，制止不正当竞争行为，保护经营者和消费者的合法权益，制定本法。

第二条 经营者在生产经营活动中，应当遵循自愿、平等、公平、诚信的原则，遵守法律和商业道德。

本法所称的不正当竞争行为，是指经营者在生产经营活动中，违反本法规定，扰乱市场竞争秩序，损害其他经营者或者消费者的合法权益的行为。

本法所称的经营者，是指从事商品生产、经营或者提供服务（以下所称商品包括服务）的自然人、法人和非法人组织。

第三条 各级人民政府应当采取措施，制止不正当竞争行为，为公平竞争创造良好的环境和条件。

国务院建立反不正当竞争工作协调机制，研究决定反不正当竞争重大政策，协调处理维护市场竞争秩序的重大问题。

第四条 县级以上人民政府履行工商行政管理职责的部门对不正当竞争行为进行查处；法律、行政法规规定由其他部门查处的，依照其规定。

第五条 国家鼓励、支持和保护一切组织和个人对不正当竞争行为进行社会监督。

国家机关及其工作人员不得支持、包庇不正当竞争行为。

行业组织应当加强行业自律，引导、规范会员依法竞争，维护市场竞争秩序。

第二章 不正当竞争行为

第六条 经营者不得实施下列混淆行为，引人误认为是他人商品或者与他人存在特定联系：

（一）擅自使用与他人有一定影响的商品名称、包装、装潢等相同或者近似的标识；

（二）擅自使用他人有一定影响的企业名称（包括简称、字号等）、社会组织名称（包括简称等）、姓名（包括笔名、艺名、译名等）；

（三）擅自使用他人有一定影响的域名主体部分、网站名称、网页等；

（四）其他足以引人误认为是他人商品或者与他人存在特定联系的混淆行为。

第七条 经营者不得采用财物或者其他手段贿赂下列单位或者个人，以谋取交易机会或者竞争优势：

（一）交易相对方的工作人员；

（二）受交易相对方委托办理相关事务的单位或者个人；

（三）利用职权或者影响力影响交易的单位或者个人。

经营者在交易活动中，可以以明示方式向交易相对方支付折扣，或者向中间人支付佣金。经营者向交易相对方支付折扣、向中间人支付佣金的，应当如实入账。接受折扣、佣金的经营者也应当如实入账。

经营者的工作人员进行贿赂的，应当认定为经营者的行为；但是，经营者有证据证明该工作人员的行为与为经营者谋取交易机会或者竞争优势无关的除外。

第八条 经营者不得对其商品的性能、功能、质量、销售状况、用户评价、曾获荣誉等作虚假或者引人误解的商业宣传，欺骗、误导消费者。

经营者不得通过组织虚假交易等方式，帮助其他经营者进行虚假或者引人误解的商业宣传。

第九条 经营者不得实施下列侵犯商业秘密的行为：

（一）以盗窃、贿赂、欺诈、胁迫或者其他不正当手段获取权利人的商业秘密；

（二）披露、使用或者允许他人使用以前项手段获取的权利人的商业秘密；

（三）违反约定或者违反权利人有关保守商业秘密的要求，披露、使用或者允许他人使用其所掌握的商业秘密。

第三人明知或者应知商业秘密权利人的员工、前员工或者其他单位、个人实施前款所列违法行为，仍获取、披露、使用或者允许他人使用该商业秘密的，视为侵犯商业秘密。

本法所称的商业秘密，是指不为公众所知悉、具有商业价值并经权利人采取相应保密措施的技术信息和经营信息。

第十条 经营者进行有奖销售不得存在下列情形：

（一）所设奖的种类、兑奖条件、奖金金额或者奖品等有奖销售信息不明确，影响兑奖；

（二）采用谎称有奖或者故意让内定人员中奖的欺骗方式进行有奖销售；

（三）抽奖式的有奖销售，最高奖的金额超过五万元。

第十一条 经营者不得编造、传播虚假信息或者误导性信息，损害竞争对手的商业信誉、商品声誉。

第十二条 经营者利用网络从事生产经营活动，应当遵守本法的各项规定。

经营者不得利用技术手段，通过影响用户选择或者其他方式，实施下列妨碍、破坏其他经营者合法提供的网络产品或者服务正常运行的行为：

（一）未经其他经营者同意，在其合法提供的网络产品或者服务中，插入链接、强制进行目标跳转；

（二）误导、欺骗、强迫用户修改、关闭、卸载其他经营者合法提供的网络产品或者服务；

（三）恶意对其他经营者合法提供的网络产品或者服务实施不兼容；

（四）其他妨碍、破坏其他经营者合法提供的网络产品或者服务正常运行的行为。

第三章 对涉嫌不正当竞争行为的调查

第十三条 监督检查部门调查涉嫌不正当竞争行为，可以采取下列措施：

（一）进入涉嫌不正当竞争行为的经营场所进行检查；

（二）询问被调查的经营者、利害关系人及其他有关单位、个人，要求其说明有关情况或者提供与被调查行为有关的其他资料；

（三）查询、复制与涉嫌不正当竞争行为有关的协议、账簿、单据、文件、记录、业务函电和其他资料；

（四）查封、扣押与涉嫌不正当竞争行为有关的财物；

（五）查询涉嫌不正当竞争行为的经营者的银行账户。

采取前款规定的措施，应当向监督检查部门主要负责人书面报告，并经批准。采取前款第四项、第五项规定的措施，应当向设区的市级以上人民政府监督检查部门主要负责人书面报告，并经批准。

监督检查部门调查涉嫌不正当竞争行为，应当遵守《中华人民共和国行政强制法》和其他有关法律、行政法规的规定，并应当将查处结果及时向社会公开。

第十四条 监督检查部门调查涉嫌不正当竞争行为，被调查的经营者、利害关系人及其他有关单位、个人应当如实提供有关资料或者情况。

第十五条 监督检查部门及其工作人员对调查过程中知悉的商业秘密负有保密义务。

第十六条 对涉嫌不正当竞争行为，任何单位和个人有权向监督检查部门举报，监督检查部门接到举报后应当依法及时处理。

监督检查部门应当向社会公开受理举报的电话、信箱或者电子邮件地址，并为举报人保密。对实名举报并提供相关事实和证据的，监督检查部门应当将处理结果告知举报人。

第四章 法律责任

第十七条 经营者违反本法规定，给他人造成损害的，应当依法承担民事责任。

经营者的合法权益受到不正当竞争行为损害的，可以向人民法院提起诉讼。

因不正当竞争行为受到损害的经营者的赔偿数额，按照其因被侵权所受到的实际损失确定；实际损失难以计算的，按照侵权人因侵权所获得的利益确定。赔偿数额还应当包括经营者为制止侵权行为所支付的合理开支。

经营者违反本法第六条、第九条规定，权利人因被侵权所受到的实际损失、侵权人因侵权所获得的利益难以确定的，由人民法院根据侵权行为的情节判决给予权利人三百万元以下的赔偿。

第十八条 经营者违反本法第六条规定实施混淆行为的，由监督检查部门责令停止违法行为，没收违法商品。违法经营额五万元以上的，可以并处违法经营额五倍以下的罚款；没有违法经营额或者违法经营额不足五万元的，可以并处二十五万元以下的罚款。情节严重的，吊销营业执照。

经营者登记的企业名称违反本法第六条规定的，应当及时办理名称变更登记；名称变更前，由原企业登记机关以统一社会信用代码代替其名称。

第十九条 经营者违反本法第七条规定贿赂他人的，由监督检查部门没收违法所得，处十万元以上三百万元以下的罚款。情节严重的，吊销营业执照。

第二十条 经营者违反本法第八条规定对其商品作虚假或者引人误解的商业宣传，或者通过组织虚假交易等方式帮助其他经营者进行虚假或者引人误解的商业宣传的，由监督检查部门责令停止违法行为，处二十万元以上一百万元以下的罚款；情节严重的，处一百万元以上二百万元以下的罚款，可以吊销营业执照。

经营者违反本法第八条规定，属于发布虚假广告的，依照《中华人民共和国广告法》的规定处罚。

第二十一条 经营者违反本法第九条规定侵犯商业秘密的，由监督检查部门责令停止违法行为，处十万元以上五十万元以下的罚款；情节严重的，处五十万元以上三百万元以下的罚款。

第二十二条 经营者违反本法第十条规定进行有奖销售的，由监督检查部门责令停止违法行为，处五万元以上五十万元以下的罚款。

第二十三条 经营者违反本法第十一条规定损害竞争对手商业信誉、商品声誉的，由监督检查部门责令停止违法行为、消除影响，处十万元以上五十万元以下的罚款；情节严重的，处五十万元以上三百万元以下的罚款。

第二十四条 经营者违反本法第十二条规定妨碍、破坏其他经营者合法提供的网络产品或者服务正常运行的，由监督检查部门责令停止违法行为，处十万元以上五十万元以下的罚款；情节严重的，处五十万元以上三百万元以下的罚款。

第二十五条 经营者违反本法规定从事不正当竞争，有主动消除或者减轻违法行为危害后果等法定情形的，依法从轻或者减轻行政处罚；违法行为轻微并及时纠正，没有造成危害后果的，不予行政处罚。

第二十六条 经营者违反本法规定从事不正当竞争，受到行政处罚的，由监督检查部门记入信用记录，并依照有关法律、行政法规的规定予以公示。

第二十七条 经营者违反本法规定，应当承担民事责任、行政责任和刑事责任，其财产不足以支付的，优先用于承担民事责任。

第二十八条 妨害监督检查部门依照本法履行职责，拒绝、阻碍调查的，由监督检查部门责令改正，对个人可以处五千元以下的罚款，对单位可以处五万元以下的罚款，并可以由公安机关依法给予治安管理处罚。

第二十九条 当事人对监督检查部门作出的决定不服的，可以依法申请行政复议或者提起行政诉讼。

第三十条 监督检查部门的工作人员滥用职权、玩忽职守、徇私舞弊或者泄露调查过程中知悉的商业秘密的，依法给予处分。

第三十一条 违反本法规定，构成犯罪的，依法追究刑事责任。

第五章 附 则

第三十二条 本法自 2018 年 1 月 1 日起施行。

司法解释

最高人民法院关于审理商标授权确权行政案件若干问题的规定

中华人民共和国最高人民法院公告

《最高人民法院关于审理商标授权确权行政案件若干问题的规定》已于 2016 年 12 月 12 日由最高人民法院审判委员会第 1703 次会议通过，现予公布，自 2017 年 3 月 1 日起施行。

最高人民法院
2017 年 1 月 10 日

最高人民法院关于审理商标授权确权行政案件若干问题的规定

法释〔2017〕2 号

（2016 年 12 月 12 日最高人民法院审判委员会第 1703 次会议通过 自 2017 年3 月1 日起施行）

为正确审理商标授权确权行政案件，根据《中华人民共和国商标法》《中华人民共和国行政诉讼法》等法律规定，结合审判实践，制定本规定。

第一条 本规定所称商标授权确权行政案件，是指相对人或者利害关系人因不服国务院工商行政管理部门商标评审委员会（以下简称商标评审委员会）作出的商标驳回复审、商标不予注册复审、商标撤销复审、商标无效宣告及无效宣告复审等行政行为，向人民法院提起诉讼的案件。

第二条 人民法院对商标授权确权行政行为进行审查的范围，一般应根据原告的诉讼请求及理由确定。原告在诉讼中未提出主张，但商标评审委员会相关认定存在明显不当的，人民法院在各方当事人陈述意见后，可以对相关事由进行审查并做出裁判。

第三条 商标法第十条第一款第（一）项规定的同中华人民共和国的国家名称等“相同或者近似”，是指商标标志整体上与国家名称等相同或者近似。

对于含有中华人民共和国的国家名称等，但整体上并不相同或者不相近似的标志，如果该标志作为商标注册可能导致损害国家尊严的，人民法院可以认定属于商标法第十条第一款第（八）项规定的情形。

第四条 商标标志或者其构成要素带有欺骗性，容易使公众对商品的质量等特点或者产地产生误认，商标评审委员会认定其属于2001年修正的商标法第十条第一款第(七)项规定情形的,人民法院予以支持。

第五条 商标标志或者其构成要素可能对我国社会公共利益和公共秩序产生消极、负面影响的,人民法院可以认定其属于商标法第十条第一款第(八)项规定的“其他不良影响”。

将政治、经济、文化、宗教、民族等领域公众人物姓名等申请注册为商标,属于前款所指的“其他不良影响”。

第六条 商标标志由县级以上行政区划的地名或者公众知晓的外国地名和其他要素组成,如果整体上具有区别于地名的含义,人民法院应当认定其不属于商标法第十条第二款所指情形。

第七条 人民法院审查诉争商标是否具有显著特征,应当根据商标所指定使用商品的相关公众的通常认识,判断该商标整体上是否具有显著特征。商标标志中含有描述性要素,但不影响其整体具有显著特征的;或者描述性标志以独特方式加以表现,相关公众能够以其识别商品来源的,应当认定其具有显著特征。

第八条 诉争商标为外文标志时,人民法院应当根据中国境内相关公众的通常认识,对该外文商标是否具有显著特征进行审查判断。标志中外文的固有含义可能影响其在指定使用商品上的显著特征,但相关公众对该固有含义的认知程度较低,能够以该标志识别商品来源的,可以认定其具有显著特征。

第九条 仅以商品自身形状或者自身形状的一部分作为三维标志申请注册商标,相关公众一般情况下不易将其识别为指示商品来源标志的,该三维标志不具有作为商标的显著特征。

该形状系申请人所独创或者最早使用并不能当然导致其具有作为商标的显著特征。

第一款所称标志经过长期或者广泛使用,相关公众能够通过该标志识别商品来源的,可以认定该标志具有显著特征。

第十条 诉争商标属于法定的商品名称或者约定俗成的商品名称的,人民法院应当认定其属于商标法第十一条第一款第(一)项所指的通用名称。依据法律规定或者国家标准、行业标准属于商品通用名称的,应当认定为通用名称。相关公众普遍认为某一名称能够指代一类商品的,应当认定为约定俗成的通用名称。被专业工具书、辞典等列为商品名称的,可以作为认定约定俗成的通用名称的参考。

约定俗成的通用名称一般以全国范围内相关公众的通常认识为判断标准。对于由于历史传统、风土人情、地理环境等原因形成的相关市场固定的商品,在该相关市场内通用的称谓,人民法院可以认定为通用名称。

诉争商标申请人明知或者应知其申请注册的商标为部分区域内约定俗成的商品名称的,人民法院可以视其申请注册的商标为通用名称。

人民法院审查判断诉争商标是否属于通用名称,一般以商标申请日时的事实状态为准。核准注册时事实状态发生变化的,以核准注册时的事实状态判断其是否属于通用名称。

第十一条 商标标志只是或者主要是描述、说明所使用商品的质量、主要原料、功能、用途、重量、数量、产地等的,人民法院应当认定其属于商标法第十一条第一款第(二)项规定的情形。商标标志或者其构成要素暗示商品的特点,但不影响其识别商品来源功能的,不属于该项所规定的情形。

第十二条 当事人依据商标法第十三条第二款主张诉争商标构成对其未注册的驰名商标的复制、摹仿或者翻译而不应予以注册或者应予无效的,人民法院应当综合考量如下因素以及因素之间的相互影响,认定是否容易导致混淆:

（一）商标标志的近似程度；

（二）商品的类似程度；

（三）请求保护商标的显著性和知名程度；

（四）相关公众的注意程度；

（五）其他相关因素。

商标申请人的主观意图以及实际混淆的证据可以作为判断混淆可能性的参考因素。

第十三条 当事人依据商标法第十三条第三款主张诉争商标构成对其已注册的驰名商标的复制、摹仿或者翻译而不应予以注册或者应予无效的，人民法院应当综合考虑如下因素，以认定诉争商标的使用是否足以使相关公众认为其与驰名商标具有相当程度的联系，从而误导公众，致使驰名商标注册人的利益可能受到损害：

（一）引证商标的显著性和知名程度；

（二）商标标志是否足够近似；

（三）指定使用的商品情况；

（四）相关公众的重合程度及注意程度；

（五）与引证商标近似的标志被其他市场主体合法使用的情况或者其他相关因素。

第十四条 当事人主张诉争商标构成对其已注册的驰名商标的复制、摹仿或者翻译而不应予以注册或者应予无效，商标评审委员会依据商标法第三十条规定裁决支持其主张的，如果诉争商标注册未满五年，人民法院在当事人陈述意见之后，可以按照商标法第三十条规定进行审理；如果诉争商标注册已满五年，应当适用商标法第十三条第三款进行审理。

第十五条 商标代理人、代表人或者经销、代理等销售代理关系意义上的代理人、代表人未经授权，以自己的名义将与被代理人或者被代表人的商标相同或者近似的商标在相同或者类似商品上申请注册的，人民法院适用商标法第十五条第一款的规定进行审理。

在为建立代理或者代表关系的磋商阶段，前款规定的代理人或者代表人将被代理人或者被代表人的商标申请注册的，人民法院适用商标法第十五条第一款的规定进行审理。

商标申请人与代理人或者代表人之间存在亲属关系等特定身份关系的，可以推定其商标注册行为系与该代理人或者代表人恶意串通，人民法院适用商标法第十五条第一款的规定进行审理。

第十六条 以下情形可以认定为商标法第十五条第二款中规定的“其他关系”：

（一）商标申请人与在先使用人之间具有亲属关系；

（二）商标申请人与在先使用人之间具有劳动关系；

（三）商标申请人与在先使用人营业地址邻近；

（四）商标申请人与在先使用人曾就达成代理、代表关系进行过磋商，但未形成代理、代表关系；

（五）商标申请人与在先使用人曾就达成合同、业务往来关系进行过磋商，但未达成合同、业务往来关系。

第十七条 地理标志利害关系人依据商标法第十六条主张他人商标不应予以注册或者应予无效，如果诉争商标指定使用的商品与地理标志产品并非相同商品，而地理标志利害关系人能够证明诉争商标使用在该产品上仍然容易导致相关公众误认为该产品来源于该地区并因此具有特定的质量、信誉或者其他特征的，人民法院予以支持。

如果该地理标志已经注册为集体商标或者证明商标，集体商标或者证明商标的权利人或者利害关系人可选择依据该条或者另行依据商标法第十三条、第三十条等主张权利。

第十八条 商标法第三十二条规定的在先权利，包括当事人在诉争商标申请日之前享有的民事权利或者其他应予保护的合法权益。诉争商标核准注册时在先权利已不存在的，不影响诉争商标的注册。

第十九条 当事人主张诉争商标损害其在先著作权的，人民法院应当依照著作权法等相关规定，对所主张的客体是否构成作品、当事人是否为著作权人或者其他有权主张著作权的利害关系人以及诉争商标是否构成对著作权的侵害等进行审查。

商标标志构成受著作权法保护的作品的，当事人提供的涉及商标标志的设计底稿、原件、取得权利的合同、诉争商标申请日之前的著作权登记证书等，均可以作为证明著作权归属的初步证据。

商标公告、商标注册证等可以作为确定商标申请人为有权主张商标标志著作权的利害关系人的初步证据。

第二十条 当事人主张诉争商标损害其姓名权，如果相关公众认为该商标标志指代了该自然人，容易认为标记有该商标的商品系经过该自然人许可或者与该自然人存在特定联系的，人民法院应当认定该商标损害了该自然人的姓名权。

当事人以其笔名、艺名、译名等特定名称主张姓名权，该特定名称具有一定的知名度，与该自然人建立了稳定的对应关系，相关公众以其指代该自然人的，人民法院予以支持。

第二十一条 当事人主张的字号具有一定的市场知名度，他人未经许可申请注册与该字号相同或者近似的商标，容易导致相关公众对商品来源产生混淆，当事人以此主张构成在先权益的，人民法院予以支持。

当事人以具有一定市场知名度并已与企业建立稳定对应关系的企业名称的简称为依据提出主张的，适用前款规定。

第二十二条 当事人主张诉争商标损害角色形象著作权的，人民法院按照本规定第十九条进行审查。

对于著作权保护期限内的作品，如果作品名称、作品中的角色名称等具有较高知名度，将其作为商标使用在相关商品上容易导致相关公众误认为其经过权利人的许可或者与权利人存在特定联系，当事人以此主张构成在先权益的，人民法院予以支持。

第二十三条 在先使用人主张商标申请人以不正当手段抢先注册其在先使用并有一定影响的商标的，如果在先使用商标已经有一定影响，而商标申请人明知或者应知该商标，即可推定其构成“以不正当手段抢先注册”。但商标申请人举证证明其没有利用在先使用商标商誉的恶意的除外。

在先使用人举证证明其在先商标有一定的持续使用时间、区域、销售量或者广告宣传的，人民法院可以认定为有一定影响。

在先使用人主张商标申请人在与其不相类似的商品上申请注册其在先使用并有一定影响的商标，违反商标法第三十二条规定的，人民法院不予支持。

第二十四条 以欺骗手段以外的其他方式扰乱商标注册秩序、损害公共利益、不正当占用公共资源或者谋取不正当利益的，人民法院可以认定其属于商标法第四十四条第一款规定的“其他不正当手段”。

第二十五条 人民法院判断诉争商标申请人是否“恶意注册”他人驰名商标，应综合考虑引证商标的知名度、诉争商标申请人申请诉争商标的理由以及使用诉争商标的具体情形来判断其主观意图。引证商标知名度高、诉争商标申请人没有正当理由的，人民法院可以推定其注册构成商标法第四十五条第一款所指的“恶意注册”。

第二十六条 商标权人自行使用、他人经许可使用以及其他不违背商标权人意志的使用，均可认定为商标法第四十九条第二款所称的使用。

实际使用的商标标志与核准注册的商标标志有细微差别，但未改变其显著特征的，可以视为注册商标的使用。

没有实际使用注册商标，仅有转让或

者许可行为；或者仅是公布商标注册信息、声明享有注册商标专用权的，不认定为商标使用。

商标权人有真实使用商标的意图，并且有实际使用的必要准备，但因其他客观原因尚未实际使用注册商标的，人民法院可以认定其有正当理由。

第二十七条 当事人主张商标评审委员会下列情形属于行政诉讼法第七十条第（三）项规定的“违反法定程序”的，人民法院予以支持：

（一）遗漏当事人提出的评审理由，对当事人权利产生实际影响的；

（二）评审程序中未告知合议组成员，经审查确有应当回避事由而未回避的；

（三）未通知适格当事人参加评审，该方当事人明确提出异议的；

（四）其他违反法定程序的情形。

第二十八条 人民法院审理商标授权确权行政案件的过程中，商标评审委员会对诉争商标予以驳回、不予核准注册或者予以无效宣告的事由不复存在的，人民法院可以依据新的事实撤销商标评审委员会相关裁决，并判令其根据变更后的事实重新作出裁决。

第二十九条 当事人依据在原行政行为之后新发现的证据，或者在原行政程序中因客观原因无法取得或在规定的期限内不能提供的证据，或者新的法律依据提出的评审申请，不属于以“相同的事实和理由”再次提出评审申请。

在商标驳回复审程序中，商标评审委员会以申请商标与引证商标不构成使用在同一种或者类似商品上的相同或者近似商标为由准予申请商标初步审定公告后，以下情形不视为“以相同的事实和理由”再次提出评审申请：

（一）引证商标所有人或者利害关系人依据该引证商标提出异议，国务院工商行政管理部门商标局予以支持，被异议商标申请人申请复审的；

（二）引证商标所有人或者利害关系人在申请商标获准注册后依据该引证商标申请宣告其无效的。

第三十条 人民法院生效裁判对于相关事实和法律适用已作出明确认定，相对人或者利害关系人对于商标评审委员会依据该生效裁判重新作出的裁决提起诉讼的，人民法院依法裁定不予受理；已经受理的，裁定驳回起诉。

第三十一条 本规定自 2017 年 3 月 1 日起施行。人民法院依据 2001 年修正的商标法审理的商标授权确权行政案件可参照适用本规定。

其他规范性文件

最高人民检察院关于充分履行检察职能加强产权司法保护的意见

最高人民检察院
关于印发《最高人民检察院关于充分履行检察职能加强产权司法保护的意见》的通知

各省、自治区、直辖市人民检察院，军事检察院，新疆生产建设兵团人民检察院：

现将《最高人民检察院关于充分履行检察职能加强产权司法保护的意见》印发给你们，请结合实际贯彻执行。

最高人民检察院
2017年1月6日

最高人民检察院关于充分履行检察职能加强产权司法保护的意见

党的十八大以来，以习近平同志为核心的党中央高度重视产权保护，提出加强对各种所有制组织和自然人财产权的保护。为深入贯彻党的十八大，十八届三中、四中、五中、六中全会精神和习近平总书记系列重要讲话精神，落实《关于完善产权保护制度依法保护产权的意见》和中央经济工作会议的部署要求，充分履行检察职能，加强产权司法保护，提出如下意见：

一、深刻认识产权制度重要意义，明确产权保护的总体要求

1. 充分认识加强产权司法保护的重要意义。依法保护产权是完善中国特色社会主义市场经济体制的内在要求，是坚持稳中求进工作总基调，促进经济转型升级、全面深化改革、全面建成小康社会的客观需要。各级检察机关要把思想和行动统一到党中央重要决策、部署和要求上来，牢固树立和贯彻落实新发展理念，主动适应经济发展新常态，切实把防控风险、服务发展摆在更加突出位置，为保护企业和个人合法产权、促进经济平稳健康发展和社会和谐稳定提供优质的司法服务。

2. 严格落实加强产权司法保护的总体要求。各级检察机关要坚持依法保护原则，充分发挥惩治、预防、监督、教育、保护等检察职能，加强对产权的司法保护。坚持平等保护原则，平等保护各种所有制组织和自然人的财产权，确保各类产权主体的诉讼地位和诉讼权利平等、法律适用和法律责任平等、法律保护和法律服务平等。坚持全面保护原则，全面保护物权、债权、股权、知识产权等各种类型的财产权，切实维护产权主体的合法权益。

二、准确把握法律政策界限，规范改进司法行为，注重产权司法保护实效

3. 严格把握产权案件罪与非罪的界限标准。各级检察机关办理有关产权刑事案件，要严格区分经济纠纷与经济犯罪的界限，企业正当融资与非法集资的界限，民营企业参与国有企业兼并重组中涉及的产权纠纷与恶意侵占国有资产的界限，执行和利用国家政策谋发展中的偏差与钻改革空子实施犯罪的界限。坚持主客观相一致原则，避免客观归罪。对民营企业生产、经营、融资等经济行为，除法律、行政法规明确禁止外，不以违法犯罪对待。对于正在办理的涉产权刑事案件，法律和司法解释规定不明确、法律界限不明、罪与非罪界限不清的，不作为犯罪处理。

4. 依法妥善处理历史形成的产权案件。以发展眼光客观看待和依法妥善处理改革开放以来各类企业，特别是民营企业经营发展过程中存在的不规范问题。办案中坚持罪刑法定、法不溯及既往、从旧兼从轻、疑罪从无原则，对于确属事实不清、证据不足、适用法律错误的错案冤案，坚决予以纠正。对于没有犯罪事实或者具有《刑事诉讼法》第十五条规定的情形之一的，或者犯罪情节轻微不需要判处刑罚的，或者经过补充侦查仍达不到起诉证据标准的，依法不起诉。对于构成犯罪但认罪认罚的，依法从宽处理。对于社会反映强烈、当事人长期申诉的历史形成的产权案件，要抓紧组织力量进行甄别，对确属错案冤案的，坚决依法纠正并赔偿当事人的损失。

5. 规范自身司法行为，改进办案方式方法，最大程度减少对产权主体合法权益和正常经济活动的损害及影响。严禁以刑事手段插手经济纠纷。严禁使用当事人的交通通讯工具、办公设备，或者以办案为名到发案单位吃、拿、卡、要、报。严禁干预涉案企业正常生产经营活动。慎重选择办案时机和方式，慎重使用搜查、查封、扣押、冻结、拘留、逮捕等强制性措施。对于涉嫌犯罪的各类产权主体主动配合调查，认罪态度好，犯罪情节较轻，且没有社会危险性的，一律不采取拘留、逮捕、指定居所监视居住等强制措施；对于不涉案的款物、账户，包括企业生产经营资料、涉案人员近亲属的合法财产等，一律不查封、扣押、冻结。对于涉及企业和投资、生产、经营者、科技创新人员犯罪的举报，经查证失实的，及时澄清事实。

三、依法履行刑事检察职能，加大惩治侵犯产权犯罪力度

6. 加强审查批捕、起诉工作，确保依法、准确、及时、有效打击侵犯产权犯罪。依法惩治破坏市场经济秩序、侵犯各类产权主体财产权的犯罪，突出打击非法吸收公众存款、集资诈骗、组织领导传销等涉众型经济犯罪，以商业贿赂、金融诈骗、虚假诉讼、强迫交易等不法手段破坏公平市场营商环境的犯罪，以及通过内幕交易、利用未公开信息交易、操纵证券期货市场等手段，严重损害公众投资者特别是中小投资者权益的犯罪。依法惩治侵犯知识产权和制售假冒伪劣商品犯罪，突出打击链条式、产业化侵犯知识产权犯罪，以及具有反复侵权、恶意侵权、网络侵权、有组织侵权等恶劣情节的犯罪，加大对涉外知识产权犯罪打击力度。对利用公权力严重侵害私有产权，勾结黑恶势力在特定经济领域形成非法控制，受害者人数众多，引发群体性事件等严重侵犯产权的犯罪案件，要实行挂牌督办，第一时间介入侦查，引导侦查机关全面收集固定证据，确保办案效率和质量。

7. 正确适用法律和刑事政策，提升审查批捕、起诉工作质量。准确理解和适用法律，贯彻宽严相济刑事政策，严把事实关、证据关、程序关和法律适用关。细化涉产权犯罪案件审查逮捕质量标准，严格审查是否具备社会危险性条件，对构成犯罪但无社会危险性的一般不批准逮捕。建立涉产权犯罪案件审查逮捕质量分析评查制度，对逮捕后撤案、不起诉、判无罪和公安机关提请复议复核、当事人提出申诉的案件实时监控、及时分析，有针对性地改进工作。严格依法把握起诉条件，从经济安全、公共利益、市场秩序等方面准确认定社会危害性，综合考虑政策调整、经营不善、市场风险等市场主体意志以外的因素，对符合不起诉条件的，依法适用不起诉。保障涉案当事人及其委托人的诉讼权利，尊重犯罪嫌疑人、被告人的诉讼地位和人格尊严，保障律师依法履行职责。进一步推进刑事速裁程序、认罪认罚从宽制度的试点工作，对于轻微案件简化诉讼程序，加快诉讼进程，切实维护各类产权主体的合法权益。

8. 针对薄弱环节和突出问题，延伸审查批捕、起诉工作产权保护效果。结合审查批捕、起诉工作，加强对侵犯产权犯罪活动的分析研判，提高产权司法保护的精准度。积极参与社会治安防控体系建设，采取检察建议等形式，帮助各类产权主体强化产权保护意识，促进国有企业健全内部监督制度和内控机制、规范国有资产流转程序和交易行为，促进集体经济组织建立健全集体资产管理制度和财务管理监督制度，促进民营企业提高依法规范经营和维护自身合法权益的意识和能力，从源头上预防和治理侵犯产权犯罪。

四、加强侦查预防工作，依法惩治侵犯产权职务犯罪

9. 严肃查办侵犯产权的职务犯罪。重点惩治利用国有产权所有者和代理人关系不明晰，国有企业财务、采购、营销、投资等方面内部监督制度不健全实施的贪污、受贿、挪用公款、私分国有资产等犯罪，以及通过内部人控制、关联交易、利益输送、利益交换等方式，以市场行为掩盖非法目的，导致国有资产严重流失的犯罪。重点惩治发生在金融、土地、财税、能源、资源等重要领域行政审批、管理过程中侵犯产权的失职渎职犯罪。重点惩治发生在国有资产、集体资产清产核资、登记、保管、使用、处置过程中的职务犯罪，以及利用农村产权流转交易侵犯农村集体产权、侵犯农民权益的职务犯罪。

10. 严格规范涉案财产处置的法律程序，最大限度降低对产权主体正常生产经营活动的不利影响。对于涉案企业和人员正在投入生产运营或者正在用于科技创新、产品研发的设备、资金和技术资料等，能够采取非强制性措施即可达到保障诉讼目的的，不使用强制性措施。加强查封、扣押、冻结涉案财产甄别审查工作，最大限度缩短甄别审查期限，确保合法财产不受牵连。办案中要注意听取有关行业主管、监管部门的意见，对争议大的案件及时向上级检察机关请示报告。

11. 通过查办职务犯罪发现产权保护制度机制的漏洞和风险点，从源头上减少涉产权职务犯罪。要结合办案开展职务犯罪预防工作，既支持企业和企业家创业创新谋发展，又引导企业和企业家依法规范经营。围绕国有产权、农村集体产权和自然资源资产产权等重点领域，深入剖析典型案件和发案规律，开展有针对性的职务犯罪预防工作。结合办案，对产权保护中存在的普遍性问题，组织开展专题预防活动，积极运用检察建议、年度报告、专项报告等方式，督促产权登记、审批、监管、保护等部门完善制度机制，加强改进产权保护工作，增强预防工作整体效果。

五、强化刑事诉讼监督,保障涉案产权主体的合法权益

12. 加强立案监督和侦查活动监督。加强对刑事立案活动的监督,重点监督侦查机关以刑事手段插手经济纠纷、选择性执法等妨害产权平等保护的问题,加大对该立不立、不该立乱立等执法不严、司法不公问题的监督纠正力度。加强对侦查活动的监督,贯彻落实非法证据排除等办案制度,坚决纠正刑讯逼供、非法取证、漏捕漏诉、滥用强制措施、查封扣押冻结财物不当等侦查违法行为。对于因涉嫌犯罪被逮捕的各种所有制组织的投资者、生产者、经营者、专业技术人员等,切实履行好羁押必要性审查职责,发现不需要继续羁押的,应当依法予以释放或者变更强制措施。

13. 加强刑事审判和刑事执行监督。加强对刑事审判活动的监督,重点监督判决、裁定在认定事实、采信证据、适用法律方面确有错误的案件,做到敢于监督、善于监督、依法监督和规范监督,对符合法定条件的案件依法提出抗诉。加强对刑事执行活动的监督,重点监督涉产权案件生效判决、裁定的执行活动,发现人民法院执行财产刑过程中,存在应当执行而不执行,不应当执行而执行,非法处置被执行人或者案外人财产等侵犯产权违法情形的,应当依法提出纠正意见,确保财产刑执行到位。依法保障各类产权主体在服刑期间的申诉权,防止其因申诉而被限制或者剥夺依法获得减刑的权利。对于犯罪的民营企业投资人,依法保障其在服刑期间行使财产权利等民事权利。

六、加强民事行政检察工作,形成多元化产权保护格局

14. 依法履行民事行政检察职责,加强对产权诉讼案件的法律监督。依法保障各类产权主体申请监督权,规范民事行政诉讼监督案件的受理和审查程序,注重倾听当事人意见,畅通申请监督渠道,积极通过抗诉、提出检察建议等方式加强对涉产权民事、行政案件的审判监督,有效保障产权主体的合法权益。加强对民事、行政执行活动的监督,重点监督因不依法履行执行职责及错误采取执行措施、错误处置执行标的物、错误追加被执行人,致使当事人或利害关系人、案外人等财产权受到侵害的案件。加大对涉产权虚假诉讼、恶意诉讼监督力度,重点审查双方当事人恶意串通,通过以物抵债等方式损害案外人产权案件,督促人民法院依法惩治虚假诉讼行为,维护司法公正和司法权威。

15. 依法推进公益诉讼试点,积极探索开展对行政强制措施和履行职责中发现的行政违法行为的监督。稳步推进公益诉讼试点工作,以国有资产保护、国有土地使用权出让等产权领域为重点,积极运用诉前程序和提起公益诉讼的方式,维护被民事、行政违法行为侵害的国家和社会公共利益。积极探索对涉及人身、财产权益的行政强制措施和在履行职责中发现的行政机关违法行使职权或不行使职权行为的监督措施,防止和纠正违法行政行为对各类产权主体合法权益的侵害。

七、加强控告申诉检察工作,依法化解产权纠纷引发的社会矛盾

16. 畅通诉求表达渠道,依法受理历史形成产权案件的申诉,做到有错必纠。打造“信、访、网、电”四位一体的诉求表达体系,为产权人寻求法律咨询、权利救济提供更加便捷高效的服务。对社会反映强烈的涉及产权的刑事申诉案件,依法导入法律程序,按照诉求性质、案件管辖和法律程序及时审查办理。凡是违反法律政策侵犯产权、不利于经济发展的决定、判决、裁定,要依法监督纠正。

17. 依法办理涉产权保护的国家赔偿案件。坚持法定赔偿原则,保障符合赔偿条件的产权主体依法获得赔偿。支持人民法院对涉产权国家赔偿案件依法进行审理。依法办理检察机关作为赔偿义务机关的刑事赔偿案件，积极履行赔偿义务，保障符合法定赔偿条件的产权主体及时获得赔偿。依法受理和审查产权主体对人民法院作出的赔偿决定和行政赔偿判决、裁定提出申诉的案件，并依法提出监督意见。

18. 拓展控告申诉工作模式，有效化解社会矛盾。建立涉产权民事、行政申诉案件引导当事人和解机制，积极推动建立社会帮扶、政府扶贫等化解矛盾机制，推动建立健全与人民调解组织、行业调解组织的衔接联动机制，引导当事人向调解组织提出调解申请，并根据调解情况依法作出相应处理。推动律师参与代理和化解涉及产权纠纷信访案件工作，鼓励社会各界共同参与，有效解决产权纠纷。

八、加强组织领导和协调配合，确保产权保护措施落到实处

19. 加强组织领导。各级检察机关要把充分履行检察职能、加强产权司法保护作为当前一项重要政治任务，狠抓落实。切实加强对产权保护法律政策界限和工作措施的研究、协调和推进，加大保护和纠错力度。积极参与民法典编纂研究工作，推动产权保护法律制度的健全完善。及时对相关司法解释和规范性文件进行清理，凡是不符合依法保护产权的，应当废止或者修改。要深入研究分析产权司法保护中的新情况、新问题，发挥检察一体化优势，加强对下业务指导。对重大侵犯产权刑事犯罪案件、重大妨害产权保护职务犯罪案件，实行挂牌督办。下级人民检察院对办案中遇到的有关困难和问题，应当及时向上级人民检察院请示报告，必要时层报最高人民检察院。

20. 加强工作机制建设。各级检察机关要立足检察职能建立健全产权司法保护的长效机制。加强办理产权案件的能力建设和队伍建设，注重培养选拔专家型人才和业务骨干办理产权案件。严格落实司法责任制，完善办案质量终身负责制和错案责任倒查问责制。推进检务公开，及时回应社会关切，自觉接受人大监督、民主监督和社会监督，增强司法公信力，维护司法公正和权威。

21. 加强协调配合。积极参与党委牵头，人大、政府、司法机关共同参加的产权保护协调工作机制，形成工作合力。对办案中发现的体制性、政策性等重大问题和事项，及时向党委报告。加强与纪检、审判、公安、行政执法部门的协作配合，加强产权领域行政执法与刑事司法衔接机制建设。加强与各级工商联、相关行业协会的密切联系，建立健全联席会议、定期通报情况、共同开展调研等常态化机制，支持开展对涉及产权纠纷的中小企业维权援助工作。广泛听取人大代表、政协委员、专家学者、律师、企业人士等方面意见，增强产权司法保护的针对性和实效性。

22. 加强法治宣传。落实“谁执法谁普法”的普法责任制，把培育全社会尊重产权、保护产权意识作为以案释法、法治宣传教育的一项基础性工作。充分利用检察机关宣传主阵地、“两微一端”、微电影、微视频等媒体平台，加强与主流媒体、重点商业网络和自媒体的联系协作，深入宣传解读党和国家加强产权保护的政策和法律法规，及时报道检察机关工作部署、举措、进展和成效。选择检察机关依法纠正侵害企业产权的有重大影响的错案冤案典型，适时向社会公布，释放保护产权的积极信号，增强人民群众财产财富安全感，增强社会信心。着力宣传和营造法治、透明、公平的体制政策环境和社会舆论环境，保护企业家精神，支持企业家专心创新创业。

商标评审案件口头审理办法

国家工商总局关于发布《商标评审案件口头审理办法》的公告

工商办字(2017)65号

为进一步推进商标评审便利化改革，规范评审案件口头审理程序，根据《中华人民共和国商标法》《中华人民共和国商标法实施条例》《商标评审规则》等有关规定，工商总局制定了《商标评审案件口头审理办法》。现予以发布，自发布之日起施行。

特此公告。

国家工商行政管理总局
2017年5月4日

商标评审案件口头审理办法

第一条 为了查明商标评审案件的有关事实，依据《中华人民共和国商标法》《中华人民共和国商标法实施条例》《商标评审规则》，制定本办法。

第二条 商标评审委员会根据当事人的请求或者案件审理的需要，可以决定对商标评审案件进行口头审理。

第三条 商标评审案件当事人对案件有关证据存在疑问，认为应当进行当场质证的，可以向商标评审委员会请求进行口头审理。请求应当提出书面申请，并说明理由。商标评审委员会认为确有必要的，可以决定进行口头审理。

当事人请求进行口头审理，但根据案件书面材料已足以查明案件事实的，商标评审委员会可以决定不进行口头审理，并在评审决定、裁定中予以说明。

第四条 申请人请求进行口头审理的，应当在提出评审申请时或者最晚自收到被申请人的答辩书副本之日起三十日内向商标评审委员会提出；被申请人请求进行口头审理的，应当在向商标评审委员会提交答辩书或者补充有关证据材料时一并提出。

第五条 根据审理案件的实际需要，商标评审委员会也可以依职权决定对评审案件进行口头审理。

第六条 商标评审委员会决定进行口头审理的，应当书面通知当事人，告知口头审理的日期、地点、合议组组成人员、口头审理程序、口头审理参加人的权利义务等事项。

当事人应当自收到口头审理通知之日起10日内向商标评审委员会提交口头审理回执。申请合议组组成人员回避的，应随回执一并提出，并说明理由。

当事人期满未提交回执的，视为不参加口头审理。有关当事人不参加口头审理的，商标评审委员会可以决定缺席审理或者取消口头审理。

第七条 参加口头审理的各方人员，包括委托代理人，不应超过两人，但经商标评审委员会同意的除外。

第八条 口头审理进行前，商标评审委员会应当在办公场所、官方网站或者报纸、期刊上对口头审理案件的有关信息予以公告。

第九条 口头审理工作由承办案件的合议组负责，合议组应当由三人以上单数组成，设合议组组长一名。

第十条 口头审理开始前，合议组应当核对口头审理参加人员的身份信息，确认其参加口头审理的资格，并宣布口头审理纪律。

第十一条 口头审理由合议组组长主持。合议组组长宣布口头审理开始后，口头审理调查按照以下顺序进行：

（一）合议组成员介绍案件基本情况，明确案件争议的主要问题；

（二）申请人陈述评审请求；

（三）被申请人答辩。

第十二条 当事人应将其在评审程序中提交的全部证据在口头审理时出示，由对方当事人质证。

第十三条 当事人在质证时应当围绕证据的真实性、关联性、合法性，对证据证明力有无以及证明力大小，进行质疑、说明与辩驳。

质证按照下列顺序进行：

（一）申请人出示证据，被申请人与申请人进行质证；

（二）被申请人出示证据，申请人与被申请人进行质证。

第十四条 经商标评审委员会同意，口头审理可以请证人到场作证。证人不得旁听口头审理。询问证人时，其他证人不得在场。

第十五条 合议组成员可以就有关事实和证据向当事人或者证人提问，可以要求当事人或者证人作出解释；必要时，可以要求证人进行对质。

当事人经合议组许可，可以询问证人。

第十六条 口头审理结束前，由合议组按照申请人、被申请人的先后顺序征询各方最后意见陈述。最后意见陈述后，口头审理结束。

第十七条 口头审理过程中，有关当事人未经许可中途退出审理的，或者因妨碍口头审理进行被合议组责令退出审理的，合议组可以缺席审理，并就退出审理的事实进行记录，由当事人或者合议组签字确认。各方当事人均退出口头审理的，口头审理终止。

口头审理过程中，双方当事人达成和解协议或者有和解意愿的，口头审理终止。

第十八条 书记员或合议组组长指定的合议组成员应当将口头审理的重要事项记入口头审理笔录。除笔录外，合议组还可以使用录音、录像设备进行记录。

口头审理结束后，合议组应将笔录交当事人核实。对笔录的差错，当事人有权要求更正。笔录核实无误后应当由当事人签字并存入案卷。当事人拒绝签字的，由合议组在口头审理笔录中注明。

第十九条 口头审理时，未经商标评审委员会许可不得旁听、拍照、录音和录像。

第二十条 本办法所称“当事人”、“被申请人”包括不予注册复审案件中的原异议人。

第二十一条 本办法自发布之日起实施。

国家工商总局关于深入实施商标品牌战略推进中国品牌建设的意见

工商标字(2017)81 号

各省、自治区、直辖市、计划单列市及副省级市工商和市场监督管理部门，总局机关各司局、直属单位：

2009 年商标战略实施以来，我国商标工作取得了显著成效，实现了商标战略的阶段性目标。当前，我国经济发展进入新常态，党中央、国务院高度重视品牌工作，在《国家创新驱动发展战略纲要》《中国制造 2025》《国务院关于新形势下加快知识产权强国建设的若干意见》《国务院办公厅关于发挥品牌引领作用推动供需结构升级的意见》《中共中央国务院关于完善产权保护制度依法保护产权的意见》等文件中，对品牌建设作出了一系列新的重大部署。在新形势下实施商标品牌战略，是对商标战略的深化和发展，是贯彻落实创新驱动发展战略的必然选择，是推动中国制造向中国创造转变、建设商标品牌强国的迫切要求，是引领供需结构升级的重要举措。为深入实施商标品牌战略，提出如下意见。

一、总体思路

深入实施商标品牌战略，要全面贯彻党的十八大和十八届三中、四中、五中、六中全会精神，统筹推进“五位一体”总体布局和协调推进“四个全面”战略布局，坚持创新、协调、绿色、开放、共享的发展理念，进一步理顺政府、企业和市场的关系，立足职能，优化服务，以深化商事制度改革为契机，以商标注册便利化改革为突破口，以商标品牌有效运用和依法保护为重点，以提升中国品牌竞争力为目标，创新商标品牌战略实施工作理念和举措，着力构建企业自主、市场主导、政府推动、行业促进和社会参与的实施商标品牌战略工作格局，推动实现中国产品向中国品牌转变，促进经济社会持续发展。

二、深化商标注册管理体制改革

（一）持续推进商标注册便利化。稳步提高我国企业注册商标平均拥有量，夯实品牌保护的法律基础。持续拓宽商标申请渠道，增设地方商标受理窗口，大力推行商标网上申请。不断提升商标注册服务水平，引导和推动商标业务办理电子收发文，推广使用电子注册证，为市场主体注册使用自主商标提供更多便利。及时研究修订商品和服务分类，完善更新可注册商品和服务项目。提升商标管理电子化水平和注册商标数据库在基层商标管理中的运用水平。

（二）加强商标注册体制机制建设。积极推进京外商标审查协作中心试点工作，及时推广试点经验，优化京外审查协作中心布局。修订公布《商标申请形式审查标准》和《商标审查审理标准》，积极推行商标独任审查制。探索推进初步裁定和合议环节“双随机”商标评审案件审理模式。

（三）完善商标确权程序。以诚实信用为原则，完善确权机制，在审查、异议、评审等环节加大驰名商标的保护力度。从严从快审理大规模恶意抢注商标案件，有效制止恶意抢注行为。探索完善商标与字号、域名等权利冲突的解决机制。

三、切实加强注册商标行政保护

（四）加大注册商标专用权保护力度。

以驰名商标、地理标志、涉外商标、老字号注册商标为重点，加大商标行政保护力度。立足驰名商标制度立法本意，充分运用驰名商标保护手段加大对知名品牌合法权益的保护，引导企业通过诚实守信和公平竞争做大做强。严厉打击网络商标侵权假冒违法行为，推进线上线下一体化监管。加强对地方商标监管执法工作的指导和协调，制定出台商标行政执法指导意见，积极推动商标行政执法信息共享平台的有效应用，定期发布商标侵权假冒典型案例。推进统一市场监管框架下的知识产权综合管理执法，支持有条件的地方开展试点工作。

（五）推进商标监管规范化。加强商标信用监管，将因商标侵权假冒、违法商标代理行为受到行政处罚等信息纳入国家企业信用信息公示系统，形成对商标失信行为的协同监管和联合惩戒。实施商标“双随机、一公开”监管，根据总局随机抽查事项清单，加强对商标违法行为的检查。有效利用抽查检查结果，积极探索实行风险分类监管。创新商标监管方式，充分利用大数据、云计算等现代信息化手段，探索实行“互联网＋监管”模式，增强对商标违法行为线索的发现、收集和甄别能力。

（六）加强商标执法协作。加强工商和市场监管部门内部商标执法与竞争执法、消费者权益保护、市场监管、企业登记注册、企业监管、广告监管等各业务条线的协同配合，强化与公安、海关、质监等部门的执法协作，推进落实商标行政执法与刑事司法衔接机制，创新与行业协会、电商平台、中介组织合作机制。深入推动京津冀、长三角、泛珠三角地区、西部五省打击商标侵权假冒区域合作，积累经验并在全国推广。促进跨部门、跨区域商标执法信息共享，建立健全联席会议、线索通报、证据移转、案件协查等制度。

四、全面构建品牌培育服务体系

（七）规范发展商标品牌服务业。支持和鼓励商标品牌服务机构不断提升服务水平，在商标品牌设计、价值评估、注册代理、法律服务等环节有力支撑品牌发展。优化空间布局，形成一批商标品牌服务业集聚区。充分发挥商标代理机构在品牌建设中的作用，拓宽服务内容，提高服务能力。建立健全商标代理机构信用档案，完善执业信息披露制度，加强信用监管。发挥商标品牌服务行业组织作用，加强行业自律，制定服务标准，建立健全守信激励、失信惩戒工作机制。

（八）分类指导企业实施商标品牌战略。支持鼓励企业制定符合自身发展特点的商标品牌战略。出台企业商标品牌工作指南，分类指导企业实施商标品牌战略，健全商标品牌管理体系，发挥商标品牌引领作用，带动技术创新能力、产品和服务质量、市场营销水平、企业文化等全面协调发展，打造知名品牌，提升我国品牌在国际知名的品牌价值排行榜位次和上榜数量。

（九）提高企业商标品牌资产运用能力。积极拓宽融资渠道，推进地方注册商标质权登记申请受理点建设，帮助企业特别是中小微企业解决融资难题。引导企业开展商标品牌资本化运作，在企业并购、股权流转、对外投资等活动中，加强商标品牌资产评估管理。创新商标授权使用形式。进一步加强注册商标连续三年不使用撤销审查，促进注册商标使用。强化商标交易监管，加强交易规则和监管制度研究设计，切实规范商标交易行为，防止恶意抢注并转让牟利。

（十）开展商标品牌创业创新基地建设。统筹推进商标受理窗口、注册商标质权登记申请受理点等公共服务资源与地方发展相结合，建设商标品牌创业创新基地，发挥基地的辐射带动作用，有效促进产业集群、地理标志产业区、商标密集型产业集聚区、商标品牌服务业集聚区的品牌培育。

（十一）规范发展商标品牌价值评价体系。加强品牌商誉保护，完善商标产权评估制度，有效促进商标产权的运用与保护。支持中国商标品牌研究院等研究机构建立科学的商标品牌价值评价体系和标准，稳步开展商标品牌价值评价工作，发布《中国商标品牌价值排行榜》和《中国商标品牌发展报告》。

五、统筹推进产业区域品牌建设

（十二）加强部门行业协作。促进商标品牌政策与产业、科技、贸易政策等的衔接，推动商标品牌建设各支撑要素的协同发展。积极推进与产业、行业协会的合作，开展产业、行业商标品牌发展规划研究，结合行业发展特点引导行业商标品牌管理精细化。积极引导战略性新兴产业加强商标品牌培育和保护。推动中华老字号改革创新发展。

（十三）推进农业品牌化建设。坚持把提高质量效益作为主攻方向，向品牌经营要利润。加强对农民、农村经济组织和涉农企业的商标法律宣传，积极引导注册并依法规范使用农产品商标以及地理标志商标。适时开展地理标志资源调查工作，运用地理标志精准扶贫。及时总结推广“商标富农”工作经验，搭建交流平台，不断健全农业商标品牌建设工作机制，推动农业加快转变发展方式。大力推行“公司＋商标品牌（地理标志）＋农户”产业化经营模式，进一步提高农民进入市场的组织化程度。

（十四）提升制造业品牌建设水平。贯彻落实《中国制造 2025》，按照大力发展先进制造业，改造提升传统产业，推动生产型制造向服务型制造转变的要求，加强自主品牌培育。健全集体商标、证明商标注册管理制度，推动产业集群品牌的注册和保护。研究制定产业集群品牌管理措施，打造一批特色鲜明、竞争力强、市场信誉好的产业集群区域品牌。推进制造业企业信用体系建设，建设中国制造信用数据库。

（十五）促进服务业品牌发展。在大力推进传统服务业以商标品牌为核心转型升级的基础上，以研发设计、信息、物流、商务、金融、会展、广告等现代服务业为重点，加强品牌建设，提升对生产的服务支撑能力。加快发展生活性服务业，推动服务业向高端发展。鼓励商业模式创新和业态创新，及时对新业态、新服务提供商标保护。

（十六）健全区域商标品牌培育制度。鼓励支持各地结合区域产业特色加强区域品牌培育，制定区域商标品牌发展规划。支持有条件的地区率先发展，开展商标品牌建设局（部）省战略合作。支持和指导地方建立科学有效的商标品牌工作评价体系。加快推动条件成熟的地区成立品牌指导站。推广品牌基地建设等成功经验，促进品牌经济与产业发展、区域发展深度融合，不断提高区域经济的综合竞争力。

六、大力开拓品牌发展国际空间

（十七）参与构建更加公平合理的商标领域国际规则体系。主动参与商标领域国际规则制定，提高我国商标领域的制度性话语权和影响力。积极参与多边双边自贸区商标领域规则谈判，为中国品牌“走出去”构建更加公平的国际营商环境。

（十八）加强商标品牌对外合作机制建设。加强与世界知识产权组织合作，开展“中国商标金奖”评选活动。深化同主要国家商标主管部门合作，积极参与商标五方会谈项目合作，进一步扩大与其他国家商标主管部门合作范围。探索建立“一带一路”沿线国家和地区商标案件协处机制，维护我国企业商标合法权益。推动国内行业协会、服务机构与国外相关组织合作交流，服务中国企业参与竞争。

（十九）支持企业运用商标品牌参与国际竞争。引导企业在实施“走出去”战略中“商标先行”，通过马德里商标国际注册等途径，加强商标海外布局规划，拓展商标海外布局渠道。稳步提升我国企业马德里商标国际注册数量。鼓励企业持自主商标品牌出口产品，加快培育以商标品牌为核心的国际竞争新优势。引导鼓励有条件的优势企业打造全球知名品牌，收购海外知名品牌，向全球价值链高端延伸。

（二十）助力企业提升商标品牌国际影响力。加大自主商标品牌海外宣传支持力度。鼓励企业持自主商标品牌参加中国国际商标品牌节和其他国际展会、博览会，拓展商标品牌国际营销渠道。支持企业创新“互联网＋品牌”营销新模式，综合运用跨境电商、外贸综合服务平台等新兴业态，扩大中国品牌国际影响。

（二十一）健全企业商标海外维权协调机制。探索建立中国企业商标海外维权信息收集平台。进一步加大海外商标维权援助力度，利用多边双边会谈机制，适时提出诉求，协助企业解决海外商标注册与维权问题。指导企业建立商标海外侵权预警和应对制度，提升海外风险防控能力。提升中介机构商标海外维权法律服务水平。

七、组织实施和保障措施

（二十二）加强组织领导。国家工商总局商标战略实施领导小组更名为商标品牌战略实施领导小组，统筹协调商标品牌战略实施的全局性工作，指导、督促、检查政策措施的落实。各地要高度重视，健全工作机制，细化政策措施，结合实际研究制定具体实施方案和配套政策，加强向当地党委、政府的请示汇报和与相关部门的协调配合，确保各项措施有效落实。

（二十三）加强宣传引导。做好舆论宣传，及时宣传报道商标品牌战略实施工作的新进展、新成效，增强全社会的商标品牌意识，为深入实施商标品牌战略营造良好氛围。鼓励支持学术界教育界推出优秀商标品牌研究成果和普及读物。在中小学、高校、各级行政学院、社会主义学院开展树立商标品牌意识和创新意识的宣传活动。建设中国商标品牌网上博物馆。

（二十四）加强理论研究。设立中国商标品牌战略专家委员会，完善商标品牌战略决策咨询机制。根据商标品牌战略实施的需要，适时推动《商标法》等法律法规的修订。开展商标密集型产业的跟踪、研究与分析。推动中国商标品牌研究院等商标品牌理论研究平台发展，探索构建商标品牌对经济发展贡献率的指标体系。支持商标品牌领域的智库建设和交流。

（二十五）加强人才培养。加大对商标品牌管理人员、审查审理人员、一线执法人员和商标代理人员的培训力度。加快建设国家和各省商标品牌人才库和专业人才信息网络平台。支持高等院校有关专业开设商标品牌课程，培养商标品牌培育、运用、管理等专业人才。

（二十六）加强经费保障。建立商标品牌战略实施经费专项预算和拨付制度。加强商标战略实施项目经费的立项、评审、申报和绩效管理工作，保障战略实施工作的相关经费。

国家工商行政管理总局
2017年5月17日

国家工商总局关于深化商标注册便利化改革切实提高商标注册效率的意见

工商标字〔2017〕213号

各省、自治区、直辖市及计划单列市、副省级市工商行政管理局、市场监督管理部门，总局机关各司局、直属单位：

为深入贯彻党的十九大精神，全面落

实习近平新时代中国特色社会主义思想，按照党的十九大报告关于“强化知识产权创造、保护、运用”的明确要求，落实国务院《“十三五”市场监管规划》关于实施商标品牌战略的部署，进一步提高商标审查质量和审查效率，充分发挥品牌引领经济发展的重要作用，创造良好营商环境，现就深化商标注册便利化改革提出以下意见。

一、强化改革力度，明确改革目标

按照党中央、国务院决策部署，围绕深入实施商标品牌战略，深化商标注册便利化改革，完善商标审查体制机制，聚焦国际领先水平，促进商标审查质量和效率全面提升，有效应对商标注册申请量高速增长的态势，进一步缩短商标审查业务周期。在 2017 年底实现商标注册申请受理通知书发放时间由 3 个月压缩到 2 个月、商标注册审查周期由 9 个月压缩到 8 个月的基础上，2018 年底前实现以下目标：商标注册申请受理通知书发放时间由 2 个月压缩到 1 个月，商标注册审查周期由 8 个月压缩到 6 个月，商标转让审查周期由 6 个月压缩到 4 个月，商标变更、续展审查周期由 3 个月压缩到 2 个月，商标检索盲期由 3 个月压缩到 2 个月。

二、推进简政放权，改革体制机制

（一）加快建设商标审查协作中心。在现有商标审查协作中心形成规模化审查能力基础上，重庆商标审查协作中心 2018 年 4 月形成实际审查能力。同时，根据商标申请量增长实际，统筹增设 2 至 3 个京外商标审查协作中心。现有商标审查协作中心根据承担的审查任务，适度扩大规模和人员数量。

（二）提升地方商标受理窗口服务水平。加快地方商标受理窗口申请设置审批，将原来的集中审批改为随申请随审批。开通地方商标受理窗口网上申请权限，增设个人网上申请自助终端，扩展受理商标业务范围。安排人员指导当事人提交网上申请，增加商标业务流程信息查询、商标注册申请受理通知书打印发放等功能，提供商标业务咨询，进一步增强公共服务能力。

（三）加强对各商标审查协作中心的指导与监管。加强审查人员岗位资格考核和审查质量监督管理，严格落实商标工作各环节的时限要求，实现对审查人员、审查内容的双随机抽检。加强审查标准、工作规程执行的监督指导，定期召开各商标审查协作中心参加的审查业务会议，共同研究商标审查业务重大问题，确保审查标准执行一致。

三、优化审查流程，提高审查效率

（四）加快商标注册申请受理通知书发放。加大扫描录入、书式审查等前期处理能力，优化流程环节，强化节点管控，量化目标任务。2018 年上半年实现商标注册申请受理通知书电子发文、当事人网上自行打印，进一步缩短发放时间。

（五）缩短商标检索盲期。调配增加各商标审查协作中心形式审查能力，按实质审查工作比例，充实形式审查工作人员，调整优化形式审查工作流程，明显缩短外网检索盲期。

（六）推广商标业务电子发文。整合精简现有 400 多种商标书式，推动商标业务发文逐步由纸质邮寄转化成电子发放。加快推进电子送达和电子注册证系统的建设，提高流程信息透明度，开通短信和邮件提示功能，取代和优化部分纸质发文功能。

（七）提高变更、转让、续展审查效率。继续发挥商标后续业务快速审查通道作用，支持实体经济发展。合理分配京外商标审查协作中心承担变更、转让、续展审查任务。规范商标变更、转让、续展审查标准，优化工作流程。引导当事人通过网上申请方式办理商标变更、转让、续展，提升网上申请占比。

（八）推进商标审查工作独任制。根据

商标申请量的增长，适度扩充实质审查人员数量，加强独任审查人员培养，优化独任资格考核，扩大独任审查员规模。加快京外商标审查协作中心商标审查能力建设，缩短商标实质审查周期。

四、强化技术支撑，提升智能水平

（九）全面推进商标注册申请全程电子化。在已经实施商标电子公告的基础上，2017年底实现商标初步审定后一周内刊发初审公告，自申请到发放商标注册证的周期整体缩短1至2个月。加快商标电子送达和电子注册证系统的建设工作，同时推动商标评审、异议、撤销三年不使用等网上申请建设规划立项工作，2019年完成商标公共服务的全程电子化系统建设。

（十）提升商标审查智能化水平。继续完善、优化商标注册与管理自动化系统，提高审查系统稳定性及运行速度，为保障审查效率提供技术支撑。建立商标案例数据库，便于查阅检索历史资料。建立智能审查辅助系统，运用大数据、云计算、全文检索等先进技术手段，辅助生成审查审理意见。探索图形商标智能化检索技术，研究通过图像识别、机器学习、人工智能技术优化商标审查检索结果，提升商标图形检索质量和效能。

五、推动法律修改，夯实改革基础

（十一）研究简化商标申请受理条件和审查事项。论证取消提交主体资格证明文件的要求，简化申请材料。论证补正、缴费环节后置，便于受理通知书先行发放。论证取消相对理由审查的可行性。

（十二）论证改革商标异议和评审程序。研究将异议申请的法定期限由3个月缩短到2个月，将补充证据期限由3个月缩短到2个月，压缩商标确权周期。

（十三）探索增强注册商标的使用义务。论证建立依职权清理闲置注册商标的制度，增加商标权利人在注册后一定时间内及续展时提供使用证据的义务，杜绝商标囤积情况和为买卖而注册商标。加大对侵权假冒行为的处罚力度。

六、加强宣传引导，促进社会共治

（十四）加大商标法律知识的宣传普及。发挥总局门户网站、中国商标网普法宣传功能。建立商标法律普及宣传长效机制，充分运用互联网传播平台，推进“互联网＋商标法律宣传”行动。积极开展“4·26全国知识产权宣传周”“5·10中国品牌日”等专题活动。发布中国商标品牌战略年度发展报告。

（十五）努力提升社会共治水平。加强与电商平台、实体商超等经营主体的沟通，引导其正确认识商标文书的法律意义，避免给商标申请人增加额外义务，回应利益相关方对商标文书的正常诉求。充分发挥商标代理机构对商标工作的积极作用，促使其正确引导商标申请人对商标工作的认识和商标申请的预期，进一步提高商标代理的质量和水平，减少商标申请补正、不予受理、驳回及被提起异议的概率，增加商标申请人的满意度。

七、精心组织实施，确保改革成效

（十六）统一思想认识。加强思想引导，切实把思想和行动统一到习近平总书记在十九大报告中关于“强化知识产权创造、保护、运用”的要求上来，统一到总局党组关于深化商标注册便利化改革的决策部署上来，深刻认识理解进一步完善商标审查体制机制、提高商标审查质量和审查效率的重要性和紧迫性。

（十七）加强组织领导。工商总局商标改革领导小组负责总体规划，全面协调统筹推进改革工作，研究解决改革进程中遇到的重大问题。

（十八）完善协调机制。建立商标工作联席会议制度，健全工作沟通机制，确保商标业务工作的顺利推进。总局相关司局和直属单位支持各商标审查协作中心开展工作，发挥职能作用。

（十九）及时保障经费。适应改革任务需求，加强商标业务经费和信息化建设经费保障。适度调整商标申请单件成本，按年度审查数量和质量及时核算拨付商标审查协作中心经费。

（二十）建设人才队伍。努力推进商标审查审理队伍专业化建设，不断优化调整充实审查审理人员力量。支持京外商标审查协作中心的机构设置和人员编制等工作。开展总局相关司局与京外商标审查协作中心干部双向挂职工作。强化商标辅助人员的长效管理和培训。

各单位要统一思想，凝聚共识，形成合力，把党的十九大报告提出“加快建设创新型国家”“强化知识产权创造、保护、运用”的要求落到实处，回应社会关切，满足社会诉求，解决企业的实际问题，以商标注册便利化改革为抓手，深入实施商标品牌战略，推动实现中国产品向中国品牌转变，促进经济社会持续健康快速发展。

国家工商行政管理总局
2017 年 11 月 14 日

关于修改《专利审查指南》的决定（2017）（局令第 74 号）

第七十四号

《国家知识产权局关于修改〈专利审查指南〉的决定》已经局务会审议通过，现予公布，自 2017 年 4 月 1 日起施行。

局长　申长雨
2017 年 2 月 28 日

国家知识产权局关于修改《专利审查指南》的决定

国家知识产权局决定对《专利审查指南》作如下修改：

一、第二部分第一章第 4.2 节的修改

在《专利审查指南》第二部分第一章第 4.2 节第（2）项之后新增一段，内容如下：

【例如】

涉及商业模式的权利要求，如果既包含商业规则和方法的内容，又包含技术特征，则不应当依据专利法第二十五条排除其获得专利权的可能性。

本节其他内容无修改。

二、第二部分第九章第 2 节的修改

将《专利审查指南》第二部分第九章第 2 节第（1）项第一段中的“仅仅记录在载体（例如磁带、磁盘、光盘、磁光盘、ROM、PROM、VCD、DVD 或者其他的计算机可读介质）上的计算机程序”修改为“仅仅记录在载体（例如磁带、磁盘、光盘、磁光盘、ROM、PROM、VCD、DVD 或者其他的计算机可读介质）上的计算机程序本身”。

将《专利审查指南》第二部分第九章第 2 节第（1）项第三段第一句中的“仅由所记录的程序限定的计算机可读存储介质”修改为“仅由所记录的程序本身限定的计算机可读存储介质”。

本节其他内容无修改。

三、第二部分第九章第3节的修改

删除《专利审查指南》第二部分第九章第3节第(3)项中的例9。

四、第二部分第九章第5.2节的修改

将《专利审查指南》第二部分第九章第5.2节第1段第1句中的“即实现该方法的装置”修改为“例如实现该方法的装置”。

将《专利审查指南》第二部分第九章第5.2节第1段第3句中的“并详细描述该计算机程序的各项功能是由哪些组成部分完成以及如何完成这些功能”修改为“所述组成部分不仅可以包括硬件,还可以包括程序”。

将《专利审查指南》第二部分第九章第5.2节第2段中所有的“功能模块”修改为“程序模块”。

本节其他内容无修改。

五、第二部分第十章第3节的修改

在《专利审查指南》第二部分第十章第3节中新增第3.5节,将第3.4节第(2)项移至第3.5节并作修改,第3.5节的内容如下:

3.5　关于补交的实验数据

判断说明书是否充分公开,以原说明书和权利要求书记载的内容为准。

对于申请日之后补交的实验数据,审查员应当予以审查。补交实验数据所证明的技术效果应当是所属技术领域的技术人员能够从专利申请公开的内容中得到的。

本节其他内容无修改。

六、第四部分第三章第4.2节的修改

将《专利审查指南》第四部分第三章第4.2节第(2)项(i)修改为:

(i)针对专利权人以删除以外的方式修改的权利要求,在专利复审委员会指定期限内针对修改内容增加无效宣告理由,并在该期限内对所增加的无效宣告理由具体说明的;

本节其他内容无修改。

七、第四部分第三章第4.3.1节的修改

删除《专利审查指南》第四部分第三章第4.3.1节第(2)项(i)中的“以合并方式修改的权利要求或者”。

本节其他内容无修改。

八、第四部分第三章第4.6.2节的修改

将《专利审查指南》第四部分第三章第4.6.2节第1段修改为:

在满足上述修改原则的前提下,修改权利要求书的具体方式一般限于权利要求的删除、技术方案的删除、权利要求的进一步限定、明显错误的修正。

删除《专利审查指南》第四部分第三章第4.6.2节第3段,将第4段作为第3段,并新增1段作为第4段,内容如下:

权利要求的进一步限定是指在权利要求中补入其他权利要求中记载的一个或者多个技术特征,以缩小保护范围。

本节其他内容无修改。

九、第四部分第三章第4.6.3节的修改

将《专利审查指南》第四部分第三章第4.6.3节第2段中的“以合并的方式修改权利要求书”修改为“以删除以外的方式修改权利要求书”。

本节其他内容无修改。

十、第五部分第四章第5.2节的修改

将《专利审查指南》第五部分第四章第5.2节第(2)项修改为:

(2)对于已经公布但尚未公告授予专利权的发明专利申请案卷,可以查阅和复制该专利申请案卷中的有关内容,包括:申请文件,与申请直接有关的手续文件,公布文件,在初步审查程序中向申请人发出的通知书和决定书、申请人对通知书的答复意见正文，以及在实质审查程序中向申请人发出的通知书、检索报告和决定书。

将《专利审查指南》第五部分第四章第5.2节第(3)项修改为：

(3)对于已经公告授予专利权的专利申请案卷，可以查阅和复制的内容包括：申请文件，优先权文件，与申请直接有关的手续文件，发明专利申请单行本，发明专利、实用新型专利和外观设计专利单行本，专利登记簿，专利权评价报告，以及在各已审结的审查程序(包括初步审查、实质审查、复审和无效宣告等)中专利局、专利复审委员会向申请人或者有关当事人发出的通知书、检索报告和决定书、申请人或者有关当事人对通知书的答复意见。

删除《专利审查指南》第五部分第四章第5.2节第(5)项。

本节其他内容无修改。

十一、第五部分第七章第7.4.2节的修改

将《专利审查指南》第五部分第七章第7.4.2节修改为：

7.4.2 因协助执行财产保全而中止的期限

对于人民法院要求专利局协助执行财产保全而执行中止程序的，按照民事裁定书及协助执行通知书写明的财产保全期限中止有关程序。

人民法院要求继续采取财产保全措施的，应当在中止期限届满前将继续保全的协助执行通知书送达专利局，经审核符合本章第7.3.2.1节规定的，中止期限予以续展。

十二、第五部分第七章第7.4.3节的修改

删除《专利审查指南》第五部分第七章第7.4.3节中的“或者应人民法院要求协助执行财产保全的中止”。

本节其他内容无修改。

十三、第五部分第七章第7.5.2节的修改

将《专利审查指南》第五部分第七章第7.5.2节中的“中止期限为六个月”修改为“中止期限为民事裁定书及协助执行通知书写明的财产保全期限”。

本节其他内容无修改。

本决定自2017年4月1日起施行。

关于规范专利申请行为的若干规定(2017)(局令第75号)

第七十五号

《国家知识产权局关于修改〈关于规范专利申请行为的若干规定〉的决定》已经局务会审议通过，现予公布，自2017年4月1日起施行。

局长 申长雨

2017年2月28日

国家知识产权局关于修改《关于规范专利申请行为的若干规定》的决定

国家知识产权局决定对《关于规范专利申请行为的若干规定》作如下修改：

一、第三条的修改

删去第一项中的“或者指使他人提交多件内容明显相同的专利申请”；

删去第二项中的“或者指使他人提交多件明显抄袭现有技术或者现有设计的专利申请”；

增加一项，作为第三项：

“（三）同一单位或者个人提交多件不同材料、组分、配比、部件等简单替换或者拼凑的专利申请；”

增加一项，作为第四项：

“（四）同一单位或者个人提交多件实验数据或者技术效果明显编造的专利申请；”

增加一项，作为第五项：

“（五）同一单位或者个人提交多件利用计算机技术等随机生成产品形状、图案或者色彩的专利申请；”

将第三项改为第六项，修改为：

“（六）帮助他人提交或者专利代理机构代理提交本条第一项至第五项所述类型的专利申请。”

二、第四条的修改

删去“国家知识产权局对非正常申请专利的行为”中的“国家知识产权局”；

将第一项修改为：

“（一）不予减缴专利费用；已经减缴的，要求补缴已经减缴的费用；情节严重的，自本年度起五年内不予减缴专利费用；”

第二项中增加“并纳入全国信用信息共享平台”；

将第四项修改为：

“各级知识产权局不予资助或者奖励；已经资助或者奖励的，全部或者部分追还；情节严重的，自本年度起五年内不予资助或者奖励；”

删去第五项中的两处“建议”。

三、第五条的修改

将本条修改为：

“采取本规定第四条所列处理措施前，必要时应当给予当事人陈述意见的机会。”

四、第六条的修改

将“各地人民政府管理专利工作的部门”修改为“各级知识产权局”。

本决定自2017年4月1日起施行。

《专利优先审查管理办法》(2017)(第76号)

第七十六号

《专利优先审查管理办法》已经局务会审议通过，现予公布，自2017年8月1日起施行。

局长　申长雨

2017年6月27日

专利优先审查管理办法

第一条　为了促进产业结构优化升级，推进国家知识产权战略实施和知识产权强国建设，服务创新驱动发展，完善专利审查程序，根据《中华人民共和国专利法》

和《中华人民共和国专利法实施细则》(以下简称专利法实施细则)的有关规定，制定本办法。

第二条 下列专利申请或者案件的优先审查适用本办法：

(一)实质审查阶段的发明专利申请；

(二)实用新型和外观设计专利申请；

(三)发明、实用新型和外观设计专利申请的复审；

(四)发明、实用新型和外观设计专利的无效宣告。

依据国家知识产权局与其他国家或者地区专利审查机构签订的双边或者多边协议开展优先审查的，按照有关规定处理，不适用本办法。

第三条 有下列情形之一的专利申请或者专利复审案件，可以请求优先审查：

(一)涉及节能环保、新一代信息技术、生物、高端装备制造、新能源、新材料、新能源汽车、智能制造等国家重点发展产业；

(二)涉及各省级和设区的市级人民政府重点鼓励的产业；

(三)涉及互联网、大数据、云计算等领域且技术或者产品更新速度快；

(四)专利申请人或者复审请求人已经做好实施准备或者已经开始实施，或者有证据证明他人正在实施其发明创造；

(五)就相同主题首次在中国提出专利申请又向其他国家或者地区提出申请的该中国首次申请；

(六)其他对国家利益或者公共利益具有重大意义需要优先审查。

第四条 有下列情形之一的无效宣告案件，可以请求优先审查：

(一)针对无效宣告案件涉及的专利发生侵权纠纷，当事人已请求地方知识产权局处理、向人民法院起诉或者请求仲裁调解组织仲裁调解；

(二)无效宣告案件涉及的专利对国家利益或者公共利益具有重大意义。

第五条 对专利申请、专利复审案件提出优先审查请求，应当经全体申请人或者全体复审请求人同意；对无效宣告案件提出优先审查请求，应当经无效宣告请求人或者全体专利权人同意。

处理、审理涉案专利侵权纠纷的地方知识产权局、人民法院或者仲裁调解组织可以对无效宣告案件提出优先审查请求。

第六条 对专利申请、专利复审案件、无效宣告案件进行优先审查的数量，由国家知识产权局根据不同专业技术领域的审查能力、上一年度专利授权量以及本年度待审案件数量等情况确定。

第七条 请求优先审查的专利申请或者专利复审案件应当采用电子申请方式。

第八条 申请人提出发明、实用新型、外观设计专利申请优先审查请求的，应当提交优先审查请求书、现有技术或者现有设计信息材料和相关证明文件；除本办法第三条第五项的情形外，优先审查请求书应当由国务院相关部门或者省级知识产权局签署推荐意见。

当事人提出专利复审、无效宣告案件优先审查请求的，应当提交优先审查请求书和相关证明文件；除在实质审查或者初步审查程序中已经进行优先审查的专利复审案件外，优先审查请求书应当由国务院相关部门或者省级知识产权局签署推荐意见。

地方知识产权局、人民法院、仲裁调解组织提出无效宣告案件优先审查请求的，应当提交优先审查请求书并说明理由。

第九条 国家知识产权局受理和审核优先审查请求后，应当及时将审核意见通知优先审查请求人。

第十条 国家知识产权局同意进行优先审查的，应当自同意之日起，在以下期限内结案：

(一)发明专利申请在四十五日内发出第一次审查意见通知书，并在一年内结案；

(二)实用新型和外观设计专利申请在两个月内结案；

（三）专利复审案件在七个月内结案；

（四）发明和实用新型专利无效宣告案件在五个月内结案，外观设计专利无效宣告案件在四个月内结案。

第十一条 对于优先审查的专利申请，申请人应当尽快作出答复或者补正。申请人答复发明专利审查意见通知书的期限为通知书发文日起两个月，申请人答复实用新型和外观设计专利审查意见通知书的期限为通知书发文日起十五日。

第十二条 对于优先审查的专利申请，有下列情形之一的，国家知识产权局可以停止优先审查程序，按普通程序处理，并及时通知优先审查请求人：

（一）优先审查请求获得同意后，申请人根据专利法实施细则第五十一条第一、二款对申请文件提出修改；

（二）申请人答复期限超过本办法第十一条规定的期限；

（三）申请人提交虚假材料；

（四）在审查过程中发现为非正常专利申请。

第十三条 对于优先审查的专利复审或者无效宣告案件，有下列情形之一的，专利复审委员会可以停止优先审查程序，按普通程序处理，并及时通知优先审查请求人：

（一）复审请求人延期答复；

（二）优先审查请求获得同意后，无效宣告请求人补充证据和理由；

（三）优先审查请求获得同意后，专利权人以删除以外的方式修改权利要求书；

（四）专利复审或者无效宣告程序被中止；

（五）案件审理依赖于其他案件的审查结论；

（六）疑难案件，并经专利复审委员会主任批准。

第十四条 本办法由国家知识产权局负责解释。

第十五条 本办法自 2017 年 8 月 1 日起施行。2012 年 8 月 1 日起施行的《发明专利申请优先审查管理办法》同时废止。

关于执行新的行政事业性收费标准的公告（第 244 号）

国家知识产权局公告

第二四四号

为进一步规范行政事业性收费标准，根据《国家发展改革委 财政部关于重新核发国家知识产权局行政事业性收费标准等有关问题的通知》（发改价格〔2017〕270 号）精神，国家知识产权局将于 2017 年 7 月 1 日起执行新的行政事业性收费标准，现将收费标准公告如下：

国家知识产权局行政事业性收费标准

一、专利收费（金额单位：人民币元）

专利收费—国内部分	
（一）申请费	
1. 发明专利	900
2. 实用新型专利	500
3. 外观设计专利	500
（二）申请附加费	

续表

专利收费—国内部分	
1. 权利要求附加费从第 11 项起每项加收	150
2. 说明书附加费从第 31 页起每页加收	50
从第 301 页起每页加收	100
(三)公告、公布印刷费	50
(四)优先权要求费(每项)	80
(五)发明专利申请实质审查费	2500
(六)复审费	
1. 发明专利	1000
2. 实用新型专利	300
3. 外观设计专利	300
(七)专利登记费	
1. 发明专利	200
2. 实用新型专利	150
3. 外观设计专利	150
(八)年费	
1. 发明专利	
1—3 年(每年)	900
4—6 年(每年)	1200
7—9 年(每年)	2000
10—12 年(每年)	4000
13—15 年(每年)	6000
16—20 年(每年)	8000
2. 实用新型专利、外观设计专利	
1—3 年(每年)	600
4—5 年(每年)	900
6—8 年(每年)	1200
9—10 年(每年)	2000
(九)年费滞纳金	
每超过规定的缴费时间 1 个月,加收当年全额年费的 5%	
(十)恢复权利请求费	1000
(十一)延长期限请求费	
1. 第一次延长期限请求费(每月)	300

续表

专利收费—国内部分	
2. 再次延长期限请求费(每月)	2000
(十二)著录事项变更费	
1. 发明人、申请人、专利权人的变更	200
2. 专利代理机构、代理人委托关系的变更	50
(十三)专利权评价报告请求费	
1. 实用新型专利	2400
2. 外观设计专利	2400
(十四)无效宣告请求费	
1. 发明专利权	3000
2. 实用新型专利权	1500
3. 外观设计专利权	1500
(十五)专利文件副本证明费(每份)	30
注:对经济困难的专利申请人或专利权人的专利收费减缴按照《专利收费减缴办法》有关规定执行。	
专利收费—PCT 申请收费	
(一)PCT 申请国际阶段部分	
1. 国家知识产权局代世界知识产权组织国际局收取的费用	
国家知识产权局代世界知识产权组织国际局收取的费用(国际申请费、手续费),其收费标准和减缴规定参照《专利合作条约实施细则》执行,实际收费以国家知识产权局确定的国际申请日所在月国家外汇管理局公布的汇率计算。	
2. 国家知识产权局收取的费用	
(1)传送费	500
(2)检索费	2100
附加检索费	2100
(3)优先权文件费	150
(4)初步审查费	1500
初步审查附加费	1500
(5)单一性异议费	200
(6)副本复制费(每页)	2

续表

专利收费—PCT 申请收费	
(7)后提交费	200
(8)恢复权利请求费	1000
(9)滞纳金　按应交费用的 50%计收，最低不少于传送费，最高不超过《专利合作条约实施细则》中国际申请费的 50%。	
(二)PCT 申请进入中国国家阶段部分	
1. 宽限费	1000
2. 译文改正费	
初审阶段	300
实审阶段	1200
3. 单一性恢复费	900
4. 优先权恢复费	1000
注：由中国国家知识产权局作为受理局受理的 PCT 申请在进入国家阶段时免缴申请费及申请附加费；提出实质审查请求时，减缴 50%的实质审查费。 由中国国家知识产权局作出国际检索报告或专利性国际初步报告的 PCT 申请，在进入国家阶段并提出实质审查请求时，免缴实质审查费。 由欧洲专利局、日本特许厅、瑞典专利局三个国际检索单位作出国际检索报告的 PCT 申请，在进入国家阶段并提出实质审查请求时，减缴 20%的实质审查费。 PCT 申请进入中国国家阶段的其他收费标准依照国内部分执行。	

续表

专利收费—依据约定收费
国家知识产权局在为其他国家和地区的专利申请提供检索和审查服务时，收取的专利收费标准按双方约定执行。

二、集成电路布图设计保护费标准(金额单位：人民币元)

(一)布图设计登记费(每件)	2000
(二)布图设计登记复审请求费(每件)	2000
(三)著录事项变更手续费(每件每次)	100
(四)延长期限请求费(每件每次)	300
(五)恢复布图设计登记权利请求费(每件)	1000
(六)非自愿许可使用布图设计请求费(每件)	300
(七)非自愿许可使用布图设计支付报酬裁决费(每件)	300

三、专利代理人资格考试考务费标准

国家知识产权局在组织全国专利代理人资格考试时，向各省(自治区、直辖市)知识产权局收取的考务费标准，按照《国家发展改革委 财政部关于改革全国性职业资格考试收费标准管理方式的通知》(发改价格〔2015〕1217 号)有关规定执行，在国家规定的收费标准上限范围内按成本补偿原则自行确定。

国家知识产权局
2017 年 6 月 16 日

关于执行新的集成电路布图设计保护费收费标准的公告(第 246 号)

国家知识产权局公告

第二四六号

根据《国家发展改革委 财政部关于降低电信网码号资源占用费等部分行政事业性收费标准的通知》(发改价格〔2017〕1186号)精神,国家知识产权局将于 2017 年 7 月 1 日起执行新的集成电路布图设计保护费收费标准,原国家知识产权局第 244 号公告涉及集成电路布图设计保护费收费标准同时废止。现将执行标准公告如下:

集成电路布图设计保护费标准(金额单位:人民币元)

(一)布图设计登记费(每件)	1000
(二)布图设计登记复审请求费(每件)	1000
(三)著录事项变更手续费(每件每次)	50
(四)延长期限请求费(每件每次)	150
(五)恢复布图设计登记权利请求费(每件)	500
(六)非自愿许可使用布图设计请求费(每件)	150
(七)非自愿许可使用布图设计支付报酬裁决费(每件)	150

国家知识产权局

2017 年 6 月 30 日

中国法院2017年度典型案例

中国法院2017年度十大知识产权案件

案例1　王老吉加多宝知名商品特有包装装潢纠纷案

加多宝公司与大健康公司、广药集团擅自使用知名商品特有包装装潢纠纷两案

[最高人民法院(2015)民三终字第2号、第3号民事判决书]

一、案情摘要

2012年7月6日，广药集团与加多宝公司于同日分别向法院提起诉讼，均主张享有“红罐王老吉凉茶”知名商品特有包装装潢的权益，并据此诉指对方生产销售的红罐凉茶商品的包装装潢构成侵权。一审法院认为，“红罐王老吉凉茶”包装装潢的权益享有者应为广药集团，大健康公司经广药集团授权生产销售的红罐凉茶不构成侵权。由于加多宝公司不享有涉案包装装潢权益，故其生产销售的一面“王老吉”、一面“加多宝”和两面“加多宝”的红罐凉茶均构成侵权。一审法院遂判令加多宝公司停止侵权行为，刊登声明消除影响，并赔偿广药集团经济损失1.5亿元及合理维权费用26万余元。加多宝公司不服两案一审判决，向最高人民法院提起上诉。最高人民法院终审判决认为，本案中的知名商品为“红罐王老吉凉茶”，在红罐王老吉凉茶产品的罐体上包括“黄色王老吉文字、红色底色等色彩、图案及其排列组合等组成部分在内的整体内容”，为知名商品的特有包装装潢。广药集团与加多宝公司均主张对“红罐王老吉凉茶”的特有包装装潢享有权益，最高人民法院对此认为，结合“红罐王老吉凉茶”的历史发展过程、双方的合作背景、消费者的认知及公平原则的考量，因广药集团及其前身、加多宝公司及其关联企业，均对涉案包装装潢权益的形成、发展和商誉建树，各自发挥了积极的作用，将涉案包装装潢权益完全判归一方所有，均会导致显失公平的结果，并可能损及社会公众利益。因此，涉案知名商品特有包装装潢权益，在遵循诚实信用原则和尊重消费者认知并不损害他人合法权益的前提下，可由广药集团与加多宝公司共同享有。在此基础上，广药集团所称加多宝公司生产销售的红罐凉茶商品，以及加多宝公司所称大健康公司根据广药集团授权生产销售的红罐凉茶商品构成擅自使用他人知名商品特有包装装潢权益的主张，均不能成立，对广药集团及加多宝公司的诉讼请求均予以驳回。

二、典型意义

最高人民法院公开开庭审理、宣判王老吉、加多宝包装装潢纠纷两案，新闻媒体、社会公众高度关注。两案宣判后，人民日报、中央电视台、新华社等主流媒体均在第一时间进行了报道。社会舆论高度赞赏最高人民法院判决“用法治收获双赢”，凸显“司法智慧”。境内外媒体高度肯定本案判决对类似案件审判起到的指导作用，认为本案具有重大标杆意义。与此同时，共享判决释放出“平等保护不同产权”的积极信号，推动行业不断向前发展也受到社会各界认可。此外，两案的判决结果也获得了双方当事人的尊重，实现了法律效果与社会效果的高度统一。

案例 2 “榆林局”专利侵权纠纷行政处理案

西峡公司与榆林市知识产权局、天元公司专利侵权纠纷行政处理案

［最高人民法院(2017)最高法行再 84 号行政判决书］

一、案情摘要

西峡公司以天元公司制造、使用的设备侵犯其“内煤外热式煤物质分解设备”实用新型专利权（即涉案专利）为由，请求榆林市知识产权局（以下简称榆林局）行政处理。2015 年 9 月 1 日，榆林局作出榆知法处字〔2015〕9 号《专利侵权纠纷案件处理决定书》（以下简称被诉行政决定），认定天元公司不构成对涉案专利的侵权。被诉行政决定合议组成员包括宝鸡市知识产权局工作人员苟某某，但无正式公文决定调其参与涉案纠纷的行政处理，且榆林局的口头审理笔录没有记载将苟某某的正式身份及其参与合议组的理由，也未告知西峡公司、天元公司。此外，榆林局对涉案专利侵权纠纷进行了两次口头审理，在第二次口头审理时告知当事人的合议组成员与被诉行政决定书上署名的合议组成员不同。西峡公司不服被诉行政决定，提起行政诉讼。陕西省西安市中级人民法院一审认为，行政执法人员在系统内调度，属于行政机关内部行为，不违反内部交流制度。鉴于榆林局现有工作人员欠缺，经请示陕西省知识产权局后，抽调宝鸡市知识产权局工作人员参与案件处理并无不当，被诉行政决定的作出并未违反法定程序。此外，被诉行政决定在侵权实体问题的认定上亦无不当，故判决驳回西峡公司诉讼请求。西峡公司不服，提起上诉。陕西省高级人民法院二审判决驳回上诉，维持原判。西峡公司仍不服，向最高人民法院申请再审。最高人民法院提审本案后认为，被诉行政决定的作出违反法定程序，应予撤销。首先，榆林局在处理平等民事主体关于涉案专利的侵权纠纷时，实际上处于居中裁决的地位，本应秉持严谨、规范、公开、平等的程序原则，但是，在合议组成员已经被明确变更的情况下，却又在被诉行政决定书上署名，构成对法定程序的重大且明显违反。其次，作出被诉行政决定的榆林局合议组应由该局具有专利行政执法资格的工作人员组成。否则，行政执法程序的规范性和严肃性无从保证，既不利于规范行政执法活动，也不利于强化行政执法责任。榆林局提交的陕西省知识产权局协调保护处的所谓的“答复”，实为该处写给该局领导的内部请示，既无文号，更无公章，国家知识产权局专利管理司给陕西省知识产权局的《关于在个案中调度执法人员的复函》晚于被诉行政决定的作出时间，从内容上看与本案无直接关联，均不能作为苟某某参与被诉行政决定合议组的合法、有效依据。再次，榆林局虽主张在口头审理时将苟某某的具体身份以及参与合议组的理由告知过当事人，但其提交的证据并不能证明该项主张，当事人是否认可合议组成员身份并不能成为评判被诉行政行为程序是否合法的前提和要件。因此，榆林局和天元公司提出的“西峡公司对于合议组成员不持异议，故程序合法”的主张不能成立。

二、典型意义

本案涉及专利行政执法中程序违法的

认定和处理。最高人民法院在本案中明确，已经被明确变更的合议组成员又在被诉行政决定书上署名，实质上等于"审理者未裁决，裁决者未审理"，构成对法定程序的严重违反。原则上，作出被诉行政决定的合议组应由该行政机关具有专利行政执法资格的工作人员组成。即使异地调配执法人员，也应当履行正式、完备的公文手续。本案判决有力地规范和促进了行政机关依法行政，彰显知识产权司法保护的主导作用，是充分贯彻《关于加强知识产权审判领域改革创新若干问题的意见》提出的"加强对知识产权行政行为的司法审查"的典型案例，对于推动知识产权领域法治建设和优化科技创新法治环境具有重要意义。

案例3 "稻花香"商标侵权纠纷案

福州米厂与五常公司、大景城分店、新华都公司侵害商标权纠纷案

［最高人民法院（2016）最高法民再374号民事判决书］

一、案情摘要

福州米厂为第1298859号"稻花香DAOHUAXIANG"注册商标（即涉案商标）专用权人，涉案商标于1998年3月提出申请，于1999年7月28日获准注册，核定使用商品为第30类大米。2009年3月18日，黑龙江省农作物品种审定委员会出具的《黑龙江省农作物品种审定证书》记载：品种名称为"五优稻4号"，原代号为"稻花香2号"，推广区域为黑龙江省五常市平原自流灌溉区插秧栽培，该品种经区域试验和生产试验，符合推广优良品种条件，决定从2009年起定为推广品种。2014年2月18日，福州米厂经过公证程序，在大景城分店购买了一袋由五常公司生产、销售的"乔家大院稻花香米"。大米实物包装袋正面中间位置以大字体标注有"稻花香（字体中空，底色黑色）DAOHUAXIANG"。福州米厂以五常公司生产、销售的被诉侵权产品以及大景城分店、新华都公司销售的被诉侵权产品侵害其商标权为由，提起诉讼。一审法院认为，五常公司未经许可，在产品包装袋上使用与涉案商标非常近似的标志，容易误导消费者，侵害了涉案商标权。"稻花香"不构成通用名称。遂认定五常公司、大景城分店、新华都公司的行为构成侵权。福建省高级人民法院二审认为，基于五常市这一特定的地理种植环境所产生的"稻花香"大米属于约定俗成的通用名称。五常公司在其生产、销售的大米产品包装上使用"稻花香"文字及拼音以表明大米品种来源的行为，主观上出于善意，客观上也未造成混淆误认，应属于正当使用，并未构成商标侵权。遂改判撤销一审判决，驳回福州米厂全部诉讼请求。福州米厂不服，向最高人民法院申请再审。最高人民法院提审本案后认为，五常公司并无证据证明"稻花香"依据法律规定或者国家标准、行业标准应认定为法定的通用名称。《主要农作物品种审定办法》规定的通用名称与商标法意义上的通用名称含义并不完全相同，不能仅以审定公告的名称为依据，认定该名称属于商标法意义上的通用名称。商标法中的通用名称指代某一类商品，因该名称不能用于指代特定的商品来源，故相关公众都可以正当使用。而审定公告的通用名称在实际的使用过程中不得擅自更改。审定公告的原代号为"稻花香2号"，并非"稻花香"，在涉案商标权已在先注册的情况下，不能直接证明"稻花香"为法定通用名称。最高人民法院遂判决撤销二审判决，维持一审判决。

二、典型意义

本案涉及注册商标专用权与品种名称之间的关系、通用名称的判断标准等问题。本案所涉"稻花香2号"是我国大米主要产区黑龙江五常地区的优良稻米品种，纠纷进程广受业界关注，案件处理结果更直接关系到“稻花香 2 号”这一稻米品种正常的生产经营活动和市场秩序的规范。最高人民法院通过对商标法中一些重要法律问题的阐释，如法定通用名称与约定俗成通用名称的判断标准，以及注册商标专用权与品种名称之间的区别与联系，明确了此类案件的裁判标准，良好地平衡了注册商标权人与品种名称使用人之间的利益关系，在充分保护商标权的前提下，维护了公平有序的市场竞争秩序。

案例 4 “马库什权利要求”专利无效行政纠纷案

专利复审委员会与万生公司、第一三共株式会社发明专利权无效行政纠纷案

［最高人民法院（2016）最高法行再 41 号行政判决书］

一、案情摘要

第一三共株式会社系名称为“用于治疗或预防高血压症的药物组合物的制备方法”的发明专利（即涉案专利）的权利人。涉案专利权利要求以马库什方式撰写。万生公司以涉案专利不具备创造性等为由向专利复审委员会提出无效宣告请求。2010 年 8 月 30 日，第一三共株式会社对权利要求进行了修改，其中包括：删除了权利要求 1 中“或其可作药用的盐或酯”中的“或酯”两字；删除权利要求 1 中 R4 定义下的“具有 1 至 6 个碳原子的烷基”；删除了权利要求 1 中 R5 定义下除羧基和式COOR5a 外的其他技术方案。专利复审委员会在口头审理过程中告知第一三共株式会社，对于删除权利要求 1 中“或酯”的修改予以认可，但其余修改不符合《专利法实施细则》第 68 条的相关规定，该修改文本不予接受。第一三共株式会社和万生公司对此无异议。2011 年 1 月 14 日，第一三共株式会社提交了修改后的权利要求书替换页，其中删除权利要求 1 中的“或酯”。专利复审委员会作出第 16266 号无效宣告请求审查决定（简称第 16266 号决定），认为涉案专利权利要求 1 相比于证据 1 是非显而易见的，具有创造性，符合《专利法》第 22 条第 3 款的规定。遂在第一三共株式会社于 2011 年 1 月 14 日提交的修改文本的基础上，维持涉案专利权有效。万生公司不服，提起行政诉讼。北京市第一中级人民法院认为，专利复审委员会以不符合《专利法实施细则》第 68 条的规定对第一三共株式会社于 2010 年 8 月 30 日提交的修改文本不予接受并无不当。涉案专利权利要求 1 相对于证据 1 是非显而易见的，具备创造性。遂判决维持第 16266 号决定。万生公司不服，提起上诉。北京市高级人民法院二审认为，马库什权利要求属于并列技术方案的特殊类型，第一三共株式会社于 2010 年 8 月 30 日提交的修改文本缩小了涉案专利权的保护范围，符合《专利法实施细则》第 68 条第 1 款规定；涉案专利权利要求所涵盖的一个具体实施例的效果与现有技术的证据 1 中实施例 329 的技术效果相当，因此，涉案专利权利要求 1 未取得预料不到的技术效果，不具备创造性，遂判决撤销一审判决和第 16266 号决定，责令专利复审委员会重新作出决定。专利复审委员会不服，向最高人民法院申请再审。最高人民法院裁定提审本案后判决撤销二审判决，维持一审判决。最高人民法院认为，以马库什方式撰写的化合物权利要求应当被理解为一种概括性的技术方案，而不是众多化合物的集合；允许对马库什权利要求进行修改的原则应当是不能因为修改而产生具有新性能和作用的一类或单个化合物，但是同时也要充分考量个案因素；以马库什方式撰写的化合物权利要求的创造性判断应当遵循创造性判断的基本方法，即专利审查指南所规定的“三步法”;意料不到的技术效果是创造性判断的辅助因素,通常不宜跨过“三步法”直接适用具有意料不到的技术效果来判断专利申请是否具有创造性。

二、典型意义

本案涉及马库什权利要求的性质、无效程序中的修改原则及创造性的判断方法等问题。马库什权利要求是化学医药发明专利领域相对特殊的权利要求撰写方式,基于其特有的概括功能,其在该领域中的运用日益广泛。马库什权利要求的性质、修改原则及创造性判断标准等问题,将直接影响到数量众多的化学医药类专利技术方案的申请与授权,一直都受到业界与学术界的高度关注。最高人民法院在本案中明确,马库什权利要求的性质为概括性而非化合物集合性质的技术方案,马库什权利要求的修改应当以不产生具有新性能和作用的一类或单个化合物为基本条件,马库什方式撰写的化合物权利要求的创造性判断仍应遵循“三步法”。本案对上述重要法律规则的明确和厘清,对化学医药领域专利申请的撰写与审查具有指导意义。

案例 5 “新华字典”商标侵权及不正当竞争纠纷案

商务印书馆与华语出版社侵害商标权及不正当竞争纠纷案

[北京知识产权法院(2016)京 73 民初 277 号民事判决书]

一、案情摘要

自 1957 年至今,商务印书馆连续出版《新华字典》通行版本至第 11 版。2010～2015 年,商务印书馆出版的《新华字典》在字典类图书市场的平均占有率超过 50%。截至 2016 年,商务印书馆出版的《新华字典》全球发行量超过 5.67 亿册,获得“最受欢迎的字典”吉尼斯世界纪录及“最畅销的书(定期修订)”吉尼斯世界纪录等多项荣誉。商务印书馆诉称华语出版社生产、销售“新华字典”辞书的行为侵害了商务印书馆“新华字典”未注册驰名商标,且华语出版社使用商务印书馆《新华字典》(第 11 版)知名商品特有包装装潢的行为已构成不正当竞争,请求法院判令其立即停止侵害商标权及不正当竞争行为、消除影响并赔偿经济损失。北京知识产权法院一审认为,“新华字典”具有特定的历史起源、发展过程和长期唯一的提供主体以及客观的市场格局,保持着产品和品牌混合属性的商品名称,已经在相关消费者中形成了稳定的认知联系,具有指示商品来源的意义和作用,具备商标的显著特征。“新华字典”已经在全国范围内被相关公众广为知晓,已经获得较大的影响力和较高的知名度,可以认定“新华字典”为未注册驰名商标。华语出版社在字典上使用“新华字典”构成复制他人未注册驰名商标的侵权行为。《新华字典》(第 11 版)使用的装潢所体现的文字、图案、色彩及其排列组合具有识别和区分商品来源的作用,具备特有性。华语出版社在辞典商品上使用相近似的装潢设计,足以使相关公众对商品来源产生混淆、误认,构成《反不正当竞争法》第 5 条第(2)项规定的不正当竞争行为。一审法院遂判决华语出版社立即停止侵权行为、消除影响并赔偿商务印书馆经济损失 300 万元及合理支出 27 万余元。

二、典型意义

本案是涉及未注册驰名商标保护的典型案例,兼具事实认定、法律适用及利益平衡的多重难题。本案确立了对“新华字典”这类兼具产品和品牌混合属性的商品名称是否具备商标显著特征的裁判标准。考虑相关公众对“新华字典”的知晓程度、“新华字典”的使用持续时间、销售数量、宣传范围及受保护记录等多方面因素，认定原告商务印书馆的“新华字典”构成未注册驰名商标。在给予“新华字典”未注册驰名商标保护的同时，注重平衡其与出版行业正常的经营管理秩序、促进知识文化传播之间的关系。判决明确指出，《商标法》对商标独占使用权利的保护的是商标本身而非商标附着的商品，给予商务印书馆独占使用“新华字典”商标的权利并不是给予其出版字典类辞书的专有权，不会造成辞书行业的垄断。通过给予商标保护的方式，促使商标权利人更好地承担商品质量保障的法定义务和传播知识的社会责任，有利于促进出版行业正规、有序地发展。

案例 6 “茅盾手稿”著作权纠纷案

沈某甲、沈某乙、沈某丙与经典拍卖公司、张某著作权权属、侵害著作权纠纷案

［江苏省南京市中级人民法院（2017）苏 01 民终 8048 号民事判决书］

一、案情摘要

茅盾先生于 1958 年将其用毛笔书写创作的一篇评论文章《谈最近的短篇小说》向杂志社投稿，该篇文章的文字内容发表于《人民文学》1958 年第 6 期。后手稿原件被张某持有。2013 年 11 月 13 日，张某委托经典拍卖公司拍卖多件物品，其中包括涉案手稿。2013 年 12 月 30 日，经典拍卖公司通过数码相机拍照上传了涉案手稿的高清数码照片，在其公司网站和微博上对手稿以图文结合的方式进行了宣传介绍。公众在浏览经典拍卖公司网站时，可以看到涉案手稿的全貌，也可以通过网页的放大镜功能观察到每页手稿的局部细节。预展过程中，经典拍卖公司展示了涉案作品原件，也向观展者提供了印有涉案拍品的宣传册。2014 年 1 月 5 日，涉案手稿在经典拍卖公司 2013 季秋拍中国书画专场进行拍卖，案外人岳某以 1050 万元的价格竞得涉案手稿。但因此后岳某未付款导致拍卖未成交，岳某和张某也未向经典拍卖公司支付佣金。涉案手稿原件仍由张某持有。拍卖结束后，经典拍卖公司仍在互联网上持续展示涉案手稿，直至 2017 年 6 月才将其删除。沈某甲、沈某乙、沈某丙系茅盾先生的合法继承人，其认为张某和经典拍卖公司的上述行为侵害了涉案手稿的著作权，故诉至法院。一审法院判决经典拍卖公司停止侵害涉案手稿信息网络传播权的行为并赔偿沈某甲、沈某乙、沈某丙经济损失 10 万元。沈某甲、沈某乙、沈某丙不服一审判决，提起上诉。二审法院认为，涉案手稿既是文字作品也是美术作品，张某系涉案手稿的合法所有权人，有权选择以拍卖的方式处分自己的合法财产，张某的行为没有侵害涉案手稿的著作权。经典拍卖公司侵害了涉案手稿的美术作品发表权、复制权、展览权和信息网络传播权，应当承担停止侵权、赔礼道歉和赔偿损失的侵权责任。二审法院遂判决经典拍卖公司向沈某甲、沈某乙、沈某丙公开赔礼道歉并赔偿经济损失 10 万元。

二、典型意义

本案涉及美术作品拍卖活动中《著作权法》《物权法》《拍卖法》三部法律交叉调整地带的相关主体权利义务关系问题，平衡了物权人和著作权人的合法权益，明确了拍卖人的知识产权保护注意义务。裁判指出，在美术作品著作权与物权分离的情况下，原件所有人依法行使处分权、收益权、展览权的行为，均受到法律保护，著作权人无权干涉。但美术作品原件所有人行使物权应以不损害该作品著作权人的合法权利为前提。拍卖公司作为接受物权人委托的拍卖方，除负有物权保护注意义务外，还应负有合理的著作权保护注意义务，规范尽职地进行拍卖活动，审慎避让著作权人的权益。判决明确了不同主体权利的边界，体现了对物权人和著作权人合法权益平衡保护的司法精神，并按照尽职拍卖人的合理标准对拍卖公司施以注意义务，充分体现了严格保护的司法导向。

案例 7　“路虎”商标侵权纠纷案

路虎公司与奋力公司、万某侵害商标权纠纷案

［广东省高级人民法院（2017）粤民终633 号民事判决书］

一、案情摘要

路虎公司的关联公司先后于 1996 年、2004 年和 2005 年在中国境内申请注册了第 808460 号“”商标、第 3514202 号“路虎”商标、第 4309460 号“LAND ROVER”商标，以上商标均核定使用在第 12 类“陆地机动车辆”等商品上，具有较高知名度，后转让到路虎公司名下。奋力公司在网站、实体店中宣传销售其“路虎维生素饮料”，相关产品、包装盒及网页宣传上使用的被诉标识包括“路虎”“LAND ROVER”“Land rover 路虎”及上下排列的“路虎Land Rover”等。奋力公司曾于 2010 年在第 30 类“非医用营养液”和第 32 类“不含酒精的饮料”等商品上申请注册“路虎LANDROVER”商标，但均未被核准注册。路虎公司以奋力公司的行为构成侵权为由，提起诉讼。一审法院判令奋力公司停止侵权并向路虎公司赔偿经济损失与合理维权开支人民币 120 万元。二审法院认为，路虎公司提交的证据已经足以证明，涉案商标已为中国境内社会公众广为知晓，达到驰名程度。被诉侵权行为削弱了路虎公司涉案驰名商标所具有的显著性和良好商誉，损害路虎公司的利益，应予制止。遂判决驳回上诉、维持原判。

二、典型意义

本案是涉及驰名商标跨类保护、加大知识产权保护力度的典型案例。本案裁判除体现了在驰名商标保护案件中应秉持的“按需认定”“个案认定”等基本原则外，其特殊之处在于，除本案被诉侵权标识外，奋力公司还实施了大量涉知名企业与知名人物的商标抢注行为，侵权行为人的主观恶意明显。本案裁判在关于赔偿数额确定一节中，从六个方面全面、详尽论述了确定 120 万元赔偿数额的事实与法律依据，体现了制止恶意囤积商标行为的司法态度。本案在加大驰名商标的保护力度、规制商标恶意抢注行为、引导社会公众尊重知识产权等方面，具有良好的裁判导向与示范效果。

案例 8　“博Ⅲ优”植物新品种侵权纠纷案

中正公司与博白农科所、王某、刘某、中升公司侵害植物新品种权纠纷案

［广西壮族自治区高级人民法院（2017）桂民终 95 号民事判决书］

一、案情摘要

博Ⅲ优 273 获植物新品种权，品种权共有人为博白农科所、王某、刘某。博ⅢA亦获植物新品种权，系博Ⅲ优 9678、博Ⅲ优273 的亲本，博ⅢA 植物新品种的品种权人为博白农科所。2003 年 11 月 2 日，博白农科所与中升公司签订《品种使用权转让协议书》（即 2003 年协议），博白农科所将“博Ⅱ优 815”“博Ⅲ优 273”的使用权转让给中升公司独家使用开发。2007 年 11 月16 日，中升公司与博白农科所签订《协议》（即 2007 年协议）约定，博白农科所将博Ⅲ优 9678、博Ⅱ优 815 的品种使用权转让给中升公司独占使用开发（博Ⅱ优 815 仅限于广东区域），中升公司继续享有博Ⅲ优

273 的使用开发权，博白农科所不得将博Ⅲ优 9678、博Ⅱ优 815（只限广东区域）的品种权转让或授权给第三方，否则应赔偿中升公司相关损失。本协议签订生效后，2003 年协议终止执行。2008 年1 月7 日，博白农科所授权中升公司生产经营博Ⅲ优 9678、博Ⅲ优 273。博ⅢA 仅用于配组博Ⅲ优 9678、博Ⅲ优 273，不得作其他商业用途使用。授权起止时间从 2008 年 1 月 7 日至 2012 年 12 月 31 日止。四川中正科技有限公司（以下简称中正公司）根据中升公司的授权和“2007 年协议”的约定，经营博Ⅲ优 9678、博Ⅱ优 815 及博Ⅲ优 273 等品种。2011 年 11 月 2 日，中升公司分别致函中正公司、博白农科所，决定从 2011 年 11 月 2 日起终止对中正公司生产、经营博Ⅲ优 9678、博Ⅲ优 273 及博Ⅱ优 815（已退出市场）的授权，有关品种的生产、经营权为中升公司独占所有。中升公司享有博Ⅲ优 273 的开发权。博白农科所不得再向中正公司提供博Ⅲ优 9678、博Ⅲ优 273 及博Ⅱ优 815 的不育系、恢复系。博白农科所、王某、刘某、中升公司主张中正公司在 2011 年 11 月 2 日之后仍委托他人生产博Ⅲ优 9678、博Ⅲ优 273 种子的行为构成侵权，遂向法院提起诉讼。一审法院认为，中正公司的行为侵害了涉案植物新品种权，故判决中正公司停止侵权行为、消除影响并赔偿经济损失 180 万元。二审法院认为，博ⅢA、博Ⅲ优 273 两个植物新品种因未按规定交纳年费于 2013 年 11 月 1 日公告终止，于 2014 年 12 月 4 日恢复权利；于 2015 年 11 月 1 日因未按规定交纳年费又公告终止。一审判决认定博ⅢA、博Ⅲ优 273 这两个植物新品种权仍然有效与本案事实不符，中正公司的相关上诉理由成立。对赔偿数额的确定，应综合考虑如下因素：当事人均认可的亩产量、销售价格以及中正公司认可的生产面积；因中升公司突然中止授权而使中正公司不可避免遭受的损失；侵权持续期间；涉案植物新品种实施许可费的数额以及实施许可的种类、时间、范围等具体情节。据此，二审法院酌定中正公司赔偿博白农科所、王某、刘某、中升公司经济损失人民币 40 万元。

二、典型意义

本案是涉及植物新品种权保护的典型案例。侵害植物新品种权的行为在司法实践中可分为两种类型，一是未经品种权人许可，为商业目的生产或销售授权品种的繁殖材料；二是未经品种权人许可，为商业目的将授权品种的繁殖材料重复使用于生产另一品种的繁殖材料。被控侵权人重复以授权品种的繁殖材料为亲本与其他亲本另行繁殖的，一般应当认定属于商业目的将授权品种的繁殖材料重复使用于生产另一品种的繁殖材料。本案同时涉及以上两种侵权行为的判定，在法律适用方面具有典型性。此外，植物新品种权在保护期限内有可能间歇性地处于终止状态，这是其他类型的知识产权侵权诉讼所不具备的特殊性。本案裁判充分考虑植物新品种保护中的特殊因素，对侵权行为及赔偿数额作出了正确认定，对类似案件的裁判具有规则指引意义。

案例 9 “反光材料”商业秘密纠纷案

反光材料公司与宋某、睿明特公司、李某侵害商业秘密纠纷案

［河南省高级人民法院（2016）豫民终 347 号民事判决书］

一、案情摘要

宋某自 2006 年起在反光材料公司任业务员，主要负责部分省份的销售及客户拓展工作。反光材料公司与宋某先后签订两份劳动合同，并约定有保密条款、竞业限制条款。反光材料公司对其经营信息制定有保密制度，对客户及潜在客户信息采取了必要的保密措施，同时向宋某及其他业务员支付了保密费用。睿欣公司，即睿明特公司前身，成立于 2011 年 6 月 22 日，经营范围为钢材、建材、五金交电、涂板、反光护栏。在睿欣公司经营期间，宋某以宋某甲名义参与办理睿欣公司工商登记手续的相关工作。睿欣公司银行往来账目显示，自 2011 年 8 月 1 日至 2015 年 7 月 31 日期间，睿欣公司与反光材料公司的多笔交易客户重合，宋某以个人名义从睿欣公司账户取款多次。反光材料公司遂以侵害商业秘密为由，将宋某等诉至法院。一审法院认为，宋某、睿欣公司对反光材料公司的商业秘密构成共同侵权。二审法院认为，根据反光材料公司所提供的交易记录及客户来往票据，其中"品种""规格""数量"能够说明客户的独特需求，"成交日期"能够反映客户要货的规律，"单价"能够说明客户对价格的承受能力、价格成交的底线，"备注"反映了客户的特殊信息，这些内容构成了反光材料公司经营信息的秘密点。经营信息的客户已与反光材料公司形成了稳定的供货渠道，保持着良好的交易关系，在生产经营中具有实用性，能够为反光材料公司带来经济利益、竞争优势。反光材料公司为上述经营信息制定了具体的保密制度，对客户及潜在客户信息采取了必要的保密措施，并与宋某明确约定了保密条款、竞业限制条款，向宋某及其他业务员支付了相应的保密费用，可以证明反光材料公司为上述经营信息采取了合理保密措施。综上，可以认定反光材料公司制作的客户名单构成商业秘密。宋某负有对反光材料公司的忠实义务，其中包括对工作中接触到的经营信息进行保密的义务，其明知公司的相关管理规定及客户名单的非公开性和商业价值，仍私自与反光材料公司的客户进行交易，且与睿欣公司来往频繁，构成披露、使用、允许他人使用反光材料公司经营信息的行为，侵害了反光材料公司的商业秘密。睿欣公司不正当地获取、使用了宋某所掌握的反光材料公司拥有的商业秘密，故宋某、睿欣公司对反光材料公司的商业秘密构成共同侵权。因睿欣公司已变更为睿明特公司，故侵权责任应由睿明特公司承担。

二、典型意义

本案是涉及商业秘密保护的典型案例。商业秘密案件因证据复杂、隐蔽，通常审理难度较大。因员工离职等现象带来的商业秘密保护问题，也是司法实践中的难点。本案对商业秘密案件中"不为公众所知悉""保密措施""商业价值"以及赔偿责任的确定等重要法律问题，结合案情进行了细致和全面的阐释，对类似案件的审理具有较强的规则指引意义。此外，本案还着重强调了员工离职后的忠实、保密等义务，倡导了诚实信用的价值取向。

案例 10 "易查网"侵犯著作权罪案

易查公司、于某侵犯著作权罪案

［上海浦东新区人民法院（2015）浦刑（知）初字第 12 号刑事判决书］

一、案情摘要

被告易查公司系"易查网"的经营者。该公司的法定代表人及技术负责人于某提出开发触屏版小说产品的方案，易查网将 WEB 小说网页转码成 WAP 网页供移动用户阅读。公安机关扣押了易查公司的服务器硬盘，鉴定人员以此搭建出局域网环境下的"易查网"，发现可以搜索、阅读并下载小说。经鉴定，对从硬盘中下载的 798 本小说与玄霆公司享有著作权的同名小说进行比对，相同字节数占总字节数 70%以上的有 588 本。被告人及其辩护人提出，"易查网"的开发设想系提供搜索及转码服务，而非内容服务，即在用户搜索并点击阅读时，对来源网页进行转码后临时复制到硬盘上形成缓存并提供给用户阅读，当用户离开阅读页面时自动删除该缓存。但根据鉴定确认的事实可知，"易查网"在将其所谓"临时复制"的内容传输给触发"转码"的用户后，并未随即将相应内容从服务器硬盘中自动删除，被"复制"的小说内容仍可被其他用户再次利用，上述行为已明显超出转码技术的必要过程。据此可以认定，"易查网"直接向网络用户提供了涉案文字作品。易查公司未经著作权人许可，通过"易查网"传播他人享有著作权的文字作品500余部，情节严重，已构成侵犯著作权罪。于某作为易查公司直接负责的主管人员，亦应承担侵犯著作权罪的刑事责任。本案中，易查公司及于某具有自首和通过赔偿获得被害单位谅解等酌情从轻处罚情节，法院综合考虑本案的犯罪情节、后果，依法判处单位罚金，判处于某缓刑及罚金。宣判后，易查公司、于某均未提出上诉。

二、典型意义

转码技术是随着移动阅读逐渐普及产生的一项技术，本案是移动阅读网站不当使用转码技术入刑的案件，对"转码"技术实施的特点以及必要限度进行了详细阐释，从信息网络传播行为的本质出发，厘清了"转码"行为罪与非罪的界限。本案较好地体现了在技术飞速发展的时代背景下，知识产权司法保护在坚持对技术本身持中立态度的同时，结合技术事实，认真厘清技术是否超越必要范围、侵犯他人合法权利。对于以技术为借口、侵权情节严重、符合知识产权犯罪构成要件的行为，应依法给予刑事处罚。本案的裁判结果充分体现出知识产权刑事审判工作者把握科技进步特点的司法智慧和司法能力，彰显了人民法院依法打击侵犯知识产权犯罪行为的力度和决心。

（最高人民法院知识产权审判庭）

最高人民法院发布的第16批指导性案例（78～87号）

案例1　奇虎公司诉腾讯公司、腾讯计算机公司滥用市场支配地位纠纷案［指导案例78号］

一、裁判要点

（1）在反垄断案件的审理中，界定相关市场通常是重要的分析步骤。但是，能否明确界定相关市场取决于案件具体情况。在滥用市场支配地位的案件中，界定相关市场是评估经营者的市场力量及被诉垄断行为对竞争影响的工具，其本身并非目的。如果通过排除或者妨碍竞争的直接证据，能够对经营者的市场地位及被诉垄断行为的市场影响进行评估，则不需要在每一个滥用市场支配地位的案件中，都明确而清楚地界定相关市场。

（2）假定垄断者测试（HMT）是普遍适用的界定相关市场的分析思路。在实际运用时，假定垄断者测试可以通过价格上涨（SSNIP）或质量下降（SSNDQ）等方法进行。互联网即时通信服务的免费特征使用户具有较高的价格敏感度，采用价格上涨的测试方法将导致相关市场界定过宽，应当采用质量下降的假定垄断者测试进行定性分析。

（3）基于互联网即时通信服务低成本、高覆盖的特点，在界定其相关地域市场时，应当根据多数需求者选择商品的实际区域、法律法规的规定、境外竞争者的现状及进入相关地域市场的及时性等因素，进行综合评估。

（4）在互联网领域中，市场份额只是判断市场支配地位的一项比较粗糙且可能具有误导性的指标，其在认定市场支配力方面的地位和作用必须根据案件具体情况确定。

二、相关法条

《中华人民共和国反垄断法》第 17 条、第 18 条、第 19 条

三、基本案情

奇虎公司、奇智软件(北京)有限公司于 2010 年 10 月 29 日发布扣扣保镖软件。2010 年 11 月 3 日,腾讯公司发布《致广大 QQ 用户的一封信》,在装有 360 软件的电脑上停止运行 QQ 软件。11 月 4 日,奇虎公司宣布召回扣扣保镖软件。同日,360 安全中心亦宣布,在国家有关部门的强力干预下,目前 QQ 和 360 软件已经实现了完全兼容。2010 年 9 月,腾讯 QQ 即时通信软件与 QQ 软件管理一起打包安装,安装过程中并未提示用户将同时安装 QQ 软件管理。2010 年 9 月 21 日,腾讯公司发出公告称,正在使用的 QQ 软件管理和 QQ 医生将自动升级为 QQ 电脑管家。奇虎公司诉至广东省高级人民法院,指控腾讯公司滥用其在即时通信软件及服务相关市场的市场支配地位。奇虎公司主张,腾讯公司和腾讯计算机公司在即时通信软件及服务相关市场具有市场支配地位,两公司明示禁止其用户使用奇虎公司的 360 软件,否则停止 QQ 软件服务;拒绝向安装有 360 软件的用户提供相关的软件服务,强制用户删除 360 软件;采取技术手段,阻止安装了 360 浏览器的用户访问 QQ 空间,上述行为构成限制交易;腾讯公司和腾讯计算机公司将 QQ 软件管家与即时通信软件相捆绑,以升级 QQ 软件管家的名义安装 QQ 医生,构成捆绑销售。请求判令腾讯公司和腾讯计算机公司立即停止滥用市场支配地位的垄断行为,连带赔偿奇虎公司经济损失 1.5 亿元。

四、裁判结果

广东省高级人民法院于 2013 年 3 月 20 日作出(2011)粤高法民三初字第 2 号民事判决:驳回奇虎公司的诉讼请求。奇虎公司不服,提出上诉。最高人民法院于 2014 年 10 月 8 日作出(2013)民三终字第 4 号民事判决:驳回上诉,维持原判。

五、裁判理由

法院生效裁判认为:本案中涉及的争议焦点主要包括,一是如何界定本案中的相关市场;二是被上诉人是否具有市场支配地位;三是被上诉人是否构成反垄断法所禁止的滥用市场支配地位行为等几个方面。

(一)如何界定本案中的相关市场

该争议焦点可以进一步细化为一些具体问题,择要概括如下:

首先,并非在任何滥用市场支配地位的案件中均必须明确而清楚地界定相关市场。竞争行为都是在一定的市场范围内发生和展开的,界定相关市场可以明确经营者之间竞争的市场范围及其面对的竞争约束。在滥用市场支配地位的案件中,合理地界定相关市场,对于正确认定经营者的市场地位、分析经营者的行为对市场竞争的影响、判断经营者行为是否违法,以及在违法情况下需承担的法律责任等关键问题,具有重要意义。因此,在反垄断案件的审理中,界定相关市场通常是重要的分析步骤。尽管如此,是否能够明确界定相关市场取决于案件具体情况,尤其是案件证据、相关数据的可获得性、相关领域竞争的复杂性等。在滥用市场支配地位案件的审理中,界定相关市场是评估经营者的市场力量及被诉垄断行为对竞争的影响的工具,其本身并非目的。即使不明确界定相关市场,也可以通过排除或者妨碍竞争的直接证据对被诉经营者的市场地位及被诉垄断行为可能的市场影响进行评估。因此,并非在每一个滥用市场支配地位的案件中均必须明确而清楚地界定相关市场。一审法院实际上已经对本案相关市场进行了界定,只是由于本案相关市场的边界具

有模糊性，一审法院仅对其边界的可能性进行了分析，而没有对相关市场的边界给出明确结论。有鉴于此，奇虎公司关于一审法院未对本案相关商品市场作出明确界定，属于本案基本事实认定不清的理由不能成立。

其次，关于"假定垄断者测试"方法可否适用于免费商品领域问题。法院生效裁判认为：第一，作为界定相关市场的一种分析思路，假定垄断者测试（HMT）具有普遍的适用性。实践中，假定垄断者测试的分析方法有多种，既可以通过数量不大但有意义且并非短暂的价格上涨（SSNIP）的方法进行，又可以通过数量不大但有意义且并非短暂的质量下降（SSNDQ）的方法进行。同时，作为一种分析思路或者思考方法，假定垄断者测试在实际运用时既可以通过定性分析的方法进行，又可以在条件允许的情况下通过定量分析的方法进行。第二，在实践中，选择何种方法进行假定垄断者测试取决于案件所涉市场竞争领域以及可获得的相关数据的具体情况。如果特定市场领域的商品同质化特征比较明显，价格竞争是较为重要的竞争形式，则采用数量不大但有意义且并非短暂的价格上涨（SSNIP）的方法较为可行。但是如果在产品差异化非常明显且质量、服务、创新、消费者体验等非价格竞争成为重要竞争形式的领域，采用数量不大但有意义且并非短暂的价格上涨（SSNIP）的方法则存在较大困难。特别是，当特定领域商品的市场均衡价格为零时，运用 SSNIP 方法尤为困难。在运用 SSNIP 方法时，通常需要确定适当的基准价格，进行 5%～10%幅度的价格上涨，然后确定需求者的反应。在基准价格为零的情况下，如果进行 5%～10%幅度的价格增长，增长后其价格仍为零；如果将价格从零提升到一个较小的正价格，则相当于价格增长幅度的无限增大，意味着商品特性或者经营模式发生较大变化，因而难以进行 SSNIP 测试。第三，关于假定垄断者测试在本案中的可适用性问题。互联网服务提供商在互联网领域的竞争中更加注重质量、服务、创新等方面的竞争而不是价格竞争。在免费的互联网基础即时通信服务已经长期存在并成为通行商业模式的情况下，用户具有极高的价格敏感度，改变免费策略转而收取哪怕是较小数额的费用都可能导致用户的大量流失。同时，将价格由免费转变为收费也意味着商品特性和经营模式的重大变化，即由免费商品转变为收费商品，由间接盈利模式转变为直接盈利模式。在这种情况下，如果采取基于相对价格上涨的假定垄断者测试，很可能将不具有替代关系的商品纳入相关市场中，导致相关市场界定过宽。因此，基于相对价格上涨的假定垄断者测试并不完全适宜在本案中适用。尽管基于相对价格上涨的假定垄断者测试难以在本案中完全适用，但仍可以采取该方法的变通形式，例如基于质量下降的假定垄断者测试。由于质量下降程度较难评估以及相关数据难以获得，因此可以采用质量下降的假定垄断者测试进行定性分析而不是定量分析。

再次，关于本案相关市场是否应确定为互联网应用平台问题。上诉人认为，互联网应用平台与本案的相关市场界定无关；被上诉人则认为，互联网竞争实际上是平台的竞争，本案的相关市场范围远远超出了即时通信服务市场。法院生效裁判针对互联网领域平台竞争的特点，阐述了相关市场界定时应如何考虑平台竞争的特点及处理方式，认为：第一，互联网竞争一定程度地呈现出平台竞争的特征。被诉垄断行为发生时，互联网的平台竞争特征已经比较明显。互联网经营者通过特定的切入点进入互联网领域，在不同类型和需求的消费者之间发挥中介作用，以此创造价值。第二，判断本案相关商品市场是否应确定为互联网应用平台，其关键问题在于，网络平台之间为争夺用户注意力和广告主的相互竞争是否完全跨越了由产品或者服务特点所决定的界限,并给经营者施加了足够强大的竞争约束。这一问题的答案最终取决于实证检验。在缺乏确切的实证数据的情况下,至少注意如下方面:(1)互联网应用平台之间争夺用户注意力和广告主的竞争以其提供的关键核心产品或者服务为基础。(2)互联网应用平台的关键核心产品或者服务在属性、特征、功能、用途等方面上存在较大的不同。虽然广告主可能不关心这些产品或者服务的差异,只关心广告的价格和效果,因而可能将不同的互联网应用平台视为彼此可以替代,但是对于免费端的广大用户而言,其很难将不同平台提供的功能和用途完全不同的产品或者服务视为可以有效地相互替代。一个试图查找某个历史人物生平的用户通常会选择使用搜索引擎而不是即时通信,其几乎不会认为两者可以相互替代。(3)互联网应用平台关键核心产品或者服务的特性、功能、用途等差异决定了其所争夺的主要用户群体和广告主可能存在差异,因而在获取经济利益的模式、目标用户群、所提供的后续市场产品等方面存在较大区别。(4)本案中应该关注的是被上诉人是否利用了其在即时通信领域中可能的市场支配力量排除、限制互联网安全软件领域的竞争,将其在即时通信领域中可能存在的市场支配力量延伸到安全软件领域,这一竞争过程更多地发生在免费的用户端。鉴于上述理由,在本案相关市场界定阶段互联网平台竞争的特性不是主要考虑因素。第三,本案中对互联网企业平台竞争特征的考虑方式。相关市场界定的目的是明确经营者所面对的竞争约束,合理认定经营者的市场地位,并正确判断其行为对市场竞争的影响。即使不在相关市场界定阶段主要考虑互联网平台竞争的特性,但为了正确认定经营者的市场地位,仍然可以在识别经营者的市场地位和市场控制力时予以适当考虑。因此,对于本案,不在相关市场界定阶段主要考虑互联网平台竞争的特性并不意味着忽视这一特性,而是为了以更恰当的方式考虑这一特性。

最后,关于即时通信服务相关地域市场界定需要注意的问题。法院生效裁判认为:本案相关地域市场的界定,应从中国大陆地区的即时通信服务市场这一目标地域开始,对本案相关地域市场进行考察。因为基于互联网的即时通信服务可以低成本、低代价到达或者覆盖全球,并无额外的、值得关注的运输成本、价格成本或者技术障碍,所以在界定相关地域市场时,将主要考虑多数需求者选择商品的实际区域、法律法规的规定、境外竞争者的现状及其进入相关地域市场的及时性等因素。由于每一个因素均不是决定性的,因此需要根据上述因素进行综合评估。第一,中国大陆地区境内绝大多数用户均选择使用中国大陆地区范围内的经营者提供的即时通信服务。中国大陆地区境内用户对于国际即时通信产品并无较高的关注度。第二,我国有关互联网的行政法规规章等对经营即时通信服务规定了明确的要求和条件。我国对即时通信等增值电信业务实行行政许可制度,外国经营者通常不能直接进入我国大陆境内经营,需要以中外合资经营企业的方式进入并取得相应的行政许可。第三,位于境外的即时通信服务经营者的实际情况。在本案被诉垄断行为发生前,多数主要国际即时通信经营者例如 MSN、雅虎、Skype、谷歌等均已经通过合资的方式进入中国大陆地区市场。因此,在被诉垄断行为发生时,尚未进入我国大陆境内的主要国际即时通信服务经营者已经很少。如果我国大陆境内的即时通信服务质量小幅下降,已没有多少境外即时通信服务经营者可供境内用户选择。第四,境外即时通信服务经营者在较短的时间内(如一年)及时进入中国大陆地区并发展到足以制约境内经营者的规模存在较大困难。境外即时通信服务经营者首先需要通过合资方式建立企业、满足一系列许可条件并取得相应的行政许可，这在相当程度上延缓了境外经营者的进入时间。综上，本案相关地域市场应为中国大陆地区市场。

综合本案其他证据和实际情况，本案相关市场应界定为中国大陆地区即时通信服务市场，既包括个人电脑端即时通信服务，又包括移动端即时通信服务；既包括综合性即时通信服务，又包括文字、音频以及视频等非综合性即时通信服务。

（二）上诉人是否具有市场支配地位

对于经营者在相关市场中的市场份额在认定其市场支配力方面的地位和作用，法院生效裁判认为：市场份额在认定市场支配力方面的地位和作用必须根据案件具体情况确定。一般而言，市场份额越高，持续的时间越长，就越可能预示着市场支配地位的存在。尽管如此，市场份额只是判断市场支配地位的一项比较粗糙且可能具有误导性的指标。在市场进入比较容易，或者高市场份额源于经营者更高的市场效率或者提供了更优异的产品，或者市场外产品对经营者形成较强的竞争约束等情况下，高的市场份额并不能直接推断出市场支配地位的存在。特别是，互联网环境下的竞争存在高度动态的特征，相关市场的边界远不如传统领域那样清晰，在此情况下，更不能高估市场份额的指示作用，而应更多地关注市场进入、经营者的市场行为、对竞争的影响等有助于判断市场支配地位的具体事实和证据。

结合上述思路，法院生效裁判从市场份额、相关市场的竞争状况、被诉经营者控制商品价格、数量或者其他交易条件的能力、该经营者的财力和技术条件、其他经营者对该经营者在交易上的依赖程度、其他经营者进入相关市场的难易程度等方面，对被上诉人是否具有市场支配地位进行考量和分析。最终认定本案现有证据并不足以支持被上诉人具有市场支配地位的结论。

（三）被上诉人是否构成反垄断法所禁止的滥用市场支配地位行为

法院生效裁判打破了传统的分析滥用市场支配地位行为的“三步法”，采用了更为灵活的分析步骤和方法，认为：原则上，如果被诉经营者不具有市场支配地位，则无需对其是否滥用市场支配地位进行分析，可以直接认定其不构成反垄断法所禁止的滥用市场支配地位行为。不过，在相关市场边界较为模糊、被诉经营者是否具有市场支配地位不甚明确时，可以进一步分析被诉垄断行为对竞争的影响效果，以检验关于其是否具有市场支配地位的结论正确与否。此外，即使被诉经营者具有市场支配地位，判断其是否构成滥用市场支配地位，也需要综合评估该行为对消费者和竞争造成的消极效果和可能具有的积极效果，进而对该行为的合法性作出判断。本案主要涉及两个方面的问题：

一是关于被上诉人实施的“产品不兼容”行为（用户二选一）是否构成反垄断法禁止的限制交易行为。根据《反垄断法》第17条的规定，具有市场支配地位的经营者，没有正当理由，限定交易相对人只能与其进行交易或者只能与其指定的经营者进行交易的，构成滥用市场支配地位。上诉人主张，被上诉人没有正当理由，强制用户停止使用并卸载上诉人的软件，构成反垄断法所禁止的滥用市场支配地位限制交易行为。对此，法院生效裁判认为，虽然被上诉人实施的“产品不兼容”行为对用户造成了不便，但是并未导致排除或者限制竞争的明显效果。这一方面说明被上诉人实施的“产品不兼容”行为不构成反垄断法所禁止的滥用市场支配地位行为，也从另一方面佐证了被上诉人不具有市场支配地位的结论。

二是被上诉人是否构成反垄断法所禁止的搭售行为。根据《反垄断法》第17条的规定，具有市场支配地位的经营者，没有正当理由搭售商品，或者在交易时附加其他不合理的交易条件的，构成滥用市场支配地位。上诉人主张，被上诉人将QQ软件管家与即时通信软件捆绑搭售，并且以升级QQ软件管家的名义安装QQ医生，不符合交易惯例、消费习惯或者商品的功能，消费者选择权受到了限制，不具有正当理由；一审判决关于被诉搭售行为产生排除、限制竞争效果的举证责任分配错误。对此，法院生效裁判认为，上诉人关于被上诉人实施了滥用市场支配地位行为的上诉理由不能成立。

案例2 吴某诉广电公司捆绑交易纠纷案[指导案例79号]

一、裁判要点

(1)作为特定区域内唯一合法经营有线电视传输业务的经营者及电视节目集中播控者，在市场准入、市场份额、经营地位、经营规模等各要素上均具有优势，可以认定该经营者具有市场支配地位。

(2)经营者利用市场支配地位，将数字电视基本收视维护费和数字电视付费节目费捆绑在一起向消费者收取，侵害了消费者的消费选择权，不利于其他服务提供者进入数字电视服务市场。经营者即使存在两项服务分别收费的例外情形，也不足以否认其构成反垄断法所禁止的搭售。

二、相关法条

《中华人民共和国反垄断法》第17条第1款第(5)项

三、基本案情

原告吴某诉称：2012年5月10日，其前往广电公司缴纳数字电视基本收视维护费得知，该项费用由每月25元调至30元，吴某遂缴纳了3个月费用90元，其中数字电视基本收视维护费75元、数字电视节目费15元。之后，吴某获悉数字电视节目应由用户自由选择，自愿订购。吴某认为，广电公司属于公用企业，在数字电视市场内具有支配地位，其收取数字电视节目费的行为剥夺了自己的自主选择权，构成搭售，故诉至法院，请求判令：确认被告2012年5月10日收取其数字电视节目费15元的行为无效，被告返还原告15元。

广电公司辩称：广电公司作为陕西省内唯一电视节目集中播控者，向选择收看基本收视节目之外的消费者收取费用，符合反垄断法的规定；广电公司具备陕西省有线电视市场支配地位，鼓励用户选择有线电视套餐，但并未滥用市场支配地位，强行规定用户在基本收视业务之外必须消费的服务项目，用户有自主选择权；垄断行为的认定应属于行政权力，而不是司法权力，原告没有请求认定垄断行为无效的权利；广电公司虽然推出了一系列满足用户进行个性化选择的电视套餐，但从没有进行强制搭售的行为，保证了绝大多数群众收看更多电视节目的选择权利。故请求驳回原告要求确认广电公司增加节目并收取费用无效的请求；愿意积极解决吴某的第二项诉讼请求。

法院经审理查明：2012年5月10日，吴某前往广电公司缴纳数字电视基本收视维护费时获悉，数字电视基本收视维护费每月最低标准由25元上调至30元。吴某缴纳了2012年5月10日至8月9日的数字电视基本收视维护费90元。广电公司向吴某出具的收费专用发票载明：数字电视基本收视维护费75元及数字电视节目费15元。之后，吴某通过广电公司客户服务中心(服务电话96766)咨询，广电公司节目升级增加了不同的收费节目，有不同的套餐，其中最低套餐基本收视费每年360元，用户每次最少应缴纳3个月费用。广电公司是经陕西省政府批准，陕西境内唯一合法经营有线电视传输业务的经营者和唯一电视节目集中播控者。广电公司承认其在陕西省有线电视传输业务中占有支配地位。

另查，2004 年 12 月 2 日国家发展改革委、国家广电总局印发的《有线电视基本收视维护费管理暂行办法》规定：有线电视基本收视维护费实行政府定价，收费标准由价格主管部门制定。2005 年 7 月 11 日国家广电总局关于印发《推进试点单位有线电视数字化整体转换的若干意见（试行）》的通知规定，各试点单位在推进整体转换过程中，要重视付费频道等新业务的推广，供用户自由选择，自愿订购。陕西省物价局于 2006 年 5 月 29 日出台的《关于全省数字电视基本收视维护费标准的通知》规定：数字电视基本收视维护费收费标准为：以居民用户收看一台电视机使用一个接收终端为计费单位。全省县城以上城市居民用户每主终端每月 25 元；有线数字电视用户可根据实际情况自愿选择按月、按季或按年度缴纳基本收视维护费。国家发展改革委、国家广电总局于 2009 年 8 月 25 日出台的《关于加强有线电视收费管理等有关问题的通知》指出：有线电视基本收视维护费实行政府定价；有线电视增值业务服务和数字电视付费节目收费，由有线电视运营机构自行确定。

二审中，广电公司提供了四份收费专用发票复印件，证明在 5 月 10 日前后，广电公司的营业厅收取过 25 元的月服务费，因无原件，吴某不予质证。庭后广电公司提供了其中三张的原件，双方进行了核对与质证。该票据上均显示一年交费金额为 300 元，即每月 25 元。广电公司提供了五张票据的原件，包括一审提供过原件的三张，交易地点均为咸阳市。由此证明广电公司在 5 月 10 日前后，提供过每月 25 元的收费服务。

再审中，广电公司提交了其 2016 年网站收费套餐截图、关于印发《2016 年大众业务实施办法（试行）的通知》、2016 年部分客户收费发票。

四、裁判结果

陕西省西安市中级人民法院于 2013 年 1 月 5 日作出（2012）西民四初字第 438 号民事判决：（1）确认广电公司 2012 年 5 月 10 日收取原告吴某数字电视节目费 15 元的行为无效；（2）广电公司于本判决生效之日起 10 日内返还吴某 15 元。广电公司提起上诉，陕西省高级人民法院于 2013 年 9 月 12 日作出（2013）陕民三终字第 38 号民事判决：（1）撤销一审判决；（2）驳回吴某的诉讼请求。吴某不服二审判决，向最高人民法院提出再审申请。最高人民法院于 2016 年 5 月 31 日作出（2016）最高法民再 98 号民事判决：（1）撤销陕西省高级人民法院（2013）陕民三终字第 38 号民事判决；（2）维持陕西省西安市中级人民法院（2012）西民四初字第 438 号民事判决。

五、裁判理由

法院生效裁判认为：本案争议焦点包括，一是本案诉争行为是否违反了《反垄断法》第 17 条第 1 款第（5）项之规定；二是一审法院适用《反垄断法》是否适当。

（一）关于本案诉争行为是否违反了《反垄断法》第 17 条第 1 款第（5）项之规定

《反垄断法》第 17 条第 1 款第（5）项规定，禁止具有市场支配地位的经营者没有正当理由搭售商品或者在交易时附加其他不合理的交易条件。本案中，广电公司在一审答辩中明确认可其“是经陕西省政府批准，陕西境内唯一合法经营有线电视传输业务的经营者。作为陕西省内唯一电视节目集中播控者，广电公司具备陕西省有线电视市场支配地位，鼓励用户选择更丰富的有线电视套餐，但并未滥用市场支配地位，也未强行规定用户在基本收视业务之外必须消费的服务项目。”二审中，广电公司虽对此不予认可，但并未举出其不具有市场支配地位的相应证据。再审审查过程中，广电公司对一、二审法院认定其具有市场支配地位的事实并未提出异议。鉴于广电公司作为陕西境内唯一合法经营有线电视传输业务的经营者,陕西省内唯一电视节目集中播控者,一、二审法院在查明事实的基础上认定在有线电视传输市场中,广电公司在市场准入、市场份额、经营地位、经营规模等各要素上均具有优势,占有支配地位,并无不当。

关于广电公司在向吴某提供服务时是否构成搭售的问题。《反垄断法》第 17 条第 1 款第(5)项规定禁止具有市场支配地位的经营者没有正当理由搭售商品。本案中,根据原审法院查明的事实,广电公司在提供服务时其工作人员告知吴某每月最低收费标准已从 2012 年 3 月起由 25 元上调为 30 元,每次最少缴纳一个季度,并未告知吴某可以单独缴纳数字电视基本收视维护费或者数字电视付费节目费。吴某通过广电公司客户服务中心(服务电话号码 96766)咨询获悉,广电公司节目升级,增加了不同的收费节目,有不同的套餐,其中最低套餐基本收视费为每年 360 元,每月 30 元,用户每次最少应缴纳 3 个月费用。根据前述事实并结合广电公司给吴某开具的收费专用发票记载的收费项目——数字电视基本收视维护费 75 元及数字电视节目费 15 元的事实,可以认定广电公司实际上是将数字电视基本收视节目和数字电视付费节目捆绑在一起向吴某销售,并没有告知吴某可以单独选购数字电视基本收视服务的服务项目。此外,从广电公司客户服务中心(服务电话号码 96766)的答复中亦可佐证广电公司在提供此服务时,是将数字电视基本收视维护费和数字电视付费节目费一起收取。虽然广电公司在二审中提交了其向其他用户单独收取数字电视基本收视维护费的相关票据,但该证据仅能证明广电公司在收取该费用时存在客户服务中心说明的套餐之外的例外情形。再审中,广电公司并未对客户服务中心说明的套餐之外的例外情形作出合理解释,其提交的单独收取相关费用的票据亦发生在本案诉讼之后,不足以证明诉讼时的情形,对此不予采信。因此,存在客户服务中心说明的套餐之外的例外情形并不足以否认广电公司将数字电视基本收视维护费和数字电视付费节目费一起收取的普遍做法。二审法院认定广电公司不仅提供了组合服务,也提供了基本服务,证据不足,应予纠正。因此,现有证据不能证明普通消费者可以仅缴纳电视基本收视维护费或者数字电视付费节目费,即不能证明消费者选择权的存在。二审法院在不能证明是否有选择权的情况下直接认为本案属于未告知消费者有选择权而涉及侵犯消费者知情权的问题,进而在此基础上,认定广电公司的销售行为未构成反垄断法所规定的没有正当理由的搭售,事实和法律依据不足,应予纠正。

根据再审法院查明的事实,数字电视基本收视维护费和数字电视付费节目费属于两项单独的服务。在原审诉讼及再审诉讼中,广电公司未证明将两项服务一起提供符合提供数字电视服务的交易习惯;同时,如将数字电视基本收视维护费和数字电视付费节目费分别收取,现亦无证据证明会损害该两种服务的性能和使用价值;广电公司更未对前述行为说明其正当理由。在此情形下,广电公司利用其市场支配地位,将数字电视基本收视维护费和数字电视付费节目费一起收取,客观上影响了消费者选择其他服务提供者提供相关数字付费节目,同时也不利于其他服务提供者进入电视服务市场,对市场竞争具有不利的效果。因此一审法院认定其违反了《反垄断法》第 17 条第 1 款第(5)项之规定,并无不当。吴某部分再审申请理由成立,予以支持。

(二)关于一审法院适用《反垄断法》是否适当

本案诉讼中,广电公司在答辩中认为

本案的发生实质上是一个有关吴某基于消费者权益保护法所应当享受的权利是否被侵犯的纠纷，而与垄断行为无关，认为一审法院不应当依照反垄断法及相关规定，认为其处于市场支配地位，从而确认其收费行为无效。根据《最高人民法院关于适用〈中华人民共和国民事诉讼法〉的解释》第226条及第228条的规定，人民法院应当根据当事人的诉讼请求、答辩意见以及证据交换的情况，归纳争议焦点，并就归纳的争议焦点征求当事人的意见。在法庭审理时，应当围绕当事人争议的事实、证据和法律适用等焦点问题进行。根据查明的事实，吴某在其诉状中明确主张"被告收取原告数字电视节目费，实际上是为原告在提供上述服务范围外增加提供服务内容，对此原告应当具有自主选择权。被告属于公用企业或者其他依法具有独占地位的经营者，在数字电视市场内具有支配地位。被告的上述行为违反了《反垄断法》第17条第1款第(5)项关于'禁止具有市场支配地位的经营者从事没有正当理由搭售商品，或者在交易时附加其他不合理的交易条件的滥用市场支配地位行为'的规定，侵害了原告的合法权益。原告依照《最高人民法院关于审理因垄断行为引发的民事纠纷案件应用法律若干问题的规定》，提起民事诉讼，请求人民法院依法确认被告的捆绑交易行为无效，判令其返还原告15元。"在该诉状中，吴某并未主张其消费者权益受到损害，因此一审法院根据吴某的诉讼请求适用《反垄断法》进行审理，并无不当。

综上，广电公司在陕西省境内有线电视传输服务市场上具有市场支配地位，其将数字电视基本收视服务和数字电视付费节目服务捆绑在一起向吴某销售，违反了《反垄断法》第17条第1款第(5)项之规定。吴某关于确认广电公司收取其数字电视节目费15元的行为无效和请求判令返还15元的再审请求成立。一审判决认定事实清楚，适用法律正确，应予维持，二审判决认定事实依据不足，适用法律有误，应予纠正。

案例3 洪某、邓某诉五福坊公司、今彩公司著作权侵权纠纷案[指导案例80号]

一、裁判要点

民间文学艺术衍生作品的表达系独立完成且有创作性的部分，符合著作权法保护的作品特征的，应当认定作者对其独创性部分享有著作权。

二、相关法条

1.《中华人民共和国著作权法》第3条

2.《中华人民共和国著作权法实施条例》第2条

三、基本案情

原告洪某、邓某诉称：原告洪某创作完成的《和谐共生十二》作品，发表在2009年8月贵州人民出版社出版的《福远蜡染艺术》一书中。洪某曾将该涉案作品的使用权(蜡染上使用除外)转让给原告邓某，由邓某维护著作财产权。被告五福坊公司以促销为目的，擅自在其销售的商品上裁切性地使用了洪某的上述画作。原告认为被告侵犯了洪某的署名权和邓某的著作财产权，请求法院判令：被告就侵犯著作财产权赔偿邓某经济损失20万元；被告停止使用涉案图案，销毁涉案包装盒及产品册页；被告就侵犯洪某著作人身权刊登声明赔礼道歉。

被告五福坊公司辩称：第一，原告起诉其拥有著作权的作品与今彩公司为五福坊公司设计的产品外包装上的部分图案，均借鉴了贵州黄平革家传统蜡染图案，被告使用今彩公司设计的产品外包装不构成侵权；第二，五福坊公司的产品外包装是委托本案第三人今彩公司设计的，五福坊公司在使用产品外包装时已尽到合理注意义务；第三，本案所涉作品在产品包装中位于右下角，整个作品面积只占产品外包装面积的二十分之一左右，对于产品销售的促进作用影响较小，原告起诉的赔偿数额20万元显然过高。原告的诉请没有事实和法律依据，故请求驳回原告的诉讼请求。

第三人今彩公司述称：其为五福坊公司进行广告设计、策划，2006年12月创作完成“四季如意”的手绘原稿，直到2011年10月五福坊公司开发针对旅游市场的礼品，才重新截取该图案的一部分使用，图中的鸟纹、如意纹、铜鼓纹均源于贵州黄平革家蜡染的“原形”，原告作品中的鸟纹图案也源于贵州传统蜡染，原告方主张的作品不具有独创性，本案不存在侵权的事实基础，故原告的诉请不应支持。

法院经审理查明：原告洪某从事蜡染艺术设计创作多年，先后被文化部授予“中国十大民间艺术家”“非物质文化遗产保护工作先进个人”等荣誉称号。2009年8月其创作完成的《和谐共生十二》作品发表在贵州人民出版社出版的《福远蜡染艺术》一书中，该作品借鉴了传统蜡染艺术的自然纹样和几何纹样的特征，色彩以靛蓝为主，描绘了一幅花鸟共生的和谐图景。但该作品对鸟的外形进行了补充，对鸟的眼睛、嘴巴丰富了线条，使得鸟图形更加传神，对鸟的脖子、羽毛融入了作者个人的独创，使得鸟图形更为生动，对中间的铜鼓纹花也融合了作者自己的构思而有别于传统的蜡染艺术图案。2010年8月1日，原告洪某与原告邓某签订《作品使用权转让合同》，合同约定洪某将涉案作品的使用权（蜡染上使用除外）转让给邓某，由邓某维护受让权利范围内的著作财产权。

被告五福坊公司委托第三人今彩公司进行产品的品牌市场形象策划设计服务，包括进行产品包装及配套设计、产品手册以及促销宣传品的设计等。根据第三人今彩公司的设计服务，五福坊公司在其生产销售的产品贵州辣子鸡、贵州小米渣、贵州猪肉干的外包装礼盒的左上角、右下角使用了蜡染花鸟图案和如意图案边框。洪某认为五福坊公司使用了其创作的《和谐共生十二》作品，一方面侵犯了洪某的署名权，割裂了作者与作品的联系；另一方面侵犯了邓某的著作财产权。经比对查明，五福坊公司生产销售的上述三种产品外包装礼盒和产品手册上使用的蜡染花鸟图案与洪某创作的《和谐共生十二》作品，在鸟与花图形的结构造型、线条的取舍与排列上一致，只是图案的底色和线条的颜色存在差别。

四、裁判结果

贵州省贵阳市中级人民法院于2015年9月18日作出（2015）筑知民初字第17号民事判决：（1）被告五福坊公司于本判决生效之日起10日内赔偿原告邓某经济损失10万元；（2）被告五福坊公司在本判决生效后，立即停止使用涉案《和谐共生十二》作品；（3）被告五福坊公司于本判决生效之日起5日内销毁涉案产品贵州辣子鸡、贵州小米渣、贵州猪肉干的包装盒及产品宣传册页；（4）驳回原告洪某和邓某的其余诉讼请求。一审宣判后，各方当事人均未上诉，判决已发生法律效力。

五、裁判理由

法院生效裁判认为：本案的争议焦点，一是本案所涉《和谐共生十二》作品是否受著作权法保护；二是涉案产品的包装图案是否侵犯原告的著作权；三是如何确定本案的责任主体；四是本案的侵权责任方式如何判定；五是本案的赔偿数额如何确定。

关于第一个争议焦点，本案所涉原告洪某的《和谐共生十二》画作中两只鸟尾部重合，中间采用铜鼓纹花连接而展示对称的美感，而这些正是传统蜡染艺术的自然纹样和几何纹样的主题特征，根据本案现有证据，可以认定涉案作品显然借鉴了传统蜡染艺术的表达方式，创作灵感直接来源于黄平革家蜡染背扇图案。但涉案作品对鸟的外形进行了补充，对鸟的眼睛、嘴巴丰富了线条，对鸟的脖子、羽毛融入了作者个人的独创，使得鸟图形更为传神生动，对中间的铜鼓纹花也融合了作者的构思而有别于传统的蜡染艺术图案。根据《著作权法实施条例》第 2 条“著作权法所称作品，是指文学、艺术和科学领域内具有独创性并能以某种有形形式复制的智力成果”的规定，本案所涉原告洪某创作的《和谐共生十二》画作属于传统蜡染艺术作品的衍生作品，是对传统蜡染艺术作品的传承与创新，符合著作权法保护的作品特征，在洪某具有独创性的范围内受著作权法的保护。

关于第二个争议焦点，根据《著作权法实施条例》第 4 条第 1 款第(8)项“美术作品，是指绘画、书法、雕塑等以线条、色彩或者其他方式构成的有审美意义的平面或者立体的造型艺术作品”的规定，绘画作品主要是以线条、色彩等方式构成的有审美意义的平面造型艺术作品。经过庭审比对，本案所涉产品贵州辣子鸡等包装礼盒和产品手册中使用的花鸟图案与涉案《和谐共生十二》画作，在鸟与花图形的结构造型、线条的取舍与排列上一致，只是图案的底色和线条的颜色存在差别，就比对的效果来看，图案的底色和线条的颜色差别只是侵权的掩饰手段而已，并非独创性的智力劳动；第三人今彩公司主张其设计、使用在五福坊公司产品包装礼盒和产品手册中的作品创作于 2006 年，但其没有提交任何证据可以佐证，而洪某的涉案作品于 2009 年发表在《福远蜡染艺术》一书中，且书中画作直接注明了作品创作日期为 2003 年，由此可以认定洪某的涉案作品创作并发表在先。在五福坊公司生产、销售涉案产品之前，洪某即发表了涉案《和谐共生十二》作品，五福坊公司有机会接触到原告的作品。据此，可以认定第三人今彩公司有抄袭洪某涉案作品的故意，五福坊公司在生产、销售涉案产品包装礼盒和产品手册中部分使用原告的作品，侵犯了原告对涉案绘画美术作品的复制权。

关于第三个争议焦点，庭前准备过程中，经法院向洪某释明是否追加今彩公司为被告参加诉讼，是否需要变更诉讼请求，原告以书面形式表示不同意追加今彩公司为被告，并认为五福坊公司与今彩公司属于另一法律关系，不宜与本案合并审理。事实上，五福坊公司与今彩公司签订了合同书，合同约定被告生产的所有产品的外包装、广告文案、宣传品等皆由今彩公司设计，合同也约定如今彩公司提交的设计内容有侵权行为，造成的后果由今彩公司全部承担。但五福坊公司作为产品包装的委托方，并未举证证明其已尽到了合理的注意义务，且也是侵权作品的最终使用者和实际受益者，根据《著作权法》第 48 条第 2 款第(1)项“有下列侵权行为的，应当根据情况，承担停止侵害、消除影响、赔礼道歉、赔偿损失等民事责任……(一)未经著作权人许可，复制、发行、表演、放映、广播、汇编、通过信息网络向公众传播其作品的，本法另有规定的除外”、《最高人民法院关于审理著作权民事纠纷案件适用法律若干问题的解释》(以下简称《著作权纠纷案件解释》)第 19 条、第 20 条第 2 款的规定，五福坊公司依法应承担本案侵权的民事责任。五福坊公司与第三人今彩公司之间属另一法律关系，不属于本案的审理范围，当事人可另行主张解决。

关于第四个争议焦点，根据《著作权法》第 47 条、第 48 条规定，侵犯著作权或与著作权有关的权利的，应当根据案件的实际情况，承担停止侵害、消除影响、赔礼道歉、赔偿损失等民事责任。本案中，第一，原告方的部分著作人身权和财产权受到侵害，客观上产生相应的经济损失，对于原告方的第一项赔偿损失的请求，依法应当获得相应的支持；第二，无论侵权人有无过错，为防止损失的扩大，责令侵权人立即停止正在实施的侵犯他人著作权的行为，以保护权利人的合法权益,也是法律实施的目的,对于原告方第二项要求被告停止使用涉案图案,销毁涉案包装盒及产品册页的诉请,依法应予支持;第三,五福坊公司事实上并无主观故意,也没有重大过失,只是没有尽到合理的审查义务而基于法律的规定承担侵权责任,洪某也未举证证明被告侵权行为造成其声誉的损害,故对于洪某要求五福坊公司在《贵州都市报》综合版面刊登声明赔礼道歉的第三项诉请,不予支持。

关于第五个争议焦点,本案中,原告方并未主张为制止侵权行为所支出的合理费用,也没有举证证明为制止侵权行为所支出的任何费用。庭审中,原告方没有提交任何证据以证明其实际损失的多少,也没有提交任何证据以证明五福坊公司因侵权行为的违法所得。事实上,原告方的实际损失本身难以确定,被告方因侵权行为的违法所得也难以查清。根据《著作权纠纷案件解释》第25条第1款、第2款"权利人的实际损失或者侵权人的违法所得无法确定的,人民法院根据当事人的请求或者依职权适用著作权法第四十八条第二款(现为第四十九条第二款)的规定确定赔偿数额。人民法院在确定赔偿数额时,应当考虑作品类型、合理使用费、侵权行为性质、后果等情节综合确定"的规定,结合本案的客观实际,主要考量以下五个方面对侵犯著作权赔偿数额的影响:第一,洪某的涉案《和谐共生十二》作品属于贵州传统蜡染艺术作品的衍生作品,著作权作品的创作是在传统蜡染艺术作品基础上的传承与创新,涉案作品中鸟图形的轮廓与对称的美感来源于传统艺术作品,作者构思的创新有一定的限度和相对局限的空间;第二,贵州蜡染有一定的区域特征和地理标志意义,以花、鸟、虫、鱼等为创作缘起的蜡染艺术作品在某种意义上属于贵州元素或贵州符号,五福坊公司作为贵州的本土企业,其使用贵州蜡染艺术作品符合民间文学艺术作品作为非物质文化遗产固有的民族性、区域性的基本特征要求;第三,根据洪某与邓某签订的《作品使用权转让合同》,洪某已经将其创作的涉案《和谐共生十二》作品的使用权(蜡染上使用除外)转让给邓某,即涉案作品的大部分著作财产权转让给了传统民间艺术传承区域外的邓某,由邓某维护涉案作品著作财产权,基于本案著作人身权与财产权的权利主体在传统民间艺术传承区域范围内外客观分离的状况,传承区域范围内的企业侵权行为产生的后果与影响并不显著;第四,洪某几十年来执着于民族蜡染艺术的探索与追求,在创作中将传统的民族蜡染与中国古典文化有机地揉和,从而使蜡染艺术升华到一定高度,对区域文化的发展起到一定的推动作用。尽管涉案作品的大部分著作财产权已经转让给了传统民间艺术传承区域外的邓某,但洪某的创作价值以及其在蜡染艺术业内的声誉应得到尊重;第五,五福坊公司涉案产品贵州辣子鸡、贵州小米渣、贵州猪肉干的生产经营规模、销售渠道等应予以参考,根据五福坊公司提交的五福坊公司与卓凡公司的采购合同,尽管上述证据不一定完全客观反映五福坊公司涉案产品的生产经营状况,但在原告方无任何相反证据的情形下,被告的证明主张在合理范围内应为法律所允许。综合考量上述因素,参照贵州省当前的经济发展水平和人们的生活水平,酌情确定由五福坊公司赔偿邓某经济损失10万元。

案例4 张某诉雷某、赵某、爱书人公司著作权侵权纠纷案[指导案例81号]

一、裁判要点

(1)根据同一历史题材创作的作品中的题材主线、整体线索脉络,是社会共同财富,属于思想范畴,不能为个别人垄断,任何人都有权对此类题材加以利用并创作作品。

(2)判断作品是否构成侵权,应当从被诉侵权作品作者是否接触过权利人作品、被诉侵权作品与权利人作品之间是否构成实质相似等方面进行。在判断是否构成实质相似时,应比较作者在作品表达中的取舍、选择、安排、设计等是否相同或相似,不应从思想、情感、创意、对象等方面进行比较。

(3)按照著作权法保护作品的规定,人民法院应保护作者具有独创性的表达,即思想或情感的表现形式。对创意、素材、公有领域信息、创作形式、必要场景,以及具有唯一性或有限性的表达形式,则不予保护。

二、相关法条

1.《中华人民共和国著作权法》第 2 条

2.《中华人民共和国著作权法实施条例》第 2 条

三、基本案情

原告张某诉称:其于 1999 年 12 月开始改编创作《高原骑兵连》剧本,2000 年 8 月根据该剧本筹拍 20 集电视连续剧《高原骑兵连》(以下将该剧本及其电视剧简称"张剧"),2000 年 12 月该剧摄制完成,张某系该剧著作权人。被告雷某作为《高原骑兵连》的名誉制片人参与了该剧的摄制。被告雷某作为第一编剧和制片人、被告赵某作为第二编剧拍摄了电视剧《最后的骑兵》(以下将该电视剧及其剧本简称"雷剧")。2009 年 7 月 1 日,张某从被告爱书人公司购得《最后的骑兵》DVD 光盘,发现与"张剧"有很多雷同之处,主要人物关系、故事情节及其他方面相同或近似,"雷剧"对"张剧"剧本及电视剧构成侵权。故请求法院判令:三被告停止侵权,雷某在《齐鲁晚报》上公开发表致歉声明并赔偿张某剧本稿酬损失、剧本出版发行及改编费损失共计 80 万元。

被告雷某辩称:"张剧"剧本根据张冠林的长篇小说《雪域河源》改编而成,"雷剧"最初由雷某根据师永刚的长篇小说《天苍茫》改编,后由赵某参照其小说《骑马挎枪走天涯》重写剧本定稿。2000 年上半年,张某找到雷某,提出合拍反映骑兵生活的电视剧。雷某向张某介绍了改编《天苍茫》的情况,建议合拍,张某未同意。2000 年 8 月,雷某与张某签订了合作协议,约定拍摄制作由张某负责,雷某负责军事保障,不参与艺术创作,雷某没有看到张某的剧本。"雷剧"和"张剧"创作播出的时间不同,"雷剧"不可能影响"张剧"的发行播出。

法院经审理查明:"张剧""雷剧"、《骑马挎枪走天涯》《天苍茫》,均系以 20 世纪 80 年代中期精简整编中骑兵部队撤(缩)编为主线展开的军旅、历史题材作品。短篇小说《骑马挎枪走天涯》发表于《解放军文艺》1996 年第 12 期总第 512 期;长篇小说《天苍茫》于 2001 年 4 月由解放军文艺出版社出版发行;"张剧"于 2004 年 5 月 17 日至 5 月 21 日由中央电视台第八套节目在上午时段以每天四集的速度播出;"雷剧"于 2004 年 5 月 19 日至 29 日由中央电视台第一套节目在晚上黄金时段以每天两集的速度播出。

《骑马挎枪走天涯》通过对骑兵连被撤销前后连长、指导员和一匹神骏的战马的描写,叙述了骑兵在历史上的辉煌、骑兵连被撤销、骑兵连官兵特别是骑兵连长对骑兵、战马的痴迷。《骑马挎枪走天涯》存在如下描述:神马(15 号军马)出身来历中透着的神秘、连长与军马的水乳交融、指导员孔越华的人物形象、连长作诗、父亲当过骑兵团长、骑兵在未来战争中发挥的重要作用、连长为保留骑兵连所做的努力、骑兵连最后被撤销、结尾处连长与神马的悲壮。"雷剧"中天马的来历也透着神秘,除了连长常问天的父亲曾为骑兵师长外,上述情节内容与《骑马挎枪走天涯》基本相似。

《天苍茫》是讲述中国军队最后一支骑

兵连充满传奇与神秘历史的书，书中展示草原与骑兵的生活，如马与人的情感、最后一匹野马的基因价值，以及研究马语的老人，神秘的预言者，最后的野马在香港赛马场胜出的传奇故事。《天苍茫》中连长成天的父亲是原骑兵师的师长，司令员是山南骑兵连的第一任连长、成天父亲的老部下，成天从小暗恋司令员女儿兰静，指导员王青衣与兰静相爱，并促进成天与基因学者刘可可的爱情。最后连长为救被困沼泽的研究人员牺牲。“雷剧”中高波将前指导员跑得又快又稳性子好的“大喇嘛”牵来交给常问天作为临时坐骑。结尾连长为完成抓捕任务而牺牲。“雷剧”中有关指导员孔越华与连长常问天之间关系的描述与《天苍茫》中指导员王青衣与连长成天关系的情节内容有相似之处。

法院依法委托中国版权保护中心版权鉴定委员会对“张剧”与“雷剧”进行鉴定，结论如下：(1)主要人物设置及关系部分相似；(2)主要线索脉络即骑兵部队缩编（撤销）存在相似之处；(3)存在部分相同或者近似的情节，但除一处语言表达基本相同之外，这些情节的具体表达基本不同。语言表达基本相同的情节是指双方作品中男主人公表达“愿做牧马人”的话语的情节。“张剧”电视剧第四集秦冬季说：“草原为家，以马为伴，做个牧马人”；“雷剧”电视剧第十八集常问天说：“以草原为家，以马为伴，你看过电影《牧马人》吗？做个自由的牧马人”。

四、裁判结果

山东省济南市中级人民法院于2011年7月13日作出(2010)济民三初字第84号民事判决：驳回张某的全部诉讼请求。张某不服，提起上诉，山东省高级人民法院于2012年6月14日作出(2011)鲁民三终字第194号民事判决：驳回上诉，维持原判。张某不服，向最高人民法院申请再审。最高人民法院经审查，于2014年11月28日作出(2013)民申字第1049号民事裁定：驳回张某的再审申请。

五、裁判理由

法院生效裁判认为：本案的争议焦点是“雷剧”的剧本及电视剧是否侵害“张剧”的剧本及电视剧的著作权。

判断作品是否构成侵权，应当从被诉侵权作品的作者是否“接触”过要求保护的权利人作品、被诉侵权作品与权利人的作品之间是否构成“实质相似”两个方面进行。本案各方当事人对雷某接触“张剧”剧本及电视剧并无争议，本案的核心问题在于两部作品是否构成实质相似。

我国著作权法所保护的是作品中作者具有独创性的表达，即思想或情感的表现形式，不包括作品中所反映的思想或情感本身。这里指的思想，包括对物质存在、客观事实、人类情感、思维方法的认识，是被描述、被表现的对象，属于主观范畴。思想者借助物质媒介，将构思诉诸形式表现出来，将意象转化为形象、将抽象转化为具体、将主观转化为客观、将无形转化为有形，为他人感知的过程即为创作，创作形成的有独创性的表达属于受著作权法保护的作品。著作权法保护的表达不仅指文字、色彩、线条等符号的最终形式，当作品的内容被用于体现作者的思想、情感时，内容也属于受著作权法保护的表达，但创意、素材或公有领域的信息、创作形式、必要场景或表达唯一或有限则被排除在著作权法的保护范围之外。必要场景，指选择某一类主题进行创作时，不可避免而必须采取某些事件、角色、布局、场景，这种表现特定主题不可或缺的表达方式不受著作权法保护；表达唯一或有限，指一种思想只有唯一一种或有限的表达形式，这些表达视为思想，也不给予著作权保护。在判断“雷剧”与“张剧”是否构成实质相似时，应比较两部作品中对于思想和情感的表达，将两部作品表达中作者的取舍、选择、安排、设计是否相同或相似，而不是离开表达看思想、情感、创意、对象等其他方面。结合张某的主张，从以下几个方面进行分析判断：

关于张某提出“雷剧”与“张剧”题材主线相同的主张，因“雷剧”与《骑马挎枪走天涯》都通过紧扣“英雄末路、骑兵绝唱”这一主题和情境描述了“最后的骑兵”在撤编前后发生的故事，可以认定“雷剧”题材主线及整体线索脉络来自《骑马挎枪走天涯》。“张剧”“雷剧”以及《骑马挎枪走天涯》《天苍茫》4 部作品均系以 20 世纪 80 年代中期精简整编中骑兵部队撤(缩)编为主线展开的军旅历史题材作品，是社会的共同财富，不能为个别人所垄断，故 4 部作品的作者都有权以自己的方式对此类题材加以利用并创作作品。因此，即便“雷剧”与“张剧”题材主线存在一定的相似性，因题材主线不受著作权法保护，且“雷剧”的题材主线系来自最早发表的《骑马挎枪走天涯》，不能认定“雷剧”抄袭自“张剧”。

关于张某提出“雷剧”与“张剧”人物设置与人物关系相同、相似的主张，鉴于前述 4 部作品均系以特定历史时期骑兵部队撤(缩)编为主线展开的军旅题材作品，除了《骑马挎枪走天涯》受短篇小说篇幅的限制，没有三角恋爱关系或军民关系外，其他 3 部作品中都包含三角恋爱关系、官兵上下关系、军民关系等人物设置和人物关系，这样的表现方式属于军旅题材作品不可避免地采取的必要场景，因表达方式有限，不受著作权法保护。

关于张某提出“雷剧”与“张剧”语言表达及故事情节相同、相似的主张，从语言表达看，如“雷剧”中“做个自由的‘牧马人’”与“张剧”中“做个牧马人”语言表达基本相同，但该语言表达属于特定语境下的惯常用语，非独创性表达。从故事情节看，用于体现作者的思想与情感的故事情节属于表达的范畴，具有独创性的故事情节应受著作权法保护，但是，故事情节中仅部分元素相同、相似并不能当然得出故事情节相同、相似的结论。前述 4 部作品相同、相似的部分多属于公有领域素材或缺乏独创性的素材，有的仅为故事情节中的部分元素相同，但情节所展开的具体内容和表达的意义并不相同。二审法院认定“雷剧”与“张剧”6 处相同、相似的故事情节，其中老部下关系、临时指定马匹等在《天苍茫》中也有相似的情节内容，其他部分虽在情节设计方面存在相同、相似之处，但有的仅为情节表达中部分元素的相同、相似，情节内容相同、相似的部分少且微不足道。

整体而言，“雷剧”与“张剧”具体情节展开不同、描写的侧重点不同、主人公性格不同、结尾不同，二者相同、相似的故事情节在“雷剧”中所占比例极低，且在整个故事情节中处于次要位置，不构成“雷剧”中的主要部分，不会导致读者和观众对两部作品产生相同、相似的欣赏体验，不能得出两部作品实质相似的结论。根据《最高人民法院关于审理著作权民事纠纷案件适用法律若干问题的解释》第 15 条“由不同作者就同一题材创作的作品，作品的表达系独立完成并且有创作性的，应当认定作者各自享有独立著作权”的规定，“雷剧”与“张剧”属于由不同作者就同一题材创作的作品，两剧都有独创性，各自享有独立著作权。

案例 5　王某诉歌力思公司、银泰公司侵害商标权纠纷案[指导案例 82 号]

一、裁判要点

当事人违反诚实信用原则，损害他人合法权益，扰乱市场正当竞争秩序，恶意取得、行使商标权并主张他人侵权的，人民法院应当以构成权利滥用为由，判决对其诉讼请求不予支持。

二、相关法条

1.《中华人民共和国民事诉讼法》第 13 条

2.《中华人民共和国商标法》第 52 条

三、基本案情

歌力思实业公司成立于1999年6月8日。2008年12月18日，该公司通过受让方式取得第1348583号“歌力思”商标，该商标核定使用于第25类的服装等商品之上，核准注册于1999年12月。2009年11月19日，该商标经核准续展注册，有效期自2009年12月28日至2019年12月27日。歌力思实业公司还是第4225104号“ELLASSAY”的商标注册人。该商标核定使用商品为第18类的（动物）皮；钱包；旅行包；文件夹（皮革制）；皮制带子；裘皮；伞；手杖；手提包；购物袋。注册有效期限自2008年4月14日至2018年4月13日。2011年11月4日，歌力思实业公司更名为歌力思公司，即本案一审被告人。2012年3月1日，上述“歌力思”商标的注册人相应变更为歌力思公司。

一审原告王某于2011年6月申请注册了第7925873号“歌力思”商标，该商标核定使用商品为第18类的钱包、手提包等。王某还曾于2004年7月7日申请注册第4157840号“歌力思及图”商标。后因北京市高级人民法院于2014年4月2日作出的二审判决认定，该商标损害了歌力思公司的关联企业歌力思投资管理有限公司的在先字号权，因此不应予以核准注册。

自2011年9月起，王某先后在杭州、南京、上海、福州等地的“ELLASSAY”专柜，通过公证程序购买了带有“品牌中文名：歌力思，品牌英文名：ELLASSAY”字样吊牌的皮包。2012年3月7日，王某以歌力思公司及银泰公司生产、销售上述皮包的行为构成对王某拥有的“歌力思”商标、“歌力思及图”商标权的侵害为由，提起诉讼。

四、裁判结果

杭州市中级人民法院于2013年2月1日作出（2012）浙杭知初字第362号民事判决，认为歌力思公司及银泰公司生产、销售被诉侵权商品的行为侵害了王某的注册商标专用权，判决歌力思公司、银泰公司承担停止侵权行为、赔偿王某经济损失及合理费用共计10万元及消除影响。歌力思公司不服，提起上诉。浙江省高级人民法院于2013年6月7日作出（2013）浙知终字第222号民事判决，驳回上诉、维持原判。歌力思公司及王某均不服，向最高人民法院申请再审。最高人民法院裁定提审本案，并于2014年8月14日作出（2014）民提字第24号判决，撤销一审、二审判决，驳回王某的全部诉讼请求。

五、裁判理由

法院生效裁判认为，诚实信用原则是一切市场活动参与者所应遵循的基本准则。一方面，它鼓励和支持人们通过诚实劳动积累社会财富和创造社会价值，并保护在此基础上形成的财产性权益，以及基于合法、正当的目的支配该财产性权益的自由和权利；另一方面，它又要求人们在市场活动中讲究信用、诚实不欺，在不损害他人合法利益、社会公共利益和市场秩序的前提下追求自己的利益。民事诉讼活动同样应当遵循诚实信用原则。一方面，它保障当事人有权在法律规定的范围内行使和处分自己的民事权利和诉讼权利；另一方面，它又要求当事人在不损害他人和社会公共利益的前提下，善意、审慎地行使自己的权利。任何违背法律目的和精神，以损害他人正当权益为目的，恶意取得并行使权利、扰乱市场正当竞争秩序的行为均属于权利滥用，其相关权利主张不应得到法律的保护和支持。

第4157840号“歌力思及图”商标迄今为止尚未被核准注册，王某无权据此对他人提起侵害商标权之诉。对于歌力思公司、银泰公司的行为是否侵害王某的第7925873号“歌力思”商标权的问题，首先，歌力思公司拥有合法的在先权利基础。歌力思公司及其关联企业最早将“歌力思”作为企业字号使用的时间为1996年，最早在服装等商品上取得“歌力思”注册商标专用权的时间为1999年。经长期使用和广泛宣传，作为企业字号和注册商标的“歌力思”已经具有了较高的市场知名度，歌力思公司对前述商业标识享有合法的在先权利。其次，歌力思公司在本案中的使用行为系基于合法的权利基础，使用方式和行为性质均具有正当性。从销售场所来看，歌力思公司对被诉侵权商品的展示和销售行为均完成于银泰公司的歌力思专柜，专柜通过标注歌力思公司的“ELLASSAY”商标等方式，明确表明了被诉侵权商品的提供者。在歌力思公司的字号、商标等商业标识已经具有较高的市场知名度，而王某未能举证证明其“歌力思”商标同样具有知名度的情况下，歌力思公司在其专柜中销售被诉侵权商品的行为，不会使普通消费者误认该商品来自于王某。从歌力思公司的具体使用方式来看，被诉侵权商品的外包装、商品内的显著部位均明确标注了“ELLASSAY”商标，而仅在商品吊牌之上使用了“品牌中文名：歌力思”的字样。由于“歌力思”本身就是歌力思公司的企业字号，且与其“ELLASSAY”商标具有互为指代关系，故歌力思公司在被诉侵权商品的吊牌上使用“歌力思”文字来指代商品生产者的做法并无明显不妥，不具有攀附王某“歌力思”商标知名度的主观意图，亦不会为普通消费者正确识别被诉侵权商品的来源制造障碍。在此基础上，银泰公司销售被诉侵权商品的行为亦不为法律所禁止。最后，王某取得和行使“歌力思”商标权的行为难谓正当。“歌力思”商标由中文文字“歌力思”构成，与歌力思公司在先使用的企业字号及在先注册的“歌力思”商标的文字构成完全相同。“歌力思”本身为无固有含义的臆造词，具有较强的固有显著性，依常理判断，在完全没有接触或知悉的情况下，因巧合而出现雷同注册的可能性较低。作为地域接近、经营范围关联程度较高的商品经营者，王某对“歌力思”字号及商标完全不了解的可能性较低。在上述情形之下，王某仍在手提包、钱包等商品上申请注册“歌力思”商标，其行为难谓正当。王某以非善意取得的商标权对歌力思公司的正当使用行为提起的侵权之诉，构成权利滥用。

案例6 嘉易烤公司诉金仕德公司、天猫公司侵害发明专利权纠纷案[指导案例83号]

一、裁判要点

（1）网络用户利用网络服务实施侵权行为，被侵权人依据侵权责任法向网络服务提供者所发出的要求其采取必要措施的通知，包含被侵权人身份情况、权属凭证、侵权人网络地址、侵权事实初步证据等内容的，即属有效通知。网络服务提供者自行设定的投诉规则，不得影响权利人依法维护其自身合法权利。

（2）《侵权责任法》第36条第2款所规定的网络服务提供者接到通知后所应采取的必要措施包括但并不限于删除、屏蔽、断开链接。“必要措施”应遵循审慎、合理的原则，根据所侵害权利的性质、侵权的具体情形和技术条件等来加以综合确定。

二、相关法条

《中华人民共和国侵权责任法》第36条

三、基本案情

原告嘉易烤公司诉称：金仕德公司未经其许可，在天猫商城等网络平台上宣传并销售侵害其ZL200980000002.8号专利权的产品，构成专利侵权；天猫公司在嘉易烤公司投诉金仕德公司侵权行为的情况下，未采取有效措施，应与金仕德公司共同承担侵权责任。请求判令：（1）金仕德公司立即停止销售被诉侵权产品；(2)金仕德公司立即销毁库存的被诉侵权产品；(3)天猫公司撤销金仕德公司在天猫平台上所有的侵权产品链接；(4)金仕德公司、天猫公司连带赔偿嘉易烤公司50万元；(5)本案诉讼费用由金仕德公司、天猫公司承担。

金仕德公司答辩称：其只是卖家，并不是生产厂家，嘉易烤公司索赔数额过高。

天猫公司答辩称：(1)其作为交易平台，并不是生产销售侵权产品的主要经营方或者销售方；(2)涉案产品是否侵权不能确定；(3)涉案产品是否使用在先也不能确定；(4)在不能证明其为侵权方的情况下，由其连带赔偿50万元缺乏事实和法律依据，且其业已删除了涉案产品的链接，嘉易烤公司关于撤销金仕德公司在天猫平台上所有侵权产品链接的诉讼请求亦不能成立。

法院经审理查明：2009年1月16日，嘉易烤公司及其法定代表人李某共同向国家知识产权局申请了名称为“红外线加热烹调装置”的发明专利，并于2014年11月5日获得授权，专利号为ZL200980000002.8。该发明专利的权利要求书记载：“1. 一种红外线加热烹调装置，其特征在于，该红外线加热烹调装置包括：托架，在其上部中央设有轴孔，且在其一侧设有控制电源的开关；受红外线照射就会被加热的旋转盘，作为在其上面可以盛食物的圆盘形容器，在其下部中央设有可拆装的插入到上述轴孔中的突起；支架，在上述托架的一侧纵向设置；红外线照射部，其设在上述支架的上端，被施加电源就会朝上述旋转盘照射红外线；上述托架上还设有能够从内侧拉出的接油盘；在上述旋转盘的突起上设有轴向的排油孔。”2015年1月26日，涉案发明专利的专利权人变更为嘉易烤公司。涉案专利年费缴纳至2016年1月15日。

2015年1月29日，嘉易烤公司的委托代理机构北京商专律师事务所向北京市海诚公证处申请证据保全公证，其委托代理人王某、时某在公证处监督下，操作计算机登入天猫网（网址为 http://www.tmall.com)，在一家名为“益心康旗舰店”的网上店铺购买了售价为388元的3D烧烤炉，并拷贝了该网店经营者的营业执照信息。同年2月4日，时某在公证处监督下接收了寄件人名称为“益心康旗舰店”的快递包裹一个，内有韩文包装的3D烧烤炉及赠品、手写收据联和中文使用说明书、保修卡。公证员对整个证据保全过程进行了公证并制作了(2015)京海诚内民证字第01494号公证书。同年2月10日，嘉易烤公司委托案外人张某向淘宝网知识产权保护平台上传了包含专利侵权分析报告和技术特征比对表在内的投诉材料，但淘宝网最终没有审核通过。同年5月5日，天猫公司向浙江省杭州市钱塘公证处申请证据保全公证，由其代理人刁某在公证处的监督下操作电脑，在天猫网益心康旗舰店搜索“益心康3D烧烤炉韩式家用不粘电烤炉无烟烤肉机电烤盘铁板烧烤肉锅”，显示没有搜索到符合条件的商品。公证员对整个证据保全过程进行了公证并制作了(2015)浙杭钱证内字第10879号公证书。

一审庭审中，嘉易烤公司主张将涉案专利权利要求1作为本案要求保护的范围。经比对，嘉易烤公司认为除了开关位置的不同，被控侵权产品的技术特征完全落入了涉案专利权利要求1记载的保护范围，而开关位置的变化是业内普通技术人员不需要创造性劳动就可解决的，属于等同特征。两原审被告对比对结果不持异议。

另查明，嘉易烤公司为本案支出公证费4000元，代理服务费81 000元。

四、裁判结果

浙江省金华市中级人民法院于2015年8月12日作出(2015)浙金知民初字第148号民事判决：(1)金仕德公司立即停止销售侵犯专利号为ZL200980000002.8的

发明专利权的产品的行为;(2)金仕德公司于判决生效之日起10日内赔偿嘉易烤公司经济损失150 000元(含嘉易烤公司为制止侵权而支出的合理费用);(3)天猫公司对上述第2项中金仕德公司赔偿金额的50 000元承担连带赔偿责任;(4)驳回嘉易烤公司的其他诉讼请求。一审宣判后,天猫公司不服,提起上诉。浙江省高级人民法院于2015年11月17日作出(2015)浙知终字第186号民事判决:驳回上诉,维持原判。

五、裁判理由

法院生效裁判认为:各方当事人对于金仕德公司销售的被诉侵权产品落入嘉易烤公司涉案专利权利要求1的保护范围,均不持异议,原审判决认定金仕德公司涉案行为构成专利侵权正确。关于天猫公司在本案中是否构成共同侵权,《侵权责任法》第36条第2款规定,网络用户利用网络服务实施侵权行为的,被侵权人有权通知网络服务提供者采取删除、屏蔽、断开链接等必要措施。网络服务提供者接到通知后未及时采取必要措施的,对损害的扩大部分与该网络用户承担连带责任。上述规定系针对权利人发现网络用户利用网络服务提供者的服务实施侵权行为后"通知"网络服务提供者采取必要措施,以防止侵权后果不当扩大的情形,同时还明确界定了此种情形下网络服务提供者所应承担的义务范围及责任构成。本案中,天猫公司涉案被诉侵权行为是否构成侵权,应结合对天猫公司的主体性质、嘉易烤公司"通知"的有效性以及天猫公司在接到嘉易烤公司的"通知"后是否应当采取措施及所采取的措施的必要性和及时性等加以综合考量。

首先,天猫公司依法持有增值电信业务经营许可证,系信息发布平台的服务提供商,其在本案中为金仕德公司经营的"益心康旗舰店"销售涉案被诉侵权产品提供网络技术服务,符合《侵权责任法》第36条第2款所规定的网络服务提供者的主体条件。

其次,天猫公司在二审庭审中确认嘉易烤公司已于2015年2月10日委托案外人张某向淘宝网知识产权保护平台上传了包含被投诉商品链接及专利侵权分析报告、技术特征比对表在内的投诉材料,且根据上述投诉材料可以确定被投诉主体及被投诉商品。

《侵权责任法》第36条第2款所涉及的"通知"是认定网络服务提供者是否存在过错及应否就危害结果的不当扩大承担连带责任的条件。"通知"是指被侵权人就他人利用网络服务商的服务实施侵权行为的事实向网络服务提供者所发出的要求其采取必要技术措施,以防止侵权损害进一步扩大的行为。"通知"既可以是口头的,也可以是书面的。通常,"通知"内容应当包括权利人身份情况、权属凭证、证明侵权事实的初步证据以及指向明确的被诉侵权人网络地址等材料。符合上述条件的,即应视为有效通知。嘉易烤公司涉案投诉通知符合侵权责任法规定的"通知"的基本要件,属有效通知。

再次,经查,天猫公司对嘉易烤公司投诉材料作出审核不通过的处理,其在回复中表明审核不通过的原因是:烦请在实用新型、发明的侵权分析对比表表二中详细填写被投诉商品落入贵方提供的专利权利要求的技术点,建议采用图文结合的方式一一指出。需注意,对比的对象为卖家发布的商品信息上的图片、文字,并提供购买订单编号或双方会员名。

二审法院认为,发明或实用新型专利侵权的判断往往并非仅依赖表面或书面材料就可以作出,因此专利权人的投诉材料通常只需包括权利人身份、专利名称及专利号、被投诉商品及被投诉主体内容,以便投诉接受方转达被投诉主体。在本案中,嘉易烤公司的投诉材料已完全包含上述要素。至于侵权分析比对,天猫公司一方面认为其对卖家所售商品是否侵犯发明专利判断能力有限，另一方面却又要求投诉方“详细填写被投诉商品落入贵方提供的专利权利要求的技术点，建议采用图文结合的方式一一指出”，二审法院认为，考虑到互联网领域投诉数量巨大、投诉情况复杂的因素，天猫公司的上述要求基于其自身利益考量虽也具有一定的合理性，而且也有利于天猫公司对于被投诉行为的性质作出初步判断并采取相应的措施。但就权利人而言，天猫公司的前述要求并非权利人投诉通知有效的必要条件。况且，嘉易烤公司在本案的投诉材料中提供了多达5页的以图文并茂的方式表现的技术特征对比表，天猫公司仍以教条的、格式化的回复将技术特征对比作为审核不通过的原因之一，处置失当。至于天猫公司审核不通过并提出提供购买订单编号或双方会员名的要求，二审法院认为，本案中投诉方是否提供购买订单编号或双方会员名并不影响投诉行为的合法有效。而且，天猫公司所确定的投诉规制并不对权利人维权产生法律约束力，权利人只需在法律规定的框架内行使维权行为即可，投诉方完全可以根据自己的利益考量决定是否接受天猫公司所确定的投诉规制。更何况投诉方可能无须购买商品而通过其他证据加以证明，也可以根据他人的购买行为发现可能的侵权行为，甚至投诉方即使存在直接购买行为，但也可以基于某种经济利益或商业秘密的考量而拒绝提供。

最后，《侵权责任法》第36条第2款所规定的网络服务提供者接到通知后所应采取的必要措施包括但并不限于删除、屏蔽、断开链接。“必要措施”应根据所侵害权利的性质、侵权的具体情形和技术条件等来加以综合确定。

本案中，在确定嘉易烤公司的投诉行为合法有效之后，需要判断天猫公司在接受投诉材料之后的处理是否审慎、合理。二审法院认为，本案系侵害发明专利权纠纷。天猫公司作为电子商务网络服务平台的提供者，基于其公司对于发明专利侵权判断的主观能力、侵权投诉胜诉概率以及利益平衡等因素的考量，并不必然要求天猫公司在接受投诉后对被投诉商品立即采取删除和屏蔽措施，对被诉商品采取的必要措施应当秉承审慎、合理原则，以免损害被投诉人的合法权益。但是将有效的投诉通知材料转达被投诉人并通知被投诉人申辩当属天猫公司应当采取的必要措施之一。否则权利人投诉行为将失去任何意义，权利人的维权行为也将难以实现。网络服务平台提供者应该保证有效投诉信息传递的顺畅，而不应成为投诉信息的黑洞。被投诉人对于其或生产、或销售的商品是否侵权，以及是否应主动自行停止被投诉行为，自会作出相应的判断及应对。而天猫公司未履行上述基本义务的结果导致被投诉人未收到任何警示从而造成损害后果的扩大。至于天猫公司在嘉易烤公司起诉后即对被诉商品采取删除和屏蔽措施，当属审慎、合理。综上，天猫公司在接到嘉易烤公司的通知后未及时采取必要措施，对损害的扩大部分应与金仕德公司承担连带责任。天猫公司就此提出的上诉理由不能成立。关于天猫公司所应承担责任的份额，一审法院综合考虑侵权持续的时间及天猫公司应当知道侵权事实的时间，确定天猫公司对金仕德公司赔偿数额的50 000元承担连带赔偿责任，并无不当。

案例7　礼来公司诉华生公司侵害发明专利权纠纷案[指导案例84号]

一、裁判要点

（1）药品制备方法专利侵权纠纷中，在无其他相反证据情形下，应当推定被诉侵权药品在药监部门的备案工艺为其实际制备工艺；有证据证明被诉侵权药品备案工艺不真实的，应当充分审查被诉侵权药品的技术来源、生产规程、批生产记录、备案文件等证据，依法确定被诉侵权药品的实际制备工艺。

（2）对于被诉侵权药品制备工艺等复杂的技术事实，可以综合运用技术调查官、专家辅助人、司法鉴定以及科技专家咨询等多种途径进行查明。

二、相关法条

1.《中华人民共和国专利法》（2008 年修正）第 59 条第 1 款、第 61 条、第 68 条第 1 款（本案适用的是 2000 年修正的《中华人民共和国专利法》第 56 条第 1 款、第 57 条第 2 款、第 62 条第 1 款）

2.《中华人民共和国民事诉讼法》第 78 条、第 79 条

三、基本案情

2013 年 7 月 25 日，礼来公司（又称伊莱利利公司）向江苏省高级人民法院（以下简称江苏高院）诉称，礼来公司拥有涉案 91103346.7 号方法发明专利权，采用涉案专利方法制备的药物奥氮平为新产品。华生公司使用落入涉案专利权保护范围的制备方法生产药物奥氮平并面向市场销售，侵害了礼来公司的涉案方法发明专利权。为此，礼来公司提起本案诉讼，请求法院判令：（1）华生公司赔偿礼来公司经济损失人民币151 060 000元、礼来公司为制止侵权所支付的调查取证费和其他合理开支人民币28 800元；（2）华生公司在其网站及《医药经济报》刊登声明，消除因其侵权行为给礼来公司造成的不良影响；（3）华生公司承担礼来公司因本案发生的律师费人民币1 500 000元；（4）华生公司承担本案的全部诉讼费用。

江苏高院一审查明：

涉案专利为英国利利工业公司 1991 年 4 月 24 日申请的名称为“制备一种噻吩并苯二氮杂化合物的方法”的第 91103346.7 号中国发明专利申请，授权公告日为 1995 年 2 月 19 日。2011 年 4 月 24 日涉案专利权期满终止。1998 年 3 月 17 日，涉案专利的专利权人变更为英国伊莱利利有限公司；2002 年 2 月 28 日，专利权人变更为伊莱利利公司。

涉案专利授权公告的权利要求为：

“1. 一种制备 2－甲基－10－（4－甲基－1－哌嗪基）－4H－噻吩并[2,3,－b][1,5]苯并二氮杂，或其酸加成盐的方法，

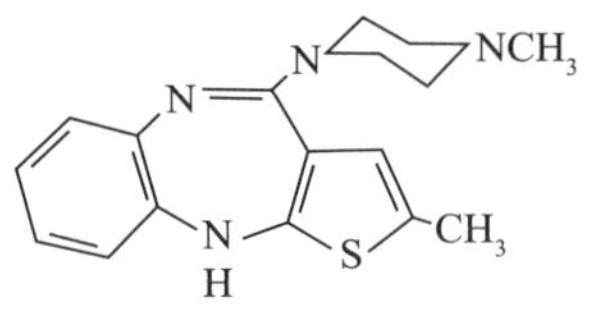

所述方法包括：

（a）使 N－甲基哌嗪与下式化合物反应，

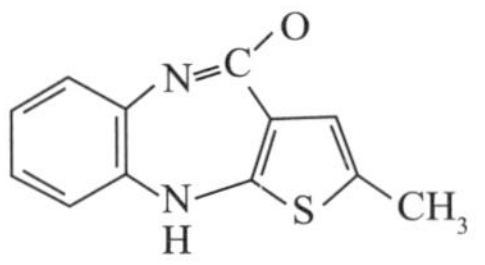

式中 Q 是一个可以脱落的基团，或

（b）使下式的化合物进行闭环反应

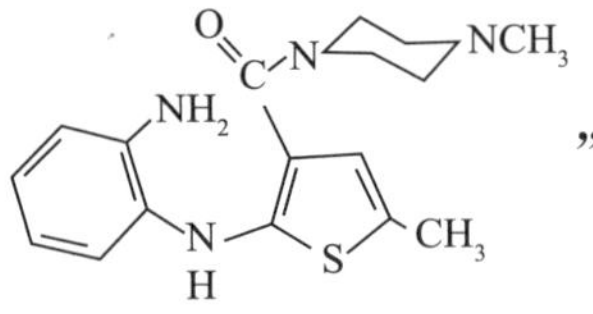

”

2001 年 7 月，中国医学科学院药物研究所（简称医科院药物所）和华生公司向国家药品监督管理局（简称国家药监局）申请奥氮平及其片剂的新药证书。2003 年 5 月 9 日，医科院药物所和华生公司获得国家药监局颁发的奥氮平原料药和奥氮平片《新药证书》，华生公司获得奥氮平和奥氮平片《药品注册批件》。新药申请资料中《原料药生产工艺的研究资料及文献资料》记载了制备工艺，即加入 4－氨基－2－甲基－10－苄基－噻吩并苯并二氮杂，盐酸盐，甲基哌嗪及二甲基甲酰胺搅拌，得粗品，收率 94.5%；加入 2－甲基－10－苄基－（4－甲基－1－哌嗪基）－4H－噻吩并苯并二氮杂、冰醋酸、盐酸搅拌，然后用氢氧化钠中

和后得粗品，收率73.2%；再经过两次精制，总收率为39.1%。从反应式分析，该过程就是以式四化合物与甲基哌嗪反应生成式五化合物，再对式五化合物脱苄基，得式一化合物。2003年8月，华生公司向青岛市第七人民医院推销其生产的“华生一奥氮平”5mg一新型抗精神病药，其产品宣传资料记载，奥氮平片主要成分为奥氮平，其化学名称为2一甲基一10一(4一甲基一1一哌嗪)一4H一噻吩并苯并二氮杂。

在另案审理中，根据江苏高院的委托，2011年8月25日，上海市科技咨询服务中心出具(2010)鉴字第19号《技术鉴定报告书》。该鉴定报告称，按华生公司备案的“原料药生产工艺的研究资料及文献资料”中记载的工艺进行实验操作，不能获得原料药奥氮平。鉴定结论为：华生公司备案资料中记载的生产原料药奥氮平的关键反应步骤缺乏真实性，该备案的生产工艺不可行。

经质证，伊莱利利公司认可该鉴定报告，华生公司对该鉴定报告亦不持异议，但是其坚持认为采取两步法是可以生产出奥氮平的，只是因为有些内容涉及商业秘密没有写入备案资料中，故专家依据备案资料生产不出来。

华生公司认为其未侵害涉案专利权，理由是：2003年至今，华生公司一直使用2008年补充报批的奥氮平备案生产工艺，该备案文件已于2010年9月8日获国家药监局批准，具备可行性。在礼来公司未提供任何证据证明华生公司的生产工艺的情况下，应以华生公司2008年奥氮平备案工艺作为认定侵权与否的比对工艺。

华生公司提交的2010年9月8日国家药监局《药品补充申请批件》中“申请内容”栏为：“(1)改变影响药品质量的生产工艺；(2)修改药品注册标准。”“审批结论”栏为：“经审查，同意本品变更生产工艺并修订质量标准。变更后的生产工艺在不改变原合成路线的基础上，仅对其制备工艺中所用溶剂和试剂进行调整。质量标准所附执行，有效期24个月。”

上述2010年《药品补充申请批件》所附《奥氮平药品补充申请注册资料》中5.1原料药生产工艺的研究资料及文献资料章节中5.1.1说明内容为：“根据我公司奥氮平原料药的实际生产情况，在不改变原来申报生产工艺路线的基础上，对奥氮平的制备工艺过程做了部分调整变更，对工艺进行优化，使奥氮平各中间体的质量得到进一步的提高和保证，其制备过程中的相关杂质得到有效控制。……由于工艺路线没有变更，并且最后一步的结晶溶剂亦没有变更，故化合物的结构及晶型不会改变。”

最高人民法院二审审理过程中，为准确查明本案所涉技术事实，根据《民事诉讼法》第79条、《最高人民法院关于适用〈中华人民共和国民事诉讼法〉的解释》(以下简称《民事诉讼法解释》)第122条之规定，对礼来公司的专家辅助人出庭申请予以准许；根据《民事诉讼法解释》第117条之规定，对华生公司的证人出庭申请予以准许；根据《民事诉讼法》第78条、《民事诉讼法解释》第227条之规定，通知出具(2014)司鉴定第02号《技术鉴定报告》的江苏省科技咨询中心工作人员出庭；根据《最高人民法院关于知识产权法院技术调查官参与诉讼活动若干问题的暂行规定》第2条、第10条之规定，首次指派技术调查官出庭，就相关技术问题与各方当事人分别询问了专家辅助人、证人及鉴定人。

最高人民法院二审另查明：

1999年10月28日，华生公司与医科院药物所签订《技术合同书》，约定医科院药物所将其研制开发的抗精神分裂药奥氮平及其制剂转让给华生公司，医科院药物所负责完成临床前报批资料并在北京申报临床；验收标准和方法按照新药审批标准，采用领取临床批件和新药证书方式验收；在其他条款中双方对新药证书和生产的报批作出了约定。

医科院药物所 1999 年 10 月填报的(京99)药申临字第 82 号《新药临床研究申请表》中,“制备工艺”栏绘制的反应路线如下:

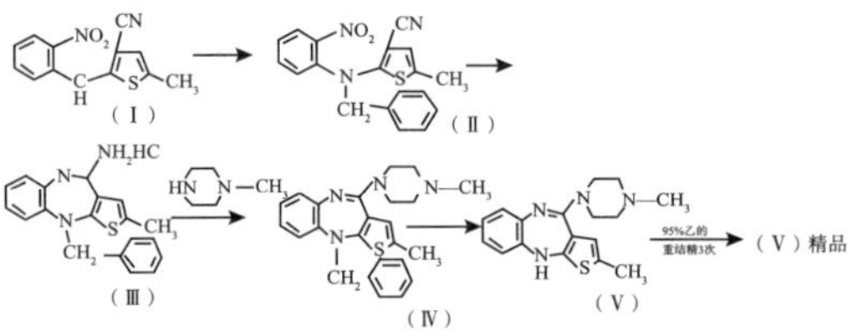

1999 年 11 月 9 日,北京市卫生局针对医科院药物所的新药临床研究申请作出《新药研制现场考核报告表》,“现场考核结论”栏记载:“该所具备研制此原料的条件,原始记录、实验资料基本完整,内容真实。”

2001 年 6 月,医科院药物所和华生公司共同向国家药监局提交(2001)京申产字第 019 号《新药证书、生产申请表》。针对该申请,江苏省药监局 2001 年 10 月 22 日作出《新药研制现场考核报告表》,“现场考核结论”栏记载:“经现场考核,样品制备及检验原始记录基本完整,检验仪器条件基本具备,研制单位暂无原料药生产车间,现申请本品的新药证书。”

根据华生公司申请,江苏药监局 2009 年 5 月 21 日发函委托江苏省常州市食品药品监督管理局药品安全监管处对华生公司奥氮平生产现场进行检查和产品抽样,江苏药监局针对该检查和抽样出具了《药品注册生产现场检查报告》(受理号 CXHB0800159),其中“检查结果”栏记载:“按照药品注册现场检查的有关要求,2009 年 7 月 7 日对该品种的生产现场进行了第一次检查,该公司的机构和人员、生产和检验设施能满足该品种的生产要求,原辅材料等可溯源,主要原料均按规定量投料,生产过程按申报的工艺进行。2009 年 8 月 25 日,按药品注册现场核查的有关要求,检查了 70309001、70309002、70309003 三批产品的批生产记录、检验记录、原料领用使用、库存情况记录等,已按抽样要求进行了抽样。”“综合评定结论”栏记载:“根据综合评定,现场检查结论为:通过”。

国家药监局 2010 年 9 月 8 日颁发给华生公司的《药品补充申请批件》所附《奥氮平药品补充申请注册资料》中,5.1“原料药生产工艺的研究资料及文献资料”之 5.1.2“工艺路线”中绘制的反应路线如下:

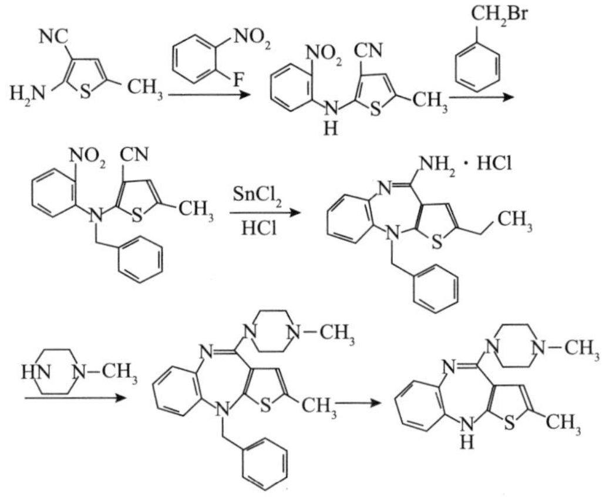

2015 年 3 月 5 日,江苏省科技咨询中心受上海市方达(北京)律师事务所委托出具(2014)司鉴字第 02 号《技术鉴定报告》,其“鉴定结论”部分记载:“1. 华生公司 2008 年向国家药监局备案的奥氮平制备工艺是可行的。2. 对比华生公司 2008 年向国家药监局备案的奥氮平制备工艺与礼来公司第 91103346.7 号方法专利,两者起始原料均为仲胺化物,但制备工艺路径不同,具体表现在:(1)反应中产生的关键中间体不同;(2)反应步骤不同:华生公司的是四步法,礼来公司是二步法;(3)反应条件不同:取代反应中,华生公司采用二甲基甲酰胺为溶媒,礼来公司采用二甲基亚砜和甲苯的混合溶剂为溶媒。”

二审庭审中,礼来公司明确其在本案中要求保护涉案专利权利要求 1 中的方法(a)。

四、裁判结果

江苏省高级人民法院于 2014 年 10 月 14 日作出(2013)苏民初字第 0002 号民事判决:(1)华生公司赔偿礼来公司经济损失及为制止侵权支出的合理费用人民币计

350 万元;(2)驳回礼来公司的其他诉讼请求。案件受理费人民币809 744 元,由礼来公司负担 161 950 元,华生公司负担 647 794元。礼来公司、华生公司均不服,提起上诉。最高人民法院 2016 年 5 月 31 日作出(2015)民三终字第 1 号民事判决:(1)撤销江苏省高级人民法院(2013)苏民初字第 0002 号民事判决;(2)驳回礼来公司的诉讼请求。一、二审案件受理费各人民币809 744元,由礼来公司负担 323 897 元,华生公司负担 1 295 591 元。

五、裁判理由

法院生效裁判认为,《最高人民法院关于审理侵犯专利权纠纷案件应用法律若干问题的解释》第 7 条规定:“人民法院判定被诉侵权技术方案是否落入专利权的保护范围,应当审查权利人主张的权利要求所记载的全部技术特征。被诉侵权技术方案包含与权利要求记载的全部技术特征相同或者等同的技术特征的,人民法院应当认定其落入专利权的保护范围;被诉侵权技术方案的技术特征与权利要求记载的全部技术特征相比,缺少权利要求记载的一个以上的技术特征,或者有一个以上技术特征不相同也不等同的,人民法院应当认定其没有落入专利权的保护范围。”本案中,华生公司被诉生产销售的药品与涉案专利方法制备的产品相同,均为奥氮平,判定华生公司奥氮平制备工艺是否落入涉案专利权保护范围,涉及以下三个问题。

(一)关于涉案专利权的保护范围

《专利法》第 56 条第 1 款规定:“发明或者实用新型专利权的保护范围以其权利要求的内容为准,说明书及附图可以用于解释权利要求。”本案中,礼来公司要求保护涉案专利权利要求 1 中的方法(a),该权利要求采取开放式的撰写方式,其中仅限定了参加取代反应的三环还原物及 N－甲基哌嗪以及发生取代的基团,其保护范围涵盖了所有采用所述三环还原物与 N－甲基哌嗪在 Q 基团处发生取代反应而生成奥氮平的制备方法,无论采用何种反应起始物、溶剂、反应条件,均在其保护范围之内。基于此,判定华生公司奥氮平制备工艺是否落入涉案专利权保护范围,关键在于两个技术方案反应路线的比对,而具体的反应起始物、溶剂、反应条件等均不纳入侵权比对范围,否则会不当限缩涉案专利权的保护范围,损害礼来公司的合法权益。

(二)关于华生公司实际使用的奥氮平制备工艺

《专利法》第 57 条第 2 款规定:“专利侵权纠纷涉及新产品制造方法的发明专利的,制造同样产品的单位或者个人应当提供其产品制造方法不同于专利方法的证明。”本案中,双方当事人对奥氮平为专利法中所称的新产品不持异议,华生公司应就其奥氮平制备工艺不同于涉案专利方法承担举证责任。具体而言,华生公司应当提供证据证明其实际使用的奥氮平制备工艺反应路线未落入涉案专利权保护范围,否则,将因其举证不能而承担推定礼来公司侵权指控成立的法律后果。

本案中,华生公司主张其自 2003 年至今一直使用 2008 年向国家药监局补充备案工艺生产奥氮平,并提交了其 2003 年和 2008 年奥氮平批生产记录(一审补充证据 6)、2003 年、2007 年和 2013 年生产规程(一审补充证据 7)、《药品补充申请批件》(一审补充证据 12)等证据证明其实际使用的奥氮平制备工艺。如前所述,本案的侵权判定关键在于两个技术方案反应路线的比对,华生公司 2008 年补充备案工艺的反应路线可见于其向国家药监局提交的《奥氮平药品补充申请注册资料》,其中 5.1“原料药生产工艺的研究资料及文献资料”之 5.1.2“工艺路线”图显示该反应路线为:先将“仲胺化物”中的仲氨基用苄基保护起来,制得“苄基化物”(苄基化),再进行闭环反应，生成“苄基取代的噻吩并苯并二氮杂”三环化合物(还原化物)。“还原化物”中的氨基被N—甲基哌嗪取代，生成“缩合物”，然后脱去苄基，制得奥氮平。二审法院认为，现有在案证据能够形成完整证据链，证明华生公司2003年至涉案专利权到期日期间一直使用其2008年补充备案工艺的反应路线生产奥氮平，主要理由如下：

首先，华生公司2008年向国家药监局提出奥氮平药品补充申请注册，在其提交的《奥氮平药品补充申请注册资料》中，明确记载了其奥氮平制备工艺的反应路线。针对该补充申请，江苏省药监部门于2009年7月7日和8月25日对华生公司进行了生产现场检查和产品抽样，并出具了《药品注册生产现场检查报告》(受理号CXHB0800159)，该报告显示华生公司的“生产过程按申报的工艺进行”，三批样品“已按抽样要求进行了抽样”，现场检查结论为“通过”。也就是说，华生公司2008年补充备案工艺经过药监部门的现场检查，具备可行性。基于此，2010年9月8日，国家药监局向华生公司颁发了《药品补充申请批件》，同意华生公司奥氮平“变更生产工艺并修订质量标准”。对于华生公司2008年补充备案工艺的可行性，礼来公司专家辅助人在二审庭审中予以认可，江苏省科技咨询中心出具的(2014)司鉴字第02号《技术鉴定报告》在其鉴定结论部分也认为“华生公司2008年向国家药监局备案的奥氮平制备工艺是可行的”。因此，在无其他相反证据的情形下，应当推定华生公司2008年补充备案工艺即为其取得《药品补充申请批件》后实际使用的奥氮平制备工艺。

其次，一般而言，适用于大规模工业化生产的药品制备工艺步骤繁琐，操作复杂，其形成不可能是一蹴而就的。从研发阶段到实际生产阶段，其长期的技术积累过程通常是在保持基本反应路线稳定的情况下，针对实际生产中发现的缺陷不断优化调整反应条件和操作细节。华生公司的奥氮平制备工艺受让于医科院药物所，双方于1999年10月28日签订了《技术转让合同》。按照合同约定，医科院药物所负责完成临床前报批资料并在北京申报临床。在医科院药物所1999年10月填报的(京99)药申临字第82号《新药临床研究申请表》中，“制备工艺”栏绘制的反应路线显示，其采用了与华生公司2008年补充备案工艺相同的反应路线。针对该新药临床研究申请，北京市卫生局1999年11月9日作出《新药研制现场考核报告表》，确认“原始记录、实验资料基本完整，内容真实。”在此基础上，医科院药物所和华生公司按照《技术转让合同》的约定，共同向国家药监局提交(2001)京申产字第019号《新药证书、生产申请表》。针对该申请，江苏省药监局2001年10月22日作出《新药研制现场考核报告表》，确认“样品制备及检验原始记录基本完整”。通过包括前述考核在内的一系列审查后，2003年5月9日，医科院药物所和华生公司获得国家药监局颁发的奥氮平原料药和奥氮平片《新药证书》。由此可见，华生公司自1999年即拥有了与其2008年补充备案工艺反应路线相同的奥氮平制备工艺，并以此申报新药注册，取得新药证书。因此，华生公司在2008补充备案工艺之前使用反应路线完全不同的其他制备工艺生产奥氮平的可能性不大。

最后，国家药监局2010年9月8日向华生公司颁发的《药品补充申请批件》“审批结论”栏记载：“变更后的生产工艺在不改变原合成路线的基础上，仅对其制备工艺中所用溶剂和试剂进行调整”，即国家药监局确认华生公司2008年补充备案工艺与其之前的制备工艺反应路线相同。华生公司在一审中提交了其2003、2007和2013年的生产规程，2003、2008年的奥氮平批生产记录，华生公司主张上述证据涉及其商业秘密，一审法院组织双方当事人进行了不公开质证，确认其真实性和关联性。本院经审查，华生公司2003、2008年的奥氮平批生产记录是分别依据2003、2007年的生产规程进行实际生产所作的记录，上述生产规程和批生产记录均表明华生公司奥氮平制备工艺的基本反应路线与其2008年补充备案工艺的反应路线相同，只是在保持该基本反应路线不变的基础上对反应条件、溶剂等生产细节进行调整，不断优化，这样的技术积累过程是符合实际生产规律的。

综上，二审法院认为，华生公司2008年补充备案工艺真实可行，2003年至涉案专利权到期日期间华生公司一直使用2008年补充备案工艺的反应路线生产奥氮平。

(三)关于礼来公司的侵权指控是否成立

对比华生公司奥氮平制备工艺的反应路线和涉案方法专利，二者的区别在于反应步骤不同，关键中间体不同。具体而言，华生公司奥氮平制备工艺使用的三环还原物的胺基是被苄基保护的，由此在取代反应之前必然存在苄基化反应步骤以生成苄基化的三环还原物，相应的在取代反应后也必然存在脱苄基反应步骤以获得奥氮平。而涉案专利的反应路线中并未对三环还原物中的胺基进行苄基保护，从而不存在相应的苄基化反应步骤和脱除苄基的反应步骤。

《最高人民法院关于审理专利纠纷案件适用法律问题的若干规定》第17条第2款规定："等同特征，是指与所记载的技术特征以基本相同的手段，实现基本相同的功能，达到基本相同的效果，并且本领域普通技术人员在被诉侵权行为发生时无需经过创造性劳动就能够联想到的特征。"本案中，就华生公司奥氮平制备工艺的反应路线和涉案方法专利的区别而言，首先，苄基保护的三环还原物中间体与未加苄基保护的三环还原物中间体为不同的化合物，两者在化学反应特性上存在差异，即在未加苄基保护的三环还原物中间体上，可脱落的Q基团和胺基均可与N－甲基哌嗪发生反应，而苄基保护的三环还原物中间体由于其中的胺基被苄基保护，无法与N－甲基哌嗪发生不期望的取代反应，取代反应只能发生在Q基团处；相应地，涉案专利的方法中不存在取代反应前后的加苄基和脱苄基反应步骤。因此，两个技术方案在反应中间物和反应步骤上的差异较大。其次，由于增加了加苄基和脱苄基步骤，华生公司的奥氮平制备工艺在终产物收率方面会有所减损，而涉案专利由于不存在加苄基保护步骤和脱苄基步骤，收率不会因此而下降。故两个技术方案的技术效果如收率高低等方面存在较大差异。最后，尽管对所述三环还原物中的胺基进行苄基保护以减少副反应是化学合成领域的公知常识，但是这种改变是实质性的，加苄基保护的三环还原物中间体的反应特性发生了改变，增加反应步骤也使收率下降。而且加苄基保护为公知常识仅说明华生公司的奥氮平制备工艺相对于涉案专利方法改进有限，但并不意味着两者所采用的技术手段是基本相同的。

综上，华生公司的奥氮平制备工艺在三环还原物中间体是否为苄基化中间体以及由此增加的苄基化反应步骤和脱苄基步骤方面，与涉案专利方法是不同的，相应的技术特征也不属于基本相同的技术手段，达到的技术效果存在较大差异，未构成等同特征。因此，华生公司奥氮平制备工艺未落入涉案专利权保护范围。

综上所述，华生公司奥氮平制备工艺未落入礼来公司所有的涉案专利权的保护范围，一审判决认定事实和适用法律存在错误，依法予以纠正。

案例8　高仪公司诉健龙公司侵害外观设计专利权纠纷案[指导案例85号]

一、裁判要点

(1)授权外观设计的设计特征体现了

其不同于现有设计的创新内容,也体现了设计人对现有设计的创造性贡献。如果被诉侵权设计未包含授权外观设计区别于现有设计的全部设计特征,一般可以推定被诉侵权设计与授权外观设计不近似。

(2)对设计特征的认定,应当由专利权人对其所主张的设计特征进行举证。人民法院在听取各方当事人质证意见基础上,对证据进行充分审查,依法确定授权外观设计的设计特征。

(3)对功能性设计特征的认定,取决于外观设计产品的一般消费者看来该设计是否仅仅由特定功能所决定,而不需要考虑该设计是否具有美感。功能性设计特征对于外观设计的整体视觉效果不具有显著影响。功能性与装饰性兼具的设计特征对整体视觉效果的影响需要考虑其装饰性的强弱,装饰性越强,对整体视觉效果的影响越大,反之则越小。

二、相关法条

《中华人民共和国专利法》第 59 条第 2 款

三、基本案情

高仪公司为"手持淋浴喷头(No. A4284410X2)"外观设计专利的权利人,该外观设计专利现合法有效。2012 年 11 月,高仪公司以健龙公司生产、销售和许诺销售的丽雅系列等卫浴产品侵害其"手持淋浴喷头"外观设计专利权为由提起诉讼,请求法院判令健龙公司立即停止被诉侵权行为,销毁库存的侵权产品及专用于生产侵权产品的模具,并赔偿高仪公司经济损失 20 万元。经一审庭审比对,健龙公司被诉侵权产品与高仪公司涉案外观设计专利的相同之处为:二者属于同类产品,从整体上看,二者均是由喷头头部和手柄两个部分组成,被诉侵权产品头部出水面的形状与涉案专利相同,均表现为出水孔呈放射状分布在两端圆、中间长方形的区域内,边缘呈圆弧状。两者的不同之处为:(1)被诉侵权产品的喷头头部四周为斜面,从背面向出水口倾斜,而涉案专利主视图及左视图中显示其喷头头部四周为圆弧面;(2)被诉侵权产品头部的出水面与面板间仅由一根线条分隔,涉案专利头部的出水面与面板间由两条线条构成的带状分隔;(3)被诉侵权产品头部出水面的出水孔分布方式与涉案专利略有不同;(4)涉案专利的手柄上有长椭圆形的开关设计,被诉侵权产品没有;(5)涉案专利中头部与手柄的连接虽然有一定的斜角,但角度很小,几乎为直线形连接,被诉侵权产品头部与手柄的连接产生的斜角角度较大;(6)从涉案专利的仰视图看,手柄底部为圆形,被诉侵权产品仰视的底部为曲面扇形,涉案专利手柄下端为圆柱体,向与头部连接处方向逐步收缩压扁呈扁椭圆体,被诉侵权产品的手柄下端为扇面柱体,且向与喷头连接处过渡均为扇面柱体,过渡中的手柄中段有弧度的突起;(7)被诉侵权产品的手柄底端有一条弧形的装饰线,将手柄底端与产品的背面连成一体,涉案专利的手柄底端没有这样的设计;(8)涉案专利头部和手柄的长度比例与被诉侵权产品有所差别,两者的头部与手柄的连接处弧面亦有差别。

四、裁判结果

浙江省台州市中级人民法院于 2013 年 3 月 5 日作出(2012)浙台知民初字第 573 号民事判决,驳回高仪公司诉讼请求。高仪公司不服,提起上诉。浙江省高级人民法院于 2013 年 9 月 27 日作出(2013)浙知终字第 255 号民事判决:(1)撤销浙江省台州市中级人民法院(2012)浙台知民初字第 573 号民事判决;(2)健龙公司立即停止制造、许诺销售、销售侵害高仪股份公司"手持淋浴喷头"外观设计专利权的产品的行为,销毁库存的侵权产品;(3)健龙公司赔偿高仪公司经济损失(含高仪公司为制止侵权行为所支出的合理费用)人民币 10

万元;(4)驳回高仪公司的其他诉讼请求。健龙公司不服,提起再审申请。最高人民法院于2015年8月11日作出(2015)民提字第23号民事判决:(1)撤销二审判决;(2)维持一审判决。

五、裁判理由

法院生效裁判认为,本案的争议焦点在于被诉侵权产品外观设计是否落入涉案外观设计专利权的保护范围。

《专利法》第59条第2款规定:“外观设计专利权的保护范围以表示在图片或者照片中的该产品的外观设计为准,简要说明可以用于解释图片或者照片所表示的该产品的外观设计。”《最高人民法院关于审理侵犯专利权纠纷案件应用法律若干问题的解释》(以下简称《侵犯专利权纠纷案件解释》)第8条规定:“在与外观设计专利产品相同或者相近种类产品上,采用与授权外观设计相同或者近似的外观设计的,人民法院应当认定被诉侵权设计落入专利法第五十九条第二款规定的外观设计专利权的保护范围”;第10条规定:“人民法院应当以外观设计专利产品的一般消费者的知识水平和认知能力,判断外观设计是否相同或者近似。”本案中,被诉侵权产品与涉案外观设计专利产品相同,均为淋浴喷头类产品,因此,本案的关键问题是对于一般消费者而言,被诉侵权产品外观设计与涉案授权外观设计是否相同或者近似,具体涉及以下四个问题。

(一)关于涉案授权外观设计的设计特征

外观设计专利制度的立法目的在于保护具有美感的创新性工业设计方案,一项外观设计应当具有区别于现有设计的可识别性创新设计才能获得专利授权,该创新设计即是授权外观设计的设计特征。通常情况下,外观设计的设计人都是以现有设计为基础进行创新。对于已有产品,获得专利权的外观设计一般会具有现有设计的部分内容,同时具有与现有设计不相同也不近似的设计内容,正是这部分设计内容使得该授权外观设计具有创新性,从而满足《专利法》第23条所规定的实质性授权条件:不属于现有设计也不存在抵触申请,并且与现有设计或者现有设计特征的组合相比具有明显区别。对于该部分设计内容的描述即构成授权外观设计的设计特征,其体现了授权外观设计不同于现有设计的创新内容,也体现了设计人对现有设计的创造性贡献。由于设计特征的存在,一般消费者容易将授权外观设计区别于现有设计,因此,其对外观设计产品的整体视觉效果具有显著影响,如果被诉侵权设计未包含授权外观设计区别于现有设计的全部设计特征,一般可以推定被诉侵权设计与授权外观设计不近似。

对于设计特征的认定,一般来说,专利权人可能将设计特征记载在简要说明中,也可能会在专利授权确权或者侵权程序中对设计特征作出相应陈述。根据“谁主张谁举证”的证据规则,专利权人应当对其所主张的设计特征进行举证。另外,授权确权程序的目的在于对外观设计是否具有专利性进行审查,因此,该过程中有关审查文档的相关记载对确定设计特征有着重要的参考意义。理想状态下,对外观设计专利的授权确权,应当是在对整个现有设计检索的基础上确定对比设计来评判其专利性,但是,由于检索数据库的限制、无效宣告请求人检索能力的局限等原因,授权确权程序中有关审查文档所确定的设计特征可能不是在穷尽整个现有设计的检索基础上得出的。因此,无论是专利权人举证证明的设计特征,还是通过授权确权有关审查文档记载确定的设计特征,如果第三人提出异议,都应当允许其提供反证予以推翻。人民法院在听取各方当事人质证意见的基础上,对证据进行充分审查,依法确定授权外观设计的设计特征。

本案中,专利权人高仪公司主张跑道

状的出水面为涉案授权外观设计的设计特征，健龙公司对此不予认可。对此，法院生效裁判认为，首先，涉案授权外观设计没有简要说明记载其设计特征，高仪公司在二审诉讼中提交了12份淋浴喷头产品的外观设计专利文件，其中7份记载的公告日早于涉案专利的申请日，其所附图片表示的外观设计均未采用跑道状的出水面。在针对涉案授权外观设计的无效宣告请求审查程序中，专利复审委员会作出第17086号决定，认定涉案授权外观设计与最接近的对比设计证据1相比："从整体形状上看，与在先公开的设计相比，本专利喷头及其各面过渡的形状、喷头正面出水区域的设计以及喷头宽度与手柄直径的比例具有较大差别，上述差别均是一般消费者容易关注的设计内容"，即该决定认定喷头出水面形状的设计为涉案授权外观设计的设计特征之一。其次，健龙公司虽然不认可跑道状的出水面为涉案授权外观设计的设计特征，但是在本案一、二审诉讼中其均未提交相应证据证明跑道状的出水面为现有设计。本案再审审查阶段，健龙公司提交200630113512.5号淋浴喷头外观设计专利视图拟证明跑道状的出水面已被现有设计所公开，经审查，该外观设计专利公告日早于涉案授权外观设计申请日，可以作为涉案授权外观设计的现有设计，但是其主视图和使用状态参考图所显示的出水面两端呈矩形而非呈圆弧形，其出水面并非跑道状。因此，对于健龙公司关于跑道状出水面不是涉案授权外观设计的设计特征的再审申请理由，再审法院不予支持。

（二）关于涉案授权外观设计产品正常使用时容易被直接观察到的部位

认定授权外观设计产品正常使用时容易被直接观察到的部位，应当以一般消费者的视角，根据产品用途，综合考虑产品的各种使用状态得出。本案中，首先，涉案授权外观设计是淋浴喷头产品外观设计，淋浴喷头产品由喷头、手柄构成，二者在整个产品结构中所占空间比例相差不大。淋浴喷头产品可以手持，也可以挂在墙上使用，在其正常使用状态下，对于一般消费者而言，喷头、手柄及其连接处均是容易被直接观察到的部位。其次，第17086号决定认定在先申请的设计证据2与涉案授权外观设计采用了同样的跑道状出水面，但是基于涉案授权外观设计的"喷头与手柄成一体，喷头及其与手柄连接的各面均为弧面且喷头前倾，此与在先申请的设计相比具有较大的差别，上述差别均是一般消费者容易关注的设计内容"，认定二者属于不相同且不相近似的外观设计。可见，淋浴喷头产品容易被直接观察到的部位并不仅限于其喷头头部出水面，在对淋浴喷头产品外观设计的整体视觉效果进行综合判断时，其喷头、手柄及其连接处均应作为容易被直接观察到的部位予以考虑。

（三）关于涉案授权外观设计手柄上的推钮是否为功能性设计特征

外观设计的功能性设计特征是指那些在外观设计产品的一般消费者看来，由产品所要实现的特定功能唯一决定而不考虑美学因素的特征。通常情况下，设计人在进行产品外观设计时，会同时考虑功能因素和美学因素。在实现产品功能的前提下，遵循人文规律和法则对产品外观进行改进，即产品必须首先实现其功能，其次还要在视觉上具有美感。具体到一项外观设计的某一特征，大多数情况下均兼具功能性和装饰性，设计者会在能够实现特定功能的多种设计中选择一种其认为最具美感的设计，而仅由特定功能唯一决定的设计只有在少数特殊情况下存在。因此，外观设计的功能性设计特征包括两种：一是实现特定功能的唯一设计；二是实现特定功能的多种设计之一，但是该设计仅由所要实现的特定功能决定而与美学因素的考虑无关。对功能性设计特征的认定，不在于该设计是否因功能或技术条件的限制而不具有可选择性，而在于外观设计产品的一般消费者看来该设计是否仅仅由特定功能所决定，而不需要考虑该设计是否具有美感。一般而言，功能性设计特征对于外观设计的整体视觉效果不具有显著影响；而功能性与装饰性兼具的设计特征对整体视觉效果的影响需要考虑其装饰性的强弱，装饰性越强，对整体视觉效果的影响相对较大，反之则相对较小。

本案中，涉案授权外观设计与被诉侵权产品外观设计的区别之一在于后者缺乏前者在手柄位置上具有的一类跑道状推钮设计。推钮的功能是控制水流开关，是否设置推钮这一部件是由是否需要在淋浴喷头产品上实现控制水流开关的功能所决定的，但是，只要在淋浴喷头手柄位置设置推钮，该推钮的形状就可以有多种设计。当一般消费者看到淋浴喷头手柄上的推钮时，自然会关注其装饰性，考虑该推钮设计是否美观，而不是仅仅考虑该推钮是否能实现控制水流开关的功能。涉案授权外观设计的设计者选择将手柄位置的推钮设计为类跑道状，其目的也在于与其跑道状的出水面相协调，增加产品整体上的美感。因此，二审判决认定涉案授权外观设计中的推钮为功能性设计特征，适用法律错误，再审法院予以纠正。

(四)关于被诉侵权产品外观设计与涉案授权外观设计是否构成相同或者近似

《侵犯专利权纠纷案件解释》第 11 条规定，认定外观设计是否相同或者近似时，应当根据授权外观设计、被诉侵权设计的设计特征，以外观设计的整体视觉效果进行综合判断；对于主要由技术功能决定的设计特征，应当不予考虑。产品正常使用时容易被直接观察到的部位相对于其他部位、授权外观设计区别于现有设计的设计特征相对于授权外观设计的其他设计特征，通常对外观设计的整体视觉效果更具有影响。

本案中，被诉侵权产品外观设计与涉案授权外观设计相比，其出水孔分布在喷头正面跑道状的区域内，虽然出水孔的数量及其在出水面两端的分布与涉案授权外观设计存在些许差别，但是总体上，被诉侵权产品采用了与涉案授权外观设计高度近似的跑道状出水面设计。关于两者的区别设计特征，一审法院归纳了八个方面，对此双方当事人均无异议。对于这些区别设计特征，首先，如前所述，第 17086 号决定认定涉案外观设计专利的设计特征有三点：一是喷头及其各面过渡的形状，二是喷头出水面形状，三是喷头宽度与手柄直径的比例。除喷头出水面形状这一设计特征之外，喷头及其各面过渡的形状、喷头宽度与手柄直径的比例等设计特征也对产品整体视觉效果产生显著影响。虽然被诉侵权产品外观设计采用了与涉案授权外观设计高度近似的跑道状出水面，但是，在喷头及其各面过渡的形状这一设计特征上，涉案授权外观设计的喷头、手柄及其连接各面均呈圆弧过渡，而被诉侵权产品外观设计的喷头、手柄及其连接各面均为斜面过渡，从而使得二者在整体设计风格上呈现明显差异。另外，对于非设计特征之外的被诉侵权产品外观设计与涉案授权外观设计相比的区别设计特征，只要其足以使两者在整体视觉效果上产生明显差异，也应予以考虑。再者，淋浴喷头产品的喷头、手柄及其连接处均为其正常使用时容易被直接观察到的部位，在对整体视觉效果进行综合判断时，在上述部位上的设计均应予以重点考查。具体而言，涉案授权外观设计的手柄上设置有一类跑道状推钮，而被诉侵权产品无此设计，因该推钮并非功能性设计特征，推钮的有无这一区别设计特征会对产品的整体视觉效果产生影响；涉案授权外观设计的喷头与手柄连接产生的斜角角度较小，而被诉侵权产品的喷头与手柄连接产生的斜角角度较大，从而使得两者在左视图上呈现明显差异。正是由于被诉侵权产品外观设计未包含涉案授权外观设计的全部设计特征，以及被诉侵权产品外观设计与涉案授权外观设计在手柄、喷头与手柄连接处的设计等区别设计特征，使得两者在整体视觉效果上呈现明显差异，两者既不相同也不近似，被诉侵权产品外观设计未落入涉案外观设计专利权的保护范围。二审判决仅重点考虑了涉案授权外观设计跑道状出水面的设计特征，而对于涉案授权外观设计的其他设计特征，以及淋浴喷头产品正常使用时其他容易被直接观察到的部位上被诉侵权产品外观设计与涉案授权外观设计专利的区别设计特征未予考虑，认定两者构成近似，适用法律错误，应予以纠正。

综上，健龙公司生产、许诺销售、销售的被诉侵权产品外观设计与高仪公司所有的涉案授权外观设计既不相同也不近似，未落入涉案外观设计专利权保护范围，健龙公司生产、许诺销售、销售被诉侵权产品的行为不构成对高仪公司涉案专利权的侵害。二审判决适用法律错误，依法应予纠正。

案例9　天隆公司与徐农公司侵害植物新品种权纠纷案[指导案例86号]

一、裁判要点

分别持有植物新品种父本与母本的双方当事人，因不能达成相互授权许可协议，导致植物新品种不能继续生产，损害双方各自利益，也不符合合作育种的目的。为维护社会公共利益，保障国家粮食安全，促进植物新品种转化实施，确保已广为种植的新品种继续生产，在衡量父本与母本对植物新品种生产具有基本相同价值基础上，人民法院可以直接判令双方当事人相互授权许可并相互免除相应的许可费。

二、相关法条

1.《中华人民共和国合同法》第5条

2.《中华人民共和国植物新品种保护条例》第2条、第6条、第39条

三、基本案情

天隆公司与徐农公司相互以对方为被告，分别向法院提起两起植物新品种侵权诉讼。

北方杂交粳稻工程技术中心（与辽宁省稻作研究所为一套机构两块牌子）、徐州农科所共同培育成功的三系杂交粳稻9优418水稻品种，于2000年11月10日通过国家农作物品种审定。9优418水稻品种来源于母本9201A、父本C418。2003年12月30日，辽宁省稻作研究所向国家农业部提出C418水稻品种植物新品种权申请，于2007年5月1日获得授权，并许可天隆公司独占实施C418植物新品种权。2003年9月25日，徐州农科所就其选育的徐9201A水稻品种向国家农业部申请植物新品种权保护，于2007年1月1日获得授权。2008年1月3日，徐州农科所许可徐农公司独占实施徐9201A植物新品种权。经审理查明，徐农公司和天隆公司生产9优418使用的配组完全相同，都使用父本C418和母本徐9201A。

2010年11月14日，一审法院根据天隆公司申请，委托农业部合肥测试中心对天隆公司公证保全的被控侵权品种与授权品种C418是否存在亲子关系进行DNA鉴定。检验结论：利用国家标准GB/T 20396—2006中的48个水稻SSR标记，对9优418和C418的DNA进行标记分析，结果显示，在测试的所有标记中，9优418完全继承了C418的带型，可以认定9优418与C418存在亲子关系。

2010年8月5日，一审法院根据徐农公司申请，委托农业部合肥测试中心对徐农公司公证保全的被控侵权品种与C418和徐9201A是否存在亲子关系进行鉴定。检验结论：利用国家标准GB/T 20396—2006中的48个水稻SSR标记，对被控侵

权品种与C418和徐9201A的DNA进行标记分析,结果显示:在测试的所有标记中,被控侵权品种完全继承了C418和徐9201A的带型,可以认定被控侵权品种与C418和徐9201A存在亲子关系。

根据天隆公司提交的C418品种权申请请求书,其说明书内容包括:C418是北方杂粳中心国际首创"籼粳架桥"制恢技术,和利用籼粳中间材料构建籼粳有利基因集团培育出形态倾籼且有特异亲和力的粳型恢复系。C418具有较好的特异亲和性,这是通过"籼粳架桥"方法培育出来的恢复系所具有的一种性能,体现在杂种一代更好的协调籼粳两大基因组生态差异和遗传差异,因而较好地解决了通常籼粳杂种存在的结实率偏低,籽粒充实度差,对温度敏感、早衰等障碍。C418具有籼粳综合优良性状,所配制的杂交组合一般都表现较高的结实率和一定的耐寒性。

徐农公司和徐州农科所共同致函天津市种子管理站,称其自主选育的中粳不育系徐9201A于1996年通过,在审定之前命名为"9201A",简称"9A",审定时命名为"徐9201A"。以徐9201A为母本先后选配出9优138、9优418、9优24等三系杂交粳稻组合。在2000年填报全国农作物品种审定申请书时关于亲本的内容仍延用1995年配组时的品种来源9201A×C418。徐9201A于2003年7月申请农业部新品种权保护,在品种权申请请求书的品种说明中已注明徐9201A配组育成了9优138、9优418、9优24、9优686、9优88等杂交组合。徐9201A与9201A是同一个中粳稻不育系。天隆公司侵权使用9201A就是侵权使用徐9201A。

四、裁判结果

就天隆公司诉徐农公司一案,南京市中级人民法院于2011年8月31日作出(2009)宁民三初字第63号民事判决:(1)徐农公司立即停止销售9优418杂交粳稻种子,未经权利人许可不得将植物新品种C418种子重复使用于生产9优418杂交粳稻种子;(2)徐农公司于判决生效之日起15日内赔偿天隆公司经济损失50万元;(3)驳回天隆公司的其他诉讼请求。一审案件受理费15294元,由徐农公司负担。

就徐农公司诉天隆公司一案,南京市中级人民法院于2011年9月8日作出(2010)宁知民初字第069号民事判决:(1)天隆公司于判决生效之日起立即停止对徐农公司涉案徐9201A植物新品种权之独占实施权的侵害;(2)天隆公司于判决生效之日起10日内赔偿徐农公司经济损失200万元;(3)驳回徐农公司的其他诉讼请求。

徐农公司、天隆公司不服一审判决,就上述两案分别提起上诉。江苏省高级人民法院于2013年12月29日合并作出(2011)苏知民终字第0194号、(2012)苏知民终字第0055号民事判决:(1)撤销江苏省南京市中级人民法院(2009)宁民三初字第63号、(2010)宁知民初字第069号民事判决。(2)天隆公司于本判决生效之日起15日内补偿徐农公司50万元整。(3)驳回天隆公司、徐农公司的其他诉讼请求。

五、裁判理由

法院生效裁判认为:在通常情况下,植物新品种权作为一种重要的知识产权应当受到尊重和保护。《植物新品种保护条例》第6条明确规定:"完成育种的单位或者个人对其授权品种,享有排他的独占权。任何单位或者个人未经品种权所有人许可,不得为商业目的生产或者销售该授权品种的繁殖材料,不得为商业目的将该授权品种的繁殖材料重复使用于生产另一品种的繁殖材料",但需要指出的是,该规定并不适用于本案情形。首先,9优418的合作培育源于上世纪九十年代国内杂交水稻科研大合作,本身系无偿配组。9优418品种性状优良,在江苏、安徽、河南等地广泛种植,受到广大种植农户的普遍欢迎,已成为中粳杂交水稻的当家品种，而双方当事人相互指控对方侵权，本身也足以表明 9 优 418 品种具有较高的经济价值和市场前景，涉及辽宁稻作所与徐州农科所合作双方以及本案双方当事人的重大经济利益。在二审期间，法院做了大量调解工作，希望双方当事人能够相互授权许可，使 9 优 418 这一优良品种能够继续获得生产，双方当事人也均同意就涉案品种权相互授权许可，但仅因一审判令天隆公司赔偿徐农公司 200 万元，徐农公司赔偿天隆公司 50 万元，就其中的 150 万元赔偿差额双方当事人不能达成妥协，故调解不成。天隆公司与徐农公司不能达成妥协，致使 9 优 418 品种不能继续生产，不能认为仅关涉双方的利益，实际上已经损害了国家粮食安全战略的实施，有损公共利益，且不符合当初辽宁稻作所与徐州农科所合作育种的根本目的，也不符合促进植物新品种转化实施的根本要求。从表面上看，双方当事人的行为系维护各自的知识产权，但实际结果是损害知识产权的运用和科技成果的转化。鉴于该两案已关涉国家粮食生产安全等公共利益，影响 9 优 418 这一优良品种的推广，双方当事人在行使涉案植物新品种独占实施许可权时均应当受到限制，即在生产 9 优 418 水稻品种时，均应当允许对方使用已方的亲本繁殖材料，这一结果显然有利于辽宁稻作所与徐州农科所合作双方及本案双方当事人的共同利益，也有利于广大种植农户的利益，故一审判令该两案双方当事人相互停止侵权并赔偿对方损失不当，应予纠正。其次，9 优 418 是三系杂交组合，综合双亲优良性状，杂种优势显著，其中母本不育系作用重要，而父本 C418 的选育也成功解决了三系杂交粳稻配套的重大问题，在 9 优 418 配组中父本与母本具有相同的地位及作用。法院判决，9 优 418 水稻品种的合作双方徐州农科所和辽宁省稻作研究所及其本案当事人徐农公司和天隆公司均有权使用对方获得授权的亲本繁殖材料，且应当相互免除许可使用费，但仅限于生产和销售 9 优 418 这一水稻品种，不得用于其他商业目的。因徐农公司为推广 9 优 418 品种付出了许多商业努力并进行种植技术攻关，而天隆公司是在 9 优 418 品种已获得市场广泛认可的情况下进入该生产领域，其明显减少了推广该品种的市场成本，为体现公平合理，法院同时判令天隆公司给予徐农公司 50 万元的经济补偿。最后，鉴于双方当事人各自生产 9 优 418，事实上存在一定的市场竞争和利益冲突，法院告诫双方当事人应当遵守我国反不正当竞争法的相关规定，诚实经营，有序竞争，确保质量，尤其应当清晰标注各自的商业标识，防止发生新的争议和纠纷，共同维护好 9 优 418 品种的良好声誉。

案例 10 郭某甲、郭某乙、孙某假冒注册商标案[指导案例 87 号]

一、裁判要点

假冒注册商标犯罪的非法经营数额、违法所得数额，应当综合被告人供述、证人证言、被害人陈述、网络销售电子数据、被告人银行账户往来记录、送货单、快递公司电脑系统记录、被告人等所作记账等证据认定。被告人辩解称网络销售记录存在刷信誉的不真实交易，但无证据证实的，对其辩解不予采纳。

二、相关法条

《中华人民共和国刑法》第 213 条

三、基本案情

公诉机关指控：2013 年 11 月底至 2014 年 6 月期间，被告人郭某甲为谋取非法利益，伙同被告人孙某、郭某乙在未经三星公司授权许可的情况下，从他人处批发假冒三星手机裸机及配件进行组装，利用其在淘宝网上开设的“三星数码专柜”网店进行“正品行货”宣传，并以明显低于市场价格公开对外销售，共计销售假冒的三星手机20 000余部，销售金额2000余万元，非法获利200余万元，应当以假冒注册商标罪追究其刑事责任。被告人郭某甲在共同犯罪中起主要作用，系主犯。被告人郭某乙、孙某在共同犯罪中起辅助作用，系从犯，应当从轻处罚。

被告人郭某甲、孙某、郭某乙及其辩护人对其未经“SΛMSUNG”商标注册人授权许可，组装假冒的三星手机，并通过淘宝网店进行销售的犯罪事实无异议，但对非法经营额、非法获利提出异议，辩解称其淘宝网店存在请人刷信誉的行为，真实交易量只有10 000多部。

法院经审理查明：“SΛMSUNG”是三星电子株式会社在中国注册的商标，该商标有效期至2021年7月27日；三星公司是三星电子株式会社在中国投资设立，并经三星电子株式会社特别授权负责三星电子株式会社名下商标、专利、著作权等知识产权管理和法律事务的公司。2013年11月，被告人郭某甲通过网络中介购买店主为“汪亮”、账号为play2011－1985的淘宝店铺，并改名为“三星数码专柜”，在未经三星公司授权许可的情况下，从深圳市华强北远望数码城、深圳福田区通天地手机市场批发假冒的三星I8552手机裸机及配件进行组装，并通过“三星数码专柜”在淘宝网上以“正品行货”进行宣传、销售。被告人郭某乙负责该网店的客服工作及客服人员的管理，被告人孙某负责假冒的三星I8552手机裸机及配件的进货、包装及联系快递公司发货。至2014年6月，该网店共计组装、销售假冒三星I8552手机20 000余部，非法经营额2000余万元，非法获利200余万元。

四、裁判结果

江苏省宿迁市中级人民法院于2015年9月8日作出(2015)宿中知刑初字第0004号刑事判决，以被告人郭某甲犯假冒注册商标罪，判处有期徒刑5年，并处罚金人民币160万元；被告人孙某犯假冒注册商标罪，判处有期徒刑3年，缓刑5年，并处罚金人民币20万元。被告人郭某乙犯假冒注册商标罪，判处有期徒刑3年，缓刑4年，并处罚金人民币20万元。宣判后，三被告人均没有提出上诉，该判决已经生效。

五、裁判理由

法院生效裁判认为，被告人郭某甲、郭某乙、孙某在未经“SΛMSUNG”商标注册人授权许可的情况下，购进假冒“SΛMSUNG”注册商标的手机机头及配件，组装假冒“SΛMSUNG”注册商标的手机，并通过网店对外以“正品行货”销售，属于未经注册商标所有人许可在同一种商品上使用与其相同的商标的行为，非法经营数额达2000余万元，非法获利200余万元，属情节特别严重，其行为构成假冒注册商标罪。被告人郭某甲、郭某乙、孙某虽然辩解称其网店售销记录存在刷信誉的情况，对公诉机关指控的非法经营数额、非法获利提出异议，但三被告人在公安机关的多次供述，以及公安机关查获的送货单、支付宝向被告人郭某乙银行账户付款记录、郭某乙银行账户对外付款记录、“三星数码专柜”淘宝记录、快递公司电脑系统记录、公安机关现场扣押的笔记等证据之间能够互相印证，综合公诉机关提供的证据，可以认定公诉机关关于三被告人共计销售假冒的三星I8552手机20 000余部，销售金额2000余万元，非法获利200余万元的指控能够成立，三被告人关于销售记录存在刷信誉行为的辩解无证据予以证实，不予采信。被告人郭某甲、郭某乙、孙某，系共同犯罪，被告人郭某甲起主要作用，是主犯；被告人郭某乙、孙某在共同犯罪中起辅助作用，是从犯，依法可以从轻处罚。故依法作出上述判决。

（最高人民法院知识产权审判庭）

检察机关 2017 年度保护知识产权十大案例

案例 1 江苏无锡市张某某等人假冒注册商标,洪某某等人销售假冒注册商标的商品,黄某某非法制造、销售非法制造的注册商标标识案

一、案件事实

(一)假冒注册商标部分

(1)2014 年 9 月至 2015 年 12 月,由被告人张某某提议,被告人王某某、徐某甲与张某某三人经合谋并共同出资,在未经注册商标所有权人许可的情况下,假冒使用美国玛氏公司的“德芙 DOVE”注册商标,在安徽省芜湖县湾沚镇华特橡塑厂内生产、制作巧克力并进行销售,非法经营数额共计人民币 2 103 850 元。

2016 年 1 月 7 日,公安机关在被告人王某某、张某某、徐某甲进行生产的安徽省芜湖县湾沚镇华特橡塑厂内查获假冒的散装“德芙”巧克力 12 100 粒、整箱“德芙”巧克力 153 箱计 306 000 粒。

(2)2015 年 10 月至 12 月,被告人王某某、胡某某经合谋,由王某某负责出资、生产,胡某某负责联系制作商标标识,在未经注册商标所有权人许可的情况下,假冒使用意大利费列罗集团的“FERRERO ROCHER”的注册商标,在安徽省芜湖县湾沚镇喇叭口大道一处民房内生产、制作巧克力。后被告人王某某以每箱人民币 400 元的价格,销售给洪某某、徐某乙、林某某等人假冒的“费列罗”巧克力计 300 箱,非法经营数额计人民币 118 700 元。

2016 年 1 月 8 日,公安机关在被告人王某某、胡某某进行生产的民房内查获假冒的“费列罗”巧克力 18 360 粒。

(二)销售假冒注册商标的商品部分

2014 年 10 月至 12 月,被告人洪某某明知从被告人王某某处购得的“德芙”巧克力系假冒注册商标的商品,仍在其经营的无锡市新吴区塘南招商城副食品市场店铺内销售给被告人徐某丙假冒的“德芙”巧克力 749 箱,销售金额共计人民币 462 500 元。

2014 年 10 月至 12 月,被告人徐某丙明知从被告人洪某某处购得的“德芙”巧克力系假冒注册商标的商品,仍在江苏省溧阳市将上述 749 箱假冒的“德芙”巧克力销售给叶某,销售金额共计人民币 570 840 元。

2015 年 10 月至 2016 年 3 月,被告人钱某某明知从被告人张某某处购得的“德芙”巧克力系假冒注册商标的商品,仍在江苏省南京市江宁区众彩物流农副产品配送中心销售给孔某假冒的“德芙”巧克力约 600 箱,销售金额共计人民币 302 200 元。

2016 年 1 月 7 日,公安机关在被告人洪某某经营的无锡市新吴区塘南招商城副食品市场 100 号及 7 号、14 号仓库内查获假冒的“费列罗”巧克力 5370 粒。2016 年 1 月 20 日,公安机关在叶某处查获假冒的“德芙”巧克力 139 箱。

(三)非法制造、销售非法制造的注册商标标识部分

2015 年 9 月至 11 月,被告人黄某某在未经注册商标所有权人授权许可的情况下,非法制造印有费列罗集团的“FERRERO ROCHER”注册商标标识的塑料包装纸 5 万张、底版纸 5 万张、圆形小贴纸 100 万余枚,后被告人黄某某将上述商标标识以人民币 10 万余元的价格销售给被告人王某某。

二、诉讼过程

2015年5月7日，原无锡市公安局新区分局治安大队、旺庄派出所民警在工作中发现塘南招商城副食品市场100号鸿运喜铺涉嫌销售假冒的德芙巧克力，店方负责人洪某某等人有犯罪嫌疑。公安机关接报后，对该案立案侦查。原无锡市开发区人民检察院了解情况后，及时、主动派员介入，对该案进行引导取证，并及时对符合逮捕条件的涉案人员作出批准逮捕决定。2016年4月6日，原无锡市公安局新区分局侦查终结，以被告人张某某、王某某、徐某甲、胡某某涉嫌假冒注册商标罪，被告人徐某丙、洪某某、钱某某涉嫌销售假冒注册商标的商品罪，被告人黄某某涉嫌非法制造、销售非法制造的注册商标标识罪向检察机关移送审查起诉。无锡市新吴区人民检察院于同年10月20日向原无锡高新区人民法院提起公诉。2017年1月17日，无锡市新吴区人民法院(原无锡高新区人民法院)作出一审判决，被告人张某某犯假冒注册商标罪被判处有期徒刑5年，并处罚金人民币185万元；被告人王某某犯假冒注册商标罪被判处有期徒刑5年，并处罚金人民币174万元；被告人徐某甲犯假冒注册商标罪被判处有期徒刑4年，并处罚金人民币163万元；被告人徐某丙犯销售假冒注册商标的商品罪被判处有期徒刑4年，并处罚金人民币35万元；其他被告人也被判有期徒刑、缓刑，并处罚金。被告人均未上诉，判决生效。

三、评析意见

本案是一起横跨苏浙皖三省四地、大量制贩国际知名品牌“德芙”“费列罗”巧克力的窝案，系公安部2016年“利剑”行动督办案件之一。无锡高新区(现新吴区)人民检察院接到公安机关情况通报后，第一时间选派“知识产权办案专业小组”业务骨干迅速介入引导侦查，与无锡市公安局食药环支队及原新区分局专案组民警多次商讨，并根据案件定性走向提出收集证据的建议。

首先，针对不同罪名提出如何重点取证的建议。本案涉及了侵犯注册商标犯罪全部罪名，即假冒注册商标罪、销售假冒注册商标的商品罪和非法制造、销售非法制造的注册商标标识罪三个罪名。介入的检察官向公安机关就取证的共性和个性问题分别提出意见。如共性的问题，即主观明知的认定，尤其是在生产者与销售者相分离的情况下，如何通过调取客观性证据进行司法认定，检察官建议要结合洪某某、徐某丙等人的进货渠道、销售价格、会计账目、销售手段、知识经验、生活环境等多方面调取证据。针对不同罪名涉及的关键性问题提出针对性的取证意见，如关于张某某、王某某等人涉嫌假冒注册商标罪涉案金额，检察官建议公安机关查明涉案的销售侵权产品实际销售价格、标价、销售产品的货值金额，便于后续犯罪金额、犯罪形态的认定。

其次，提出对涉案商品是否属于伪劣产品进行鉴定的建议。我国《刑法》第149条明确规定了侵犯商标类犯罪与生产、销售伪劣产品罪的关系，即行为人侵犯商标类犯罪与生产、销售伪劣产品罪可能存在想象竞合。对于制假行为是否涉嫌生产、销售伪劣产品罪，关键在于产品是否“劣”。故建议公安机关对涉案扣押的物证进行鉴定，查明涉案巧克力是否属于伪劣产品。

最后，提出雇员行为如何认定的建议。本案行为人不仅自己实施了侵犯注册商标权行为，同时也雇用大量人员为其加工、生产侵权产品，甚至进行管理和经营，为避免打击面过大，又要做到不枉不纵，检察官从共犯原理角度，提出两方面取证建议：从雇员的主观明知和在生产、加工或管理中的行为相结合进行认定，建议公安机关查明雇员在犯罪中的主观明知及客观行为。公安机关通过梳理涉案银行交易明细等客观证据，及时调整侦查方向。

同时，该院贯彻宽严相济的刑事政策，

落实羁押必要性审查工作，对两名确有认罪悔罪表现、愿意缴纳保证金、已不需要继续羁押的被告人，依法向法院建议变更强制措施，取得了良好的法律效果和社会效果。

该案的成功办理体现了检察机关对人民群众“舌尖上的安全”高度重视，有力地打击了侵犯知识产权和制售假冒商品犯罪活动。

案例 2　北京海淀区宗某、陈某某、王某侵犯著作权案

一、案件事实

2015 年开始，被告人宗某伙同被告人王某未经著作权人许可，复制上海玄霆公司、上海阅文公司、北京幻想纵横公司享有著作权的文字作品存储在云服务器上。被告人宗某负责编写程序，使微信公众号可依据指令将存储在云服务器上的文字作品推送到指定邮箱，实现传播文字作品的功能。

2015 年 8 月，被告人陈某某未经著作权人许可，向被告人宗某、王某支付合作费用，获得上述传播文字作品功能的权限。被告人王某提供个人支付宝账号收取合作费用。后被告人陈某某通过淘宝网店“墨墨的图书小馆”“优加云推送”销售激活码，用户使用该激活码在被告人陈某某运营的“优加书院”“优加云推送”微信公众号平台进行操作后，可通过邮箱获得存储在云服务器上的文字作品。

经查明，涉案作品侵犯上海玄霆公司（服务器在北京市海淀区）、上海阅文公司和北京幻想纵横公司享有独家信息网络传播权的文字作品共计 700 部。

2017 年 5 月 5 日，被告人宗某、陈某某、王某先后被抓获后均如实供述了上述犯罪事实。

二、诉讼过程

2017 年 4 月 25 日，北京市公安局海淀分局双榆树派出所接到上海玄霆公司报案，遂立案侦查。2017 年 6 月 3 日，经海淀区人民检察院批准，北京市公安局海淀分局对被告人宗某、陈某某、王某执行逮捕。2017 年 12 月 1 日，海淀区人民检察院以被告人宗某、陈某某、王某侵犯著作权罪提起公诉。2018 年 1 月 12 日，北京市海淀区人民法院以侵犯著作权罪判处被告人陈某某有期徒刑 1 年，并处罚金人民币 5 万元；判处宗某有期徒刑 9 个月，并处罚金人民币 1 万元；判处王某有期徒刑 9 个月，并处罚金人民币 5000 元。被告人宗某、陈某某、王某均未上诉，检察机关未抗诉，判决生效。

三、评析意见

本案系国内首例利用电商、社交、云存储多平台侵犯著作权的刑事案件。三名被告人借助互联网技术，通过云存储平台存储侵权资源，利用通讯协议端口搭建社交平台与侵权资源的联系，后在电子商务平台向互联网用户销售获得侵权作品的“通行证”激活码，实施的是一种利用多平台领域相互关联作用的侵权行为，作案手段隐蔽、涉及面广、社会影响大，给著作权人造成严重损失。在案件受理之初，海淀区人民检察院即利用专业化办案优势，组织骨干办案力量，向前延伸引导侦查，传导庭审证明标准，提高侦查质量；向后提高出庭指控犯罪的能力，通过庭审中高质量的控辩对抗，确保法庭公正裁判。

第一，充分发挥审前主导作用，打牢指控基础。一是提前介入引导侦查，传导庭审证明标准。在本案提请逮捕之前，海淀区人民检察院便应公安机关的请求，指派具有此类案件办理经验的检察官及时介入侦查，向侦查机关建议侦查方向，锁定关键证据，强化规范取证意识，初步保障了案件质量。二是引导相关人员科学规范举证。检察官多次在该院接待被害公司法务，引导其提供配套侵权证明文件，出具被侵权作品的总数和被侵权作品的明细。本案涉及海量电子证据，电子证据具有易被修改

或灭失的特点，取证难度大，取证规范化要求高。为此，检察官多次邀请公安机关网安、派出所等来该院进行沟通，要求侦查机关通过远程勘验、委托公证等多重手段固定和提取关键证据，保证案件事实认定的准确性和在案证据的完备性及规范性。三是坚持退回补充侦查和自行补充侦查双管齐下，更多掌握工作主动权。

第二，强化指控和证明犯罪主体作用，确保指控精准。一是庭审中积极应对，确保指控精准。在庭审中，检察官通过合理有序的举证示证，向法庭完整展示被告人未经著作权人许可，使用多平台的交互功能，通过信息网络向公众传播文字作品和营利的过程。检察官并就“作品数量的认定”“涉案淘宝店铺销售金额”等核心问题作出有针对性的答辩，通过控辩对抗确保指控的准确性。二是教育被告人当庭悔罪，确保庭审效果。在发表公诉意见阶段对被告人进行适时有力的法庭教育，说明其犯罪行为的社会危害性和刑事违法性，多名被告人当庭悔罪，表示服从判决，取得了良好的政治效果、法律效果和社会效果。

案例3　陕西商洛市聂某、吴某销售假冒注册商标的商品案

一、案件事实

2016 年 4 月，被告人聂某与杜某（另案处理）商议在陕西省商洛市推销茅台酒。同年 5 月，杜某以与贵州茅台公司职工熟悉，可以购买到低于市场价的飞天茅台酒为诱饵，向商洛市金晖公司法人麻某推销茅台酒。5 月 23 日，被告人聂某、吴某伪造虚假身份证，以聂某、吴某的名义连同杜某和商洛市金晖公司签订了茅台酒购销协议书，协议规定：价格按市场价随机协商，确保所购商品为贵州茅台公司生产的合格商品。后聂某和吴某以每瓶 300 元的价格向杜某销售飞天茅台酒，再由杜某以每瓶 750 元到 780 元的价格先后多次销售给商洛市金晖公司。案发前，聂某、吴某通过杜某共销售给商洛市金晖公司飞天茅台酒 650 箱（每箱 6 瓶），合计 3900 瓶，销售金额 117 万元。该批酒部分流入市场后被发现，公安机关追回 2951 瓶。经贵州茅台公司检验，该批茅台酒属于侵犯该公司“贵州茅台”注册商标专用权的商品。经商洛市产品质量监督检验所检验，追回的“茅台酒”符合《食品安全国家标准蒸馏酒及其配制酒》的要求。2017 年 2 月、3 月，被告人聂某、吴某先后被抓获归案。

二、诉讼过程

2016 年 7 月 22 日，贵州茅台公司向商洛市公安局商州分局报案，商州分局于同年 8 月 10 日对聂某、吴某以涉嫌销售假冒注册商标的商品罪立案侦查。2017 年 4 月 28 日，商洛市商州区人民检察院对聂某、吴某二人批捕。同年 7 月 6 日，商州区人民检察院对聂某、吴某二人以涉嫌销售假冒注册商标的商品罪提起公诉。同年 10 月 22 日，商州区人民法院判处被告人聂某有期徒刑 4 年，罚金 80 万元；判处被告人吴某有期徒刑 2 年，罚金 40 万元。宣判后，聂某提出上诉。2017 年 12 月 25 日，商洛市中级人民法院作出终审判决：以销售假冒注册商标的商品罪判处聂某有期徒刑 3 年 6 个月，并处罚金 80 万元；判处吴某有期徒刑 1 年，并处罚金 40 万元；对聂某、吴某违法所得及供犯罪所用的本人财物 88.53 万元依法予以追缴，上缴国库。

三、评析意见

聂某、吴某销售假冒注册商标的商品案件，涉及假酒数量多、金额大，且跨省市作案，犯罪涉及面较广，取证难度大。为确保从上线到下线，从生产到运输再到销售环节，全方位打击侵权假冒领域刑事犯罪，检察机关主要从以下几方面扎实工作，确保了案件顺利批捕、起诉和判决：

第一，坚持提前介入，围绕关键证据引导侦查取证。商州区人民检察院坚持对“侵权假冒”案件适时介入，有效开展工作。检察机关通过提前阅卷及时发现证据链条缺失问题，通过案件讨论，有效解决案件认识问题，通过联席会议及时统一执法标准和尺度，并对假酒的数量、金额及时提出鉴定认定意见，结合案情向公安机关提出了调取涉案假酒流通单等书证，佐证并查实涉案假酒数量的侦查方向，为案件顺利批捕打下了扎实基础。

第二，加强法律监督，确保打击侵权假冒力度和效果。本案系商州区人民检察院在办理其上线杜某涉嫌销售假冒注册商标的商品审查逮捕案件中发现，为了确保全方位严打侵权假冒刑事犯罪，商州区人民检察院从详审案卷材料入手，寻找犯罪上线、下线、生产、运输、销售各个环节相关犯罪及人员，框定犯罪嫌疑人，通过讯问杜某，询问证人，最终成功锁定聂某、吴某涉嫌犯罪相关事实，但因当时聂某、吴某下落不明，公安机关未立案，商州区人民检察院及时监督商洛市公安局商州分局对该二人立案侦查，并在聂某、吴某归案后依法快速批捕，确保了打击力度和效果。

第三，强化跟踪监督，推动形成打击侵权假冒合力。一方面，在认真分析案件事实还不全面、证据链条还不完整等问题的基础上，向公安机关送达《逮捕案件继续侦查取证意见书》，有针对性地定期联系公安机关掌握补侦进展，督促落实补侦意见；另一方面，发挥侦、捕、诉衔接机制作用，积极协同配合，共同解决案件侦查中的新问题，提升诉讼效率，促进形成打击合力。

第四，延伸检察职能，促进和加强知识产权保护和管理。通过案件的办理，商州区人民检察院积极联系相关职能部门推动建立健全打击侵权假冒犯罪常态化工作制度，如完善了商州区《行政执法与刑事司法衔接工作细则》，针对监管漏洞向工商局、科技局提出防治对策六条，并在商州区人民检察院建议下，全区联合开展了烟酒市场侵犯知识产权违法犯罪大排查活动，促进和加强了知识产权保护和管理。

本案的办理有效打击了侵权假冒刑事犯罪，有力震慑了相关违法犯罪活动，充分发挥了知识产权保护的职能和作用，取得了执法办案三个效果的有机统一。

案例 4　天津河北区魏某甲、张某等七人假冒注册商标案

一、案件事实

“HAIOU 海鸥”“GOLD SEA - GULL”“SEA - GULL”系海鸥公司注册的商标，属于中国驰名商标和中华老字号。2013 年至 2016 年 7 月 5 日，被告人魏某甲（系海鸥公司原职工）为牟取非法利益，伙同张某，在未经海鸥公司许可的情况下，从他处定制假冒的海鸥手表零配件及说明书、外包装盒、提袋等，雇佣魏某乙、闫某、周某、杜某、孙某先后在天津市、河北省组装假冒的海鸥手表（商标包括“HAIOU 海鸥”“GOLD SEA - GULL”“SEA - GULL”），并利用“绝对大当家”“小小马 9988”等六家淘宝店铺在网上以正品海鸥表进行宣传，以明显低于市场价格公开对外销售。魏某甲、张某自 2014 年 7 月 29 日至 2016 年 7 月 5 日通过网上店铺销售金额共计 2000 万余元，违法所得 178 万元。

后公安机关在天津市河北区建昌道春和仁居查获 26 种不同型号的假冒海鸥手表 886 块、大量手表零配件、说明书、外包装盒、提袋以及作案工具等。经鉴定，被查获的 886 块假表价值 54 万余元。

二、诉讼过程

2014 年 3 月 27 日，海鸥公司向天津市公安局河北分局报案称，有人自 2013 年以来一直在“淘宝网”上销售假冒的海鸥手表，致使该公司销售额急剧下降，年损失近

千万元人民币。河北分局经侦查发现马某等人在淘宝网站注册“绝对大当家”等店铺销售假冒海鸥手表，遂于2014年3月31日以涉嫌假冒注册商标罪对其立案侦查，并根据线索于2016年7月5日在天津市河北区建昌道春和仁居当场查获大量组装好的假冒海鸥手表。同年8月11日，天津市河北区人民检察院以涉嫌假冒注册商标罪批准逮捕魏某甲、魏某乙、周某，并于2017年4月5日对魏某甲等7名犯罪嫌疑人提起公诉。天津市河北区人民法院于2017年9月6日以假冒注册商标罪，对7名被告人判处有期徒刑4年至有期徒刑8个月、缓刑1年不等，并处罚金116万元至3000元不等。被告人均未上诉，判决生效。

三、评析意见

天津海鸥牌手表系我国知名的民族品牌。主犯魏某甲系海鸥公司在职员工，由于能够第一手接触各类正品海鸥表，其通过定制仿造配件私自组装、仿真度高，其售卖假冒海鸥表具有较强迷惑性，消费者不易辨认。

本案涉案金额特别巨大，取证难度特别大。本案的涉案销售金额高达2000万余元，且通过网上平台销售至全国各地，交易时间长，次数多，涉及地域广。检察官积极认真履职，提前介入案件侦查，并在审查逮捕过程中，认真梳理证据，针对商标延展期不明、淘宝销售记录缺乏来源说明等问题详细列出补充侦查提纲，督促公安机关前往阿里巴巴公司调取涉案淘宝网店的销售记录。在审查起诉过程中，检察官通过认真梳理补充侦查的数万条交易记录，确定两万余条涉案交易信息，击破主犯所谓的存在“刷单”的辩解，成功追加犯罪销售数额2000万余元，并得到法院的认可。案件办理后，天津市河北区人民检察院结合办案分析，针对被侵权企业在管理中的漏洞以及对自身品牌保护问题，及时提出检察建议，同时针对网络监管的力度问题，向市场监管部门提出检察建议。检察机关成功办理本案凸显了检察机关打击网络侵犯知识产权犯罪的力度和水平不断提升，彰显了检察机关对民族品牌、对具有自主知识产权的权利人的保护力度。

案例5 云南曲靖市赵某甲等六人假冒注册商标案

一、案件事实

2015年，被告人赵某甲、刘某甲合伙在云南省曲靖市师宗县漾月街道落龙村广生生物有机肥料公司生产劣质硅钙肥并销售，由于销路不好，被告人刘某甲、赵某乙、刘某乙、平某等人与赵某甲商量以每吨180元的价格向赵某甲等人购进其生产的劣质硅钙肥，并假冒云南昆阳磷肥厂有限公司生产的“昆磷牌”钙镁磷肥、“乌龙牌”钙镁磷肥、玉溪银河磷化有限公司生产的“玉溪”牌钙镁磷肥、贵州胜境化建有限公司生产的“胜境牌”钙镁磷肥等商标进行销售。被告人赵某丙明知被告人赵某甲未经注册商标人许可，使用伪劣产品假冒注册商标，还帮助实施上述行为。经查，被告人刘某甲、赵某甲、赵某乙、平某、刘某乙使用伪劣产品假冒注册商标商品，非法经营数额分别为8.8万余元、11万余元、7.7万余元、6.2万余元、6万余元。

二、诉讼过程

云南省曲靖市师宗县人民检察院侦查监督科通过行政执法和刑事司法衔接信息共享平台，发现师宗县市场监督管理局移送的赵某甲等人假冒注册商标案，师宗县公安局没有在《公安部关于改革完善受案立案制度的意见》规定时间内作出是否立案的决定。遂于2016年3月17日向师宗县公安局发出《要求说明不立案理由通知书》。同日，师宗县公安局对该案立案侦查。2016年4月22日，师宗县人民检察院以涉嫌假冒注册商标罪批准逮捕刘某甲、赵某甲、赵某乙、刘某乙4人。该案于2016年6月22日师宗县公安局移送审查起诉，同年12月27日师宗县人民检察院提起公诉，2017年6月9日师宗县人民法院以假冒注册商标罪分别判决刘某甲、赵某甲、赵某乙、平某、刘某乙、赵某丙有期徒刑3年6个月至1年不等，并处罚金11万元至2万元不等。6名被告人未上诉，判决已生效。

三、评析意见

化肥是重要的农业生产资料，假冒品牌化肥不仅扰乱正常的市场秩序，而且侵犯了广大农户、经营者和商标权利人的合法权益，应当予以严厉打击。近几年，检察机关先后开展了危害民生刑事犯罪专项立案监督、危害食品药品安全犯罪专项立案监督活动，对重点领域的刑事犯罪予以集中打击，取得了良好效果。该案系检察机关通过行政执法与刑事司法衔接信息共享机制发现立案监督线索，继而监督公安机关立案，最终成功追诉一起假冒注册商标犯罪的案例。师宗县人民检察院与县市场监督管理局、公安机关建立了案件咨询、信息通报等工作机制，借助信息共享平台实现了知情渠道的畅通。检察机关发现监督线索后，积极联系公安机关并形成工作合力，列出详细的取证清单和补充侦查提纲，引导公安机关全面收集、固定证据，有效打击了犯罪，共同促进了知识产权保护。

案例6　四川成都市林某、马某、张某侵犯著作权案

一、案件事实

2007年3月以来，被告人林某（网名：LEO）在网站上创建“轻之国度”论坛（www.lightnovel.cn），并在该论坛上发布未经授权的日本原著轻小说提升论坛人气，后吸引广告商前来投放广告牟取利益。被告人张某经林某许可进入“轻之国度”论坛并参与网站管理，在明知该网站发布侵权小说牟利的情况下，仍然继续负责小说的中文翻译和电子书的组织管理工作。该网站未经权利人授权，非法发布日本原著文学作品800多部，共收取广告费231 273.6元。被告人马某建立“轻之文库”（www.linovel.com）网站，复制“轻之国度在线轻小说”网站数据到“轻之文库”网站，吸引广告商前来投放广告谋取利益，后其将“轻之文库”网站以10万元人民币出售。该网站未经权利人授权，非法发布日本原著文学作品1400多部，共收取广告费47 950元。

二、诉讼过程

林某、马某、张某侵犯著作权一案，由腾讯公司于2015年10月26日报案至四川省成都市双流县公安局，双流县公安局于2015年11月4日立案侦查，同年11月10日三人被双流县公安局刑事拘留，12月17日，林某、马某因涉嫌侵犯著作权罪被成都市双流县人民检察院批准逮捕，张某被取保候审。2016年3月14日，成都市公安局双流分局（原成都市双流县公安局）将该案移送成都市双流区人民检察院审查起诉。2016年8月22日，成都市双流区人民检察院以三人涉嫌侵犯著作权罪向双流区人民法院依法提起公诉。2017年2月24日，成都市双流区人民法院一审以被告人林某犯侵犯著作权罪，判处有期徒刑1年5个月，并处罚金2万元；以被告人马某犯侵犯著作权罪，判处有期徒刑1年4个月，并处罚金2万元；以被告人张某犯侵犯著作权罪，判处有期徒刑一年，并处罚金5000元。林某、马某、张某均未提出上诉，一审判决生效。

三、评析意见

该案为公安部、国家版权局挂牌督办案件。本案中，涉案网站侵权时间跨度十年，非法发布日本原著文学作品3000余

部，具有调查取证时间跨度大、取证难度大、媒体与社会各界关注度高等特点。成都市双流区人民检察院受理该案后，积极引导公安机关侦查取证，调取了日本株式会社KADOKAWA授权书声明及日本国立国会图书馆资料等书证，证实了林某等三人侵犯著作权的犯罪事实，并准确区分了三被告人在共同犯罪中的作用，确定其依托网站收取广告费用的非法经营数额，做到了精准指控，效果良好。本案的查处，体现了网络背景下刑法对社会生活调整的维度和方法，对规制网络服务行为、深入理解网络环境下"复制发行"的含义、准确把握网络侵犯著作权，尤其是涉外侵权的取证具有重要的借鉴意义和研究价值。

案例7 安徽合肥市徐某、李某销售假冒注册商标的商品案

一、案件事实

本案所涉特百惠公司总部设在美国，以生产经营塑料保鲜容器闻名，被告人徐某、李某原系特百惠（中国）公司的分销商，2012年11月，二人以徐某的身份信息在淘宝网注册成立"特百惠店铺"网店（店铺号117683）。2015年6月，徐某、李某开始在网上联系低价购进假冒"Tupperware"注册商标的水杯和包装盒，包装后通过网店对外进行销售牟利。经查，2015年7月11日至2016年8月15日，二人通过该淘宝网店"特百惠店铺"对外销售标有特百惠"Tupperware"注册商标的四种规格塑料水杯共计2 108 369.56元，扣除其中426 068元正品销售额，共计销售假冒"Tupperware"注册商标的水杯1 682 301.56元。

二、诉讼过程

2016年8月15日，安徽省肥西县公安局接到报案称，有人在淘宝网销售假冒"特百惠"注册商标的商品，销售金额巨大，肥西县公安局遂于当日立案侦查。同年9月20日，合肥市高新区人民检察院对两名犯罪嫌疑人批准逮捕。同年11月20日，肥西县公安局向合肥市高新区人民检察院移送审查起诉。2017年2月24日，合肥市高新区人民检察院依法向合肥高新区法院提起公诉。同年5月31日，合肥市高新区人民法院以销售假冒注册商标的商品罪，判处徐某有期徒刑5年10个月，并处罚金100万元；判处李某有期徒刑5年10个月，并处罚金100万元。宣判后，二人提出上诉。同年9月4日，合肥市中级人民法院作出终审判决：以销售假冒注册商标的商品罪，判处徐某有期徒刑5年，并处罚金90万元；判处李某有期徒刑5年，并处罚金90万元。

三、评析意见

本案是一起重大的通过淘宝网店铺销售假冒注册商标的商品案。案发后，检察机关加强与侦查机关的沟通联系，及时介入引导侦查，就该案中犯罪嫌疑人是否明知、非法经营数额等问题提出侦查取证方向。针对公安机关认定的涉案金额过低的情况，要求公安机关进一步调取相关销售记录，科学确定计算方法，最终准确认定涉案金额，这也是被告人被科以重刑的重要依据。在审查案件中，检察机关严把案件事实关、证据关、程序关和法律适用关，依法从快批捕、起诉，确保了犯罪分子及时受到应有刑事处罚。此外，在办理该案的基础上，检察机关进一步总结工作经验，探索建立重点企业联系备案制度，强化对知识产权的靠前保护；进一步完善对重大侵犯知识产权案件提前介入制度，提升打击力度和效率；注重结合典型案例，加大打击侵犯知识产权犯罪的宣传力度，促进形成全社会共同抵制、打击伪劣商品和侵犯知识产权犯罪活动的良好氛围。

案例8　山东沂水县刘某甲、刘某乙销售非法制造的注册商标标识、销售假冒注册商标的商品案

一、案件事实

（一）刘某甲、刘某乙销售非法制造的注册商标标识部分

2016年9月以来，被告人刘某甲经刘某乙联系并帮助，从福建晋江邹某（已判决）等人处购进15万余元的假徐福记酥心糖包装膜销售给他人并牟取非法利益。

2016年6月30日，被告人刘某乙将价值16 560元的假徐福记酥心糖包装膜销售给他人并牟取非法利益。

（二）刘某甲销售假冒注册商标的商品部分

2016年9月以来，被告人刘某甲从王某（另案处理）处购进40余万元的大白兔奶糖、阿尔卑斯棒棒糖等假冒产品，后销售给孙某（另案处理）等人予以牟利。

2016年11月以来，被告人刘某甲从他人处购进1800余件假冒的徐福记酥心糖，后销售予以牟利，涉案价值28万余元。

二、诉讼过程

2017年2月7日，山东省沂水县人民检察院在办理公安机关提请对被告人邹某批准延长羁押案件时发现，涉案人刘某甲、刘某乙涉嫌假冒注册商标罪，符合立案条件，但公安机关未立案。同年2月20日，沂水县人民检察院向沂水县公安局发出《要求说明不立案理由通知书》。同年2月27日，沂水县公安局对该案立案侦查。同年12月15日，沂水县人民检察院对该案提起公诉。2018年1月30日，刘某甲因犯销售非法制造的注册商标标识罪、销售假冒注册商标的商品罪被判处有期徒刑5年6个月，并处罚金11万元；刘某乙因犯销售非法制造的注册商标标识罪被判处有期徒刑3年，缓刑4年，并处罚金6万元。被告人均未上诉，判决生效。

三、评析意见

本案是检察官在办理延长羁押期限案件中发现线索进而成案的。检察官积极履职，确保案件的办理取得良好成效。

第一，强化延押案件实体审查把关，依法监督立案。该案系通过审查公安机关提请延长侦查羁押期限案件材料中发现监督线索的案件。沂水县人民检察院在办理延长侦查羁押期限案件中，认真审查公安机关提交的案件材料。发现刘某甲、刘某乙涉嫌假冒注册商标罪的犯罪线索后，及时与公安机关沟通，核实公安机关在逮捕后的侦查阶段调取的新证据等，并加强与公诉部门沟通，经讨论认定现有证据已达到立案标准，及时启动立案监督程序。

第二，注重跟踪监督和引导取证，确保监督效果。该案监督立案之初，在案证据仅能证实两名被告人涉嫌假冒注册商标罪一罪，涉案价值刚刚达到追诉标准。被告人刘某乙因身体原因，不适合羁押，沂水县人民检察院在监督立案后，并未因此放松跟进监督，而是始终保持与公安机关的密切沟通，引导公安机关对言词证据等相关证据进行固定和收集，根据取证情况适时建议公安机关追加罪名，有效提高了案件质量，加快了诉讼进程，增强了监督效果。

第三，严厉打击侵犯知识产权犯罪，取得良好的法律效果和社会效果。该案涉案主体系小作坊，不仅产品质量无法保障，威胁人民群众身体健康，而且因涉及假冒多家知名食品商标，严重扰乱市场秩序。本案随着侦查的深入和案件证据的进一步完善，发现被告人涉嫌的多起犯罪事实，最终刘某甲被数罪并罚判处有期徒刑5年6个月，取得了良好效果。此外，该案在侦查中发现的另两名同案犯王某、孙某分别被判处刑罚，有力地打击了侵犯知识产权犯罪。

案例9 福建宁德市张某、钟某侵犯商业秘密案

一、案件事实

被告人张某、钟某毕业于某名牌大学，系校友，先后供职于新能源公司和时代新能源公司，二人在任职期间，违反与公司签订的保密协议及公司保密制度，将时代新能源公司研发的技术信息与经营信息，通过外网邮箱以邮件方式泄露给他人，从中获取经济利益，给时代新能源公司造成重大损失。具体事实如下：

(1)2014年5月份，被告人钟某和张某通过各自网易邮箱与腾讯qq邮箱相互转发时代新能源公司从新能源公司授权取得的含有SiO烧结设备、硅材料开发指标、SiO工艺流程等技术信息材料，而后被告人张某通过腾讯qq邮箱将含有SiO烧结设备、硅材料开发指标、SiO工艺流程等信息材料发送给凯永光电公司的彭某，获得20万元，钟某和张某各分得10万元。经北京京洲科技知识产权司法鉴定中心鉴定，SiO烧结设备、硅材料开发指标、SiO工艺流程在2014年7月31日以前属于不为公众所知悉的技术信息，其中SiO烧结设备与SiO工艺流程具有同一性。经北京中润达会计师事务所评估，SiO烧结设备——氧化硅烧结炉与SiO工艺流程中SiO制备粒径分级设备——气流分级机的价格总计76万元人民币。

(2)2016年5月份，被告人张某通过其腾讯qq邮箱将时代新能源公司研发的含有N1拉线开发中工艺文档中记载的磷酸铁锂电池制作工艺信息中的“YT86/YT120”和“YT86/YT120补锂”型号的工艺信息、阳极补锂、冷压-Pinch的技术信息与KTList的经营信息等发送给比克电池公司的李某甲，获得30万元。2016年12月份，被告人张某又通过其腾讯qq邮箱将含有N1拉线开发中工艺文档中记载的磷酸铁锂电池制作工艺信息中的“YT86/YT120”和“YT86/YT120补锂”型号的工艺信息、阳极补锂、冷压-Pinch的技术信息与KTList、N1设备价格清单的经营信息等发送给泰坦新动力公司的李某乙，未获得现金。经北京京洲科技知识产权司法鉴定中心鉴定，上述信息在2017年3月以前属于不为公众所知悉的技术信息和经营信息。经北京中润达会计师事务所评估，N1拉线开发项目研发过程中采购的物料及工夹具的成本为78万元。

二、诉讼过程

宁德市公安局蕉城分局接时代新能源公司报案，于2017年2月16日对钟某、张某以涉嫌侵犯商业秘密罪立案侦查，并于4月28日向宁德蕉城区人民检察院提请批捕，该院于5月5日对该二人作出批捕决定。同年7月5日蕉城分局向该院移送审查起诉，该院经审查于8月18日向蕉城区人民法院提起公诉。2017年11月10日蕉城区法院作出判决：被告人张某犯侵犯商业秘密罪，判处有期徒刑1年6个月，并处罚金80万；被告人钟某犯侵犯商业秘密罪，判处有期徒刑8个月，并处罚金20万元。被告人均未上诉，判决生效。

三、评析意见

本案中，蕉城区人民检察院将检察工作与经济发展新常态相适应，敢于办案与善于办案相结合，实现了法律效果、政治效果和社会效果相统一。案件初期，该院提前介入，实时跟踪监督案件后续侦破进展情况。通过多次与办案民警沟通探讨，引导公安机关及时收集、固定对案件构罪起关键作用的证据材料，如被告人邮箱内相应信息与时代新能源公司拥有的不为公众所知悉的锂电池相关信息是否具有同一性等。案件进入检察院环节后，指定办理知识产权案件经验丰富的检察官负责审查批捕、起诉工作，通过全面审查证据和集体讨论的方式，从案件证据认定、法律适用等方

面进行深入研讨、层层剖析，把好案件事实关、证据关、程序关和法律适用关。最终依法认定张某、钟某的行为构成侵犯商业秘密罪。此外，蕉城区人民检察院结合办案认真开展调研，针对新能源公司在员工法制教育、保密意识等方面存在的一些薄弱环节和问题，及时向该公司发出检察建议书，取得了良好的成效。

案例 10　中国音像著作权集体管理协会因著作权侵权纠纷申请支持起诉系列案

一、基本案情

2017 年，中国音像著作权集体管理协会（以下简称音集协）发现长沙市天心区湘府吉园娱乐城、黎庆，未经授权，擅自在其经营的 KTV 娱乐场所内以卡拉 OK 方式，向公众放映《刀马旦》《真情人》《You And Me（你和我）》《我的野蛮女友》等 200 首 MV 音乐电视作品，侵犯了其合法权益，且自身维权受阻，拟通过诉讼途径维权，并申请天心区人民检察院支持起诉。

二、诉讼过程

2017 年 2 月 20 日，音集协向长沙市天心区人民检察院提交 20 起案件的支持起诉申请。该院经审查认为，长沙市天心区湘府吉园娱乐城、黎庆侵权行为，违反了《著作权法》第 48 条之规定，侵犯了申请人的著作权。该侵权行为，不仅损害了申请人的正当权益，还破坏了正常的市场竞争秩序。天心区人民检察院于同年 3 月 15 日向天心区法院发出支持起诉书，并出庭支持起诉。在检法两院的共同努力下，当事人达成了赔偿和解协议。2017 年 5 月 22 日，法院根据音集协的申请，作出撤诉裁定。

三、评析意见

一是维护了著作权人的合法权益。KTV 行业流动性大，有些经营者经常更换营业地点，有些营业周期短，很多情况下，KTV 负责人玩“躲猫猫”避而不见，一些 KTV 经营者采取转承包、再承包等方式，导致难以查清实际的经营者，而经营者也常常采取“踢皮球”的方式推卸责任，这些都给当事人维权带来了困难。检察机关支持起诉，从证据的调取、事实的认定、法律的适用，到案件的最终处理，为著作权人维护自身权益提供了有力司法保障。

二是提高了经营者的法治意识。该系列案涉及的著作权人较多、影响较广。KTV 未经音集协许可，以盈利为目的向公众放映音集协管理的音乐电视作品，有的 KTV 播放的 MV 作品多达上千首。不少 KTV 经营者缺乏法律常识，知识产权保护意识淡薄，未经许可便使用 KTV 点唱机向公众播放；有些则认为设备中的歌曲是和设备一体的，在购买设备时应视为可以一并使用歌曲，不构成侵权；还有一些则存在侥幸心理，认为不会被追究责任。该系列案件的办理有利于提高经营者的法治意识。

三是维护了正常的文化市场秩序。在 KTV 等经营场所向消费者提供 MV 音乐制品，系公开放映涉案作品的行为，应取得著作权人许可。一些 KTV 经营者未经许可播放 MV，降低其经营成本，不少经营者纷纷效仿，侵犯著作权问题广泛存在，严重影响了文化市场秩序，该系列案件的办理有力地维护了正常的文化市场秩序，对营造健康发展的文化市场秩序具有积极意义。

（最高人民检察院侦查监督厅）

公安机关2017年度知识产权保护案例

案例1　广东佛山特大制售假洋酒案

历经一个多月深入侦控，2017年1月，广东省佛山市公安机关开展代号为“砺剑”的收网行动，成功打掉一个专门生产销售假洋酒的犯罪团伙，现场抓获林某等23名犯罪嫌疑人，捣毁犯罪窝点5处，缴获假冒“路易十三”“轩尼诗”“马爹利”等品牌洋酒1300余瓶，用于制假的空酒瓶、酒盒、商标标识、封口贴等13 000余套，以及制假工具、销售单据一大批，涉案价值1000余万元。

本案中，犯罪嫌疑人长期盘踞佛山，形成专业化的造假产业链条。林某伙同其弟等人分工协作，相互勾结、配合，有人专门负责到佛山及其周边各大酒楼收购“路易十三”“轩尼诗”“马爹利”等品牌洋酒的空瓶和包装盒，有人负责清洗、翻新和生产日期打码，还有人利用购买的散装洋酒、色素进行调配和灌装。制成成品假洋酒后，主要销售给当地以及珠海、广西等地的酒吧、夜总会。经审查，犯罪嫌疑人收购一套空酒瓶和酒盒的价格依据品牌不同大约为3、4元至上千元，翻新成本为几十元，购买散装洋酒的价格为每斤3元，制成成品假洋酒后以接近于正品的价格对外销售，最高销售价格达每瓶1.6万元，获利空间巨大。

案例2　打击涉烟经济犯罪集中收网行动

2017年7月，公安部组织指挥27个省份公安机关开展打击涉烟经济犯罪集中收网行动，破案129起，抓获犯罪嫌疑人343人，捣毁犯罪窝点169个，查扣假烟、走私烟34万余条，烟叶、烟丝等原材料733吨，案值12.7亿元。此次打击涉烟经济犯罪集中收网行动系2017年公安部继续深化与国家烟草专卖局联合设立的“打击涉烟违法犯罪研判室”建设，围绕研判室研判生成的38起特大跨地域涉烟经济犯罪案件线索，组织各地实施的数据化研判扩线、集约化循环打击行动。

其间，云南连续摧毁多个非法生产加工烟草机械、原辅材料、烟叶制丝窝点，战果为该省历年同期之最；广西瞄准当地走私烟犯罪泛滥情况，强化情报拓线，开展集约化破案围剿，打掉长期活跃于中越边境的走私团伙5个，抓获50余名犯罪嫌疑人；福建紧盯烟机零配件走向，会同广东围绕汕头、漳州等重点地区循线深挖，连续捣毁多个假烟生产窝点；河南强化跨省线索串并，联合周边省份，在漯河等重点造假地区开展集中打击行动；陕西全力侦办“11·17”等部督大案，层层深挖幕后主犯，先后抓获犯罪嫌疑人12名；江西紧紧围绕重点案件，持续为各涉案地精准提供线索支撑，根据包材去向循线打掉生产窝点7个；广东结合本省“飓风”行动，对粤东、粤北涉烟高危地实行拉网式清缴，从假烟的辅助材料深挖追击，连续打掉生产窝点30余个，北京、河北、辽宁、黑龙江、上海、浙江、安徽、重庆等地充分调动本地资源优势，注重深挖发现产供销窝点，形成“全国打、打全国”的集约打击攻势，以务实行动、战果服务和保障了烟草中央税收。

案例3　重庆河南联合破获特大制售假冒品牌电缆案

2017年7月，重庆、河南公安机关联合侦破“6·24”特大制售假冒品牌电缆案，共打掉6个犯罪团伙，抓获犯罪嫌疑人75名，捣毁假电缆生产、仓储、销售窝点39处，现场缴获 11 种假冒品牌电缆成品 31 万余米，半成品及原料铜丝等 10 余吨，各类包装材料 9 万余件，绞线机、塑线机等制假设备 73 套（台），彻底摧毁一个涵盖原料生产、包材供应、成品加工、批发销售的犯罪网络。

2016 年 6 月，重庆市公安机关接到权利人企业举报，称万州、涪陵、大足三地建材市场上发现大量假冒品牌电缆。重庆市公安机关通过循线追踪和深入侦控，发现位于重庆、河南两地的假电缆生产源头和原料提供商，并逐步梳理出涉及全国 12 个省份、6 个犯罪团伙的特大产供销犯罪网络。2017 年 7 月，公安部指挥 12 省份公安机关开展联合收网行动，一举突破全案。

经查，2016 年以来，犯罪嫌疑人邵某等人分别在河南、重庆设立制假窝点，从杨某等人处购进铜丝、胶皮等原料，加工生产假冒“鸽牌”“泰山”“黑象”等品牌的各种型号电缆，运至祖某等人在重庆设立的销售门店和仓储窝点，批销至重庆、四川、贵州、陕西、山东等 12 个省份，主要用于工程和家装。不法分子生产的假冒电缆价格不足正品 50%，以打折、促销名义迅速抢占市场。据权利人企业估算，不法分子销售的假冒电缆最高市场占有率近 30%。同时，不法分子还开设所谓的“官方网站”，专门订制“防伪二维码”，致使消费者误认为是正品电缆。经初步检测，假冒电缆中铜丝纯度低、电阻高，导电性能较弱、线体发热高，易导致起火等事故。

案例 4　重庆“8·30”利用互联网跨国销售假冒名牌箱包案

2017 年 8 月，根据海关部门移送线索，重庆市公安局打假总队循线深挖，成功破获一起互联网上跨国销售假冒名牌商品案，抓获犯罪嫌疑人 2 名，查获假冒“路易威登”“古驰”“迈克高仕”“耐克”“阿迪达斯”等品牌箱包和服饰等 880 余件，涉案价值 330 余万元，并深挖发现美国国内多名“网红”利用社交平台“Facebook”推销假冒箱包线索。

经查，2016 年 6 月以来，犯罪嫌疑人李某等人在重庆成立电子商务公司，租用当地一家“众创空间”场地办公作为掩护，通过开设网店的形式，面向国外客户销售假冒名牌商品，涉及美国、法国、加拿大等十余个国家。为扩大销量，通过美国网络平台“Facebook”的网络红人在其“Facebook”上发布假冒箱包、服饰的推广链接，国外客户可以通过该链接进入李某开设的网上店铺并下单。接到订单后，李某等人在国内通过互联网低价采购假冒商品，再利用快递物流邮寄到国外，国外客户收到后通过国际“支付宝”以美元形式结算。

目前，中美两国警方正围绕该案开展深入联合调查。

案例 5　安徽等地联合破获特大制售假冒牙膏案

2017 年 8 月，在公安部的组织协调下，安徽、河北、广东、河南、江苏、黑龙江等地公安经侦部门合成作战，在“云端 2017”行动中发起集群战役攻势，破获系列特大制售假冒品牌牙膏案，共立、破案件 5 起，打掉犯罪团伙 3 个，抓获犯罪嫌疑人 33 名，捣毁制售假窝点 6 处，查获假冒“云南白药”“佳洁士”“黑人”“中华”“舒适达”等品牌牙膏 10 万余支、制假包材 30 余万件、制假原料（牙膏膏体）5 吨、制假设备 3 套、假“云南白药”压痕模板 13 块、假“高露洁牙膏”压痕模板 1 块、运输车辆 3 台等大量涉案物品，涉案总价值 2000 余万元。

2017 年 3 月，安徽省公安机关经侦部门通过数据研判涉假线索，立案侦查滁州“3·20”特大制售假冒云南白药等品牌牙膏案，涉及假冒“云南白药”“佳洁士”“高露洁”“黑人”“中华”“舒适达”“六神”等日化用品商标，且犯罪网络涉及全国多地。公安部经侦局接报后，组织相关涉案地循线深挖，逐步拓展锁定位于河北、广东的制售假源头，以及遍布安徽、北京、山东、江苏、浙江、四川、重庆、青海、西藏等10个省份的销售链条，于同年8月组织发起集群打击，破获全案。

经查，2016年以来，犯罪嫌疑人孙某伙同他人在河北设立制假窝点，从上线广东马某等人处购进制假包材后，组织同村人员灌装生产假冒“云南白药”“佳洁士”“黑人”等多种品牌牙膏，以正品十分之一左右价格批发给下线李某。李某组织10余名同乡，伪造云南白药公司相关资质文件，冒充云南白药销售人员，以云南白药做活动为由，流窜安徽、云南、江苏、河南、河北等20余省份作案，将各类品牌假牙膏销售给药店，后流入消费市场。

此次集群战役成功收网，切实维护了民生健康安全，有力震慑了侵权假冒犯罪，得到了权利人企业的充分肯定和赞扬。云南白药集团赴安徽滁州、广东汕头等地专程向办案机关致谢。

案例6　山东等地“3·19”特大制售假冒品牌箱包案

2017年9月，公安部组织指挥山东、广东、上海、江苏、安徽、河南、福建、辽宁、浙江、重庆、吉林11省市公安机关合成作战，在“云端2017”行动中发起集群战役攻势，破获“3·19”特大制售假冒品牌箱包案。抓获主犯姜某等53人，捣毁犯罪窝点49处，查扣流水生产线56条、制假设备1431台，现场缴获假冒“LV”“BURBERRY”“MCM”等40余品牌的各类箱包成品3万余件，五金配件110万件，制假用皮革2万余张，包材3万余件，涉案总价值5.2亿元。

2017年2月，山东省青岛市公安机关接到权利人企业提供线索称，在青岛即墨街头时常发现散落印有国际知名箱包品牌的小块皮革。青岛市公安机关敏感切入，循线摸排周边箱包市场发现售假门店，侦控梳理出涉及全国多地的制假售假犯罪网络。公安部接报后，组织涉案地公安机关抽调精干力量成立联合专案组，抓住产业链条中五金配件这一关键环节开展集中侦控，迅速查明五金配件生产、包材提供、皮革裁剪、商标烫印、生产加工、批发销售的犯罪全网络。时机成熟后，公安部指挥各涉案地公安机关同步收网，一举打掉全部制假售假犯罪窝点，彻底摧毁整个产业链条。

经查，2016年以来，犯罪嫌疑人方某等人在青岛设立制假窝点开始组织生产假冒品牌箱包，广东广州黄某等人负责提供印有国际知名商标标识的五金配件，山东青岛杨某等人负责生产、印刷侵权包装材料，以及皮革裁剪、印刷、烫印等工序，最终交由方某加工包装后向全国各地进行销售。截至目前，已初步查明该团伙累计生产假冒“LV”“BURBERRY”“MCM”等品牌箱包成品10.5万余件。

案例7　湖南等地“12·02”特大制售假冒品牌硒鼓案

2017年9月，公安部指挥湖南、广东两省公安机关合成作战，出动多警种警力100余名，分为10个行动小组，成功收网“12·02”特大制售假冒品牌硒鼓案。共抓获犯罪嫌疑人56名，捣毁制假售假犯罪窝点3处，查获假冒“惠普”等注册商标标识64 453个、硒鼓17 580件，案值2000余万元。

2016年12月，湖南省郴州市公安机关从权利人企业举报的一处疑似销售假名牌硒鼓的窝点地址入手，经过缜密侦查，深挖出犯罪窝点负责人刘某，以及在广东东莞一带活动的上线制假组织者。公安部经侦局接报后，即组织湖南、广东两省公安机关经侦部门进行专班研判，追踪团伙组织架构，锁定上下线犯罪链条。时机成熟后，公安部组织湖南、广东两省公安机关开展同步收网行动，彻底摧毁整个犯罪网络。

经查，2006 年以来，刘某等人开始制售假冒“惠普”等品牌打印机耗材，并逐步扩大经营规模，在假冒打印耗材地下行业内“小有名气”。该团伙分工明确，将制假链条切割为若干环节，分设在不同地区，以逃避执法部门的检查和打击。其中，刘某在广东东莞组织生产未加贴商标标识的硒鼓半成品，通过物流发往湖南郴州李某等人的仓储加工点，组装配件后发往郴州苏仙区邵某的制假包装窝点，对硒鼓进行打码、贴标，对塑封包装袋进行充气，分包装箱后，由张某等人将成品硒鼓运回至广东对外销售。该团伙反侦察意识较强，加工生产时间均安排在凌晨，加工窝点定期转移，仅 2017 年初至收网前的半年内，已先后 4 次更换硒鼓组装窝点地址。经初步查证，该团伙月均生产硒鼓 3 万件左右，高峰期可达 5 万件。

案例 8　广东“11·24”制售假冒电池案

2017 年 11 月，根据权利人公司举报线索，广东省惠州市惠阳区公安分局经侦大队从一条网上店铺销售假冒品牌电池线索入手，抽调精干力量，精心组织、周密部署，精准锁定制假窝点和团伙主犯，彻底打掉一个销售网络涉及全国多个省份的假冒品牌电池生产源头。共捣毁制假窝点 2 处，抓获犯罪嫌疑人 7 名，现场缴获假冒“西门子”“松下”“东芝”“GP”“三菱”等品牌电池 10 万个，以及快递单、销售单、订单及电吹风、电焊机等作案工具一批，现场查获涉案物品价值逾 300 万元。

经查，自 2015 年 1 月以来，犯罪嫌疑人李某联合其妻、妻妹等人在广东东莞、博罗龙溪等地设立制假窝点，生产加工假冒“西门子”“松下”“东芝”“GP”“三菱”等品牌电气产品专用锂电池，通过在网上开设店铺，先后向江苏、湖北、江西、浙江等省销售牟利。自 2015 年 1 月份以来该犯罪团伙累计销售金额高达 1000 余万元。

案例 9　浙江“10·26”制售假冒户外商品案

2017 年 12 月，公安部指挥调度浙江、湖北、山东、广东等地公安机关共同出击，围绕杭州“10·26”特大制售假冒名牌户外商品案开展集中收网行动，抓获犯罪嫌疑人 15 名，捣毁制假工厂 3 个、大型仓库 6 个，缴获假冒“始祖鸟”“UGG”“Ganada Goose(加拿大鹅)”等品牌服装、鞋、帽等户外商品 2100 余件，以及鞋盒、吊牌等假冒包材、标识 10 余万个，涉案价值 1800 余万元，初步查明 2016 年 6 月以来累计销售额达 1.41 亿元。

2017 年 9 月，浙江省公安厅经侦总队根据电商平台企业反映的线索，侦查发现其平台上一网上店铺涉嫌销售假冒“始祖鸟”品牌服装、鞋、帽等户外用品，并逐步挖出一个涉及全国 13 个省市，涵盖生产、批发、零售、仓储等制假产业链各个环节，其中包含制假工厂 1 家、批发商 18 家、零售网店 13 家的特大制假售假犯罪网络。鉴于案情重大，公安部将此案列为重点督办案件，指挥 13 个涉案地公安机关同步经营、合成作战，并于 2017 年 12 月组织各地发起集中收网行动，一举摧毁这个以宣某为首的特大制假售假犯罪团伙。

经查，2016 年以来，宣某等人在杭州租赁两栋别墅作为办公室开设网店，向山东威海、广东中山、浙江嘉兴和湖北孝感等地专业工厂下单订制假冒商品，将货物运至在湖北孝感租赁的库房集中存放，作为向全国批发和零售的中转站。本案中，宣某等团伙骨干均为 90 后，都受过本科以上教育，互联网营商经验丰富，他们以网上店铺为依托，通过在知乎、百度、虎扑等网站论坛发帖宣传，吸引大量客户粉丝，并利用微信群建立会员制度，增强客户黏度。

根据公安机关掌握的情况，宣某等人经营的网上店铺非法经营额惊人，2017 年“双 11”当天销售额达 450 万元，11 月当月销售额达 1800 万元，严重冲击正品市场。特别是从价格因素上看，他们获利空间巨大，如从山东、广东、浙江、湖北等地专业工厂下单订制假冒“Canada Goose（加拿大鹅）”品牌的羽绒服（正品价格为 1.1 万元）的单价为 400 元左右，向外批发价格最低为 800 元，零售价格为 1300 元左右。

案例 10　福建“9·04”制售假冒日化用品案

2017 年 12 月，在公安部的统一指挥下，福建、安徽、河北、山东等地公安机关开展联合收网行动，成功侦破“9·04”特大制售假冒日化用品案，抓获犯罪嫌疑人 10 名，捣毁制假生产窝点 7 处、仓储窝点 5 处，现场查获生产线 11 条、封口机 15 台、假冒“心相印”牌纸巾、“七度空间”“苏菲”牌卫生巾成品 2000 余万包、原纸 150 吨、各类包装袋和纸箱等原辅材料 3 万余个，涉案价值 5000 余万元。

2017 年 10 月，福建省泉州晋江市公安局经侦大队根据权利人举报，立案侦查一起假冒“心相印”“七度空间”等品牌日化用品案，经顺线深挖，发现其背后存在一个以福建、安徽、河北、山东为核心，辐射全国多个省份的产供销犯罪网络。鉴于案情重大，福建省公安厅即组织泉州、晋江两级公安机关抽调精干警力成立联合专案组开展专案工作。经过近两个月的缜密侦查，12 月 7 日，案侦工作趋于成熟，专案组共出动 200 余名警力，并分组派员前往安徽、河北、山东开展集中收网行动，一举突破全案。

经查，2015 年 1 月，犯罪嫌疑人王某在福建省晋江市某机械厂内部设立制假窝点，长期生产假冒“心相印”纸巾，假冒“七度空间”“苏菲”等品牌卫生巾及各种商标标识，同时王某将假冒包材提供给河北吉某、山东房某，由二人分别在河北保定、山东临沂等地组织生产假冒“心相印”“七度空间”“苏菲”等品牌日化用品，并批发给安徽合肥陈某向全国各地销售。

案例 11　上海“12·11”制售假冒调味品案

2017 年 12 月，根据工商部门移送线索，上海市公安局青浦分局经侦支队立案侦查“12·11”制售假冒名牌调味品案，共抓获犯罪嫌疑人 6 名，打掉生产加工窝点 2 处，现场查获假冒上海糖酒公司“玉棠”牌白糖、上海太太乐集团“太太乐”牌鸡精共计 7.4 吨，涉案金额 200 余万元。

经查，2017 年 6 月以来，犯罪嫌疑人姚某伙同他人在上海闵行、青浦等地设立制假窝点，从上海集贸市场采购大包装低档品牌白糖和散装无品牌鸡精，从江苏昆山、上海闵行购进分装机、封口机等制假设备和各类假冒品牌包装袋，灌装生产市场畅销的“玉棠”牌白糖、“太太乐”牌鸡精，销往上海、江苏等地调味品批发市场。该团伙反侦查意识较强，加工窝点每隔 2 个月转移一次，均设在农村偏僻村宅或城乡结合部待拆迁房屋。经查证，该团伙月均生产假冒名牌调味品 3 万袋，高峰期可达 5 万至 6 万袋。另经检测，涉案调味品谷氨酸钠、总氮等含量不足国家标准的 50%，而氯化物等物质含量则严重超标，长期食用可能导致神经衰弱、肝脏损伤等问题。

案例 12　山东青岛“7·28”特大制售假冒品牌计生用品案

2017 年 12 月，山东、山西、上海、广东、河南、江苏、浙江、重庆、安徽、福建、云南、北京12省市公安机关密切协作，围绕“山东青岛7·28制售假冒品牌计生用品案”开展联合收网行动，共抓获犯罪嫌疑人56人，捣毁生产、仓储、销售犯罪窝点41处，现场缴获假冒“杜蕾斯”“杰士邦”“冈本”等注册商标的计生用品150余万只，商标标识及半成品947万只，涉案金额3600余万元，彻底打掉一个涉及全国40个地市的假冒伪劣计生用品制售犯罪网络。

经查，犯罪嫌疑人陆某等人在山西运城设立制假窝点，从广州张某等人处购入侵权产品包装材料，从河南商丘市任某处购入假冒品牌避孕套等计生用品的半成品及原材料，加工生产假冒“杜蕾斯”“杰士邦”“冈本”等品牌避孕套等计生用品，通过该团伙在互联网上搭建的5家批发网站、网店对外销售。该团伙为降低生产成本，使用劣质香料和工业润滑油，且无任何消毒工序。经检测，涉案计生用品中重金属、苯类、甲醛及菌落总数等物质严重超标。据初步查证，不法分子的生产成本为1元/盒，批发销售价格为2～5元/盒，仅为正品价格的5%。截至案发前，该团伙已累计销售各类假冒品牌计生用品400余万只。

（公安部经济犯罪侦查局）

国家版权局2017年度打击侵权盗版十大案件

案例1　北京优阅盈创公司侵犯文字作品著作权案

一、基本案情

2017年4月，根据爱思唯尔等5家境外权利人投诉线索，北京市文化市场行政执法总队对北京优阅盈创公司侵犯文字作品著作权案进行调查。经查，该公司未经权利人许可，通过其运营的“优阅外文数字图书馆系统”向大学图书馆提供侵权文字作品3万篇，违法经营额17.76万元。2017年6月，北京市文化市场行政执法总队对其作出没收违法所得，罚款40万元的行政处罚。

二、案件评析

版权行政执法部门从严查处该案，维护了权利人的合法权益，规范了数字图书馆版权秩序，彰显了我国政府严厉打击侵权盗版、保护中外著作权人合法权益、依法严格版权保护的鲜明态度和坚定立场。

案例2　上海智器公司侵犯文字作品著作权案

一、基本案情

2016年12月，根据国家版权局移转案件线索，上海市文化市场行政执法总队对上海智器公司侵犯文字作品著作权案进行调查。经查，自2014年11月起，该公司未经权利人许可，将45篇证券研究报告上传到其租用的服务器，通过其运营的“汇智赢家网”网站和“汇智赢家”APP向公众提供，并收取费用，涉案金额累计28万余元。2017年3月1日，上海市文化市场行政执法总队对其作出罚款10万元的行政处罚。

二、案件评析

该案是国内首起侵犯金融资讯类文字作品著作权的行政处罚案件。该案件的查处在行业内取得较大反响，多家同类网站主动停止类似侵权活动，保护了金融资讯类作品著作权人的合法权益，取得了积极的社会效果。

案例3　江西南昌"摇头网"侵犯音乐作品著作权案

一、基本案情

2017年10月，江西省南昌市文化市场行政执法支队执法人员在日常网络巡查中，发现"摇头网"网站涉嫌未经授权传播大量侵权音乐作品。经查，2015年至2017年，"摇头网"未经权利人许可传播大量中外音乐作品，非法经营额10万余元。2017年12月，江西省南昌市文化市场行政执法支队对当事人赵某某作出没收违法所得、罚款10万元的行政处罚。

二、案件评析

2015年以来，国家版权局采取多项措施，大力整治网络音乐版权秩序，取得积极成效。该案的查处充分体现了版权行政部门保护网络音乐版权的态度和决心，对巩固初步形成的网络音乐版权良好生态发挥了积极作用。

案例4　天津"吉吉影院网"侵犯影视作品著作权案

一、基本案情

根据权利人投诉线索，天津市公安部门对"吉吉影院网"侵犯著作权案进行调查。经查，自2014年6月起，秦某向胡某租赁服务器，设立"吉吉影院网"，未经权利人许可向公众提供近7万部影视作品侵权链接，日均访问量10万人次，涉案金额4000余万元，通过广告联盟非法获利近100万元。2017年8月，天津市南开区人民法院以侵犯著作权罪，判处秦某有期徒刑3年6个月，并处罚金40万元；判处胡某有期徒刑1年，并处罚金2万元。

二、案件评析

国家版权局等四部门联合开展的"剑网2017"专项行动将影视、新闻等重点作品版权专项整治列为重点任务，本案是专项行动中打击网络影视侵权盗版的一起重大案件。该案的查处有效震慑了从事网络侵权盗版的犯罪分子，充分体现了刑事打击知识产权犯罪的高压态势。

案例5　山东威海刘某等制售盗版光盘案

一、基本案情

2016年8月，山东省威海市文化市场综合执法局根据举报线索，发现郭某某购进"哆咪音乐"系列盗版光盘并销售获利。山东威海文化执法大队与公安、检察机关成立专案组，进一步展开调查，发现其上家刘某购买空白光盘及刻录机等设备，未经著作权人许可，非法刻录音乐光盘，通过微信、网站及淘宝网店进行销售，3个月销售量达14.96万张，价值26.93万元。张某某、陈某某明知刘某从事非法刻录行为，仍向其销售光盘刻录机30台，并为其提供印有"哆咪音乐"字样的空白光盘26.42万张，从中非法获利6000余元。2017年12月22日，山东省威海市经济技术开发区人民法院以侵犯著作权罪，分别判处刘某等4人有期徒刑4年至拘役不等，并处罚金。

二、案件评析

该案侵权盗版制品数量大、侵权环节多、非法经营额高。该案从最初查获游商到对犯罪团伙的判决，反映了版权行政执法部门善于深挖案件线索的办案技巧和能力，体现了行政部门与刑事部门两法衔接机制的高效运作。

案例6　湖北恩施赵某某等侵犯网络游戏著作权案

一、基本案情

2015年7月，根据权利人投诉线索，湖北省恩施州公安机关对赵某某等侵犯网络游戏著作权案进行调查。经查，赵某某于2011年制作了《战地之王》网络游戏的外挂“海豚AVA辅助”，进行销售获利；2015年5月又制作了《英雄联盟》网络游戏的外挂“海豚HaiTun”，并伙同陆某某、张某、贾某某进行网络销售获利。截至案发，赵某某非法获利132.6万余元。2017年5月22日，湖北省恩施州人民法院以侵犯著作权罪，分别判处赵某某等3人有期徒刑3年至有期徒刑缓刑不等，并处罚金；没收违法所得132.6万余元。

二、案件评析

网游“私服”[1]活动不仅给网络游戏公司造成巨大经济损失，也严重影响了网络游戏产业的健康发展。该案的查办对网络游戏“私服”予以重拳打击，有力震慑了侵犯网络游戏著作权的违法犯罪行为。

案例7　广西南宁“皮皮小说网”侵犯文学作品著作权案

一、基本案情

2015年7月，根据权利人投诉线索，广西壮族自治区南宁市公安局治安支队对“皮皮小说网”侵犯著作权案进行调查。经查，自2010年起，魏某某未经权利人许可，复制大量文学作品，在其自建的“皮皮小说网”上发布，并通过植入广告非法获利。2014年，陈某某购入该网站，明知网站内文学作品未获权利人许可，仍继续经营，并通过广告非法获利72万元。覃某先后受雇于魏某某、陈某某，对网站进行维护管理。后三名犯罪嫌疑人分别赔偿被害单位，取得其谅解。2017年6月，广西壮族自治区西乡塘区人民法院以侵犯著作权罪，分别判处魏某某等3人有期徒刑缓刑，并处罚金。

二、案件评析

近年来，网络文学侵权盗版现象较为普遍，国家版权局将规范网络文学版权秩序作为“剑网行动”重点工作之一。该案的查办，一方面对巩固网络文学侵权盗版治理成果具有较强的现实意义，另一方面体现了西部少数民族地区版权保护水平的不断提升。

案例8　上海卿某制售盗版图书案

一、基本案情

2017年7月，上海市公安局松江分局治安支队在日常工作中发现一专门制售盗版图书的非法地下窝点。经查，2017年3月起，卿某未经著作权人许可，将从他处购买的电子书籍打印并胶装成册，通过其淘宝网店销售2498册，销售额近10万元。后卿某主动投案。经鉴定，被扣押图书均系非法出版物。公安人员还从其被扣押的移动硬盘中检验出侵权电子文件2万余个。2017年12月8日，上海市徐汇区人民法院以侵犯著作权罪判处卿某有期徒刑6个月，并处罚金人民币3万元。

二、案件评析

该案涉案作品种类众多且著作权人较为分散，涉及多家出版社。公安、检察部门与版权行政部门积极沟通，根据最高人民法院、最高人民检察院、公安部《关于办理侵犯知识产权刑事案件适用法律若干问题的意见》第11条规定，结合其他证据，认定

---

[1] 网游“私服”，是指未经网络游戏软件著作权人许可，非法获取并控制网络游戏服务端程序，通过网络或其他途径向游戏玩家提供客户端获利，侵犯著作权人合法权益的行为。

卿某的行为系“未经著作权人许可”，提高了办案效率，是解决办案中难以认定“未经著作权人许可”难题、较好运用司法解释相关规定的典型案例。

案例9　河南尉氏“12·15”印制盗版图书案

一、基本案情

2016年12月，根据权利人投诉，河南省开封市文广新局对河南省开封市尉氏县产业集聚区一家非法印刷厂进行检查，现场查获开封市晟华印务公司非法印制盗版图书17种、7.9万册，涉案码洋316万元；从其他两个仓库查获盗版图书59种、38.7万册，涉案码洋1900多万元。2017年12月15日，河南省开封市尉氏县人民法院以侵犯著作权罪，判处开封市晟华印务公司罚金人民币180万元；判处公司主管人员王某某有期徒刑1年，并处罚金人民币160万元。

二、案件评析

该案涉案侵权图书种类多、数量大、码洋高，侵犯了多家出版社的合法权益。该案对犯罪单位和犯罪单位主管人员都作出刑事处罚，充分体现了刑事司法对著作权人的保护力度。

案例10　江苏徐州“3·11”印制盗版图书案

一、基本案情

2015年底，根据群众举报线索，江苏省徐州市版权部门会同公安部门对一印刷厂和一印刷装订厂印制盗版图书情况进行前期侦查，并于2016年3月突击检查，现场查扣盗版图书近7万册，未装订盗版图书散页3万多份，印刷机器5台，涉案金额100余万元。2017年6月、7月，江苏省徐州市中级人民法院以侵犯著作权罪，先后判处徐某等3人有期徒刑3年3个月至有期徒刑缓刑不等，并处罚金。

二、案件评析

在网络侵权盗版不断出现的情况下，传统侵权盗版现象在一定范围仍比较严重。此案为传统侵权盗版典型案件，涉案盗版图书数量巨大，侵权人反侦察能力较强。该案的查办有效规范了出版物市场秩序，产生了较好的社会影响。

（中央宣传部版权管理局办公室）

2017年度海关知识产权保护典型案例

案例1　深圳、天津、北京、大连等地海关“龙腾”行动查办侵权系列案

一、案情介绍

为深入实施知识产权强国战略和创新驱动发展战略，培育外贸竞争新优势，促进供给侧结构性改革，推动我国经济转向高质量发展，2017年9月1日至11月30日，海关总署部署开展了为期3个月、代号为“龙腾”的出口知识产权优势企业知识产权保护专项行动。

行动期间，全国海关强化风险分析，开展区域执法合作，强化信息共享，加强与知识产权权利人的情报信息交流，聚焦重点培塑企业知识产权，突出打击重点，提升打击精准度，查获案件捷报频传。行动期间，全国海关共启动知识产权保护措施872

次，扣留并立案调查涉嫌侵犯自主知识产权案件253起，涉及货物数量311万余件，为企业挽回经济损失7400余万元。企业普遍反映海外市场得到显著净化，市场占有率明显回升。

其中，深圳海关立案87起，查获涉嫌侵犯深圳朗科科技公司发明专利权移动存储器、涉嫌侵犯华为技术有限公司发明专利权的手机、涉嫌侵犯小米科技有限责任公司“mi图形”商标的手机等商品23万件，案值约760万元。天津海关查处假冒“飞鸽”商标飞轮5000件，切实维护商标权利人的合法权益，飞鸽公司深切感受到海关在打击侵权假冒、维护企业权益方面的积极作用。此后，双方继续加强交流合作，天津海关又先后查发多起侵犯“飞鸽”商标权的自行车、链轮等案件。大连、北京海关先后查获侵犯“FOTON”商标的汽车发动机缸套、汽车前保险杠2000多个，侵犯“FOTON”“WEICHAI”商标的汽车鼓风机滤网120套。

二、评选理由

（1）该系列案是“龙腾”行动期间查获的典型案例。“龙腾”行动顺应供给侧结构性改革，对走出国门的自有品牌、自有技术和高附加值的“两自一高”产品予以保护，是全国海关首次组织开展的旨在保护出口知识产权优势企业相关知识产权的专项行动。该系列案的成功查办帮助企业提升了在国际贸易中的全球竞争力，拓展了企业的海外市场，突出反映了“龙腾”行动的显著成效，彰显了海关在国家知识产权工作体系中的重要作用，为推动我国经济转向高质量发展做出了积极贡献。

（2）该系列案是海关打击侵权和促进创新相结合的生动实践。该系列案严厉打击了侵权违法行为，有效治理行业内的侵权乱象，重建行业竞争秩序，持续改善公平公正的营商环境，进一步激发企业创新动力，得到企业认可。华为公司致信海关总署，表示“海关保护极大震慑了侵权企业，也让包括华为在内的很多国内企业对海关保护创新工作信心倍增，极大地激发了企业的维权积极性。”

（3）该系列案是全国海关上下联动、多部门协同合作取得的成果。该系列案查办期间，海关总署统筹部署、集中指挥，各海关快速反应、联动执法，形成严密的堵截防线，有效防范了侵权违法行为的口岸漂移。同时，各海关主动对接地方知识产权主管门、公安机关，密切协作配合，深化“两法衔接”，将海关知识产权保护工作由查发案件向鼓励创造、指导运用、协助维权等方面进行深度拓展，成效明显。

案例2 福州、合肥、成都、武汉等地海关区域合作查办侵权系列案

一、案情介绍

2017年，全国海关以通关一体化改革为契机，努力提高知识产权海关保护区域执法的协调性和有效性，着力防范侵权假冒货物口岸漂移，积极推动区域海关开展联合研判、信息交换、情报共享、执法协作等方面合作，以形成知识产权边境保护合力。

其中，福州海关以情报线索共享为抓手，联合南京海关开展情报溯源和数据研判，及时采取风险布控措施。福州海关一举查获出口涉嫌侵犯江苏苏美达集团公司“SUMEC”商标权的汽油发电机组230台，涉嫌侵犯“TIGMAX”商标权的水泵80台。福州海关对出口侵权汽油发电组行为实施行政处罚，并协助法院对涉案水泵进行证据保全。合肥海关协助上海海关开展区域执法合作，及时联系本关区重点企业，深入开展关企协作，帮助上海海关一举查获出口假冒“奇瑞＋CHERY＋图”商标液压分离轴承案；成都、武汉海关开展关际执法协作，联合查获假冒“仙光”商标鞋油2507

件。此外，珠三角地区海关积极开展区域执法协作，共查扣以香港、澳门地区为贸易地的侵权货物680批次、货物32万件，案值超1529万元人民币；京津冀海关紧密协作，助力北京海关成功查扣侵犯“WEDO维度”商标权维修工具近千件，价值人民币10万元。

二、评选理由

（1）该系列案的查办是区域海关加强执法合作，形成集群效应的良好示范。长三角、珠三角、京津冀等区域海关均建立了信息共享、案件交流、执法协作的快速反应机制，全面加强关际区域执法合作。通过区域海关联动、一体化防控，严厉打击侵权货物口岸漂移，在处罚环节实施联合惩戒，构建立体的打击侵权假冒网络。上述案件的顺利查办，是关际协作机制逐步成熟的成功探索，为区域海关联合打击侵权假冒做出良好示范。

（2）该系列案是积极运用大数据开展风险分析，实施源头追溯的重要成果。案件查办期间，海关加强与权利人沟通，积极运用风险管理手段对举报线索深挖扩线，突破常规办案模式。区域海关通过信息共享实施联动，协同开展数据梳理，深度加工外部信息，同时借助跨境电商平台信息开展大数据分析，拓宽收集跨境侵权信息的途径。上述案件是海关应用大数据打破信息孤岛，精准锁定侵权目标、溯源追踪的成果。

（3）该系列案是两法衔接、关企配合、国际合作的成功范例。案件查办过程中，海关靠前站位，协调行政、刑事等执法机关，实现链条式打击与全程综合治理，并开展后续民事司法协助。海关总署在跨境电子商务领域积极探索推动，加强与电子商务平台企业的合作，实现信息互通互联，形成“以平台促进案件办理，以案件规范平台治理”的新模式。同时，积极促成国内外海关联动执法，成功将境外查处的侵权货物纳入我国刑事追责证据。该系列案的查办集中体现了中国海关在上述三个领域取得的显著成效。

案例3 南京、济南、哈尔滨、重庆等地海关查办跨境电商领域侵权系列案

一、案情介绍

近年来，跨境电子商务在中国蓬勃兴起，极大地拓展了市场主体进入国际市场的路径，但由于其存在的信息辨识度差、数据量大、变化快、源头复杂等特点，给海关实施知识产权边境保护工作带来一定挑战。2017年，全国海关主动服务新兴业态发展，加强宣传和引导，注重规范和协作，在打击跨境电子商务领域侵权违法行为方面进行了积极探索，持续加大打击力度，成功查获跨境电商系列侵权案件。

南京海关全年共查获跨境侵权邮包6500余件，并以查办的案件为线索，主动开展区域执法协作，积极启动“两法衔接”程序，邮递、快件渠道治理取得明显成效。其中，该关在跨境电商渠道查获一宗假冒“CONVERSE”运动鞋案件，并及时将线索通报公安机关。其后，海关、公安、电商平台成立专案组联合开展分析，挖掘出一个贯穿生产、运输、批发、零售等各个环节，横跨浙江、上海、北京等地，通过互联网实施跨境制假售假违法犯罪团伙。该案被海关总署、公安部联合列为部级督办案件，该案依托大数据顺利追溯售假源头并成功告破。

济南海关将跨境电商领域侵权行为治理作为知识产权海关保护的重点，多方联动、多措并举，共查获涉嫌侵权邮包2629件，涉及“LV”“耐克”“阿迪达斯”等多个知名品牌，案值约为人民币100万元。目前上述案件已进入刑事侦查阶段，并纳入打击侵犯知识产权犯罪“春雷行动”重点案件。

哈尔滨海关运用风险分析手段对进出境重点邮包实施百分百查验，先后查处侵权邮包140个，与沈阳海关开展执法协作

并通报公安深挖扩线，成功查处一起跨境犯罪团伙；重庆海关立案查处某电子商务公司通过互联网跨境售卖皮具仿品案，并依法移送司法机关追究其刑事责任。

二、评选理由

(1)该系列案是全国海关打击跨境电商领域侵权行为的重要成果。近年来，跨境购物迅猛发展，进出境邮递渠道侵权风险大幅增加。全国海关注重执法能力建设，加强科技装备应用，加大风险分析力度，不断提高治理能力和水平。该系列案的查获反映了海关在打击跨境电子商务领域侵权行为工作中取得的显著成绩，具有良好的示范作用。

(2)该系列案是海关运用关企合作机制打击侵权假冒行为的有益尝试。打击互联网跨境电商领域侵权行为离不开电商平台的配合及协助。各地海关积极探索，充分运用关企合作机制，借助大数据、云计算等先进技术手段，及时核查相关信息，深挖违法线索。该系列案的成功查办反映海关与电商平台“信息共享、线索互通、联合打击”协作机制运作顺畅、成效明显。

(3)该系列案是跨境电商领域“两法衔接”的典型案例。海关发现上述案件涉嫌刑事犯罪后，迅速清查侵权货物，固定相关证据，并及时向公安部门通报线索、移送案件，持续推动案件由查办邮寄侵权物品向深挖源头窝点、摧毁产业链条纵深推进，实现了行政执法与刑事司法的有效衔接。

案例4　广州、杭州海关在中美联合行动中查办侵权系列案

一、案情介绍

2017年中美海关知识产权联合执法行动期间，广州、杭州海关通过开展风险分析，先后提炼侵权线索逾百条。经大数据排查，发现上述侵权线索与某跨境团伙性侵权犯罪高度相关，广州、杭州海关立即将情况上报海关总署，通知跨境电商平台企业与公安机关，并借助中美海关执法协作机制，通报美国海关启动跨境执法协助。

广州、杭州海关按照海关总署指示，进一步梳理邮递渠道侵权案件历史数据，结合电商平台、公安机关、美国海关反馈的信息，发现上述线索指向的寄件人、联系方式、地址等信息与先前查办案件高度关联。广州海关及时将风险参数加载到通关系统，并下达布控截留指令，严密监控关联度较高邮包的通关信息，先后查获侵权嫌疑邮包上百起，涉案物品为皮具、手表、首饰等，涉嫌侵犯“LV”“GUCCI”“ROLEX”“Cartier”等多个商标权；杭州海关先后对寄往美国、英国、德国等地的23个高风险邮包进行拦截，查处一批假冒“adidas”商标权运动鞋，通过调取违法企业社交软件Instagram账号，成功获取其在跨境电商平台DHgate(敦煌网)上的销售记录，办案人员顺藤摸瓜，通过该账号挖掘出该批侵权邮包的寄件人为义乌某电子商务有限公司。

至此，上述跨境互联网销售侵权运动鞋案逐渐浮出水面。在海关总署、美国海关和广州海关、杭州海关以及公安机关的通力合作下，借助大数据、云计算等技术资源，整合物流、单证流、资金流、社交流等信息，共查处生产、销售、仓储、运输窝点15处，先后抓获犯罪嫌疑人40余人，行动中缴获价值3000多万元的假冒名牌箱包、手表、饰品。

二、评选理由

(1)该系列案是“国际执法合作”“两法衔接”“关企合作”的典范。上述案件中，广州、杭州海关在发现获取的侵权案件信息具有较高可挖掘、可扩线价值后，迅速通过海关总署将信息反馈各有关方面，通过跨境执法协作、行政刑事衔接、关企执法联动，为案件的成功查处奠定基础，取得重大成果。

(2)该系列案为海关打击跨国网络售假行为提供范本。上述案件是中美海关联合行动期间部级挂牌督办的特大跨国网络售假案，中美海关、警方通过信息共享、通力合作、协同行动，成功查明该涉案团伙累计销售额近亿元人民币，涉及全球100多个国家和地区，是海关以邮递渠道查办的小微案件线索进入刑事程序的成功典范，体现了海关在口岸的执法优势。

(3)该系列案引起了主流媒体的高度关注，彰显国际影响力。中央电视台、《人民日报(海外版)》《经济参考报》、中国海关互联网站、《南方日报》等中央和地方主流媒体对本案进行多种形式的报道，引起社会广泛关注并给予高度评价。美国驻华大使馆和公安部有关负责同志专门到当地调研此案，表达高度关注。

案例5　上海海关查办进口专利权侵权纠纷设备案

一、案情介绍

中微半导体设备(上海)有限公司是业内研发、组装集成电路等设备的先进企业，先后开发了具有自主知识产权的芯片设备，并在全球范围内申请了1200余项专利。随着国际市场份额的逐渐扩大，其与美国某公司发生知识产权纠纷，双方在中国、美国等多地互相展开专利诉讼、无效宣告等知识产权司法与行政领域的诉争。福建省高级人民法院于2017年12月裁定美国某公司的子公司停止进口、制造、销售和许诺销售被诉侵犯中微半导体设备(上海)有限公司专利权的设备。

中微半导体设备(上海)有限公司根据法律程序向海关总署申请知识产权备案，并积极向货物进出口地海关寻求保护，在掌握了涉嫌侵犯其专利权的设备即将从上海浦东国际机场进口的情况后，立即向上海海关提出扣留侵权嫌疑货物的申请，并缴纳相应担保。上海海关依据《中华人民共和国知识产权海关保护条例》规定，及时启动知识产权海关保护程序，根据权利人申请，暂停涉嫌侵权设备通关，该设备价值人民币3400万元。海关执法过程中，美国某公司主动与中微半导体设备(上海)有限公司开展和解谈判，双方最终达成全球范围相互授权的和解协议。

二、评选理由

(1)该案是海关在进口环节加强专利权保护的典型案例。技术创新是我国知识产权强国战略和创新驱动发展战略的核心内涵，是从“中国制造”到“中国创造”转变的重要支撑。本案中，海关在进口环节开展行政执法，通过对国内企业专利权的保护，有力维护了我国战略性新兴产业中专利密集型高精尖领域的创新成果，彰显海关围绕国家战略大局，实施专利权保护、助力企业创新的决心。

(2)该案是海关助推企业解决国际贸易知识产权争端的有益探索。随着“中国创造”的国际地位和影响力不断提升，不少国外公司感受到了由此带来的竞争压力，遂采取包括知识产权诉讼等手段阻碍中国企业的创新发展，导致国际贸易争端不断，影响了国内企业的创新发展。本案中，双方在知识产权海关保护程序中达成和解，海关坚持把关与服务并举，有效保护权利人的合法权益，又促成双方在法律框架下解决知识产权纠纷，为相关企业国际贸易争端解决提供了海关路径。

(3)该案是海关行政保护和法院司法保护相互作用、相互结合的典范。本案国内企业为全球一流的设备供应商，专利诉争货物属高值尖端设备，法院作出的停止进口裁定为上海海关实施知识产权海关保护提供了司法支撑，上海海关启动知识产权保护程序则使司法裁定在客观上得以落实。该案是中国知识产权行政保护和司法保护有效结合的典型案例，对于海关强化专利权保护执法具有很强的借鉴意义。

案例6 拱北海关查办出口著作权侵权纠纷蚊香案

一、案情介绍

2017年10月26日，拱北海关收到中山榄菊公司举报，了解到近期将有数个集装箱的侵权蚊香由厦门企业报关出口至非洲。拱北海关立即进行风险研判，准确提炼风险参数，并启动跨关区快速反应和案件联动执法机制，与权利人代表一道赴厦门海关与该关知识产权保护主管部门进行风险研判，联合开展口岸布控。10月28日，口岸海关成功布控捕中由厦门某公司申报出口非洲的3个集装箱的蚊香，数量35万盒，货值39万余元。现场海关查验发现，该批蚊香的外包装盒与中山榄菊公司在海关总署备案的“蚊香包装盒”图形著作权高度相似。10月31日，中山榄菊公司代表前往海关查验现场查看辨别货物，确认该票货物为涉嫌侵犯其知识产权的产品，并于11月2日向海关申请实施知识产权保护。

在本案的后续调查阶段，海关根据双方当事人的申请，及时启动知识产权证据开示程序，推行“阳光执法”，为双方举证、质证提供便利，并及时讲解相关法律规定，开展以案释法，阐明法理，回应双方当事人关切。通过现场调查和当面证据开示，进一步查明了事实，厘清了纷争。最终双方达成和解，出口企业承诺停止相关侵权行为同时赔偿损失。

二、评选理由

（1）该案是海关帮助国内自主知识产权企业开展异地打假维权的成功范例。本案中，拱北海关帮助自主知识产权企业中山榄菊公司开展异地打假维权，有效遏制了不法企业的侵权行为，成功阻截了侵权蚊香的出口，遏制侵权产品在境外主要市场的占有率，为自主知识产权企业开拓国际市场创造了公平有序的竞争环境。

（2）该案是海关推进关区执法合作的生动执法实践。本案中，拱北海关通过开展与厦门海关的区域执法合作，联合举行风险研判分析会，建立案件打击快速反应和联动机制，共同构建严密的打击侵权网络，防范侵权违法行为的口岸漂移。两年来，拱北海关先后联系厦门、广州、宁波等海关推进关区执法合作，共查获侵犯中山榄菊公司知识产权的蚊香180万余盒，案值近200万，切实维护企业合法权益。

（3）该案是海关通过知识产权证据开示化解侵权争议的典型案例。本案中，由于知识产权权利人与出口货物的发货人之间存有较大的争议，为进一步查明事实，消除各方疑虑和误解，提高海关知识产权执法的客观性、公正性和透明度，海关在办案过程中应用证据开示制度，有效化解双方当事人的知识产权商业纠纷，赢得当事人的一致认可。

案例7 厦门海关查办出口侵权香烟案

一、案情介绍

2017年4月中旬，厦门海关根据情报分析，掌握不法企业即将从厦门口岸出口大量侵权香烟的线索。对此，厦门海关高度重视，组成联合行动小组，通过进一步梳理关区侵权风险要素并开展联合研判，密切跟踪可疑集装箱。

4月21日下午，福建某进出口公司向厦门海关申报出口一批木家具和皮沙发，目的地为澳大利亚悉尼港。根据前期风险分析，厦门海关立即锁定目标集装箱，及时下达紧急布控指令。4月22日，现场查验关员对该票货物涉及的2个集装箱实施查验，发现箱内货物大多为中纤板制成的木制家具桌面及少量皮革沙发，外观未见异常。但是根据前期情报风险分析比对，现场查验关员认为该票货物存在夹藏的侵权风险，遂通过远程作业系统召集业务专家开展研判，决定对货物实施侵入性开拆彻查，发现大量香烟整齐填塞于中部纤板台中，均用锡箔纸包裹并经熏蒸除味处理，夹藏手法极为专业，干扰性、隐蔽性极强。经现场清点，共涉及“Marlboro”“玉溪”等国内外知名品牌香烟，合计1447万余支，货值约人民币2100万元。由于涉案货物数量多、金额巨大、已涉嫌构成犯罪，厦门海关及时启动“两法衔接”程序，将案件通报公安机关，共抓获生产和销售假烟犯罪嫌疑人11名。厦门海关同时将相关案件线索通过国际执法合作渠道通报该批货物目的国澳大利亚海关，澳方在其境内成功查获1个集装箱假冒香烟，数量共计735万余支。

二、评选理由

(1)该案是行政执法与刑事司法衔接的成功范例。本案中厦门海关充分发挥熟悉外贸和掌握贸易供应链情况的优势，与公安机关在案件通报、情报交流、案件协查等方面建立了密切的协作机制，打破地域和部门界限，为迅速厘清案情、锁定目标、控制嫌犯、追根溯源、最终成功捣毁跨国侵权犯罪团伙奠定了扎实基础。

(2)该案是运用风险分析多部门协同执法的成果。本案从案件查发前期的情报线索经营、侵权商品要素和航线分析、联合风险布控，到案件查发中的远程作业以及现场关员根据侵权风险实施查验，到案件查发后的联系确权，多部门密切配合、积极合作，共同推动案件成功查获。

(3)该案是国际执法协作打击跨国犯罪的典型案例。本案中，厦门海关充分利用跨境执法协作机制，及时向澳大利亚海关通报案件线索，推动跨国制售假冒香烟大案成功查办，共计查获假冒香烟2182万余支，有力表明了中国海关持续加大对侵权违法犯罪活动打击力度的负责任态度和坚强决心，对违法分子出口假冒产品形成巨大的威慑力。

案例8　青岛海关查办出口侵权汽配案

一、案情介绍

全国海关通关一体化改革中，海关对于通关监管中涉及的风险加强统一的分析和处置，统一下达风险布控指令。为提高知识产权风险布控精准度，青岛海关成立知识产权风险分析小组，通过对重点航线、商品和货源地等风险点进行交叉比对，对输往“一带一路”沿线国家(地区)的汽配零件类商品予以重点布控。

2017年8月29日，山东某公司向青岛海关申报出口汽配至坦桑尼亚，触发风险预警提示。经查验发现，实际货物中有“WEICHAI”“WABCO”“奥威”标识的机油滤芯、燃油滤清器等共14 288件，货值人民币80余万元，涉嫌侵犯“龙腾”行动重点企业潍柴动力股份有限公司、一汽解放汽车有限公司无锡柴油机厂、威伯科知识产权控股有限责任公司在海关总署备案的商标专用权。

青岛海关随即启动“两法衔接”工作机制，将案件线索通报公安机关，同时收集固定证据。目前，公安机关已予以立案侦办。《法制日报》《大众日报》《国际商报》等主流媒体对此案的报道，充分展示海关通关一体化集约式风险布控的威力，助力“龙腾”行动的影响力，达到执法效果和社会效果的良好统一。

二、评选理由

(1)本案是海关开展“龙腾”行动查获的成功案例。本案是“龙腾”行动期间全国海关查发的一起案值较大的假冒汽配零件案。权利人潍柴动力股份有限公司系全国海关“龙腾”行动重点企业，是行业领军企业。某些不法分子制假造假，不仅损害权利人的合法权益，也严重影响中国品牌整体形象。该案的查发，保护了消费者安全和国内权利人合法权益，培育了出口知识产权优势企业，维护了“中国制造”海外形象，促进了民族产业健康发展。

(2)本案是“两法衔接”工作机制下成功合作的典型范例。本案涉案货物为汽配零件，其质量关系人民生命财产安全，海关成功拦截侵权货物后，及时将线索通报公安机关刑事立案，有力震慑了不法分子制假、售假的嚣张气焰。案件查发后，海关靠前站位，与公安机关开展密切合作，第一时间收集固定证据，调取、甄别报关单证，为案件侦办提供强有力支持。

(3)本案是充分发挥海关风险防控集约化效能的有益探索。海关风险分析的准确性离不开风险要素的合理筛查与交叉比对，本案中，青岛海关将知识产权保护纳入海关安全准入风险防控体系，基于业务领域特点提取侵权风险要素，依托大数据分析，统一下达风险布控指令，发挥风险分析集约化效能，确保在持续压缩通关时间的背景下，实现“管得住、通得快”。

案例9　宁波海关查办出口侵权眼镜系列案

一、案情介绍

2017年11月17日，宁波海关接到权利人举报，称义乌某外贸仓库拼装了一个集装箱，内有大量假冒眼镜。宁波海关高度重视，及时与风险管理、通关、查验、物流等部门进行沟通，实时掌控侵权货物的物流信息，最终监控锁定相关集装箱，密切关注该批货物的报关情况，并及时下达布控指令，对该票货物的知识产权状况进行重点核查。

2017年11月22日，宁波海关对义乌某公司申报出口至叙利亚的转关货物进行查验，发现涉嫌侵犯“Rey. Ban”商标的太阳镜281箱(163 200副)，案值52.2万元。经知识产权权利人确认，上述眼镜侵犯其“Ray. Ban”商标专用权。

其后，宁波海关继续加强对太阳镜的侵权趋势及特点的深度分析，对此类商品的数量、航线、货源地、目的国等要素开展梳理，结合口岸进出口历史数据，研究此类侵权商品的相似性及规律性。在宁波海关与权利人的共同努力下，短短一个月内，又连续查获了3起涉嫌侵犯“Ray. Ban”商标专用权眼镜案，至此共查获侵权眼镜31.2万副，案值人民币高达115万余元。

该系列案的成功查办为权利人提起民事诉讼及公安机关刑事侦办提供了有力支持，有效推进对侵权假冒的链条式治理，取得了较好的社会效果，营造了良好的营商环境。

二、评选理由

(1)该系列案是海关与权利人密切合作的成功案例。宁波海关把加强与权利人的联系配合落到实处，短短一个月，连续查获4起案值较大的案件。海关与权利人陆逊梯卡集团股份有限公司建立高效的沟通机制，在案件发展过程中相互合作、紧密配合，更在案件查办后大力支持权利人提起民事诉讼以及公安深挖扩线的后续工作。宁波海关和权利人的合作模式产生了良好的打击假冒侵权效果。

(2)该系列案是海关保护外商投资企业知识产权优化营商环境的典型案例。宁波海关根据全国打击侵权假冒领导小组办公室等12部门联合印发的《外商投资企业知识产权保护行动方案》以及《浙江省外商投资企业知识产权保护行动方案》要求，始终保持打击侵权的高压态势，严厉打击侵犯外商投资企业知识产权违法行为，切实保护外商投资企业合法权益。

(3)该系列案是维护“中国制造”海外形象的典型案例。近年来，我国对外贸易持续快速增长，中国海关通过大力开展知识产权边境保护，严厉打击侵权假冒行为，对助力我国企业“走出去”和推进“一带一路”倡议发挥了重要作用，既让“中国制造”较好满足国外消费需求，又让中国企业的海外市场份额得到快速提升，从而维护了“中国制造”的良好形象。

案例10 黄埔海关查办出口侵权杀虫剂案

一、案情介绍

2017年5月，黄埔海关在对漳平市某贸易有限公司出口至伊拉克的一批摩托车座椅进行查验时发现，集装箱柜门位置装载有摩托车座椅，缝隙处塞有大量面巾纸等其他物品，柜内的装载情况不明。现场查验关员根据货物的排列方式，结合报关单申报名称、数重比进行逻辑检控，判断该货柜存在较大夹藏风险，遂决定对货柜实施彻底查验。最后在货柜底部发现夹藏涉嫌侵犯“雷达 RAID”商标专用权的家用杀虫剂共计8900瓶。经权利人S. C. 庄臣父子公司确认，该批货物涉嫌侵犯其在海关总署备案的商标专用权，黄埔海关立即进行立案调查。

案件查办过程中，权利人称中东地区市场对杀虫剂需求量较大，大量假冒雷达杀虫剂进入流通领域，对正品的市场份额产生了很大冲击。黄埔海关结合案件实际与权利人反映的情况开展综合分析，认为不法分子极有可能再次采用类似手法出口侵权货物，立即联合风险防控部门针对相同航线、相同目的国、申报品名为正常低风险类的商品下达风险布控指令，加强监控力度。

2017年9月，黄埔海关根据布控指令再次一举查获伪报品名出口的假冒“雷达RAID”商标家用杀虫剂72 000瓶。

二、评选理由

(1)该案是海关落实“一带一路”倡议，服务国家经济发展大局体现。2017年是为期三年的“清风”行动的收官之年，黄埔海关根据有关部署，重点组织开展面向“一带一路”沿线国家出口侵权商品的专项整治。通过短期内连续查获2起侵权货物，该类货物的出口侵权态势得到明显遏制，进一步规范了“一带一路”沿线的进出口贸易秩序。

(2)该案是海关推进建设法治化营商环境，推动贸易合法化、便利化的典范。营造稳定公平透明、可预期的营商环境是实现贸易合法化、便利化的关键条件。通过两宗案件的连续查发及对当事人做出的相应处罚，保护了消费者安全与权益，有力震慑了假冒侵权违法行为，推进建设法治化营商环境。

(3)该案是海关加强执法能力建设，不断提升知识产权保护水平的成果展现。上述案件的查发，是海关通过精准的风险分析，将查缉意识、查缉经验、现场状况和报关信息有机结合的典型案例，反映了黄埔海关坚持进行执法能力建设，不断提升执法能力，筑牢关员严厉打击侵权的思想防线工作的成果体现。

（海关总署综合业务司）

知识产权系统2017年度典型案例

专利复审和无效宣告典型案例

案例1 “组件显示处理方法和用户设备”发明专利权无效宣告请求案

一、案情介绍

请求人惠州三星公司、天津三星公司、三星公司就专利权人华为公司的第201010104157.0号发明专利权分别提出无效宣告请求。本案专利是2016年5月以来，华为公司和三星公司的知识产权大战系列案件之一，引起了业界的广泛关注。该专利侵权案件的一、二审判决均认定三星公司构成专利侵权，应赔偿华为公司8000余万元。

专利复审委员会经审理后作出第

31835号无效宣告请求审查决定，维持专利权有效。北京知识产权法院作出一审判决，维持上述无效宣告请求审查决定。该案涉及的无效理由众多，证据类型复杂多样，在互联网证据的认定以及权利要求的理解等方面颇具典型性。

二、典型意义

本案决定诠释了在确定权利要求的保护范围时，应整体把握发明实质，对权利要求的技术特征进行合乎发明实质的理解，为新颖性、创造性的评价提供客观基础。同时在互联网证据真实性和公开时间的认定方面具有指导意义，对于互联网证据的公开时间的认定，可以根据该证据的公证时间、上传时间及大型网站的时间公布规律进行推定。

案例2 “一种无线局域网移动设备安全接入及数据保密通信的方法”发明专利权无效宣告请求案

一、案情介绍

请求人苹果公司就专利权人西电捷通公司的第02139508.X号发明专利权提出无效宣告请求。本案专利涉及我国无线局域网鉴别与保密基础结构（WAPI）的核心技术，属于WAPI技术的标准必要专利，在中国、美国、欧洲、日本、韩国等国均获得授权。由于该专利涉及国内外多家知名企业之间的侵权纠纷，本案备受业界关注。专利复审委员会经审理，作出第31501号无效宣告请求审查决定，维持专利权有效。

本案专利先后遇到索尼公司和苹果公司的挑战，并通过专利行政确权程序维持专利权的效力。在先前索尼公司提出的专利侵权案件中，一、二审法院均作出认定索尼公司构成侵权的判决。

二、典型意义

本案对网页证据的公证和认定提供了具有指导意义的审查思路，也是创新主体运用专利制度维权的典型案例，体现了专利行政确权程序在维护专利权人合法权益方面的重要作用和价值，也体现了国内企业在积极参与国际市场竞争时，重视提高自身知识产权创造、运用、保护的能力。

案例3 “含有缬沙坦和NEP抑制剂的药物组合物”发明专利权无效宣告请求案

一、案情介绍

请求人戴某就专利权人诺华公司的第201110029600.7号发明专利权提出无效宣告请求。涉案专利保护一种包含沙库巴曲和缬沙坦的药物组合物，诺华公司在本专利基础上开发了“沙库巴曲缬沙坦钠片”，商品名为诺欣妥（Entresto®）。诺欣妥于2015年7月在美国获得FDA批准上市，2017年7月获批进入中国市场。据报道，欧洲和美国心衰指南已将诺欣妥列为治疗射血分数降低的慢性心衰的一类推荐用药。

专利复审委员会成立五人合议组对其进行了公开审理，作出第34432号无效宣告请求决定，宣告专利权全部无效。本案涵盖了医药领域无效宣告请求案件的常见理由，争议焦点涉及已知药物的“联合用药”是否具有创造性，以及申请日后补充提交的实验数据能否用以证明发明的技术效果等多个医药领域专利审查的难点问题。

二、典型意义

本案决定解析了联合用药原则对药物组合使用是否存在技术启示，以及能否用申请日后补充的实验数据来证明发明技术效果的判断方法。同时启发创新主体，在撰写申请文件时应当高度重视专利制度中的“公开换保护”原则。

案例4 “互联网门禁临时用户授权装置和方法”发明专利权无效宣告请求案

一、案情介绍

请求人摩拜公司就专利权人吟云科技公司的第201310630670.7号发明专利权提出无效宣告请求。涉案专利涉及互联网门禁系统中针对用户的开锁权限进行设定的相关技术，属于远程开锁技术领域中的核心技术。

随着共享经济近几年的迅猛发展，共享模式已深入地影响着广大人民的衣食住行，共享单车是其中最为典型和普及的共享经济模式，被称为中国“新四大发明”之一。远程开锁亦是其实现共享的关键技术之一。共享单车在迎来爆炸式增长的同时，专利无效和侵权纠纷也纷来沓至。从顾泰来和永安行的共享单车之争打响该领域专利侵权第一枪，到本案中吟云科技公司和摩拜公司之间的多起专利纠纷，引起了业界和社会的广泛关注和报道。

专利复审委员会成立五人合议组对本案进行了公开审理，并在专利复审委员会位于广州市的第一巡回审理庭以远程直播的方式组织了异地旁听，最终作出第34304号无效宣告请求审查决定，宣告专利权全部无效。

二、典型意义

本案涉及的无效理由和争议点较多，其中对于域外证据的公证认证以及实质指向相同出处和内容的不同形式证据的认定具有指导意义。

本案的另一典型意义在于，启发和警示初创型企业，应当在完成产业布局的同时，甚至先于产业布局，重视和进行专利布局，方能在市场竞争和维权道路上处于有利地位。

案例5 “烟酰胺类衍生物的甲磺酸盐A晶型及其制备方法和应用”发明专利权无效宣告请求案

一、案情介绍

请求人恒瑞医药公司就专利权人宣创生物公司的第ZL201510398190.1号发明专利权提出无效宣告请求。涉案专利涉及用于治疗晚期胃癌的靶向药物——“阿帕替尼”的药物晶型改进。

恒瑞医药公司与宣创生物公司的“阿帕替尼”专利之战备受关注。阿帕替尼是恒瑞医药公司在国家重大新药专项支持下研究开发的国家1.1类新药“甲磺酸阿帕替尼片”（商品名艾坦），该药被认为是我国肿瘤治疗领域中的一项重大突破，2014年获批上市，2017年成为纳入新版医疗保险目录谈判范围的44个品种之一。宣创生物公司于2015年左右针对阿帕替尼申请了多件“改进型”药物晶型专利，并以侵犯其涉案专利的专利权为由，将恒瑞医药公司诉至北京知识产权法院，恒瑞医药公司随后就涉案专利提出无效宣告请求。

专利复审委员会经审理，作出第33126号无效宣告审查决定，宣告该专利权全部无效。

二、典型意义

本案对晶体发明的优先权认定、临床试验是否构成专利法意义的使用公开以及药品晶体发明的新颖性、创造性判断等医药领域的难点、热点问题提供了可资借鉴的审查思路，明晰了相关问题的审查标准。同时，对创新主体如何撰写申请文件和界定专利保护范围，以便在享有专利制度中的“优先权”之便的同时获得稳定的专利权，具有启发和警示作用。

案例 6 “具有全局电子快门控制的条形码读取装置”发明专利权无效宣告请求案

一、案情介绍

请求人新大陆公司就专利权人码捷公司的第 200680016023.5 号发明专利权提出无效宣告请求。涉案专利涉及一种条形码读取装置，克服了现有采用卷帘式快门条形码读取装置的技术瓶颈，更适应物联网行业高速发展的需求，将成为未来条形码扫描器的发展方向和核心技术，其同族专利在中国、美国、欧洲、日本等国家或地区均获得授权。

码捷公司以侵犯其上述专利权为由，将新大陆公司诉至上海市第二中级人民法院，新大陆公司亦先后两次就本专利权提出无效宣告请求。因本案专利涉及条形码扫描领域的核心技术，且对国内条形码识别技术产业的发展具有重要影响，故一经提出就备受业内关注。

专利复审委员会经审理后作出第 28549 号无效宣告请求审查决定，宣告专利权部分无效。决定作出后，专利权人向上海市第二中级人民法院撤回了其侵权诉讼请求。2017 年底，北京知识产权法院作出一审判决，维持上述审查决定。

二、典型意义

本案体现了创造性评判应回归技术本质的审查理念，在准确把握技术本质的基础上，分析技术方案与现有技术的关系和技术启示的有无，才能在创造性判断中获得准确的结论。

本案诠释了专利制度中的技术贡献匹配原则，即有技术贡献才能获得专利权保护，专利权保护范围的大小应与技术贡献相适应，没有技术贡献则不能获得专利权保护，体现了专利行政确权程序在界定专利权合理保护范围方面的重要作用，既保障专利权人有技术贡献的合法权益，又保证社会公众使用公有技术的权利。

案例 7 “一种物理认证方法及一种电子装置”发明专利权无效宣告请求案

一、案情介绍

请求人赵某就专利权人握奇公司的第 200510105502.1 号发明专利权提出无效宣告请求案。涉案专利涉及市面广泛使用的“U 盾”的关键技术。在本案之前，针对该专利的侵权诉讼已作出一审判决，一审法院认定被告恒宝公司的被控侵权产品落入该专利权利要求 1、16 的保护范围，判令赔偿握奇公司共计 5000 万元。由于涉及重大经济利益，且有法院的侵权判定在先，因此本案引起了业界的广泛关注。

在本案的审理中，双方当事人主要的争议焦点在于创造性评判中如何对权利要求进行理解的问题，专利复审委员会作出第 33700 号无效宣告请求审查决定，宣告专利权部分无效。

二、典型意义

专利行政确权程序中对权利要求进行理解的原则与专利侵权诉讼程序中对权利要求进行解释的原则，二者的判断结果在很多情况下是趋于一致的。本案对于创新主体的意义在于，既要在侵权诉讼中合理解释其专利权的保护范围，以便维护自身的合法权益，又要在专利申请阶段，重视专利申请文件的撰写，对发明作出清楚完整的说明并清晰合理地界定其保护范围，使专利制度真正成为“天才之火”的“利益之油”。

案例 8 “带图形用户界面的手机”外观设计专利权无效宣告请求案

一、案情介绍

请求人北京猎豹公司就专利权人广州

动景公司的第201530383753.0号外观设计专利权提出无效宣告请求。涉案专利涉及应用UC浏览器时的手机动态界面,UC浏览器是知名的手机浏览器,为UC优视公司开发,专利权人广州动景公司与UC优视公司为关联公司。2016年6月,广州动景公司以侵犯其上述专利权为由,将北京猎豹公司诉至北京市知识产权局。北京猎豹公司遂针对该专利提出无效宣告请求。

在本案中,作为与涉案专利设计1的图形用户界面对比的证据1是UC优视公司在涉案专利申请日前在其公司官网上公布的UC浏览器的历史版本,专利复审委员会经审理认定其与涉案专利的界面不具有明显区别,且专利权人亦在口头审理当庭认可二者不具有明显区别。在此基础上,专利复审委员会作出第31958号无效宣告请求审查决定,宣告涉案专利设计1无效,维持涉案专利设计2有效。

本案决定是2014年修改专利审查指南对图形用户界面(GUI)进行保护后作出的第一件外观专利无效宣告请求决定,在审查指南未对涉及GUI的外观专利及申请的审查作出明确具体规定的情况下,具有重要的先例示范作用。

二、典型意义

本案对GUI保护客体的认定、动态界面保护范围以及明显区别的判断等作出了详细的分析和客观的认定,厘清了GUI外观设计专利保护的有关基本概念和判断思路,对制定有关GUI保护的具体标准具有参考和借鉴意义。

本案对创新主体的意义在于,应注意技术信息的公开与专利申请或专利权之间的关系,做好全盘考虑,以避免由于技术信息的在先公开而导致专利申请无法获得授权或影响专利权的稳定性。

案例9 "一种背光模组及液晶显示器件"发明专利申请复审请求案

一、案情介绍

复审请求人京东方科技公司、京东方公司就国家知识产权局专利局于2017年2月16日针对第201410676241.8号发明专利申请作出的驳回决定提出复审请求。本案申请涉及京东方公司的背光模组及相关液晶显示器件技术。专利复审委员会经审理后作出第131807号复审决定,撤销上述驳回决定。

复审请求人京东方公司是知名的物联网技术、产品与服务提供商,本案涉及的背光模组及相关液晶显示器件技术是京东方的核心事业,产品广泛应用于手机、平板电脑、笔记本电脑、显示器、电视、车载、可穿戴设备等领域。经查,其在国内申请的专利申请总量达2.87余万件,而其中仅涉及背光模组主题的国内专利申请就高达1814件。

二、典型意义

本案对准确理解发明和现有技术的技术方案,正确认定二者的区别技术特征,并在此基础上,以最接近现有技术为起点进行创造性判断提供了审查思路。

案例10 "一种白芨营养面贴膜用乳液、面贴膜及其制备方法"等面膜系列发明专利申请复审请求案

一、案情介绍

本案涉及复审请求人上海珍馨公司就国家知识产权局专利局针对第201310113848.0号发明专利申请所作的驳回决定提出的复审请求。该案是上海珍馨公司针对含有白芨等中药成分的面贴膜用乳液、面贴膜及其制备方法提出的系列申请之一,专利复审委员会作出第133119号复审决定,维持上述驳回决定。

上海珍馨公司先后就相似主题的面贴膜及乳液提交了30余件发明专利系列申请，在活性成分和辅料以及用量均不完全相同的情况下，说明书记载了相同的实验结果。复审决定未采信其实验结果证明的技术效果。

二、典型意义

本案为中药领域创造性的判断提供了思路，对实验数据可信度的认定具有借鉴意义。在多数情况下，医药领域发明能否实施往往难以预测，必须借助于试验结果加以证实才能得到确认，真实可信的实验数据对于医药产品的确认、制备、用途和/或使用效果的确认有特别重要的意义。如果在活性成分且辅料及用量均不相同的系列申请中，说明书得出完全相同的实验结果，则不符合实验科学的一般性规律，由此将导致说明书所提供的实验数据真实性降低，其所证明的技术效果不能被才信，应由本领域技术人员根据现有技术预期其一般性效果。

（国家知识产权局专利复审委员会研究处）

商标监管典型案例

案例1　江苏省淮安市清江浦区市场监管局查处侵犯五粮液等注册商标专用权案

一、基本案情

2017年3月，江苏省淮安市清江浦区市场监督管理局接到淮安市公安局淮阴分局移送案件通知书，反映其查扣了一批当事人周某销售并使用今世缘、海之蓝、五粮液等商标的白酒，经厂家辨认系商标侵权商品。经查，2016年8月，当事人在其经营的清河区尊泰酒业经营部内结识了上门推销的中年男子许某，得知其手中有大量以次充好的灌装酒。当事人试卖一箱假酒后尝到甜头，随即联系许某购进侵权白酒并通过门店销售。当事人销售的涉案侵权商品包括今世缘典藏10年、今世缘国缘淡雅，洋河天之蓝、海之蓝、梦之蓝及五粮液等品牌，共计678瓶。依据淮安市淮阴区物价局价格认定分局出具的价格认定结论书和当事人陈述，累计违法经营额8.79万元。当事人的行为构成《商标法》第57条第(3)项所指侵权行为。

另据调查，当事人于2017年3月20日因销售侵权假冒白酒受到市场监管部门的行政处罚，淮安市清江浦区市场监管局依据《商标法》第60条第2款的规定对当事人知假买假，重复实施违法的行为给予从重处罚，依法责令当事人立即停止侵权行为，没收侵权商品，罚款35.17万元。案件经复议机关审查及人民法院行政裁定，均认定当事人在一年内两次销售假酒应予以重处。目前，涉案产品的生产源头许某已被追究刑事责任。

二、案例点评

此案涉及多个地区，市场监管部门与公安机关协同作战，在第一时间固定关键证据，并开展跨区域联合执法，同步出击，从销售环节入手查清侵权商品的生产、加工、制作、灌装、包装、运输、销售环节的整个证据链。办案机关对当事人一年内两次售假的行为给予从重处罚，体现了过罚相当的原则。通过此案的查处，假冒产品生产源头的违法者最终受到刑事处罚，体现出行政司法衔接的高效。

案例2　上海市闵行区市场监管局查处侵犯伯尔梅特BERMAD注册商标专用权案

一、基本案情

当事人上海伯尔梅特公司于2014年至2016年从正常销售渠道采购价格相对较低带有BERMAD商标的红色消防阀与蓝色减压阀，通过刷漆改色的方式将阀体改造为绿色的数控电液阀。当事人还把采购阀门产品中的垫片取出，换成自行采购的垫片。通过上述改造方式，当事人对外销售仿冒绿色数控电液阀 64 台，含税销售额 146.4275 万元，至案发时仓库内剩余尚未销售的电液阀 17 台，违法经营额合计 187.0838 万元。当事人未经伯尔梅特 BERMAD 商标注册人以色列伯尔梅特股份公司许可，擅自改装冒充高价商品销售的行为，构成《商标法》第 57 条第(2)项所指的商标侵权行为，闵行区市场监管局依据《商标法》第 60 条之规定，责令当事人立即停止侵权行为，没收侵权阀门产品 17 台，罚款 561 万元。

二、案例点评

本案当事人不仅涂改阀门颜色，还将阀门中的关键部件替换，改变了商品原有的功能和用途，属于对原商品的实质性改动。当事人将改装后的商品以商标权利人的名义进行销售，应认定为商标侵权行为。本案是近年来上海市工商和市场监管部门在知识产权领域查处的罚款金额最多的一起商标违法案件。本案的成功查处，充分体现出上海市工商和市场监管部门平等保护外资企业知识产权的工作成效，有力维护了我国保护知识产权的良好国际形象。

案例 3　福建省厦门市市场监管局查处侵犯纪梵希等注册商标专用权案

一、基本案情

福建省厦门市市场监管局接到厦门海关缉私局转来的案源线索后，于 2016 年 10 月 21 日在被举报地点发现大量无中文标识的国际知名品牌化妆品，涉及纪梵希、海蓝之谜、科颜氏、祖玛龙、馥蕾诗、SK－Ⅱ等多个国际知名品牌化妆品，案值高达 300 余万元。经相关品牌权利人辨认，涉案化妆品大多为假冒注册商标商品。经查，当事人美贷贸易公司利用两家淘宝网店“美贷贸易”和“名批发”销售国际知名品牌化妆品，网店电脑终端、货物收发地址均在厦门。由于案值已达立案追诉标准，厦门市市场监管局于 2017 年 1 月 16 日将案件移送厦门市公安局处理。

海蓝之谜商标权利人于 2016 年 11 月向南京市公安机关报案，南京公安机关将当事人的实际负责人谢某等 3 人抓获。由于两案关联，厦门市公安局于 2017 年 1 月 24 日将此案移送南京公安机关处理。据警方侦查，谢某从泉州、广州等多地购进原料、包装、标签等材料，雇人员生产假冒国际知名品牌化妆品，然后通过网店将产品售往全国各地。厦门市市场监管局会同公安机关查获假冒国际知名化妆品成品 4000 余件，取缔 4 个分装经营场所。2017 年 9 月 28 日，南京市玄武区人民法院以假冒注册商标罪和销售假冒注册商标商品罪判处谢某等人 1 年 3 个月至 4 年不等有期徒刑。

二、案例点评

这是一起涉及多个知名化妆品商标的案件，侵权产品销往北京、天津、上海、浙江、江苏、山西、海南等多省(市、区)，调查取证涉及海关、出入境检验检疫等多部门，违法行为涉及食药监领域、工商监管领域。在综合执法的大环境下，执法人员全面出击，行动迅速。获得线索后，办案机构发挥两法衔接作用，及时与公安机关成立侦办小组。案件移送南京公安机关后，执法人员针对异地两法衔接中案件的通报、移送证据标准和程序等，与南京警方积极探索，为查办此类案件积累了有效经验。

案例 4　湖南省衡山县多部门协作查处侵犯佑惑等注册商标专用权案

一、基本案情

2017 年 3 月 18 日，湖南省衡山县公安局沙泉派出所民警在检查中发现曹某涉嫌非法加工食品，当即向当地工商所反映。3月20日，衡山县食品药品工商质量监管局执法人员检查发现，曹某家中存有大量加工包装完成的商标为佑惑的“四季优美·随便果”及包装盒、添加剂和加工机器。由于金额巨大，当事人涉嫌犯罪，办案机构及时向公安机关通报，并成立联合执法专案组调查取证。

经查，2016年12月，违法当事人费某、彭某等人先在广州某地非法生产、销售假冒佑惑注册商标专用权的减肥保健食品，后迫于严打的高压形势，两人与汤某商议将加工窝点转移至衡山汤某的老家。汤某出面租用曹某住房非法加工食品，并通过微商平台销往福建、湖南、四川等地。2017年3月，费某、彭某又将加工点转移至永州、娄底等偏远的农村地区。2016年12月17日以来，当事人费某、彭某、汤某等人非法生产、销售侵犯佑惑、佐丹力注册商标专用权的减肥保健食品总金额达150万元。此案已由衡山县人民检察院向法院提起公诉。

二、案例点评

此案共涉及犯罪嫌疑人21名，生产销售涉及6个省域，各地执法人员捣毁销售工作站3个，清理储存货物仓库4个，扣押车辆3台、电脑14台，查扣假冒伪劣食品原材料、半成品及成品10多吨。办案过程中市场监管部门和公安部门紧密协作，形成执法合力。本案当事人选择农村偏僻民居生产，销售则通过微商平台，违法行为具有隐蔽性，依然难逃法网。这些违法行为的新动向值得监管部门关注。

案例5　山东省青岛市李沧工商分局查处侵犯斯凯奇等注册商标专用权案

一、基本案情

2016年2月4日，山东省青岛市李沧工商分局根据举报对位于李沧区向阳路商场购物中心的SKEWRONS专柜进行检查，发现当事人华莎利公司销售的鞋在鞋跟、鞋尖或鞋底位置印有带边框的“S”形标志，商品标价签上印有“斯凯奇鞋”或“斯凯奇速跑鞋”字样。该分局依法下达实施行政强制措施决定书，扣押275双涉嫌侵权产品。斯凯奇、、均为斯凯杰美国公司注册商标，斯凯杰美国公司从未授权当事人使用上述注册商标。当事人的行为构成《商标法》第57条第(2)项所指的侵权行为。李沧工商分局参照《青岛市工商行政管理局行政处罚权裁量标准》第121条的规定，责令当事人改正违法行为，没收275双侵权鞋，罚款人民币59.341万元。当事人在规定的期限内未申请行政复议或提起行政诉讼，但拒不执行该行政处罚决定。李沧工商分局于2017年9月8日依法向青岛市李沧区人民法院申请对当事人强制执行，2017年9月29日，经李沧区人民法院裁定，准予强制执行。

二、案例点评

这是一起保护涉外商标注册人合法权益的典型案件。本案涉及商标图形较多，执法人员逐一查询、比对商标，最终理顺了案件脉络，对案件作出正确定性。当事人存在错误认识，认为其销售商品上使用的图形是某运动用品发展有限公司申请的注册商标且已取得授权，但实际上并未获得核准注册且与他人注册商标近似，因此构成侵权。这种错误认识在一些经营者中普遍存在，此案的查处具有一定的教育意义。在当事人不执行处罚决定的情况下，执法机构及时申请强制执行，维护了法律尊严。

案例6　北京市工商局丰台分局查处侵犯味多美注册商标专用权案

一、基本案情

当事人美多味科贸公司自2016年7月5日至2017年4月12日，在其经营场所从事加工制售面包、饼干、蛋糕及销售预包装食品的经营活动。当事人在经营活动中将与味多美食品公司第3218375号及第8567069号注册商标近似的“美多味”和“médowe”字样使用在门头牌匾以及向消费者提供的塑料袋上。店外牌匾上使用的“美多味”字样与第3218375号注册商标味多美相比，组成的三个汉字相同，排列顺序相反，且与北京味多美食品公司各门店牌匾上的“味多美”颜色均为白色，背景色均为红色系，整体近似。2017年8月14日，北京市工商局丰台分局认定当事人的行为属于《商标法》第57条第(2)项所指的商标侵权行为，并依据《商标法》第60责令当事人立即停止侵权行为，没收带有“美多味”及“médowe”字样的塑料袋，罚款221.15万元。

二、案例点评

此案入选2017年北京市工商部门“双打”十大典型案例，展示出首都工商部门在打击商标侵权假冒行为、维护消费者合法权益与公平竞争的市场秩序方面作出的努力。当事人从事的食品加工行业关系人民群众身体健康。此案的查处体现出市场监管部门保民生、重民生及保障食品安全的高度责任感和使命感。

案例7　北京市工商局海淀分局查处侵犯海贼王及图注册商标专用权案

一、基本案情

2013年6月至2014年7月底，当事人乐汇天下公司在多家手机软件运营平台上使用“口袋海贼王”和“街机海贼王”作为游戏软件名称并提供下载安装使用。两款游戏界面及宣传页面中使用了“口袋海贼王”和“街机海贼王”图标。消费者通过下载软件客户端可在手机上在线使用上述两款游戏，并可通过购买虚拟货币充值消费。乐汇天下公司共计收取游戏分成款2937万元。

随手互动公司于2010年8月7日和2010年3月21日获得核准注册第6240022号和第6240023号海贼王图文组合商标。北京市工商局海淀分局认定当事人乐汇天下公司违反《商标法实施条例》第76条之规定，构成《商标法》第57条第(2)项规定的商标侵权行为。2017年6月16日，海淀工商分局依据《商标法》第60条规定，责令当事人立即停止侵权行为，罚款2937万元。

二、案例点评

此案历时3年，案情复杂，办案人员克服取证定性困难，大胆突破传统商标案件监管领域与常态工作执法经验的局限，率先尝试对互联网领域的商标侵权行为予以规范。该案是北京市首例查处互联网商标侵权违法行为的大案要案，为首都知识产权保护工作树立了新标杆。海淀工商分局因多年来在商标保护工作中严格执法、成绩突出，于2017年获得“中国商标金奖之保护奖”。

案例8　山东省泰安市泰山区工商局查处侵犯泰山及图注册商标专用权案

一、基本案情

当事人张某从济南好运泉酒业有限公司购进散酒后，租赁店铺销售。门面上方使用“泰山散酒茶叶”的招牌，酒坛、酒瓶上使用“喜缘泰山酒庄”且“泰山”字样较为突出，在经营场所的广告牌、货柜、手提袋等物品上突出使用泰山标识。泰山及图是泰山酒业公司核准注册在酒商品上的注册商标，有效期至 2023 年 2 月 28 日。当事人的行为构成《商标法》第 57 条第(2)项规定的商标侵权行为。泰安市泰山区工商局依据《商标法》第 60 条的规定，没收侵权散酒，销毁侵权商标标识 37 枚，罚款 19.51788 万元。听证阶段，当事人未提出任何异议，但在缴纳罚款案件执行完毕后，向泰山区法制局提出复议。泰山区法制局经过反复审查，最终维持泰山区工商局对本案的处罚决定。

二、案例点评

本案当事人注册有喜缘泰山商标，但在实际使用中改变注册商标图样，突出使用"泰山"二字，构成侵权。在实践中，一些经营者认为只要自己使用了注册商标就不会侵权，因此随意改变商标的文字、图形，故意与他人注册商标构成近似，对消费者造成混淆。这起案件的查处给此类经营者敲响了警钟。此案经过复议获得维持，体现出工商部门案件执法人员工作办得扎实、到位。

案例 9　江苏省苏州工业园区市场监管局查处侵犯迪奥等注册商标专用权案

一、基本案情

2016 年 6 月 21 日，江苏省苏州工业园区市场监管局根据群众举报，对辖区内某科技园仓库进行检查，现场查获涉及科颜氏(Kiehl's)、迪奥(Dior)、贝玲妃(Benefit)和馥蕾诗(Fresh)等四大品牌 72 个品种的商品 59 904 件。当事人吕某无法提供涉案商品的合法来源和相关授权证明。经查，当事人自 2015 年 12 月起租用涉案场所从事品牌化妆品的经营活动，利用自己和他人的身份信息在淘宝网上注册名为"薇薇的裸心谷"的店铺用于进货，名为"薇薇小妖代购批发"的店铺用于销售。执法人员通过调取后者交易记录发现，自 2015 年至案发，该店铺共完成交易 7598 次。根据涉案商品在当事人经营淘宝店的销售价格计算，现场查获涉案商品的案值为 467.92 万元。经对上述商品的抽样送检以及商标权利人的辨认，涉案 72 类商品中有 23 个品类的 13 775 件商品被认定为侵权商品，案值达 163 万元。鉴于涉案侵权商品货值金额巨大，当事人的行为已涉嫌构成销售假冒注册商标的商品罪，苏州工业园区市场监管局于 2017 年 3 月 23 日将此案依法移送苏州工业园区公安分局。后经调查，该案当事人销售假冒注册商标一案的案值达 500 余万元，与案件有关的 16 名主要犯罪嫌疑人中已有 10 名被批捕并提起公诉，剩余 6 名取保候审。

二、案例点评

这是一起通过网上电商平台销售侵权假冒商品被查处的典型案例。在查办过程中，公安机关根据案件信息又顺藤摸瓜找到了为当事人提供侵权假冒商品的上游供应商，并乘胜追击，一举端掉制假窝点，进一步扩大了战果。案件办理过程中，各部门互通信息，高效协作，为案件成功查办提供了有效保障。

案例 10　浙江省义乌市市场监管局查处侵犯 LOCK&LOCK 注册商标专用权案

一、基本案情

2017 年 6 月 22 日，根据阿里巴巴提供的线索，浙江省义乌市市场监管局执法人员联合义乌市公安局经侦大队前往某地下室检查，发现当事人韩某通过淘宝网销售标注"LOCK&LOCK"字样的帆布箱，涉嫌侵犯第 15301696 号注册商标专用权，现场查获标注"LOCK&LOCK"字样的帆布箱 4620 个。经查，当事人韩某在未经商标注册人许可的情况下，擅自在江西上饶生产标注"LOCK&LOCK"字样的帆布箱并在淘宝开设店铺销售。至被查获时，当事人生产销售标注“LOCK&LOCK”字样的帆布箱销售额达45万元，现场查获的帆布箱经义乌市涉案物品认证中心评估价值为11万元。当事人的行为构成《商标法》第57条第(1)项规定的商标侵权行为。因当事人生产销售商标侵权的帆布箱经营额达56万元，已涉嫌犯罪，义乌市市场监管局将该案移送司法机关处理。

二、案例点评

这是一起加强和完善政企协作、行刑协作、利用第三方网络平台大数据技术支持查处的网络商标侵权案件。2016年，浙江省工商局与阿里巴巴建立政企合作打击网络违法行为机制，义乌市市场监管局与阿里巴巴平台治理部建立联络协作机制。在本案查办过程中，利用阿里巴巴的大数据技术支持，执法人员迅速准确定位了当事人的经营场所，并查明当事人生产销售商标侵权商品的销售额。义乌市市场监管局牵头制定了义乌市经济领域行政执法和刑事司法衔接工作联席会议制度(试行)，以市场监管、金融办、人行、银监、农林、海关、商检、烟草以及公安、检察、法院等11部门联合发文的形式予以明确，为案件查处中的行刑协作、疑难讨论等事宜提供制度保障，形成了打击网络违法行为合力。

(国家知识产权局商标局综合处)

商标异议典型案例

案例1 “东方美谷”商标异议案

一、基本案情

异议人上海市奉贤区行政服务中心的主要异议理由为：“东方美谷”系异议人在先使用且有一定知名度的商标，被异议人艾因星球公司作为地域比较接近的同行企业，理应对异议人在先使用商标知晓，被异议人未经授权擅自将与该名称相同的文字作为商标申请注册，违反《商标法》第15条、第32条相关规定，被异议商标不应被核准注册。

(1)异议人受上海市奉贤区人民政府授权，负责“东方美谷”商标的品牌管理，属于本案利害关系人，其提异议主体适格。

(2)“东方美谷”系上海市奉贤区人民政府招商办公室以美丽健康产业为核心打造的地区化妆品行业的产业联盟的名字，并经大量的宣传和使用，具有一定的知名度。

(3)被异议人作为地理位置临近的化妆品企业，对异议人“东方美谷”产业联盟名称理应知晓。

被异议人主要答辩理由如下：

(1)被异议人在申请注册被异议商标前已进行在先权利检索，未侵犯他人权利。

(2)被异议商标系被异议人独创，异议人未提交证据说明其受到损失。

根据当事人陈述的事实及理由，经审查，商标局认为：在被异议商标申请日前，“东方美谷”作为上海市奉贤区倡导打造的化妆品产业联盟项目，集产业集群、研发创新、服务配套、人才聚集等功能于一体，并通过前期的筹备、招商及大量的推广与宣传工作已在当地及相关市场主体中产生了一定影响，也在一定程度上促进了地方经济的发展。被异议人同处上海市，其营业场所与“东方美谷”产业联盟总部所在区域地理位置较为接近。且“东方美谷”产业联盟在总部经济基础上发展出化妆品全产业链，其筹备、运作、推广活动包含与被异议商标指定服务相同或类似的服务项目。鉴于“东方美谷”经过大规模的筹备、招商、广告宣传、商业推广等活动已具有一定的知名度，异议人作为同行业者和地域较为接近的市场主体具有较大知晓异议人“东方美谷”商标的可能性。同时，“东方美谷”并非固定搭配的常用词汇，具有一定的独创性，被异议商标文字与该名称完全相同，被异议人亦未对被异议商标的独立创作来源作出合理解释，其申请注册被异议商标属于《商标法》第 15 条第 2 款所规定的“因其他关系而明知他人商标存在”的情形，以及《商标法》第 32 条规定的“以不正当手段抢先注册他人已经使用并有一定影响的商标”的情形。被异议商标注册、使用在其指定服务上易导致相关公众混淆误认。故根据《商标法》第 15 条第 2 款及第 32 条规定，决定被异议商标不予注册。

二、案例评析

本案被异议商标由文字“东方美谷”构成，与异议人在先产业联盟名称及大量使用的“东方美谷”商标文字相同，双方商标的近似性不再赘述。本案焦点是引证商标在先使用及影响力的判断。

（一）关于商标在先使用的判断

本案异议人提交的证据可以证明在被异议商标申请日前，异议人已完成对“东方美谷”品牌的设计、策划等筹备工作，进行了大量的宣传和推广，并形成以美丽健康产业总部经济为核心，涵盖文化创意、旅游休闲、电子商务、体育运动、金融服务、不动产物业管理、时尚产业等多种产业的联盟。上述事实可证明异议人对“东方美谷”进行了大量的商标性使用，其使用范围亦包含与被异议商标指定相同或类似的服务领域。

（二）关于在先使用商标影响力的判断

《商标法》第 15 条第 2 款及第 32 条后半段都规定了对在先使用未注册商标的保护，但二者对影响力大小的要求有所不同。《商标法》第 15 条第 2 款规定主要是指商标申请人因具有某种特定关系或关联而明知他人商标存在，在他人商标已在先使用的情况下，不得抢先注册该商标。这里主要基于申请人所应负有的诚信义务方面的考虑，适用该条款，在举证方面不需要证明在先商标的使用具有影响力。《商标法》第 32 条后半段主要指因商标在先使用具有较强影响力，商标申请人对该在先商标明知或应知情况下而进行的抢先注册，适用该条的前提是在先使用商标具有一定影响力。对于商标在先使用影响力的判断，商标局和商标评审委员会编著的《商标审查及审理标准》中列举了证明商标使用“有一定影响”可以提供的证据材料。在司法程序中，《最高人民法院关于审理商标授权确权行政案件若干问题的规定》规定了“在先使用人举证证明其在先商标有一定的持续使用时间、区域、销售量或者广告宣传的，人民法院可以认定为有一定影响。”此外，在影响力的判断上，在先商标的独创性也是重要的考量因素。

结合本案，首先，被异议人主要营业场所与异议人“东方美谷”项目主要办公地点地域较为接近，涉及行业相同。根据《最高人民法院关于审理商标授权确权行政案件若干问题的规定》第 16 条，商标申请人与在先使用人营业地址邻近属于《商标法》第 15 条第 2 款中规定的“其他关系”的情形。其次，“东方美谷”属于臆造词，并非固有词语，具有一定的独创性，被异议商标文字与异议人在先使用商标“东方美谷”文字构成相同，且被异议人未对被异议商标的独立创作来源作出合理解释。同时异议人提交的相关证据可以证明在被异议商标申请日前，“东方美谷”商标已经通过在先大量使用和宣传而在当地和同行业中具有一定影响力，在相关公众的认知中，已将“东方美谷”与异议人形成稳定对应关系。异议人“东方美谷”商标符合《商标法》第 32 条规定的“已经使用具有一定影响的商标”的情形。

双方当事人是否具有特定关系、在先商标的独创性和影响力、市场的认知是合理界定在先使用商标保护范围的重要考量因素。由于个案事实不同，对在先商标使用和影响力的判断很难明确一个统一的量化标准，宜将相关证据作为一个整体、一个证据链来综合判断证明力。

同时,我国的《商标法》以注册制为基础,对未注册的商标的保护要符合相应的条件,所以在先未注册商标使用人也应增强知识产权法律意识,及时主动进行商标注册,加强对自身权利的有效保护。

案例 2 “邯丛”“郸台”商标异议案[1]

一、基本案情

异议人邯郸丛台酒业公司的主要异议理由为:被异议商标第 15584257 号“邯丛”、第 15584241 号“郸台”两件商标由同一申请人申请并通过实审予以初步审定,如两商标合在一起使用将构成商标外观“邯郸丛台”,与异议人在先注册商标“丛台”构成高度近似商标,侵犯异议人的驰名商标权,并侵犯异议人在先商号权“邯郸丛台”,从而达到“傍名牌”的效果,甚至有可能“以假乱真”,严重违反了诚实信用原则。因此,异议人请求商标局将两件被异议商标不予注册。

异议人提交的主要证据:异议人邯郸丛台公司企业发展经营情况介绍及其“丛台”系列商标的注册信息;异议人邯郸丛台公司所获荣誉,包括《国家工商行政管理总局商标局关于认定“丛台及图”注册商标为驰名商标的批复》复印件;商务部印发的“中华老字号”证书复印件;河北省工商局印发的省著名商标认定证书复印件等荣誉证书复印件;河北新闻网关于丛台酒品质及河北邯郸丛台酒业股份有限公司生产能力及企业荣誉的网页打印件等。

被异议人主要答辩理由为:被异议商标第 15584257 号“邯丛”、第 15584241 号“郸台”两商标中任一商标均不与异议人“丛台”商标构成近似,其并不存在“傍名牌”“搭便车”的主观恶意。请求商标局对其两件被异议商标准予注册。

商标局经审查认为:被异议商标“邯丛”“郸台”指定使用商品均为第 33 类“葡萄酒;烈酒(饮料);白兰地”等。异议人引证在先注册第 1235649 号“丛台及图”、第 1217741 号“丛台及图”等商标核定使用商品均为第 33 类“白酒;果酒(含酒精);含水果的酒精饮料”等。双方商标核定使用商品的功能用途、销售渠道、消费对象相近,属于同一种或类似商品。经过异议人的宣传、使用,其在先注册使用在白酒商品上的“丛台及图”商标已在相关公众中具有一定知名度并曾被认定为驰名商标。被异议人于类似商品上同日申请注册第 15584257 号“邯丛”、第 15584241 号“郸台”商标并已获初步审定,同一申请人将异议人具有较高知名度的“丛台及图”商标文字拆开并配以具有地名标识意义的文字申请注册,从而在使用中易形成“邯郸丛台”商标外观,商标局认为被异议人的申请注册行为具有恶意,有悖诚实信用原则。异议人另称被异议人申请注册被异议商标侵犯其在先商号权证据不足。依据《商标法》第 7 条、第 30 条、第 35 条规定,商标局决定:第 15584257 号“邯丛”、第 15584241 号“郸台”商标不予注册。

二、案例评析

邯郸地处华北平原,自古就是名酒之乡,多部史书典籍均有记载。异议人邯郸丛台公司在册职工 2200 余人,总资产 7.2 亿元,固定资产 3.6 亿元,注册资本 1.2 亿元。公司的前身——河北省邯郸市酒厂正式建厂于 1945 年 11 月,是邯郸解放初期成立的地方国营企业,1994 年 10 月改制为股份制企业。

(一)双方商标指定使用商品相同或类似

本案中,被异议商标第 15584257 号

---

[1] 此案例原为两个单独的商标异议案例,因两异议案件的异议人,被异议人相同,案件又存在密切联系,所以进行了并案审理,在本文中一并分析。

“邯丛”、第 15584241 号“郸台”两件已初步审定商标指定使用的“葡萄酒；烈酒（饮料）；白兰地；酒精饮料原汁；酒精饮料浓缩汁；酒精饮料（啤酒除外）；含水果酒精饮料；白酒；黄酒；烧酒”商品与异议人引证商标核定使用的“白酒；果酒（含酒精）；含水果的酒精饮料”等商品在功能、用途、销售渠道、消费对象等方面相近，属于相同或类似商品。

（二）双方商标是否近似

单从商标近似审查角度考虑，任一单件被异议商标“邯丛”或“郸台”都不与引证商标“丛台”近似，但这只是在商标审查环节、仅仅从商标近似审查角度出发考虑此问题的结果。在商标异议程序中，不仅要求异议审查员熟知商标近似审查规则和案例，也要从维护公平市场竞争秩序和诚实信用原则的角度出发，全盘考虑。被异议商标“邯丛”“郸台”两商标中任一个单独使用都不与引证商标“丛台”构成近似商标，但若两件商标同时合并使用将构成“邯郸丛台”商标外观，与驰名商标“丛台”构成相同或类似商品上的近似商标。而且引证商标“丛台”的商标权人即异议人“邯郸丛台公司”为河北省邯郸市知名酒类生产企业，两被异议商标合并使用所构成“邯郸丛台”商标外观极易使相关消费者误认为该商品生产地为邯郸，生产商或授权商为邯郸丛台公司。被异议人志刚商贸公司具有想通过不规范的商标使用以达到“傍名牌”“搭便车”、盗用驰名商标商誉的主观故意。虽然，被异议人的商标不当使用行为可以在商标行政执法中予以纠正，商标权人的驰名商标权益可以通过规范商标使用行为、处罚不当商标使用行为的方式得到维护，但是作为商标异议审查人员，应尽可能从“源头”上，即商标注册、异议等环节发现、甄别这种违反诚实信用原则的恶意注册行为，及时尽早地遏制恶意商标注册申请，有效降低企业维权时间和成本，以加强商标专用权保护，为企业发展保驾护航，营造良好的营商环境。

因此，本案中应认定两件被异议的第 15584257 号“邯丛”、第 15584241 号“郸台”商标与已引证商标“丛台”构成相同或类似商品上的近似商标，并严重违反了诚实信用原则，应对两被异议商标不予注册。

案例 3 “互森歌”商标异议案

一、基本案情

异议人森歌公司的主要异议理由为：被异议商标第 18449489 号“互森歌”商标与异议人在先注册的“森歌”商标构成高度近似，违反了《商标法》第 30 条的规定，被异议人存在多例抢注他人知名商标的行为，足以证明其存在恶意抢注的主观故意，有违诚实信用原则，请求被异议商标不予核准注册。具体异议理由如下：

（1）被异议商标与异议人在先注册的第 9776995 号、第 6955039 号、第 7370933 号“SENG 森歌”及第 7625247 号“森歌”商标近似。

（2）被异议商标存在多例抢注他人知名商标的行为，足以证明其申请注册被异议商标也是恶意抢注行为。例如：“互方太”“互老板”“互好太太”“互帅康”“互爱妻”“互美菱”。

（3）异议人引证商标已通过使用具有一定知名度，其销售范围亦包括被异议人所在地。

（4）被异议商标显属对异议人商标/标识的摹仿和抄袭。被异议商标的申请注册，不仅损害了异议人的合法权益，同时也违反了诚实信用原则，易产生不良社会影响以及损害商标管理秩序。

本案被异议人未在规定期限内答辩。

商标局经审查认为：被异议商标“互森歌”指定使用在第 11 类“照明器械及装置；烹调器；厨房用抽油烟机；炉子”等商品上。

异议人引证在先注册的第9776995号、第6955039号、第7370933号“森歌SENG”及第7625247号“森歌”等商标，核定使用商品为第11类“煤气灶；冰箱；厨房用抽油烟机；水龙头；水暖装置”等。被异议商标指定使用的“烹调器；厨房用抽油烟机；炉子；消毒设备；水净化设备和机器；空气调节设备；卫生器械和设备；淋浴热水器；电暖器”商品与异议人引证商标核定使用商品的功能用途、销售渠道等相似，属于类似商品，被异议商标“互森歌”完整包含异议人引证商标主要显著部分文字“森歌”，且整体未形成明显有别的新含义，被异议商标指定使用在上述类似商品上易导致相关消费者误认为其与异议人具有特定关联进而对商品来源产生混淆误认，双方商标构成使用在类似商品上的近似商标。另外，异议人本案中提交的证据可以证明在被异议商标申请日前，其“森歌”品牌在“集成灶”等相关商品领域已经具有一定的消费群体和知名度。同时经查，被异议人除本件被异议商标外，还在与被异议商标指定类似商品上申请注册了多件包含他人在先具有一定知名度的商标，如“互爱妻”“互方太”“互美菱”“互老板”“互好太太”“互帅康”等，部分申请亦已被提出异议。被异议人未对被异议商标的独立创作来源作出合理解释，具有摹仿、复制他人在先商标及攀附他人商誉的故意，其行为有违诚实信用原则。依据《商标法》第7条、第30条，被异议商标不予注册。

二、案例评析

(一)关于构成同一种或类似商品上的近似商标的认定

(1)双方商标部分指定使用商品类似。

本案中，被异议商标指定使用的“烹调器；厨房用抽油烟机；炉子；消毒设备；水净化设备和机器；空气调节设备；卫生器械和设备；淋浴热水器；电暖器”商品与异议人引证商标核定使用商品在功能、用途、销售渠道、消费对象等方面相似，属于类似商品。

(2)被异议商标指定使用在类似商品上，与引证商标构成使用在类似商品上的近似商标。

被异议商标“互森歌”完整包含异议人具有一定知名度商标的文字“森歌”，双方商标如并存使用在类似商品上，易导致相关消费者认为双方系来自同一市场主体的系列商标，进而对商品的真实来源产生混淆、误认，双方商标构成使用在类似商品上的近似商标。

(二)关于恶意摹仿在先知名商标，违反诚实信用原则的认定

对于商标申请注册过程中主观状态的认定要依据客观事实及相关证据综合推定，认定行为人是否具有主观恶意主要参考以下因素：(1)在先标识的独创性及双方近似程度；(2)在先权利/权益的影响力或知名度；(3)行为人对在先权利存在的明知/应知程度；(4)行为人的主观意图，如搭便车、阻止第三方入场等；(5)是否有向被侵权人恶意索要经济赔偿的行为；(6)行为人对自己商标独立创作来源的合理解释和声明。以上各考量因素彼此关联和相互影响，主观恶意是将上述各因素结合在一起的综合判断。

结合本案：(1)异议人提交的证据可以证明其引证商标文字“森歌”并非固定搭配词语，具有一定的独创性，经过异议人的使用与宣传该商标已在相关消费者中具有一定知名度和影响力；(2)被异议人经营项目与异议人相似，属于同行业者，对异议人产品具有知晓可能性；(3)被异议人申请的“互爱妻”“互方太”“互美菱”“互老板”“互好太太”“互帅康”等商标均完整包含他人在先有一定知名度的商标，尽管其他案件会另行裁定，但该行为可以印证被异议人申请被异议商标具有摹仿他人在先有一定知名度商标的主观故意。

商标是区别商品或服务来源的标志，是承载市场主体商誉的重要载体，不诚信的注册和使用会面临注册不成功或无法得到有效保护的风险，亦会导致商标无法正常地发挥区别商品或服务来源的功能，进而损害广大消费者的利益和公平竞争的市场秩序。品牌的建设需要经营者投入大量智慧创造和商业活动，只有诚信注册、诚信经营才是促进品牌做大做强的根本。

案例 4　第 17883296 号"利君方圆"商标异议案

《商标法》第 7 条第 1 款"申请注册和使用商标，应当遵循诚实信用原则"的规定意在引导商标当事人诚实守信、正确地注册和使用商标。在商标异议案件中，依法打击商标恶意注册行为，积极维护诚实守信的良好营商环境，是商标确权机关服务国家经济社会发展大局的重要职责。

一、基本案情

异议人利君制药公司主要异议理由为：被异议商标违反《商标法》第 7 条、第 13 条、第 30 条、第 32 条的相关规定，请求不予核准被异议商标注册，主要异议理由如下。

（1）被异议商标与异议人在先注册的第 3335649 号"利君"、第 15452925 号"利君制药及图"、第 9117508 号"利君国际 LIJUN INTERNATIONAL 及图"、第 7408372 号"利君国际 LIJUN INTERNATIONAL 111"商标在文字构成、含义、呼叫上高度近似，且被异议商标与异议人引证商标核定使用商品属于同一类别，因此双方商标已经构成类似商品上的近似商标。

（2）被异议人王某申请注册多件商标，利用异议人知名度谋取私利，被异议人"傍名牌""搭便车"的恶意十分明显，违反《商标法》第 7 条诚实信用原则，被异议商标一旦注册必将产生混淆和误认。

（3）异议人"利君"商标已达到驰名程度，被异议商标是对异议人驰名商标的抄袭和摹仿，违反了《商标法》第 13 条第 3 款的相关规定。

（4）被异议商标侵犯了异议人及其旗下利君方圆制药公司企业字号权。

被异议人在法定期限内未作出答辩。

商标局经审查认为：被异议商标"利君方圆"指定使用商品为第 10 类"矫形用物品；假肢"等。异议人引证在先注册的第 3335649 号"利君"商标、第 15452925 号"利君制药"、第 9117508 号"利君国际 LIJUN INTERNATIONAL 及图"、第 7408372 号"利君国际 LIJUN INTERNATIONAL 111"商标核定使用商品为第 10 类"医疗器械和仪器；理疗设备"等。被异议商标指定使用的"矫形用物品；假肢；避孕套；奶瓶；助听器；电疗器械；电动牙科设备；医疗器械和仪器；医疗分析仪器"商品与异议人引证商标核定使用商品的功能用途、销售渠道相近，属于相同或类似商品。被异议商标完整包含异议人引证商标中文显著部分"利君"，易使消费者误认为被异议商标所标识的商品来源于异议人或与异议人存在某种特定联系。因此，被异议商标指定使用在上述类似商品上，双方商标已构成使用于类似商品上的近似商标，如准予并存易造成消费者的混淆误认。本案中，异议人提交的证据显示：被异议人先后在多类商品上申请注册 600 多件商标，除被异议商标外，还包括多件包含有"修正""白云山""葵花""三精""江中""扬子江""丽珠""恩威""步长""杨森"等他人知名商标的商标。商标局认为，被异议人上述行为已超出正常的生产经营需要，具有明显的复制、抄袭及摹仿他人在先知名商标的故意，该行为不仅会导致相关消费者对商品来源产生误认，更会扰乱了正常的商标注册管理秩序，并有损公平竞争的市场秩序，明显有违诚实信用原则，不应获得支持。异议人另称被异议人恶意抄袭、摹仿其驰名商标，侵犯其在先商号权证据不足。依据《商标法》第 7 条、第 30 条、第 35 条规定，被异议商标不予注册。

二、案例评析

（一）关于构成同一种或类似商品上的近似商标的认定

（1）双方商标部分指定使用商品类似。

本案中，被异议商标指定使用的第 10 类"矫形用物品；假肢；避孕套；奶瓶；助听器；电疗器械；电动牙科设备；医疗器械和仪器；医疗分析仪器" 商品与异议人引证商标核定使用商品的功能用途、销售渠道相近，属于相同或类似商品。

（2）被异议商标指定使用在类似商品上，与引证商标构成使用于类似商品上的近似商标。

被异议商标"利君方圆"完整包含异议人在先注册使用并已具有一定知名度的商标文字"利君"，易使消费者误认为被异议商标所标识的商品来源于异议人或与异议人存在某种特定联系，如准予并存易造成消费者的混淆误认。因此，被异议商标指定使用在上述类似商品上，双方商标已构成使用于类似商品上的近似商标。

（二）关于违反诚实信用原则，恶意摹仿在先知名商标的认定

1. 是否构成恶意摹仿在先知名商标的考量因素

本案的焦点是被异议商标是否构成恶意摹仿他人独创性强、知名度高的商标，从而违反诚实信用原则。在判定上述情形的标准方面，主要考虑以下因素：（1）异议人商标的独创性；（2）异议人商标的知名度和影响力；（3）双方商标是否相同或近似；（4）双方商标所使用的商品或服务是否具有关联性；（5）被异议人是否具有恶意，包括被异议人的明知程度、主观意图、申请注册此类商标的数量和被异议人能否对其商标独创性作出合理解释等。

2. 商标及商品的情况

本案中，引证商标"利君"并非中文固有词汇，具有一定的独创性。异议人提交的在先使用证据可以证明，引证商标经其广泛宣传和长期使用在我国已具有一定的知名度。结合被异议商标的独创性和知名度，如前所述双方商标构成近似商标。被异议商标指定使用的第 10 类"缝合材料"商品与异议人引证商标核定使用商品，均属于医疗用品，具有相同的使用对象、销售场所和渠道，属于关联度较高的商品。

3. 关于被异议人是否具有恶意

本案中，异议人提供的证据资料表明：（1）异议人在先设立利君方圆制药公司并许可其使用"利君"商标，被异议商标"利君方圆"与异议人旗下公司企业字号相同。（2）被异议人投资的利君康源公司与异议人为同行业经营者，被异议人对异议人商标有知晓的可能。被异议人投资的利君康源公司以"利君集团""利君制药"名义推广产品和招商宣传，易导致相关消费者对商品来源产生误认。（3）被异议人先后在多个类别申请注册了 600 多件商标，除被异议商标外，还包括多件包含有"修正""白云山""葵花""三精""江中""扬子江""丽珠""恩威""步长""杨森"等他人知名商标的商标。上述他人知名商标均为我国高知名度医药企业的商标。

综上所述，本案被异议人摹仿他人在先有一定知名度商标，数量较大，行业较为集中，主观意图较为明显，且被异议人未对其行为作出合理解释，因此可以认定被异议人申请注册被异议商标的行为已构成恶意摹仿他人独创性强、知名度高的商标，违反了诚实信用原则。

当前，实施商标品牌战略，发展品牌经济，是新形势下我国经济向高质量发展转型升级的必然要求。构建公平竞争、诚实守信的市场环境既是实施商标品牌战略的重要内容，也是发展品牌经济的有效保障。商标恶意注册行为不仅严重损害商标权利人和消费者的合法权益，浪费商标标识资源和行政、司法资源，有损于公平竞争的市场秩序，还严重危害我国知识产权保护的国际形象。对此，商标确权机关将坚持以事实为依据、以法律为准绳，勇于亮剑，积极作为，有效地遏制商标恶意注册行为，强化商标知识产权保护，倡导市场主体诚信经营，努力构建既规范有序又充满活力的市场秩序。

案例 5 "瑞戈军刀"商标异议案

一、基本案情

异议人维氏股份公司等的主要异议理由为：被异议商标与异议人在先注册/使用/许可使用的引证商标构成使用于类似商品上的近似商标。被异议人违反诚实信用原则，恶意摹仿其引证商标。被异议商标构成对异议人商标的抢注。

被异议人瑞士军刀瑞戈公司的主要答辩理由为：被异议人总部位于瑞士苏黎世直角街 18 号，以设计、生产、销售十字瑞士军刀、瑞戈/RUIGOR 箱包、瑞戈/RUIGOR 手表、瑞戈/RUIGOR 眼镜、瑞戈/RUIGOR 户外鞋帽服装为主。被异议商标与三位异议人的引证商标区别显著，不会造成相关公众的混淆和误认，不构成近似商标。被异议人已在其他国家成功注册"瑞戈军刀"商标。被异议人已将被异议商标投入商业使用多年，在实际的商业活动中并未造成相关消费者的混淆误认。该商标若予以驳回，将对被异议人造成无可计量的损失。

商标局经审查认为：被异议商标"瑞戈军刀"指定使用商品为第 14 类"贵重金属合金；首饰盒；珠宝首饰；手表"等。异议人引证在先注册的第 1628685 号"SWISS ARMY"商标、第 1330496 号"威戈"商标及在先经国际注册并领土延伸至中国受保护的第 1055398 号"WENGER GENUINE SWISS ARMY KNIFE SINCE 1893 及图"、第 637941 号"WENGER"商标、第 763828 号"VICTORINOX"商标，核定使用商品包括第 14 类的"钟；表；珠宝"等。双方商标指定使用商品虽然属于类似商品，但双方商标文字构成差异较大，未形成对应关系，双方商标未构成使用于类似商品上的近似商标。但是异议人提供的证据可以证明，异议人维氏股份公司、威戈有限公司是世界两大瑞士军刀制造商，"瑞士军刀"这一多功能刀具的设计最早由异议人维氏股份公司创始人注册，经过 100 多年的宣传和使用，该商品名称已与两位异议人产生密切关联，并在中国相关公众中具有较高知名度。被异议人为一家同在瑞士注册成立的企业，对异议人及其产品的知名度应有所知晓。被异议人在广东新闻网（2015 年 6 月 23 日）上发布的标题为"瑞士军刀 Ruigor（瑞戈）品牌正式入驻中国市场"的新闻中称"RUIGOR（瑞士军刀瑞戈）是瑞士的知名品牌"，但被异议人既未提供其在瑞士的有关商标注册登记或宣传使用信息予以佐证，且经查明其在主营的箱包业务上注册和使用的"瑞戈""十字盾牌图形"商标实为 2015 年从中国两名伍姓自然人手中受转让而来，后又许可给其中一人控制的箱包公司实际使用。故商标局认为，被异议人将其名称由"瑞士军刀王公司"变更为"瑞士军刀瑞戈公司"，在相关报道中突出其与"瑞士军刀公司、瑞士军刀集团总部"的关联，并作出虚假的"瑞士知名品牌"宣传，在天猫网店上也宣扬"瑞士军刀瑞戈，纯正瑞士血统"等口号，上述行为在客观上具有极强的欺骗性，易导致中国消费者将其与两位因生产瑞士军刀而闻名的异议人产生错误关联或认为其确实是来自瑞士的知名品牌。因此，被异议商标若予以核准注册，将鼓励被异议人的此种不诚信行为，有损国家行政机关的公信力，并破坏公平的市场竞争秩序。为了维护和建设诚信的市场环境，制止欺骗消费者的行为，被异议商标应不予核准注册。异议人提供的中文宣传和报道，虽然将异议人的“VICTORINOX”“WENGER”商标与“瑞士军刀”放在一起进行宣传和使用，但商标局不能认定两位异议人商标已分别与“瑞士军刀”产生互译关系，也不能将“瑞士军刀”视为异议人于钟表、服装上在先使用并具有一定影响的商标。故异议人称被异议商标与其引证商标的中文翻译构成近似商标，以及被异议商标构成对其在先使用并具有一定影响商标的抢注的主张，商标局不予支持。

二、案例评析

本案主要涉及被异议商标是否构成《商标法》第 30 条“同他人在同一种商品或者类似商品上已经注册的或者初步审定的商标相同或者近似的”情形，以及被异议人在申请注册被异议商标的过程中是否违反诚实信用原则，被异议商标是否构成抢注。

本案的重点在于判定双方商标是否构成近似，从而认定被异议商标是否构成《商标法》第 30 条及第 32 条所指之情形。在异议案件中判断商标是否构成近似，一般从以下几点考虑：(1)商标标志本身的音、形、义和整体表现形式；(2)引证商标的显著性或知名度；(3)双方商标所使用的商品或服务原则上相同或类似；(4)被异议人是否具有恶意。

本案中，异议人引证商标为“VICTORINOX”“WENGER”“WENGER GENUINE SWISS ARMY KNIFE SINCE 1893 及图”及“SWISS ARMY”，其知名度在相关公众中毋庸置疑，其核定使用商品与被异议商标指定使用商品亦属于类似商品。但是，双方商标文字构成不同，在音、形和整体表现形式方面均有明显区别，因此异议人在案卷中提供了大量中文报道和广告宣传材料，用以证明其引证商标已与“瑞士军刀”中文形成互译关系，从而希望在“义”上得出被异议商标与其引证商标的中文翻译构成近似商标的结论。但是，从异议人所举证据来看，异议人维氏股份公司和威戈有限公司分别为排名世界第一和第二的瑞士军刀生产商，在商业活动和日常宣传中，两家企业均将其名下商标与“瑞士军刀”放在一起使用，故商标局认为，“瑞士军刀”在实际使用中既与“VICTORINOX”产生关联，又与“WENGER”发生联系，在中国公众心目中其未唯一指向维氏股份公司或威戈有限公司，故其不可能既与“VICTORINOX”商标形成固定对应关系，又与“WENGER”商标形成一一对应关系。因此被异议商标“瑞戈军刀”与异议人引证商标在音、形、义等方面均明显不同，双方商标未构成《商标法》第 30 条所指的使用于同一种或类似商品上的近似商标之情形。同时，“瑞士军刀”也不能被认定为异议人于钟表、服装、箱包等商品上在先使用的未注册中文商标。众所周知，“瑞士军刀”是一种多用途袋装刀具的代名词，虽然是异议人将其带入中国，并使中国相关公众对这一风靡世界的产品予以了解和喜爱，但该名称本身不能被认定为异议人使用于钟表、服装上的商业标识，其单独使用不足以起到区分不同商品和服务来源的作用。因此，被异议商标“瑞戈军刀”与“瑞士军刀”虽仅一字之差，但异议人关于被异议人以不正当手段抢注其在先使用并有一定影响的“瑞士军刀”商标的主张商标局亦不予支持。

此外，本案的难点在于被异议人是否违反诚实信用原则申请注册被异议商标的认定。在各类商业活动中，诚实信用原则应是基本行为准则，仅就从被异议人申请被异议商标行为本身而言，并无明显有违诚信原则之处。但是，从异议人提供的(2016)京国立内证字第 19580 号公证书及被异议人提供的答辩材料可知，被异议人在新闻发布会上宣称其“瑞戈 Ruigor”品牌为瑞士知名品牌，并假借瑞士驻广州总领事馆副总领事 Beat Schimind 先生之口发表相关声明。但被异议人并未提供其商标在瑞士本国的商标注册和登记信息，副总领事先生也表示从未发表过类似声明。同时经查，被异议人在箱包上拥有的“瑞戈”“十字盾牌图形”商标，最早由国内两名自然人申请，后转让给被异议人，被异议人又在商标局办理了许可其中一人使用的备案手续。因此，结合被异议人一系列商标申请注册、转让、许可行为，以及被异议人名称的变更、被异议人在新闻报道中突出其与“瑞士军刀公司、瑞士军刀集团总部”的关联等事实，商标局认为，被异议人虽然为在瑞士登记注册的企业，但其旗下商标并非真实的瑞士知名品牌，鉴于中国消费者对来自瑞士的产品品质具有较高信任度，被异议商标若予以核准注册，将使其成为欺骗中国消费者的合法工具。鉴于此，为了维护和建设诚信的市场环境，被异议商标应不予核准注册。

案例 6 “湘西黄金茶”商标异议案

作为与“三农”联系最为密切的知识产权，地理标志商标既能直接促进农民增收、农业产业结构调整和新农村建设，又能促进当地通过生态农业开发实现可持续发展。因此，对于地理标志商标之间的异议案件必须更加突出以事实为依据、以法律为准绳的确权原则。

一、基本案情

异议人保靖县茶叶产业开发办公室等的主要异议理由为：异议人在先注册的第 8532976 号“保靖黄金茶 BAOJING-HUANGJINCHA 及图”商标是湖南省著名地理标志证明商标，在茶叶行业享有极高的知名度和影响力，被异议商标“湘西黄金茶”侵犯其在先商标权；其申请主体不符合《商标法》及《集体商标、证明商标注册和管理办法》等相关法律规定；其指定使用的茶叶产地在地域范围上覆盖了异议人引证商标指定使用的茶叶产地，易造成消费者混淆误认。

被异议人吉首市经果技术推广站的主要答辩理由为：被异议商标是经湘西州委、州政府研究决定、批准，依照地理标志证明商标注册程序和相关规定申请注册的地理标志证明商标，申请主体符合《商标法》及《集体商标、证明商标注册和管理办法》等相关法律规定。“黄金茶”为茶的通用名称，被异议商标与异议人引证商标未构成使用于相同商品上的近似商标，二者同根同源，并存使用不会导致相关公众的混淆误认。

根据当事人陈述的理由及事实，经审查，商标局认为：被异议商标“湘西黄金茶”指定使用商品为第 30 类“茶”。异议人引证在先注册的第 8532976 号“保靖黄金茶 BAOJINGHUANGJINCHA 及图”商标核定使用商品为第 30 类“茶”。双方商标在文字构成、呼叫及整体外观上区别明显，并未构成使用于相同或类似商品上的近似商标。虽然被异议商标中的“湘西”在地域范围上覆盖了异议人引证商标中的“保靖”，但双方商标均为地理标志证明商标，分别标示了其商品来源于各自地区以及该商品的不同质量、信誉，并存使用应不致造成相关消费者的混淆和误认。此外，根据提供材料，被异议人“吉首市经果技术推广站”具备监督管理该地理标志证明商标的资质，符合地理标志证明商标申请主体要求。因此，被异议人申请注册被异议商标未违反《商标法》第 16 条之规定。依据《商标法》第 35 条，被异议商标准予注册。

二、案例评析

本案主要涉及被异议商标是否违反

《商标法》第16条、第30条规定的情形。

本案中，双方商标均为地理标志证明商标。引证商标“保靖黄金茶 BAOJING-HUANGJINCHA 及图”申请人为保靖县茶叶产业开发办公室，核定使用商品为第30类茶叶，注册有效期自2011年7月28日至2021年7月27日止，产品生产地域范围为湖南省保靖县内葫芦镇、夯沙乡、水田河镇等16个乡镇。被异议商标“湘西黄金茶”申请人为吉首市经果技术推广站，申请日期为2014年12月9日，产品生产地域范围为湖南省湘西土家族苗族自治州境内的吉首市、保靖县、古丈县、花垣县、永顺县、龙山县、芦溪县、凤凰县。虽然被异议商标产品生产地域范围覆盖了异议人引证商标产品生产地域范围，但黄金茶为茶叶通用名称，在我国江西、浙江等其他省份也有出产。湘西州吉首市、古丈县等其他地区亦具有适合黄金茶生产的地理环境和悠久的种植历史。近年来，当地政府因地制宜，大力发展茶叶种植业，目前湘西自治州黄金茶种植面积18万亩，具有了稳定、独特的品质。湘西黄金茶曾获得“2013中国武陵山片区绿茶金奖”“2013第五届湖南茶叶博览会茶祖神龙杯名优茶金奖”“2014武陵山片区（湘西）首届生态有机富硒农产品博览会参展农产品”等多项荣誉。上述事实说明，“湘西黄金茶”已具备了地理标志证明商标应有的地理名称、商品的特定品质、商品的信誉和独特的自然因素或人文因素。由于“保靖黄金茶”在地域上限制了除保靖县以外黄金茶产区对该地理标志的使用，而黄金茶产业已发展成为湘西州全州精准扶贫的支柱产业和帮扶贫困农户脱贫致富的重要渠道，但缺乏统一的品牌管理严重制约了企业和茶农的生产发展。因此将“湘西黄金茶”作为地理标志证明商标申请注册，解决了湘西州黄金茶其他产区品牌使用问题，其根本目的是实现品牌的统一管理，保证湘西黄金茶的产品质量，长期惠及湘西州公众。双方商标并存使用可以互相促进，开创黄金茶市场的共赢新局面，达到共同富裕的目的。此情形在地理标志证明商标中亦存在先例，如“龙井”与“西湖龙井”。因此被异议商标的申请注册符合《商标法》第16条规定。

被异议商标“湘西黄金茶”与引证商标“保靖黄金茶 BAOJINGHUANGJINCHA 及图”在文字构成、呼叫及整体外观上区别明显，并未构成使用于相同或类似商品上的近似商标。因此被异议商标未构成《商标法》第30条所指“同他人在同一种商品或者类似商品上以及注册或者初步审定的商标相同或者近似”之情形。

综上，商标局认定被异议商标的申请注册符合《商标法》第16条、第30条规定，应予以核准注册。

案例7 “镇南月琴”商标异议案

商标异议的实质审查包括绝对理由的审查和相对理由的审查。绝对理由的审查包括《商标法》禁用条款和缺乏显著性条款的审查适用，相对理由的审查主要指审查待审商标是否与他人在先权利相冲突。基于绝对理由的审查对于维护公共利益、市场秩序、保障消费者利益、避免商标申请人获得不应得到的商标专用权具有重要作用。

一、基本案情

异议人南华县文化馆的主要异议理由为：异议人创建于1952年，原名镇南县文化馆，1954年镇南县改为南华县。“镇南月琴”为著名非物质文化遗产，被异议人将其作为商标注册使用，会导致对公共资源的侵占，容易造成不良社会影响。被异议商标“镇南月琴”使用在指定商品项目上，仅表示了商品的通用名称、产地特点，缺乏显著特征。

被异议人半瓯春公司在法定期限内未作出答辩。

根据当事人陈述的理由及事实，经审查，商标局认为：被异议商标“镇南月琴”指定使用商品为第15类“乐器、弦乐器、曼陀林”等。异议人在本案中提供了《南华县文史资料选辑》部分复印件、《楚雄州非物质文化遗产保护名录》复印件、《省级非物质文化遗产》证书复印件等证据材料。经查，镇南月琴是云南省南华县人民经三百多年传承下来的一种民间民族弹拨乐器，既是具有一定普及率的大众乐器，又属于工艺美术品。镇南月琴制作技艺于2006年5月被批准确定为云南省省级非物质文化遗产，现今镇南月琴传统技艺有多位传承人制作和销售镇南月琴。镇南月琴传统技艺的商业信誉和商业价值属公共资源，不应由一家企业独占，被异议商标的申请注册侵犯了公共利益，易产生不良社会影响。被异议人并非来自于云南省南华县，被异议商标的注册使用易使相关公众对商品的产地产生误认，被异议商标用于“竖琴、木琴、胡琴”等指定商品上，易使相关公众对商品本身产生误认，因此被异议商标已构成《商标法》第10条第1款第(7)项所指标志。此外被异议商标使用在指定商品上并非其通用名称，并具备商标应有的显著性。异议人提供的证据材料不足以证明其在被异议商标申请注册前将“镇南月琴”作为商标使用在“乐器、弦乐器、曼陀林”等商品上，并具有一定影响，异议人称被异议商标系恶意抢注商标局不予支持。

二、案例评析

本案主要涉及被异议商标是否构成《商标法》第10条第1款第(7)(8)项、第11条第1款第(1)(2)项、第32条所规定情形。

(1)关于带有欺骗性，容易使公众对商品的质量等特点或者产地等特点产生误认的认定。《商标法》第10条第1款第(7)项规定情形主要指容易使公众对商品或服务的质量、品质、功能、用途、内容、工艺、技术等特点产生误认的；容易使公众对商品或服务的产地、来源产生误认的。本案中，被异议商标为申请使用于乐器类商品上的商标。根据异议人提供的相关史料及政府相关文件可知，镇南历史上即楚雄自治州的南华县，“镇南月琴”经三百多年传承，不仅作为民族乐器盛久不衰，还是具有收藏价值的工艺美术品。且该琴制作工艺于2006年5月由云南省人民政府公布为第一批省级非物质文化遗产，具有独特的地方风格。被异议人并非来自于云南省南华县，被异议商标易使公众对乐器商品的质量、工艺、技术等特点产生误认；容易使公众对商品的产地、来源产生误认；被异议商标使用于“竖琴、木琴、胡琴”等非“月琴”商品上，容易使公众对商品本身产生误认。

(2)关于有其他不良影响的认定。《商标法》第10条第1款第(8)项规定情形中“其他不良影响”主要指商标的文字、图形或者其他构成要素对我国政治、经济、文化、宗教、民族等社会公共利益和秩序产生消极、负面的影响。本案中根据“镇南月琴”作为省级非物质文化遗产所承载的历史背景、文化传统、现实状况等，“镇南月琴”产生于民间，是当地少数民族劳动人民先辈创作、生产并使用的乐器，属于公共资源，不宜由被异议人申请注册专用，因此被异议人申请注册被异议商标侵犯了公共利益，易产生不良社会影响。

(3)关于具备显著特征的认定。《商标法》第11条第1款第(1)(2)项所指标志主要指不具备足以使相关公众区分商品来源特征的标志。镇南为旧时地名，“镇南月琴”具备文化传统和民族风俗方面的内涵，现今“镇南月琴”传统技艺有多位传承人制作和销售镇南月琴，“镇南月琴”既具有观赏性，又具有实用性，因此被异议商标整体能够起到区分商品来源的作用、具备显著特征。

(4)《商标法》第32条“以不正当手段抢先注册他人已经使用并有一定影响的商标”的情形，适用如下要件：①异议人商标在被异议商标申请日之前已经使用并有一定影响；②双方商标相同或近似；③双方商标所使用的商品或服务原则上相同或类似；④被异议人具有恶意。本案中异议人提供的证据材料不足以证明异议人南华县文化馆在被异议商标申请注册前将“镇南月琴”作为商标使用在“乐器、弦乐器、曼陀林”等商品上，并具有一定影响。由此，商标局认定被异议商标的申请注册未构成对异议人在先商标的恶意抢注。

综上所述，商标局认定被异议商标的申请注册未构成《商标法》第 11 条第 1 款第(1)(2)项、第 32 条规定之情形，但被异议商标属于《商标法》第 10 条第 1 款第(7)(8)项所指标志，应该不予注册。

在商标注册审查环节，囿于待审商标的知名度、审查员的知识面、审查员所掌握的证据材料，予以初步审定并公告的商标可能不完全具备注册的合法性，因此《商标法》第 33 条对商标异议程序作出规定，以加强社会公众对商标审查工作的监督，提高商标审查质量。《商标法》第 33 条对异议申请人的主体资格相应地作出不同规定，基于《商标法》第 13 条、第 15 条、第 16 条、第 30 条、第 31 条、第 32 条等相对理由条款提出异议的异议申请人必须是权利人或利害关系人；基于《商标法》第 10 条、第 11 条、第 12 条等绝对理由条款提出异议的异议申请人可以是任何人。商标异议实质审查中，审查员根据当事人的理由、所提供的证据材料等，作出商标是否准予注册的决定。商标异议程序是维护市场秩序、保障消费者利益、维护在先权利人的权益和营造良好营商环境的有力武器。

案例 8　第 15157899 号“”商标异议案

商标异议审查实践中，常常会遇到异议申请人以侵犯其著作权为由，要求不予核准被异议商标注册的情形。对于著作权与商标权的冲突，法律实践中确定了实质性近似和接触可能性这两条基本原则。其中，接触可能性比较好理解，即在先享有著作权的作品通过公开发表或某种特殊渠道可以被侵权人知晓。但实质性近似应如何理解和把握，以及此类近似与商标审查中所称的混淆性近似区别何在，一直是判断商标权与著作权是否存在冲突的难点。

一、基本案情

异议人 DC 科米克斯合伙公司主要的异议理由为：被异议商标中含有“”图形，与异议人在先注册的第 1307995 号“”商标以及“超人”系列商标构成了类似商品上的近似商标。异议人对该图形享有在先著作权，被异议商标人抄袭其美术作品，侵犯了异议人的著作权。为支持其理由，异议人向商标局提供了在先商标注册证明、《超人》系列漫画、电影介绍及海报、“超人”系列产品在我国的销售图片及相关报道、《超人》系列美术作品的著作权登记证明等证据。

被异议人花生科技公司在法定期限内未作出答辩。

根据当事人陈述的理由及事实，经审查，商标局认为：被异议商标“图形”指定用于第 16 类“纸或纸板制广告牌、印刷出版物、文具”等商品上。异议人引证在先注册的第 1307995 号“S 图形”商标、第 158151 号“SUPERMAN 及图”商标、第 896298 号“超人”商标核定商品为第 16 类“文具”“印刷品”“杂志”等。被异议商标与异议人引证商标指定的部分商品虽属类似商品，但双方商标在整体外观上差异显著，未构成近似商标。异议人提供的著作权登记证明、商标注册证明、在先媒体报道、宣传海报等证据可以证明，异议人对其“S 图形”美术作品依法享有著作权，该作品通过在先公开发表已为相关公众所知晓。被异议商标中所含“S图形”部分与异议人上述美术作品基本相同，二者已构成实质性相似。因此，被异议人申请注册被异议商标的行为损害了异议人在先享有的著作权。依据《商标法》第32条、第35条规定，第15157899号“图形”商标不予注册。

二、案例评析

该案例的典型意义在于，被异议商标与异议人在先注册商标未构成《商标法》意义上的混淆性近似，而构成《著作权法》意义上的实质性相似。

一般而言，在判断两枚图形商标近似与否时，是通过比对二者的构图设计、表现形式及整体视觉效果等因素来进行综合考量。就该案而言，被异议商标整体表现为一个卡通花生小人，虽然身着超人披风、胸前有超人标志，但整体形象上与异议人在先注册的S图形商标差异明显。从混淆的角度考虑，二者若同时出现在市场上应当不会导致消费者的误认。

因此，商标局认定两枚商标未构成类似商品上的近似商标。

然而，从著作权的角度出发，判断图形商标与在先美术作品是否构成实质性相似时，并不以二者整体外观是否近似为前提，而是将作品中受著作权法保护的独创性内容与图形商标的相应部分进行比对。具体到本案，异议人享有在先著作权的美术作品由钻石形外轮廓以及内部镂空设计的S字母构成，其字母设计并非常见的普通字体，具有一定的独创性。被异议商标中，花生小人卡通图形虽然是该标识的显著部分，且具有较强的独创性，但该卡通图形胸前带有与异议人的S图形完全相同的标志。而异议人的S图形是具有独创性并享有著作权的美术作品，被异议商标所含图形与之完全相同，很难以偶然巧合予以解释。

本案中，异议人的“S图形”美术作品构图要素虽然较为简单，但其S字母上大下小的镂空设计、起笔收笔的特殊处理以及与外框结合的具体方式均为该美术作品的独创性内容。虽然创意点并不十分丰富，但仍具有一定独创性。被异议商标中所含的S图形部分与异议人图形不仅在上述所有创意点上全部吻合，而且图形的所有细节设计也均与异议人在先美术作品完全一致。因此，可以判定二者已构成实质性相似。再结合异议人在先作品通过影视、漫画、海报等载体已进入我国市场多年，具有一定知名度，被异议人显然有接触该作品的可能。综上，判断侵权的两个条件全部满足，商标局认定被异议商标侵犯了异议人在先作品的著作权。

（国家知识产权局商标局综合处）

商标富农和运用地理标志精准扶贫典型案例

案例1　紫阳富硒茶

陕西省南部紫阳县境内产销茶叶历史悠久，拥有天然富硒区，所产茶叶硒元素含量高，具有特种保健功效。紫阳富硒茶地理标志商标于2005年10月21日获得核准注册后，注册人坚持以各项制度规范管理，自2006年以来坚持执行“五统一”，即统一品牌、统一质量、统一标准、统一包装、统一宣传。

紫阳县委、县政府把紫阳富硒茶作为立县富民产业，高度重视商标管理工作。紫阳富硒茶产业赢得前所未有的发展机遇，成为紫阳的支柱产业，10万茶农因茶而致富。使用地理标志商标前，茶叶每公斤价格为120～600元，使用后达200～3600元。县内大量外出务工的青壮年劳动力，转而回乡投身茶产业，产业效益的提高给他们带来稳定而可观的收入。2016年，全县茶叶产量5863吨，实现茶叶产值8.8亿元，综合收入13.5亿元，较2015年分别增长 11.46%、12.8% 和 8%。

案例 2　万荣苹果

万荣县地处山西省南部，特殊的气候使这里出产的苹果外观呈鲜红、浓红和金黄色。万荣苹果皮薄肉脆，维生素 C 含量丰富。在县委、县政府的大力支持下，2012 年 9 月万荣县果业发展中心申请了 2 件地理标志商标，并于 2013 年 3 月获得核准注册。

经过近几年的宣传和使用，万荣苹果地理标志商标知名度大幅提升，带动全县经济发展。据不完全统计，截至 2016 年底，万荣县 120 多户苹果仓储企业、专业合作社、电商申请办理万荣苹果地理标志商标使用许可协议。全县统一箱装鲜果包装和分级苹果标贴，推广使用覆盖率达 60% 以上。万荣苹果地理标志商标带动了万荣果业及相关产业的发展，目前已有汇源果汁、中鲁果汁、乐万家罐头等苹果深加工及果品储藏企业 120 余户，形成产、储、加、销一体化产业链。万荣县苹果衍生产业如果木香菇产业等，也走在国内同行前列。集香菇产、销、加工于一体的天天香公司 2016 年产值达 7000 万元，解决剩余劳力 1300 人，成为农民增收的主要来源。

万荣苹果地理标志商标同时带动当地电商产业的发展。截至 2016 年底，万荣从事电商行业的人员达 3000 多人，微商达 200 户，解决剩余劳动力 1 万余人。2016 年，仅微商、网店渠道销售苹果就达 100 多万公斤。2016 年，果农人均纯收入达 4506 元，全县依靠果业产业脱贫 2380 户，带动 200 多户贫困户新栽苹果 700 余亩。

案例 3　静宁苹果

甘肃省静宁县依托独特的自然条件和区位优势，举全县之力持续推进果品产业开发，坚持把静宁苹果地理标志商标建设、宣传和管理贯穿于苹果产业发展始终。通过多年的宣传推介，静宁苹果地理标志商标逐渐被广大消费者认可，市场竞争力和占有率明显提升，出口欧盟、俄罗斯、南美、东南亚等 10 多个国家和地区。

据有关资料统计显示，2016 年全县挂果果园面积 65 万亩，总产量 75 万吨，产值 28 亿元，农民人均从苹果产业中收益 5990 元，占农民人均纯收入 80% 以上。2016 年，收入达百万元的村有 81 个，200 万～500 万元的村有 23 个；收入上万元的户达 2.6 万户，2 万至 5 万元的户达 1.98 万户，5 万元以上的户超过 1 万户，10 万元以上的户达 958 户；亩收入最高的达 3.6 万元；户收入最高的达 39 万元。依靠果品产业增收，全县 16.5 万人脱贫。

果品产业为全县主要经济指标实现两位数增长作出重要贡献，苹果产业成为富民强县、发展地方区域经济的主导产业。目前，全县已初步形成基地规模化、生产标准化、产品品牌化、营销市场化、服务社会化的产业发展格局，扶持建成陇原红果品公司、常津公司、德美公司、麦林公司、恒达公司等一批龙头企业，取得显著的社会、经济、生态效益。

案例 4　盐池滩羊

盐池县是著名的中国滩羊之乡，是宁夏回族自治区唯一的牧业县，也是全国 266 个牧区县之一。盐池滩羊地理标志商标注册后，对全县农业农村经济发展起到巨大促进作用。全县畜牧业总产值从 2005 年的 2.06 亿元增加到 2016 年的 14 亿元，占全县农业总产值的 50%，农民人均纯收入 1/3 来自滩羊产业。

2016 年，全县共有滩羊养殖户 8500 户，滩羊饲养量 305.4 万只；相关产业从业人员 6.2 万人左右，占总人口的 36.05%。2016 年滩羊产值 6.8 亿元，占农业总产值的 48.57%。盐池县共创办农民专业合作社 61 户，累计建设规模滩羊养殖园区（场）317 个。2016 年全县农民人均纯收入达 8532 元，其中来自滩羊的收入 2793 元，占比达 32.7%。

盐池县财政每年拨付 300 万至 500 万元经费，在机场、车站、高速公路等客流量较大场所及电影院、广场等人群密集场所设置广告牌，让盐池滩羊名扬四方。盐池县还建设中国滩羊馆，系统地宣传展示盐池滩羊和中国滩羊文化。县委书记、县长亲自上阵，在全国各大城市举办盐池滩羊肉展示推介会。

目前，滩羊肉畅销北京、上海、广州等全国 26 个大中城市高端市场。盐池县发展滩羊专卖店和连锁经营超市 116 家，直供餐饮企业 108 家，设立 8 个盐池滩羊电商旗舰店，盐池滩羊肉销售网络覆盖全国 90% 以上的省区市。

案例 5 英山云雾茶

英山云雾茶具有“形美、色绿、香高、味醇”的品质，湖北省英山县被授予“中国茶叶之乡”“中国绿茶（名茶）之乡”等称号。2016 年，全县茶园面积达 25.4 万亩，茶叶产量 2800 万公斤，产值 19.9 亿元，茶业规模位居全国前列。全县 11 个乡镇中，有 10 个乡镇成为茶叶专业乡镇。全县已建成 5 个万亩生态茶叶带，50 多个千亩茶叶小区，60 多个茶叶专业村，有近 20 万名茶农。英山云雾茶成为推动县域经济发展、山区群众脱贫致富的支柱产业。

地理标志商标的注册使用为英山云雾茶带来翻天覆地的变化：使用前茶叶占人均纯收入的 10%至 20%，使用后占 30%至 60%。使用前英山云雾茶每公斤只能卖 60 元，如今英山云雾茶产销两旺，每年每户农民可以增收 2 万多元，近 12.6 万名茶农脱贫致富。据统计，2016 年茶农人均收入 0.6 万元，茶产业精准扶贫带动 1.06 万户 4 万人增收脱贫，其中人均增收 0.15 万元。2017 年底，英山县实现整体脱贫。

案例 6 平谷鲜桃

北京市平谷区是著名的中国桃乡，平谷鲜桃以个大、色艳、风味浓、含糖量高等独特的优良品质屡获殊荣。目前平谷区有 5 万户近 10 万人从事果品生产，户均收入 3.04 万元；其中有 3 万户桃农近 7 万人从事大桃生产，户均收入 3.93 万元。全区 3000 余名农民从事果品营销，每年销售收入 1.5 亿元。平谷鲜桃不仅畅销全国，而且远销日本、韩国、俄罗斯等 10 多个国家和地区。

果品产业带动旅游及相关产业发展，第一产业变成第三产业，40.8 万亩果园成为不可多得的旅游资源。每年举办的国际桃花音乐节、平谷鲜桃采摘季等活动，实现了果品产业与旅游业有效融合，还带动餐饮、包装、加工等相关行业的发展。果品产业发展还使土地资源得到有效保护和利用，带动近 10 万名中老年果农就业和增收致富，在促进农村和谐稳定方面发挥了重要作用。

案例 7 黄松甸黑木耳

2014 年，黄松甸黑木耳成功注册地理标志商标，随后吉林省蛟河市黄松甸镇的黑木耳产业获得跨越式发展。2016 年，蛟河市共种植黑木耳 8.1 亿袋，全市从事黑木耳种植的农户达 1.8 万户，蛟河全市实现产值 24 亿元。在木耳种植加工产业发展的辐射下，与之相关的锯末子、麦麸子制菌配料、塑料薄膜、压缩包装、浇灌设施制作和木耳饮料深加工等配套产业相继形成，并促进当地交通物流、商贸服务等行业快速发展。

地理标志商标精准扶贫的典型是蛟河市黄松甸镇南顶子村，全村152户542人中有贫困家庭51户117人，是省级贫困村。2016年，黄松甸镇政府启用扶贫专项资金110万元，建设了15公顷的食用菌生产园区，村里37户贫困家庭入园种植木耳40万袋。村里成立黑木耳经销处，高于市场价格收购园区种植的优质黑木耳，优先吸纳12户贫困家庭人员到经销处打工。经销处与镇政府引进的当地木耳经销龙头企业实现对接，优质黑木耳深加工后精致包装再通过电商平台、产品推介会、大型超市推向市场。自启动黑木耳产销扶贫项目以来，南顶子村贫困家庭每户实现收入约为5万元，村集体当年收取管理费约5万元。全村脱贫49户108人，脱贫率达92.3%。

在2016年的精准扶贫工作中，蛟河市仅种植黑木耳一项即带动贫困户2363户4791人摘下穷帽子，占全市脱贫总人数的53.8%。

案例8　宽城板栗

宽城板栗是河北省宽城满族自治县果品行业协会注册的地理标志商标。在地理标志商标使用前，宽城栗农没有销售主动权，市场价格波动较大，总体价格较低，基本维持在每公斤4元左右。经过地理标志商标的带动以及龙头企业承德神栗食品股份有限公司的大力宣传，到2016年宽城板栗每公斤价格突破10元，广大栗农收益大大增加。

宽城板栗地理标志商标的运用深入推进了精准扶贫工作。宽城满族自治县专门成立板栗合作总社，设立46个乡村分社，入社农户4万余户，每年为农户增收4亿元，解决就业岗位2000余个。地理标志商标带动宽城20万栗农年人均增收300元以上，目前板栗收入占农民总收入的38%，有效保障县内45个贫困村21 567名贫困人口稳定脱贫，同时带动餐饮、旅游、仓储、物流、运输、信息等相关产业进一步发展，对调整县域产业结构起到积极的促进作用。

案例9　沼山胡柚

沼山县不仅是湖北省最大的胡柚生产园区，也是国内仅次于浙江常山的第二大胡柚种植基地，种植面积逾5万亩，盛年期果树总产量达1120万公斤。胡柚鲜果及深加工品远销北京、上海、广州等大城市各大市场，每年为农民增加纯收入约1.1亿元。

作为湖北省第一家胡柚深加工企业，梁子湖绿色食品开发有限公司与韩国果品加工企业合作生产的产品，成为与韩国胡柚茶比肩的饮品。目前使用沼山胡柚地理标志商标的加工企业达12户，可提供300多个固定生产岗位、600多个季节性生产岗位，不仅解决了当地农民就业问题，还吸引众多大学生回乡就业。

在政府引导扶持下，沼山镇涌现了一批高产典型。永塘村村民黄清树带领本村村民种植胡柚150亩，带动相邻村组连片种植2000余亩，部分已进入试果期。沼山林场张胜州等联合承包168亩胡柚，年产胡柚33万公斤，年收入60多万元。

案例10　枞阳媒鸭

安徽省枞阳县地处长江中下游平原中心地带，辖区有84公里长江岸线，是各种候鸟迁徙的必经之地。枞阳媒鸭是经越冬野鸭与当地家鸭杂交而产生的独特品种，具有可野外放牧、耐粗饲、觅食力、抗病力强等特点，养殖历史已有700多年。2013年前，枞阳媒鸭都是散户分散养殖，年产值不到百万元。为做大这一传统产业，枞阳县市场监管局着力推动该产业走品牌发展之路。2013 年，枞阳媒鸭地理标志商标成功注册。

地理标志商标注册后，枞阳媒鸭的价格由之前的每只 15～20 元增加到每只 45～50 元。目前，枞阳每年出售枞阳媒鸭 50 万只以上，腌制枞阳媒鸭鸭蛋 6000 万枚以上。枞阳媒鸭产业总产值超过 1 亿元，带动 1200 多户农户户均获纯利万元以上，带动上百户建档立卡贫困户脱贫。

案例评析

获选典型案例用一组组数据全面展现了地理标志商标在精准扶贫工作中发挥的重要作用，论证了地理标志商标引领当地经济发展的品牌力量。

一是商品价格明显上升，商标品牌价值显著提升。“盐池滩羊”“枞阳媒鸭”“紫阳富硒茶”等商品在使用地理标志商标后，商品价格增长了 3～6 倍，品牌价值提升显著，“紫阳富硒茶”区域品牌价值达 19.67 亿元。

二是农民收入显著提高，精准扶贫效果卓越凸显。2016 年，“静宁苹果”带动当地农民人均从苹果产业中收益 5990 元，占农民人均纯收入的 80% 以上，全县 16.5 万人脱贫。“英山云雾茶”产销两旺，每年每户农民增收 2 万多元，累计受益农民达 10 余万人，茶产业精准扶贫带动 10 600 户、4 万人增收脱贫。蛟河市仅种植“黄松甸黑木耳”一项，当年带动全市脱贫总人数的 53.8%摘下穷帽子、走上致富路。

三是就业问题有效解决，带动地方经济发展作用明显。“沼山胡柚”地理标志商品加工企业达 12 家，解决当地农民就业问题，吸引众多大学生回乡就业。“万荣苹果”发展的同时带动了当地电商的发展，万荣网军规模达 3000 多人，微商达 200 户，解决剩余劳动力 1 万余人。宽城县运用“宽城板栗”地理标志商标解决就业岗位 2000 余个，带动餐饮、旅游、仓储、物流、运输、信息等相关产业的进一步发展。“平谷鲜桃”全区 5 万户近 10 万名农民从事果品生产，3000 余名农民从事果品营销，果品产业带动了旅游及相关产业的发展，不仅最大限度地保护了农民的切身利益，还带动餐饮、包装、加工等相关行业的发展。

（国家知识产权局商标局综合处）

反不正当竞争典型案例

案例 1　J 公司仿冒知名商品特有的名称、包装、装潢案

一、基本案情

2016 年 11 月，劲牌公司向大冶市工商局投诉大冶 J 公司（以下简称当事人）生产销售的“中国勐酒”突出使用“勐”字，且“勐”字与“劲”字商标极近似，存在导致相关公众对商品来源产生混淆和误解，有侵犯其注册商标专用权行为，同时“中国勐酒”产品上使用的产品名称、包装、装潢与中国劲酒产品名称、包装、装潢十分近似，存在不正当竞争行为，要求办案机关依法查处。接到投诉后，经批准，办案机关执法人员依法展开调查。

经查：劲牌公司于 2008 年 9 月 21 日注册了“劲”字注册商标（第 5005334 号，有效期为 2008 年 9 月 21 至 2018 年 9 月 20 日），于 2009 年 9 月 16 日申请取得了酒瓶外观设计专利证书（专利号 ZL200830263924б）。当事人勐酒注册商标号为第 6793539 号，2010 年 4 月 21 日注册的，现商标持有人为射洪县柳树镇前程商店，由商标持有人许可大冶市 M 酒业公司使用，2016 年 6 月 3 日当事人将大冶市 M 酒业公司字号名称进行了变更，并由变更后的当事人继续使用，注册的商标是图形加“勐酒”宋体文字的结合，注册商标有效期为 2010 年 4 月 21 日至 2020 年 4 月 20 日，当事人也申请了外观设计专利证书，专利权人是贺某，于

2015年10月21日申请，2016年4月27日国家知识产权局予以公告，外观设计名称为勐酒酒瓶。当事人公司实际负责人为贺某，法定代表人郭某与贺某为夫妻关系。当事人前身为大冶市金谷香酒厂，后以大冶市M酒业公司名义对外经营，并于2016年6月3日将大冶市M酒业公司字号名称变更为当事人，现以当事人名义从事经营活动。当事人主要生产600ml、125ml两种型号中国勐酒，于2016年9月搬到大冶市罗金大道××号新厂房以后开始以当事人名义从事勐酒生产与销售，对外都是以整件形式对外销售，600ml勐酒每件12瓶，125ml勐酒每件24瓶。600ml每件销售价格为125元/件，成本为75元/件；125ml每件销售价为75元，成本为53元/件，在全国都有销售，其中以重庆及周边县市为主。截至调查终结，125ml型号勐酒销售2070件，600ml型号勐酒销售104件。因当事人未建立完整会计账簿，无法提供原始凭证，上述进销价格及数量均从当事人提供的情况说明及所作笔录所得，故办案机关计算的违法所得合计为50 740元。

二、法律适用

当事人的行为违反了《反不正当竞争法》第5条第2项的规定，构成了仿冒知名商品特有的包装、装潢的不正当竞争行为。

依据《反不正当竞争法》和国家工商行政管理总局《关于禁止仿冒知名商品特有的名称、包装、装潢的不正当竞争行为的若干规定》，执法机关对当事人处以没收违法所得50 740元，并处50 740元罚款，上缴国库，责令停止上述违法行为、销毁尚未使用的侵权的包装和装潢并消除现存商品上侵权的商品包装和装潢。

三、案件评析

(1)酒瓶标签外观是否存在很大差异？是否造成混淆？

当事人称其“中国勐酒”与“中国劲酒”酒瓶标签外观存在很大差异，对办案机关认定其构成近似有异议。办案机关经复核认为，勐酒外包装突出使用“勐”字，但却没有根据注册商标注册的字样使用“勐”，而是将“勐”改为草体字，导致“勐”草体与劲牌公司生产的劲酒“劲”草体比较相似，当事人生产勐酒酒瓶正反两面均贴有红色铜板标签，酒瓶正面标签上部为勐酒商标（比较小），中间为正方形中国勐酒图案（比较醒目，突出使用“勐”），标签下面标注有酒精度、净含量及企业名称，酒颜色为红色，从勐酒外包装主色调、酒瓶大小、标签外观、文字排列与劲牌公司生产的劲酒包装、装潢从整体外观上看比较相似，且执法人员对普通消费者作了市场调查，消费者容易将“中国勐酒”误认为“中国劲酒”。经办案机关集体讨论并向上级工商局请示，认为劲牌公司自20世纪80年代开始生产销售“中国劲酒”，目前产品覆盖全国二十多个省、市、区，远销东南亚，在国内市场上享有较高知名度，是为相关公众所知悉的商品，且劲牌公司生产销售的“中国劲酒”商标注册及外观专利均在当事人之前使用，故认定当事人生产销售的“中国勐酒”构成仿冒“中国劲酒”特有的包装、装潢的违法行为。

根据《关于禁止仿冒知名商品特有的名称、包装、装潢的不正当竞争行为的若干规定》第5条“对使用与知名商品近似的名称、包装、装潢，可以根据主要部分和整体印象相近，一般购买者施以普通注意力会发生误认等综合分析认定。一般购买者已经发生误认或者混淆的，可以认定为近似。”及第6条“县级以上工商行政管理机关在监督检查仿冒知名商品特有的名称、包装、装潢的不正当竞争行为时，对知名商品和特有的名称、包装、装潢一并予以认定。”“中国勐酒”与“中国劲酒”酒瓶形状、酒颜色、标签均近似，根据办案机关所作市场调查，一般消费者施以普通注意力很容易将“中国勐酒”误认为“中国劲酒”，办案机关经集体讨论并向上级工商局请示，认定当事人行为构成仿冒知名商品特有包装装潢的违法行为，认为"中国勐酒"构成与"中国劲酒"的近似有充分的事实、理由、依据。

(2)包装装潢要遵循使用在先的原则。

办案机关认为，当事人明知"中国劲酒"具有较高市场知名度，在同一地域及同类商品上生产、销售与"中国劲酒"包装、装潢十分相似的"中国勐酒"，明显有"傍名牌"故意。知名商品特有的包装、装潢是《反不正当竞争法》保护的一项重要权利，对其应当按照使用在先的原则予以认定和保护。

(3)作出行政处罚后的后续工作。

办案机关作出行政处罚后，向当事人负责人宣传了相关法律法规和政策，要求其增强守法经营意识，对生产产品的包装装璜进行全面改版，避免引起消费者的误解。同时要求当事人进一步加大召回力度，做到"问题产品"零生产、零库存、零流通。该案执法人员和当事人一同赴外召回仿冒商品，对仿冒商品做好登记，集中销毁侵权包装酒、包装箱。展示了办案机关依法打击侵犯知识产权和制售假冒伪劣商品等违法行为的坚定决心，保障了企业和消费者的合法权益，努力营造安全放心的消费环境。且并不是处罚了事，而是进一步要求当事人后续不违法，避免处罚后违法现象再发生。

权利人产品(左)与侵权人产品(右)对比图

案例 2　百世乐食品公司仿冒知名商品特有的包装、装潢案

一、基本案情

四川百世乐食品公司(以下简称当事人)于 2016 年 4 月开始生产友唯牌养生核桃复合蛋白饮品核桃乳，净含量为 240ml/罐，其产品外包装及罐体的包装、装潢均以蓝白色为基调，配以蓝色飘带，蓝色飘带中标注有白色字体的"养生核桃"字样，在飘带的左上方位置标注有"友唯"牌文字及图案注册商标标识，飘带左侧标注有"香浓原浆 天然健康"的文字，字体颜色主要为蓝，其中"天然"字样颜色为红；飘带右侧标注有蓝色文字"复合蛋白饮品"，下方有放大字体的"核桃乳"文字；飘带的左下方及有一小一大两个掰开的核桃，飘带的右下方以一位短发女性头像进行装饰。截至案发，当事人生产上述包装、装潢的产品共计 78 449 件，已销售 76 469 件，库存 1980 件，获取利润 53 528.3 元。2016 年 10 月 27 日，德阳市工商局委托德阳市保护消费者权益委员会在德阳市文庙广场、恒大建材城两地，对"养生核桃""六个核桃"两者产品及包装使消费者采用隔离观察的方式进行社会问卷调查，共向消费者发出调查问卷 100 份，收回 100 份。在接受调查的消费者中认为"养生核桃"与"六个核桃"产品包装形状相同或近似的占 87%；认为产品包装上使用的色彩、字体排列组合、图案相同或近似的占 86%；在实施普通注意力的情况下不能区分及不易区分两者产品的占 81%；在购买商品时将"养生核桃"可能误认及会误认为是"六个核桃"的占 83%；认为两者产品外包装上使用的色彩、字体排列组合、图案相同及近似的占 94%；认为不能区分及不易区分两者产品外包装的占 85%。

二、法律适用

当事人的行为违反了《反不正当竞争法》第 5 条第 2 项的规定，构成了仿冒知名商品特有的包装、装潢的不正当竞争行为。

依据《反不正当竞争法》第 21 条第 2 款和《四川省反不正当竞争条例》第 36 条第 5 项的规定，办案机关责令当事人停止上述违法行为，对暂停销售的仿冒商品予以监督销毁，并对当事人的违法行为作出如下行政处罚：(1)没收违法所得 53 528.3 元；(2)罚款 53 528.3 元。上述罚没款合计 107 056.6 元。

三、案件评析

(1)权利人生产销售的“六个核桃”属知名商品且其特有的包装装潢使用在先。

权利人于 2005 年 7 月开始生产销售“六个核桃”核桃乳并使用上述商品包装、装潢，该商品于 2012 年 10 月被河北省工商局认定为知名商品，其“六个核桃”注册商标于 2015 年 6 月 5 日被国家工商行政管理总局认定为驰名商标，依据《四川省反不正当竞争条例》第 8 条第 2 款第 1 项“前款所称的知名商品是指：(一)使用经国家认定的驰名商标或者著名商标的商品”的规定，权利人的产品属于知名商品。当事人于 2016 年 4 月份开始使用“养生核桃”产品的包装、装潢，依据国家工商行政管理总局《关于禁止仿冒知名商品特有的名称、包装、装潢的不正当竞争行为的若干规定》第 4 条第 2 款“特有的商品名称、包装、装潢应当依照使用在先的原则予以认定”的规定，故权利人商品的包装、装潢使用在先，属知名商品特有的名称、包装和装潢。

(2)当事人生产销售的“养生核桃”商品的包装、装潢与权利人“六个核桃”商品的包装、装潢主要特征相近似。

两者产品的相似之处表现在：第一，两者产品包装均使用以蓝白色调为基调的罐体包装，净含量均为 240ml。第二，两者产品在包装的显著部位均使用蓝色飘带，并在蓝色飘带上使用白色字体的商品名称，均呈由上至下纵向排列；飘带的左下方均有色调一致的核桃形状，细微差别在于权利人使用的是一个核桃一个核桃仁，当事人使用的是两个掰开的核桃；在蓝色飘带的两侧均用蓝色与红色相间的文字予以装饰；在蓝色飘带的左上方均使用了文字及图案的注册商标标识。第三，两者产品正面的右下角均有一短发女性的形象代言人，细微差别在于权利人将代言人形象使用在外包装纸箱，当事人在罐体及外包装箱上均有使用。两者产品整体印像和主要部分特征相近似。

(3)当事人生产销售“养生核桃”包装、装潢已与权利人“六个核桃”知名商品特有的包装、装潢相混淆，足以使相关公众发生误认。

根据德阳市保护消费者权益委员会提供的《社会调查问卷》及《社会调查问卷分析报告》，相关消费者在施以普通注意力的情况下，难以区分两者商品及对两者商品可能发生误认的比例达 80%以上。依据《关于禁止仿冒知名商品特有的名称、包装、装潢的不正当竞争行为的若干规定》第 2 条第 2 款“前款所称使购买者误认为是该知名商品，包括足以使购买者误认为是该知名商品”的规定，当事人生产销售的“养生核桃”商品已经导致两者产品向混淆，已经或足以使相关公众发生误认。当事人为了获取经济利益，在生产销售上述“养生核桃”产品时，使用与权利人知名商品“六个核桃”相近似的包装、装潢，致使当事人的上述产品与权利人商品发生混淆，借此以知名商品“六个核桃”的市场影响力而销售当事人的“养生核桃”产品，损害了权利人和消费者的合法权益，扰乱了正常的市场竞争秩序。

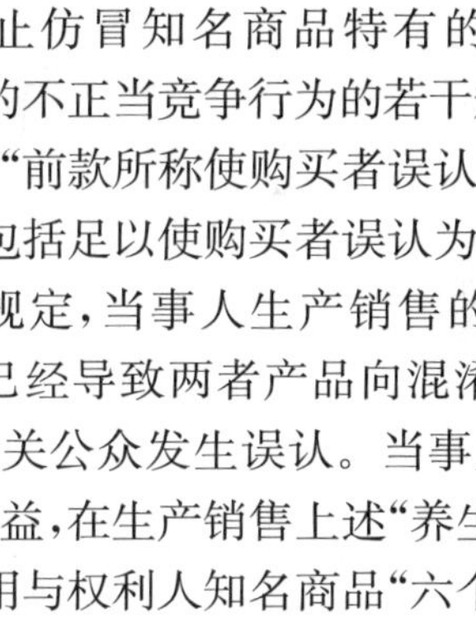

两者产品罐体图片

两者产品纸箱正面图片

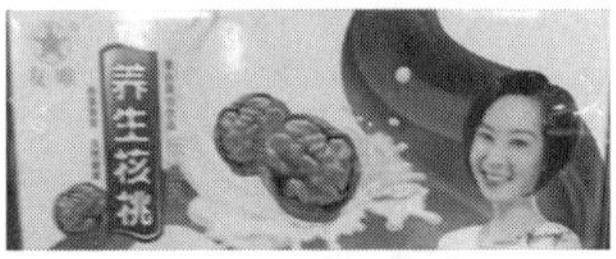

两者产品纸箱侧面图片

案例3　黄某、成都宸钰信息公司侵犯商业秘密案

一、基本案情

成都迈思创智公司（以下简称迈思创智）于2010年12月成立，黄某占股49%，并任法定代表人和总经理，负责公司日常经营管理。成都宸钰信息公司（以下简称宸钰信息）于2015年2月成立，黄某占股60%，并负责公司日常经营管理。两家公司实际业务均为IT服务外包。

迈思创智与中电科华公司、思特沃克公司等公司签订有合作协议，合作内容为，由迈思创智向上述客户派遣技术服务等人员，受客户安排开展工作。

迈思创智向工商部门投诉：黄某擅自以迈思创智名义向客户发函，谎称公司将结束运营，中止了与客户的合同并将客户转移到宸钰信息，黄某的行为已涉嫌违反了《反不正当竞争法》规定，请求工商部门查处。

经查，2016年9月，黄某自己或安排迈思创智员工通过电子邮件向迈思创智的客户发函称：由于迈思创智股东之间对公司的发展方向产生了严重的分歧，且不可调和，所以迈思创智将于2016年9月30日结束运营，后续会进入清算程序，对于客户的业务和人员，迈思创智会转移到另一家公司继续提供服务，原有的招聘人员也会转到新公司。并将盖有迈思创智公章的含有上述内容的书面通知交予客户，解除了迈思创智与上述客户的合作。随后，黄某将以宸钰信息为合作方的新合作协议交予上述客户签订，所涉及的派遣人员、工作岗位、薪酬标准没有变化。原与迈思创智签订劳动合同并派遣到上述客户处工作的人员重新与宸钰信息签订了劳务合同。上述客户在与宸钰信息签订合作协议后将所涉及的合作款项支付给宸钰信息。

在调查期间，黄某称：2016年9月初，黄某与迈思创智另一股东的控制人口头协商达成一致，口头协商内容是结束迈思创智的经营，原迈思创智的客户由黄某与迈思创智另一股东划分。其中中电科华公司、思特沃克公司等客户归黄某。黄某根据与胡某协商内容在随后向中电科华公司、思特沃克公司等客户发出上述电子邮件内容和书面通知，并以宸钰信息名义与客户签订了合作合同。

经查，除黄某叙述的上述口头协议外，无证据表明该协议存在。迈思创智没有结束运营进行清算的决议，其另一股东也没有结束迈思创智的运营进行清算的计划。

迈思创智与其员工均签订有《劳动合同》及《劳动保密协议》。其中，《劳动保密协议》中“保密的内容和范围”项包括“经营信息：经营信息的范围包括但不仅限于组织构架、岗位设置情况、员工个人信息、薪资待遇、福利计划、培训计划、激励考核方案、客户名单、营销计划、采购计划、定价政策、财务资料、进货渠道、产销策略、招投标中的标底及中标内容等”等内容。“保密义务”一项规定“不得向任何第三人披露甲方的商业秘密”“不得允许或协助第三人使用甲方的商业秘密”“不得为自己利益使用或计划使用甲方商业秘密”等内容。上述《劳动保密协议》的甲方栏，均盖有迈思创智的公章并有黄某签名或盖有黄某的私章。

二、法律适用

（1）本案涉及的思特沃克公司、中电科华公司等公司与迈思创智所签订的合作协议、合同，不为所属领域内的相关人员普遍知悉和容易获得，应当认定为《反不正当竞争法》第 10 条第 3 款规定的“不为公众所知悉”；以上经营信息能为权利人迈思创智带来经济利益，属于法律保护对象的商业秘密的经营信息；权利人迈思创智采取了保密措施，签订了保密协议，在正常情况下足以防止涉密信息泄漏。因此，上述经营信息属于《反不正当竞争法》第 10 条第 3 款所指的商业秘密。

（2）黄某陈述的与另一股东达成口头一致结束迈思创智运营一事，无其他证据材料予以证明。办案机关对相关人员和公司的调查及收集的证据材料也无法对黄某的上述陈述予以证明。因此，对黄某上述陈述办案机关不予采信。

（3）黄某作为迈思创智的股东、法定代表人及公司运营主要负责人，无论其本人是否与迈思创智签订过《劳动保密协议》，其在日常工作中是知晓公司保密制度的，这一点可以通过执法机关调查期间取得的迈思创智公司与员工签订的《劳动保密协议》上均有黄某的签名或私章予以证明。黄某作为迈思创智的工作人员一样有遵守公司制度的义务。

综上所述，黄某在迈思创智担任法人代表期间，在知晓公司保密制度的情况下，自己或安排迈思创智员工向迈思创智的客户发布公司结束运营的虚假信息，使原迈思创智的客户重新与宸钰信息签订了合同，其行为属于《反不正当竞争法》第 10 条第 1 款第（3）项“经营者不得采用下列手段侵犯商业秘密：（三）违反约定或者违反权利人有关保守商业秘密的要求，披露、使用或者允许他人使用其所掌握的商业秘密”所述侵犯商业秘密行为。

宸钰信息在明知上述经过的情况下，依然与相关公司签订合同的行为，属于《反不正当竞争法》第 10 条第 2 款“第三人明知或者应知前款所列违法行为，获取、使用或者披露他人的商业秘密，视为侵犯商业秘密”所规定的侵犯商业秘密行为。

根据《反不正当竞争法》第 25 条的规定，对上述两个当事人的违法行为，分别作出了如下行政处罚：责令当事人停止违法行为，并处罚款 6.7 万元。

三、案件评析

在对本案的调查中，我们发现此类侵犯商业秘密案的调查取证工作十分艰难。

首先是案件取证难。包括（1）侵犯商业秘密的个人能力、智力水平相对较高；具有相关的专业知识，对其所侵犯的商业秘密比较了解；经常利用专业知识进行抗辩；采取防范措施并毁灭证据，使有些案件取证的难度加大。（2）侵犯商业秘密行为较其他违法行为而言，有特殊性，如许多侵犯商业秘密的证据不明显，容易灭失；商业秘密的载体多样，使侵犯商业秘密的方式复杂多变；侵权行为涉及从商业秘密的泄露、窃取、侵占到生产、销售、牟利等多个环节，范围大、取证难。（3）商业秘密权利人权利意识相对淡薄，举证责任意识不强；大多数商业秘密权利人对何为商业秘密认识不清，自身的有关制度不完善不规范，商业秘密被侵犯后仅仅写投诉材料并附简单证据，向执法机关提供的材料不充分，不注意保存证据，或者不知道哪些证据是应该保存的，这些都导致取证难度增加。（4）此类案件在以往行政执法工作中较少出现，对执法机关的办案能力等提出了较高的要求，现有的取证技术、调查方式有时存在一定制约。

其次是商业秘密的认定难。商业秘密是一个比较特殊的领域，既包括技术信息，也涵盖经营信息，其外延广泛而且随着社会的发展在不断扩大，其认定标准难以统一、固定；对于商业秘密特别是技术类商业秘密的认定，很多需要依靠科学技术部门的鉴定，而当前鉴定的权威机构仍较缺乏；认定权利人是否采取了符合法律要求的保密措施，没有客观标准，实践中对此认识不一，这都使商业秘密认定较难。

案例 4　某商场侵犯注册商标专用权与混淆行为案

一、基本案情

2017 年 2 月 24 日，办案机关接到新平衡运动鞋公司（NEW BALANCE ATHLETIC SHOE INC）的授权委托人上海某某知识产权服务公司举报，对某某商业广场 1F－11 商铺经营涉嫌侵犯新平衡运动鞋公司注册商标专用权运动鞋的行为进行查处。

经查明，当事人王某彬在某某商业广场 1F－11（NEW BOOM）商铺经营体育用品店，个体工商户注册号：320323600……当事人所销售的运动鞋，在鞋后跟处标注“NEW BOOM”字样，在鞋舌外侧标注“N15”“NEW BOOM”字样，“N15”和“NEW BOOM”是新平衡运动鞋生产厂家受美国新百伦体育用品集团授权而使用的注册（申请注册）商标。在当事人所售运动鞋的鞋舌内侧和鞋身两侧中间靠近鞋带位置标注明显的近似“N”字母的图形，该“N”图形实际为字母“ⅠⅤ”组合，中间断开不明显，该图形与投诉人使用在“New balance”运动鞋上的“N”注册商标（注册号 5942394）近似。

当事人所售运动鞋的外包装盒（鞋盒）有两种，一种鞋盒是蓝底白条，正面标有一

条红杠（横向），正面下侧标注近似“N”图形加“NEW BOOM”文字的组合，旁边标注“美国新百伦体育用品集团（监制）”字样，鞋盒两侧面上端标注红底白字“N15”加，鞋盒正侧面有棕色运动鞋形图案。

另一种鞋盒是红、灰色组合，鞋盒正面为灰色，一端有一条红杠（纵向），红杠中标注白色字体“N15”加（R），另一端标有红底白字“N15”加（R），鞋盒两侧面上端标注红底白字“N15”加（R）。

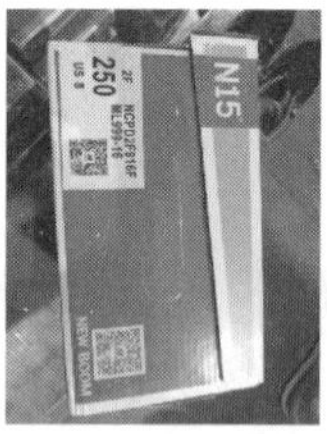

当事人用上述鞋盒包装运动鞋进行销售，鞋盒的数量和运动鞋的数量是一一对应的。

二、法律适用

对于当事人销售不知道是侵犯注册商标专用权的商品，能证明该商品是自己合法取得并说明提供者的行为，执法机关依据《商标法》第 60 条第 2 款的规定，责令其停止销售，并要求当事人将未销售的侵权

运动鞋全部退回生产厂家，同时通报生产厂家所在地的市场监管部门。

对于当事人在明知或者应知商品的包装装潢与知名商品特有的包装装潢近似的情况下，仍销售该商品的混淆行为，执法机关依据《江苏省实施〈中华人民共和国反不正当竞争法〉办法》第 21 条第 1 款的规定，没收违法所得，并处以罚款。

三、案件评析

（1）当事人是否构成侵犯商标专用权行为。

当事人销售的运动鞋，在鞋舌内侧和鞋身两侧中间靠近鞋带位置标注明显的近似“N”字母的图形标识。该标识与投诉人的“N”注册商标相比较，其整体结构和颜色都相似，普通消费者在施以一般注意力情况下易对商品的来源产生误认，当事人所售运动鞋为侵犯他人注册商标专用权的商品。根据《商标法》第 57 条第 3 项“有下列行为之一的，均属侵犯注册商标专用权：……（三）销售侵犯注册商标专用权的商品的”规定，当事人构成侵犯注册商标专用权的违法行为。

（2）当事人销售侵权商品应当如何处理。

案件调查过程中，当事人提供了生产厂家的营业执照、授权证书、商标注册证明材料以及支付购货款的汇款回单凭据、厂家的发货单，这些材料能够证明当事人所售运动鞋是从厂家合法购进的。

在案件调查过程中，执法人员对投诉人“N”商标的注册和使用宣传情况进行了调查，发现“N”商标的初审公告日期是 2010 年 8 月 6 日，注册公告日期是 2016 年 9 月 14 日，投诉人无论是在自己产品及外包装上、还是在产品专卖店铺中、天猫京东等网络交易平台的官方旗舰店网页中，明显突出“NB”“New balance”商标标识的宣传，没有对“N”商标的宣传，一般消费者不知道“N”是注册商标。此外，在投诉人举报材料的表述中，对自己生产的运动鞋鞋身上标注的“N”字母标识定位是“装潢”，而非是“注册商标”。上述证明投诉人并没有将“N”作为注册商标进行宣传，当事人不知道“N”是投诉人的注册商标，不知道其所售运动鞋侵犯了投诉人的商标专用权。

所以对当事人销售侵权商品的行为应根据《商标法》第 60 条第 2 款“销售不知道是侵犯注册商标专用权的商品，能证明该商品是自己合法取得并说明提供者的，由工商行政管理部门责令停止销售”规定予以处理。

（3）当事人是否构成混淆行为。

新平衡运动鞋公司的“New balance”运动鞋为知名商品，运动鞋外包装（鞋盒）的颜色、图案搭配，有其区别于其他品牌的显著特征，具有独特的识别性，经过新平衡运动鞋公司长期宣传和反复使用，已足以使相关公众将鞋盒与新平衡运动鞋公司的运动鞋商品联系起来，使得鞋盒因持续作为运动鞋的外包装使用而产生了识别特定商品来源的区别性，具有了识别商品来源的作用，所以新平衡运动鞋公司运动鞋的外包装（鞋盒）装潢成为《反不正当竞争法》第 5 条第（2）项所保护的特有包装、装潢。当事人作为运动鞋的销售者，应知晓新平衡运动鞋公司的产品使用上述特有包装、装潢，却仍然销售与新平衡运动鞋公司同类商品近似的包装、装潢的运动鞋，客观上导致消费者对商品来源产生混淆、误认。

根据《上海市第二中级人民法院民事判决书》（2012）沪二中民五（知）终字第 26 号，认定“New balance”运动鞋在中国境内的相关市场中具有较高的市场知名度，为相关公众所知悉，可以认定为《反不正当竞争法》第 5 条第(2)项规定的“知名商品”。

当事人明知所售运动鞋的包装、装潢与知名商品特有包装、装潢近似,仍然销售该运动鞋,违反了《江苏省实施〈中华人民共和国反不正当竞争法〉办法》第 5 条第 2 款“经营者不得在明知或者应知商品的名称、包装、装潢与知名商品特有的名称、包装、装潢相同或者近似的情况下,销售该商品或者生产、销售该商品的包装、装潢”之规定,构成不正当竞争的违法行为,应当依据《江苏省实施〈中华人民共和国反不正当竞争法〉办法》第 21 条第 1 款“违反本办法第五条第二款规定的,监督检查部门应当责令停止违法行为,没收违法所得,并可以根据情节处以违法所得一倍以上三倍以下的罚款”的规定予以处罚。

案例 5　吴某某侵犯商业秘密案

一、基本案情

2017 年 10 月 14 日,义乌市工商局根据义乌 A 公司举报,对该公司的技术组组长吴某某进行核查,发现当事人吴某某涉嫌侵犯商业秘密。为进一步查明案情,当日经批准予以立案调查。

经查明,当事人于 2009 年起在 A 公司工作至今,负责设计、绘制笔记本生产机器的图纸。当事人在明知 A 公司保密制度的情况下,仍违反公司有关保守商业秘密的要求,于 2017 年 9 月擅自允许 B 公司使用 A 公司自行设计并已投产的“三折 U 型冷胶机”(一种新型笔记本生产机器)的折页、分切、数页、数页后转弯四个关键部件的大部分图纸(约 500～600 张)。

二、法律适用

当事人的上述行为违反了《反不正当竞争法》第 10 条第 1 款第(3)项“经营者不得采用下列手段侵犯商业秘密:(三)违反约定或者违反权利人有关保守商业秘密的要求,披露、使用或者允许他人使用其所掌握的商业秘密”的规定,属侵犯商业秘密的违法行为。根据《反不正当竞争法》第 25 条“违反本法第十条规定侵犯商业秘密的,监督检查部门应当责令停止违法行为,可以根据情节处以一万元以上二十万元以下的罚款”的规定,决定给予以下处罚:(1)责令停止违法行为;(2)罚款 70 000 元,上缴国库。

三、案件评析

首先,A 公司的新产品“三折 U 型冷胶机”,是 A 公司花费了大量的人力、物力、财力和时间自行设计,并经过不断地调试与修改之后完成的,该产品的技术在全国处于领先水平,该产品的四个关键部件折页、分切、数页、数页后转弯共有设计图纸六百多张,这些图纸都是不能从公开渠道直接获取的,A 公司“三折 U 型冷胶机”的四个关键部件的的图纸符合商业秘密“不为公众所知悉”的构成要件。

其次,该产品已经投产,并已经有了一定的销量,是 A 公司下一阶段的主打产品,因此,A 公司“三折 U 型冷胶机”的四个关键部件的图纸符合商业秘密“能为权利人带来经济利益、具有实用性”的构成要件。

最后,A 公司经常在会议上要求员工保守公司的设计图纸、客户资料等商业秘密。2017 年 6 月 17 日,公司还在全体员工大会上再次宣布了办公制度,其中第 10 条的内容是“保护公司机密,不得将商业资料,专业技术,资料、图纸保密资料以数据、文字、图片及记载上述内容的 U 盘、光盘、软件、图纸等通过口头及其他一切形式传递外泄给任何组织及个人”。因此,A 公司已经对其商业秘密采取了合理的保密措施,A 公司“三折 U 型冷胶机”的四个关键部件的图纸符合商业秘密“经权利人采取保密措施”的构成要件。

综上,A 公司自行设计并已投产的“三

折U型冷胶机”的四个关键部件的图纸构成《反不正当竞争法》第10条第3款规定的商业秘密，当事人违反A公司有关保守商业秘密的要求，擅自允许B公司使用A公司自行设计并已投产的“三折U型冷胶机”的四个关键部件的大部分图纸，属于侵犯商业秘密的行为。

当前，各企业都非常重视创新，不断提高技术水平，增加科技含量。但是，相比商标、专利和著作权等知识产权，企业对商业秘密的了解程度还明显偏低，许多企业对自己的创新成果没有采取合理的保密措施，或者已经采取保密措施，但没有留下有效的证据，导致企业创新的成果不能得到合法保护。要更加重视和加强对企业商业秘密保护知识的宣传和指导，保护知识产权成果。

（国家市场监督管理总局价格监督检查和反不正当竞争局反不正当竞争处）

2017年度专利行政执法典型案例

案例1　上海市知识产权局处理“摩托车(小型)”外观设计专利侵权纠纷案

一、案情简介

请求人本田技研工业株式会社于2014年9月5日向国家知识产权局提出了名称为“摩托车(小型)”的外观设计专利申请，2015年2月25日获得授权，专利号为ZL201430329219.7。该专利权在请求人提起侵权纠纷处理请求时合法有效。请求人认为被请求人上海某公司未经其许可，为生产经营目的制造、许诺销售、销售涉案产品侵犯了其涉案外观设计专利权，遂向上海市知识产权局提出专利侵权纠纷处理请求。

二、处理结果

案件处理中，上海市知识产权局查明被请求人在2016年5月12日在某杂志刊登了HL100T—5A型号摩托车广告，该广告分别从摩托车的左侧面和右侧面展示了该车外形，页面上标注了被请求人的文字商标、图形商标标识和企业名称。请求人于2016年11月10日向广州公证处提出保全证据申请，公证购买了“HL100T—5A”型号摩托车一辆，并当场取得《机动车销售统一发票》三联、该店铺销售人员名片一张。广州公证处出具了相关公证书。被请求人对上述查明事实均予以承认，但辩称该摩托车涉及外观的配件均是向其他公司采购的产品，其仅是组装后再销售，属于合理使用范畴，不应承担侵权责任。

上海市知识产权局经审理认为，被控侵权产品上及杂志广告中标明的内容均清晰明了地指向被请求人，无论该产品的配件是自行生产或向第三方采购，均应当认定被请求人是被控侵权产品的制造商。经整体观察、综合判断，涉案外观设计专利的所有设计特征都在被控侵权产品中体现，两者整体视觉效果不存在差异，应当认定两者相同，被控侵权产品落入了涉案外观设计专利权的保护范围。被请求人未经专利权人的许可，为生产经营目的制造、许诺销售、销售本案涉案产品的行为，侵犯了请求人的合法权益，应当停止侵权行为。上海市知识产权局依法作出如下处理决定：被请求人立即停止制造、许诺销售、销售被控侵权产品的行为。

三、典型意义

本案中，上海市知识产权局对外国专利权人提起的侵权纠纷处理请求，依法进行勘验，主动调查涉案产品的配件来源，便利权利人维权，切实维护了当事人的合法权益，体现了我国知识产权执法部门对国内外专利权人一视同仁、平等对待，积极树立了我国严格知识产权保护的良好国际形象。

（上海市知识产权局）

案例2　北京市知识产权局处理“产品质量追溯防伪系统及追溯防伪方法”发明专利侵权案

一、案情简介

请求人金源茂丰公司于2013年2月25日向国家知识产权局提出了名称为“产品质量追溯防伪系统及追溯防伪方法”的发明专利申请，2016年8月3日获得授权，专利号为ZL201310058356.6。该专利权在请求人提起侵权纠纷处理请求时合法有效。请求人认为被请求人某杂志社和某酒业公司未经其许可，为生产经营目的使用涉案专利方法的行为侵犯了其专利权，遂向北京市知识产权局提出专利侵权纠纷处理请求。

二、处理结果

案件处理中，请求人提供了购买被请求人某酒业公司的白酒并对溯源防伪全过程进行保全的公证书和该酒业公司职员录制的其白酒产品防伪标签防伪溯源过程的视频影像；被请求人某酒业公司提供了签订时间早于涉案专利申请日，且涉及追溯防伪技术的《技术服务合同书》，主张现有技术抗辩。

经审理，合议组认为：(1)仅依《技术服务合同书》尚不能确认其与涉案专利权利要求的技术方案相同，现有技术抗辩不成立；(2)根据请求人提供的公证书，结合该酒业公司职员录制的视频影像，可以认定该酒业公司使用的“产品溯源平台”标签及其溯源防伪方法与涉案专利权利要求的全部技术特征相同，落入专利权的保护范围；(3)该酒业公司在其白酒的包装上使用防伪凭证，该防伪凭证的具体防伪溯源方法由产品溯源平台提供技术支持，该平台的主办方为被请求人某杂志社。因此，某杂志社与该酒业公司实施了共同侵权行为。北京市知识产权局最终认定某杂志社在网站上提供防伪溯源技术、某酒业公司在其产品包装上使用防伪溯源方法构成专利侵权，责令二者立即停止专利侵权行为。

三、典型意义

当前酒类产品质量问题倍受社会关注，相关产品质量溯源防伪技术应运而生并快速发展，引起该领域专利侵权纠纷也呈多发趋势。本案中，北京市知识产权局经过认真细致的审理，查明案件事实，准确把握适用法律，快速作出处理决定，有效维护公平竞争的市场秩序，也切实保护了消费者合法权益。

（北京市知识产权局）

案例3　江苏省知识产权局处理“双驱动多喷口管网自动灭火装置”实用新型专利侵权纠纷案

一、案情简介

请求人国安达公司于2011年7月20日向国家知识产权局提出了名称为“双驱动多喷口管网自动灭火装置”的实用新型专利申请，2012年4月11日获得授权，专利号为ZL201120258476.7。该专利权在请求人提起侵权纠纷处理请求时合法有效。请求人认为被请求人某科技有限公司未经许可，为生产经营目的制造、许诺销售、销售的“非贮压式悬挂式超细干粉自动灭火装置(管网式)FZXA_CX”产品侵犯了涉案实用新型专利权，请求江苏省知识产权局责令被请求人立即停止侵犯涉案专利权行为。

二、处理结果

江苏省知识产权局经审理后认为，被控侵权产品与涉案专利其中一个区别是：被控侵权产品的管网是软管，可呈多种形状，而涉案专利权利要求1相应的技术特征为管网呈U形。双方当事人在口审时均认可被控侵权产品是安装在大客车的后置发动机舱内，被控侵权产品的管网在安装时必然会展开，以实现尽可能大的喷射面积，无法排除被控侵权产品采用U形的可能。因此，无论被请求人生产的灭火管网布局为何种形状，都是以与涉案专利基本相同的技术手段，实现基本相同的功能，达到基本相同的效果，二者构成等同，被控侵权产品的该技术方案落入了涉案专利权的保护范围。

江苏省知识产权局依法作出处理决定：被请求人侵犯了请求人的ZL201120258476.7号实用新型专利权，责令被请求人停止侵权行为。

三、典型意义

本案中，江苏省知识产权局执法人员准确把握等同原则的内涵和外延、适用标准，对今后办理此类案件具有借鉴意义。该案的办理有效维护了专利权人的合法权益，也体现了专利行政执法人员良好的业务素养。

（江苏省知识产权局）

案例4　浙江省知识产权局处理“极速拉线装置”实用新型专利侵权纠纷案

一、案情简介

投诉方杨某某于2015年10月8日向国家知识产权局提出了名称为“极速拉线装置”的实用新型专利申请，2016年3月9日获得授权，专利号为ZL2015207817282.2。该专利权在投诉方提出投诉时合法有效。投诉方以侵犯专利权为由对在阿里巴巴电商平台上的240条链接进行了投诉，并提供了涉案专利的专利证书、专利权评价报告以及有初步实物拆解图等内容的专利侵权初步分析报告等证据材料。

二、处理结果

浙江省知识产权局委托中国（浙江）知识产权维权援助中心对被控侵权产品是否侵权进行判定。接到投诉后，根据投诉方的侵权分析材料及被投诉链接所反映的被控侵权产品技术信息将侵权产品的技术方案进行了分解，并与涉案专利进行了比对。经比对，被控侵权产品落入涉案专利权利要求3的保护范围。

根据阿里巴巴平台的投诉规则，专利权人发起投诉后，在被控侵权产品落入涉案专利保护范围的情况下（即投诉成立），电商平台会通知被控侵权方，被控侵权方在一定时间内可以进行申诉。本案投诉成立后，阿里巴巴平台通知了卖家，结合卖家的申诉举证，所有链接对应的被控侵权产品均为侵权产品，阿里巴巴平台及时对涉案链接进行了断开处理。

三、典型意义

本案是全国知识产权系统电子商务领域专利执法维权协作机制的具体体现。通过深化地方知识产权局及维权中心与电商平台之间的协作，可快速、准确打击电子商务领域专利侵权假冒行为，有利于健全电子商务领域专利保护长效机制，构建良好市场环境，促进我国电子商务健康有序发展。

（浙江省知识产权局）

案例5　河南省知识产权局处理“一种电机”实用新型专利侵权纠纷案

一、案情简介

奥力通起公司于2010年8月4日向国家知识产权局提出了名称为“一种电机”的实用新型专利申请，2011年2月2日获得授权，专利号为ZL201020281302.8。2015年8月5日该专利权发生转移，请求人科尼公司成为该专利新的专利权人。该专利权在请求人提出专利侵权纠纷处理请求时合法有效。请求人发现被请求人某公司在多家商业网站上介绍生产、许诺销售和销售涉嫌侵犯涉案专利权的产品，以及被请求人于展会上展出涉嫌侵权产品的情况，遂向河南省知识产权局提出专利侵权纠纷处理请求。

二、处理结果

案件处理中，请求人提交了经公证封存的所购买产品实物，被请求人对请求人提交的证据真实性予以认可，认可所示产品实物为被请求人公司产品。被请求人声称制造和销售的产品不存在专利侵权行为，并提交了两份专利文献资料复印件，主张现有技术抗辩。经河南省知识产权局审理，认定被控侵权技术方案落入涉案专利的保护范围，但被请求人提交的专利文献所公开的技术方案与被控侵权技术方案存在实质性差异，现有技术抗辩不成立。

河南省知识产权局认为被请求人以生产经营为目的制造、销售和许诺销售的被控侵权产品落入了涉案专利的保护范围，且所实施的技术不属于《专利法》第 62 条规定的现有技术，其行为侵犯了涉案专利的专利权，故依据《专利法》《专利法实施细则》《河南省专利保护条例》的有关规定作出如下处理决定：责令被请求人停止制造、许诺销售和销售侵犯涉案专利权的产品，销毁制造侵权产品的专用设备、模具。

三、典型意义

本案的典型意义在于对现有技术抗辩的适用。自 2008 年《专利法》第三次修改引入现有技术抗辩制度以来，各方对于其内涵和外延、适用标准都存在不同理解。本案从个案层面，对现有技术抗辩制度进行了积极实践，为今后办理类似案件积累了有益经验。

（河南省知识产权局）

案例 6 江西省赣州市知识产权局处理“一种应用于餐桌上的推送装置”发明专利侵权纠纷案

一、案情简介

请求人钟某某于 2010 年 6 月 24 日向国家知识产权局提出了名称为“一种应用于餐桌上的推送装置”的发明专利申请，2015 年 12 月 23 日获得授权，专利号为 ZL201410140073.0。该专利权在请求人提出专利侵权纠纷处理请求时合法有效。请求人认为被请求人黎某未经其许可，以生产经营为目的，生产销售侵害其专利权的产品，遂向赣州市知识产权局提出专利侵权纠纷处理请求。

二、处理结果

赣州市知识产权局立案受理以后，依法组成合议组，并向被请求人黎某送达了《答辩通知书》及相关附件材料，被请求人黎某在规定答辩期间未提交答辩材料。赣州市知识产权局向当事人双方送达了《口头审理通知书》，并依法组织了口头审理。请求人及其代理人到庭参加了口头审理，被请求人黎某无正当理由未到庭参加口头审理，合议组依法对本案进行了缺席审理。

经审理，赣州市知识产权局认为被请求人黎某以生产经营为目的，生产并在市场上销售的产品落入涉案专利权保护范围，其行为已构成专利侵权，故依法责令被请求人立即停止侵犯涉案专利权的行为。

三、典型意义

本案中，赣州市知识产权局对既不进行答辩、也不参加开庭审理的被请求人，严格执行办案程序，依法缺席处理。本案对此类专利侵权人具有警示作用，维护了权利人的合法权益，有利于营造公平有序的市场环境。

（江西省赣州市知识产权局）

案例7　陕西省西安市知识产权局处理“电视柜(105231 Eaton)”外观设计专利侵权纠纷案

一、案情简介

请求人安美西石公司于2013年6月18日向国家知识产权局提出了名称为“电视柜(105231 Eaton)”的外观设计专利申请,2013年11月13日获得授权,专利号为ZL201330259072.4。该专利权在请求人提出专利侵权纠纷处理请求时合法有效。请求人认为被请求人西安某家具店未经其许可,生产销售了侵犯涉案专利权的产品,遂向西安市知识产权局提出专利侵权纠纷处理请求。

二、处理结果

案件处理中,被请求人辩称:(1)其对涉案产品是否有专利并不知情,类似专利的产品在涉案专利申请日之前已在市场上公开销售;(2)其只是涉案产品的销售方,不是涉案产品的制造方;(3)其采购的涉案产品都未售出,并未产生销售事实;(4)其已将涉案产品撤出经营场地,并打包封存于库房。

西安市知识产权局查明,在被请求人经营的店铺及其库房现场发现带有铭牌标识的涉嫌侵权产品一件,所附铭牌标识上显示“电视柜”“佛罗里达”“编号KLD－HH272”“规格2000×490×580”“美国杨木”“产地浙江”字样。经现场比对,与请求人提交的证据照片吻合,被请求人确认该产品系其销售,但否认由其生产。该产品可确定为被控侵权产品。

经合议组比对,被控侵权产品的外观与涉案专利相比,仅存在细微差别,其中柜面、柜角、柜腿及抽屉的设计特征完全一致。根据整体观察、综合判断的原则,被控侵权产品与涉案专利在整体视觉效果上无实质性差异,已落入了涉案专利权的保护范围,构成对涉案专利权的侵害。西安市知识产权局依法责令被请求人立即停止销售侵害涉案外观设计专利权的产品的行为,并不得以任何其他形式将其投放市场。

三、典型意义

实践中,一些经销商存在错误的认识,认为只要“主观不知情,客观能提供合法来源”“只是销售方,不是制造方”或者“产品都未售出,并未产生销售事实”等,就不构成侵权。本案再次明确了销售行为可能构成侵权,即使符合免除赔偿责任条件,也应立即停止销售侵权行为。本案的处理对经销商具有一定的教育警示作用。

(陕西省西安市知识产权局)

案例8　广东省广州市知识产权局查处“制造螺旋形刷毛的方法”假冒专利行为案

一、案情简介

2017年8月23日,广州市知识产权局接到举报称广州某大型连锁销售企业及其旗下门店共140家涉嫌假冒专利行为的线索。接到举报后,广州市知识产权局及时对举报线索进行了核查,并于2017年9月4日正式立案查处。

二、处理结果

广州市知识产权局经调查核实,发现假冒专利产品系由该企业委托第三方生产并通过下属的115家门店进行销售的某款牙刷,该产品包装上标注的“专利号:ZL96196937.7”所对应的专利权已于2016年9月4日期限届满终止。该企业通过下属门店共销售涉嫌假冒专利产品253卡,每卡单价24.9元,共计销售金额为6299.7元。

经查明,这115家门店均为该企业下属分公司,其所销售的假冒专利产品由该企业统一采购和配送,各门店没有自主进货的行为,并且不具备独立法人资格。

广州市知识产权局依法责令该企业停

止假冒专利行为、销毁假冒专利产品，没收违法所得 6299.7 元，罚款人民币 6299.7 元。

三、典型意义

本案的典型意义在于明确了公司与其门店的法律责任、类似案件调查取证方法和违法产品数量的认定标准，对今后办理此类案件具有借鉴意义。

（广东省广州市知识产权局）

案例 9　山东省济南市知识产权局查处“魔迪尔钢琴”多项假冒专利违法行为案

一、案情简介

2017 年 5 月 25 日，举报人向济南市知识产权局举报，称济南某公司生产、销售的“MDR—03 温控的魔迪尔产品”和“魔迪尔 49 键钢琴”涉嫌假冒专利，分别标注了专利标识“国家专利，仿冒必究”和“专利产品，仿冒必究”，并提交了涉案产品。济南市知识产权局立案后向被举报人送达了《假冒专利案件立案通知书》和《限期提供证据接受调查通知书》。

二、处理结果

案件处理中，被投诉人某公司提交了答辩材料及如下证据：(1)该公司与 C 公司涉及“MDR—03 温控的魔迪尔产品”的购销合同，以及一份授权证书，载明 C 公司授权该公司使用实用新型专利“一种视力保护仪”（专利号：ZL201220158131.9）；(2)该公司委托 D 公司生产“魔迪尔 49 键钢琴”的生产协议，以及一份授权证书，载明 D 公司授权该公司使用外观设计专利“硅胶软钢琴”（专利号：ZL201530091676.1）；(3)“MDR—03 温控的魔迪尔产品”和“魔迪尔 49 键钢琴”的销售和库存情况。

经检索发现，涉案的“一种视力保护仪”专利因未缴年费于 2013 年 4 月 10 日权利终止；“硅胶软钢琴”专利因未缴年费于 2016 年 4 月 9 日权利终止。济南市知识产权局经过调查后认为，该公司提交证据中的两件专利均在涉案产品生产、销售日期前已经权利终止。该公司生产、销售“MDR—03 温控的魔迪尔产品”和“魔迪尔 49 键钢琴”的行为构成假冒专利。济南市知识产权局依法作出如下处理决定：(1)该公司立即停止生产、销售带有专利标识“国家专利，仿冒必究”的“MDR—03 温控的魔迪尔产品”和带有专利标识“专利产品，仿冒必究”的“魔迪尔 49 键钢琴”；(2)对该公司罚款 12 000 元。该公司表示接受处罚，当即缴纳了罚款，并在随后的生产中改换了包装。

三、典型意义

本案典型意义在于明确了委托加工中生产假冒专利产品应当承担相应的法律责任，对相关从业者具有一定的教育警示作用，也体现了专利执法机关对涉及民生领域专利违法行为的重拳出击和高压态势。

（山东省济南市知识产权局）

案例 10　四川省知识产权局查处成都某家具公司多个外观设计假冒专利案

一、案情简介

2017 年 5 月，四川省知识产权局接到举报：成都某家具公司在生产经营活动中涉嫌假冒专利证书。

二、处理结果

四川省知识产权局立案查明：当事人自 2016 年 7 月起租用成都某家具批发中心摊位销售沙发、茶几等家具。为提高销量，该公司在其摊位上摆放了 5 个名称为“外观设计专利证书”的铭牌。经查，5 个铭牌上载明的专利号均不存在，构成假冒专利。

依据《专利法》等相关法律规定，四川省知识产权局依法作出处理决定：责令当事人立即停止伪造行为，销毁伪造的专利证书铭牌，消除影响，并罚款 5 万元。

三、典型意义

当前，创新型产品越来越受到广大消费者的喜爱。个别经营者在经营过程中伪造专利证书，欺骗广大消费者。这种行为扰乱了正常的专利管理秩序，也破坏了市场竞争环境，应当予以严肃处理。依法查处本案，有效地震慑了违法行为人，是落实严格知识产权保护要求的具体体现，有利于营造安全放心的消费环境。

（四川省知识产权局）

国家知识产权局学术委员会2017年度一般课题学术研究成果

1. 课题名称:适应新形势的专利审批流程再造研究(初步审查和流程优化专业委员会)

课题负责人:杨兴

当前,无论是世界知识产权组织(WIPO)主导的全球专利制度协调,还是广泛分布在各小多边和双边合作平台上的局际业务合作,都在尝试以"流程通联、工作共享"的方式推动全球专利的一体化。全球专利运行体系中的"强局共治、流程趋同、精简智能"的发展方向已基本明确。

本课题借鉴关于企业流程再造的理念和方法,以实现专利法宗旨为根本出发点,采用改革的办法,对原有的专利审批流程进行剥离、整合和简化等再造和设计,以适应外部环境变化和促进内部协调机制,从而实现更高效的流程管理以及提供更加优质的服务。

再造后的审批流程,分为专利申请信息和专利申请流程两大模块,申请信息独立审查和管理,专利申请的法律状态以系统自动管理为主、人工管理为辅。为促进我国专利审批受理条件的国际融合,课题组探讨依据专利法条约的规定再造受理流程。以"宽受理、严入审"和"流程通道分流"为基本原则,在专利申请形式、申请日的确定方式和条件上作全面的规则再造。将对专利申请信息和文件的审查转变为对其解构后的审查项目的审查,实现全流程下面向数据内容的分项审查。在申请人提交正式申请时进行用户端预审,专利审查系统将根据机器审查结论和人工核查结论,自主生成各类通知决定。

从贯彻落实国务院"放、管、服"和"互联网+政务服务"的要求出发,本课题提出创新服务模式,拓展服务渠道,优化服务流程,再造线上线下一体化运行的公共服务体系。通过建立包含专利申请、查询、缴费以及对外服务全部功能的"一站式"全平台,赋予不同角色的用户不同的业务权限,实现对其提供差异化服务。从完善实体服务及信息服务入手,不断提升服务的电子化水平,并做好专利信息和数据的对外输出以及外部数据的接入,提升流程管理的效能。另外,完成著录项目变更、专利费用处理、专利文档查阅复制、通知决定发文、公开公告颁证等部分法律手续处理的流程再造。

2. 课题名称:实用新型服务创新保障研究(实用新型专业委员会)

课题负责人:冯媛媛

党的十九大报告中明确提出加快建设创新型国家,要倡导创新文化,强化知识产权创造、保护、运用。实用新型专利作为我国三种专利的重要组成部分,也在保护创新成果、激励创新活动中发挥着独特而不可或缺的作用。

本研究从实用新型制度的基础入手,概述了世界实用新型制度和中国实用新型制度的特色和作用,着重分析了当前实用新型制度和创新环境,包括制度运行现状、保护和运用,中国整体和地方经济发展状况等方面,得出目前实用新型制度需要优化的几个方面：保护客体、审查机制、有效保护和与发明专利的配合使用。此外，通过研究德、日、韩、澳四国实用新型制度的演变，结合对经济发展与申请量两者关系的分析，厘清了当前中国实用新型专利在国家发展中的定位。在此基础上，本研究提出实用新型服务创新保障三个方面的建议：在制度层面，继续保持实用新型特点，提高专利质量；探索扩大保护客体；探索实用新型与发明专利的转换制度；完善评价报告制度。在政策层面，确保宏观政策和审查政策的协调一致；根据不同主体需要，采用多轨制的审查方式；探讨责任义务前置的可能性，促进申请人重视申请质量。在配套保障方面，不断完善自动化手段；丰富制度的宣传方式；切实提升对创新主体的服务，使实用新型为我国的创新发展提供有力的支撑和保障。

3. 课题名称：新兴外观设计保护研究（外观设计专业委员会）

课题负责人：余晓廓

根据《中华人民共和国专利法》规定：外观设计，是指对产品的形状、图案或者其结合以及色彩与形状、图案的结合所作出的富有美感并适于工业应用的新设计。然而随着技术及相关新兴产业的飞速发展，产品本身在计算、通讯、控制以及显示等主要的功能技术要素方面发生了显著的变化，使其外观要素变得更加多元化，早已不仅仅限于形状、图案、色彩及其结合等要素，还产生了诸如图形用户界面要素、动态图标、插件道具、虚拟现实、增强现实、全息投影等新兴的外观要素。这些新产生的外观要素符合了“富有美感并适于工业应用的新设计”的定义，并且对产品的功能效率和经济效益都产生了越来越大的影响。对于这些新的产品外观设计要素，我们可以统一称其为“新兴外观设计”。通过研究分析，课题组提出了新兴外观设计发展的热点领域：(1)GUI图形用户界面领域；(2)混合现实领域；(3)多通道交互领域；(4)虚拟产品领域；(5)用户体验设计领域，并在此基础上进行了文献资料研究以及实地调研，进而对其现状及趋势进行分析和归纳，针对新兴外观设计保护的主要问题和关键需求提出了相应的解决措施和对策。最终，希望本课题的研究成果能够对新兴产业的健康发展以及知识产权的保护发挥积极作用。

4. 课题名称：从专利无效、转让、许可、质押四类专利运营数据的视角看专利实质审查（实审专业委员会）

课题负责人：赵喜元

专利运营的本质是通过技术贸易、商业谈判乃至于法律诉讼等路径，对专利权法律资源及其技术资源在相应科技领域内及其商业市场上谋取竞争优势及商业利益的系列活动。因此，专利运营数据含有技术、法律和经济三重重要信息。本课题通过对全世界范围内过去十年技术更新最快的通信领域2014至2016年涉及的专利运营数据进行总体分析，并将整个通信领域区分为十个分支领域对这些运营数据涉及的技术进行了分析。同时参考国际和国内主流的价值评估方法，基于目前我国现有的数据资源，构建了通信领域审查前和审查后的专利评价指标，并分领域结合技术情况对这些分支领域的评价指标进行了实证分析，得出总体上在通信领域各分领域中，各指标评价所得到的值按如下顺序排序：无效＞转让＞许可＞总体值＞质押，审查后的指标较审查前指标更为准确的结论，同时认为指标认知与技术发展趋势所涉及的技术之间存在一定相关性。最后，课题组对专利审查政策提出了政策性建议，包括建立审查前的信息收集机制，审查时的分级审查机制和程序以及审查后的案件动态反馈机制及进行更完善的数据标引等。

5. 课题名称：基于计算模拟技术的化学领域申请的审查实务研究（实审专业委员会）

课题负责人：李彦涛

本课题对计算模拟技术的发展历程以

及在化学产品和化学工艺两个领域的应用现状进行调查研究，梳理当前化学领域，尤其是药物领域和化工领域涉及计算模拟技术的专利申请和审查现状，总结目前审查实务中存在的问题。在深入调研目前技术发展现状以及企业、科研院所和专利代理机构各方的认识和诉求的基础上，从技术、法律和审查实务多个角度分析了目前审查实务中存在的计算模拟结果认定“一刀切”问题及其产生的原因，提出了计算模拟结果认定的核心在于模型可靠性的判断，对此，药物领域给出了模型可靠性判断的经验公式，而化工领域则基于具体案例探寻确认模拟结果证明力的方法。同时，本课题在综合考虑各自领域技术发展现状的基础上分别给出了相应的审查建议，从多个角度论证了其合理性，并对本领域技术人员所应具备的计算模拟技术方面的知识和能力以及后续审查中可能出现的问题进行了初步探讨。本课题立足于计算模拟技术的现状以及发展趋势，兼顾了目前化学领域的审查实际和各方诉求，具有一定的前瞻性。

6. 课题名称：组合物领域审查标准研究（实审专业委员会）

课题负责人：崔军

组合物的性能或应用效果往往取决于多种组分及其含量的共同作用，其影响因素众多，且组合物的表征方式复杂多样，导致在对组合物发明进行审查时，存在难以准确认定相关事实并客观判断发明的技术贡献、不能准确把握审查尺度进而导致审查标准执行不一致的问题。我国现行的《专利审查指南》和相关规定针对组合物审查方法的内容较少，缺乏相应的指导性意见。“专利质量提升工程实施方案 2017 年度工作分解计划表”明确要求查找组合物领域审查实践中存在的突出问题，研究和制定适应组合物领域特点的审查方法。

本课题是在《参数表征产品专利申请的审查标准研究》和《高分子领域专利申请审查标准研究》基础上，立足于我国专利审查实践和现状，针对组合物领域专利申请的特点和难点而开展进一步深化研究的。

本课题的创新之处在于：确立把握发明构思评价创造性的指导思想，强调在该指导思想下准确进行申请事实的认定、检索以及创造性的审查。具体包括：在申请事实的认定方面，对组合物领域的技术问题以及解决技术问题的关键技术手段进行了梳理；如何基于发明构思进行高效检索；明确了在组合物领域，如何利用发明构思审查创造性的步骤和一般原则；对组合物领域常见的典型问题，例如包含参数特征、杂质特征等的产品权利要求的创造性审查思路进行了细化；纠正了以往仅仅接受直接证据的错误做法，对间接证据如何考虑进行了深入分析。在此基础上形成了有中国特色、适应我国专利申请现状且具有可操作性的组合物领域审查标准。

另外，本课题还对我国现行的《专利审查指南》提出了建议性的修改意见，以促进相关法规的修改和完善，推动我国知识产权制度的发展。

7. 课题名称：抗体药物专利审查标准国际对照研究（实审专业委员会）

课题负责人：李秀琴

随着世界经济的发展、生活环境的变化，人们健康观念的进步和人口老龄化进程的加快，与人类生活质量密切相关的生物医药产业近年来一直保持着高速增长的态势，而抗体药物是其中发展最迅速的细分产业。抗体药物产业集中度极高，对于我国抗体药物市场，进口单抗药物的种类和市场销售额均远多于国内自主研发单抗药物。近年来，我国政府出台了一系列宏观产业政策来鼓励和支持我国抗体药物产业的发展。我国抗体药物的研发取得了一定的进步，创新主体对抗体药物专利保护的需求与日俱增。但是，由于抗体药物研发的核心技术主要掌握在美欧少数国家手中，我国的抗体药物创新仍以生物仿制药研发为主，鲜有新靶点的研究，同时专利布局和撰写水平与国外申请人相比仍有差距。

为了有利于我国抗体药物产业的发展，提高国内抗体药物创新能力，本课题从三方面进行了广泛的调查研究：(1)国内国际抗体药物产业现状及专利申请情况；(2)美欧等国家或地区对于抗体药物创造性和权利要求支持的审查标准；(3)我国现行的抗体药物审查标准及其中存在的问题。在上述三方面研究的基础上，本课题进一步提出了适合我国国情的关于抗体药物审查标准的建议。

8. 课题名称：创造性高度对专利质量提升和社会经济发展的影响(实审专业委员会)

课题负责人：郭雯

专利创造性是专利的实质条件之一。在专利审查以及司法判定中，创造性判断也一直是重点和难点。要求授予专利的发明具备创造性，其根本原因是经济上的。而世界各国家和地区的创造性标准的变化，也是为了适应其自身科技和经济发展的需求。随着我国知识产权事业飞速发展、专利申请量也在近些年猛增，有必要对创造性高度标准的经济性因素进行研究，以更好地为创新动力提供有力支撑。本课题对专利创造性的经济学理论进行了分析，对美国、日本、欧洲等国家或地区的创造性高度的变迁规律进行了研究，就创造性高度在影响经济发展过程中的作用机理进行了分析，重点研究了其在抑制问题专利、促进科技创新、提升专利价值以及改善营商环境等方面的调节作用。并且选择对国民经济发展具有支撑作用的战略新兴产业和专利特点显著的专利密集型产业进行了实证性分析，给出在具体产业中如何运用产业指标来对创造性高度进行调整的建议。

9. 课题名称：特定领域创造性审查标准的研究(实审专业委员会)

课题负责人：汤志明

为贯彻落实习近平总书记在中央财经领导小组第十六次会议上关于“提高知识产权审查质量和审查效率”的重要讲话精神，深入推进专利质量提升工程，进一步提高专利审查效率，促进创新并保护创新。鉴于国家知识产权局在各级的质量管理中重点关注的35个特定技术领域的审查实际，迫切需要从创造性的审查标准出发，结合特定领域的特点，对特定领域的创造性审查标准实践进行研究，以便进一步提升特定领域审查员的审查能力和业务水平，确保相应领域内的审查标准执行一致，充分发挥审查工作对“数量布局、质量取胜”的正面导向作用。鉴于此，根据特定领域的申请量情况以及我国经济结构的实际特点，本课题选取服装、厨房用具和家庭用具三大具有代表性的领域作为研究对象，将普适的创造性审查标准与特定领域的特点相结合，提出客观的评判特定领域创造性的审查原则，解决特定领域审查面临的难点问题，使审查方法更加科学化、合理化、高效化。

本课题研究坚持以“三性审查为主线”审查理念作为课题指导原则，首先研究了普适的创造性审查标准；其次，收集大量会审、质检、外部反馈和复审等已结案件，并从中筛选典型案例；然后梳理三个特定领域审查中的重点和难点，研究如何运用普适的创造性审查标准处理重点和难点问题，形成解决三个特定领域审查重点和难点的指导原则；最后根据普适的创造性标准，逐一分析典型案例，总结出普适的创造性审查标准在特定领域案例中的具体运用方法及考虑要素。对今后的审查实践具有重要的参考和借鉴价值，也将有助于进一步提升特定领域的审查质量。

10. 课题名称：美德专利授权后程序研究(复审专业委员会)

课题负责人：闻雷　徐擎红

在知识产权全球一体化的大背景下，中国知识产权体系的完善越来越离不开对其他具有成熟知识产权制度与体系的国家的学习与借鉴，受法律历史传统、经济发展现状等原因限制，各个国家的知识产权制度又存在着明显的“国家特色”。以本报告的主题专利授权后程序为例，传统大陆法系代表的德国专利授权后程序与英美法系代表的美国专利授权后程序就存在诸多区别，甚至在特定程序设计上存在“天壤之别”。

美国现行专利授权后程序最大的特点就在于行政与司法双轨制，以将专利确权纠纷的解决向行政机关引导的 AIA 更是强化了美国现行专利确权的双轨并行之特点。AIA 下，仅就专利授权后行政程序而言，可能影响专利权有效性的行政程序就多达七种。从制度实际运行情况来看，专利授权后确权的初次判断者已经从法院逐渐过渡为 USPTO，但是统一上诉至联邦巡回上诉法院的程序设计又确保了确权过程中法律标准适用的统一性，也在最大限度上避免确权结果上的分歧。随着行政确权程序越来越成为专利确权的主要力量，专利授权后行政程序与司法程序的衔接也格外重要，而通过对行政程序与司法程序衔接现状的观察来看，在专利确权问题上，行政与司法程序越来越呈现融合的趋势，PTAB(或联邦地区法院)、CAFC 和联邦最高法院三个审级逐级“递进”，分别侧重于事实问题、法律问题和根本性规则问题，定位清晰。而在 PTAB 与联邦地区法院的定位区分也越来越明晰，专利有效性问题被导向行政程序处理，联邦地区法院未来将会更专注于处理专利侵权问题。

德国法院制度的基本特点之一是法律保护的缜密性和高度专业化；而在知识产权保护领域，德国专利与商标局负责了几乎所有工业产权的授权与管理事务，它在知识产权的行政管理上扮演着非常重要的角色。德国专利授权后程序分为专利商标局主管的授权后异议程序/撤销程序和联邦专利法院专属管辖的无效程序，以及侵权诉讼程序。虽然相对于行政机关的异议程序/撤销程序而言，联邦专利法院的司法程序无疑是德国专利确权的“主战场”，但是德国企业越来越重视并使用异议程序/撤销程序，以最大限度地避免德国的无效诉讼程序与侵权诉讼程序所采用的“分离原则”导致的时间间隔以及分歧决定。作为专利确权程序与侵权判断程序相分离的典型国家，德国在专利确权司法程序与专利侵权判定司法程序之间的协调方面同样进行了有益尝试与探索，这些德国专利授权后程序的诸多亮点均在本报告中予以涉及与深入探讨。

11. 课题名称：网络信任安全体系研究(信息化专业委员会)

课题负责人：阙东平

知识产权网络信任体系是国家网络信任体系的重要组成部分。从总体网络结构看，国家知识产权局业务网络由业务内网和业务外网组成，在业务内网和业务外网网络域中，都要建立自己的网络信任体系。作为国家网络信任体系的重要组成部分，知识产权网络信任体系肩负着保证内外网业务系统稳定、有效运行的重要使命，是保障知识产权系统安全的重要信息安全基础设施。本次研究以《中华人民共和国网络安全法》《关于网络信任体系建设的若干意见》等法律法规为指导，参考和借鉴国内外网络信任体系建设的方法和经验，以保护知识产权重要数据资产为目标、以 PKI/PMI 技术为基础，进一步解决国家知识产权局信息化应用中的身份认证、授权管理和责任认定问题，建立一套适用于知识产权业务的网络信任体系模型，为今后的网络信任体系建设打下一个良好的基础。

12. 课题名称：基于神经网络的面向专利文献的中日机器翻译研究(信息化专业委员会)

课题负责人：李程

本课题针对机器翻译在人工智能领域中的探索与应用研究，基于神经网络机器翻译中的难点问题，结合专利文献的特点，重点研究包括：缩减深度计算的网络层数、提高 NMT 训练和预测的速度的方法、克服 NMT 在处理不常见的词语的时候比较薄弱的问题、避免输入源句子的部分翻译流失的方法、专利文献句子长句切分、基于字节对编码的方法、全 Attention 算法神经网络结构等。通过这些内容的研究，推动专利文献机器翻译进一步的发展。

基于上述构思，本课题根据实际国内外专利数据现状，将会辅助审查员快速了解外文专利文献信息，有利于专利审查工作的高效进行。国家知识产权局在专利各系统开发过程中，已经将多语种机器翻译功能列入系统的主要功能之一，为外文专利信息浏览提供了即时在线翻译服务功能。多语种机器翻译系统的应用，为国家知识产权局专利审查人员提供了有力的辅助工具。神经网络机器翻译引擎实现接口化，供其他多个不同系统方便调用。

另外，课题分析了现有机器翻译引擎及国家知识产权局可利用的数据资源，对神经网络的机器翻译引擎的可行性进行分析，并对该机器翻译引擎具体实现框架进行多组实验性总结分析。

本课题从实际工作角度出发，设计实现专利文献多语种文档翻译的高效优化，帮助审查员对不同语种的专利文献的快速阅览。

13. 课题名称：知识产权局高端国际化人才培养研究（审查相关政策专业委员会）

课题负责人：张利

本报告基于知识产权高端国际化人才的研究背景、培养现状以及培养工作实施的紧迫性，从知识产权高端国际化人才的概念、特征、类型等方面入手，系统分析了德国、日本、美国、英国、印度等国特别是知识产权领域的高端国际化人才成长轨迹、培养措施等，聚焦国内相关部委和国有企业的高端国际化人才培养经验和特色，审视国家知识产权局现有知识产权高端国际化人才队伍现状和培养措施现状，深入剖析了知识产权高端国际化人才的成长规律和培养轨迹。

通过研究，对国家知识产权局高端国际化人才的培养提出了明确的培养建议，指出下一步重点任务是要建立高端国际化人才工作机制、编制高端国际化人才培养方案，并积极推进高端国际化人才培养支撑项目，例如实施岗位交流项目、建立旋转门制度、鼓励人才自我提升、优化出国学习项目、实施语言强化培训项目、推进专业人才引进项目等措施。并且，初步形成国家知识产权局高端国际化人才培养实施意见，为国家知识产权局高端国际化人才培养提供理论支撑，也为国家知识产权局知识产权高端人才的培养提供研究参考。

14. 课题名称：代办处财务管理研究研究报告（审查相关政策专业委员会）

课题负责人：邓英俊

专利代办处作为国家知识产权局专利局一个重要的对外服务窗口，在国家知识产权局与社会公众之间发挥着重要的桥梁和纽带作用。在财政部不断加强财政资金监管，严格控制并规范预算单位银行账户管理，不断加大力度盘活财政存量资金的大环境下，不断创新财务管理思路，加强对代办处财务管理工作的规范化、科学化、精细化管理势在必行。本课题首先分析了立项背景和研究目的，提出只有不断提高代办处财务管理水平，找出更有效、更适合各专利代办处具体情况的财务管理方法，合理计算保证专利代办处正常运转、良好发展的合适的资金量，才能使资金得到更为高效的利用，使代办处能更好地为专利事业服务。之后从不同角度对 33 家代办处的资金来源、支出结构、人员比例、业务量情况等方面进行了充分的分析比较，并通过成本分析的方法，在根据业务量大小对代办处进行分类统计的基础上，对代办处资金使用情况及所需资金量进行深入分析计算，得出不同类型代办处维持基本运营和持续发展所需的资金成本。最后针对代办处目前实际情况提出了其财务管理中存在的问题，并具体从加强对代办处的财务监管、加强代办处资金预算管理、调整代办处补贴款计算方式、提升代办处财务人员综合水平方面对代办处财务管理提出了改进措施。

（国家知识产权局学术委员会秘书处）

国家知识产权局 2017 年度软科学研究成果

1. 课题名称：SS17－A－01　大部制背景下知识产权综合管理改革研究

承担单位：广东外语外贸大学　广东省知识产权局

课题负责人：石佑启　何巨峰

课题组深入探讨了大部制背景下知识产权综合管理改革的必要性、可行性以及我国知识产权管理的现存问题，剖析了美国、欧洲、日本、韩国等国家或地区知识产权管理模式的有益经验。研究表明：推进我国知识产权综合管理体制改革，解决现行知识产权管理存在的问题，破除制约知识产权支撑创新驱动发展的体制障碍，已势在必行。

课题组提出以下建议：进一步贯彻落实国家机构改革方案，快速实现商标、专利综合管理“二合一”模式；快速建立“局省市联动”责权统一的协同联动机制，充分调动国家和地方的积极性，进一步提高行政效能；构建知识产权公共事务决策协调机制、执行机制和社会参与机制等，减少制度运行与磨合成本，提高制度运行效率，增强制度运行效果，使知识产权管理更好地适应经济社会发展需求。

2. 课题名称：SS17－A－02　“一带一路”倡议下我国知识产权维权保险创新机制研究

承担单位：厦门大学

课题负责人：林秀芹

课题组研究分析了“一带一路”沿线国家知识产权环境的复杂性和知识产权制度的差异性以及我国企业在对外投资活动中面临的知识产权风险。研究表明：我国企业在对外投资中普遍存在知识产权风险管控制度建设不健全、知识产权风险管控意识不强的现象。基于这一背景，课题组以专利维权保险为切入点，针对我国现阶段专利维权保险试点存在的问题，结合国际专利维权保险发展经验，尝试探索制度创新完善和优化国家知识产权维权保险机制。

课题组提出以下建议：合理选择专利维权保险模式，对于专利经济贡献率较低的企业降低保费门槛，对于风险保障需求更强的专利权人提供更高额度、更宽范围的保障，在现阶段基本形成半强制的保险模式；逐步完善我国专利保险险种，分别对专利使用行为风险、专利权被侵犯风险、专利纠纷诉讼费用风险进行承保；保险公司在提供专利保险服务的同时，利用保险公司的自身优势成为企业专利风险管理的专门服务主体，使专利权的可保专利风险与不可保专利风险在不同程度得到应对和保障。

3. 课题名称：SS17－A－04　新形势下知识产权海关保护制度重构

承担单位：北京市集佳律师事务所　海关总署政法司

课题负责人：黄建华

课题组从知识产权海关保护与反不正当竞争、知识产权海关保护范围、各方权利义务平衡、涉外定牌加工执法解决以及自主知识产权企业保护等方面进行研究，对解决新形式下海关知识保护存在的诸多问题提出对策建议。

课题组提出以下建议：设定公平竞争原则，创设反不正当竞争规则，加强与《反垄断法》的衔接；扩大边境保护的客体范围，注重对集成电路布图设计权、动植物品种、知名商品的包装装潢、商号、原产地理标志、传统知识（如中医药配方）等领域的保护；平衡主体的权利义务，公平合理设定知识产权守法义务，明确限定权利人信息权；提升专利权保护能力，加强专利权海关保护与国内无效宣告程序的衔接，提高海关调查认定能力；明确处理涉外定牌加工疑难案件的原则与具体方法，以“诚实信用”原则作为处理此类案件的基本判断标准；增强自主知识产权人运用海关保护制度的能力，学习借鉴外国权利人知识产权管理的经验，充分运用边境保护工具。

4. 课题名称：SS17－A－05　知识产权产业统计核算问题研究

承担单位：国家统计局统计科学研究所（中国统计学会）

课题负责人：万东华

课题组总结目前知识产权产业分类和核算的特点，分析现阶段关于知识产权产业对经济发展贡献程度研究所存在的问题，为建立规范统一的知识产权产业分类标准、知识产权产业关键指标的数据采集和核算方法以及知识产权对经济的直接或间接贡献度提出对策建议。

课题组提出以下建议：基于经济普查和投入产出调查的数据采集及推算方法，针对有投入产出调查的年份、有投入产出延长表资料的年份、经济普查年份以及既没有投入产出表资料又没有经济普查资料的年份，设计不同的关于知识产权产业增加值的核算方法；在实际应用方面，对知识产权产业进行分类，形成专利密集型、版权密集型和商标密集型产业分类标准；利用非调查方法编制若干年的包含知识产权产业的投入产出表，对知识产权产业增加值进行数据采集和核算；在实证分析方面，利用上述核算结果分析知识产权产业对国民经济的直接贡献程度，利用投入产出分析方法，研究知识产权产业对经济的间接贡献。

5. 课题名称：SS17－A－06　生物遗传资源获取与惠益分享和专利保护协同增效研究

承担单位：生态环境部南京环境科学研究所

课题负责人：赵富伟

课题组从生物遗传资源获取与惠益分享、生物遗传资源知识产权保护领域、我国生物遗传资源知识产权保护现状等几个方面展开分析，结合《名古屋议定书》相关规定和我国生物遗传资源获取与惠益分享立法需求，对建立生物遗传资源获取与惠益分享制度提出对策建议，实现获取与惠益分享制度和专利保护的协同增效。

课题组提出以下建议：调整专利制度在生物遗传资源领域的适用范围，使其涵盖对“生物遗传资源遗传功能”和“生物遗传资源生物化学组分”的利用，有效保障国家利益和履行国际法义务；建立生物遗传资源获取与惠益分享知识产权主管部门检查点，强化专利保护环节知识产权主管部门信息共享和专利行政执法职能；将“国际公认遵约证书”和“来源披露”制度整合，将前者作为专利申请和审查的要件，降低专利申请、审查和行政执法成本。

6. 课题名称：SS17－A－07　企业知识产权能力分析报告

承担单位：中国电子信息产业发展研究院

课题负责人：王　磊

课题组构建了企业知识产权能力指标并编制了指标体系的说明，遴选 113 家各领域工业企业进行知识产权能力状况评价并提炼企业知识产权能力建设典型案例，总结分析了部分典型企业知识产权能力建设状况。分析表明：我国工业企业在专利等知识产权的创造积累方面已具有较大优势，但知识产权运用的能力尤其是应对国际产业竞争中知识产权运用能力还存在明显不足，需要着力提高。

课题组提出以下建议：企业应结合自

身发展阶段和参与市场竞争需要，做好知识产权量与质的角色定位；提高知识产权在国内外产业竞争中灵活运用的能力，推动知识产权战略实施与商业价值实现；以预警和信息监测为基础，建立健全海外风险防范体系，做到知己知彼、适时“主动出击”；进一步加强具有国际视角的知识产权高端人才培养工作。

7. 课题名称：SS17－A－08　注重消费者立场的知识产权文化政策优化研究

承担单位：华中师范大学知识产权研究所

课题负责人：刘　华

课题组对公众的知识产权知行状况及其背后的影响因子进行了系统性类型分析，明确不同类型的消费者对不同类型的知识产权产品消费上的行为差异。调查研究表明：近十余年，知识产权认知持续高水平发展，但知识产权价值认同趋势持续走低；学习资料、实体文化产品的消费意愿及实际消费行为相对一致，但在高科技产品、网络文创产品及名牌生活用品上，消费意愿与实际消费行为之间的反差显著；青少年在网络文创产品消费上的表现尤为突出。

课题组提出以下建议：重视消费者知识产权法律意识的养成，以“利益分享”为逻辑起点，以权利体验为实践基础，以利益诉求为内生动力，以权利正当性为价值共识，重构兼顾消费者立场的知识产权文化政策目标与实施路径，以提升政策成效。

8. 课题名称：SS17－A－09　RCEP 知识产权规则 TRIPS－plus 倾向对我国企业走出去的影响与对策研究

承担单位：杭州电子科技大学

课题负责人：潘李鹏

课题组通过梳理 RCEP 的相关理论背景与现状，了解国内外 RCEP 知识产权规则研究动态，分析 RCEP 知识产权规则和 RCEP 知识产权 TRIPS－plus 倾向对我国企业“走出去”的影响，提出我国企业“走出去”所面对的风险防控策略以及强化企业“走出去”的知识产权国际保护政策建议。

课题组提出以下建议：找盟友、寻机遇，与其他发展中国家取得共识，强化我国知识产权国际话语权；进一步完善我国知识产权战略，将维护我国企业利益作为知识产权战略的重要目标之一；在宏观政策方面，应进一步完善知识产权制度体系，加快创新驱动发展战略实施步伐，提升创新能力，转变增长方式；鼓励国内企业在遭遇国际知识产权纠纷时积极应诉，积极参与双边或多边协商，加强国际交流合作；建立知识产权预警机制，及时掌握我国出口贸易可能遭遇的知识产权侵权诉讼等风险。

9. 课题名称：SS17－A－10　广州开发区知识产权综合管理改革研究

承担单位：广东中策知识产权研究院有限公司

课题负责人：赵家仪

课题组通过总结美国、德国、韩国等国家以及“苏州模式”“上海模式”“义乌模式”“深圳模式”等地区知识产权综合管理改革的有益经验，梳理广州开发区开展知识产权综合管理改革的基础，预研开发区知识产权综合管理改革可能存在的问题并分析原因，对广州开发区知识产权综合管理改革提出对策建议。

课题组提出以下建议：广州开发区知识产权综合管理改革应以“大”而“少”，“合”而“协”，“创”而“优”为原则，确定“制定总体改革方案，逐步实现改革目标”等宏观措施，进一步整合优化各类执法主体和行政人力资源，在实践中迅速培育壮大执法人才队伍，完善相关知识产权行政执法政策，完善行政执法与刑事司法的衔接机制，完善构建服务与能力型执法机关的配套措施。

10. 课题名称：SS17－A－11　我国知识产权执法与司法协作机制研究

承担单位：中国政法大学

课题负责人：王夏昊

课题组根据我国知识产权保护现状，

结合域外的经验，提出以“双轨制”协作保护为核心的解决思路，为我国知识产权“双轨制”保护模式的发展提供对策建议。

课题组提出以下建议：健全“双轨制”保护法律环境，提供良好的宏观环境和市场秩序；设置服务质量标准，提高我国知识产权服务机构的服务能力，推动高端服务业国际化发展；统一知识产权管理机构的职能，提高行政办事效率，加强知识产权行政执法统一化、规范化、标准化；整合我国知识产权司法保护资源，理清现行法律架构，及时梳理、修改和完善我国现有的知识产权服务业相关法律规定，同时还应制定配套制度以及增强制度相互间的协调性；推动行政执法与司法解决的衔接，不断完善知识产权法律法规和政策体系，尽快建立、健全行政管理部门和司法机关之间的信息沟通机制以及刑事案件强制移转机制。

11. 课题名称：SS17－B－12　军工科研院所和相关高校知识产权成果转民用问题研究

承担单位：国家国防科技工业局经济技术发展中心

课题负责人：王兰义

课题组通过梳理我国军工科研院所和相关高校知识产权成果转民用的现状，分析制约军工科研院所和相关高校知识产权成果转民用瓶颈问题，在借鉴国外国防成果转化的先进经验的基础上，对解决我国军工科研院所和相关高校知识产权成果转化价值实现及风险防范等问题提出对策建议。

课题组提出以下建议：面向政府层面，明确军工院所及高校知识产权实施转化知识产权权利归属与利益分配顶层政策，建立实施转化职务发明人激励制度，规范实施转化合同中的知识产权条款，建立知识产权转化情况报告机制，建设知识产权信息与推广转化平台，建立实施转化资金扶持制度，完善知识产权保密解密制度，支持知识产权成果转化服务机构发展，建立实施转化知识产权价值评估制度，建设知识产权转化人才队伍；设立知识产权转化基金，推动知识产权融入国防科研项目管理各环节，成立知识产权转化专门机构，积极探索知识产权证券化、质押贷款、技术入股等转化方式，提高转化率和质量，保护职务发明人、知识产权转化人员的合法权益。

12. 课题名称：SS17－B－13　知识产权支撑创新驱动发展的评价体系研究

承担单位：科技部科技评估中心

课题负责人：刘伟升

课题组总结了知识产权和创新驱动发展相关政策和文献的相关内容，从“战略衔接、制度保障和效果提升”三个维度，评估知识产权对创新驱动发展的支撑作用。评估表明：我国知识产权对创新驱动发展的支撑性较好。

课题组提出以下建议：构建中国特色现代化知识产权治理体系，充分发挥知识产权在现代化建设中的引领和保障作用；完善知识产权法律体系，加大保护力度，加大知识产权侵权赔偿力度，统一判赔标准，完善符合国情的多元化救济机制，防止知识产权保护滥用；促进高质量知识产权创造运用，着力培育一批高价值核心专利，消除知识产权转化运用的制度障碍，提高知识产权运用能力；采取更加主动的国际化发展策略，加强前沿技术领域知识产权布局，加强与“一带一路”沿线国家知识产权合作。

13. 课题名称：SS17－B－14　我国国防知识产权军民融合体制机制设计

承担单位：中国社会科学院　数量经济与技术经济研究所

课题负责人：蔡跃洲

课题组对我国知识产权军民融合现状进行分析，认为我国当前军工核心技术和产品向民用市场的转化效果并不明显且质量不高，需要从软环境上进一步优化，完善我国国防知识军民融合体制机制设计，从而进一步推动我国军民融合进程的深化发展。

课题组提出以下建议：注重对国防知

识产权的分类管理，有效区分专利和商业机密，最大限度地利用知识产权保护体系；完善容错机制，给予创新活动以最大的试错空间，提高创新主体从事颠覆性技术创新的可能性；借鉴灵活高效的产业组织模式，提高科研项目管理运营过程中的效率效益；积极推进 PPP 模式下的军工企业混改，鼓励员工持股，建立健全国有军工企业员工的中长期激励机制。

14. 课题名称：SS17－B－15　高校职务发明专利转移转化模式与管理机制研究

承担单位：成都中医药大学

课题负责人：邹文俊

课题组以四川省高校生物医药职务发明专利为切入点，调研分析省内高校专利管理与转化存在的问题，建立高校生物医药专利转化质量评价模型，对比分析国内外高校专利质量并借鉴代表性高校专利管理与专利转化模式，分析提升高校专利管理与转移转化模式的关键因素，提出我国高校专利管理与转移转化对策建议与实效机制。

课题组提出以下建议：高校设置独立的知识产权管理与转移转化机构，统筹专利管理全过程；完善高校专利管理相关制度，如校内人员定期培训制度、发明披露、审批制度、专利分级管理制度、专利转化收益分配制度等；加强高校与企业及校外服务机构的联系与合作；注重提升专利技术质量、法律质量，为专利转移转化提供保障。

15. 课题名称：SS17－B－16　科技型中小企业知识产权质押融资模式研究——以重庆为例

承担单位：重庆市科学技术研究院

课题负责人：黄　建

课题组通过分析国内外知识产权贷款融资模式，结合重庆市企业知识产权融资难的症结，围绕科技型中小企业知识产权质押融资模式创新开展研究，为完善以政策为牵引、市场运营为主的质押融资服务体系和创新服务模式提出对策建议。

课题组提出以下建议：持续优化知识产权质押融资功能结构，简化流程，降低融资成本及办理难度，建立容错机制；完善公允价值评估体系；完善贷后管理和质押物处置；构建多元化的服务模式；拓展知识产权质押融资质押对象；加大对科技中小企业培训力度。

16. 课题名称：SS17－B－17　促进高校专利转化的质量管理机制研究

承担单位：江苏大学　江苏省知识产权局

课题负责人：唐　恒　支苏平

课题组从专利创造动机、质量、政策环境和转化机制四个方面的基础研究出发，对比国内外高校专利质量管理现状，分析制约我国高校专利转化的质量管理关键问题，从动力驱动、公共治理、网络治理和服务保障四部分构建促进高校专利转化的质量管理机制框架和测度模型。

课题组提出以下建议：强化动力的良性驱动，规避结构性的价值传递失败以及功能性的基础体系扭曲；应着力打造政、产、学、研、用、服一体化的专利转化格局，努力形成以协同创新和自由流转为特点的创新和专利转化体系；通过合作不断健全网络组织架构，强化网络信息流通和人际关系网络强度，完善技术营销手段，推动创新端、服务端与应用端之间信息与资源的自由流动；专利代理机构应立足业务能力本身，不断提升服务的整体质量，尤其应与客户之间建立信任关系，提升客户满意度；应明确区分政府、中介服务机构、高校和市场在管理机制中的功能定位，确立质量属性在体系设计过程中的导向性作用。

17. 课题名称：SS17－B－18　促进高校院所知识产权成果跨区域转化模式研究——以京津冀为例

承担单位：天津市知识产权局　天津市科学学研究所

课题负责人：齐成喜　李春成

课题组分析了知识产权成果转化及交易的趋势，梳理了国外高等院校和科研院所设立技术转移机构等6种典型模式，总结美国国家技术转让中心等10家典型技术转移机构运行情况和特点，从发展条件、问题导向、需求导向和目标导向四个维度分析了京津冀知识产权跨区域转化的基础条件，明确了制约京津冀知识产权成果转化的主要障碍，为将京津冀地区打造成“知识产权成果协同运用的改革示范区”提出对策建议。

课题组提出以下建议：强化需求导向的科技成果供给，促进产学研协同技术转移，激发创新主体技术转移活力；加强高校、科研院所技术转移机构建设，加快社会化技术转移机构发展；完善多层次的技术转移人才发展机制，加强技术转移人才培养；鼓励科研人员创新创业，并依托创新创业促进知识产权成果转化；强化重点区域知识产权成果转化；树立正确的科技评价导向；强化相关政策衔接配套。

18. 课题名称：SS17－B－19　国有企业知识产权核心竞争力研究

承担单位：中国船舶工业综合技术经济研究院

课题负责人：温振宁

课题组根据国有企业知识产权能力特点，制定知识产权能力评估指标体系；通过调研专家评定等方式对目前国有企业的知识产权核心竞争力进行评估，对比分析国有企业与其他企业在知识产权创造、运用、管理、保护等方面的差异；结合国家推动“双创”工作的大背景、大环境，研究提出国有企业提升企业知识产权管理能力、培育储备知识产权人才等提升核心竞争力的策略建议。

课题组提出以下建议：提高国有企业管理层知识产权意识，将知识产权工作与企业总战略、经营发展战略紧密地联系在一起；不断增加研究开发经费投入，市场的激烈竞争倒逼企业投入研究开发资金进行技术上的突破和创新，同时政府必须充分保障企业从事研究开发的利益；加强知识产权管理组织保障体系建设，在管理体系中建立促进技术创新的激励机制；探索形成科技成果与知识产权管理一体化管理模式，从战略高度管理知识产权问题，对有关项目的知识产权状况进行分析和评估；强化知识产权管理人力资源保障，使知识产权制度在企业内部运行涉及不同部门时，获得各方面的支持与配合；提升知识产权信息平台建设与使用能力，将信息平台与实际管理工作有机结合起来。

19. 课题名称：SS17－B－20　化工领域新兴产业技术专利大数据分析与政策研究

承担单位：北京化工大学

课题负责人：王　江

课题组基于专利大数据分析技术对化工领域新兴产业技术发展和政策进行研究，采用《战略性新兴产业重点产品和服务指导目录（2016版）》进行分类，以化工领域的新一代信息技术产业和化工领域新材料技术产业为研究对象，对2000～2016年的化工领域专利记录进行数据采集、查重处理以及内容数据的结构化处理，对完善化工领域新兴产业技术专利大数据分析提出对策建议。

课题组提出以下建议：构建专利技术的技术成熟度评价体系来反映新兴技术的实用性；营造化工领域新兴产业专利技术的可持续发展环境，为专利申请人提供技术创新的沃土，形成持续创新开发的趋势；协调化工领域新兴产业专利技术的区域发展，加快发展壮大一批新兴支柱产业；创造化工领域新兴产业专利技术发展良好的经济环境、法律环境、金融环境。

20. 课题名称：SS17－B－21　中亚五国民法典编纂中的知识产权立法及对中国的启示

承担单位：武汉大学　武汉市知识产权局

课题负责人：邓社民

课题组通过梳理中亚五国民法典编纂的背景和知识产权立法的历史发展、中亚五国民法典中的知识产权立法结构和内容、中亚五国民法典中的知识产权立法的经验和局限性，对我国知识产权在民法典中独立成编提供对策建议。

课题组提出以下建议：我国民法典编纂应当适应知识产权客体，借鉴和吸收独联体国家民法典编纂的经验和方法，将知识产权在民法典中独立成编，制定一部反映时代特征，体现中国特色和引领世界潮流的民法典；我国民法典的编纂不仅要传承《民法通则》的立法传统，而且要突破大陆法系物权与债权二元结构的束缚，使知识产权与物权、债权并列作为财产权，传承我国民事立法的特色，顺应知识经济时代财产非物质化的时代特征，为大陆法系民事立法开创新的立法模式。

21. 课题名称：SS17－B－22　知识产权行政与司法协作机制研究——基于知识产权基础理论的考察

承担单位：国家知识产权局知识产权发展研究中心

课题负责人：顾　昕　韩秀成

课题组通过明确知识产权领域行政和司法可能存在“交集”的领域，指出从宏观视角分析行政和司法分工的必要性。从国内外主流知识产权基础理论出发，梳理各种知识产权基础理论的变迁和演变过程，详细论述专利领域中市场、立法、行政和司法“各主体”责任分担的界限，同时提炼出知识产权领域行政和司法之间“责任分工”界限，为完善知识产权行政与司法协作提出对策建议。

课题组提出以下建议：需要司法立足于法律制定的宗旨，在涉及侵权判断时通过“合理使用”“权利滥用”等手段对立法过程中存在的“偏差”予以一定程度的矫正，协调行政和司法之间的分工。

22. 课题名称：SS17－B－23　基于技术特征挖掘的专利价值评估指标体系研究

承担单位：知识产权出版社有限责任公司

课题负责人：诸敏刚

课题组结合中国专利数据特点，构建了专利评估指标体系的层次结构，分离了诸如转让、许可、诉讼等后验证指标对整体指标体系的影响作用，并且引入了基于语义的技术实体指标概念和评估方法，初步解决了以往专利价值评估方法在评估新申请专利时的局限性，为行业性专利价值评估提供了新的思路。

课题组将专利价值评估指标体系分为两个部分：专利价值实时计算指标体系和重点专利库建设规则指标体系。专利价值的计算整体上采用线性加权模型，对专利价值实时计算指标体系中的指标进行加权计算。经过实证研究发现：在不考虑实体指标的常规评估方法下，评估结果从统计学的意义上整体是符合客观情况的，但是加入基于技术特征挖掘的实体指标后，能对由于后验性指标的影响而带来的误差进行有效的修正。

23. 课题名称：SS17－B－24　新形势下我国企业“走出去”知识产权保护相关研究

承担单位：中国知识产权报社　中国信息通信研究院

课题负责人：曹冬根　毕春丽

课题组对我国信息通信类企业“走出去”的主要国家和地区分布、技术领域分布、主要申请人分布进行系统分析，为解决国内外知识产权保护环境差异明显、风险应对能力薄弱、美国 337 调查及 301 调查的挑战、国际规则制定中缺少话语权等问题提出对策建议。

课题组提出以下建议：政府层面，相关部门应推动专利法及配套法律规章和相关制度的修改，加大惩戒力度，进一步增强我国立法和执法水平和能力；行政上应该对于标准专利费率的谈判和规则形成指导性文件，加快相应司法规则的研究和出台；建立海外企业定期交流机制，搭建信息共享平台和法律咨询平台，帮助“走出去”企业及时了解项目所在国政治、经济、文化信息，尤其是在专利诉讼和商业谈判方面提供法律咨询和信息共享服务；建立与“一带一路”沿线各国之间的知识产权对话机制，以双边或多边合作、签订知识产权谅解备忘录等多种形式，建立和平共处、共同发展的知识产权保护环境。产业主体层面，做好专利储备和专利布局；建立应对非专利实施主体的策略，需主动熟悉、适应并运用专利游戏规则，积极应诉；建立风险防范综合管理体系。

24. 课题名称：SS17－B－25　中国特色植物新品种保护制度理论与实践

承担单位：中国社会科学院法学研究所

课题负责人：李菊丹

课题组通过梳理我国植物新品种保护制度的基本情况以及存在的主要问题，借鉴日本、肯尼亚、荷兰、巴拉圭、突尼斯等国家的有益经验，认为我国应尽快启动制定《植物新品种保护法》的立法工作，从法律制度上对我国近年来农业生产领域出现的新变化作出回应，系统理顺现行规定中存在的冲突问题，积极吸收和借鉴国际植物新品种保护联盟 UPOV1991 文本相关规定及欧美品种权保护的实践经验，强化品种权的司法、行政与民事保护机制，探索具有中国特色的植物新品种保护道路。

课题组提出以下建议：采用 UPOV1991 文本中的品种权保护“人工瀑布”规则，增加品种权人行使权利的环节；引进实质性派生品种制度，强化对原始育种创新的保护；实行有条件的农民留种权利，激励蔬菜果树园艺花卉植物的育种创新；完善品种权强制许可制度，创设品种权与专利权之间、原始品种与派生品种之间的强制交叉许可机制，为防止品种权滥用提供制度保障；强化品种权的行政执法措施与法律责任，强化品种权侵权的民事赔偿责任，完善种子企业的信用机制，为植物育种创新、品种权实施以及育种企业科研创新投入提供良好的制度保障和环境保障。

25. 课题名称：SS17－C－26　澳大利亚、新西兰知识产权制度环境研究

承担单位：北京华进京联知识产权代理有限公司

课题负责人：赵永辉

课题组通过对澳大利亚、新西兰知识产权环境进行分析，系统总结两国在知识产权立法、保护、服务上的有益经验，引导中国企业主动关注和运用知识产权制度，遵循当地营商环境，合理运用知识产权制度保护合法权利，避免侵犯他人权利，为中国企业“走出去”提供法律支撑。

课题组提出以下建议：专利创造性门槛需要不断调整以满足本国保护和促进的需要，达到保护国家经济与创新活动的目的；更多关注本国中小企业对于知识产权法律和政策工具的影响，关注知识产权使用者的反馈，评估知识产权法对社会经济、创新、各类企业所带来的影响；中国企业应积极利用各国知识产权法律差异做好不同的布局策略。

26. 课题名称：SS17－C－27　中东七国知识产权制度环境研究

承担单位：北京三聚阳光知识产权代理有限公司

课题负责人：张立果

课题组对伊朗、伊拉克、叙利亚、巴勒斯坦、黎巴嫩、约旦、也门共七个国家的知识产权制度进行了详细罗列介绍，包括专利制度、商标制度、工业设计工业产权制度等。调查研究显示，上述七个国家尽管受到战争波及，但均已具备了不同程度的知识产权环境。其中，伊朗的知识产权发展相对最为全面，制度保障最完善；巴勒斯坦地区知识产权方面的公开文献较少。

课题组通过上述研究，形成一份可操作性强的研究报告，为知识产权保护和规避知识产权风险提供有益参考，为我国企业出口、对外投资和开拓市场等提供专利、商标和版权方面的基础知识，使我国企业能够对上述国家知识产权制度有一个基本的认识和了解，从而引导我国企业妥善解决上述问题，从容应对知识产权各项事务。

27. 课题名称：SS17－C－28　知识产权管理学科建设研究

承担单位：大连理工大学知识产权学院

课题负责人：栾春娟

课题组对国内外知识产权管理学科研究进展进行了深入分析，提炼发展特色，总结知识产权人才培养经验，对知识产权管理学科建设发展提出对策建议。

课题组提出以下建议：做好知识产权管理学科师资队伍发展规划，构建和完善优秀人才培养和支持体系，形成覆盖主要研究方向的优秀学术带头人队伍，拓展人才队伍的国际化视野，提升人才队伍在国际学术舞台的影响力；做好知识产权管理学科升级发展规划，在我国现有的知识产权管理二级学科的基础上，积极发展学科建设，并着力培育知识产权一级学科；做好知识产权管理学科学术交流发展规划，加强传统学术交流，探索学术交流新模式；做好知识产权管理学科人才培养职业规划，根据知识产权职业的特点和岗位职责的要求，可以将知识产权职业大体分为研究型职业、行政型职业、管理型职业、代理服务型职业、法务型职业以及审查型职业。

28. 课题名称：SS17－C－29　知识产权学科与专业建设基础研究

承担单位：华南理工大学知识产权学院

课题负责人：王　岩

课题组在分析中国知识产权学科与专业建设的历史与现状，借鉴美国、日本、欧洲等境外做法的基础上，对知识产权学科的独立性进行理论探讨，对知识产权专业的设置情况进行实证分析。研究显示：中国知识产权学科从法学开始起步，经过四十年的发展，已经渗透到管理学、经济学、文学、哲学、工学等多个学科领域，成为其下属的二级学科，其交叉学科属性十分明显。知识产权专业人才培养体系也从刚开始的知识产权法第二学位、双学位，逐步形成学士、硕士、博士三个学位层次健全的人才培养体系。随着中国知识产权事业的快速发展，以及社会人才需求的激增，知识产权需要更大的学科发展空间和更多的学术资源。

课题组提出以下建议：在综合性跨学科的基本思路下，通过发展各学科门类下的知识产权二级学科，到交叉学科如法学、管理学、理学、工学等门类下的知识产权硕士与博士培养，到最终形成有一级学科特征的知识产权独立学科；各类高校应该根据自身的优势和特点，有所侧重地在不同学科开办知识产权专业，积极推进知识产权学科的发展。

29. 课题名称：SS17－C－30　企业知识产权人才需求与知识产权学科建设对接机制研究

承担单位：重庆理工大学重庆知识产权学院

课题负责人：苏　平

课题组从当前企业知识产权人才需求分析、知识产权学科建设基础理论问题研究、我国知识产权学科建设成效与面临的问题、企业知识产权人才需求与知识产权学科发展的互动、企业知识产权人才需求与知识产权学科发展对接机制的构建等五个方面对企业知识产权人才需求进行分析，探索企业与高校知识产权人才培养与需求的接口，实现高校培养与企业需求“人尽其才、物尽其用”的良好效益。

课题组提出以下建议：构建基于企业知识产权人才需求与知识产权学科发展对接的中国产教融合知识产权联盟，形成“一个联盟、两个融合、两条途径、一个目标”的架构或机制，推动知识产权学科发展和专业硕士学位教育，校企合作协同培养知识产权人才，服务产业或企业。

30. 课题名称:SS17—C—31　高校复合型知识产权人才培养体系的评价标准研究

承担单位:南京理工大学

课题负责人:吴广海

课题组通过指标的收集与整理、指标的筛选与修改、构建评价指标体系三个步骤,确定一级指标:培养方案、理论教学、实践教学和教学保障,并据此构建二级指标和三级指标。同时,指出高校复合型知识产权人才培养评价以人才培养体系为评价对象,运用模糊综合评价的方法对评价指标体系进行应用得出相关评价等级。

课题组提出以下建议:高校复合型知识产权人才培养体系评价标准的构建应当遵循科学性原则、前瞻性原则和稳定可行原则,以高校复合型知识产权人才培养体系为对象,以知识产权人才培养体系的基本要素为基础确定评价指标,然后对各评价指标权重进行确定,从而形成具有可操作性的评价标准。

31. 课题名称:SS16—B—12　中国高铁"走出去"知识产权风险与对策研究

承担单位:西南交通大学

课题负责人:陈家宏

课题组对中国高铁企业知识产权态势、国际工程承包、高铁国际贸易以及知识产权国际争议中的知识产权风险进行了因子分析和IMS分析法。研究显示:中国高铁"走出去"知识产权风险因子结构体系主要由19个因子构成,分为知识产权权利、权利行使与执法、权利救济三个层次,分别属于基础性、高发性和救济性知识产权风险。

课题组提出以下建议:创造更多更高质量的高铁知识产权;加强高发性知识产权风险的监控和应对;识别高铁技术体系因子形成"走出去"核心竞争力,识别高铁特点,打造"走出去"知识产权优势,识别知识产权权利保护因子提升"走出去"知识产权风险控制能力;把握目标市场国知识产权的政策方向,精准定位与处置中国高铁"走出去"知识产权风险。

(国家知识产权局办公室)

与知识产权有关的政府网站

国家知识产权局网

国家知识产权局网（http://www.cnipa.gov.cn/）是国家知识产权局主办的政府官方网站，是国家知识产权局宣传知识产权工作的窗口，面向社会发布知识产权工作方针政策、相关法律法规、时政要闻、教育培训等信息，提供专利审查信息查询、专利公布公告查询、文件下载和在线咨询等服务，并设有局领导信箱、意见征求、网上信访等互动板块。

中国商标网

中国商标网（http://sbj.saic.gov.cn/）是宣传商标注册、运用、保护和管理的官方网站，主要栏目包括工作动态、重要发布、商标品牌战略、商标申请、国际注册、商标查询、商标公告、网上申请、商标执法、地理标志、国际交流、商标权运用、商标代理、驰名商标、公众留言、统计信息等。

反垄断与反不正当竞争执法局网

反垄断与反不正当竞争执法局网（http://home.saic.gov.cn/fldyfbzdjz/）是宣传反垄断与反不正当竞争执法成果的重要窗口，主要栏目包括工作动态、政策法规、国际交流、典型案例等。

国家版权局网

国家版权局网（http://www.ncac.gov.cn/）是国家版权局主办的综合性政务官方门户网站。主要功能包括宣传版权工作方针政策，发布有关版权执法监管、软件正版化、社会服务、宣传培训、产业发展、国际交流等方面的工作信息，在线接收侵权盗版举报，普及版权相关法律知识，进行版权信息公开等。

中国扫黄打非网

中国扫黄打非网（http://www.shdf.gov.cn/）是全国“扫黄打非”工作小组办公室主办的综合性政务官方门户网站，是全国“扫黄打非”工作小组办公室宣传“扫黄打非”工作的窗口。网站内容主要包括向社会公开相关政策法规、新闻资讯、市场监管、大案要案、专项行动、经验交流、地方工作等信息，还面向公众提供网上举报与在线查询等服务。

农业农村部植物新品种保护办公室网

农业农村部植物新品种保护办公室网（http://www.cnpvp.cn/）面向社会发布植物新品种保护相关法律法规、申请流程、新闻资讯等信息，并提供农业植物新品种保护公告、保护名录等信息查询，以及申请表格、测试指南等文件下载和在线咨询等服务。

林业植物新品种保护网

林业植物新品种保护网（http://www.cnpvp.net/）是国家林业和草原局植物新品种保护办公室建立的政府官方网站，网站内容主要包括相关政策法规、行业新闻、林业品种权公告、代理机构、保护名录、品种权判决等，还提供林业授权植物新品种数据检索服务。网站包括中英文两种语言版本。

中国林业知识产权网

中国林业知识产权网（http://www.forest.ckcest.cn/）是由国家林业和草原局科技发展中心主办、国家林业和草原局知识产权研究中心承办的林业知识产权信息共享平台。网站整合了国内外林业知识产权信息资源，建设了林业专利、植物新品种权、林产品地理标志、商标、著作权等知识产权基础数据库15个，累计信息量65万条。网站包含林业知识产权展示平台、试点示范、专利在线分析和知识产权宣传周等频道，向公众展示了林业知识产权的成果和最新进展，免费提供林业知识产权信息检索和数据共享服务。

中国保护知识产权网

中国保护知识产权网（http://www.ipr.gov.cn/）由商务部主办，设有中英文双版。中文版立足于商务部承担的职责，全面反映商务部在知识产权方面的各项工作动态和政策法规，为社会各界遵守世界各国知识产权制度与维护自身合法权益提供指导与帮助，为中国企业“走出去”提供服务。网站现已开通“新闻动态、知识产权国际合作、海外维权、政策法规、数据资料、案例数据库、在线咨询”等多个栏目，力图全方位多角度地为公众提供国内外最新的知识产权时事动态、海外维权预警信息等相关服务。

人民法院知识产权审判网

人民法院知识产权审判网（http://zscq.court.gov.cn/）是最高人民法院网（http://www.court.gov.cn/）的下设子网站，该子网站是人民法院宣扬知识产权司法保护成果的第一个官方网站。主要栏目包括工作动态、调查研究、司法政策、司法保护成果、案例分析、知识产权战略实施和域外知识产权司法等。

人民检察院案件信息公开网

人民检察院案件信息公开网（http://www.ajxxgk.jcy.gov.cn/）是最高人民检察院深化检务公开，拓展公开的深度和广度，依托国家电子政务网络建立统一的人民检察院案件信息公开系统，通过多种方式向相关人员提供案件程序性信息查询服务，向社会公开重要案件信息和法律文书，以及办理其他案件信息公开工作。检察机关办理的侵犯知识产权刑事案件的相关信息可通过该网站查询获知。